刘成果 主编

# 中国奶業

# 年鉴

2002

中国农业出版社

1959 年毛泽东主席视察天津杨柳青农场，听取了赵一农场长的汇报。该场是我国最早进行奶牛规模化饲养的农场之一，当时该农场有奶牛 268 头

邓小平同志在视察黑龙江友谊农场五分场时指出：在三江平原上不仅要建设国家商品粮基地，
还要大力发展饲料工业、畜牧业、特别是奶牛饲养业

1996年5月3日，江泽民总书记亲切接见上海牛奶（集团）有限公司总经理王佳芬同志

李鹏委员长视察维维集团

1998 年 7 月朱镕基总理考察内蒙古伊利集团

1999年2月16日全国政协主席李瑞环在河北省领导等的陪同下视察石家庄三鹿集团

1996年10月26日国家副主席胡锦涛在江苏省考察奶业工作

發展奶業
造福人民

姜春雲

二〇〇三年元月題

办好《中国奶业年鉴》，为促进中国奶业的健康发展和产业升级服好务。

杜青林

为早日实现人人喝奶天天喝奶终身喝奶的目标而奋斗

为《中国奶业年鉴》题

伍精华

赠《中国奶业年鉴》

食奶者健

养牛者富

于若木

2003.1.22

Shanghai Bright Dairy & Food Co., Ltd. is a joint-stock corporation of 6 famous enterprises. It is one of the top dairy corporations with the largest production capacity and sales revenue in China. In 2002, it was listed as China Most Appreciated Joint Venture and China Most Social Responsible Venture by Fortune.

Bright Dairy has the top class R&D center, the state of art dairy manufacture facilities, and advanced processing technology. Bright products are named as Shanghai Top 50 Famous Brand Products.

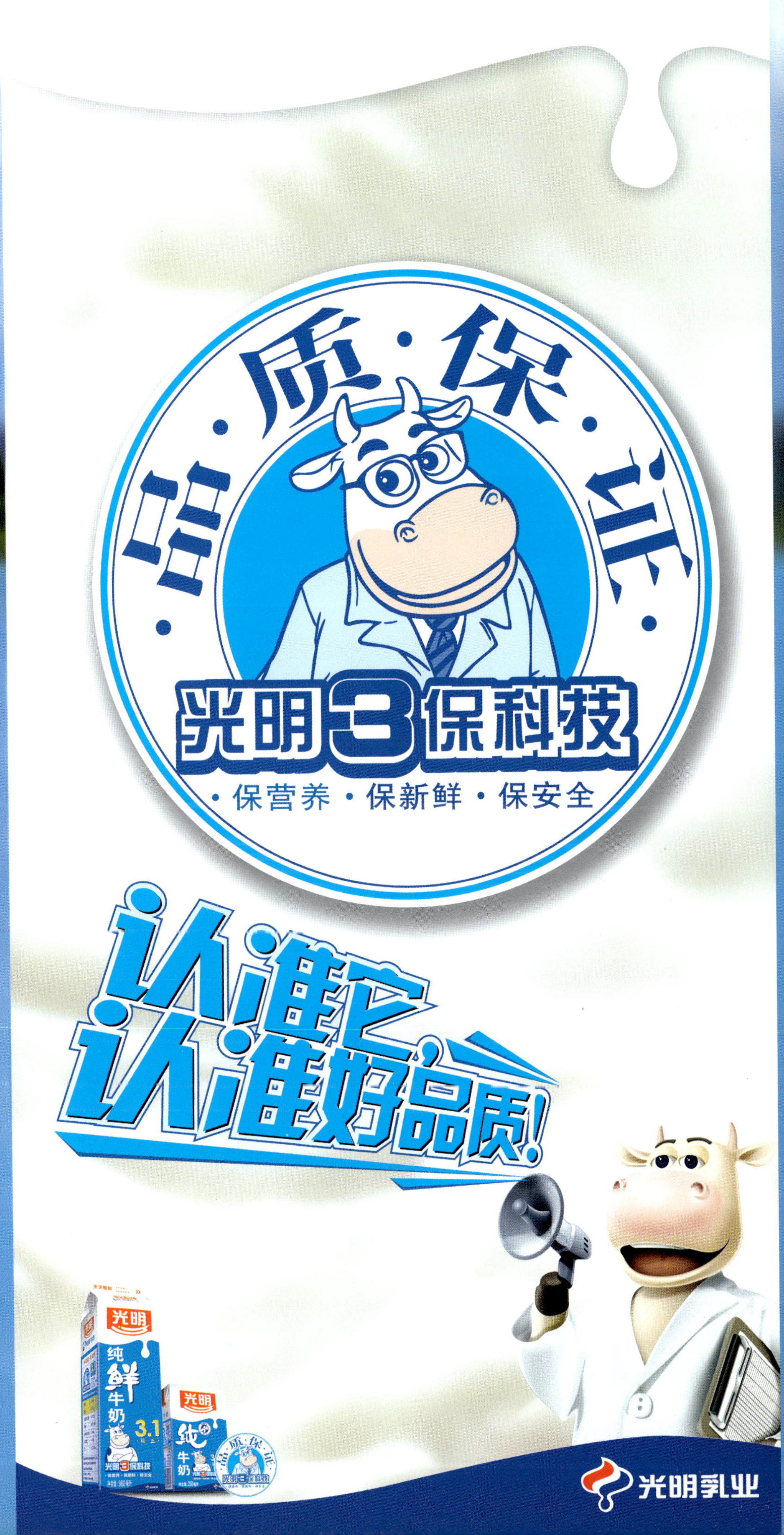

中国名牌
CHINA TOP BRAND
中
CHIN

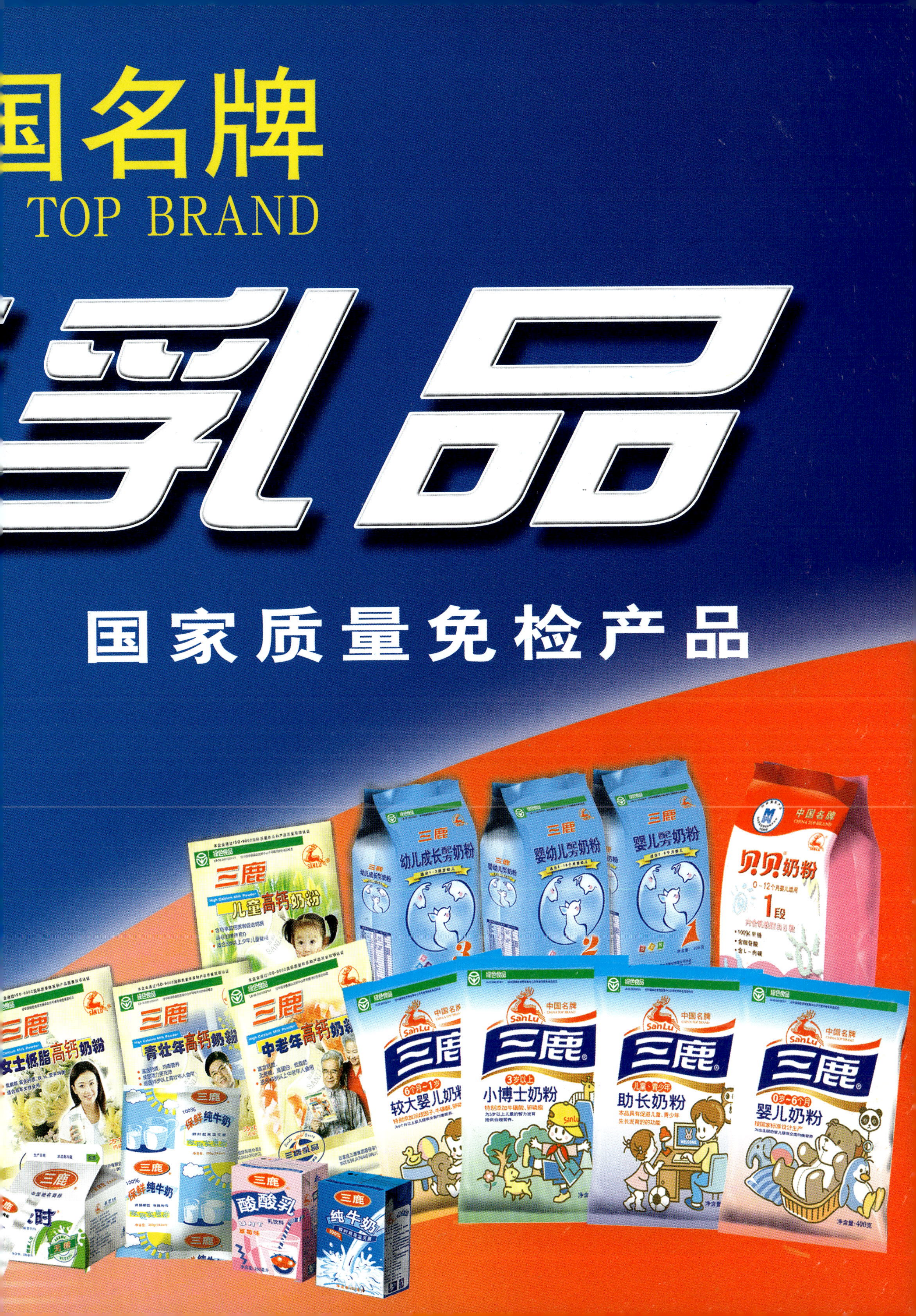
国名牌
TOP BRAND
乳品
国家质量免检产品
三鹿
儿童高钙奶粉
幼儿成长奶粉
婴幼儿奶粉
婴儿奶粉
贝贝奶粉
1段
女士低脂高钙奶粉
青壮年高钙奶粉
中老年高钙奶粉
较大婴儿奶粉
小博士奶粉
助长奶粉
婴儿奶粉
保鲜纯牛奶
酸酸乳
纯牛奶

# 北京三元食品股份有限公司
## BEIJING SANYUAN FOODS CO.,LTD.

北京三元食品股份有限公司是以奶业为主，兼营麦当劳快餐和房地产开发的中外合资股份制企业，现有员工一万余人，是1997年 5 月在香港成功上市的北京控股有限公司的成员企业之一。北京三元食品股份有限公司由北京企业（食品）有限公司（72%）、北京三元集团有限责任公司（20%）、北京燕京啤酒股份有限公司（5%）、北京燕京啤酒集团公司（1%）、东顺兴业股份有限公司（1%）、北京亦庄新城实业有限公司（1%）六家优质企业出资组成，公司总股本48500万股，总资产13亿元人民币。

北京三元食品股份有限公司具有45年的乳品加工历史，其产品涵盖了屋型包装鲜奶系列、超高温灭菌奶系列、酸奶系列、袋装鲜奶系列、奶粉系列、北京干酪及各种乳饮料、冷食、宫廷乳制品等百余品种；拥有“三元”、“燕山”、“绿鸟”、“雪凝”等著名商标；销售网络覆盖北京、上海、深圳等50多个省市；到目前已建成了与国际接轨、在国内处于领先地位的液态奶、发酵奶、固态奶、科研培训中心四大基地，日处理鲜奶达1000余吨，并于2000年3月通过ISO9001国际质量体系认证，严格的质量控制体系保证了产品的精良品质。4名博士、20名硕士及200余名科技管理人员使公司具有强大的新品开发和技术储备能力，为市场开拓和公司发展提供了强有力的技术保障。

北京麦当劳食品有限公司和广东三元麦当劳食品有限公司的中方权益是三元食品的一个重要组成部分。北京三元食品股份有限公司拥有北京麦当劳50%的股份，间接拥有广东麦当劳25%的股份。

三元食品控股的三元嘉铭房地产开发有限公司，以雄厚的经济和技术实力运作首都房地产开发业，成为三元食品的又一支柱产业。

北京三元食品股份有限公司全体员工秉承“以人为本，情系千家万户”的经营理念，以提高国民健康水平、不断满足消费者需求为已任，真诚与社会各界合作，共创三元食品的美好未来。

❶ 年加工能力15万吨的液态奶加工厂

❷ 超高温灭菌奶生产线

❸ 天然纯净的奶源基地

中国名牌产品

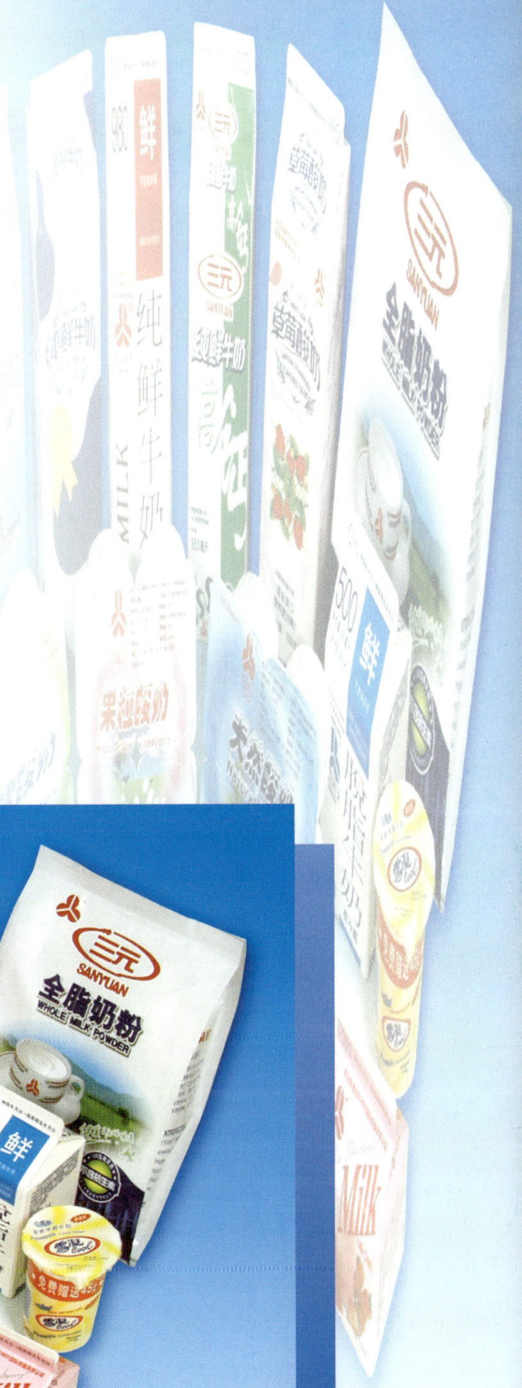

三元公司液态奶产品荣获“中国名牌产品”称号

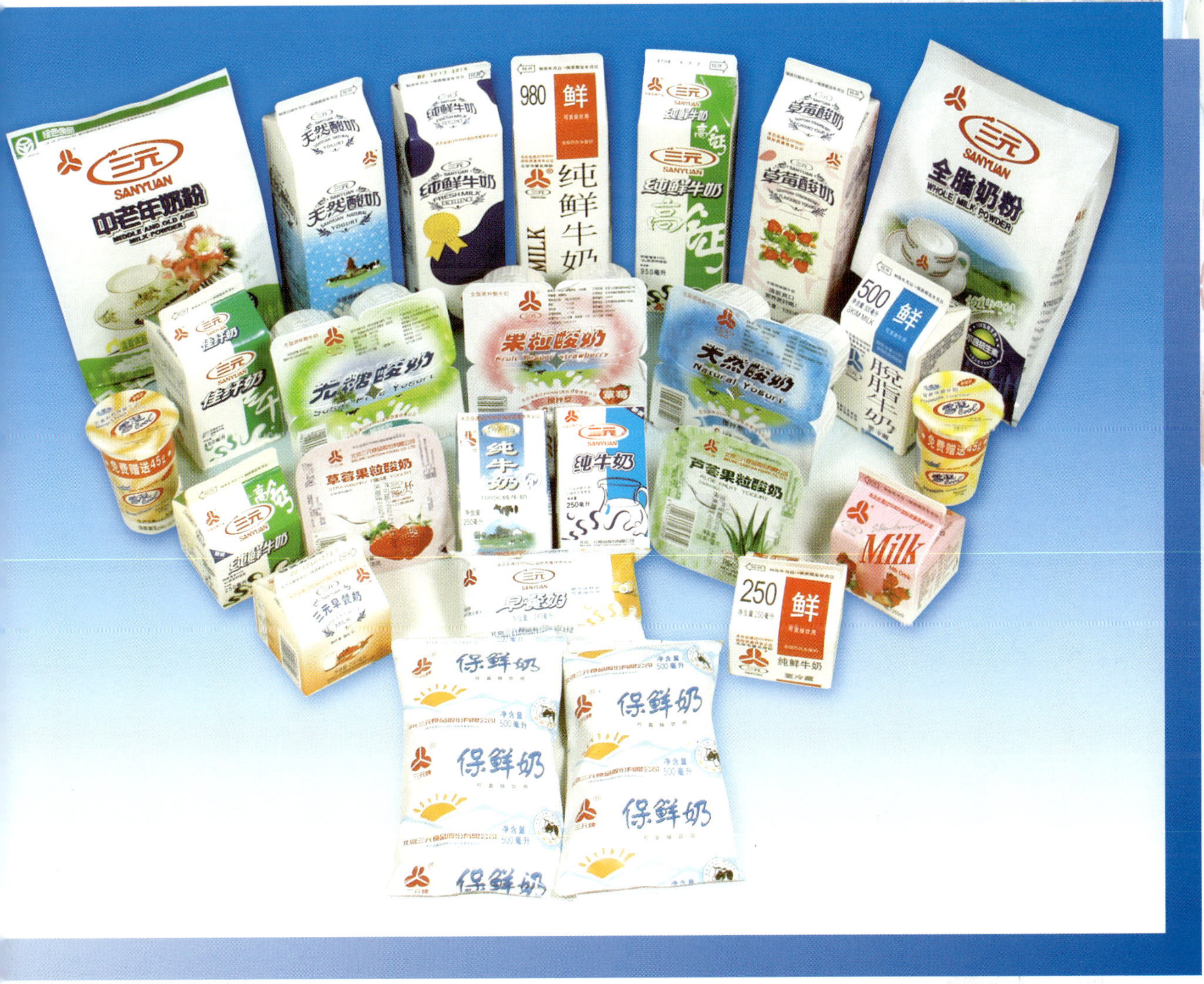

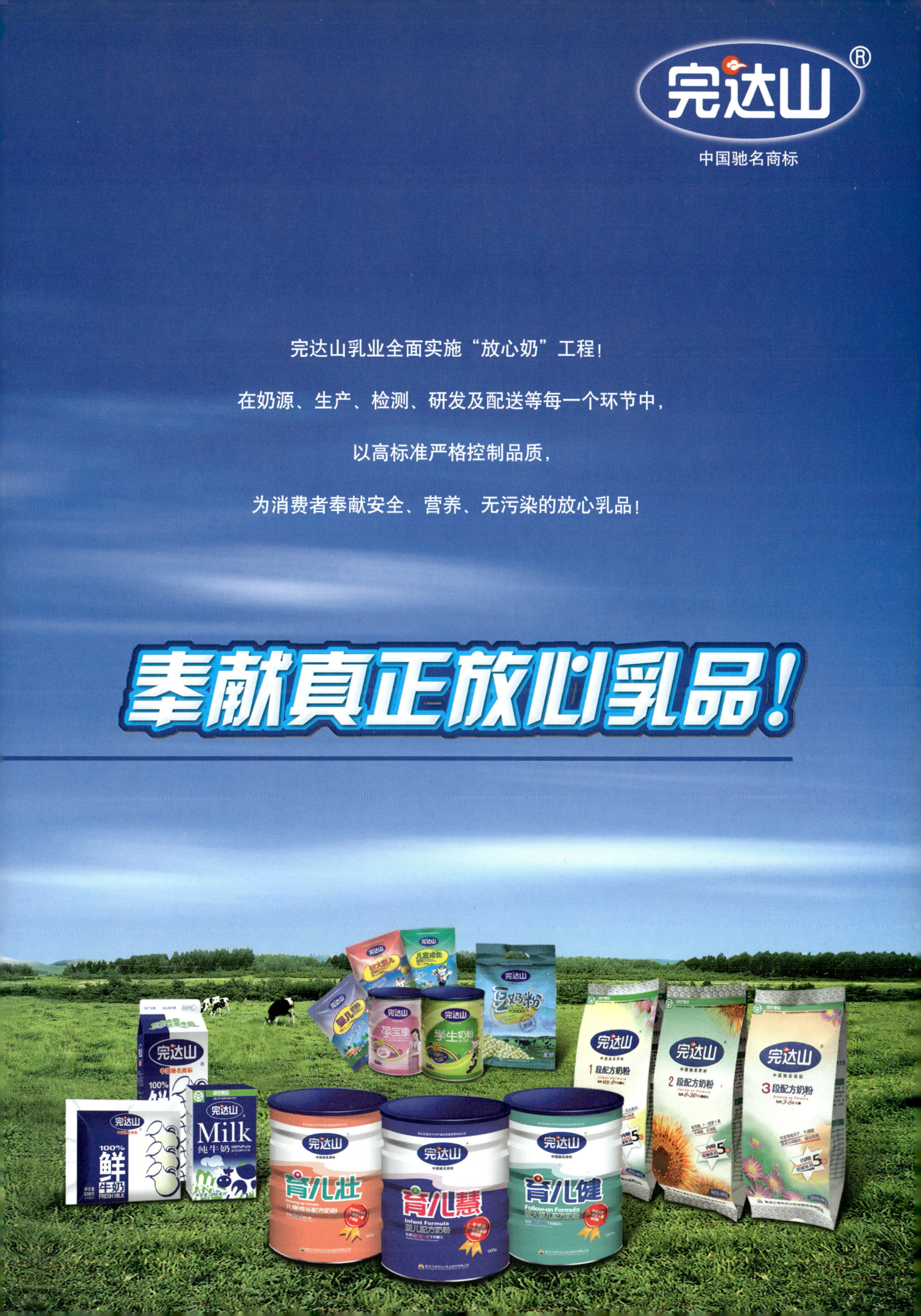
完达山®
中国驰名商标
完达山乳业全面实施“放心奶”工程！
在奶源、生产、检测、研发及配送等每一个环节中，
以高标准严格控制品质，
为消费者奉献安全、营养、无污染的放心乳品！
奉献真正放心乳品！
100% 鲜牛奶
Milk 纯牛奶
育儿壮
育儿慧
Infant Formula
育儿健
Follow-on Formula
孕宝康
学生奶粉
豆奶粉
1 段配方奶粉
2 段配方奶粉
3 段配方奶粉

# 新希望的乳业之路

中国私营企业500强第一名* 的新希望集团，拥有遍布全国的各类型企业82家，员工近万人，以饲料及其上下游相关产业为重点投资方向，并在房地产开发、金融与投资、基础化工、国际贸易等领域寻求发展的产业格局。2001年新希望集团经营收入近40亿人民币。

* 由中国国家工商行政管理局和中国企业评价协会授予。

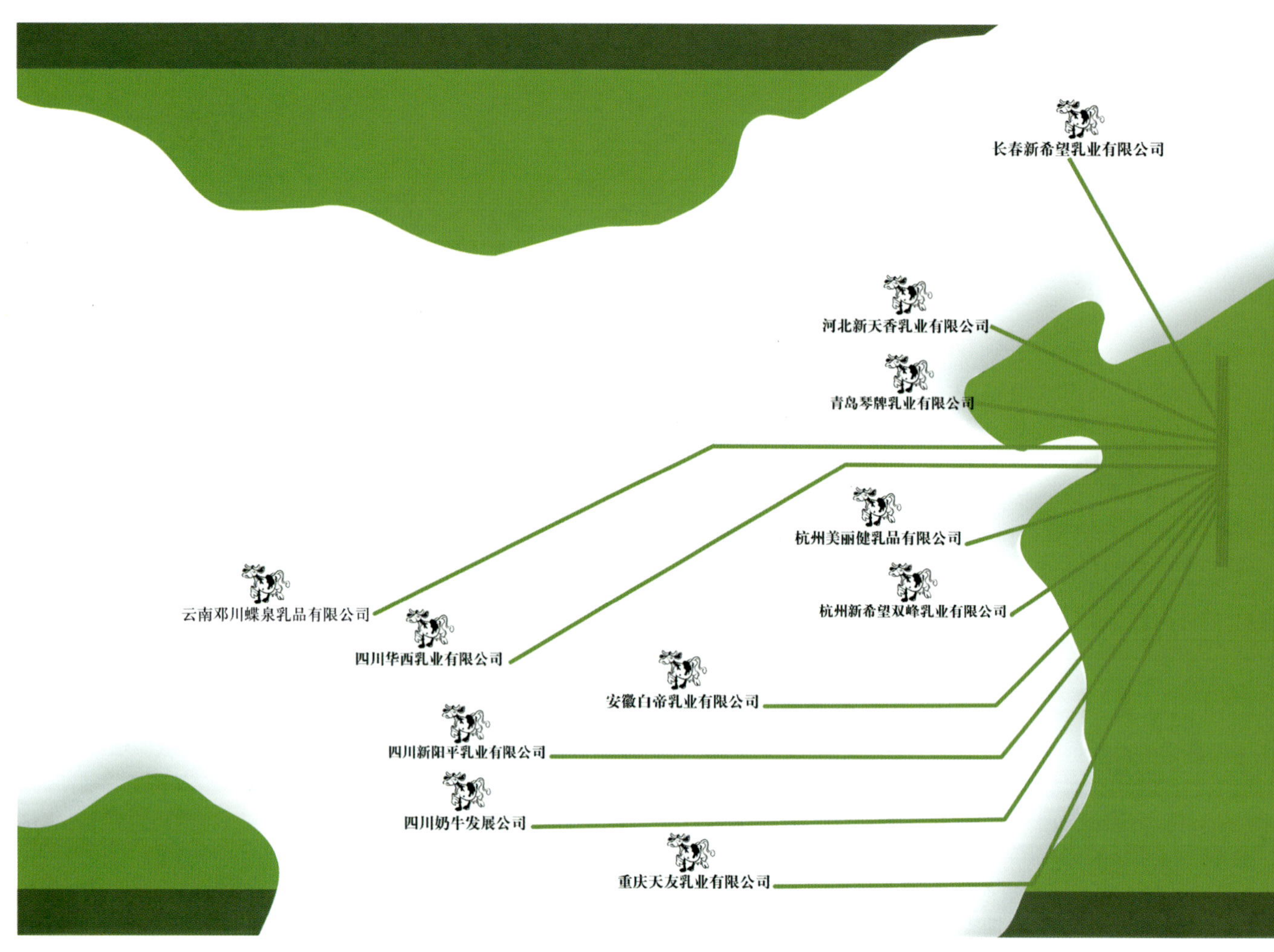


**四川SI CHUAN** 四川新阳平乳业有限公司 四川奶牛发展公司

由四川新希望农业股份有限公司、四川阳平乳业集团、成都百货大楼、四川港宏集团共同投资组建而成。公司有着20多年的乳品生产历史，自有优质草场3500亩、优良西门塔尔牛3000多头，并先后从瑞典、丹麦、美国、荷兰等国引进先进设备和工艺，以公司加农户的经营模式，加工生产十个品种优质奶制品，产品畅销四川省内外。

**四川SI CHUAN** 四川华西乳业有限公司

具有四十年历史的现代专业化企业，资产总额1.22亿元。拥有国际最先进的乳制品加工生产线，及投资5000余万元兴建的、国内一流水准的乳品加工基地。能生产保鲜奶、无菌奶、酸奶、饮料四大产品系列40余个品种的产品。2002年，企业被国家批准认定为“中国学生饮用奶定点生产企业”。

**重庆CHONG QING** 重庆天友乳业有限公司

重庆市规模最大、实力最强的乳品企业。总资产2亿元，下设6个二级单位，生产液态奶、奶粉两大系列50多个品种。产品立足重庆，辐射四川、贵州、湖北等省，液态奶销售和鲜奶收购量均占重庆市场80%的份额。

**山东SHAN DONG** 青岛琴牌乳业有限公司

由新希望集团与青岛市奶业总公司共同投资组建，设有两个乳品厂和供销分公司，以及乳品质量中心等经营、技术实体，总资产5000多万元，奶源基地牛群存栏7000多头，各种设备、设施齐全，生产销售网点遍布岛城大街小巷。

**吉林JI LIN** 长春新希望乳业有限公司

总资产7.7亿元人民币的综合性国有大型企业集团，集饲草种植、饲料加工、奶牛饲养、良种繁育、乳品生产、产品销售于一体。是全国十大机械化奶牛饲养示范基地之一，吉林省最大的牛奶生产供应基地，更是国家级农业产业化的龙头企业。

**安徽AN HUI** 安徽白帝乳业有限公司

安徽省最大的乳品生产企业。当地农业产业化的龙头，系列产品包括鲜奶、酸奶、奶粉、含乳饮料等。拥有三个现代化牧场，两个乳制品加工基地。总资产达1.52亿元。其全方位供奶网络遍布全省50个县、市。

集团董事长刘永好先生现兼任中国乳业协会副会长；全国政协常委；全国工商联副主席；中国民生银行副董事长；全国光彩事业促进会副会长等职务。

2002年，新希望集团斥巨资强势进入乳品领域，站在国际大视野的层面和角度上制订战略框架，组建乳业事业部，旗下现已拥有分布在西南、华东、华北、东北四大区域的10余家地方强势乳业，形成了净资产5.6亿，总资产10亿，销售收入11亿元的乳业联合舰队。

新希望诚邀全国各地具地方市场领导地位，有强大周边市场辐射能力，具有产业优势的乳品企业加盟，形成多赢格局，融合各乳业企业的市场控制范围，形成真正意义上有竞争优势的全国性乳业公司。

**城市多喝一杯奶，农村致富一家人—— 刘永好。**

# 新希望乳业联合舰队

**河北HE BEI** | 河北新天香乳业有限公司

全国乳业排行前列的大型乳业公司。集科研、生产、市场于一身，总资产1.2亿元，健康奶牛养殖存栏2.8万多头，年产乳酸菌饮料、酸奶、超高温灭菌牛奶、消毒牛奶、奶粉总量达3万吨。

**浙江ZHE JIANG** | 杭州新希望双峰乳业食品有限公司

具有四十年历史的现代专业化企业，资产总额1.22亿元。拥有国际最先进的乳制品加工生产线，及投资5000余万元兴建的、国内一流水准的乳品加工基地。能生产保鲜奶、无菌奶、酸奶、饮料四大产品系列40余个品种的产品。2002年，企业被国家批准认定为“中国学生饮用奶定点生产企业”。

**重庆CHONG QING** | 重庆天友乳业有限公司

由杭州四季青乳品厂、杭州学生营养午餐中心、双峰牧场、杭州双峰豆奶有限公司为核心组成。固定资产7000多万元，拥有华东地区规模领先的花园式机械化奶牛基地，生产的双峰牛奶销售量列浙江产牛奶品牌的首位。

**杭州HANGZHOU** | 杭州美丽健乳品有限公司

浙江省著名的乳品加工企业。前身是具有五十年历史的杭州市牛奶公司乳品一厂。拥有省内最大规模的现代奶牛基地及浙江省第一条具有国际先进水平的纸盒无菌罐装生产线，产品远销至欧洲各国，深受海内外消费者的欢迎。

**云南YUNNAN** | 云南邓川蝶泉乳品有限责任公司

具有四十多年历史的国家大二型企业，固定资产1.2亿元。拥有具有国际先进技术的奶粉加工生产线、乳制饮料生产线、保鲜奶生产线及乳制品综合加工生产线，日处理能力190吨。云南省出口创汇大户，出口产品产量最高达公司总产量的70%。

新希望集团
NEW HOPE GROUP

**四川省成都市新开街1号·金竹大厦4层**
电话：028-86658444转840/806/809/829
传真：028-86658444 转 840
联系人：王小姐 谢小姐

均瑶乳业
ISO9001:2000质量管理体系认证企业
绿色食品认证企业
中国学生饮用奶指定企业
国家质量管理协会认证企业
中国乳制品十大企业之一
中国液体乳专业生产企业
当阳基地
无锡基地

上海基地

均瑶牛奶
MILK JUNYAO
均瑶纯牛奶
高钙
鲜牛奶
High Calcium
Fresh Milk

宜昌基地

绿色食品
LB—31—0201173731

SCHOOL MILK OF CHINA
学
中国学生饮用奶

# 北京奶牛中心

## Beijing Dairy Cattle Centre

国家重点高科技、产业化奶牛良种繁育基地

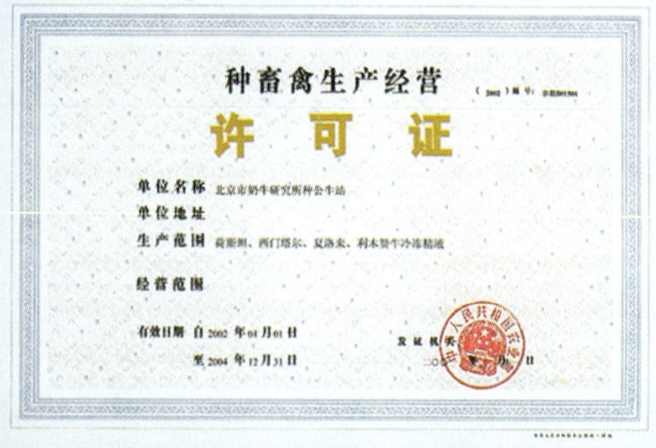

种畜禽生产经营

许可证

单位名称 北京市奶牛研究所种公牛站

单位地址

生产范围 荷斯坦、西门塔尔、夏洛来、利木赞牛冷冻精液

经营范围

有效日期 自2002年01月01日

至2004年12月31日

◀ 种公牛站2002年首批获准农业部换发《种畜禽生产经营许可证》

▶ BDCC牌牛冷冻精液再次荣获’2001年中国名牌产品称号

证 书

北京奶牛中心：

你单位BDCC牌荷斯坦牛冷冻精液被认定为2001年中国国际农业博览会名牌产品。

特发此证

▲优秀公牛 94166ET

公牛舍

▲优秀公牛 96018ET

胚胎产业化基地

▲优秀公牛 94108ET

▲优秀公牛 94165ET

北京奶牛中心是我国重点奶牛繁育和推广中心，2001年被国家计委命名为“国家高技术产业化示范工程”。主要任务是面向全国提供优良种牛冷冻精液、优质胚胎及配套技术服务。种公牛站饲养从美国和加拿大进口胚胎移植培育的优秀荷斯坦种公牛98头及西门塔尔、夏洛来、利木赞及和牛等肉用种公牛18头，年产优质冻精300万剂。冻精供应全国31个省市自治区，并曾出口到巴基斯坦，产销量连续七年全国第一。BDCC牌牛冷冻精液2001年再次荣获冻精全国“名牌产品”称号。

北京奶牛中心以“产业化、高科技、名牌企业”为发展方向，致力于全国奶牛的遗传改良和社会化服务。愿与奶业同仁携手共创中国奶业21世纪的新辉煌！

▲优秀公牛 94138ET

用北京公牛冻精，走养牛致富之路！

地址：北京市德胜门外清河南镇　邮编：100085

电话：010-62948028　62948029　62942334

传真：010-62940663

网址：http://www.BDCC.com.cn

全国人大代表、全国劳动模范、西安银桥乳业集团董事长刘华国

西安银桥股份有限公司
XI AN YINQIAO COMPANYLTD.

※ 中国乳品行业十强企业

※ 中国农业产业化经营20大龙头食品企业

※ 中国西部地区乳制品产销量最大骨干企业

※ 全国十大乳品企业中率先通过ISO9002国际质量体系和产品质量认证

※ 中国学生饮用奶定点生产企业

※ 陕西省乳品行业龙头企业，农业产业化龙头示范企业

现代化的生产厂区

2002 年 6 月 5 日，陕西省委书记李建国在省委副书记、西安市委书记栗战书、市长孙清云等有关领导的陪同下视察了银桥集团。图为李建国书记参观集团的饲料基地

刘华国董事长深入车间指导工作

地　址：中国·西安临潼经济开发区
电　话：029—3886868
传　真：029—3886998
邮　编：710600

西北地区最大的绿色奶源基地

## 企业简介

南京奶业（集团）有限公司历史悠久，始于1928年宋美龄女士创办的“遗族学校实验牧场”，迄今已有74年历史。现系国家农业部等八部委认定的国家产业化重点龙头企业。公司主营乳及乳制品，兼营房地产、生化制药、饲料加工等，是以乳为本，多种经营的大型乳品企业集团。

2001年公司被中国食品工业协会认定为中国农业产业化经营二十大龙头企业，全国食品五十强重点企业。先后被国家农业部及江苏省有关部门认定为“中国学生奶定点生产企业”。2001 年“卫岗”商标再次被评为江苏省著名商标，卫岗乳品是第六届世界华商大会指定饮品。

地址：中国南京童卫路 7 号
电话：（86－25）4872423
传真：（86－25）4875156
邮编：210014
网址：WWW.njdairy.com
电子信箱：dairy@nj.gov.

先进的乳品加工生产线

封闭式挤奶车间

## 优质奶源

卫岗乳品的长盛不衰得益于拥有的优质、无污染的奶源。先后建立的汤泉奶牛场、仙林第一牧场，西岗奶牛场、泰州奶牛场、芜湖奶牛场和新沂奶牛场等大型奶牛基地，饲养健康奶牛 2 万余头，其中汤泉机械化奶牛场栏存奶牛 2 000 余头，是华东区最大、生产水平领先的花园式现代化牧场。

屋顶包牛奶

瓶装牛奶

澳宝饮品

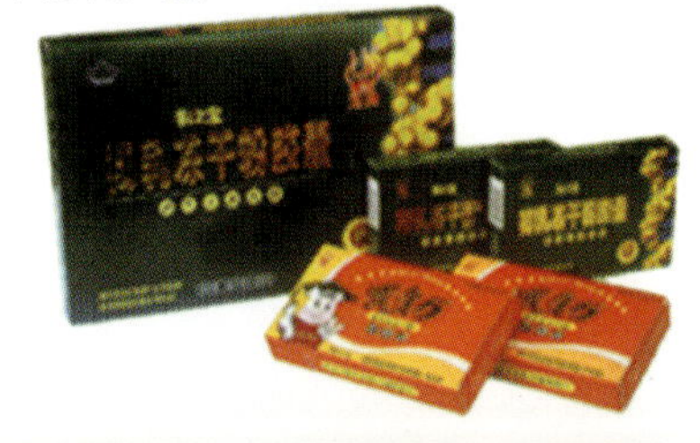
牛初乳产品

## 优质产品

集团遵循“洁白无瑕的奉献，客户满意的追求”质量方针，以“改善营养结构，强壮民族素质”为己任，顺应国际乳品工业的发展趋势，坚持高起点的发展道路，实施技术改造，推广应用新技术、新设备、新工艺。卫岗乳品拥有消毒牛奶、酸牛、含乳饮料、天元奶、超高温灭菌奶、果汁饮料、奶粉和纸盒屋顶包奶等八大系列八十多个品种，满足了不同消费者的营养需要。

南京奶业（集团）有限公司创造机遇把握机遇，引进外资，正全力打造一个多元化的乳品王国。

卫岗

# 山西古城乳业

山西古城乳业集团有限公司组建于1997年10月，其核心企业山阴城奶粉厂起步于1976年的一家仅有七头小奶牛的乡办小农场，1982年发展到280头，1983年贷款40万元筹建奶粉厂，20多年来在党的改革开放政策的指引下，依靠全体员工的艰苦创业、团结进取，现已发展成为全国"十大"乳制品集团公司之一、IDF中国国家委员会会员单位、中国食品工业协会团体会员。公司先后荣获："省级先进企业"、"全国食品行业百家经济效益企业"和"科技先导型企业"称号，1997年被中国食品工业协会评为全国"食品行业质量效益型先进企业"，2000年被农业部等八部委审定为全国151家农业产业化国家重点龙头企业之一，2001年山西省委、省政府授予模范单位称号、中华全国总工会授予"全国五一劳动奖状"、中国"食协"评为"国家重点食品工业企业"。

公司董事长乔道首是山西省第十届人大代表。

公司现有职工638人，拥有总资2.36亿元，银行信用度为AAA级。日处理鲜奶能力达800吨，年产系列乳制品6万吨，主导产品系列奶粉、灭菌奶、冷冻饮品、食品。

公司技术力量雄厚，现有各类工程技术人员228人，占到公司职工总数的30%，其中高级工程师28人。1999年原公司级内部科研机构山西古城乳品研究开发中心被山西省经贸委、国税局、地税局、太原海关联合认定为"省级企业技术中心"，成为华北地区乳制品行业唯一的省级企业技术中心，技术中心同国内外乳制品学科的科研院所广泛合作、建立协作关系，聘请乳品界专家教授担任技术开发顾问，以保证企业发展的需求。

1992年以来，公司先后投资上亿元进行了四次大型技改扩建，建起了国内同行业一流水平的系列配方奶粉生产车间，1995年率先引进了德国BOSCH公司生产的万吨奶粉全自动真

# 集团有限公司

空充氮包装生产线，96年在同行业较早地引进了具有二十世纪末期世界先进水平的德国PKL公司康美包鲜奶无菌保鲜包装生产线、配套英国APV公司的管式超高温灭菌机生产系列灭菌奶产品，1999年在乳品行业较早地引进丹麦FOSS公司的远红外乳品全分析仪和FT90体细胞检测仪。针对近年来乳制品消费市场、乳制品结构性变化的市场动态，经国家计委批准投资19 066万元扩建年产液体奶16万吨的乳制品加工专项扩建工程，2002年开工建设，项目第一期工程已完成六条生产线建设，生产能力达到6万吨／年，2005年项目全部完成达产达效。届时山西古城乳业集团有限公司总资产达到5亿元，日处理鲜奶能力达到800吨，年产系列乳制品能力为20万吨，完成销售收入10亿元，实现利税2亿元，其中上缴税金1.1亿元，成为朔州市首家上缴税金超亿元的的地方企业。到目前为止，公司生产工艺设备达到国内一流水平，部分达到了国际先进水平。

恒优的质量、完善的服务为古城乳品赢得广阔的市场和消费者的认同，市场占有率逐年增长。古城商标是山西省著名商标。古城牌系列乳制品是中国十大乳品上榜品牌、中国食品行业名牌产品，系列产品全部通过了“绿色食品”认证，1997年被评为山西省免检产品，1999年获首届中国国际农业博览会名牌产品称号，2000年被国家质量技术监督局评为“质量达标合格食品”，2001年被评为“山西省标志性名牌产品”、系列婴幼儿配方奶粉、系列灭菌奶被国家监督检疫总局评为“全国免检产品”。

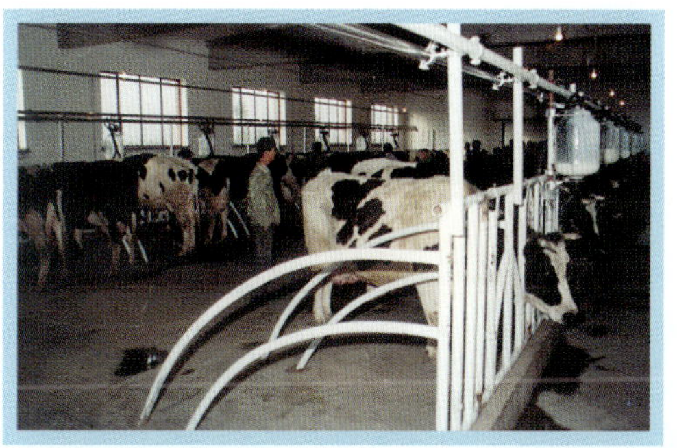

公司经济效益显著，位居山西省同行业第一，全国同行业先进水平，全员劳动生产率连续十五年居全国同行业第一流水平。2002年公司完成销售收入5.21亿元，上缴地方税金3 154万元，实现利润3 174万元。

**公司地址**：山西省山阴县古城镇乳品开发区

**法人代表**：乔道首　董事长　　**总 经 理**：李忠祥

**电　　话**：0349－7082088　7082003　　**传　　真**：0349－7082001

http：//www.shanxigucheng.com　　E－mail：clj@shanxigucheng.com

恒康

拉开
天生丽质
绝色超群
恒康
丽酸乳
乳酸菌饮料
Yoghurt Drink
净含量500ml

恒康
纯牛奶
全脂
恒康，更健康！

营

恒康
酷牛一族
乖乖牛
乐酸乳
原味
更酷
更健康
净含量：200ml

恒康
酷牛一族
霹雳牛
鲜牛奶
铁+锌+钙
更酷
更聪明
净含量：200ml

恒康
酷牛一族
聪明牛
鲜牛奶
A+D
钙奶
更酷
更聪明
净含量：200ml

恒康
酷牛一族
超酷牛
乐酸乳
草莓味
更酷
更健康

爱如潮
野生
酸枣汁
Wild Jujube Juice
野生
沙棘汁
Seabuckthorn Juice
野生
海红果汁
Wild Chinese Flowering Crabapple Juice
500ml

地址：山西太原市寇庄南街81号
邮编：030012
电话：0351-7241888-8958
传真：0351-7222498

养从恒康开始

# 大庆银螺乳業
DAQINGYINLUODAIRYBUSINESS

总经理 刘树清先生

General Manager Mr.Liu Shuqing

## 大庆市银螺乳业有限公司

大庆市银螺乳业有限公司是黑龙江省大型民营骨干企业，组建于2000年5月，是集饲草种植、饲料加工和生产、奶牛肉牛养殖、鲜奶加工和销售、房地产开发、餐饮服务为一体的省级产业化龙头企业。公司现有固定资产总值6.8亿，净值1.5亿，资产负债率为39.3%，银行资信等级为AAA级。

为加快奶业发展，2000年公司利用自身强大的经济实力，投资3.2亿元，通过兼并整合，先后租赁草原30万亩、青贮地10万亩，购奶牛6 200头，新建标准化牛舍61 000平方米，购买自动化挤奶设备，完成了银螺乳业生产加工的基地建设，为公司进一步发展奠定了基础。

2002年以来，在省市领导及各有关部门的大力支持下，在全体员工的辛勤努力下，公司各项工作取得了飞速发展。

在奶牛繁育基地建设上，今年又新建牛舍5万平方米，新建大型挤奶站2座，场区道路5公里，场区绿化6延长公里，上半年完成了由加拿大引进的1 000枚高产奶牛胚胎移植成功，奶牛头数已由年初的6 200头增加到7 200头，现日产鲜奶60多吨。企业发展带动了周边上万种粮户和饲草种植户的致富，为近千名下岗职工实现了再就业。

在奶牛存栏规模建设上，公司计划利用3年时间，建成全国最具规模的现代化、高水平、花园式的优质奶牛繁育基地。奶牛总规模达到3万头，年产鲜奶15万吨。这一目标公司计划分三个阶段来实现：2002年，在奶牛存栏6 200头的基础上，至年底达到10 000头；2003年，奶牛存栏规模达到20 000头；2004年奶牛养殖规模达到30 000头。

在乳品加工基地建设上，公司引进世界最先进的液体奶加工技术设备，建成年产15万吨的液体奶加工厂，2002年建成一期工程；到2003年底，建成液体奶加工二期工程，预计2003年初可试投产，总加工量达到15万吨，实现高温灭菌奶、酸奶新型功能性奶饮料、高品质冰淇淋生产加工，肉牛屠宰加工等综合性加工产品销售总收入实现8～10亿元目标。

刘树清董事长同美国肯塔基州州长一起洽谈

Mr. Liu Shuqing, Chairman of the Board of Yinluo Dairy Products Group met with the Former Governor of Kentucky in USA

2001年9年20日，宋法棠省长率省经济代表团赴加拿大阿尔伯达省，在友好二十周年庆祝会上，刘树清总经理与加拿大畜牧公司签定引进高产优质奶牛合同，并合影留念

On September 20th, 2001, Mr.Song Fatang, Governor of Heilongjiang, visted Alberta, Canada with his economy delegation. At the 20th anniversary celebration for friendship, Liu Shuqing, the general manager signed a contract of introducing high yield and high quality milk cows with Canada animal company. Liu also took pictures together with Canadian friends

# 大庆銀螺乳業

DAQINGYINLUODAIRYBUSINESS

农业部副部长刘成果视察牛场

Mr. Liu Chengguo, Vice Minister of Ministry of Agricultule,visited the cattle farm

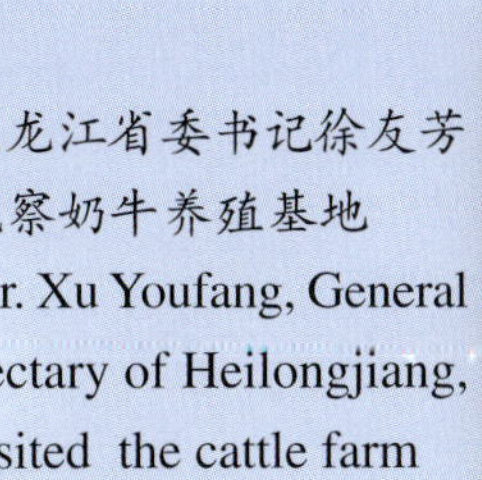

黑龙江省委书记徐友芳视察奶牛养殖基地

Mr. Xu Youfang, General Sectary of Heilongjiang, visited the cattle farm

集团公司青贮饲料生产基地

The Silage Production Base of Yinluo Dairy Products Group

集团优质奶牛繁育基地

The Breeding Base of Quality Dairy Cattle of Yinluo Dairy Products Group

年产15万吨液体奶系列产品加工厂

The Production of 150,000 tons Liquid Dairy Factory of Yinluo Dairy Products Group


地　　址：黑龙江省大庆市高新技术产业开发区建设路6号皇宫饭店

电　　话：0459–6280860　　传　　真：0459–6280865

邮　　编：163316　　E–mail:daqingyinluo0459@163.com

# 花花好朋友

HUAHUANIUHAOPENGYOU

董事长：李文献

1998年底，河南花花牛实业股份有限公司正式成立，公司注册资金1000万元。公司主要产品有消毒牛奶、酸奶、奶饮料、和冷饮、速冻元宵等五个系列近二十个品种，“花花牛”在郑州市场占有率行业排名第一，“花花牛”品牌成为郑州市民家喻户晓的知名品牌。

从1999年以来，花花牛发展十分迅猛。产品年销售额平均以近80%的增长速度递增。预计2002年产品销售额达1.5亿元，产品销售范围辐射全省十八个地市、七十余县及周边省市，公司先后荣获“河南省十佳品牌”、“河南省免检产品”等多项荣誉。公司现拥有员工800余人，其中各类专业技术人员占60%以上，拥有固定资产1.2亿元，已形成日处理鲜牛奶460吨的生产能力，生产高、中、低档系列乳制品六十多个品种。已成为河南省最大的乳品生产企业，生产能力跨入全国前十名。

2002年10月16日，“花花牛”与中国乳业三巨头之一——石家庄三鹿集团股份有限公司，通过强强联合共同组建了“河南三鹿花花牛乳业有限公司”，注册资本7600万元，双方各占50%股份，共同使用“花花牛”和“三鹿”品牌。新公司将借助“三鹿”在品牌、市场网络、管理、技术、资金等优势，提升公司经营管理水平，实现花花牛的二次腾飞，我们相信“花花牛”的明天将更加美好。

中国学生饮用奶SMC02032
SCHOOL MILK OF CHINA
学生奶
香草牛奶
净含量:200ml
昆明雪兰牛奶有限责任公司
雪里香
100%MILK 1000ml
雪兰
纯鲜牛奶
净含量：1000毫升
生产日期
本品需冷藏
拉开
雪兰乳品
草莓酸奶
STRAWBERRY YOGHURT
250ml
橘子牛奶
净含量:250毫升

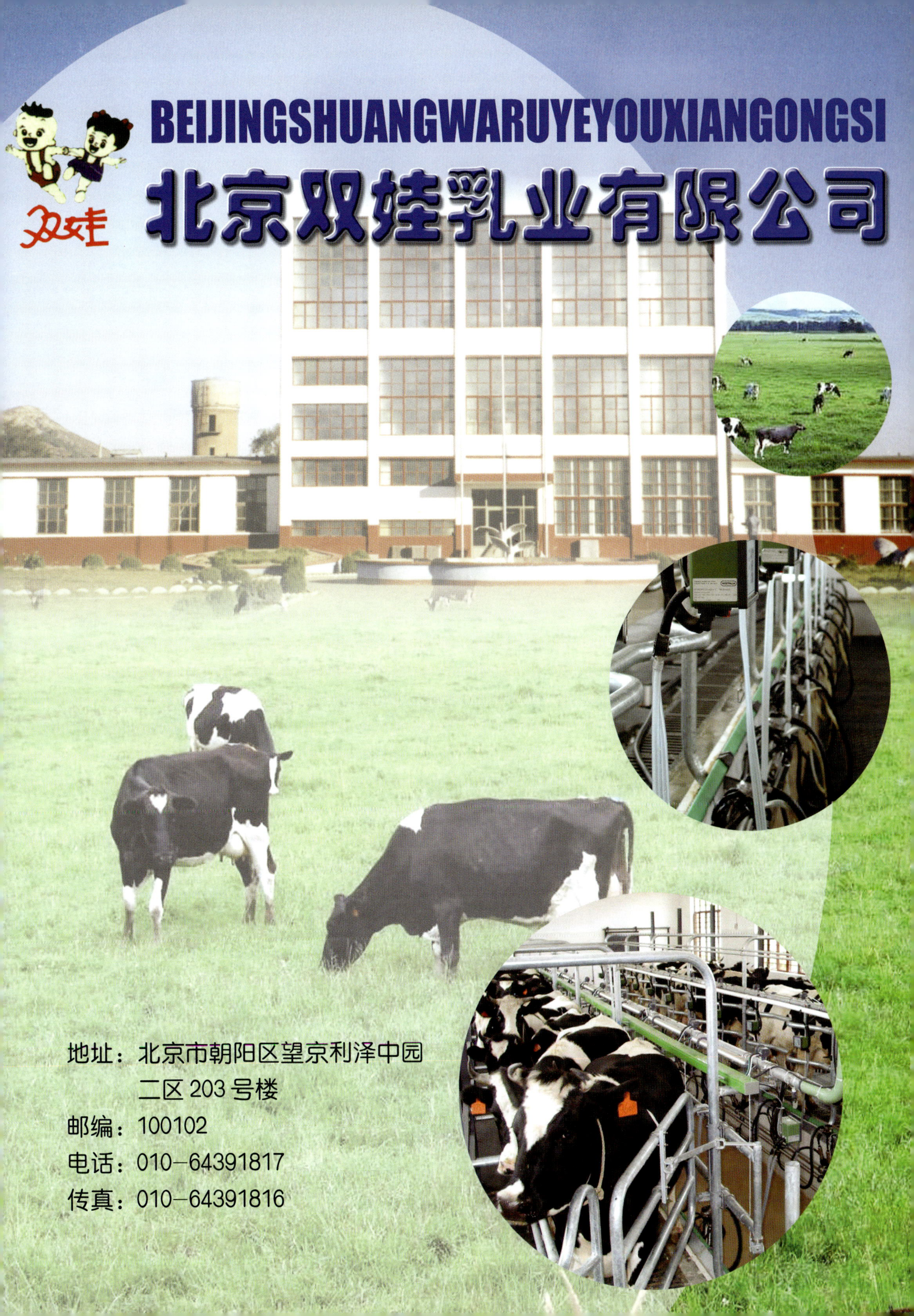

BEIJINGSHUANGWARUYEYOUXIANGONGSI

# 北京双娃乳业有限公司

# 广美香满楼畜牧有限公司

始建于1987年，是中国历史上外商在华投资创办的第一家奶业美商独资企业，总投资约为1500万美元。现拥有从美国、加拿大、丹麦等国引进繁育的良种荷斯坦奶牛2500多头，是我国目前华南地区规模最大的单一奶牛场。本公司实行产、供、销一条龙运营，奶牛场采用西方牧场现代化的管理方法，所有生奶全部沿用国际化出口标准，即牛奶的各种理化指标和微生物指标及抗生素要求符合国际标准甚至优于该标准。公司于2001年通过ISO9001国际质量体系认证，产品除供应广州市民外，还出口供应香港市民，拥有较 高的市场声誉，旗下的

牛奶更是深受消费者喜爱的品牌。

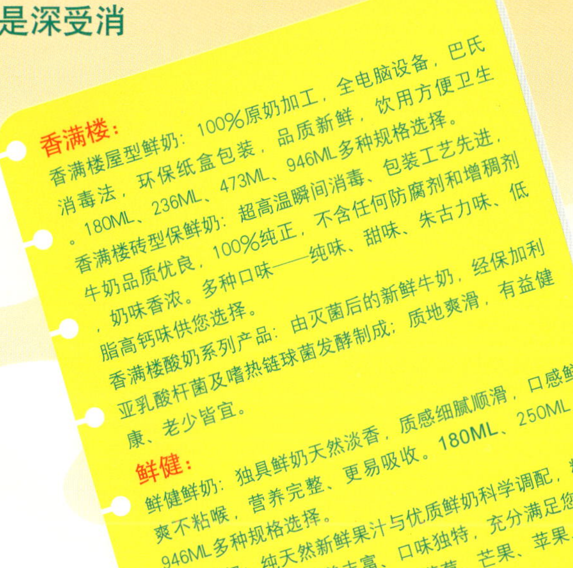


鲜健

FRESH 'N HEALTHY

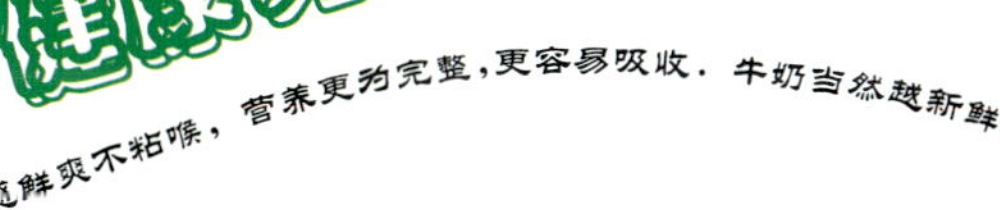

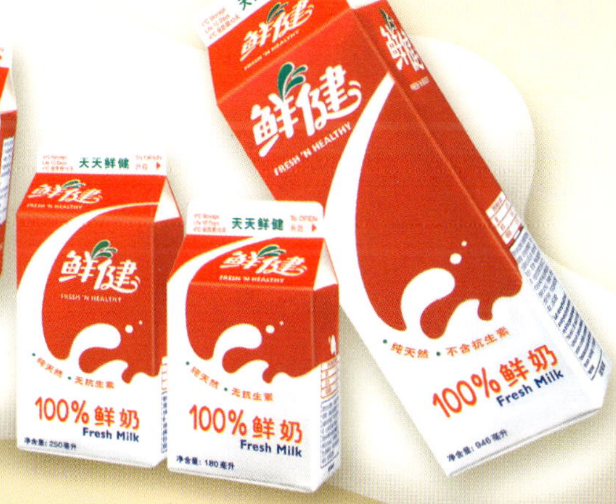


为增进大众健康服务

广州香满楼畜牧有限公司

地址：中国广州市东圃新塘　　服务热线：82373183

# 江西金牛企业集团公司

集团党委书记　傅小山
国家江西（南昌）农业科技园管委会主任

集团总经理　席德三
英雄乳业股份有限公司董事长

江西省委书记孟建柱同志来公司视察工作

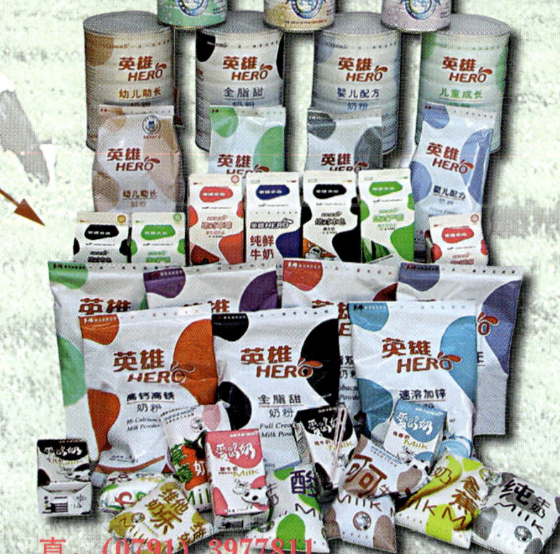



通讯地址：中国江西南昌蛟桥
电　　话：(0791) 3975851
Telephone：(0791) 3975851
邮　　编：330044
销售热线：(0791) 3975723（精液）
(0791) 3975810（良种母牛）
(0791) 3976584（乳制品）

传　　真：(0791) 3977811
Tax：(0791) 3975811
Postcade：330044
服务热线：(0791) 3975723（精液）
(0791) 3975810（良种母牛）
(0791) 3976584（乳制品）

根植大地
共享成长
九州大地
饲料 兽药 草业 工贸
产品全 顾客有求必应 品质优 顾客使用放心 服务好 顾客容易沟通 管理佳 企业精益求精

TIANYUAN INDUSTRY

项目策划 → 装备设计 → 制造加工 → 安装调试 → 人员培训 → 维修保养

干燥设备

闪蒸脱汽机组

自动UHT板式超高温杀菌成套设备

三效浓缩锅

二效浓缩锅

理想的生产设备 优质的工艺技术

室外奶仓

发酵罐

**一、容器类：**

冷热罐、老化罐、发酵罐、无菌贮罐、露天贮罐、搅拌桶、调配罐、贮罐、制冷罐、夹层锅、化糖锅、反应锅、真空渍渗罐、蒸煮锅

**二、浓缩设备：**

盘管式浓缩锅、升膜式连续浓缩锅、双效、三效降膜蒸发器、三效节能蒸发器、真空减压浓缩锅、蒸馏回流浓缩锅、双效薄蒸发器、球形真空浓缩锅。

**三、单机设备：**

高压均质机、液体装机、板式热交换机、冰淇淋凝冻机、冻结槽、CIP清洗设备、冷却器、卫生泵、浓浆泵、双效配套泵、胶体、打浆机、洗果设备、灌装设备、糖化设备、多功能提取罐、真空脱气机、干燥塔(箱)设备。

**四、灭菌设备：**

UHT超高温瞬时灭菌机、杀菌机、杀菌锅、管式消毒器、真空杀菌脱腥机、紫外线灭菌机。

**五、过滤设备：**

砂棒过滤器、硅藻土过滤机、板框过滤机、糖浆过滤器、双联过滤器、中空纤维过滤器、反渗透装置、精密过滤器、机械过滤器、活性炭过滤器、阴阳离子交换设备、臭氧设备。

**六、阀门管件(卫生级)：**

旋塞阀、蝶阀、截止阀、球阀、气动阀、弯头、三通管、活接头、大小异径接头、法兰、管道交换器、管道视镜、不锈钢管材等。

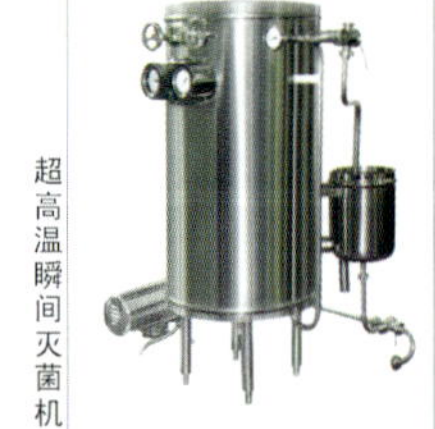

超高温瞬间灭菌机

- 奶粉成套生产线；
- 液态奶乳酸奶成套生产线；
- 豆粉花生粉南瓜粉成套生产线；
- 纯净水矿泉水成套生产线；
- 冰淇淋雪糕成套生产线；
- 自酿啤酒成套生产线；
- 酱油醋成套生产线；
- 果汁成套生产线；
- 果酒成套生产线；
- 茶类饮料生产线；
- 肉类加工罐头成套生产线；
- 制药生物工程成套设备；

牛奶冷却保鲜罐

# 福建长富集团股份有限公司

董事长：陈学坤　　总经理：田元智

福建长富集团有限公司创建于1998年3月，2002年2月6日改制为福建长富集团股份有限公司，注册资金2.168亿元，公司资产总额5.5亿元，在册员工414人，其中专业技术人员110人。

公司创立以来，始终坚持以科技为先导，以经营创新为突破口，以产业链为纽带，严格按照市场经济规律进行运营，经过4年多的努力，已发展成为福建省规模最大的集奶牛饲养、牧草种植、饲料加工、乳品生产销售一体化经营的奶业基地，也是全国自建牧场规模最大的乳业基地。公司先后被评为农业部“全面质量管理达标单位”、“全国乡镇企业创名牌重点企业”、“省调整优化经济结构重点企业”、“农业产业化省级重点龙头企业”，并在省内乳品行业中首家通过ISO9002国际质量体系认证，是福建省乳品行业唯一一家批准成立博士后流动工作站的企业。2001年公司共生产长富牌系列乳制品2.78万吨，实现销售收入1.51亿元，上交税款837万元，分别比上年增长83%、82%和473%。2002年1-10月公司共生产乳制品37571万吨，实现销售收入2.05亿元，分别比去年同期增长79.30%、71.73%，截止至10月底，奶牛存栏数达1.96万头。

目前公司生产的产品有纯牛奶、酸奶、风味奶、乳酸菌饮料、初乳粉五大类20多个品种规格，日产量达160余吨。产品销往福建全省及江西、浙江、广东的部分县（市），固定冷链经销网点已达4100多个，而且还开辟了邮政投送、超市连锁、128电话订奶等销售渠道。长富牛奶口感纯正，品质卓越，先后获得“绿色食品”、“无公害农产品”、“国家免检产品”、“福建省名牌农产品”、“福建省消委会推荐商品”等荣誉称号。同时还获得了全国“定量包装产品计量保证合格标志”使用权，是农业部、教育部等部委确定的“中国学生饮用奶定点生产企业”。经过几年的努力，长富牛奶已成为福建第一乳品品牌。

国内首家引进当今世界最先进的转盘式挤奶台

地　址：福建省南平市长富路168号　邮　编：353000　电　话：0599-8635188　8635788　传　真：0599-8635

# 贵阳三联乳业有限公司

贵阳三联乳业有限公司是贵州省规模最大、实力最强的乳业企业，公司占地26平方公里，拥有万余亩天然草场。现有职工2255名，其中专业科技人才400余人。目前存栏奶牛5600余头。近两年来，公司研究开发推出“超高温灭菌奶”、“维生素AD钙奶”、“特浓牛奶”、“双歧因子奶”、“山花”牌奶粉等袋装、瓶装、纸盒包装“山花”牌系列乳制品达35种，目前产品市场份额占省会贵阳市场的90%以上，销售网点基本上覆盖贵州全省各地、州、市。2002年，公司已被认定为农业产业化国家重点龙头企业，并顺利通过ISO国际质量管理体系认证。

地址：贵州贵阳市兴关路19号
邮编：550002
电话：0851-5562457
传真：0581-5568323

印纸盒有限公司
PRINTING CARTON CO.,LTD.
纯牛奶
100%
海子
100鲜果
100%FRESH GRA
派
pai
早餐奶
MILK
汇源
高纤维
100%
100%
怡爽
Yishuang Milk
你有约
妙士
XUEQIYOGHURT
妙乳
纯鲜牛奶
哈密瓜 牛奶
甲天下

挪威船级社(DNV)ISO9001
质量管理体系认证

## Our business field

Fresh milk, yoghurt Fruit drink Beverage pure water of albumen of plant of beverage of drink tea of cold, mineral water flavouring Fine chemistry industry Other liquid of drinks

## 我们的业务领域

鲜奶　酸奶　果汁饮料　冷饮　茶饮料　植物蛋白饮料纯水　矿泉水　调味品
精细化工　酒类　其它液体类

## 我们可提供的产品系列

乳化设备　发酵设备　热交换设备　过滤设备　杀菌设备　CIP清洗设备　水处理系统配料设备
贮存容器　液体输送设备　卫生阀门管件

## Product series which we can offer

Emulsification, fermented equipment Hot exchange equipment Filter plant Disinfect equipment CIP wash the batching equipment of process system of ink of equipment Store the container The liquid sends the equipment Hygiene valve, pipe fittings

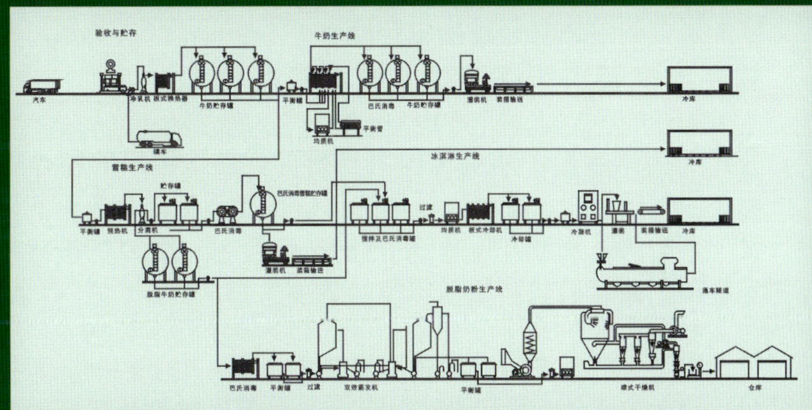

温兄企业
WENXIONG INDUSTRY

**温兄公司总部**
地　　址：温州永强高新区
销售热线：0577-86922388
售后服务：0577-86922387
传　　真：0577-86922389
邮　　编：325024

**HQ of Wenxiong Co., Ltd.**
Yongqiang Hi-tech Industry Park of Wenzhou
Sales hotline:0577-86922388
After-sale hotline:0577-86922387
Fax:0577-86922389
P.C:325024

**沈阳温兄公司**
地址:和平区太原南街188号
销售热线：024-23512388
售后服务：024-23519388
传　　真：024-23512389
邮　　编：110001

**Shenyang Wenxiong Co., Ltd.**
No.188 South Taiyuan Street, Heping District
Sales hotline:024-23512388
After-sale hotline:0024-23519388
Fax:024-23512389
P.C:110001

**西安温兄公司**
莲湖区环城西路北段正7号
销售热线：029-8638186
售后服务：029-8643326
传　　真：029-8643321
邮　　编：710082

**Xian Wenxiong Co., Ltd.**
No.7 North section of Huancheng West Road, Lianhu District, Xian
Sales hotline:029-8638186
After-sale hotline:029-8643326
Fax:029-8643321
P.C:710082

**兰州温兄公司**
兰州市西津西路566号
销售热线：0931-2502577
售后服务：0931-2502579
传　　真：0931-2502579
邮　　编：730030

**Lanzhou Wenxiong Co., Ltd.**
No.566xijin West Road Lanzhou City
Sales hotline:0931-2502577
After-sale hotline:0931-2502579
Fax:0931-2502579
P.C:730030

**哈尔滨温兄公司**
哈尔滨市道外区景阳街240号
销售热线：0451-8300778
售后服务：0451-8301778
传　　真：0451-8300778
邮　　编：150020

**Haerbin Wenxiong Co., Ltd.**
No.240Daowai Jingyang Street Haerbin City
Sales hotline:0451-8300778
After-sale hotline:0451-8301778
Fax:0451-8301778
P.C:150020

**贵阳温兄公司**
贵阳市新添大道南段284号
销售热线：0851-6608088
售后服务：0851-6608677
传　　真：0851-6608677
邮　　编：550004

**Guiyang Wenxiong Co., Ltd.**
No.284xitian Road(N) Guiyang City
Sales hotline:0851-6608088
After-sale hotline:0851-6608677
Fax:0851-6608677
P.C:550004

**成都温兄公司**
成都市交大路222号 机械商城B区56号
销售热线：028-86475758
售后服务：028-86475759
传　　真：028-86475759
邮　　编：610031

**Chengdu Wenxiong Co., Ltd.**
No.222 Jiaoda Road Chengdu, No.56 (B)Machinery Company's city
Sales hotline:028-86475758
After-sale hotline:028-86475759
Fax:028-86475759
P.C:610031

**北京温兄公司(筹)**
北京丰台区六里桥南里
销售热线：13911005858
售后服务：
传　　真：
邮　　编：

**Beijing Wenxiong Co., Ltd.**
Nanli, Liuli Qiao, Fengtai District, Beijing
Sales hotline:13911005858
After-sale hotline:
Fax:
P.C:

**上海温兄公司(筹)**
销售热线：
售后服务：
传　　真：
邮　　编：

**Shanghai Wenxiong Co., Ltd.**
Sales hotline:
After-sale hotline:
Fax:
P.C:

**广州温兄公司(筹)**
销售热线：
售后服务：
传　　真：
邮　　编：

**Guangzhou Wenxiong Co., Ltd.**
Sales hotline:
After-sale hotline:
Fax:
P.C:

# 全球最大液体包装纸板供应商

Stora Enso在包装纸板和原底纸板领域处于世界领先水平，产品丰富，规格齐全。凭籍其全面出色的涂装能力，Stora Enso也是欧洲最大的液体包装纸板生产商。

**其产品主要应用于液体及食品包装领域。**

公司的运作涵盖了从森林伐木开始直至最终用户的整个生产过程，同时还为用户提供大规模的科研开发服务以及先进的环保技术。所有的技术和经验造就了Stora Enso独一无二的纸板材料，为各种创新性的包装提供完善的解决方案。

凭借其强大的生产规模和全面的服务范畴，Stora Enso可提供及时、可靠和个性化的服务，从而进一步促进其与全球客户的业务往来。

请登陆我们的网站：**www.storaenso.com**

**斯道拉恩索中国销售部**

香港办事处

联络人：陈炳堂

香港告士打道280号
世界贸易中心3605-6室
直线+852 2126 5018
电话+852 2312 1223
手电+852 9026 1997 (香港)
+86 1360 220 2606 (中国)
传真+852 2576 1480
donny.chan@storaenso.com

斯道拉恩索
液体
包装纸板

STORAENSO
what paper can do

# 页 域

1972年初进入

、上海、北京

市设立了办事

和昆山分别设

产厂，以及技

中心及加工设

88

80

om

备生产厂，从而进一步提升利乐公司在中国本地化的生产与销售业务，并于市场策划及推广、加工生产及技术支援、机器维修及零配件供应等各方面为中国客户提供完善而专业的服务。

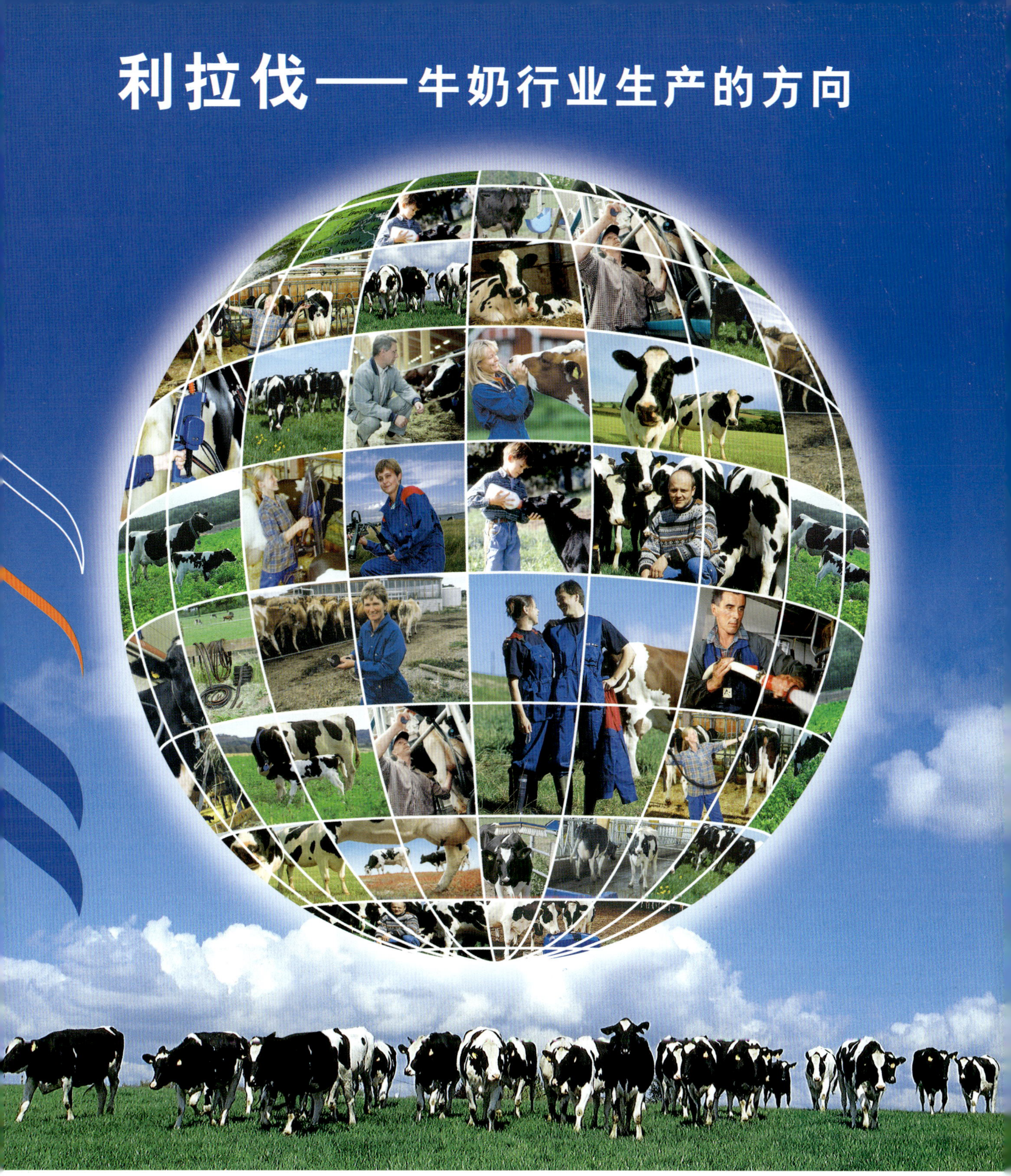

XINMAO

# 北京鑫茂嘉旭进出口有限公司

是国内屈指可数的
专业经营活畜进出口公司之一

24小时热线：13901286050　付　钢

## 《中国奶业年鉴》编辑委员会

主　　编　刘成果

副 主 编　贾幼陵　魏克佳　王晓方　牛　盾　何新天
　　　　　宋昆冈　徐定人　傅玉祥　周诗平　方有生
　　　　　王怀宝　蒋建平　豆　明

编辑部主任　豆　明

编辑部编辑　钱嫦圭　张玉珍　于文龙　李凯燕　陈联奇
　　　　　王　军　王晓红　陈树伟　朱先春　胡建琴
　　　　　崔艳艳　罗艳红　姜竹茂　张增英

版式设计　胡至幸　韩小丽

特邀编辑

刘文奇（北　京）　曲金铎（天　津）　杜　勇（河　北）
王印魁（山　西）　那达木德（内蒙古）　林仁堂（辽　宁）
罗文生（吉　林）　王存国（黑龙江）　陈　新（上　海）
刘　敞（江　苏）　戴旭明（浙　江）　李赛明（安　徽）
梁全顺（福　建）　席德三（江　西）　张思聪（山　东）
宋洛文（河　南）　曹克运（湖　北）　罗运泉（湖　南）
林树斌（广　东）　许　政（广　西）　邢贻强（海　南）
薛继春（重　庆）　李　谦（四　川）　廖正录（贵　州）
陈德端（云　南）　曹仲华（西　藏）　郭庆宏（陕　西）
孔照芳（甘　肃）　殷生宏（青　海）　罗晓瑜（宁　夏）
高庆超（新　疆）　刘英虎（石家庄）　雷秀敏（太　原）
巴根那（呼和浩特）　李殿文（沈　阳）　范　颖（大　连）
刘金胜（哈尔滨）　叶剑华（杭　州）　李德源（厦　门）
杨永东（青　岛）　黄继根（武　汉）　王丁棉（广　州）
张　倩（昆　明）　王伟民（西　安）　李景芳（乌鲁木齐）
刘加文（农业部畜牧兽医局）　林典生（农业部农垦局）
李昌健（农业部科教司）　石有龙（全国畜牧兽医总站）
殷成文（农业部奶类项目办）　汤艳丽（农业部信息中心）
孙梅君（国家统计局）

# 编 辑 说 明

奶业在国民经济中的地位和作用日益重要，奶业具有产业链长、附加值高、经济效益和社会效益俱佳的特点。大力发展奶业，有利于改善城乡居民膳食结构，提高人民身体素质；有利于调整农业和农村产业结构，增加农民收入；有利于带动相关行业产业发展。大力发展奶业，对加快推进全面建设小康社会、实践"三个代表"具有重大现实意义。为了促进我国奶业健康、持续、稳步发展，经农业部批准，由中国奶业协会主持编纂《中国奶业年鉴》，2002年卷为首卷本，以后每年出版一卷。

《中国奶业年鉴》是农业部年鉴系列中最新编纂的一部重要产业年鉴，是客观记述我国奶业发展历程的大型综合性资料工具书，是中国奶业发展的编年史册，是中国奶业信息建设的重要组成部分，具有政府公报性质。编纂《中国奶业年鉴》是中国奶业协会在市场经济条件下，服务行业发展的重要工作内容。

《中国奶业年鉴》编委会由全国人大常委会和农业部、国家经贸委、科技部、国家统计局、国务院发展研究中心、国家学生饮用奶计划办公室、中国奶业协会、中国乳制品工业协会、中国科学院、中国社会科学院、中国农业科学院、中国农业大学等部门的领导、专家和企业家组成，特邀编辑由各省、自治区、直辖市和计划单列市相关主管部门和奶业协会的负责同志担任，编委和特邀编辑共同组成本刊编撰队伍。

《中国奶业年鉴》(2002) 主要记载我国奶业发展方针、政策和措施，记载我国畜牧业、草业、饲料工业、食品工业和轻工业"十五"计划和2015年远景规划，全面反映我国奶业发展现状，包括饲草饲料、奶畜养殖、乳制品加工、乳制品消费等整个产业链发展的基本态势；记载我国奶业及相关行业重要科技成果，以及奶业企业发展的典型经验和业绩；记载我国重要奶业法规、标准和行业大事记；记载国内外奶业统计资料和奶业机构名录等。

《中国奶业年鉴》(2002) 数据资料主要采用国家统计局公开发表的统计数据，部分资料由农业部畜牧兽医局、农垦局和全国畜牧兽医总站，海关总署，中国奶业协会和中国乳制品工业协会等部门和单位提供。国内数据资料范围仅限于内地31个省、自治区、直辖市。

《中国奶业年鉴》(2002) 中各省、自治区、直辖市按行政区划顺序排列。

《中国奶业年鉴》(2002) 所刊载资料一般截止2001年底，部分时效性较强的资料，如机构名录等，不限于2001年。

《中国奶业年鉴》(2002) 的编辑、出版和发行工作得到了各级行政主管部门、各有关单位、生产企业、奶业协会和奶业知名专家、学者的大力支持和帮助，谨此表示诚挚的感谢。

# 前　言

《中国奶业年鉴》(2002) 在农业部及各方面的关注和支持下正式出版了。

奶业在农业和农村经济中占有重要地位。中央政治局常委、国务院副总理温家宝指出："奶业是一个很有潜力、大有希望的产业。发展奶业不仅是农业结构调整的一项战略性任务，而且是改善消费结构、提高人民健康水平的一项重大措施。"加快奶业发展已成为全社会的共识，广大农民养牛致富的积极性高涨，奶业产业化经营呈现可喜的发展势头。据统计，2001年全国乳牛存栏566.2万头，奶类产量1122.6万吨，分别为1978年的11.8倍和11.6倍；乳制品产量105.4万吨，为1978年的22.4倍；上市液态奶量达到190万吨，比上年增长52.5%。同时，逐步形成了一批奶业集团和龙头企业。这些成绩的取得，是贯彻党的改革开放政策，实践"发展是硬道理"和"三个代表"重要思想，与时俱进，不断创新的硕果。

中国奶业是一个新兴的产业，它由奶的生产、乳品加工和市场营销三个系统组成，涵盖第一、第二、第三产业。为了全面系统地记载和反映我国奶业的进程，促进奶业健康发展，奶业界急需编撰出版奶业年鉴。《中国奶业年鉴》是经农业部批准，由中国奶业协会编撰的一部综合性年刊，具有政府公报性质，是奶业信息建设的主要组成部分。

《中国奶业年鉴》(2002) 卷为首卷本，今后将每年出版一卷。主要记载我国奶业的发展成就、发展政策、特点及其相关数据资料信息。全书设有特载、专文、奶业发展综述、奶业产业政策、奶业产业化发展、各地奶业发展概况、国家学生饮用奶计划、饲草与饲料、奶畜养殖、乳制品加工、乳制品包装、奶业科技、法规与标准、奶业行业人物、知名奶业企业、新兴奶业企业、外资乳业在中国、国际合作与交流、进出口贸易、奶业统计资料、大事记、奶业机构、外资奶业机构、国际奶业统计资料等20多个栏目。它是各级政府奶业管理机构、奶业企业、奶业行业协会、乳品贸易、乳品科研、大专院校及相关产业人员必备的工具书籍。

年鉴具有连续性和史存价值，为把《中国奶业年鉴》编撰成具有权威性、科学性、完整性和可读性的工具书籍，希望奶业界同行和有关方面给予大力支持和协作，共同把年鉴办好。

刘成果

# 目 录

# 党中央、国务院领导重要指示

## 中共中央总书记江泽民指示

今后的国际竞争是综合国力的竞争，综合国力的竞争最终要体现在人的素质上，要在儿童、少年中推广营养餐，北京要带这个头，还要在全国推广，也要多做些宣传工作，要使得全国各个地方都注意做这件事。

——摘自中共中央总书记江泽民1999年2月11日在北京考察工作时的谈话

## 国务院总理朱镕基指示

逐步改善国民营养水平和健康素质。

——摘自国务院总理朱镕基1999年3月5日在全国人大九届二次会议上的《政府工作报告》

## 国务院副总理李岚清指示

青少年营养健康问题是关系到贯彻党的教育方针，培养德、智、体、美等方面全面发展的建设者和接班人的重大根本性问题，各级政府有关部门、学校和家长都要予以重视，采取有力措施，共同把这项工作做好。当前的突出问题是营养结构不合理。我赞成专家的意见，提倡让广大青少年和学生多食用优质蛋白和维生素丰富的奶制品。

——摘自李岚清副总理1999年3月31日在国务院“幼儿教育和青少年营养健康问题座谈会”上的讲话

# 特 载

**编者按** 中国奶业协会于2002年10月14～16日在北京召开了第四次会员代表大会，这是一次对中国奶业协会发展具有深远影响的会议。中央和有关部委领导在召开会议的批示和贺词中，对全国奶业发展和奶协的工作做了重要指示，提出了明确要求，为尽快落实，现予以特载。

## 国务院副总理温家宝指示

奶业是一个很有潜力、大有希望的产业。发展奶业不仅是农业结构调整的一项战略性任务，而且是改善消费结构、提高人民健康水平的一项重大措施。愿奶业协会办得更好，为推进奶业产业化，加强技术和信息服务，保护农民和消费者利益，促进奶业健康发展做出贡献。

## 全国人大常委会副委员长姜春云指示

奶业的发展不仅关系农民增收和我国农村经济结构的战略性调整，而且关系到改善居民饮食结构、健康水平和国民整体素质的提高。因此，奶业是农业中的一个十分重要的、大有希望的产业。

发展我国奶业必须依靠政策和科技，创新体制，提高产业化水平，并注重培养和开拓市场，务使原料生产、加工和销售协调发展。

在社会主义市场经济条件下，行业协会作为一个独立的社团法人和中介组织，在帮助企业提高生产发展能力、维护行业的整体利益、拓展国内外市场等方面发挥着不可替代的作用。希望中国奶业协会以“三个代表”重要思想为指导，认真贯彻党的“十六大”精神，坚持为奶农和企业服务的宗旨，为应对入世挑战、推进我国奶业现代化、提高我国奶业的发展水平做出新的更大的贡献！

# 农业部部长杜青林对全国奶业和奶协工作的指示

快速发展的中国奶业已经并将继续对农业结构战略性调整、农业产业化、农民增收和农村经济发展产生巨大的作用。继续推进我国奶业健康发展是我们重要的任务。

过去，中国奶协积极开展宣传、信息咨询、技术培训推广工作，为我国奶业的发展做出了积极的贡献。希望中国奶协按照社会主义市场经济的要求，适应入世后奶业发展的新形势，进一步加强自身建设，与时俱进，开拓创新，更好地发挥行业协会的协调、服务、维护、自律职能，争创一流的行业协会，为我国奶业的稳定、健康发展做出更大的贡献！

# 科技部部长徐冠华对全国奶业和奶协工作的指示

奶业是关系国民经济发展和社会进步的重要产业。加快奶业发展对调整农业产业结构、增加农民收入，对提高国民的健康水平具有重要意义，是关系到民族素质提高和兴旺发达的一项战略措施。

加快奶业发展，必须以科技为动力。在奶牛饲养上，要积极推广良种良法，提高单产水平，确保原料奶质量、安全；乳制品加工企业要加快技术改造步伐，建立科技创新研发中心，开发新产品，提高产品质量。科技创新一定要和体制创新紧密结合，积极探索产业化道路，切实抓好科技推广工作，提高科技对奶业发展的贡献率和我国奶业的整体水平。

中国奶业协会走过了二十年的光辉历程。二十年来，为推动我国奶业的发展做了大量有益的工作。当前，我国奶业的发展进入了一个新的阶段，形势的发展对协会工作提出了更高的要求，希望中国奶业协会与时俱进，开拓创新，锐意进取，求真务实，努力开创协会工作的新局面，为我国奶业发展做出新的更大贡献。

# 国家计划发展委员会副主任刘江
# 对全国奶业和奶协工作的指示

20年来，中国奶业协会在发展奶业生产，推广奶业技术，组织奶业企业合作与交流，维护奶业企业和奶农合法权益，以及增加奶农收入，提高人民生活水平，推动我国奶业事业发展等方面发挥了重要作用。

经过二十多年的改革开放，我国农产品供给实现了历史性跨越，农业发展进入新阶段。新世纪初，我国将进入全面建设小康社会、加快推进社会主义现代化建设的新时期。随着人民生活水平的不断提高，人们对奶产品的需求将不断扩大，奶业发展前景广阔。预祝中国奶业协会在新的历史时期，为中国奶业事业的发展和人民生活水平的提高，发挥更大作用，取得更大成绩。

# 全国人大农业与农村委员会副主任伍精华
# 对全国奶业和奶协工作的指示

在我国，奶业的重要性正逐渐为人们所认识，奶的需求量呈快速增长态势，由此带动了奶业的迅速发展。目前，我国奶业具备了许多有利的发展因素，产业化程度日渐提高，消费活跃，市场前景广阔。我国奶业正处于非常好的发展时期，取得了长足的进步。

但也应看到，无论是质量还是数量，我国奶业与人民群众的生活需求相比，特别是与世界奶业发达国家相比，与世界奶业平均发展水平相比，仍然有不小的差距。希望奶业界的同志们正视这一差距，共同推进我国奶业的全面健康发展，为增强各民族人民的体质，为经济社会的发展，为早日实现“人人喝奶，天天喝奶，终身喝奶”的目标而努力奋斗。

# 农业部副部长齐景发在中国奶协第四次会员代表大会上的讲话

中国奶业协会第四次会员代表大会暨奶协成立20周年纪念会隆重召开了。这是在我国奶业发展进入关键时期召开的一次重要会议。我受杜青林部长委托，代表农业部向大会的召开致以热烈的祝贺！

近年来,我国奶业发展形势很好,连续几年实现两位数增长,奶类生产在农业和畜牧业中的比重迅速增加,已成为我国农业和农村经济结构战略性调整中发展最快、效益最好的产业之一,引起了社会各界的广泛关注。其主要特点,一是全国上下对奶业发展的重要性已形成共识,各级政府、企业、农民都有很高的积极性,许多地方把发展奶业作为调整结构、农民增收的首选项目;二是在奶业发展的同时,乳品消费也在快速增长,人们开始认识奶制品对改善营养、促进健康的重要作用;三是奶业的科技含量有较大提高,在奶牛育种、饲料生产、疫病防治、乳品加工中,高新技术的运用日见普及,产品质量有较大提高,品种越来越丰富;四是形成了一批规模较大、科技水平较高、具有竞争优势的龙头企业;五是在奶业的产业化方面做了重要探索,摸索出“公司+农户”、“公司+基地”、“公司+合作社+农户”等模式。这些都为我国奶业的进一步发展奠定了很好的基础。

但是，我们也应该看到，我国奶业发展仍然处于初级阶段，在育种、饲养管理、单产水平、原料奶质量以及加工技术、生产规模等方面，与世界奶业发达国家相比，还有很大的差距。此外，在区域合理布局，奶源、加工与市场同步协调发展，奶农的组织化程度，乳品市场的规范管理，如何有效应对入世后国际竞争等方面都还存在一些不容忽视的问题，有待我们进一步加以解决。

我国政府对奶业发展一直给予高度重视。从20世纪90年代初开始，国家就将奶业列为重点支持的产业，在政策、资金投入等方面给予了有力支持。1999年农业部明确提出，要在稳定生猪和禽蛋生产的同时，“突出发展奶类生产”；国家科技部对奶业发展也给予极大重视和支持。2001年10月25日温家宝副总理指示：“发展奶牛和奶业应该作为农业结构调整的一项战略性任务”。把发展奶业的重要性提到了空前的高度。我国政府为什么这样重视奶业的发展？这是由奶业在国民经济和农业发展中的重要地位所决定的。

为了进一步加快我国奶业的发展，农业部在制定《全国农业和农村经济发展第十个五年计划》中，将发展奶类特别是液态奶生产、推进奶业产业化作为调整和优化农业结构的重要内容。根据近期国务院办公厅发布的《中国食物与营养发展纲要（2001—2010年）》，2010年我国奶类产量的安全保障目标为2 600万吨，人均消费16千克，比2001年全国人均占有奶量（8.8千克）约增加1倍。为实现这个目标，农业部和有关部门在奶源基地、乳品加工和销售体系建设，以及资金投入、政策保证等方面都制定了一系列措施。近期，我们还要抓好奶业的优势发展区域规划，加强质量监测，加大“学生饮用奶计划”的实施力度，开拓乳品消费市场，培育和扶持各种形式的奶业合作组织，建立奶业预警机制等方面的工作，积极解决奶业发展中存在的问题。

中国奶协是一个非常重要的民间社会团体，在我国奶业发展中做了很多工作，做出了积极贡献。随着社会主义市场经济体制的不断完善，政府机关职能的进一步转换，奶协的地位越来越重要，许多行业内部的工作将由协会承担，协调乳品企业和奶农在生产经营中遇到的问题，维护企业和奶农合法权益。希望中国奶协在新一届班子的领导下，组织、带领、团结乳品企业、奶农和全体会员一道为中国奶业的发展而积极工作，搞好行业自律，更好地为行业服务，争取把中国奶协办成第一流的行业协会。农业部和有关业务部门将全力支持中国奶协工作。

# 中国奶业协会理事长刘成果在中国奶协第四次会员代表大会上的讲话

中国奶业协会第四次会员代表大会，经过代表们的共同努力即将完成预定的议程。会议听取了第三届理事会的工作报告，通过了协会新章程，选举产生了第四届理事会和新一届协会领导班子，聘请了四位名誉理事长和七位资深顾问。我们有信心在农业部、民政部的业务指导和监督管理下，在有关部门的大力支持下，努力搞好协会工作，为我国奶业的健康发展贡献力量！

这次会议是在党的十六大召开前夕，在我国入世后、市场经济体制改革逐步深入和我国奶业进入新的发展阶段的关键时刻召开的，又适逢奶协成立20周年，因此这是一次具有特殊意义的重要会议。全国人大常务委员会副委员长姜春云同志向大会发来贺信，特致祝贺；国务院副总理温家宝同志对开好会议做了重要批示，提出希望，指出方向；四位名誉理事长都分别向大会发来贺词；齐景发副部长亲自到会代表农业部作了重要讲话。充分说明各级领导对奶业发展问题的高度重视和对中国奶业协会工作的关心。

中国奶业协会是1982年在老一辈无产阶级革命家王震等同志的亲切关怀下成立的。20年来，在党的改革开放方针的指引下，在农业部的具体指导、民政部的监督管理和全体会员的共同努力下，中国奶协积极宣传、贯彻党和国家关于发展畜牧业、奶业的方针政策，根据政府业务主管部门赋予的职能，发挥协调、服务和管理作用，为推动我国奶业的发展做出了积极的贡献。这次会议表彰的对我国奶业有突出贡献的优秀企业、优秀工作者，就是20年来我国奶业发展和奶协工作的最好见证，我向获奖的企业和同志们表示衷心的祝贺！

## 一、关于我国奶业发展面临的形势

对我国奶业发展的形势怎么看？这是业内人士和社会各界都十分关注的问题。

近两年，我国奶业出现了新的发展形势。奶牛存栏和原料奶的生产连续几年保持快速增长，2001年全国奶牛存栏566.2万头，牛奶总产量1 025.5万吨，分别比1995年增长149.2万头和449.5万吨，年递增5.23%和10.09%；比2000年分别增长15.8%和24%。同期奶牛平均单产由2 510千克增长到3 290千克，是近几年大农业中增长速度最快的产业之一。乳品加工方面也出现了快速增长态势，2001年乳制品总产量105.43万吨，比上年增长24.9%，比1995年的52.6万吨增长一倍，年均递增12.3%；液态奶产量从1996年的51.9万吨，增至2001年的189.98万吨，年均递增29.63%，这在食品工业中也是增长最快的。2002年以来增长势头不减，牛奶和乳品产量的增幅都在20%以上。

近几年奶业出现快速发展的原因是多方面的。一是政策的调动。在我国农业发展进入新阶段后，供求关系发生根本性变化，农产品价低、卖难，农民增收遇到困难，这就迫切要求农业经济结构进行战略性调整。在结构调整中，畜牧业成为优先发展的产业，其中奶业又成为重中之重，国家和地方政府在政策、资金投入等方面给予了有力支持，加之养殖奶牛有较高的经济效益，因此，发展奶牛养殖就成为许多农民的现实选择。一些地方把发展奶牛养殖作为农民增收、致富的主要途径，积极性空前高涨。二是科技的推动。近年来，在“科技是第一生产力”思想的指导下，从改良品种、饲料生产、防疫灭病、饲养管理、机械设施、加工技术、质量检验等方面都进一步注重科技投入，增加了整个奶业的科技含量，从而促进了原料奶和加工生产水平的提高。三是龙头企业的牵动。在国家产业化政策的引导下，推动一批乳品企业扩大规模，引进先进设备，提高技术水平，培育和壮大了一批龙头企业。这些龙头企业为了培植奶源，在地方政府的支持下，加强了奶源基地建设，对农民进行养殖技术培训，为发展奶牛养殖创造了条件，调动了农民养殖奶牛的积极性。四是市场的拉动。随着城市居民收入水平的提高，城市化进程加快，城镇人口大量增加，特别是国家"学生饮用奶计划"的实施，促进了人们饮食和营养观念的转变，加工企业又不断开发适销对路的新产品，带动了乳品消费需求相应增长和市场的不断扩大。预计今后若干年，我国奶业仍将保持发展的势头。

但是，在我国奶业发展中，有以下三个问题值得引起我们重视：

**（一）入世后我国奶业面临新的挑战**

加入WTO对我国奶业发展将产生什么样的影响？这是近年来业界内外普遍关注的问题，2000年11月中国奶协曾经专门召开研讨会讨论这个问题，多数同志认为机遇与挑战并存，也有的同志认为影响不大。现在看来，入世对我国奶业的影响不可低估，可能比一般预期的要大。一是入世后由于关税减让等因素将冲击我国奶粉的生产和销售。目前我国进口奶粉的到岸价每吨已降至1.5至1.6万元的水平，这个价格接近或低于我国奶粉的平均生产成本，之所以出现这个情况，除了因为具有资源和技术优势的新西兰、澳大利亚等国牛奶的生产成本相对较低以外，欧盟等西方国家对出口乳品采取增加补贴的政策也是一个重要的因素，这对我国多数中小型奶粉生产企业将形成巨大的压力，并进而影响原料奶的生产。二是由于进口奶粉的价格低于国产奶粉，使不少乳品企业纷纷采用进口奶粉还原生产巴氏奶、保鲜奶、酸奶等奶制品，2002年全国奶粉的进口比去年同期又有较大幅度的增长，这不仅会对我国北方淡奶粉的生产造成不利影响，而且对南方奶牛养殖业和液态奶生产的冲击也日益明显。三是入世后随着国外金融、保险等服务业的进入，使先期进入中国的外国乳品企业获得本国整个现代产业体系的支撑，从而增强其竞争实力。这当然是好事，我们应当欢迎，但对企业毕竟会增加挑战的严峻性和竞争的激烈程度。

面对国外乳品企业和产品进入我国市场的激烈竞争，必须看到我国奶业在许多方面存在着明显的差距：一是养殖技术水平、奶牛单产低，生产成本较高。由于良种奶牛数量不足、养殖规模小、饲草饲料基地建设和饲料加工体系建设滞后，奶牛平均单产仅3 000多千克，大大低于发达国家平均7 000千克的水平，而且质量较低；二是乳品加工规模小，技术水平低，难于与国际乳品企业竞争。全国现有1 500多家乳品企业中，绝大多数属于日处理鲜奶低于50吨的小企业，平均年加工奶量仅为7 000吨左右，产品单一，成本较高，竞争能力弱。严格地讲，我国目前还缺乏具有国际竞争力的大型乳品企业，即使是2001年销售收入达34亿元的我国乳品企业排头兵上海光明，也只占世界乳业排名第25位的新西兰乳品集团销售额的1/10；三是产业化程度低。目前我国奶业的主体经营模式是分散养殖、集中加工，奶牛养殖户与乳品加工企业基本上是一种通过合同建立起来的买卖关系，属于不同的利益主体，两者连接不紧密，没有形成利益共同体，抗御市场风险能力较弱；四是有关制度建设和政策环境不适应。我国奶业处于发展的初始阶段，属于比较幼稚的产业，入世后，如何采取有利的政策措施保护我国处于弱势的奶业，是一个迫切需要解决的问题。以上情况既是对我国奶业提出的严峻挑战，也为我国奶业提供了新的发展机遇。这就给我们的原料奶生产和乳品加工企业提出一个重大课题：如何搞好合理布局，尽快提高我国奶畜养殖的整体水平，提高原料奶的质量和产量？如何做大做强乳品企业，提高产业化程度，增强奶业的竞争力，以应对奶业国际化带来的挑战？这些都需要我们做出回答。

**（二）新的竞争形势要求规范奶业市场**

入世后，我国奶业正在迅速走向国际化，出现了新的市场竞争形势：一是国内乳品企业加速进行并购和重组，大型乳品企业纷纷到各地兼并联合，到北方奶源大省建厂设点，扩充实力，占领地盘，企业集中度增加，企业间竞争加剧；二是一批实力强大的非奶业企业和集团以其资本优势采取兼并、控股、联合等大动作，进入奶业市场，如新希望集团、维维集团、娃哈哈集团、新疆德隆集团等都看到奶业诱人的发展前景，纷纷杀入奶业市场竞争行列；三是外资乳品企业大量涌入，给我国奶业市场竞争增加了新的变数。目前，世界排名前25位的外国乳品公司中已有13家进入我国，如雀巢、卡夫、达能、帕玛拉特等。2001年“三资”奶业的总产值已占全行业的30%。这些外资企业以其强大的资金、技术实力和管理经验进入中国市场，将对我国民族奶业发展产生巨大的影响。在我国奶业市场竞争格局发生变化的大环境下，整个乳品市场的竞争加剧是必然的，不可避免的，而且正常的市场竞争，特别是外资乳品企业的进入，可以增加企业的压力，提供更多学习的机会，推动企业提高技术水平，改进管理，有利于我国奶业的发展。但是，值得注意的是目前在我国乳品市场竞争中，出现了一些不正常现象，即无序的甚至是恶性的竞争，在一定程度上扰乱了乳品市场秩序，例如有的企业搞价格战，竞相降价促销；有的弄虚作假，发虚假广告，搞模糊商标，利用某些消费者饮奶知识的缺乏，欺骗和误导消费者；有的搞虚假承诺，甚至搞假的“学生奶”；还有的无中生有，利用假情况攻击竞争对手；还有的利用报刊、网络等媒体或写匿名信反映假情况混淆视听等等。以上现象如果不加制止，任其发展下去，对我国奶业市场将会造成破坏性的影响，迫切需要加强对乳品市场的规范和引导，加强监督管理，同时也需要加强企业的自律。

**（三）发展的盲目性加大了产业风险**

在我国奶业发展中，政府、企业、奶农都有很高的积极性，这是推动我国奶业发展的强大动力，是发展的主流。但同时在一些地方也存在着一定的盲目性。主要表现在：局部地方违背奶业自身的发展规律，片面追求奶牛养殖发展速度，甚至把养牛同干部业绩挂钩，提出不切实际的发展指标；有的地方炒买炒卖奶牛，甚至出现虚报养牛数字、骗取补贴，也有的该淘汰的不淘汰，使奶牛质量下降；在乳品加工方面也存在盲目建厂、上项目，搞低水平重复建设等现象。一些地方奶业发展的盲目性导致加工能力的增长高于奶牛养殖的增长，乳品生产结构不合理，造成供需失调，这是个别地方产生原料奶低水平过剩，甚至出现“倒奶”现象的主要原因。由于奶业是一个比较特殊的产业，生产周期长，供给弹性小，产品又有易腐不宜长期保存的特点，投资大风险也大。在九十年代初期，主要由于政策滞后和产销脱节原因，导致1993年全国奶牛生产滑坡，出现负增长，历史的教训值得汲取。在全国到处掀起“奶牛热”时，我们必须保持清醒的头脑，冷静的态度，让“奶牛热”保持适度，不能将消费需求短期的“爆发性”增长当作常规性增长。如果热得过了头，就会造成供需失衡，不是原料过剩就是产品过剩，不管是哪种情况，都会使奶农和加工企业的利益受到损害，从而加大整个奶业的产业风险，对我国奶业的发展产生不利的影响。产生盲目性的原因，主要是主观和客观分离，要求脱离实际。大家都知道在市场经济条件下是需求决定生产，有的同志往往只看到我国人均占有奶量的水平很低，存在着巨大的潜在需求的情况，但是潜在的需求不等于现实的消费市场，要使潜在的需求转变为现实的有效需求，是有条件的，而且要有一个过程，这包括城乡居民收入水平的提高、营养知识的普及和饮食习惯的改变等。我们的任务，是要进行宣传、努力培育乳品消费市场，尽量缩短这个过程。

在分析我国奶业的发展形势时，不仅要看到好的方面，还要看到存在的问题，进行认真的研究，得出正确的判断，才能找到好的对策。归结以上对我国奶业形势的分析，当前既有机遇的一面，又有挑战的一面，我们的态度是要抓住机遇，迎接挑战，促进我国奶业健康发展，因为发展是主题、是硬道理；既有竞争激烈的一面，又有竞争秩序混乱的一面，我们的态度是要鼓励和保护正当竞争，因为竞争是市场经济的基本规律之一，但又要加强监督管理，规范秩序，做到竞争有序；既要看到发展奶业积极性的一面，又要看到存在着盲目性的一面，我们的态度是保护积极性，克服盲目性，尊重规律性，减少风险性。

## 二、关于协会工作

中国奶业协会今后的工作怎么干？这次开会以前，我们感到大家对新一届奶协班子给予很大的信任，寄予很大的期望，这是令人欣慰的。但是，未来奶协的工作不是完全由我们的主观愿望决定的，我们正处在一个社会经济体制的转型期，有些对奶协工作会产生很大影响的不可忽视的客观因素，例如市场经济的发育程度，政府职能转变的程度，有关政策法规的建设和完善程度，这些外部环境因素的营造要有一个过程，因此奶协开展工作也会有一个逐步深入和发展的过程，不可能一下子达到西方市场经济发达国家某些协会那样的水平。但是，党中央、国务院十分关心行业协会的发展，明确提出要充分发挥行业协会的作用，特别是对农产品行业协会的改革问题予以关注，尤其入世后，随着我国市场经济体制的发展和完善，政府职能转变的速度加快，搞好奶协的工作出现了很多有利的条件和机遇。我们一定要高举邓小平理论的旗帜，认真贯彻“三个代表”的重要思想，解放思想，开拓进取，与时俱进，努力开创奶协工作的新局面。关于奶协今后的工作，着重强调以下几点：

第一，明确奶协的定位。要搞好协会工作，先要明确奶协的性质，把角色定位准确，这是搞好奶协工作的前提。奶协的定位可以有这样三层含义：①它是一个有独立法人地位的民间社会团体；②它是一个承担政府、企业、奶农和消费者之间桥梁和纽带作用的社会中介组织；③它是乳品企业、奶业合作组织和奶农的行业之家。以上三层意思我看基本概括了奶协的性质和作用。要特别强调的是奶协的社会法律地位，我国《民法通则》第36条规定：“法人是具有民事权利和民事行为能力，依法独立享有民事权利和承担民事义务的组织。”明确这一点很重要，一方面它告诉我们奶协的一切工作和活动，必须在国家的法律法规的框架内进行，增强我们的法律意识和责任意识。为此，我们不仅应该熟悉我国的有关法律法规，而且应该了解世界有关国家这方面的情况和规定，使中国奶协适应奶业国际化的需要，更好地立足国内、面向世界，在帮助企业和奶农提高生存能力、追求行业整体利益、积极拓展国内外市场等方面发挥应有的作用；另一方面它还告诉我们，协会要摆脱对行政的依赖性，不能搞成官办的“政府”，应该独立自主地、积极主动地开展工作。

性质定位决定职能，概括地说，奶协具有协调、服务、维护、自律四项职能。

协调职能：包括协商、协作、协同等，“协”是合作、共同、连接的意思，体现社会中介的作用，同时也体现了协会的组织作用，即把奶牛养殖、加工、销售各环节组织起来，协调行动，健康发展。

服务职能：体现奶协的根本宗旨，包括为企业和奶农服务，为政府服务，为消费者服务，归根到底是为我国奶业的健康发展服务，为我国人民的健康服务。

维护职能：主要是维护乳品企业、奶农和其他会员的合法权益，也要维护消费者的合法权益，维护本行业的利益，要成为行业利益的代表，这本身就是一种更高层次的服务。

自律职能：奶协要积极采取措施，加强对行业的管理和监督，规范企业行为，使企业和奶农自觉遵守有关法律法规。

虽然中国奶业协会已经成立20年了，但由于体制等多方面的原因，协会工作受到很大的制约，职能并没有得到充分的发挥。应该说，行业协会是市场经济相对成熟的产物，在市场经济的条件下，活动空间很广阔，大有用武之地。现在把协会的定位和职能明确了，就有了努力的方向，也有了共同的语言，大家也可以依此对协会的工作进行检查、监督。我们要争取创造一流的工作，使奶协实现以下几个转变：①服务范围由原来侧重农垦转向全行业；②服务对象由原来以国有企业为主转向多种经济成分；③服务环节由原来单纯奶牛养殖转向涵盖整个奶业产业链；④服务方式由行政手段为主转变为按市场经济的方式运作；⑤服务活动由主要完成政府交办的任务转变为积极完成政府委托的工作和独立开展协会活动相结合。

第二，确定工作思路，明确工作重点。根据奶协的性质和职能定位，本届中国奶业协会工作的指导思想是：以即将召开的党的十六次代表大会精神为指针，努力实践“三个代表”的重要思想，以推进我国奶业健康发展、提高奶业的现代化水平为中心，突出抓好奶源基地建设和培育消费市场两个重点，积极为奶农、乳品加工企业和政府提供多方面的服务，充分发挥四项职能作用，争创一流的行业协会。

为了好记，以上可概括为一二三四，即：一个中心，两个重点，三个服务，四项职能。下面我谈谈具体的内容：

关于一个中心。就是以推进我国奶业健康发展、提高奶业的现代化水平为中心。这是我们奶协工作的总目标，也是我们奶协一切工作的出发点和落脚点，我们开展的各项工作都必须紧紧围绕这个中心进行，否则就要偏离方向。农业的产业化，对我们来讲就是要搞好奶业的产业化，我相信奶协在我国奶业产业化方面将是大有作为的。我们一定要增强责任感，努力推进我国奶业健康发展，争取使奶业的现代化步伐走在整个农业现代化的前面，这就是我们对国家、对人民的奉献。当然，在实现这个目标的过程中，企业与个人的价值也会得到实现。这就叫找准位置，体现价值。

关于两个重点。抓好奶源基地建设和培育消费市场是我们奶协今后工作的两个重点。为什么要把这两个方面作为今后工作的重点？我们感到在我国奶业发展中，这两个方面既是非常重要的环节，又是相对薄弱的环节。前者是奶业发展的基础，后者是奶业发展的拉动力，所以要作为工作的重点。这样说，是不是说乳品加工企业就不重要了，绝对不是。前面已经提到，没有乳品加工企业的龙头牵动，就没有全国奶业今天的好形势。加工企业是承前启后的关键环节，但加工企业在目前乃至今后激烈的市场竞争中，要想立于不败之地，也必须要有自己巩固的奶源基地和稳定的消费市场。

奶源基地建设，从协会的角度抓什么？这方面可以做的工作很多，但主要是解决奶牛养殖的良种、良法问题。在良种方面，要协助政府部门抓好奶牛改良计划，组织奶牛生产性能测定（DHI）、种公牛后裔测定、良种牛登记等基础性工作，搞好良种的选育、繁殖、引进工作，从根本上解决我国奶牛总体素质低的问题；良法主要是奶牛饲养的科学化、标准化问题，提高奶农的组织化程度，发展奶业合作社，发展养殖小区，实行规模化饲养，从而实现“五变”，即：奶牛养殖规模由小变大、由分散养殖到集中养殖、由粗放养殖变集约化养殖、由手工挤奶变机械化挤奶、由兼业变专业养殖，解决我国奶牛传统养殖的“小、散、低”问题，向奶牛饲养现代化转变。怎么抓？主要是通过申请并执行项目、搞好调查研究、总结推广经验、加强技术培训等方法进行。

培育消费市场，一是采取多种形式在面上开展宣传活动，引导乳品消费，搞好销售服务，拓展城乡乳品市场，提高我国居民的乳品消费水平；二是协助国家有关部门搞好国家“学生饮用奶计划”实施工作，如帮助组织定点企业技术培训，建立 HACCP 管理体系，提高企业的质量管理水平，确保学生饮用奶产品质量和学生饮奶安全等。也就是从娃娃抓起，培育现实的也是长远的消费群体。

关于三个服务。为奶农、企业、政府提供服务，是奶协工作的基本宗旨，是奶协的职能所规定的，体现了奶协的重要地位和作用。为奶农、为企业服务是我们开展服务工作的重要方面，要看奶农和企业需要什么服务，我们能够提供什么服务？如：及时将政府的有关政策向企业传达，及时向政府反映企业的问题和要求，进行政策咨询；帮助企业培训人才，改进技术手段，增强竞争能力；为企业引进国外先进科技提供咨询和服务；为企业提供法律服务，帮助企业打官司等等。加入世贸组织后，我国与世界经济的融合加深，竞争更加激烈，协会在为企业服务上还将面临开展国际贸易协调、参与反倾销调查、维护企业合法权益等方面新的工作。

在为政府服务方面，我们也有很多工作可做，例如：提供信息、咨询，根据国内外奶业经济发展形势和行业动态，及时向政府反映带有前瞻性、倾向性、共同性的问题，提出有利于我国奶业发展的政策建议和具体方案；协助政府进行宏观管理，在机构改革政府转变职能后，政府机关很需要这样的服务；同时，我们还要争取政府在转变职能中将行业标准制定等方面的工作委托协会来做。总之，我们要积极创造条件，不断拓展服务领域，改进服务方式方法，将服务职能渗透于原料奶生产、加工、消费三个环节，渗透到整个奶业的产业链中去。开展协会活动也是服务的一种方式，没有活动就没有活力和凝聚力。协会活动重在质量，不以获利为目的，体现服务的宗旨。但是，这并不是说都要无偿服务，因为服务需要有手段、是有成本的，而奶协一无编制、二无经费，为了能够持续不断地提供优质服务，适当收费大家是能够理解和接受的。

关于四项职能。关于服务职能前面已经讲了，不再赘述。协调与维护两项职能是有联系的，通过协调政府与企业（奶农）、企业与奶农、企业与消费者、企业与其他方面之间的关系，特别是代表奶农和企业与政府打交道，达到更好地维护企业和奶农的合法权益的目的。这两项职能作用发挥好了，才能使协会成为企业和奶农的代表，成为“行业之家”。同时，通过维护企业和奶农的利益，更好地把他们团结在奶协的周围，才能增强协会的权威性。自律，主要是协助政府进行行业管理，通过制定和实施共同的规则、标准，并监督执行，建立对企业的约束机制，规范企业和奶农的行为，建立良好的乳品市场秩序。例如目前不少企业互相降价销售产品的现象和一些不科学的宣传、炒作，对企业和对奶业发展都非常不利，很有必要加强自律，强化管理、监督，予以规范。

第三，加强协会自身建设。在新的形势下，中国奶业协会要搞好各项工作，完成历史赋予的使命，争取有所作为，必须加强自身建设，才能增强协会的权威性和代表性，调动各方面的积极性，发挥出应有的作用。

思想建设：这是自身建设的根本，是灵魂，目的是要培育一种与我们所处时代相适应的协会精神，形成一种好的会风，一种社团文化，树立中国奶协的新形象。为此，我建议在全体会员、理事、班子中提倡“勤”、“智”、“诚”三个字的精神，看看行不行？勤，就是勤奋，艰苦奋斗，与时俱进，开拓创新，苦干实干。古人云：“民生在勤，勤则不匮”（见《左传·庄公二十四年》），古人都知道，只有勤才不会匮乏，我们更应如此。讲到勤，不能丢掉俭，任何时候都要戒奢从俭。“智”，是智能、智慧，所谓“智能谋，力能任”（见韩愈《与卫中行书》），这就要求我们善于学习，有知识，懂理论，多谋善断，尊重科学，尊重规律，依靠科技，善经营会管理，讲究领导艺术和领导方法。“诚”，即诚信，“诚信者，天下之结（结，关键的意思）也”（见《管子·枢言》），要求我们遵纪守法，讲信用，讲社会公德和职业道德，团结协作，乐于奉献，不能见利忘义，更不允许搞假冒伪劣产品和虚假广告一类的东西。以上三个字，反映了中华民族的传统美德，我愿和大家一起学习、实践和发扬凝聚这三个字内涵的团体精神，即：奋斗精神，科学精神，奉献精神！这种精神本身就是行业发展取之不竭的原动力。来自企业的同志，是否可以把这种精神带进你们的企业，融入企业文化之中，让她在企业具体化、个性化中发扬光大！

组织建设：一是要壮大协会队伍，积极发展会员，形成一支覆盖面较广，包括各地方奶协、乳品企业和涉奶的相关企业（包括外企在中国的机构）、奶畜养殖场、奶农合作经济组织、专业饲养户、技术推广机构、教学科研单位和社会名流、企业家、科技工作者等在内的会员队伍，形成一个网络体系。这是我们搞好协会工作的重要基础，只有组织的发展壮大，才能增强奶协的实力，发挥更大的作用。这次会后，我们将立即开展会员登记工作。二是要加强专业委员会建设。新产生的理事会召开了第一次会议，初步确定设立育种等 7 个专业委员会，作为奶协的内设机构，并指定了牵头人，由牵头人负责开展组织工作，争取年底前拿出工作方案，着手工作。三是要加强秘书处的工作。现在秘书处人手不足而且有些老化，可以适当招聘一些热心协会工作的年富力强的中青年，补充新生力量，形成一个精干、高效的工作班子，这件事要抓紧落实。四是要加强制度建设，尽快修订原来的工作制度、财务制度和其他有关制度，有了制度就要认真贯彻落实，并经常检查执行情况，定期向常务理事会做出报告。

信息建设：目前我们正处在一个高度发展的信息社会，每时每刻都有新的信息产生，也有信息在失效。为了更好地为会员和我国奶业发展服务，奶协要加强信息建设，要充分占有和利用有关中国和世界奶业的信息。对已建立的“中国奶协信息网”要充实加强，争取发展成为中国奶业的信息中心。我们准备从 2002 年开始编辑出版《中国奶业年鉴》，现在已经着手工作，以后每年出一本，把有关奶业方面的重要信息汇集在一起，希望大家很好地利用，并积极提供稿件和信息资料，支持编辑发行工作。还要进一步办好协会的刊物，增加信息量，扩大发行量，提高办刊水平，更好地发挥信息交流、技术咨询和引导我国奶业发展的作用。在此，我还要求我们的会员单位，经常地、及时地把你们的情况、需要解决的问题等反映给我们，使上下信息畅通，发挥“神经中枢”的作用，也便于我们更好地为大家提供有针对性的服务。

同志们，未来5～10年是我国奶业发展的关键时期，有利的发展环境将为中国奶协提供一个宽阔的舞台，我们都是这个舞台上的演员，我有信心和大家一起演好这一台大戏。我也诚恳地希望在座的各位理事、常务理事、领导班子成员，在章程允许的范围内，在各自的岗位上，长歌善舞，为奶协争光，为奶业添彩，为民族复兴效力。

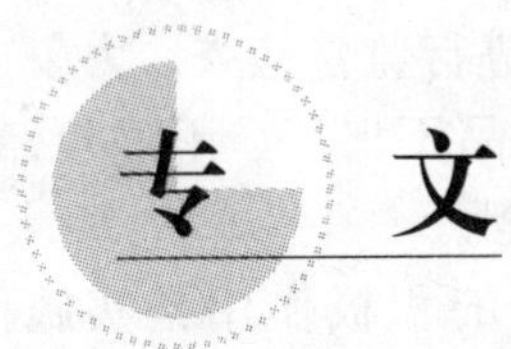

# 农业部副部长张宝文在全国实施国家“学生饮用奶计划”工作会议上的讲话

（2001年10月23日）

这次会议，是自2000年11月15日在人民大会堂召开新闻发布会，正式启动国家“学生饮用奶计划”以来，第一次召开全国实施“学生饮用奶计划”工作会议。这次会议的中心议题是：总结和交流前一段实施国家“学生饮用奶计划”的经验，部署下一阶段的工作，进一步提高认识，加强监管，确保安全，积极稳妥地实施国家“学生饮用奶计划”。

## 一、前一段工作情况的回顾

从1999年9月，农业部正式向国务院提出实施国家“学生饮用奶计划”两年来，在国务院领导的重视和亲切关怀下，在各有关部门的积极参与和支持下，实施“学生饮用奶计划”工作取得了较大进展。一是开展试点工作，取得初步经验。目前，世界各国开展学生饮用奶计划推进形式多种多样。我国是一个拥有近13亿人口的发展中国家，奶业发展水平低，如何开展“学生饮用奶计划”没有现成的模式，必须通过试点，取得经验后再逐步推广。为此，农业部于1999年6月和12月，先后两次召开会议，提出并部署在北京、天津、上海、沈阳、广州五个城市进行试点，得到有关城市政府和企业的积极响应与支持。到目前，已有2 000多所中小学校进行学生饮奶试点，每日供奶约60余万份。二是成立协调组织和工作机构，使国家“学生饮用奶计划”的实施，从组织上得到保证。实施国家“学生饮用奶计划”是一项政府引导的行为，涉及到多个部门的职能。为了顺利开展工作，2000年4月12日，由农业部、中宣部、国家计委、教育部、财政部、卫生部、国家质量技术监督局、国家轻工业局、国家食物与营养咨询委员会等九个党政机关部门和咨询机构组成的国家“学生饮用奶计划”部际协调小组正式成立，并明确了该组织和工作机构的职能。2001年以来，先后已有二十多个省、自治区、直辖市和部分省会及中等城市成立了实施“学生饮用奶计划”的协调组织和工作机构。很多地方结合本地实际制定了地方的“学生饮用奶计划”实施方案或管理办法，并进行了大量的组织和协调工作，为实施“学生饮用奶计划”作好了准备。三是制定和出台了有关政策。2000年以来，经过有关部门反复协调，共同制定出台了《关于实施国家“学生饮用奶计划”的通知》、《国家“学生饮用奶计划”暂行管理办法》、《学生饮用奶定点生产企业申报认定暂行办法》等基本文件，使实施“学生饮用奶计划”有法可依，有章可循，不仅为这项工作的开展提供了政策支持，而且对学生饮奶安全提供了制度上的保证。四是全面开展宣传工作，形成良好的舆论氛围。我们积极贯彻李岚清副总理要“通过新闻媒体进行宣传”的批示精神，在中宣部的积极支持下，2000年11月15日联合召开新闻发布会后，通过报刊、电视、广播等新闻媒体，展开了声势浩大的宣传，各个地方也开展了多种形式的宣传和教育活动，起到了很好的舆论导向作用。五是建立专家委员会，充分发挥专家的积极作用。2001

年4月5日正式成立了有17名各方面专家组成的“学生饮用奶计划”专家委员会，并制定了“工作规则”。在定点企业的认定和评估中，专家们不辞辛苦，深入企业现场，提出了很多宝贵的意见和建议。六是开展学生饮用奶定点企业认定工作。2001年5月对北京、上海、天津、沈阳4个试点城市中的7家企业进行审查认定，正式公布。7月份开始，在22个省、自治区、直辖市上报的56家申报企业中，有42家企业通过了专家评审。

实施“学生饮用奶计划”工作，我们有以下几点主要经验和体会：

第一，领导的重视和支持，是实施“学生饮用奶计划”的前提。国家“学生饮用奶计划”之所以能够付诸实施，是“三个代表”重要思想的体现，得到党和国家领导的重视和支持。早在1999年2月，江泽民总书记在北京考察工作时就提出要在儿童和青少年中推广包括饮奶在内的营养餐的要求。1999年3月5日朱镕基总理在《政府工作报告》中，提出了“逐步改善国民营养水平和健康素质”的工作目标。国务院副总理李岚清同志十分关注青少年的营养健康问题，并对有关部门提出实施“学生饮用奶计划”的报告多次作出批示。2001年5月，国务院发布的《中国儿童发展纲要（2001—2010)》中，已将“分步实施国家‘学生饮用奶计划’”作为一项重要工作任务。从各省、区、市的情况看，凡是领导重视和支持的地方，实施“学生饮用奶计划”工作就能顺利开展，反之则进展缓慢。沈阳、上海、天津市政府高度重视和支持“学生饮用奶计划”工作，为这项工作的开展创造了良好的条件和环境，他们的经验值得各地方学习和借鉴。

第二，加强监管、确保安全是使“学生饮用奶计划”顺利实施的关键。实施“学生饮用奶计划”必须坚持“安全、营养、方便、价廉”的原则，这是在有关部委局制定的文件中反复强调的，其中确保安全是最重要的原则，安全问题实质上主要是一个学生饮用奶的卫生、质量问题。产品质量搞好了，再把配送和饮奶环节组织好，学生饮奶安全就有了保证。各城市在试点阶段都比较注重加强对学生饮用奶卫生、质量的监管。天津市学生饮用奶办公室专门成立了学生饮用奶质量检验监督委员会，在市质检、卫生、工商等部门的参与下，加强对学生饮用奶生产、配送全过程进行监督检查，力争做到不符合质量要求的产品不出厂、不进校，较好地保证了学生饮奶安全。

第三，发挥各个方面的积极作用是实施“学生饮用奶计划”的基础。“学生饮用奶计划”涉及政府、企业、学校、学生（家长）等各个方面的作用和利益关系，只有重视发挥各方面的积极性，协调好关系，工作才能顺利开展。其中如何发挥和保护定点企业和学校的积极性，是一个必须特别引起重视的重要问题。因为学生饮用奶的生产、配送任务是由定点企业承担的，产品的质量好坏关键也在企业，学校则承担学生饮奶的组织和落实工作。上海、天津等城市重视做好教育部门和学校的工作，通过学校落实好学生饮用奶进校和相关的管理等问题，并积累了经验；在发生学生饮奶安全事故时，他们及时组织调查取证，搞清事故原因，分清责任，较好地保护了定点企业、饮奶学生的合法权益和积极性。

第四，各部门的协调配合是“学生饮用奶计划”顺利实施的保证。“学生饮用奶计划”的实施，涉及到多个部门的职能，各部门必须各司其职、密切配合、协调一致，形成工作合力，才能把这项工作抓好，天津、上海等城市和我们的工作实践都充分证明了这一点。

两年来的工作实践，使我们深刻感受到：实施国家“学生饮用奶计划”是世纪之交我国为提高青少年和国民身体素质，实现民族和国家强盛而采取的一项具有深远意义的重要战略措施。这一计划受到党和国家领导人的高度重视，得到各级政府、企业、学校、社会、广大学生和家长的支持。工作开展时间不长但已取得了很大的进展，积累了初步经验，已经比较明显地产生了三个方面的积极作用：一是改善青少年营养、健康的作用。这从中国医科大学公共卫生学院对沈阳市饮奶学生营养、健康状况的跟踪监测试验中，可得到证明。二是促进人们树立科学的饮食和营养观念的作用。这主要是通过各种媒体的宣传、教育，人们的饮食、营养观念开始发生转变，饮奶正在成为许多城市居民饮食构成中不可缺少的部分。三是对奶业发展和农业结构调整的拉动作用。这两年乳品加工在食品行业中可以说是一枝独秀，发展很快，效益也不错，从而带动了农业和农村产业结构调整，奶牛养殖热很快波及全国，奶牛的价格上涨，农民从牛奶销售中得到了实惠，尝到了调整结构的甜头。所以，实施国家“学生饮用奶计划”，无论从哪个角度讲都是一件利国利民的大好事。

## 二、认清形势，进一步提高对学生饮用奶质量安全的认识

实施国家“学生饮用奶计划”工作现正进入一个新的阶段，即从前两年的试点和发动阶段，转入扩大推广阶段，将有一批具备条件的直辖市、省会城市和其他重点城市进入实施国家“学生饮用奶计划”的行列，第二批定点企业也将在适当时候批准和公布。这一变化，对我们的工作提出了新的要求，使实施国家“学生饮用奶计划”工作重点发生转移，即从主要抓宣传发动，转向着重抓加强监管、保证产品卫生、质量和饮奶安全。我们必须把握住这种形势和工作重点的变化，充分认识加强监管、确保安全的重要性和必要性，真正把保证产品质量和饮奶安全的措施落到实处。

大家知道，实施“学生饮用奶计划”的产品是牛奶，它是一种易腐食品，稍有不慎，极容易发生质量和安全事故。李岚清副总理 2000 年 11 月 17 日对农业部关于实施国家“学生饮用奶计划”工作情况的报告上作出“要十分注意食品卫生安全”的批示，点到了问题的关键和要害上。从两年来工作的实际情况看，虽然是在很小的范围进行试点，但也确实存在不少问题和隐忧，在原料奶生产和收集环节上存在着把关不严，原料奶细菌数量超标而发生的质量问题；在生产加工环节，存在着不严格按生产工艺规程操作，部分产品不合格的问题；在配送环节，由于企业管理不到位，而导致饮奶安全事故的现象也有发生；在学校组织学生饮奶环节，许多学校缺乏充分的准备，未进行有关饮奶知识的宣传教育，无专人负责，未制定必要的制度，也存在着发生事故的隐患。更令人忧虑的是，在我们即将把“学生饮用奶计划”在全国推开的时候，相应的一套管理体制和监督机制还没有完全建立起来，有些省、市虽然明确了牵头的部门和工作机构，但人员和工作职责都不落实，没有形成自己的实施方案和管理办法，更没有形成一套完善的监管体系，发生突发事件的应急措施没有形成。

以上情况说明，实施国家“学生饮用奶计划”现在已经到了一个关键时期，学生饮用奶的卫生、质量和饮奶安全问题已经成为实施“学生饮用奶计划”的中心环节，必须引起各级政府和有关部门、企业和学校领导的高度重视，进一步提高对加强监管、确保安全的重要意义的认识。第一，它关系到青少年的健康和国民素质的提高。青少年是国家的希望和未来，我们实施国家“学生饮用奶计划”的目的，从根本上说是为了提高青少年的营养健康水平，如果发生事故，那就走到了相反的方向，影响和损失就太大了。第二，它关系到奶业发展、农业和农村经济结构的调整。我们把实施“学生饮用奶计划”，作为推进结构调整和奶业发展的重要措施之一，但如果不注意，搞不好情况会发生逆转，影响到对农业和农村经济结构调整的大局。第三，它关系到企业的命运。乳品企业之所以提出申报并希望批准成为学生饮用奶定点企业，是因为可以增加无形资产，提高企业的知名度，并从生产和供应学生饮用奶中受益，但如果不注意，出了重大安全事故，就必然失去消费者的信任，失去辛辛苦苦开拓的市场，很可能由此就葬送了一个企业的生命。第四，它还关系到政府的形象和声誉。由于“学生饮用奶计划”是政府引导的行为，各级政府对计划的实施负有重要的责任，搞得不好将影响政府在群众中的形象。

要提高认识，把握加强监管、确保安全的规律性，我们还应该深入研究一下学生饮用奶安全问题的特点即特殊性。第一个是偶然性、突发性和爆发性。发生安全事故往往很突然，带有偶然因素，大多数情况下，一发生就很快扩散，产生爆炸性影响。但其中也包含着必然性，即安全事故一般都是从监管薄弱的地方或环节上产生，而严格按照质量管理规定进行生产和配送，按卫生要求饮用，就可以避免事故的发生。第二个是风险性。乳品本身是一种易变质商品，而学生饮用奶的消费者又是未成年

的学生，发生事故都具有群体特点，而且很容易产生心理暗示，形成连锁反应，无论对企业、对社会、对政府都含有较大的风险。第三个是不可逆性。发生安全事故，造成了巨大的损失，都是无法挽回、无法弥补的。

我们强调安全问题的重要性、特殊性，其目的是要引起大家的高度重视，采取措施加强监管、确保安全，积极稳妥地实施"学生饮用奶计划"。总的看，现在政府、企业、学校对这项工作都有积极性，这种积极性很宝贵。但光有积极性还不行，还要稳妥，也就是分步实施，稳妥推进。目前我国的奶业发展水平还很低，人均占有奶类约7千克，而世界平均水平是95千克，我们还不到世界平均水平的十分之一，只占发展中国家平均水平的五分之一，调整结构，提高奶类产量需要有一个很长的过程，改变饮食习惯和观念也要有一个很长的过程。尤其是优质奶源和加工能力的增长，更受到许多条件的限制，不可能太快。所以必须逐步地推进，稳妥地实施，先大城市，后中等城市，再县级城市，最后是农村，一步一步地走。要求过急、过快都不行，欲速则不达，推进太快，很容易搞成无米之炊。各个省、市何时实施，一定要根据自己的情况，要看你那里有没有供奶条件，还要看经济发展水平，不搞一刀切，步伐不要太快，不搞一步到位，要分步实施，多步到位。为了安全起见，在现阶段各省、自治区、直辖市不要自行制定地方的学生饮用奶标准，也不要自己批准地方的学生饮用奶定点企业。步子走得太快，任意降低标准，扩大实施范围，很容易增加新的不安全因素。出发点虽然好，但效果却可能适得其反。

## 三、对下一阶段工作的部署和要求

根据前一段工作的进展情况，依据《国家"学生饮用奶计划"实施方案》，从现在起我们的工作进入向省会城市和其他重点城市扩展的第二阶段。这个阶段的中心任务，就是建立和完善各级实施"学生饮用奶计划"的协调组织和工作机构，建立健全相应的责任制体系，包括省级与市级学生饮用奶工作机构之间的责任制度，实施"学生饮用奶计划"的城市工作机构与定点企业之间的安全责任制度，进一步明确各级学生饮用奶工作机构和有关职能部门的工作职责和任务，确保工作任务的落实和学生饮奶安全，保证国家"学生饮用奶计划"健康有序地实施。这是下一阶段工作的重中之重。我们的基本要求是：凡是建立了组织管理机构、制定了实施方案、落实了责任制度的省、区、市，才可以开始实施"学生饮用奶计划"；定点企业和已经通过专家评审的42家企业，也必须在落实责任制度以后才可以生产并向学校配送学生饮用奶。我们的目的是要通过这样的制度安排，建立起一种有中国特色的实施"学生饮用奶计划"的管理体制和相应的一套运行机制，提高运行效率，最大限度地降低和分散风险，保证学生饮奶安全。这样做，既是对广大青少年学生的保护，也是对各级学生饮用奶工作机构、定点企业高度负责的体现。但是由于这是一项全新的工作，面临的情况比较复杂，我们又缺乏经验，只能在实践过程中，逐步展开，不断完善。下面就工作部署和要求讲几点意见。

### （一）落实组织机构，建立三级管理体制和可追溯的责任体系

**1. 建立健全管理机构** 实施国家"学生饮用奶计划"是政府引导的行为，事关全局，责任重大，因此必须首先建立和完善从上至下的组织机构，并明确责任。主要由三级组织机构组成：一是在国家一级，已经成立了由8个中央和国家部委局、一个国家咨询机构组成的国家"学生饮用奶计划"部际协调小组，办公机构设在农业部，其职责是制定政策和规划，负责全国"学生饮用奶计划"实施的组织、协调和指导工作。二是凡确定推广"学生饮用奶计划"的省、区、市，应成立实施"学生饮用奶计划"的协调组织和机构，负责省级范围"学生饮用奶计划"的规划、组织、协调和指导工作。三是各实施"学生饮用奶计划"的城市也要根据自己的实际情况，由政府有关部门组成相应的协调组织和工作机构，负责本市"学生饮用奶计划"的组织实施。三级管理机构，中央是主导，市级是基础，省级是关键，起到承上启下的作用。这样，形成中央、省、市三级以政府为主干的学生饮用奶计划工作机构，层层负责，层层把关，充分体现"学生饮用奶计

划”的政府主导作用。对实施中出现的问题，各级有关部门要各司其职、各负其责，及时协调和解决。省级学生饮用奶工作机构组成情况要向国家学生饮用奶部际协调小组办公室备案。现在，还有一部分省、区、市没有成立协调组织和工作机构，也没有申报定点企业，如果条件还不具备，可以暂缓实施“学生饮用奶计划，”待条件具备时再实施。有的重点城市，本地虽然没有学生饮用奶生产定点企业，只要其他条件具备，通过与外地学生饮用奶定点企业建立稳定的供奶关系，也可以实施“学生饮用奶计划”。

2. **制定实施方案**　实施“学生饮用奶计划”是一项系统工程，涉及方方面面，必须有一个考虑周全、措施有力的实施方案，还可以制定自己的管理办法，以保证顺利实施。“实施方案”的内容必须符合国家七部、委、局联合发出的《关于实施国家“学生饮用奶计划”的通知》等基本文件的精神和有关规定，要提出符合实际的实施步骤，要有组织监管的具体措施。确定实施“学生饮用奶计划”的省、区可先在省会城市和具备条件的重点城市推行，逐步扩大实施范围；实施“学生饮用奶计划”的城市，应先选择一部分城区内各方面条件较好的学校进行试点，待取得经验后再逐步扩大实施范围。各市制定的实施方案要报省，各省制定的“实施方案”要报国家学生饮用奶计划部际协调小组办公室备案。

3. **建立健全安全责任制**　在建立组织机构以后，还要尽快建立严密的学生饮用奶质量安全责任制，形成覆盖学生饮用奶生产、配送、组织饮用和监督管理全过程、全方位的、可追溯的责任体系，防范学生饮用奶安全事故的发生。这主要由两个环节构成：一是由各省级学生饮用奶工作机构在本辖区内与实施学生饮用奶计划的城市学生饮用奶工作机构签订责任状，加强学生饮用奶安全目标管理。该责任状主要应包括：工作步骤，安全保证措施，组织落实和责任等。二是定点企业向所在城市学生饮用奶工作机构提交学生饮用奶产品质量承诺书，其主要内容包括：生产企业承诺严格贯彻执行有关法律、法规和实施国家“学生饮用奶计划”一系列文件规定，建立健全企业质量控制体系，优质奶源、工艺操作、检验措施、配送体系保证，事故的处理和责任等，防范安全事故的发生。这两个方面的责任制要紧密衔接，纵到底，横到边，环环相扣，不留死角，定期检查落实情况，发现问题，及时解决。这次已经专家评审通过的42家企业，必须向所在城市学生饮用奶工作机构提交承诺书。如果定点企业向其他实施“学生饮用奶计划”的城市供应学生饮用奶的，也要向该城市学生饮用奶工作机构或教育行政主管部门提交承诺书。

国家实施“学生饮用奶计划”部际协调小组办公室将根据各省工作机构建立情况，“实施方案”制定和两级责任制落实情况，确定该省已具备推广实施条件后，公布该省被认定的学生饮用奶定点生产企业及批准文号，可以正式生产学生饮用奶，按实施方案要求供应学校。至于第三批定点企业何时申报和认定，这需要经过一段时间运行后，再根据情况确定。

**（二）定点企业要建立严格的责任和管理制度，高标准、严要求生产配送学生饮用奶**

定点企业是实施“学生饮用奶计划”的重要主体，是保证学生饮用奶质量和饮奶安全的关键一环，承担着按规定标准生产、配送学生饮用奶的光荣任务，责任重大。必须指出的是，被认定为学生饮用奶定点生产企业，只是取得了生产资格，可以生产学生饮用奶，准予使用中国学生饮用奶标志。重要的是要严格按学生饮用奶管理办法的有关规定，建立严格的责任和管理制度，高标准、严要求地生产、配送学生饮用奶。一是要建立和完善企业内部的生产、配送学生饮用奶责任制度和管理体系：在企业领导层，要分工一名领导专门负责学生饮用奶生产、配送的组织管理工作，并负责处理突发事件，建立危机处理预案；在企业内部要有一个部门专门负责学生饮用奶的生产、配送和管理工作，落实有关的责任；在生产车间也要建立严格的管理制度，各项管理措施落实到具体岗位。二是进一步强化质量管理体系和建立危害分析和关键点控制（HACCP）管理系统，严格人员培训，严格按照工艺要求进行操作，并按照《国家“学生饮用奶计划”暂行管理办法》和《学生饮用奶定点生产企业申报认定暂行办法》的规定的质量标准,用机械挤的优质奶作原料,生产全脂灭菌调味奶作学生饮用奶时,纯牛奶的比例不低于80%,禁止用复原奶生产学生饮用奶,以确保产品的质量和饮奶安全。三是要严格学生饮用奶的检验放行程序,按规定进行班次取样、批次取样,严格进行产品检验和保温试验,把住产品质量检验关,杜绝不合格的产品出厂、进校。四是要加强配送环节的管理,配备专人、专车负责学生饮用奶的配送工作,建立企业自己的配送组织体系,由企业直接向学校配送。对配送中出现问题要及时发现,及时解决。企业对这一环节要有足够的重视,不要有“生产的奶合格了,饮奶就安全了”的麻痹思想。学生饮用奶定点生产企业因资产重组或其他原因发生名称变更,生产地点、品牌变更等情况时,要及时上报备案,以加强监管。

**(三)严格实行学校准入制,加强饮奶的组织管理和安全教育**

我们生产了符合质量要求的奶,又安全运送到学校,最后还必须组织学生安全的饮用,才是保证了学生饮奶的安全,所以学校是实施“学生饮用奶计划”的一个重要环节,承担着具体落实学生饮奶的繁重任务。为了加强这方面的工作,一是必须认真实行学生饮用奶的学校准入制,由当地“学生饮用奶计划”工作机构和当地教育部门按照“实施方案”和所选定学校的具体情况自主选择供奶定点企业。二是实施“学生饮用奶计划”的学校要有专人负责,创造必要的条件,加强并完善对学生饮奶的管理工作,制定必要的规章制度,对牛奶分发、饮奶时间、奶费收缴、饮后包装物的统一收集和处理等作出规定。三是城市学生饮用奶工作机构要配合教育部门对学生进行有关牛奶的营养、健康知识教育和安全卫生知识教育,使教师和学生不仅了解饮奶的好处,而且了解饮奶安全卫生知识和发生安全事故时的紧急处理知识,防患于未然。四是实施“学生饮用奶计划”的学校不要组织学生饮用学生饮用奶以外的其他饮料。

**(四)政府有关职能部门要通力协作,严格监管**

实施“学生饮用奶计划”涉及农业、教育、卫生、财政、计划、质量技术监督、物价、宣传等多个党政部门,按照《国家“学生饮用奶计划”暂行管理办法》的规定,对学生饮用奶的生产、配送与消费全过程实行严格监管,是政府有关部门的责任,目的是要保证“学生饮用奶计划”健康、有序的开展,确保学生饮用奶的卫生、质量和饮奶安全。各省、市学生饮用奶工作机构,应主动协调,主动争取政府领导的支持和各部门的配合与协作,共同努力落实监管措施。一是各级卫生行政部门、质量技术监督部门要依据有关法律、法规、标准,加强对学生饮用奶、供奶企业及学校学生饮奶情况进行监督检查,对不符合有关法规、标准的,要依法查处。二是各地实施“学生饮用奶计划”管理机构要与当地卫生行政部门、质量技术监督部门密切协作,积极配合,了解对当地学生饮用奶卫生、质量的监督检查情况,对生产和向学校配送不符合国家卫生和质量标准的学生饮用奶的定点生产企业,除有关行政管理部门按有关法律、法规进行处罚外,要按照《管理办法》的有关规定,提出取消学生饮用奶定点生产企业资格、撤销其学生饮用奶标志使用权的建议,经上报国家学生饮用奶计划部际协调小组办公室审核批准后予以公告。三是对未取得学生饮用奶定点生产企业资格,擅自使用学生饮用奶标志,向学校销售奶制品的,要由当地质量技术监督部门坚决予以制止。四是城市学生饮用奶工作机构要指导和帮助学生饮用奶生产定点企业和学校共同建立发生学生饮奶中毒或其他食物中毒事件的应急处理机制,制定处理预案,及时处理突发事件。在发生安全事故时,当地实施“学生饮用奶计划”工作机构要及时组织调查,分清责任,并将情况及时向有关部门报告。

**(五)努力创造有利于“学生饮用奶计划”实施的外部环境**

实施国家“学生饮用奶计划”是一项需要长期坚持的工作,涉及的面很广,如何创造一个有利于开展工作的外部环境,是我们必须认真对待和解决的重要问题。下面提出一些初步想法,供大家讨论:一是要开展调查研究,不断总结经验,进一步完善已经出台的政策、法规,逐步使实施“学生饮用奶计划”走上法制和规范的轨道，特别是如何对定点企业进行跟踪监测、实行动态管理，需要尽快研究一套可行的办法。二是尽快研究制定全国学生饮用奶专用标准，解决目前使用既有标准中存在的缺陷问题。三是要研究建立各级实施“学生饮用奶计划”的定期公告制度，及时将定点企业认定与撤销，对学生饮用奶产品卫生、质量的抽检等情况及时在媒体上公告，以引起社会各界的关注，增加工作的透明度。四是及时与各级宣传部门沟通和联系，围绕重点问题，继续开展对实施“学生饮用奶计划”的正面宣传报道工作，形成正确的舆论导向，创造良好的舆论氛围。对于学生饮用奶发生安全事故的报道问题，最近与有关部门商量基本形成一个意见：进行有关学生饮用奶安全事故的报道，应与当地学生饮用奶管理机构和卫生防疫部门取得联系；凡事故原因没有查清和作出结论的，新闻媒体不得炒作。五是要同有关部门协商，争取在学生饮用奶管理机构设置、人员配备、经费来源等方面寻求一个可行的解决办法，以便为这项工作的正常开展创造必备的条件。六是要与有关高校和科研院所合作，开展有关实施“学生饮用奶计划”的科学研究和学术交流活动，进一步开展学生饮奶与营养健康的跟踪监测等。七是与有关部门协商，探索建立学生饮用奶安全保险的途径和办法，减轻定点企业的风险和压力。八是要研究如何采用法制的、经济的、行政的多种方式方法对学生饮用奶进行管理的问题。在法制管理方面，部际协调小组办公室已经与有关方面联系，准备正式聘请法律顾问，帮助我们对可能出现的法律问题、诉讼问题提供咨询，各地方学生饮用奶工作机构也可以这样办。九是要研究争取国内外组织和社会各界支持或资助“学生饮用奶计划”实施的方式，用于开展有关研究工作、加强监测体系的建设、解决困难学生饮奶问题等。对以上工作，会后要研究或进行协调，争取尽快拿出具体的意见和办法来。

同志们，实施国家“学生饮用奶计划”是一件利国利民的大好事。去年11月16日，《人民日报》在报道“学生饮用奶计划”正式启动消息的同时，发表短评的标题就是“把好事办好”。短评说：怎样把这件好事办好？关键是要充分发挥三个方面的“把关”作用，即：政府要把好组织关，企业要把好质量关，学校要把好消费关。这是值得我们很好学习和思考的。只要我们认真、努力、扎扎实实的工作，就一定能把好事办好。可以预期，在党和国家的重视、关怀下，经过大家的共同努力，学生饮用奶计划的扩大推广工作一定能够顺利进展，取得更大的成绩。

# 抓住机遇　乘势而上　促进我国奶业健康发展

农业部总经济师、畜牧兽医局局长　贾幼陵

我国畜牧业经过改革开放二十多年的快速发展，已步入了一个新的发展阶段，主要畜产品供求基本平衡。提高畜产品质量、优化与调整产业结构、增加社会与经济效益、改善生态环境已成为新阶段畜牧业发展的主要目标。在实施畜牧业战略性结构调整的实践中，奶业的发展成为结构调整一个重点，也是农民增收的亮点。要抓住有利的发展机遇，做大做强奶业，促进奶业健康发展。

## 一、我国奶业发展现状

### （一）奶类生产

改革开放以来，我国奶业有了较大发展。到2001年，全国存栏良种及改良奶牛达566.2万头，比1978年的48万头增加了518.2万头；奶类（包括牛奶和羊奶）产量由1978年的97万吨增加到1 122.6万吨，其中牛奶产量为1 025.5万吨，占世界总量的1.9%。我国奶类产值占畜牧业产值的10%左右，约为农业的3%。2001年我国人均占有奶类8.8千克，远远低于世界平均水平。

奶类生产区域。我国奶牛生产区域主要由牧区、农区和城市郊区三部分组成。在奶牛饲养数量的分布上，牧区的内蒙古74.7万头、新疆127.8万头，占全国奶牛总数的35.8%。在农区饲养数量较大的省份有黑龙江、河北、山东、山西和陕西省，奶牛数量占全国的38%。大中城市郊区以北京、上海、天津饲养量最大，占全国的4%。

在生产原料奶的数量上，奶类产量在100万吨以上的有黑龙江、河北和内蒙古3省(区)，占全国总量的37.5%，其中，黑龙江是我国奶类生产第一大省，奶类产量占全国总量的17.1%。其他几个奶类生产大省山东、新疆、陕西和山西，占全国总量的25.7%。

奶牛品种和生产水平。2001年全国共存栏奶牛566.2万头，按成年母牛计（约占牛群的55%），单产也仅为3 200千克。而美国、以色列等国家成年母牛平均单产则达8 400千克，丹麦、法国、日本等平均也在6 500千克以上。

在奶牛的品种上，我国饲养奶牛的主要品种是荷斯坦牛及其杂交改良牛，另外还有一些乳肉兼用的西门塔尔牛、草原红牛和新疆褐牛等。其中良种荷斯坦牛，主要分布在大中城市郊区、黑龙江省和部分农区；其他品种主要分布在广大牧区。

在生产技术方面，奶牛的人工授精技术已得到全面普及，目前全国有31个种公牛站，其中在奶牛生产中最具影响力的有北京、上海和黑龙江三个公牛站，承担奶牛冻精生产和人工授精推广工作，为提高奶牛的产奶水平做出了重要贡献。奶牛胚胎移植发展较快。

生产方式。我国奶牛饲养以小规模生产、分散的农户饲养为主，户均饲养规模为3～5头，饲养奶牛数量在20头以上的规模经营比重不到1/4。即使是奶业大省黑龙江，规模经营的比重也仅为35%左右。在原料奶生产的组织上，仍以松散的乳品企业收购、农户饲养方式为主，有些地方采用了契约合同方式，连接产加双方。一些大型乳品企业开始通过“公司+基地+农户”的组织经营模式，建立原料奶基地。如三鹿集团在河北的39个市县建立奶源基地，有1 000多个村镇，5万多农户从事奶牛生产，奶牛饲养量达6万头。这种产业化模式的建立，已逐步被越来越多的加工企业所接受，在带动基地发展的同时，促进了企业竞争力的提高。

**（二）乳品加工**

我国加工乳制品的品种主要有液态奶和固态乳制品两大类。液态奶包括饮用鲜奶、酸奶和其他花色奶。固态乳制品主要是全脂和脱脂奶粉，而黄油、干酪和炼乳等由于加工技术和国内消费量的制约，产量很少。2001年全国液体奶和乳制品产量分别达到189.98万吨和105.43万吨，比上年增长52.5%和27.1%，其中液态奶产量比5年前增长近2.7倍。

近几年来，我国乳品加工业加大了体制改革和技术改造力度，大力实施产业化经营，通过股份制改造和强强联合等方式组建了一批有实力的奶业集团，如上海光明、内蒙古伊利、河北三鹿、北京三元、黑龙江完达山等，初步改变了小规模分散经营的局面。

**（三）乳品消费**

我国的乳品消费受居民收入、消费习惯、营养知识、城市化水平等多方面因素的影响，整体消费水平还不高，但消费量呈增长趋势。乳制品消费主要集中于城市地区，2000年，城镇居民家庭人均乳品消费量11.66千克，比1992年增加近1倍；农村居民家庭人均消费乳制品量近1千克。据央视调查咨询中心2000年10月对全国35个大中城市消费调查显示，液态牛奶家庭购买率1998年为37%，1999年为39.1%，2000年达65.2%。平均每户每月购买金额从1998年的11.39元，上升到2000年的28.69元。

我国奶类的人均消费与世界人均消费95千克的平均水平相比，差距较大。目前，在肉蛋奶的消费比例中，发达国家肉、蛋、奶的比例是0.4:0.06:1，乳制品消费比例最高；我国的比例是6.7:2.8:1，乳制品消费比例最低。

**（四）存在的主要问题**

一是在奶业发展上，存在盲目性。近年来，饲养奶牛效益好，在一些地方不顾市场需求、加工条件、生产资源，盲目引牛，建加工厂，导致有的地方出现奶农倒奶，加工企业争夺奶源地盘的现象。

二是在奶业生产上,牛源特别是良种奶牛不足,导致种牛进口数量的大幅度增加。饲料饲草生产和加工体系建设滞后,目前还没有专用饲草饲料种植基地,青绿饲料和优质牧草缺乏。

三是加工企业规模小。我国有一半的乳品加工企业日处理鲜奶能力在20吨以下，加之企业的加工设备和工艺老化，质量管理水平低，乳制品加工效率低。

四是产业化程度不高。由于饲养分散,产业化组织程度低,小生产与大市场的矛盾依然突出,相当一部分生产者没有与加工企业建立牢固而稳定合同关系,不利于鲜奶的收购和储运。

五是质量标准和监控体系建设滞后。奶业生产中手工挤奶比重过大，致使原料奶质量不稳定。同时我国制定的原料奶质量标准偏低。在质量监测方面，第三方检测基本没有建立。

## 二、市场前景分析

我们认为,今后一个时期我国奶业会呈现快速、健康的发展势头。其主要原因有以下几点:

国内市场需求旺盛。随着人民生活水平的提高,消费观念的转变,国内乳品市场日趋扩大。2000年城镇居民家庭人均乳品消费量比1992年增加近1倍,消费群体仍以收入水平较高的城镇居民为主。按上述消费增长速度,加上“学生饮用奶计划”的实施等因素,预计到2005年全国人均消费量将达到10～12千克,5年增加2～4千克,奶类总量需增加260～520万吨。按《中国食物与营养发展纲要(2001—2010年)》要求,到2010年,全国人均消费奶类水平将达到16千克,其中城市居民将达到32千克,奶类产量的安全保障目标为2 600万吨。

资源存量大，具有进一步发展的潜力。我国有4亿公顷草地，草原和草山草坡可利用的饲草资源巨大。人均粮食占有量已超过400千克，而人均实际消费口粮仅为206千克（2000年），到2010年将降至155千克，所以精粗饲料资源十分丰富。随着退耕还草、草地改良和农业结构的调整，三元种植业结构的建立，以及舍饲技术的推广普及，资源的总量增长与利用率提高的双重效果，为奶牛的发展提供了饲料保障。我国是养牛大国，存栏量大，品种资源十分丰富，从而也为加快奶畜发展奠定了坚实基础。

产品消费特性有利于巩固国内乳品市场。乳品消费大致分为两类，即固体奶和液态奶，前者如奶酪、奶粉等，后者以液态保鲜奶为主。一般来说，消费量最大的乳制品是液态保鲜奶，而液态奶不易保存和长距离运输，主要在国内消费，国际间贸易量很小，所以市场的开放对我国保鲜奶生产的冲击不大。奶粉的消费主要在农村和中小城市，由于农民收入和中小城市居民收入相对较低，这部分市场主要是国产奶粉，而进口奶粉价格较高，主要市场在一些大城市。因此，通过积极调整产品结构、提高质量和管理水平，进一步巩固成本和价格优势，会给我国奶业发展带来相当大的机遇。

在开拓国际市场，特别是周边国家的乳品市场上有空间。日本、韩国、俄罗斯以及东南亚国家尽管奶业有了发展，但由于受资源、劳动力成本等因素的影响，制成品基本不具备优势。只要我们下力气改善鲜奶及制成品的品质，积极开发适销对路的名优产品、绿色产品，就会在巩固国内市场、抵御进口乳制品冲击的同时，开拓国际市场。

## 三、国外奶业发展可借鉴的经验

在发达国家，奶业是备受关照的行业。奶业的发展水平是畜牧业发达水平的一个重要标志。因此，从奶牛生产、组织方式、价格协调、质量监管到市场保障，都有一套完整的制度和规章，确保奶业生产的封闭运行，其中不少做法，对我国奶业发展有借鉴作用。

在奶牛生产上，增长方式追求个体生产水平的提高，而不是奶牛数量的增加。从1980年到2000年的20年间，美国奶牛的饲养头数减少了170万头（约减少了16%），但全美奶牛个体平均产奶量由5 393千克增加到8 388千克，牛奶总产量由5 824万吨增加到7 629万吨，奶产量增长了31%。同期，澳大利亚奶牛饲养头数增加18%，奶牛个体产量也由2 977千克增加到5 088千克，牛奶总产量由556万吨增加到1 117万吨，奶产量翻了一番。

在组织方式上，奶业的产业化程度高。主要体现在三个方面：一是有强大的加工龙头企业。一般乳品加工企业日处理鲜奶能力超百吨，大型企业日加工鲜奶达 3 000 吨以上。乳品加工规模化，加工产品多元化，保障了对原料奶的稳定需求。二是中介组织发达。奶农基本上都是奶牛生产者协会，或是奶农合作社的会员，会长必须是饲养奶牛的农场主，充分代表奶农的利益。协会对内，给奶农提供各种服务，进行奶牛鉴定，良种登记，制定选种选配计划，后裔测定，DHI 测定等。对外，代表奶农与乳品加工企业定期协调原料奶的收购价格，确保奶农的经济利益。三是利益联结机制完善。有些奶农就是加工企业的股东，企业与奶农有共同的利益。另一方面，大的加工规模要求企业有均衡且稳定的奶源，因此这种利益是长期的，并建立在企业的信誉上。

在政策保障上，有一套完整政策措施和管理制度。在市场准入方面，奶牛生产的计划性非常强，如欧盟、加拿大都实行严格的配额管理制度，生产者必须先买配额才能进行生产，生产量必须在配额的范围内，并确保每份配额的平均利润，同时配额可以有偿转让。在牛奶质量保障上，有严格的质量标准和质量检测体系，除加工企业自检外，还有第三方检测机构。在对奶业的保护和支持方面，如补贴政策，对配额内生产的鲜奶和加工制品，出口的乳制品给与补贴。如对原料奶使用的规定，上市的消毒奶必须使本国生产的鲜奶。

## 四、抓住机遇，加快奶业的健康发展

党的十六大提出了加快建设现代农业，全面繁荣农村经济，加快城镇化进程的战略任务，为农业和农村经济发展指明了前进方向。奶业的发展，无论是对于现代农业、农村经济，还是对于满足城镇居民消费需求都有广阔的发展空间。因此，奶业的发展要充分利用当前有利的政策环境和市场环境，抓住机遇，加快发展。我国奶业发展的指导思想是：以市场为导向，以良种为基础，以产业化经营为纽带，做大做强龙头企业，提高基地规模经营水平，加快产业科技进步，率先实现生产集约化、产品优质化、产业现代化，实现全国奶业的快速、协调、健康发展。

### （一）做大做强产业龙头，大力推行产业化经营

龙头企业是发展民族奶业的决定性因素。为此，一要采取积极的政策导向，通过招商引资、社会融资等办法，建设一批大规模、高标准、现代化的新型加工企业，提升加工水平和产品层次，扩大辐射范围，对奶业发展形成强劲的牵动作用。二要对现有龙头企业进行体制改革、机制创新、技术改造，使其尽快实现产业升级，建立具有很强竞争能力的民族乳品加工业群体。三要依托优势企业，通过强强联合、兼并重组等办法，形成品牌统一、资本优化、优势互补、资源共享的大型乳品工业集团，尽快改变乳品加工企业小而分散的不利局面。四要大力实施品牌战略，树立以品牌经营为核心的思想，集中力量培育、壮大民族品牌，扩大市场知名度，从而把奶业提高到一个新层次。

要以利益对接为核心,加快经营一体化。大力推行“公司＋农户”模式,采取有效组织手段,协调和引导龙头企业与基地农户通过服务机制、契约机制以及股份合作机制等方式,加快利益对接步伐,形成风险共担、利益均沾的一体化关系。鼓励龙头企业反哺奶牛饲养业,加强企业自律,切实保护农户利益,通过向鲜奶生产者提供贷款担保、技术服务、原料供应以及出资建设奶站等措施,加快奶业产业化进程。

### （二）完善区域布局，发挥比较优势

根据我国奶业发展的资源条件、生产现状、发展潜力和发展趋向，我们制订了《奶业优势区域发展规划》，将全国奶业优先发展区域分为三大片，即以京、津、沪等大城市郊区为主的城郊型奶源基地；由黑龙江、内蒙古呼盟为主的东北奶业产区和以河北、山西、内蒙古中南部构成的华北奶业产区。通过重点发展、区域推进的办法，逐步形成优势明显、分布合理、辐射力强、竞争有力的奶源基地群，带动全国奶业上规模、上水平。

### （三）加快科技进步，提高产业发展水平

良种先行,良法配套,规模推进是壮大奶业的必由之路。奶牛良种繁育体系要适应我国奶牛改良和育种的需要,以提高生产力水平为重点。要以种公牛站、高产母牛场为核心,充分利用国内外遗传资源,建立种源生产基地,满足奶业大发展的需要。要从奶牛良种登记入手,搞好奶牛生产性能测定,采用常规技术与新技术相结

合的办法，不断提高奶牛质量。要大力推广行业标准和模式化饲养技术，不断改进饲料配方和环境控制技术，提高科技含量，要以规模经营为载体，采取规模推进的办法，不断提高奶牛的科学管理水平，提升奶业整体素质。

**（四）建立和完善质量检测体系，确保鲜奶及乳品安全**

要加强标准化建设。制成品要在严格执行国家标准的基础上，推行产品标识制度，明确标明制成品采用何种原料（鲜奶、还原奶）制造，营养物质含量及卫生、理化指标，以保护消费者利益。要建设一批质检中心，强化对饲料、鲜奶和乳制品的检验和质量监管。要以建设无规定动物疫病区作为主导形式，增加投入，完善动物疫情测报和扑灭体系，确保奶牛生产安全。要加强对牛舍、挤奶站的环境控制，防止生产环节可能造成的污染，特别要大力普及机械化挤奶、智能化管理，使鲜奶质量水平得到质的提高。

**（五）加大行业保护和支持力度**

我国加入 WTO 后，畜产品关税水平大幅度降低，乳制品的关税税率从 50% 下降至 10%～19%，使固态奶制品，特别是奶粉的大量进口成为可能。针对大量奶粉进口对国内奶业发展带来的冲击，要制定还原奶标准，对还原奶实行标识制度。借鉴美国和我国台湾省的做法，如美国为保护本国的奶牛业，规定“供应市场的液态奶必须 100% 使用本国生产的第一级原料奶为原料”。中国台湾省乳品消费量的 3/4 依靠进口，为了保护本地奶业发展，规定供应本岛的消毒奶必须 100% 的以地产奶为原料，调味乳中必须有 50% 以上的地产奶为原料。因此，为保护国内奶业的健康发展，要制定有关使用国内生产原料奶的规定。

**（六）大力扶持合作经济和中介服务组织，尽快提高奶业的组织化程度**

针对我国加入世界贸易组织后出现的新形势和新情况，要重视对奶业行业协会工作的领导，发挥其在行业管理中的作用。要通过完善协会的组织领导体系和健全规章制度，约束企业行为，保护其正当利益。要按照企业自愿、政府扶持、市场运作为原则，鼓励和支持龙头企业参与服务组织建设。要以建立和完善养牛合作社、奶农生产者协会以及成立股份制产加销一体化联合体为主导形式，把分散的奶农组织起来，形成利益共同体，通过规范各自的生产与经营行为，开展系列化服务，密切基地农户与龙头企业的利益关系，为产加双方的协调发展提供保障。

**（七）积极开拓市场，引导城乡居民扩大乳品消费**

市场需求决定着产业的发展兴衰。立足现实、立足国内是我们的基本定位，要从普及营养知识和培养科学消费习惯、扩大消费群体、提高服务水平等方面着手，尽快扩大城乡居民乳品消费量。要支持媒体开展奶类营养健康与民族体质增强方面的宣传教育，并给予政策与资金上的扶持。紧紧抓住全国各地启动“学生饮用奶计划”的有利时机，通过政府与市场两种力量的有机结合，培育增量市场，带动更多的人参与早餐革命，使 13 亿人这一巨大消费市场得以充分开发，进而拉动奶业的持续、快速发展。要注重发挥成本和地缘优势，在巩固国内市场的同时，积极开拓国际市场，扩大乳制品出口。

# 全国农垦奶业行动计划

农业部农垦局局长 魏克佳

为了进一步发挥农垦奶业既有的优势，优化经济结构，以适应加入 WTO 后新形势的需要，参照《全国奶业生产“十五”计划和 2015 年规划》和优势农产品区域布局规划，制定“农垦奶业行动计划”。

## 一、基本思路

发挥农垦专业化、集约化饲养优势，运用现代育种手段，加强奶牛繁殖体系和服务保障体系建设，采取多种产业化经营形式，通过多种形式的资源整合，做大、做强、做高农垦乳品企业，形成若干具有知名品牌、产加销一体化经营、辐射全国的农垦奶业集团，提升农垦奶业整体价值链的核心竞争力，实现农垦奶业的现代化，更好地发挥对全国奶业的示范作用。

## 二、发展目标

### （一）近期目标

重点进行奶牛良种繁育体系的基础建设，包括完成北京、上海奶牛育种中心，建设与之配套的胚胎移植点，完成一批奶源基地和乳品加工企业的改扩建；全国70％的农垦规模奶牛场实现机械化榨乳；10％的企业通过质量管理认证（ISO9000、GMP、HACCP）。

### （二）中长期目标

进一步加大投资力度，完成挤奶站、奶牛技术服务中心建设，完成乳品加工企业改扩建，使农垦奶业生产能力和水平有进一步提升。全国90％的农垦规模奶牛场实现机械化榨乳；70％的企业通过质量管理认证（ISO9000、GMP、HACCP）。

到2007年，农垦奶业形成布局合理、优势明显、各具特色的奶业经济区，垦区奶牛存栏年递增10％，牛奶产量年递增12％，奶牛存栏、牛奶产量分别达到99万头和265万吨；奶牛良种繁育体系得到进一步完善，形成年提供优良冻精400万支，年产胚胎4万枚，保证全国奶牛改良种用的需要，初步形成全国性的育种网络，立足垦区，服务全国；奶牛生产性能测定（DHI），逐步实现数据处理和信息交换自动化，将涵盖大部分国有规模养殖场，并逐步向饲养大户推广；基本建成农垦奶业安全生产模式。

到2010年，农垦奶业企业均要通过有关质量认证，100％达到安全生产模式标准，形成优质、高产、高效的农垦奶业体系，参与国际乳业的竞争。

## 三、工作重点和实施内容

行动计划的重点是充分发挥农垦奶业的优势，建设一批科技含量高、组织形式新、具有强大辐射力、高质高产的奶业经济区；采取多种形式实施奶业企业的重组、兼并、联合，培育奶业企业集团；使农垦奶业在养殖、加工、流通、研发等各方面与国际接轨，成为我国奶业行业的领先者。

### （一）发展奶业经济区

根据各垦区的资源条件、奶业生产现状和发展潜力，合理布局，发展奶业重点经济区，带动整个农垦奶业和全国奶业的发展。重点建设北京、天津、上海、广州、沈阳、哈尔滨、合肥、杭州、昆明、重庆等垦区奶源基地，着力提高农垦奶牛的单产水平和原奶质量。

奶业经济区建设内容包括奶牛饲养小区、收奶站、奶牛技术服务中心、奶牛育种中心、良种场、奶业合作社、饲料基地等。从奶牛生产性能测定（DHI）、种公牛后裔测定和良种登记工作等三项基础工作抓起，大力发展大城市远郊和中小城市郊区奶业，建设一批高水平的优质奶源基地。现有规模化奶牛场要逐步实行机械化挤奶，在2007年前普及率要达到90％。新建的奶牛饲养小区在规划小区建设时就将机械化挤奶放到重要位置考虑。在实行“公司+农户”地区和奶牛饲养密集区也应大力推广分散饲养、集中挤奶的模式，逐步提高机械化挤奶的比例，农垦系统要率先实现奶牛的精养、优质、高产、高效。

建立奶业合作社是奶源基地经营的重要形式。主要开展以下几方面的工作：向奶农传达政府法规、政策，作好指导、协调工作；积极推广国内外饲养奶牛实用技术，指导农民科学养牛；提供乳品企业市场信息，签订牛奶产销合同，组织奶农交售合格鲜奶；帮助奶农引进良种，推广奶牛人工授精技术、防病治病、供应饲料饲草；筹集养牛合作风险金；拓宽筹资渠道，增强经济实力；组织会员提高自我保护意识，协助有关部门制定合理的牛奶购销价格。奶业合作社集体或社员养殖大户可采取资金和原料奶入股形式，成为龙头企业的股东，参与龙头企业的决策和管理。通过建立奶业合作社，使奶农和龙头企业公司形成长期、稳定的利益纽带关系。

**（二）培育大企业大集团**

加入WTO后，市场竞争逐步国际化，中国乳业的竞争也将是乳制品价格、口感、品质和效率、品牌和销售、服务等方面的全方位、全价值链的竞争。我国乳业将从高速发展阶段步入行业成熟期，品牌将逐渐集中，乳业资源将重新整合。农垦乳品企业要应对挑战，必须在机制、体制上创新，通过重组、兼并等形式，形成真正有国际竞争力的大企业、大集团。

1. 企业自身“做强”、“做大”。培育农垦奶业龙头企业，一是对企业进行公司制改造，建立现代企业制度，加快要素的重组与整合，实现产权主体多元化。二是提高乳品企业产业化经营水平，按照产业分工和产业化经营的要求，采取多种形式，以产权或利益关系为纽带，强化各产业环节之间的关联度，提高农垦奶业的产业化程度，从而增强全价值链的竞争实力。三是开展管理创新工程，与国际接轨导入先进的管理和生产模式，加快获得质量管理（ISO9000）、良好生产规范（GMP）、危害关键控制点（HACCP）的认证，生产出高质量的有市场的产品。四是建立有效的激励、约束机制，催促企业领导加强学习，具备全球眼光和战略思维，成为有远见、有谋略，能带领团体开拓进取的企业家。

2. 推进企业的重组、兼并和联合。通过整合农垦共有资源，运用农垦品牌、加强服务、运用兼并重组等多种方式，实现多层次的农垦奶业的重组整合，逐步形成农垦奶业的产业体系。实现农垦奶业资源整合的途径主要有：

一是学习和借鉴“完达山模式”，各垦区首先将系统内分散的力量聚合在一起，形成合力，组成拥有一定实力的奶业集团，打造强势品牌；然后通过资本运作，采取跨地域、跨系统并购等形式，不断做大、做强、做高农垦乳品的龙头企业。

二是利用现有强势品牌，在全国范围内整合中小农垦乳品企业，如采取联合、相互参股或者开展定牌加工等多种方式，同时要加强引导和信息交流，发挥系统内大品牌的牵动作用。

三是垦区牵头，统一组织招商，与社会各界开展多种形式的合作，用社会资源壮大自己。各地农垦中小乳品企业既要防止在目前市场形势比较好，满足于产品不愁卖，错过最佳合作时机；又要防止急于求成，被严重低估资产廉价出让。各有关垦区要加强管理、协调，一致对外，尽量避免垦区企业相互压价，或者被分而治之，被中外大品牌各个击破。

四是充分用农垦奶业产业化基础好的优势，抢先实现奶业安全生产模式，营造农垦奶＝放心奶（安全无公害）、优质奶的氛围。各垦区在研发、检测体系、信息等方面开展资源共享，增强农垦奶业的凝聚力。

**（三）进一步提升农垦奶业水平**

一是保持并扩大在良种上的优势。农垦拥有我国大部分荷斯坦良种母牛核心群和优秀的种公牛。要通过奶牛生产性能测定（DHI）、种公牛后裔测定和良种登记工作等三项基础工作，以及推广胚胎移植等高新繁殖技术，保持并扩大在种质资源及高产种群上的领先优势，为农垦及全国奶业生产效率的提升奠定基础。

二是开展奶牛养殖场星级评定。借鉴国外和台湾地区实施标准化管理（ISO、TQC、GMP、HACCP）和对奶牛场进行等级评定的经验，结合农垦的实际情况，制定符合我国实际情况的评定标准，对200头以上的规模奶牛养殖场，根据其鲜奶品质、经济效益、饲养管理、疫病防治、牧场环境与卫生状况等方面的综合情况，聘请相关方面的专家进行星级评定，以促进奶牛养殖和管理水平的提高。要充分发挥奶业协会的作用，率先在农垦牧场试行，摸索出经验后再逐步向全国推广。

三是建立奶业安全生产模式。建立奶业安全生产模式，需要从饲养、加工、配送各环节确立高标准并层层把关，难度很大。由于农垦产业化程度高，在饲草种植、饲料加工、规模饲养等方面都有较好基础，完全可以率先实现奶业安全生产模式，为进入国际市场，参与国际竞争创造条件。为此，各垦区要发展乳品安全检测技术、评价体系、乳品安全标准、生产与流通过程中的控制技术。作为安全生产模式的起步，先建立第三方乳与乳制品质量监测体系，在天津市乳品监测中心进行试验示范，然后逐步推广。

四是开展鲜奶标识管理，规范乳品市场。推行鲜奶标识管理是维护消费者权益、规范乳品市场秩序的重要举措，也是保护农民利益，保障农村产业结构进行战略性调整的必要措施。农垦系统奶业发展具有较好的企业基础，产业化程度较高，承担着我国大中城市液态奶的主要供应任务，开展鲜奶标识管理以及未来进行纯鲜牛奶标识管理具备较好的条件。拟在制定管理办法的基础上，采取“企业自愿、政府引导、严格标准、标识管理”的方式。

## 四、主要建设项目

### （一）奶牛饲养小区建设项目

以农场或牧场的生产队为单位建立个体分散奶牛养殖小区 780 个，其中饲养 1 000 头奶牛以上小区 80 个，饲养 600 头奶牛以上小区 200 个，饲养 300 头奶牛以上小区 500 个，总饲养成年母牛在 50 万头以上。奶牛养殖小区内奶牛由养殖户以家庭为单位分散饲养，到挤奶站统一挤奶。

### （二）奶牛技术服务中心建设项目

为了保证奶牛养殖小区内个体养殖户奶牛配种、疫病防治和科学的饲养管理，每新增 1 500头奶牛建一个奶牛技术服务中心，拟建立奶牛技术服务中心 286 个。奶牛技术服务中心主要服务内容是奶牛的配种（人工授精）、疫病防治、饲料质量的检测及各种生产技术的指导。

### （三）收奶站建设项目

为了保证牛奶的卫生质量，拟建设收奶站 1 500 个。收奶站的服务对象主要是奶牛个体养殖户，服务内容是牛奶计量与质量检测，牛奶降温及短期保存。

### （四）奶牛育种中心建设项目

为了提高我国奶牛育种的科技水平，实现奶牛育种的现代化，提高全国奶牛的整体遗传素质，全面提高我国奶牛生产力，北京奶牛育种中心和上海奶牛育种中心要扩大原有规模，完善设施。主要包括从国外引进优秀种公牛及建设相应的饲养管理设施。新增种公牛精液品质检查设备、精液冷冻分装设备、精液保存设备、附属设施及老设备的更新换代；建立和完善生产性能测定、后裔测定、遗传参数估计系统；育种资料、数据、信息的采集、分析、处理与发布的网络系统等。

### （五）良种场建设项目

为了提高奶牛的遗传素质，使奶牛生产水平不断稳步提高，并带动周边地区奶牛业的发展，为选育后备种公牛和进行胚胎移植创造条件，拟在重点省（市、区）改扩建奶牛良种场一座，共 20 座。平均每个新增良种奶牛 400 头和相应的饲养管理设施，使每座良种场的饲养规模达到 1 200 头奶牛，成母牛平均单产水平 8 000千克。

### （六）优质饲料基地建设项目

按成年母牛与相配套的后备母牛需要的青绿饲料和粗饲料用地计算，需新增青绿（青贮）饲料和粗饲料生产基地共 4.3 万公顷。新增奶牛的饲料地由养牛户和良种场自己解决，项目只建设相应的饲料种子生产基地。

针对不同奶牛产区的生态条件，筛选优质、高产、抗逆紫花苜蓿新品种，建立紫花苜蓿种子生产基地。2.1 万公顷青绿（青贮）饲料生产基地需要种子 9 060 吨/年，需要建设种子生产基地 604 公顷；2.1 万公顷粗饲料生产基地需要种子 603 吨/年，需要建设种子生产基地 804 公顷。

### （七）胚胎移植点建设项目

为了迅速提高奶牛单产和牛群整体生产水平，扩大优良种畜的影响，以北京、上海奶牛育种中心为依托，在奶业重点区域内建设胚胎移植点 69 个，形成奶牛良繁体系。

### （八）乳品加工企业建设项目

为了提高农垦乳品加工企业的竞争能力，拟对现有乳品企业进行改建扩建。根据奶源建设规划和乳品加工产品比例的调整，到 2007 年末，通过扩建与改造，将项目区内加工企业的日处理鲜奶能力提高到 280 万吨，增加 150 吨。

## 五、保障措施

### （一）制定实施方案

各有关垦区要根据“农垦奶业发展行动计

划”的要求，学习完达山、光明、三元等农垦乳品企业的经验，着眼于整合区内农垦奶业资源，确立本垦区乳品企业的战略定位，提出垦区的奶业发展的计划和目标，制定具体的实施方案，明确工作重点、实施步骤和具体措施。要针对实施中的薄弱环节，加大工作力度，实现重点突破。

**（二）推广高新适用技术**

在农垦奶业生产方面，重点推广应用以常规人工授精为基础的选种选配技术，优质饲草和饲料作物高产技术，优质青贮饲料调剂与高效利用技术，奶牛全混日粮饲喂技术，奶牛场现代管理技术，奶牛疾病综合防治技术，牛奶质量快速检测技术，饲料配给、机械挤奶与牛奶收集配套技术，奶牛场饲养管理规范等一批实用性强、增产效果明显的先进技术，提高奶牛的生产水平。同时，积极稳妥推广应用以超数排卵、胚胎移植、胚胎分割等集成的生物工程技术，扩大优秀核心种群覆盖率。

**（三）建立乳品安全保障体系**

一是进一步提高企业职工的产品质量和安全意识。各垦区要按照农业部《关于加强农产品质量安全管理工作意见》的要求，根据本地实际情况开展试点示范，并在企业职工中开展相关的宣传培训，落实全面质量管理体系(TQC)。二是建立完善现代企业制度，严格执行国家乳品生产的卫生和质量标准，尽快建立ISO9000质量国际认证和危害分析和关键点控制（HACCP)、良好生产规范（GMP）等质量控制管理体系，保证优质奶源、工艺操作、检验措施按要求落实到位，防范食品安全事故的发生。三是采取严格措施保证原奶的质量。鼓励企业从源头抓起，在奶牛饲养管理、环境卫生、疫病防治、挤奶、冷链运输等方面，建立一整套确保原奶质量的管理制度和措施，保证为加工环节提供高质量原奶。四是在农垦乳品企业中开展安全生产模式认证，总结经验逐步向全国乳品企业推广。

**（四）实施品牌战略，进一步拓展国内外市场**

以品牌为中心，进一步拓展国内外市场，提高农垦产品的市场覆盖率。一是树立和强化品牌意识，认真学习和借鉴上海“光明”、“三元”、“完达山”、“蒙牛”等企业塑造品牌的经验，从加强企业管理、增加投入、培养员工质量和品牌意识入手，努力打造出一批新的名牌产品、名牌企业。二是进行国内外市场营销网络建设，制定企业营销策略，提高营销队伍的素质，采用先进的营销技术，在产品营销中融入企业文化、企业精神，提高名牌产品的知名度和市场份额。三是光明、三元、完达山、燕塘等具备条件的企业加快发展步伐，积极开拓国际市场，提高产品的国际竞争力。力争经过农垦170余家企业的共同努力，实现奶业安全生产模式，并逐步在市场上打造“农垦奶”就是“放心奶”、“安全奶”的消费观念，从整体上增强农垦奶业的品牌价值和向心力。

**（五）加大对奶业发展的支持**

一是建立奶业发展基金，用于农户购牛、建舍和服务体系建设等的补贴等；二是对奶牛专业场、养牛大户作为专用饲料基地，做出统筹安排并实行优惠政策；三是建立奶牛保险制度，提高抗御自然灾害的能力，分散奶牛养殖的风险。

**（六）积极实施“学生饮用奶计划”**

要继续发挥农垦奶业优势，进一步抓实抓好学生奶推广工作，培育未来的消费群体，从而带动农垦奶业及全国奶业的发展。今后工作重点：一是加强监管工作，确保学生饮用奶的质量和学生饮奶安全；二是建立对定点企业实施动态管理的机制，调动和保护企业的积极性；三是协调教育部门做好学生奶进校的引导和管理工作，引导学生科学、安全地饮用学生奶；四是搞好调研和论证，争取国家出台对学生奶的优惠政策；五是进一步加大宣传的力度，为学生饮用奶计划的实施创造良好的环境。

**（七）发挥行业协会的作用**

中国奶业协会重点发挥其在开拓市场、规范市场方面的作用，要建立国内外乳品市场变动的预测预报信息体系，设立市场预警系统，组织技术交流和培训，组织行业反倾销，帮助企业进行产品营销策划，为农垦奶业及全国奶业的持续健康发展提供及时高效的服务。

# 我国奶业发展中的政府支持政策

农业部办公厅副主任　张文宝

我国奶业是一个新兴的产业，在产业政策方面，国务院及有关部门制定了一系列支持政策，保障了奶业的快速健康发展。

**（一）奶畜养殖业发展中的政府支持**

1958年，毛主席收到20多封人民来信，反映吃奶难问题，毛主席指示农垦部长王震抓好牛奶的生产；1960年，国家开始对牛奶实行严格定量供应；1962年，经周总理同意，国务院拨款2 000万元，农垦部和北京市政府拨款1 000万元以发展北京农牧业，新建40个牛场以解决北京牛奶供应不足问题。

1978年，我国奶牛业开始实行国营、集体、个体共同发展，允许私人养牛，出现了奶牛业蓬勃发展的局面，从那时候起我国的奶业开始进入持续快速增长期。

1980年，国务院批转农业部《关于加强发展畜牧业的报告》批示中指出："畜牧业是农业中的一个十分薄弱的环节，加速发展畜牧业，大力提高畜牧业在农业中的比重，提高蛋、肉、奶在食物中的比重，要进一步加强对畜牧业的领导，把畜牧业提高到重要议事日程上。"

1983年7月，中国农业银行全国15个省市分行组成农业银行奶牛信息网，其任务是交换奶牛生产信息，传递情报，调查问题，预测奶牛生产趋势，确定奶牛贷款投向，开展咨询服务等。

1984年，农业部颁布《高产奶牛饲养管理（试行）规范》。

1986年12月12日，农业部发布《中国奶牛饲养标准》。

1987年，农业部成立全国水牛开发项目领导小组。

1989年，我国与国际农业发展基金会在罗马签定一项贷款协定，为四川省雅安市发展山区奶畜业提供了优惠贷款。

为了保证养牛者的经济收入，许多城市和一些地区的粮食部门对奶牛场（户）实行以奶换料，供应平价饲料的办法。平价和议价饲料差价部分大部由政府补贴。这一办法的实施，既有利于奶牛精饲料的均衡供应，又使养牛者获得较好的经济效益。在当时奶价偏低的情况下，一些地区还为奶业生产减免了一部分税收，以增加养牛者的收入。

**（二）饲料行业发展中的政府支持**

1954年开始，国家对粮食实行统购统销政策，奶牛饲料用粮由粮食部门供应，标准为每头每月供料75千克。

1958年，北京首先开始实行"以奶换料（粮）"政策。1979年，全国奶牛业开始实行"以奶换料"政策。

我国曾在20世纪80年代提出了立草为业、发展草业、草业先行的科学论断，对我国草业的发展起到了一定的推动作用。但是，由于没有建成有产品、有市场和有经济效益的产业，草业的发展比较缓慢。为此，国家在"九五"期间把"牧草之王"——苜蓿的产业化作为科技攻关项目，试图以此为突破口带动草业和可持续农业的发展，经过三年来的科技攻关，我国苜蓿产业化已经拉开序幕，投资苜蓿产业化开发的势头日渐高涨，苜蓿产业化前景非常广阔。

1992年，牛奶饲料价格全面放开，取消了"以奶换料"政策，"喝奶难"问题得到解决。

1994年国务院又将牛奶列为20种人民生活必需品之一，实行价格监控，而饲料价格则完全放开由市场调节，奶料比价不合理，牛奶价格一直跟不上饲料价格不断上涨的幅度，大批奶牛场、户无法承受亏本的压力，被迫大量出售和宰杀奶牛，从此，各地逐步放开了奶制品收购价格，促进了奶业的发展。

**（三）乳品加工业发展中的政府支持**

1983年，北京市政府向党中央、国务院报告，为解决北京吃奶难问题提出引进乳品加工设备，经中央领导批示，国家计委拨外汇2 500万美元，用于北京发展奶业。1984 年，首次将乳制品工业作为主要行业发展方向和重点列入《1991—2000 年全国食品工业发展纲要》。1985年，颁布乳制品及其检验方法的国家标准 20个。2000 年 11 月，全国农业产业化工作会议上确定的重点龙头企业中 13 家乳品行业企业榜上有名。国家对这些企业进行重点扶持。

为了合理地整合政策、资金、技术、项目、信息、服务等各种农产品加工业发展要素，正确引导和充分发挥政府、企业和各类服务组织在支持农产品加工业中的作用，促进我国农产品加工业持续、快速、健康发展，制定《农产品加工业发展行动计划》。农产品加工业发展行动计划重点领域为：奶制品要加强品种开发，并搞好产品的分级、分类包装。饲料业以发展鸡、猪、鸭、鱼、虾、牛、羊、兔饲料为基础，积极开发非常规饲料资源和特种动物饲料，使饲料工业与养殖业协调发展。

**（四）宏观经济政策调整对奶业发展的支持**

改革开放前的 29 年间，在宏观政策上对奶业，特别是奶牛业的发展在客观上是限制的，限制私人饲养奶畜，压低原料奶收购价格和消毒奶及奶粉等乳制品的销售价格（这种政策有其制度上的原因，也与“重工业发展战略”相联系）。其结果是使奶牛业难以发展。但在微观上，一直坚持平价供给精饲料（以奶换料）的政策，在当时环境下，又保证了奶牛业的适度增长，特别是保证了乳品工业发展所需的原料，从而保证了城市居民对奶和奶制品的最低消费需要。

改革开放之后，对奶业实行了促进发展的产业政策，对奶牛业实行“国家、集体、个人一起上”的产业政策，极大地解放了生产力，调动了一切发展奶业的积极性。与之配套的微观政策包括：对所有奶牛均供应平价精饲料，不断提高原料奶收购价、适当控制消毒奶销售价、提供购牛的财政和信贷支持、减免奶业税负等。在八十年代和九十年代初所实行的这些政策，取得了立竿见影的效果，促进了奶业的飞跃。

鉴于奶业的节粮、经济、高效的特点，国务院在 1989 年发布的产业政策要点中，把奶业列为应予以支持和发展的产业，对资金投入、技术进步、基地建设都作出了规划。农业部和一些城市把发展奶业纳入“菜篮子工程”，增加对奶业的投入，并在贷款上给予优惠照顾，解决奶业企业普遍存在资金不足的困难，以利奶牛业的稳步发展。从 1993 年开始，连续三年由财政部安排建立奶业风险金。

1997 年 12 月，国务院批准在全国实施“中国营养改善行动计划”。

2000 年 2 月，“中国学生奶推广活动”开始试点，同年 11 月，国家“学生饮用奶计划”正式启动。

2000 年在农业结构调整中，农业部更进一步将奶业列为突出发展的产业。

2001 年，国办批转了农业部《关于加快畜牧业发展的意见》，明确提出畜牧业结构调整的重点，要求突出发展奶牛养殖，提高奶类生产在畜牧业生产中的比重。国务院办公厅公布《中国食物与营养发展纲要（2001—2010 年）》，奶产业被列为发展重点；科技部启动实施“十五”国家科技攻关计划，奶业被列入 12 个专项之一，予以重点支持。

**（五）接受外援发展奶业**

1983 年以来，我国先后获得联合国世界粮食计划署和欧共体五个奶类援助项目，即在“2647”项目（六大城市奶类发展项目）、20 个大中城市奶类发展项目、过渡期奶类项目、食品加工业技术及商务合作项目及水牛开发项目，从联合国世界粮食计划署及欧盟先后取得援助资金（包括物资转化资金）共 10.5 亿元，加上国内配套资金，项目资金投入合计 27.8 亿元，用于发展项目地区奶业生产。同时也得到来自奶业发达国家的技术和管理方面的指导和帮助。通过这些经济和技术援助，不仅使受援助地区的奶类生产迅速增长，也改善提高了奶的收集、加工、分发能力和技术水平，促进了这些地区农村产业结构的调整，增加了就业机会和农民的收入。许多受援城市在几年受援期间所获得的援助物资折合款比前三十年当地奶业投资总额还要多。事实上，很多发展中国家，如印度，就是通过一个又一个的国际组织的援助项目，获得了数十亿美元奶业发展资金和奶业生产、加工技术及管理经验。利用这个有利条件，他们掀起了一场卓有成效的“白色革命”，才使其奶业落后面貌迅速改观。人均占有奶量由60年代的不足5千克提高到90年代的60千克，成为发展中国家发展奶业成功的范例。

改革开放以来，各地也建立了许多奶业外资、外援合作项目，取得了良好的效果。在我国加入世界贸易组织后，完善奶业政策，进一步扩大改革开放，实行对民族奶业的保护，必将对奶业发展产生深远影响。

# 我国奶业发展概述

奶业在我国农业和食品加工业中，是一个起步晚、基础薄弱的部门。改革开放以来，有了较快发展，奶类总产量和乳制品产量持续增长，逐渐成为农业发展中的一个热点行业，在促进我国农业结构的调整、增加农民收入、扩大内需、拉动消费和提高国民身体素质方面的作用越来越明显，逐步成为关系国民经济发展和社会进步的重要产业。

**（一）奶业生产现状**

1. **原料奶生产** 我国的原料奶生产以奶牛为主，牛奶产量约占奶类总产量的90%。据统计，2001年末，全国存栏良种及改良种奶牛566.2万头，奶类总产量1 122.6万吨，其中牛奶产量1 025.5万吨。

奶牛生产区域主要由牧区、农区和大中城市郊区三部分组成。在奶牛饲养数量的分布上，牧区饲养数量较多的是内蒙古和新疆，其中内蒙古74.7万头、新疆127.8万头，占全国奶牛头数的35.8%；农区和农牧结合地区为主产区，饲养头数超过全国总饲养数的一半，其中饲养数量较大的省份有：黑龙江77.8万头、河北76.6万头、山东29.3万头、山西14.1万头、陕西19.5万头；大中城市郊区以北京、上海、天津饲养量最大，分别为12.8万头、7.1万头、6万头。

在原料奶生产的数量上，奶类产量在100万吨以上的有：黑龙江192.4万吨、河北119.3万吨、内蒙古109.0万吨，占全国总量的37.5%。其中黑龙江是全国奶类生产第一大省，奶类产量占全国总量的17.1%，其他几个奶类生产大省，山东90.4万吨、新疆87.8万吨、陕西69.5万吨、山西40.4万吨，占全国奶类总量的25.7%。

从奶源和生产情况看出，我国奶牛资源严重不足，全国566.2万头，约250人占有1头奶牛。主要饲养品种为荷斯坦牛及其杂交改良牛，所以，单产水平低。按成母牛平均，每头年均产量仅3 200千克。人均占有奶牛资源少，奶牛生产水平低，所以我国人均占有奶量，按奶类总产量计算，仅为8.8千克。

从奶源的区域分布上看，主要在东北、华北、西北，南方和沿海发达地区很少。西部地区有良种及改良种奶牛约240万头，约占全国总头数的一半；牛奶总产280万吨，仅占全国的35%。我国西部地区奶业有极大的发展潜力，是中国奶业发展的希望。

在原料奶生产上存在另一个问题，即除大中城市郊区经济发达、奶牛饲养条件较好、机械挤奶程度高外，就全国而言，机械挤奶不足30%。由于机械化挤奶、原料奶降温、冷藏贮运没有很好解决，造成原料奶质量差，鲜奶收购标准低于奶业发达国家水平，这直接影响乳品加工业生产高质量的乳制品。

2. **乳制品加工** 据统计，2001年全国有乳品加工企业434个（国有及年销售收入500万元以上非国有企业统计数），其中国有企业162个，集体企业44个，外资投资企业51个，乳制品产量74.3万吨。列前十位的省、自治区、直辖市为黑龙江、河北、山东、内蒙古、陕西、北京、江苏、浙江、安徽、广东。

在产品结构上，奶粉仍为主产品。2001年全国乳制品产量为105.43万吨，奶粉占有较大比例，奶粉中，全脂奶粉占23.5%，加糖奶粉占22.3%，婴儿配方奶粉占28%，其他奶粉占26.2%。

2001年液态奶产量189.98万吨，在产品结构上，液态奶生产仍以消毒奶为主，约占43%（比上年下降12个百分点），灭菌奶占35.4%（比上年增长10.4个百分点），酸奶约占14.3%，其他奶占7%。

从2001年我国乳品加工业的发展情况看，明显有四个变化：一是生产经营状况有了较大增长。434家乳品企业完成工业总产值291亿元，比上年195亿元增加96亿元，增长49.2%；实现利润17.1亿元，比上年8.4亿元增加8.7亿元，增长103.6%；利税总额320亿元，比上年188亿元增加132亿元，增长70.2%。二是大型企业发展迅速。据统计，2001年销售收入前十位企业完成销售收入128.5亿元，比上年增长53.7%。三是上海光明、内蒙古伊利、石家庄三鹿、北京三元等大的企业集团加速扩张，中型企业加快联合特别是新希望、维维、德隆等企业集团进军乳业，乳品企业兼并、整合速度加快。四是由于乳品企业生产效益明显，加快了引进设备、引进技术的步伐，使行业的整体技术水平有所提升，新企业、新项目的投产使全国乳品企业的加工能力有较大的增长。

3. **乳制品消费**　我国目前奶类人均占有量水平很低，全国人均仅为8.8千克，与世界人均占有95千克、发达国家人均300千克的水平相差很大。2000年全国城镇居民人均消费乳制品（奶粉、液态奶等）为11.66千克。

最近几年我国乳制品消费快速增长。北京、上海、广州等大城市和省会城市液态奶的消费增长达20%～30%。原因有两个方面：一是自1998年以来，为了刺激奶业的发展，启动消费，加大了对奶的宣传力度。从举办“牛奶科学论坛”开始，营养学家、医学工作者、奶业界通过各种宣传媒体，采取多种形式开展了奶及奶制品对改善人们营养健康的状况、提高国民身体素质方面的作用和饮奶科学知识的宣传，积极引导消费，产生了明显的效果。二是乳品加工业的发展，为市场提供了丰富多样的奶制品，使不同的消费群体，有选择余地；城市营销配送系统逐步完善，超市上各种奶制品琳琅满目，刺激了人们的消费欲望。

从1999年开始，农业部提出并部署在京、津、沪、沈、穗五城市进行“学生饮用奶计划”的试点工作，并于同年9月正式向国务院提出实施国家“学生饮用奶计划”的报告。在国务院领导的重视和亲切关怀下，2000年11月15日农业部、国家计委、财政部、教育部、卫生部、国家技术质量监督局、轻工业局和中宣部等八个中央和国家部委局在人民大会堂召开新闻发布会，正式推出国家“学生饮用奶计划”，这是我国奶业长期稳定发展的一件大事。

我国农村乳制品消费水平低，人均不足1千克。其中有农村经济不发达、人均收入低的原因，也有对奶的认识不够和消费习惯等问题。据对我国农村家庭主要食品平均消费量的调查，1999年农村人均消费肉类为17.07千克，蛋类4.28千克、水产品3.82千克、酒6.98千克、乳制品仅为0.96千克。影响农村奶类消费的另一因素是长期以来我国乳品加工集中在大中城市，往农村配送有较大困难。但农村无疑是潜力很大的奶类消费市场。

**（二）发展阶段及影响因素**

我国奶业的发展，可划分四个阶段：初创期、快速增长期、调整期、产业整合期。

1. **初创期**（1949—1978年）　1949年前我国仅在京、津、沪、渝和部分沿海城市郊区、东北中东铁路沿线草原地区有少量规模很小的奶牛场或饲养户。

1949—1978年，由于城市居民生活水平的逐步改善和提高，对消毒奶的需求增长，主要是供给老人、小孩和病人补充营养，属于福利奶的范畴。在黑龙江、辽宁等农区和内蒙古、新疆等草原地区，由于广大畜牧工作者的努力，用奶牛改良黄牛的工作有较大进展，以荷斯坦牛改良黄牛为主育成黑白花奶牛，以西门塔尔牛改良黄牛育成三河牛。由于农区、草原地区奶牛业的发展，以生产奶粉为主的乳品加工业也开始起步。

1949—1978年，奶牛饲养头数由12万头增至48万头；鲜牛奶总产量由20万吨增至

88.3万吨；乳制品产量由0.06万吨增至4.65万吨。

2. **快速增长期**（1979—1992年） 1979—1992年，为奶牛业快速发展的黄金时期，奶牛饲养头数由1978年末的48万头，增至294.2万头，增长6.1倍；鲜奶总产量由1978年的88.3万吨增至503万吨，增长5.7倍；乳制品产量由1978年的4.65万吨增至41.28万吨，增长8.88倍。

短短13年，有如此持续高速的增长，主要有三个契机，一是改革开放以来，党的一系列的农村改革政策，使农村、牧区个体饲养量迅猛增长；二是1988年开始实施“菜篮子工程”。明确提出“大中城市实现牛奶自给百分之七十；建立东北、河北东部、江苏北部等十片奶牛基地”的要求和部署。各地都加大了对“菜篮子工程”的投入和加强了基础设施建设，促进了奶业的发展；三是科学技术积极应用于奶牛生产，使奶牛业逐步走向科学化和现代化。

3. **调整期**（1993—1997年） 1993年，我国牛奶总产量由1992年的503万吨下降为498.7万吨，出现了连续增长后的首次负增长。尽管下降幅度不大，却标志着奶业的发展进入一个新的阶段——调整期。这是整个国民经济由计划经济体制向市场经济体制转轨在奶业上的必然反映。

(1) 补贴政策调整。各地相继取消了实行多年的供应牛奶平价精饲料的办法（即“以奶换料”，平议差价由财政补贴），取消了对牛奶收购的价格补贴。而对售奶价格政府进行严格监控，即所谓“放一头，卡一头”，致使牛奶生产成本提高，效益下降。

(2) 所有制结构调整。中外合资及外商独资乳品企业发展很快，实力雄厚的跨国公司，如瑞士“雀巢”、美国“卡夫”等纷纷涌入。外资和技术的引进，对提高奶业技术与管理的总体水平，丰富市场供应起到了积极作用。同时，也使奶业发展出现了新的问题。一是由于这些乳品企业多不搞相对效益较低的奶牛饲养，而以较高价格收购原料奶，形成对奶源的竞争；二是在乳品市场竞争中，一些资金不足，技术相对落后的乳品企业被挤垮，供应其奶源地区的饲养业必然萎缩，形成奶源分布的再调整。

(3) 奶业经营管理体制上的调整。在计划经济条件下，实行的各种对奶业发展的优惠政策，掩盖了奶业发展上的一个严重缺陷，即奶牛饲养与乳品加工、产品销售各自分立。而在市场经济条件下，这种产、加、销脱节的状况造成的利益分配不均的矛盾，对奶业发展的影响逐渐暴露出来，必须进行调整。而这种调整涉及经营管理的方方面面，不能采取简单的行政手段解决。奶业的一体化、产业化的形成，需要一个培育和发展过程。

在调整阶段，出现奶牛饲养头数和牛奶总产量的波动是不可避免的。1993年、1997年出现过两次下滑，1993年下滑后，经过1994年的恢复，1995年奶牛存栏头数和牛奶总产量又有了新的增长，分别达到417.2万头和576.4万吨。这种影响对消毒奶消费量大、供求关系反映敏感的东部经济发达地区和大中城市的奶牛饲养业尤为明显。1995年全国牛奶产量总的看是增长，但有11个省、市是下降的，有的下降幅度超过20%。

4. **产业整合期**（1998—2002年） 经过几年的调整，由于消费增长的拉动，我国奶业逐步进入快速发展的轨道。其特征是奶业发展由产、加、销脱节向一体化、集团化发展，奶业产业化的进程加速，一批集产前、产中、产后为一体的新型乳品企业在发展中壮大，并开始创出自己的名牌，上海光明、内蒙古伊利、蒙牛、北京三元、河北石家庄三鹿、黑龙江完达山等乳业集团及其品牌影响越来越大，市场占有率逐年提高。逐渐成为全国性品牌。雀巢、帕玛拉特、达能等跨国公司的国际知名品牌在中国影响逐步扩大，奶业市场竞争日趋激烈。

这种激烈的竞争促进了我国奶业的发展和技术进步。在竞争中，一批中、小型企业开始分化，加盟大的乳业集团，我国奶业开始进入整合的新阶段。在整合中，光明、伊利、蒙牛、三元、三鹿、完达山等一批老的企业集团发展迅速。同时，四川新希望、江苏维维、新疆德隆以及娃哈哈、乐百氏等非传统的奶业企业，凭借雄厚的资金和灵活的机制介入奶业，加速了整合进程，新希望集团在不到一年的时间，采取收购、合资、合作、控股等形式，整合了11家乳品企业，目前，这种整合还在加速进行，成为现阶段我国奶业发展的一个趋势，对奶业产业化的促进作用越来越明显，通过整合，我国奶业的发展将进一步走向成熟，进入一个发展的新阶段。

**（三）我国奶业发展前景**

根据我国农业和畜牧业“十五”发展规划，突出发展奶业是加快我国农业和畜牧业战略调整的重要组成部分。奶业将成为未来畜牧业发展的新的增长点。温家宝副总理指出：“发展奶牛和奶业应该作为农业结构调整的一项战略性任务。为此，农业部要制定规划并采取切实措施，重点解决优良品种繁育、区域化生产布局、产业化经营问题，提高奶牛产奶量，扩大生产规模，确保饲料和奶品的质量、安全，增强加工制品的市场竞争力。抓好这件事一定要从我国实际出发，充分依靠政策和科技”。

今后十年至十五年，是我国奶业发展的一个关键时期。农业部编制的全国《畜牧业“十五”计划和2015年远景目标规划》中，预计到2005年全国奶类总需求量将达到1 330万吨，人均奶类消费需求将达到10千克，2015年总需求量3 322万吨，人均23千克。消费需求是奶业发展的原动力。奶类的消费将随着居民生活水平的提高、营养知识的普及和政府对奶业发展支持力度的加大，出现加速增长的趋势，从而推动奶类生产进一步快速增长。

在《中国食物与营养发展纲要（2001—2010年）》中，对今后十年我国食物与营养发展提出了总的目标，在优先发展的三个重点食物领域中，奶业首当其冲。目标要求加快发展奶业，提高居民奶类消费水平；提出要加快奶源基地建设，调整奶畜群结构，改善奶业基础薄弱的状况；加快发展乳制品加工业，支持开发新的奶产品，加速奶产品的升级换代；大力加强奶业科学研究，提高奶业发展的科技含量；支持并形成若干家对全国具有带动作用的大型乳品加工企业集团；实施奶类发展计划，尽快提高我国居民的乳制品消费水平，到2010年居民的乳制品人均消费比2000年增加1倍以上。对不同类型人群也提出了具体目标，要求人均奶类摄入量城市居民达到32千克，农村居民达到7千克。

以上发展规划和具体目标，绘制了我国奶业发展的蓝图，是稳定、健康发展我国奶业的依据，按照总的目标和要求，各地根据自身的资源条件和发展现状，实事求是地制定出发展规划，以达到全国总体规划和目标的实现。

（中国奶业协会　方有生）

# 中国外资乳品企业概况

中国乳品外资企业发展迅速，已成为中国乳业的重要组成部分。但由于统计数据不全，各地审批注册权限不一，以及快速的动态发展，难以全面及时准确地描述。本文谨以2000年的数据为基础，对70家乳品外资企业作一分析。

**（一）中国乳品外资企业特点**

1. 20世纪80年代末首批乳品外资企业在中国建立，1995—1998年在全国形成第一个合资高潮；

2. 乳品外资企业数量不足中国乳品企业总数的5%，却占有大于30%的全国乳品市场份额，已成为中国乳业的重要组成部分；

3. 11%的外资企业占有82%的外资销售份额，已出现一批特大企业；

4. 2000年销售规模小于5 000万元(RMB)的外资乳品企业占总数的55%，大于1亿元(RMB)的占11%；投资额在1 000万美元以上的企业占20%，远高于中国乳品企业的平均水平；

5. 极大多数企业由外方控股和经营；

6. 世界乳业前二十强在2000年有11家在中国建厂，6家产品销往中国；

7. 2001年以前，除极少数企业关注和整合产业链外，大部分仅着眼于加工环节的突破。

**（二）中国乳品外资企业基本数据**

1. 外资企业投资年度与股份比例

单位：万美元

| 年 代 | 外方注册资金 | 注册总额 | 外资比例% |
|---|---|---|---|
| 1987 | 5 535 | 5 828 | 95 |
| 1988 | 0 | 0 | 0 |
| 1989 | 0 | 0 | 0 |
| 1990 | 45 | 180 | 25 |
| 1991 | 8 | 30 | 26.7 |
| 1992 | 473 | 998 | 47.4 |
| 1993 | 725 | 1 394 | 52 |
| 1994 | 1 068 | 1 339 | 79.8 |
| 1995 | 6 713 | 7 846 | 85.6 |
| 1996 | 8 923 | 9 586 | 93.1 |
| 1997 | 2 856 | 6 423 | 44.5 |
| 1998 | 6 815 | 9 451 | 72.1 |
| 1999 | 274 | 366 | 75.1 |
| 2000 | 3 178 | 3 739 | 85 |

2．投资公司所在地区与外资投入比重

| 企业所属地区 | 企业数（个） | 企业注册总额（万美元） | 占企业注册总额% | 注册外资（万美元） | 外资所占比例% | 占销售总额% |
|---|---|---|---|---|---|---|
| 欧 洲 | 20 | 24 559 | 50.6 | 20 702 | 84.29 | 42.7 |
| 大洋洲 | 6 | 657 | 1.4 | 276 | 42.00 | 0.8 |
| 美 洲 | 15 | 7 704 | 15.9 | 6 332 | 82.19 | 8 |
| 亚 洲 | 29 | 15 582 | 32.1 | 9 945 | 63.82 | 48.5 |
| 合 计 | 70 | 48 502 | 100 | 37 255 | 76.81 | 100 |

3．外资企业投资规模格局

单位：万美元

| 投资规模 | 企业数 | 占企业总数% | 投资总额 | 占投资总额% | 占销售收入% |
|---|---|---|---|---|---|
| ＞5 000 | 5 | 7.1 | 30 440 | 48.6 | 66.3 |
| 1 000～5 000 | 9 | 12.9 | 20 091 | 32 | 18.1 |
| 500～1 000 | 6 | 8.6 | 3 826 | 6 | 7.3 |
| 100～500 | 26 | 37.1 | 7 467 | 11.9 | 6.4 |
| 50～100 | 9 | 12.9 | 599 | 1 | 0.9 |
| ＜50 | 15 | 21.4 | 318 | 0.5 | 1 |
| 合 计 | 70 | 100 | 62 741 | 100 | 100 |

4．外资企业2000年销售规模格局

单位：万元

| 销售额 | 销售总额 | 占总销售额% | 企业数 | 占企业总数% |
|---|---|---|---|---|
| ＞10亿 | 362 642 | 59.6 | 2 | 2.9 |
| 5亿～10亿 | 0 | 0 | 0 | 0 |
| 1亿～5亿 | 135 077 | 22.1 | 6 | 8.6 |
| 5 000万～1亿 | 72 343 | 11.9 | 10 | 14.3 |
| 1 000万～5 000万 | 27 421 | 4.6 | 11 | 15.7 |
| 500万～1 000万 | 9 344 | 1.5 | 13 | 18.6 |
| 100万～500万 | 1 544 | 0.26 | 8 | 11.4 |
| ＜100万 | 213 | 0.04 | 7 | 10 |

注：有13家小企业无销售数据。

5. 外资企业地理分布

| 地　区 | 企业数 | 占注册总额 % | 外资占区域注册总额 % | 占总收入 % |
|---|---|---|---|---|
| 西　部 | 15 | 5.2 | 52.4 | 2.2 |
| 东　北 | 10 | 15 | 88.4 | 24.1 |
| 华　北 | 14 | 10 | 82.7 | 4.7 |
| 华　东 | 22 | 57.9 | 73.5 | 60.2 |
| 华　南 | 9 | 11.9 | 82.7 | 8.8 |
| 合　计 | 70 | 100 | | 100 |

6. 世界乳品 20 强（2001 年）

（1）投资建厂 11 家

| 排　名 | 企　业 | 产　品 | 产　地 |
|---|---|---|---|
| 1 | Nestle | 奶粉、液态奶 | 黑龙江、广州、青岛 |
| 2 | Dean Foods | 液态奶 | 张家港 |
| 5 | Kraft Foods | 乳酪 | 河北 |
| 6 | Danone | 酸奶 | 上海、广州 |
| 7 | Parnmalat | 液态奶 | 天津、南京 |
| 8 | Unilever | 冰淇淋 | 北京、江苏 |
| 9 | Lactalis | 乳酪 | 上海 |
| 12 | Morinaga | 奶粉 | 黑龙江 |
| 13 | Friesland Coberco DF | 奶粉、乳酪 | 天津 |
| 14 | Bongrain | 乳酪 | 天津 |
| 18 | Sodiaal | 乳品 | 青岛 |

（2）产品进口 6 家

| 排　名 | 企　业 | 产　品 |
|---|---|---|
| 4 | Fonterra | 奶粉 |
| 10 | Meiji Dairies | 奶粉 |
| 11 | Arla Food | 奶粉、乳酪 |
| 15 | Land O' Lakes | 奶粉、乳酪 |
| 16 | Campina | 奶粉 |
| 17 | Snow Brand | 奶粉 |

**（三）中国乳品外资企业发展趋势**

1. 随着中国进入 WTO，跨国公司亦在调整战略和策略，或发力，或聚焦，或整合，或收缩；参与方式更灵活多样；中国乳品市场成为乳品跨国公司和国际投资公司的关注热点。

2. 供应链的整合竞争尤其是资本市场的介入，使企业集中速度加快；企业购并形成高潮；外资进入产业链的加工以外环节。

3. 全球化和国际乳业格局的变化，使中国乳品外资企业之间的竞争体现出国际竞争的特征，供应链的优势开始显现。

4. 经济全球化下的乳品区域经济格局正在形成。

（上海光明乳业股份有限公司　郑大征）

# 执行 WTO 协定对中国奶业的影响

发展奶业不仅能改善中国居民膳食结构、提高国民身体素质，而且对新阶段促进农村产业结构调整、提高农民收入具有重要意义。加入 WTO 将促进中国农业参与经济全球化进程，推动中国奶业国际化的发展，给中国奶业发展带来巨大机遇和挑战。本文在系统分析中国乳品生产、消费、贸易和政策的基础上，评估了加入 WTO 后，执行 WTO 农业协定对中国奶业发展的影响。

**（一）中国乳品贸易**

尽管中国乳品贸易在90年代以来发展迅速，但乳品远未成为中国农产品贸易的主要产品，中国目前是乳品净进口国。与1992年相比，中国乳品进口由6 154万美元增加到1998年8 468万美元，年增长率8.6%，乳品贸易额仍然仅占农产品贸易额的0.3%～0.4%。

1. **进出口产品结构** 中国乳品进出口的品种主要有未浓缩淡乳、浓缩固态乳、凝乳及酸化乳、乳清、黄油制品、乳酪。

（1）进口。1996—1998年间，中国年进口最多的是乳清，占年均乳品进口总值的52%，1997年最高，达60%。其次是浓缩奶，进口比重占39%。黄油、乳酪进口较少（图1）。

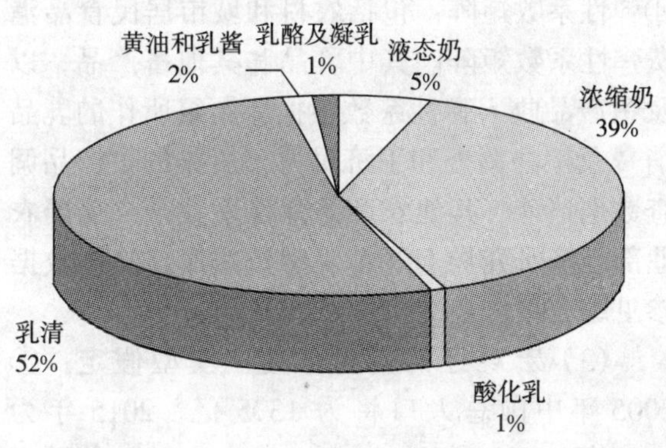


图1 1996—1998年中国乳品进口结构

资料来源：海关总署，《海关统计年鉴》，1996—1998。

（2）出口。中国乳品出口较多的是液态奶，1996—1998年，液态奶出口占乳品出口总值的50%以上，1997年达到60%。其次是浓缩奶，出口占42%。乳酪、乳清及黄油和酸化乳共占其出口额的8%（图2）。

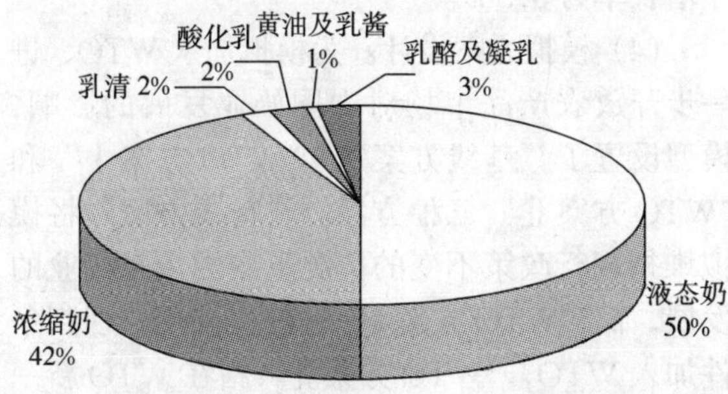


图2 1996—1998年中国乳品出口结构

资料来源：海关总署，《海关统计年鉴》，1996—1998。

2. **进出口市场结构** 中国乳品进口来源集中在西欧、澳大利亚、新西兰、美国和加拿大，出口对象则集中在我国港澳地区和周边东南亚国家。

中国未浓缩淡乳进口50%以上来自澳大利亚，另外12%来自新西兰，从美国进口的未浓缩淡乳占11%，其他主要进口来源市场还有俄罗斯（9%）。由于未浓缩淡乳不耐储存，因此中国该类乳品主要出口到港澳地区，1996—1998年向这两个地区的出口占未浓缩乳出口总额的99%。

中国固态浓缩乳进口主要来自澳大利亚、新西兰、美国和西欧。1996—1998年间，新西兰向中国出口的固态乳最多（年平均34%，1998年最高时达到45%）。其次是美国和荷兰，分别占中国固态浓缩乳年均进口额的13%。另外澳大利亚和爱尔兰也是比较重要的出口国。中国固态浓缩乳主要出口到东南亚国家和我国港澳台地区。1996—1998年三年内，向香港特区年平均出口额占固态浓缩乳总出口额的30%以上。其次，缅甸从中国进口的固态浓缩乳占中国固态浓缩乳出口额的29%。其他出口市场还有菲律宾、泰国和越南。

1996—1998年，中国酸乳及发酵乳近98%出口到我国香港特区，少量出口俄罗斯和中国澳门。向中国出口酸乳及发酵乳的国家和地区主要集中在我国香港特区、澳大利亚、新西兰、西欧和美国。1996—1998年间，中国的该类乳品来自于我国香港特区（10%）、美国（10%），新西兰（25%）和荷兰（12%）。

中国乳清的进口量较大，1998年达到6.93万吨，价值3 970万美元。主要来源于美国、法国、荷兰和丹麦。其中美国是最主要的出口国，1996—1998年向中国出口的乳清占中国乳清进口的25%以上。欧洲三国所占的份额分别为23%、11%和5%。

中国进口的黄油等乳制品主要来自澳大利亚、新西兰和西欧国家。新西兰在1996—1998年间向中国出口的黄油等乳制品占中国进口的一半。其次是新西兰，为25%。比利时、丹麦对中国的出口可达16%。而国内生产的少量黄油主要出口到朝鲜、我国香港特区和台湾省。1996年我国香港特区进口黄油占中国黄油出口的83%。

中国进口的乳酪及凝乳主要来自新西兰和澳大利亚，分别占乳酪及凝乳进口总额的22%和30%。其次，美国、新加坡和德国也是比较重要的进口来源国。除了这些国家之外，在个别年份还有一些国家也向中国大量出口乳酪，如1998年法国占当年中国进口总额的6%，名列第三。中国生产的乳酪及凝乳一般出口到我国香港特区、泰国、日本以及法国等。其中香港特区是主要进口地区，1996—1998年进口乳酪占中国乳酪及凝乳出口的48%。

**（二）执行WTO协定对中国奶业的经济影响评估**

**1. 中国加入WTO的农业谈判**　1986年7月10日，中国正式向GATT提出恢复缔约国地位的申请。1995年1月1日WTO正式成立，取代GATT。从1995年11月开始，中国复关谈判转为加入WTO谈判。复关与加入WTO谈判已经历了长达15年的历程。中国加入WTO的农业谈判主要涉及农产品关税减让、关税配额等市场准入谈判。根据市场准入谈判情况看，加入WTO后我国将在一定程度上开放农产品市场。(1) 农产品关税减让。继中国1992年及1993年自主降低进口关税税率，1997年10月1日，中国再次自主降低关税税率，降税涉及4 874个税号的商品，降幅达26%，关税算术水平降至17%，农产品算术平均税率从46.6%降至21.2%。中国在谈判中争取到5年的减让过渡期，逐年降低关税。到2004年，中国的农产品关税水平将由现在的平均21.2%降低到平均17%左右。对于乳品而言，中国承诺到2004年乳品的综合税率降至25%，其中干酪优惠税率降至12%，冰激凌降至19%。(2) 农产品关税配额管理。中国在加入谈判中已承诺对小麦、大米、玉米、棉花、豆油、食糖等重要农产品实行关税配额管理。

**2. CATP模型、宏观经济假定与模拟方案设计**

(1) CATP模型　为评估加入WTO、贸易自由化对中国农业的影响，本文拟用“中国农业与贸易政策模拟模型”（China Agricultural and Trade Policy Simulation Model，简称CATP）进行模拟分析。CATP模型是课题组根据美国农业部经济研究局开发的CPPA模型（Country Projections and Policy Analysis Simulation Model）改进而成。CATP模型是一个部门均衡模型，主要用于研究农业贸易政策改革对农产品生产、消费和贸易的影响，并可进行中长期趋势预测。

(2) 数据与参数　CATP模型使用数据繁多，归结而言主要包括四部分，即外部宏观经济变量数据，国内宏观经济变量数据、具体产品数据和有关参数（弹性系数）。①外部宏观经济变量数据来自世界银行统计资料（World Bank，1999）、美国农业部统计数据（USDA，1999）。②国内宏观经济变量数据来自国家统计局。③农产品生产、消费、进出口、政策变量数据（如农产品关税、政府干预价）等主要来自国家统计局、农业部等政府部门的出版物。④弹性系数矩阵：包括农村和城市居民食品消费弹性系数矩阵。其中乳品和其他畜产品，以及鱼产品收入弹性系数根据课题组所作的乳品消费及市场调查和王济民博士所作的畜产品调查数据估计，其他农产品弹性系数来自美国农业部经济研究局CPPA模型数据库，具体数据参见综合报告全文。

(3) 宏观经济变量假定。模型假定：①2005年中国总人口将为13.5亿，2015年为14.5亿，2030年达16亿；2000—2030年城市化水平每年提高1%，到2030年城市化率为60%，城镇人口为7亿；②2000—2005年GDP增长率为7.5%，2005—2015年为7%；③2000—2005年人民币兑换美元的汇率稳定在8.3:1，2005—2015年为9.0:1；④农业科技投入实际年增长率为5%；⑤农业基础设施投资实际年增长率将达4.5%；⑥农业劳动力工资年增长率为0.5%。

(4) 模拟方案设计。为模拟加入WTO、进一步开放农产品市场对中国奶业发展的影响，模型设置了“基线方案”、“WTO方案Ⅰ”和“WTO方案Ⅱ”三种方案。“基线方案”将模拟维持现行政策不变的情况下中国未来奶业的发展，而“WTO方案Ⅰ”将模拟按现行谈判条件加入WTO，“WTO方案Ⅱ”指在WTO新一轮多边贸易谈判中承诺实行农产品贸易完全自由化下中国奶业的发展前景。三种模拟方案具体如表所示。

**模拟方案设计表**

| 政策变量 | 基线方案 | WTO 方案Ⅰ | WTO 方案Ⅱ |
|---|---|---|---|
| 关　税 | 1. 所有农产品：保持现行 21.2% 的平均关税。<br>2. 乳品：保持现行 40% 的关税水平。 | 1. 所有农产品：到 2004 年将农产品平均关税由目前的 21.2% 下降到 17%，对各农产品关税采取线性递减的方式。在新一轮农业谈判中不承诺进一步开放农产品市场，即 2005—2015 年，各农产品将维持 2004 年的既定关税。<br>2. 乳品：关税由 2000 年的 40% 线性递减，到 2004 年下降为 22.5%，2005—2015 年维持 22.5% 的关税。 | 1. 所有农产品：到 2004 年将农产品平均关税由目前的 21.2% 下降为 17%，对各农产品关税采取线性递减的方式。在新一轮农业谈判中承诺对农产品实行完全自由贸易，即 2005 年起农产品实行零关税。<br>2. 乳品：关税由 2000 年的 40% 线性递减，到 2004 年下降为 22.5%，2005—2015 年实施零关税。 |
| 非关税措施 | 保留现有非关税措施，不实行关税配额管理。 | 1. 大宗农产品：取消非关税措施。2000—2004 年实施关税配额管理。在新一轮农业谈判中不承诺取消农产品关税配额，即 2005—2015 年保持 2004 年的关税配额量。<br>2. 乳品：不实行关税配额管理。 | 1. 大宗农产品：取消非关税措施。2000—2004 年实施关税配额管理，但在新一轮农业谈判中承诺取消农产品关税配额，即 2005—2015 年取消配额内外差别税率，对农产品进口实施单一零关税。<br>2. 乳品：不实行关税配额管理。 |

3. **模拟结果与分析**　中国加入 WTO，农业国际化日益增强，必将对中国奶业发展产生深远的影响。模型估计结果显示，加入 WTO 对中国奶业的影响，主要表现在以下几方面：

(1) 从整体看有助于提高中国奶类的生产能力。模拟结果表明（图 3），与基线方案比，2010 年 WTO 方案Ⅰ和 WTO 方案Ⅱ将使中国奶类总产量分别增长 1.43% 和 8.24%，到 2015 年将进一步增长到 6.25% 和 18.23%，并且到 2015 年 WTO 方案Ⅱ还将使乳品生产总值比基线方案提高 3.68%。

(2) 将使生产者福利下降，消费者福利增加。加入 WTO 将使中国乳品生产者价格、消费者价格下降，导致生产者纯收入减少而消费者福利增加。至 2005 年，与基线方案相比，WTO 方案Ⅰ与 WTO 方案Ⅱ将分别使生产者价格下降 1.18% 和 1.43%，奶农纯收入减少 26.96% 和 34.17%（图 5）。到 2010 年，WTO 方案Ⅰ与 WTO 方案Ⅱ将使奶农纯收入分别减少 27.96% 和 31.26%，但到 2015 年贸易自由化使农民纯收入减少的趋势将得到遏制，WTO 方案Ⅱ甚至使农民纯收入下降幅度缩至 28.04%。与此同时，消费者价格的下降（图 6）

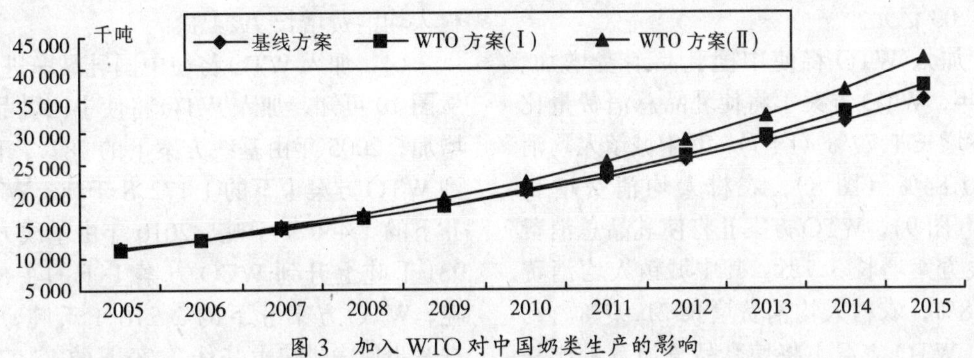


图 3　加入 WTO 对中国奶类生产的影响

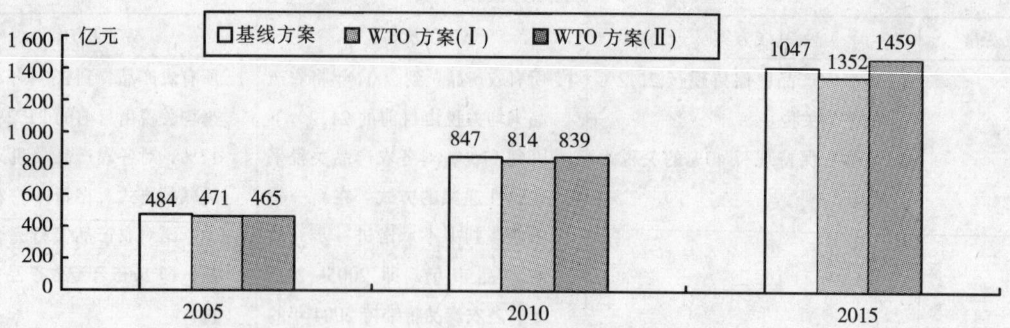


图 4　加入 WTO 对中国乳品生产总值的影响

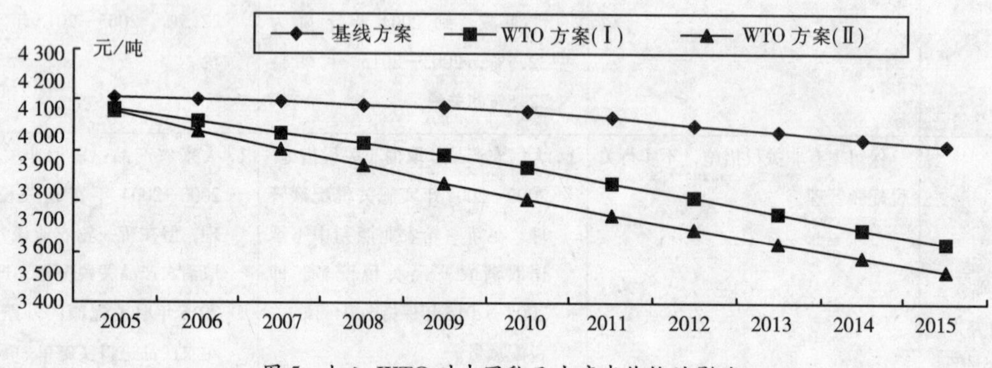


图 5　加入 WTO 对中国乳品生产者价格的影响

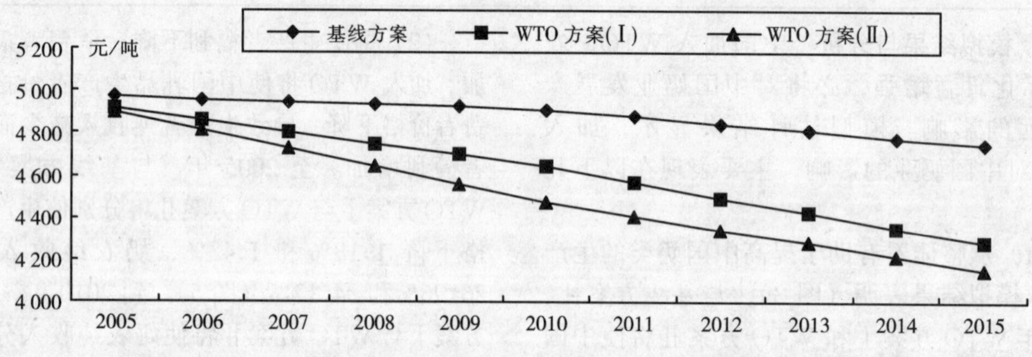


图 6　加入 WTO 对中国乳品消费者价格的影响

将使消费者福利增加，与基线方案相比，2005 年 WTO 方案Ⅰ和 WTO 方案Ⅱ下分别为 7.32 亿元和 9.08 亿元，2010 年为 59.73 亿元和 105.04 亿元，2015 年进一步扩大到 185.01 亿元和 264.03 亿元。

(3) 加入 WTO 将使中国乳品消费增加。到 2005 年，WTO 方案Ⅰ将使乳品总消费量比基线方案增长 1.77%（图 7），其中城镇人均消费增长 0.84%（图 8），农村人均消费增长 10.83%（图 9），WTO 方案Ⅱ将使乳品总消费量比基线方案增长 3.7%，其中城镇人均消费增长 1.78%，农村人均消费增长 21.97%。到 2015 年，WTO 方案Ⅰ将使乳品总消费量比基线方案增长 11.34%，其中城镇人均消费增长 10.43%，农村人均消费增长 22.73%，WTO 方案Ⅱ将使乳品总消费量比基线方案增长 24.29%，其中城镇人均消费增长 19.94%，农村人均消费增长 79.4%。

(4) 加入 WTO 将使中国乳品净进口增加。从图 10 可知，加入 WTO 将使中国乳品净进口增加，2005 年由基线方案下的 787.7 千吨上升到 WTO 方案Ⅰ下的 1 172.8 千吨，WTO 方案Ⅱ下的 1 460.7 千吨，2010 年由基线方案下的 931 千吨上升到 WTO 方案Ⅰ下的 1 880.8 千吨，WTO 方案Ⅱ下的 2 216.1 千吨，2015 年进一步使净进口由基线方案下的 1 103.6 千吨

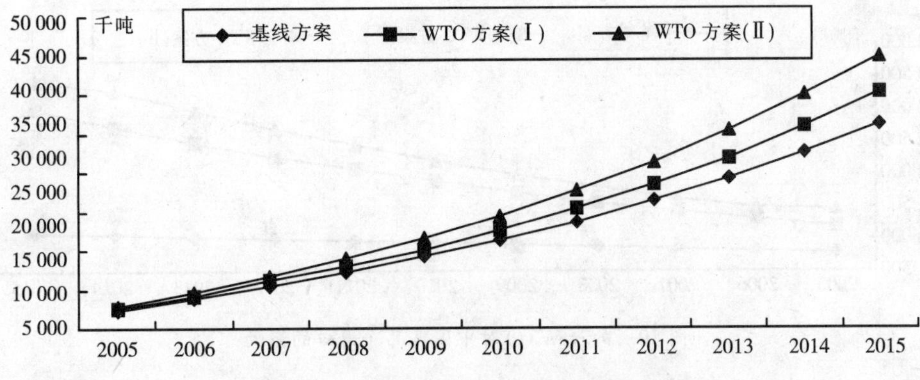


图7　加入WTO对乳品总消费量的影响

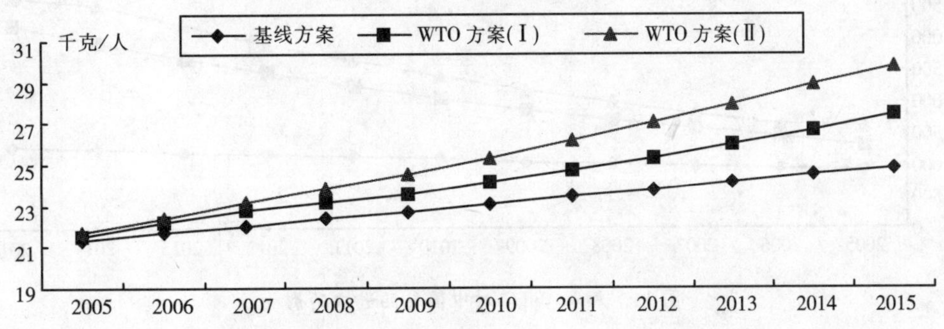


图8　加入WTO对中国城镇居民人均消费乳品的影响

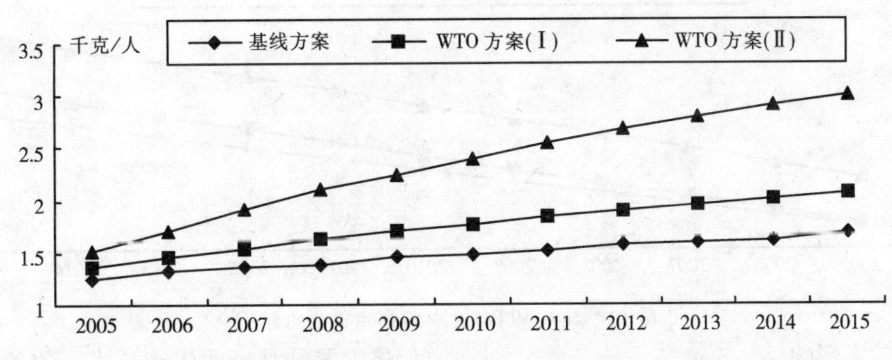


图9　加入WTO对中国农村居民人均乳品消费的影响

上升到WTO方案Ⅰ下的3 008.5千吨，WTO方案Ⅱ下的3 434.2千吨。

同时，到2005年WTO方案Ⅰ和WTO方案Ⅱ将使进口比基线方案分别增长42.05%和64.96%，2010年上升为87.78%和120.80%，2015年进一步上升为148.64%和183.7%（图11）。另外，中国乳品出口虽然有所增长，但远不如进口幅度大，2005年WTO方案Ⅰ和WTO方案Ⅱ将使出口比基线方案分别增长0.99%和18.14%，2010年为4.28%和19.72%，2015年上升为6.61%和20.84%（图12）。由此可见，未来一段时间内中国乳品生产将以满足国内市场为主。

综合而言，加入WTO将促进中国奶业参与经济全球化进程，给中国奶业发展带来巨大机遇和严峻挑战。我们认为，加入WTO对中国奶业发展带来的挑战将主要表现在，一是从整体上与发达国家相比，中国奶业生产、加工技术水平处于初级阶段，不具备参与国际竞争的实力。二是有关牛奶生产成本相对较低的国家或地区的乳品将有可能增加对中国的出口，对中国乳品市场构成压力；三是受乳品运输成本和不耐储存的制约，进口液态奶对国产液态奶的直接冲击将不会很大，但奶粉、奶酪等加

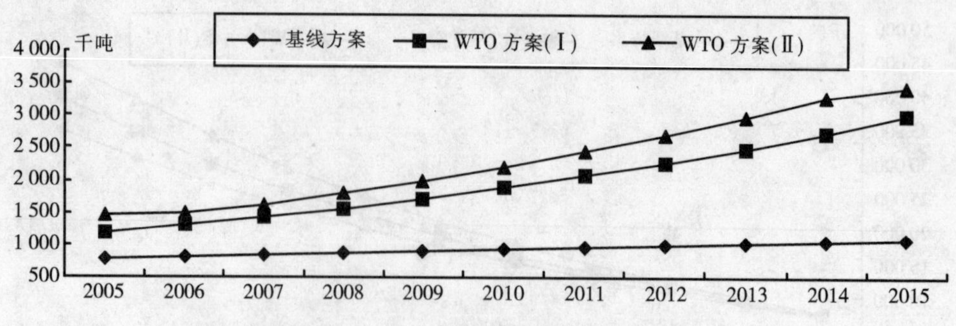


图 10　加入 WTO 对中国乳品净进口的影响

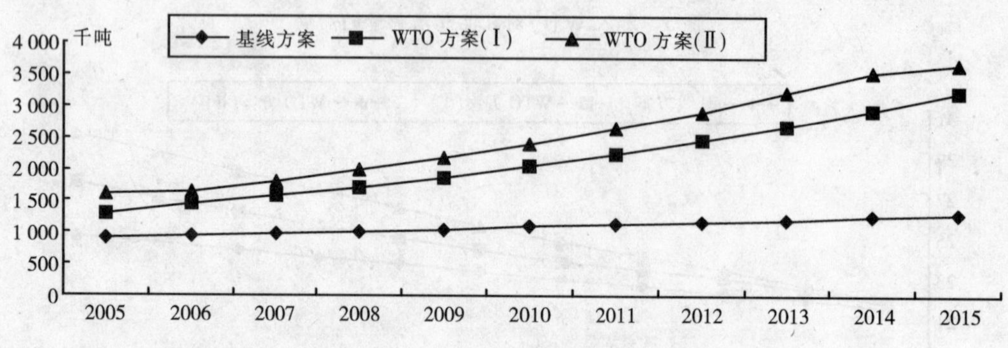


图 11　加入 WTO 对中国乳品进口的影响

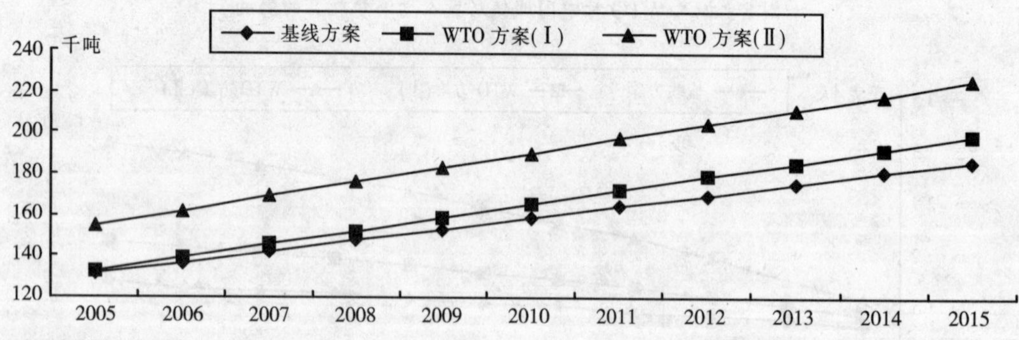


图 12　加入 WTO 对中国乳品出口的影响

工品将受到较大影响。

奶业国际化趋势越来越明显，也给中国奶业发展带来了巨大的发展机遇。随着 WTO 农业协定的生效，欧盟等发达国家对奶业生产与出口补贴的限制和削减，发达国家乳品生产成本呈上升趋势，国际奶业知名企业有可能逐步减少在发达国家的生产，而将发展重点转移到成本相对较低的国家或地区，这有利于中国奶业吸引外资，吸收国外先进技术和管理经验，促进中国乳品行业生产技术、装备水平、产品质量、劳动生产率的提高，加快行业的重组和改造、促进大企业集团与知名品牌的形成，全面培育和增强中国奶业的国际竞争力。与此同时更加激烈的市场竞争将推动国内乳品企业加快转化机制、提高效益的改革步伐，在根本上提升中国奶业的竞争能力。

（国务院发展研究中心　程国强）

# 奶业产业政策

## 中国食物与营养发展纲要（2001—2010年）

国务院办公厅

从新世纪开始，我国人民生活在总体达到小康水平的基础上继续改善，向全面建设小康社会迈进。今后十年，将是我国居民食物结构迅速变化和营养水平不断提高的重要时期。加快食物发展，改善食物结构，提高全民营养水平，增进人民身体健康，是国民整体素质提高的迫切需要，也是我国社会主义现代化建设的重大任务。为指导我国食物与营养持续、协调发展，特制定本纲要。

### 一、食物与营养发展的基本状况

**（一）我国食物与营养发展的成就**

《九十年代中国食物结构改革与发展纲要》颁布以来，我国国民经济持续发展，农业和农村经济发展进入了新阶段，实现了农产品供给由长期短缺到总量基本平衡、丰年有余的历史性转变，人民生活水平不断提高，推动了食物需求持续增长，全民营养状况得到全面改善。社会主义市场经济体制的逐步建立，为食物发展创造了良好的外部环境。科技进步已经渗透到食物发展的各个环节，加速了传统食物的改造，拓宽了食物发展的空间。我国食物与营养进入了一个新的发展阶段。

1. **食物综合生产能力显著增强** 我国粮食的年均生产能力已达到5亿吨的水平，人均粮食占有量达到400千克左右。在粮食生产稳步增长的同时，肉、蛋、水产品以及水果、蔬菜生产都有了快速的增长，为提高人民生活水平奠定了坚实的物质基础。

2. **食物消费质量明显提高** 1990年到2000年，全国居民人均收入从904元增加到1 625元（1990年不变价）。人均食物消费支出占生活消费总支出的比重逐步降低，恩格尔系数从60.3%下降到46.0%。食物消费结构得到了显著改善。2000年人均消费口粮206千克，蔬菜110千克，食用植物油8.2千克，食糖7.0千克，肉类25.3千克，蛋类11.8千克，奶类5.5千克，水产品11.7千克。与1990年相比，蛋、奶、水产品人均消费量有较大幅度提高。

3. **居民营养结构有较大改善** 20世纪90年代以来，全国居民摄入能量比较稳定，摄入的蛋白质总量中动物性蛋白质所占的比重有了一定增长，膳食质量显著改善。通过90年代后期部分地区典型监测表明，居民人均每日摄入能量2 387千卡，蛋白质70.5克，脂肪54.7克。其中城镇居民人均摄入能量2 253千卡，蛋白质69.2克，脂肪72克；农村居民人均摄入能量10 246.6千焦，蛋白质71.1克，脂肪46.7克，基本达到了营养素供给量标准。

**（二）当前食物与营养发展中存在的问题**

4. **食物生产、消费、营养不协调，生产结构不能满足营养结构改善需要** 从目前情况看，一是我国优质农产品比重偏低，奶类、大豆等优质食物消费明显不足。二是城乡居民营养不平衡，地区差异较大，城市居民因膳食不平衡或营养过剩导致的疾病迅速增多，农村地区特别是贫困地区营养不良现象仍然存在。三是食品工业发展滞后，产品结构不合理，技术装备总体水平偏低，食品工业产值不足农业产值的40%，加工食品消费量仅占食品消费量的30%，与世界先进国家的差距较大。

5. **食物质量、安全和卫生存在隐患** 部分地区食物生产的环境恶化，受到工业和城市的污染，生产过程中化肥、农药、兽药、饲料添加剂使用不当，加工中食品添加剂和技术使用不尽合理，导致部分食物有害物质残留超标，严重影响人民健康。

**（三）食物与营养发展面临的新形势**

6. **食物与营养发展面临新的形势** 一是居民生活水平的不断提高，对食物多样化、优质化需求明显增加，对食物安全卫生要求不断提高。二是居民食物消费正处于由小康向更加富裕转型的时期，急需加强对居民食物与营养的指导工作，促进居民形成良好的饮食习惯。否则，既会造成资源浪费，也可能会影响一代甚至几代人身体素质的提高。三是世界经济和现代科技的发展，使国际食物与营养产业呈加速发展趋势，必须加快我国食物与营养工作，以跟上世界发展步伐。

因此，今后十年，我国食物与营养工作面临着十分艰巨的任务，必须调整战略，转变观念，明确发展重点，制定有效的政策措施，促进食物与营养取得新的发展。

## 二、食物与营养发展的指导思想、基本原则和目标

### （一）食物与营养发展的指导思想和基本原则

7. **食物与营养发展的指导思想** 适应我国人民生活水平提高和营养改善的要求，为提高中华民族素质、实现中华民族伟大复兴，动员和号召全社会力量，加快我国食物与营养的发展。紧紧围绕食物发展的重点领域、重点地区、重点人群，分类指导，全面推进，建设现代食物生产、加工和市场体系，调整引导我国食物结构向营养、卫生、科学、合理方向发展，经过不懈努力，使我国居民的食物消费与营养整体水平有较大幅度提高。

8. **食物与营养发展的基本原则** 坚持食物生产与消费协调发展的原则，适应居民营养改善的需要，建立以农业为基础、以食品工业为龙头的现代食物产业体系；坚持食物资源利用与保护相结合的原则，合理开发利用各种食物资源，实现可持续发展；坚持食物质量与安全卫生管理相结合的原则，加强对食物质量的监测和管理，全面提高食物质量和安全卫生水平；坚持优化结构与预防疾病相结合的原则，调整优化食物与营养结构，预防营养性疾病，提高全民营养和健康水平；坚持继承与创新相结合的原则，发扬中华饮食文化的优良传统，全面提高食物发展的科技水平，走有中国特色的食物与营养发展道路。

### （二）食物与营养发展的目标

9. **2010年食物与营养发展总体目标** 保障合理的营养素摄入量。人均每日摄入能量为9 623.2千焦（供给能量为10 878.4千焦），其中80%来自植物性食物，20%来自动物性食物；蛋白质77克，其中30%来自动物性食物；脂肪70克，提供的能量占总能量的25%；钙580毫克，铁23毫克，锌12毫克；维生素$B_1$1.2毫克，维生素$B_2$1.4毫克，维生素A775微克。

保障合理的食物摄入量。人均每年主要食物摄入量为：口粮155千克，豆类13千克，蔬菜147千克，水果38千克，食用植物油10千克，食糖9千克，肉类28千克，蛋类15千克，奶类16千克，水产品16千克。

保障充足的食物供给。2010年全国主要食物生产总量的安全保障目标为：粮食5.7亿吨，豆类2 300万吨，蔬菜3.7亿吨，水果7 300万吨，油料3 400万吨，糖料1.3亿吨，肉类7 600万吨，蛋类2 700万吨，奶类2 600万吨，水产品5 000万吨。

降低营养不良性疾病发病率。5岁以下儿童低体重发病率降至5%，生长迟缓发病率降至15%。孕妇和儿童贫血患病率分别降至20%和15%。4个月以内婴儿的母乳喂养达到普及，4个月以上的婴儿，应逐步补充各种辅助食品。

10. **2010年城乡居民食物与营养发展目标** 城市居民。人均每日摄入能量9 414千焦，其中75%来自植物性食物，25%来自动物性食物；蛋白质80克，其中35%来自动物性食物；脂肪80克，提供的能量占总能量的28%。人均每年主要食物摄入量为：口粮135千克，豆类12千克，蔬菜160千克，水果52千克，食用植物油10千克，食糖10千克，肉类32千克，蛋类18千克，奶类32千克，水产品22千克。

农村居民。人均每日摄入能量9 706.9千焦，其中84%来自植物性食物，16%来自动物性食物；蛋白质75克，其中27%来自动物性食物；脂肪65克，提供的能量占总能量的24%。人均每年主要食物摄入量为：口粮165千克，豆类13千克，蔬菜140千克，水果30千克，食用植物油10千克，食糖8千克，肉类26千克，蛋类13千克，奶类7千克，水产品13千克。

## 三、食物与营养发展的重点领域、地区与群体

今后十年，针对我国食物与营养发展现状和存在的问题，要优先发展奶类产业、大豆产业和食品加工业三个重点食物领域，努力解决好农村和西部两个重点地区以及少年儿童、妇幼、老年三个重点人群的食物与营养发展问题。

### （一）食物与营养发展的重点领域

我国食物与营养发展的内容多、任务重、领域广，要在整体推进的基础上，把涉及食物与营养发展的难点和薄弱环节作为今后十年的重点内容，优先发展。

11. **奶类产业** 加快发展奶业，提高居民奶类消费水平。扶持奶源基地建设，调整奶畜群结构，改善奶业基础薄弱的状况。加快发展乳制品加工业，支持开发新的奶产品，促进奶产品的升级换代。大力加强奶业科学研究，提高奶业发展的科技含量。支持并形成若干个对全国具有带动作用的大型乳品加工企业集团。加大对奶业发展的支持力度，尽快提高我国居民的奶类食品消费水平，到2010年居民的乳制品人均消费量比2000年要有大幅度增加。

12. **大豆产业** 大力发展大豆产业，促进大豆及其产品的生产和消费，提高大豆食品的供给水平。支持开展大豆资源、生产、精深加工等方面的科学研究。大力开拓大豆及其制品的消费市场，优先支持开发新型的大豆食品，用现代高新技术改造传统豆制品；到2010年，以大豆为基础的优质蛋白质消费量以及深加工产品消费量要有明显增加，质量要有明显改进。

13. **食品加工业** 优先支持对主食的加工，加快居民主食制成品食物的发展步伐，重点发展符合营养科学要求的方便食品、速冻食品。加快开展食物营养强化工作，重点推行主食品营养强化，减轻食物营养素缺乏的状况。优先支持我国传统食品的工业化技术改造，选择并支持若干种具有市场前景和示范作用的传统食品，提高其科技含量，加快其工业化步伐。优先支持大宗农产品深度开发与加工利用，逐步提高农产品加工转化程度。

### （二）食物与营养发展的重点地区

食物与营养发展需要全民参与、协调发展。要把相对落后的地区作为重点，加大力度，努力推进。

14. **农村地区** 广大农村地区，食物发展不平衡，营养状况相对落后。要加快农村经济发展，大力推进农业和农村经济结构的调整，切实增加农民收入，提高食物消费能力。重视农村营养改善，加强农村食物与营养发展的基础设施建设，改善食物购买与消费环境，开拓农村食物市场。力争到2010年广大农村地区营养状况有较大改善，农村居民生活质量不断提高。

15. **西部农村地区** 西部农村地区食物发展基础较差，食物资源丰富但未能充分开发利用。要加强食物发展基础设施建设，建立西部特色食物生产基地。合理开发和利用优势食物资源，形成西部食物发展主导产业，保护生态环境，促进西部地区食物增长与环境改善协调发展。提高农民收入水平，引导合理食物消费，降低西部地区农民营养不良的发生率。采取综合措施，促进西部地区农民食物与营养状况的不断改善。

**（三）营养改善的重点人群**

营养改善是长期的任务，在注重各类人群营养改善的同时，要切实抓好弱势人群的营养改善工作。

16. **少年儿童群体** 提高民族整体素质，基础在少年儿童。积极组织实施有关少年儿童营养改善的国家计划。优先保证这一群体的营养供给，提高身体素质。定期对少年儿童营养健康状况进行监测，实行有针对性的营养指导，使少年儿童从小形成良好的饮食习惯。建立贫困地区少年儿童营养保障制度，切实解决农村儿童营养不足和城市儿童营养不平衡的问题。力争到2010年，农村营养不良儿童所占的比例比2000年减少一半，城市营养失调儿童所占的比例减少三分之一。

17. **妇幼群体** 妇女具有特殊的营养需要，婴幼儿正处于生命的早期，他们的营养状况关系到人体一生的健康。要加大妇幼群体营养改善的力度，逐步建立孕妇、婴儿营养保障制度，防止妇女尤其是孕妇、产妇、哺乳期妇女的营养失衡。在全面普及母乳喂养的基础上，针对妇幼群体的特殊需要，大力开发适合妇幼群体消费的系列食品，加强对妇幼食品的市场管理。重点搞好3岁以下幼儿的营养改善，为提高中华民族新一代的身体素质打下良好基础。

18. **老年人群体** 我国60岁以上老年人比例逐渐增大，老年人的营养与健康越来越成为一个非常重要的社会问题。要建立老年人营养保障制度，关心老年人膳食营养，做好孤寡老人的膳食供给，加强对老年人的营养保障工作。研究开发适合老年人消费的系列食物，重点发展营养强化食品和低盐、低脂、低能量食品。减少老年人营养性疾病的发生率，提高老年人的生活质量和健康水平。

## 四、促进食物与营养发展的政策措施

**（一）调整结构，提高食物综合供给能力**

19. **调整农业结构，提高食物质量** 在稳定提高粮食生产能力的基础上，着力优化食物品种、优化食物品质、优化食物布局，促进食物生产效益大幅度增长。种植业要由传统的粮食作物—经济作物“二元结构”向粮食作物—经济作物—饲料作物“三元结构”转变，大力发展名、特、优农产品，形成各具特色的优质农产品及其加工专用生产区，建立优质食品加工专用原料生产基地，大力发展适合食品加工业需要的标准化农产品生产。合理和充分利用草地、农作物秸秆等资源，建立规模养殖场，加快牛、羊、禽特别是奶畜发展，生产优质畜禽食品。在合理保护渔业资源和水域生态环境的前提下，加快发展水产养殖业，积极开发大洋性渔业资源。

20. **加强管理，加快食品工业发展** 转变政府职能，加强行业规划和协调，加强监管和服务，实行食品工业产供销一体化。调整食品工业结构，加速传统食品工业的优化升级，促进传统食品工业向现代食品工业的转化，建立现代食品工业体系。开展食品加工机械、包装、贮运技术创新，大力发展现代食品科技，提高我国食品工业科技水平。加强食品工业基础设施建设，做好产品标准化包装、运输。加强对大宗食物的加工，提高综合利用率。采取措施，严格控制对人们身心健康危害较大的烟草业、烈性酒的发展。

21. **加强食物市场体系建设，提高食物国际竞争力** 逐步建立和完善食物产地批发市场、城乡集贸市场、连锁超市等零售市场，进行合理布局，形成规范的生产—批发—零售一体化的市场网络。建立食物快捷运输通道，建设发达的食物流通体系。参照世界贸易规则，制定我国食物进出口贸易政策，采用国际标准进行食物生产、加工，发展外向型食品产业。以市场为导向，加强优势食物出口的生产，提高水果、蔬菜、畜产品、水产品等劳动密集型产品的质量，增强国际市场竞争能力。加强对食物进出口的检验检疫。

**（二）加强法制建设，保护食物资源环境**

22. **加强食物与营养法制建设，完善食物与营养标准体系** 加快食物与营养立法步伐，制定食品管理法规，保证食品安全卫生与人民身体健康。抓紧制定关于营养师、营养标识、儿童营养等方面的法规，把居民营养改善工作纳入法制化轨道。加强食物生产、加工、流通过程的标准化建设，加快食物质量、安全、卫生的标准体系建设，制定不同类别食物与营养标准，科学地指导食物生产和消费。在大中城市和有条件的地区逐步实行农产品认证制度，规范直接上市农产品的质量要求。加快食物流通体系的法制建设，规范企业行为，保护生产者与消费者的权益。

23. **保护食物资源环境，保障食物质量、安全与卫生** 加大耕地、草地、水资源等生态建设和环境保护的力度，逐步改善食物资源环境，保障食物资源可持续利用。大力推广节地、节水、节能型等食物生产技术，缓解耕地、水资源紧缺的压力。强化食物生产过程的环境保护，加大食品生产经营企业的治污力度。大力发展无污染、安全优质、营养丰富的食物生产，加快发展绿色食品和有机食品，逐步增加名牌精品食物的市场供给。积极稳妥地发展高质量、高效能的保健食品，满足城乡居民多层次、多样化的需要。加强对食物种植、养殖阶段农药、兽药的管理，完善有关农药、兽药安全使用管理规定。建立健全食物质量、安全与卫生检验检测体系，加强对食物生产全过程的监督管理，提高食物质量，确保食物安全与卫生。

**（三）依靠科技进步，提高全民营养意识**

24. **加强科技研究，提高食物与营养发展的科技水平**　增加食物生产、食品工业、食物营养卫生及相关领域的前瞻性、战略性、公益性科研投入，加强食物发展各领域的基础研究和技术开发工作，促进产、学、研相结合，使相关学科相互渗透和交融，不断增强开发新产品、新技术、新工艺的能力。加强生物技术、信息技术等高新技术在食物与营养领域的应用研究，显著提高食物产量、质量、安全和卫生水平。开展食物、营养与健康的相关研究，培养和造就食品与营养科学研究领域的高层次人才。吸收发达国家的先进经验，注重引进、消化、吸收国外有关食物与营养的先进技术。

25. **全面普及营养知识，提高全民营养意识**　加强对居民食物与营养的指导，建立用科学的营养知识引导消费和用消费带动生产的新机制，使生产结构、消费结构和营养结构合理协调。开展多种形式、多种类型的营养知识教育，充分发挥各种新闻媒体的作用，加强营养知识宣传，提高城乡居民的营养科学知识和自我保健意识，引导居民的食物消费方向，提高全民科学、合理膳食的自觉性。加强对中小学生和家长的营养知识教育，把营养健康教育纳入中小学教育的内容。提高营养师的社会地位，逐步在医院、幼儿园、学校、企事业单位的公共食堂及餐饮服务业推行营养师制度。

**（四）改善居民营养结构，保障我国食物安全**

26. **实施有关营养改善行动计划**　继续和规范实施国家营养改善行动计划、国家大豆行动计划、国家学生饮用奶计划等。积极推广学生营养餐，作为国民营养改善的一项重要工作，成立相应协调机构，制定相关法规，依法加强管理。力争到2010年，全国大中城市要有一半以上的中小学生吃上学生营养餐。在经济落后地区，采取不同形式，保障居民营养供给。对发生严重营养不良的地区，当地政府要及时采取营养改善措施。

27. **加强营养监测，建立食物安全保障系统**　建立和完善食物与营养监测系统，坚持重点监控与系统监测结合，监测不同地区、不同人群的营养状况。加强食物信息建设，建立我国食物安全与早期预警系统，保障全民食物供给和消费安全。要从国内外两种资源、两个市场来考虑我国食物的安全，密切关注和研究市场变化、重大自然灾害对食物供给带来的影响，提前作好各种应对准备，确保我国食物安全。

**（五）加强对食物与营养工作的领导**

28. **分级管理，部门分工配合，建立现代食物管理体制**　《中国食物与营养发展纲要（2001—2010年）》的实施由农业部牵头协调，国务院各有关部门要紧密协作，积极配合，加强对食物与营养发展工作的指导，进一步发挥国家食物与营养咨询委员会的重要作用。地方各级人民政府要高度重视和加强食物与营养发展工作，结合本地实际，充分考虑不同地区、不同人群的差别和习惯，研究制订本地区的食物与营养发展纲要，把食物与营养发展目标纳入本地区的国民经济和社会发展计划。加快我国食物与营养管理体制改革，建立现代食物发展管理体系，保证食物与营养发展目标的顺利实现。

# 国务院办公厅转发农业部关于加快畜牧业发展意见的通知

国办发［2001］76号

各省、自治区、直辖市人民政府，国务院各部委、各直属机构：

农业部《关于加快畜牧业发展的意见》已经国务院批准，现转发给你们，请认真贯彻执行。

国务院办公厅

2001年10月20日

# 关于加快畜牧业发展的意见

党的十一届三中全会以来，我国畜牧业发展取得了巨大成就，从根本上扭转了主要畜产品长期短缺的局面，肉、蛋总产量跃居世界首位，人均占有量超过世界平均水平。畜牧业已由传统的家庭副业发展成为农村的支柱产业。但目前畜牧业发展水平与国民经济和社会发展的新要求还不相适应。在农业发展的新阶段，大力发展畜牧业，是实现“十五”农业和农村经济发展目标、推进农业现代化的必然要求。现就加快畜牧业发展的有关问题提出以下意见：

## 一、充分认识加快畜牧业发展的重要性和紧迫性

**（一）加快发展畜牧业是农业发展新阶段的战略任务**

对农业和农村经济结构进行战略性调整，是农业发展新阶段的中心任务。大力发展畜牧业，有效地转化粮食和其他副产品，可以带动种植业和相关产业发展，实现农产品多次增值，促进农业向深度和广度进军，是推进农业结构战略性调整的重要措施。大力发展畜牧业，更多地吸纳农业富余劳动力，增加农民就业机会，可以更合理、更有效地配置农业资源，是新阶段农民增收的

重要途径。随着我国加入世贸组织，农业将在更大范围和更深程度上对外开放，加快发展畜牧业，有利于发挥我国农村劳动力资源丰富的比较优势，提高我国农业的国际竞争力。

**（二）不失时机地加快畜牧业发展**

我国农产品供求关系已经发生了根本变化，粮食供求平衡、丰年有余，现有的农业综合生产能力为畜牧业发展创造了良好的条件。我国经济社会发展已进入全面建设小康社会、加快推进现代化的阶段，随着人们收入水平和生活水平的日益提高，城乡居民膳食结构中动物性食品消费将逐步增加，发展畜牧业具有广阔的市场前景。必须抓住机遇，加快发展。

**（三）尽快把畜牧业发展成一个大产业**

畜牧业的发展水平是一个国家农业发达程度的重要标志。要进一步明确发展思路，面向市场，依靠科技，优化畜禽品种结构，加强饲料生产和草原建设，强化畜禽疫病防治，提高畜产品加工水平，使我国畜牧业发展迈上一个新台阶。力争用五到十年的时间，实现我国畜牧业由粗放经营向集约经营的根本性转变，综合生产能力明显提高，畜牧业产值占农业总产值的比重明显提高，畜牧业收入占农民收入的比重明显提高，畜产品出口竞争力明显提高。

## 二、大力调整、优化畜牧业结构和布局

**（四）明确畜牧业结构调整重点**

要把研究、开发和推广畜禽优良品种、提高畜产品质量作为调整畜牧业结构的重点。努力增加名特优新畜产品，实现品种结构多样化，满足不同消费层次需求。稳定发展生猪和禽蛋生产，加快发展肉牛、肉羊和肉禽生产，突出发展奶牛和优质细毛羊生产。提高奶类在畜产品中的比重，积极推广和实施“学生饮用奶计划”。

**（五）优化畜牧业区域布局**

在积极发展牧区畜牧业的同时，加快农区畜牧业发展。农区特别是粮食主产区，应以粮食转化为主，发展适度规模的家庭养殖和专业饲养小区。注重牧区草地生态保护，加快草原改良，改善生产经营方式，提高牲畜的出栏率和商品率。经济发达地区和大城市郊区要发挥科技、人才和市场优势，加快集约型畜牧业发展，率先实现畜牧业现代化。

## 三、加强良种繁育、饲料生产和疫病防治体系建设

**（六）加大畜禽良种体系建设力度**

坚持国内培育与国外引进相结合的方针，在充分利用我国现有畜禽品种、加大选育工作力度的同时，积极引进国外优良品种，提高良种生产和畜产品质量水平。加强畜禽种质资源保护，重点建设一批畜禽良种场（站）和种质资源保护场（区）。建立多种形式的种畜禽生产基地。健全种畜禽质量监督体系，严格执行种畜禽生产经营许可证制度，加强对种畜禽生产经营的法制管理，保护广大农牧民的利益。

**（七）建设高效安全的饲料生产和监管体系**

高效安全的饲料生产体系是畜牧业持续健康发展的基本保障。要建立优质饲料生产基地，增加饲料供应能力。继续做好秸秆养畜过腹还田工作，巩固已有成果，扩大示范，加速推广。大力发展饲料工业，实现粮食转化增值，开发饲料新品种，健全和完善饲料工业体系，优化饲料生产结构，深化企业改革，提高饲料工业技术水平。建设饲料安全保障体系，加强饲料生产和安全监管，完善饲料卫生标准和检测标准，依法开展饲料质量检测监督，坚决查处在饲料产品中使用违禁药品和滥制乱用饲料添加剂的行为。

**（八）强化动物疫病防治体系建设**

地方各级人民政府必须高度重视动物疫病防治工作，始终贯彻预防为主的方针。对于严重危害畜牧业生产和人体健康的动物疫病，要制定防治预案，实施计划免疫。加快动物疫病防治基础设施建设，健全疫情测报、防治系统；预防和扑灭动物疫病所需的药品、生物制品和有关物资，应纳入国民经济和社会发展计划，并保证适量的储备。加强动物及动物产品的产地检疫和屠宰检疫，严格控制染疫动物及产品的流通。加强口岸检疫，严防境外动物疫病传入。依法对进口动物产品的国外生产、加工、存放实行注册登记制度，严格卫生检验检疫。建立注册兽医制度，规范从业兽医行为。健全兽药管理法规、质量标准和监察体系，推行兽药生产质量管理规范，实施兽药残留监控计划，加大查处生产、销售假冒伪劣兽药产品的力度，确保畜产品安全卫生。动物疫病防治工作的重点在基层，要加强县乡防疫队伍建设。

**（九）加强对转基因畜禽产品生产、安全监管**

建立健全农业生物技术的安全法规及行政管理程序，对畜禽动物转基因生物技术的研究与开发进行有效监督和控制。

## 四、保护和合理利用草地资源

**（十）合理使用草地资源**

草原牧区要推行按草定畜，划区轮牧，科学管理，提高草地畜牧业的综合效益。半农半牧区实行草田轮作，舍饲圈养。有计划、有重点地组织开发南方草山草坡。落实草原家庭承包制，调动广大牧民发展牧业生产、保护和建设草原的积极性。

**（十一）强化草原建设、保护和监管**

加快牧草种子基地建设和草场水利设施建设，推广人工种草、飞播种草、围栏封育和改良草场。建立基本草地保护制度，严格控制草地的非牧业使用。坚

决禁垦牧区草原，制止采集发菜、滥挖甘草等固沙植物。加大草原鼠虫害综合防治力度。建立草地类自然保护区，保持草地生态多样性。按照西部大开发的战略部署，尽快制定草地生态建设规划，切实做好退耕还草和天然草原保护工作。要加强草原防火的宣传力度，提高草原地区广大干部和农牧民的防火意识；同时，完善草原防火各项制度，充实防扑火设施装备，提高防扑火能力。

## 五、大力推进畜牧业科技进步

**（十二）加强畜牧业科学技术研究**

围绕影响畜牧业发展的重大科学技术问题，集中力量，联合攻关。对畜牧业生产、加工急需而在短期内又难以突破的关键技术，要积极组织引进。加快兽医高新技术的研究和开发，加强动物重大疫病流行规律和畜禽重要经济性状遗传规律等基础研究。支持畜牧业科研、教学单位与企业联合，发展高新科技企业。

**（十三）加大畜牧业技术培训和推广力度**

各地区和有关部门要采取有效措施，促进畜牧业科研成果尽快转化；继续实施“丰收计划”和推广一批适应性强、增产增收效果明显的畜牧业先进实用技术，突出抓好畜禽品种改良、动物疫病诊断及综合防治、饲料配制、草原建设和集约化饲养等技术的推广。同时，要稳定畜牧业技术推广机构和队伍，积极鼓励科技人员到生产第一线服务，切实改善技术推广人员的工作和生活条件。努力探索和建立在市场经济条件下畜牧业技术推广的新机制，不断提高服务功能和水平。加强畜牧业科技教育和培训，实施畜牧兽医行业职业资格证书制度和“绿色证书工程”，提高畜牧业技术人员和农牧民的整体素质。

## 六、促进畜产品加工转化增值

**（十四）重点培育一批规模大、起点高、带动力强的畜产品加工企业**

支持这些加工企业进行技术改造和设备引进，加快在畜产品加工、保鲜、储运等环节的技术创新步伐，促进企业重质量、创名牌，提高产品质量和档次。根据市场需求，以肉类和奶类加工为重点，以冷却肉、分割肉、液态奶为突破口，生产方便卫生的肉、奶制品，开拓畜产品消费市场。搞好动物副产品综合利用，实现多次转化增值。

**（十五）发展畜牧业产业化经营**

产业化经营是促进畜产品加工业发展的有效途径。鼓励畜产品加工企业通过公司加农户等形式，发展产业化经营，提高企业竞争力和扩大畜牧业生产规模。引导龙头企业与农产建立稳定的购销关系和合理的利益联结机制，更好地带动农牧民致富和区域经济发展。

**（十六）促进畜产品出口**

赋予有条件的畜产品加工销售企业进出口权，鼓励畜产品加工销企业参与国际市场竞争。加强无规定疫病示范区建设，按照国际标准组织畜产品的生产、加工和卫生质量检测监督，努力提高我国畜产品的国际市场信誉，扩大出口。

## 七、加强畜产品市场体系建设

**（十七）建立开放统一、竞争有序的畜产品市场体系**

继续建设多种形式和规范的初级市场，重点发展产地批发市场和专业市场。鼓励采取产销直挂、连锁经营及网上交易等方式，拓宽畜产品流通渠道。健全和完善市场规则，规范企业行为，打破地区封锁、部门垄断，营造公平竞争的环境。推广“绿色通道”的做法，保证鲜活畜产品的运销畅通。完善羊毛拍卖制度，搞活羊毛流通。

**（十八）培育畜牧业合作经济组织和中介组织**

积极培育农牧民专业合作经济组织和经纪人队伍等中介组织，为农牧民进入市场提供优质服务。近年来，各地生猪和禽蛋的民营运销组织十分活跃，对于搞活畜产品流通，稳定和促进生产发挥了重要作用。各地区和有关部门应在认真总结经验的基础上，积极加以扶持和推广。

**（十九）加强对畜产品的质量监管和信息服务**

建立健全畜产品质量标准体系，加强质量检测监督。逐步推行畜产品标准化生产，实现畜产品的优质优价。加强信息服务，建立健全多种形式的信息传播网络系统，完善畜产品生产、销售信息的收集和发布制度，为农牧民提供准确、及时、有效的市场信息，正确引导畜产品生产和流通。

## 八、加大对发展畜牧业的领导和支持力度

**（二十）加强对畜牧业发展的组织领导**

各级政府要充分认识加快畜牧业发展的重要性，把畜牧业作为一个大产业来抓，制定并落实相关政策措施，切实解决畜牧业发展中存在的突出问题，全面促进畜牧业持续、健康发展。

**（二十一）多渠道增加对畜牧业的投入**

各级政府增加的投入，重点用于加强良种繁育、疫病防治、饲料安全、科技教育等基础设施建设，支持草地生态治理和草原建设，稳定和保护畜牧业生产能力，提高畜产品质量。金融部门在注意防范金融风险的同时，要努力提高金融服务水平，探索多种行之有效的方式，增加对畜牧业的贷款，重点支持发展优质畜产品规模化生产、农户畜禽养殖、畜产品加工、饲料和兽药生产。积极引导社会资金投向畜牧业，加快畜牧业利用外

资步伐。

**（二十二）完善畜牧业法规，加大执法力度**

进一步制定和完善有关畜牧业的配套法规和实施办法，加强普法宣传，加大执法力度。同时，要稳定畜牧业执法机构，加强执法队伍建设，提高执法人员素质。

# 畜牧业“十五”计划和2015年远景目标规划

## 一、“九五”计划执行情况及评价

**（一）“九五”计划主要指标完成情况**

“九五”时期，我国畜牧业持续发展，畜产品产量有了显著提高。2000年，全国肉类总产量达到6 125万吨，完成“九五”计划105%，蛋类产量达到2 243万吨，完成“九五”计划123%，奶类产量达到919万吨，完成“九五”计划115%。肉、蛋、奶人均占有量分别达到48.0千克、17.6千克和7.2千克，全面超过“九五”计划。

**（二）对“九五”期间畜牧业发展的总体评价**

“九五”时期，畜牧业全面发展，畜产品已由卖方市场转为买方市场。肉类、禽蛋产量仍居世界第一，人均占有量超过世界平均水平。畜产品结构逐步优化，猪肉在肉类总量中的比重由1995年的69.36%下降到2000年的65.81%，禽肉和牛羊肉比重分别由18%和11.73%上升至19.7%和13.2%。我国畜牧业正逐步走上了一条适合我国资源状况的节粮型道路。

畜牧业已成为农村经济中的重要支柱产业。畜牧业产值占农业总产值的比重稳步上升，2000年牧业总产值达7 393.1亿元，占农业总产值24 915.8亿元的29.67%；全国从事畜牧业生产的劳动力有8 000多万；畜牧业发达地区畜牧业现金收入约占农业现金收入的一半，畜牧业纯收入约占农民纯收入的30%左右。

畜牧业基础设施和社会化服务体系建设不断加强。商品瘦肉型猪基地县、秸秆养畜示范县等商品基地建设成效显著；草原及草原防火体系建设步伐加快；饲料工业发展迅速，初步形成了结构完整的饲料工业体系；畜牧业社会化服务体系得到进一步加强。

科技进步对畜牧业经济增长的贡献进一步提高。科技进步对畜牧经济增长的贡献率已由“九五”初期的45%增加到现在的48%左右。猪、牛、羊的良种覆盖率分别达到90%、30%和55%；出栏率分别增长了7%、5%和1%；猪、禽死亡率分别下降到8%和18%。

市场机制作用逐步加强，畜牧业产业化进一步发展。各地集贸市场、批发市场、零售市场快速发展，各类畜产品专业市场逐渐形成。家禽适度规模饲养已成为商品禽蛋、禽肉的主要方式，生猪和牛羊的规模饲养比重不断扩大。肉牛、生猪、绵羊、肉鸡、蛋鸡等在全国已形成相对集中的生产区域。产业化经营逐步成为畜牧业发展的重要经营方式，形成了多种模式，涌现出一批龙头企业。

畜牧业法律体系进一步完善。“九五”期间，国家先后颁布实施了《动物防疫法》、《饲料和饲料添加剂管理条例》，出台了一系列畜牧业法规的配套细则和管理办法，进一步健全和完善了畜牧业生产与经营的法律体系，使畜牧业管理方式逐步走向法制化管理的轨道。

总体来看，畜牧业已由农村家庭副业发展成为农村经济中的支柱产业。畜牧业开始由偏重产量增长向质量和产量并重的方向转变，增强国际竞争能力和保护生态环境已逐步摆上行业发展的议事日程，我国畜牧业进入了一个新的发展时期。

## 二、未来畜牧业发展的条件

“九五”期间，我国畜牧业的综合生产能力有了很大提高，为“十五”畜牧业的进一步发展奠定了良好的基础。随着国民经济的持续增长、加入WTO的日益临近、西部大开发战略的逐步实施和农村经济结构的战略性调整，我国畜牧业又面临许多新的发展机遇。但畜牧业内部仍然存在基础设施薄弱、产业结构不合理、市场发育不完善等问题，严重阻碍畜牧业的健康发展。

**（一）有利的外部条件**

**1. 粮食连年丰收，饲料粮供应充足，为畜牧业发展奠定了坚实的物质基础** “九五”以来，我国粮食生产总量上升到5亿吨左右，其中饲料粮占粮食总产量的1/3左右，满足了畜牧业发展的需求。粮食供需形势由供给不足、制约畜牧业发展，变为总量相对过剩、迫切需要通过畜牧业来转化增值的格局。根据有关部门预测，“十五”期间我国粮食产量将保持1.5%的增速，到2005年粮食总产量将达到5.4亿吨，饲料粮比重将逐步上升到35%左右，这为我国畜牧业的发展提供了良好的物质基础。

**2. 随着收入水平的提高，畜产品市场需求仍有较大潜力** 目前，世界人口平均每人每日蛋白质供给水平约为70克左右，其中动物蛋白量为25克左右，发达国家的平均蛋白质供给量和动物蛋白量分别为100克和60克。我国城乡居民的蛋白质供给总量基本接近世界平均水平，但动物蛋白仅为20克左右，与世界平均水平仍有一定差距。随着城乡居民收入的不断增长，居民生活质量将进一步提高，居民畜产品消费需求仍将呈现不断增长的趋势。

城乡居民的畜产品消费量存在巨大差距，农民畜产品消费仍有较大潜力。1999年农民家庭人均畜产品消费量（肉和禽蛋）为20.63千克，仅为城镇家庭人均畜产品购买量35.84千克的57.56%。随着农村经济的发展和农民收入水平的提高，农村居民的畜产品消费量必将出现稳定上升的趋势，占我国人口总量70%的农村居民将成为未来畜产品消费增长的主体。

此外，随着我国城市化进程的进一步加快和小城镇建设的发展，全国将有更多的农村居民转入城镇，这将为未来畜产品的需求增长注入新的活力。

**3. 政府支持力度增强，为畜牧业发展提供了良好的环境**　相对其他产业，畜牧业具有投资少、见效快、产业链长等特点，在促进粮食转化、增加农民收入和增加农业劳力就业方面有其独到的优势和潜力，党的十五届三中全会和九届人大三次会议均突出了畜牧业在今后农村经济发展中的作用和重要地位，发展畜牧业已成为调整农村产业结构，稳定和发展农村经济，增加农民收入的重要措施。目前，各级政府加大了对畜牧业的支持力度，不仅出台了许多加速畜牧业发展的政策，而且加大了资金和技术的投入，为我国未来畜牧业的持续增长提供了良好的发展环境。

**4. 加入WTO，参与国际竞争，将促使畜牧业发生质的飞跃**　加入WTO虽然可能给我国畜牧业造成一定的冲击，但更可能的是带来良好的发展机遇。我国的猪牛羊肉等主要畜产品的生产和加工属于劳动密集型产业，具有一定的国际竞争优势，但目前由于贸易壁垒和质量等原因，却始终未能在国际市场上占有较大份额。现在，欧洲一些发达国家家畜疫病大面积流行，畜牧业遭受了严重打击，这又为我国畜产品的出口提供了良好的机会。加入WTO将使我国畜产品出口机会增加、交易成本降低，价格优势有可能进一步表现出来，但同时也对我国畜产品的质量和卫生标准提出更高的要求。这将促使我国大力提高畜产品卫生质量，努力加强畜禽疫病防治和畜产品质量监管，在技术水平、质量标准、政策法规等方面与国际接轨。

**5. 西部大开发将为畜牧业的发展提供广阔空间**　我国西部地区土地面积大约540万平方千米，草原是西部地区最大的土地类型，约有草地243万平方千米，占全国草地总面积的61%，占西部地区国土总面积的45.5%，草地资源比较丰富，牧业在国民经济中占有较大比重。同时，西部地区也是我国少数民族的主要聚居区，草地畜牧业是他们赖以生存的基础产业。西部大开发战略的实施，对我国畜牧业的发展将产生两方面的影响：一是随着大量资金、技术和人才的进入，我国西部地区经济将出现快速增长的趋势，广大居民的收入水平将大幅度提高，进而对全国畜产品消费形成巨大的拉动作用。二是立足于西部地区的资源优势，通过大规模退耕还林、还草和治沙，既可使西部地区草原生产力得到提高，羊毛和奶类生产加快；又可大大改善草原生态环境，这将对全国畜牧业的持续发展和生态环境的改善产生积极的影响。

**（二）面临的问题**

**1. 产业结构不尽合理，畜产品加工业滞后**　我国耕地资源稀缺，但耗粮高的猪肉占肉类总产量的比重却仍高达65.8%，远高于世界平均38.8%的水平，草食家畜特别是牛肉的比重仅占7.8%，远低于世界平均26.3%的水平；我国肉蛋奶产量的比例为100：37:15，奶类产量明显偏低。

畜产品质量不高，名、优、特产品数量不足。瘦肉型猪所占的比重虽然有所提高，但总量仍然难以满足广大消费者的需求；优质禽肉，特别是一些具有独特风味的地方性产品供不应求；高档牛肉产品比重偏小；羊毛产品中粗毛比重较大，用于纺织的优质细毛大部分需从国外进口。

畜产品加工与发达国家存在巨大差距。发达国家畜产品加工量占畜产品生产总量的比重高达60%～70%，而我国的加工比重极低，其中肉类加工比重不到5%，且加工技术较落后，企业规模较小。在畜产品加工方面，还存在着加工深度不够、花色品种较少和优质高档品种比重低等问题。畜牧业生产与加工发展失衡，畜产品加工严重滞后。

**2. 良种繁育体系不健全**　我国目前的良种繁育体系不适应畜牧业经济发展的需求。一是种畜禽场结构不合理。全国7 117个种畜禽场中，原种（曾祖代）场不足2%，种畜禽退化较重，选育不力，严重影响了种畜生产和种畜质量。二是种畜禽场规模小，经营效益低。在全国2 959个种猪场中，平均存栏母猪230头；而饲养200头以下的种猪场，基本处于亏本状态。三是基础设施简陋。由于不少种畜禽场建场时间早，基础设施超期使用，大部分种畜禽场畜舍、饲养设备破损严重。四是畜种资源保护不力，丢失严重，不利于新品种的选育与开发。

**3. 兽医工作基础薄弱，重大疫情时有发生**　随着畜牧业生产方式的转变，畜牧业集约化、规模化、专业化水平不断提高，动物疫病已成为制约畜牧业发展的重大障碍。目前，我国的兽医工作普遍存在预测预报体系不健全、设备简陋、技术落后和疫病扑灭无足够物质保障等问题，每年由于动物疫病造成的直接经济损失高达260亿元～300亿元。各类药物、化学物质、激素残留和污染对畜产品卫生质量的危害也日益加重，影响了畜产品需求的进一步增长。由于畜禽疫病、药物残留和卫生质量等问题的困扰，畜产品出口中压级、压价和退货现象时有发生，一些国家还以此为由，对我国封闭市场。兽医工作基础薄弱的状况与未来畜牧业发展以及维护人民身体健康的要求极不适应，必须引起高度重视。

**4. 市场发育不完善，信息渠道不畅**　在畜产品买方市场的形势下，市场体系不健全，市场发育不完善，宏观调控不力等问题，也已成为制约畜牧业发展的障碍。一些地方市场秩序混乱、交易行为不规范、损害消费者利益的行为时有发生；个别地区为了各自利益，封锁市场；有些部门也利用各种借口搞市场分割，破坏了产品在全国范围内的有序流动。市场信息传输渠道不畅，信息反馈严重滞后，产品需求信息不能及时反馈到生产者手中，致使供需结构不平衡，地区结构不平衡，供给过剩与需求短缺同时存在，阻碍了生产的正常发展。

**5. 草地资源退化严重** 草地资源环境恶化，长期困扰着我国畜牧业的持续发展。一是人为破坏严重。一些地方大面积非法开垦草地，屡禁不止。20世纪50年代以来，全国有近1 300万公顷优良草地被开垦，有相当部分现已撂荒，加剧了草地沙化和水土流失，草原涵养水源、保持水土的能力大为减弱；二是草场超载过牧严重，草地生产率低下；三是自然灾害频繁。受全球气候变暖的影响，草原旱灾、火灾等日趋严重，为保护生态环境增加了难度。近几年，草地沙尘暴频繁发生，西沙东进，北沙南侵，掩埋农田，毁坏交通与通讯设施。同时，草地鼠虫害日益严重，发生次数不断增多，程度不断加深，草地鼠虫害每年危害面积达2 000万公顷。四是投入严重不足，基础设施建设薄弱，草地生产力低，灾害抵御能力差，根本不能抑制草原急速退化的趋势，仍然是局部改善，总体恶化。

## 三、供需发展预测

### （一）主要畜产品需求预测

我国畜产品消费主要受宏观经济形势、居民收入水平变化、人口增长与城市化水平提高等因素的影响。近几年，由于国民经济受结构调整和国际贸易环境变化的影响，GDP只有7%左右的增长速度。但随着经济结构的调整到位、国有企业改革脱困目标的实现以及东南亚诸国经济逐步复苏，我国经济发展速度有可能重现升势。根据有关部门预测，2000—2005年，GDP年均递增率可望达到8%。2005年之后，当经济总量达到一定规模，体制逐步理顺，发展速度有可能呈现出比较稳定的态势，2005—2015年年均递增7%。2000—2005年，城市居民的人均收入将以6%的速度增长，农村人均收入将以4%的速度增长；2006—2015年，城乡居民的人均收入增长率将保持在5.5%和4.5%左右。2005年全国总人口将达到13.3亿，城镇人口占总人口的比重为34%，农村人口为66%。2015年全国总人口将达到14.5亿，城镇人口占总人口的比重为40%，农村人口为60%。

畜产品出口方面，全球经济一体化和我国加入世界贸易组织虽然为我国畜产品的出口提供一定的机会，但由于畜产品质量与卫生安全标准等在短期内难有实质的改观，在未来5年内，畜产品将主要以国内消费市场为主，出口数量有限。通过“十五”时期畜牧业基础设施建设与卫生质量安全标准的提高，我国畜产品质量将会有较大幅度的改善，将为畜产品的出口创造有利条件，届时畜产品将成为农产品出口中的主要的产品。总体来说，我国畜产品将以国内消费市场为主，畜产品出口量在畜产品生产总量中的比重将会有所上升。虽然如此，面对国内城市畜产品市场相对饱和和农民收入增长缓慢的严峻现实，我国也应积极创造条件，大力提高产品质量，努力开拓国际市场，稳步提高我国畜产品在国际贸易中的市场份额，为我国畜牧业的持续增长和农民收入的提高提供新的动力。

根据以上因素分析，预计2005年，全国人均肉、蛋、奶需求分别达到52千克、18千克和10千克。肉类需求中，猪肉、牛羊肉和禽肉的需求量分别为34千克、7千克和10千克。全国肉、蛋、奶总需求量分别达到6 950万吨、2 393万吨和1 330万吨，其中猪肉、牛羊肉和禽肉总需求量分别达到4 526万吨、976万吨和1 383万吨。

2015年，全国人均肉蛋奶需求分别达到61千克、20千克和23千克。肉类需求中猪肉、牛羊肉和禽肉的需求量分别为38千克、9千克和13千克。全国肉、蛋、奶总需求量分别达到8 832万吨、2 916万吨和3 322万吨，其中猪肉、牛羊肉和禽肉总需求量分别达到5 497万吨、1 332万吨和1 918万吨。

### （二）主要畜产品产量预测

20世纪80年代以来，我国肉、蛋、奶产量持续高速增长，肉类产品的平均增长率为9%，禽蛋增长率为12.5%，奶类增长率为13%。“九五”以来，特别是“九五”末期，各类畜产品的增长幅度有所减缓，肉类增长速度下降为4%左右，禽蛋下降为6%左右，但奶类却快速上升，增长率达到8%～9%。

综合考虑畜禽生产能力、饲料供应、畜牧业科技进步等因素，今后我国肉、蛋生产能力进一步提高并不困难，但由于受消费需求因素的制约，肉类及禽蛋的增长幅度将呈稳中有降的态势；羊毛生产重点进行结构调整，提高优质毛比重，总量保持小幅增长；奶类随着居民生活水平的提高、营养知识的普及和政府对奶类消费支持力度的加大，消费需求将出现加速增长的趋势，由此拉动奶类生产进一步高速增长，有可能出现超常规增长的趋势。

预计2000—2005年、2005—2015年，我国肉类增长率将分别为3%、2.5%，2005、2015年肉类产量将分别达到7 040万吨、9 012万吨。肉类结构比例将进一步优化，2005年猪肉、牛羊肉与禽肉比重将分别为65%、14%、20%；2015年为62%、15%、22%。

2000—2005年、2005—2015年，蛋类增长率分别为2.5%、2%，2005年和2015年产量分别为2 400万吨、2 926万吨。

2000—2005年、2005—2015年，奶类增长率将分别为8%、10%，2005年和2015年产量分别达到1 280万吨、3 322万吨。

2000—2005年、2005—2015年，羊毛增长速度都将保持1%的水平，2005年和2015年产量分别达到33万吨和37万吨。

**2005 年和 2015 年我国主要畜产品供需平衡状况表**

单位：万吨、千克/人

| 年 份 | 项 目 | 肉 类 | 猪 肉 | 牛羊肉 | 禽 肉 | 禽 蛋 | 奶 类 | 羊毛（污毛） |
|---|---|---|---|---|---|---|---|---|
| 2005 | 需求 | 6 950 | 4 526 | 976 | 1 383 | 2 393 | 1 330 | 68 |
| | 生产 | 7 040 | 4 576 | 986 | 1 408 | 2 400 | 1 280 | 33 |
| | 人均需求 | 52.18 | 33.98 | 7.32 | 10.38 | 17.97 | 10 | 0.5 |
| | 人均生产 | 52.85 | 34.35 | 7.4 | 10.57 | 18.02 | 9.63 | 0.25 |
| | 净出口 | 90 | 50 | 10 | 25 | 7 | －50 | －35 |
| 2015 | 需求 | 8 832 | 5 497 | 1 332 | 1 918 | 2 916 | 3 322 | 77 |
| | 生产 | 9 012 | 5 587 | 1 352 | 1 983 | 2 926 | 3 322 | 37 |
| | 人均需求 | 60.91 | 37.91 | 9.18 | 13.22 | 20.11 | 23 | 0.53 |
| | 人均生产 | 62.15 | 38.53 | 9.32 | 13.67 | 20.18 | 23 | 0.26 |
| | 净出口 | 180 | 90 | 20 | 65 | 10 | 0 | －40 |

**（三）畜产品供需平衡状况**

未来 15 年内，我国肉蛋产品将长期保持供给略大于需求的格局。预计到 2005 年我国肉类和蛋类产品净出口量分别为 90 万吨和 7 万吨，出口肉类中猪肉、禽肉净出口量分别为 50 万吨和 25 万吨，而牛羊肉较少，仅为 10 万吨。2015 年我国肉类和蛋类产品净出口量分别增加到 180 万吨和 10 万吨，出口肉类中猪肉、禽肉净出口量分别为 90 万吨和 65 万吨，牛羊肉为 20 万吨。肉类特别是猪肉和禽肉净出口持续增长。

奶和羊毛处于相对短缺的状态。2005 年奶和羊毛分别净进口 50 万吨和 35 万吨。2015 年奶类净进口下降到零，基本实现供需平衡；羊毛的净进口则进一步增加，达到 40 万吨。奶类净进口量下降，羊毛净进口量持续上升。

我国畜产品的进出口变化趋势表明，畜牧业结构调整仍然任重道远，牛羊肉、奶业和羊毛生产仍然是我国畜牧业未来发展的主要重点；充分发挥比较优势，大力开拓国际市场，进一步发展外向型畜牧业，具有较大潜力；对肉蛋等畜产品的宏观调控政策必须由提高产量、增加供给为主，向提高质量、开拓国内外两个市场、增加需求为主的方向转变。

## 四、指导思想与战略目标

**（一）指导思想**

根据国民经济和农村经济发展需要，着眼加强农业和增加农民收入，大力推进农村经济结构调整，以市场为导向，效益为核心，依靠科技进步，加快畜牧业结构优化和产业化经营步伐，加强疫病防治和药残监控，注重产品质量，高度重视饲料安全、食品安全和草原生态安全，努力提高行业整体素质，大力提高畜牧业在农业中比重，加快畜牧业现代化进程，尽快使畜牧业发展成农村经济中的现代化产业，实现畜牧业的可持续发展。

**（二）战略目标**

根据我国畜牧业发展的指导思想，确定畜牧业的总体发展目标为：

到 2005 年，建立比较完善的良种繁育、疫病控制、饲料生产体系和比较完整的畜产品市场销售网络，畜产品加工业快速发展，草原生态环境恶化的势头有所扭转；主要畜产品生产能力稳步提高，产品质量明显改善，加工品比重大幅度上升，品种更加丰富多样，畜牧业收入在农民收入中的比重明显增加，畜牧业产值占农业总产值的比重达到 33%。

到 2015 年，畜牧业支撑保护体系更加完善，组织化和产业化程度明显提高，畜产品市场销售网络进一步完善和规范，整体科技水平和综合生产能力显著增强，草地生态建设初见成效，畜牧业生产结构更趋合理，畜产品能更好地满足城乡居民生活改善的需要，动物蛋白人均占有量基本达到中等发达国家水平，畜牧业产值占农业总产值的比重达到 40%，畜牧业现代化建设迈上一个新台阶，成为国民经济中的一大独立产业。

**（三）主要畜产品发展指标**

2005 年，肉类总产量达到 7 000 万吨，其中猪肉 4 550万吨，牛羊肉 990 万吨，禽肉 1 400 万吨，人均肉类占有量 52.6 千克。肉类结构将进一步优化，猪肉比重下降到 65.0%；牛羊肉的比重上升到 14.1%；禽肉的比重上升到 20.0%。禽蛋总产量达到 2 400 万吨，人均禽蛋占有量 18.1 千克。奶类总产量达到 1 200 万吨，人均奶类占有量 9 千克。羊毛总产量达到 33 万吨。

**2005 年和 2015 年我国主要畜产品发展指标**

单位：万吨、%

| 项 目 | 2005 | | | 2015 | | |
|---|---|---|---|---|---|---|
| | 计划指标 | 增长速度 | 比 重 | 发展目标 | 增长速度 | 比 重 |
| 肉 类 | 7 000 | 3 | 100 | 9 000 | 2.5 | 100 |
| 猪 肉 | 4 550 | 2.3 | 65 | 5 580 | 2.1 | 62 |

（续）

| 项　目 | 2005 | | | 2015 | | |
|---|---|---|---|---|---|---|
| | 计划指标 | 增长速度 | 比　重 | 发展目标 | 增长速度 | 比　重 |
| 牛羊肉 | 990 | 4.8 | 14 | 1 350 | 3.2 | 15 |
| 禽　肉 | 1 400 | 4 | 20 | 1 980 | 3.5 | 22 |
| 禽　蛋 | 2 400 | 2.5 | | 3 000 | 2 | |
| 奶　类 | 1 200 | 8 | | 3 300 | 10 | |
| 羊　毛 | 33 | 1 | | 37 | 1 | |

2015年，肉类总产量达到9 000万吨，其中猪肉5 580万吨，牛羊肉1 350万吨，禽肉1 980万吨，人均肉类占有量62.1千克。肉类结构将进一步优化，猪牛羊肉的比重分别达到62%、15%、22%。蛋类总产量达到3 000万吨，人均占有量20.7千克。奶类产量达到3 300万吨，人均占有量22.8千克。羊毛总产量达到37万吨。

## 五、主要任务、区域布局和重大项目

根据我国畜牧业的现状及存在的主要问题，要实现"十五"期间畜牧业的战略目标与主要产品指标，今后5年内我国畜牧业要重点抓好以下领域的工作：

### （一）主要任务

**1. 继续加强畜牧业基础设施建设**　畜牧业基础设施要重点加强以下工作：一是畜牧业产前和产后的技术和信息服务体系建设，重点加强畜禽良种繁育体系、动物疫病防治体系和畜牧业信息化体系等方面的建设。良种繁育体系优先对现有原种场、扩繁场和保种场进行扩建和技术设备更新改造；防疫体系在完善和健全原有体系的基础上，重点抓好动物重大及新型疫病诊断、防治所需技术和设备的开发、引进和装备工作。二是畜产品生产基地建设，优先建设优质奶基地和畜产品出口基地。三是饲料资源开发利用，积极推广种植业"三元结构"调整，重点建设优质饲料作物生产基地；加快蛋白质饲料资源的开发利用，改进油料加工工艺，提高饼粕质量，有效增加饲料蛋白质来源；加速饲料添加剂工业发展步伐；加强秸秆青贮和氨化。

**2. 大力推进畜牧业结构调整**　稳定发展生猪和禽蛋生产，加快牛羊肉、禽肉生产，突出奶类和优质细毛羊生产。生猪生产应在稳定数量的基础上，加快品种改良，优化猪群结构，增加适合市场需求的优良"三元杂交"和配套系瘦肉型猪的比重。禽蛋生产要控制发展规模，提高生产水平。禽肉生产要在增加数量的基础上，重点提高产品质量。大力发展牛羊肉生产，加快肉牛和肉羊品种改良，提高优质产品比重。羊毛生产则要大力改良品种，提高集约化饲养水平，努力提高优质羊毛产量。突出发展奶类生产，在不断增加养殖数量的同时，加强品种的改良，建立优质奶源基地，提高整体产奶水平。

**3. 加快畜产品加工业的发展**　增强畜产品加工能力，提高加工深度，增加加工品在畜产品消费中的比重，尽快改变畜产品加工业发展严重滞后的局面。支持加工企业进行技术改造和设备引进，增加产品科技含量，促进企业提高质量，争创名牌。对畜产品保鲜、加工、储运等环节中的关键技术，组织联合攻关，不断提高畜产品加工业的科技水平；加强对畜禽内脏、血、皮、骨、筋的综合利用和深度加工，提高畜产品加工的综合效益。改变加工企业重加工、轻原料生产和市场营销的状况，在畜产品集中产区扶植建立一批包括冷藏和深加工在内的龙头加工企业，引导其联合农户，扩大生产规模，提高产品档次，增加花色品种和开展综合利用，大力发展畜牧业产业化经营；加快企业产权制度改革，对现有畜产品加工企业进行现代企业制度改造，加快畜产品加工企业的规模化、集团化和现代化步伐。

大力开发分割肉、冷鲜肉、小包装及快餐食品，促使肉类上市产品多样化。把中国传统风味肉制品的生产工艺与西式肉制品的生产机械紧密结合，实现肉类加工现代化。

稳步发展传统蛋制品加工业，大力开发蛋粉、液体蛋等新型蛋制品，鼓励禽蛋产区改善生产设施和质量检测条件，改进加工工艺，提高加工产品的卫生质量，不断增加畜产品加工的花色品种，增强产品市场竞争力。

羊毛全面推行机械剪毛、分级整理、机械打包、客观检验等规范化的加工管理模式，确保羊毛质量达到毛纺工业的要求。羊绒要充分利用我国山羊绒、牦牛绒、兔毛和驼绒生产大国的优势，发展深加工生产，开发高档产品，改变初级产品大量出口的不利局面，扩大产成品出口。

加快乳品加工业的结构调整，改进加工工艺，增加液态奶生产。奶粉生产重点开发以婴儿和老年消费群体为主要消费对象的花色品种。液态奶制品生产则要加快纯牛奶、风味牛奶、酸乳饮料和强化乳饮料等系列产品。

**4. 高度重视畜产品食品安全**　参考市场经济发达的国家的畜产品安全标准，结合我国畜牧业面临的实际问题，制定和修订畜产品、畜牧业生产资料和畜禽饲养环境等质量标准。加强从中央到地方的各级畜产品质量检测体系建设，提高检测水平，实现从饲料生产、畜禽饲养、产品加工到畜产品销售的全程质量监控，严格控制各类有毒有害物质残留对畜产品质量的危害。研制开发高效疫苗、低毒低残留新兽药，研制安全、无污染饲料添加剂新品种，开展清洁生产、加工，以确保动物健康及畜产品安全。

5. **大力改善生态环境** 继续抓好草原法制工作，建立基本草原保护制度，加强草原监理，加快落实草原家庭承包责任制，加大草原管理和保护力度。加强草原生态建设，结合全国生态建设规划及西部大开发重大项目的实施，大力加强退耕还林、还草工作，大力发展人工种草、飞播种草、改良草地、围栏草地，改善草原生态环境。合理开发南方草山草坡，加大长江黄河源头及黄土高原坡地、区（流）域种草养畜综合开发力度。加强大中城市和农区大型养殖场环境污染治理工作。

**（二）区域布局**

充分发挥区域比较优势，在各地形成各具特色的畜产品集中生产区，加速全国畜牧业区域化进程，促进畜牧业和资源环境的协调发展。农区要重点发展猪、禽和草食家畜的发展。牧区要以草定畜，走可持续发展的道路。东部沿海地区和大中城市城郊要积极开拓国外市场，大力发展外向型畜牧业。各地要尽量避免畜牧业产业结构趋同，走因地制宜的发展道路。

生猪生产要巩固长江中下游区和华北区传统主产区的地位，发展适度规模饲养，加快品种改良步伐，提高饲养管理水平。充分发挥资源优势，加快东北粮食主产区的生猪发展。适当控制大城市近郊养猪业的发展，尽量减少养猪所带来的环境污染。

家禽饲养仍然以华东、华中、华北地区为主，大力提高生产效率和产品质量。进一步加快南方优质水禽业发展。

肉牛生产继续优化布局，进一步加强中原肉牛带和东北肉牛带的建设，逐步提高优质牛肉在牛肉总产量中的比重。肉羊生产要因地制宜，积极发展舍饲型养羊业，走高效集约型发展道路。

奶类生产强化东北奶牛带，扩大华北奶业生产规模，扶植中原、西部奶业的发展和壮大。鼓励中小城市郊区发展奶业生产，大城市的奶牛业则要向远郊转移。

**（三）重大项目**

1. **畜禽良种工程建设** 畜禽良种繁育体系的影响范围广，技术含量高，投入大，又涉及到遗传资源的保护和利用，是一项基础性和社会性的事业。今后15年内的主要任务是逐步建成科学的畜禽良种繁育体系（原种场—扩繁场—商品种畜禽场，种公牛站—配种站等）；建成一批畜禽保种区、保种场、基因库；建设以区域集中测定为主体的种畜禽性能测定体系；建成一批种畜禽质量检测站。通过畜禽良种繁育体系工程建设，进一步提高良种覆盖率，增加优质畜产品产量。2005年前要重点完成改扩建畜禽原种场80个、改扩建畜禽扩繁场635个、建成畜禽资源场（保种场）、基因库82个、建成全国种畜禽质量检测中心一个，分区域中心五个。根据上述建设项目的需要，在今后5年内需安排项目总投资65亿元。

2. **动物保护工程建设** 加强动物疫病控制，减少药物残留，是提高畜产品质量，保证人民身体健康，促进畜牧业持续发展的重要措施。针对兽医基础薄弱的现状，要重点加强动物疫病诊断监测系统、动物疫苗及其保存运输冷链系统、动物防疫监督和兽药监察及残留检测系统建设；加大财政防疫专项资金投入力度，组织好家畜恶性疫病的重点防治，使重点疫病在国内得到有效控制，动物发病率、死亡率有明显下降，动物疫病控制基本达到国际兽医组织所规定的标准。为此，在2001—2005年，每年需投入78亿元，项目总投资390亿元。

3. **饲料安全工程建设** 饲料安全是畜产品安全的基础。目前，我国饲料生产中非法使用违禁药物现象严重，滥制、乱用饲料添加剂突出，饲料卫生问题令人担忧，这对我国畜牧业可持续发展和人民身体健康构成了巨大的威胁。针对我国饲料生产中不安全隐患突出的状况，“十五”期间要重点抓好以下几项工作：重点加强饲料监测体系建设，巩固完善国家、部级和省级饲料质量检测机构；建立饲料质量监测预报网络；建设饲料标准试验和饲料安全评价基地。通过饲料安全工程的建设，到2005年，使我国饲料产品的合格率达到95%以上，添加剂和预混料合格率保持在90%左右，违禁药物检出率在5%以下。“十五”期间，该项目需每年投资2亿元，项目总投资10亿元。

4. **奶业发展工程建设** 经过20多年的高速发展，我国肉蛋产品人均生产量均已超过世界平均水平，但奶类人均生产量却仅有6千克左右，与亚洲国家人均47千克、世界人均100千克左右的水平，存在很大差距。加速奶业发展对畜牧业生产结构优化和居民营养水平的提高具有重大意义。为了加快我国奶业发展速度，“十五”期间，我国奶业发展工程将重点抓好以下工作：建立优质奶源基地100个，新增良种存栏奶牛110万头，大力提高现有奶牛的个体生产能力；配套建设冷链、销售体系，新建、扩建20个日处理鲜奶200吨，10个日处理鲜奶500吨的乳品加工企业，重点增加巴氏消毒奶、保鲜奶和UHT奶、酸奶、奶酪等多种花色奶的生产能力；强化奶业发展服务体系建设，引进国外优良种公牛和胚胎，建立奶牛生产性能测定站，完善乳品质量检测体系，鼓励大型乳品加工企业建立企业科技研发创新中心。2001—2005年，项目总投资175亿元。

5. **草原保护与建设工程** 草地资源状况，直接关系我国生态环境和可持续发展战略目标的实现，关系到边疆稳定、民族团结和西部地区经济的发展。在“十五”期间，重点加强五方面的工作：一是继续搞好牧区开发示范试点。5年内牧区和半牧区建设人工草地、改良草地、围栏草地等2 000万亩。二是草原生态建设。5年内通过人工种草、飞播种草、改良草地、围栏草地、灭鼠治虫、毒杂草危害治理等措施，达到治理“三化”草地1亿亩的目的。三是优质牧草种子繁殖基地建设。5年内要完成20个（1万亩）牧草种子原基地建设与136个（100万亩）良种扩繁基地建设，保护1.5万份优质牧草种质资源、筛选培育500个优良品种；四是草原防火，加强草原防火物资库、草原防火指挥服务中心、草原防火站、草原防火监测和通讯设施等建设，力争年均草原火灾受害面积不超过100万公顷，火灾损失进一步下降。五是加强草地动态监测与新技术试验、示范和推广方面的工作。5年内项目总投资为198亿元。

6. **畜牧业信息化建设**　按照农业信息化的总体要求，全面推进畜牧业信息化，使之成为畜牧业发展的重要支撑。“十五”期间，重点建设畜产品市场经济信息体系、草地信息、畜禽信息、疫病信息、饲料信息、兽药信息、技术推广信息、综合服务信息、畜产品质量信息、专业人才管理、国际畜牧业信息等十个信息系统，开展畜牧业信息服务。建设内容包括基于卫星遥感应用系统（RS）、地理信息系统（GIS）、全球定位系统（GPS）的资源调查、监测和评估系统；畜牧业跟踪监测、预测和预警系统；开发各种系统软件和应用软件；制定畜牧业信息收集、发布的技术规程和指标体系；建立畜牧业综合信息数据库，定期采集、处理、发布各种畜牧业信息；开发计算机网络设备和其他数字技术设备和培训信息技术人员等。2001—2005年计划总投资15亿元。

7. **畜产品出口基地建设**　加入WTO以后，我国畜牧业发展将面临严峻挑战，需要按照国际动物卫生质量标准要求和国际市场需求建设畜产品出口基地。建设内容包括三方面，一是加强动物防疫、畜产品卫生质量监督检测、畜禽良种结构调整以及畜产品生产加工等基础设施建设，二是建立和完善行业动物卫生质量保障体系，三是制定有关法规标准，在项目区消灭和净化规定的动物疫病，饲料、兽药残留等卫生指标达到国际标准。通过在这些区域调整畜禽品种结构、强化疫病防治、饲料和兽药使用监督管理工作，对畜牧业生产实行全程监管，全面提高畜产品卫生质量，提高我国畜产品在国际市场的竞争力，通过出口基地的“示范”和“窗口”作用，拉动国内市场需求，从而促进畜牧业持续、稳定、健康地发展。2001—2005年计划总投资16亿元。

## 六、政策措施

### （一）深化畜牧业管理体制改革，大力推进产业化进程

继续坚持和完善多种所有制、多种经营方式并存的畜牧业生产经营格局，进一步落实牧区草畜双承包制，深化畜牧业行业管理体制改革。根据国民经济发展对畜牧业发展提出的要求以及我国畜牧业所具有的优势，各级政府要高度认识畜牧业在当前产业结构调整和农民增收中的特殊地位，加强领导，协调管理，产、加、销紧密结合，尽快使畜牧业成为当地农村经济和国民经济中的支柱产业，有条件的地区要率先实现畜牧业的现代化。

针对畜牧业生产、加工和销售多头管理、效率低下的格局，加强管理体制改革，将畜牧业生产、加工、贸易、卫生检疫以及质量监督等职能实行统一管理，国内检疫和外贸进出口检疫统一，防疫体系实行垂直化管理，完善牧区草原监理体系，加大草原管理力度，进一步提高畜牧业行政管理能力和效率。

大力推进畜牧业产业化进程。要通过将千家万户小规模分散饲养与社会化大市场的有效连接，使广大农牧民不仅能在生产领域获得可观收入，而且在加工和流通领域也能得到适当收益。各地政府和畜牧部门要对产业化发展中起关键作用的龙头企业，在信贷、税收方面给予优惠政策，在基地建设、原料采购、设备引进、产品出口等方面给予具体的帮助和扶持。通过股份制或股份合作制等有效形式，规范产业化各利益主体之间的行为准则，真正建立起“风险共担，利益均沾”的机制。

### （二）大力增加畜牧业投入

我国畜牧业在今后相当长一个时期内仍将是弱质产业，大力增加畜牧业投资，特别是基础性、公益性基础设施的投资，是保证畜牧业稳定发展的必要条件。各级政府要加大对畜牧业的投入，并将其纳入政府的总体发展规划中，确保投资及时到位。“十五”期间畜牧业基本建设投资占国家农业基本建设总投资的比重保持在10%以上，到2015年逐步提高到15%以上。

坚持国家、集体和个人一起上的投资方针，大力引进国外资金，所有重大项目都要按照国家投资、银行贷款与自筹相结合的投资方式进行建设。国家投资要向基础设施、服务体系建设和西部地区倾斜。国家投资也要改革和完善项目管理制度，严格审批，强化监督，引入竞争机制，对条件成熟的项目实行公开招标制，保证项目资金的合理使用，提高投入效益。

地方各级政府要制定相应的财政、税收、信贷等优惠政策，创造良好的投资环境，实现投资主体多元化，鼓励各方面资金投向畜牧业。

### （三）完善畜牧业市场体系

进一步放开搞活畜产品流通，努力建设开放、统一、竞争、有序的畜产品市场体系，活跃城乡之间、地区之间、部门之间的畜产品交流。继续发展多种形式的初级市场，重点发展产地批发市场和专业市场。积极培育和发展中介组织，鼓励各种专业协会、生产合作组织、技术服务组织、流通合作组织参与畜产品市场建设。鼓励采取产销直挂、连锁经营、期货贸易、电子商务等流通方式，拓宽畜产品流通渠道。健全市场规则，规范市场行为，打破地区封锁、部门垄断，营造公平、公正、公开竞争的环境。对生猪定点屠宰要通过招标的方式，鼓励竞争，保护经营者积极性。

加强畜牧业信息服务体系建设，实行畜牧业信息发

布制度。国家要增加畜牧业信息基础设施建设的投人，建立灵敏的现代化市场信息传输网络，监测市场畜产品供求和价格动向，为宏观调控决策提供科学依据，进而有效指导生产和消费。

**（四）大力推进畜牧业科技体制创新和技术进步**

深化科研体制、科技推广体制的改革与创新。积极培育技术创新主体，形成符合市场经济要求和科技发展规律的新机制，优化科技资源配置，加强技术集成，提高自主创新能力。集中力量，加快基因工程疫苗、动物克隆等高新技术的研究开发，加强动物疫病流行规律和动物食品的安全性等基础研究，提升产业技术水平。

继续实施“跨越计划”和“丰收计划”，促进畜牧业产、学、研、销相结合，积极推广科研成果，促进科研成果的商品化和产业化，提高科技对畜牧业发展的贡献率。

建立和健全畜牧业科技示范推广体系，加强科技推广力度，重点抓好实用科技的普及推广，大力提高基层技术推广人员和广大农民的整体素质，使畜牧业的持续发展真正转移到主要依靠科技进步的轨道上来。

**（五）加强草地资源保护，改善草地生态环境**

首先要结合西部大开发，大力加强北方地区退耕还林、还草工作。在草原保护中一定要坚持因地制宜的原则，宜林则林，宜草则草。坚决刹住滥挖、滥搂、滥采破坏草原的行为。牧区要严禁新的开荒，已开垦的草地必须全部退耕还草，对生态脆弱的地区要建立草原保护区，实行强制性保护，同时也要严格控制载畜量；半农半牧区要实施退耕还草，调整种植结构；南方地区要对草山草坡进行有计划地开发利用。其次，大力增加人工草地和改良草地，加强草地围栏，实施好天然草地保护工程、牧区开发工程、草种基地建设工程、环北京地区防沙治沙等重大工程项目。最后，加大草地鼠害、虫害治理力度，加强草原防火工作。

**（六）加强畜牧业法制建设**

依法治牧是适应社会主义市场经济发展需要、维护畜牧业经济秩序的有效措施。加快《兽医法》制定和《草原法》修订和配套法规的修、制订工作，加快《兽药管理条例》、《进出境动植物检疫法》、《种畜禽管理条例》的修订和完善；尽快制定《动物防疫法》、《饲料和饲料添加剂管理条例》的配套细则和规章。

加强执法队伍建设，提高执法人员素质；改善执法手段，提高执法水平。积极宣传、普及畜牧业法律法规，增强执法者和各利益主体的法律观念和法律意识，增强执法的规范性，强化法律的作用，增强法律实施的经济社会效益。

**“十五”期间畜牧业重点建设项目投资概算表**

单位：亿元

| 项目名称 | 主要建设内容 | 投资需求 |
|---|---|---|
| 畜禽良种工程建设 | 畜禽良种繁育体系；畜禽保种区、保种场、基因库；畜禽质量检测站 | 65 |
| 动物保护工程建设 | 动物疫病诊断、监测系统；动物疫苗及其保存、运输的冷链系统；动物防疫监督和兽药监察系统；技术支持和物资保障体系；重大动物疫病控制防疫专项经费 | 390 |
| 饲料安全工程 | 国家、部级和省级三级饲料监测体系；饲料质量监测预报网络；饲料标准试验和饲料安全评价基地 | 10 |
| 奶业发展工程 | 奶源基地建设；乳品加工、冷链、销售体系建设；服务体系建设 | 175 |
| 草原保护与建设工程 | 牧区开发示范、草原生态建设、优良牧草种子繁殖基地、草原防火及鼠虫防治、牧草种子检测检验 | 198 |
| 畜牧业信息化建设 | 完善信息网络，建设畜产品市场经济信息体系及专业信息系统 | 15 |
| 畜产品出口基地 | 基础设施建设、质量保障体系、有关法规标准制定 | 16 |
| 合　计 | | 869 |

* 所有投资中既包括国家投资，也包括银行贷款和企业、个人自筹资金。

# 全国草原生态保护建设规划（2001—2010年）

生态环境关系到人类的生存与发展，是实现可持续发展战略的前提，是当今社会普遍关注的大问题。党中央和国务院做出了保护、建设生态环境，再造秀美山川的重大决策，1998年11月，国务院印发了《全国生态环境建设规划》。根据《全国生态环境建设规划》对草原区生态环境建设的总体要求，结合我国草原生态保护建设的实际，制定《全国草原生态保护建设规划》。

## 一、草原在我国国民经济与社会发展中的战略地位

我国拥有各类天然草原近4亿公顷，占全球草原面积的13%，占全国国土面积的41.7%，在我国农田、

森林和草原等绿色植被生态环境中占63.7%，是我国面积最大的陆地生态系统，因此，草原生态的保护建设是全国生态建设和环境保护的重要组成部分。草原作为绿色屏障，对维持生态平衡、保护人类生存环境及国民经济与社会发展，发挥着重大作用。突出地表现在以下四个方面：

**（一）草原生态的保护建设有利于国民经济与社会发展的生态安全和资源安全**

天然草原是一种可更新的自然资源，在一定的时间和空间范围内，不仅可以为人类提供物质和能量，而且具有较强的固沙防风、涵养水源、保持水土、净化空气等生态功能。我国地形西高东低，草原大都位于黄河、长江、淮河、珠江等几大水系的源头和上中游地区，面积大，分布广，是国民经济发展和人民生活的重要生态屏障，对减少地表水土冲刷、大江大河泥沙淤积，降低水灾隐患具有重大战略意义。我国草原退化严重，已沙化和表土覆沙的草原达8 000万公顷，这些沙化草原位于我国中部和东部地区的上风头，冬春季节，植被稀疏，风起沙扬，是我国沙尘暴的主要沙源地和尘源地。加强草原生态保护建设对减少土地裸露、地表径流和防止沙尘暴等，从而对保护和改善我国生态大环境具有显著的作用。

**（二）草原生态的保护建设是西部大开发战略的组成部分**

加强生态建设和环境保护，是实施西部大开发战略的重点内容之一。中央提出，西部开发要加快基础设施建设，加强生态建设和环境保护，力争用5～10年时间，使西部地区基础设施和生态环境有突破性进展，西部开发有一个良好的开局。西部地区地处高原、丘陵、山地和沙地四大生态环境，大部分地区发展种植业受到不同程度的制约，特别是西北地区全年降水量多在400毫米以下，森林覆盖率不足5%，新疆、青海等省、自治区不到1%，发展林业的自然条件不足。西部地区草原面积占农田、森林和草原等绿色植被生态环境的79%，西北地区达到85%，青海、西藏等省、自治区都在90%以上，因此，草原生态保护建设是西部生态建设和环境保护的核心，也是关系到西部大开发乃至全国可持续发展的千秋大业。

**（三）草原生态的保护建设是农业经济结构战略性调整的重要内容**

草原是国家重要的可再生农业资源。长期以来，我国农业以种植业为主，畜牧业、草业严重滞后。无论从发展畜牧业增加农民收入，还是从保证食物安全看，草原生态保护建设都有着极为重要的现实意义。内蒙古、新疆、西藏、青海等北方草原牧区是我国为数不多的无公害优质动物产品的生产基地。南方14省、自治区有各类天然草原0.52亿公顷，相当于耕地的1.8倍，是我国可开发利用的重要后备资源。草原生态保护建设对牧区深化改革，实现草畜平衡，对农区实行“粮、经、饲”三元种植，发展草食动物，加快农业和农村经济结构调整、增加农民收入都具有重要意义。草原畜牧业的发展将成为保障我国食物安全、改善食物结构的重要途径之一。

**（四）草原生态的保护建设有利于老、少、边、穷地区的经济发展和边疆的长治久安**

我国天然草原大多分布在边区、山区、老区和少数民族地区，又是贫困人口比较集中的地区，全国55个少数民族中大多数分布在草原牧区，草原是这些地区的优势资源，草原畜牧业是这些地区的支柱产业。实施草原生态保护建设工程，不仅可以改善生态环境，同时还可以有效地改善畜牧业的基本生产条件，增强发展后劲，营造经济发展新的增长点，促进农牧民增收，消除贫困，加快多民族共同富裕的步伐。我国2.1万千米陆地边境线上有1.4万千米位于天然草原分布区，边疆牧区草原经济的振兴和发展也关系到边疆的稳定与安宁。

## 二、我国草原生态保护建设的成就与存在的主要问题

**（一）草原生态保护建设的成就**

新中国成立以来，我国在治理和遏制草原“三化”（退化、沙化、碱化）、改善生态环境方面做出了艰巨努力，在草原经营体制、基础设施建设、科技进步等方面，积累了许多成功的经验，取得了阶段性成果。主要表现在以下四个方面：

**1. 普遍实行了草场家庭承包责任制，产业化经营初见端倪** 20世纪80年代以来，在大部分地方实行了牧区草场承包责任制，实行草地公有、分户承包、家畜户有户养比例分成和服务社会化。明确了草原建设与保护的责、权、利，初步解决了吃草原“大锅饭”的问题，空前地调动了广大牧民发展牧业生产、保护建设草原的积极性。近年来，在内蒙古、宁夏、陕西和甘肃等地涌现出一批以草原建设和畜产品加工为主业的龙头企业，促进了草原保护建设的产业化进程，为草原生态保护建设建立新机制进行了积极探索。

**2. 草原生态基础建设起步，为大规模的草原保护建设打下了良好基础** 改革开放20多年来，在牧草良种繁育及推广方面，成功地探索出了温带、亚热带和热带等不同品种牧草种子的生产带及其加工技术与配套措施，年生产牧草种子达到4万吨；全国建设草原现代化试点项目18个，草原综合示范和牧区开发示范工程项目43个；飞播牧草150万公顷，而且每年还以平均15万公顷的速度发展，飞播草场植被覆盖度提高到80%以上，草原产草量提高3～5倍；累计建成人工草场、改良草场1 600万公顷，围栏草场1 000万公顷；累计防治鼠虫灾害9 000万公顷，平均每年防治面积达450万公顷，在草原治虫灭鼠技术上，已由以化学防治为主转变为以生物防治为主。在不同生态区域建设不同类型草原类自然保护区11处。这些工程的实施为开发草原资源，发展草原畜牧业探索了路子，积累了经验，为草

原生态的保护建设打下了良好的基础。

3. **加强草原生态研究，提高了草原保护建设和草业发展的科技含量** 近年来，草原科学研究和技术推广工作坚持与生产实践相结合，开创了新局面。各级畜牧草原部门在全国开展了草资源调查研究、牧草引种育种、种质资源和种子检验研究、飞播牧草技术研究、退化草原改良和南方人工草场建植研究等；兴办了多种形式的草原生态和畜牧业教育，培养了大批科技和管理人才；广泛开展了国际技术交流和合作，推动了草原生态保护建设的技术进步。

4. **全面贯彻执行《草原法》，使草原保护建设走上法制化轨道** 1985 年，全国人大通过并颁布了《草原法》，各地制定颁布了实施细则或草原管理条例，建立了草原监理机构和队伍，初步扭转了“草原无法、破坏无罪”的局面，使草原保护建设步入法制化轨道。

**（二）草原生态保护建设存在的主要问题**

长期以来，天然草原被当作宜农荒地不断开垦。自20世纪50年代以来，经过四次大开荒，已有1 930多万公顷优良草原被开垦；草原牧区人口与牲畜增长过快，草原超载过牧，不堪重负；在天然草原上滥挖药材、乱搂发菜、乱伐林木和樵采、乱挖金以及开矿等人为活动，严重破坏了草原植被；由于投入不足，基础设施薄弱，建设标准低和保护不力，造成草原建设速度赶不上退化速度，目前，天然草原的面积每年减少约65万～70万公顷，突出地表现在以下三个方面：

1. **天然草原退化严重** 目前，90%的可利用天然草原不同程度地退化，其中覆盖度降低、沙化、盐渍化等中度以上明显退化的草原面积已占半数。草原退化使草原质量不断下降。20世纪90年代与60年代初比较，北方天然草原产草量下降了30%～50%，载畜能力大大降低。随着天然草原面积的日益缩小，牲畜日益增加，导致常年用于放牧的牧区天然草原还将进一步退化，一部分甚至会失去利用价值，成为沙地、裸地或盐碱滩。

2. **天然草原荒漠化日益严重** 全国荒漠化土地每年以26.2万公顷的速度扩展，其中绝大部分发生于干旱与半干旱草原区，尤其是农牧交错区。“三化”草原面积已达1.35亿公顷，并且每年还以200万公顷的速度增加。草场退化和植被破坏导致沙尘暴频繁发生，西沙东进，北沙南侵，掩埋农田，毁坏交通和通讯设施，已殃及华北和东部沿海地区，造成环境的严重破坏和巨大的经济损失。

3. **天然草原水土流失加剧** 我国每年有数十亿吨的泥沙输入黄河、长江，其中来自草原的泥沙，已占长江宜昌段泥沙量的35%。

草原生态环境日趋恶化，沙尘暴、荒漠化等危害日益加剧，已成为制约社会、经济可持续发展的主要“瓶颈”，对中华民族的生存与发展构成了严重威胁，加快草原生态保护建设刻不容缓。

## 三、草原生态保护建设的基本思路

**（一）指导思想和原则**

1. **指导思想** 根据中华人民共和国《草原法》、《环境保护法》等有关法律法规，按照中央关于制定“十五”计划的建议要求，在《全国生态环境建设规划》的指导下，全国草原生态保护建设的指导思想是：认真贯彻落实党中央、国务院关于保护和建设生态环境的重大战略部署，以保护和改善天然草原生态为主题，以促进牧区经济结构调整为主线，以草原经营体制改革和科技进步为动力，以增加农牧民收入、提高农牧民生活质量、实现可持续发展为根本目标和出发点，以重点区域的保护建设工程为突破口，依法治草，增加投入，采取生物、工程和农艺等综合措施，分阶段解决草原生态环境面临的突出矛盾和问题，遏制草原生态环境恶化的势头，建立起与国民经济和社会可持续发展相适应的草原良性生态系统，促进草原生态效益、社会效益和经济效益的协调统一。

2. **保护建设原则** 在今后10年内，草原生态保护建设应遵循以下原则：

(1) 坚持统筹规划、分类指导。根据我国草原类型分布特点、生态环境特征及其存在的主要问题，因地制宜，因害设防，统筹规划，分类指导，着眼于草原生态环境的整体改善，确定各个区域、各种类型草原生态环境保护建设的重点。

(2) 坚持突出重点、先易后难、典型引路、分步实施。按照草原“三化”的严重程度，优先抓好当前对全国生态环境和经济社会发展影响最大的区域的治理，在重点区域树立典型，突出重点工程、重点项目，尽快遏制草原生态环境恶化的势头。

(3) 坚持全面保护、重点建设。重点要加强天然草原的保护和资源管理，严禁开垦草原和搂发菜等活动。在坚持保护第一的前提下，加强人工草地建设和草场改良，通过重点区域和重点工程的建设，以建促保，实现草原生态环境的全面改善。

(4) 坚持以生态效益为主，实现生态环境整体优化。以生态保护建设区域布局为基础，以重点工程为骨干，采取生物措施、工程措施与农艺措施相结合，配套实施，重建草原生态系统，实现草原生态环境的整体优化。

(5) 坚持可持续发展。把生态保护建设与产业开发、农牧民增收和脱贫致富紧密结合起来，合理配置资源，力求生态效益、社会效益和经济效益的协调统一，促进区域经济可持续发展。

(6) 坚持多元投入机制。在不断加大国家投资力度的同时，坚持国家、集体、个人投资相结合的原则，积极探索市场化多元投入机制，激活社会资本进入草原生态保护建设，实行市场化、产业化经营。

**（二）草原生态保护建设的目标与任务**

1. **总体目标** 从2001年到2010年，要优先治理占全国草原总面积近1/4的区域，达到初见成效，为全国草原生态环境保护建设打好基础。建立健全全国牧草良种繁育体系、草原生态环境监测预警体系和科技支撑"三大体系"；突出北方干旱半干旱草原区、青藏高寒草原区等"五大区域"，重点实施草原封育围栏、划区轮牧、草场改良(主要是补播、施肥、浅翻)、草场节水灌溉、飞播牧草、人工种草(包括人工草场、退耕还草、饲草饲料基地)、治虫灭鼠和自然保护区建设"八大工程。"

具体任务：

(1) 实施草原保护建设"八大工程"9 000万公顷，其中封育围栏2 000万公顷，划区轮牧2 000万公顷，人工种草1 690万公顷（建人工草场660万公顷，退耕还草930万公顷，建饲草饲料基地100万公顷），建飞播草场440万公顷，改良草场2 870万公顷，建设节水灌溉配套设施4 000处，草原类自然保护区30处，每年治虫灭鼠500万公顷。

(2) 建设完善"三大体系"，包括牧草良种繁育体系建设，即牧草种子原种基地40处，良繁基地136处，牧草种子精选加工厂50处，部级草种质检中心11个，省级草种质检中心20个，全国牧草种子审定监测中心1个，省级草种认证中心31个，牧草种质资源保存利用中心3个，国家草种区域试验站30处，牧草种质资源保护3万份，培育优良牧草新品种100个；草原生态环境监测体系建设，即全国草原动态监测中心1处，区域监测信息处理站3个，省级草原动态监测站31个，草原类型固定观测点824个，鼠虫害预测预报站200个；草原生态科技支撑体系建设，即国家草原生物高科技中心1个，区域草业工程研究中心5个，牧草育种中心10个，草业技术培训中心10个，草业新技术示范园区100处。

2. **"十五"计划目标**　"十五"计划时期（即2001—2005年)，是实现总体目标的关键时期。要针对目前草原开垦及破坏严重，保护不力，建设速度赶不上退化速度，以及草原基础设施薄弱，监测手段落后，种子繁育体系不健全的现状，加快全国牧草种子良繁体系、草原生态环境监测预警体系、草原生态保护建设科技支撑"三大体系"建设步伐。重点突出北方干旱半干旱草原区和青藏高寒草原区两个区域，全面治理"三化"草地，遏制草原生态环境日益恶化势头；启动黄河中上游及长江上游草原区、东北华北湿润半湿润草原区和南方草山草坡区。同时，要在"五大区域"中加强草原类自然保护区的保护建设。

具体任务：

(1) 实施"八大草原生态保护建设工程"4 340万公顷，即①封育围栏1 000万公顷；②划区轮牧800万公顷；③人工种草860万公顷（包括建人工草场290万公顷，退耕还草520万公顷)；④饲草饲料基地50万公顷，建飞播草场220万公顷；⑤改良草场1 460万公顷；⑥建设节水灌溉配套设施2 000处；⑦建设草原类自然保护区15处；⑧每年草原治虫灭鼠500万公顷。

(2) 加快全国牧草种子良繁体系、草原生态环境监测预警体系、草原生态保护科技支撑体系等"三大体系"建设步伐。牧草种子良繁体系建设包括：牧草种子原种基地20处，良繁基地68处，牧草种子精选加工厂25处，部级草种质检中心6个，省级草种质检中心12个，全国牧草种子审定监测中心1个，省级草种认证中心16个，牧草种质资源保存利用中心3个，国家草种区域试验站15处，培育优良牧草品种50个，牧草种质资源保护1.5万份。草原生态环境监测预警体系建设包括：全国草原动态监测中心1处，区域监测信息处理站3个，省级草原动态监测站15个，草原类型固定观测点412个，鼠虫害预测预报站100个。草原生态保护科技支撑体系建设包括：国家草原生物高科技中心1个，区域草业工程研究中心2个，牧草育种中心5个，草业技术培训中心5个，草业新技术示范园区50处。

**(三) 重点保护建设区域布局**

根据我国草原生态环境的区域性特点，针对其生态环境主要问题，在全国生态环境建设规划的总体布局下，按照不同的主攻方向，将我国草原生态体系划分为五大重点区域：即北方干旱半干旱草原区、青藏高寒草原区、黄河中上游及长江上游草原区、东北华北湿润半湿润草原区、南方草山草坡区。"十五"及到2010年期间，重点突出北方干旱半干旱草原区、青藏高寒草原区，启动其他三个区域，在五大区域中还要加强草原类自然保护区建设。

1. **北方干旱半干旱草原区**　本区涉及内蒙古、陕西、宁夏、甘肃、新疆等省（自治区）及山西北部、河北坝上地区的238个县（旗、市），可利用草原面积12 410万公顷。

区域特点：本区域气候干旱、多风，是我国降水量最少的区域，也是我国的主要牧区之一。大部分地区自然条件严酷，气候干旱，植被稀疏，土壤瘠薄，生态环境非常脆弱，对全国特别是京津唐等政治、经济和文化中心及城市环境以及经济社会发展影响最大。长期以来，由于大量开垦种粮，滥挖乱采，重利用轻管护建设，超载过牧严重，鼠虫危害频繁发生，导致草场严重退化、沙化、碱化，植被覆盖度大幅度下降，水土流失和风沙危害日趋严重，生态环境恶化，必须尽快采取有效措施进行治理。

主攻方向：治理"三化"草原。

主要措施：①通过封育围栏、划区轮牧，防治鼠虫害，以及严禁毁草开荒、滥挖、乱搂、破坏草原植被，加强天然草原保护；②加强以人工种草、飞播牧草、草场改良为主要内容的草原建设措施及节水灌溉配套设施建设，以建促保，促进天然草原休牧、轮牧制度的实施；③在沙地和沙漠边缘以草治沙，大力种植旱生、超旱生牧草与灌木，提高植被覆盖度，草、灌结合，防风固沙，遏制草原沙化的势头。

保护建设总规模：到2010年，实施"八大工程"3 580万公顷，包括封育围栏800万公顷，划区轮牧800

万公顷，人工种草660万公顷（建人工草场265万公顷，退耕还草335万公顷，饲草饲料基地60万公顷），飞播草场240万公顷，改良草场1 080万公顷，建设节水灌溉配套设施2 720处，草原类自然保护区12处，每年草原治虫灭鼠260万公顷。

其中，“十五”期间实施“八大工程”1 720万公顷，包括封育围栏400万公顷，划区轮牧320万公顷，人工种草330万公顷（建人工草场115万公顷，退耕还草185万公顷，饲草饲料基地30万公顷），飞播草场120万公顷，改良草场550万公顷，建设节水灌溉配套设施1 360处，草原类自然保护区6处，每年草原治虫灭鼠260万公顷。

2. **青藏高寒草原区**　本区域涉及青海、西藏、四川、云南、甘肃等5个省（自治区）的140个县（市），可利用草原面积11 430万公顷。

区域特点：本区域绝大部分在海拔3 000米以上，气候寒冷，人口稀少，区域内70%的地区为高寒草原，是我国主要牧区之一。也是我国长江、黄河、雅鲁藏布江等大江大河的发源地。草原自然生态系统脆弱，牧草生长期短，产草量低，长期以来由于超载过牧，不合理利用，加之干旱，鼠虫害以及人为影响，使1/3的草原发生了严重退化，近10年产草量下降50%以上，植被覆盖度大幅度下降，致使水源涵养功能减弱，大量泥沙流失，直接影响江河中下游的生态环境和经济社会可持续发展。

主攻方向：以保护草原天然生态系统为主，加强草原植被保护与恢复，治理“三化”草原，重点搞好江河源头草原保护，生态脆弱区退牧育草，草原治虫灭鼠，人工种草与牧区节水灌溉等基础设施建设，防止不合理开发。

保护建设总规模：实施“八大工程”3 393万公顷，包括封育围栏1 200万公顷，划区轮牧1 000万公顷，人工种草153万公顷（建人工草场71万公顷，退耕还草42万公顷，饲草饲料基地40万公顷），飞播草场40万公顷，改良草场1 000万公顷，建设节水灌溉配套设施760处，草原类自然保护区7处，每年草原治虫灭鼠180万公顷。

其中，“十五”期间实施“八大工程”1 608万公顷，包括封育围栏600万公顷，划区轮牧400万公顷，人工种草88万公顷（建人工草场43万公顷，退耕还草25万公顷，饲草饲料基地20万公顷），飞播草场20万公顷，改良草场500万公顷，建设节水灌溉配套设施380处，草原类自然保护区4处，每年草原治虫灭鼠180万公顷。

3. **黄河中上游及长江上游草原区**　本区域涉及陕、甘、宁、青、晋、豫、湘、鄂、川、渝、黔、滇等省（自治区、直辖市）的249个县（市），可利用草原面积2 600万公顷。

区域特点：本区域包含世界上最大的黄土高原地区，水土流失面积占总面积的70%，是江河泥沙的主要来源。由于受传统农耕思想、人口的不断增长和其他因素的影响，大量开垦草场，广种薄收，致使水土流失进一步加剧，风沙危害严重，自然灾害频繁，生态环境恶化。

主攻方向：加大农业结构调整的力度，重点实施退耕还草工程，实行草、灌、乔结合，恢复和增加草原植被。在严重水土流失区大力种植抗性强的牧草，建设人工草场，改良天然草原，增加草原畜牧业比重。

保护建设总规模：到2010年，实施五大草原保护建设工程860万公顷，包括划区轮牧50万公顷，人工种草470万公顷（建人工草场217万公顷，退耕还草253万公顷），飞播草场40万公顷，改良草场300万公顷，建草原自然保护区3处。

其中，“十五”期间实施五大草原保护建设工程440万公顷，包括划区轮牧20万公顷，人工种草240万公顷（建人工草场90万公顷，退耕还草150万公顷），飞播草场20万公顷，改良草场160万公顷，建草原自然保护区2处。

4. **东北华北湿润半湿润草原区**　本区域涉及黑、吉、辽、晋、冀、鲁、豫、皖以及淮北、苏北地区的136个县（市），可利用草原面积1 560万公顷。

区域特点：本区域气候温暖，水热条件较好，是我国植被覆盖度较高、天然草原质量较好，产量较高的地区。但同时又是大面积草原被开垦的地区。东北和东部沿海地带草原盐碱化、沙化严重；黄泛区风沙土较多，极易受风蚀、水蚀危害；其他部分地区草原土层浅薄，水源涵养能力差，水土流失也很严重。

主攻方向：保护与改良天然草原；发展人工草场，保护湿地草原资源和生物多样性，综合治理“三化”草原，陡坡地退耕种草种树，建立高质量草原，开展多种经营。

保护建设总规模：到2010年，实施七大草原保护建设工程450万公顷，包括划区轮牧50万公顷，人工种草250万公顷（建人工草场57万公顷，退耕还草193万公顷），飞播草场60万公顷，改良草场90万公顷，建设节水灌溉配套设施520处，草原自然保护区5处，每年草原治虫灭鼠60万公顷。

其中，“十五”期间实施七大草原保护建设工程230万公顷，包括划区轮牧50万公顷，人工种草130万公顷（建人工草场22万公顷，退耕还草108万公顷），飞播草场30万公顷，改良草场50万公顷，建设节水灌溉配套设施260处，草原自然保护区3处，每年草原治虫灭鼠60万公顷。

5. **南方草山草坡区**　本区域涉及苏、豫、皖、湘、鄂、赣、滇、桂、琼、粤、闽等省（自治区）的371个县（市），可利用草山草坡面积2 790万公顷。

区域特点：长江中下游及南方次生草地分布零散，产草量较高，但天然草地质量较差。目前南方草地的30%分布于居民点周围，利用过度；30%轻度利用，40%山地草场利用不足。部分地区由于毁草开垦种地，植被破坏，水土流失加剧，泥沙下泄淤积江河湖库，加剧洪涝灾害的发生，影响农业生产和经济发展。

主攻方向：保护与合理利用草地资源，建设高产优质人工草场，实行草田轮作，有计划有步骤的使陡坡地退耕还草，强化草畜配套，发展草地畜牧业。

保护建设总规模：到2010年，实施五大草地保护建设工程717万公顷，包括划区轮牧100万公顷，人工种草157万公顷（建人工草场50万公顷，退耕还草107万公顷），飞播草场60万公顷，改良草场400万公顷，建草地自然保护区3处。

其中，"十五"期间实施四大草地保护建设工程342万公顷，包括划区轮牧40万公顷，人工种草72万公顷（建人工草场20万公顷，退耕还草52万公顷），飞播草场30万公顷，改良草场200万公顷。

**（四）重点保障"三大体系"建设工程**

为保障天然草原保护、"三化"草原治理和人工草场、改良草场建设的顺利实施，必须加强全国性、跨区域的牧草种子繁育、科技支撑和生态环境监测"三大体系"的建设。

**1. 全国牧草种子良繁体系建设工程** 按照牧草种子繁育的特殊生态地带性要求，计划在温带、亚热带和热带三个地带，选择最适宜区域建设不同种类的牧草种子生产基地，建立与完善全国牧草良种繁育体系。

温带牧草种子生产带：包括新疆、甘肃、宁夏、内蒙古、陕西、青海、西藏、山西、河北、山东、辽宁、吉林、黑龙江等13个省、自治区，计划集中在内蒙古河套灌区、甘肃河西灌区和新疆灌区建设3大片良繁基地；亚热带牧草种子生产带：包括四川、重庆、湖南、湖北、江西、江苏、云南、贵州、广西等9个省、自治区、直辖市，计划集中在西南最适宜省区建设两大片亚热带牧草良繁基地；热带牧草种子生产带：包括海南、广东雷州半岛，云南西双版纳等地，也要集中建设。

主攻方向：以牧草种质资源保护、增加牧草种源，提高牧草种子质量为核心，按照区域化布局、专业化生产的要求，建立健全牧草良种生产体系、技术监督体系、质量保证体系、市场营销体系，加快牧草种质资源的开发利用，实现牧草种子生产与经营的产业化。

建设总规模：到2010年，国家重点建设优良牧草原种基地2 670公顷；地方重点建成牧草良种繁殖基地6.7万公顷；建设牧草种子精选加工厂50处，牧草种子质量检验中心14个，牧草育种中心10个，国家草种区域试验站30处；筛选和培育优良牧草、水土保持植物与草坪草新品种100个；完成牧草种质资源保护3万份。

其中，"十五"期间建设优良牧草原种基地1 335公顷；建成牧草良种繁殖基地3.35万公顷；建设牧草种子精选加工厂25处，牧草种子质量检验中心7个，牧草育种中心5个，国家草种区域试验站15处；筛选和培育优良牧草、水土保持植物与草坪草新品种50个；完成牧草种质资源保护1.5万份。

**2. 国家草原生态环境监测预警体系建设工程** 根据不同生态区域、气候、草原类型及畜牧业生产特点，分别选点建设草原类型固定观测点，形成由中心、区域分中心、监测站、观测点四级构成的国家草原资源动态监测网络。

主攻方向：建立健全监测体系，完成长期监测天然草原资源面积、草原生产力、草原环境质量、草原利用方式及强度、草原自然灾害的变化动态的任务，为国家宏观决策提供科学依据。

建设总规模：到2010年，建设全国草原动态监测中心1处，完善3个遥感监测及信息分析处理站；建设31个省级草原动态监测站，824个草原类型固定观测点。建设草原鼠虫害预测预报站200个，其中省级鼠虫害测报中心站20个，地区（州、盟）级测报站50个，县（旗）级基层测报站130个。

其中，"十五"期间建设全国草原动态监测中心1处，完善3个遥感监测及信息分析处理站；建设15个省级草原动态监测站，412个草原类型固定观测点。建设草原鼠虫害预测预报站100个，其中省级鼠虫害测报中心站10个，地区（州、盟）级测报站25个，县（旗）级基层测报站65个。

**3. 草原生态保护建设科技支撑体系建设工程** 根据不同草原生态保护建设区域的特点、技术需求和技术难点，依托相关科研机构和大专院校，分区域建立健全科学研究、人才培养和技术培训基地，完善科研、教学、培训、示范与推广相配套的科技支撑体系。

主攻方向：加强科研基础设施设备建设，应用生物工程等高新技术，研制新成果，储备新技术，开发新产品，强化培训手段，搞好科技示范与推广，为草原生态保护建设提供科技支撑。

建设总规模：到2010年，建设国家草原生物高科技中心1处，区域草业工程研究中心5个，草业科教培训中心各10个，草业新技术示范园区100处。

其中，"十五"期间建设国家草原生物高科技中心1处，区域草业工程研究中心2个，草业科教培训中心5个和草业新技术示范园区50处，完善牧草育种中心5个。

## 四、草原生态保护建设的配套政策与措施

**（一）加强领导，建立目标管理责任制**

草原生态保护建设是国家生态环境建设的重要组成部分，目前草原生态恶化问题严重。对此，必须进一步提高对草原生态保护建设重要性的认识，加强宣传教育，更新观念，增强全民族的草原生态环境意识，增强历史的使命感和责任感。

草原生态保护建设具有长期性、艰巨性、复杂性和公益性，涉及方方面面，各级领导要高度重视，切实把草原生态保护建设纳入党委、政府工作的议事日程。在建设工作中充分发挥各级党委、政府的领导、组织、协调功能，使各职能部门密切配合，全党动员、全民动员，有效地推进草原生态保护建设进程。同时，在具体实施过程中，实行行政首长第一责任人的制度，层层分解任务，签订责任状，制定有关量化指标，建立逐级考

核制度，定期进行考核、监督，确保草原生态保护建设工程的顺利实施。

**（二）加强法制和标准体系建设，依法据标保护建设草原**

依法保护建设生态环境是我国社会主义市场经济建设和发展的基本要求，因此，必须依据《环境保护法》、《草原法》、《水土保持法》、《野生动物保护法》、《自然保护区条例》等法律和相关法规、规章，保护建设草原，打击各种违法行为，严禁开垦草原和搂发菜、乱开矿等活动。同时，要尽快修订出台《草原法》，并制定相关配套法规，以适应新形势的需要；加强草原生态保护建设技术标准和产品质量标准的制定，提高草业发展水平；加强执法机构和队伍建设，强化草原执法和执法监督，具备条件的地方要成立草原派出所，最大限度地遏制破坏草原资源和草原建设设施的行为，为草原生态保护建设保驾护航。

**（三）落实草原承包责任制，完善保护建设激励机制**

我国广大的草原地区是少数民族聚居区域，多数是贫困和经济欠发达地区。因此，从中央到地方要稳定和完善激励草原保护建设的具体政策。①按照有偿、长期、到户的原则，进一步落实草原承包责任制，稳定和完善党在农村牧区的基本政策；②在保障农牧民收入有所增加的前提下，制定畜牧业发展和产业调整规划；③培育草业龙头企业、中介组织和市场，完善中介组织与农牧民“利益共享、风险共担”的利益机制，促进草业产业化经营的发展；④制定优惠的投资、税收等政策，调动社会各方面力量投入草原生态保护建设的积极性。

**（四）依靠科技进步，提高草原生态保护建设的科技含量**

科技是生态保护建设的重要保障，关系到工程建设的质量和成效。因此，必须围绕草原生态保护建设的实际需要，加快人才培养，造就一批跨世纪的高素质人才；实行教学、科研、生产相结合，组织联合攻关，解决草原生态保护建设中的技术难题；建立健全生态监测、科技推广、技术监督与技术服务体系；加强技术交流与合作，建立科技示范基地，引进、消化、吸收高新技术；学习国外好的管理方法，为我国的草原生态保护建设注入活力。国家要对草原生态保护建设科学研究和技术推广方面重点投入，依靠科技进步和技术创新，全面提高草原生态保护建设的整体水平。

**（五）稳定机构，强化政府草原管理职能**

草原管理机构和基层组织的健全、稳定和完善是草原生态保护建设工程顺利实施，草原建设事业不断推进的基本保证。在机构改革过程中，必须保持各级草原部门的稳定性，强化其相应的机构和职能。各级草原基层组织是生态保护建设的骨干，是落实生态保护建设任务、组织实施工程、推广科学技术和保护建设管理的中坚力量。因此，各级政府一定要进一步落实以定编、定员、定职能为主要内容的“三定”政策，加强基层草原站建设，确保经费来源，切实稳定队伍，基层草原站要切实加强自身建设，不断增强服务功能，提高服务水平。

**（六）改善投资环境，建立稳定的资金投入机制**

全国草原生态保护建设工程属国家重点大型公益工程，目前已纳入国家基本建设计划。各级政府也要将草原生态保护建设纳入当地国民经济和社会发展计划，做好国家重点工程的配套投资和管理等工作。在坚持国家和各级政府长期稳定投入的同时，要争取来自社会各方面的、多渠道的资金投入，坚持”谁投资、谁建设、谁受益”的原则，鼓励国内外企业和当地农牧民个人投资草原生态保护建设，积极探索和引导资本市场进入草原保护建设，逐步建立起多层次、多方位的市场化投资机制。

**（七）强化项目管理，提高资金使用效益**

所有草原生态保护建设工程项目必须严格履行国家各有关项目管理程序和办法，实行按规划立项，按项目管理，按设计操作、考核、验收；要建立健全草原生态保护建设工程技术标准，实行工程监理制度，严格检查监督，确保工程建设质量。在组织管理方面，农业部、省（自治区、直辖市）、县（旗、市）和基层草原生态保护建设工程实施单位都要建立项目管理组织，对项目的计划、资金及信息实行统一监督管理；在资金管理方面，根据项目性质，严格执行国家相关的基本建设和财政专项资金管理办法，按照要求进行财务管理，实行政府统一采购，加强资金使用的追踪检查和审计监督，强化资金管理工作，提高资金使用效益。

**（八）采取综合措施，确保草原生态保护建设持续发展**

草原生态保护建设是牧区、半农半牧区经济、社会发展和生态环境保护的重要方面之一，必须采取综合措施，确保持续发展。要把农牧民吃饭、烧柴问题妥善解决好。牧区要通过深化粮食流通体制改革，加强与粮食主产区的联系等措施，确保牧民口粮；半农半牧区要在完善落实好“以粮代赈，退耕还草”政策的同时，加强基本农田建设，确保人均半亩基本农田，推行草田轮作，稳定粮食生产能力。在草原生态保护建设工程区域内，要积极支持和鼓励当地发展沼气、太阳能、风能和地热等再生能源，最大限度地避免樵采，确保草原生态保护建设能够持续开展和发挥效益。

# 饲料工业“十五”计划和2015年远景目标规划（摘录）

## 一、“九五”计划执行情况及评价

“九五”期间，我国饲料工业按照国务院颁布的《1984—2000年全国饲料工业发展纲要（试行草案）》（以下简称《纲要》）确定的指导思想和发展方针，积极推进经济增长方式的转变，适应养殖业的需要，以合理利用资源为重点，注重提高经济效益，依靠科技进步，不断调整和优化产品结构，推进饲料工业持续、快速、健康地发展，基本实现了《纲要》规定的发展目标。

**（一）计划完成情况**

2000年全国饲料工业年生产能力达到1.18亿吨，比1995年增长30%，为《纲要》规定最低目标的118%。饲料产品产量为7429万吨，比1995年增长41%。其中，配合饲料产量5912万吨，比1995年增长40%；浓缩饲料产量1249万吨，比1995年增长261%，为《纲要》规定目标的4.2倍；添加剂预混合饲料产量252万吨，比1995年增长294%，为《纲要》规定目标的2.8倍。氨基酸产量虽未能达到《纲要》规定的目标，但也实现了突破。2000年蛋氨酸产量达到3311吨，赖氨酸产量达到21731吨。

**（二）总体评价**

饲料工业综合生产能力有较大提高，产品结构趋于合理，产品质量明显改善。"九五"期间，饲料产品产量年均增加400多万吨，年递增率为7.1%。浓缩饲料和添加剂预混合饲料快速增长，年递增率分别为29%和32%。猪配合饲料比重由1995年的43%下降到2000年的36%，禽配合饲料所占比例基本维持在50%的水平，鱼、虾等水产配合饲料由1995年的5%上升到2000年的8%。2000年，全国配合饲料产品抽查总体合格率为80.8%，比1995年提高18.8个百分点。

饲料企业向集团化、规模化发展的步伐加快，企业改革不断深化。时产5吨以上的饲料加工厂由1995年的1424个，增加到2000年的1764个，涌现出一批大型饲料企业集团。

饲料添加剂工业、饲料机械工业和饲料资源开发成效显著。2000年，我国赖氨酸产量达到21731吨。矿物质饲料已基本实现自给，其中，饲料级磷酸氢钙产量达到72万吨。微量元素、维生素等添加剂呈较大发展，基本上可以满足需要。时产36吨的饲料机械设备已基本配套，粉碎机、制粒机、电控设备均达到国际先进水平。秸秆养畜示范基地建设取得重大进展。"九五"期间，累计建设秸秆养牛示范县155个，建成秸秆养羊示范县106个。

1999年，国务院颁布了第一部饲料行业的法规—《饲料和饲料添加剂管理条例》。农业部制定出台了一系列配套实施细则和管理办法，初步建立了工业饲料生产、经营的法规，使饲料工业行业管理开始步入法制化的轨道。

饲料工业的持续增长，有力地推动了养殖业的发展，促进了农村经济结构的调整，为增加农民收入，丰富城乡居民的"菜篮子"做出了积极的贡献，已经成为国民经济的重要支柱产业之一。

## 二、发展饲料工业面临的形势和问题

**（一）进入新世纪后的5到15年，是我国经济和社会发展的重要时期**

作为国民经济重要支柱的饲料工业，面临新的形势，主要表现在：

1. 随着农业和农村经济结构的战略调整，一方面，加快发展养殖业，为饲料工业的发展提供广阔的市场；另一方面，优质饲料粮和其他饲料作物种植面积扩大，产量增加，为饲料工业发展提供了坚实的物质基础。

2. 经济全球化，特别是随着中国加入WTO，中国的饲料市场将与世界市场对接，跨国公司进入我国已是必然。我国饲料工业将在更大的范围内和更深的程度上参与国际经济的合作和竞争。同时，以信息技术、生物工程为代表的高新技术产业的发展，全国范围内经济结构的战略调整，也为饲料工业发展提出新的任务。

3. 我国已经进入全面建设小康社会的新阶段，城乡居民正向更加富裕的生活迈进，人民对食品的需求，已从量的保障转为质的提高，营养、保健性食品成为发展趋势，相应地对饲料的需求更加着重营养、安全、可靠。饲料工业的发展将由偏重产量增长向产量、质量并重的方向转变。

4. 西部大开发战略的实施，为饲料工业提供新的发展空间。随着国家在资金、政策等方面对西部的倾斜，西部人民生活水平将得到改善和提高，进而增加对动物产品消费的需求，带动饲料工业的快速发展。

**（二）我国饲料工业起步晚，发展快，存在的主要问题**

1. **产业结构不合理** 一是饲料添加剂工业严重滞后，氨基酸、部分维生素、药物添加剂等，不仅品种少，而且产量低，仍然依赖进口；二是饲料加工能力相对过剩，企业普遍开工不足，全国平均开工率为50%，相当一部分企业规模小，设备陈旧，工艺落后，技术水平低，缺乏市场竞争能力。

2. **饲料安全问题突出** 在生产领域，少数生产厂家、商贩和养殖户违反饲料法规，在饲料生产和饲养过程中滥用违禁药品；超量、超范围使用兽药；对药物配伍禁忌和停药期的规定执行的不够好。在管理方面，法律、法规和标准体系不健全，检测手段不完善，监管不力。饲料安全问题，已成为全社会关注的热点和难点之一。

3. 国家和企业对饲料工业的科技投入不足，科研能力较低，行业的整体技术水平同国际水平有较大差距，特别是对生物工程、信息技术为代表的高新技术研究不够，产业化水平低，缺乏技术创新能力。

4. 饲料工业的培训、技术推广、信息咨询等服务体系建设薄弱。

## 三、供需发展预测

饲料产品消费主要是畜牧养殖业和水产养殖业，根据畜牧养殖业和水产养殖业两个行业的发展规划，经测算，得出饲料产品的社会需要量。

表1　2005年饲料产品社会需求量

单位：万吨

| 动物产品品种 | 产　量 | 料　比 | 工业饲料普及率 | 工业饲料需求量 |
|---|---|---|---|---|
| 猪肉 | 4 526 | 3.5 | 30% | 4 752 |
| 牛、羊肉 | 986 | 2.5 | 20% | 493 |
| 禽肉 | 1 408 | 2 | 65% | 1 830 |
| 禽蛋 | 2400 | 2.5 | 40% | 2 400 |
| 奶类 | 1 280 | 0.3 | 30% | 115 |
| 海水养殖 | 1 300 | 2 | 40% | 1 040 |
| 淡水养殖 | 1 700 | 2 | 40% | 1 360 |
| 其他 | | | | 100 |
| 合计 | 136 000 | | | 12 090 |

表2　2015年饲料产品社会需求量

单位：万吨

| 动物产品品种 | 产　量 | 料　比 | 工业饲料普及率 | 工业饲料需求量 |
|---|---|---|---|---|
| 猪肉 | 5 587 | 3 | 45% | 7 542 |
| 牛、羊肉 | 1 352 | 2 | 30% | 811 |
| 禽肉 | 1 983 | 2 | 70% | 2 776 |
| 禽蛋 | 2 926 | 2.2 | 50% | 3 218 |
| 奶类 | 3 322 | 0.3 | 40% | 398 |
| 海水养殖 | 1 600 | 1.8 | 45% | 1 296 |
| 淡水养殖 | 1 900 | 1.8 | 45% | 1539 |
| 其他 | | | | 200 |
| 合计 | 18 670 | | | 17 780 |

## 四、指导思想与战略目标

**（一）指导思想**

根据国民经济和农村经济发展需要，从我国饲料工业实际情况出发，进一步完善我国饲料工业体系，实施科教兴饲和可持续发展战略，积极推进饲料工业“两个根本性转变”，坚持提高与发展并重，数量与质量并举方针，全面提高饲料工业整体素质，加快饲料工业现代化进程，实现饲料工业的可持续发展。

**（二）发展目标**

我国饲料工业中长期发展目标是满足我国不同地区、不同养殖模式对饲料产品质和量的需求，实现能量和蛋白质饲料（除动物蛋白外）基本自给，使饲料工业科技水平、产品质量、经济效益同步提高，到2015年达到国际先进水平。

“十五”与2015年我国饲料工业发展主要预测性指标如下：

**1．“十五”发展预测性指标**

（1）配合饲料年双班生产能力达到1.2亿～1.4亿吨，产量达到8 000万～10 000万吨；

（2）浓缩饲料达到1 500万～1 800万吨，添加剂预混合饲料达到300万～500万吨。

**2．2015年发展预测性指标**

（1）配合饲料年双班生产能力达到1.6亿～1.8亿吨，产量达到1.2亿吨；

（2）浓缩饲料达2 000万～2 500万吨，添加剂预混合饲料600万～800万吨。

## 五、发展重点、区域布局和重大项目建设

**（一）发展重点**

**1．大力开发饲料资源**　充分发掘饲料资源，增加其有效供给，提高现有饲料资源的有效利用程度。要制定相关的优惠政策，鼓励企业开展综合利用。

加快秸秆饲料的利用步伐，加速推广秸秆的氨化、青贮技术，大力发展秸秆养牛养羊。

积极推进种植业结构的调整，加快优质饲料粮基地建设，发展优质饲料原料。

**2．加速饲料添加剂工业的建设**　“十五”期间要继续将饲料添加剂的发展放在突出位置，力争在主要饲料添加剂品种的生产上有新的突破。重点扶持氨基酸（赖氨酸、蛋氨酸）、维生素（维生素$B_2$、生物素、泛酸等）、酶制剂（植酸酶、纤维素酶等）的开发与生产，提高饲料添加剂国产化程度，提升国产饲料添加剂的国际竞争力。

**3．加快饲料工业的结构调整**　“十五”期间，饲料工业的结构调整，一是“抓大促小”，通过兼并、联合、重组等形式，形成一批拥有知识产权，主题突出，竞争

能力强的大公司和企业集团，提高产业集中度和产品开发潜力；二是同农业产业化相结合，总结推广以饲料企业为龙头，饲料、饲养、加工一体化的模式，带动农户进入市场，增加农民收入；三是继续调整饲料产品结构，大力发展添加剂预混合饲料、浓缩饲料，加快开拓农村饲料市场。

4. **加强饲料安全监管** 饲料安全是畜产品安全和食品安全的基础。要把切实加强饲料安全放在突出位置，进一步完善法律、法规，加大执法力度，完善检测手段，抓好产品监督检测工作，规范饲料用药，严禁违禁药物的生产、经营和使用，确保饲料安全。

**（二）区域布局**

要搞好三大地带的协调发展，推进东、中、西部地区间协作。东部沿海地区重点发展附加值高、创汇高、高档次的饲料加工业、添加剂工业和饲料机械工业，形成我国饲料工业生产的前沿阵地和出口基地；中部地区要大力发展饲料原料和饲料加工，提高产品加工深度，形成全国重要的饲料原料基地和饲料加工基地；西部地区要充分发挥饲料资源优势，加快发展浓缩料和饲料添加剂工业，提高集约化经营和饲料产品使用率，形成饲料工业新基地。

**（三）重大项目**

1. **饲料安全工程建设** “十五”期间要重点抓好以下几项工作：重点加强饲料监测体系建设，巩固完善国家、部级和省级饲料质量检测机构；建立饲料质量监测预报网络；建设饲料标准试验和饲料安全评价基地。通过饲料安全工程的建设，到2005年，使我国饲料产品的合格率达到95%以上，添加剂和添加剂预混合饲料合格率保持在90%左右，不合格产品和非标化产品控制在5%以下。“十五”期间，该项目需每年投资2亿元，项目总投资10亿元。

2. **秸秆养畜项目建设** “十五”期间确保建成秸秆养畜示范区20个，力争达到25个，新建秸秆养畜示范县80个，力争达到100个，计划总投资72亿元。

3. **饲料资源开发工程建设** 在“十五”期间，一是积极配合种植业“三元结构”调整，建设一批优质饲料作物生产基地。5年建成饲用玉米、大豆基地50个，种植面积200万公顷。二是继续搞好苜蓿等专用饲料作物的种植和开发，加快工业加工工程建设。5年内建设苜蓿等专用饲料作物的种植和开发示范县200个，面积达到133万公顷。建设苜蓿等专用饲料作物加工厂200个，生产能力达到1 000万吨。5年项目总投资为80亿元。

4. **饲料工业企业技术改造工程建设** 加快饲料工业企业的技术改造和产业升级，改造老设备和老的生产工艺，建设新的设备和生产工艺。每年完成100个左右技术改造项目。“十五”期间计划总投资150亿元。

5. **饲料行业科技发展基地建设** 建设饲料工业科学技术研究和成果转化基地，提升饲料工业的科技水平，提高饲料工业的国际竞争能力。建设饲料工业技术创新基地10个，成果转化和产业化基地5个，国家饲料工业技术开发中心1个，计划总投资25亿元。

**表3 “十五”期间饲料业重点建设项目投资概算表**

单位：亿元

| 项目名称 | 主要建设内容 | 投资需求 |
|---|---|---|
| 饲料安全工程 | 国家、部级和省级三级饲料监测体系；饲料质量监测预报网络；饲料标准试验和饲料安全评价基地 | 10 |
| 作物秸秆利用示范建设工程 | 建设秸秆养畜示范区20个，建设秸秆养畜示范县80个 | 72 |
| 专用饲料作物种植利用建设工程 | 建设苜蓿等专用饲料作物的种植和开发示范试点200个，面积133万公顷，建设加工企业500个 | 80 |
| 饲料工业企业技术改造建设工程 | 改造企业工艺设备 | 150 |
| 料行业科技发展基地建设 | 建设饲料工业技术创新基地10个，成果转化和产业化基地5个，国家饲料工业技术开发中心1个 | 25 |
| 合计 | | 337 |

* 所有投资中，既包括国家投资，也包括银行贷款和企业、个人自筹资金。

## 六、政策措施

**（一）继续推进企业改革**

进一步深化国有饲料企业的改革。2005年前，全部大中型饲料企业完成现代企业制度建设，健全法人治理结构。推进小型饲料企业通过改组、联合、兼并、租赁等形式进行产权制度和经营机制的转变。继续支持、鼓励和引导私营、个体饲料企业的发展。鼓励外商特别是跨国公司向饲料工业投资，参与国有饲料企业的改组、改造，投资高新技术产业和出口型企业。

**（二）加强科技创新和技术进步**

抓好科技攻关工作。集中力量，加快对饲料资源开发技术、新型饲料添加剂开发及利用技术、时产36吨以上饲料加工成套设备生产技术、生物工程等高新技术的研究开发，加强技术集成，提高创新能力，提升产业技术水平。

加强全国饲料工业技术推广服务体系的建设。发挥行业协会、大专院校、科研单位的作用，多形式，多层次开展技术培训和推广，继续实施“丰收计划”，加速科研成果的转化。

大力推进饲料企业的技术改造。以市场为导向，围绕“品种、质量、效益”，运用先进的适用技术、设备，有计划地改造一批骨干企业，提高企业的竞争能力。

**（三）增加饲料工业的投入**

加大对饲料工业的投入，重点加强饲料质量标准体系、监测体系、饲料科研开发、秸秆养畜示范项目和优质饲料粮基地建设，增强饲料工业自我发展能力。

**（四）加强饲料市场建设**

结合国家的粮改政策，研究制定完善饲料粮流通的方案和措施，鼓励饲料加工企业同农户建立稳定的供销关系。采取多种形式，培育和发展不同类型的饲料市场，制定市场规则，规范市场行为，打破地区封锁和部门垄断，营造公平、公正、公开的市场竞争环境。

**（五）加强饲料行业法制建设**

加快修改完善《饲料和饲料添加剂管理条例》，尽快制定《饲料和饲料添加剂管理条例》的配套细则和规章。在此基础上，积极推进《饲料安全法》的起草工作。

加强执法队伍建设，提高执法人员素质。改善执法手段，提高执法水平。积极宣传、普及饲料行业法律、法规，增强执法主体和客体的法律观念和法律意识，增强执法的规范性，强化法律的作用，增强法律实施的经济社会效益。

# 全国食品工业“十五”发展规划（摘录）

国家计委　国家经贸委　农业部

## 前　言

食品工业是人类的生命工业，也是永恒不衰的工业。食品工业现代化和饮食水平是反映人民生活质量高低及国家文明程度的重要标志。食品工业是我国国民经济的重要支柱产业，也是关系国计民生及关联农业、工业、流通等领域的大产业。食品工业作为农产品面向市场的主要后续加工产业，在农产品加工业中占有最大比重，因而对推动农业产业化作用巨大。

1999年全世界食品工业的销售额为2.7万亿美元，居各行业之首，是全球经济中的重要产业。改革开放以来我国食品工业取得了长足的发展，据国家统计局统计，2000年全部国有及规模以上非国有食品工业企业的总产值、利税分别为8 434.1亿元和1 458.3亿元，占全国工业总产值、利税的9.8%和15.3%；年出口创汇达136.7亿美元。食品工业企业就业人数达403.7万人，占全国工业企业就业总人数的7.3%。食品工业是整个工业中为国家提供积累和吸纳城乡就业人数最多、与农业关联度最强的产业。

食品工业总产值与农业总产值之比是衡量一个国家食品工业发展程度的重要标志。我国食品工业产值与农业产值的比值在0.3～0.4∶1之间，其中西部省区仅为0.18∶1，远低于发达国家2～3∶1的水平。

党的十五大明确提出21世纪第一个十年实现国民生产总值比2000年翻一番，使人民的小康生活更加宽裕。因而加快食品工业的发展，提高其内在质量和水平，对实现这一目标起着重要作用。

食品工业在国民经济中涉及第一、二、三产业，具有产业链长，行业跨度大的特点。长期以来，食品企业除主要分布在轻工部门外，在商业、农业等系统中也有不少食品工业企业，部门之间各自为政，行业管理比较混乱，宏观调控薄弱，缺乏总体的发展规划和统一、有效的监督、协调机制，对食品工业的健康发展带来了不利影响。

今后五至十年，是实现国家第三步战略目标的重要时期。为应对21世纪国内外经济发展的新形势和我国加入WTO给食品工业带来的机遇与挑战，从战略上统一筹划我国食品工业的发展，特制定《全国食品工业“十五”发展规划》（2001—2005年），以指导全国食品工业持续、快速、健康发展。

## 一、食品工业发展现状及存在的主要问题

**（一）主要发展成就**

——食品工业持续、快速增长，一些主要产品产量居世界前列。2000年全部国有及规模以上非国有食品工业企业达19 316个，其固定资产原值已由1980年的154亿元增加到5 103.7亿元。“九五”期间，食品工业总产值最低年增长率为9%，最高达14.5%。2000年，食用植物油产量835.3万吨，味精产量70万吨，柠檬酸产量37万吨，均居世界第一位；制盐产量3 128万吨，啤酒产量2 231.3万吨，均居世界第二位；食糖产量700万吨，居世界第三位。

——食品工业在总体满足城乡居民基本生活需求的基础上，产品结构调整取得较大进展。各类食品在质量、档次、品种、功能以及包装等方面已基本满足不同消费层次的需求。

——企业组织结构有所改善，涌现出一批具有较强经济实力和市场竞争优势的大中型骨干企业和企业集团，产业集中度不断提高。2000年啤酒行业拥有43个10万吨/年以上的企业，约占行业企业总数的8%，其产量占全国啤酒总产量的59%，大型啤酒企业的规模已达180万～260万吨/年；液体乳产量排行前10位的乳品企业液体乳产量占全国销售总量的49%。

——高新技术在食品工业中得到较好应用，大中型企业技术装备水平有了较大提高。如生物工程技术、超高温杀菌、冷冻速冻、超临界萃取、膜分离、分子蒸馏

等一大批高新技术在食品行业得到了推广应用，有力地促进了食品工业生产技术水平的提高和产品的更新换代。

——企业改革和所有制结构调整有了新的进展。许多企业建立了现代企业制度，多种所有制经济形式共同发展。

——食品工业的发展，促进了农业产业化经营和农村经济的发展。食品骨干企业以公司加农户的组织形式，促进农产品加工转化增值，带动了农业的发展和农民增收。特别是在西部地区和经济欠发达地区，食品工业的发展，对当地经济的发展和农民脱贫致富发挥了重要作用，并已成为吸纳农村剩余劳动力就业的主体之一。

**（二）存在的主要问题**

食品工业虽然取得了很大成绩，但其总体水平仍然较低，特别是与国外发达国家相比，差距较大，主要存在以下问题：

1. 食品工业结构不够合理。
2. 食品企业总体规模小，生产集中度尚不够高。
3. 食品市场、食品工业与农业原料基地的产业链尚未真正形成。
4. 食品技术水平相对落后，加工技术储备不足。
5. 食品工业标准体系和质量控制体系不完善。
6. 食品安全和环境污染问题较多。
7. 与食品工业配套的食品装备发展相对滞后。

## 二、食品工业发展面临的新形势及市场预测

**（一）食品工业发展面临的新形势**

——农业的发展、种植结构的调整和农产品的日益丰富，为食品工业的发展提供了较充足的原料。

——人民群众收入的增加和生活水平的提高为食品工业发展提供了广阔的市场空间。

——市场经济体制的不断完善将有利于食品工业的发展。

——党和国家各级领导重视食品工业的发展，为食品工业提供了有利的宏观政策环境。

——西部大开发为我国食品工业的发展提供了机遇。

**（二）国内“十五”食品工业市场前景分析**

——宏观消费结构变动趋势。“十五”期间，食品消费仍是我国城乡居民消费的主体并居于首位。到2005年我国人均GDP将达到9 400元，这正是人们消费结构包括食物消费结构迅速变化的关键时期。“十五”期间，随着我国国民经济的发展和居民消费的多样化，恩格尔系数将逐步下降，但食品消费的总量仍将不断增加，食品消费的档次、结构也将发生较大变化，自给型食品消费比重将逐步下降。同时，食品消费将呈现多层次，一些营养、方便、休闲、无公害食品有较大的需求增长潜力。

——食品消费预测。随着人民生活水平的不断提高，恩格尔系数虽然进一步下降，但食品消费总额仍然有较大的提高。预测到2005年，恩格尔系数城镇居民将由2000年的39.2%下降到38%，农村居民将由2000年的49.1%下降到46%；食品消费支出比重将从占全国居民消费支出的46%下降到42%左右，但仍位于居民消费比重之首。

**（三）我国加入WTO对食品工业的影响**

目前，我国已正式加入WTO。今后，可利用WTO赋予我国的权利，提升我国的国际地位，运用WTO的争端解决机制，维护我国的正当权益，这为我国食品工业创造了难得的机遇。

但加入WTO后，我国食品工业也面临着比较严峻的挑战。一是随着关税的降低和非关税措施的取消，以及《与贸易有关的投资措施协议》的约束，必然会有更多的国外技术密集型、水平先进的产品或企业的进入，这将对国内同行带来严峻的挑战；二是一些不适应市场竞争的企业体制、经营理念及市场营销体系都将受到猛烈的冲击，特别是处于幼稚期或长期国内保护的食品行业或企业也将处于不利地位；三是跨国公司在技术上的自然垄断地位将被进一步加强，而这种技术独占权将自然地转化成为市场垄断权，迫使长期以来以引进为主的国内食品企业必须付出更高的成本来获取外国先进技术，我国企业将面临更大的研究开发压力，知识产权争端将更加频繁；四是我国食品工业现行的分散的管理体制对促进企业发展、快速适应市场的变化极为不利，各有关的法律、法规标准与WTO规则及国际标准差距较大。食品企业中既懂得专业知识、又熟悉外语、掌握国际经贸规则的高层次管理人才、高级财会人才和法律人才等相对缺乏。另外，入世后，按照市场准入量承诺的农产品进口将对我国农业产生冲击。

为此，我们要积极采取应对措施，抓住机遇，加速食品工业的结构调整，提高产业的市场竞争力，以实现食品工业在入世条件下能够可持续发展。

**（四）国际食品工业生产、消费和技术发展趋势预测**

——国际食品工业生产和消费趋势。国际食品生产和消费的走向是：(1) 安全性、营养健康性食品蓬勃发展，世界各国对食品的安全问题越来越重视。尤其是近几年，国际上发生了二恶英、疯牛病、口蹄疫、李斯特菌等对食物的污染和禽畜疾病，为免受其害，各国纷纷在食品的生产、加工、销售以及进出口上采取了更加严格的管理措施，进一步完善了相关的法律法规和安全技术标准。(2) 绿色食品、有机食品越来越受到消费者的青睐。这些食品虽起步晚，但发展快，目前正向标准化、系列化、规范化和产业化的方向发展。(3) 各类健康及具有预防、治疗疾病或有助于病后康复等调节身体功能的各种功能性食品，将得到较快发展并占据越来越大的市场份额。(4) 方便快捷性食品日益走俏。为了适

应人们工作、生活快节奏、高效率的迫切需要，在国际市场上花样繁多的净菜、配菜、方便米饭及各种冷冻、微波、旅游食品等，越来越受到欢迎。目前，全世界方便食品的品种已超过了1.5万种，有向主流食品发展的趋势。冷冻食品向小包装、多品种、调理简单方便的家庭化方向发展。

——国际食品工业技术发展趋势。各种高新技术已普遍应用于食品工业。电子技术、生物技术、新材料等基础科学技术以及超高压处理、超临界提取、膜分离、分子蒸馏、超微粉碎、微胶囊、真空处理、冻结浓缩、品质评价、食品掺假鉴定、超高温瞬时杀菌等尖端技术在食品工业生产和产品研发中得到广泛应用。例如生物技术、智能技术等已贯穿于从原料加工到食品安全消费的各个环节中。这些高新技术的应用不仅可保证食品营养、安全、卫生、方便、快捷、风味多样和降低生产成本，而且可节约资源和保护环境等，与传统食品工业技术相比，具有巨大的优势。

因此，只有紧紧把握国际食品工业生产消费走向及技术发展的趋势，着力研究国际食品消费市场及发达国家的食品消费对我国的传导效应和示范作用，才能及时调整我国食品工业产品结构和产业结构，以满足人们的食物消费需求和进一步融入世界市场。

## 三、食品工业发展的指导思想和主要目标

### （一）指导思想和基本原则

“十五”食品工业发展的指导思想是：以国家“十五”规划为指导，结合我国加入WTO和实施西部大开发的新形势，从食品工业实际出发，以市场需求为导向，以促进农业产业化为契机，以提高食品工业技术水平、经济效益和确保食品质量与安全为目标，深化改革，加大结构调整和企业技术创新，加强食品质量安全监管力度和食品质量安全检测体系建设，合理进行产业布局，加快食品工业的调整和发展，并使之成为新的经济增长点，以满足人们由小康向比较宽裕生活过渡时期对食品消费的需求，初步建立现代食品工业生产和市场体系，促进食品工业可持续发展。

食品工业的发展应遵循以下几项基本原则：

——紧紧围绕市场发展食品工业。要按照国内外市场需求，充分利用农业资源，积极发展深、精加工食品，在开发新兴工业化食品的同时，提高我国传统食品档次，优化产品结构。

——紧密结合农业产业化经营，发展食品工业。引导并促进农业生产结构和农产品结构的调整，积极发展有机食品、绿色食品等优质产品，提高农产品附加值，带动农村经济的发展，增加农民收入。

——紧紧依靠科学技术，促进食品工业产业升级。促进具有自主知识产权的产品开发，实施名牌战略。提高食品工业的技术结构水平，加快企业技术创新和技术改造。在发展高新加工技术的同时，注意保护和优化优秀的传统工艺技术。

——食品工业的发展要适应国民素质提高的要求。要用符合中国国民体质状况的营养科学原则指导食品产品与技术开发，成为改进国民体质状况，提高国民素质的基本保障。

——切实加强食品质量安全监管。要尽快建立和完善食品和农产品原料的质量安全监督检测检验体系和市场准入制度，以人为本，保障人民健康和人身安全，维护消费者切身利益。

——坚持食品工业的可持续发展。把食品工业发展与环境保护紧密结合起来，控制食品工业污染，推进食品工业的清洁生产，加强食品原料基地的环境监管，促进食品工业的可持续发展。

——合理进行产业区域布局。对农产品原料生产，要根据优势产品区域化布局的要求，在优势生产区域集中发展复合加工需要的优质、专用农产品生产。东部和中部食品工业发达的地区应用高新技术改造食品工业，积极发展高新技术产品，提高食品工业整体水平，同时大力开拓西部地区，积极发展西部优势特色产品，促进东中西部食品工业的合理布局。

——鼓励多种经济成分共同发展，加大所有制结构调整的力度。特别要加快民营企业的发展，改善外商投资食品工业的环境，提高利用外资水平。

——努力培育和发展贸科工农相结合的大型食品企业集团和新型市场主体，优化食品工业的企业组织结构。

——要把食品工业的发展与小城镇建设相结合，实现相互促进、协调发展。

### （二）主要目标

食品工业“十五”发展的主要预期目标是：

1. **增长速度和规模**　在结构调整和提高经济增长质量的前提下，“十五”期间食品工业增加值年平均增长率为8%左右。

2. **出口创汇**　努力扩大深加工和高附加值食品的出口，提高重点出口企业的国际竞争力。出口创汇年平均增长8%，由目前的136.7亿美元，达到200亿美元左右。

3. **膳食营养水平**　根据合理膳食的要求，调整食品工业产业结构。“十五”期间，逐步建立合理的膳食结构，在人均每日摄入热量不增加的前提下，每日蛋白质摄入量、脂肪摄入量分别由目前的70.5克、54.7克达到人均每日77克、65克，维生素和微量元素摄入量基本满足我国国民的需求。

4. **环境保护和综合利用**　到2005年食品工业排放的水、大气污染物要做到达标排放；化学需氧量、二氧化硫、烟尘、工业粉尘和工业固体废物等主要污染物排放量比2000年减少10%。食品工业的综合利用水平要达到20世纪90年代国际水平。

5. **经济效益**　“十五”期间食品工业要在结构优

化的基础上，不断提高经济增长的质量，使经济效益有较大提高。

6. **结构调整** 调整企业组织结构，重点培育和发展一大批国际知名品牌和按照现代企业制度要求建立的技术创新能力强、跨部门、跨所有制、跨国经营且具有国际竞争能力的现代大型企业和企业集团；促进中小企业向专、精、特、新的方向发展，提高专业化协作水平。要优化产品结构，不断开发新产品，提高产品质量和档次，增加花色品种，在大力提升劳动密集型传统产品的同时，要积极发展技术密集型产品、技术含量高和附加值高的新型工业化食品，并提高其在食品产品结构中的比重。

7. **形成高效的食品质量安全监控体系。**

## 四、食品工业发展的重点及主要方向

### （一）食品工业发展的重点

1. **大豆加工业** 大豆食品具有多种营养价值，对优化居民食物结构具有重要作用。2000年，我国大豆产量为1 541万吨，占世界总产量1.7亿吨的9%，居世界第四位。

“十五”末，初步形成我国现代大豆加工业的构架，实现工业化大豆食品占大豆食品总消费量的30%。

2. **玉米加工业** 玉米是我国最丰富的农作物之一，产量已超1亿吨，占全国粮食产量的22%以上，占世界玉米产量的21%左右，居世界第二位。

“十五”期末，力争使玉米加工量由目前的10%提高到15%，各类玉米工业食品达到800万～1 000万吨；减少环境污染，把玉米加工业提高到一个新水平。

3. **马铃薯加工业** 我国马铃薯种植面积达467万公顷，年产鲜薯量为6 500万吨，居世界第二位。

到“十五”末，建立起马铃薯全粉及加工品、淀粉、专用淀粉、马铃薯方便食品等产品体系，使马铃薯加工业成为中西部地区一个新的经济增长点。

4. **乳品加工业** 乳及乳制品是最接近于完善的食品，提高乳及乳制品的摄入量可以明显改善国民的身体素质。发展乳品加工业可以带动奶牛养殖业的发展，促进农牧业结构优化调整，增加农民收入。我国乳品企业主要分布在东北、华北、西北以及上海、北京等大城市。2000年全国奶类总产量仅919.1万吨，液态奶190万吨，乳制品产量82.9万吨，人均奶类消费水平不足7.3千克，远低于世界人均消费量93千克的水平，发展前景十分广阔。目前，我国乳品加工业存在的主要问题是产品结构不合理；多数企业规模小、自动化程度低；奶牛饲养规模小、机械挤奶比例低，原料奶质量不稳定等。

“十五”期间，乳品工业要调整企业结构，优化产品结构，提高产品质量，从总体上降低奶粉生产比例，增加液体奶产量。城市型的乳品企业要着重发展杀菌奶、酸奶、花色奶、含乳饮料等液体奶的生产；基地型乳品企业仍以奶粉生产为主，适当调整产品结构，重点发展配方奶粉、功能性奶粉，以及作为食品工业配料的全脂奶粉、脱脂奶粉等，适当发展灭菌奶、干酪、奶油等。要切实抓好奶源基地的建设，扩大饲养规模，推广机械挤奶，提高原料奶质量，推广“分散饲养、集中挤奶”和“集中饲养、统一管理”的“奶牛合作社”模式。“十五”期间要重点抓好东北、华北、西北乳品加工业的发展。

到“十五”末，机械化挤奶率力争达到50%，全面提高原料奶质量；乳制品产量年递增速度争取达到10%左右，达到130万吨；液体奶产量力争递增速度在20%左右，达到450万吨。

5. **肉类加工业** 肉类加工业包括畜禽养殖、屠宰及加工。发展肉类加工，对国民经济的发展，丰富我国城镇居民菜篮子和提高人们生活质量举足轻重。2000年我国肉类总产量为6 046万吨，肉类加工业已步入新的发展阶段，市场供应充足、价格平稳，消费量不断增长，市场前景广阔。

“十五”期末，优化肉制品产品结构，提高产品质量，建立完善肉制品卫生安全方面的有效保障机制，全面提高我国肉类加工业的国际竞争力。

6. **制糖工业** “十五”末，糖产量达到1 000万吨左右，企业平均规模达到年产糖4万吨左右（相当于日榨甘蔗3 000吨规模糖厂），糖厂的技术装备达到国外20世纪80年代的水平，提高综合利用水平，综合利用产值占总产值提高的50%。

7. **果蔬采后贮运加工业** 我国水果、蔬菜资源丰富，为世界第一生产大国，2000年我国水果和蔬菜总产量分别为6 000多万吨和4亿多吨。

“十五”末，争取果蔬加工处理率由目前的20%～30%增加到45%～55%，采后损失率从25%～30%降低到15%～20%。

8. **饮料工业** 饮料工业是食品工业中发展最快的行业。从1980年到2000年，全国饮料总产量由28.8万吨增至1 496.8万吨，年均增幅达到近23%。

“十五”期间，饮料工业要逐步调整产品结构，积极发展有我国资源优势的农产品为主要原料的饮料产品。鼓励和规范发展符合饮料消费市场规律的主流产品，如运动饮料、瓶装饮用水等；降低碳酸饮料比重，重点发展茶饮料、果汁及果汁饮料、蔬菜汁饮料和植物蛋白饮料；支持果蔬饮料和矿泉水企业的规模化生产。加快产品的升级换代，提高附加值，搞好综合利用。

“十五”末，饮料总产量达到2 700万吨左右，其中我国有资源优势的饮料产品由现在占总产量的25%提高到近40%，并形成一批技术装备良好，经营管理高效，具有国际竞争力的生产企业，力创数个国际品牌。

9. **方便食品和功能性食品** “十五”期间，要加大开发方便食品和功能性食品的力度，重点发展速冻、微波、保鲜、休闲、调味食品和中西式快餐食品等方便食品，不断提高人们一日三餐中工业食品的比例，缩短家庭烹饪时间，减轻劳动强度；在功能性食品方面，首先要推广主食营养强化，改善居民的营养状况，积极开发符合营养、健康的定型包装食品、婴幼儿辅助添加剂食品和断奶食品以及特殊人群食用的食品。加强合理膳食、营养配餐技术指导，满足成长期学生和康复病人的营养需求等；重点发展功能因子明确、功能作用显著的第三代功能食品，在此基础上，开发适应不同人群的特需保健食品。此外，应根据各地区的资源优势，发展食用野生菜、干果、山珍等特有资源的食品加工。

"十五"末，逐步形成现代化的方便食品和功能性食品行业的基本框架，使其产品产量和质量有较快提高。

**10. 水产加工业** 水产品加工包括水产品制冷、干制、腌制、熏制、罐制、鱼糜加工、水产调味品、鱼粉、海藻食品等。2000 年我国水产品总产量为 4279 万吨，为全球水产品总产量的 1/3，连续 9 年位居世界第一位。

"十五"期末，力争水产精深加工产量有较大幅度的提高。

**11. 食品加工与包装机械业** 食品加工与包装机械是促进食品工业技术进步与发展的基础行业，对食品工业发展的配套至关重要。目前我国食品加工与包装机械严重滞后于快速发展的食品工业的需求。

"十五"期间，要加快发展食品加工与包装装备的技术创新速度，推动产品结构、企业结构和技术结构的调整。选择食品工业中主要行业的技术装备，依靠技术创新，结合技术改造和关键技术的引进、消化吸收，提高食品工业装备的自动化水平。随着市场的变化，食品加工机械要向多品种、成套化方向发展。重点发展乳品机械中的鲜奶超高温灭菌装备、无菌灌装系统、乳品的前处理装备，饮料机械中的无菌冷（热）灌装生产线、全自动饮料混合系统、饮料前处理装备，酿酒机械中的计算机控制的高分子材料"制瓶－灌装－封口"一体化设备，肉类深加工机械中的全自动真空斩拌机、充填机、注射机、包装机等及畜、禽屠宰后内脏、血、皮、骨和各种腺体等综合利用设备，方便食品机械中的方便面、方便米粉、方便粥、方便米饭、快餐等加工成套设备以及传统食品、保健、婴幼食品加工设备等成套工业化生产装备，尤其是食品工业生产线关键易损件的国产化和食品包装外观设计、包装新材料的研究开发。

"十五"期末，使我国食品机械的整体国产化水平有较大提高，主导产品的 15% 达到二十世纪末的先进水平。

**（二）"十五"期间食品工业其他行业调整的主要方向**

——小麦加工业：积极发展食品专用粉，开发强力粉、中力粉、薄力粉等多品种面粉和传统食品专用粉，合理使用面粉添加剂；大力推广面制食品主食工业化生产，使一日三餐主食消费的工业食品城镇居民占 50% 以上，农村居民占 20% 以上；加强小麦及其副产品的综合利用和开发，积极开发谷朊粉、小麦胚芽、小麦麸皮制品等。

——稻谷加工业：要推广大米配米、调质技术，开发精米加工新产品，发展免淘米、营养强化米的生产，扩大优质米的出口；合理利用米糠资源，提高综合利用水平，积极开发米蛋白、米糠营养油、米糠多糖、膳食纤维以及 $\gamma$－谷维醇等功能食品。

——油脂行业：重点发展专用油生产，根据油脂的用途，逐渐推广高级烹调油、煎炸油、人造奶油、起酥油等产品。加强综合利用，利用油脂精炼副产物生产卵磷脂、甘油、脂肪酸等高附加值产品。开发各种油料蛋白产品，扩大油料蛋白在食品工业中的应用。

——罐头食品工业：重点调整产品结构，使罐头成为方便、风味、营养保健的食品。积极开发国内外市场畅销的罐头食品，发展地方特色传统风味罐头；努力增加品种、改善包装，提高质量，培育名优产品品牌。

——酿酒行业：酿酒业要继续贯彻"优质、低度、多品种、低消耗、少污染、高效益"的方针，积极实施"四个转变"（普通酒向优质酒转变，高度酒向低度酒转变，蒸馏酒向酿造酒转变，粮食酒向水果酒转变），以市场需求为导向，以节粮和满足消费为目标。重点发展葡萄酒、水果酒，积极发展黄酒，稳步发展啤酒，控制白酒总量。加快优质酿酒葡萄种植基地及啤酒用大麦基地的建设。

——发酵制品行业：调整味精、柠檬酸、酶制剂等发酵制品工业的产品结构和加强综合利用，实现清洁生产。鼓励因地制宜、经济合理地选用原料，提倡采用非粮食原料，降低生产成本。积极采用精料和清液发酵工艺，提高质量和得率。将基因工程和细胞工程技术应用于发酵产品生产，促进生产水平上新台阶；采用高新技术加快配套工程研究，加快传统产品技术改造，以节能降耗、减少污染为主攻方向，逐步实现传统生产现代化。

——食品添加剂行业：食品添加剂与各类食品加工业密切相关。我国食品添加剂发展的方向是天然、营养、多功能且安全可靠，形成与食品工业相适应的食品添加剂生产体系。要合理调整结构，把发展营养强化剂、防腐保鲜剂、高档次的香料香精以及多功能的食品添加剂放在重要位置，同时要采用生物技术和其他高新技术开发新品种，提高质量，扩大应用领域。加快发展扩大出口、替代进口的食品添加剂。

——调味品行业：要大力发展新型调味品、天然调味品、复合调料和方便调料，积极支持生物工程技术、膜技术等在调味品制造中的应用，提高调味品的卫生质量，降低污染，重点扶持一批大型调味品生产企业的设备更新和工艺改进，扩大生产规模，提高产品档次。

## 五、主要政策措施

**（一）主要措施**

1. 加强食品科技研究，加速产业化进程。

2. 以市场为导向，优化产品结构，搞好原料基地建设。

3. 加快建立现代企业制度，积极培育食品企业集团，着力转换企业经营机制。

4. 研究和利用WTO的协议和规则，做好食品工业的应对工作。

5. 结合西部开发，合理调整区域布局。

6. 建立和完善食品从原料到加工一系列的质量标准安全监督检测体系，建立市场准入制度。

7. 强化对食品工业的宏观调控力度。

**（二）相关政策**

1. 完善与食品工业发展相关的法律、法规、条例和规章制度。尽快研究制订《食品质量安全法》、《转基因食品法》、《畜禽屠宰法》等重要法律、法规，同时，尽快建立食品质量安全技术法规体系，逐步将食品工业的发展纳入法制管理的轨道，实行依法监管。

2. 各级政府可采取多种措施有选择地支持一些科技含量高、市场前景广阔、能够扩大出口和提高西部地区农产品深加工水平的食品工业示范工程重点项目及为其提供相应技术设备支持的重点项目。

3. 增加国家对食品科技发展的投入。国家要积极支持一批重大技术开发项目和技术基础性研究工作。鼓励企业积极从事食品技术的开发，以提高食品科技水平。重点支持科研单位为发展食品工业设立的科研重要专项。鉴于目前食品安全存在问题较大，要积极支持食品高新检测技术的研究，特别是质检部门，要加大对食品安全检测设备的投入，尽快建立和完善与国际食品检测先进技术相适应的我国食品安全检测体系。同时，国家列专项计划支持质检等有关部门加快建立和完善我国食品质量监督体系，严格市场准入制度，确保食品质量安全。

4. 建立转基因食品审批制度，加强转基因食品的管理。逐步建立转基因食品加工、进口、流通过程中的风险评估和标识制度，以保证食品安全和生态环境安全。

5. 国家在税收、金融等方面对食品加工企业给予政策扶持。

6. 拓展融资渠道，多形式利用国内外资金。对科技含量较高、有良好的市场发展前景、经济效益好的食品骨干企业和西部地区食品工业优势项目，金融机构应积极提供融资支持，积极合理利用国外优惠贷款和国际商业贷款；继续鼓励外商与我国企业合资、合作；鼓励和吸收民间资本和其他行业资金投向食品工业，促进食品工业投资主体的多元化。

7. 积极发挥行业协会的作用。充分发挥食品工业行业协会在参与行业规划、行业管理、项目评估、技术咨询、贸易仲裁、反倾销与应诉、法律法规及标准制定、市场监管、人才培训等方面的作用，使食品工业的管理与世界接轨。

此规划由国家计委负责解释。

# 中国轻工业“十五”规划（摘录）

轻工业是我国消费品工业的主体，是国民经济的重要产业，承担着提高人民生活质量、繁荣国内市场、扩大出口创汇、积累建设资金、吸纳社会就业和促进经济增长的重要任务。制定轻工业新世纪第一个五年规划（2001年至2005年），对于21世纪我国轻工业应对世界经济全球化和我国加入世界贸易组织的新形势，开好头、起好步，推进产业结构调整和优化升级，实现可持续发展具有重要的意义。

## 一、基本情况

**（一）现状和成就**

改革开放以来，我国轻工业取得了举世瞩目的历史性成就，已成为世界轻工产品生产大国。

经济快速增长，一些主要产品产量居世界前列。1999年，轻工业全部国有和规模以上非国有工业企业53 186个，工业总产值为16 448亿元，工业增加值5 289亿元，利税总额1 958亿元，职工1 297万人。“九五”前四年轻工业总产值和工业增加值年均分别增长10.1%和7.9%。一些主要产品产量位居世界前列，如自行车、时钟、日用陶瓷、皮鞋、电风扇、电饭锅、电冰箱、洗衣机、塑料农地膜的产量已居世界第一位；盐、合成洗涤剂、啤酒的产量居世界第二位；手表、机制纸及纸板、糖、房间空调器的产量居世界第三位。

产品品种增加，质量逐步提高。轻工产品从过去的几万种，发展到目前的30多万种，产品转向多样化和系列化，基本满足了不同消费群体的需求。产品质量明显提高，创出了一批名牌产品和驰名商标，一大批企业通过了ISO质量体系认证，不少轻工企业已跻身于世界级合格供应商行列。

传统行业不断提升，新兴行业发展迅速。轻工传统行业通过更新改造，一些企业的生产技术达到了国际20世纪90年代水平。新兴行业产值的比重增加，如家用电器、塑料制品、饮料、化妆品和包装装潢等五个行业的工业产值已占到轻工行业总产值的29.3%。

改革不断深入，市场化程度日益提高。目前，轻工上市公司达100多家。企业制度不断创新，管理水平得到提高。非公有制经济发展较快，所有制结构得到了调整。目前，在轻工业产值中，国有经济、集体经济、其它经济比重分别是28.7%、21.9%、49.4%。近年来，多种经济成分的共同发展，特别是轻工民营经济和外资经济发展较快，为轻工业的发展注入了新的活力。

形成了一批有竞争力的大型企业和企业集团，企业组织结构得到改善。520户国家重点企业中轻工企业占11.7%。轻工大型企业和企业集团的生产集中度不断提高，电冰箱行业前6家企业产量已占全国总产量的75%，洗衣机和空调器前6家企业产量分别占全国总产量的74.6%和68.5%，啤酒行业前10家企业的产量已占全国总产量的40%。

对外开放水平进一步提高，出口创汇大幅度增长。2000年轻工产品进出口总额达925.2亿美元，其中进口221.9亿美元，出口703.3亿美元。出口创汇额比1978年增长33倍。"九五"轻工产品创汇额年均增长12.1%。出口产品中技术和资金密集型、高附加值产品的比重提高较快，出口贸易方式向多渠道、多种形式转变。利用外资取得较大进展，全国轻工业已利用外资约400亿美元，其中外商直接投资约350亿美元。

科技进步取得重大成果。"九五"时期，轻工业技术进步水平明显提高，相当一部分科技成果填补了国内空白和达到国际先进水平。一大批先进、成熟、适用的科技成果在技术改造和生产中得到应用。科技队伍逐步壮大，企业中科技人员比重达到5%左右，一些重点企业已达到10%～20%。目前已有34家企业建立了国家级技术开发中心，一些轻工企业正逐步成为技术开发的主体。

**（二）问题**

"九五"以来，轻工业面对市场化进程的加快和国内买方市场的形成，以及国际竞争加剧的新形势，其结构性矛盾日渐突出，主要表现在：

产品结构和企业组织结构不合理。产品结构不适应市场需求变化，供大于求的矛盾日益突出，重复建设仍较严重。

区域结构及资源配置不合理。东中西经济梯度明显。在轻工业产值中，东部占74.4%，西部占9.4%；人均劳动生产率东部比西部高110%。区域经济比较优势未能很好发挥，东西部轻工业发展的差距仍在拉大。

技术装备落后，技术创新能力弱。从总体上看，大部分轻工企业的技术装备仍停留在80年代以前水平，与国外先进技术水平差距很大。

经济效益有待进一步提高。全国轻工行业利润的增长低于产值增长，销售利润率低于全国工业销售利润率1.4个百分点，亏损面为28%。自行车、钟表、制盐、搪瓷等一些行业全行业亏损。

企业国际竞争力较差。我国轻工业在世界轻工类产品的贸易额中，仅占5%，且出口市场过于集中。出口产品档次不高，换汇率低，如每双皮鞋平均仅5.5美元，陶瓷单件换汇0.3美元。跨国经营水平较低，一些企业虽已走出国门，到境外办厂，但承受国际风险的能力还不强。

资源和环境问题仍然存在。目前轻工系统万元产值能耗和万元工业增加值能耗，都大大高于国际同类产品水平。资源将成为制约行业持续发展的重要因素。轻工业对环境的污染仍较严重，主要集中在造纸、食品发酵、制革等行业。轻工业排放的废水50.6亿吨/年，占全国工业废水年排放总量的25%，治理任务十分艰巨。

## 二、"十五"面临的形势和市场环境

**（一）面临的新形势**

**1. 国际经济环境正在发生深刻变化** 21世纪初，经济全球化、新科技革命和相应的结构调整成为三大基本趋势，主导着世界经济的发展，对我国经济发展也将产生重大影响。

**2. 国内经济环境的变化趋势明显** "九五"以来，轻工产品的供求关系已由"卖方市场"转为"买方市场"。生产处于低水平"相对过剩"状态，市场约束将是轻工业"十五"结构调整和发展必须重点考虑的关键因素。

国内市场特别是农村市场潜力巨大，是"十五"经济增长的重要推动力。随着城镇化进程加快、居民消费结构的升级和农村市场的开拓，为轻工业的结构调整和产品的更新换代提供了机遇。但农村市场的开拓仍受到农民收入增长缓慢、消费环境较差、营销渠道不畅等因素的制约。因此对有八亿农民的农村市场的开拓，是"十五"期间轻工业发展的重点和难点。

**（二）国内外市场发展趋势预测**

**1. 国内消费结构变化总趋势** 从消费趋势看，将是持续的消费升级。居民消费总体上将从满足生活需要向重视生活质量转变，从追求物质消费向同时追求精神消费和服务消费转变。同时，人们的消费观念将发生较大变化，对名牌消费将更加注重，对环保、节能、精神文化等产品的普遍追求将成为未来消费的时尚。

农村消费与城市消费的变化存在阶段性差异。1999年居民家庭人均可支配收入，城镇居民为5 845元，而农村居民仅为2 210元，预计2005年分别达到7 600元和2 900元。1999年年底城镇居民平均每百户的电冰箱、彩电、洗衣机拥有量为76.1台、105.4台和90.6台，而农村居民仅为9.3台、32.6台和22.8台，差距很大。80年代在城市以家电产品普及为特征的消费热点，目前正在农村形成。

消费品更新换代节奏加快，消费多样化和消费分流进一步加强，居民的消费需求从排浪式向多层次转变。

随着国民经济的发展和居民消费水平的提高，新世纪初我国居民的衣、食、用、住、行方面的消费构成将发生很大变化。

食品消费。恩格尔系数将进一步下降。据预测，到2005年恩格尔系数城镇居民将由目前的46.4%下降到35.9%，农村居民将由目前的55.1%下降到45.8%。到2005年食品消费支出比重占全国居民消费的42%，仍为居民消费比重之首。人们的食物结构将发生较大变化，自给型食品消费比重逐步下降，一些营养、方便、休闲、绿色等新型工业化食品将有较大需求增长潜力。

传统食品消费更加趋向卫生、营养和保健。

**2. 主要轻工产品的国内市场预测** 2005年国内主要轻工产品市场预测：

纸及纸板：根据新闻、出版、印刷、包装等相关部门对纸及纸板的需求分析，到2005年纸及纸板消费总量为5 000万吨，比2000年预计3 600万吨年均增长6.8%，人均消费达38千克，其中新闻纸220万吨，印刷书写纸1 140万吨，生活用纸320万吨，包装用纸530万吨，白纸板530万吨，箱纸板780万吨，瓦楞原纸930万吨。

家用电器：到2005年，主要家电产品的需求为：电冰箱1300万台，洗衣机1800万台，空调器2 000万台，微波炉900万台，洗碗机400万台，电热水器1 000万台。

塑料制品：到2005年塑料制品需求量为2 500万吨。

食糖：目前我国的食糖消费量为800万吨左右，人均消费6.2千克，而世界年人均消费食糖20千克，发达国家达到人均消费35～45千克，预测到2005年，食糖消费量将为1000万吨左右。

洗涤用品：目前我国洗涤用品的年人均消费水平较低，到2005年，洗涤用品消费量为460万吨左右，合成洗涤剂消费占洗涤用品总量的比例将达到90%，消费量为414万吨左右。

自行车：到2005年国内对自行车消费需求稳定在1 900万辆左右。

缝纫机：预计到2005年，国产工业缝纫机需求将达到310万台套。特别是机电一体化的工业缝纫机社会需求增长更快。

钟表：到2005年国内手表需求量为7 000万只左右，时钟为3 000万只左右。

啤酒：我国啤酒年人均消费量16升，世界平均消费量为23升。到2005年啤酒消费量为2 500万吨左右。

**3. 国外市场发展总趋势** 世界经济和贸易继续发展，但增长幅度将有所下降。据世界银行测算，世界贸易的增长率仍高于世界经济的增长率。预计2005年，世界轻工业品的国际贸易额可达1.5万亿美元，这为我国进一步扩大轻工产品出口提供了可能。但是，在“十五”期间，轻工产品的出口增长率与“九五”相比将有所降低。

从国际轻工的商品结构走向看，仍然进一步向高档化、方便化、实用化、天然化、艺术化等方向发展。智能化及高科技含量的轻工商品在国际贸易中占有重要地位，保健、方便、休闲类轻工产品市场比重不断加大。旅游产品和礼品畅销。环保型绿色产品受到重视。体现个性化产品日趋流行。

**4. 国外主要轻工产品市场预测** 目前世界消费品市场的生产虽然保持不断增长，贸易不断扩大，但轻工产品总体呈现供过于求和消费增长比较缓慢的趋势。

软饮料：目前世界软饮料销售额已超过1920亿美元，每年以7%的速度增长。软饮料市场以北美和西欧最大，分别占到世界销售总额的38%和24%。从软饮料的品种来看，碳酸饮料仍占主导地位，占世界总销售额的54%；其次是果汁饮料和矿泉水，分别占18.5%和13.6%。从发展趋势来看，碳酸饮料的主导地位已受到了挑战，瓶装饮用水、果汁和茶饮料所占比重将越来越高。

食糖：“九五”期间，世界年产糖量与消费量基本维持在1.1亿～1.2亿吨左右，国际市场一般贸易量约为3 000万～3 700万吨，多数年份为供过于求。未来十年世界食糖的生产和消费总趋势将缓慢增加，其中发展中国家食糖消费将出现明显增长趋势，我国是世界食糖最大的潜在市场。

啤酒：尽管发展中国家啤酒的生产和消费仍保持持续较快的增长，但由于发达国家市场已基本饱和，甚至稳中有降，因此世界啤酒市场处于低速增长期。目前世界啤酒总产量（总消费量）接近1.3亿吨，预测到2005年将达1.6亿吨。亚太地区将成为世界啤酒的最大市场。

葡萄酒：近年来国际市场产销不稳定，全世界年产量约2300万吨，世界贸易量约1000万吨。未来五年，世界葡萄酒市场将是一个低速增长的时期，葡萄酒主要生产国的产量和消费不会有太大的变化，但品种结构将会持续调整，质量和档次将有所提高，世界葡萄酒的年增长将不会超过3%，而我国将有可能达到10%。

皮革制品：世界皮革市场需求变化较大，皮革及制品工业的重心正从欧美移向亚洲。预计到2005年皮革及制品消费量仍以发达国家为主，但发展中国家的增长将快于发达国家，其中皮革的消耗量将达到17亿平方米；皮鞋消费量将达到120亿双。

塑料制品：近十年来，世界塑料制品的生产呈稳定增长之势，塑料制品的应用领域不断拓展。国际市场塑料制品贸易量约为1 500万～2 000万吨。未来五年世界塑料制品将以3%的速度增长，到2005年世界塑料制品总产量将达到1.6亿吨。

洗涤用品：目前世界洗涤用品年产量4 300万吨，其中合成洗涤剂约3 400万吨。发达国家消费量较大，但增长缓慢，而发展中国家市场潜力巨大。到2005年，预计世界洗涤用品产量可达4 500万吨，年均增长不到1%。洗涤用品总的发展趋势是，传统产品向对人体安全性和对环境相容性更高的产品转变，节能、节水、安全、环保型产品将得到较快的发展。

**（三）加入WTO对轻工业的影响**

由于轻工行业众多，不同行业及同一行业的不同产品在我国加入WTO后所面临的情况和对其所产生的影响是不同的。一是对开放度较高、利用外资较多的家电、日用化工、啤酒、饮料等行业比较有利。二是对自行车、缝纫机、玩具、钟表、家具、五金制品、陶瓷、罐头、皮革、箱包件、抽纱制品等轻工劳动密集型产品可望进一步开拓国际市场、扩大出口。三是对国内市场进口依存度不大或国外产品有一定的国内市场份额的照明电器、日用玻璃、制盐、文体用品、制笔等行业冲击不大，但可能给产品和技术升级形成一定的壁垒，总体影响利大于弊。四是对以农产品为原料并主要面向国内市场的乳制品、葡萄酒、味精等产品冲击较大。五是对技术装备水平和产品经济规模与国外先进水平差距较大，生产成本较高、市场竞争乏力的造纸及造纸机械、制糖等行业冲击较大。

**（四）相关因素对轻工业发展的影响**

轻工业的发展与林业、农业、石化、冶金等上游产业以及机械、汽车、纺织、烟草、医疗卫生等相关产业的调整和发展关联度较大。确定本世纪初轻工业的发展规划，必须分析和研究相关产业的变化对轻工业发展的影响。目前国家实施禁伐、限伐森林资源的政策对部分以木材为原料的造纸、家具等行业将带来很大的冲击，迫使其调整原料结构，寻求新的原料来源。同时随着我国印刷业技术进步的加快，对纸张的质量和档次水平要求越来越高，从而促进造纸工业技术和产业升级。随着石化工业的发展，树脂无论在总量还是在品种上都将有较大的增加，有利于塑料制品行业的发展。随着农业产业化和小城镇建设的推进，农村种植结构的调整，将有力促进食品工业的升级。随着住宅产业的加快发展，为家电、塑料、陶瓷、五金、家具、照明电器、工艺美术和室内装饰等行业带来广阔的发展空间。

## 三、“十五”发展的指导思想及主要目标

**（一）指导思想**

“十五”期间轻工业发展的指导思想是：以邓小平理论为指导，贯彻党的十五大和十五届五中全会精神，继续实施国际化和市场化战略，抓住西部大开发的历史机遇，以市场需求为导向，以提高经济效益为中心，以结构调整为主线，以信息化为契机，突出科技进步和可持续发展，促进轻工业经济增长方式的转变，提高企业市场竞争力。

**（二）结构调整目标**

1. **总体目标**　“十五”期间，轻工业要通过两个创新，实现三个突破，推动一个转变。即通过制度创新和技术创新，在改革上要有突破，调整上要有突破，效益上要有突破，推动轻工业由生产大国向生产强国转变。

“十五”国民经济年平均增长7%，结合轻工业发展的实际状况，“十五”期间轻工业的发展速度预计为：工业增加值年均增长速度为8.5%左右。

2. **优化产品结构**　大幅度提高产品质量和档次，增加中高档产品、高附加值产品、技术密集型、知识型产品比重，适应多元化的市场需求。

3. **提高技术水平**　轻工业技术进步贡献率达到50%左右，重点行业主要技术装备达到国际90年代水平，一些关键领域要达到国际先进水平。建立50家国家级企业技术中心。

4. **调整企业组织结构**　力争创20个国际知名品牌，形成100家年销售额30亿元以上的企业集团。

5. **合理区域布局**　东中西部地区要形成区域优势互补，合理分工协作的区域结构。

6. **扩大出口创汇**　轻工行业出口创汇力争由2000年的700亿美元上升到2005年的1 000亿美元左右。

7. **治理污染，节能降耗**　治理污染和节能降耗要见成效。“十五”期间，轻工企业的污染严重局面必须得到基本控制，主要污染排放总量在2000年基础上降低15%，重点耗能产品单耗降低5%～10%，节能率达到5%。

## 四、“十五”结构调整和发展的重点

**（一）加快造纸、食品、轻工装备等产业关联度大、带动作用强、市场空间较大的轻工行业的发展**

1. **制浆造纸**　2005年机制纸及纸板产量3 800万～4 000万吨，比2000年的3 000万吨增长27%～33%，年平均增速4.8%～5.9%，人均消费水平34～38千克。其中新闻纸200万吨，印刷书写纸1000万吨，生活用纸320万吨，白纸板400万吨，箱纸板640万吨。木浆比重（含进口木浆）由2000年的16%提高到20%。中高档纸品由2000年的45%提高到60%。平均吨浆纸综合水耗由300立方米下降至150立方米，其中吨纸水耗由100立方米下降至50立方米。重点企业改造后，吨浆纸综合水耗达到国际先进水平（50立方米以下，其中吨纸水耗20立方米以下）。

（1）调整原料结构，逐步实现以木材纤维为主，扩大废纸回收利用和合理配用非木材纤维，逐步降低非木浆比重。

原料结构调整目标为：

| | 2000年 | 2005年 |
|---|---|---|
| 木浆比重（含进口木浆） | 16% | 20% |
| 废纸浆比重 | 41% | 45% |
| 非木浆比重 | 43% | 35% |

（2）调整产品结构，实现多样化，增加市场有效供给，适应多元化消费需求结构。

（3）调整企业结构，实现大型企业集团化，中小企业特色化，企业经济类型多元化。实施纸业规模经济政策。

（4）调整技术结构，加快技术进步与技术创新，逐步推进技术与装备现代化。

（5）根据资源和市场状况，调整区域布局，优化资源配置。

（6）加大治污力度，加强环境保护，节约水资源，促进造纸工业可持续发展。

2. 食品

(1) 主要目标。在结构调整和提高经济增长质量的前提下，“十五”期间预计年均增长率为10%～11%；食品工业产值与农业产值的比例：由目前的0.3～0.4∶1提高到0.5∶1；重点培育和发展若干个国际知名品牌并按照现代企业制度建立一批技术创新能力强、跨部门、跨所有制、跨国经营且具有国际竞争能力的现代食品工业大集团、大公司。初步形成以市场需求为导向的食品加工、农产品生产与原料基地建设相结合的现代食品工业产业链。到2005年，肉类加工比重由目前的4%左右提高到10%，肉类加工量达到640万吨；粮食加工比重由目前的8%左右提高到15%，粮食加工量达到8 250万吨；食糖产量达到1 000万吨；乳制品产量达到80万吨，液体奶产量达到200万吨；各种饮料产量2 700万吨；食用植物油3 000万吨；各种罐头380万吨；啤酒2 500万吨；盐3 200万吨。

(2) 食品工业发展的重点及主要方向。

①粮食食品。

大豆食品：“十五”期间，大豆食品工业将着重发展销路广、市场潜力大的豆奶、豆奶粉、大豆分离蛋白、大豆浓缩蛋白、大豆组织蛋白等新兴大豆食品；加快传统大豆食品工业化生产进程；在大豆资源的综合利用上，要以开发大豆磷脂、寡糖、食用纤维等功能性食品为方向，加快研制高质量、高附加值、高效益的具有特殊营养功能的新产品。在巩固提高东北、黄淮海生产区的同时，积极开发西部和南方红黄壤地区的大豆生产与深加工。“十五”末，初步形成现代大豆食品工业的构架，实现工业化大豆食品占大豆食品总消费量的30%，全国人均每日消费大豆食品20克。

玉米食品：利用玉米开发谷物早餐，即食粥及其他膨化食品等玉米主食品，实行主食粗细搭配。发展变性淀粉，用于方便面、香肠、冰淇淋等食品，改善它们的稳定性和口感，延长货架期。开发含油率高的玉米油新品种。

面粉食品：发展食品专用粉，开发强力粉、中力粉、薄力粉以及面筋相同而等级不同的多品种面粉和传统食品专用粉；强化小麦综合利用，积极开发谷朊粉、小麦胚芽制品，小麦麸皮制品等。

大米食品：发展米糠油和米糠综合利用新技术，集中开发米糠系列产品，扩大出口；开发精米加工新产品，发展免淘米、强化米、香米及各种配制米的生产和出口；提高传统米制品质量，开发新品种，利用新技术开发米粉、米面包、米片、米糊等适应市场需求的新品种、新包装，延长米制品货架期。马铃薯食品：开发马铃薯淀粉、预糊化淀粉生产工艺技术，发展全粉、精粉和适应工业化生产的变性淀粉及衍生物产品。

②制糖。“十五”期间重点是调整结构，控制总量，提高原料单产和含糖率，增加综合利用效益，加强污染治理。力争在5～10年内供居民直接食用的食糖做到精制和一次性小包装出厂。继续加强糖料基地建设，推进行业技术改造，促进糖厂综合利用和“三废”治理。

③乳品。总体上降低奶粉生产比例，增加液体奶产量。城市型乳品企业积极发展大众消费的巴氏杀菌奶、酸奶、配方奶，适当发展保鲜奶、奶油和干酪。基地型乳品企业仍以奶粉生产为主，并适当调整产品结构。重点发展配方奶粉、功能性奶粉以及作为食品工业配料的全脂奶粉、脱脂奶粉等；根据市场情况发展货架期长的灭菌奶；有条件的地方可发展干酪、奶油等。重点抓好东北、华北、西北乳品加工业的发展。要搞好奶源基地建设，扩大饲养规模、提高劳动生产率和原料奶质量。要推广“分散饲养、集中挤奶”和“集中饲养、统一管理”的“奶牛合作社”等模式。“十五”末机械挤奶率达到50%，全面提高原料奶质量。

④肉类食品。从单一品种向多样品种发展，产品由初加工向深加工、由大包装或无包装向小包装发展。积极发展分割肉、冷却肉、包装肉。努力开发方便、安全的肉类食品。“十五”末熟肉制品达400万吨。努力开展禽畜内脏、肥膘、皮、毛、骨、血等的综合利用，发展生物制品。对具有方便、风味、营养特色的地方肉制食品，要改进包装，扩大出口。

(3) 其他食品工业调整的主要方向。

油脂行业：发展专用油生产，根据油脂的用途，逐渐推广烹调油、煎炸油、人造奶油、起酥油、沙拉油、营养调和油和风味油等产品。加强综合利用，利用油脂精炼副产物生产卵磷脂、甘油、脂肪酸及类脂化合物等高附加值产品。开发各种油料蛋白产品，扩大油料蛋白在食品工业中的应用。

饮料行业：重点调整产品结构，提高产品质量，重点发展果蔬汁及果蔬汁饮料，稳定发展茶饮料，开发天然、营养、有益健康的饮料新品种。支持知名品牌的发展，产品质量达到国际标准。碳酸饮料进一步推广“集中生产主剂，分散灌装饮料”的生产模式。

罐头食品行业：重点调整产品结构，使罐头成为方便、风味、营养保健的食品。继续发展传统的果蔬罐头、肉类罐头，努力开发国内外市场畅销的罐头食品，积极发展地方特色传统风味罐头，努力增加品种，改善包装，提高质量，培育品牌。

酿酒行业：要继续贯彻“优质、低度、多品种、低消耗”的方针，积极实施“四个转变”(普通酒向优质酒转变，高度酒向低度酒转变，蒸馏酒向酿造酒转变，粮食酒向水果酒转变)，重点发展葡萄酒、水果酒，积极发展黄酒，稳步发展啤酒，控制白酒总量。

发酵制品行业：调整产品结构和加强综合利用，实现清洁生产。因地制宜，实施多元化原料路线，提倡采用非粮食原料，降低生产成本。积极采用高新技术和工艺，不断开发发酵新产品，提高总收得率。将基因工程和细胞工程技术应用于发酵产品生产，促进生产水平上新台阶。废水治理全行业达标排放。

焙烤食品糖制品行业：适应不同消费人群的需要，重点发展方便主食品、功能性食品，如速冻、微波、休闲食品和中西式快餐食品，提高人们一日三餐工业化食品比重。积极采用先进生产工艺，开发糕点、饼干、糖果、冷冻饮品、果脯蜜饯及休闲食品新品种，促进传统食品现代化。

(4) 主要政策措施。加强食品工业科学研究，促进食品工业高新技术产业化和行业技术进步；按市场经济的要求，结合农产品结构调整，搞好原料基地建设，提高可食用资源的综合利用水平；建立完善有效的食品质量保障体系，依法实施食品产品质量标准的监管；加大食品安全的监控力度，重视发展有机安全食品（绿色食品）。根据国际标准制定新的安全标准，加强有关技术设施建设，保证对食品卫生安全的有效监控。针对天然、卫生、健康食品的发展状况和国外设置“绿色”壁垒，发展我国的有机食品。

3. **轻工装备**

轻工机械：重点采用先进制造工艺技术、机器人技术、机电一体化技术、智能化计算机控制技术，以计算机集成制造系统（CIMS）为行业技术进步和技术改造重点，提高轻工机械技术含量，满足国内主要轻工行业发展的需要。重点发展造纸机械、塑料机械、陶瓷机械、玻璃机械、酿酒饮料机械、乳品机械、制糖机械和农产品深加工相关设备等。

模具：采用先进技术，加大专业模具厂的改造，提高模具的设计制造水平，产品向高精度、高质量、高档次方向发展。到2005年，高档塑料模具、玻璃模具基本实现国产化。

衡器：以调整和优化产品结构为重点，突出技术创新，提高电子衡器和自动衡器产品比重。到2005年，衡器产量达700万台左右，其中电子衡器100万台。

**（二）着力培育和发展家电、塑料、日化、室内装饰、包装装潢印刷、文体用品等市场潜力较大、产品附加值较高的新兴行业，开发新品种，拓展新领域，培育新的经济增长点**

1. **家用电器** 到2005年，我国家电工业总产值将达1 800亿元。家电重点骨干企业国际化经营步伐加快，在境外生产规模达5亿美元以上。主要家电产品产量为：家用冷藏冷冻箱1 800万台、洗衣机2 000万台、空调器2 600万台、微波炉2 000万台、冰箱压缩机1 800万台、空调压缩机2 600万台。电冰箱、冷柜CFCs替代全部完成。

2. **塑料制品** “十五”期间，塑料制品总产量年均增长10%，到2005年达到2 500万吨，实现总产值约2 500亿元，70%的塑料制品达到国际90年代末的水平，其余30%为当时国际先进水平。其中农用塑料节水器材技术水平要达到或接近世界先进水平，实现新增节水灌溉工程面积0.1亿公顷。

3. **日用化学制品** 到2005年，预计洗涤用品总产量达460万吨，其中合成洗涤剂414万吨，使合成洗涤剂在洗涤用品中的比例达90%；液体洗涤剂在合成洗涤剂中的比例达30%；香皂及高脂肪酸含量皂、复合皂比例达到40%。

香料香精：预计到2005年，香料产量10.3万吨，香精9.3万吨，香料香精销售收入达151亿元。

化妆品：到2005年，化妆品销售额达到500亿元。

电池：到2005年，总产值达270亿元，一次电池162亿只，二次电池7.88亿只，铅酸蓄电池3 500万KVAH。

4. **室内装饰** “十五”室内装饰行业的总体目标：预计“十五”期间室内装饰工程量年均增长约24%，到2005年全国完成室内装饰工程量6000亿元，带动装饰材料和用品的产值可达3960亿元。

5. **包装装潢印刷** 纸制品行业，重点发展低克重、高强度的高档纸制品；合理配置材料结构，改进生产工艺，推广彩面印刷E型细瓦楞纸容器及彩色印刷纸箱；逐步淘汰落后生产工艺，禁止使用对环境及人体有害的粘合剂；逐步实现生产的标准化、系列化、时代化；实现产品的多品种、多基材、多用途；通过技术改造，提高技术含量，促进纸制品行业由劳动密集型向技术密集型转化。

印铁制罐行业，要在不断降低能源消耗、消除环境污染的前提下，向适应国际潮流的高档次、多品种、精加工方向发展，推广使用大幅面高强度镀铬低锡板材，研制应用适合于各类内容物不同特性的内涂料，发展留空工艺，推广高频电阻焊工艺，废除锡焊工艺；发展形式多样的易开启并具有防伪、防盗功能的金属包装类产品；研制或引进一机多功能多工位高速生产线，为国内相关产品的开发应用提供技术保证。

**（三）积极采用高新技术改造和提升皮革、照明电器、日用硅酸盐、金属制品、日用机械等轻工传统行业，着力调整产品结构，扩大产品出口，提高国际竞争力**

1. **皮革及制品** 主要产品产量年递增5%，产品销售收入、出口创汇年递增10%，并创3～5个国际名牌产品。通过结构调整，高档产品比例达到15%，中档产品达到50%。到2005年预计产量（折牛皮）1.1亿张，皮鞋25亿双。

调整和发展的重点是：原皮方面，促进全国畜牧业、皮革业联合发展，建立优质原料皮基地，提高原料皮质量，规范、完善原料皮市场运营机制。制革方面，原料以猪皮为基础，猪、牛、羊皮并举。提高头层革的高档革比例，充分开发利用二层革，不断开发利用新的原料皮资源。以皮鞋及革制品为龙头，加强产品设计、技术开发和营销管理，不断提高行业综合素质和产品整体质量水平。发展服装革、包袋革、家具革和汽车坐垫革等，特别提倡开发优质猪皮服装革、包袋革、沙发革以及鞋里革等。毛皮方面，发展以饲养为基础的动物毛皮加工业，提高大宗产品（山羊、绵羊、狗、兔皮等）的染整技术，粗皮细作；进一步提高高档毛皮（水貂、兰狐、貉等）加工技术，增加产品附加值。相关配套方面，发展优质、低污染新型皮化材料，开发新型皮革机械、五金配件和鞋用材料，逐步形成专业化、标准化生产。强化行业的品牌意识，进一步调整出口产品结构，改变我国皮革及制品以低档产品出口为主的局面。加强环境保护，实施清洁生产、减少污染，确保皮革行业可持续发展。

2. **照明电器** 到2005年，照明电器行业总产值达到735亿元，"十五"年平均增长率达到8%以上。产品国际标准的采标率达55%以上，产品抽样合格率80%以上。

3. **日用硅酸盐**

陶瓷行业：到2005年日用陶瓷总产量控制在120亿件，出口45亿件，单件换汇额达到0.6美元，重点骨干企业技术装备达到国际90年代末先进水平。

日用玻璃行业：到"十五"末，全国日用玻璃制品产量达到913万吨，销售收入达到240亿元，实现工业增加值约80亿元。有20%的瓶罐玻璃达到轻量化水平；10%以上的日用玻璃企业的技术装备达到国际90年代先进水平。

4. **金属制品** 预计到2005年，金属制品行业完成工业总产值1 700亿元，年均增长7.2%。其中不锈钢制品25万吨、锁具15亿把、燃气用具2 900万台、抽油烟机800万台、铝制品13万吨、拉链160亿米，建筑五金完成产值450亿元。

5. **日用机械**

自行车行业：预计到2005年，全国自行车产量达4 000万辆。年产50万辆规模以上的企业，在产品开发、工艺装备、产品质量等方面达到国际90年代末先进水平。

钟表行业：到2005年，预计我国手表产量4.5亿只，时钟4.5亿只，培育数家在世界钟表市场上具有一定国际竞争力的钟表品牌。

缝纫机行业：到2005年，预计行业总产值达120亿元，总产量710万台左右，其中家用缝纫机约400万台，工业缝纫机310万台。

## 五、主要政策措施

1. 继续深化改革，实现制度创新，逐步建立起适应市场经济和轻工业特点的所有制结构。

2. 加大结构调整力度，促进产业结构的优化。

3. 认真研究WTO规则，利用国际惯例，合理实施产业保护。

4. 坚持产业发展与环境保护同步，企业治污与社会治污相结合，加大"三废"治理力度，实现轻工重点行业排放总量控制下的经济增长。

5. 适应信息化、网络化时代发展的要求，加快轻工业信息化进程。

6. 加强技术创新，实现技术跨越，促进轻工产业升级。

7. 积极构建符合市场经济规律的轻工业现代产业链。

8. 进一步扩大对外开放，建立和完善轻工业开放型经济体系，积极实施"走出去"的国际化战略。

9. 大力开拓国内市场，千方百计扩大出口。

10. 充分利用资本市场，多形式、多渠道、全方位地吸纳各类资金。

# 奶业产业化发展

## 我国奶业产业化发展特点

我国奶业产业化与其他行业产业比较，既有共性，亦有特性，我国奶业产业化及其发展是由其特性决定的。从理论政策和实践层面角度来探求、论述其特性，对我国奶业产业化发展具有重大指导作用。

**（一）奶业产业化的定位**

奶业产业化首先要明确其定位。奶业产业化有3个层次：一是奶业产业化是中国农业产业化的重要组成部分；二是中国农业产业化中最重要的部分——食品饮料业中最核心的部分；三是奶业产业化在奶业发展中具有战略作用。下面农业产业化和食品饮料业两个角度来比较论述奶业产业化。

奶业产业化与农业产业化和食品饮料业既有联系，也有区别。其特点就是：它从一开始就是一个现代型的由国外引入的产业，所以它侧重于产业经营，而且是先有企业家后有农户的家庭经营。奶业自新中国诞生开始，就直接从产业层面进入奶业的发展。在第一批国家颁布的农业产业化龙头企业里，奶业企业占有相当的比例，第二批龙头企业里，奶业龙头企业又占有非常重要的位置，而这些经济效益都很好，说明奶业产业化在中国农业产业化中的独特方位和影响。

奶业产业化与一般的农业产业化不同，尤其是与种植业产业化不同，我国的农业产业化有几个障碍性因素。一是土地，中国人多地少，缺少像欧美国家的规模农业，二是中国的农民非常多，而且穷；第三是中国气候复杂，难以进行控制；如粮食等土地资源性产业的产业化受制于土地规模经营的形成，农业科技产业受制于农民素质，而收益较多的经济作物生产又受气候和市场风险影响等等。而奶业产业化却突破了这三个障碍，不讲究地，也不受人多大家想致富的局限，同时因为它是一个工厂式的家庭棚舍饲养，不受自然天气的影响，这就使它在中国农业发展中有特殊性。但是也要看到奶业产业化的发展需要大量资金、较高层次的人才和先进适用的技术，这又是和我们传统的农业不一样的地方。发展奶业的门槛比较高。而一旦有了这样一种好产业，人才、技术、资金就会向这个回报率较多的产业流动。由于奶业中的奶牛是大牲畜，工厂设备贵，这些生产要素一旦进入奶业，资产专用性强，难以退出。这也是奶业产业化的特性。

奶业和食品饮料业在产业化方面的区别。食品饮料业是我国的第一大产业。而奶业在食品饮料业的产业化中，有一个突出的特点就是：它既是食品业又是饮料业，这是它一个非常重要的产业特性。我们应注重来自饮料业的信息，实际上奶业的竞争更重要的是来自饮料业的竞争。奶业同时具有食品业的特点，因为随着大部分国民的生活方式的变化，牛奶已由过去只供病人、老人和孩子的奢侈品，转变为消费市场潜力巨大国民的常规食品。牛奶作为饮料，它的生津止渴的作用很重要，同时又是食品，强身健体，每日必需。这两种功能在牛奶上得到统一，使奶业与食品饮料业比较有很大的区别。奶业在生产环节中是以饲养奶牛这种大型动物为主，这种大型动物与养殖业中的鸡鸭、猪羊等小型动物不一样，这些奶牛使奶业有自身的特点，也使其产业化发生了很大的变化。

**（二）奶业产业化发展的要点**

第一，市场开拓是前提。奶业的发展是由国民经济成长到新阶段自然拉动的，更重要的是奶业企业对市场的不断开拓。因为中国人传统上不喝奶。但随着国民收入的增加，中国人饮奶会增加，并形成消费时尚，这只是消费的发展趋势。潜在的市场需求要转变为现实的社会购买，政府和企业在宣传、引导消费和培育市场方面的作用十分重要。发展奶业就需要积极开拓市场，“让人人喝奶，天天喝奶，终生喝奶”，因此，市场营销在奶业产业化中具有非常重要的作用。

第二，发展奶业，讲究平稳、流畅的产业运行。因为奶牛是大型动物，价格较贵，生长周期很长，资产专用性强。农民养了奶牛，奶价是否平稳，直接关系到农民增收目标的实现，甚至是影响到农民的投资安全。因此，奶业的运行非常讲究平稳。世界各国保护奶业，无论是搞配额，还是搞关税保护，都是因为考虑了奶业的这种特性，为了不影响奶农的利益，而采取各种防止整个产业波动的措施。

第三，强调人力资本的核心作用。奶业的养牛、加工、销售必须在专家的指导下，在企业家的运作和带动中，才能从事这个产业。所以，千家万户养牛，必然过渡到一部分专业户和大户的专业化养牛。因为很多农民不具备高水准、集约化养牛的条件、知识和能力，所以，发展奶业必须发挥人力资本，尤其是高层次的人力资本的作用，像市场运作的企业家、产业资源配置的官员和维护市场秩序的协会专家等。这些高层次人才的作用在发展奶业中表现得非常突出。

综上所述，奶业产业化在整个农业产业化中具有非常突出的作用和地位。第一，奶业产业化为农业产业化发展提供了一些经验和指导方向，在发展农业产业化过程中，不能过多地从家庭经营的层面来考虑产业化的问题，要着重从产业的层面考虑，这将是未来的发展趋势。当然，在中国的国情下，也要考虑产业经营与家庭经营怎么衔接。第二，在现代产业运行方面，奶业这个最具现代性的产业，必须重视市场开拓与产业运行的良性互动。第三，发展农业产业化，必须有高层次的人力资本发挥作用。当前最稀缺的就是企业家。现在水平较高的企业家往往从奶业产业化中产生，以其核心作用来带动其他农业企业家的成长。第四，奶业这种现代产业的发展，将以全新的产业理念、科技、装备等产业支撑和机制体制等产业保障来示范带动整个农业产业化，提高其经营水平。

**（三）发展奶业产业化应该注意的几个问题**

1. **产业理念问题** 产业理念有三个层次，第一个层次是观念。发展奶业产业化，最核心的产业观念是两个字："竞争"。而且这个竞争已经国际化。当前的要害就是要在市场上、竞争中制胜，只有压制住竞争对手，才能取得利润。竞争有四个方面。第一个就是差异竞争。奶业的竞争中差异性仍然存在，需要不断开拓新的市场、新的产品，包括学生奶。要独辟市场奇径，在竞争中制胜。第二就是规模竞争。大型乳品企业在竞争很大程度上是规模的竞争。规模直接影响到成本，影响产品市场品牌宣传和销售价格。第三就是局部竞争。作为一个企业，地区发展奶业产业化，可以从局部入手考虑，在关键点上突破，能在这一点上有优势，在产业化的经营链条中居于有利地位，往往就会迎来合作者。第四个就是综合竞争，也就是把各种比较优势组合形成集群，有可能具备一种新的竞争优势。

第二个层次是产业战略。现在的企业、产业无论是体制改革，还是引进人才还是技术装备的改造，都是围绕战略而进行。现在的市场竞争，小企业凭机会，大企业靠战略。奶业产业化经营中，走在前面的龙头企业都有自己独特的战略，优于别人，难以模仿。

第三个层次就是产业的机制。所谓机制就是一系列约束运行方式的条件下。在一组约束条件下，企业必定会按照企业家的意志运作。整个奶业产业化中，尤其是大型奶业龙头企业，国有经济成分比例过高，内在的机制不适应目前的竞争。奶业这个高度竞争的行业，要求激发企业家和技术人员的创造性，充分挖掘潜力，最大限度地发挥核心作用，并时时自律，反复斟酌风险与收益的对称，财产权和知识产权的激励和约束等问题。现在很多民营企业能进入奶业并迅速扩张，很重要的就是机制的胜利。

2. **产业前沿问题** 现在的竞争，更重要的是产业的前沿问题。前沿在市场。前沿是变化多端的。像现在奶业的前沿，不仅有来自国内奶业企业之间的竞争，而且有来自国外的竞争，来自于潜在对手的竞争，来自于其他食品饮料业产品的竞争。这个产业前沿问题非常值得关注。前段时间，有些企业挑起"无抗奶"的争论。尽管牛奶无抗菌素是国际惯例，是中国奶业发展的方向，但奶业同仁已注意到应该从保护奶业的角度来看"无抗"的问题，防止一部分企业炒作，让"无抗"的洋奶钻空子，大量进入中国市场，奶业各界联手使它平息下来。总的来看，奶业市场的秩序问题，尤其是终端市场的秩序问题仍然非常突出。这个问题不解决，最后受损的是整个行业，竞争前沿缺乏规则，产业就不能做大，别的产业就会加以利用，乱中取胜。

3. **产业资源问题** 奶业的产业资源有两大特性，第一就是这种产业连接着人和牛，很多产业资源围绕着人和牛互相配合，不断重新组合。而人，则包括养牛的人和收购、加工、销售、研究奶的人，他们与牛之间有很复杂的关系。第二就是好的奶牛少，优秀的人才也少，表现出产业高级资源的稀缺性。为什么奶业要给经营管理，尤其是营销人员高待遇？这是由竞争决定的，因为高级人才少。发展奶业关键是以这两大资源为中心的产业资源在政府引导和市场机制的作用下优化配置。

现在奶业资源在国际化的背景下突出的特点就是重新的积聚和流动。随着民营企业和国外跨国公司的进入，奶业高级管理人才的流动已经成为一种趋势。值得注意的是还有一种流动，即奶牛的流动，奶牛随人的流动。所以现在谈奶业产业资源的时候，一定要有流动和重组的概念。光明乳业提出的"轻资产"理论有一定的道理。要根据自己的优势，按照市场配置产业资源的趋势，为了市场竞争的需要，大范围优化重组企业需要的奶业资源。

4. **产业运行问题** 现在奶业产业化运行，出现了一种跨区域、间接化的趋势。很多大型企业都不用本地的奶源，跨区域到国内外最优良的牧场建基地。当然还有国外奶粉的进入。企业往往通过各种各样的中介组织去跟农民打交道。这样产业链条加长，而且中间加入了很多别的环节，别的经营主体。我们不能认为这种中介就不好，实际上产业大发展就需要中介，有了这种间接化的中介出现，反而更有利于企业和农民的联系。

还有，就是企业和农民，企业和中介连接的利益机制日趋复杂，他们之间的连接方向是利益共同体。这就需要很多种具体的制度安排，而最重要的就是企业、中介和农民之间有合理的价格体系、价差。通过价差，在市场交换中实现供需双方合理的利益分配，包括风险的承担。

同时，创造我们中国特色的运行机制问题。现在农业产业化的运行中，要么就是订单农业，要么就是买断，完全是市场买卖关系。但是根据调查，在产业化的发展过程中，有一种过渡形式，就是企业家向农户做出基本承诺，但是又不是一种法律的承诺，弹性比较大，比较适合现在奶业产业化的发展状况。这种形式再发展到一定的时候，在一定的区域内，可能会有规范的订单。

5. **产业安全问题**　发展奶业产业化时，确保安全是非常重要的，很多企业都是在安全问题上翻船了。奶业安全有三个层次。一是产品安全。像学生奶非常强调质量，一旦出事，将影响整个企业的生存。二是企业安全。企业产权明晰，有符合奶业实际的战略，才有安全意识，才会建立企业的安全机制。第三是产业安全。使市场开拓与产业发展良性互动，健康地运行，企业、农户等相关主体在产业中就都受益，少风险，产业安全是形成利益共同体的前提。第四就是环境安全。奶业环境安全包括生态环境、制度环境等方面。当前更重要的是舆论安全，很多奶业企业命系舆论，各个媒体对奶业的善意批评，有分寸的保护是至关重要的。

6. **产业组织问题**　当前发展业产业化，落脚点是提高竞争力，有效措施就是提高组织化程度。奶业产业有了好的结构，就会有好的功能。发展产业化，很重要的就是提高产业的组织化来调整结构，使它具有优良的竞争力。中国现在的实际问题是奶业怎么组织。当前的突破点，就应该通过产业的组织化发展产业，这个产业有竞争力，有效益，那么无论是农民还是企业，就会自愿组织到产业化上来。这是通过价值规律来组织农民，而不是一种没有效益目标和分配效益方式的组织。现在难点就在于政府怎么组织。有两方面：一是制度型的安排，通过政策、法规、规划来进行产业化组织，像优势农产品区域规划，就是通过有关制度性、政策性的法规来组织整个产业；还有就是非正式的制度安排，如舆论、信息引导，观点的交流，也会形成一种组织。这种组织更加容易，能够形成共识，同样具有作用。像组织产业化的论坛，是非常好的形式，在这种组织中，要重视治理这个概念。作为政府，往往强调的是管理，管理是政府单方面进行的，而治理是多方面的。治理讲的是企业、农民、专家等各个方面，大家共同参与奶业产业化的组织活动，这更加符合市场经济，符合政治文明的要求。

（全国农业产业化领导小组办公室　丁　力）

## 加强奶源基地建设与全程质量控制

我国奶业在快速增长过程中，乳及乳制品质量也有了较大的提高。2001 年 7 月在农业部召开的全国绿色食品工作会议上农业部副部长范小健讲话中称：“奶粉产量中，绿色产品占 40%。”另据报道：受国家质量监督检验检疫总局的委托，中国名牌战略推进委员会在 21 类产品中开展评价工作，确定了 120 家企业生产的 123 个品牌为中国名牌产品。其中奶粉、液态奶注册商标有 13 个，生产企业 11 家。奶粉品牌为：三鹿、龙丹、圣元、古城、伊利、完达山、金星、秦俑；液态奶品牌为：三元、三鹿、伊利、光明、蒙牛。这些信息令人高兴，也增强了创造名牌的信心。但是，我们还必须承认差距，并在薄弱环节上狠下功夫，努力赶上国际先进水平。

为了提高乳及乳制品的质量，必须从源头抓起，从而使现代化乳品加工业建立在拥有充足优质原料奶供应的基础上。同时，把质量控制体系贯穿于生产、加工、销售的全过程。从当前我国奶业发展的现状看，需要强调并认真落实的主要方面是：

**（一）良种良法配套**

目前，良种奶牛约占全国奶牛总数的 60%，由于饲养管理工作跟不上，以致许多“高产奶牛不高产”，奶牛头均年产奶量一般偏低。全国成年母牛年均产奶量只有 3 200 千克，世界成年母牛年均产奶量为 5 500 千克，这是我国奶业生产落后的根本原因之一。

首先，在良种繁育推广方面，要进一步完善奶牛良种繁育体系，奶牛育种中心建设、良种公牛后裔性能测定（DHI）网络的完善等都需要注入必要的资金，使之能够生产供应更多更好的冻精胚胎，尽可能减少进口，以加快良种奶牛的繁育和推广。冻精质量和人工授精技术也需要进一步提高，要坚决取缔劣质种公牛配种，并建立谱系登记制度，防止杂交乱配；配种人员应当实行持证上岗，并做到有奖有罚。

第二，要以实现“精养、高产、优质、高效”为目标，踏踏实实地做好以下各项适用技术的推广普及工作：

1. 参照《中国奶牛饲养标准》并结合推广应用新的技术成果和经验，按照奶牛不同发育阶段，不同产奶量，科学设计日粮，保证奶牛营养的需要，提高奶的产量和质量。
2. 饲喂苜蓿等优质青干草和全株玉米青贮技术。
3. 草原改良、退耕地和冬闲地种草技术。
4. 人工授精，避免近亲繁殖，并提高情期受胎率的知识和技术。
5. 胚胎移植技术。
6. 疫病综合防治技术，把奶源基地建成无规定疫病区。
7. 机械挤奶技术。
8. 饲养管理综合配套技术。包括搞好棚舍卫生，改善饲养环境，无“三废”（废水、废气、废渣）污染，并尽可能采取厩肥还田、沼气利用，农牧结合、果牧结合、渔牧结合等无害化处理的方法，促进农业的可持续发展。

第三，加强疫病防治，控制兽药残留。要认真贯彻“预防为主”的方针，进行全方位、程序化免疫接种，搞好消毒、驱虫等工作，建立“无规定动物疫病区”，避免或减少发病用药。除不滥用药物外，还务必遵守停药期的规定，使药物在奶畜体内的残留量控制在安全残留量之下。患有乳房炎的牛，要隔离饲养，防止交叉感染。

第四，推广机械挤奶，并注意乳房卫生。为了解决农村奶牛生产规模狭小、劳动生产率低、科技含量低、生产成本偏高、原料奶质量较差的问题,应以适度规模饲养小区、奶牛场和大型专业户为载体,使机械化挤奶普及率在"十五"期间达到50%,十年内达到70%以上。

在机械挤奶过程中,务必强调按操作规程办事,熟练掌握乳房清洗、消毒、按摩技术,防止损害乳房和交叉感染。要坚持"废弃最初三反奶",使挤奶员及早发现异常牛奶和临床性乳房炎,并从乳导管中弃去含有高细菌的牛奶。废弃物要用专门容器盛装,以减少对环境的污染。

**(二)质量层层把关**

首先,在原料奶贮运过程中,冷链设施要配套。据有关资料显示:奶在挤出后3小时内迅速冷却至4℃进行贮存,是抑制奶中微生物生长的必要手段。但是,嗜冷菌在此条件下仍可生长。一般情况下,原料奶在4℃条件下贮存不得超过24小时。

第二,要使用保温(冷藏)车运输,并避免将合格的与不合格的原料奶混合运输。

第三,在加工过程的各个工段,应当实行"一票否决制",坚决做到不合格的原料和半成品不进入下一道工序,不合格的产品不出厂。

第四,改进不合理的乳品加工工艺、包装物质量和仓库管理。

第五,有效地实施CIP(自动清洗)系统和灌装消毒。

第六,完善销售中的冷链设施,货架日期不可过长等。

**(三)严格实行质量监督检验**

第一,为了保证乳和乳制品质量,迫切需要从《乳及乳制品良好生产规范》(GMP)和《危害分析关键控制点》(HACCP)的实施入手,加强奶业的法制建设和管理。主要是:⑴严格执行动物防疫法,制定重大疫病防治预案,健全疫病防治体系;⑵制定原料奶质量管理条例,完善奶和奶制品质量标准和按质论价办法,健全质量控制体系,加强对乳和乳制品的质量管理、监督和监测;⑶制定和完善奶业生产各环节的操作规程,规范操作者的行为;⑷不断改进和完善乳和乳制品全程质量控制,争取尽可能多的乳品企业的产品能够通过国际上公认的ISO-9000产品质量认证;⑸明确质量管理主体。要改变乳和乳制品质量管理部门分割的局面,建立起权、责统一的管理机构,实行从原料奶生产、乳品加工、销售到餐桌的全过程质量管理。

第二,严格遵照执行农业部最新发布的《食品动物禁用的兽药及其他化合物清单》,对违禁药物的生产、经营进行清理和处理,嗣后一律停止生产经营和使用。

第三,大力进行普法宣传并组织培训,向从业人员讲解《奶牛饲草饲料使用准则》、《奶牛饲养防疫准则》,讲解食品危害分析关键控制点(HACCP)管理的详细内容,以及《产品免于质量监督检查管理办法》、《产品免于质量监督检查工作实施细则》等等;要求严格按照有关规定组织生产,精心操作,获得免疫资格的更要自觉严格遵守"产品免于质量监督检查管理办法",按照规定及时报送免疫产品的质量状况以及其他重大事项变化状况。

第四,加大打假力度,防止假冒伪劣产品充斥市场,以维护人民的健康并保护名牌产品的声誉和诚信守法经营者的权益。

为了加强奶源基地建设,特别是搞好绿色奶源基地建设,在立法执法以及上述各个方面,我们还需要诚诚恳恳地向发达国家虚心学习先进经验,争取新的进步。例如,关于原料奶的质量标准,就很有必要参照国际上通用的及发达国家实施的质量检验标准,对我国现行的原料奶质量标准尽早加以研究修订。

(中国奶业协会 李易方 徐定人)

## 三鹿集团强基地联农户推进奶业产业化经营

河北石家庄三鹿集团在推进奶牛养殖产业化的过程中,投资农业科技,与农民联合,妥善处理好奶农、收奶站、乳品加工厂三者的利益关系,搞好产前、产中、产后系列化服务,促进了奶业的快速发展,形成了一条相互依存、互相促进,共同发展、共同致富的奶业产业链。

**(一)"奶牛下乡,牛奶进城"闯出了奶业产业化经营之路**

第一阶段是公司加农户。1985年以前,奶源匮乏一直困扰着企业的发展,通过到外地学习考察,三鹿理清了解困与发展的思路,并不失时机地制定了"奶牛下乡,牛奶进城"的实施方案。1986年3月成立了石家庄冀中乳业联合总公司,采取公司加农户的模式,打破了传统的农村经济循环过程,实现了产、加、销结合和农民收入增加,企业规模扩大,初步形成了龙头带动农户的一体化产业链经济。

第二阶段是公司加基地加农户。自1989年开始,随着奶牛专业户的迅速扩大,及时建立了连接奶农与公司的综合技术服务站。先后投入资金1.2亿多元,购置各种挤奶设备和牧业机械1 760台套,建立奶牛技术服务站220多个,有效地实现了对奶牛饲料、治病、配种、收奶等产前、产中、产后系列化服务。近年来,又广泛推行了相对集中的饲养场制,为逐步实施机械化挤奶创造了条件。乳品生产加工业的发展带动了运输、包装、服务等行业的快速发展,形成了以乳制品加工为支柱产业,种养加、产供销、贸工农相结合的良性循环的一体化结构。据统计,三鹿集团带动了河北、山西、天津、甘肃、内蒙古等省、市的65个县(市)奶牛饲养业的大发展,饲养奶牛13.6万余头,日产牛奶2000余吨;带动3万多农户脱贫致富奔小康,安排农村剩余劳动力30余万人，把产业链延伸到了与奶业相关的种植、皮革、肉食、医药、饲料、运输、机械、印刷、包装等产业。另一方面，形成了大农业经济产业链，形成了龙型经济，使奶业经济逐步实现了规模化、社会化、集约化，农产品加工增值率成倍增长，多种经营出现空前的发展势头，农民的收入增长迅速。

第三阶段是资产一体化。随着三鹿品牌市场信誉的提高，单靠自己的生产能力远远不能满足市场需求。1993年以来，三鹿以品牌为龙头、以资产为纽带，先后对唐山市第二乳品厂等16个乳品企业、25家大中型奶牛场、220个奶牛技术综合服务站实现了联合、参股、控股。1995年6月，组建了石家庄三鹿乳业集团，走上了联合闯市场之路，收到了1+1>2的效果。

第四阶段是适度规模饲养。为了提高鲜奶质量和经济效益，近年来又建成了一批规模饲养示范小区，其管理模式为“四统一分一集中”。四统就是由三鹿集团和当地村委会进行统一领导，统一规划，统一管理，统一服务；一分就是分户饲养；一集中就是集中挤奶。具体说来有三种形式：

一是奶牛场式。一般饲养规模都在100头以上。三鹿集团（加工企业）无偿提供主要设备，如：挤奶机（一般为鱼骨式或管道式）、贮奶罐、冷奶槽、备用发电机组、保温冷藏运输车或罐。饲养户自建牛棚、挤奶厅。这种方式为饲养大户提供了用武之地，实现了规模效益。

二是集约化奶牛饲养场。三鹿集团和村委会共同组建奶牛饲养场。饲养场内统一建造若干家庭饲养小场（有奶牛运动场、饲料库、青贮窖、饲养员宿舍等），在饲养场中心建有集中挤奶大厅。养牛大户可自愿申请到场内养牛，由卖奶款分期支付房租、水电费和占地费（前3～5年免交占地费）。饲养规模一般为20头左右。集约化饲养场设管理委员会或奶牛技术服务站，负责日常管理，提供配合饲料、疾病防治、配种、供水供电、鲜奶收购贮存等系列服务。

三是挤奶大厅。在奶牛饲养集中的奶牛专业村，由奶牛技术服务站与村委会协商，在村外选择适当场地，由服务站筹集资金建集中挤奶大厅，由三鹿集团提供挤奶机械、冷奶槽、发电机组等设备，奶牛由各家在庭院饲养，定时牵来按顺序到大厅挤奶。其挤奶设备为提桶式挤奶机，便于分户计量。产前、产中、产后系列服务由奶牛技术服务站统管。这种模式解决了手工挤奶的劳苦及新养牛户不会挤奶等问题。

上述三种模式，始终做到“三自四统五注重”，即自愿参加、自定规模、自主经营；统一设计牛栏、统一供应水电、统一防疫灭病、统一饲喂标准；注重科学饲养、环境保护、规范管理、牛奶质量、农民与企业利益兼顾。还有两个共同的特点，一是杜绝了牛奶的掺杂使假，卫生条件有了大的改善，同时大幅度地提高了牛奶质量；二是由于机械挤奶（不包括手推车式挤奶）每千克鲜奶的价格要比手工挤奶的价格高，一头成母牛每年可多增收500元，农民收益明显提高。

**（二）把握利益平衡点，与奶农形成有机的利益结合体**

**1. 在服务上下功夫，形成产业链** 抓好全方位服务，是推进奶牛养殖产业化的前提条件。三鹿集团从帮助农民购牛、育种、防疫灭病直至收奶，为农民提供了优质系列化服务，提高了农民的养牛积极性。

一是为农民提供基础奶牛。我们采取了三种方法帮助农民养牛。第一，在贫困村养牛的初始阶段，为解决启动资金，实行奶牛“身价租赁”，即按牛作价，租给农民饲养，每月用1/3的奶款还租金，三年内还清，奶牛归己；第二，以30%的优惠价把奶牛卖给农民；第三，公司派出技术人员免费帮助购牛，并作妊娠检查、外貌鉴定、办理运输和检疫手续等有关事宜。

二是搞好防疫灭病、育种及饲料供应。在奶牛较集中的乡镇，配合当地畜牧部门，以收奶站为核心，建立兽医站、配种站、饲料站，为奶农提供系列化服务，解决了农民养牛的技术管理、疫病防治、配种改良及饲料采购等难题。

三是抓好技术培训，提高整体素质。公司抽调技术人员对养牛基地县、乡、村分片包干，进行技术服务和指导，及时解决了奶牛饲养中的难题和困难。开办各种类型的学习班为农村培养鲜奶化验员、育种员、兽医技术员等各类人才，促进了养牛业的发展。

四是搞好奶价监督，维护奶农利益。从1988年开始实行收奶以质论价，优质优价，惩罚掺杂使假者。公司投入巨额资金购进鲜奶快速测定仪，使定级快速、准确，保护了大多数诚实奶农的利益，提高了鲜奶质量。并在每月实行奶款监督制度，收奶站人员工资由公司发给，奶站不能以任何理由克扣奶款，并规定了最低保护价，兼顾了奶站、奶农各方的利益。

五是推广科研成果，促进奶业发展。科技人员经常深入奶牛场、奶牛专业大户，传授科技知识，推广先进科研成果。同时，还为奶农引进青贮切割机、饲草揉碎机、机械挤奶机等牧业机械，减轻了劳动强度，提高了劳动效率和经济效益。

**2. 兼顾各方利益，产业链环环相扣** 一是与奶农订立产销合同。将以往的单一买卖关系转变为合同契约关系。合同中对原奶的产量、质量、交奶时间做出明确规定，并明确双方（重点是公司方）的责任、义务与权利。二是及时调整鲜奶价格。依据饲料、鲜奶价格比，随着饲料价格的变动，及时调整鲜奶收购价，并制订了最低收奶保护价，保证了奶业的发展。自1993年5月1日企业有定价权后，随着玉米的市场行情，已先后18次主动上调鲜奶收购价格，使奶料比始终在1:1.4以上，保持了奶料合理比价，切实保证了奶农的利益。三是给予合理补贴。公司规定：凡是自备车辆将奶送至公司的，根据路途远近付给运费。各奶站交奶有1%的奶耗补贴，化验药品、各种设备维修费，公司负担50%，等等。

多年来，我们把奶农看成“上帝”，把奶牛综合技术服务站作为自己的“第一车间”；奶农也把公司当成避风港、保护伞。因此，在1988年下半年和1993—1994年等几次全国性奶业滑坡的形势下，冀中奶农收入相对稳定，没有出现非正常的杀牛、卖牛现象，使农民养牛致富的信心更足。在近几年的奶源竞争中，许多地方的乳品企业原料奶不足，而三鹿集团奶源充足，保证了加工所需。由于三鹿集团积极推进奶牛养殖产业化，建立了稳固可靠的奶源基地，并与奶农形成了有机的利益结合体，使奶业在市场竞争中始终立于不败之地。

（石家庄三鹿集团股份有限公司）

## 完达山集团奶业产业化发展历程

完达山乳业股份有限公司是全国农业产业化重点龙头企业之一，经过近几年的发展已进入全国乳业前十强。在这过程中，完达山乳业打破系统和地域界限，实施优势互补，实现了跨区域跨行业经营，结合产业带动实现了产品的多元化，同时发挥龙头企业的牵动作用，使区域奶牛产业得到快速发展。

**1. 依托地缘优势，构造绿色奶源基地** 完达山乳业在黑龙江省政府、农垦总局的支持下，开发了哈尔滨、牡丹江、北安、绥化、大庆等地区奶源基地，形成了完达山四大奶源区域，即黑龙江省哈尔滨市奶区，黑龙江省西部、北部、东部奶区，目前已在奶源基地建设奶站800多个，并按照标准化、规范化要求建设奶牛小区。奶源基地拥有草原牧地370千公顷，良种黑白花奶牛20万头，年收购优质鲜奶30万吨。

完达山乳业在奶源基地建设中，依托地缘环境优势大力发展高科技含量的绿色奶源基地（绿色奶源生态园区），主要分布在穆兴平原、三江平原和松嫩平原，是国际公认的奶牛带，是中国乳业首家绿色食品生产基地。公司坚持绿色食品来自绿色生态环境的原则，注重投入和建设力度，公司所在黑龙江垦区的9个分局中已获批准的国家级生态示范区1个，国家级生态示范区试点单位8个，保证了生产的原料奶来自绿色无污染的生态环境，使完达山乳品成为真正的绿色食品。

**2. 推出“分散饲养，集中挤奶”的奶源管理模式** “分散饲养，集中挤奶”模式符合现阶段中国奶牛产业发展要求。随着我国加入世界贸易组织，各乳品企业纷纷制定相应措施，以应对世界范围内的挑战，完达山乳业为确保产品质量，实施了新的奶源管理模式，即：“奶牛分散饲养，集中挤奶，低温储存”。经过近两年的运行，得到奶牛养殖户的认可，提高了鲜奶质量和奶牛饲养管理水平，使传统的饲养模式逐渐向规模化经营方面过渡，减轻了奶农的劳动强度，增加了单位劳动力的养牛数量，提高了工作效率，避免了奶农自己储奶造成酸奶的风险，杜绝了鲜奶掺杂使假现象，降低了奶牛饲养成本，提高了经济效益。

“分散饲养，集中挤奶”模式是企业与奶农双赢的模式。按此模式运作，企业不需投巨资建设牛舍和运动场，减少了固定资产投资，有利于企业的资金周转，同时又解决了奶户交奶难的问题，减少了奶牛户挤奶、冷藏等设备的投入，使企业与奶户达到“双赢”的目的。

在奶牛机械挤奶站区域，推广两遍机械挤奶技术，与国际奶牛养殖业接轨。可使鲜奶质量均衡、理化指标稳定、奶牛体质增强，减少奶牛发病率，增加奶牛利用年限，从而提高奶牛产量。

**3. 规范鲜奶收购市场，使奶牛养殖业走上良性发展的道路** 完达山乳业严格执行鲜奶收购标准，取消了鲜奶收购的中间环节，规范了鲜奶收购市场。按照“公司+基地+农户”的运作模式，公司通过奶站直接把奶资兑现给奶农，杜绝了克扣奶农、坑害企业的行为，通过奶牛业快速发展的拉动作用，促进了当地经济的发展，合理的奶价和收奶方式，增加了奶牛养殖业经济效益，使广大农户得到实惠，增强了奶农饲养奶牛的积极性。

**4. 依托龙头企业，构造奶牛产业化经营模式** 依靠完达山乳业的龙头牵动作用，在奶牛产业化经营模式上，逐渐形成了“市场牵龙头、龙头带基地、基地连农户”的牛乳产业链，在产业化经营措施上一是加强领导，落实目标责任制。先进的管理机制，使奶牛养殖业向健康科学的轨道上发展。二是通过科技驱动，推动奶牛产业规模化生产经营。公司按照“服务、扶持”双向推进的原则，着力于加强奶源基地建设，通过奶牛基地规模化、集约化水平的不断提高，支持龙头企业竞争，带动基地奶业发展，首先是价格优惠，提高了农户养牛积极性；其次是系列化服务，经过多年努力，服务体系已延伸到队、到户，奶牛户实现了“鲜奶交售、饲料购买、技术咨询、疫病诊疗、人工授精、奶资兑现”六不出队。在饲草饲料、繁殖育种、牛舍建设等重要环节上实行科学管理，推广了奶牛舍饲、饲喂青贮、机械挤奶、疫病综合防治等奶牛配套增产技术，使奶牛存栏、产奶量逐年提高。三是为确保基地奶牛业长期稳定的发展，成立了完达山牧业开发服务公司，对基地农户进行奶牛饲养、繁育、牧草种植、疫病防治、饲料生产等方面的技术指导和信息服务，为农户解决技术难题，推动了基地奶牛业的发展。

**5. 向全社会推出“放心奶工程”** 近年来，完达山乳业向全社会推出“放心奶工程”，从基地、奶源、加工、检测、生产、包装、配送企业服务、品牌形象、文化传播等，都按绿色食品标准运作，制定了《奶牛饲养技术规程》、《生鲜牛乳收购质量标准》，规定了奶牛在生产过程中环境、引种、生产资料、防疫、废弃物处理、饲养管理等方面的具体技术要求，让消费者喝到真正的放心奶。

完达山乳业通过近几年的发展，奶源基地不断扩大，目前已遍布黑龙江省27个市县区和黑龙江垦区55个农牧场，结合黑龙江省奶业振兴计划，各地纷纷制定了相应的优惠政策，为农民提供全方位的技术服务。奶牛产业的迅速发展加快了农民增收的步伐，一个以市场为导向，以企业为龙头，以奶农为基础，以利益为纽带的贸工农一体化的奶业产业链正在完达山奶源区域逐渐形成。

（黑龙江完达山乳业股份有限公司）

## 北京大力发展奶牛合作社

北京市在发展奶业产业化中，采取“以奶牛养殖小区为基础、奶牛合作社为主体、乳品加工企业为龙头”的基本模式，即：在奶牛养殖小区的基础上，由养牛户本着自愿的原则，成立自己的专业经济合作组织——奶牛合作社，合作社对内则为社员提供饲养、配种、防疫、机械化挤奶和技术培训等服务，进一步提高农户养牛的组织化程度；对外代表社员通过契约的方式，与乳品加工企业确立稳定的购销关系，明晰各自的利益和权利义务。从而按照市场法则，以共同的利益为纽带，形成比较完整的产业链，实现产销双方互利双赢。

在发展奶牛合作社的过程中，为进一步加快奶牛合作社的发展，强化和完善奶牛合作社的服务功能，北京市政府专门制定了发展奶牛合作社的扶持政策，2001年以来，政府采取统一招标采购、实物扶持的办法，为全市生产规模大、带动能力强的奶牛合作社，统一配套机械化挤奶和设施，为74个奶牛合作社配套机械化挤奶机45套、鲜奶制冷罐45个、奶罐运输车23辆。使全市150多个奶牛养殖小区的5 000多个农户共计4.4万头奶牛实现了机械化统一挤奶，鲜奶贮藏和运输全部实现了冷链化运行，有效地改变了传统落后的、分散的手工挤奶和手推车式挤奶，强化了奶牛合作社的服务功能。通过奶牛合作社的有效组织，减少了挤奶、贮存和运输环节的污染，降低了细菌指数，使户养奶牛的乳品质量得到明显改善，提高了农户的牛奶等级，增加了农民收入。同时，由于鲜奶质量的提高，也为乳品加工企业提供了合格的原料奶，降低了加工环节的成本，缩小了产销环节的矛盾，有力地推进了全市奶业产业化的顺利发展。

由于加大了政策引导的力度，北京郊区奶牛合作社取得了长足的发展，截止到目前，全市共发展奶牛合作社160多个，入社奶牛养殖户7 000多户，占全市奶牛养殖总户数的74%；入社奶牛头数达到7.5万头，占区县奶牛存栏总数的69.2%，其中入社成乳牛达到4.9万头，占区县成乳牛存栏总数的71.3%。合作社与乳品加工企业签订的鲜奶销售合同占入社牛群总产奶量的85%以上。如：怀柔区杨宋镇梭草奶牛合作社，由村集体的隆茂奶牛场、股份制的万茂奶牛养殖有限公司和农户三部分组成，合作社建有完整的章程，并成立了配种组、防疫组、化验组和技术服务组，对内为奶农提供配种、治疗、鲜奶化验和饲料配方等技术服务，对外代表社员与市三元乳品公司签订鲜奶销售合同。目前，该合作社共带动3个奶牛养殖小区的160多个奶牛养殖户从事奶牛生产，奶牛存栏达到1 828头，并全部实现了机械化统一挤奶。由于奶牛养殖小区和奶牛合作社的发展，带动了郊区户养奶牛的快速增长，使郊区奶牛的养殖方式和经营结构都发生了深刻变化。郊区奶牛养殖户累计达到1万多户，饲养奶牛达到10.78万头，农户奶牛存栏占全市奶牛总存栏的比重由2000年初的47.6%上升到75.4%，提高了近28个百分点，在牛奶总产量中，来自农户的比重也由47.5%上升到68.8%，提高了21.3个百分点。农民养奶牛已经成为北京郊区奶牛生产的主体。

目前，北京市正在结合农业部万枚奶牛胚胎移植富民工程的实施，通过奶牛合作社，组织各区县规模较大、管理规范的优秀奶牛养殖小区开展高产奶牛的胚胎移植工程，进一步扩大高产牛群，提高全市奶牛的生产水平。在现阶段，奶牛合作社作为提高农户养牛组织化程度的一种有效组织形式，在北京郊区的奶业发展中将发挥着越来越重要的作用。

（北京市农委养殖业管理处）

# 国家学生饮用奶计划

## 国家学生饮用奶计划实施概况

2000年11月15日，农业部等九个部委局在北京人民大会堂联合召开实施国家"学生饮用奶计划"新闻发布会，宣布国家"学生饮用奶计划"正式启动，同时将农业部、国家发展计划委员会、教育部、财政部、卫生部、国家质量技术监督局、国家轻工业局《关于实施国家"学生饮用奶计划"的通知》和根据这个通知精神制定的《国家"学生饮用奶计划"暂行管理办法》等文件向社会公布。

实施"学生饮用奶计划"是指在政府的支持和引导下，通过专项计划向在校中小学生提供乳制品。这是世界上许多国家为改善学生营养和健康状况而采取的一种通用而有效的做法，我国在这方面采取的行动已得到联合国粮农组织的肯定与支持。在我国实施"学生饮用奶计划"意义极为重大。第一，实施国家"学生饮用奶计划"是改善我国青少年营养健康状况的迫切需要。据调查统计，我国0～5岁儿童的身高有35.85%达不到标准，同年龄段儿童的体重有18%达不到标准。另据有关资料，我国45岁以下的居民平均身高明显低于日本，且随年龄降低而差距增大。现代营养学研究认为，牛奶是营养全面的理想食品，含有丰富的蛋白质、脂肪、碳水化合物、维生素和包括钙、铁、锌、锰等在内的微量元素，且易于人体消化吸收。让青少年学生坚持每天饮奶，对提高他们的营养健康水平是非常必要的。第二，实施国家"学生饮用奶计划"对提高国民身体素质，增强国力具有重要的战略意义。21世纪，随着经济全球化，国际竞争将日益加剧，而国际竞争实际上是综合国力的竞争，最终体现在人的素质上，身体素质又是人的素质的物质基础。因此，实施"学生饮用奶计划"不仅有利于青少年的健康成长，而且对经济社会发展，对民族兴盛、国家富强都有重要的意义。第三，实施国家"学生饮用奶计划"有利于调整和优化农业结构，促进奶业和相关产业的发展。而包括奶牛养殖在内的畜牧业，是农业结构调整的一个主要内容。实施国家"学生饮用奶计划"，必将对农业结构调整特别是发展奶业，产生积极的影响。同时，还将促进相关的牛奶加工、包装、运输、服务等多种产业的发展。第四，实施国家"学生饮用奶计划"对扩大内需、拉动消费、增加农民收入具有积极的意义。需求不足是我国经济发展的一个重要制约因素，通过实施"学生饮用奶计划"必将拉动对牛奶以及相关产品的需求，形成经济发展的一个新的增长点，并使农民从中受益。

有关这项计划实施的进展情况是：

**（一）建立领导机构**

实施国家"学生饮用奶计划"是一项政府引导的行为，关系到国家和民族的长远利益，同时也是一项造福子孙的伟大工程。为保证此项工作的有序开展，2000年4月正式成立了有农业部、中宣部、教育部、卫生部、国家计委、财政部、国家质检总局等部委组成的部际协调小组，下设办公室（设在农业部），负责全国"学生饮用奶计划"的规划、组织、协调和指导工作。在省、自治区、直辖市和实施"学生饮用奶计划"的城市，也成立和指定了相应的工作机构，使此项工作得到组织保证。在国家和一些地方还分别成立了专家委员会。

**（二）制定政策法规**

为使"学生饮用奶计划"的实施，达到规范化、法制化的要求，从2000年8月起，部际协调小组有关成员单位先后制定和发布了《关于实施国家"学生饮用奶计划"的通知》、《国家"学生饮用奶计划"暂行管理办法》、《学生饮用奶定点生产企业申报认定暂行办法》、《中国学生饮用奶标志使用暂行管理办法及使用规范》、《关于开展学生饮用奶及学生集体用餐监督检查工作的通知》等文件和法规，使实施"学生饮用奶计划"工作从一开始就有法可依，有章可循。

**（三）确定方针、原则**

文件规定，实施"学生饮用奶计划"必须坚持"统一部署、规范管理、严格把关、确保质量"的工作方针。要在国家"学生饮用奶计划"部际协调小组的统一组织、协调和指导下，认真贯彻执行《通知》以及"实施方案"和"管理办法"的规定，严格执法和管理。原来由协会和企业自行组织的学生奶活动，必须停止，并纳入国家"学生饮用奶计划"的轨道，按统一的规范进行管理。同时坚持"安全、营养、方便、价廉"的原则。其中安全实际是一个卫生是否达标的问题，也是首要的必备条件；而营养则是一个质量标准问题，也是实施"学生饮用奶计划”的根本目的。以上两条是实施“学生饮用奶计划”中必须确保的。方便、价廉，是考虑便于学生饮用和减轻学生家庭的经济负担，也有利于学生饮用奶的推广，应在可能的条件下，尽量采取措施去实现。为了确保学生饮用奶的安全和营养，企业、学校和有关政府行政部门都要负起责任。其中关键是企业要按卫生和质量标准生产合格的产品。学校要按规定组织学生饮用。政府部门要加强检查和监督。要坚持社会主义市场经济的基本原则，实行有限的市场竞争。学生饮用奶是一种只供特殊人群（中小学生）在特殊场所（学校）消费的特殊商品，由这种特殊性所决定，生产学生饮用奶的企业必须在政府的引导和监督管理下，实行有限的市场竞争。

**（四）组织试点工作**

由于实施“学生饮用奶计划”是一项全新的工作，应采取先试点、后推广、分步实施、逐步扩大范围的工作步骤，在总结试点经验的基础上，稳步推进。从1999年12月开始到2001年末，在北京、上海、天津、沈阳、广州五个城市进行试点，取得了初步经验。2001年10月在北京召开的实施国家“学生饮用奶计划”工作会议确定，将实施“学生饮用奶计划”扩大到具备条件的其他省会和重点城市。

**（五）认定定点企业**

为了确保学生饮用奶的卫生和质量达标，对生产学生饮用奶的企业在奶源、设备、规模和管理等方面制定了较严格的措施。符合条件的企业自行提出申请，经所在城市和省级学生饮用奶机构初审，农业部、教育部、国家质检总局等认定，方可取得学生饮用奶定点生产企业资格。第一批7家定点企业于2001年5月正式认定和公布，第二批41家企业，已经专家委员会审定，将于2002年分别认定和公布。

**（六）开展宣传教育**

为配合“学生饮用奶计划”的实施，在中宣部的支持下，通过广播、电视、报刊等媒体开展了广泛、持续的宣传报道，为这一计划的实施创造了较好的氛围。

两年的工作实践证明，实施国家“学生饮用奶计划”是一项重要的政策和制度安排，体现了三个方面的积极作用：一是改善了青少年营养、健康状况；二是促进人们树立科学的饮食和营养观；三是拉动了奶业发展和农业结构调整。但是，在实施过程中也存在一些问题，主要是：体制和机制不完善，协调工作难度较大；人们对实施这项计划的了解和认识还有差距，推行过程中存在一定阻力；企业行为不规范，定点企业对学生奶的质量管理和配送环节存在缺陷，部分非定点企业和民间社会团体也在搞学生奶，加大了市场管理的难度。

（国家学生饮用奶计划部际协调小组办公室　孙仁松）

## 上海学生饮用奶计划实施的基本做法

上海市为贯彻农业部等七个部委《关于实施国家“学生饮用奶计划”的通知》精神，结合上海市的实际情况，认真实施“学生饮用奶计划”试点工作。目前学生饮用奶覆盖的区县有19个，近1 000多所中小学校和幼儿园，日供学生饮用奶约42万盒。回顾试点，主要做法是：

**（一）组织落实　健全学生饮用奶工作机构**

为了使“学生饮用奶计划”落到实处，在市、区县两级分别建立学生饮用奶协调小组，由市农委、市教委派员组成市级学生饮用奶办公室。根据国家部委办文件的精神，学生饮用奶办公室加强了与有关部门的协调与磋商工作，开展了对有关政策的调查研究，商研推进办法、宣传教育、落实困难学生喝奶等问题。对学生饮用奶价格的审核、定价和劳务费标准的确定，以及对招标企业价格的核定等问题上，由物价部门提出统一的价格和收费政策。在对乳品生产企业资格认定上，制定了《上海市“学生饮用奶”定点生产企业资质认定实施细则（试行）》和包括原料奶基地场、乳品加工厂及配送服务三个部分的《评分细则（试行）》及《评分表》。有了系统、严格的标准和办法，比较顺利地做好了定点生产企业的资质评估与认定工作。

**（二）规范管理　建立推进学生饮用奶的规章制度**

学生饮用奶是专供学生饮用的特殊产品，要求做到营养、方便、价廉，更重要的是确保安全。要做到两个确保，一是确保卫生与安全；二是确保内在的质量。

**1. 因地制宜制定实施方案**　考虑到上海有19个区县，近2000所中小学校，150多万中小学生，分布面广，因此，制订实施方案须稳步有序，逐步推广。经研究，就实施中的基本原则、组织领导、质量管理、价格管理、学校管理和配套措施等问题，制订了《上海市实施“学生饮用奶计划”的意见（试行）》文件，于2001年5月由市政府办公厅批转实施。

**2. 制定“学生饮用奶计划”实施规范管理办法**　学生饮用奶计划的实施，涉及到方方面面，要有各相关部门的配合和共同参与运作，明确每个环节的各自职责。为此，根据国家有关文件精神，结合上海实际情况，制订了《上海市“学生饮用奶计划”暂行管理办法（试行）》，由市农委、市教委、市物价、质监、卫生、财政六部门联合发文，对宗旨原则、适用范围、组织领导、生产企业、质量监督、价格管理、学校管理与配送、责任处理等方面，做出了严格的规定和要求，将“学生饮用奶计划”的实施纳入规范化管理的轨道。

**3. 实行政府引导与市场调节相结合的办法，组织**

**好学生饮用奶的生产与供应** 学生饮用奶的生产供应，遵循社会主义市场经济的基本原则和客观规律，按照《中华人民共和国招投标法》的有关精神，参照招标程序等方面的规定，选择规模化生产、储运、配送的大型骨干定点企业进行招投标，组织跨地区、跨城市供奶，实行有限的市场竞争。依照产品有严格检验的合格证明、价格适当、配送服务机制健全等条件较好的、获得资格的定点企业发了招标意向书，2001 年 9 月组织招投标会公开招标。然后经评标专家组（由卫生、质监、物价、乳品加工专家和校企公司代表组成）严格审查，评审确定。对中标企业在新闻媒体上公告，发给《中标通知函》和《市场准入证书》。获评标认定的中标企业同学校联系，由学校自主选定供奶企业，双方签订合同。

**（三）宣传教育　在全社会形成关心支持学生奶的氛围**

**1. 利用报刊等新闻阵地，连续登载系列宣传文章** 通过与教育相关的《家庭教育时报》(发行量在 40 多万份)，从 2001 年开始，连续系列登载“学生饮用奶计划”内容包括：“学生饮用奶计划”的背景及意义、世界各国开展“学生奶计划”的做法和经验、喝牛奶对儿童和青少年营养健康的关系、牛奶的营养价值和作用、课间加杯奶对孩子健康的重要性、上海市实施“学生饮用奶计划”工作意见的基本内容、乳糖酶缺乏和乳糖不耐受、如何解决乳糖不耐受的苦恼、如何判断自己是否乳糖不耐受、乳糖酶缺乏综合症、科学饮奶点滴、中国学生饮用奶的标准及其包装要求等文章，起到了普及知识，提高认识的作用，收到了较好的效果。

**2. 组织知识竞赛和分发宣传小册子，动员广大学生参与，提高学生喝奶的自觉性** 2001 年初，在市教委的积极配合下，组织近十万名小学生参加了学生饮用奶知识竞赛活动。在教育系统，分发了近 20 万份关于学生饮用奶的宣传小册子，组织中小学生参与“我喝学生饮用奶”绘画比赛，同时，通过媒体向国内征集“学生饮用奶”宣传口号。这两项活动受到了广泛关注和热烈响应，老师、家长和学生都积极参与。

**3. 利用各种宣传阵地广泛张贴宣传画，在全社会形成人人皆知，共同关心，积极推广的局面** 为开展社区宣传阵地，设计了一套共四张纯公益性的宣传画，印制 6 000 套，在全市学校宣传栏和社区科普画廊内广泛张贴。

**（四）配套措施　积极而稳妥地推进学生饮用奶计划**

**1. 广筹帮困基金，解决困难家庭学生喝奶问题** 家庭经济困难的学生，据调查约占学生总数的 5% 左右。解决好困难家庭学生喝奶问题直接关系到“学生饮用奶计划”能否顺利实施。本着量力而行的原则，探索靠全社会的关心和帮助来解决全社会孩子喝奶的新路子。积极筹备建立一笔帮困基金，对困难学生分别情况，区别对待，最终达到确保所有学生能喝上学生饮用奶的目的。

**2. 探索全年供奶机制，做到学生全年都能喝到学生奶** 学生饮用奶是由企业直接配送到校，专供学生课间饮用的。为了使学生每天都能喝上一杯奶，365 天不间断，目前正在探索试点在校期间双休日，用 1+2 的办法，即周五饮一盒带二盒学生奶回家，在寒暑假则通过社区服务组织，将学生奶送上门，实现学生在校和在家都能喝上学生饮用奶。

**3. 建立社会保障机制，应对突发事件，消除后顾之忧** 牛奶既是营养品，也是易腐变质的食品。针对在生产和配送进程中可能发生的突发事件，采取三项措施：一是加强对生产、加工、配送各个环节的安全监控，严格把好质量关；二是要求定点生产企业积极参加产品责任保险，把社会保障机制建立起来并落到实处；三是建立危机处理小组，对突发事件采取补救措施，使事件发生后能及时、妥善地得到有效处理。

当前在实施“学生饮用奶计划”具体工作中遇到的新情况、新问题主要是：

(1) 配送运力不足的问题。要保证按时供奶到郊区农村学校，企业需要投入大笔资金购置车辆，适当增加配送能力。

(2) 安全质量监管问题。在对企业资格认定时，虽然全面进行了检查评估，但忽略了对中转配送一环的检查，发生装卸环节操作不规范，造成产品挤压、破损、受污染，引起食物中毒的现象。因此，要确保安全质量监管，除要积极推行 HACCP 质量监控体系外，还要制订一个周密的监管细则，以便有章可循。

(3) 冬季学生喝奶问题。从实际运作情况看，冬季学生不习惯喝凉奶，需要认真加以解决。利乐公司和光明乳业公司正在试点学校建立恒温贮藏学生饮用奶小房子适当将牛奶加一点温的试验，以适合冬季学生喝奶。

(4) 学生奶破损补偿问题。学生饮用奶从生产企业到学校，要经过几次搬运，往往会造成包装受挤压破损。对此，有两种解决办法：企业给学校一定的周转量，从中调节；按一定的破损率计算，企业加量给学校。

(5) 关于乳糖不耐症和蛋白过敏的问题。目前在实施学生饮用奶计划中，多次发生学生饮奶后不适反应。对饮牛奶一部分人群因缺乏乳糖酶而引起乳糖不耐受和蛋白过敏反应缺乏认识，往往误认为“食物中毒”，给推广学生饮用奶计划带来很大负面影响，制约学生奶顺利开展。

**（五）需探讨的问题和建议**

**1. 学生饮用奶价格** 贯彻保本微利的原则，在确保安全质量的前提下，学生饮用奶要设法降低价格，减轻学生负担。定点生产企业对价格贯彻“保本微利”原则，是赞成的。但在具体核价过程中，对企业到底给多少利润为宜，没有具体界定标准，难以操作。有的企业因价格问题，暂时不考虑投资生产学生奶。奶贱伤企，又要承担极大的风险，影响企业生产学生奶的积极性。建议对价格问题通过调查研究，提出一个兼顾产需双方利益的合理标准。

**2. 学生饮用奶引进市场竞争机制问题** 从招投标尝试来看，引进外省市企业来参与市场竞争，由于定点企业数量有限，加上价格因素（需增加运输费、产品仓贮保管费、行政管理费等）和配送服务系统等原因，真正愿意参与竞标的企业不多。普遍反映，受区域性局限，在价格上难以与当地企业竞争，影响做常、做大。建议在小流通领域，指在本地区，也可包括邻近省市的定点企业中进行。现在有的地方采取地方保护主义，市场进不去，影响了企业参与市场竞争的积极性。

**3. 政府政策扶持问题** 实施“学生饮用奶计划”是政府引导行为，将“学生饮用奶计划”提高到子孙后代健康、中华民族强盛的战略来对待，中央政府应给予一定的政策扶持。在国家财力有限的情况下，建议能否在税赋上给予学生饮用奶优惠政策。如对学生饮用奶特供商品的营业税给予全部减免，对增值税，不分纯牛奶和调味牛奶，实行13%统一税率。这一优惠政策，只对获得学生饮用奶定点生产资格的企业有效。

**4. 学生奶的标准问题** 在学生饮用奶标准未出台前，企业主要依据是国家标准。文件中规定，调味灭菌乳中纯牛奶的比例不得低于80%，另外的20%标准如何掌握，添加剂按什么标准执行，学生奶包装盒纸质标准等，现在都不明确，在具体操作中很难掌握。建议学生饮用奶计划部际协调小组办公室尽快与有关部门协调，把标准制定出来。

**5. 加强科学饮奶知识的宣传** 实施学生饮用奶计划，正确引导社会各方对国家这一计划重要意义的认识，科学地指导教师、学生掌握合理的饮奶方法，进一步提高人们积极参与，自愿饮用学生奶的强烈要求，特别是促进各级领导层的重视，呵护学生奶事业的发展，加强科学饮奶知识宣传力度已刻不容缓。建议学生饮用奶计划部际协调小组办公室统筹规划、组织力量，针对当前实施过程中存在的一些重大问题，邀请营养、卫生、医疗、乳品加工等方面专家撰写一批有份量的文章，持续不断地进行宣传，以利于“学生饮用奶计划”顺利健康发展。

（上海市学生饮用奶办公室　陈　新）

## 天津实施学生饮用奶计划工作的基本经验

天津市是国家确定的中国“学生饮用奶计划”五个试点城市之一，为执行农业部等七部委《关于实施国家“学生饮用奶计划”的通知》精神，2001年7月天津市“学生饮用奶计划”工作正式展开。到目前，已有五家经国家批准的学生奶定点生产企业，有600多所中小学校的16万名中小学生饮用了学生奶。这些成绩的取得为今后学生饮用奶计划的开展提供了宝贵经验，主要有：

**1. 统一思想　精心组织** 在实施“学生饮用奶计划”之初，我们的思想认识并不一致，为此，我们在试点工作以前，先后召开四次各有关部门参加的会议，提高认识，统一思想，同时利用各种宣传手段，大造舆论，宣传实施“学生饮用奶计划”的重大意义，引导全社会把推广学生奶与改善少年儿童的身体状况，提高中华民族的综合素质，经济发展和民族强盛；推广学生奶与拉动市场，农民增收、农村稳定联系在一起；为了消除一部分人对学生奶是乱收费的误解，我们制定了“政府组织、企业生产、学校落实、学生自愿，社会支持”的工作思路；为了免去学校老师对学生奶质量的担忧，我们对学生奶的品种定位在保质期30天以上的超高温纯牛奶和调味奶，并对学生奶品种的质量从原料奶供应到生产加工和运输、贮存等环节实行全程监控。生产企业向社会承诺，保证不准一袋不合格产品进入学校。还制定了《天津市学生奶暂行管理办法》，规定学生奶定点生产企业只要出现一次质量问题，立即取消生产资格等，基本统一了认识。

“学生饮用奶计划”是一项政府行为，必须经心策划，严密组织。为保证这一计划长期稳妥的开展下去，天津市成立了由政府副秘书长任组长，农委、教委、卫生局、质量技术监督局、物价局、农垦集团、奶办参加的“天津市学生奶计划推动协调小组”，并由奶办、教委组成办公室，负责学生奶计划的日常工作。二年多来，学生奶管理机构先后召开各种会议23次，制定了规则，评审批准了定点生产企业，为本市“学生饮用奶计划”的实施发挥了重要作用。

**2. 制定规章，规范管理** 天津市在执行学生饮用奶计划时，严格执行《食品卫生法》、《质量法》和《消费者权益保护法》以及《天津市学生奶管理暂行办法》，使学生奶工作有章可循，同时对学生奶的定义、品种、包装、净含量、执行标准、标志、价格、定点生产企业的标准、供奶学校、学生奶的监督等都作了明确的规定。通过试点工作证明我们作出的这些规定和规则方便易行，效果显著。

**3. 按市场经济规则，选择生产企业，不搞独家垄断** 获国家批准的首批全国学生饮用奶定点生产企业一共有七家，天津就占了四家，这与本市对学生奶定点生产企业定位的指导思想有很大关系。在确定天津市学生奶计划实施方案时，市领导就提出要按市场经济的规则选择生产企业，不分所有制，不搞独家垄断，要引入竞争机制，实行有限的市场竞争，要让学校选择企业，如果只让一家生产，根本没有选择的余地。实践证明，在试点工作中，这四家企业在严格执行有关法规的前提下，各显身手，比质量、比服务、比贡献，使企业和学校都受益。在学校中销售的学生奶比在超市上出售的同类产品，价格要低20%～25%。回过头来看，在同一城市里搞几家企业生产学生奶，有利于质量的提高，有利于价格的平衡，有利于服务质量的优化。面对天津140万中小学生的大市场，各企业都在设备、技术、品种等方面做了长远的规划，有利于本市乳品工业的升级和换代。

4. **加强监督，保证质量** 为了保证进入学校的乳制品万无一失，我们成立了有各部门专家参加的学生奶专家委员会，从质量、标准、卫生、工艺、奶牛生产等诸多方面严格把关，一丝不苟。成立了学生奶质量监督检验委员会，对学生奶定点生产企业使用的原料奶严格把关，不是机械化挤奶的不收，不是冷链运送的不收，不合标准的不收。对原料奶每月抽查1～2次，对成品奶实行产品留样封存制度，对学生奶产品实行全程监控，并设立了热线电话和举报电话，建立了监督体系，做到学生奶质量万无一失，保证无重大质量事故发生。

总之，通过学生饮用奶计划的实施，明显提高了中小学生对钙的摄入量，改善了学生的营养状况，促进了学生体格的发育，进一步证明了开展这一计划于国于民大有益处。

天津市"学生饮用奶计划"试点工作取得了一定成绩，积累了一些经验，同时，在工作中也发现了一些问题：一是在认识上还不够统一，有人认为推广学生奶仅仅是一项商业行为；由于发生过食品事故，还有人担心学生喝奶会出现安全问题；二是这项计划虽然是政府行为，但具体扶持政策还没有到位，光靠企业让利有一定局限，企业不能赔本生产，还有一部分学生因经济问题不能订购学生奶；三是在实施中有关措施不配套，制度有待完善等。

在"十五"奶业发展计划里，天津提出"十五"末饮奶学生要达到50万人，2010年达到100万人，目前距离发展目标的差距还很远，因此要做大量的工作，争取实现这 发展目标。在推广的方法上，先城区、后郊区、县所在地，最后农村。依靠饮奶学生的现身说法，逐渐辐射周边地区。

此外，要做过细的工作，国外一些先进的经验告诉我们，学生饮奶的过程就是接受教育的过程，教育部门要在孩子们饮奶过程中，组织开展营养知识、卫生知识的教育。要结合环保教育，动员和教会孩子们用废旧包装物编制小装饰品，这既解决了包装物的回收，净化了环境，又培养了孩子们从小动脑筋、爱劳动的良好习惯，同时也可使孩子们从小养成喝牛奶的习惯。

学生奶进入学校以后，大量的工作给卫生老师和班主任老师增加了工作量，这就要求老师具有全心全意为祖国的下一代奉献爱心的良好品质。同时对付出劳动的老师给予一定的劳动报酬。

加强质量监管，确保学生饮用奶质量是学生奶计划成败的关键。随着推广工作的开展，饮奶的学生将逐渐增加，出现质量事故的机率也将增加，这就要求生产企业严格把关，要从源头做起，从基础做起，确保学生奶的质量。一是要抓好奶牛小区的建设。凡是向学生奶定点生产企业提供原奶的奶牛场和奶站，都要实行机械化挤奶和冷链储运。二是增加对原料奶的检验密度，每个月对原料奶的质量定期或不定期检验一到两次，发现质量问题及时解决。三是加大打假力度，严禁未经加工和消毒灭菌的散奶进入学校。同时加强学生奶生产环节和学生奶产品的质量监管，严禁不合格学生奶产品进入学校。

凡是没有国家和天津市学生奶标志的乳制品，不准作为学生奶在学校销售。未经国家批准的乳品企业不准生产学生奶，一经发现，按假冒产品查处。凡有学生奶标志的乳制品不准在市场上销售。

建立一次事故否决的制度，建立质量保证金制度，即出现一次事故就要取消生产资格，并在质量保证金中赔偿相应损失。同时确定质量责任人和监督责任人，增设举报电话。学校和企业要签订合同，明确责任，保证学生奶计划的推广工作健康开展。

（天津市奶业办公室　曲金铎）

## 广州实施学生饮用奶计划基本情况

广州市是全国首批五个推广实施国家"学生饮用奶计划"的试点城市之一，市政府高度重视，认为该"计划"是利国利民、造福后代的一项民心工程，并从组织上、财力上和宣传等方面给予大力支持。2001年5月，市政府做出了"关于广州市学生饮用奶计划实施方案的批复"，同意了广州市的学生饮用奶计划实施方案，同年6月成立了以广州市委宣传部、广州市农委等有关单位组成的广州市学生饮用奶推广协调小组及其下设广州市学生饮用奶办公室，随后又组成了由该办公室等11家单位专家参与的广州市学生饮用奶定点生产企业认定资质评审小组，聘请华南理工大学乳品加工专家和中山医科大学营养专家为正、副组长，展开了资质认定评审工作。该专家评审小组本着对全市146万中小学生负责任的态度和严格执行《广州市学生饮用奶定点生产企业资质认定工作规则》（试行）的有关规定，做到公开、公平、公正地对广东国营燕塘牛奶公司、广州风行牛奶有限公司、广州达能酸乳酪有限公司、广美香满楼畜牧有限公司和广州天河强兴畜牧有限公司等五家乳品加工企业进行了认真、仔细和客观的评定，决定将广东国营燕塘牛奶公司及广州风行牛奶有限公司此两家乳品加工企业向国家"学生饮用奶计划"部际协调小组办公室上报推荐。2001年10月，广州市政府在市政府礼堂举行了广州市实施学生饮用奶计划新闻发布会，宣布先在天河、东山、越秀、荔湾和海珠五个区选择100所中小学、幼儿园作为首批试点学校，并以每年15万学生的增长速度发展，争取用8～10年的时间，让85%以上的学校和学生喝上学生饮用奶，在试用期间，政府将从财政划拨600万元给予支持。

国家学生饮用奶计划是一项社会系统工程，她需要得到全社会的关心和支持，为此，乳品生产企业对政府已许下承诺，严格执行市物价局批准的售价，以最低的成本价向学生销售；各区教育部门和学校，也能正确对待此项工作，既不在市政府核准的价格上乱加1分钱，也不向生产企业索取回扣费用。为确保学生饮用奶“安全、营养、方便、廉价”八字原则，市政府决定在学生饮用奶的派送环节中不设中介，由生产企业直接送抵校园，并给运送学生饮用奶的专用车辆给予特殊的交通准许待遇和方便。在质量与饮用安全方面，市政府实施多重把关，层层监督，即奶源生产的卫生、防疫及奶牛场等交由市畜牧兽医防疫检疫部门实施监管，奶牛场主及乳品加工企业要作双重质量常规检测，在生产和产品流通途中，由市卫生、质监部门作不定期的监测。广州市质量技术监督局于2001年11月还就学生饮用奶的质量监测问题下发了“关于开展‘学生饮用奶’监督抽查的通知”，以加强对学生饮用奶质量与安全的监督。广州市学生饮用奶的供应品种暂定容量为200毫升的砖型纸盒包装超高温灭菌牛奶，每盒对学生的售价为1.00元，此售价比生产企业的实际生产成本低0.30元，其差价由市政府从市财政给予补贴。

（广州市学生饮用奶办公室　王丁棉）

# 上海光明乳业积极推进学生饮用奶计划

2001年5月，上海光明乳业股份有限公司成为第一批“中国学生饮用奶”生产定点企业。光明乳业本着强烈的使命感，以“安全第一，确保质量”作为学生奶经营理念，并始终贯穿在原料、加工、运输、配送各个环节中，确保光明学生奶的安全。

在上海市农委、教委、市奶办的指导下，在光明乳业学生奶分公司全体员工的努力下，上海地区学生奶有了较大发展。目前日供光明学生奶已经达到50万盒，遍及全市15个区县845余所中小学校。

为了让学生每周五个学习日都能喝到不同口味的学生奶，光明学生奶分公司设计生产了五种口味（甜味、朱古力、香草、核桃、纯牛奶和草莓），并且开发了专门供应幼儿园的1升纯牛奶。

为了积极贯彻农业部学生奶推广“安全、营养、方便、价廉”八字方针。在确保安全方面，我们做了以下工作：

**1. 从奶源抓起，确保鲜奶质量**　公司拥有中国最大的牧场，北美种质的高产奶牛种群，世界一流水平的挤奶及恒温冷藏系统，保证了原料奶的新鲜卫生，做到学生奶从挤奶到学生饮用前不见阳光。

公司具有国内一流水平的奶牛育种和饲养技术，为学生奶生产提供了优质的奶源，技术中心奶牛研究所拥有国内规模最大、最为完善的奶牛生产性能测定系统(DHI)，采用先进的动物模型BLUP的方法进行育种值的计算，保证公牛后裔测定的准确性。

公司以乳品加工厂的卫生质量标准要求牧场，确保鲜奶质量。作为国内最早生产和销售学生饮用奶的公司，在1999年底光明乳业就率先在上海地区原料奶收购实行无抗生素奶。

**2. 加强生产管理，确保产品质量**　公司先后引进国外先进设备，集美、英、丹麦、瑞典等国乳品设备之精华，牛奶的预处理、生产加工均在全封闭的管道中进行，自动化程度高，产品质量有充分的保证。公司依靠现代化的手段，强化企业管理，在质量管理上，定点乳品二厂（乳品二厂具有十年生产UHT牛奶的经验和人才）专业生产学生奶。

光明乳业于1997年开始严格贯彻国际先进的ISO-9002质量管理和质量保证标准，并于1998年6月通过了ISO-9002质量体系认证。每年接受外审一次。1999年，工厂推行“5S”基础管理，保证生产环境符合要求。2000年，推行TPM全面生产管理，将成本管理从物耗延伸到能源消耗；2001年，导入HACCP（危害分析与关键点控制程序）的概念和初步试行，加强过程管理。

公司为生产学生奶制定了更加严格的企业标准，品控员现场监督生产全过程，加大抽样密度，每300盒采集样品一盒。增加学生奶翻箱检查坏包的工序，使坏包率出厂控制在十万分之一以下。

公司加强了检测系统，引进先进的检测系统，确保不合格的产品不出厂。快速微生物检测仪、抗菌素快速检定仪、福斯公司120牛奶成分检测仪，亚硝酸盐检测仪等。总部质监中心每月至少对生产学生奶工厂监督抽查一次并将结果报总部，确保产品质量。

**3. 专业配送，确保运输质量**　设立专业的配送车队，配备了10辆箱式保温车作为学生奶专用车，确保每天将学校所需的学生奶产品准时、安全、卫生送往市区各个学校和供应点。

在光明的学生奶专用仓库内，每个货架上都有每批产品的生产日期和质检编号和产品标识，管好待检品和合格品，杜绝不合格品流出厂。按照先进先出的原则加强库存管理，做到6个月保质期的学生奶送达学生饮用不超过60天。

配送学生奶面广量大，势必利用社会资源配送，为了确保学生奶不在运送过程损坏、变质，光明乳业制订配送学生奶质量标准和作业规范，并与客户签订质量保证承诺书和落实责任制，光明物流中心专家定期对相关人员培训和检查。

**4. 建立良好的售后服务**　成立专营服务的学生奶公司，每个城区设销售业务代表提供优良服务。设立健康热线，免费提供健康饮学生奶咨询服务。售后服务中心24小时接听消费者投诉。当天接到投诉，当天上门服务。

对每一件学校的投诉完整记录在案（包括处理结果），并进行整改。公司总部特地成立危机处理小组，处理突发事件。一旦事件发生迅速查明原因，第一时间向总部报告。

5. **营销宣传，树立质量意识** 在推进学生奶计划过程中，我们始终把推销牛奶和宣传普及科学安全饮奶知识结合起来，并且投入不少市场费用，针对学校不同对象，积极主动进行宣传，年投入500万元，印发了60万份图文并茂的宣传牛奶知识的彩色单页；对学校老师，印发了30万份宣传手册，告知如何鉴别牛奶质量。两年来，光明乳业已向16个区、县教育局领导和中小幼校长作了《为了孩子的明天——学生奶推广计划》演讲29场，听讲人数达1 823人次。宣讲内容包括世界各地的学生奶推广运动，八部委学生奶推进计划，牛奶饮用的科学知识等，取得了较好效果。

（上海光明乳业份有限公司供稿）

# 国际学生奶发展态势与亚太地区学生奶计划

**（一）国际学生奶推广出现良好态势**

国外有计划地推广学生奶至少已有半个多世纪的历史。近年来，在联合国粮农组织和各国政府的推动下，学生奶计划取得了新进展，出现了新的特点。

1. **不论是发达国家还是发展中国家，都先后实施了学生奶计划** 据不完全统计，目前约有40多个国家推广了学生奶。仅2000年就有以色列、黎巴嫩、阿曼、特立尼达等国启动了学生奶计划。

2. **国际学生奶交流活动十分活跃** 自1998年10月在南非首次召开学生奶国际会议以来，在短短3年期间就举办了11次国际会议（含地区性）。这充分说明学生奶正引起各地区、各国的普遍关注，已成为国际奶业发展的一个热点。

3. **目的性基本一致，但做法各有特色** 各国推广学生奶的目的虽各有侧重，但大体上一致。总的看来，强调牛奶的丰富营养及其健康功能，强调今日喝奶儿童将成为未来的奶制品消费者，强调学生奶对发展奶业和增加就业的作用，强调政府在实施学生奶计划中的主导作用及各方面力量合作的必要性，强调学生奶同碳酸饮料竞争的重要性。

由于国情不一，各国做法不尽相同。从学生奶价格看，基本上采取三种做法：①免费提供，如泰国等；②补贴，如日本、澳大利亚等；③“全价”奶，如新西兰等，一般比市价便宜1/3。从实施规模看，有面向全国的，也有部分地区实施的。从目标人群看，大多以中小学生和幼儿园为重点，也有扩大到高中甚至大学的，许多发展中国家把学生奶优先在贫困学生中推广。

**（二）亚太地区的学生奶计划**

亚太地区是实施学生奶计划的重点地区之一。这里，从推广模式与做法上选择几个介绍如下：

1. **把学生奶作为专项计划，由政府在全国范围内大力推广，实行免费供奶的国家，如泰国** 在国王倡导和政府大力扶持下，自1985年起泰国实施了学生奶计划，在总理府办公室下面设立“全国喝奶活动委员会”，进行统一部署，由4万个配送中心向城市、农村和岛屿的小学生和学龄前儿童免费供奶。目前，供奶人数达650万人，政府年度投入75亿泰铢（约合2亿美元）。学生奶计划有力地带动了本国奶业的发展，促进了产供销一体化的形成，提高了儿童的营养与健康水平。全国人均牛奶消费量由1985年的2升增至2001年的22升。6～12岁小学生营养不良率由1990年的19%下降到1996—1997年的大约10%。泰国的经验引起国际上的普遍关注。

2. **将学生奶纳入政府的社会发展计划，与食品援助计划和学生餐相结合，实行社会化、规范化推广的国家，如墨西哥** 早在1929年墨西哥就发起了“一滴奶”行动，60年代把它纳入“全国家庭整体发展”系统（DIF），建立了专门负责社会援助事业的立法实体。1986年1月联邦政府通过了《全国社会援助体系法》，从而为食品援助和学生奶计划奠定了法律基础。与此同时，联邦政府用于社会保障与社区发展计划的预算达24.89亿比索（2.76亿美元），其中学生奶计划占预算的67%，家庭餐室计划占3.2%，社会厨房占0.7%。学生奶计划的目标人群包括4岁以下儿童、小学生、中学生和大学生。供奶方式为：将利乐包装的牛奶（250毫升）与早餐（面包、水果）一起向全国配送，每份冷食早餐4比索（其中联邦政府支付2比索），热食早餐为6比索（约合40美分）。目前，全国共有255.4万个家庭的440万孩子受益。墨西哥以立法为保证，在政府有力扶持下，把学生奶推广列入国家社会发展计划，与早餐结合推广的做法，取得了很好成效。

3. **将学生奶计划与扶贫相结合，以贫困学生为对象，在有限规模内推广的国家，如马来西亚、菲律宾** 二次大战后，马来西亚在英国提供牛奶的支持下，实施了学生奶计划。1983年起由教育部主管，由政府拨款支持，1999年达750万马元（约合197万美元），向沙捞越和潘宁苏拉地区53.9万名6～12岁的贫困小学生提供牛奶。与此同时，一些地区（如沙巴）的政府也拨款，免费供应学生奶。由于马来西亚牛奶自给率仅3.5%，因此大部分牛奶依靠从澳大利亚、新西兰等国进口。

菲律宾的学生奶计划是在有限地区、有限规模内实施的，从1995年到2001年6月累计共有19.46万名儿童受益，其中吕宋岛占24.1%，米沙鄢占29.9%，棉兰老岛占46%。在做法上，有4个特点：①先后制定了《1995年国家奶业发展法案》、《2001年牛奶饮用法》。②依法从牛奶和奶制品进口税收中提取4%用于学生奶，其中70%的资金用于学生奶计划，30%用于奶业相关活动。③除改善营养外，强调创造就业机会，

1995—2000年共增加10 883个工作岗位，目前共有6 106户奶农增加了收益。④由农业部附属机构国家奶业局（NDA）负责组织实施。

除上述案例外，还有依靠非政府组织实施学生奶计划的，如新加坡的人民协会、黎巴嫩的LEDA公司等。有的国家在外援支持下推广学生奶，如印度尼西亚1999年由美国捐赠5 000吨奶粉，足以提供50万贫困学生每周供应3次200毫升巧克力牛奶。在配送方式上，除由企业直接向学校配送外，还依托学校的小卖部、商店配送，有的国家通过自动售货机提供牛奶。个别国家主要由农场主生产和供应学生奶，如奥地利。总之，推广学生奶要从本国国情出发，因地制宜，采取适当措施。

（国家“学生饮用奶计划”专家委员会　蒋建平）

## 第二届亚太地区学生奶会议

参加第二届亚太地区学生奶会议的代表共430多名。其中有来自21个国家和地区的70多位代表，国内有来自27个省、直辖市和14个计划单列市及地区，共363位代表。在中方代表中，包括农业部副部长张宝文、农业部农垦局副局长丁力、沈阳市副市长李宝权、成都市政府副秘书长王宗全、中国奶业协会理事长周诗平、中国乳制品工业协会理事长宋昆冈；在外方代表中，有联合国粮农组织代表杰麦尔、学生奶计划专员麦克尔、亚太奶业协会主席依萨拉、爱沙尼亚农业部长助理拖尔伯格等重要来宾参加了此次会议。

会议就国际学生奶现状与趋势、亚太地区学生奶实施情况以及学生奶营养、政府支持、教师作用、学生奶宣传与推广等与中国学生奶活动密切相关的课题进行了讨论，会议共收到论文22篇，其中国外论文11篇，国内论文11篇（包括演讲稿）。会议的结论如下：

1. **中国学生奶活动与巨大的潜力引起了世界的关注**　中国学生奶存在的主要问题是统一观念以及建立起质量安全保证体系。加强教育、推广、交流，提高认识，形成共识。

2. **中国学生奶活动有四个关键因素**　政府、企业、学校、家长，四者之间的配合与协作至关重要。其中，政府是学生奶的倡导者和政策支持者，企业是学生奶计划的保障，学校是学生奶操作的场所，家长是培养学生喝奶习惯的后盾。

3. **各国政府对学生的支持方式有3种**　一是从财政、政策等多方面支持，如墨西哥、泰国、马来西亚；二是仅从政策方面支持，如中国；三是几乎没有任何支持，如黎巴嫩、奥地利。其中，财政支持是推动各国学生奶的重要因素，而最重要的是规范学生奶活动和政府的政策支持。

4. **关于学生奶品种的争议**　目前，世界各国的学生奶有巴氏消毒奶、UHT、风味奶、纯奶等。对于学生奶品种和选择应该因地制宜。

这次会议，从总体上来讲，评价很高，有人称是奶业上一次成功的APEC会议。会议取得了预期的效果。但由于初次举办这方面的大型国际会议，在筹备与运作过程中缺乏经验，主要问题有代表注册系统与宾馆之间的衔接不紧密，宾馆不能及时提供正确的空房信息，导致资料包预发上产生了一些困难与差错；注册登记电脑系统设计处理上不尽合理，不能及时向组委会提供参会代表的有关信息；在个别工作机构之间，存在着某些不协调的现象。但由于国内外与会者都能以大局为重，确保此次会议获得了圆满成功。

（上海市学生奶办公室　陈　新）

## 国家“学生饮用奶计划”大事记

### 1999年

#### 2月

11日　江泽民同志在北京考察工作时指出：“今后的国际竞争是综合国力的竞争，综合国力的竞争最终要体现在人的素质上，要在儿童、少年中推广营养餐，北京要带这个头，还要在全国推广，也要多做些宣传工作，要使得全国各个地方都注意做这件事。”

#### 3月

5日　朱镕基总理在全国人大九届二次会议上提出：“逐步改善全民营养水平和身体素质”的要求。

31日　国务院召开“幼儿教育和青少年营养健康问题座谈会”。李岚清副总理主持会议。这次会上提出了“实施奶类行动计划”的议题。李岚清指出：“青少年营养健康问题是关系到贯彻党的教育方针，培养德、智、体、美等方面全面发展的建设者和接班人的重大根本性问题，各级政府有关部门、学校和家长都要予以重视，采取有力措施，共同把这项工作做好。当前的突出问题是营养结构不合理。我赞成专家的意见，提倡让广大青少年和学生多食用优质蛋白和维生素丰富的奶制品。”

#### 5月

19～22日　由国家食物与营养咨询委员会主持在北京召开了“奶业振兴、经济增长与民族强盛高层研讨会。”会议提出了“天天吃奶，终身受益，代代健康，民族兴旺”的口号。并提出了“以学生奶为突破口，实施国家奶类行动计划”的建议。

#### 6月

中国科学院院士卢良恕等专家、学者向李岚清副总理提出“实施奶类行动计划”的建议。其中提出“由农业部牵头，会同教育部、卫生部、国家轻工业局、国家计委、财政部等有关部门组成领导小组，组织协调各部门和协会的力量，实施包括学生奶在内的奶类行动计划。”此建议经李岚清副总理阅批后由国务院办公厅转农业部。

农业部召开京、津、沪、穗、沈开展“学生饮用奶计划”座谈会，研讨和部署试点工作。

8月

31日　农业部发出《关于征求实施“学生饮用奶计划”意见的函》。正式提出实施国家学生饮用奶计划的具体方案，征求国家计委、教育部、财政部、卫生部、国家轻工局、国家技术质量监督局的意见。

12月

1~4日　在联合国粮农组织支持下，由泰国国家喝奶运动委员会和泰国奶业委员会主办的亚太学生奶国际会议，在泰国南部的普吉市召开。农业部农垦局副局长刘传筑率团参加了会议。

22日　国家科教领导小组办公室李主其同志约请国家计委、教育部、财政部、农业部、卫生部、质量计监局、轻工局等部门的有关负责人，对农业部提出的实施国家“学生饮用奶计划”的报告进行研究。在一些主要问题上达成共识。经过协商一致同意：由农业部牵头，会同有关部门制定实施学生饮用奶计划的具体方案并付诸实施。

27日　农业部在沈阳召开五城市和有关部委参加的学生饮用奶情况座谈会，进一步研究和部署五城市进行“学生饮用奶计划”试点的有关工作。沈阳市学生饮用奶计划正式启动。

## 2000年

3月

2日　王玉林等17名人大代表在全国人大九届三次会议上提出《政府让税，使学生奶快进学校》的提案。

4月

12日　农业部召开国家“学生饮用奶计划”部际协调小组第一次会议。会议由农业部副部长张宝文主持。参加会议的有中宣部、教育部、卫生部、轻工业局、国家计委、财政部、国家质量技术监督局、国家食物与营养咨询委员会的有关领导。会议正式宣布国家“学生饮用奶计划”部际协调小组成立，原则通过了《关于实施“学生饮用奶计划”的通知》和两个附件即：《国家“学生饮用奶计划”暂行管理办法》、《国家“学生饮用奶计划”实施方案》。

8月

29日　农业部、国家发展计划委员会、教育部、财政部、卫生部、国家质量技术监督局、国家轻工业局联合发出《关于实施国家“学生饮用奶计划”的通知》及附件《国家“学生饮用奶计划”实施方案》。

10月

16日　由农业部、教育部、国家质量技术监督局、国家轻工业局联合发出《国家“学生饮用奶计划”暂行管理办法》。

20日　农业部发出《关于印发中国学生饮用奶标志使用暂行管理办法及使用规范的通知》。

11月

15日　农业部、中宣部、国家发展计划委员会、教育部、卫生部、财政部、国家质量技术监督局、国家轻工业局、国家食物与营养咨询委员会在人民大会堂联合召开实施国家“学生饮用奶计划”新闻发布会。会后，中央和各地新闻媒体纷纷开展对学生饮用奶计划的宣传报道。

12月

4日　卫生部发出《卫生部关于开展学生饮用奶及学生集体用餐监督检查工作的通知》。

## 2001年

1月

5日　农业部、教育部、国家质量技术监督局、国家轻工业局发出《关于印发“学生饮用奶定点生产企业申报认定暂行办法”的通知》。

4月

5日　学生饮用奶计划部际协调小组办公室召开会议，宣布成立国家“学生饮用奶计划”专家委员会，张宝文副部长到会讲话。同时专家委员会开会对第一批申报的学生饮用奶定点企业进行了评审，一致通过上海光明等七家企业为学生饮用奶定点生产企业。

5月

18日　学生饮用奶计划办公室发出《关于认定北京三元食品股份有限公司等七家企业为中国学生饮用奶定点生产企业的通知》。被认定的七家企业是：北京三元食品股份有限公司、上海光明乳业股份有限公司、天津奶业集团有限公司、菲仕兰（天津）乳制品有限公司、天津中芬乳业有限公司、天津市梦得奶制品有限公司、沈阳乳业有限责任公司。

22日　国务院颁发《关于印发中国妇女发展纲要和中国儿童发展纲要的通知》，其中《中国儿童发展纲要（2001—2010年）》中指出：“对中小学生提倡饮用畜奶，分步实施国家‘学生饮用奶计划’”。

10月

23~24日　国家学生饮用奶计划部际协调小组召

开全国实施国家"学生饮用奶计划"工作会议，参加会议的有各省、自治区、直辖市学生饮用奶工作机构负责人，以及学生饮用奶定点企业的领导等约150人参加。农业部张宝文副部长作了题为《加强监管，确保安全，积极稳妥实施学生饮用奶计划》的主题报告。

## 11月

20～22日　由联合国粮农组织、农业部支持的，上海市农委、亚太地区奶业协会、中国奶业协会和中国乳品工业协会主办的第二届亚太地区学生奶会议在上海市召开。

## 12月

17日　国家"学生饮用奶计划"部际协调小组办公室发出《关于加强监管、确保学生饮奶安全的通知》。

12月　全国各地已有上海、北京、天津、重庆、四川、广东、江苏、浙江、辽宁、云南等20多个省、直辖市、自治区成立了学生饮用奶的协调组织和工作机构，有10多个省、直辖市制定了"实施方案"和管理办法，积极实施"学生饮用奶计划"的准备工作。

（国家"学生饮用奶计划"部际协调小组办公室　孙仁松）

# 国家学生饮用奶定点生产企业名单

| 定点企业名称 | 生产地 | 批准文号 |
|---|---|---|
| 北京三元食品股份有限公司 | 北　京 | SMC01001 |
| 上海光明乳业股份有限公司 | 上　海 | SMC01002 |
| 天津奶业集团有限公司 | 天　津 | SMC01003 |
| 菲仕兰（天津）乳制品有限公司 | 天　津 | SMC01004 |
| 天津中芬乳业有限公司 | 天　津 | SMC01005 |
| 天津市梦得奶制品有限公司 | 天　津 | SMC01006 |
| 沈阳乳业有限责任公司 | 沈　阳 | SMC01007 |
| 广州风行牛奶有限公司 | 广　州 | SMC02008 |
| 广东国营燕塘牛奶公司 | 广　州 | SMC02009 |
| 北京兴起食品有限公司 | 北　京 | SMC02010 |
| 天津娃哈哈乳品有限公司 | 天　津 | SMC02011 |
| 重庆天友乳业有限公司 | 重　庆 | SMC02012 |
| 重庆太易乳业有限公司 | 重　庆 | SMC02013 |
| 山西古城乳业集团有限公司 | 山阴县 | SMC02015 |
| 徐州维维食品饮料股份有限公司 | 徐　州 | SMC02016 |
| 均瑶集团无锡乳品有限公司 | 无　锡 | SMC02017 |
| 南京奶业（集团）公司 | 南　京 | SMC02018 |
| 江苏梁丰食品集团公司 | 张家港 | SMC02019 |
| 徐州绿健乳业有限责任公司 | 徐　州 | SMC02020 |
| 杭州食品厂 | 杭　州 | SMC02021 |
| 杭州美丽健乳品有限公司 | 杭　州 | SMC02022 |
| 合肥奶业集团有限公司 | 合　肥 | SMC02023 |
| 安徽省国营淮南乳品厂 | 淮　南 | SMC02024 |
| 青岛雀巢有限公司 | 青　岛 | SMC02025 |
| 青岛市奶业总公司 | 青　岛 | SMC02026 |
| 洛阳巨尔乳业有限公司 | 洛　阳 | SMC02027 |
| 深圳光明华侨农场（集团）公司晨光饮料公司 | 深　圳 | SMC02028 |
| 广东太阳宝乳业有限公司 | 汕　头 | SMC02029 |
| 成都乳品有限公司 | 成　都 | SMC02030 |
| 成都菊乐食品公司 | 成　都 | SMC02031 |
| 昆明雪兰牛奶有限责任公司 | 昆　明 | SMC02032 |
| 石家庄三鹿集团股份有限公司 | 石家庄 | SMC02033 |
| 宁夏夏进乳品饮料有限公司 | 吴忠市 | SMC02034 |
| 内蒙古奈伦天然乳品有限公司 | 呼和浩特 | SMC02035 |
| 内蒙古蒙牛乳业股份有限公司 | 呼和浩特 | SMC02036 |
| 内蒙古伊利实业集团股份有限公司 | 呼和浩特 | SMC02037 |
| 福建大乘乳业股份有限公司 | 南　平 | SMC02038 |
| 福建长富集团有限公司 | 南　平 | SMC02039 |
| 江西英雄乳业股份有限公司 | 南　昌 | SMC02040 |

（续）

| 定点企业名称 | 生产地 | 批准文号 |
|---|---|---|
| 江西阳光乳业有限公司 | 南　昌 | SMC02041 |
| 杭州四季青乳品厂 | 杭　州 | SMC02042 |
| 黑龙江省完达山乳业股份有限公司 | 哈尔滨 | SMC02043 |
| 黑龙江龙丹乳业科技股份有限公司 | 哈尔滨 | SMC02044 |
| 哈尔滨金星乳业集团公司 | 哈尔滨 | SMC02045 |
| 西安市东方乳品厂 | 西　安 | SMC02046 |
| 西安银桥股份有限公司 | 西　安 | SMC02047 |
| 兰州好为尔生物科技股份有限公司 | 兰　州 | SMC02048 |
| 宁波牛奶有限公司 | 宁　波 | SMC02049 |

# 各地奶业

## 北　京　市

**【概况】** 北京奶牛业，经过几代人的不懈努力和近50年的发展，已经形成了良好的种群优势，成为全国良种奶牛的重要繁育和推广基地，在奶牛行业中起着重要作用和影响。

新中国成立初期，北京的私营养奶牛仅1 100余头，平均单产不足3 000千克，年总产奶量1 000吨，人均消费奶量不足1千克，而且，牛群多数在城区，污染环境，生产落后。从1955年开始发展国营养奶牛。50年来，北京市奶牛的数量和产奶水平不断提高，到2001年底，全市奶牛存栏12.8万头，奶牛平均单产突破7 000千克，年总产奶量达到42.9万吨，城镇人均消费牛奶超过60千克。以三元食品集团公司为主体的规模较大的乳品企业13家，日销售奶制品达1 400吨，花色品种100多种，市场乳制品琳琅满目，北京奶业呈现出蒸蒸日上的繁荣景象。特别是改革开放以来至今，北京奶牛头数增长3.7倍，年总产奶量增长5倍，人均消费奶量超过了亚洲45千克的平均水平。

**（一）政府的扶持是北京奶业发展的保证**

北京奶牛业是在市委、市政府一给政策，二给扶持的指引下，经过两、三代北京奶业战线领导、科技人员、职工的不懈努力，克服了北京三度出现的“吃奶难”问题而发展起来的，其间经历了“发展、滑坡、再发展”三个阶段，形成以北京三元食品有限公司、北京奶牛中心、北京三元绿荷养殖中心为代表企业的奶业产、加、销、育一体化发展模式，在全国奶牛行业中具有重要地位和影响。

党中央、国务院和北京市委、市政府的关怀和支持，在北京奶牛业的发展中起到主导作用。毛主席、周总理生前十分重视北京奶牛业的发展，指示当时的农垦部部长王震同志“要把北京奶业搞好”。王震同志生前曾多次深入北京郊区国营农场检查和指导养牛工作。北京市委、市政府也采取了一系列发展措施和对策，成立以副市长为首各局、委、办参加的发展奶业领导小组。理顺各种机构，将牛奶生产、加工、销售、科研等纳入一个体系，由北京市农工商联合总公司实施“一条龙”管理，提出“以国营为依托，国营 、集体、个体一齐上”的奶牛发展方针，并实行免税政策，推行适度规模经营，重点搞好奶牛基地建设。先后建起40个规模国营牛场。1986年和1993年两次调整鲜奶购销价格，并多方位多层次筹集资金，为奶牛业发展提供贴息贷款、更新改造资金和补贴购牛款等。党的十一届三中全会后，北京奶牛业进入发展阶段，市委、市政府对首都奶业给予更大力度的支持，市财政每年拨款300万元作为发展奶牛专项资金；1985—1995年，向国营牛场贷款9 182万元，郊区养牛贷款3 000万元；1992—1994年，市财政拨款800万元，用于改造危旧牛舍。1993年5月市政府设立奶牛风险基金（后改为奶牛生产基金），每年安排4 000万元。至1996年共安排基金1.2亿元。主要用于对规模牛场商品奶价格补贴，牛场技术改造，增添设备，以及保种、培训和技术服务等。1982年联合国粮农组织（FAO）和世界粮食计划署（WFP）开始援助我国奶业，对北京奶牛业发展起到了积极作用。

20世纪90年代初，奶牛业步入市场经济之后，许多优惠政策被取消，再加上奶牛业自身的经营机制、价格体系和各项管理不适应新的形势，使北京奶牛业一度出现滑坡现象，奶牛总头数由1992年的6.6万头下降到1993年的5.7万头，下降8.8%。为稳定首都奶业市场，市政府及时出台了一系列的改革措施。首先改变了领导体制，由市农工委养殖处作为政府职能管理全市的奶牛业，并由奶业协会作为行业纽带协助抓好奶牛生产。区县畜牧局改为畜牧养殖服务中心，设立奶业科和技术服务站，加强了奶业管理和服务力度。同时，市政府提出了发展奶牛要“稳定近郊，发展远郊，联合周边”的方针和实行“扶优、保种、促联、转机”的政策，重点扶持规模牛场和养殖小区。1999—2001年，每年都以20%以上的速度增长，郊区农民养牛由3.5万头增至9万头，81%的农户养牛进入统一建设的养殖小区，全部实行机械化挤奶，保证了牛奶质量。成立了市乳品质量监督检测站和集良种培育、科研、技术推广和服务为一体的北京奶牛中心；组建了包括牛奶公司、中瑞奶业培训中心、双桥、南口、卡夫等乳品厂在内的三元食品有限公司。经过重组、改造、扩建后的三元乳业现代化水平大大提高，成为北京奶业产业化的发动机。

**（二）产加销一体化，促进奶业全面发展**

随着社会主义市场经济的建立和北京奶业改革深化，使牛奶生产与消费需求，牛奶供应与销售互相促动，促进了乳品加工厂与牛场之间联合，实现了专业化生产，产供销一体化。近20年来，乳品厂大幅度改造、扩建和增建，国际先进水平的仪器、设备，现代化的生产设备和包装生产线及各类包装的引进；自动化、计算机智能化控制，乳品质量在线检测技术，使北京乳品加工业跨入了国内先进行列。以三元食品集团公司为代表的规模乳品加工企业13家，日加工能力达到1 500吨。三元食品有限公司具有40余年的乳品加工史，拥有“三元”、“燕山”、“绿岛”等驰名商标，生产袋装鲜牛奶、屋顶型保鲜奶、超高温灭菌奶、四联杯酸奶、茯苓酸奶、婴儿配方等系列奶粉、北京干酪及各种乳饮料、冷饮等近百个品种，日加工量达800余吨，乳制品新花样品种不断涌现，品种繁多，规格齐全，其鲜奶销售量占北京地区供应量的85%以上，是市政府确定的北京奶业发展的龙头企业。

研究市场营销机制，拓宽销售渠道，增加奶类新产品，建立具有现代竞争机制的乳品加工业，是北京乳品加工业的发展方向。全市现有7个牛奶发放中心，35个门市部、60多个商亭，16个收集站，1 435个发奶点，并投资增加设备、组织人力为消费者送奶到家，加上超市推销，方便了群众。

（北京市奶业协会　刘文奇）

**【依靠科技进步，实现奶牛持续高产】**依靠科技进步发展奶牛业是北京的一大特点。据不完全统计，近20年来，在奶牛育种、饲养、饲料、繁殖、疾病防治、经营管理、乳制品开发等领域，北京奶业共获各类科技进步成果奖43项，其中国家级2项，部级6项，市级17项，局级18项。这些成果的推广应用，促进了北京奶业的高产、优质、高效和乳制品花色品种的更新。

1. **多年坚持育种工作，加速牛群良种化**　坚持育种工作，特别是种公牛站的建立、良种公牛的选育和应用、育种技术的改进对北京奶牛群生产水平的提高起到了关键作用。

20世纪50年代北京市设立育种领导小组，基层设育种员，队伍健全，工作从未间断。1973年北京市建立种公牛站，推广冷冻精液和人工授精，几年内人工授精普及率达100%。奶牛平均单产由1973年的5 256千克提高到1992年的7 362千克，年增进量达110千克。特别是成功培育的16747号公牛和80年代从日本、德国、美国和加拿大先后引进的一些优秀公牛对推动北京市奶牛的遗传改良起到重要作用，1984年全国奶牛良种登记，北京有8 510头，占登记总数的47%，1990年中国奶牛协会公布的全国高产奶牛核心群中，北京占37.8%。值得一提的是北京两次成功地举办了奶牛赛牛会，对总结、检阅和推动奶牛育种工作具有重要意义和作用。

90年代后，北京奶牛育种工作发展到一个新的阶段，种公牛育种和生产性能测定（DHI）和后裔测定工作进一步完善，应用先进的最佳线性无偏预测法（BLUP）及线性鉴定技术，选育出数十头优秀种公牛，对全国奶牛遗传改良起到重要作用。将胚胎生物工程技术的优势与核心育种相结合，开展的“中国荷斯坦奶牛MOET育种体系的建立与实施研究”获国家科技进步二等奖，该项目为我国MOET育种体系的建立及胚胎工厂化、产业化奠定了基础，北京的胚胎移植工作已经发展到全面应用阶段。

2. **饲养管理工艺改革促进群体高产**　1979年成立了北京市奶牛研究所，对奶牛生产中的技术难题开展科研、技术咨询和技术培训。根据北京的各项条件和实践经验，不断探索新的饲养工艺，如：先后总结并推广了季节饲养法、围产期饲养管理新工艺、不同生理阶段的饲养技术、对高产奶牛营养与饲养规范技术进行研究，制定出各阶段奶牛的典型日粮和添加剂应用指南，推广切实可行的饲养技术管理程序，大力推广使用优质苜蓿干草和全株玉米青贮饲料，使用并推广小黑麦、高粱等青贮饲料新品种，解决了夏季大幅度减产的问题，使母牛娩后发病率下降，泌乳曲线更趋合理。同时，推广以良种场为代表的，实行散栏式饲养、集约化机械挤奶、全混合日粮技术（TMR）饲养新工艺，大大提高了劳动生产率和生产水平。北京18个奶牛场，1.3万头成母牛平均单产超过8 000千克。永乐店中以示范奶牛场实行泌乳牛5阶段分群饲养、TMR日粮、挤奶、乳房炎监控和发情鉴别等实施计算机智能化管理，600头成母牛平均单产达到9 500千克。北京区县的奶牛合作社采用集中饲养、集中挤奶、分户经营的工艺也取得较好的效果。目前，北京基本实现了挤奶机械化，饲养机械化程度超过80%。

3. **推行规范化管理，提高牛场经济效益**　根据北京多年的实践经验，通过十个规模奶牛场反复试行，并参考国内外先进理论和技术，制定了包括育种、饲养、繁殖、卫生保健、生鲜牛奶质量等内容的15项规范和12项附件，并编印成“北京市奶牛场管理及技术规范”，面向全市推广。“推行高产奶牛配套技术”获国家星火计划一等奖。

4. **预防为主综合防治，确保奶牛健康生产**　早在20世纪70年代，北京就提出了净化牛群，培养健康牛群的方案，制定和实施了综合卫生防疫措施。经过努力，北京奶牛群的健康水平明显提高，20年来没有发生大规模烈性传染病和寄生虫病。1986年淘汰了结核病牛，此后，结核和布氏杆菌病的阳性检出率基本没有。对奶牛主要普通病也加强了调查、试验和预防，提出了许多配套防治规范与措施，研制成功隐性乳房炎诊断液、高分子乳房炎防治药物乳炎灵、干奶药及抗酮灵等，使一些常见病的发病率逐年下降。

（北京市奶业协会　经宝临）

**【未来发展重点】**北京奶业现已发展成为拥有健康高产牛群，良种奶牛繁育和供种基地，相当规模的现代化加工能力，庞大的销售和服务网络，稳定供应的饲料基地，以及组织机构健全、管理先进、现代化水平高的奶业体系，呈现出奶业产业化的雏形。今后发展重点主要有：

①进一步深化体制改革，选择多种适应京郊奶牛业发展的模式、资产结构和运行机制，区县实施养殖小区工程和专业化生产，形成新的奶业产业化格局。

②调整产业结构，使农作物两元结构向三元结构转变，实现自然资源、资金、技术等生产要素的合理配置，促进奶业可持续健康发展。

③重点抓好北京奶牛育种工作，突出培育良种奶牛，充分发挥北京奶牛中心和北京三元绿荷奶牛养殖中心的良种优势，利用胚胎移植等高新技术，形成奶牛良种产业化基地。

④发展现代奶牛饲养工艺，改进传统饲养模式，以科技为先导，以经济效益为中心，全面提升奶牛场饲养水平。北京奶业发展应保持适度规模，符合优质、高产、高效、环保要求。

⑤进一步完善以"三元"等主要加工企业为龙头的并具有国际竞争力的产业化体系，不断开发新产品、新市场、增加产品科技含量，严把质量关，把北京奶业产业化做大、做好。

（北京市奶业协会　经宝临）

## 天　津　市

**【概况】**2001年，天津市在农业和农村经济结构调整中，把发展奶业放在了突出位置，奶业工作以市场为导向，以农民增收为目的，在宣传牛奶，引导消费；建设奶牛小区，推动现代设施奶业；引进和吸收现代科技，增强奶业整体实力；强化龙头作用，推进奶业产业化经营方面取得了突破性进展，全市奶业呈现出蓬勃发展的好势头。2001年末全市奶牛存栏71千头，比上年增长54.3%，其中国有奶牛场奶牛存栏12.5千头，增长0.8%，集体奶牛存栏较上年增长9%，个体奶牛存栏54千头，增长59.6%，国有和集体奶牛与个体奶牛的比重由上年的28:72发展为19:81。全市牛奶总产240 725吨，比上年增长46%，奶业总产值10.5亿元，比上年增长25.6%。奶业总产值占畜牧业总产值的17.3%，占农业总产值的6.2%，均比上年有较大幅度的增长。

2001年，全市有乳品加工厂37个，比上年减少5个。日处理鲜奶能力1 200吨，比上年增加350吨/日。本年度国内著名的娃哈哈集团在武清区杨村镇建立了日处理鲜奶80吨的液态奶加工厂，奶业集团公司投资1.6亿元、日处理鲜奶400吨和中芬乳品培训中心投资1 800万元、日处理鲜奶120吨的乳品加工项目已破土动工和试生产，使本市奶业的龙头作用增强。本地自产牛奶上市量230 626吨，其中液态奶159 304吨，占上市总量的69%。

全市新建高标准奶牛小区25处，其中通过现代化设施奶牛小区验收达标的19处，使天津市农村奶牛养殖小区增加到45个。奶业已成为农业和农村经济结构调整中的发展热点，已有武清、北辰、宁河和农垦集团公司奶牛存栏超万头，其中武清区达到2万多头。全年安装现代化挤奶设备52台套，使国有奶牛场的100%，农村个体养奶牛的80%实现了机械化挤奶，生鲜牛奶的贮运基本实现了冷链化。人工授精、胚胎移植和生产性能测定技术的普及和推广，标志着本市奶牛饲养业开始走上了现代化奶业的发展道路。

2001年，还实施了"学生饮用奶计划"的推广和"无公害牛奶行动计划"的试点工作，为培养新的牛奶消费群体，开拓乳品市场，提高牛奶质量，确保牛奶饮用安全打下了较好的基础。

（天津市奶业办公室　曲金铎）

## 河　北　省

**【概况】**

1. **奶牛生产**　2001年，全省良种及改良乳牛达到75.74万头，居全国第4位；其中纯种奶牛47.28万头；奶类产量119万吨，占全国奶类总产量的11.6%，居全国第2位；全省人均奶类占有量17.78千克，比全国人均高10.48千克。2001年奶牛的增长速度高达23.9%，鲜奶的增长速度为27.5%，跃居全国奶业大省的行列。

2. **奶牛品种改良**　"九五"期间，河北省加大了奶牛品种改良力度，先后从加拿大、美国引进荷斯坦种公牛，用于改良省内奶牛，大大提高了当地奶牛的生产水平。建立起了以河北省畜牧良种服务中心种牛站为龙头的奶牛良繁体系，使全省的奶牛良种覆盖率有了很大提高。

3. **奶源基地建设**　全省奶牛小区发展到146个，奶牛存栏10.28万头，占全省良种及改良种乳牛的13.5%，牛奶产量为21.09万吨，占全省奶类总产量的17.68%。2001年全省奶牛小区个数、奶牛存栏头数和牛奶产量分别比2000年提高了约300%、86%和80%，发展势头强劲。

4. **以奶牛养殖为龙头的饲料草业开始起步**　2001年全省饲草种植面积达到41.4万公顷。青贮玉米种植面积达3万公顷，青贮总量1 080万吨，其中带穗青贮40万吨，微贮128万吨；氨化180万吨。奶牛饲料添加剂和精料补充料有了新的发展，年产达2万多吨。

5. **乳品加工业**　全省2001年（国有及年销售收入500万元以上）乳制品加工企业达36家，销售收入25.64亿元，利税2.66亿元。企业技术装备水平有了新的提高，超高温灭菌奶生产达到国际水平。企业管理水平明显提高，三鹿集团、天香集团等企业已通过ISO－9000产品质量管理认证，产品质量管理上了一个新台阶。培育出了"三鹿"中国驰名商标和"妙士"、"乡谣"、"天香"等省内外知名品牌，引进了"伊利"、"乐百氏"等一些国内名牌。2001年，三鹿集团销售收入11.5亿元，利税1.23亿元，成为全国最大的奶粉生产基地，年产奶粉5万吨，居全国同行业产量第一位；其脱盐乳清粉生产技术填补了国内空白，并建立起了达到国际标准的乳品检测中心。保定龙飞集团生产的发酵乳产量居全国同行业第四位。目前河北省乳制品销量占国内市场近10%。

6. **奶制品生产** 奶制品生产结构逐渐优化，技术装备水平不断提高。河北省已由过去仅能生产全脂奶粉、消毒奶，发展到生产各种奶粉、发酵乳、液体乳、冷饮四大类上百个品种，各类发酵乳、液体乳、冷饮的产量成倍增长，特别是配方奶粉和发酵乳的产量和质量在全国名列前茅，产品结构得到改善。乳品企业技术装备水平明显提高，“九五”期间，省内企业相继从芬兰、瑞典、美国等国家引进了生产线，超高温灭菌奶生产达到了国际先进水平。

7. **奶业科技水平不断提高** 河北省已经形成了一支比较完善的从事奶牛、乳制品及饲料业研发的科技体系，直接或间接从事奶业研发的科研人员达2 000余名。“奶牛胚胎分割移植技术”等多项科研成果在国内属于先进水平，取得了显著的经济和社会效益。

（河北省畜牧良种服务中心
河北省奶业协会　王学斌　杜　勇）

**【政府支持政策】**把奶牛规模饲养场和集约饲养园区视作农业用地内部结构调整，不视为耕地减少。对省定奶业重点龙头企业免征国家电力建设基金和城市附加费，对其生产用电要优先安排，严格按国家规定的电价计收电费。鼓励奶业龙头企业建立风险基金。企业可按税前利润的5%～10%计提，各级财政的农产品风险基金要给予支持。风险基金主要用于奶业龙头企业和基地农户遭受自然灾害、疫病灾害或经营风险的补偿。

对奶业重点龙头企业组织研究开发新产品、新技术、新工艺所需费用，不受比例限制，计入管理费用。企业开发新技术、研制新产品所购置的试制用关键设备、测试仪器单台价值在10万元以下的，可一次或分次摊入管理费用。

鼓励依托龙头企业兴办养殖专业合作组织，引导奶业专业组织与龙头企业形成稳定的合作关系，对于新办的奶牛专业合作组织，经主管税务机关批准，按国家现行税收政策给予减免企业所得税的照顾，并在财政、信贷资金上积极支持。

**【利用胚胎移植技术】**为了加快奶牛良繁体系建设，迅速提高河北省纯种奶牛市场占有率，河北省畜牧良种服务中心成立了胚胎移植中心，从国外和国内引进了先进的胚胎移植设备，培养了一批具有理论水平和实践操作技能的胚胎移植人员，建立起了自己的奶牛核心群，已在河北省和其他省市做奶牛和羊的胚胎移植近千例，取得了很好的经济效益和社会效益。

（河北省奶业协会　王学斌　杜　勇）

**【河北省畜牧良种服务中心种牛站】**河北省畜牧良种服务中心种牛站始建于1978年，是河北省畜牧局所属的事业单位，是国家重点牛细管冻精生产单位，是全国种牛品种齐全、性能优秀、规模最大的种牛站之一，2001年首批通过农业部验收，其存栏的种牛中特级种牛占90%以上，连续3年获河北省农业博览会“名优产品”称号。

为了加快畜牧业的发展，省政府先后投资1 200万元，用于优良品种的引进和基础设施的建设。现存栏种公牛85头，拥有世界一流的细管冻精和质检设备，每年生产优质冻精100万份。冻精销往省内11个地市和其他18个省、自治区、直辖市。几年来，种牛站取得了良好社会效益和经济效益，为河北省奶牛育种事业做出了巨大的贡献。

河北省畜牧良种服务中心种牛站现有从加拿大和美国引进的荷斯坦公牛27头，其中从美国引进的10头荷斯坦种公牛的父亲在美国后测排名中居前100名，HS13101429的父亲“马歇尔”在美国后测排名第一名，现已投入生产，将为全省奶牛质量的提高起重要的作用。

种牛站从1999年开始一直参加“中国奶协联合后裔测定”工作，通过冻精的交换，把荷斯坦种公牛分发到全国范围内进行后代的体型外貌和生产性能测定。预计2003年可出结果。种牛站每次从国外引种后，都一直跟踪种公牛后代的体型外貌和生产性能情况，依据种公牛的系谱和后代表现情况向养殖户推荐优秀种公牛。

另外，1997、1998年种牛站分别从美国、加拿大引进了荷斯坦、西门塔尔、夏洛来、利木赞、海伏特、短角、安格斯、比利时兰、彼埃蒙特等品种，种公牛达到9个品种，优秀种公牛达到85头，其中有8个品种的8头种牛在加拿大世界博览会荣获冠军牛称号，可以满足河北省牛改事业的需要。

（河北省畜牧良种服务中心　王学斌　杜　勇）

**【奶业发展“十五”规划】**“十五”期间河北省奶业发展的指导思想是：坚持以市场为导向，以增强奶业产业的整体素质和市场竞争力为中心，以高起点发展集团化、规模化的龙头企业为重点，充分发挥资源和区位优势，依靠科学技术，大力实施饲草饲料基地建设、奶源基地建设、加工龙头带动三大工程，着力完善奶牛良种繁育、疫病防治、质量监测三大体系，推进奶业产业化经营，促进农民增收，努力实现建设河北奶业强省的目标。

“十五”发展目标。奶牛存栏达到115万头，年均增长11%；奶类总产量达到188万吨，比2000年增加102万吨，平均每年增产20.4万吨，年均增长23.6%；饲草种植面积75万公顷；奶畜饲料产品合格率达到95%以上，普及率达到60%；鲜奶人均占有量达到28千克；奶牛饲养业产值达到14.6亿元；乳制品产量达到20万吨，液体奶产量达到30万吨。

“十五”期间发展重点。重点实施三大工程，着力完善三大体系，努力提高河北省奶业生产水平和竞争能力。实施奶源基地建设工程，加强奶源基地建设，大力增加奶畜头数，特别是纯种荷斯坦奶牛数量，努力提高奶牛单产水平。实施饲料饲草基地建设工程，加强奶畜全价饲料的研制生产和推广，加大奶畜饲料基地建设，建设一批优质饲料作物生产基地，搞好苜蓿等专用饲料作物的种植和开发。实施乳品加工龙头企业带动工程，对现有的企业进行技术改造，更新设备，上规模、上档次、上水平。完善奶牛良种繁育体系建设，引进国外优良种牛，对全省低产奶牛进行改良，建立河北省高产奶牛核心群，采用胚胎移植技术加快良种繁育。完善卫生防疫体系建设，加强重点奶源基地的疫情监测，加大奶牛强制免疫力度和检疫力度。完善质量监测体系建设，建立河北省乳品质量监测站，负责全省乳品质量的检测。

（河北省奶业协会　王学斌　杜　勇）

## 石家庄市

【概况】近年来，石家庄市委、市政府十分重视奶业的发展，把发展奶业作为全市农业结构调整的重要内容，作为全市畜牧业的特色主导产业进行重点发展和培育，先后制定、颁布了《石家庄市奶牛良种工程实施意见》、《石家庄市奶牛良种工程实施方案》、《石家庄市“十五”期间奶业产业化发展规划》。

2001年，石家庄市荷斯坦奶牛存栏达到8.5万头，鲜奶产量达到了33.1万吨，同比分别增长18%和15%。已形成了农户散养、规模养殖场、奶牛小区和“托牛所”等4种饲养模式，其中各类奶牛小区、“托牛所”及规模养殖场87个，存栏奶牛1.5万头。新建的小区、“托牛所”及规模养殖场均规划、建设了机械化挤奶厅，2001年底已有45个投入使用，日挤鲜奶112吨。全市奶牛养殖专业户达到了1.4万户，其中50～100头的181户，100头以上的30户。专业户共存栏奶牛5.6万头，占全市荷斯坦牛存栏的80%。

石家庄市奶牛以中国荷斯坦牛为主，通过建立标准化配种站点，推行人工冷冻精液配种技术，全面实施奶牛良种工程。为确保奶牛良种工程的顺利实施，各县（市）区按照《石家庄市县级奶牛良种中心站建设标准》，把县奶牛良种中心站建设成了标准化站，实现了标准化建设、科学化管理、规范化操作。

2001年，全市乳品加工企业21家，就业人员约近万名。全市奶品加工企业年创利税已达到2.3亿元，乳品加工企业生产乳制品13万吨。其中液态奶6.4万吨。非机械化挤奶所产鲜奶一级奶收购价为1.5元/千克，机械化挤奶所产鲜奶一级奶收购价为1.7元/千克。

三鹿、世达是石家庄市乳品加工企业的“龙头”，产品品种由过去的以奶粉为主转为奶粉、液态奶并举，产品档次、质量都达到了国内先进水平。为提高产品档次、提高市场占有率，三鹿集团还把生产绿色产品作为企业发展的长远战略来抓，已有19个产品获国家绿色产品标志使用权。2001年三鹿乳品被卫生部列为全国首批安全食品，三鹿集团实现利税2亿元，成为本市乃至全省的利税大户。

石家庄市委、市政府还十分重视奶业协会的作用，倡导辖区内的奶业主管部门、乳品企业、奶牛场、奶农及牧业机械、兽药、饲料、奶业科研等部门自愿成立奶业协会。自2000年5月成立了石家庄市奶业协会以来，在市委、市政府的支持下开展了以下工作，一是搞好宣传，引导消费，提高全民素质。如利用“国际牛奶日”和全国“乳及乳制品营养周”开展大规模地宣传活动，使广大市民开始关注牛奶，认识牛奶。二是认真搞好各项服务。每年都组织专家深入基层为奶协会员、奶农讲课，解决奶牛发展中的实际问题。三是协调各方关系，实现利益共享，共同发展。四是创办了协会内部通讯《奶业简报》，向会员通报奶协工作情况，积极宣传国家对奶业发展的方针、政策，介绍奶业的趋势性动态、先进典型、科技动态、新产品等。协会工作为石家庄市奶业快速发展增加了动力。

（石家庄市奶类项目管理中心
石家庄市奶业协会　刘英虎）

## 山西省

【概况】2001年，山西省奶业工作在各级党政领导的重视和支持下，坚持团结广大科技人员、奶业职工和奶农，顺应市场经济发展变化的新形势，紧紧围绕“奶业可持续发展，提高效益，增加收入”这个中心，通过认真调整产业结构，狠抓强化管理，提高产品质量，扩大饮奶宣传，实施科技兴奶策略，启动“学生饮用奶计划”工程等措施，有效地促进了山西奶业的健康发展，奶业生产呈现出前所未有的良好发展势头。全省奶业产值达12.63亿元（现价），奶类总产达403.7千吨，其中牛奶产量379.0千吨，奶牛年末存栏14.53万头，头均单产4 150千克，分别比上年增长19.04%、12.42%、13.07%、14.86%、3.75%。牛奶总量和奶牛存栏分别比1978年增长24.20倍和17.81倍。

山西奶业资源呈点多面广而又相对集中的分布态势。全省80%以上的县市饲养奶牛，其中绝大多数都进行乳品加工，各市地所在地除晋城、运城外，均建有一定规模的奶牛场和乳品厂。全省奶牛主要分布于大同、朔州、忻州、太原4市沿北同蒲铁路沿线两侧的县（市）城郊，并带动辐射周围农区饲养奶牛，形成了山西奶源的主要基地——晋北奶牛乳品生产带。2001年，晋北奶牛带饲养奶牛11.61万头，产奶315.2千吨，分别占全省总量的79.90%和82.96%。山阴县是本省奶牛养殖和乳品加工的大县，2001年全县存栏奶牛4.87万头，产奶170.26千吨，以奶牛业为主的畜牧业产值达1.92亿元（按1990年不变价计），占全县农业总产值的68.2%；人均牧业纯收入965元，占农民人均纯收入的50%；乳品加工企业年加工鲜奶126千吨，实现税收1 636万元，占全县财政总收入的 19.79%。

山西奶牛品种为荷斯坦牛，其中良种荷斯坦（含改良三代及以上）占全省奶牛存栏总量的 90% 以上。奶牛饲养方式为拴系式圈养，饲养规模普遍偏小。原奶收购价格因地区和季节的不同而有较大差异。太原、大同两市的鲜奶收购价格相对稳定，1.5 元/千克左右；朔州市辖区价格差异较大，夏季为 1.2 元/千克左右，其他季节为 1.4～1.6 元/千克。鲜奶市场销售价格：塑袋软包鲜奶，太原、大同两市巴氏消毒奶 2.8 元/千克（4 袋），灭菌消毒奶 4 元/千克（4 袋）。个别县市因奶牛数量和牛奶产量较小，奶价相对较高。2001 年，全省人均鲜奶占有量接近 12 千克，实际消费量估计为 7 千克。

山西乳品生产稳定发展，产品质量逐年提高。奶源的扩大促进了乳品工业的发展。据估算，2001 年末省内各地乳品加工企业或厂家已发展到 120 多个，企业规模大小不等，日加工鲜奶能力超过 10 吨的企业有 12 家。古城乳业集团公司是本省最大的乳品加工企业，设备生产能力达到 350 吨/日，目前加工鲜奶能力达到 200 吨/日。在乳品加工品种方面，全省原奶加工总量约 370 千吨，生产乳制品 199.6 千吨。在原奶加工总量中，230 千吨原奶被制成各类奶粉，包括全脂甜奶粉、全脂淡奶粉和配方奶粉三大类，各占生产奶粉类原奶比例的 60%、25% 和 15%，生产奶粉约 37 千吨；另 140 千吨原奶被加工成液态奶或其他乳制品，包括 5 大类 40 多个品种，即灭菌乳、杀菌乳、发酵乳、含乳饮料和冷冻乳制品 5 类，分别占原奶 14 万吨的比例为 15%、70%、12%、3% 和 10%，估计生产乳制品 16.26 万吨。

（山西省奶牛协会　王印魁　师骏华　刘富祥）

**【学生饮用奶计划】**2001 年 5 月成立了由八部委厅局组成的“学生饮用奶计划”厅际协调小组，下设办公室，地点设在农业厅农垦局，办公室主任由农垦局局长兼任。5 月 14 日，山西省启动“学生饮用奶计划”新闻发布会在省农业厅召开，省人大副主任、省政协副主席、有关部委厅局领导、有关市地副市长及农牧业局长、省奶业协会、省食品协会、大型乳品企业和新闻媒体等部门计 180 余人出席了会议。利用“国际牛奶日”进行了广泛的宣传。2001 年 6 月，省学生饮用奶计划专家技术组对山西古城乳业集团公司进行了学生饮用奶定点生产企业的考核、评审、检查与验收。同年 12 月，厅际协调小组召集太原、朔州两市政府及农牧业局领导、古城乳业集团公司领导召开了“学生饮用奶计划”工作会议，在传达贯彻亚太地区学生奶会议和国家学生饮用奶会议精神的基础上，安排部署“学生饮用奶计划”工作，一是建议两市政府建立组织机构，制订实施方案与管理办法；二是敦促古城乳业集团公司向国家、省、市三级学生饮用奶计划组织机构做出质量保证承诺；三是安排与市级相关机构签订饮奶安全责任状事宜；四是进一步加强对省内已通过的古城学生饮用奶生产企业的质量技术监督。

（山西省奶牛协会　王印魁　师骏华　刘富祥）

**【奶业支持政策】**2001 年，许多市、县政府将奶业作为本地农业的重点发展项目之一，加大了扶持力度，重视奶业产业化开发。

太原市人民政府在 2001 年 7 月修订出台《太原市牛奶生产经营管理办法》，其中第四条规定：市、县（市、区）人民政府应将牛奶生产纳入国民经济发展计划，鼓励和扶持国有企业、集体企业、其他企业和个体养殖户发展牛奶生产；2001 年市政府拨出 10 万元专款购回优质冻精以优惠价扶持有一定规模的养殖户发展奶牛，以进一步提高奶牛的群体素质；补贴 10 万元专款购回 DHI 监测仪器设备，开展了奶牛生产性能测定和对原料奶进行监测，以提高原料奶的质量；督促有关部门加强市场乳品质量监管，规范乳品市场，采取措施，扶持龙头企业加快发展；本市阳曲、清徐等县区对外地购回优质母牛给予价格补贴等，通过一系列的政策扶持，奶牛存栏比 2000 年同期增长 25% 以上。

朔州市政府确立了畜牧强市、奶业为主的发展方针。该市的山阴、应县、怀仁等县都制定了一系列优惠政策。山阴县人民政府允许农户在自己承包的土地上建奶牛场、饲料厂、乳品加工厂；鼓励机关、事业单位在职职工带薪创办养牛场、畜产品加工厂，三年后留去自由；财政、计划部门在资金安排上向奶业倾斜，配套资金按时足额到位；鼓励金融部门向发展奶业生产方面贷款；鼓励各类人员引进项目、资金，引进项目资金者给予适当奖励；鼓励并扶持乳业龙头企业加快技改进程，提高产品质量和市场占有率。应县人民政府对外地购回成母牛每头补助 1 000 元，联系有关部门对新建奶牛场所用的建筑材料以优惠价供给；怀仁县人民政府划出 180 公顷土地建立云东奶牛养殖示范园区，政府负责水、电、路三通，达到规模养殖者入园免收土地占用费。由于市县政府的积极扶持，朔州市奶牛存栏达到了 7.29 万头，原奶产量达到了 204.9 千吨。

大同市政府为了促进本地奶业的快速发展，成立了以市政府秘书长为组长的奶业管理办公室，在优惠政策方面，一是政府出面联系在有关县区扶持发展奶业贴息贷款 3 000 万元；二是利用沙荒弃耕地无偿为农民提供奶牛养殖用地；三是对奶牛养殖户在饲养、供水电、防疫、饲料等方面统一服务，部分县还提供一定数量的饲料地；四是市财政拿出 20 万元用于防疫补贴，积极扶持加快奶业发展。

（山西省奶牛协会　王印魁　师骏华　刘富祥）

**【奶源基地建设】**2001 年，许多市县政府进一步认识到了发展奶业中建设奶源基地的重要性，加强了奶源基地建设。太原市辖区发展了小店区高中村（1 100 头）、尖草坪区黄花园村（800 头）、阳曲县高村（300 头）、小泉沟村（200 头）4 个奶牛养殖基地。大同市辖区在南郊区水泊寺乡沙岭村（2 000 头）、北村（310

头)、口泉乡张留庄村（200 头)、平旺乡王家园村(240 头)、浑源县城关（500 头)、左云县王京庄村(200 头）等地建立了 6 个奶源基地。朔州市山阴县万头奶牛以上的乡镇有 1 个，5 000 头以上的乡镇有 2 个，超过 500 头奶牛的村有 35 个，100 头以上的奶牛场达到 11 座。在有关政府抓奶源基地建设的同时，许多乳品加工企业也积极建立奶牛养殖小区，扶持职工或农户饲养奶牛。大同云城乳业有限公司实行统一规划、三通一平（通水、电、路，平整建舍地基)、提供优惠、分户饲养、统一服务的方式，第一批已投资 100 多万元扶持 100 户职工饲养奶牛 600 多头，第二批扶持的 100 户基地养牛小区正在进行。山阴农牧场、朔州红旗牧场等企业积极利用本地土地资源广阔的优势，在统一规划的前提下，允许职工在指定的养殖小区兴建奶牛场，大力发展民营奶牛养殖，优惠提供土地和各种技术服务。古城乳业兴办挤奶站，提供改良和疾病防治服务，促进农户向奶牛集约化、规模化方向发展。

（山西省奶牛协会　王印魁　师骏华　刘富祥）

**【重要项目】**2001 年，许多乳品企业增强了产品质量的市场竞争意识，加大了设备更新改造的力度。山西古城乳业集团公司筹资 1.9 亿元正在兴建年产学生饮用奶 3 万吨，其他液态奶 16 万吨的高标准生产线，并配套建设 20 个现代化收奶站；山西恒康乳业科技公司在引进芬兰、德国先进的乳品加工生产线的基础上，拟投资 600 余万元新增依莱克斯无菌包装生产线，建立机械化挤奶台，购置冷藏运输车；太原长风乳业公司筹资 600 万元，榆次博瑞乳业公司投资 260 多万元，分别建起了机械化挤奶、灭菌消毒、无菌灌装的现代化奶业生产加工设施；山西阿牛实业公司拟投资 3 000 万元，建设日加工奶制品 135 吨的乳品生产项目；山西省农业科学研究院生物所、康尔佳乳业公司、大同云城乳业和御宝乳业公司、离石益欣食品公司等许多乳品企业都对乳品生产线投资，进行了改建和扩建，或投资机械化挤奶设备，致使乳品的质量上了一个新台阶。

（山西省奶牛协会　王印魁　师骏华　刘富祥）

**【奶业发展“十五”规划】**山西奶业发展“十五”规划是在立足自繁自育，充分挖掘现有牛群生产潜力，应用新技术提高繁殖力，多产母犊率，控制淘汰与减少死亡的前提下，选择优质公牛冻精，适当开展胚胎移植，采取边发展边提高的方针而制订的。“十五”期前三年，奶牛头数以每年 9.4% 的速度递增，后两年以提高牛群素质，调整牛群结构为主，年均递增 6.4%。“十五”时期末牛群存栏达到 18.99 万头，其中成母牛 10.70 万头，牛奶产量达到 642 千吨，成乳牛平均单产达到 6 000 千克，人均占有量达到 18.4 千克，分别为“九五”期末的 163.05%、150.44%、191.53%、144.58% 和 184%。在乳制品结构方面，“十五”期末，生产奶粉类产品由目前占原奶产量的 62% 下降为 48% 以下，发酵乳制品的生产由目前占原奶产量的 4.36% 上升到 6% 以上，液态奶的生产达到原奶产量的 45% 左右，其他乳制品占原奶产量的 2% 左右。

（山西省奶牛协会　王印魁　师骏华　刘富祥）

## 太　原　市

**【概况】**2001 年，太原市委、市政府把调整农村产业结构作为发展农村经济建设的重要任务，提出了“牧林政策”，牧业以奶牛业为重中之重，2001 年 7 月，又修订出台了《太原市牛奶生产经营管理办法》。《办法》从牛奶定义、管辖区域、管理对象、管理部门等方面都做了详细说明，并从生产管理、加工管理和销售管理等方面做了严格的规定，对违反本办法规定，制定了相应的处罚办法。自从实施《太原市牛奶生产经营管理办法》以来，对太原市牛奶生产、加工、销售等方面起到了一定的监督管理作用，使太原市牛奶行业步入法规化、科学化管理渠道，为促进太原市奶业蓬勃发展起到了决定性的作用。

太原市政府在政策、资金及有关优惠政策方面对奶业发展给予了大力的支持。每年拿出 10 万～20 万元引进美国、加拿大优质奶牛冻精对大中小型奶牛场进行改良，收到良好的经济效益，2001 年市财政拿出 10 万元引进国外优质冻精 5 000 支，使奶牛品种、产奶量、乳成分得以改良和提高。市政府还投资 10 万元与恒康乳业公司共同购置了一台美国产 DHI 测试仪，开展了奶牛生产性能和原料奶的监测工作。2001 年市政府拿出 1 万元资金用于奶业方面的培训，资金用于聘请专家、租教室、印发培训资料及支付授课费等。在 2001 年“国际牛奶日”宣传活动中，市财政拨款 3 万元，用于租场地、气球、制作条幅、宣传版面等费用。

在养殖园区建设及发展奶牛等方面，政府在资金、政策及划分土地、用水电等方面也给予了一定的优惠及补贴。2001 年已完成 4 个养殖园区建设：小店区高中村发展奶牛 1 100 头，尖草坪区黄花园村发展奶牛 800 头，阳曲县高村发展奶牛 300 头，阳曲县大盂小泉沟发展奶牛 200 头。

优惠政策及资金补贴，使太原市奶业有了长足发展。到 2001 年底，全市奶牛存栏 14 017 头，成母牛 8 410头，牛奶产量达到 52 千吨。牛奶收购价：1.50 元/千克，牛奶销售价：2.7 元/千克。饲养规模：10 头以上 50 头以下的养牛专业户有 151 户；50 头以上养牛专业户有 31 户；股份公司 2 个，分别饲养 2 000 头和 115 头奶牛；饲养方式以圈养为主；品种主要是荷斯坦奶牛及引进美国、加拿大优质冻精进行改良的奶牛。现有加工企业 33 家，其中在 50 吨以上的 1 家，10 吨以上的 3 家，其余均在 10 吨以下。

乳品市场情况：婴幼儿消费量占家庭牛奶消费量的 20%，60 岁以上的老人占 30%，其他群体为 50%。目前，全市日上市牛奶和酸奶总量达到 170 吨，人均年牛奶消费量为15千克。消费市场情况：本地乳品消费每日132.5吨。原奶价格：1.5元/千克；加工价：2元/千克；市场价：2.7元/千克。外地产品：30吨/日。乳制品：酸奶为5吨/日；乳酸菌饮料奶：2.5吨/日。影响本市奶业发展的主要原因表现在：一是加工企业规模小，加工和监测设备不规范，外销能力弱，多数牛奶加工厂日加工能力只有5吨左右，产品档次低，牛奶消毒大多仍靠冷热缸，生产的产品只能保持24小时，无法在市场上竞争和外销。

二是目前仍有一大部分牛奶靠手工挤奶，造成奶源污染，多数奶场为了降低生产成本，对奶牛蛋白饲料喂量不足，优质饲草跟不上，所产牛奶质量低。

三是销售条件差，做不到冷链销售，市民吃奶不方便。随着城市面貌整顿，企业原有的销售网点大部分撤消，新的网点又未建立起来，很大程度上影响了商品奶的销售。因此，出现牛奶收购压级压价。

四是奶粉生产企业作为上市剩余鲜奶的调节站，调节作用越来越弱。受加入WTO的影响，奶粉价格的优势已消失殆尽（进口奶粉到岸价每吨1.5万元～1.6万元，本市奶粉每吨只能卖到1.2万元～1.3万元，而目前原奶按收购价每千克1.5元计，奶粉生产成本已高达1.5万元～1.6万元）。

五是本地加工企业在同等条件下消化外地原料奶，每天2吨，使本市原料奶卖奶难问题更加突出。

六是外地商品奶进入太原市场，数量逐日增加，加剧了市场竞争的激烈程度。

**【奶业发展“十五”规划】**“十五”期间，太原市奶业发展目标见下表：

**2001—2005年太原市奶牛数量及奶产量表**

| 项目<br>年度 | 存栏（千头） | 成母牛（千头） | 鲜奶总产（千吨） | 平均单产（千克/头） |
|---|---|---|---|---|
| 2001 | 14.0 | 8.4 | 51.5 | 6 122 |
| 2002 | 19.1 | 12.2 | 70.0 | 5 737 |
| 2003 | 22.0 | 13.2 | 73.0 | 5 530 |
| 2004 | 24.0 | 15.0 | 80.0 | 5 333 |
| 2005 | 26.2 | 16.8 | 87.3 | 5 188 |

发展重点：以小店区、清徐县、晋源区、阳曲县为基地，大力发展奶牛业。以稳定奶牛数量，提高牛群质量为重点，对规模养殖户进行引种、育种、改良和科技设备配套，全面提高牛群质量，增加奶牛饲养科技含量，走奶牛适度饲养，产业化、规模化、科学化、经营标准化管理的道路。

（太原市乳品监察管理站　雷秀敏　王学文）

## 内蒙古自治区

**【概况】**2001年，全自治区奶牛存栏747千多头，鲜奶产量106.24万吨。这一年奶产量超万吨的旗、县、市达21个，随着奶牛产业脱颖而出，全区已建起乳品加工业109家，其中呼和浩特市、包头市大中型乳品加工企业有4家，其余分布在其他8个盟市，形成以伊利、蒙牛、骑士和进驻呼伦贝尔盟的上海光明，北京三元等企业集团为龙头，以中小型乳品加工厂为辅的产、加、供、销一条龙的具有地方特色、民族特色的乳品工业体系，年加工能力达到40万吨。

奶牛的主要品种是中国荷斯坦奶牛和三河牛，西门塔尔牛、科尔沁牛等乳肉兼用牛，其中荷斯坦奶牛存栏约30万头，主要分布于呼和浩特市、包头市、乌海市和盟市所在地的郊区。荷斯坦牛单产在5吨左右，单产在10吨的高产牛约有千头左右；三河牛存栏约15万头，主要分布于呼伦贝尔盟，放牧条件下单产1吨左右，加补饲单产高达3吨以上，西门塔尔牛，科尔沁牛存栏约35万头，主要分布于通辽市；西门塔尔牛为3.5吨左右，科尔沁牛单产2吨左右。

各地因地制宜制定发展奶业的优惠政策。1997年自治区党委、政府联合印发的《关于推进牲畜“种子工程”的决定》中明确制定了奶牛及良种奶牛发展规划并以文件形式印发了《关于加快全区奶业发展的意见》，进一步明确了自治区发展奶业的指导思想，奋斗目标和政策措施。各级政府和各主管部门结合各地实际，认真研究落实，也出台了不少发展奶业优惠政策。

认清形势，抓住机遇，加快奶业的发展步伐。改革开放以来，全自治区奶业得到迅速发展。特别是奶业加工企业的崛起，对全区奶业发展起到了重要的促进作用。在激烈的竞争中，伊利集团成为全国三大奶业加工龙头之一，并创立了“伊利”这一全国知名品牌；自治区绿色食品标志的奶产品就有41个，占全区绿色食品标志的1/4强。从消费需求看，随着人民生活水平不断提高，奶业需求也必然呈上升趋势，奶业发展前景非常广阔。

自治区具有许多奶业发展的有利条件。一是奶牛业是本区畜牧业的优势产业，奶牛饲养业和鲜奶生产在自治区东部地区和城市郊区拥有传统的饲养基础和物质基础。呼伦贝尔盟的滨州线和三河道有着悠久的饲养奶牛传统，是一个传统产业和支柱产业。呼和浩特市和包头市郊区从50年代开始发展奶业，形成了国家、集体、个人一起上的格局。目前呼和浩特和包头两市拥有奶牛近30万头。

二是有水草丰美的天然草原，为发展奶牛业和绿色食品提供了得天独厚的自然资源。东部呼伦贝尔大草原不仅是三河牛的发源地，也是奶业发展的重要基地。

三是饲草饲料资源和剩余的粮食及农副产物是发展奶业的雄厚的物质基础。全区每年生产1 000万吨粮食和大量的农副产物秸秆，人均占有粮食在全国占第二位。为发展畜牧业特别是奶业提供丰富的饲料来源。

四是距北京、天津等消费大城市较近，市场容量较大，有利以市场为依托，建设大规模，集约化经营的奶源基地。

但是，自治区奶业发展中仍面临着一些不可忽视的因素，主要表现在：一是饲养奶牛的家庭牧场规模小，饲养管理仍较粗放，奶牛单产较低，目前手工挤奶为主，鲜奶卫生和质量得不到保证，不能适应大企业对奶业的需求；二是饲料工业相对滞后，配合饲料入户率低，饲料报酬不高；三是奶业发展速度仍缓慢，满足不了大企业的需求量，企业与奶户关系不紧密，鲜奶价格体系不够完善；四是有些低水平重复建设，产品结构不够合理，附加值较低，向外开拓能力不强；五是企业技术创新力弱，管理较落后，抵御风险能力不强等。必须理清思路，抓住机遇，明确发展目标，调整发展战略，制定发展规划，采取有力对策，推动自治区奶业快速发展。

（内蒙古自治区奶业协会　那达木德）

**【奶业发展历史回顾】**畜牧业是本自治区的优势产业。奶牛业又是畜牧业中最具发展潜力的一个产业，也是近年来发展比较快的一个产业。经过自治区成立50多年以来的努力，特别是改革开放的20多年的发展，奶牛业和乳品业已经形成一定的规模和生产基础，在全国占有主要的地位。1980年全区只有奶牛12.7万头、产奶6.7万吨；到1989年奶牛头数达到40.3万头，牛奶产量达到35.3万吨。

随着改革开放，党的富民政策深入人心，人们的养牛积极性空前高涨，特别是1990年奶价在自治区放开以后，牛头数稳中有增，牛奶产量一直呈上升势头，奶牛业得到了迅速发展。到1998年奶牛头数72.60万头，平均年递增10.94%；牛奶产量达到63.8万吨，平均年递增11.11%；乳制品加工产量由1980年的6 199吨，1989年的20 529吨，增加到1998年的37 600吨，年递增11.22%。2001年奶牛存栏747千多头，人均占有鲜奶量46千克。

（内蒙古自治区奶业协会　那达木德）

**【奶牛品种改良体系建设】**在品种改良、良种推广、后裔测定、遗传育种方面取得显著成绩。奶牛人工授精技术在全自治区得到全面推广应用。先后建立国家级种公牛站2个，冷源站7个，区级配种站（点）2万多个，实施后裔测定在内的奶牛遗传育种和品种改良项目有较大进展，奶牛人工授精覆盖率已达90%以上。用胚胎生物技术，在奶牛的良种和提高产奶量，提高整体素质方面取得了显著成效。内蒙古家畜改良工作站还承担了国家引进国外高新技术“948”项目，开始实施了应用胚胎生物技术建立《高产奶牛MOET核心群》加速改造低产奶牛项目。经过8年的遗传育种和品种改良，到1998年全自治区奶牛能繁母牛和荷斯坦奶牛比例分别达到48.75%和30%，分别比1990年提高6个百分点和22.4个百分点。

依靠科技进步，大力推广奶牛模式化、标准化饲养技术。以自治区家畜改良工作站为技术服务中心，以盟、市家畜改良工作站和重点产奶区旗、县、市家畜改良工作站为推广体系，以奶牛场和养殖户为骨干的奶牛重点产区为基地，推广奶牛模式化饲养技术，1994—1997年，在全区8个盟、市，40个旗、县、市（区）380个示范乡镇苏木，3 194个嘎查村，16 383个奶牛饲养户开展了自治区畜牧业丰收计划项目《奶牛模式化饲养技术》，每年推广8万头，累计40万头，取得了显著的社会、经济和生态效益；培养了一大批模式化饲养技术人员，大面积推广了奶牛模式饲养和阶段饲养技术，为自治区奶牛可持续发展，迈出了新步伐。

（内蒙古自治区奶业协会　那达木德）

**【奶业发展“十五”规划】**经过5年的发展，到2005年，全区良种及改良奶牛头数达到85万头，其中繁殖母牛达45万头；奶牛平均单产荷斯坦牛达5吨，牧区放牧条件下达3吨，牛奶产量达140万吨，进入全国先进行列；乳制品产量达10万吨，液态奶、酸乳饮料产量达50万吨；冷冻饮品产量达20万吨，进入全国第一位；乳制品加工企业年销售收入力争过30亿元，利税5亿元；农牧民奶牛养殖收入达到13亿元。另外，可使16.7万公顷玉米被转化，20多万公顷土地实行草田兼作，退耕还草。经过10年努力，到2010年，奶业整体上在国内进入前列，同时与国际接轨，力争建成国内最强的乳品加工企业和最大的奶业生产基地，具有最优质的名牌产品。

加强奶源基地建设。要以提高奶牛群体质量和个体产奶量为主攻方向，结合城郊、农区、半农半牧区和牧区的资源状况和生产实际，按照小规模、大群体的思想，建设奶牛养殖小区，奶牛专业村，奶牛专业户或家庭牧场，进而使集中连片，逐步向基地化、规模化、集约化经营方向发展。在发展模式上，以种养结合的奶牛专业户为基础，重点发展奶牛专业小区、专业村、专业乡，鼓励发展家庭牧场和规模养殖户，因此，不断扩大养殖规模。在养殖方式上推广配合饲料，机械化挤奶等集约化经营。在技术推广上，按照高新技术与常规技术相结合的原则，在高产奶牛核心群建设上要采用奶牛胚胎移植技术，加速高产奶牛群体的扩大。

在改善奶牛品质，提高产奶量方面，广泛采用奶牛冷冻精液配种技术，加速品种改良，提高个体生产性能。在“十五”期间继续扩大奶牛阶段性模式化饲养技术，推动奶牛标准化饲养，科学化管理。鼓励龙头企业办现代化、规模化的良种示范牛场，为奶源基地建立示范样板。鼓励龙头企业，资助奶牛户发展奶牛业，建立自己的奶源基地，谁投资，谁受益，谁收购，不允许无序竞争。

完善社会服务体系，推广科学饲养方式。在各级政府和龙头企业的支持下，不断建立和完善奶业产前、产中、产后各类服务体系，装备先进的仪器设备和技术手段。培养提高各类科技人员的业务技术素质，加快良种繁育、推广体系、饲草饲料的研制、供应体系，奶牛疫病的预防、检疫体系，奶牛后裔测定等生产性能检测体系，鲜奶及乳制品质量监测体系，奶业高新技术的研究开发系列化等。为本自治区奶业发展提供服务和保障。

要重点抓好科学饲养。一是转变粗放经营方式，完善和推广科学饲养方式，要下大力气推广模式化饲养等科学先进的饲养方式；二是大力推广使用青贮饲料和秸秆的糖化、氨化、微贮饲料。三是推广奶牛全价配合饲料，提高奶牛单产。

各有关部门协调配合，联合作战，形成奶业发展的合力。“十五”期间要搞好全区奶业发展规划，围绕龙头企业，制定切实可行的实施方案。从奶源基地到龙头企业；从社会化服务到质量监测；从新产品开发到市场营销策略；从品种改良到科学饲养都要有一个协调配合、功能齐全的配套系统。各有关部门要加大对奶业的投入力度和扶持力度，特别是对奶源基地建设和饲草饲料基地建设方面给予支持。切实解决奶业发展的投资和融资问题，对龙头企业技术改造项目和基地建设项目所需资金上予以倾斜，建立奶业风险基金或奶业发展基金制度，合理调控奶价，保护和促进奶业的发展。

（内蒙古自治区奶业协会　那达木德）

## 呼和浩特市

**【概况】**呼和浩特市辖4个市区、5个旗县、3个经济开发区；拥有耕地53.3万公顷，天然草地75.5万公顷，总面积17 224平方千米，总人口243.79万。

呼和浩特地区很早就有奶牛养殖，这里的蒙古族牧民自古就有制作和饮食牛奶、酸牛奶、奶油、奶皮、奶酪、奶茶和奶酒等奶制品的传统习俗，但是奶牛养殖业的起步则较晚。从1950年到1966年，本市的奶牛业基本上处于低水平徘徊阶段，1964年国营奶牛场的奶牛存栏1 138头。直至1967年，呼和浩特的奶牛养殖业才开始起步。当时，从呼伦贝尔盟引进1 247头三河牛，在郊区创办了集体奶牛场。1970年4月呼和浩特乳品厂投产，设计能力日处理鲜奶30吨。1972年从外地调进779头奶牛，进行了三河牛的改良。1974年加入全国奶牛业北方协作组，开展了引进黑白花奶牛冷冻精液，进行联合育种改良。但由于当时限制私人养牛，国营牧场和集体奶牛场投入不足、效益较低，再加上低奶价政策，奶牛场处于维持状态，全市奶牛存栏徘徊在3 000头左右，牛奶总产量不足3 000吨。加工企业也难以发展，市场供应十分紧缺。

1979年市政府出台了一系列促进奶业发展的政策，发布了《关于大力发展奶牛业的几项规定》，推行以奶换料、划拨奶牛饲料地，解决购买奶牛贴息或低息贷款等。成立了市奶牛公司（后改为市牧工商联合企业公司），辖大黑河、八拜、回民奶牛场、回民奶食品加工厂等。1985年全市奶牛存栏达到6 100头，成为全国8个敞开供应牛奶的城市之一。1992—1993年存栏达到1.6万头，产奶总量5.2万吨。由于受全国滑坡影响，当年淘汰了大批低产奶牛，使奶牛平均单产达到5 583千克，创出历史最好水平。1993年2月回民奶食品总厂改成伊利实业股份有限公司，1997年成立伊利集团公司。1999年3月，蒙牛乳业开始建设自己的生产基地。1999年末，奶牛总头数达到了5.5万头，牛奶总产量16.6万吨，为“奶业兴市”发展战略的实施奠定了坚实的基础。

为了经济快速发展，优化产业结构，增加农民收入，2000年呼和浩特市委、市政府提出了“奶业兴市”的发展战略。这一年，呼和浩特市奶牛头数由年初的55 010头增加至年末的91 554头，增幅达66.43%；鲜牛奶总产量达到23.4万吨，增幅40.96%；人均占有鲜牛奶109.5千克，位居全国大中城市之首，是全国人均占有量的15倍。饲养奶牛专业户达2.8万户。超千头奶牛基地乡镇达17个，超万头奶牛基地旗县区4个，建成奶牛示范养殖小区7个，新建挤奶站125个。牛奶年加工能力达到了60万吨。当年农民人均销售牛奶收入达到304元，比上年增加112元。呼和浩特奶业真正形成了一个由源奶生产、收购、加工、销售等环节构成的极具活力的奶产业链。

2001年，呼和浩特市委、市政府邀请国家、自治区的领导和奶业专家、学者召开了“呼和浩特奶业发展研讨会”、“呼和浩特100万吨奶源基地建设”项目论证会、全市奶业代表大会。全面总结和部署了奶业兴市的战略方针，使整个社会发展奶业的思路深入人心，并要求各个部门全力配合，实现奶业的跨越式发展。2001年，奶牛头数由年初的91 554头发展到了年底的140 249头，牛奶产量由上年的23.4万吨达到了40.01万吨，增幅分别是53.18%和70.98%，人均占有鲜奶量达到了164.8千克，是全国人均8.8千克的19倍，奶牛饲养人家增至4.6万户。同年，伊利、蒙牛的灭菌纯牛奶被国家消协评为全国第一名和第三名。伊利产品还打入了我国的港、澳市场。

（呼和浩特市奶业协会　巴根那）

**【发展目标】**在实施“奶业兴市”发展战略的基础上，市委、市政府又提出了打造“中国乳城——呼和浩特”的新思路。计划用10～15年的时间，实现农民平均每人饲养一头奶牛的目标，全市奶牛存栏达到100万头以上；成年母牛单产达到7吨以上；年鲜奶总产达到500万吨；农民出售鲜奶收入总额按当年不变价达到86.5亿元，全市乳制品销售总额达到500亿元；农民收入总额的大部分来源于奶牛养殖，使奶业成为真正的支柱产业。

要达到以上的宏伟目标，首先是科学合理地做好奶源基地与乳制品加工企业发展的长远规划。奶源基地建设要落实“五个同步”，即专业化生产与社会化服务同步，品种改良与综合配套技术同步，奶源基地与饲料基地建设同步，机械挤奶与适度规模经营同步，原料奶质量控制与优质优价政策同步。乳制品加工企业的发展上要扶持龙头企业，把奶业集团做得更大更强。政府在财政、税收、信贷、外贸、设备引进、科技创新等方面予以优惠待遇，在解决奶业建设用地、规范市场管理、减轻企业负担方面为他们创造更加良好的外部环境。

二是大力发展人工草场、保护原有的天然草场。结合国家在西部开发中退耕还林还草的政策，大规模种植优良牧草，大面积发展人工草场，保护好原有的天然草场，确保呼和浩特地区优质原料奶的纯天然，无污染的绿色品牌。

三是加强奶牛的饲养管理、繁育改良和疫病防治工作。加强培训奶农，饲养奶牛做到精养、高产，搞好环境卫生和牛体卫生；在全市做好提高成年母牛整体产奶量，全部实现优质冻精配种，提高受胎率，推广胚胎移植，建立健全配种繁殖系谱，避免近亲交配；扶持专业大户、专业村和适度规模经营小区的发展；挤奶站全部实现机械化挤奶；奶牛疫病的防治做到"早、快、严、小"，免疫密度达100%，即要早防早治，高标准，严要求，一旦发现疫情，要迅速扑灭，把可能造成的损失减至最小程度。

四是在建设"中国乳城"的运作过程中继续发挥政府、企业和农民的合力。调动奶农的生产积极性,关键在于政策到位和服务到家。作为加工部门的龙头企业必须向奶农让利,搞好综合服务,以各种方式向奶农实行利润返还,让奶农稳定地得到好的比较效益。采取切实有效的扶持政策,把奶农增收、龙头企业增效与地方财政开源紧密联系起来,形成合力,共同建设"中国乳城"。

（呼和浩特市奶业协会　巴根那）

## 辽　宁　省

**【概况】**2001年，辽宁省奶业继续保持了较快的发展势头，全省奶牛存栏10.6万头，比上年增长了10%；牛奶年产量24.2万吨，比上年增长8.6%；牛奶加工量22万吨，奶业总产值6亿元，各项指标比上年均有较大幅度的增长。

这一年全省奶牛品种更新改良速度加快，胚胎移植技术得到了应用，机械挤奶得到了普遍推广应用。大连市计划投资亿元建成万头良种奶牛示范场，已投资300多万元引进了7头美国高产奶牛做供体牛，出资20多万元为12个百头奶牛户安装了进口挤奶机，奶户分3年从奶款中扣除，方便了奶户，也提高了原料奶质量，同时组织实施了"奶牛单产七吨工程"活动，通过狠抓饲养管理、大力普及奶牛高产育种，使单产7 000千克的奶牛已占成母牛群的20%以上。沈阳乳业公司投资数百万元在郊区建立了十几个收奶站，并通过奶牛合作社的形式为奶农提供配种、防疫、饲养及技术咨询服务，使个体奶牛存栏由4 000头增加到17 000头。阜新的万头奶牛计划、本溪的现代化奶牛生产基地项目也已启动，全省奶牛饲养业呈现了良好的发展势头。

2001年全省共有乳品加工企业40多个，加工量22万吨，实现销售收入3.5亿元。沈阳乳业公司投资1.8亿元新建了占地20万平方米，日处理能力400吨的现代化加工厂，大连三寰乳品厂从德国、瑞典引进了先进的生产加工设备，日处理能力增加到200吨，沈阳、大连等地液态奶当地产品市场占有率分别达到90%和85%，已形成了一批有一定知名度和牵动力的乳业龙头企业。

2001年省政府确定了在全省范围内开展"学生饮用奶计划"。沈阳市作为全国5个试点城市之一，已从1999年开始实施学生饮用奶计划，日供应人数10万人，日供应量20吨，成为全国"学生饮用奶计划"比较成功的城市之一，大连市也正积极筹备，预计下年可望在全市推广。

省政府和各市政府继续把乳业生产作为农业结构调整的重点，通过资金、技术、政策的引导和扶持，促进本省奶业走向良性、健康的发展轨道。本溪市2001年由市财政投入1 000万元用于奶业产业化发展，其中建设10个200头以上奶牛生产专业场区，每百头规模补贴10万元；为养牛户提供500万元作为贷款贴息和保险补贴；补贴200万元用于学生奶试点等项工作。沈阳、大连、鞍山、阜新等地也通过各种方式鼓励奶业发展，为全省奶业实现可持续发展打下了坚实的基础。

（辽宁省乳品工业协会　卢戈川）

**【奶业产业升级发展计划】**基本思路。以实施"学生饮用奶计划"为契机，进一步抓好优质奶源基地建设；进一步推动奶业产业化和规模经营；抓好饲料基地建设，提高饲料转化率；加大资金、技术、人才的投入，提高乳业科技水平和管理水平，促进本省乳业整体发展水平进一步提高。

发展目标。到2005年，全省奶牛存栏达到20万头，奶牛品种改良和更新换代率达到20%，奶牛平均单产提高到5 500千克，其中核心群单产要达到7 500千克，年奶产量增加到80万吨；形成1～2个全国知名乳业品牌；促成1～2个乳品企业上市；以沈阳、大连、鞍山为核心，建成1～2个奶牛良种繁育中心；建立全省乳品质量检测中心；建立全省乳品工程技术中心；通过与科研院所的广泛合作，建立全省乳业人才培训中心，逐步建立起符合国际运行标准的行业体系。

实施方案。进一步抓好奶源基地建设，做到区域化布局、产业化经营和社会化服务相结合；加大人才培养和科技投入力度，通过抓好奶牛育种中心、乳品质量检测中心、乳品工程技术中心、乳业人才培训中心的建设，提高辽宁乳业的整体水平；加大对重点企业的投入，按照企业自愿、政府扶持、市场运作的原则，通过资产重组，实现资产、品牌、经营的整合，通过资金、政策等方面重点支持，打造出具有国际竞争力的核心和龙头企业。

（辽宁省乳品工业协会　卢戈川）

## 沈　阳　市

**【概况】**2001年，沈阳市奶业发展以加入世界贸易组织为契机，以市场为导向，以产业化经营为重点，以科技为动力，建设大市场、大龙头、大基地。全市奶业生产水平有很大提升，呈持续稳定、健康发展的态势。

1. **奶牛发展情况** 2001年奶牛存栏30 109头，其中成母牛21 322头，分别比2000年的22 071头和15 173头增长了36%和41%。奶牛饲养也由过去主要由国有农场变为国有和个人共同发展。2001年，百头牛以上的饲养户17个，50～100头的达26户。饲养的多元化促进了奶牛饲养业的发展。目前，全市共有7个大型国有奶牛场，奶牛存栏4 672头；个体奶牛户3 582家，存栏25 000多头，平均每户饲养7头。2001年全市牛奶总产量98 150吨，比上年增长29%。近几年，郊区的奶牛饲养出现蓬勃发展的势头，有的区、乡或村采取一些积极措施鼓励农民养牛。由于市场牵动，政策扶持，社会化服务，沈阳市奶牛饲养业正在以前所未有的速度发展。

2. **乳品加工和消费情况** 2001年末，全市有乳品加工企业16个，日加工能力达700多吨，乳品加工量比上年的650吨增加了7.67%。仅沈阳乳业集团一家日加工量就达200～300吨。原料奶收购价格为每千克标准奶1.80元。全年本地自产牛奶上市量89 930吨，其中巴氏奶46 298吨，超高温灭菌奶12 261吨，酸奶12 614吨，乳酸饮料4 370吨，全脂奶粉690吨，其他7 984吨。乳品加工设备通过引进或技术改造已接近国内先进水平，实现了从收奶，灭菌消毒，生产加工及包装一条龙式生产，而且产品品种多样，口味各异。2001年全市人均占有奶量14.2千克。牛奶逐渐成为百姓的日常消费品，乳品的营养价值正在被人们认识和接受。

3. **奶牛服务体系的建设、配套设施及投资情况** 为了支持奶牛饲养业的发展，2001年沈阳市加强了奶业服务体系的建设，在养奶牛比较集中的地区建立了11个收奶站、13个奶牛饲养小区，其中于洪区造化乡闸上饲养小区奶牛存栏已达2 000头以上。全市还有9处奶牛配种站（点），两处种畜场；市、县、区、乡镇兽医站150个；专业技术人员总数525人，每年冷冻精液使用量约3 200粒，年授精配种25 000头左右。在配套设施方面也有所加强，现有鱼骨式挤奶厅5个，每套每次挤奶牛24头，全市使用小型挤奶机的个体奶农共12户；收奶站常用的设备有手动乳脂测定仪，共11台；冷藏运输车共22辆。2001年是沈阳市奶业蓬勃发展的时期，全年共投入13 358万元，其中贷款11 520万元，企业投资1 598万元，个人投资240万元。

2001年，沈阳市开展了“放心食品工程”建设。为确保市民喝上卫生、健康、安全的牛奶，加大了乳品质量监管的力度。从乳品质量的源头抓起，规范奶牛饲养，严把牛奶生产、加工质量关，做到收奶站、乳品厂、乳品质量监测中心齐抓共管，使沈阳市乳品质量上了一个新的台阶。

（沈阳市奶业管理办公室　李殿文　王　艳）

**【奶业发展回顾】**沈阳奶牛饲养有100多年的历史，乳品加工也约有70年的经历。新中国成立前，沈阳市的奶牛饲养和乳品加工仅是供给达官贵人；新中国成立后，在20世纪50年代初期成立了国营奶牛场，大部分是公私合营时集中起来的奶牛，品种多为日系荷斯坦，俄系荷斯坦及地方杂种奶牛，品种杂、数量少、生产性能也不高。50年代奶牛饲养头数增加较快，60年代初期下滑，改革开放后，呈现国营、集体、个体一齐上的局面，到1978年末，沈阳奶牛存栏就达到7 800头，年产奶量2万吨。其中国营牛场有19家，集体牛场，占全市奶牛总数的80%以上，牛奶产量占90%以上，奶牛品种基本上为中国黑白花奶牛。当时乳品加工企业只有2个国营乳品厂，日加工能力在30吨左右，人均占有牛奶3千克。牛奶供应凭票，市民饮奶难问题尤为突出。

1978年以后，沈阳奶业得到快速发展。到1993年全市奶牛达到2万头，其中个体饲养奶牛达到了14万头。牛奶年总产量达到65万吨，人均占有量达到10千克。乳品加工业有新的突破，有了日加工能力100吨的乳品加工厂，液态奶上市量达120吨以上。此间欧洲经济共同体对沈阳奶类项目援助，解决了沈阳奶业的资金不足、奶源不足、技术设备落后等问题，收到了良好效果。

1994—1998年是奶业调整期。国家粮食政策放开，政府取消养牛饲料补贴。由于养牛企业和个体养牛户准备不足，饲养成本上升，牛奶消费市场没有打开，致使奶牛饲养业效益下降甚至亏损，乳品加工企业奶制品滞销、积压、亏损严重，限收牛奶的同时大量拖欠奶款，导致养牛场、户纷纷卖牛、杀牛，乳品加工企业日加工量不足80吨，全市奶牛存栏到1998年不足1.2万头，下降40%，产奶量不足4.8万吨，奶制品下降26%，沈阳奶业遭受重创。与此同时，养牛企业自办乳品加工厂，包括其他行业建设的乳品厂，到1998年竟达到了30余家。由于这些乳品厂规模小、设备简陋、技术落后、产品质量无保证，出现无序竞争。加上外埠乳制品蜂拥沈阳市场，加剧了沈阳奶业下滑。

1998年底，沈阳市委、市政府在确定调整农业产业结构时，将畜牧业尤其以奶牛为重点作为调整核心内容，采取龙头企业牵动，县区规划扶持，社会各方合力推动，公司加基地加农户的方式推进沈阳奶业重新崛起。以沈阳农垦所属的4个农场、1个公司的奶牛相关企业为基础，将4个乳品厂、7个饲养场进行了重新整合，组建了沈阳辉山乳业有限公司，以辉山乳业为龙头，以实施国家学生饮用奶计划，扩大宣传，引导市民消费习惯，培养消费群体，创立自己品牌为手段，带动了全市乳业迅速发展，取得良好的经济效益和社会效益，

（沈阳奶业管理办公室　马玉恒
沈阳市奶牛协会　周传平）

## 大　连　市

**【概况】**大连市位于中国辽东半岛南端，西北濒临渤海，东南面向黄海，北面背依东北大陆，与山东半岛

隔海相望，总面积 12 547 平方千米。其中，市区面积 2 415 平方千米；辖 3 个县级市，6 个区，1 个县。总人口 590 万人，其中城市人口 290 万人。大连市有可耕地面积 282 063 公顷，年可产粮豆 135 万吨左右，有 233 446公顷草山草坡，草质较好，为发展奶畜生产提供了较丰富资源。

大连市奶业形成一定规模，作为一个行业来管理还不到 20 年时间。市政府为了加强奶业管理和执行外援奶类项目，于 1988 年成立了大连市奶类项目领导小组并下设办公室，主要负责全市奶业的管理、协调、服务工作。政府为了解决城市居民“喝奶难”矛盾，把奶业作为扶持“菜篮子”工程的重要内容。在政策、科技、资金等方面给予强有力的投入，还制定了“国有、集体、个体一起上，重点发展集约化和适度规模化饲养”的奶牛生产方针。

2001 年，全市有国有奶牛场 8 个，集体奶牛场 14 个，个体奶农近 1 800 户，年饲养奶牛、改良奶牛 1.75 万头，奶类产量 7.3 万吨，商品牛奶上市 4.95 万吨。按全市人口测算，人均占有奶制品 12.2 千克；按城市人口测算人均占有奶制品 28 千克（其中，消毒奶为 22 千克）。与 20 年前比，奶牛存栏增长 1.3 倍；牛奶产量增长 2. 5 倍；乳制品产量增长 5 倍。已彻底解决了城市居民“喝奶难”的矛盾，奶业产、销两旺，市场鲜奶供应充足。

近几年来，大连市奶牛饲养业涌现出了一批学科技、用科技的典型，例如奶牛高产育种、高产核心母牛群培育，开展人工授精技术、粗饲料秸秆青贮（黄贮）开发、配合饲料添加使用、疫病防治、饲养工艺改革、机械化挤奶、犊牛单栏培育等科技和实用技术，推动了全市奶牛业发展，取得了显著成效。1994 年由大连市奶类项目办公室等三家单位共同主持的《奶牛规范化饲养及高产配套技术研究》科研课题，获得了市政府科技进步三等奖。“九五”期间，提出的稳定近郊，大力开发远郊奶牛生产向饲料资源丰富的乡镇转移的奶牛发展战略，已得到落实，远郊奶牛基地建设初具规模。本市 1995 年成立了大连市奶业协会，在部分乡镇还成立了 6 个奶农技术协会，有会员 620 户，饲养奶牛 6 400 头，生产牛奶约占全市总产奶量的 45%。

大连市乳品加工企业的科技工作也取得了一定效果。近几年先后引进了国外先进的乳品加工技术、设备工艺。已研制生产出 UHT 无菌包装袋装、纸盒装奶、果味奶、酸奶、活性乳酸钙奶、黄油、冰淇淋等一批奶制品新品种，消毒牛奶日上市量已达到 130 吨。

（大连市奶业协会　范　颖）

**【奶业发展历史回顾】**据有关资料记载，大连地区从事奶牛饲养已有百年历史，奶牛品种主要来源于俄国和日本。在日俄战争期间，数量只有几十头。1949 年前，全市仅有 335 头奶牛，主要分布在城郊私人饲养。

新中国成立后，私人奶牛饲养逐步走上合作化经营，建立了几处奶牛场。1957 年，为了接收原苏联在旅顺、金州等地驻军所移交的奶牛，建立了国营大连奶牛场，当时奶牛存栏不足 500 头。同时通过引进欧洲的良种奶牛对本地奶牛和黄牛进行的杂交改良，使全市的奶牛和改良奶牛存栏达到 2 249 头。到 1978 年，全市奶牛饲养量达 5 321 头，生产牛奶 12 669 吨；1985 年，全市奶牛存栏 9 495 头，生产牛奶 25 374 吨；1988—1993 年，在欧共体奶类发展支持下，1995 年全市奶牛和改良奶牛 14 312 头，牛奶产量 46 844 吨。

大连市乳品加工业在新中国成立前属于“空白”。到 1974 年才建立了国营大连乳品厂，生产瓶装巴氏消毒奶5 164吨；1987 年建立了大连渤海乳品厂，加工巴氏消毒奶 3 142 吨。以后又相继建立了国有、集体、合资等几处小型乳制品厂。

（大连市奶业协会　范　颖）

**【“十五”规划和 2010 年奶业发展目标】**

**奶业发展指标（2000—2005 年）**

| 项目 \ 年份 | 2000 | 2001 | 2002 | 2003 | 2004 | 2005 |
|---|---|---|---|---|---|---|
| 奶牛（千头） | 14 | 15.4 | 18.2 | 19.9 | 22.0 | 24.1 |
| 牛奶（千吨） | 52 | 56.0 | 67.8 | 78.0 | 89.2 | 103.2 |
| 加工奶(千吨) | 42 | 46.0 | 54.2 | 62.4 | 71.8 | 82.6 |

初步设想到 2010 年全市奶牛 3.4 万头，牛奶产量 15 万吨，商品奶上市 12 万吨。

奶业产业化经营是一个系统工程，它涉及牛源、资金、繁殖、防疫、治疗、饲料、管理、牛奶收集、贮运、加工、市场营销等多方面的全程业务技术工作。围绕奶业市场发展，要建立健全牛奶产、供、销、贸经济利益共同体，按照“统一规划、合理布局、加强管理、相互协作、共同发展”的原则，促进大连市奶业稳定、协调、快速发展，使本市奶业朝着规模化、规范化、现代化方向迈进。

（大连市奶业协会　范　颖）

# 吉　林　省

**【概况】**奶牛饲养。2001 年吉林省存栏奶牛 8 万头，其中西门塔尔和草原红牛等改良牛近 2 万头，约占存栏奶牛的 25%，奶牛存栏量比 1995 年的 5.1 万头增加 2.9 万头，增长近 57%。全省牛奶产量 16.1 万吨，比 1995 年的 10.25 万吨增加 5.75 万吨，增长 56%。全省奶牛平均单产 3.52 吨，吉林农大奶牛场、长春示范奶牛场奶牛平均单产均达 7.5 吨。

全省人均牛奶占有量 6.2 千克，比 1995 年的 3.8 千克增加 2.4 千克，增长近 63%。

乳品加工。全省现有乳品加工企业近 20 家，大多生产规模在日处理鲜奶 20 吨以下。吉林省春光乳业、九牛乳业、长春新希望乳业、吉林省广泽乳业均引进安装了超高温（UHT）灭菌乳生产线，设计日加工能力 20～150 吨，实际日加工鲜奶都在 50 吨以下。全省日加工鲜奶近200吨。通榆红牛、四平双辽、前郭草原等乳品厂主要生产奶粉和淡奶粉，日处理鲜奶能力也都不足30吨。长春、吉林、四平等大中城市的乳品厂，如长春新希望乳业、吉林农大乳业、吉林省广泽乳业、吉林市春光乳业、九牛乳业、四平市妈咪乳业等公司以UHT灭菌奶和巴氏消毒奶为主，酸奶及奶饮料为辅。消毒、灭菌鲜奶约占75%，酸奶、奶饮料约占20%，奶粉约占5%。

品种改良。奶牛改良：吉林省奶牛品种改良从20世纪80年代开始。1983年从丹麦、加拿大、美国引进良种荷斯坦奶牛251头，分别给吉林农大、长春示范、农安等奶牛场。目前，全省有4 000多头中国荷斯坦奶牛是这批奶牛的后裔，年平均单产都在8吨以上。

黄牛改良：吉林省的黄牛改良得到了政府的重视和支持，20世纪90年代初期引进了加拿大、美国纯种西门塔尔、夏洛来、利木赞公牛，对吉林省的本地牛进行改良，已完成二元杂交、正向三元杂交迈进。乳肉兼用型牛的改良主要以前郭尔罗斯蒙古族自治县查干花种畜场的德系西门塔尔牛、草原红牛和本地黄牛进行改良。纯繁的西门塔尔牛产奶量年平均5吨。由于德系西门塔尔牛和草原红牛奶中蛋白、脂肪的含量较高，特别受到消费者的青睐。目前，全省拥有纯种德系西门塔尔牛近2千头，改良牛达2万头。作为吉林省地产品种的奶源基地还在建设中。

乳品市场。吉林省现行的鲜奶收购价格在1.6～1.9元/千克，个别还有低于1.5元/千克的价格收购散户牛奶。由于市场疏于规范管理，致使2元/千克的个体散奶仍有销售。

吉林省各城市的商场、超市中，外地乳制品较多，大部分吉林人饮用外地名牌奶制品，其销量约占总销量的70%，地产奶制品约占30%。吉林省人均牛奶的消费水平18千克远远高于人均牛奶占有水平。

（吉林省奶牛协会　罗文生　谢春雷　江希玲）

【历史回顾】纵观吉林省奶牛业发展的历程，可分为三个阶段：

1. 1949—1978年，基础薄弱初级发展阶段。1949年末，吉林省存栏奶牛仅有500多头，鲜奶产量寥寥无几。到1953年末，全省奶牛存栏达到2 000头，是1949年的4倍。1956年，长春市将原有的5家私营奶牛场纳入国营，并将私人饲养的奶牛作价集中，成立公私合营奶牛场（即今长春市示范奶牛场）。到1960年末，全省存栏奶牛达13 000头。

1966—1973年，奶牛业生产受到了“左”的思潮的影响，到1970年，全省奶牛存栏减少到9 000头。1971—1973年，有些地区强调“以粮为纲”、“以猪为首”，忽视了奶牛业的发展，全省奶牛生产停滞不前。

1974年初，在吉林省农业局的组织协调下，成立了吉林省奶牛育种协作组开展奶牛普查鉴定、育种、改良工作，推广人工授精、饲料青贮等技术，对奶牛业生产起了积极作用。1975年全省奶牛发展到21 000头，1976年达到26 000头，生产鲜奶20 300吨。1977年和1978年，由于饲料供应不足，奶价偏低等因素影响，全省奶牛数量又下降到18 000头，产奶量也有所减少，使鲜奶供应又趋于紧张。

2. 1979—1992年，政策调整多元发展阶段。1979年1月23日，吉林省政府批转了吉林省畜牧局、一轻局、商业局《关于发展乳品生产解决市场供应的调查报告》，要求各级领导要关心人民生活，把发展奶牛和乳品生产纳入日程，切实抓好。1980年全省奶牛达到23 000头，生产鲜奶25 000吨，长春、吉林、四平、白城等4个城市实现了全年鲜奶敞开供应。

1981年全省奶牛生产获得大发展，年末存栏达到28 000头、生产鲜奶27 000吨，其中以个体经营的奶牛增加较多，为1980年的3.1倍，并在城市郊区出现了饲养奶牛的专业户。

1983年从丹麦、加拿大、美国引进良种奶牛251头。年末全省存栏奶牛虽然仅22 000头。但由于淘汰了劣质牛，奶产量不但没有减少，反而达到33 120吨。1985年末奶牛存栏34 000头，到1989年末奶牛存栏52 000头。鲜奶产量首次突破10万吨。到1992年末，全省奶牛存栏49 000头，牛奶产量109 400吨。

3. 1993年以来，开放市场稳步发展阶段。随着经济改革的不断深入，乳品市场全面放开，使本省奶业发生了很大变化。1993年年末存栏奶牛46 000头，牛奶产量93 500吨。1994—1996年间，全省奶牛生产一直在5.2万～5.59万头之间，牛奶产量从10.41万吨降到10.08万吨。1997—2001年，全省奶牛存栏由69 000头发展到80 000头，牛奶产量由12.95万吨增加到16万吨。奶牛生产获得了稳步发展，但乳品加工企业举步维艰。目前分布在长春、吉林、四平、松原等地的近20家乳品加工企业，由于生产规模较小，缺少名牌产品，市场竞争力不强，发展缓慢。

我国加入了世贸组织，为奶牛业带来了机遇和挑战，企业增强了忧患意识，面对国内外的竞争强手，抓住机遇，加强联合，把吉林奶业做大做强。目前，吉林奶业已经发生了和正在发生着巨大变化。吉林市春光乳业靠企业自身的力量“滚雪球”，日生产和销售奶制品近20吨，使企业稳步发展。吉林市九牛乳业“筑巢引凤”，建设奶牛饲养园区，引进先进的乳品生产线，打造名优产品。长春苗苗乳业与中国最大的民营企业四川新希望集团牵手，成立了长春新希望乳业有限公司。

**【奶业发展“十五”规划】**指导思想：以市场为导向，以经济效益为中心，突出重点，在发展中国荷斯坦牛的同时，搞好乳肉兼用型牛的繁殖改良，数量质量一齐抓，在提高奶牛单产水平上下功夫。加强乳品企业的联合，培育龙头企业，打造名牌产品，推动吉林奶业发展。

发展目标：到2005年，吉林省存栏奶牛应达到16

万头，其中中国荷斯坦奶牛10万头，西门塔尔和草原红牛等乳肉兼用型牛6万头。牛奶产量应达到40万吨，培育1～2个20万吨乳品生产的龙头企业。

【奶源基地建设】建设3个奶源基地。以长春、四平、辽源为核心，建设中部奶源基地。200个奶牛养殖小区，存栏奶牛6万头，年产鲜奶16万吨左右。

以吉林、延边西部地区为核心建设东部奶源基地。200个奶牛养殖小区存栏奶牛6万头，年产鲜奶16万吨左右。

以白城、松源地区为核心，建设西部奶源基地。100个奶牛养殖小区存栏奶牛达4万头，其中中国荷斯坦牛1万头，西门塔尔牛2万头，草原红牛1万头，合计产奶达到8万吨的生产指标。

（吉林省奶牛业协会　罗文生　谢春雷　江希玲）

## 黑龙江省

【概况】在省委、省政府的领导下以市场为导向，以科技为动力，以农民增收为目标，突出奶业的主导地位，采取相应的扶持政策和工作措施，使全省奶业获得了较快发展。2001年，全省奶牛存栏达到77.8万头，鲜奶产量192.4万吨，乳制品产量16万吨，液态消毒奶32万吨。全省农民饲养奶牛实现收入23.2亿元，农村人均饲养奶牛收入达132元，仅饲养奶牛一项，就使全省农民人均收入增加20元，占全省农民人均增收的20%。

1. **依托资源优势，把奶业作为农村经济的主导产业来抓**　本省地理位置处于北纬43度至53度之间，环境和气候适宜奶牛生长。长期以来，广大农民形成了饲养奶牛的传统和习惯。黑龙江省是国家重要的商品粮基地，也是全国十大牧区之一。全省有4 333.3千公顷草原，每年生产牧草800万吨，有1 500万吨的粮食可供转化，4 500万吨的农作物秸秆可供利用，饲草饲料资源丰富。

多年来，省委、省政府高度重视奶业发展，始终把奶业作为一项重要工作来抓，一是理清发展思路，明确主攻方向。省政府出台的《关于加快畜牧业发展的决定》和《关于加快畜牧业发展的实施方案》，都明确提出把奶业列为优先和重点发展的产业，确定了奶业在发展全省农村经济中的主导地位。农业部的领导在检查本省畜牧业工作时也多次提出：黑龙江省应充分利用资源优势，大力发展奶业，尽快建成全国重要的奶业基地。长期以来，全省各地纷纷把奶业作为农村产业结构调整的重点，促进奶业由自然优势向经济优势转变。二是加强组织领导，实行目标管理。目前，全省各地普遍成立了由主管领导亲自挂帅，有关部门参加的奶业推进领导小组，全面推行目标责任制。2001年，双鸭山在实施“奶牛万头工程”中，市委、市政府主要领导亲自挂帅，全面落实目标管理责任制，全市新购奶牛12 307头，使一个以生产煤炭为主的矿区一跃成为全省发展奶业的新区。三是出台优惠扶持政策，调动农民养牛积极性。如：许多市县都划出部分耕地给养牛户种植青贮饲料；对奶牛场（户）兴办的糖化饲料厂，给予减免税优惠；对奶牛规模饲养场和机械化挤奶站建设用地，放宽审批限制，实行最低收费标准；农业贷款优先向奶业投放，提高放贷资金数量和比重，并给予一定贷款贴息支持；各级财政定期拿出一定比例资金对奶牛基地建设进行扶持等。

2. **坚持科技创新，不断提高奶业生产水平**　十几年来，本省从良种良法入手，不断增加奶业的科技含量，充分挖掘扩大奶业内涵再生产的潜力。随着提高奶牛群体单产综合技术的大面积推广应用，本省奶业已经基本摆脱了原始落后的传统饲养习惯，科技对奶业生产发展的贡献率已由25%提高到46%。目前，全省奶牛基本实现了良种化；规模化饲养高产奶牛群（平均单产达6吨以上）达到15.5万头，已占全省产奶母牛的35%；全省奶牛单产水平由3.4吨提高到现在的4.2吨，农户饲养每头产奶母牛每年可多得800千克鲜奶，全省43.5万头产奶母牛，多生产鲜奶34.8万吨，多增加农民收入5.6亿元。几年来，在推广先进实用生产技术的基础上，我们积极开展科技创新，加快奶业生产标准化进程，进一步提高奶业的生产水平。一是利用生物工程技术，加快奶牛繁育改良速度。在不断更新省家畜繁育指导站种公牛，提高冷冻精液质量的基础上，积极实施奶牛胚胎移植技术。目前，正在建设全省家畜胚胎工程技术中心，到2005年项目达标后，存栏种子母牛2 000头，年产优质奶牛胚胎4万枚。通过实施应用这一高新技术，不断改进奶牛遗传品质，缩短世代间隔，加快遗传进展，提高全省奶牛群质量。二是大面积推广青贮饲喂技术，提高奶牛单产水平。2001年全省共种植青贮玉米面积72千公顷，青贮饲料达到377万吨，平均每头产奶母牛7.2吨青贮饲料。三是制订奶牛标准化饲养技术规程。随着科学技术的发展，特别是应对入世，本省及时对原有技术进行补充完善、规范提高。目前，已完成了奶牛标准化饲养技术规程的修订，正在组织大力推广。本省农垦系统为了更好地推行奶牛标准化饲养技术，不断加大科技投入力度，2001年投资5 000万元新建6处千头奶牛高产科技园区，使奶牛单产提高0.5吨，奶价每千克提高0.2元，每头奶牛多收入1 800元，仅靠增加科技含量，6处奶牛高产科技园区即可多实现效益1 080万元。四是不断完善奶业科技推广体系，开展科技对接活动。在奶业科技推广上，各级技术推广部门和专业人员，积极为广大养牛场（户）开展全方位的科技服务。同时，为更好地推广奶牛标准化饲养技术规程，使农户尽早地掌握先进饲养技术，增加养奶牛收入，还制作了奶牛生产技术录像片，通过科技下乡、绿证培训等形式，进一步提高农民养牛的生产技术，受到了奶牛户的普遍欢迎。

（黑龙江省畜牧局　王存国）

【推进产业化经营，带动奶业产业升级】奶业产业化的核心就是在农户分散经营的状态下，解决组织化程度低、进入市场难的问题，进而确保农民的利益实现，达到增产增收的目的。经过十多年的实践，全省在产业化经营上已经初步走出了一条区域化布局、专业化生产、一体化经营、社会化服务和企业化管理的成功之路。其中，主要抓了三个关键环节：第一，要做大做强产业化龙头。本省奶业已经具备了区域产业发展的必要条件。近些年，除培育了本省的完达山、龙丹、金星、绿洲、齐梅和大庆等国内知名品牌外，还引进了雀巢、光明、伊利等一批国际、国内驰名品牌。黑龙江完达山集团通过体制创新、机制转换和资产重组，跨行业、跨地区开展联合和兼并，五年来，集团实现了跨越式发展，现在可生产6大系列30余个品种（绿标品种22个），2001年实现销售收入8.2亿元，利税1亿元。第二，发展壮大奶业生产基地。多年来，紧紧围绕龙头企业，加快基地建设步伐。双城市走“大玉米—大奶牛—大乳品”的发展之路，2001年全市奶牛发展到12.4万头，农民收入5.8亿元，财政增收1.5亿元。奶业的发展，促进了全市农民人均收入的提高。第三，要加快龙头企业与生产基地的利益对接。对接的环节主要有生产、经营和服务三个方面，确立了三种对接机制：一是契约机制；二是服务保障机制；三是股份合作制。通过三种对接形式可以有效实现生产经营一体化、利益分配合理化，真正形成龙头带基地、基地连农户，风险共担、利益均沾、互促并进的一体化生产格局。1996年上海光明集团进入富裕县后，把生产基地作为第一车间，投资3 600万元，建设机械化挤奶站60个，使70%的奶牛实现了机械化挤奶。2001年富裕县奶牛存栏达到5万头，生产商品奶9.5万吨，全县农民养奶牛人均收入达到1 050元，占农民人均收入的50.7%，财政增收2 200万元。

**【实施振兴计划，促进奶业跨越式发展】**面对加入WTO的新形势，在认真分析国内外奶业生产和消费市场发展趋势的基础上，认识到发展奶业在黑龙江省仍具有较强的竞争优势。一是具有丰富的资源和良好的发展基础；二是具有较大的加工能力并拥有众多的知名企业和驰名品牌；三是具有较大的市场占有率；四是生产成本低，具有一定的价格优势。今后，面对国内外市场巨大的发展空间，要充分发挥黑龙江省的优势，在提高质量、降低成本和壮大规模上下功夫，把握入世带来的难得发展机遇，促进奶业大发展。为此，省委、省政府作出“实施奶业振兴计划，推进全省农业和农村经济结构战略性调整”的重大决策。到2005年，力争实现本省奶业的跨越式发展。

实施奶业振兴计划，形成奶牛生产“一区两带”和乳制品加工“两大集团、四大企业”的发展格局。计划到2005年，奶牛存栏达到140万头，翻一番；鲜奶产量达到340万吨，奶牛单产提高到5吨；鲜奶日加工能力达到12 000吨，翻一番。奶牛饲养业产值达到123.8亿元，使畜牧业产值由目前的26%提高到45%；乳制品加工业产值超过170亿元；奶业增加值由目前的26亿元增加到59亿元，年递增22.2%；农民养奶牛人均纯收入增加到200元，占农民人均增收的40%。实施奶业振兴计划，全省奶业将会全面实现生产规模化、服务社会化、技术标准化、经营产业化的发展格局，以带动全省农村经济结构调整、农民收入增加和地方财力增强，实现富民强省的目标。

（黑龙江省畜牧局　王存国）

## 哈尔滨市

**【概况】**哈尔滨市奶业是黑龙江省的主产区，是全国生产基地之一，近年来，市委、市政府很重视奶业经济的发展，作出了实施“奶业振兴计划”的决策。随着城乡居民收入水平的不断提高，食品结构调整向营养型转化，奶及奶品消费迅速增长，在全国最大的乳品批发市场和黑龙江乳品展示中心活化下，奶及奶品流通渠道畅通，使全市乳业产业化取得了长足稳定的发展。

1. **奶源基地建设快速发展**。2001年，在市场的拉动下，哈尔滨市奶牛业生产发展很快，奶源产量不断上升。全市奶牛存栏达到17.7万头，产奶总量达到52.18万吨，按全市人均占有奶量达到55.4千克。本市奶牛业从家庭式散养、粗放、副业型开始向规模化、良种化、科技化和产业化方向发展。

（1）规模化奶源基地建设。哈尔滨市奶牛业是围绕哈市郊区、县（市）形成的奶牛带，包括哈尔滨市7个城市郊区和周边双城市、呼里县、五常市、阿城市4县（市）奶牛的主产区。所以属城郊型奶牛业。奶源基地建设主要分布在这个区域。规模化程度还是发展阶段，并非理想。如万头奶牛乡镇全市只有1个，5 000头以上的乡镇6个，饲养奶牛专业户（指可繁母牛5头以上）2.8万多个，奶牛场110多个，其中：国家级双千奶牛场1处，千头奶牛场2个、百头奶牛场20个；已经建成奶牛饲养小区11个，正在建设的“哈尔滨市奶牛现代化生产示范园区”1个，规模：饲养产奶牛2 000头，采用利拉伐挤奶设备和自动饮水器。本市隶属的双城市是奶源牛产基地。双城市奶牛发展13万多头，占全市奶牛总量的63.4%左右。2001年该市产粮135万吨，养奶牛就地转化粮食占总产粮的70%，消化作物秸秆52万吨，实现过腹增值8亿元，积造优质农家肥400万米$^3$，农业生产由此走上畜多、肥多、粮增产的良性循环轨道。

（2）饲养奶牛良种化。哈尔滨市有黑龙江省家畜繁育指导站、省家畜胚胎技术中心和良种奶牛场（农业部批准），借助得天独厚的优越基础条件，实施“奶牛良种化工程”，提高奶牛品种生产性能很有效果，同时强化了本市繁育改良体系建设，建立了奶牛系谱档案，实行“一牛一卡”，避免近亲繁殖等弊病，加快了繁育改良步伐，培育以中国荷斯坦为主体的奶牛群体，按照现代饲养管理规程操作，达到了行业地方标准，全市奶牛平均年产达到4.5吨以上，高于全省的4.1吨和全国的3.5吨水平。为提高产量和奶质，于2000年由澳大利亚引进奶用娟姗种牛6头（1公5母），正在扩繁和杂交改良试验。

(3) 提高科技含量。经过反复试验研究，探讨“综合配套的奶牛高产技术”。首先是创造奶牛生活、生产、繁育等环境条件，在奶牛集中区，提供建舍图纸和标准，使奶牛进舍，冬季舍温不低于10℃，保证生长发育和生产。其次是以繁育改良为主饲养良种奶牛，以黑白花奶牛为主培育中国荷斯坦奶牛群。三是研究配制全价饲料，开发饲草饲料，改良草原。四是实施“动物保健工程”。研究和制定了奶牛疫病防制规程，按省畜牧局要求，实行奶牛免疫标识的统一佩戴，以便控制疫病传播，开展了奶牛健康普查工作，包括奶牛发放《奶牛健康合格证》。五是制定了奶牛饲养管理标准，创造条件逐步实现现代饲养管理模式，生产的奶源达标，保质量、卫生、安全。

(4) 产业化牵动奶源生产。哈尔滨市发展奶牛业资源条件优越，地处全球奶牛饲养带，气候适宜，饲料、草原等优势突出，基础条件好，龙头企业多，加工能力大，因此牵动了奶牛业的发展。产业化探讨出：“公司（乳品企业）+中间环节（收奶站）+奶户（场）的模式，为奶业经济腾飞奠定基础。

**2. 乳品工业突飞猛进** 先后有世界上最大的乳品企业——瑞士雀巢乳品落户双城市，带动双城市农牧业的全面发展；日本森永乳品同本市合作共建哈尔滨森永乳品有限公司；20世纪末，国内知名的完达山乳品集团也在哈尔滨市建场；随后还有伊利、蒙牛等在本市合作生产乳品。目前全市已有乳品加工企业23家，按设计能力日处理瓶奶3 000吨以上，实际日加工量1 400多吨，年生产乳品18万多吨，其中乳粉类产品5万多吨，液态奶（含酸奶、花色奶）13万多吨。销路以本市为主，其乳粉走上全国市场，部分名牌乳粉类产品进入东南亚和东欧市场。

资产重组向集团化发展。推动地区联合，优势互补，扶强带弱，使众多加工企业从联合中得到改造。除雀巢、森永等外资企业外，以黑龙江乳业、完达山乳品为主体，进行资产重组，组建集团。黑龙江乳业把重组链条延伸到省内乳业产区，把哈尔滨市松花江良种奶牛场并入，向产、加、销一体化发展；完达山的乳品把台源县乳品厂纳入，扩大生产能力；蒙牛、伊利等进入哈市后，组成合作伙伴，开发乳业。所以在本市已经形成以雀巢、完达山、黑乳、森永、绿乐儿、松花江六大乳品集团的基础上，不断扩大规模，生产能力继续升华。

品牌战略。本市乳品企业，从资源重组向集团化转变，就开始创造自己的品牌产品。实施品牌战略，增加国货名牌乳品市场占有率，树立企业形象，提高乳品企业的知名度。本市的雀巢奶粉，在国内外市场都有一定知名度，所以乳产品进入市场畅销；全国10大乳品企业之一的完达山乳制品，在哈尔滨市投产一年多的时间，在竞争中取得生存。金星奶粉等在全国30多个大中城市占有一定份额。使本市乳品工业取得发展的良好势头。

（哈尔滨市奶牛协会　李宏图）

**【奶业产业化发展】**奶业产业化牵动奶源基地、乳品加工业、服务体系和市场流通等多方面发展，不仅带来了经济、社会效益，同时安排了就业人员，多方受益。

**1. 产业化的连结组织** 哈尔滨市乳业产业化的模式：公司（乳品企业）+中介组织（收奶站）+奶户（场）所组成。无论是乳品企业设立的收奶站（点）或社会建立的个体奶站，都是经收奶站把奶户（场）奶收取、冷贮送到乳品企业。然后乳品企业再将奶资等交付给奶户。现在有哈尔滨双城雀巢等部分乳品企业按收奶站交奶名单，在银行办理奶资存款卡，奶农可用此存折到银行领取奶资，杜绝拖欠奶资。哈尔滨全市安排收奶人员大约在400～500人。

哈尔滨市政府为推动乳业产业化进程，完善生牛奶流通体系建设，保证牛奶质量，颁布了《哈尔滨市生牛奶管理办法》，成立了“哈尔滨市生牛奶监督检验所”，全市有130多个收奶站建设基本达到标准，其中有30多个已建成机械化榨奶厅，实行封闭式榨奶。同时整顿了牛奶市场，取缔黑市，保证了生奶质量。双城雀巢乳品认真服务于奶源基地。他们对不合格奶查找原因，服务到户，提出解决办法。

**2. 农民致富奔小康的重要途径** 奶业产业化促进奶源基地建设，奶牛业又是农民致富的途径。根据成本调查，按现产奶量和现价，养一头奶牛年效益3 000元左右。从本市现状统计，养一头奶牛的几乎很少，大多数在2头以上，3～5头为多。以此概念年户收入约1万～2万元。双城市公正乡全乡存栏奶牛已达到7 000多头，实现了农民户均一头奶牛。所以该乡流传一句话：“养1头牛，吃穿不用愁；养两头牛，谁也不用求；养三头牛，住上小二楼。”该乡素有养牛专业村之称的有利村，全村140户人家，超10头以上的大户就有14户。全村奶牛存栏730头，仅此一项农民人均增收3 000多元。

**3. 奶业带动许多产业增加效益**

(1) 奶牛业，本市每年有400万吨粮食可供转化增值，有1 000万吨的农作物秸秆可以综合利用增值，同时带动畜牧兽医机械设备、仪器、兽药、饲料等工业发展，还能安排再就业，社会效益明显。据测算，2001年双城市奶牛13万头，粮食总产达到135万吨，70%实现就地过腹转化，实现过腹增值8亿；同时消化玉米秸秆520万吨，秸秆过腹还田每年可积造优质农家肥400万米$^3$，使农业进入畜多、肥多、粮增产的良性循环轨道。

(2) 乳品工业为本市经济创造了良好的经济效益。有多家投资者来本市开发乳业，娃哈哈集团和台湾旺旺集团在双城开发以奶为主的产业，两集团预计销售收入可达8亿元，纳税超亿元；双城市纳税6.6亿元，2001年纳税1.5亿元。

(3) 奶品流通活跃了市场，安排了就业，取得了效益。完达山乳业集团又成立了黑龙江完达山哈尔滨乳品有限公司，成功地推出了优质鲜乳品，完达山鲜奶上市，设立配货定奶中心，直接把鲜奶送货上门，给市民带来方便；同时在市场设立销售网点，市场占有率和销售都很好，经济效果显著。

(哈尔滨市奶牛协会　李宏图)

**【奶业振兴计划】**奶业振兴计划的总体思路是：以增加农民收入为目标，以农村产业结构调整为主线，以科技兴奶和体制创新为动力，围绕市委、市政府建设“三个基地、一个中心、一座名城”总体目标和实施“1141”工程的战略部署，进一步解放思想，开拓创新，充分挖掘资源、劳动力和潜力，大力推“五大工程”(奶牛良种工程、青贮饲料工程、草原改良工程、动物保健工程、畜产品安全工程)，实施奶业产业化经营，不断提高全市奶业生产的规模、档次和素质，加速大基地、大龙头、大市场、大产业的建设步伐。

“十五”期间全市奶业的发展目标是：

1. 到2005年，奶牛饲养量达到30万头，净增加12万头；成母牛达到20万头，产奶量达到110万吨。

2. 乳品企业日处理奶达到3 500吨，逐步调整市场对路乳品加工结构，重点扩大保鲜奶、花色奶、酸奶等液态奶品种生产，液态奶与奶粉类产品比例逐步由1:3调整为1:1左右。

3. 到2005年，奶牛业产值达到25亿元，占全市牧业产值由目前的9%提高到14%；畜牧业产值占农业总产值由现在的41.8%提高到50.5%；乳品加工业产值超过52.7亿元。

抓好奶业基地设施配套建设：

1. **奶牛良种工程**　一是加大高产奶牛冻精配种改良力度。二是逐步开展奶牛胚胎移植的实验示范推广工作。到2005年实现单产5.48吨。

2. **调整三元种植结构，大力推广青贮饲料**　一是青贮饲料的种植。引进龙福208和畜研3号等优质高产品种，建设种子基地；二是大力推广青贮玉米种植，到2005年配套建设青贮饲料生产基地4.33万公顷，头奶牛达到0.13公顷青贮玉米的目标。

3. **草原改良和人工种草**　一是鼓励和扶持建设牧草种子基地。二是加快草原改良和退耕种草进度。改良“三化”草原8万公顷。

4. **奶源基地建设**　建设高产奶牛园区和规模化奶牛场。到2005年，全市计划建设2000头高产奶牛园区10处，300头左右标准化奶牛场100个，30头左右家庭奶牛场4 900户，5头左右奶牛专业户2.2万户。

5. **奶业科技创新**　开展高产奶牛品种选育，胚胎移植、标准新型奶品、新型饲料、奶牛疫病防治等方面的研究和开发。

6. **疫病控制与乳品安全**　一是加快无规定疫病区建设。二是建设饲料、兽药、畜产品安全监测检验中心。

7. **乳品加工能力增加**　全市23家乳品加工龙头企业扩建重组，到2005年，日处理达到3 500吨，日生产液态奶1 500吨、奶粉类产品192吨。

(哈尔滨市奶牛协会　李宏图)

## 上　海　市

**【概况】**2001年底上海市奶牛存栏数为60千头，交售牛奶产量254千吨，成乳牛平均单产7 597千克；分别比上年增长2%、1.2%和1.8%。上海地区饲养的奶牛全部是荷斯坦品种。2001年舍饲规模经营发展迅速。百头以上的规模场121个；百头以下个体散养户从上年的874户、10 507头减少至499户、7 175头。

上海现有专门的乳制品加工企业20余家，日处理生奶800吨以上，主要的乳品企业如光明乳业股份有限公司、上海真元乳业有限公司、上海蜜儿可营养乳品有限公司、永安乳品有限公司、上海三元全佳乳业公司、英特儿营养乳品公司、上海卫岗乳品公司、上海达能酸乳酪公司等。同时，另有数百家食品加工企业用牛奶作原料生产含乳食品。

2001年上海乳品市场继续呈现市场繁荣、货源充沛、品种丰富、质量提升、新品迭出、销售旺盛的景象。上海年人均消费乳品量约30千克以上。乳制品种类有巴氏杀菌乳、UHT灭菌乳、酸奶、奶粉、黄油、干酪、含乳点心和含乳饮料等数大类及各种添加剂奶、营养强化奶、果蔬花色奶等百余种。乳品品牌除本市所在的乳品企业生产的光明、真元、三岛、全佳、均瑶、多美滋、优诺、卫岗等之外，还有外省市生产，打入本市的伊利、蒙牛、雀巢、帕玛拉特、完达山等著名品牌。

上海的龙头企业——上海光明乳业2001年销售收入35亿元。其中乳业收入达29亿元，利润1.6亿元。

2001年，上海继续深入体制改革，调整农业产业结构，大力扶持奶业、加快机制转换速度，这一年，上海已涌现出数十家私有、民营乳品加工企业和奶牛生产企业。

继续推行国家“学生饮用奶计划”；当年上海召开的奶牛工作会议，制订“十五”奶牛发展计划。

上海奶业协会协助有关部门对生奶质量实施新的检测标准，召开生鲜牛乳质量管理经验交流与表彰大会；继续执行2000年5月施行的《上海市生鲜牛乳质量管理暂行办法》，2001年9月开始施行《上海市食用农产品安全监管暂行办法》；全年举办各种科技讲座和经验交流会，推介新产品、新技术10余次；为基层奶牛场提供技术服务、饲料和牧草信息服务等。

2001年上海奶业协会成功地参与承办了8月份在上海举办的“首届中国乳品博览会”，11月份的“第二届亚太地区学生奶会议”和“上海国际奶业技术展览会”。

从2001年底开始，启动上海市奶业协会的换届改革工作，遂于2002年7月正式转为上海奶业行业协会；成为上海市农口系统第一个成立的行业协会。

（上海市奶业协会　陈　新　董德宽）

## 江　苏　省

**【概况】**2001年是江苏奶业持续、高速增长年。全省奶牛年末存栏突破10万头，牛奶年总产量突破35万吨，人均占有牛奶产量突破5千克；以液态奶为主的乳品年总产量、年销售额和赢利均有大幅度增长，并且乳品花色品种增多、产品质量与档次提升。整个奶业呈现全面增产、增销、增效的良好发展态势。全省奶业高速发展的主要因素：一是社会经济持续快速发展，人民生活水平进一步提高，奶类市场需求增旺，起了强有力的拉动作用；二是实行新一轮农业结构战略性调整，扩大了农村奶业发展的空间；三是各地乳品企业在推进奶业产业化发展进程中起了龙头带动作用；四是激烈的市场竞争促进了奶业的技术改造、科技进步与生产力提高；五是各级政府和业务部门加大了对奶业的政策扶持、资金投入和宏观指导力度，全省"两头带中间"的奶业总体发展战略得到较好贯彻。

1. **奶牛养殖业**　2001年，各地抓住实行新一轮农业结构战略性调整的机遇，把发展奶业作为农村经济增长与农民增收的支柱产业予以重点扶持，竞相从外省、市大批引购奶牛饲养，全省"奶牛热"持续升温。原有奶牛场和奶农户继续扩大牛群规模，新生的奶牛场和农户不断涌现，使全省奶牛饲养数量猛增。集中于大中城市的大、中型奶业企业，为保证乳品加工所需要的充足奶源，普遍加快了以自办奶牛场为主体的奶牛生产基地建设，并把周边农户养牛纳入奶牛生产基地中，签订牛奶收购合同，提供生产技术指导服务。各地政府为引导零星、分散饲养奶牛的农户转向规模化、市场化发展轨道，提倡发展50头以上规模的养牛大户和建设100头以上规模的"奶牛小区"或"奶牛公寓"（实行集中饲养管理、机械挤奶）的示范试点工作已启动实施。

与此同时，被省政府列入全省农业技术更新工程重点项目之一的奶牛年单产"七吨工程"，已进入实施第二年，初见成效。奶牛"七吨工程"的实施带动了奶牛业的科技进步，提升奶牛综合技术水平与生产水平，涌现出3个千头以上规模的机械化奶牛场和6个奶牛单产达到7 000千克（七吨）以上的"高产、优质、高效益"奶牛场，开始加快了良种化、规模化、现代化奶牛业发展进程。至2001年底，全省奶牛年末存栏量达到11.29万头，牛奶年总产量达到36.21万吨，全省人均占有牛奶产量达到5.1千克，比2000年的6.75万头、25.52万吨、3.61千克分别增长62.45%、41.89%和提高1.49千克。

2. **乳品加工业**　实施新一轮农业结构战略性调整和鼓励"三资"（私人资本、工商资本、外国资本）进入农业开发，使全省乳品加工业得到迅速发展。特别是经过以股份制为主要形式的企业体制改革，已形成国有、集体、民营、合资等多种经济形式并存的乳品加工企业新格局，并建立了适应市场经济发展的新的经营机制和以人为本的各项管理制度，激发了企业内在活力和发展动力。各地新、老乳品加工企业普遍加大资金投入，进行新一轮技术改造，引进最先进的超高温灭菌与无菌（或卫生）灌装液态奶生产线、全自动酸奶灌装生产线以及多种乳成分检测仪器设备。加工设备与生产工艺的更新，乳品检测技术手段的增强，使企业加工能力与生产规模进一步扩大，产品质量保证体系逐步建立和完善。

各地企业着力新产品研制开发和调整产品结构，一批具有高技术含量的灭菌奶、保鲜奶、新型强化营养奶、双歧酸奶及初乳素等新产品问世，使乳品花色品种增多，产品质量与档次显著提升，涌现出南京"卫岗"，徐州"绿健"、"维维"，张家港"梁丰"，常州"红梅"等一批国内、省内知名品牌，增强了江苏乳品的市场竞争力。同时，各乳品企业强化营销服务体系建设，提高服务质量，采用多种方式大力开拓本地市场和外地市场。特别是在省奶业协会组织下，坚持在5月"国际牛奶日"期间，以各地乳品企业为主体，全省统一行动，深入开展以"牛奶与健康"为主题的大规模牛奶宣传活动。通过宣传"早餐革命"、"牛奶与健康"、"国家学生饮用奶计划"等，进一步营造了"人人饮奶、天天饮奶"的社会氛围和市场环境，拉动扩大了乳品市场消费的增长。至2001年底，全省大、中、小型乳品加工企业由原来30多家发展到50多家，乳品由原来数十种增加到八大系列100多个品种，乳品年总产量由25万吨增加到36万吨，乳品年销售额和赢利也同步大幅度攀升。

（江苏省奶牛协会　刘　敞）

**【奶业产业化】**江苏奶业企业素有奶牛饲养、乳品加工、产品销售相结合的综合经营特点，其奶业产业化孕育时期较早，但其产业化的规模与组织化程度低。2001年全省继续实施"两头带中间"的奶业发展战略（即"一头以南京奶业集团公司为核心，重点发展沪宁一线大中城市郊区规模化养牛，形成江南奶业经济带；一头以徐州乳品公司为核心，重点发展陇海线的专业户规模养牛，形成徐连奶业经济带；以两个经济带逐步带动盐城、淮安、泰州、南通、扬州等腹地奶业的发展，并逐步向周边省份辐射"），其中江南奶业经济带的发展已颇具规模，徐连奶业经济带随着江苏维维集团加盟开发奶业而建设步伐开始加快。在各级政府积极鼓励和大力支持发展奶业龙头企业政策引导下，一批具有较强经济实力、能带动当地和周边奶业发展的大中型奶业龙头企业应运而生。在各地奶业龙头企业带动下，采用"公司+农户"和"公司+基地+农户"的模式，实行合同销售方式和利益联结机制，将广大奶牛场和奶农户带上了市场化发展轨道。目前江苏奶业产业化尚处于初级发展阶段，整个奶业产业链还不够完善和紧密，但产业化的规模与组织化、市场化程度已有所提高并向前迈进了一大步。

（江苏省奶业协会　刘　敞）

【学生饮用奶计划】2001年，在省委、省政府的高度重视下，江苏省认真贯彻落实国家7部委关于在全国实施“学生饮用奶计划”的要求和相关文件精神，积极做好实施“学生饮用奶计划”的前期准备工作，有计划地积极稳步推进“学生饮用奶”计划的实施。2001年3月由省农林厅、发展计划委员会、教育厅、财政厅、卫生厅、质量技术监督局、经济贸易委员会7个厅、委、局联合召开全省实施“学生饮用奶计划”工作会议，结合江苏的实际情况，提出了在全省13个省辖市全面开展实施“学生饮用奶计划”，加快推进江苏奶业发展。要求在实际操作中坚持“两为主”的工作方针，即以市为主，以企业为主。把握五项原则，即政府引导的原则、部门联动的原则、质量第一的原则、企业微利的原则、学生自愿的原则，确保实施工作有序推进。

建立健全工作机构。2001年4月，江苏省农林厅等7个厅、委、局联合成立了江苏省学生饮用奶计划实施协调小组。随后，徐州、苏州、南京、淮安等市也成立了协调小组。全省基本建立了上下贯通的一套工作机构，为“学生饮用奶计划”的实施提供组织保障。

制定相关文件。2001年4月，江苏省农林厅等7个厅、委、局下发《江苏省<国家“学生饮用奶计划”暂行管理办法>实施细则》。6月江苏省农林厅等6个厅、委、局又下发了《江苏学生饮用奶定点生产企业申报和评定验收暂行办法》、《江苏学生饮用奶质量暂行规定》和《江苏学生饮用奶标志图案和使用说明》等一系列相关管理办法和规定文件。

在国家组织实施“学生饮用奶计划”之前，常州、镇江、东台等地政府及相关乳品加工企业已经在学生奶推广工作方面做了有益的探索，进行了试点，并积累了许多经验。

组织验收考核。2001年6月，成立了江苏省“学生饮用奶计划”专家组，选聘13位专家担任专家组成员。并对全省申报的企业进行了严格的验收，确定了15家企业为省级学生饮用奶定点生产企业（其中6家企业可以在本省范围内跨市供应）。同时，依照国家部际协调小组制定的标准，对条件较好的推荐申报国家学生饮用奶定点生产企业，有5家达到认定标准。

建立安全目标管理模式。省实施协调小组与市实施协调小组签订学生饮用奶安全管理责任状；国家学生饮用奶生产企业向国家部际协调小组、省实施协调小组和市实施协调小组签订“学生饮用奶生产配送、质量安全承诺书”。全省初步建立起严密的质量安全责任制，形成覆盖学生饮用奶生产、配送、组织饮用和监督管理全过程、全方位、可追溯的责任体系，为“学生饮用奶计划”的全面实施奠定了良好的基础。

（江苏省学生饮用奶实施协调小组办公室　孙宏进）

## 浙　江　省

【概况】2001年，浙江省继续执行2000年省畜牧工作会议的决策，大力发展奶牛业，奶业生产得到了快速发展。全省存栏奶牛达到5.59万头，其中能繁母牛3.5万头，牛奶产量17.59万吨，分别比2000年增长41.16%、20.69%、45.25%；成母牛头均产奶5 026千克，比2000年增长23.49%。全省有年销售收入500万元以上的乳制品加工企业23家，总产值（现价）达9.4亿元，其中有年销售额超亿元的企业4家，特别是浙江李子园牛奶食品有限公司2001年液态奶年产量达8万吨，实现销售2.2亿元，比2000年增长69.23%。

浙江省奶业生产特点：①区域化生产明显。形成以金华、杭州、温州、宁波、台州为主的生产格局，其奶牛总存栏为5.26万头，占全省存栏总数的94.10%。②规模饲养发展迅速。有5头以上饲养场（户）1 540户，存栏奶牛3.65万头，占总存栏的65.30%。其中杭州市规模养殖比例最高，有年存栏50头以上场（户）40个，存栏奶牛12 898头，占该市总存栏的94.15%。③良种覆盖率较高。全省均为荷斯坦牛，人工授精比例已达90%以上。④乳制品加工企业带动奶业基地发展。如宁波市牛奶公司投资千万元新建了1 200头规模的现代化奶牛场；杭州四季青牛奶食品公司投入1 000多万元，建成千头现代化奶牛场；杭州食品厂也投入1 000多万元，建成了千头现代化奶牛场；浙江李子园牛奶食品有限公司、金华丁丁乳品有限公司早在1997年就分别征地建起了600头规模的“奶牛养殖小区”，免费提供给奶牛饲养场（户）。⑤实行按质论价。牛奶收购价与乳脂率、乳蛋白含量、细菌数相结合，收购中心价因地区不同而略有差异，一般为每千克1.8～2.1元。

浙江省奶业发展优势：①市场优势。本省是沿海经济发达省份，城乡居民人均收入和消费水平位于全国前列，特别是杭州、宁波、温州等大中城市牛奶等畜产品消费水平较高，如杭州市2001年人均牛奶消费量达15千克，且呈现出快速增长的态势。而目前全省人均牛奶占有量仅为3.8千克，奶业发展潜力巨大。②科技优势。“七五”以来，省、市科技部门一直重视奶业科技投入，先后下达奶牛育种、繁殖、饲料与饲养管理、乳制品加工等重大和重点研究项目10多项。目前正在进行的主要研究项目有“草食动物胚胎移植技术”（省重点项目）、“浙江省饲料资源开发利用研究”（省重大专项）、“优质奶生产及产品开发”（省重点项目）。在技术力量上，浙江大学、浙江省农业科学院分别设有反刍动物研究室，杭州市、金华市分别设有奶牛研究所，现有从事奶业营养、育种、繁殖、草业开发研究的高级专业技术人员20多名，其中教授（研究员）4名、副教授（副研等）10多名，为本省奶业的进一步发展提供了技术保障。③政府重视。2001年省委、省政府出台了“关于进一步促进农业增效农民增收的若干政策意见”，对于省骨干农业龙头企业，在资金、用地、用电、税收等方面给予扶持。杭州、金华等市也先后出台了相关政策，在用地、用电、用水和信贷等方面给予优惠，并在资金上进行扶持，如杭州市政府除科技投入外，每年财政拨款150万元，金华市政府从2000年开始每年拨出专项资金100万元，用于奶业发展。宁波、温州等市也对奶业的发展进行了重点扶持。

下一步发展思路和工作重点：以市场为导向，效益为中心，依靠科技进步，发挥优势，注重特色，壮大龙头，加快奶业现代化进程。一是加大科技投入，推广应用高产奶牛胚胎移植扩繁等技术；二是扩大饲养规模，发挥规模效益，不断提高科学饲养管理水平；三是强化质量管理，从抓好鲜奶质量着手，重点发展“不含抗生素奶”，全面提升乳制品档次；四是组建乳业集团，打响品牌，积极引导乳制品加工企业向现代化、集团型方向发展。

（浙江省奶牛协会　任　丽<br>浙江省畜牧管理局　戴旭明）

**【学生饮用奶计划】**根据农业部等七部委局联合下发的“关于实施国家‘学生饮用奶计划’的通知”精神，按国家学生饮用奶计划办公室的统一部署和工作要求，浙江省的“学生饮用奶计划”已开始启动。2001年，成立了浙江省“学生饮用奶计划”厅际协调小组及办公室；11月份，由省农业厅、教育厅等七厅局委联合制定出台了《浙江省实施“学生饮用奶计划”的意见（试行）》，界定了各管理机构的职能，明确各成员单位的职责，制定了具体的实施方案；年末又召开了浙江省实施“学生饮用奶计划”新闻发布会，正式启动“学生饮用奶计划”。根据先试点、后推广，以点带面、分步实施的原则和本省实际，计划先在省会城市杭州和计划单列城市宁波两市进行试点，取得经验后，再逐步向其他有条件的市地推广。杭州美丽健乳品有限公司、四季青乳品厂、杭州食品厂和宁波牛奶公司等4家企业已向国家“学生饮用奶计划”办公室申请资质认证。

（浙江省农场局　茅宝全）

**【中加合作奶牛综合育种项目】**中加合作奶牛综合育种项目系加拿大国际开发署向我国政府无偿援助的奶牛育种技术合作项目。杭州市于1996年被列为中加项目实施点，共受援365.86万加元。项目的实施，使本省第一次从加拿大引进了优良奶牛品种（包括青年母牛、胚胎和精液）；建立了牛奶测试和生产记录系统、奶牛繁育体系、牛群保健等制度；培养了一大批奶牛生产和科技管理人才，增强了企业的科技含量；极大地提高了牛奶产量、质量和经济效益。如项目重点实施单位杭州奶业有限公司，存栏奶牛2 600头，成母牛年平均产奶7 600千克，其中第三牧场成母牛年平均产奶达8 000千克。

**【奶源基地建设】**为提高奶牛生产水平及奶源质量，近年来，浙江省针对奶牛主产区总量大、规模小、密度高、饲养管理粗放的现状，积极鼓励创办奶牛集中饲养小区，把农户分散饲养的奶牛集中到小区内饲养，实行“六统一分”经营模式（统一配种、统一防疫、统一饲料、集中挤奶、统一收购鲜奶、统一处理粪尿，分散经营）。保证了奶源质量，提高了牛奶产量，从根本上解决由饲养条件差等所造成的鲜奶质量问题，同时大大改善农村居民生活环境。

（浙江省奶牛协会　任　丽）

## 杭　州　市

**【概况】**自1983年以来杭州市委、市政府号召打好“禽蛋、牛奶、水产、水果”四个翻身仗以来，奶业生产认真贯彻了走产加销、科工贸一体化的路子，推出了一系列的扶持政策，促进了本市奶业生产的稳步发展。特别是近年来，在国家农业部的大力支持下，杭州市的奶业生产更趋向健康可持续性方向发展。通过奶业生产的不断科技创新，使本市的奶业生产在鲜乳生产、奶牛管理、乳制品加工等方面都有了大幅度的提高和发展。2001年，全市存栏奶牛13 734头，其中成母牛7 910头，牛奶产量45 694.5吨。与2000年相比，存栏奶牛增加1 671头，增长13.4%；成母牛增加832头，增长11.8%；牛奶产量增加694.5吨。统计4 280头成母牛，年平均产奶量7 000千克，成母牛年平均产奶量维持在上年水平。全市生产纯牛奶和酸牛奶33 018.98吨，比2000年增加3 107.98吨，增长10.1%；乳饮料14 500吨，比2000年增加1 700吨，增长13.3%。

1. **杭州市奶业生产的工作重点**　一是加强奶牛业按法制化、规范化生产的管理，促进奶业生产的健康发展。随着经济的发展，生活素质的提高，人们对乳制品产品已经从“数量”上的渴望转变为对“质量”上的要求，质量客观上已成为企业能否争创名牌、增创效益的重要条件，质量已成为现代企业生存发展的重要基石。

二是强化品牌意识，全面提升杭产乳制品的美誉度。随着本市乳品事业的不断发展和机械化程度的不断提高，奶源管理已成为影响产品质量控制的一个重要环节。

三是不断加大科技投入，坚持科技兴奶，走可持续发展的道路。随着人们膳食结构的改善和生活水平的提高，杭州市的奶业市场迅速复苏，特别是国家奶业发展规划要求至2010年人均牛奶占有量达到15千克，而根据2001年统计情况表明杭州市人均只有7.5千克。因此，本市的牛奶消费市场潜力巨大。

四是充分发挥协会的作用。认真做好奶牛业和乳制品加工业的协调工作。近年来，协会活动形式多样、活动内容丰富、活动效果明显。协会工作在市政府和市农办领导的高度重视下，始终围绕促进本市奶业生产发展搞好服务为目标，根据奶业生产不同时期的不同生产特点，及时指导各奶牛场的生产发展，为了进一步扩张本市乳制品的品牌，坚持抓好生鲜牛奶的生产，强化奶牛场的规范化建设，2001年，我们首先从建设高标准机械化挤奶器设备入手，专门组织了部分规模奶牛场的负责人，到上海等地参观考察，最后，在大家一致确认的前提下，利用政府集中采购的形式，集中购买了13套性能先进、价格较低的进口挤奶器。同时，积极抓好培训工作，邀请了以色列的奶牛业专家，到本市举办培训班。使杭州市的奶牛场场长和技术人员进一步拓宽了视野、增长了奶业生产的工作经验。

2. **奶业生产中存在的问题** 当前奶业发展中还存在奶牛养殖发展与环境治理的矛盾；乳制品加工企业中的几架马车齐驱，没有形成一个拳头的问题；随着农业生产向"龙型"经济发展的同时，奶牛场也面临着分散养殖、规模不大的矛盾。

此外，在当前奶业生产中养殖成本和乳制品加工成本持续攀高、科技能力与人们生活水平提高的要求不协调、生产设施与环境治理的要求不相适应、市场大流通与疾病防治、"学生饮用奶计划"工作开展相对滞后等问题亟待解决。

3. **杭州市奶业生产下一步发展思路** 积极发展，增加科技投入，走可持续发展的道路。一是扩大饲养规模，发挥规模效应。不断提高科学饲养管理水平，强化以质量求生存，以管理增效益的意识。强化各项管理，争创一流水平。并在组建杭州乳业集团方面有实质性的突破。二是宣传引导，积极发展。在消费方面，积极宣传牛奶食品的优点、作用和食用方法；在饲养方面，积极宣传饲养知识和实用技术，宣传饲草料生产知识和加工技术；在乳制品加工方面，积极宣传产品质量和加强品牌建设，不断开发新产品。三是加强培训，提高素质，不断提高奶业行业管理人员的业务素质。同时，加强乳品加工人员和奶牛饲养人员的专门化、系统化技术培训。在乳制品加工方面，积极引导市区有关加工企业向现代化、集团型方向发展；在乳制品销售方面，积极引导向网络化信息方面进军；在奶牛良种方面，加快实现高产奶牛的胚胎移植技术和转基因技术的开发，并在高产奶牛的繁育上有新的突破。

**【欧盟援助奶类项目】** 1995年1月23日，杭州市作为欧洲联盟在我国重点发展奶业的13个城市之一，被列为欧盟援助奶类项目的执行城市之一。项目执行于1996年年底结束。通过该项目的执行，使杭州市的奶业生产在质量控制、奶的收集、分发以及乳品加工的清洗系统和奶牛场的饲养管理水平等方面有了一定的发展。1996年底开始，中加奶牛育种项目在我国杭州、上海、西安三个城市启动，奶牛项目的使命是通过提高奶牛遗传水平和牧场管理基础来提高中国牛奶的产量、质量和生产效益。项目在这三个基地建立了示范和培训中心，通过各种培训、技术指导、牛只管理和牛奶记录系统（DHI）的建立，使杭州市的奶业生产有了长足的发展。该项目第二期已扩大至北京共4个基地，目前正在执行之中，将于2003年全部结束。

（杭州市奶业协会　叶剑华）

# 安　徽　省

**【概况】** 奶牛饲养。2001年底，全省存栏奶牛及改良种奶牛28千头，比1995年增长90%，其中中国荷斯坦牛占65%，西门塔尔、荷斯坦杂交改良牛占35%；存栏能繁奶牛及改良种奶牛14.4千头，比1995年增长77.8%，其中中国荷斯坦奶牛占85%；全省牛奶产量5.5万吨，比1995年增长120.96%，存栏奶牛及改良种奶牛头平均年产奶量2 000千克，存栏能繁奶牛及改良种奶牛头平均年产奶量3 819.4千克，安徽白帝乳业有限公司的合肥奶牛场核心群年头平均产奶量7 538千克。

全省人均年牛奶占有量为0.87千克，比1995年增长97.73%。

政府对奶业的支持政策。各地根据实际情况出台了一些支持政策。如发展奶业用地视农业用地；每增加1头奶牛，财政补贴1 000元；自己生产的鲜奶自己加工在税收上有一定的优惠；在项目申报方面优先安排。

乳品加工。全省现拥有国内先进的超高温消毒奶（UHT）生产线2条，每条生产线设计日单班处理鲜奶能力为50吨，分别建在安徽白帝乳业有限公司和安徽益益乳业有限公司；国内先进的屋顶包生产线5条，每条生产线设计日单班处理鲜奶能力20吨，分别建在安徽白帝奶业有限公司、安徽益益乳业有限公司、蚌埠和平乳业有限公司、淮北相山乳业有限公司、滁州乳品总厂；奶粉生产线5条：每条生产线设计日处理鲜奶能力为30吨，分别建在安徽白帝乳业有限公司、安徽省益益乳业有限公司、蚌埠和平乳业有限公司、滁州乳品总厂、六安小华山乳品总厂；酸奶、消毒奶花色奶生产线12条，其中日生产万瓶以上的10个，主要建在省会及地级市。据统计，全省各类乳品的年加工能力可达30万吨以上，目前的实际加工能力不到6万吨。

安徽省乳制品生产在1995年以前主要以奶粉为主，约占乳制品产量的80%以上，其次是消毒奶，除外还生产少量的酸奶。1995年以后，消毒奶逐渐超过奶粉，2001年底，各类消毒奶的份额已占乳制品总量的80%以上，酸奶及花色奶占18%左右，奶粉只占2%左右。

品种改良。在黑白花牛改良方面，1990年以前主要引进了日系荷斯坦牛、丹麦荷斯坦牛的基因，安徽保健奶牛场曾培育出日系高产牛群获省科技进步二等奖。培育的种公牛的精液销售到全国各地，20世纪80年代在天津等地培育出了一批年产奶10吨以上的优秀个体，对全国黑白花牛的改良做出了贡献。1990年以后，省先后引进了德系、加系、美系荷斯坦奶牛基因，改良效果明显，2001年能繁母牛平均单产比1995年提高746.4千克。

在黄牛改良方面。主要引进了乳肉兼用的西门塔尔牛对本地黄牛进行杂交改良。西门塔尔牛与本地黄牛杂交一代年产奶1 000～1 500千克、杂交二代年产奶量1 500～3 500千克、杂交三代年产奶2 500千克以上。由于其乳蛋白、乳脂含量远高于荷斯坦牛，是今后优质奶源的重要来源。2001年底全省存栏能繁西门塔尔杂交改良牛20万头，由于鲜奶收购等因素，目前开展挤奶的杂交牛不到500头。开展杂交牛挤奶是今后原料奶开发的主要潜力。

牛奶及乳制品市场。全省2001年度鲜奶收购价格在1.75～2.20元/千克。大、中城市收购价在1.9～2.2元/千克，农村及县城在1.75～1.95元/千克。安徽的乳制品消费量应较人均生产占有量为高，因为安徽本省乳制品企业生产的乳制品基本上在本省销售，而国内外知名乳制品企业的奶粉、超高温消毒奶、花色奶、消毒奶在安徽各中小城市销售，有些已打到县城，年销售量在3万吨～6万吨。安徽的乳制品市场还处在开发阶段，尚有一定的发展空间，年增长率在10%～20%。

（安徽省奶业协会　李赛明）

**【奶源基地建设】**一是在大中城市郊区再建一批规模化的奶牛养殖小区建成学生饮用奶奶源基地；二是在淮北地区发展杂交牛挤奶，力争在若干年内建成优质奶源基地。

**【学生饮用奶计划】**本省于2001年成立了“安徽省‘学生饮用奶计划’协调领导小组”，下设的领导小组办公室挂靠在省农业委员会畜牧局。2001年5月安徽省人民政府办公厅发布了《关于安徽省“学生饮用奶计划”的实施意见》，确定了合肥市、淮南市为第一批“学生饮用奶计划”实施试点城市。合肥市、淮南市人民政府认真落实省政府办公厅《关于安徽省“学生饮用奶计划”的实施意见》，迅速成立了“学生饮用奶计划”领导小组及领导小组办公室，出台了实施“学生饮用奶计划”的若干意见，先后召开了部门的协调会、新闻发布会、新品推荐会、价格听证会，落实试点准入学校，把学生饮用奶工作做实做好。省领导小组办公室在企业申报的基础上，聘请有关专家通过考察确定安徽白帝乳业有限公司、淮南益益乳业有限公司为本省第一批实施“学生饮用奶计划”定点供应企业。

**【奶业“十五”规划】**指导思想：以市场为导向、以效益为中心，以胚胎移植、性别控制等高新技术为手段，深挖黄牛资源潜力，实施纯种奶牛、杂交奶牛、黄牛挤奶三线并举战略，在不断提高奶牛质量水平的同时，突出发展奶牛数量。通过外引内联、加快乳品工业的优化升级。加强乳制品质量监控管理，实施名牌战略，推进奶业产业化。

发展目标：到2005年，全省存栏奶牛80千头，其中纯种奶牛40千头，杂交奶牛20千头，挤奶黄牛20千头，为下一步再发展奠定坚实基础；奶类总产量达到140千吨，平均年增长27.8%，人均占有量达到2.2千克。建成两个集产、供、销于一体，年加工乳制品超50千吨、产值超2亿元的大型龙头企业。

（安徽省奶业协会　李赛明）

# 福　建　省

**【概况】**2001年是福建省改革开放以来奶业发展最快、产量最高的一年，据统计，良种与改良乳牛年末存栏达45 056头，其中能繁母牛达31 174头，分别比2000年增长25.4%与26.9%，牛奶产量达110 984吨，比2000年增长15.6%，全省人均牛奶占有量3.2千克，也是占有量最高的一年。

纵观本省奶业快速发展，大体有如下几个特点：一是存栏量增加最多。据统计，2001年比2000年净增9 140头，除自繁以外，约5 000头左右奶牛是从全国各地选购而来的中国荷斯坦牛；二是规模化饲养奶牛扩展最快。2001年，福建长富集团股份有限公司新建10个牧场，还收购1个牧场，牧场总数新增11个。年内，福建大乘乳业股份有限公司新增5个牧场和组建1个养牛合作社，其中新建的大乘浦城分公司投资3 000万元，建成现代化花园式产、供、销一体化企业，存栏奶牛300多头。以上新建场规模场在300～500头之间，与此同时，在省内还涌现新组建的奶业公司如闽西绿蒙奶业有限公司、惠尔康奶业公司、福牛奶业公司等，其规模达500头左右，规模化生产成为本省奶业主力军；三是成功地在高温高湿地区发展乳牛。福建地处亚热带，长期以来高温高湿困扰着本省乳业的发展，经几年的探索，有效地解决了奶牛热应激、夏季炎热影响奶产量等难题，取得一些经验；四是种养有机结合。尽管福建四季常青，制约乳业发展最大问题仍然是青绿饲料不足，2001年通过广泛推广种植青饲玉米，利用冬闲田大种黑麦草等措施，为规模化饲养奶牛奠定物质基础，仅南平市种植青饲玉米5 330公顷，仙游、莆田等奶牛主产区利用冬闲田、果园套种等人工种草1 800多公顷，带动当地种植业结构调整和为农民增收开辟门路；五是多渠道融资发展奶业。2001年奶业发展，主要采取龙头企业融资、招商引资、利用外资以及银行贷、个人筹资入股等多种形式投资建牧场，购买设备。南平市1999—2001年，筹资办奶业共投入资金5亿多元，除银行贷1亿元外，其余全部由多渠道筹资而来；六是出台扶持奶业发展政策。最有力度的是南平市政府，2001年制定《南平市“十五”奶业发展规划》、《加快发展畜牧业意见》（即鼓励发展畜牧业的“四十条”政策）等，都涉及奶业发展内容，与此相配套的市财政两年安排540万元资金，专项支持用于种草养牛和奶牛良种的引进、良种繁育，并对农户饲养奶牛实行每头贷款贴息补助1 000元，对新引进的优质牧草实行无偿供种示范；七是全省已形成相对集中的奶源基地。经统计，2001年福州市日产鲜奶达111吨、南平市日供鲜奶约100吨，为生产系列品牌奶制品创造条件。

但必须指出，2001 年出现前所未有的奶牛热，大量增加新牧场的组建，频繁从省外引种，造成总体奶牛生产性能差，生产母牛平均单产低下只达到 3 560 千克/头。今后应重视自群选育，建立高产核心群。

（福建省畜牧兽医总站　梁全顺　杨邦剑）

**【学生饮用奶计划】**福建省人民政府十分重视“学生饮用奶计划”，2000 年底，将国务院七部委联合下发的《关于实施国家“学生饮用奶计划”的通知》等有关文件，转发到福建省农业厅，指定由福建省农业厅牵头，会同有关厅局筹备实施福建省“学生饮用奶计划”。2001 年初，先期由省农业厅、省教育厅共同草拟《福建省“学生饮用奶计划”实施方案》，呈报省政府，于 2001 年 6 月 28 日，征得省政府办公厅批复同意，由省农业厅、省教育厅、省财政厅等 9 个单位联合组成福建省“学生饮用奶计划”厅际协调小组，由该小组具体负责本省“学生饮用奶计划”的规划、组织、协调与指导工作。

2001 年 9 月 29 日在福州市，召开福建省“学生饮用奶计划”实施新闻发布会，向全省宣告福建省“学生饮用奶计划”正式启动，并陆续在省内新闻媒体刊载介绍有关牛奶知识、学生饮用奶的意义等内容，让全社会关心、监督“学生饮用奶计划”的安全实施。

与此同时，福建省“学生饮用奶计划”厅际协调小组，还认真研究，具体遴选推荐省内学生饮用奶供应奶企业，严格按国家“学生饮用奶计划”部际协调小组的具体要求，宁严勿滥，做到按要求标准推荐，以安全、质量为第一。最终福建长富集团股份有限公司、大乘乳业股份有限公司获得国家“学生饮用奶计划”部际协调小组批准，成为国家“学生饮用奶计划”定点生产企业，也是本省第一批国家“学生饮用奶计划”定点生产企业。

（福建省畜牧兽医总站　梁全顺　杨邦剑）

**【南平奶城初具规模】**福建省南平市是省内奶牛生产和加工最为集中的地方，2001 年，全市奶牛存栏达 19 533头，以公司＋企业的形式，大力发展奶牛业生产，扩建、新建现代化牧场达 32 个。拥有大乘和长富 2 个大型奶业公司，以惊人的发展速度，展示在八闽大地，令人瞩目。

**【漳州奶水牛业】**漳州市位于福建南部，地处南亚热带，水系发达，江河湖塘纵横交错，气候高温多湿，适宜沼泽型水牛生长繁殖。据 1776 年《漳州府志》记载，当时漳州农村就有饲养水牛和利用水牛挤奶的习惯。近两年来，漳州奶水牛发展很快，在畜牧业内部产业结构调整中崭露头角。极力将当地水牛从单纯役用，往奶、肉、役多用途兼用方向发展，重点突出向奶用型发展。2001 年，漳州市水牛存栏 10.5 万头，可繁母牛 5.1 万头，已有专门奶用水牛 5 640 头，饲养纯种摩拉公牛 9 头，尼里公牛 3 头，摩杂公牛 7 头。漳州农村呈现大面积开发水牛奶用的趋势。由于水牛奶品质优于荷斯坦牛，经检测漳州水牛奶乳脂率可达 10%～12%，具有独特的风味，越来越深受消费者的青睐，而且漳州一带传统习惯利用水牛奶与盐卤加工成“牛奶粒”和“咸牛奶”，作为菜肴，不仅易储藏，而且其价值明显高于鲜奶，目前漳州水牛奶供不应求，市场前景十分看好。

漳州市发展奶水牛不仅以高品位鲜奶与奶制品激活了市场，同时多项科技投入也加快了其发展步伐。一是充分利用当地水牛种质资源，开展杂交改良。漳州市水牛存栏量占全省 29.3%，其中能繁母水牛占 32.5%。由于以往本地母水牛全程泌乳仅在 500 千克/头左右，近年来，采用摩拉水牛或尼里水牛作父本与本地母水牛杂交，其杂交后代的单产上升到 1 000 多千克/头，其中三品种杂交后代，平均单产达 2 000 千克/头，最高达 3 000千克/头，乳脂率达 7% 以上，产奶性能获明显提高，2001 年共杂交改良配种 1 860 头；二是加强科学饲养管理。改变以往传统饲养方式，合理搭配精粗饲料，做好不同泌乳期的饲养管理和营养配给；三是提高杂交奶水牛繁殖率。深入观察研究杂交奶水牛的生物学特性，抓好秋季季节性配种，掌握发情周期，适时配种，延长繁殖利用年限，采用人工授精技术，增加受配面积；四是加强奶水牛常见病的防治等项技术措施，取得良好效果。

（福建省畜牧兽医总站　杨邦钊）

## 厦　门　市

**【概况】**厦门市鲜奶生产缺口较大，2001 年末全市奶牛存栏 324 头，奶山羊存栏 2 812 头，鲜奶产量1 896 吨，按全市常住人口计算，人均鲜奶年占有量仅 1.4 千克左右。由于奶牛生产具有高投入、高产出、风险大等特点，使本市奶牛业的发展历经波折，没有一家奶牛生产企业能够取得成功，一方面是厦门消费市场的巨大潜力没有得到发挥，另一方面是管理体制不健全，奶牛生产投入不足。根据农业部畜牧业发展“两稳定、两加快、两突出”的指导方针，2001 年本市把发展草食动物作为畜牧业结构调整的主线，以此加快种植业结构的调整步伐，明确提出利用股份制的合作形式，发展龙头企业，以“公司＋农户”的模式，发展本市的奶业。在此基础上，重点发展奶制品加工工业，全市形成以“厦门新龙华乳业有限公司”为代表的集牧草种植、奶牛羊养殖、乳品加工与销售为一体的专业乳品企业和以“厦门惠尔康食品有限公司”为龙头的乳制品加工业，由于外地“伊利”、“光明”等国产名牌奶制品的加入，本市奶业市场的竞争日益激烈，但从整体上看，由于鲜奶生产受区域的限制，仍然有较大的生产潜力。

今后，厦门市畜牧业发展将面临新的机遇，其一，我国台湾省的畜牧业生产正在逐步外移，而本市是其首选地之一；其二，随着我国加入 WTO，畜牧业生产与内陆地区相比具有价格优势，一方面，低价的进口饲料粮通过本市的天然良港中转，畜牧业生产成本将进一步降低；另一方面，厦门交通便利，畜产品价格优势愈加明显。

要发展畜牧业，草食动物将成为本市的发展重点。由于我国北方草原长期过载放牧，生态环境逐年恶化，草场沙漠化引发的沙尘暴逐年加重，而南方雨水充裕，适合种植牧草和养畜，并且随着国家退牧还草工作的落实及产业结构的调整，预计今后草食动物的发展将出现南移的趋势，而发展草食动物必须首先种植牧草，从而推动本市新一轮农业结构特别是种植业结构的调整。

厦门市发展奶业的目标：进一步培育龙头企业，扶持“厦门惠尔康食品有限公司”，在厦门大帽山农场建设5 000头奶牛生产基地，鼓励和扶持“厦门新龙华乳品有限公司”加快综合开发步伐，实行“果、草、牧”综合开发，生产绿色无污染的乳制品，实施绿色品牌市场战略，发展生态环保型畜牧业。

（厦门市农业局　蒋重胜）

## 江　西　省

**【概况】**江西奶业在省委、省政府的关怀下，通过农业和农村经济结构调整，把发展奶业放到了突出位置。同时，各级政府和部门以市场为导向，以农民增收为目的，大力宣传牛奶，引导消费；强化龙头企业（金牛、阳光）的作用，积极引进和吸收现代科技，在推进奶业产业化经营方面取得了突破性进展，全省奶业呈现出蓬勃发展的好势头。

2001年全省奶牛存栏25 000头，其中国有奶牛场奶牛存栏14 000头，增长1.6%，集体奶牛存栏4 500头，增长5%，个体奶牛存栏2 500头，增长30%。全省牛奶总产59 000吨，比上年增长5.4%，奶业总产值3亿元人民币，比上年增长12%。奶业总产值占畜牧业总产值的17.3%，占农业总产值的6.2%，均比上年有较大幅度的增长。人均占有鲜奶只有2.1千克。同时，江西金牛的“胚胎牛”问世，标志着人工授精、胚胎移植和生产性能测定技术的普及和推广，使本省奶牛饲养业开始走上了现代化奶业的发展道路。

2001年，全省有乳品加工企业25个，比上年增加6个。日处理鲜奶能力250吨，比上年增加50吨/日。本年度主要由江西金牛企业集团扩建了日处理鲜奶达100吨的液态奶车间和南昌阳光乳业集团日处理鲜奶50吨的液态奶加工厂，占主导地位，起到了奶业的龙头作用。全省有20多个市县均鲜奶上市，九江市乳品厂、江西东乡虹星星牛乳品厂、江西新余新星乳品公司、上饶乐宝营养鲜豆奶有限公司、九江庐山牛奶有限公司、于都高山青草奶业有限公司、赣州香香乳业等都为江西奶业发展起了推动作用。

2001年本省实施了“学生饮用奶计划”的推广和“无公害牛奶行动计划”的试点工作，这主要在金牛和阳光两企业中进行，目的是为培养新的牛奶消费群体，开拓乳品市场，提高牛奶质量，确保牛奶饮用安全打下良好的基础。现在在江西省南昌市场上，饮料奶由江西金牛的英雄牌和江西阳光牌占据主导地位，分别为30%和58%；奶粉市场主要是英雄牌奶粉占市场45%，其他由国内伊利、完达山、三鹿和光明占据了40%。

（江西省奶牛协会　邓　勇）

## 山　东　省

**【概况】**2001年，山东省狠抓饲料改良、良种繁育、防疫检疫、加工流通四个环节，实施“以草代粮、草畜联动”，各地积极发展牧草，大力发展草食畜禽和潜力大、效益高、前景好的奶业。奶牛存栏达到了29.3万头，比2000年增长38.2%，增幅超过全省平均数的市达到了14个，奶牛存栏量超过8 000头的市达到了7个，由高到低的顺序为青岛、潍坊、济南、烟台、威海、淄博、泰安，这7个市的存栏量为全省的88%；其中莱西、文登、临朐、章丘、莱阳、即墨、胶州、历城、张店9个市区存养量超过5 000头，数量达到13.57万头，占全省的51%。

2001年全省可繁母牛达到17.30万头，占牛群比例的66%，有关专家建议，牛群中繁殖母牛的比例应为60%～65%，说明本省牛群结构较为合理。有9个市可繁母牛比例低于60%，这也说明奶牛饲养正处于发展时期，从外地新购进的后备牛较多。

2001年，全省繁殖奶牛12.74万头，繁殖率为56%（按年初母牛计），距国家建议数85%，相差19个百分点，有7个市低于全省平均数，说明山东省奶牛繁殖水平较低。主要原因有奶牛配种不及时或配种技术不高；母牛子宫炎等繁殖障碍病的存在，影响了繁殖率等；饲养水平较低，营养满足不了繁殖需要，降低了繁殖率。

按当年可繁母牛数计算，2001年全省奶牛单产平均4 245千克，各市之间差距较大，以产奶量6 000千克作为高产奶牛计算，全省奶牛达到良种比率约在71%，15个市的产奶量低于6 000千克，说明改良或饲养改善、提高单产的潜力还很大。

2001年，全省牛奶产量达到806 103吨，产奶量过20 000吨的市有济南、青岛、淄博、烟台、潍坊、泰安、威海7个市，7个市的产奶量为722 057吨，占全省的90%，同比存栏量增加2个百分点，说明这7个市的奶牛生产水平高于全省平均水平。

（山东省奶业协会　张思聪）

**【德州打造“鲁北最大奶业基地”】**山东省德州市与上海合资方达成新协议：上海光明乳业将继续投资德州的分公司新增2条生产线，日产奶量达到100吨，三、五年内逐步增加到10条生产线、日产300吨的规模，从而使该企业成为“光明乳业”在全国的五个重点生产厂之一。企业将直接带动发展高产奶牛3万头，全市奶牛存栏总量将达到5万头，使德州成为鲁北地区最大的奶业生产基地。

为保证龙头企业的奶源供应，距离加工企业较近的德城区、陵县、武城县、平原县以及禹城市和齐河县，各规划建设3～5处存栏200头左右的奶牛饲养基地，其余县市至少各发展一处存栏100头以上的奶牛饲养基地。

为配合奶牛养殖和优化种植结构，要求京沪高速公路沿线的五个县市区，充分利用高速公路两侧的开发地和广告效应，建成一条长100公里、宽300米的苜蓿种植带；其余县市也要本着集中连片开发的原则，每个县市种植面积不少于667公顷。

（山东德州畜牧局　段长勇）

## 青　岛　市

**【概况】**青岛是一座美丽的海滨城市，总面积为10 654平方千米，管辖7区5市，人口710.49万。青岛市冬无严寒，夏无酷暑，属北温带海洋性气候，非常适合畜牧业生产的发展。2001年，全市奶牛存栏6.54万头，比2000年增长了23.4%；奶山羊34.39万只。奶类总产量27万吨，其中牛奶18万吨，比2000年增长了35%。人均占有奶量34.68千克。奶业总产值5亿元，占畜牧业总产值的比重为7%。全市大小乳品加工企业约30个。其中日加工量在30吨以上的7家。全市乳品加工能力30万吨，实际生产15万吨。产品主要是巴氏奶、UHT、酸奶、乳酸饮料、奶粉和各种风味奶。市场销售额约8亿元。

2001年，光明、三元、三鹿、伊利、蒙牛等20余家乳品企业的产品，继续涌进岛城市场，当地乳品企业经受着猛烈地冲击和严峻的考验，明显暴露出个数多、规模小、势力弱、起点低的劣势，市场份额逐步缩小，经济效益大幅度下滑。为在竞争中求生存，求发展，青岛实施了整合资源优势 、走兼并重组之路，寻求合作伙伴。如青岛开开家食品有限公司和青岛市奶业总公司分别与上海光明和四川新希望集团达成合作、合资意向，正在积极探索一条走出困境的成功之路。一些小型乳品企业，有的勉强支撑，有的已经停产。

服务体系建设。全市共有收奶站30个，布局比较合理，收奶半径为10千米左右。并有畜牧兽医站114个，配种站78个，为奶农提供综合性服务。在市场服务方面，乳品销售网络分为两种类型。一是由乳品厂→中心发奶站→奶站→供奶点构成的供奶系统，主要满足用奶户预订购奶和供应分发。对预订购奶户主要体现价格优惠，取奶方便，送奶到户。另一类型是由乳品公司（厂）按批发价配送到商场、超市和食杂店零售。全市有分发中心86个，超市、商店和供奶点600余个。鲜奶收购和乳品配送已建成了衔接紧密、环环相扣的冷链系统。

奶业发展中主要建设项目包括：中—欧奶类发展项目援助的利乐皇屋顶型纸盒罐装机和利乐包罐装机，2001年在青岛第二乳品厂安装、调试、投产；援助的体细胞仪在中心实验室起用。胶南市与美国圣乔治公司达成合资意向，合作奶牛饲养和乳品加工，总投资计划为2 000万美元。

加强乳品质量控制与市场监督。由中—欧奶类发展项目援助，投资300余万元对质量控制中心实验室进行了全面的改造和完善。从丹麦FOSS公司引进乳成分分析仪、体细胞仪等检测仪器。在欧方、中方专家指导下，实施了检测到户（场），以蛋白、脂肪含量确定基本价、细菌总数检测奖罚的新的“以质论价”办法。并改三次挤奶、二次送奶为二次挤奶、二次送奶，送热奶，对原奶的质量、卫生实施全面控制。乳制品质量由企业质管机构管理、控制。市场监督由卫生、工商、技术监督部门依法管理。

（青岛市奶类发展项目办公室　杨永东）

**【学生饮用奶计划】**青岛市奶业总公司和青岛雀巢有限公司经省、市学生饮用奶管理机构核准，于2001年7月19日正式向国家“学生饮用奶计划”部际协调小组办公室，提交了“学生饮用奶定点生产企业申请表”，并于11月向国家、省、市学生饮用奶计划管理机构提交了“学生饮用奶生产、配送、质量安全承诺书”。青岛市人民政府于2001年8月出台了《青岛市学生饮用奶计划实施方案》。

**【中—欧奶类发展项目青岛项目区】**青岛市奶类发展项目办公室组织实施了中—欧第一期（1988年3月至1993年9月）、过渡期（1995年1月至1996年12月）和第二期（1998年2月至今）奶类发展项目。截止到2001年底，共接受欧盟援款（含物资援助）3 162.7万元；政府和地方配套资金3 991.8万元，形成了7 154.5万元的奶类项目投资，有力地推动了青岛市奶业的全面启动和持续性发展。

1. **建设奶源基地**　利用援款和贷款贴息购入良种奶牛1 130余头；新建（含部分改造）收奶站23个，并配备了冷却设备和清洗设施；购置奶罐车10辆；给奶农发放奶桶1 550个。不仅从根本上解决了奶农“送奶难”的问题，而且为奶牛饲养业的迅速发展创造了条件。

2. **提高加工能力**　项目实施期间，新建日处理鲜奶60吨的乳品厂1个，改造乳品厂2个；二期项目又购置酸奶生产线1条，从国外引进UHT生产线和屋顶包、利乐包罐装机各1台。总投资2 570余万元，新增乳品加工能力152吨/日、双班。目前，产品有7个系列、60余个花色品种，极大地满足了消费者需求。

3. **增加销售分发网点**　项目期间，新建发奶中心36个，各乳品企业自建、自办和进入超市、商场的网点600余个，布局日趋合理，有力地推动了乳品市场的发展，方便了消费者。

4. **强化冷链建设**　共购置收奶站冷却设备18套；奶罐车10辆；冷藏、保温车16辆；冰箱、冷藏柜250台。从收奶—加工—销售，形成了一条衔接紧密、环环相扣的完整冷链。

5. **增强检测能力** 建立了质量控制中心实验室，实施对各指标检测“以质论价”办法，原奶的质量、卫生和新鲜度明显提高。

6. **加强技术培训和咨询服务** 项目期间，青岛项目区约5万人次参加了欧盟和中方专家举办的各类培训班420期，其中去欧洲培训8期10人。共投入培训费206万元，并建立了8个综合服务站，聘用了6名畜牧、兽医咨询员，配备了吉普车、移动电话、兽药和兽医器械，全面、有效地为奶农服务。

**【奶业发展“十五”规划】**根据青岛市畜牧业“十五”计划，到2005年奶牛存栏10万头，年平均增幅13.54%；奶类总产量30万吨，年平均增幅5.45%；其中牛奶24万吨，年均增幅20.54%；人均占有奶量42千克，年均增幅12.48%；奶类总产量占肉、蛋、奶总产量的比重达到19.24%。计划中明确提出：突出发展奶类生产，突出发展良种奶牛、奶山羊及乳制品精深加工。

（青岛市奶类发展项目办公室　杨永东）

## 河　南　省

**【概况】**近年来，在河南省委、省政府的正确领导下，按照“突出发展奶业”的指导思想，全省各地都把奶业发展作为调整畜牧业结构的重点来抓，通过采取政策扶持、项目带动、产业化推进等一系列政策措施，全省奶业生产继续快速发展，形势较好。

奶牛存栏及奶类总产量继续大幅度增加。1998年本省“奶业工程”启动以来，奶业生产连续3年保持了快速发展的势头。2001年底，全省奶牛存栏12.37万头，奶类产量30万吨，比1998年分别增长4.2倍和1.44倍。特别是郑州、新乡、洛阳、南阳等地市发展速度较快。

奶牛集约化、规模化养殖快速发展。目前全省现有千头规模奶牛养殖场达10多个，奶牛规模养殖小区建设稳步发展。尤其是郑州市规模养殖小区建设较为突出，全市2001年验收合格20个，入驻奶牛户269个，存栏奶牛4 020头，日产牛奶37.6吨。目前，郑州市奶牛养殖小区入驻奶牛已达6 837头，占全市奶牛存栏总量的36%。这些奶牛养殖小区起点高，牛群质量好，采用了现代化挤奶设备，大大地提高了原料奶的质量，奶牛养殖小区已经成为乳品龙头企业重要的优质鲜奶供应基地。

形成了城郊型奶业发展格局。以郑州、洛阳、开封、商丘、南阳为主的城郊型奶业生产格局已经形成，5市奶牛存栏和牛奶产量分别占全省总数的71.4%和75.5%。

优质奶牛生产基地建设成效显著。几年来，河南省利用奶业工程专项资金建设优质奶牛生产基地，从北京、上海引进高产奶牛冻精30多万支，对现有低产奶牛和西杂二、三代母牛进行改良，大大提高了奶牛的生产能力。

奶业生产科技含量不断提高。一是建成了一批良种奶牛繁育场，在省农业结构调整办公室的大力支持和郑州种畜场的积极努力下，从澳大利亚引进600头高产奶牛，建成了河南省奶牛繁育中心。河南莲花集团投巨资1 000多万元，引进高产奶牛210头，待检疫合格，将饲养在莲花集团高科技奶牛场，并将利用加拿大性别鉴定、胚胎移植等先进技术，开展快速扩繁，尽快建成高产奶牛供种体系。二是将胚胎移植技术应用于奶业生产，全面提升了奶业生产水平。目前，省纯种肉牛繁育中心和郑州、新乡、许昌、周口等地部分企业开始应用该技术于奶业生产。三是健全了奶牛冷配改良体系。全省共建设冷配改良站、点5 286个，在岗人工授精技术人员18 000多人，能够保证奶牛配种改良工作的顺利进行。四是部分省辖市开始了良种奶牛系谱登记工作，建立了系谱档案，有效防止了奶牛近亲交配，提高后代产奶量，并及时进行各种疫病监测，防止各种人畜共患病的发生，提高了牛奶质量。

乳品加工能力和档次不断提高。目前，全省共有乳品加工企业61家，设计年加工处理鲜奶能力68万吨，比1998年增加了1.5倍。目前，本省规模较大的企业河南花花牛股份有限公司已经与河北三鹿乳业集团强强联合组建了河南省三鹿花花牛乳业股份有限公司，公司注册资金7 600万元，双方各占50%股份，“三鹿”与“花花牛”的牵手，既实现优势互补，又快速提升了本省奶业发展水平。洛阳巨尔乳业公司已经被国家有关部门认定为国家“学生饮用奶计划”定点生产企业，并开始向洛阳和郑州市部分小学供应学生奶。

（河南省奶业协会　宋洛文）

## 湖　北　省

**【概况】**湖北省奶牛业的发展目前形成以武汉市、襄樊市、宜昌市等3个大中型城市为支点的黄金三角带发展格局。2001年，湖北省奶牛年末存栏5.5万头，牛奶产量为87 951吨，牛奶产量比2000年的59 445吨提高47.9%。其中以武汉市奶牛存栏和牛奶生产水平为最高，2001年武汉市奶牛存栏为1.55万头，年产牛奶5.8万吨，头平均年产奶量为3 742千克，宜昌市奶牛存栏6 300头，年产奶量为1.3万吨，头平均年产奶量2 000千克，襄樊市奶牛存栏803头，年产奶量为2 880吨，头平均年产奶量为3 586千克。这3个城市奶牛存栏总量达到2.26万头，牛奶产量达到7.39万吨，分别占全省总量的64%和84%。

湖北省奶牛产业经过几十年的发展，奶牛数量、质量有一定的提高，主要表现在：一是奶牛品种来源广泛。全省现存栏的3万头奶牛中，来源于国际国内两个市场，涉及10多个国家地区和省市，多为美国黑白花、丹麦黑白花、荷兰黑白花和逐代改良的中国荷斯坦牛。

二是奶牛引进、选育、推广工作初见成效。在现存栏奶牛中，良种奶牛约占50%～60%，奶牛良种品种改良人工授精技术普及率达100%，且经过多年的选育，使奶牛良种率逐步上升。奶牛平均奶产量2 498千克。三是奶牛良种工程的技术支撑体系逐步建立。在奶牛产业发展的同时，各地不断加大奶牛良种的技术培训和推广运用力度，逐步建立了奶牛产业发展的技术支撑体系。如武汉市和宜昌市夷陵区建立了专门的奶牛产业管理办公室和奶牛技术服务中心或奶牛协会。服务中心和奶牛协会从奶牛引进、冻精引进、配种、疫病防治、饲草开发和种植等技术实行一条龙服务，减少了奶农发展奶牛的盲目性，降低了奶牛产业发展的风险。

奶牛业发展面临的主要问题：一是良种牛源不足。全省3万头奶牛中，虽然良种奶牛占50%～60%，但由于牛源缺乏，良种奶牛数量少，直接导致种牛进口数量的增加，加大了养殖业成本。二是生产性能较低。本省引进的绝大部分奶牛品种是国内逐代改良的荷斯坦牛，品种质量不高，个体小，种用价值不高，产奶性能低。三是品系复杂，血源不清。由于奶牛来源广，直接导致奶牛的品种系谱不清，血源关系复杂，阻碍了奶牛品种选育和奶牛品质的进一步提高。四是奶牛良种市场管理薄弱。尽管国家和省都颁布了《种畜禽管理条例》和《办法》，但本省奶牛良种市场的管理行为几乎为零，对奶牛冻精等品种改良管理不健全，存在追求高额利润、以次充好，造成奶牛配种改良成本高，效益低。

（湖北省畜牧局　李昌桂　曹克运）

【促进奶业发展的政策措施】为促进奶牛业的发展，湖北省人民政府出台了一系列的政策和措施，各主要产区在制订具体发展规划时也制定了相关的优惠政策和措施。

1. 省政府在2001年以“鄂政发［2001］1号文件”发出了大力发展畜牧水产业的决定，对近期奶牛业的发展目标和任务、技术创新和政策扶持等都提出了具体的要求，省畜牧局相应制定了《湖北省奶牛业发展的“十五”规划和2010年远景目标》，并制定了《湖北省奶牛良种工程“十五”规划》，从宏观上制定了本省奶牛业发展的目标和方向。

2. 各主要产区在发展奶牛业上也制定了一些具体的优惠政策和措施。如宜昌市夷陵区在发展奶牛业上出台了《关于发展奶牛养殖业优惠政策和办法》，制定了十六条有关发展奶牛业的优惠政策和措施；武汉市通过实施世界粮食计划署、欧洲经济共同体和欧盟（过渡期）三期奶类援助项目等，先后投入9 678万元，改善了武汉市奶业生产、销售、技术培训及奶源基地基础设施建设，奠定了武汉市奶牛业大致的生产基础。

3. 各地通过招商引资，培植了一系列奶产品加工龙头企业，满足了消费市场的需求，解决了奶农的销售市场，增强奶牛业发展后劲。如武汉市乳制品加工企业初步形成武汉惠尔康扬子江、武汉光明、武汉友之友、武汉香满楼等奶业产业化龙头，把单位的产品加工成人们所需要的各种生活消费品，形成了“扬子江”、“光明”、“友之友”、“香满楼”等精品，以及武汉妙士一品乳系列产品和武汉海浪生产的豆奶系列产品供应市场，把广大的消费者与生产者连在一起，形成一条“农、工、银、贸”互动的产业链。全市乳制品加工企业基本上形成规模化生产，一体化经营，国有、集体、个体一起上，合资、合作、民营、合股等形式并存的社会化服务的奶业产业化格局。

（湖北省畜牧局　李昌桂　曹克运）

## 武　汉　市

【概况】武汉地处长江中游，是我国特大城市之一，全市土地面积8 494.41平方千米，人口804.55万人（其中：中心城市人口481.22万人）。

2001年底，本市奶牛存栏达15 523头，比2000年净增了3 982头，生鲜牛奶产量达到5.80万吨，分别比2000年同期增长34.50%和46.46%；奶牛年成母单产5.39吨；全市销售鲜牛奶、酸牛奶、果味奶、调味奶等液态奶7.3万吨；全市奶业产值（现价）5.75亿元，（其中：生鲜牛奶1.28亿元，加工业4.47亿元）；全市年人均占有奶量7.2千克，液态奶年平均消费量9.1千克。

奶业生产格局。武汉市奶业经过多年的发展，已由计划经济全面转为市场经济，由保障供给转入建立奶业产业化经营的发展时期。前几年曾是以国有为主的武汉奶业，近年来，除少数奶牛场（如南湖、汉南乌金、畜科所、菜科所、青山良种场等）为国有或集体企业外，其余的奶牛场全部转型为合资、合作或作价卖给个体专业户饲养。

按照“奶牛下乡、鲜奶进城”，建设奶牛基地区域化、集约化的总体规划，本市在发展奶业生产、加工销售等项工作方面，一是突出重点抓好东西湖区、汉南区、黄陂区和蔡甸区4个奶源生产基地的建设，重点投资兴建东西湖区东流港牧业园奶源基地和黄陂区生态农业园奶牛胚胎移植、良种繁育基地建设，发展第一产业，2001年底，全市奶牛牧场共计15个，机械化挤奶牧场为6个，饲养规模最大的牧场为武昌和八一奶牛场，共计饲养奶牛1 800余头，奶源基地每天平均提供生鲜牛奶200余吨，生产稳定。二是以东西湖区、武汉经济技术开发区和武汉惠尔康扬子江乳业有限公司为主，作为生鲜牛奶收集、加工、销售处理中心，发展第二产业。三是以卫星城镇和城区商业网络体系、连锁店、超级市场、便利店为主体，发展乳制品代销点、中转站和冷链、配送服务等第三产业。

目前，武汉市乳制品加工企业主要有武汉惠尔康扬子江、武汉光明、武汉友之友、武汉香满楼为奶业产业化的龙头，形成一条“农、工、银、贸”互动的产业链。全市乳制品加工企业基本上形成规模化生产，一体化经营，国有、集体、个体一起上，合资、合作、民营、合股等形式并存的社会化服务的奶业产业化格局。

（武汉市奶业管理办公室　黄继根）

**【武汉奶业发展史】**武汉奶业的发展，大体经历了五个时期，即20世纪50年代的起步期；60～70年代（1959—1979年）的发展期；80年代的鼎盛期；90年代的恢复期；以及进入21世纪以来的高峰期。2001年底奶牛存栏达到15 523头，奶源基地4个，生鲜牛奶收购价格为2.20元/千克，乳制品加工企业6个，固定资产总额1.5亿元，年设计生产加工能力11万吨。

武汉奶牛行业始于19世纪60年代。1949年在册奶牛仅525头，1952年增至1 054头，鲜奶产量为725吨。1956年公私合营后，奶牛存栏增加到2 856头，比1952年增加了一倍多。1958年东西湖围垦开发，促进了奶牛生产的发展，当年底，奶牛存栏数达到4 959头。由于三年自然灾害的影响，20世纪60年代，武汉的奶牛业不进且退，到1969年只有4 307头；1969—1979年的十年间，全市加快了奶牛业的发展步伐，奶牛净增了3 271头，存栏数达7 588头。但仍然满足不了市民对鲜奶的需求。

80年代初，武汉市政府为解决市民吃奶难的问题，着手制定了宏伟的奶业发展计划，确定奶业发展以国有为依托，国有、集体、个体一起上的方针，全市奶牛业得到较快的发展，到1989年，奶牛存栏达到15 198头，比1979年增加了一倍多；牛奶的单产和总产量也都有较大幅度的增长。特别是在1982—1997年期间，武汉市先后实施了世界粮食计划署、欧洲经济共同体和欧洲联盟（过渡期）三期奶类援助项目。全市累计接受奶类援助项目资金和政府投入的配套资金9 678万元，改善了本市奶业生产、加工、销售、技术培训以及奶源基地基础设施建设，从而奠定了本市奶业生产基础，扩大了就业面，增加了农民收入，奶业得到了发展。

90年代，由于粮食价格放开和其他一些经济因素的影响，武汉市奶牛行业受到了较大的振动，出现了奶农交奶难，奶价到位难，奶款兑现难的“三难”局面，继之而来的是杀牛、卖牛，到1999年底，奶牛存栏仅7 522头，奶产量也只有3.01万吨。面对如此严峻的局面，2000年，市政府及时制定出台了保护农民利益的“关于加快全市奶业产业化建设步伐”文件，2000年底，奶牛存栏猛增到11 541头，生鲜牛奶产量3.96万吨。

（武汉市奶业管理办公室　黄继根）

**【政府支持政策】**武汉市政府对奶业的发展非常重视，先后出台的政府文件中对奶业的发展都制定了规划和优惠的政策。在“关于加快全市奶业产业化建设步伐”的决定中，指出要依托资源优势，加快奶源基地建设步伐，按照总体规划，重点是黄陂、汉南、蔡甸、东西湖区发展规模化养殖，通过走基地联农户的产业化之路，力争在2005年建成奶牛存栏超过3 000头的养殖小区7个，积极鼓励各行各业、社会各界力量通过联营、合资、合股、合作等形式，下乡办场，要探索多种经营模式，改善单一国有经营方式，大力引导农民发展奶牛养殖并鼓励其以联营入股、租赁等形式参与奶牛场建设。加快动物胚胎工程技术研究中心建设步伐。为奶牛养殖提供高产、优质种苗，使其尽快成为华中地区最大的奶牛种苗繁育中心。

要发展壮大龙头企业，各级人民政府一定要把龙头企业的建设当作推进奶业产业化的重中之要，尽快使其成长壮大。

建立多元化的奶业产业化投入机制。加大招商引资力度，与大企业，大财团，大科研机构联营、合资、合股办企业，建基地；以最优惠的条件吸引非公有制企业参与奶业产业化建设，鼓励和引导农村集体和农户增加对奶业产业化的投入。对规模在3 000头以上的集约化养殖区建设，市计委要予以优先立项，其项目建成验收合格后，对其水、电、路等基础设施投资按一定比例实行以奖代补；市财政支农资金每年安排50万元，扶持奶业社会化服务体系建设；农业产业化贴息资金要优先用于龙头企业技术改造。各区人民政府也要千方百计筹措资金，加大对奶业产业化的投入。

组建行业协会，规范行业管理开辟“绿色”通道，实施畅通工程。公安交管部门要为乳制品运输提供便利的交通环境，实行“绿色”通行证制度。对专门送奶车统一核发“绿色”通行证，实行一车一证，专车专用。

武汉市政府在“关于大力发展畜牧水产业的决定”文件中指出：

1. 加强对奶业发展的管理协调工作，市奶业管理办公室是全市奶业行业的主管部门，具体负责制定全市奶业发展规划，加强对奶产品生产过程及产品质量的监督、检测，规范竞争秩序；实施国家“学生饮用奶计划”，做大乳及乳制品市场，把本市奶业发展成为带动周边市县、辐射全省乃至华中地区的大产业。

2. 进一步落实国家对畜牧、水产及饲料工业发展的有关税费优惠政策，畜禽、水产养殖享受农业用地、用电、用水优惠政策。

3. 各级政府要稳定现有支持畜牧水产业发展的投入政策，并随着财政收入的增长而不断增加。“十五”期间，由市财政每年安排100万元继续给予扶持。

4. 奶牛要引进国外良种胚胎进行移植，提高奶牛品质；要建立奶牛繁育中心，为武汉地区奶农提供良种奶牛。经过5年努力，使本市良种奶牛核心群达1 000头。

（武汉市奶业管理办公室　黄继根）

**【奶业发展“十五”规划】**

1. **指导思想**　“十五”期间，武汉奶业发展的指导思想是：以经济效益为中心，以强市健民和强区富民为宗旨，以增强市民体魄，扩大就业面为目的，抓住一个中心，突出两个重点，搞好三项服务，即壮大加工龙头企业，抓住奶源基地建设，提高奶牛整体水平，促进奶业产业化这个中心；突出实施国家“学生饮用奶计划”工程和奶牛品种繁育、单产提高两个重点；搞好为政府、为企业、为奶农等服务，真正成为行业和政府间的桥梁和纽带。

2. **目标** 武汉奶业现正进入一个新的发展时期，武汉市民正从“吃奶难”过渡到“吃好奶”的消费趋势。2005年奶牛存栏达25 000头以上，奶产量10万吨。2010年奶牛存栏达80 000头，奶产量38万吨，平均年成母单产7吨以上（详见附表）。奶业实现总产值过9亿元（现价），发展青饲料基地2 333.3公顷。“十五”期末，送奶到户发展到200万瓶（袋），学生奶80万份，商业零售网点3 800个。

附表：

**武汉奶业发展“十五”规划**

| 年　度 | 奶牛存栏（千头） | | 奶产量（千吨） |
|---|---|---|---|
| | 黑白花奶牛 | 其中：个体奶牛存栏 | |
| 2001 | 15 | 5.5 | 50 |
| 2002 | 17 | 10 | 60 |
| 2003 | 20 | 13 | 80 |
| 2004 | 23 | 16 | 86 |
| 2005 | 25 | 18 | 100 |

3. **基地布局** “十五”期间，根据城市总体规划，结合奶业产业特点，武汉市奶业生产、加工、销售布局实行梯次格局。首先，以东西湖、汉南、黄陂、蔡甸等区作为奶牛饲养基地和饲草、饲粮及原料奶源生产基地，狠抓奶牛良种繁育，发展第一产业。其次，以东西湖区、武汉经济技术开发区和武汉惠尔康扬子江乳业有限公司为主，作为生鲜牛奶（原料奶）收集加工处理中心，发展第二产业。第三，以卫星城镇和城区商业网络为主体，发展乳制品代销点、便利点、连锁店，建设中转站或超市连锁营销中心以及配送服务第三产业。第四，搞好“学生饮用奶计划”工程的供应和配送工作。第五，对城区现有的奶牛场，要通过开发或土地置换等方式进行搬迁，做到奶牛下乡，鲜奶进城。

4. **壮大加工龙头，促进奶业产业化** “十五”期间，要充分发挥乳制品加工龙头的作用，以龙头企业为载体，以奶业协会为依托，按照“五提供一回收”（即提供奶牛、提供饲料、提供冷配、提供饲养技术、回收鲜奶）的方式，走“公司＋基地＋农户”的路子。奶业协会一头连着农民一头连着企业，形成产、加、销一体化的生产经营格局。“十五”期末，达到龙头企业与奶农之间组成半紧密型或紧密型的利益与风险共担的经济共同体，实现奶业产业化。

（武汉市奶业管理办公室　黄继根）

**【DHI工程在扬子江的应用】** DHI工程就是通过检测牛奶中体细胞（SCC）数的高低去判断奶牛的健康情况，发现和预防奶牛的乳房炎。如：若发现被检测奶牛所生产的牛奶中体细胞高，表明牛奶的卫生质量下降，奶牛发生了隐性乳房炎，身体处于亚健康状态。牧场技术人员会根据DHI反馈的信息，及时改善奶牛所处的环境卫生，保持干净干燥，同时进行针对性的治疗。最终恢复奶牛乳房的健康。

实施DHI技术一年多来，武汉惠尔康扬子江乳业有限公司的原料奶质量得到明显提高：理化指标中乳固形物11.45%以上；乳脂率3.5%以上；乳蛋白率2.98%以上。卫生指标中的细菌总数为50万个/毫升以内，部分牧场常年在5万个/毫升以内，体细胞数控制在50万个/毫升以内，且不含抗生素。为高品质系列扬子江乳制品的生产奠定了坚实的基础。实施DHI原料奶好品质100%。

（武汉惠尔康扬子江乳业有限公司　晏邦富）

# 湖　南　省

**【概况】** 2001年，湖南奶业坚持以市场为导向，以效益为中心，以可持续发展为目标，依靠科技和体制创新，转变经营机制和传统生产方式，通过建设奶业县、奶业乡、奶牛养殖小区，积极发展专业村（镇），扩大奶业生产，扶持加工龙头企业等多项措施，使湖南省奶业步入快速发展的轨道。2001年全省存栏奶牛1.5万头，比2000年增加0.74万头，增长100%。牛奶产量1.9万吨，同比增长75%。这一年，奶业发展的主要特点：

一是政策扶持力度大，农民养殖奶牛积极性高涨。2001年，省政府发出了1号文件《关于加快发展养殖业的通知》，将草食性畜作为一项最具潜力的产业来抓，突出发展奶牛生产。各市县也相继出台了一系列促进奶牛业发展的政策，长沙市颁发了《关于加快奶业发展的决定》，并在长沙晚报上全文刊登，同时还制定了《长沙市奶业发展实施规划》和《长沙市奶牛养殖小区建设标准》。城步县、望城县出台了《关于加快奶牛发展的决定》。这一系列优惠政策的出台极大地调动了农民养殖奶牛的积极性。

二是规模养殖发展迅速，并逐步形成区域生产。近两年，通过发展规模养殖，本省已逐步形成了城步、长沙、常德奶牛生产区。其一是以南山牧场为依托，向其周边地区辐射，形成了城步奶牛生产区，全县共存栏奶牛7 800头，占全省存栏奶牛总数的59%；其二是在亚华宾家乐公司、派派集团的带动下，形成了以长沙、望城、浏阳为基地的长沙奶牛生产区，其存栏总数达到3 300头；三是出现了以常德阳光乳业集团为中心的新兴奶牛生产区，其存栏总数2 100头。三大奶牛生产区存栏总数达到13 200头，占全省存栏奶牛总数的89%。全省存栏100头以上的奶牛场有78个，存栏5头以上的奶牛养殖专业户有926户，存栏总数达12 450头，占全省总存栏数的84.2%。

三是通过乳品加工龙头企业带动，实行产业化经营。产业化经营已逐渐成为湖南奶业发展的主要经营模式，对稳定和发展奶牛生产，切实保护奶农的利益，发挥了重要作用。一批产业化龙头企业的经济实力和竞争能力不断增强，从而带动了湖南奶业的快速发展。湖南亚华乳业股份有限公司始终坚持以奶牛发展为产业基础，以乳制品加工为产业龙头，以打造湖南乳业品牌为目标，已发展成为省乳品行业的龙头老大。目前已形成“南山”和“宾家乐”两大乳业品牌，拥有南山、城步、长沙三大生产加工基地，三条乳品生产线，一条液态奶生产线，年生产加工能力达2万吨，建成了具有国内先进水平的现代化乳品科技园。在南山、城步、长沙有10 500头养殖规模的奶牛基地，建有两处年生产能力达5万吨的现代化饲料加工厂和比较健全的奶牛发展服务网络体系。2001年其销售收入达2.2亿元。常德阳光乳业股份有限公司是由几家公司联合组建的大型乳制品企业，已投资5 000万元，建有饲养奶牛1 000头的大型现代化牧场和日产鲜奶50吨的乳品加工厂，是本省乳制品企业的后起之秀。派派集团为进一步扩大市场份额，积极抢占市场与上海光明乳业集团合作，利用其资本优势、技术优势及其影响力，在望城建有规模达1 300余头的奶源基地。其规模仍在进一步扩大之中，为促进本省奶业发展增添了新的活力。

四是改革传统饲养方式，大力推广种草圈养。现在除南山牧场依赖其天然草场的优势，仍然采用传统的放牧型饲养方式外，其他地方基本上都是采用圈养的方式，并且都配套种植了人工牧草，农户一般采用一栋标准栏舍加一群奶牛再加一片人工牧草的生产模式。奶牛单产由2000年的2 800千克提高到3 200千克，农民饲养1头奶牛一般年均可赢利2 500～3 000元，奶牛养殖已成为畜牧业中效益最好的产业。

五是大力推广人工授精技术，提高良种覆盖率。2001年全省共培训奶牛品改员300名，并积极推广奶牛冷配人工授精技术，使全省奶牛的冷配率达到90%以上。

尽管2001年湖南省奶业发展较快，但由于过去基础太差，目前奶业生产仍处于起步阶段，远远落后于其他省市，2001年，全省人均占有鲜奶还不到0.3千克，大大低于全国平均水平。

（湖南省畜牧水产局　罗运泉　吴微波）

**【城步奶业发展概述】**城步苗族自治县按照“政府引导，企业带动，市场滚动，公司连农户”的发展模式，立足丰富的草山资源优势，努力建设全省牧业强县，使全县的奶牛产业取得了显著成效。全县共投入奶牛信贷扶贫资金4 000多万元，开发和改良草山1.67万公顷。奶牛饲养户达1 100余户，饲养奶牛8 500余头，年产商品鲜奶2.1万吨，鲜奶销售收入4 500万元，实现加工产值9 600万元，为财政增加税收1 550万元，奶业已逐步成为城步县域经济的支柱产业。

城步历届县政府十分重视草山的开发与养殖业的发展。把奶牛基地县建设列入财源建设的支柱产业来抓，成立了奶牛产业发展领导小组，县委书记任组长，配备了“奶牛镇长”。部门积极配合，县林业部门优先解决修建奶牛栏舍用的木材指标；国土部门减免用地费用；税务部门在开发的头三年减免税收；县扶贫办给予优先立项；县农业银行和县畜牧局优先提供低息贷款；南山牧场极力扶持，优先高价收购鲜奶，让利于民；各相关企事业单位办点示范，有力地促进了奶业发展。

建立完善科技推广网络。形成了县有奶牛基地建设服务中心、乡有科技推广站、村有科技推广户的三级推广网络。狠抓技术培训，提高农户科学饲养水平，把好良种引进关。组织养殖户开展草山改良，实施稻田改种牧草，在项目区建立一个兽医服务站，一个鲜奶收购站；一个奶牛配种站，全方位提供配套服务。

（城步苗族自治县畜牧水产局）

## 长　沙　市

**【概况】**2001年，长沙市奶牛业发展较快。全市存栏奶牛3 132头，比2000年增长1.1倍，牛奶产量达0.57万吨，增长1.0倍。乳品加工企业由2家发展到7家，乳品年设计加工能力总计已达10.9万吨，乳品销售网点由2000年618个发展到1 002个。奶业总产值1.5亿元，税收1 280万元，利润1 240万元，奶农总收入1 500万元，初步取得农业增效、农民增收、财政增长、乳品加工企业发展的绩效。这些成绩的取得得益于市政府对奶业的优惠政策。

政策驱动，加快奶业发展。2001年7月长沙市人民政府颁发了《关于加快奶业发展的决定》。以规范、扶持、推动长沙市奶业的发展。

一是加快奶牛基地建设。重点在远离城市三环线以外的县（市）建设养殖基地，其中4个养殖小区已成雏形。二是扶持龙头企业，企业与奶农结成利益共同体，形成养、加、销一体化。各级财政对龙头企业的技改、基地建设等给予贴息支持。市政府暂免征农业所得税。三是健全服务体系。搞好区域规划、种牛引进、技术培训，疫病监测、信息发布等工作。组建了奶业协会和奶业服务中心（站），为奶农提供技术咨询、配种、疫病防治、鲜奶收购、饲料供应等全方位服务。四是优惠政策鼓励发展。①凡在本市规划区域内投资新建奶牛养殖场的单位和个人，市县两级按发展规模给予适当补助。②各区县（市）凡在2003年前新建800头奶牛以上的规模养殖小区，由市政府一次性扶助20万元，用于完善服务体系建设。③经批准实行“学生饮用奶”工程的加工企业，“学生饮用奶”实行专项核算，按有关规定报税务部门减免营业税。④养殖配套将稻田改种奶牛饲草的，只征收农业税。全市配套种植优质饲草167.1公顷。五是开通“奶品”运输绿色通道。简化各种办证手续，鼓励龙头企业发展连锁经营，拓宽销售渠道，增加各类经营网点。市奶类办公室、市质量技术监督部门加强质量检测。实行“绿色”通行证制度，液态奶运输车辆由交警部门和市畜牧局核发专门标志，优先通行。六是多渠道增加投入。财政每年安排一定数量的奶业发展专项资金。主要用于技术培训、重大疫病防疫、服务体系建设。加大招商引资力度，对招商引资有功的单位和个人给予奖励。

（长沙市畜牧水产局　康正林）

## 广　东　省

【概况】2001年底广东省奶牛存栏量4.3万头，产奶量10.2万吨。奶牛品种有中国荷斯坦奶牛及其高代杂交后代，娟姗牛及其杂交后代（以上牛种下文称奶牛），本地水牛，尼里和摩拉水牛及其与本地水牛的杂交后代（下称奶水牛）。奶牛主要集中在广州与深圳两市，其存栏奶牛数占全省的70%以上。奶水牛主要集中在广东东部和珠江三角洲，两地区存栏奶水牛占全省的85%以上。

奶牛饲养规模比较大，最大的深圳光明农场超过7 500头。存栏量超1 000头的牛场有9家，500～999头的有9家，200～499头的有23家，100～199头的有26家，50～99头的有40多家。广东私有奶牛场规模比较大，最大的超过1 000头，一般在30～80头之间。饲养几头奶牛的个体户数量很少。存栏500头以上的奶牛场奶牛存栏占全省的60%左右，存栏100～499头的占28%，99头以下的奶牛场存栏仅占12%左右。只饲养几头的绝大多数采用手工挤奶，其余多数采用机械挤奶。奶牛单产平均约为4 300千克。最高的广美香满楼超过6 600千克，最差的个体户只有2 000多千克。大型牛场普遍在5 000克左右。乳品厂收购牛奶普遍要求不含抗菌素，手工挤奶的一般不收购，须由饲养户另找销路。

奶水牛饲养规模较小，少的只有1～2头，全省平均规模为5.8头。珠江三角洲饲养的奶水牛均为杂交水牛，且饲养规模比较大。如南海市的奶水牛平均规模为16头，最多为272头。全省4 700多头杂交母牛绝大部分集中在珠江三角洲，其余的本地水牛均由粤东和粤西饲养。年产奶量杂交母牛平均为1 800千克，本地水牛为1 180千克。全省有11 800头奶水牛，其中8 900头为成年母牛，共产奶10 500吨，占全省牛奶总产量的10%。水牛全部采用手工挤奶。水牛奶约20%被乳品厂收购加工，其余由农户直接销给甜品店、饭店、餐厅、学校和订户。

饲养方式：奶牛几乎全部采用全舍饲方式。少数大牛场采用全混合日粮，多数牛场精粗饲料分开饲喂。奶牛舍绝大多数是全开放式棚舍，其中一些有钟楼式结构。牛舍两侧设有运动场。牛舍只有少数是散栏式、多数为拴系式。牛舍普遍存在低矮、窄小、潮湿的现象，规模小的牛场尤甚，蹄病、乳房炎等疾病发病率比较高。精饲料主要有玉米、豆粕、棉籽、菜籽粕、小麦麸、啤酒糟、木薯片、番薯等，粗料主要有全株玉米、象草、黑麦草、甜玉米秸、苜蓿干草、干羊草、柱花草等。普遍存在的问题是不注重优质牧草的栽培，粗料质量较差，被迫大量使用精料，造成代谢病比较多。

水牛多数采取半放牧、半舍饲的方式。牛舍比较简陋，规范小的很多采用旧房子，环境比较差，新近建的牛棚也比较低矮、窄小。牛舍建设有待规范化。奶水牛饲料比较简单，除放牧外，补饲的粗料主要有甜玉米秸、青杂草、甘蔗尾，精料主要有玉米、豆粕、小麦麸、米糠、啤酒糟等。水牛良种率较低，科学饲养水平不高，多数没补矿物盐和维生素。

牛奶价格：夏奶（5～10月）3.3元/千克，冬奶（11～4月）2.8元/千克。各乳品厂收购价各不一样；质量好与质量差的牛奶，同一乳品厂收购价相差最多可超过0.7元/千克。

水牛奶价格：夏奶（5～10月）3.8元/千克，冬奶（11至翌年4月）3.2元/千克。

乳品工业：据统计，2001年底广东共有乳制品厂30多家，其中从事液态奶生产加工的占85%。全省液态奶日处理加工能力累计约770吨，实际生产量仅达450吨，占生产能力的58%。液态奶加工在广东乳品加工业占主导地位，但从总体上来说，加工规模普遍不大，日加工能力过百吨者只有2家（深圳光明晨光与广东省燕塘牛奶公司），50～100吨的有2家（广州风行、广美香满楼），其余均在50吨以下。

乳制品以花色奶、巴氏杀菌奶、酸奶、酸奶饮料为主、UHT奶产量不多，全省只有深圳光明晨光、燕塘、风行、广美香满楼、汕头太阳宝有超高温灭菌生产设备。能加工奶粉，同时又生产酸牛奶和巴氏杀菌奶的只有广州的金鼎乳品厂一家。广东仅生产奶粉的加工厂只有一家，这主要是广东奶源紧缺，奶价过高所致。即使是奶粉生产加工，也是以调配分装型为主，即以进口奶粉为原料，调配包装而成，且产品多以婴幼儿和老年人为销售对象。

乳品市场：广东奶品主要消费区是广州、深圳、珠海、汕头等大中城市，但奶品销售网络也逐步伸向城镇和农村，奶品的市场覆盖率已达70%以上。广东的奶品多为区域消费，由于液态奶多数以巴氏杀菌奶为主，所以只能在当地和附近地区销售。进入广东的外地液态奶几乎全为UHT奶。日前UHT奶消费比例已超过巴氏消毒奶。主要原因是在外地的UHT奶开始进入广东市场之初，广东的企业与行业协会过于麻痹大意，认为自己的产品新鲜、质量也好，没积极宣传自己的产品。先进入广东市场的外省品牌利用消费者对牛奶知识的缺乏，以“来自大草原牛奶”是纯天然牛奶的强大宣传攻势，打开了市场缺口，其他品牌也乘势而入，以香浓的口味吸引了相当部分广东消费者。

目前广东的奶业界正采取有效的应对措施。相信通过行业协会和企业的共同努力，正面主动宣传，新鲜、优质、健康的纯鲜奶会重新受到消费者的青睐。随着市场的逐渐成熟，巴氏消毒奶将会重新成为广东乳品市场的主导产品。

（广东省奶业协会　林树斌）

# 广州市

【概况】广州市是广东省的奶品消费中心，同时也是全国三大牛奶消费城市之一。广州奶业近几年来的发展速度较快，增长速度都在15%以上。2001年末，广州市奶牛存栏18 159头（另有1 200头的乳用水牛未统计在内），比上年同期增加了707头，增长了4.05%，按同年年末广州市户籍总人口712.6万人计算，平均每392人拥有1头奶牛；全年的牛奶总产量47 426吨，比上年同期增加了5 939吨，增长了14.3%，人年均占奶量为6.7千克；商品奶生产总量46 669吨，比上年同期增加了5 258吨，增长了12.7%；日均鲜奶上市65万瓶（盒），比上年增加了3万瓶（盒），增长了4.8%；人均奶类产品消费21千克，比上年同期增加了4千克，增长了23.5%。

广州奶牛场（户）共194家，其中占总存栏数75%的13 526头奶牛被分别在11个存栏规模550头以上的大中型奶牛场饲养；另有占总存栏数12.6%的2 293头奶牛被分别在13个其存栏规模100头以上至300头的中小型奶牛场饲养；其余占总存栏数12.4%的2 340头奶牛被分散在170多个100头以下的奶牛场（户）中饲养。在194个奶牛场中，国有性质的有9家，总存栏奶牛共7 692头，占全市总存栏奶牛数42.3%；外资奶牛场1家，存栏奶牛2 866多头，占15.8%；集体奶牛场1家，存栏奶牛230头，占1.3%，个体民营奶牛场共183家，存栏奶牛7 371头，占40.2%，国有与民营几乎各占1半。

广州的奶牛饲养方式90%采用圈栏散放式饲养，10%为拴栏饲养，有85%以上的奶牛场已实现了机械化挤奶，其中有9家奶牛场生产的优质牛奶每天共输出中国香港市场35吨，出口鲜奶价格在4 000～6 000元/吨不等，当地各乳品厂的鲜奶收购价格视奶质量等级而定，一级优质奶3 000～3 400元/吨，二级普通奶2 600～3 000元/吨，合同外的农时收购价格2 000～2 500元/吨不等。广州的奶牛产奶分高、低期之分，当年5月—10月为产奶低潮期，11月至次年4月为产奶高峰期，高低相差达30%。由于受亚热带高温高湿气候影响，广州地区本年度的产母牛年均单产水平为4 300千克，每千克牛奶的成本2.80～3.00元，全广州地区各奶牛场尚未有重大病疫情发生。在年初的广州农村工作会议上，市委、市政府已把奶业列入广州农业的三大鼓励扶持发展的主导产业之一，同时根据广州农业的发展规划，提出了要把市区内的奶牛逐步向中远郊搬迁，花都区2001年的奶牛饲养业发展得很快，比上年同期增长了53.56%。海珠区新滘镇水利会属集体所有制的奶牛场因体制改革已予解体，原所饲养的230多头奶牛已出售给私人饲养，广州地区的最后一个集体奶牛场从此已不复存在。

广州市的乳品加工企业近几年来也得到一定的发展，2001年全市拥有乳品加工企业共14家，其中液态奶11家，固态奶3家，属国有企业的有5家，占35.7%，外资或中外合作的有5家，占35.7%，集体企业有1家，占14%，个体民营的有3家，占21.4%。生产液态奶的生产企业包括有：广东国营燕塘牛奶公司、广州风行牛奶有限公司、广美香满楼畜牧有限公司、广州达能酸乳酪有限公司、广州维记牛奶食品有限公司、广州天河强兴畜牧有限公司、华农大乳品厂、广州凤凰乳品厂、广州军区陆军总医院花都生产基地乳品厂、广州市荷斯坦乳业有限公司、广州市吉姆乳业有限公司；生产固态奶的生产企业包括：美赞臣（广州）有限公司、亨士联合有限公司和广州金鼎乳品厂。全市的鲜奶日处理能力570吨。

2001年的广州奶品市场，供需两旺，奶类产品消费继续呈上升态势，比上年同期增长了25%，鲜牛奶和酸牛奶仍是广州市民的主选消费品，超高温灭菌奶已受到外地品牌奶的严重挑战，且市场份额已逐渐在减少。本地奶与外来奶已发生市场份额争夺战，但整体奶产品售价转为平稳，严重的价格战尚未发生。

（广州市奶业协会　王丁棉）

【国家学生饮用奶计划】广州市是全国首批五个推广实施国家“学生饮用奶计划”的试点城市之一，广州市政府对该项“计划”在本市的推广实施给予高度重视，视其为利国利民造福后代的一项民心工程，从组织上，财力上和宣传等方面给予大力支持。2001年5月24日，广州市人民政府批准同意了广州市的学生饮用奶计划实施方案；同年6月7日，以广州市委宣传部、广州市农委、教委、计委、广州市财政局等11个单位为成员所组成的广州市学生饮用奶推广协调小组及其下设的市学生饮用奶办公室成立；6月8日，广州市学生饮用奶定点生产企业资质评审小组随之成立，并立即展开资质认定评审工作。将广东国营燕塘牛奶公司及广州风行牛奶有限公司此两家乳品加工企业向国家“学生饮用奶计划”部际协调小组办公室上报推荐；10月31日，广州市政府举行了广州市实施学生饮用奶计划新闻发布会，会上宣布先在天河、东山、越秀、荔湾和海珠五个区选择100所中小学、幼儿园作首批试点学校和将以每年15万人的增长速度发展，争取用8～10年的时间，让85%以上的校园和85%以上的学生饮上学生饮用奶，在推试用期间，政府将从财政划拨600万元给予支持。

广州市质量技术监督局于2001年11月7日还就学生饮用奶的质量监测问题下发了《关于开展“学生饮用奶”监督抽查的通知》，以视加强对学生饮用奶的质量与安全的监督。广州市学生饮用奶的供应品种暂定容量为200毫升的砖型纸盒包装超高温灭菌牛奶，每盒对学生的售价为1.00元，此售价比生产企业的实际生产成本低0.30元，其差价由市政府从市财政给予补贴。

（广州市学生饮用奶办公室　王丁棉）

## 广西壮族自治区

【概况】广西壮族自治区是一个少数民族住居较多的地区，土地面积23.67万平方千米，海岸线全长1 595千米，是祖国大西南出海最便捷的通道。总人口4 780万。广西地处亚热带，农业以水稻、甘蔗、水果为主，2001年畜牧业总产值占农业总产值的比重为37%。奶业占畜牧业的比重很小。但随着人们生活的逐步改善和人们对牛奶认识的不断提高，广西的奶业特别是水牛奶业得到了较快的发展。

1. **政策措施** 近年来，广西壮族自治区贯彻中央关于产业结构调整的方针，重点发展奶业，特别是水牛奶业，并将此列入广西经济发展纲要，各级政府对奶业的投入也有所增加。2001年，南宁市政府拿出专款用于补贴，每发展1头奶牛补1 000～1 500元；来宾市兴宾区政府拿出110万元专款拨给兴宾区畜牧局发展奶业和开展牛的品种改良工作；北流市政府也拿出80万元发展奶业和开展牛的品种改良工作；武宣县在上级财政支持下大力发展水牛奶业，2001年底有70户农民养有奶水牛203头，全年产水牛奶120吨。

2. **发展情况** 2001年广西奶牛饲养量为13 279头，年底存栏11 567头（其中荷斯坦奶牛9 917头、奶水牛1 650头）。在奶牛存栏总数中，个体的约占80%，国有的约占20%。

饲养规模及方式。从个体户的几头到企业的1 000多头不等。饲养方式有4种：

一是“企业+基地+农户”的模式。通过企业重组，推进农村奶业的发展。1998年，南宁市乳品厂和南宁红星、石埠、罗文3个奶牛场联合重组，成立了南宁乳业有限责任公司，将加工利益与养牛利益捆在一起，同时又将奶牛作价分给职工经营，统一收购鲜奶，调动了养奶牛的积极性。2001年公司拥有奶牛2 367头，产奶量6 375吨，比组建前1 960头和5 300吨分别增长20.76%和20.28%。1999年柳州市也将原市乳品加工厂与两个国有奶牛场合并，重组成立柳州市奶业有限责任公司，并以公司为龙头，在农村发展奶农，建立收奶体系，农村的奶业很快就发展起来。

二是个体户自主饲养的模式。奶牛由个体户自主饲养，牛奶通过收奶站销售或就地供应当地市场。广西水牛研究所水牛乳品加工厂2000年开始在灵山县文利镇建立收奶站，使农民很快就把水牛奶业发展起来。全镇2001年杂交水牛发展到2 430头，其中挤奶水牛200头，年产水牛奶280吨。

三是集体饲养模式。这种形式以自主联合的方式进行。

四是国有饲养模式。目前这种模式已不多。

品种构成及改良。广西的奶牛主要是荷斯坦奶牛和奶水牛，另有少量奶山羊。广西壮族自治区从1991年开始正式开发水牛奶业，加大对水牛的品种改良力度，用外来的摩拉和尼里/拉菲水牛改良本地水牛，生产出大量的可用于挤奶的杂交水平。2001年存栏的杂交水牛有14 300头，其中能繁母牛4 500头，开发挤奶的杂交水牛有1 600多头。

奶产量及价格。2001年广西奶产量20 503吨，首次突破2万吨大关，全区人均占有奶量为0.4千克，远低于全国平均水牛。广西的奶类目前有3种：牛奶、水牛奶和羊奶。荷斯坦牛奶占80%；其次为水牛奶，约占20%；羊奶极少，仅有几十吨。鲜奶收购价为2.8～3.2元/千克，销售价为3.0～3.6元/千克，液态奶（纯牛奶）销售价为5.6～8.2元/千克，奶粉为20～26元/千克。水牛鲜奶收购价为4元/千克，零售价为6～8元/千克。

加工企业情况。广西乳品加工企业均属小型企业。2001年共有乳品加工厂26个，其中民营19个，国有7个。生产的品种有消毒奶、各种酸奶、保健奶、奶饮料、豆奶、黄油、炼奶等。包装有屋顶纸包装、利乐包装、塑料袋装、玻璃瓶装、塑料杯和塑料瓶装。

广西市场销售的奶制品主要以液态奶为主，奶粉次之。国产品牌有“伊利”、“光明”、“蒙牛”、“完达山”等，区内品牌有“甲天下”、“童乐”、“天爱”等。

（广西壮族自治区畜牧总站　许　政）

## 海　南　省

【概况】近年来，随着海南省经济与社会的全面发展，及人们生活水平的逐步提高，对奶品的质与量的需求也越来越高了。在市场的拉动与政府积极实施“学生饮用奶计划”的引导下，通过培植龙头企业，大力引进先进的技术与设备及进行技术改造，逐步提升奶业产业化程度，从而使本省的奶业生产逐步走出低谷，闪现出一缕新的发展曙光。

自2000年始，海南在农业与农村经济结构的调整中，逐步确立了优先发展畜牧业的社会地位。自此，省畜牧业尤其是节粮型畜牧业生产便得到了日益的重视，如何振兴奶业，把这一弱势产业做强、做大，也被提到了政府的议事日程上来了。经过近三年来的稳步发展，本省奶牛的存栏量已由2000年的315头，增加到近500头，增长了58.73%；集约化饲养与个体户饲养的奶牛头数构成比例从原来的3.85:1提高到4.88:1；奶牛的基本品种构成是荷兰黑白花奶牛与荷斯坦奶牛约为3:1；牛奶产量由2001年的310吨，增加到492吨，增长了58.71%。具有适度规模的奶牛饲养场由原来的2个，增加到3个。

全省现有乳品加工企业3个，日处理鲜奶能力达40吨，尤其是艾森乳业有限公司的乳品加工厂，于2001年投资300万美元兴建并引进了由美国与加拿大进口组装的先进的液态奶加工生产线，其设计年加工能力为10 000吨的加工厂也投入生产，从而使本省的乳品加工生产能力得到了很大的加强。其现有的加工产品有三大系列，约计30个品种，产品行销全省19个市县地区。另外，同属艾森集团下的海南艾森牧业有限公司投资183万美元，建成的现代化奶牛场，已实现机械化挤奶与生鲜奶冷链化贮运及电脑化管理，使本省的奶品生产步入到一个新的发展高度。

（海南省农业厅　邢贻强　张一心）

**【学生饮用奶计划】** 在省、市、县各级政府部门的大力支持与有关单位的积极协作下，实施“学生饮用奶计划”工作由上海光明乳业股份有限公司生产配送，经过不断努力，终于使本省实施“学生饮用奶计划”工作得到了逐步落实与普及，并取得了很大的突破。现已有5个地县级市县共计有90多所中小学校（约计6万名学生）启动了“学生饮用奶计划”，社会反映很好。这项工作的开展，为本省培育新的牛奶消费群体，拓展乳品市场，促进奶业生产的大发展打下了很好的基础。

**【制约奶业发展的主要因素】** 一是从总的方面来讲，本省奶业的生产水平还很低，奶牛的单产水平一般都在1吨左右，与国内的平均单产还有很大的差距，这种情况，与本省奶牛的饲养管理水平不高和饲养的奶牛品种多为退化的荷兰黑白花奶牛有一定的关系；二是基础加工设施陈旧、落后，跟不上时代的发展需要；三是奶牛的规模化饲养经营程度很低，以至于无法形成或产生更好的规模效益，并降低其生产成本与市场的销售价格，进而直接影响到其消费面的扩大；四是仍无法创出本省的品牌乳产品，去参与市场的激烈竞争；五是由于受到地方财力的限制，所以奶业的投入还很低；六是法制建设还很不健全，行业的生产经营行为还有待于逐步规范。

**【奶业发展“十五”规划】** 指导思想：以本省调整农业与农村经济结构及实施“学生饮用奶计划”为契机，以科技与法制兴奶为手段，以市场为导向，以经济效益为中心，以增加农民收入为目的，加速奶业行业整合步伐，大力培植奶业龙头企业，促进奶业行业的技术改造与设备的更新换代，创出具有本省地方特色的名牌奶产品，以增强其市场的竞争力，逐步提升奶业产业化经营程度，努力把海南省的奶业做强、做大、做精。

发展目标与任务：根据海南畜牧业“十五”发展规划与设想，到2005年，奶牛存栏量达到3 000头，其中美国品系的荷斯坦奶牛达800头，澳大利亚娟姗奶牛及其杂交品种奶牛达1 200头；杂交奶水牛达1 000头。牛奶产量达到9 500～10 000吨。并建立起4～5个具有较大规模的与集约化的奶牛饲养基地，及新建立1～2个年加工生产能力为5 000～10 000吨的乳品加工厂。

生产布局：“十五”期间，将建立以海南、三亚、儋州3个地级市为核心的奶源生产基地，这3个地区构筑成了一个大三角辐射区，向全省19个市县供应奶源。

走有特色与可持续发展的奶业之路：本省奶业起步比较晚，基础建设比较薄弱，与国内许多先进省、自治区比较，可以说是个“空白点”。但这也是本省牧业的一个新的“生长点”，其市场的发展空间是广阔的，增长的潜力是巨大的。然而，本省的奶业生产，因为受到地理区位与人口等诸多方面因素的限制，所以又不能照搬国内的许多生产模式。在相当长的一个时期内，奶业生产，在其“量”上，不可能与国内奶业的“龙头老大”相抗衡，但我们完全有可能在“质”上发挥优势，以寻找到市场上竞争的“制高点”。可以充分利用海南建省办经济大特区中央给予的“五免十减”优惠政策（注：“从事农业开发经营的企业，经营期限在15年以上，从开始获利年度起，第二年至第五年免征所得税，第六年至第十年减半征所得税”。），扩大招商引资力度，依托有实力的公司企业在人才、资金、技术、设备相对集中方面之优势，建立起一些以起点高、技术含量大、有特色的乳品生产加工企业为骨干的，以专业户、专业村奶牛饲养为基础的新型奶业生产联合体。同时，充分发挥本省水牛资源占绝对数量的优势，有意识地加大水牛奶在本省奶品生产中的份额。不断探讨生产管理体制新模式，逐步走出一条具有本省特色的与可持续发展的奶业之路。

（海南省农业厅　邢贻强　张一心）

## 重　庆　市

**【概况】** 重庆市奶业经历了发展、滑坡、徘徊、回升4个阶段。1978年以前，奶牛存栏仅7 000多头，且奶产量低。党的十一届三中全会以来，本市奶业进入辉煌的发展时期。随着国有、集体、个体一起发展的奶牛政策的落实，出现了奶牛饲养、牛奶产量快速增长，乳品加工企业、乳制品品种、乳制品数量增加的大好形势。特别是实施欧共体奶类援助项目，促使奶牛业和乳品加工业突飞猛进的发展，1992年末奶牛存栏数达到1.95万头，牛奶产量5.91万吨，乳品日加工能力达200吨以上。1993年，随着政府取消“以奶换粮”政策和城区范围的扩大，在不长的一段时间里全市奶牛存栏从近2万头滑到了8 000余头，且徘徊了7年之久。1999年重庆市人民政府颁布出台了《重庆市牛奶管理办法》，并将奶业作为农业产业化和农业结构调整的重点产业，各级政府也相应出台了一系列优惠政策，使本市奶业逐步走上快速发展之路。

进入21世纪以来，奶业继续保持强劲的发展势头，已成为“政府大力支持，农民积极发展，社会热心关注，企业积极参与”的一个热点产业。

目前，本市奶牛的饲养方式是以千家万户散养为主，一般规模为3～5头，专业户、重点户在20～50头。随着奶业产业化的发展，奶牛饲养小区发展迅速，将建成4个300～500头的养殖小区。

2001年奶牛存栏达到2.3万头，奶产量6.8万吨。全群奶牛单产水平不高，在5 000～5 500千克左右。乳及乳制品正逐渐成为市民每天的生活必需品，牛奶消费已从婴儿、老年人为主扩大到普通市民。目前，全市牛奶总产量在全国排24位，全市人均占有奶量不到2.2千克，与全国相比，本市牛奶总产量和人均占有量是很低的。

近几年乳品加工发展较快，乳品加工企业由原市乳品公司1家发展到目前初具规模的8家；乳品加工能力达到日处理300吨/单班以上；乳制品的花色品种已有50多种。

制约重庆市奶业发展的根本原因是对奶业重视不够，投入不足，技术服务体系跟不上奶业发展的需要，挤奶手段较落后，宣传不到位等。

（重庆市农业局　薛继春　罗　健）

**【学生饮用奶计划】**重庆市学生饮用奶计划严格按照国家“安全、营养、方便、价廉”的原则和“统一部署、规范管理、严格把关、确保质量”的工作方针进行实施。

成立重庆市“学生饮用奶计划”协调小组，负责“学生饮用奶计划”的规划、组织、协调与指导工作。协调小组由市农业局、市教育委员会、市财政局、市卫生局、市质量技术监督局、市物价局组成。同时，成立重庆市“学生饮用奶计划”协调小组办公室。

制定规章，规范管理。参照国家的有关规定，起草、修改了《重庆市学生饮用奶计划暂行管理办法》、《重庆市学生饮用奶计划实施意见》，并以协调小组6家成员单位的名义联合下发各区县（自治县、市）人民政府。

实施概况。“重庆市天友乳业有限公司”和“重庆太易乳业有限公司”经国家认定为“学生饮用奶”定点生产企业。目前日生产学生饮用奶3万份以上。两家企业“学生饮用奶”的实际生产能力可以达到30万份以上。

计划2002年首先在渝中区、江北区、沙坪坝区、南岸区、九龙坡区、大渡口区、巴南区、北碚区、渝北区等9区选择100所条件较好的中小学进行试点。在总结试点经验的基础上，再逐步向有条件的小城镇推广；2005年底，力争在全市中小学校基本普及学生饮用奶。

**【奶业发展“十五”规划】**发展思路。以资源为基础，以市场为导向，以龙头企业为依托，以效益为中心，以技术服务为纽带。坚持“数质并举”的方针，扩大农户饲养奶牛规模，提高奶牛单产水平，积极引导发展“公司+基地+农户”、“牛下乡，奶进城”的模式，逐步形成区域化养殖、专业化生产、现代化加工、一体化经营、社会化服务的发展模式和生产经营格局。

发展目标。到2005年，全市奶牛存栏数达到3.0万头；牛奶产量达到12.6万吨。奶牛单产由目前的5 000千克左右提高到6 000千克。

实现规划目标的对策措施。加强领导，提高认识，积极做好宣传引导工作；认真抓好奶源基地建设；依靠科技进步，提高生产水平；多渠道筹集资金，建立奶业发展风险保障机制，强化宏观调控和保护体系；加强“龙头”企业的培育和建设。

（重庆市农业局　薛继春　罗　健）

# 四　川　省

**【概况】**奶业养殖业现状。四川省的奶业经过1999年以来的3年快速发展，基本摆脱了几十年发展十分缓慢的局面，开始形成一个很有希望的产业。2001年全省实现牛奶产量33万吨，比2000年增产15.8%。奶牛存栏量达5.6万头，比2000年增加1.3万头，增幅30%。川西高原牧区有110万头奶牦牛，奶产量20万吨。全省奶牛增加主要来自成都、绵阳、眉山等成都平原经济圈奶牛养殖带，其他中等城市也有不同程度的增长。

鲜奶加工业现状。四川省现有大小乳品加工企业30家，其中24家具有一定规模。1999年加工鲜奶为7万吨（其中牦牛鲜奶1万吨），乳类制成品（包括奶粉、液态奶、调制奶饮料）5.06万吨，年加工的产值3亿元人民币，平均每个职工年产值95 474元人民币。23家企业（1家在建）平均利税率7%，税后利润4.2%。2001年加工鲜奶12万吨（牦牛奶1万吨），占应处理鲜奶的1/3。其中内地鲜奶的80%是加工后上市的。三州高原牦牛奶则主要为牧民自己家庭处理成为自食产品，如酥油、奶渣、酸奶等。本省乳业企业加工设备中，装备有国产奶粉生产线10条，国产液态装灌机生产线100台套，进口液态奶灌装线20条，分别为德国康美包5条，瑞典利乐包线5条，瑞典利乐枕式2条，美国国际纸业屋顶盒线4条，美国国际纸业超高灭菌奶1条，法国百利包线2条，日本四国纸业新鲜屋1条。

全省牛奶处理加工能力共计20万吨。加工大企业主要分布在以成都为中心的平原城市区，如华西年处理能力5万吨；菊乐年处理能力2万吨；绵阳雪宝年处理能力2万吨；阳平年处理能力3万吨；沙河1万吨；奶奇乐8千吨；这6家企业目前都在扩建生产能力，装备国际先进水平的鲜奶加工生产线，以获取更大市场份额。加工企业扩建与奶牛养殖的生鲜牛奶生产水平同步。

省内奶品市场分布。液态奶制品市场受运输成本和保质（鲜）期的限制，以本地企业产品为主。四川省各城市液态乳品供应均为当地企业产品占据主要份额。据对企业生产和市场流通调查分析，液态乳及含乳制品（含乳饮料、冰淇淋等）市场分割为：华西37%、菊乐20%、沙河10%、阳坪6%、海浪5%、其他6%；外地品牌：伊利4%、光明2%、三元2%、夏进2%、蒙牛2%、三鹿1%、雀巢1%、其他2%。零售市场分布：超市和社区奶亭（进奶到户）各占50%。其中保质期7天以内的主要在奶亭（或送到户）。30天以上的以超市为主。

固态乳粉以外地产品为主。年销售量2.8万～3万吨。其中雀巢占有市场26%、红星14%、完达山12%、银桥12%、伊利等其他品牌20%。本地品牌阳平8%、红原6%，其他品牌4%。外地固态乳制品占

82%。销售分布以超市为主，超市固态乳粉零售占90%。

将固态乳粉算为鲜奶计入全省的销售市场总量（牦牛奶只计上市部分，未上市场销售不计），则省外产奶及奶制品占据四川市场60%以上的份额。全省奶类的供应总量年超过50万吨，在50万～53万吨之间。人均供应量6.2千克，与全国人均奶消费量相比低2千克。

（四川省奶业协会　杨素珍）

【发展面临的问题和对策】奶牛数量少是制约奶业发展的瓶颈问题。平均1 300人才拥有一头奶牛（未计算牧区牦牛），能上市的奶量人均占有1.8千克（未计高原牧区人口和不上市牦牛奶）。省外奶品入川占60%的份额。靠进口国外奶牛，受到能进口国家和地区的限制，目前仅美国、加拿大和澳大利亚、新西兰等国可供选择，并且能提供的奶牛数量有限。其次，我国进口动物隔离检疫排队已到2005年。第三，国内各省都将奶业作为农业结构调整的发展重点，能调剂的奶牛数量十分少。第四，奶牛是单胚动物，繁殖世代长，并且公母各半，一头良种奶牛一生10年仅能繁殖3～4头母牛，短期内数量不可能成倍增加。第五，奶牛业饲养、挤奶、饲料加工产业链需要投入劳动力多。要解决制约奶业发展的瓶颈，一是必须采用现代生物科学的技术，从而快速繁殖优良奶牛个体。二是利用牛改成果，将已有的26头杂交母牛开发挤奶；三是坚持不间断地利用已有的牛改繁殖体系适当增加配套，用奶牛冻精改良本地黄牛、水牛为奶牛。这是增加奶牛总量的一条投资少的有效途径。

四川省的奶牛养殖业是一种自然农村养殖方法，奶牛养殖作为一种企业来经营为数不多，农村奶牛养殖的技术水平较低，手工挤奶，细菌含量超过标准。应加大投入扶持力度，建立奶牛生产小区，采用成片开发，农户分散饲养，集中机械化挤奶（或移动机械挤奶），统一环保，统一服务的模式，发展奶牛养殖业生产优质奶，走集约、规模、营养化养殖奶牛。重视种草、饲料配合。边远山区农民种草养后备小奶牛、城郊种草养殖成年牛群。加速本省奶牛业跨越式发展，把奶业发展为一个大产业。

（四川省奶业协会　杨素珍）

## 贵　州　省

【概况】1995年以来，由于政府对奶业发展的扶持和中国欧盟过渡期奶类项目及二期项目的实施，贵州奶业得到了长足的发展，形成一定的生产规模和加工能力。2001年，全省奶牛存栏10千头（其中成年母牛4 989头），总产奶量20千吨，分别比1994年增长89%和75%。贵州奶牛主要分布在贵阳、遵义、黔南、安顺等区域内。饲养体制上，全省奶牛分属于国有奶牛场和个体农户两大部分。1998年以来，个体奶业发展很快，由1997的354户增加到1 192户，饲养奶牛数由1 471头增加到3 864头，分别增长3.37倍和2.63倍；经营体制上，国有奶牛场所产的原料奶均为自产自销，乳品厂都附属于奶牛场，原料奶收购价由奶牛场统一制定，乳品厂和饲养单元独立核算，个体奶农户生产的原料奶由乳品厂统一按质论价收购、加工、销售；奶制品的价格体系，自1996年以来已全面放开，随行就市，由乳品厂根据市场需求自行定价。

2001年，贵州省城镇居民年人均消费牛奶8.784千克，其中鲜奶为7.56千克，酸奶为0.684千克，奶粉0.514千克。全省平均每人每天喝鲜奶21克，与世界水平相差10倍以上，与欧美发达国家相差20倍以上，与国内发达省份相差5倍以上。贵阳市每人每天也仅喝牛奶65克。由此可见，贵州的乳品消费市场潜力十分巨大。

未来将是贵州奶牛业高速发展时期。贵州在推进畜牧业“百亿工程”中，将奶牛业放在畜牧业发展的突出位置。计划在未来五年中，投入资金近6亿元，奶牛发展到5万头，年产奶量达20万吨。无论是需求还是供给方面，奶业高速发展的条件都已具备。要实现农业结构战略性调整、增加农民收入，就必须加快畜牧业的发展，奶业作为畜牧业中潜力最大的产业已被人们所认识，“突出发展奶业”已被列入各级政府的议事日程。

（贵州省奶类项目办公室　胡　萍　廖正录）

【奶源基地建设】贵州省是缺奶省份，为了大力发展奶牛业，解决城镇居民“菜篮子”中的“奶瓶子”，自1995年以来，贵州省通过中欧奶类二期项目的顺利实施，加快奶源基地的建设，各项目区纷纷出台优惠政策对此进行扶持，同时，还在引进良种、品种改良、草场建设、新技术推广上加大投资力度，为贵州奶业快速、稳定的发展奠定了坚实的基础，初步实现了本省“奶牛下乡，牛奶进城”的第一步战略目标。

2001年，仅贵阳、遵义、安顺三个地区牛群总数由1997年的5 259头增加到7 159头，增长36.13%。其中个体奶农户由1997年的354户增加到1 192户，饲养奶牛数由1 471头增加到3 864头，分别增长2.36倍和1.62倍。个体奶牛存栏的比率为53.97%，比1997年（27.97%）增加26个百分点。2001年总产奶量达20 252吨，比1997年16 293吨增长24.30%，其中个体奶农户总产奶量9 370吨，比1997年3 375.4吨增长1.78倍。

自1998年以来，由于政府对奶业的大力扶持和项目援助工作的推进，采取“技术路线”、“组织路线”、“营销策略”并举，国有奶牛场改革不断深入，个体奶业发展很快，改革中坚持充分尊重农民生产愿意的原则，建立奶农协会，确立农民在奶业生产中的主导地位。通过几年的建设，“公司加农户”、“小额款加服务”、“奶农合作社”等适于贵州奶业发展的生产组织形式已具雏形。三地区现有奶源基地5个，共成立奶农合作技术协会6个，拥有收奶中心8个；政府为畜牧兽医技术咨询服务人员创造了良好的工作条件，新增加吉普车、摩托车等以及必要的畜牧兽医设备、器械和药品，力求建一个基地，就要有一套完整的服务机构作保障，适时为奶农提供技术服务。

**【乳品质量监测中心】**经过3年的准备，已于2001年8月建成投入试运行。该中心配备了全省最先进的乳品检测仪器，每天可监测1 600个奶样，并根据要求建立了由项目的拥有者、乳品厂、奶农、农场场长等23人参加的《贵州省乳品质量监测中心》管理委员会，负责监督和指导中心实验室的工作。该中心的建立标志着贵州省的乳品质量管理水平上了一个新的台阶。

目前贵州省乳品质量监测中心化验室的主要工作包括：引进欧盟先进的原料奶质量管理模式，实验方法及价格体系，对原料奶进行脂肪、蛋白、冰点、杂质度、感官、细菌数等全方位检验，并划分原料奶等级，该中心将从专业的角度，对制定和修订原料奶的质量标准、对牛乳的技术要求、试验方法、检验规则及盛装、贮存、输出的标准和相应的规范提供科学的指导。在贵州省推广“以质论价、优质优价”的质量体系，既保护了奶农的积极性，又促进了原料奶质量的稳步提高，为确保鲜奶质量，提供有力的保障。

（贵州省奶类项目办公室　胡　萍　廖正录）

**【中国—欧盟二期奶类项目贵州项目区】**中国—欧盟二期奶类项目（1998—2001）贵州项目涉及贵阳、遵义、安顺3个子项目区。项目计划总投资为3 038.4万元，其中欧盟无偿援助1 030.5万元，地方配套投资2 007.9万元，并将获得欧盟对本项目提供的技术援助。截至2001年，项目实际完成投资4 444.32万元，其中欧盟无偿援助1 845.46万元，地方配套2 598.86万元。

项目的投入取得了明显的成效。以市场牵（企业）龙头、龙头连基地、基地建农户的奶业产业化经营模式已经形成；“小额贷款＋农户＋服务”的城郊型奶业生产模式得到了完善；加工设备的补充、冷链系统的建立、运输条件的改善、农户沼气池的建设与应用等为代表的奶业产业链得到了加强；实现了国家增税、企业增效、奶农增收和消费者受益的奶业经济与生态良性循环系统。贵阳三联乳业有限公司的组建；安顺的大坡脚、贵阳的大堡、花溪和清镇，遵义的海龙和金鼎奶牛基地奶农技术协会的建立；围绕奶业的中—欧商务合作开始等，标志实现了中国—欧盟奶类项目《财政协议》中的“支持国有乳品企业的经济改革和重组，使之成为适应市场经济的企业”、“推动奶农技术协会的建立，支持向奶农提供兽医或其他技术服务的活动”、“推动中欧双方乳品及食品加工业间的商务合作，以推动乳品行业的增长和发展”的项目宗旨。

项目成果辐射各地，带动了黔西南布依族苗族自治州、黔南布依族苗族自治州、铜仁地区奶牛业发展，结束了贵州地、州、市无鲜奶供应的历史。

**【奶业发展“十五”规划】**西部大开发，为贵州省奶业的发展带来了良好的机遇。贵州省农业厅根据《贵州省农业结构调整规划》、《贵州省畜牧业发展“十五”计划及2015年远景目标规划》精神，特制定了《贵州省“十五”及2015年奶业发展远景规划》，将奶牛业放在贵州畜牧业发展的突出位置。

根据目标规划，到“十五”期末，全省奶牛存栏将达到25 932头，全省总产奶量将达到79 661.69吨。分别比“九五”期末增加28.85%和36.32%。以人口1.306%的递增速度计算，人均占有奶量将达到2千克，比“九五”期末增加1.547千克，平均递增率为34.58%。

在区域布局上，实行“牛下乡，奶进城”的战略转移，重点抓好农村奶源基地建设。以贵阳市为中心，在贵州9个地（州、市）所在地建立城郊型的“城镇型奶牛体系”。重点生产安全的液态奶，满足居民对新鲜牛奶的需求。牛群结构以成年母牛单产达到5吨以上的品种为主体；在贵州广大农区，建立以“三元结构”或“草地奶牛”为主体的“加工型奶牛体系”。重点生产低成本的、符合质量标准的原料奶，为乳品厂提供奶源。牛群构成以成年母牛平均单产4吨以上的纯种荷斯坦杂交牛为主体，有条件的地区也可开展杂交牛挤奶。

“十五”规划还就奶源基地建设、饲料体系建设、乳品加工及销售体系建设、良种繁育体系建设、奶牛卫生保健体系建设、完善乳品质量监测体系建设以及“学生饮用奶计划”工程建设作了系统的规划。预计共需投入34 392.7万元，其中财政投资8 311.44万元，农户自筹4 551.44万元，银行政策性贷款18 558.32万元。

（贵州省奶类项目办公室　胡　萍　廖正录）

## 云　南　省

**【概况】**

**1. 发展速度加快，但基数低**

（1）奶类总产增长速度为“九五”年均增速的1.8倍。2001年全省奶业类总产达170.6千吨，较2000年的146.9千吨增长16.16%，较“八五”末（1995年）的76.12千吨增长124.12%，其增长速度为“九五”期间年均增长8.97%的1.8倍，其中牛奶产量达155.9千吨，分别较2000年与“八五”末的129.7千吨与72.78千吨增长20.21%与114.21%；奶牛存栏105.5千头，分别较上述时期的104千头与76.3千头增长1.44%与38.27%；人均占有奶量3.98千克，分别较“九五”末与“八五”末增长13.71%与51.82%（见下表）。

**云南省奶业生产发展简况**

| 年度 | 奶类总产（千吨） | 其中牛奶总产(千吨) | 牛奶占奶类(%) | 人均有奶(千克/年) | 奶牛存栏数(千头) |
|---|---|---|---|---|---|
| 1995 | 101.41 | 95.22 | 93.89 | 2.62 | 76.30 |
| 2000 | 146.91 | 126.98 | 86.43 | 3.50 | 104.00 |
| 2001 | 170.60 | 155.90 | 91.35 | 3.98 | 105.53 |

（2）大城市所在地发展步伐快于全省。云南省奶类生产的一大特点是生产区集中，昆明市、大理白族自治州、迪庆藏族自治州奶类产量占全省总产的92.7%。昆明市2001年奶类产量达71.69千吨，由2000年占全省奶类总量的36.9%提高到42.02%，其中牛奶产量达64.59千吨，分别较2000年增长29.09%与37.42%，较全省年平均增长速度高86.13%与84.66%；奶牛饲养量达19.6千头，较2000年增长22.61%，为全省增长率的14.7倍。

（3）农村奶牛饲养面扩大、饲养量增加。2001年新增奶牛饲养县9个，全省奶牛存栏增长数全系农户饲养数与饲养户增加所致。如昆明市，1985年农户饲养奶牛仅占全市总数的26.6%，2000年占71.25%，2001年进一步发展，已占全市奶牛饲养的77.1%。

2. **科技推广力度加大** 本省有全国统一部署建设、经农业部验收合格、颁发生产经营许可证的两个家畜冻精站，即云南省与大理白族自治州家畜冷冻精站，饲养着母系产奶量在14吨以上的优秀荷斯坦种公牛21头，摩拉、尼里/拉菲水种公牛18头，配备有从德国卡苏公司成套引进的目前最先进的细管冻精生产设备。年生产奶牛冻精21万多剂，水牛冻精8万剂，在5个地州建有牛冻精改良中转站，622个冻精改良输精点。冻精改良已覆盖云南省110个县、区，525个乡，覆盖率为86.61%。2001年改良配种牛43.8千头，较2000年改良配种数增长18.06%，为“九五”期间用荷斯坦牛改良配种增加总数的33.5倍。同时，加快了饲料青贮与氨化技术的推广，2001年青贮、氨化秸秆7 492千吨；建植人工草场16千公顷，使人工草场总面积达24.8千公顷，并指导推行冬闲田种植黑麦草350公顷，向种植“三元结构”迈进。以上技术的推广应用，使云南省存栏奶牛年均产奶量由2000年的1 242千克，提高到2001年的1 477千克，增长18.96%，能繁母牛年产奶量由1 907千克提高到2 311千克，增长21.18%。

3. **乳品加工向高层次发展** 2001年云南省有乳品加工企业（厂）29家，共生产8个系列60多个品种的乳制品。其中日处理鲜奶能力上100吨的有云南邓川蝶泉乳品有限责任公司、昆明雪兰牛奶有限责任公司、昆明跑马山实业总公司3家。据云南省统计局2001年统计资料显示，全省规模以上食品独立核算工业企业乳制品产量为7 515吨，乳品加工总产值12 683.2万元，销售产值为12 877.5万元，创利税1 561.9万元。

2001年1月，云南省乳品加工老企业邓川奶粉厂，经批准改制为云南邓川蝶泉乳品有限责任公司，改制后立即从瑞典全套引进国际一流的利乐公司日处理40吨的超高温灭菌（UHT）奶生产线，并于2001年8月正式投产，使日生产能力达190吨，成为云南省乃至西南最大的乳品加工企业。2001年完成工业总产值8 929万元，销售收入8 662万元，实现利税1 530万元，出口创汇336万美元，居全国乳制品出口创汇的前茅。该企业视质量为生命，不满足曾获得的“中国名牌产品”，“云南省名牌产品”、“云南省科技先进企业”，以及亚太国际贸易博览会金奖等荣誉，2001年11月通过了ISO-9002质量体系认证，其生产的蝶泉牌全脂甜奶粉和超高温保鲜牛奶2001年获准使用“绿色食品”标志。同期昆明雪兰牛奶有限责任公司也引进了超高温灭菌奶生产线，使云南省乳品加工向高层次发展。

（云南省畜牧兽医学会奶业分会　陈德端）

4. **抓奶源质量、兴建奶牛合作社** 为给乳品加工提供合格的原料奶，在奶牛饲养管理中能较好地运用科学技术，提高饲养效益，在昆明市、晋宁县政府的支持下，由昆明雪兰牛奶有限责任公司提供机器挤奶设备，2001年5月25日，云南省第一个奶牛合作社——晋宁县孙家坝奶牛合作社建成投产。该社233头奶牛采取以分散饲养为主，集中饲养为辅，集中机器挤奶的模式运作。2001年10月16日，有22户所饲养的706头奶牛加入的云南省第二个奶牛合作社——晋宁县月表奶牛合作社正式挂牌投产。该社采取集中饲养，分户管理，集中机器挤奶的模式运作。

奶牛合作社的繁殖改良、疾病防治、饲养管理等技术工作由晋宁县奶牛工作站承担，鲜奶质量检测由鲜奶收购加工企业负责，实行优质优价，每千克鲜奶按1.6～1.8元付给合作社，合作社每千克鲜奶提0.2元后付给奶农。

**【成立云南省畜牧兽医学会奶业分会】**为适应市场经济发展和人们生活水平提高的需要，促进云南省奶业的发展，由云南省畜牧兽医学会牵头，联合贸、工、牧、科、教、行政管理部门等方面与奶业有关的专家，经营、生产、管理者共同筹备，经云南省民政厅2001年5月13日批准成立了云南省畜牧兽医学会奶业分会，选举产生了奶业分会第一届委员会。省农业厅领导明确指出奶业分会的主要任务是受政府委托加强对奶业产前、产中、产后全程进行指导和行业管理，起纽带作用，做好对企业经营管理人员、科技人员和农民的培训，组织编写科技读物；协调好企业与农民、企业与企业、企业与市场的各种关系；加强对奶牛业发展的指导。

（云南省畜牧兽医学会奶业分会　陈德端）

**【国际牛奶日暨云南省学生饮用奶计划宣传活动】**于2001年5月15日“国际牛奶日”之时，奶业分会牵头筹备，由云南省农业厅、省经贸委主办，昆明市学生饮用奶协调小组协办，奶业分会与昆明雪兰牛奶有限责任公司承办的以“奶与人类健康”为主要内容的宣传活动。省政府和昆明市领导以及农业厅厅长、省经贸委负责人出席了开幕式。

宣传活动通过图文并茂的版面向人们介绍了“奶与人类健康”、“奶是营养最丰富的理想食品”、“牛奶是补钙、补磷佳品”、“饮奶能增强人类体质”、“中国学生饮用奶”等科学知识，并印发了大量有关饮奶的科普资料。同时，还邀请了营养学教授、乳品专家现场进行咨询，听取消费者对乳制品生产、供应的意见。云南省两大乳品生产企业——云南邓川蝶泉乳品有限责任公司、昆明雪兰牛奶有限责任公司用版面和实物向消费者介绍了企业及所生产的产品，展示了乳品工业的形象，并请消费者品尝了产品。

**【组织奶业考察团出国考察】**为了解国外奶业生产情况，云南省畜牧兽医学会奶业分会组织了企事业单位从事奶业生产、科技、行政管理方面的专家、经理、厂长、管理人员共28人分两批赴澳大利亚、新西兰进行考察，访问了澳大利亚奶业公司（ADC）、乳品集团（MG）有限公司、奶业联合协会，参观了爱迪、吉罗德、拜佛等奶牛场以及乳制品市场，了解了澳大利亚奶业生产水平、组织形式、服务体系与职责，生鲜奶及乳制品价格，以及“2001年奶业研究和发展计划”和活动基金的筹措等情况，使考察人员开了眼界，受到了启发，找到了差距。

**【奶业“十五”发展计划】**根据《中国食物与营养发展纲要（2001—2010年）》要求，结合云南省政府提出建设“绿色经济强省”的目标，依托畜牧业资源优势和技术条件，努力提高奶牛群质量，主攻单产与优质奶生产，稳步发展饲养量；乳畜饲养继续以国有奶牛场为骨干，国有、集体、个体一齐上，重点扶持大中城镇远郊及旅游主区农村发展农区奶业；牛奶、山羊奶、水牛奶、牦牛奶齐发展；实行生产、加工、销售一体化经营，逐步形成云南现代奶业生产体系，为本省经济发展、农民增收、人类体质提高做出贡献。

目标：2005年，牛奶产量达200千吨，较“九五”末增长57.5%；山羊奶产量达20千吨；牦牛、犏牛奶产量达12千吨；部分水牛开始挤奶，为下一个五年计划水牛奶上市打好基础。

规划布局：根据各地资源条件、养殖习惯及饲养基础，本着因地制宜、发挥优势、突出重点、分类指导的原则，按地域分布及饲养水平规划为6个片区，即：以昆明为中心的昆明奶牛片区；以洱源县、大理市为中心的大理奶牛片区；以蒙自、个旧为中心的滇南奶牛片区；以奎山山脉为中心的石林奶山羊片区；以香格里拉为中心的迪庆牦牛片区；以瑞丽、梁河为中心的德宏水牛片区。并集中一定资金重点建设16个优质奶源基地县。

（云南省畜牧兽医学会奶业分会　陈德端）

## 昆　明　市

**【概况】**昆明市奶业在市委、市政府的关心支持下，2001年取得了较大的发展，奶牛存栏20 111头，比2000年增加1 579头（增加8.52%），牛奶总产64 588吨，全市人均占有13.3千克，达到了历史最好水平。

昆明市委、市政府为了满足市场发展需求，加快农村产业结构调整步伐，实施国家“学生饮用奶计划”，大力支持奶业发展，2001年拨出专款210万元用于扶持农村奶牛合作社建设，通过县区政府和乳品加工龙头企业为养牛户协调小额贷款400余万元，引导奶业发展成城郊农村经济的一个支柱产业。

昆明市国有农场自20世纪50年代开始规模化饲养奶牛，到90年代初期，农户饲养奶牛数已超过国有农场。2001年末，农村饲养奶牛15 155头，占全市奶牛总数的75.4%，产奶40 791吨，占全市的63.2%。全市农户饲养成母牛单产3 700千克，其中呈贡县达到4 861千克。全市共有奶牛养殖户4 004户，户均养奶牛3.78头，产奶10 188千克，饲养奶牛已成为城郊农民脱贫致富的好手段。

昆明市乳品加工起源于20世纪70年代，第一家乳品加工厂是昆明市跑马山实业总公司奶粉厂，其主要产品是奶粉，麦乳精等固体乳制品，其产品曾获农牧渔业部、云南省、昆明市等各级政府和部门的多项奖励。但作为城市主要消费对象的“消毒牛奶”仍没有生产。

80年代初，昆明市牛奶公司建立，从此结束了昆明市无消毒牛奶的历史，但受原料奶和加工能力的限制，消毒牛奶还作为一种营养品凭票供应。

昆明市乳制品加工的高速发展时期是90年代后期。此时受市场需求的刺激，乳制品的品种和数量都较原来有了大的提高，乳品市场已经有一些小型加工厂参与竞争。但乳品加工仍然没有突破质的变化，加工工艺仍然是80年代的水平，液态奶的生产工艺也只是简单的消毒、分装操作，其包装形式也只是玻璃瓶和塑料袋两种。昆明牛奶公司于1999年投入大量资金，引进了美国生产的屋顶型纸盒包装机，并在生产过程中引入了“均质”和“标准化”过程，在杀菌工艺上采用了自动化的杀菌设备，使产品有了良好的外观形态和极易消化吸收的生理功能。从此，昆明的乳品加工业走向了质变过程，跟上了时代的发展步伐。

乳品加工企业主要有昆明雪兰牛奶有限责任公司、昆明跑马山实业公司、昆明海子乳品厂，其余还有数家日加工不足1吨的私营小厂。

昆明雪兰牛奶有限责任公司有8个设施先进的奶牛场，10个农村奶牛合作社，饲养中国荷斯坦奶牛和杂交黑白花奶牛近万头，8个奶牛场及5个奶牛合作社均采用鱼骨式挤奶台挤奶。公司拥有国际纸业新鲜屋鲜奶生产线2条，利乐超高温灭菌奶生产线1条，塑杯酸奶生产线2条，中口瓶巴氏消毒奶、酸奶生产线6条，袋装巴氏消毒奶生产线10条，生产三大系列、11个规格、21个品种的液态奶产品，产品行销昆明市、省内地州和省外部分地区。

昆明跑马山实业公司曾获昆明市模范企业称号，连续15年被昆明市政府授予“重合同、守信用”先进单位、市级文明单位等称号。企业有27年生产乳制品的经验，主要产品包括“前进牌”全脂奶粉和“茶花牌”母乳化奶粉。

2001年昆明市乳制品市场日销售鲜奶约100吨（不含超高温灭菌奶），其中预定约50吨，超市约20吨，零售及其他约30吨。昆明地区巴氏消毒奶、酸奶等鲜奶产品主要由雪兰、前进、海子提供，大理地区生产的奶产品也逐步进入了昆明市场。据有关部门粗略调查，昆明地区上市的液态奶产品约有28个厂家上百个品种。

为了提高昆明市奶牛的品质，在市政府及市农场管理局的资助下，由昆明市乳畜研究所与市奶协牵头，继续在全市范围实施统一引种育种工作。2001年经过筛选，共引进北京、黑龙江、上海等地9头优秀公牛的冻精13 900份，分配到各国有奶牛场和主要奶牛饲养县。

奶牛品种改良，昆明市奶牛群的基础，是以本地黄牛和邓川牛为母本，荷兰牛为父本进行级进杂交改良而成的。国有奶牛场的育种工作开展较早，且对种公牛的选择较为科学，因此国有奶牛场的牛群无论从体形外貌还是生产性能均高于民间自繁母牛。从1979年开始，昆明市农场管理局对全市奶牛育种工作进行了统一指导，1981年将各农场自养的种公牛去劣留优，集中建立了昆明市种公牛站，并从上海、北京等地引进优秀公牛对昆明奶牛进行改良，取得了良好效果。昆明市国营农场奶牛群达到中国黑白花品种标准，母牛单产水平从原来3 800千克左右提高到5 000千克以上。

随着冷冻精液和深部输精技术的推广，使在全国范围选择优秀种公牛，更好地改良当地奶牛品质成为可能。昆明市种公牛站由于无法获得国际国内优秀种源，再继续办下去既无改良效果，又无经济效益，于1995年淘汰了最后一头种公牛后撤消了，所需冻精由各单位到省外奶牛生产先进地区择优选购。

为了避免各单位自行引种造成昆明牛群血统混乱，奶牛品质参差不齐的局面，昆明市政府从1996年起资助全市统一引种改良工作。各奶牛饲养单位自行分析牛群情况后，将需要的公牛条件及需引购冻精数量报给市奶业协会和市乳畜研究所，由研究所统一分析后确定选择目标，从省外统一引购回来分配到各单位，由市政府给予以一半的经费补助。到1998年，这个方法扩大到县区农村，为本市奶牛育种改良创造了很好的条件。

2001年4月份昆明市乳畜研究所和市奶协育种组在各单位汇报材料的基础上，通过大量资料分析，最后从北京、上海、黑龙江等地引入了9头优秀公牛的冻精13 860头份，按计划分配到各奶牛场和晋宁、宜良、官渡等县区。

**【奶业“十五”发展规划】**昆明市农场管理局在制定“十五”发展规划时，将奶业的发展作为重点，提出发展壮大奶业产业化经营，优化和扩大奶牛基地建设，实现饲养、加工规模化调整。要求“十五”期间全市奶牛饲养量每年以10%的速度递增，总量达到2.5万头，到2010年饲养奶牛总量控制在5万头以内。“十五”末国有奶牛场基础母牛年均单产达6 500～7 000千克，农村成母牛达4 500～5 000千克。

随着城区建设的发展，雪兰公司第一奶牛场已不适宜继续饲养奶牛，雪兰公司在环城北路的乳品加工厂也不适应大规模、现代化乳品加工的需要。计划将第一奶牛场的奶牛迁到红星农场，在原第一奶牛场场址上投资约5 500万元新建花园式、现代化、高水平的云南一流的乳品加工厂。

为加快全市奶牛育种进程，计划加强全市统一引购优良冻精的力度，“十五”期间做到全市100%使用优质冻精，杜绝农村自养公牛本交的现象。

（昆明市奶业协会　朱　宝　张　倩）

**【学生饮用奶计划】**昆明市委、市政府对学生饮用奶计划工作十分重视，按照《国家“学生饮用奶计划”实施方案》的要求，昆明市于2001年2月23日成立了以市政府办公厅牵头，市农场管理局、市农委、市技术监督局、市计委、市委宣传部、市教委、市卫生局、市财政局、市国税局、市地税局、市物价局、市农业局等部门组成的“昆明市学生饮用奶计划协调组”。

按照国家“学生饮用奶计划”中《学生饮用奶定点生产企业申报认定暂行办法》的规定，昆明雪兰牛奶有限责任公司在解决好奶源质量及超高温瞬时灭菌和无菌包装设备的前提下，按学生饮用奶的要求试生产出了学生饮用奶产品，已符合申报“学生饮用奶定点生产企业”的条件。因此于2001年3月份开始向国家学生饮用奶办公室正式申报，并于2001年5月18日被正式列入国家学生饮用奶计划第二批定点供应企业名单。

雪兰公司由于自有的8个奶牛场早已使用机械化挤奶，2001年新建的奶牛合作社已有3个用机器挤奶，加上大力宣传科学养牛和强调牛奶质量问题，奶源数量和质量已得到充分的保证，2001年获得中国绿色食品认证，加上利乐超高温灭菌包装生产线的引入，生产学生饮用奶的条件已完全具备。2001年雪兰公司试生产的“学生饮用奶”已在昆明市盘龙、五华、西山三个区50多所中小学，日供应量已达1.5万盒。至2001年1月学期结束，已累计供应学生饮用奶100余万盒。

**【奶源基地建设】**昆明市2000年奶牛存栏已达18 532头，产奶46 735吨，其中农村养牛户养奶牛13 257头，产奶46 735吨，已基本满足了昆明市场目前需求。但由于农户饲养方式落后，所生产牛奶理化指标不能达标，而手工挤奶又不能保证牛奶卫生，使乳品加工企业乳制品质量得不到充分保证。

为了提高原料奶质量，满足市场发展需求，为“学生饮用奶计划”开辟优质奶源，也为了加快农村奶业产业化发展，从2000年起，昆明雪兰牛奶有限责任公司与晋宁县、宜良县等地方畜牧部门配合，在奶牛饲养相对集中地区建设农村奶牛合作社。合作社以政府支持，能人牵头，企业支撑的形式进行运作。政府除在宣传、组织、服务及土地利用等方面给予积极支持外，每个新建合作社还给予经济扶持30万元。合作社由牵头人投资进行土建和管理，农户自愿带牛入社，实行统一集中分户饲养，统一育种改良、统一防疫、统一机械化挤奶、统一交售的管理办法。公司投资大型挤奶设备，制定并监督执行生鲜牛奶质量管理规定，合格牛奶按质论价收购。合作社的成立，解除了养牛户的后顾之忧，广大农户积极加入，仅2001年上半年就有11个合作社与公司签订了协议，2001年底已有3个合作社实现了机械化挤奶。

奶牛合作社的成立，使乳品企业有了抓好农村奶源质量的条件。雪兰公司先后制定了奶牛合作社“挤奶厅挤奶操作规范”，“设备管理人员操作规范”，“生鲜牛奶收购按质论价方案”等一系列规章制度，并由技术人员到合作社帮助分析牛奶质量问题，找出解决方法，很快各合作社生产的牛奶无论理化指标还是微生物指标均达到国家生鲜牛奶收购指标要求，从牛奶的源头上保证了质量，企业得到了好奶，农民得到了实惠。

（昆明市奶业协会　朱　宝　张　信）

## 西藏自治区

**【概况】**2001年，西藏现有各类牲畜存栏2 372.97万头（只、匹），其中：牦牛415.4万头，黄牛105.9万头，山羊632.29万只，绵羊1 110.24万只，奶产量达23.06万吨，比上年增长13%。其中牛奶产量18.1万吨，比上年同期增长4.8 %。这一年，农畜产品加工业有效起步。饲草料加工示范推广力度加大，奶业加工成效明显。结束了重点城镇无消毒包装奶制品供应的历史。

2001年自治区畜牧业生产取得了良好成绩：一是加强畜牧业管理，优化畜群、畜种结构，加大畜种改良力度，提高牛、羊的生产性能，促进奶业发展。2001年，全区新生幼畜成活率达86%，成畜死亡率控制在1.85%以内，繁殖成活率60%，总增长率27%，牲畜出栏率26%（不包括猪），畜牧业初步摆脱了长期低层次徘徊的局面，呈现出持续发展的态势。

二是加强畜牧业基础设施建设，改善生产条件。围绕以牧民定居、围栏、种草、棚圈、人畜饮水为主的草地畜牧业“五配套”建设，先后分期分批在全区19个县实施牲畜温饱工程项目，在15个县实施了牧区开发示范工程项目，5个县实施了草场建设与牧民定居项目，6个县实施了天然草地植被恢复与建设项目。截止到2001年，围栏草场1 067千公顷，累计人工草地面积达67千公顷，建成牲畜棚圈130万平方米，新增草场灌溉面积27千公顷，草原灭鼠治虫1 333多千公顷。草地畜牧业在饲草生产与贮备、棚圈建设、抵御自然灾害能力等方面有较大的提高，逐水草而居的传统畜牧业经营方式开始得到改变。

三是依靠科教兴牧，增强综合生产能力。重点推广了黄牛改良、绵羊改良、山羊改良、牦牛本品种选育、秸秆微贮、人工草地建设和饲草料加工等一批实用增产增效技术，在已形成的体系基础上，建立健全制种、扩繁、推广配套生产，使畜种结构、种群结构不断优化。到2001年，自治区改良黄牛达到24万头，改良绵羊35万只。2001年在全区31个县（市、区）新建养牛示范村143个，扶持养牛重点户1 935户，扶持养羊重点户1 000户，新增改良黄牛29 421头，新增改良绵羊51 049头，选育优良牦牛754头。养殖示范村、专业户、重点户不断涌现，乳品业规模化经营水平有所提高。加强检疫监督，实行防检结合，对重点养殖场的奶牛定期进行疫病监测，确保高密度免疫和奶产品卫生安全。

四是进一步深化牧区改革。按照“草场公有，承包经营，有偿使用，以草定畜”的总体思路，因地制宜，出台了《西藏自治区草场有偿承包责任制实施试行办法》，在全区推行草场承包经营责任制，初步实现了草场“责权利”三结合、“管护用建”四统一；深化农牧区流通体制改革，放开了畜产品包括奶产品等的价格和市场，牧区“订单牧业，合同牧业”的新型流通机制初步形成。

五是加快奶业产业化经营。本着有利于增加农牧民收入的原则，以资源为依托，以市场为导向，认真探索公司+农户的产业化经营模式，积极发挥现有17个畜牧业公司+农户产业化示范实体的带动作用，发展西藏特色乳品业，打造自己的品牌。

六是特色产品开发成效显著。江孜县年推广以黄牛改良成果为依托，年内共销售奶渣19吨，酥油35吨，创纯收入188.6万元，人均683.9元。但由于受生态多样性、气候复杂性、基础脆弱性、经济封闭性、观念落后性等的影响，自治区的奶牛饲养规模还较小，基本上仍处于牧户散养阶段；饲养方式落后，饲养条件差；市场经济条件下新的投入机制尚未形成，市场体系发育缓慢，畜产品加工业落后，畜产品质量不高，奶业生产水平还比较低，奶产品加工质量不高，竞争力不强。全区有几家个体生产奶产品的加工企业，各地区也基本上有加工牛奶的销售点，但都没有形成规模。据不完全统计，全区年牛奶加工量为25吨，与市场需求差距较大；与此同时，内地乳业公司瞄准了西藏市场，纷纷涌入，给本区奶业生产带来了更大的压力。

（西藏自治区农牧厅　曹仲华）

**【畜牧业发展“十五”规划】**在稳定性畜饲养量和控制年末存栏量，保护畜产品供给总量基本平衡的同时，解决好酥油、鲜奶等畜产品结构不足的问题，使畜牧业生产布局和内部结构趋于合理，畜产品竞争力得到增强，畜牧业增长的质量和效益得到提高，基本实现外延式增长向内涵式增长的转变。到“十五”末，全区肉类总产量达20万吨，奶产量达25.5万吨。

1. **四大战略**　即畜牧业结构调整战略；可持续发展战略；科技兴牧战略；畜牧业产业化经营战略。

2. **完善四大体系**　即畜牧业社会化服务体系；畜牧业执法体系；畜牧业监督检测体系；畜产品市场体系。

3. **强化三大工程**　即畜禽良种工程；动物保护工程；人才培训工程。

4. **建设一大基础**　根据自治区实际，围绕草原生态环境面临的主要矛盾和突出问题，加大草原生态建设，加快草原综合治理。

（西藏自治区农牧厅　曹仲华）

# 陕　西　省

【概况】2001年，陕西省各级政府和畜牧部门认真贯彻落实省委、省政府《关于加快畜牧产业化建设的决定》和省委领导提出“把奶业作为畜牧业发展的突破口”的批示精神，按照“强龙头、抓基地、促改良、增效益”的发展思路，大力推进奶业产业化建设，全省奶业呈现快速发展势头。2001年底全省奶牛存栏19.5万头，奶山羊存栏130万只，生产鲜奶69.5万吨，奶牛的存栏量和总产奶量分别比1996年9.6万头和40.4万吨增长1.0倍和72%，5年平均递增15.2%和11.5%，鲜奶产值达6.7亿元，奶牛产值2.1亿元。奶业发展主要表现在：

1. **品种改良成绩显著**　陕西加大奶牛奶山羊品种改良力度，积极引进国外良种牛和精液，加快良种奶畜的扩繁速度。省家畜改良站和西安市奶牛繁育中心存栏加系公牛38头，年产荷斯坦牛精液细管60万支，胚胎移植2 000枚，建立6个区域供精中心，1 300个人工授精站点，奶牛冷配率达100%。随着奶牛良种化进程的加快，奶畜的产奶性能得到大幅度的提高，全省奶牛平均产量达3 466千克，国有奶牛厂个体平均产奶8 000千克。由本地奶山羊与西农萨能羊杂交并经多年的选育成的关中奶山羊存栏量达110万只，占全省奶山羊存栏量78%。平均每只产奶量达600千克，最高可达1 200千克，萨能羊平均产奶800千克，最高可达1 800千克。

2. **奶业基地建设步伐加快**　陕西利用关中地区饲料资源丰富、群众养殖基础好、区域优势明显的特点，通过龙头作用，政府引导，资金扶持，科技推动，机制创新等措施，加快奶业基地建设。全省共建成10个奶牛基地县，15个奶山羊基地县，奶牛基地县存栏奶牛量达18万头，占全省存栏量的92.3%，奶山羊基地县奶山羊存栏量110万只，占全省存栏量的82.7%。奶牛基地临潼区奶牛存栏量已达2.19万头，年产鲜奶9万吨，奶畜业产值达1.8亿元，占畜牧业产值的一半以上，居全省前列。

3. **乳品加工能力明显增强**　全省现有乳品加工企业75个，年单产9.5万吨奶粉和463.5吨的液态奶生产能力，分别是1996年的2倍和3倍。其中万吨以上奶粉加工企业有2个，分别是西安银桥集团公司和宝鸡惠民乳业公司，3 000吨以上10 000吨以下的企业有5个，这7个企业占全省奶粉加工总能力的49.5%；近年来，上海光明等全国著名乳品企业通过实施品牌战略，纷纷加入本省乳品开发，上海光明乳品（泾阳）有限公司、西安银桥乳品集团公司、西安东方乳品公司各日产液态奶100吨以上，这3个企业占全省液态奶加工能力的60%。著名的乳品品牌有“秦俑”、“惠民”、“神果”和“和氏”牌奶粉，以及西安东方乳品厂的“东方”牌、“多鲜”牌系列液态奶。

4. **大力推广“公司＋农户”的生产经营模式推进奶业发展**　陕西抓好奶源基地建设的同时，大力培育龙头企业，积极推广“公司＋农户”生产经营模式。全省年产值在500万元以上的37个乳品企业，在本地乳业发展过程中发挥越来越重要的作用。西安银桥乳品公司利用自身资本、技术、管理和营销网络优势，采取“公司＋农户”的生产经营模式，通过资金协调、配套服务和养殖户建立股份制等多种方式，按照“风险共担，利益共享”的机制，变“农民式饲养”为“企业化生产”，解决了养殖户“资金难、技术难、卖奶难”的问题，极大地调动了农民养殖积极性。目前，公司以所在地相桥镇为中心辐射周边6个县、14个乡镇、416个村的银桥奶业大区形成，该区现存栏奶牛近万头，日产鲜奶150吨。泾阳县以龙头企业为依托，在奶业生产中发展“企业＋机械化挤奶站（养殖小区）＋养殖户”的产业化模式，通过挤奶站将乳品企业和养殖户利益紧密联系在一起，既保证了奶源的质量又稳定了奶价，有力地促进了当地奶业的发展。全县已建成乳品企业11个，机械化挤奶站36个，配套奶牛小区8个，日鲜奶加工能力达598吨。

5. **奶业社会化服务完善加强**　陕西建立起了较为健全的奶牛良种繁育、饲料生产产品加工、疫病防治、技术服务体系，在基地县建立起以加工企业为龙头，挤奶站为纽带，收奶员为补充的鲜奶收购网络。加强奶牛质量监督和行业管理，成立了陕西省奶牛遗传材料鉴定站。制定生奶管理办法，乳制品质量标准。成立了奶业行业协会，奶牛育种委员会和奶牛快速扩繁办公室。制定出台奶畜生产、鲜奶收购、饲养饲料用地、企业审定等扶持政策，促进奶业快速发展。

（陕西省畜牧兽医总站　张长龙）

【中加奶牛综合育种项目陕西项目区】该项目是加拿大国际开发署对中国的援助项目。在农业部国际合作司的领导下，分别在中国的西安、上海、杭州3个点进行实施。西安项目点是在省农业厅的直接领导下，由陕西省畜牧兽医总站、陕西省家畜改良站、西安市奶牛繁育中心共同承担实施任务。该项目的总体目标是：加强中国奶牛的遗传和管理基础，提高中国牛群的产奶量、奶的质量和生产效率。项目从1993年正式启动到2003年3月底结束。其主要内容有：

1. **引进优秀的遗传物质，建立奶牛核心群**　由加拿大向西安点提供60头纯种黑白花青年母牛、120枚胚胎和4 000支优秀公牛精液，这些遗传物质放在西安市奶牛繁育中心，进行纯种繁育，建立奶牛核心群。

2. **建立奶牛精液加工中心**　由加拿大提供的现代化精液加工设备安装在陕西省家畜改良站，于1994年11月安装完毕，正式投入使用，年生产能力达到200万支，比原来提高10倍。目前，陕西省家畜改良站是西北地区设备最先进，加工能力最大，技术水平最高的奶牛精液加工单位。全省共有加系黑白花种公牛38头，年销售加系公牛精液达到30万支。

3. **建立牛奶性能测试（DHI）实验室**　在西安市奶

牛繁育中心建立了牛奶性能测试实验室，由加方提供牛奶性能测试设备和数据处理系统。目前DHI测试已推广到西部地区的甘肃、青海、新疆等地的18个大型牛场，测试牛数8 000多头。

4. **建立技术培训中心**　培训中心设在陕西省畜牧兽医总站。几年来，先后由陕西选派去加拿大考察和接受培训的人员有26人，培训牛场技术人员及养牛户2万多人（次）。

5. **参与制定全国性计划目标**　具体内容有：全国统一的、便于计算机遗传评估的家畜鉴定体系；全国统一的牛奶记录标准；全国统一的牛奶质量标准；全国统一的青年公牛评估和遗传指数标准和全国统一的奶牛体型外貌评定标准。

通过项目的实施，陕西奶牛业从种质、饲养管理水平、产奶量和奶的质量方面都得到了大幅度的提高。农户养牛科学、优质的意识增强。现在，农村养牛正在向小区饲养、自动化机器挤奶的方向发展。目前，全省共有机械化挤奶站100多个，养牛小区50多个。

（陕西省畜牧兽医总站　庆麦玉）

**【政府支持政策】**陕西省委、省政府2001年在《关于加快畜牧产业化建设的决定》中要求：以奶业为突破口，全面提升畜牧产业化水平；增加财政资金和基本建设资金对奶业产业化的投入，省财政年新增财力用于农业的部分，划出20%用于畜牧产业化建设，支持良种引进繁殖、技术推广服务体系和基础设施建设；要求要支持龙头企业、养殖大户发展壮大，龙头企业和养殖大户建设饲养小区的设施用地视为农业用地；龙头企业扩大再生产项目的银行贷款，省财政可给予部分贴息；领办、创办的畜牧产业化基地，企业自行开发或合作开发绿色食品，也要给予政策扶持。

《决定》还要求成立省畜牧产业化领导小组，建立联席会议制度，协调解决畜牧产业化建设中的重大问题；并要求市、县（区）要加强对畜牧产业化建设的服务与指导，制定完善配套政策和实施办法；计划、财政部门要将畜牧产业化项目列入基本建设计划，增加投入；经贸、工商行政管理、税务、卫生、质量技术监督等部门要简化办事程序，提高办事效率，为畜牧产业做好服务；金融部门要增加金融资金对畜牧产业的支持。

县级政府的支持政策：奶畜基地县泾阳县先后出台了《关于加快奶业发展的决定》、《关于加快奶畜产业化建设的实施意见》等文件，从资金、用地、技术、服务等方面制定了一系列优惠政策：一是要求县农行、信用社每年安排一定数量的奶业专项贷款，各乡镇农村合作基金会把奶畜生产作为重点扶持项目，适当延长借贷期限。二是对重点户、专业户优先划拨一定数量的临时饲养场地。三是由乳品企业按照鲜奶数量提供技改费，作为奶畜生产技术推广和兽医卫生服务体系建设专项费用。四是鼓励外来企业在本县收购鲜奶，严禁乱设卡、乱收费、乱罚款。五是对外地企业来本县兴办乳品加工企业，优先划拨土地，优先解决水、电、路、通讯等基础设施，企业享受小区优惠政策。乳品加工企业技术引进、新产品开发项目，优先立项报批，并免征投资方向调节税。

宝鸡县在发展奶牛规模养殖上制定的有关优惠政策：一是对饲养5头以上的农户牛舍用地由所在乡镇政府根据需要给予划拨，土地占用视同农业用地对待；二是农户购牛资金县金融部门优先贷款解决；三是养牛大户及行政村建青贮窖达到400立方米以上，县以半价配套解决一台中型切割机械。

**【奶业发展“十五”规划】**指导思想：抓住西部大开发及退耕还林（草）的历史机遇，适应加入世贸组织的新形势，以家庭养殖为基础，以增加农民收入为目标，以提高乳产品质量和效益为中心，面向国内外市场依托资源优势，依靠科技进步和体制创新，培育壮大奶业龙头企业，推进规模养殖，以奶业为突破口，全面提升陕西畜牧产业化水平，促进陕西农业和农村经济实现跨越式发展。

发展目标：2005年，建立奶业比较完整的良种繁育、饲料生产、疫病防治、乳产品加工、技术推广体系，促进奶业走上提高经济效益的轨道，并以奶业为突破口，实现整个畜牧业的大发展。在陕西关中及城市郊区充分发挥资源优势和市场优势，建成20万头奶牛、100万只奶山羊产业。围绕奶业，新建、扩建、改造一批规模大、档次高的乳品加工龙头企业，发展一批实力强、辐射面大的企业集团，强化市场开拓力，使全省奶类总产达到120万吨，牧业产值达到110亿元（1990年不变价），占农林牧渔总产值的30%以上，农民来自畜牧业的纯收入达到400元。使奶业成为陕西的主导产业和陕西畜牧业新的经济增长点，把陕西建设成为全国的奶业大省。

奶业项目建设重点：一是良种繁育工程建设。改扩建陕西省家畜改良站和西安市种公牛站，扩建关中奶山羊场、省萨能奶山羊繁育中心（千阳县）、省良种奶牛繁育中心（宝鸡金台区、西安未央区），在关中建立良种奶牛供精中心、省级奶牛种质检测中心。

二是奶业产业化工程建设。在陕西的灞桥、未央、阎良、临潼、高陵、长安、杨凌、宝鸡、陇县、凤翔、千阳、金台、泾阳、三原、武功、秦都、渭城、乾县、富平、蒲城等20个县（区）建设奶牛基地。2005年，20个基地县奶牛存栏达20万头以上，年产牛奶40万吨。在陕西的富平、蒲城、临潼、蓝田、高陵、泾阳、三原、千阳、陇县、宝鸡等10个县（区）建设奶山羊基地。2005年，10个基地县（区）奶山羊存栏达100万只以上，年产羊奶25万吨。改造、扩建渭南、西安、咸阳、宝鸡4个乳品加工厂，建立西安、咸阳、宝鸡3个乳制品批发市场。

三是奶畜保护工程建设。建立和完善奶畜疫病诊断检测系统、奶畜防疫监督和兽药监察系统、奶畜疫苗保存运输冷链系统、技术支持和物资保障体系，重大奶畜疫病控制系统，奶畜疫病控制基本达到国际兽医组织所规定的标准。

（陕西省畜牧兽医总站　张长龙　邱昌功）

## 西　安　市

**【概况】** 2001 年，全市奶牛存栏 5.22 万头，比上年同期增长了 8.8%，产奶 25.54 万吨（其中牛奶 17 万吨），比上年同期增长了 11%。全市有规模的奶牛场 45 个，存栏奶牛 0.78 万头，占全市奶牛存栏总数的 15%。全市奶牛平均单产 3 461 千克，规模奶牛场平均单产 6 000 千克以上。西安市现代农业综合开发区所属的 5 个奶牛场奶牛存栏 3 846 头，平均单产 8 526 千克，其中奶牛一场平均单产达到 9 000 千克，5 个奶牛场年单产在 10 吨以上的有 170 头。

全市有乳品加工厂 20 余个，设计加工能力为年加工 40 万吨，实际加工量为 30 万吨。西安市较大的乳品企业有西安银桥股份有限公司、西安维维东方乳业有限公司、西安市红星乳品厂等。在市场上知名的乳品品牌有：秦俑、东方、牧童、光明等。西安维维东方乳业有限公司是西安市场上最大的液态奶生产企业，日上市量为 120 吨。牧童酸奶是西安市场比较受消费者欢迎的乳品。

全市有市县级畜牧兽医服务中心 11 个，乡镇级畜牧兽医工作站 195 个，家畜改良配种站 65 个。以西安市奶业科学研究所为代表的西安农垦奶牛繁育中心担负着全市奶牛的冷冻精液供应任务，该所公牛站饲养有美加血统的优秀荷斯坦种公牛 30 多头，年产冷冻精液 30 万份，其技术能力和种公牛的优秀品质在全国属于较高水平。

西安市的奶牛分布情况为东北密度大，西南稀少。在西安东部的临潼区和市区北部的草滩、新合镇为西安的奶源基地。这里有西安银桥股份有限公司、西安维维东方乳业有限公司、西安市现代农业综合开发区的奶源基地，有奶牛 4 万余头。在西安东南部的蓝田县，有西安市玉山奶粉厂和西安市蓝田乳品厂的奶源基地。在西安西南部的长安区和户县，有西安牧童乳业有限公司的奶源基地。西安银桥的奶源基地现有奶牛 2 万多头，日均收购鲜奶 180 多吨，已成为陕西最大的奶源基地。

（西安市奶业协会　王伟民）

**【奶业发展“十五”规划】** 总体思路：大力增加奶牛饲养量，积极提高奶牛单产，做大做强奶牛产业，把西安建成奶业强市。

“十五”期间工作重点：

1. **积极实施“十万头优质奶牛产业建设”规划**　“十五”末全市奶牛存栏 10 万头，年产鲜奶 40 万吨，形成以临潼区、阎良区、灞桥区为主的东区奶源基地；以西安市农工商联合公司、未央区、高陵县为主的北区奶源基地；以户县、周至县为主的西区奶源基地。

2. **全市建成百头奶牛示范场 122 个**　使示范场建设达到统一规划、统一设计、统一防疫、统一奶牛配种、统一饲料供应和统一挤奶、收奶“七统一”的奶牛示范养殖小区。

3. **以西安银桥股份有限公司为中心，把“秦俑”名牌做大做强**　一方面大力扶持银桥公司，促进市内企业联合，组成大的企业联合体，实现集团化运作，实现全市奶业资源合理配置和奶业集团资产规模迅速扩强，共享“秦俑”品牌，做大“秦俑”品牌，另一方面要加快招商引资力度，加强企业与外商合作，以促进企业的技术进步和产业升级，争取达能、雀巢、卡夫、菲士兰、帕玛拉特等乳品跨国公司在西安投资建厂和融资发展。

4. **进一步扩建西安市奶牛繁育中心**　使其逐步成为本市奶牛业新品种、新技术引进、推广和示范基地。

5. **制定优惠政策，积极扶持奶业发展**　市政府建立专项基金，扶持发展奶业生产。市财政每年拿出不少于 100 万元资金，主要用于奶牛新品种、新技术引进和服务体系基础设施建设；对奶牛企业减、免、缓交部分税金；积极开展奶牛保险业务，保障奶业健康持续发展。

**【西部乳业网】** 西部乳业网 www.XBRY.com 是由西部乳业发展协作会主办的一个面向西部 12 个省、自治区、直辖市的乳业专业网站。这个网站创办于 2001 年 6 月，前身叫“西安乳业网”，为适应西部开发战略的实施，经与西部有关省市奶业协会商议，改名为“西部乳业网”。经过一年多的运转，西部乳业网在全国乳业界已经创出了自己的牌子，得到大家的认可，网站的来访者不断增加，目前已经达到 1 万多人次，平均每天近百人。

西部乳业网开设有西部新闻、乳业论坛、企业之家、奶牛育种、中国乳业企业名录、相关企业名录、奶业春秋、牛奶与健康、各地乳业情况等栏目，这些栏目还将随着情况的变化会进行调整，以便更好地为大家服务。

（西安市奶业协会　王伟民）

## 甘　肃　省

**【概况】** 甘肃地处青藏、内蒙古、黄土三大高原的交汇地带，全省地形狭长，相对高差在 3 000 米以上，自然条件千差万别，具典型的农牧过渡地带特征，决定着甘肃既是一个拥有 17 900 千公顷草原的牧业大省，又是一个有 3 550 千公顷和 900 千公顷人工草场的农业省。由于地理地貌、生态环境多样性，孕育着经长期自然选择和人工选育所获得的优良牧草品种和家养畜禽品种，自然资源的多样性，为甘肃畜牧业发展奠定了坚实的基础，对于促进西部大开发、产业结构调整和畜牧业可持续发展具有十分重要的意义。

甘肃奶业历史悠久，殷周以前，就开始驯养牦牛。经过数千年的自然选择、人工驯养和有计划地开展本品种选育与改良（牦牛与黄牛种间杂交生产犏雌牛），并开始向乳肉兼用方向发展，成为甘肃奶业发展的独特群体。1944 年引进专用化奶牛品种和 1988 年“中国荷斯坦奶牛——甘肃类群”的培育成功，开创了奶业发展的新纪元，建立了品种培育、奶牛繁殖、奶业生产、乳品加工、产品营销综合体系。

2001年全省奶类总产达到15.6万吨，比2000年增长13.9%，在全国排行榜中居18位。在奶类总产中，牦牛（含犏雌牛）产奶66 000吨，提供商品奶21 899吨；2001年，全省人均奶类占有量5.9千克。全省有牦牛100.76万头，占我国牦牛总头数的7%左右，仅次于青海、西藏、四川，居全国第四位，占全省牛存栏总量的28.90%。主要分布在甘南草原和祁连山草原。藏族、裕固族、蒙古族等少数民族，历来以经营牧业为主，素有吃奶习惯。在碌曲、玛曲、夏河、天祝、肃南、肃北、阿克塞等牧业县，牛奶直接饮用，喝奶茶，或制成酥油食品，已有悠久历史。

甘肃奶业发展始于20世纪50年代，经历了杂交改良、选育提高、品种培育和批量引进国外荷斯坦奶牛四个阶段，开创了甘肃奶牛事业的新局面。以1955年成立“兰州奶牛繁殖场”为标志，从1944年到1988年，经过45年的精心培育，育成了甘肃养牛史上惟一的优良品种——中国荷斯坦奶牛甘肃类群，给奶业的发展打下了坚实的基础。

2001年，全省荷斯坦奶牛存栏36 071头，比2000年增长18.14%，其中成年母牛22 527头，年产鲜奶达到79 650.85吨，占全省奶类总产的52.5%，存栏成年母牛单产达到3 535.79千克。1990—2001年全省荷斯坦奶牛年均增长为7.65%，同期奶产量年均增长9.32%。从所有制分类看，可分为国有、集体、民营企业和个体养殖户，其中国有奶牛场41个，养奶牛5 800头，占奶牛总数的16%；集体和民营企业奶牛场44个，养奶牛6 500头，占奶牛总数的18%；专业户3 658个，养奶牛20 850头，占奶牛总数的58%；农户分散饲养2 921头，占奶牛总数的8%。

80年代后期以来，随着黄牛改良工作的深入和杂交代次的提高，以西门塔尔兼用牛为主改良的杂种牛的挤奶工作的进行，使黄牛改良转化的主要内容得到了应有的重视，并在试验、示范的基础上全面展开。2001年全省良种及其改良奶牛存栏达到9.97万头，用于挤奶的改良牛不足1万头。

加工业方面，自1984年兰州乳品厂建成投产后，至今相继在全省建成各类乳品加工企业30多个，单班日处理能力达到600吨。在产品开发上，各企业根据市场需求，产品定位准确，满足了不同消费群体对牛奶的消费，花色品种增多，主要有酸奶、乳酸奶、巧克力奶、甜牛奶系列等产品。2001年，兰州有25家乳品企业，日处理鲜奶能力493吨，其中兰州好为尔生物科技有限公司日处理鲜奶达到200吨，兰州乳品厂日处理鲜奶50吨，庄园乳业公司日处理鲜奶40吨，其他生产厂均为日处理10吨以下巴氏消毒奶生产线。2001年实际日处理奶101吨，仅为设计能力的20%，其中兰州好为尔公司、兰州乳品厂、庄园乳业三家日投放加工成品奶近86吨，占兰州市场日供应量的60%以上。据对全省26个乳品企业统计，2001年全省上市消毒鲜奶35 000吨，奶粉547吨，酸奶1 267吨，乳饮料427吨，极大地丰富了市场。乳制品加工共计消耗折合鲜奶近4万吨，占全省商品奶产量的60%。但值得注意的是有相当数量的生奶直接上市，另外，相当一部分乳品加工小企业消毒奶生产线几乎停产或半停产，难以维继。

**【奶源基地建设】**一是牦牛奶基础建设。仅甘南藏族自治州可利用的奶源就有近40万头，目前实际利用率不足一半，具有广阔的开发前景。为开发牦牛奶，甘南藏族自治州在23个乡积极发展奶源基地，达到年向社会提供商品牦牛奶1.8万吨的规模，如本自治州合作市2000年进行的扶贫项目——奶业生产，主要是通过牦牛与黄牛的种间杂交繁殖奶犏牛，投放到农户饲养。二是城市郊区奶源基地建设。兰州市、酒泉市是甘肃近年来奶业发展较快的地区，奶源基地建设已成为两地畜牧业发展的重点。据统计，2001年，兰州市存栏荷斯坦奶牛11 742头，其中成年母牛8 745头，牛奶总产量达到33 193吨，存栏成年母牛单产3 796千克，高于全省奶牛单产水平。人均占有鲜奶达11千克。酒泉市奶牛存栏达1.75万头，比1999年增长4.3倍，其中成年奶牛8 120头，增长1.95倍；鲜奶产量达1.45万吨，增长2倍；乳制品产量0.82万吨，增长43%；奶牛产值（现价）4 550万元，增长2.7倍，奶牛产值占畜牧业产值的比重由1999年的2.9%上升到7.5%。全市已建成500头以上的奶牛基地村10个，百头以上奶牛小区5个，十头以上奶牛大户270户，为奶牛产业快速发展奠定了良好的基础。三是乳品企业奶源基地建设。企业采用公司加农户的形式，建立了稳定的奶源基地。如兰州乳品厂除兰州奶牛繁殖场有1 400多头奶牛外，还发展了晏家坪基地，饲养奶牛1 000多头。

（甘肃省农牧厅　孔燕芳　黄金成　曹藏虎　万占全
甘肃省欧盟奶类项目办公室　孟宪政）

**【政府支持政策】**品种培育及奶牛增产技术推广。1998—2001年，在政府的支持下，兰州市奶牛协会在全市先后组织开展了“352”奶牛增产工程，即用3年时间推广奶牛高产综合技术，培育年单产超过5 000千克以上的成年奶牛2 000头，并开展绿色饲料革命。经过3年努力，目前兰州市已培育出年单产5 000千克以上的成年母牛1 000头。与此同时，兰州市近几年来还先后承担了“荷斯坦优秀公牛培育”、“奶牛增产技术应用推广”等科研项目，从而降低了原料奶生产成本。品种质量的提高，奠定了甘肃奶牛业快速发展的基础。

地方政府的支持。为了推动奶牛产业快速发展，实现发展目标，各地、县都出台了一系列扶持政策，建立了考核激励机制。酒泉市规定对贷款购进纯种奶牛的农户连续贴息3年，对年内建成百头奶牛小区的，一次性奖励3 000元，建成500头以上奶牛基地村的，一次性奖励1 000元；对完成年度发展目标，当年购进纯种奶牛300头以上的乡镇，每头奖励乡镇100元；对利用西杂母牛繁育奶牛的按实际冻配头数，每头奖励冻配人员1元；对集中向加工企业供给鲜奶的乡镇，按实际供给量返还加工环节50%的税收。各乡镇村结合各自实际，也从资金、饲草地和圈基地划拨、供水、供电等方面制定了一些具体的扶持政策。2001年，肃州区发展奶牛共投入资金5 191万元,其中协调农行、信用社贷款3 165万元，乡村落实扶持资金477万元，农户自筹1 549万元。通过制定落实优惠扶持政策，有效地解决了奶牛产业发展中资金不足的问题，极大地调动了乡村和农户发展奶牛的积极性，促进了全区奶牛产业的快速发展。

学生饮用奶定点企业的认定和项目启动。依据国家“学生饮用奶计划”实施方案及其配套细则规定，提出了《甘肃省学生饮用奶计划实施方案（讨论稿）》，并在2001年11月对该方案进行了修改、补充、完善。组织了定点企业的申报工作。成立了甘肃省学生饮用奶推广协调领导小组。

**【重点项目】**

1.1995—1996年欧洲经济共同体（EEC）过渡期奶类项目在甘肃兰州市、合水县、临泽县执行，总投资954.8万元，其中EEC援助454.9万元，地方配套499.9万元。使3个项目区新增奶牛632头，5吨收奶站6个，奶罐车4辆，活动冷库4个；县乡兽医站、育种站和人工授精站等服务体系22个的设施装备得到改善；增加乳品厂自动清洗和厂房改造设施，奶类质控设施，并给予软件输入培训我方技术人员的投入等，项目区奶的收集分发系统与生产加工得以有机组装，科学运转，使当地资源得到优化，并在牛奶质量上取得改进。

2.1998—2003年中欧二期奶类项目在甘肃兰州、武威、张掖3市执行。共获欧盟（EU）资金11 586 986元，配套资金21 365 245元，两项目合计为32 952 231元。基本建设内容为支持个体奶农，EU资金728 680元，配套资金6 203 252元，合计6 931 932元；奶农合作组织，EU资金7 087 066元，配套资金10 166 179元，合计17 253 245元；经济改革与市场营销，EU资金359 200元，配套资金1 471 968元，合计1 831 168元；环保设备，EU资金1 447 040元，配套资金966 946元，合计2 413 986元；加工设备，EU资金1 965 000元，配套资金2 556 900元，合计4 521 900元。项目从以下5个方面对奶牛业的发展给予了扶持。①奶农户的发展。共扶持受益县、市个体奶农150户，购买奶牛600多头（农户每购买一头怀胎母牛补助2 000元），建设奶站12处（每500头成年奶牛建1处）；②县、乡畜牧服务体系建设。主要是运输工具和设备的补助（援助50%）；③乳品厂扩建改造。包括节水工程、烟尘处理等，兰州、张掖、武威（省家畜繁育中心）3个乳品厂均完成了改扩建任务。④市场营销体系建设。共建成发奶亭点180多个，并配备了相应的冷链设备。⑤科技人员培训。

**【奶业发展“十五”计划和2010年远景目标规划】** 充分利用西部大开发和退耕还草的历史机遇，按照农业部提出的“突出发展奶业生产”的产业结构调整重点，结合各地条件，按照养牛与种草结合，牛、草同步发展；数量与质量并重，奶牛主要是发展数量，牦牛重点是提高质量；奶牛、牦牛、改良牛、奶山羊并重，以奶牛为主；城市郊区、农区、牧区并重，以城市郊区为主；集约经营、适度规模养殖、农户散养并重，以适度规模经营为主，扩大奶源基地建设。良种推广和科学饲养管理结合，充分发挥良种的内在遗传潜力；乳品加工与液态奶生产结合，以发展液态奶为主；省内市场与外埠市场同时开拓，奶牛奶以占领省内市场为主，牦牛奶要作为世界品牌，打出甘肃，走向世界。生产、加工、营销三管齐下，使产业形成产、加、销相互配套、协调发展的新格局。

发展目标：2005年，牛奶产量以7.3%的速度增长，全省奶类总产量达到29.7万吨；人均奶类占有量达到10千克。

1. **奶牛产奶** 奶牛以7.6%的发展速度递增，届时存栏达到7万头，其中产奶母牛5万头，头均产奶4 000千克以上，共产奶20万吨，占奶类总量的67%。

2. **牦牛产奶** 牦牛总量控制在目前110万头的范围，适龄母牛比重提高到45%，达到50万头，产奶牛按25万头计算，泌乳期头均产奶达到320千克，共产奶8万吨，占总量的27%。

3. **改良牛产奶** 以乳肉兼用型西门塔尔牛为主的二、三代杂种挤奶牛稳定在1万头左右，头均泌乳期产奶1 200千克以上，共产奶1.2万吨，占总量的4.3%。

4. **奶山羊产奶** 以萨能山羊、关中奶山羊及其挤奶杂种羊发展到2万只，只均年产乳量250千克，共产奶5 000吨，占总量的1.7%。

2010年，全省奶类总产量达到40万吨，其中奶牛产奶将达到29.4万吨，牦牛产奶达到9万吨,改良牛及奶山羊产奶1.6万吨。人均奶类占有量将达到14千克。

区域布局：充分发挥区域资源优势，坚持因地制宜，择优扶持，形成地区性的产业带。奶牛产业，70%以上要集中在社会经济条件优越、人口密集、对奶产品需求量大的兰州、天水、白银、金昌、武威、张掖、酒泉、嘉峪关、玉门、西峰、平凉、临夏等大中城市，采取“奶牛下乡，鲜奶进城”的办法，在城郊产粮区和青粗饲料资源丰富的远郊地区建立奶源基地，以鲜奶就近供应市场或生产干奶制品。重点是增加高产牛群比重，提高整体产出水平。养殖结构上，要巩固提高集约养殖，大力发展集中连片的适度规模经营，稳步发展农户散养，届时三者的比重分别由现在的2.9:5.6:1.5调整到2:7:1。牦牛生产，重点是牧区，还有半农半牧区。改良牛，以牛改基础好，杂种牛数量多，分布相对集中的河西五地市和临夏回族自治州为主，在离乳品加工企业较近的乡村集中连片地发展。奶山羊，重点在有养殖传统和饲养经验的陇东地区发展，产品以自给为主。

（甘肃省农牧厅　孔照芳　黄金成　曹藏虎　万占全
甘肃省欧盟奶类项目办公室　孟宪政）

## 青海省

【概况】青海省是全国五大牧区之一，畜牧业发展历史悠久。目前在全省农、林、牧、渔用地面积中，牧业用地占96%，可利用草场面积达31 610千公顷，饲料资源十分丰富，具有发展农区畜牧业和草原畜牧业的双重优势。2001年，全省存栏各类良种奶牛11.17万头，其中能繁殖母牛6.02万头，比1983年增加了5.8倍。在奶牛存栏总数中，个体户饲养11万头，国有奶牛场饲养约2 000头，牛奶总产量达到了21.65万吨，比1983年增加1.6倍，全省人均占有牛奶47千克，比1983年增加了3倍。奶牛的种类主要是荷斯坦牛、西门塔尔牛和当地改良的肉乳兼用黄牛，其中荷斯坦牛存栏约1万头，主要分布在西宁市及郊县，单产在5 000千克左右，改良乳牛主要分布在东部农业区，约11万头，单产在2 000千克左右。青海乳业加工均属小型企业，大部分为民营企业，国有企业只有4家。生产的品种有消毒奶、各种酸奶、奶饮料、奶粉、黄油等。品牌有“雪山”、“康尔素”、“海湖”、“天露”、“小西牛”、“西海”等。

【奶业发展历史回顾】青海省奶牛养殖业从20世纪50年代起步，省政府拨款从荷兰等国引进奶牛并在西宁创建了第一个国有奶牛场。创建初期，由于引进的奶牛不适应高原地区自然环境，疾病较多、生产力低，成年奶牛头年均单产仅1 000～2 000千克。几十年来，在各级政府的关怀和支持下，经过两、三代奶业战线的领导、科技人员与科研院所、大专院校密切合作，共同努力，依靠先进科技，消灭了疾病。推广应用人工授精技术进行牛群改良。通过选种选配、血液更新、定向培育，于80年代中期培育成功产奶量高、体质健壮结实、适应高原环境的“中国青海荷斯坦”奶牛，年均单产超6 000千克。全省推行了国有、集体、个体一齐上的奶牛发展方针，制定了优惠的政策，增加了投入，加快了奶牛发展的进程。使青海奶牛业重新走上了协调发展的道路。

90年代初，奶牛业步入市场经济后，许多优惠政策被取消，再加上奶牛业自身的经营机制、价格体系和各项管理已不适应新的形势，使青海奶业一度出现滑坡现象，奶牛数量下降。

近几年国家实施西部大开发后，随着农牧业生产结构的调整，奶牛业因其前景好、投资效益高等特点，不仅引起了各级领导及社会各界投资人士的高度重视和投资首选，而且全省出现了空前的养牛热潮，奶牛数量快速增长，规模化养殖稳定发展。目前全省奶牛业已走上生产、加工和销售共同发展，经济效益和生态效益同步提高的运行轨道，奶牛产业化已初步形成，对全省农村经济的发展、农牧民收入的增加及人们生活质量的提高都产生了极大的影响。

（青海省奶业协会　殷生宏）

## 宁夏回族自治区

【概况】宁夏奶业是从1952年开始的。在党和政府的关怀下，奶牛业从无到有，由小到大逐步发展，2000年，全自治区奶牛存栏81千头，居全国第13位。鲜奶总产量23.6万吨，居全国第10位。人均鲜奶占有量40.8千克，是全国人均占有量的5.1倍，居全国第4位。成母牛年平均单产4 900千克，高于全国平均水平。奶牛业产值达4亿元，占畜牧业产值的16.7%。2001年，自治区奶牛年末存栏76千头；鲜奶总产量276千吨，比2000年增长16.9；农村个体奶牛养殖户达20 022户，比2000年增长3.5%；个体奶牛养殖户的奶牛存栏和鲜奶产量分别占自治区总数的92.4%和92.3%。全自治区有24家乳品加工企业，日处理鲜奶能力1 000吨，全年生产各种奶粉15 874吨，液态奶38 600吨，比2000年分别增长25.07%和82.5%，形成了乳品加工产销两旺的产业化格局。目前，已形成了吴忠市和银川市两个奶牛相对集中的主产区，其中吴忠市奶牛存栏5.37万头，银川市奶牛存栏达2.1万头，分别占全自治区奶牛存栏数的70.7%和27.6%。综合宁夏奶业发展历程，大体可分为三个阶段：

**1. 保障鲜奶供应的奶业初级发展阶段**　1958年自治区政府成立时，全区仅有7个奶牛场，饲养黑白花奶牛及杂种黄牛共524头，其中，杂种黄牛占70%以上，每头牛年均单产1 200千克。为了解决城市鲜奶供应紧张的问题，先后从北京、陕西、甘肃、新疆、河北等省、自治区、直辖市和哈尔滨农学院调入了黑白花、奥斯特弗里兹（苏联黑白花）、三河奶牛、滨州奶牛和少量兼用型短角牛共620头，一定程度上缓解了鲜奶供应紧张的问题。20世纪60年代末期，为了提高牛群质量和产量，各地自发淘汰了滨州、短角和奥斯特弗里兹公牛及杂色低代杂种母牛。经过选优淘劣，牛群基本为黑白花牛。

1973年参加中国北方地区黑白花奶牛育种科研协作组，开始有组织地对黑白花奶牛进行培育，1979年开始了冷冻精液的配种改良，并以自繁自育为基础，通过精心选育，牛群质量得到了很快的提高。80年代初，随着农村生产责任制的实行和家畜分户饲养，广大农民饲养奶牛的积极性空前高涨。为了保证奶牛质量，防止疫病带入，1983—1988年，宁夏畜牧局多次有计划地从新疆、黑龙江、浙江等地调入黑白花奶牛344头分配给各市县，以贴息贷款方式扶持奶牛专业户，1983年奶牛存栏突破3 000头，成年母牛单产4 000千克，个体奶牛养殖户305户，饲养奶牛777头。为提高牛群质量和牛奶品质，1984年自治区畜牧局从丹麦进口怀孕黑白花青年母牛25头，集中饲养在自治区家畜改良站。1984年，为了发展奶牛养殖，财政部门共贴息贷款151.4万元，平吉堡和吴忠两场为两市优先提供部分奶牛，以平吉堡奶牛场和吴忠奶牛场为中心的银川、吴忠两个奶牛商品生产基地正在形成。1985 年又从丹麦进口黑白花青年母牛 101 头，分配给银川、青铜峡、吴忠、盐池、固原、彭阳等县市和家畜改良站及农科院等单位，并从带肚牛犊中选育 2 头公牛生产冻精，用于改良全自治区奶牛，为提高牛群质量起到了很大作用。

到 1988 年宁夏奶牛存栏 14 806 头，鲜奶产量 30 401.65吨，人均鲜奶占有量 6.7 千克，生产各种奶粉2 955.37吨，城镇居民鲜奶敞开供应。

**2. 以乳品企业带动，使奶业发展成为农村区域经济的主导产业阶段** 随着奶牛养殖业的发展，奶牛养殖出现了机械化生产，乡镇乳品加工企业异军突起。1989—1990 年相继在平吉堡、银川市和灵武安装了 3 台鱼骨式挤奶台和手推式挤奶车，并改变以往棚圈对尾式拴系饲养为场棚对头式颈夹饲养，初步改变了落后的挤奶方式，为奶牛业实现机械化起到了示范作用。90 年代初乳品加工业兴旺发达，先后建成乳品加工厂 20 余座，仅吴忠市就有以乡镇企业为主的乳品加工企业 12 家，日处理鲜奶能力达到 800 吨，加工的主要产品奶粉畅销全国十几个省、自治区。随着乳品加工业的发展，商品粮价格的放开，牛奶收购价于 1990 年 9 月 20 日进行了相应的调整（0.71 元/千克调至 0.80 元/千克），自 1991 年奶牛养殖业开始向规模经营方向发展，涌现出了奶牛存栏 50 头左右的奶牛养殖大户，奶业逐渐成为农村区域经济的支柱产业和主导产业。

**3. 龙头企业兴起，奶牛养殖向规模化、规范化的产业化升级阶段发展** 20 世纪 90 年代中后期，随着夏进乳品饮料有限公司的建成投产和银川乳品饮料总公司的扩建，生产的“夏进”牌液态奶及“北塔”牌奶粉畅销国内，促使奶业生产大发展，在吴忠市和银川市奶业呈现产业化雏形。特点是规模化经营明显增强：牛奶收购价相继调至 1.1 元/千克、1.3 元/千克，1.40～1.60 元/千克，个体奶牛养殖朝着规模化、产业化、效益化方向迈进，1995 年户均饲养量由 1994 年的 3.18 头增加到 3.62 头，饲养 10 头以上的专业户，发展到 717 户，其中百头以上的规模经营大户有 5 户，出现了奶牛养殖小区和奶源基地，龙头企业拿出一定的资金，资助培育和发展奶源基地，建立产、加、销一条龙的产业化新格局。

在奶业产业化发展的进程中，2000 年以来，政府相继出台了诸多优惠政策：在土地利用总体规划和年度计划中，优先安排奶牛养殖户的用地。8 个奶牛养殖小区（或养殖长廊）采取政府、乡镇和个人共同集资，以个人为主，政府、乡镇适当补助的办法，为养牛业的发展探索了一条新路。小区建设时，由畜牧部门和龙头企业共同负责，采取统一规划、统一配种、统一防疫、分户饲养、集中挤奶的原则，显著提高了牛群饲养管理技术水平和经济效益。

目前，在夏进公司和“新华百货”强强联合“借壳上市”组建的新华百货夏进乳业股份有限公司，银川乳品饮料总公司和维维集团组建银川维维北塔乳业（集团）股份有限公司，特别是新华百货夏进乳业股份有限公司已被国家农业部等 7 部委列为百家农业产业化国家重点龙头企业和中国学生奶定点企业。在两大乳业龙头企业的带动下，规模化和规范化小区养殖、机械化生产空前发展，建成奶牛养殖小区 82 个，形成了乳品龙头企业和奶源基地共发展的产业化新格局。

从区内奶产业发展来看，也存在着一些制约因素，主要表现在：奶业产业化发展缓慢，产销脱节，龙头企业与养殖户关系松散，往往由于市场波动或管理机制问题，挫伤奶农养殖积极性；个体奶牛养殖户规模较小、饲养管理粗放，单产水平低；乳制品加工企业小、散、弱，低水平重复建设严重，龙头企业原料紧缺，难以满负荷生产，同时产品结构不合理，产品附加值低；饲草料加工企业发展滞后，配合饲料入户率低；奶业保障体系尚未健全，抗御市场风险的能力不强等。

（宁夏回族自治区奶业协会　黄丽霞　温　万　罗晓瑜）

**【奶源基地建设】**

**1. 奶源基地建设发展现状** 1988 年之前，奶业生产主要是为城乡居民供应鲜奶的区域自给型奶业，奶源基地建设以国有奶牛场、城郊集体奶牛场和工矿企业周围为重点。奶牛饲养的单位和区域有：平吉堡奶牛场、银川奶牛场、吴忠奶牛场，银川市郊区的银新乡、满春乡和吴忠市的汉渠乡等。20 世纪 80 年代中后期，为了发展奶牛养殖，政府采取贴息贷款等优惠政策，由平吉堡和吴忠两场为两市优先提供部分奶牛，并有计划地从奶业发达的北京、黑龙江等地购进牛源，形成以平吉堡奶牛场和吴忠奶牛场为中心的银川、吴忠两个奶牛商品生产基地。

90 年代以来，宁夏奶源基地逐渐发展成为以吴忠市利通区、灵武市、银川市郊区、永宁县 4 县（区）为中心（2001 年奶牛存栏和鲜奶产量分别达到 7.01 万头和 22.84 万吨，占全区的 79.75%和 83.80%），辐射宁夏引黄灌区十市、县（区）为主产区（该区域存栏荷斯坦牛 8.79 万头，鲜奶总产 27.26 万吨，分别占全区总数的 98.54%和 98.81%）的奶源优势区域基地。近几年的实践证明，加强奶牛养殖园区和基地建设，是实现奶牛规模化、规范化和集约化养殖，保证龙头企业拥有优质、稳定、充足可靠奶源的有效途径，也是奶源基地建设的重点和方向。为此，各地在奶牛养殖园区建设的资金筹措上，充分调动各方面的积极因素，确保园区建设起点高，设施全。已投入使用的园区大部分都建有机械化挤奶设施和青贮池，做到统一挤奶，统一青贮，确保了牛奶质量，养殖户经济收入也有显著提高。已建成奶牛养殖小区 82 个，仅龙头乳品加工企业挂牌的奶源基地 45 个，从而形成了龙头＋基地，基地连农户的现代化生产格局。

**2. 奶源基地建设规划** 依托龙头，科学规划，合理布局，加强奶源基地建设。奶源基地建设必须依托龙头企业，适应加工企业量与质的需要。在发展模式上，以农村家庭奶牛养殖为基础，重点发展奶牛养殖小区、规模奶牛场和机械化挤奶站。

(1) 加快奶牛养殖小区建设。按照稳定、协调和统一的原则，在有条件的地区分期分批兴建结构紧凑、整齐合理、设备齐全、有利生产的现代化奶牛养殖小区，小区建设要统筹规划，因地制宜，饲养规模在1 000头左右。在饲养管理上要做到统一供料、统一配种、统一育种、统一管理、统一防病治病，分户饲养、集中挤奶、独立核算。到2005年全自治区要建设养殖小区30个，小区奶牛存栏3万头，占全自治区总数的25%。

(2) 加速规模奶牛场建设。今后几年，要从资金上、技术上向规模奶牛场倾斜，使规模奶牛场尽快发展。到2005年，扩建存栏奶牛100头以上规模奶牛场60个，存栏奶牛1.5万头，占全自治区奶牛存栏总数的12%以上。

(3) 兴建机械化挤奶站。今后几年内，龙头企业要在奶牛较集中的地区建设机械化挤奶站，做到集中挤奶，确保牛奶质量。挤奶站建设和日常管理由龙头企业负责。到2005年，全自治区新建机械化挤奶站25个，辐射奶牛2万头。

**【奶业发展“十五”规划】** 指导思想：以国家实施西部大开发战略为契机，以市场为导向，以企业为主体，以科技为支撑，以优势资源为依托，加强规划指导和政策引导，加快奶源基地建设步伐，做大做强奶产业。改良品种，主攻单产，提高质量，培育名牌产品，壮大龙头企业，增强自治区奶产品在国内市场的竞争力。

发展目标：到2005年，全自治区奶牛存栏达到18万头（其中成母牛12万头），年均增长19.25%；鲜奶总产量达到60万吨，年递增率为21.4%；成母牛年平均产奶量达到6 000千克以上；液态奶生产量突破40万吨，占全自治区奶产量的60%以上。

奶产业发展的主要内容：在奶产业发展上走数量扩张和质量提高并举的路子，采用冷配改良和胚胎移植相结合的方法，加快良种奶牛繁育，扩大供种能力；加速优质奶源基地建设，加快推广“园区化饲养、集约化经营，机械化挤奶”的规范化饲养管理模式，逐步淘汰分散挤奶、手工挤奶、商贩收奶等传统方式，从根本上提高奶源质量；全自治区要集中力量培育和壮大新华夏进、北塔两个重点龙头企业。国家扶持资金及银行贷款要通过扶持重点龙头企业的方式，扩大奶源基地，带动农户增加收入；大力发展优质饲草饲料生产，建立奶畜饲料生产基地；强化奶业发展服务体系建设。

（宁夏回族自治区奶业协会　温　万　罗晓瑜）

## 新疆维吾尔自治区

**【概况】**

1. **各地奶牛饲养及奶产量**　2001年，全自治区奶牛存栏127.8万头，奶类产量87.8万吨。其中，奶牛存栏在万头以上的市县有奇台县、米泉市、新源县、巩留县、伊宁县、昭苏县、沙湾县、石河子市、玛纳斯县等9个，奶牛存栏占全自治区奶牛总数的18.6%；奶产量在2万吨以上的有新源县、巩留县、奎屯市、沙湾县、石河子市、伊宁县，占全自治区总产量的16.7%；在万吨以上的有昭苏县、焉耆县、玛纳斯县、昌吉市、呼图壁县、温泉县、博乐市、米泉市、库尔勒市等，占全自治区总产奶量的19.1%。

现全区有良种及改良种奶牛100多万头、牛奶总产81万吨。如此庞大的奶牛头数，又如此低的奶产量，主要原因是：奶牛品质低劣；饲养方式落后；饲料结构不合理；服务体系及收奶体系不健全。

2. **饲养方式及成本**　天山北坡、南坡一带奶牛饲养多为圈养，饲养的品种多为荷斯坦纯种牛和杂交牛，饲养规模除少数国有牛场及个体养殖大户外多为1～3头/户，伊犁哈萨克自治州除平原地区饲养荷斯坦牛外，山区均饲养新疆褐牛和西门塔尔牛。饲养成本：国有牛场1.5～1.7元/千克、个体牛场（50～300头规模）1.2～1.3元/千克、农户0.6～0.8元/千克，饲料结构为：秸秆、玉米青贮、精料。个体农户饲养成本低是因为饲料多为农作物的副产品，很少添加精料，导致奶产量偏低。

3. **乳品加工企业结构及现状**　天山北坡、伊犁河谷一带共有乳品加工企业65家，产品主要在乌鲁木齐市销售的有36家，其中呼图壁种牛场东泉乳品厂日产量30吨、乌鲁木齐市农垦乳业集团日产量23.3吨、大天池奶业公司日产量10吨、新欧乳业公司日产量10吨、乌鲁木齐市牛奶公司日产量20吨、乌鲁木齐市新绿洲乳品厂日产量9吨。这6家乳品厂占乌鲁木齐市乳品销售市场的76.9%，设备及财务状况较好。除上述6家企业外还有9家奶粉生产企业，乌鲁木齐周边有40余家乳品企业产量为0.5～5吨，规模较小，产品售价偏低，且生产季节性较强，其中部分企业属“三无”的黑厂家，但这些厂家因为产品质量差，设备投入小，生产线不齐全，企业和工作人员证件不齐以及掺杂使假的原因，产品价格低于正规企业，占领了一部分消费市场。

4. **乳品市场状况**　新疆乳制品消费市场有较大潜力，当地居民大都有喝牛奶和奶茶习惯。乌鲁木齐市现有人口205万，人均乳品支出为84.54元/年，每日上市液态奶150吨，约占全区销售的90%，其中，高档的超高温灭菌奶除大天池的少量产品外，全为外省企业生产。巴氏奶105吨、酸奶13吨、超高温灭菌奶28吨，其中巴氏奶（酸奶）等大众产品全部由本地区企业提供；超高温灭菌奶市场，外省企业占60%、本地区占40%；全自治区有近30家奶粉企业，其中包括20世纪80～90年代就在全国小有名气的唐布拉乳品厂、三宇奶粉厂、寨口奶粉厂，而现在只有3～4家是本自治区企业，其余厂家只能生产工业用淡奶粉。外省奶粉企业占98%，本地区只占2%，由上可知，全自治区乳品市场中高档产品如“光明”、“伊利”、“蒙牛”、“乐百氏”、“娃哈哈”等品牌随处可见。自治区“畜牧大省”的称号已名不符实。

其他地区及乌鲁木齐市部分地区的许多居民饮用奶，仍是农户自产鲜奶，未经加工直接上市。这很容易使人畜共患病在消费者中传播，而且不经包装的奶极易掺入各种杂质。乌鲁木齐市的一些较大的乳品企业于1995年就联合提出“禁止散奶上市”并出资打假，但由于没有法规，无法执行下去。另外，乌鲁木齐市场上的袋装消毒奶没有严格按国家标准实施冷藏销售的办法，皆摆于马路边地摊销售，极不卫生。因此必须加快奶业立法的速度，加大法规的实施力度，才能杜绝散奶泛滥，保证乳品质量。

由于本区远离内地巨大的乳制品消费市场，存在着信息不灵，交通不便，产品销售成本偏高等问题，牛奶制品特别是液态乳制品如果不能形成知名品牌，介入市场的难度较大。

5. **原料奶的价格及收购现状**　原料奶自2001年10月至今收购价格为1.4～1.7元/千克，我国其他省市收购价为1.6～2.6元/千克，本自治区所有加工企业都未严格执行按质论价，部分大企业为提高产品质量，拒收不合格原奶。农户向大厂交奶遭拒收后，再掺水售给小厂家或奶贩牟取高额利润。另外，没有机构指导奶农建立标准收购站，夏季农民为使牛奶在交给乳品厂前不腐败，在牛奶中加碱，添加的防腐剂，将对人体造成极大的危害。

6. **奶牛市场状况**　自2000年起，全国奶业发展势头良好，各地乳品企业纷纷上马，全国奶牛市场购销两旺，而在此态势下，又出现了一些新问题。以本自治区为例，1头良种奶牛售价达1万元，而本自治区由外省、自治区购进的奶牛，部分是本区外售的奶牛，奶牛经过疆内疆外的一段旅行，售价提高了近2 000元。仅此每年就多花了许多冤枉钱。

7. **奶牛饲养**　全区奶牛业发展不均衡。高产奶牛主要集中在乌鲁木齐、呼图壁、伊犁等地，呼图壁种牛场黑白花母牛年平均单产9 500千克，达到全国先进水平，西门塔尔母牛年平均单产多年来在全国一直名列前茅。大多数地区良种奶牛数量较少，奶产量偏低。而且奶业生产中的科技含量还很低。全疆的成母牛年单产只有1 402千克，如果能赶上全国的平均水平，产量需要翻2倍以上，要赶上呼图壁种牛场的水平，奶产量就会增加近6倍以上。

8. **乳品加工**　乳品加工企业，主要集中在乌鲁木齐市—伊犁一线和焉耆盆地，其中液态奶集中在乌鲁木齐、昌吉地区，奶粉加工企业集中在伊犁。这些企业多在20世纪80年代一窝蜂上马，时至今日设备都已老化，且大都是小而全，产品难上档次，这些企业又因经营状况不好，无力进行改造、扩建，生产的产品档次越来越低，利润越来越少，这就形成一个恶性循环，最后只有破产倒闭。个体小作坊乘势而起，低价销售占领了市场，使一部分优质奶源不能产出优质产品。2000—2001年，自治区新建2家大型乳品厂：昌吉的大天池、石河子的龙元，这2家企业设备先进，且大天池已有成熟的品牌，但因当地奶源不足，至今仍是等米下锅。

由于本区对乳品厂外部投资（包括国家、集体和个人的投入）还未形成规模，许多乳品厂还沿用国内70、80年代生产的加工设备，全疆只有一条具有国内先进水平的乳品加工生产线。因设备落后，缺乏技术改造资金，经济效益低下，许多乳品厂陷入停产的困境。到2001年底，全区干乳制品企业产品加工量只有设计能力的50%。如伊犁地区许多奶粉厂无法正常生产，牛奶收购价下滑到0.8元/千克，严重挫伤农牧民养牛的积极性。

（新疆维吾尔自治区畜牧厅　高庆超）

**【奶业行动计划】**利用新疆维吾尔自治区天然草场无污染，农区饲草、饲料丰富的有利条件，依靠科技进步，加快良种繁育速度，提高奶牛单产水平，推进规模化饲养和产业化经营，把本自治区建成21世纪中国重要的奶制品生产基地。“十五”期末，良种及改良奶牛达到158万头，牛奶产量200万吨。

1. **加快良种扩繁速度，增加高产奶牛数量**　实施“百万良种奶牛工程”，依托自治区畜牧科学院、呼图壁种牛场等单位的胚胎生产与技术力量，抓好胚胎移植的技术培训及普及，增加熟练技术人员数量，在天山北坡及有条件优先发展奶牛的区域，大力开展胚胎移植繁殖技术推广，加快良种奶牛的扩繁速度。同时，加强奶牛改良冷配站的建设，增添、更新设备，强化冷配技术培训，提高冷配技术水平。在乌鲁木齐至伊犁和喀什沿线建立3～5个良种奶牛繁育场，增加高产奶牛群体，为胚胎移植提供更多的供体母牛。

2. **加强奶源基地建设，提高牛奶产量**　拟在天山北坡、伊犁河谷、天山南坡建立三个较大规模的奶源基地。在增加奶牛饲养数量的同时，积极推广实用饲养管理技术，努力提高奶牛单产。将一批条件较好的奶牛饲养户转变成牛奶生产专业户，积极发展适度规模经营，大力推进奶牛村、奶牛乡及奶牛饲养小区建设。鼓励大中型乳品加工企业（如麦趣尔乳业有限公司、德隆集团、物华畜牧、维维豆奶集团、新欧等）建立自己的奶源基地，从机械挤奶站建设入手，与奶牛饲养户形成“公司＋农户”的产业化经营形式。协调好乳品加工企业与奶牛饲养户之间的利益联结，确保奶业健康发展和奶牛饲养户收入稳步增长。

3. **大力支持乳品加工龙头企业发展，创出全国知名品牌**　支持天山北坡经济带及适合优先发展奶牛的地、县，积极营造有利于乳品加工龙头企业快速发展的政策环境与投资环境，吸引区内大型企业和国内外知名乳品企业在本区投资建厂，从事乳品加工。在伊犁河谷扶持以工业及民用奶粉生产为主的企业集团；在乌鲁木齐—昌吉扶持以巴氏消毒奶、UHT奶、酸奶等液态奶生产为主的企业集团；在天山南坡扶持以生产高附加值、高质量、长货架期奶产品为主的企业集团。鼓励现有乳品加工企业打破目前生产规模小、产品档次低、条块分割的现状，通过市场运作，实现资产、品牌、经营的整合，尽快形成具有较大带动能力的奶业集团。支持乳品加工企业的技术改造和技术创新，力争在短期内创出本自治区在全国知名的乳制品品牌。

4. **加快优质饲草料生产，建立奶牛饲料生产基地** 在天山北坡及伊犁河谷、巴音郭楞蒙古自治州、阿克苏等地区实施种植业结构的战略性调整，支持当地拿出专门耕地用于饲料玉米、青贮玉米、大豆、苜蓿等优质草、料种植。扶持现有饲料加工企业的发展，形成与奶业生产相配套的饲草料生产、加工体系。牧区充分利用退耕还草的有利条件，大力种植优质牧草，同时，加强草场保护与科学利用，加快奶类生产。

5. **加强奶业质量监测体系建设** 实施自治区“奶业质量监测工程”，建设好自治区乳品质量监测中心和奶牛生产性能测定站，完善乳品质量检测体系。加大投资力度，使乳品质量监测中心达到部级监测中心的标准。同时，鼓励大型乳品加工企业采用ISO－9000体系质量认证，推选HACCP质量管理体系，建立企业自己的科技研发中心。

6. **实施自治区“学生饮用奶计划”** 在做好7个城市学生饮用奶试点工作的基础上，逐步扩大到全区。争取2年内有40万学生参与“学生饮用奶计划”，5年内有100万学生参与“学生饮用奶计划”。

（新疆维吾尔自治区畜牧厅 高庆超）

## 乌鲁木齐市

【概况】乌鲁木齐地区共有奶牛约8 927头，其中成年母牛头数4 700头，分布在乌鲁木齐种牛场1 036头（含种牛二场已承包的250头）；农十二师共有奶牛4 700头；大湾乡642头；华联公司670头；安宁渠镇650头。

奶牛品种主要为荷斯坦奶牛（俗称黑白花）8 427头，良种褐牛435头，西门塔尔牛（俗称红白花）65头。

每头奶牛的年饲养成本约6 000元，年产奶量为5 800千克左右，鲜奶收购价大约为1.7元/千克，年收入9 860元，每头奶牛收益为4 000元左右，除去饲养小奶牛的成本约1 500元，纯收益2 500元左右。

全市年产奶量为27 000吨，日产奶量约为75吨，人均年占有鲜奶量为13千克。

本市目前有工商部门注册的乳品加工企业23家，固定资产和产值双过千万元的有农垦乳业集团和市牛奶公司，固定资产在500万～1 000万元以内，年产值在1 000万元以内的有小金牛生物乳有限公司，新疆华联乳品厂、新绿洲乳业有限公司和太阳雪生物乳有限公司；固定资产在100万～500万元以内，年产值在500万元以内的有军区联勤部奶牛场和碰碰雪食品有限公司，其他的均为固定资产在100万元以内，年产值在100万元左右的家庭小作坊式的企业，另外还有100户左右的专门从事加工酸奶未注册的小商户。

全市加工注册企业的总资产为1.3亿元，日总加工量约为95～110吨，年总加工量约为36 000吨，共有从业人员1 147人，其中行政管理人员104人，技术人员169人，生产人员554人，销售人员320人。

全市乳品加工企业的生产设备基本为天津、安徽生产的软包装生产线，消毒方式为板式巴氏消毒器和超高温消毒，为劳动密集型生产线。

本市共有常住人口208万人，年销售乳制品36 000吨，共11类180多个品种，其中袋装消毒奶21 000～22 000吨，散装奶7 000～8 000吨，酸奶4 000～5 000吨，超高温消毒奶200吨，其他乳饮料如雪糕等2 000吨左右。

日销售奶量110吨，主要来源为：乌鲁木齐地区每日向市场提供约70吨，从外地购进或外地直接进入乌鲁木齐市场销售40吨，也就是说乌鲁木齐市奶源缺口每日为30～40吨。

存在问题：

1. **季节性销售不平衡** 每年3～7月为牛奶销售的旺季，在此期间鲜奶供不应求（大约缺口为3 000吨左右），各加工企业纷纷争抢奶源，造成鲜奶价格上升；8月至翌年的2月为牛奶销售的淡季，鲜奶出现供大于求（约为2 000吨左右），由于加工企业无法消耗多余的奶源，出现压级压价，减少收购量等现象，使乳业的加工和生产出现无序竞争，同时也挫伤了养牛户的积极性。

2. **缺少基层收奶站** 本市远郊农村，由于没有建立收奶站，奶牛饲养户生产的鲜奶大都通过中间商收购销售，既不能保证收购的数量，也不能保证收购的价格，严重制约了远郊农村奶牛业的发展。

3. **乳品加工的设备老化** 本市乳品加工企业目前使用的都是80年代国内生产的设备，大部分已陈旧老化，生产工艺落后，故障多，生产的产品档次低、能耗大、成本高，不具备与国内同行业的竞争能力。

（乌鲁木齐市奶业协会 李景芳）

# 奶业科技

## 奶业科技综述

【"九五"与2001年回顾】1999年国家科技攻关技术成果"应用MOET技术选育高产黑白花奶牛① 的研究"获得农业部科技进步一等奖；北京市承担的"九五"国家重点攻关课题"利用胚胎生物技术建立高产奶牛繁殖体系和生物体系"取得了阶段成果；"九五"国家重点攻关课题"反刍动物饲料添加剂开发"的成果"脲酶抑制剂饲料添加剂的研究与应用"，1998年获得农业部科技进步一等奖，1999年获国家科技进步二等奖，是农业部批准的第一个奶牛饲料添加剂。2001年我国奶业科技被列入国家12个重大科技专项之中，涵盖育种、营养、牧草、疫病防治、奶品开发、安全检测等关键技术研究和南方大城市郊区、南方农区、北方大城市郊区、华北农区、东北农区、农牧交错区、西北农区、北方牧区8个产业化示范区技术体系开发，从而揭开了我国奶业科技大发展的新篇章，使科技真正成为了我国奶业产业化发展的主要推动力。

【主要领域】

1. **良种繁育** 针对我国奶牛品种平均生产水平低，整体遗传素质差，且良种覆盖率低等问题，拟就建立奶牛良种繁育体系和应用胚胎生物工程技术快速扩繁高产奶牛群的关键技术开展研究，并将研究成果与产业化示范区的建设紧密结合，不断提高全国奶牛群质量和生产水平。研究建立高产奶牛快速繁育的综合技术体系；研究选择奶牛产奶性能的分子遗传标记；研究选育优秀种公牛和高产奶牛的分子标记辅助选择技术；研究应用胚胎工程技术建立奶牛良种繁育体系的"最优化"方案；建立奶牛胚胎工程技术发展中心。研究提高奶牛体内胚生产效率的技术体系，包括高效超数排卵技术、胚胎切割、冷冻保存和解冻直接移植技术；研究工厂化生产奶牛胚胎的技术体系，包括活体采卵和体外受精技术，胚胎性别鉴定与性别控制技术，胚胎细胞克隆和胚胎干细胞系技术；研究和开发奶牛胚胎移植药物和器械的产业化生产技术体系。

2. **营养饲养** 针对我国奶牛营养与饲料研究相对滞后，奶牛饲养工艺陈旧，饲料资源利用不合理等问题，拟开展奶牛营养调控与评价、饲养工艺和饲料加工工艺等领域的研究，与产业化示范区建设结合，成果及时推广应用。研究奶牛瘤胃发酵优化与定向调控技术、过瘤胃营养素调控技术；研究奶牛乳腺养分合成机制以及提高乳腺养分合成效率、改善牛奶品质的营养调控技术；研究奶牛不同产奶阶段的营养参数，建立奶牛营养平衡评价模型；制定现代奶牛饲养标准；研究奶牛精料补充料及添加剂加工技术，开发新型安全饲料和饲料添加剂；研究高产奶牛阶段饲养技术、全混合日粮(TMR)饲喂技术及工艺；研究奶牛健康长寿饲养管理综合技术体系；研究开发集约化奶牛场自动化管理系统。

3. **牧草与饲料作物** 制约我国奶业发展的因素之一，是缺乏足够的优质粗饲料，即优质牧草和饲料作物等，而且饲草的加工、调制、贮存等饲草产业化技术更为薄弱。针对这些问题，拟就奶牛饲养上的优质苜蓿品种的筛选、生产、加工及优质饲用玉米的青贮等关键技术开展研究，并与示范区建设结合，及时示范和推广研究成果。针对我国不同奶牛产区的生态条件，筛选优质、高产、抗逆紫花苜蓿新品种，进行紫花苜蓿良种优质、高产扩繁技术研究，种子清选加工、检测和储藏技术研究；研究应用细胞融合、基因工程生物技术选育优良紫花苜蓿新品种；研究苜蓿田间高效生产技术；研究苜蓿优质干草收获加工贮存技术；研究饲用玉米、苜蓿青贮新技术，包括饲用玉米整株青贮技术、紫花苜蓿半干裹包青贮技术等，开发微生物添加剂等改善青贮质量的添加剂。

4. **疫病防治** 鉴于一些重大疫病严重地威胁着奶牛健康和生产，其中部分人畜共患病还直接威胁着人类的生命安全。此外奶牛生产中还常引发奶牛乳腺、生殖、肢蹄和营养代谢系统的病变，给生产带来很大的损失。针对这一问题，就奶牛部分疫病的预防、诊断和治疗技术开展研究，成果及时在产业化示范区推广。研究制订奶牛重大疫病检疫技术标准；研究制订适用于我国各种类型和规模的奶牛场的奶牛主要疫病监测和防控技术体系；研究并产业化开发奶牛隐性乳房炎、隐性子宫内膜炎、传染性胸膜肺炎、布鲁氏菌病、结核、蹄病等常见疫病的特异、灵敏和快速诊断技术；开发上述疫病高效疫苗，中草药制剂等。

---

① 1992年"中国黑白花奶牛"更名为"中国荷斯坦牛"。

5. **乳品加工** 我国乳品加工业起步晚，技术进展缓慢，产品单一，质量不稳定，加工设备进口依赖性很大，这种状况既不能适应奶业发展的需要，又面临着“入世”后的挑战，针对这些问题，就乳品加工一些关键技术和部分重要的加工设备进行了攻关和开发。研究开发新型婴儿配方奶粉和功能性配方奶粉生产工艺与技术；研究适合中国市场消费的干酪制品加工技术与工艺；筛选、培育、优化生产发酵奶的菌种；开发直投式发酵乳生产技术和乳蛋白改性技术；研究膜技术在乳品加工中的应用及其配套设备的开发；研究开发奶粉全自动充氮包装机和液态奶无菌灌装机。

6. **乳品安全检测** 针对我国原料奶和奶制品质量检测技术落后，质量管理体制不健全的现状，为了适应安全食品的市场需求，就奶与奶制品的质量检测技术开展研究。研究、制定原料奶和液态奶的GMP规范，包括乳制品加工GMP规范通则、专用规范和认证体系；制定乳制品加工GMP推广与追踪检查机制；研究制定原料奶及液态奶加工的HACCP全程质量控制技术体系；研究开发原料奶营养成分的快速检测技术与设备；研究开发抗生素残留、农药残留、霉菌毒素和主要致病菌的快速检测方法，制定指标体系和检测标准；研究应用计算机信息技术建立全国奶业质量检测网。

**【主要区域】**

1. **北方大中城市郊区** 针对北方大城市郊区规模化奶牛场的优质饲草紧缺、饲料成本高、劳动生产效率低、环境污染突出等问题进行研究示范，建立以规模化奶牛场为核心，以乳品加工企业为龙头的现代化生产技术集成与产业化示范区，成为我国北方主要的优质荷斯坦奶牛供种基地和奶业规范、标准与产品等高新技术集成示范的窗口。研究优质高产饲草和饲料作物产业化生产、加工与贮存技术；核心高产牛群选育与快速扩繁技术；全混合日粮饲养技术；奶牛场生产自动化与智能管理技术；北方规模化奶牛场疫病防治技术规程；废气物无害化处理与利用技术；生产过程在线安全监测技术。

2. **南方大城市郊区** 针对南方大城市郊区奶业发展面临的劳动力资源短缺，优质青饲料严重不足，气候湿热与环境污染严重等制约奶业发展的问题进行研究示范，建立乳品加工与原料奶生产一体化的现代化奶业生产技术集成与产业化示范区，成为南方其他地区主要的高产良种奶牛培育基地。研究克服奶牛热应激的环境控制和营养调控技术；全混合日粮饲喂技术；奶牛个体识别与自动化饲喂技术；高产奶牛营养代谢病的综合防治技术；奶牛场信息化管理技术；规模化奶牛场粪污无害化处理技术；生产过程在线监测技术；筛选推广适于我国南方炎热和多雨气候条件的优质高产青贮饲料品种。

3. **东北农区** 立足东北农区土地、饲料资源丰富，奶牛养殖数量多的优势，针对奶牛良种比例偏低，农户分散饲养为主，配套技术服务体系不健全，原料奶质量问题严重，抗风险能力差等问题，进行研究示范，建立以大型乳品企业为龙头，适度规模化与农户规范化养殖结合的东北农区“公司+基地+农户”的奶业规范化生产模式。研究奶牛良种选育与快速扩繁技术体系；东北寒区高产饲草与饲料作物品种筛选及产业化生产技术；规模化和农户规范化饲养管理技术规范；寒冷地区犊牛冬季腹泻等主要疾病的防治技术；乳品质量快速检测技术体系；牛舍冬季防寒保温技术；防疫、机械挤奶、牛奶收集、饲料生产等先进适用技术的集成配套。

4. **华北农区** 针对华北农区奶牛以农户散养、手工挤奶为主，奶牛种质与青粗饲料质量差，人畜同院现象普遍，原料奶质量不易控制，疫病防治难度大，奶牛产科疾病发病率高等问题进行研究示范，建立以乳品加工企业为龙头、以奶牛养殖小区为主体的规范化生产模式，推动华北农区奶业快速高效发展。研究应用常规人工授精技术和胚胎移植技术提高和扩大优秀核心种群覆盖率；华北地区优质饲草和饲料作物品种筛选及产业化生产技术；优质青贮饲料调制与高效利用技术；秸秆加工调制技术；奶牛精料配合与加工技术体系；产科疾病快速检测与防治技术；牛奶质量快速检测技术；防疫、饲料配给、机械挤奶与牛奶收集等先进适用技术的组装配套；制订奶牛养殖小区规范化饲养管理技术规范。

5. **西北农区** 针对西北农区养殖技术落后，奶牛品种差，生产水平低于全国平均水平，牛奶商品率低等问题和该地区气候干旱，生态环境恶劣的自然条件，选择奶牛养殖相对集中的地区进行研究示范，建立适于西北生态、气候和经济条件的奶业规范化发展模式，带动该地区奶牛养殖、乳制品深加工、饲料生产等相关产业同步高效发展。研究应用奶牛良种快速繁育技术；规范化饲养管理技术；耐干旱优质牧草和青贮玉米品种筛选及产业化生产技术；牛奶质量快速检测等关键技术；特色乳制品开发与商品化生产；防疫、机械挤奶、牛奶收集、饲料生产等先进适用技术的集成配套。

6. **南方农区** 针对南方农区气候湿热，养殖技术薄弱，奶牛产奶量低，牛奶夏季保鲜难度大，专用饲草及饲料作物种植少等问题进行研究示范，建立以乳品加工企业为龙头，以“公司+基地+农户”的奶牛饲养模式为依托的规范化生产技术集成与产业化示范区，带动该地区奶业和相关产业快速发展，促进农区种植业结构向“三元”方向转变。研究应用奶牛良种选育技术；胚胎高效移植扩繁技术；专用高产优质饲草与饲料作物品种筛选；稻—草轮作技术，冬闲田黑麦草优质高产技术；农副产品高效利用技术；奶牛规范化饲养管理技术规范；乳品质量快速检测技术；奶牛夏季抗热应激技术；牛奶保鲜技术；防疫、饲料生产与供应、集中机械挤奶、牛奶统一收集和运输等先进适用技术的集成配套。

7. **农牧交错区** 针对农牧交错区奶牛饲养粗放、种质和牛奶质量差等问题和气候干旱、生态脆弱的自然条件进行研究示范，建立以奶产品加工企业为龙头，以优质人工草地和饲料基地为基础的奶牛舍饲、半舍饲规范化饲养模式，带动该地区奶业和相关产业高效可持续发展，促进国家退耕还草战略的实施，解决退耕还草后农民的经济来源和生活问题，增加农牧民的收入。研究应用优质人工草地和饲料基地建设综合技术；饲草加工及贮存技术；开发与该地区饲料资源配套的饲料配方和生产工艺；奶牛舍饲、半舍饲规范化饲养管理技术；奶牛良种选育与快速扩繁技术；牛奶质量快速检测技术；防疫、饲料生产、机械挤奶、牛奶收集等先进适用技术集成配套。

8. **北方牧区**　针对北方牧区奶牛以放牧为主，手工挤奶、商品率低、奶牛品种繁杂、奶产量不高等问题，以及由于过度放牧导致草场严重退化、草原生态环境破坏严重的现状，通过研究示范，建立与该地区的气候和自然生态条件相适应的舍饲半舍饲生态型奶业生产示范区，促进牧区生态环境的改善和抗灾能力的提高，增加牧民收入，使牧区畜牧业可持续发展。天然草地改良和利用技术；人工草地和饲料基地建植技术；饲草加工和贮存技术、冬春季节饲草平衡保障技术；研究以荷斯坦奶牛培育提高为主，乳肉兼用型西门塔尔牛、瑞士褐牛、新疆褐牛等为辅的良种选育技术体系；研究制定牧区舍饲、半舍饲的饲养管理技术规范，适度放牧和划区轮牧制度；研究示范适合牧区条件的机械挤奶、运输和加工配套技术体系；开发适合于牧民食用的酥油、奶酪、奶茶和酸奶等特色奶制品。

**【主要作用】**国家奶业科技项目的实施，将重点应用分子生物技术、繁殖生物技术和信息技术建立奶牛良种繁育体系，培育核心高产奶牛群体和优秀种公牛；将胚胎工程技术应用到奶牛良种繁育，建立奶牛胚胎工厂化生产技术体系，为我国高产奶牛良种快速扩繁提供新途径；研究奶牛营养调控先进技术，建立现代奶牛营养需要与饲养标准体系，为合理开发我国饲料资源、提高饲养管理水平提供科技支撑；建立奶牛主要疫病早期预报和防治技术以及隐性乳房炎、子宫内膜炎等疾病的快速诊断技术；开发奶牛主要疫病的新型环保型基因工程疫苗；开发一批高质量特色奶产品，提出一套先进的乳品加工技术与工艺，增强我国乳品加工业的竞争实力；构建我国原料奶及乳制品质量安全检测标准体系和全程质量控制体系框架，并对健康危害较大的药物残留和毒素等项目建立相应的快速检测方法及标准。同时，将奶业生产的关键技术进行集成，运用技术攻关的科技创新成果，开展大中城市郊区、农区、牧区等的奶业现代化生产示范区建设，构建适合我国不同区域的，安全、高效、优质的奶业现代化生产与经营体系。通过两个层次的紧密结合，共同构建我国奶业发展的科技创新体系与产业化示范体系，极大推动我国奶业全面健康发展。

（科技部农村社会司　魏勤芳）

## 我国奶牛品种改良

影响奶业生产效率的主要技术因素是遗传育种、营养饲料、饲养管理和疫病防制。在上述4类技术中，遗传育种的贡献率最大，达到了40%。

决定一个国家或地区奶牛业生产水平的首要因素是奶牛品种的遗传素质，我国奶牛群体的总体水平远落后于发达国家，目前我国奶牛平均年单产约3 000千克左右，仅是美国单产的1/4。就总体而言，我国的奶牛品种亟待改良提高。但还应注意到，在部分大中城市郊区的国有牛场中，由于长期系统地坚持品种改良工作，奶牛群体平均单产却可达到8 000千克以上。事实证明经过系统的遗传改良措施，可以使低产牛的生产性能大幅度地提高。

奶牛的育种工作是独具特色的，由于奶牛是雌雄异体的哺乳动物，而且是一种世代间隔长（4～5年）、繁殖率低（每年1胎、每胎1头）的畜种，因此奶牛的育种工作，只能通过对现有的育成品种，即占当今世界奶牛存栏90%以上的优良奶牛品种——荷斯坦奶牛长期、系统地实施科学的选育技术，使奶牛群得到整体的遗传改良。

数十年来，世界各国的奶牛科学家应用遗传学理论和方法，经过长期的实践，总结出一套奶牛群体的遗传改良技术体系，概括起来有4项基础工作：

1. 在牛群中实施准确、规范的个体生产性能测定，以期获得完整、可靠的生产性能纪录。生产性能纪录是应用数量遗传学方法，进行群体遗传参数估计和个体育种值估计的基础。

2. 在牛群中通过个体遗传评定，对优秀牛只进行良种登记，以期选育和组建高产奶牛育种核心群，由此不断地培育优秀的种牛。

3. 组织大规模的青年公牛后裔测定，并经过科学、严谨的遗传评定技术，选育优秀种公牛。

4. 在牛群中广范地应用人工授精技术，将经验证的优秀种公牛的优良遗传物质推广到整个牛群，以期改进全群的生产性能。

上述奶牛群体遗传改良的技术组装集成，经过在世界各国长期应用，已经证实是迄今最为科学、合理和有效的品种改良技术体系。最有说服力的例证是北美奶牛群的发展进程。20世纪50年代初，美国和加拿大的奶牛平均生产水平仅是5 000千克左右，1953年两国同时启动了“牛群遗传改良计划”，即所谓的“DHIP”，经过半个世纪的努力，使两国拥有当今世界上最好的奶牛群。近年来，由于上述奶牛群体改良技术更为成熟，加之胚胎生物技术与计算机技术的应用，使世界发达国家的奶牛业发生了新的跨越式发展。主要表现在，总产奶量持续稳步增加的同时，奶牛存栏数量不断减少，生产效率得到了大幅度提高。从1989—1998年的10年间，美国全国奶产量增加了9%，而奶牛存栏量却减少了

9%。在此期间，在水平非常高的美国牛群中，奶牛个体平均生产性能竟提高了20%。由此可见，上述奶牛群体遗传改良技术是卓有成效的。

对世界奶业发展历程的科学分析表明，奶牛良种是奶业发展的基本资源，奶牛品种的不断改良提高是奶业发展的根本动力，研究、发展和实施奶牛群体遗传改良技术体系是奶业发展策略的重要方面。

我国奶业的发展是由品种改良和培育新品种所带动的，在我国的地方品种资源中没有专门化奶牛品种，最早饲养的奶牛是由国外引进的。这些国外引进的奶牛一方面在小范围内进行纯种繁育，另一方面为了扩大奶牛群的数量，使用引进的奶用公牛对本地的黄牛进行级进杂交改良，经过数世代后，对理想的杂交牛进行横交固定。再经过长时间的筛选和选育工作，逐步形成了遗传稳定、特征基本一致、产奶性能良好的改良牛群，这就构成了育成新品种的基础。1985年经国家鉴定，我国自己的奶牛新品种正式育成，定名为“中国黑白花奶牛”，后更名为“中国荷斯坦牛”。

按照家畜育种学理论，一个已经育成的品种，如不加强在品种内的选育提高工作，将会因受到自然选择的影响，造成品种退化。为此中国奶牛协会在科技部、农业部的支持下，会同教学、科研部门的科研工作者和各地奶牛育种工作者，在中国荷斯坦牛群中开展了一系列选育和改良提高工作。概括起来说，有以下几方面：

1. 自20世纪80年代，农业部和各级政府组织技术力量，在内蒙古、黑龙江等北方多个省、自治区开展了大规模的应用奶用公牛冷冻精液杂交改良黄牛工作，俗称“冷配黄改”，使得我国这一时期奶牛存栏数和总产奶量猛增，导致了20世纪后20年我国奶业大发展。

2. 在“七五”期间，中国奶牛协会承担了国家科技攻关项目“中国黑白花奶牛育种核心群选育”，在13个奶牛主要生产省、自治区开展了高产奶牛的选育工作。通过调查和良种登记，选育了将近1.4万头高产奶牛，由这些牛组建的育种核心群，为培育优秀种公牛，提高良种覆盖率奠定了基础。

3. 为了加快牛群的遗传改良速度，自20世纪80年代，上海、北京、黑龙江等的公牛站和许多省、自治区有计划地引进国外大批种公牛、冷冻精液和胚胎。经分析，我国奶牛主要产区近年来所获得的增产效果，很大部分是由于引进国外育种材料所致。

4. 为了全面实施国外先进的奶牛群体改良技术，逐步实现我国自行选育优秀种公牛的目标。自1983年开始，农业部授权中国奶牛协会主持，先后组织了27批全国联合公牛后裔测定工作，参加测定的青年公牛355头，经验证获种公牛近100头，这些优秀种公牛的冷冻精液对全国奶牛群的遗传改良起到十分重要的作用。在公牛遗传评定技术方面，我国坚持使用世界先进的BLUP方法，在计算机中实现育种值预测，大大提高了种公牛选择的准确性。但由于种种原因，我国始终未能系统实施规范的生产性能测定，加之育种组织与管理机制不健全，使得公牛联合后测对奶牛群体的改良作用受到了限制，我国仍未完全摆脱依赖国外进口种公牛的被动局面。

5. 1995年以来，在执行中国－加拿大奶牛育种合作项目中，在上海、西安、杭州、北京等十几个省、直辖市先后推行了奶牛生产性能测定（DHI）体系，到2001年底，全国已获得近15万头次的生产性能纪录，初步试行了在我国多年未能实现的这项奶牛品种改良的基础工作。

6. “八五”期间，中国奶业协会又联合中国农业大学、北京奶牛中心等单位主持完成了“应用MOET技术选育高产奶牛群的研究”的国家科技攻关项目。该项目应用系统工程方法，科学地将胚胎移植技术、计算机技术与数量遗传学方法结合在一个系统中，能在较短的时间内，花费较少的人力和物力，成批地培育优秀种公牛和高产母牛，这个成果被称为MOET（即胚胎移植）育种体系。在完成该项理论与技术研究成果的同时，还在北京奶牛中心良种场实施了“优化MOET核心群育种方案”，仅经过4年多的时间，就选育出了优秀种公牛18头（育种值平均比同期同龄公牛高20%以上），培育出278头高产种母牛（头胎平均产奶量比同期同龄牛高18%）。MOET育种体系若能正常运行，预期每年可培育15～20头优秀种公牛，每年向全国推广优质精液90万～100万份，可承担50万头奶牛的遗传改良任务。可使牛群的遗传进展加快20%～30%并提高25%的育种效益。

在过去的一段时间里，尽管我国在奶牛品种遗传改良方面尽了很多努力，也取得不小的进展，但目前在奶牛品种遗传素质和选育技术上，我国与发达国家有相当大的差距，这些差距主要表现在以下几个方面：

1. 奶牛品种改良工作指导思想不明确，缺乏稳定的育种目标、长期的改良方案、系统成熟的技术、高效的运行机制，致使全国奶牛生产一直在低水平上徘徊，限制了奶业的发展。

2. 奶牛群中良种覆盖率仍然较低，在统计的我国近500万头奶牛中，真正纯种荷斯坦奶牛仅有1/4左右，其他多为低产的改良牛，甚至未经改良的土种牛。近年来由于种种原因，前几年效果较好的“冷配”改良工作出现滑坡和停滞。

3. 我国始终未建成科学、规范的良种奶牛遗传改良技术体系，一些已被发达国家所证明的行之有效的选育改良技术，诸如生产性能测定、后裔测定、品种登记等技术措施尚未得到完全实施，因此奶牛群整体的遗传改良进展迟缓。

4. 我国迄今尚未形成自主培育和选育优秀种公牛的能力，因此多年来用于牛群品种改良的种公牛主要依赖国外引进，而国外引进的未经验证的青年公牛其改良效果有限，使得我国的奶牛群的遗传改良受到很大制约。

2001年经国家科教领导小组批准同意，科技部决定在“十五”期间组织实施12个重大科技专项，作为我国“十五”期间科技工作的重中之重。奶业发展的科技问题被列为专项之一组织实施。奶牛品种遗传改良技术的研究与发展成为了“奶业专项”的重要研究领域之一。通过奶业专项的实施，将总体上构建我国奶牛品种改良的科学技术新体系与产业化模式，提升科技创新能力，使我国的奶牛品种改良工作取得更快的进展。

（中国农业大学　张　沅）

## 我国家畜克隆技术概况

动物克隆（animal cloning）是指通过细胞核移植进行个体的先天性复制。将未完全分化的胚胎细胞进行核移植称胚胎细胞克隆（embryonic cell cloning）；将已分化的体细胞进行核移植称体细胞克隆（comatic cell cloning）。

国际上家畜核移植的最初阶段，用于牛克隆的供核细胞都来源于早期胚胎的卵裂球，因为这些卵裂球被认为是相对未分化的细胞，易于进行克隆。然而，这一方法的效率却相对较低。由于早期胚胎的细胞数少，难以获得大量的供体细胞核，因此最终获得的基因型完全一致的克隆个体数很有限；另一方面，由于早期胚胎的性别以及遗传特性难以控制，所以克隆出来的动物个体不一定是我们所需要的。随后，研究人员考虑到用未分化的胚胎干细胞作为供核体细胞，这可以部分解决以上两个方面的问题，然而到目前为止，尚未获得牛的胚胎干细胞，只获得了类胚胎干细胞，用这种细胞进行核移植后的胚胎仅能在体内发育到60天。1998年，“科学”杂志报道了美国科学家用培养的携带外源基因的胎儿成纤维细胞作为供核获得的4头转基因克隆牛（其中一头在出生后5天死亡）。这是第一次报道用培养的牛分化细胞作为供核的核移植研究，而且该研究所用的细胞经体外转染后携带了B-半乳糖苷酶基因，这就为以后大规模开展转基因生物反应器研究奠定了一个基础。但该实验中所用细胞是易于在体外培养及传代的牛胎儿成纤维细胞，而不是完全分化的体细胞。7个月后，“科学”杂志再次报道日本科学家的克隆牛研究，这次用的是在体外培养数代后的完全分化的卵丘细胞和输卵管上皮细胞。他们在移植10枚重构囊胚后，共获得了8头克隆牛，其中4头不久后死亡。随后，体细胞克隆牛在新西兰、法国、澳大利亚、德国、美国、加拿大等国家获得成功。至此，体细胞克隆牛技术已建立，但对于克隆牛过程中遇到的一些问题，还尚不清楚，如克隆动物早衰、是否各种细胞类型均适合于克隆、克隆牛为何会出现这么多死亡现象等，因此又出现了不少针对这些问题的研究报道。

我国的克隆技术研究始于20世纪60年代，早在1963年，童第周等首次报道了鱼类细胞核移植，在国际上首创核移植培育鱼类新品种的方法。在80年代末，我国开始了哺乳动物胚胎细胞克隆研究。90年代是我国科学家利用胚胎细胞进行动物克隆的鼎盛时期，西北农林科技大学、中国科学院发育研究所、中国农业科学院、江苏省农业科学研究院、广西农业大学和湖南医科大学等科研单位的科研工作者相继用胚胎细胞克隆出了牛、羊、猪、兔及小鼠等几种动物。1996年，西北农林科技大学生物工程研究所李雪峰等报道了用奶牛的8-32细胞期胚胎作核供体进行核移植，获得了一头胚胎细胞克隆牛犊；2000年，东北农业大学李光鹏等用猪的胚胎细胞克隆了猪；2001年，湖北省农业科学院生物技术研究所赵浩斌等以湖北白猪卵母细胞为核受体，杜洛克胚胎卵裂球为核供体，进行了猪胚胎细胞核移植，获得了杜洛克胚胎克隆猪。1998年后，我国科学家开始了哺乳动物体细胞克隆的研究，先后在山羊、奶牛等家畜上取得了成功。1999年，中国科学院发育生物学研究所和扬州大学畜牧兽医学院协作，用胎儿成纤维细胞作为供核细胞，在国内首次获得了体细胞克隆山羊；2001年，中国科学院发育研究所和扬州大学在已经获得的乳腺特异性表达人促红细胞生成素(rhEPO)成年转基因山羊（Capra hircus）的基础上，取其耳尖成纤维细胞和卵泡颗粒细胞，进行体外传代培养，然后将这种培养的转基因山羊的体细胞进行核移植，获得了2只携带rhEPO外源基因的克隆山羊。随后，西北农林科技大学也获得了成年体细胞克隆山羊。1999年后，我国有多个单位相继开展了牛的体细胞克隆研究。2001年，中国科学院动物研究所与山东曹县中大胚胎中心合作研究体细胞克隆牛，试验用230枚重构胚移植112头受体牛子宫，其中26头牛妊娠。

克隆技术在奶业中有重要的应用前景，对加速畜种改良、提高乳品质量有着重要的作用。应用体细胞克隆技术可以不受限制地保存某些个体的优良性状，并迅速地扩大优良个体的数量；克隆技术与转基因技术结合，可以大大提高转基因的效率，加速实现动物遗传的改造；克隆技术与乳腺反应器技术结合，可以直接从乳品中生产药用蛋白，或改良乳品质量。

（中国科学院动物研究所　陈大元）

## 家畜胚胎移植技术及应用

胚胎移植（embryo transfer，简写ET）也称受精卵移植，或简称卵移植，它是将一头良种母畜配种后的早期胚胎取出移植到另一头同种的、生理状态相同的母畜体内，使之继续发育成一个新个体，俗称“借腹怀胎”。提供胚胎的个体称为供体，接受胚胎的个体称为受体。胚胎移植实际上是由产生胚胎的供体和养育胚胎的受体分工合作共同繁育后代。后代的遗传特性由供体决定，受体只影响它的体质发育。

胚胎移植技术对促进畜牧业快速发展和动物遗传资源的保护，有着极其重要的意义。一是可以极大地提高母畜的利用率。对于牛羊等单胎家畜来说，在自然繁殖时，一头母畜发情后，一次只能排1～2个卵子，孕育1～2个后代，但通过超数排卵和胚胎移植，可使供体繁殖的后代增加7～10倍。二是人工授精技术和精液冷冻技术的应用，成百、上千倍地提高了优秀种公畜在品种改良中的作用；但由于受到产仔数和世代间隔的限制，母畜在品种改良中作用受到了制约。在家畜育种工作中，通过超数排卵和胚胎移植，可以从更多的后代中进行选择，加大了选择强度，提高了选择准确性，并且缩短了世代间隔。应用超数排卵和胚胎移植技术，牛、羊生长性状的年遗传进展可比正常繁殖法分别提高80%和70%。三是在保护动物遗传资源，挽救濒临灭绝的野生动物方面，胚胎移植技术越来越发挥着重要作用。

胚胎移植技术主要包括以下3个方面：

1. **供体母畜的选择** 供体母畜应符合本品种的标准特征，具有较高的生产性能和遗传价值。供体母畜的年龄应以青壮年为宜，正处于繁殖机能旺盛期，获得胚胎的效率最高。一般来讲，奶牛以3～7岁，胎次1～4胎的供体牛超排卵效果最佳。供体羊的年龄一般为2.5～7岁，青年羊为18月龄；体格健壮，无遗传及传染性疾病，繁殖机能正常。

2. **供体母畜胚胎生产** 供体牛的超数排卵处理时间应在自然发情或诱导发情后的第9～12天进行；供体羊在自然发情或诱导发情后的第12～13天进行。具体的超排程序要根据超排激素的不同种类、生产国家厂家和供体不同的品种、年龄体质等因素制定。对良种母畜进行超排处理，发情后再利用优秀种公畜的精液进行选配。最后，用非手术法回收牛的胚胎，用手术法回收羊的胚胎。回收的胚胎由专业人员进行镜检、鉴定，根据不同用途进行冷冻保存、解冻或分割等显微操作，最终移植给受体母畜。

3. **胚胎移植** 胚胎移植分冻胚移植和鲜胚移植。冻胚移植是将生产出来的胚胎先进行冷冻保存，在另外的时间或地点移植给受体母畜。鲜胚移植是指胚胎的生产与移植在同一时间同一地点进行，必须对供、受体母畜作同期发情处理。相比之下，鲜胚比冻胚的移植妊娠率高15%以上，目前，波尔山羊的鲜胚移植妊娠率在65%以上，奶牛、肉牛和肉用绵羊的鲜胚移植妊娠率为60%左右。牛的胚胎采用国际最新的冷冻方法，生产的冷冻胚胎可以像冷冻精液输精一样，解冻后，直接将细管装入移植枪移植给受体母牛，不需要在显微镜下进行复杂的操作过程，简化了胚胎移植技术，大大加快了牛胚胎移植技术在生产中的推广和普及。

哺乳动物胚胎移植技术研究已有100多年的历史，1890年英国首次将安哥拉兔的受精卵移植到比利时兔的输卵管内并得到2只仔兔。1934年美国成功地进行了羊胚胎移植，从此开始了小家畜的胚胎移植研究。

胚胎移植技术兴起于20世纪70年代，当时欧洲兼用型品种的牛在北美、澳大利亚和新西兰开始普及，从欧洲进口种畜因为运输成本高，检疫期长从而制约了进口的数量。为了获得更大的经济效益，为了使种群和优秀个体快速地扩繁，北美和澳大利亚的育种人员加大了对胚胎移植技术发展的资金投入，推动了胚胎移植技术向商品化转化。目前，商业性胚胎移植的水平，在技术娴熟人员的操作下，牛非手术移植鲜胚妊娠率已超过60%，冻胚移植妊娠率平均在50%。

90年代家畜胚胎移植技术被赋予更新、更深的内容，成为开发生物工程技术的必不可少的技术环节。在世界范围内家畜胚胎移植技术的发展已经从鲜胚移植发展到冻胚移植，从整胚移植发展到分割胚、嵌合胚、核移植胚及转基因胚胎移植。

我国牛胚胎移植的试验工作始于70年代后期，1978年中国科学院遗传所与上海牛奶公司合作，首次获得手术法冻胚移植的两头奶犊牛。此后，许多省市的大专院校、研究单位开始对这项技术进行研究。经过20年来的摸索实践，已经掌握了家畜胚胎移植技术，目前，牛鲜胚移植成功率为50%～60%，冻胚移植成功率为40%～50%，胚胎移植技术已由试验研究阶段进入推广应用阶段。

从20世纪80年代以来，我国学者紧密追踪国际科学技术信息，积极开展以胚胎移植技术为基础的高新生物工程技术的研究。胚胎分割技术已趋于成熟；体外受精鲜胚、冻胚移植羊羔、牛犊相继问世，牛体外受精技术已进入中试阶段；核移植兔、山羊，转基因猪，嵌合体小鼠均获成功；奶牛胚胎性别鉴定，准确率达到100%。这些科技成果，表明我国学者在高新生物技术研究领域，已具备参与国际竞争实力。

目前，国内利用超数排卵和胚胎移植（MOET）技术，开展家畜品种改良工作，已取得了突破性进展。由中国农业大学等单位承担的国家“八五”攻关项目——“应用MOET提高中国荷斯坦牛生产性能的研究”，经过5年的努力，已通过国家验收。由新疆畜牧科学院等单位承担的国家“九五”攻关项目——“优质细毛羊选育提高”，就是利用超数排卵和胚胎移植技术，迅速扩大优质细毛羊的数量。目前已通过国家新品种审定，正式命名为新吉细毛羊。该项研究为21世纪我国细毛羊业发展奠定了基础。农业部将在2002年，实施的“万枚高产奶牛胚胎移植富民工程”项目，是利用MOET技术，快速扩繁高产中国荷斯坦奶牛，为发展奶业，为农民致富，提供优秀、高产奶牛种源。

（全国畜牧兽医总站　刘长春　张秀陶）

## 牛胚胎移植技术产业化研究

2001年8月27日，科技部中国生物工程开发中心组织专家对国家“863计划”生物技术领域“牛胚胎移植技术产业化研究”项目进行鉴定，开发中心主任认为：中国牛胚胎移植的产业化已经获得突破性进展，达到了国际先进水平。

这一项目从1998年起列入国家“863计划”，承担单位“新疆新科力生物技术研究所”，和“宁夏农林科学院畜牧研究所”，在3年中累计生产胚胎5 449枚，移植受体牛5 272头，通过“借腹怀胎”办法获得了3 000多头优质牛的后代。同时，还建立了新疆呼图壁胚胎工程中心、宁夏四方生物工程研究中心等4家胚胎生产基地，具备了年产万枚胚胎的能力。

新疆目前已经累计在30多个县市移植受体牛约20 000多头，并建立起了适合新疆的产业化推广模式。

# 奶水牛科技发展状况

**1. 奶水牛品种的选育**

(1) 本地水牛品种资源。中国本地水牛属沼泽型水牛，资源丰富，产地广阔、据调查已有18个品种（含类群），并确定英汉对照水牛（Water buffalo）品种名称。如滨湖、德昌、德宏、滇东南、东流、恩施、福安、涪陵、富钟、贵州、海南、江汉、上海、温州、西林、兴隆、信阳和盐津等18个品种的水牛。

本地水牛以役用为主，从事农业劳役。仅广东省潮汕平原等地利用水牛挤奶和加工传统乳制品，说明本地水牛具有一定的泌乳潜力，应选择泌乳性能高的水牛加强培育，以乳用性能方向发展，提供高浓度的水牛乳和传统乳制品，期望培育成“中国沼泽型乳用水牛”新品种。

(2) 引进水牛品种的选育提高：尼里—拉菲水牛和摩拉水牛引进中国饲养有40～50年历史，经过风土驯化和选育结果，生产性能有大幅度的提高，已达到原产地水平；对中国本地水牛改良效果显著。这两个品种在体型外貌、生产性能和特征特性等方面都有很大变化，对当地自然环境的适应性强，具有新物种的物质基础，因此，应该采取措施加速培育“中国摩拉水牛”和“中国尼里—拉菲水牛”新品种。

(3) 水牛杂交育种效果：采用尼里—拉菲水牛（N）和摩拉水牛（M）为父本，本地水牛（L）为母本进行两个品种的级进杂交和三个品种的育成杂交方法。试验表明：杂交二代的三品杂和尼杂二代水牛的泌乳量超过沼泽水牛一倍多（$P<0.01$），提高水牛泌乳的遗传进展；育肥试验效果良好，可以培育“中国乳肉兼用水牛”新品种（新类群）。

**2. 水牛遗传育种研究和标准化**

(1) 水牛细胞遗传学研究。研究表明，三品杂水牛有两种细胞染色体核型 即$2n=50$和$2n=49$（近似1∶1），而三品杂互交子一代水牛出现三种细胞染色体核型即$2n=50$、$2n=49$和$2n=48$（近似20∶10∶1），说明不同品种或不同杂交组合水牛的染色体核型，呈现多态性，而水牛之间又具有繁殖后代的能力和特性。因此，通过基因分离重组后培育同一核型（$2n=50$）水牛新类群是完全可能的。

(2) 水牛数量遗传性状。对摩拉水牛进行数量遗传性状（$h^2$、re和rp）的研究，加速了水牛选育的进度。

(3) 水牛选种方法。应用TPI法和PI法选择公母牛和犊牛，提高牛群质量，改进遗传品质。

(4) 制定水牛标准化。完成“水牛种公牛”和“水牛冻精人工授精操作规程”标准化。

**3. 水牛生理特性的研究**

(1) 水牛瘤胃消化代谢。为水牛合理利用精饲料的营养需要提供依据。

(2) 水牛泌乳生理特性。证明杂种水牛泌乳生理特性具有培育乳肉兼用水牛品种的科学依据和机器挤奶试验获得成功。

(3) 水牛血液理化成分。这项研究为水牛遗传育种、畜种资源、品种改良和营养需要提供科学依据。

**4. 水牛繁殖性能及人工授精技术** 这项研究的时间最早、内容丰富、普及面广，主要内容：

(1) 水牛繁殖性能和繁殖技术。对公水牛性机能发育，母牛发情和排卵规律、母牛早期妊娠诊断以及提高母牛繁殖率等研究。

(2) 水牛冻精和人工授精技术：对水牛精液品质以及精子顶体测定，水牛冷冻精液剂型和生产工艺及其推广应用，输精工具改革，水牛人工授精技术以及提高母牛受胎率的研究。

**5. 水牛生物技术工程研究** 广西水牛研究所通过水牛卵母细胞体外培养、体外授精和受精卵发育成囊胚，移植受体母牛19头，已繁殖胚移犊牛12头，其中1头母牛产双胎犊（公、母各1头）；另有一头母牛是采用不同配种方法生产一对不同牛种母犊。即以人工授精方法生产一头尼里—拉菲母犊，用胚胎移植生产一头摩拉杂种母犊。海南学院采用精子载体法转有hFSH转基因的水牛产下一头母犊获得成功，开创了水牛生物技术的快速发展。

**6. 水牛饲养试验，生产性能及粗饲料利用研究** 对水牛犊早期断奶和各种水牛的饲养观察，水牛泌乳、育肥和役用等性能的研究以及粗饲料利用试验。

**7. 乳肉营养成分测定及乳品加工研究**

(1) 水牛乳营养成分。测定水牛乳常量成分，微量成分、氨基酸、维生素和物理特性，表明水牛乳是一种优质乳，其中固体物、乳脂和乳蛋白高；氨基酸、维生素C、E和钙含量丰富；物理特性正常具有特殊风味。

(2) 水牛肉营养成分。测定成分表明水牛肉也是一种优质肉，瘦肉多、营养佳，肉质鲜嫩。

(3) 水牛乳品加工。已研制生产水牛乳酸菌酸奶，奶油等产品以及民间传统乳制品。

**8. 水牛疾病防治** 主要对水牛寄生虫病防治，水牛结核病菌素反应、病理学检查和检疫标准的研究，以及水牛产科、内科等疾病的防治方法。

**9. 水牛科学专著** 近年来，先后总结、编著了《中国水牛解剖》、《实用水牛疾病学》、《养牛学》、《中国水牛科学》等专著。

（中国农业科学院广西水牛研究所　章纯熙）

# 牦牛科技发展现状

牦牛（Bos gruniens）是青藏高原及毗邻地区特有的遗传资源，是惟一能充分利用青藏高原海拔3 000米以上高山草原，进行动物性生产的牛种，在我国1.3亿公顷高寒草原上具有不可替代的生态—经济学地位。中国是牦牛的主产区，现有1 377.4万头，占世界牦牛总数的92%，其中青海480万头、四川400万头、西藏380万头、甘肃90万头、新疆22万头、云南5万头，其余近100万头主要分布于蒙古人民共和国（60万头）、前苏联中亚各国（14万头）、尼泊尔（6万头）、印度（4万头）和不丹（2万头）等高山草场和高寒山区。牦牛分布区域辽阔，由于主产地的地理生态条件、草地类型、饲牧水平、选育程度、社会经济结构等不同，致使牦牛在体态结构、外貌特征、生产性能、利用方向等方面有所差异。形成中国牦牛的11个优良类群：青海高原牦牛、环湖牦牛、长毛牦牛、甘肃天祝白牦牛、西藏亚东牦牛、西藏斯布牦牛、西藏高山牦牛、新疆巴州牦牛、四川九龙牦牛、麦洼牦牛、云南中甸牦牛。牦牛具有乳、肉、毛、役兼用的多种经济用途。其中肉、奶生产性能虽不及改良牛种、但其质量优良，为其他牛所不及。

**（一）牦牛泌乳特性**

1. **牦牛乳的成分**　牦牛乳无论是初乳，还是常乳，其中干物质、乳脂、蛋白质、乳糖等营养成分含量均比奶牛高，牦牛乳脂肪球大（4.39微米），乳脂含量高，是加工奶油系列制品最优原料乳之一，见下表。

**牦牛、奶牛乳成分比较表**

（%）

| 品　种 | 干物质 | 脂肪 | 蛋白质 | 乳糖 | 灰分 |
|---|---|---|---|---|---|
| 牦牛 | 17.86 | 7.00 | 5.24 | 5.41 | 0.86 |
| 犏牛 | 14.95 | 5.31 | 3.99 | 4.88 | 0.69 |
| 黑白花奶牛 | 12.00 | 3.45 | 2.79 | 4.97 | 0.79 |

2. **牦牛泌乳量**　泌乳量是指挤乳量和犊牛自然哺乳量之和。牦牛在放牧状态下，在泌乳期150天，牦牛总泌乳量平均487千克，平均日泌乳量3.1千克。以第五胎最高，达520千克，平均日泌乳是3.4千克。1头犊牛日哺量为1.4～1.9千克，占母牦牛日泌乳量1/2～2/3。泌乳量受季节、放牧管理、胎次、产犊时期、挤奶次数与技术、草场类型、类群等相关因素的制约而异，总体来看，每年7～9月份气候温暖，青草丰盛，牦牛的营养良好，则产奶量高。到10～11月份牧草逐渐枯黄，气温低，则奶量开始减少。5～6月气温转暖但牧草刚刚萌生见绿，产奶量也少。

牦牛与其他舍饲牛完全不同，在海拔3 000米以上高寒草原，终年放牧，不补饲，其乳是纯天然绿色食品。牦牛乳不仅营养成分高于普通乳，而且风味独特，品质优良，符合国际市场食品安全标准，完全有可能在国际市场挤占一席之地，所以提高牦牛产奶量，开发新的奶制品，把牦牛乳业引向商品生产，显得尤为重要。

**（二）牦牛奶开发状况**

牦牛产奶量按每头泌乳量1/3计，每头年产200千克左右，泌乳母牦牛按总头数36%母牦牛计，全年可产奶70万吨左右。但目前，实际加工奶量，不足产量的1/4。以牦牛乳为原料的乳品加工厂各牦牛产区都有，但规模小，品种单一，生产工艺和设备落后。如青海果洛乳品厂、西藏那曲奶粉厂、四川红原、阿坝藏族羌族自治县等地是以牦牛乳为原料的小奶粉厂，日处理鲜乳仅10吨；牦牛产区加工方法原始，主要传统产品有：酥油、干酪、酸奶、干酪素等。牦牛主产区由于奶品的收购、保鲜、运输困难等原因，乳品开发迄今仍处于传统落后的家庭作坊式初级加工阶段，这也是造成牦牛奶制品粗制品多，半成品多、低质产品多的主要原因。一般自产自食，很难带动众多的牦牛饲养户走向商品化生产。要克服存在的问题，应尽快引进新科技、新工艺、新设备，在牦牛饲养密集地区尽快扶持、扩建或新建一批以牦牛乳加工为龙头，与众多的牦牛饲养户组成现代化产加销为一体的联合企业，开发新产品及深加工工艺技术，开拓牦牛乳加工产品的国际国内市场。

**（三）牦牛科研发展现状**

中国牦牛的科学研究自20世纪70年代成立了“中国牦牛科研协作组”后才正式起步，有100多个单位协作攻关，先后开展科学研究项目数百项。先后取得了100多项学术成就和科研成果，使我国牦牛科学、技术与生产研究处于世界领先地位，创办了《中国牦牛》和《国际牦牛通讯》（英文版）杂志；出版了9部学术专著（二部为英文），共发表有关牦牛学术方面研究论文2 000余篇，涉及的范围包括牦牛的解剖学、生理学、组织学、发育学、生物化学、营养学、牦牛遗传繁育、品种改良、饲养管理、疾病防治、产品加工、技术推广等学科内容，形成牦牛学科的研究领域。

牦牛资源，已逐步被人们所了解。但有关牦牛产奶性能及加工领域研究还比较薄弱，亟需进一步加大研究和开发力度。我国乳品行业近几年持续快速发展，在市场经济和全球经济一体化进程加速发展形式下，加入WTO后与外来乳制品的竞争过程中，高营养、无污染、新鲜的液态奶将成为乳业发展的重点。牦牛乳以其丰富营养成分、无污染、纯天然的优点不但具有一定生产潜力和发展空间，而且更以其“高原绿色”的特色产品丰富市场。

**（四）牦牛饲养技术**

牦牛是一个特殊牛种，也是一个原始畜，是世界上最大的少数民族聚居板块牧业经济支柱，与飞跃发展的邻近学科和行业尚有很大差距。对这个特定地域的特殊牛种的整体情况，还需进行系统、全面科学研究，提出切合实际的发展战略和实施方案，推广牦牛的增乳技术十分必要。

1. **推广综合措施，改善牦牛产奶效能**　推广昼夜放牧：如把白天控制放牧改为昼夜放牧，产奶母牛挤乳量增加 25%～40%，增重 120.7%。

推广冷、暖季节补饲：实行补饲是提高牦牛产乳水平的重要手段。冷季适当补青干草、青贮饲料和矿物质饲料，不仅可防止牦牛大幅度失重，而且对维护怀孕母牦牛健康，防止流产、提高犏牛的繁殖成活率及增加产后泌乳量均有重要作用。暖季挤乳旺期少量补饲或补饲饲料添加剂，可提高挤乳量 24%～33%或更高。

推广暖棚管理：由于高寒草地冷季气温过低（最低为－40℃左右），牦牛棚圈过于简陋，难以御寒，牦牛最适温度为 8～12℃，气温低于最适温度时，当气温每下降 1℃，饥饿家畜的新陈代谢就提高 2%～5%，气温每降 1℃，机体表散热或热量损失量为 2.72 焦/米$^2$，每天给活重 300 千克的牛补饲 1.1 千克精料或 2.2 千克青干草，才能弥补寒冷天气造成的散热损失。一头纯放牧牦牛，在冷季，体重约下降 1/6～1/4，体重损失相当于 5 头牦牛损失 1 头牦牛。

**2. 推广杂交改良繁育体系**　利用乳用牛品种冷冻精液授配牦牛，杂种 $F_1$（犏牛）第一胎 150 天产奶量 690～1 000 千克，乳脂率 5.15%～5.31% 比牦牛产奶量提高 2～3 倍。杂种优势效果非常明显，但人工授精繁殖率低（为 40%左右），需加大杂种牛的培育和饲养管理。在条件好的国有牧场和交通方便的村庄，推广此方法有助于开发牦牛资源，大幅度提高产奶量。三元杂交改良牦牛，三元杂交繁殖 $F_1$ 代，其杂种优势比培育公牛优势低，但方法简单，技术可靠，配怀率、繁殖成活率较高，具有良好的适应性，故在海拔 3 500 米左右的牧区牦牛业生产中应大力推广应用牦牛三元杂交。第一胎产奶量为牦牛的 2.5 倍。为了使杂种优势这一生物学特性在牦牛持续发展中发挥作用，还需采用新的繁殖技术，探索新的杂交组合和途径。如选择体型较小、生长发育快、产奶性能好的培育品种，改良牦牛，以达到繁殖力和杂种优势益彰并行不悖的效果。利用杂交优势后代的犏牛，提高牦牛的生产性能，特别是产奶性能，是我国发展牦牛奶业的途径之一。由于牦牛基数大，广阔的天然草场是牦牛奶业发展的基础，加之，自古以来，产区群众把牦牛作为奶畜养，他们有一整套牦牛挤奶和奶品加工的习惯技术。牦牛奶业发展是我国奶业生产和发展不可忽视的产业。

**【第一届国际牦牛学术讨论会】**1995 年 8 月在中国兰州召开，通过中外专家的交流和研讨，反映出中国牦牛业的生产和科研的“三个绝大部分和一个首创”：三个“绝大部分”是指世界上绝大部分牦牛产区在中国境内，绝大部分牦牛在中国，绝大部分牦牛科研成果出自中国。一个“首创”是指中国首先创建“牦牛学科”。这个新学科已被大家所接受。正是因为这些原因，第 1～3 届国际牦牛学术讨论会都在中国召开，第 4 届国际牦牛学术讨论会将于 2003 年在中国成都召开。

（中国农业科学院兰州畜牧兽医研究所　阎　萍）

# 液态奶保鲜技术

2001 年我国液态奶总产量为 280 万吨，较上年（190 万吨）提高 47.4%，目前我国生产的液态奶制品主要有纯牛奶（全脂牛奶）、强化奶、花色奶、低乳糖奶、酸牛奶、乳酸菌饮料等。我国液态奶市场增长迅猛，不到两年时间，液态奶的消费量（1999 年为 95 万吨）增长两倍，但人均消费水平仍很低，因此液态奶消费市场还有很大的潜力。

在 2001 年的液态奶产品中杀菌奶约占液态奶总量的 43%，灭菌奶约占 35.4%，酸奶约占 14.5%，其他奶约占 7.1%。与 2000 年相比，杀菌奶比例下降了 12 个百分点，灭菌奶提高了 10.4 个百分点，酸奶上升了 2.5 个百分点，其他奶制品所占比例基本保持不变。从总体上看，货架期较长的液态奶（如 UHT 奶）市场份额正在增长，原因在于其对冷链系统要求不太严格，又便于储存、携带。

从企业特点看，大型企业发展迅速，市场份额日益扩大。据乳品工业协会秘书处统计，2001 年我国液态奶产量在前十位的企业共生产液态奶 136.4 万吨，约占全国总产量的 48.7%，比上年（87.6 万吨）增长 55.7%。但是，从奶业供需形势上看，我国奶业呈供不应求局面，其缺口估计近 50 万吨，与往年相比供需缺口进一步扩大。造成供需不平衡的主要原因是奶源不足、奶牛单产水平不高以及品质较差，另外有些地方虽然有一定奶源基础，但还存在冷链及加工设备不配套现象，阻碍了奶业产业化进程。

2001 年我国乳制品进口总金额 21 610.5 万美元，其中进口液态奶 12 455 吨，较上年同期液态奶进口总量下降 28.7%。乳制品出口总金额 3 961.8 万美元，其中出口液态奶 26 507 吨。在进口的乳制品中，液态奶（鲜奶、稀奶油、酸奶）进口量最小，占进口总金额的 3.0%。因液态奶受保鲜质量的影响较大，外国鲜奶的进口受长途运输的限制，其竞争能力大幅下降，因此液态奶是我国奶业发展的优势。为了确保我国人民能喝上优质奶，应在饲料、畜种、牧场管理、挤奶、牛奶运输及加工的各个环节中注意防止奶源污染，确保原料奶及成品奶的质量。

## （一）原料奶的质量控制

生产优质乳制品的前提是确保原料奶的质量。除了要严把饲料关和选用高产、优质、高效益奶牛群体、控制原料奶的固形物含量、酸度以外，还应注意以下几方面：

**1. 尽可能地降低原料奶的初始细菌总数**　如要生产高质量的 UHT 灭菌奶，原料奶的初始细菌数一般应控制在 20 万/毫升（最佳 10 万/毫升）以下，我国国标要求在 50 万/毫升以下。用于生产酸奶、乳酸菌饮料和干酪的原料奶不应含有抗生素。原料奶的卫生质量状况、特别是体细胞的数量，对巴氏杀菌奶的风味、质量、保质时间具有决定性影响，国家标准（GB5408—1999）规定，巴氏杀菌奶的微生物指标为总菌落数（cfu/毫升）≤30 000，大肠菌群（MPN/100毫升）≤90，致病菌不得检出。目前，当务之急是把微生物指标列进牛奶“按质论价”的考核指标。

**2. 牧场环境及奶牛卫生** 牧场卫生状况不良，不仅造成奶牛易患传染病，也易造成牛奶污染。因此，必须保证奶牛周围的环境清洁，加强奶牛饲养卫生管理，才能提高奶和奶制品的质量。牛场布局和牛舍结构对奶牛健康的影响也很大。此外，牛群健康和乳房健康状况对牛奶细菌数和抗生素指标也有很大的影响。

**3. 推行机械化挤奶，注意乳房卫生** 我国目前牛奶生产中70%是手工挤奶，“十五”规划中提出“十五”末机械挤奶率达到50%，以全面提高原料奶质量。为了便于集中挤奶，我国采取了一些相应措施，如建立适度规模饲养小区和实行管道式挤奶厅挤奶。有些地方实行以收奶站为核心，分散饲养、集中挤奶，并提供综合配套服务的方式，以促进原料奶质量的提高。目前，我国三元集团、三鹿集团、光明集团、伊利集团等大、中型乳品企业都已成功使用机械挤奶。如石家庄三鹿集团奶牛饲养示范小区机械挤奶与手工挤奶相比较，原料奶的酸度平均为16’T，后者为17.5’T；细菌数前者平均<20万个/毫升，后者为几百万个/毫升。

**4. 原料奶的运输** 奶贮存及运输的温度和时间是影响乳中微生物数量的最主要因素。挤出的牛奶要迅速注入有制冷设备的贮奶罐，在2小时内冷却到4℃，并及时用保温奶槽车将原料奶运往加工厂，这是抑制乳中微生物生长的一个很必要的手段。

**5. 原料奶的收集及验收** 牛奶收集的方式主要有两种，即乳品厂直接收奶和奶站收奶。无论采用哪种方式，都要避免将劣质奶与优质奶混合而影响整批奶的质量。

原料奶收集及验收包括卫生和微生物学检验以及组分检测。目前我国的购奶付款标准已开始由按牛奶重量向以质论价过渡。其方法主要有：按牛奶的比重和酸度；按简易脂肪测量仪测定的脂肪含量计价；有些企业实行按脂肪、蛋白质、乳糖和总固体论价；大型和先进乳品厂正开始实行全面以质论价，包括细菌数、抗生素含量和体细胞数等指标。我国三元、光明、伊利集团等都制订了新的牛奶计价体系，北京三元集团的标准是每毫升鲜奶体细胞数必须小于60万，总细菌数小于50万。欧盟成员国的标准是体细胞数必须小于40万，总细菌数小于20万。目前较难达到要求的是体细胞数，即使是管理较好的奶牛场，仍有10%左右的牛奶体细胞数在44万～402万个/毫升，其主要原因是奶牛患有临床型乳房炎或隐性乳房炎。

**6. 原料奶的贮存** 原料奶运送到加工厂后，由奶槽车泵送到贮奶罐。为了减少嗜冷菌繁殖代谢对原料奶的破坏，运输到乳品厂的原料奶应避免再次低温长时间冷藏。一般情况下，原料奶在4℃条件下贮存不得超过24小时。目前，大多乳品企业将收购的原料奶先进行杀菌处理后再冷却。另外，还要注意牛奶贮存及运输设备的卫生。

**（二）液态奶各个生产环节的保鲜**

首先，应该特别注意乳品厂及乳品设备和管道的卫生。乳品设备的清洗、消毒、维护对乳制品质量的影响很大，很多工厂都设有CIP中央清洗系统以保证设备的清洁卫生，提高产品的质量。

杀菌处理是乳品加工中至关重要的环节，应慎重选择热处理的方法和条件。目前，在我国冷链系统尚不十分健全的情况下，超高温灭菌奶不仅有一定的市场，而且有逐年上升的趋势。但是，与超高温灭菌奶相比，巴氏杀菌奶毕竟具有一定的风味、质量、价格和营养优势，因此巴氏杀菌奶是液态奶制品发展的必然趋势。

产品的包装材料、包装设备及包装环境对乳制品质量及货架期起着非常重要的作用。目前市场上流行的包装材料主要有塑料袋包装、黑白复合塑料袋包装、屋顶型纸盒包装、方砖型复合纸盒包装、塑料瓶装和手提环保立式袋等。塑料袋包装虽然成本低、包装简单，但是其保质期短，因此会逐渐被淘汰，但目前巴氏杀菌奶仍以塑料袋包装最为普遍，其次是玻璃瓶包装和屋顶纸盒包装。当前黑白复合塑料袋UHT灭菌奶有上升趋势。包装设备和包装环境对产品质量的影响也很大，UHT灭菌奶和酸奶包装车间的卫生条件需非常好，有的要求用无菌空气，目前，我国所采用的无菌灌装系统均是进口设备，国产设备质量尚不过关，有待进一步提高。

有了高质量的产品，还需有相应的配送、销售体系。巴氏杀菌产品如巴氏杀菌奶、花色奶、酸奶等，只要是巴氏杀菌加工工艺，不论用何种包装形式，其在0～4℃下的保质期均为7天以内，且必须保证产品贮存、运输、销售系列环节均在冷链系统中进行，但实际上目前我国的冷链系统尚不十分健全，有的企业特别是小型乳品厂的冷库不符合要求，这也正是目前超高温灭菌奶的市场份额不断提高的原因之一。

综上所述，保证原料奶质量的根本办法是注意抓好奶源基地建设，大力推广“分散饲养、集中挤奶”、“集中饲养、统一管理”等奶牛饲养模式，坚决淘汰分散饲养、手工挤奶、奶站收奶的传统奶源管理模式。注意奶牛的饮用水质及奶牛饲料的合理利用；挤奶前清洗乳头，合理使用挤奶设备；牛奶要尽快冷却贮存；优质奶、劣质奶要分开；加强原料的检测手段，严格对原料奶进行把关；控制牛奶中的微生物，保证牛奶质量；另外，在奶牛场和加工厂都要实施良好操作规范（GMP），进行危害分析与关键控制点（HACCP）管理。只有用优质的原料奶才能生产出高质量的液态奶制品。

（中国农业大学食品学院　南庆贤　毛学英）

## “十五”国家科技攻关计划——乳制品加工技术研究开发项目

液态奶加工技术研究。重点开展液态奶保鲜贮存技术，液态奶快速冷却技术及设备，液态消毒奶无菌灌装技术，液态奶超高温灭菌技术，浓缩液态奶加工技术，100吨液态奶加工成套设备研究与开发。

新型大众化奶产品研究开发。重点研究开发强化液态奶、脱脂奶、果味型液态奶、发酵型酸奶和冰淇淋等新产品。

功能型奶制品研究开发。研究开发具有较高免疫功能的初乳制品，应用生物技术开发针对特定疾病的免疫乳制品、低乳糖奶制品加工技术，开展乳蛋白、乳糖、乳脂等分离技术与设备研究，研究开发富集DHA的高档奶黄金制品，选育功能菌株，进行益生奶制品加工技术与工艺研究。

技术经济指标。开发3～4种高品质液态奶新产品、3～5种新型大众化乳制品、3种功能乳制品，开发出100吨液态奶加工成套设备与技术；初乳制品开发技术实现产业化，技术与产品的市场占有率达到20%以上。

关键技术与创新点。液态保鲜技术与无菌灌装技术；高效功能性菌株的选育技术。

中标单位。北京三元食品股份有限公司、内蒙古农业大学、中国农业机械化科学研究院、杭州中亚机械有限公司。

## “十五”期间畜牧业科技工作的重点

实施优质高效畜牧科技行动，加速养殖业规模化、产业化、标准化进程。开展畜牧优良品种选育、饲料开发、生产设施设备研制、疫病综合防治等技术研究，加快畜牧业的专业化、规模化生产；建立健全畜禽产品质量检测体系，推动畜牧业全面发展，大力开拓国际市场。

加快畜禽新品种（系）的选育与产业化。充分利用国内外遗传资源，采用常规技术与高新技术相结合，提高新品种选育及其快速扩繁技术水平，加速畜禽良种繁育体系建设。

加强畜禽疫病防治技术研究开发。加快开发规模化饲养疫病监测和控制技术，降低畜禽死亡率；加速高效疫苗、新型兽药、疫病诊断技术的研究与产业化开发。

加速新型饲料技术及其加工设备研究开发，加快饲料工业技术进步。广辟饲料来源，研究开发蛋白质饲料、农副产品饲料的生产及高效利用技术；应用基因工程、发酵工程、酶工程、精细化工等技术，加速研制开发安全、无污染、高效的饲料添加剂；研究开发大型加工设备及成套技术；提高信息技术在饲料工业中的应用水平；建立健全畜禽健康养殖标准体系。

加快建立新型畜牧业规模养殖技术体系，发展优质高产高效畜牧业。利用我国农区、草原和草山、草坡丰富的畜牧业资源，开发区域化、规模化、标准化的高效低耗畜牧业养殖模式、技术体系和设备设施，大力发展草产业，促进畜牧业健康持续快速发展。

## 国家重点基础研究发展规划

（1998—2000年畜牧领域立项项目）

### 重大畜禽疫病病原大分子结构与功能研究

首席科学家　谢庆阁
依托部门　农业部

### 农业动物遗传育种与克隆的分子生物学基础研究

首席科学家　李　宁
依托部门　教育部　中国科学院

### 草地与农牧交错带生态系统重建机理及优化生态－生产范式

首席科学家　张新时
依托部门　教育部　农业部　中国科学院

## 1996—2001年奶业相关获奖项目

### 甘肃省动物肿瘤生态学研究

完成单位及主要人员　甘肃农业大学动物医学系　中国农业科学院中兽医研究所　陈怀涛　王雯慧　张世珍　李晓明　朱宣人　王兴亚　王建林　张国盛　付怡华　马　卓　贾　宁　陈秋生　王秋婵　陈化兰　杨毓芳

本项目获1996年农业部科技进步三等奖。

### 家畜有毒植物中毒及其引起孕羊流产公羊不育的机理研究

完成单位及主要人员　西北农业大学　曹光荣　丁伯良　李绍君　薛登民　段得贤　王建辰　赵宝玉

本项目获1996年农业部科技进步三等奖。

## 我国兽医原虫资源的创建及其相关主要技术的研究

完成单位及主要人员 中国农业科学院兰州兽医研究所 白启 刘光远 窦兰清 朱兴全 周俊英 韩根凤 陈震环 张林 尹世兴 苏进才 惠禹 柴忠威 付保权 张承芸 郝社平

本项目获1996年农业部科技进步三等奖。

## 抗生素类饲料添加剂——马杜霉素的研究

完成单位及主要人员 北京农业大学 李季伦 郑应华 文莹 吴红宇 宋渊 周前 田杰生

本项目获1996年农业部科技进步三等奖。

## 环核苷酸与山羊泌乳

完成单位及主要人员 西北农业大学 王秋芳 欧阳五庆 李生民 王晓峰 阎守昌 张森涛 李创宏 侯引绪 马宏林 李志荣 郭龙 侯宏伟 何高明 王洪巧

本项目获1996年农业部科技进步三等奖。

## 尿素复合添加剂舔块配置技术

完成单位及主要人员 中国农业大学动物科技学院 北京农业工程大学非常规农业专科学校 河南信阳农业专科学校 天津农学院 上海市牛奶公司奶牛研究中心 中国农业科学院饲料研究所 李德发 张晓明 夏建平 胥学新 朱晓萍 甄如林 徐景阳 谯仕彦 金逷良 孙毓秀 杨文军

本项目获1996年农业部科技进步三等奖。

## 生长期牦牛代谢及补氮技术研究

完成单位及主要人员 青海省畜牧兽医科学院 胡令浩 谢敖云 刘书杰 王万帮 薛白 柴沙驼 韩兴泰

本项目获1996年农业部科技进步三等奖。

## 秸秆养畜示范推广项目

完成单位及主要人员 全国畜牧兽医总站 农业部畜牧兽医司 中国农业大学 河南省饲料饲草总站 中国农业科学院农业经济研究所、农业资源区划研究所 山东省畜牧局 中国农业科学院农业气象研究所 安徽省畜牧局 山西农业大学 郭庭双 冀一伦 郭佩玉 刘建新 杨振海 张存根 冯仰廉 刘以连 徐定人 丛安妮 韩鲁佳 原敬凯 张智山 梁业森 周旭英 李黎 康威 司俊臣

该项目获得了我国各类秸秆资源数量、分布及利用现状的确切资料。研制成功各类成套秸秆氨化技术设备和设施。制定青贮饲料质量标准。制定了液氨氨化安全技术操作规程。在国内首次将“瘤胃尼龙袋评价饲料”的新技术应用于生产。提出了以氨化秸秆为基础饲料的精饲料合理补饲技术。明确提出“低精料、长周期”的饲养体制。青贮秸秆33 133万吨，氨化秸秆8 619万吨，累计节约精饲料7 677万吨。

本项目获1997年农业部科技进步一等奖。

## 我国木本蛋白质饲料资源银合欢毒性及脱毒利用的研究

完成单位及主要人员 中国农业科学院畜牧研究所 广西壮族自治区畜牧研究所 广西壮族自治区北海市农牧局 汪儆 雷祖玉 冯学勤 杨家晃 黄增法 王运芳 谭蓓英 易俊东

查明我国银合欢枝叶中含羞草素含量高达3%～4%，并引起我国肉牛、山羊和绵羊中毒。发现能使银合欢脱毒的涠洲瘤胃液。灌注涠洲瘤胃液后，牛、羊全部采食银合欢枝叶也不中毒，肉牛平均日增重可达0.82千克。从涠洲瘤胃液中分离鉴定出3种脱毒细菌。经检验证实这3种细菌对含羞草素及其瘤胃降解毒性产物3，4—DHP均具有降解活性。研制成脱毒活性高、保存时间长的银合欢脱毒制剂—涠洲瘤胃液制剂，其毒素降解率达95.4%。

本成果已获直接经济效益5 683万元。1991年起在广西、广东等省、自治区广泛推广应用，迄今银合欢脱毒利用推广面积2 066.7公顷，占总种植面积31%。

本项目获1997年农业部科技进步二等奖。

## 牛羊猪“猝死症”防治技术研究

完成单位及主要人员 全国畜牧兽医总站 中国农业科学院兰州研究所 山东省畜牧兽医总站江苏省畜牧兽医总站 吉林省畜牧兽医总站 河南省兽医防治站 四川省兽医防疫总站 李文京 李英才 袁秀林 诸长贵 王作友 侯安祖 邱昌庆 余勇 卢中华 侯振宇 董亚芳 王选方 王自振 伊力军 高双娣 李佑民 刘耀兴 杨绍增 魏永

顺　姚湘燕　高式伟　汤建梅　刘香仁　喻以权　梁　基　王为敏　王洪泽　陈洪科　刘亚楚　周武清

经两年的调查研究，现已明确了本病的主要病原。从病死家畜的病料中分离出了魏氏梭菌（Clostridium Welchiii）、克雷伯氏菌肺炎亚种（Klebsiella Pheu-moniac）和凝结芽胞杆菌（Bacilla coagulans）；青海、海南、四川诸省还从部分“猝死症”死亡的牦牛、水牛中分离出溶血梭菌（Clhaemolyticum）；江苏、四川、河南和甘肃省还从病死家畜中分离出腐败梭菌（Clsepticum）为这类病的预防免疫提供了依据。两年来，各省应用兰州兽医研究所研制的魏氏梭菌多价苗和兰州生物药厂生产的羊四联苗、山东省用克雷伯氏菌肺炎凝结芽孢杆菌灭治二联苗进行诊断性免疫预防试验，使本病的发病率明显降低，使该病病原诊断得到进一步证实。

本项目获1997年农业部科技进步二等奖。

## 牧草种子质量与检验技术的研究

完成单位及主要人员　甘肃省草原生态研究所　王彦荣　南志标　孙建华　余　玲　李春杰　陈江辉　李海林　曾彦军　卫　东　聂　斌　苏曼香

本项目获1997年农业部科技进步三等奖。

## 饲料中蛋白质快速测定仪研究

完成单位及主要人员　中国农业大学　吴美娟　周宗明　邢志新　骆肖俊　郑学义　潘定英　朱新民　贺高峰

本项目获1997年农业部科技进步三等奖。

## 我国草地牛羊蠕虫血液原虫综合防治技术

完成单位及主要人员　中国农业科学院兰州兽医研究所　中国农业科学院上海家畜寄生虫病研究所　才学鹏　沈　杰　王佩雅　叶明忠　周金林　吕文顺　何国声　郑润宽　徐惠斌　赵开元　曹　杰　黄振家　王　权　陈　涓　段志勤

本项目获1997年农业部科技进步三等奖。

## 瘤胃微生物脲酶抑制剂的合成与应用

完成单位及主要人员　中国农业科学院畜牧研究所　王加启　吴克谦　张　倩　谢　鹏　陈雪秀　冯京海

本项目适用于肉牛、奶牛、羊和鹿等反刍动物饲养业。

主要技术经济指标和总体技术水平：①本项目研制的瘤胃持续发酵装置属于动态连续发酵系统，技术性能达到国际先进水平。②用人工瘤胃法提取了高纯度瘤胃微生物脲酶，测定出其为单纯酶，分子量为130 000～133 000。③完成实验室脲酶抑制剂合成的研究，合成效率超过60%，纯度达80%。④尿素分解速度降低55.3%，利用效率提高16.7%；高于当前国际已有结果。⑤对6万头奶牛和肉牛进行饲养试验的结果表明，平均提高奶牛产奶量15%以上，投入产出比1∶3～1∶5；提高肉牛日增重18%以上，投入产出比1∶5～1∶8。成果鉴定结论是研究的总体水平达到国际领先水平。

本成果自1995年开始在黑龙江、吉林、内蒙古、北京、山东、河北、安徽、河南、江西和湖南等地推广应用，节约饼类饲料3万多吨，增加的直接经济效益达7 184万元。

本项目获1998年农业部科技进步一等奖。

## 饲料中蛋白质等六项快速检测技术

完成单位及主要人员　国家饲料质量监督检验中心　国家水产品质量监督检验中心　中国农业科学院畜牧研究所　湖北省农业科学院农业测试中心　中国农业科学院饲料研究所　崔淑文　董慕新　李晓川　杜　荣　李兆新　马东霞　李丽蓓　汪德成　徐若英　刘素云　翟毓秀　李文英　满　晨　王学奎　陈远惠

该成果主要应用于饲料工业生产中饲料原料及产品质量控制和质量评价。成果中蛋白质测定采用强碱直接蒸馏法，钙的测定采用钙色素分光光度法，磷的测定采用钒钼黄分光光度法，盐分的测定采用硫氰酸汞光度法，钙、磷、盐分采用流动注射分光光度法连续测定三个成分。饵料水中稳定性测定采用光纤传感器新技术，鸡饲料代谢能测定采用离体法。主要技术指标：①蛋白质快速检测方法（简称DD法），精密度和准确度与国家标准方法一致，两法相关系数r＝0.97～0.99，检测速度：20分钟/样，比国标法提高12倍。②钙、磷、盐分快速检测方法，精密度和准确度与国家标准方法一致，盐分精密度高于国标法。检测速度：3小时内同时完成钙、磷、盐分的测定，比国标法提高15倍。③饵料水中稳定性快速检测方法准确度与常规方法相关系数＞0.85。检测速度：15分钟/样。④鸡饲料代谢能快速检测方法：实测值与生物学法相关系数＞0.9。检测速度：24小时/样，比生物学法提高5倍。

该项研究成果提出的六项快速检测方法，目前已推广到200多个饲料质检单位和生产企业，获经济效益3 075万元。

本项目获1998年农业部科技进步二等奖。

## 饲料防霉保鲜技术及防霉剂、霉菌毒素检测新方法

完成单位及　中国农业科学院饲料研究所　中国农业大

主要人员 学生物学院 广东省农业科学院畜牧研究所 郑州粮食学院 中国农业科学院畜牧研究所 江苏省农业科学院原子能研究所 国内贸易部成都粮食储藏研究所 浙江省粮食科学研究所 中国农业科学院兰州兽医研究所 陈必芳 朱彤霞 莫棣华 谢发明 苏基双 王景琳 严以瑾 朱佳廷 蔡静平 呼玉山 陈宪明 汪 儆 杨曙明 李 楠 李 兰

1. 查清了28个省、自治区、直辖市104个规模化饲料加工厂和饲养场中主要饲料原料和配合饲料霉变现状及霉变原因。通过对627份饲料原料和配合饲料的霉菌数量、霉菌种类及霉菌毒素污染状况的分析研究，取得了近2 000个基础数据，录入计算机。分离鉴定出霉菌有23属、73种，以曲霉属、青霉属为主，其次是毛霉属、镰刀菌属等。首次系统地提出了全国饲料霉变现状调查评价报告；完成全国霉菌分类图谱一套。

2. 建立了三种镰刀菌素新的气相色谱系统检测方法和赭曲霉素A的ELISA法。

3. 提出了饲料原料及配合饲料从饲料管理技术防霉、物理及加工方法防霉、化学防霉及$^{60}Co\gamma$－射线辐照方法防霉，合理实用的饲料防霉保鲜技术一套；开发饲料防霉剂产品“霉敌101”、“双乙酸钠”两个产品。

4. 提出、建立了快速检测复合型饲用防霉剂四组气相色谱分析方法。优选了三根填充色谱柱，一根毛细管柱，选择了以乙酸乙酯、无水乙醇、水、乙醚单一溶剂、乙醚/石油醚、丙酮/石油醚混合溶剂为主的几种提取剂和方便、简单的净化方法，确立了乙酸－丙酸、山梨－苯甲酸、乙酸－丙酸－山梨酸－苯甲酸以及乙－甲酸4组不同类型防霉剂检测方法。方法回收率均在80%以上，精密度CV值在1.2%～6.7%之间，方法简便，快速，属国内领先水平。

本项目获1998年农业部科技进步二等奖。

## 牧草病害及其防治

完成单位及 甘肃省草原生态研究所 南志标 工彦荣
主要人员 李春杰 聂 斌 刘照辉 余 玲 孙建华 李海林 卫 东

1. **牧草病害调查** 对我国6省、自治区、直辖市的牧草病害进行了普查或专题调查，共发现危害新疆饲用植物的霜霉菌6属37种，其中新种1个，国内新记录10个，新寄主记录8个；沙打旺真菌病害10种；成功地将草原调查的样线法首次应用于苜蓿丛枝病的调查；明确了截至1994年，我国已有929种（含变种）真菌在15科182属的903种牧草上引致2 831种病害，在此基础上，编写出版了《中国牧草真菌病害名录》。

2. **牧草种带真菌研究** 确定了柱花草种子健康检验方法；查明了三种柱花草和沙打旺种带真菌和带菌部位；明确了沙打旺和哈马他柱花草种子和幼苗的重要病原真菌；发现种子健康状况与产地秋季湿润度（k值）呈负相关，建立了种带真菌与k值的线性回归方程式；证实了种子间混杂的植株残体是传带病原真菌的重要来源。

3. **牧草病害损失测定** 发现苜蓿、红豆草、箭舌豌豆等三种牧草受锈菌侵染后，叶片中营养成分含量降低；箭舌豌豆根系生长，根瘤数量及其干重显著减少；红豆草和箭舌豌豆叶片中氨基酸总量降低，但蛋氨酸含量显著上升；丛枝病显著降低苜蓿产草量。

4. **牧草病害防治** 在国内首次全面系统的研究了牧草病害的综合防治技术，提出了适用于处理小批量柱花草种子，可同时防治种带真菌和破除硬实的物理防治技术；试验证实了不同种牧草混播是防治苜蓿和红豆草病害，提高产草量的有效措施；开展了杀菌剂种子处理的系列研究，证实杀菌剂拌种可提高苜蓿等8种牧草的种子质量，改进草地建植，增加产草量；明确了红豆草杀菌剂拌种增产效果与种带真菌、根部入侵真菌的关系；以及杀菌剂拌种与牧草种子活力的关系；评价了苜蓿地方和引进品种的田间抗锈性。

我国甘肃、陕西、新疆等三省、自治区推广应用部分成果，已新增产值1 056万元，新增纯收益为8 917.07万元。

本项目获1998年农业部科技进步二等奖。

## 牛流行热病毒亚单位疫苗和灭活疫苗

完成单位及 中国农业科学院哈尔滨兽医研究所
主要人员 白文彬 张自刚 严隽端 林秀英 刘晓滨 姜春凌 王 春 田枫岚

该项研究将牛流行热病毒的BHK21细胞培养液的超速离心沉淀物制成的亚单位疫苗和灭活疫苗。用实验室和中间试制产品进行了田间和区域试验，进而在广东省进行了扩大应用。实验室的试验结果表明，用9批次白油佐剂亚单位疫苗对牛免疫效力检验其保护率为100%；用6批次白油佐剂灭活疫苗对牛的免疫效力试验保护率为93%。两种疫苗的免疫期均为6个月左右，保存期均为4个月。以免疫剂量的倍量免疫接种的牛均未发现不良反应，说明此两种疫苗是安全的。从1993—1998年用两种疫苗主要是灭活苗在6省、直辖市进行了区域试验和扩大应用。几年来用疫苗共免疫接种各种年龄的奶牛约5.8万余头，1993年以后至今，将灭活疫苗扩大至10个省、直辖市应用，接种牛只达20万头次，获经济效益4 270万元。

本项目获1998年农业部科技进步二等奖。

## 地克珠利（Diclazuril）的研制与开发

完成单位及 中国农业科学院上海家畜寄生虫病研究所
主要人员 史天卫 孙晓泉 徐庆梅 吴薛忠 黄

兵　张丽芳　陈贻顺　张　仓　翟　良　黄伟会　赵其平　费陈忠　盛成德　陈兆国　裘敏琪

地克珠利（Diclazuril）属苯基三嗪二酮化合物的衍生物，该药添加到饲料中，对各种畜禽的球虫病有很好的防治作用，是国际上最新一代广谱抗球虫药。在国内，由中国农业科学院上海家畜寄生虫病研究所第一家合成此药，并在技术方面取得了突出成就。

1. 与国外相比，在工艺路线上进行了较大的改进。有四点不同：起始原料不同；重氮、偶合、环合、水解，国外为分步进行，国内为一步进行；环合剂不同；脱羧不同。该项目与国外相比，具有工艺稳定，反应时间短，设备投资少，操作简单，收率高，原材料成本低，质量可靠，"三废"少等优点。

2. 在国内首次制定了该药的质量标准草案，并报农业部审批，下达试用。

3. 进行了该药对鸡球虫的笼饲、不同地理虫株、不同虫种、安全、田间、微核、Ames试验、预混剂稳定性试验，结果均佳，超过我国目前常用的抗球虫药物。

地克珠利及其预混剂于1997年4月取得国家二类新兽药证书，8月获准生产文号，现在正式生产。目前已售出原药361千克（0.5%预混剂），销售额已达847.20万元。

本项目获1998年农业部科技进步二等奖。

## 热研4号王草选育及栽培利用

第一完成单位　中国热带农业科学院农牧研究所
第一完成人　刘国道

热研4号王草为象草和美洲狼尾的杂交品种，经过十多年的试验选育而成的多年生禾本科牧草。该品种株高、叶量大、产量高、品质好、不开花、利用期长、适应性强，饲料的适口性良好。目前已在我国南方广泛种植，预计在今后五年内将完全取代象草，推广总面积可达70千公顷以上，增收饲草100万吨以上，增值1.9亿元以上。该项目的推广应用将对我国天然草地改良、人工草地建设、促进畜牧业的发展起到重大的作用。

本项目获1999年农业部科技进步二等奖。

## 种草养畜综合配套技术示范推广

第一完成单位　农业部全国畜牧兽医总站
第二完成人　阎汉平

1. 因地制宜将冬闲田种植多花黑麦草和冬牧70黑麦、羊鹅兔牛快速育肥及疫病防治、干旱草原饲料地和配套草库伦建设、饲草料加工、打贮草、暖棚等多项技术，进行集成、综合、组装、配套，使之成为一套较为系统的适合目前国内畜牧业生产方式和水平，农牧民能够接受和掌握的实用技术。

2. 在农区"引草入田"，开发利用冬闲田等空闲地种草养畜，在牧区干旱草原地区"引农入牧"，建立高效益规范化饲料地和配套草库化，解决了冬春优质饲草缺乏问题，建立了一种新的生产模式。

3. 制定出一套种草养畜综合配套技术示范推广技术规程，不仅为项目的实施提供了技术保证，而且为今后更大面积的推广提供了经验。

该项目在农区片6省、直辖市21县利用冬闲地、果园等地种植11.6牧草千公顷，牧区片5个省、自治区8个旗县共建立小型饲料地和配套草原库伦3 707公顷，建立人工草地4 820公顷，改良草地7 620公顷，围栏草地9 980公顷。

本项目获1999年农业部科技进步二等奖。

## 我国草地分类新系统及其计算机检索

第一完成单位　甘肃农业大学
第一完成人　胡自治

在比较研究了世界现存的七大类数十种草地分类方法，总结了草分类的基本原则，以草原综合顺序分类法（任继周、胡自治，1980）为基础，修改了分类水热指标和命名方法；提出了新的天然草原和人工草地分类新系统；设计和编制了包括地带性与非地带性天然草地与人工草地统一的分类检索图，建立了草地计算机检索分类软件和分类数据库，确定了我国草原放牧家畜和品种与草原类型关系等的研究基础上，提出了我国草地综合顺序分类新系统和分类检索软件及数据库。新系统是世界上第一个可以利用计算机定量检索的草地分类系统。研究成果被完整地纳入农业部全国高等农业院校教材指导委员会审定的统编教材《草原分类学概论》（1997）和部分被纳入《草业科学研究方法》（1998）。在指导生产中，成功地解决了云贵高原草坪适用草种等问题，创造了较大的经济效益和社会效益。

本项目获1999年农业部科技进步二等奖。

## 中国荷斯坦奶牛MOET育种体系的建立与实践

第一完成单位　中国奶牛协会
第一完成人　张　沅

1. 应用系统工程方法，将数量遗传学理论、胚胎生物技术、核心群育种技术、经济学评估方法等集成综合，在计算机技术的支持下，建立了胚胎移植技术核心群育种规划系统，并利用这一规划系统，进行了建立胚胎移植技术核心群育种体系的有关基础理论研究，为胚胎工程技术与家畜育种的结合提供了新模式。

2. 研究出"群内动物模型BLUP法"的计算方法，并编制计算机应用软件，解决了在小群体中，精确选择种母牛的技术问题。

3. 对胚胎移植技术进行系统的应用基础研究，发展和完善胚胎移植技术体系。胚胎移植获得高水平的成果，平均每次超排获可用胚胎6.38枚，胚胎移植妊娠率达54.2%，其中青年受体牛群胚和冻胚移植妊娠率分别达到70%和53%，使我国的胚胎移植技术达到了实用化程度。

4.建立我国自行培育优秀种公牛的育种技术新体系。选育出了优秀种公牛18头，还培育了278头高产种母牛；丰富和发展了奶牛育种理论和方法。

迄今项目每年已获直接经济效益2 967万元。

本项目获1999年农业部科技进步一等奖。

## 畜禽遗传资源保存的理论与技术

第一完成单位　中国农业大学
第一完成人　吴常信

本项研究系统地阐明了畜禽遗传资源保存的理论，分析了影响保种的遗传因素，提出了保种的优化设计，解决了保种群体的大小、世代间隔的长短、公母畜最佳的性别比例和可允许的近交程度等一系列保种的实际问题。同时，明确了遗传资源保存的对象是群体，保存的方式可以是冻精、冻胚甚至是细胞珠，但在今后相当长的时期内活畜保种仍是主要方式。在技术方面，在宏观上，采用计算机技术，对保种的理论问题和遗传、选择、迁移、近交等作计算机模拟，分析保种的长期效应，同时引入地理信息系统和图像分析系统，对遗传资源作动态的管理。在微观上，采用分子生物技术，通过以对DNA多态性分析，研究种群间的亲缘关系，并对某些有特殊功能的基因如猪的肥胖基因和肥胖受体基因、肌红蛋白基因，鸡的生长激素受体基因、慢羽基因以及反刍动物的乳蛋白基因、酪蛋白基因等进行研究，为今后对遗传资源的开发利用提供依据。

本项目获1999年农业部科技进步一等奖。

## 提高牧草种子利用率——牧草种子萌发及休眠特性的研究

第一完成单位　内蒙古农牧学院
第一完成人　易　津

本项目获1999年农业部科技进步三等奖。

## 家禽、水产诱食剂研究

第一完成单位　中国农业科学院饲料研究所
第一完成人　张　乔

本项目获1999年农业部科技进步三等奖。

## 新生反刍动物产后期生理特点和发育变化的研究

第一完成单位　南京农业大学
第一完成人　毛鑫智

本项目获1999年农业部科技进步三等奖。

## 中国荷斯坦奶牛MOET育种体系的建立与实施

完成单位及主要人员　中国奶牛协会　中国农业大学　中国农业科学院畜牧研究所　北京奶牛中心　新疆畜牧科学院　北京奶牛育种中心良种场　张　沅　许宗良　罗应荣　陈静波　张勤　宣柏华　朱化彬　龙福增　王安江　洪广田

本项目获2000年度国家科学技术进步二等奖。

## 中国蓝舌病流行病学及控制研究

完成单位及主要人员　云南省（农业部）热带亚热带动物病毒病重点实验室　张念祖　李志华　张开礼　张富强　李华春　邹福中　肖　雷　向文彬　朱建波　杨承瑜

本项目获2000年度国家科学技术进步二等奖。

## 牛体外受精技术的研究与开发

完成单位及主要人员　内蒙古大学　广西大学　旭日干　卢克焕　张锁链　石德顺　薛晓先　凌泽继　刘东军　王武陵　庹洪武　韦英明

本项目获2000年度国家科学技术进步二等奖。

## 高效转化、肉质改良、资源开发型全价饲料的研发与产业化

完成单位及主要人员　浙江大学　浙江一星饲料集团有限责任公司　浙江欣欣饲料股份有限公司　许梓荣　汪以真　邹晓庭　孙建义　夏　生　王敏奇　屠友金　占秀安　冯　杰　钱利纯

本项目获2000年度国家科学技术进步二等奖。

## 畜禽遗传资源保存的理论与技术

完成单位及主要人员　中国农业大学　吴常信　张　劳　李　宁　师守堃　储明星　朱士光　张晓岚　戴茹娟　赵兴波　徐　伟

本项目获2001年度国家科学技术进步二等奖。

## 基因工程酵母生产饲料用植酸酶

完成单位及主要人员　中国农业科学院饲料研究所　姚　斌　张春义　王建华　武长剑　王亚茹　丁宏标　史秀云　李淑敏

本项目获2001年度国家科学技术进步二等奖。

# 奶畜养殖

## 全国奶畜养殖概况

奶业是关系国民经济发展和社会进步的重要产业。改革开放以来，我国奶业生产持续发展，奶类产量保持了年均10.3%的增速。近几年受市场拉动及国家农业结构战略性调整政策的推动，奶业又呈现出快速发展的势头，尤其是1999—2001年的三年间，奶类产量年递增18%。2001年奶类产量达1 122.6万吨，其中牛奶1 025.5万吨，均为1978年的11.6倍。但由于我国奶业起步较晚，基础薄弱，奶业发展的总体水平还不高，2001年人均占有奶类仅8.8千克，远远低于世界平均水平。

### （一）奶类构成及区域特征

我国奶类主要是牛奶，其他还有少量羊奶、马奶、骆驼奶等。牛奶占奶产量91.3%；羊奶约85万吨，占奶产量的7.6%。

从产量分布看，牛奶生产主要集中于北方。2001年牛奶产量前8位的省份是黑龙江、河北、内蒙古、新疆、山东、陕西、北京、山西，均在北方，其总产量占全国的65.3%，其中黑龙江是牛奶生产第一大省，产量占全国总量的18.4%。羊奶的主产省份是山东、陕西、河北，产量约占全国78%（图1）。

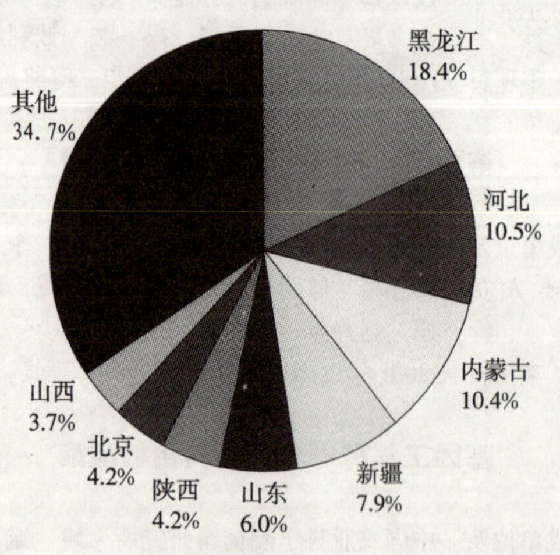


图1 2001年牛奶产量分布图

从奶畜存栏看，我国奶牛生产由牧区、农区和城市郊区三部分组成。2001年牧区的新疆奶牛饲养量127.8万头、内蒙古74.7万头，占全国奶牛总数的35.8%。在农区饲养数量较大的省份有黑龙江、河北、山东、山西和陕西省，奶牛数量占全国的38%。大中城市郊区以北京、上海、天津饲养量最大，占全国的4%。奶山羊饲养量前三位是山东160万只、陕西130万只、河北70万只，占全国近80%（图2）。

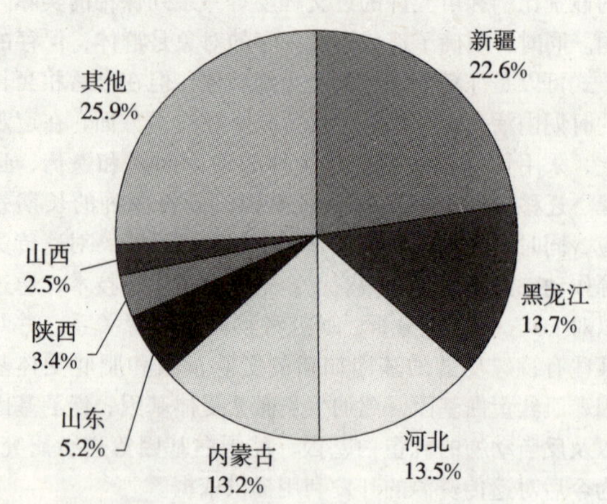


图2 2001年奶牛存栏分布图

### （二）奶畜品种和生产水平

2001年全国共存栏奶牛566.2万头，按成年母牛计（约占牛群的55%），单产约3 200千克，与世界水平仍有一定的差距。美国、以色列等国家成年母牛平均单产达8 400千克，丹麦、法国、日本等平均为6 500千克以上。但我国大中城市郊区奶牛场的奶牛单产水平较高，如上海、北京，泌乳期奶牛的平均单产可达8 000千克，达到世界先进水平。

在奶牛的品种上，我国饲养奶牛的主要品种是荷斯坦牛及其杂交改良牛，另外还有西门塔尔牛、草原红牛、三河牛、新疆褐牛以及奶水牛和牦牛等。良种荷斯坦牛约有150万头，主要分布在大中城市郊区和部分农区；西门塔尔牛、草原红牛、三河牛和新疆褐牛主要分布在广大牧区；牦牛主要分布在青海、西藏、四川、甘肃等省、自治区，品种有九龙牦牛、青海高原牦牛、天祝白牦牛、西藏高山牦牛等。奶山羊品种主要是萨能奶山羊及其与地方品种的杂交后代，山东、河北省饲养较多，陕西省以关中奶山羊为主。奶山羊年产奶量约

600～800 千克/只。

**(三) 生产方式**

我国奶牛以小规模生产、分散的农户饲养为主，多为3～5头规模，饲养奶牛数量在20头以上的规模经营比重不到1/4。大中城市郊区奶牛场均为全舍饲、拴系饲养，农区奶牛场大部分也为全舍饲，牧区半舍饲较多。奶水牛和牦牛主要是役用兼挤奶，基本为散养、放牧。奶山羊也多以分散饲养、放牧为主，一般每户3～5头，随着国家退牧还草和禁牧、休牧政策的实施，舍饲圈养的饲养方式将迅速发展，奶山羊的规模化、集约化生产水平将不断提高。

作为小规模生产经营的一种有效的发展形式，近年来奶牛"养殖小区"在各地蓬勃兴起，采取"集中饲养、集中挤奶、分户管理"的模式，即：将原来各家各户小规模、分散饲养的奶牛，集中到统一规划建设的养殖小区内，实行"统一管理、统一防疫、统一饲料、统一挤奶、统一销售"的生产方式，奶牛的所有权不变，售奶收入归己。实践证明，奶牛养殖小区的建设，促进了集约化、规模化的发展，提高了农民的组织化程度和奶业生产水平，是增加农民收入的切实有效途径。

近些年来，我国奶业产业化经营呈现可喜的发展势头。一些乳品加工企业通过"公司+基地+农户"的组织经营模式，建立奶源基地，连接生产、加工和市场，在带动基地发展的同时，促进了企业竞争力的提高。如三鹿集团在河北的39个市县建立奶源基地，有1 000多个村镇，5万多农户从事奶牛生产，奶牛饲养量达6万头。但从全国来看，产业化发展还很不平衡，产业化水平还有待提高，农民与企业之间"利益共享、风险共担"的利益机制还需不断建立和完善。

**(四) 良种繁育**

我国高度重视奶牛及其他奶畜的良种繁育工作，至2001年，全国有良种奶牛繁育场160多个、种公牛站35个、种羊场1 000余个，90%以上的良种奶畜来源于这些种畜场。自1998年国家实施"畜禽良种工程"以来，良种繁育体系得到进一步健全，至2001年，中央财政仅扶持奶牛良繁体系的投资就达5 000万元，占项目总投资额的1/4。

从繁育技术看，奶牛的人工授精技术基本普及，全国35个种公牛站共有种公牛近1 400头，其中荷斯坦种公牛占20%，具备年生产500万剂荷斯坦公牛冻精的能力。最具影响力的公牛站有北京、上海和黑龙江3个公牛站。奶牛胚胎移植技术在最近几年迅速发展，2001年从国外进口高产奶牛胚胎约6 000枚，国内自己生产胚胎达2万多枚，通过胚胎移植生产的奶牛在5 000头以上。此外，羊的人工授精技术也正在广泛应用，胚胎移植在一些地方得到推广，尤其是山东、河北、新疆、宁夏、内蒙古等地发展较快。

(农业部畜牧兽医局　刘加文)

# 全国奶畜资源状况

中国的奶畜资源丰富，主要品种有奶牛，黄牛、水牛、牦牛和奶山羊等。

全国奶牛2001年存栏总数为566.2万头，主要分布在中国的北方地区，新疆、黑龙江、河北、内蒙古、山东、陕西、山西、北京、河南、宁夏等10省、自治区的存栏数为456.9万头，占全国存栏总数的80.7%。奶牛的品种包括中国荷斯坦牛、中国西门塔尔牛、三河牛、新疆褐牛、草原红牛和高代改良牛。中国荷斯坦牛是引进国外各种类型的荷斯坦公牛与中国黄牛（母牛）进行级进杂交并经长期选育而成，按高产奶牛饲养管理规范饲养，成母牛平均单产为6 000千克以上。它是奶牛群的主体，占全国奶牛总头数的50%以上。中国的西门塔尔牛、三河牛、新疆褐牛、草原红牛均属乳肉兼用品种，在比较良好的饲养条件下，成年母牛的平均单产一般为1 500～3 500千克。

2001年全国黄牛存栏总数为9 529.7万头，著名的地方良种有秦川牛、晋南牛、南阳牛、鲁西牛和延边牛。传统是役用，分布在我国广大的农区和牧区，牧区有一部分黄牛进行季节性挤奶，每头成母牛年产奶约500千克。新中国成立以来，通过改良中国黄牛，成功地培育出中国荷斯坦牛，并为扩大奶牛群发挥了重要作用。现阶段，在有条件的农牧区，加快黄牛改良成奶牛的速度，仍然是解决我国奶牛来源不足的出路之一。

2001年全国有水牛存栏总数为2 268.4万头，中国水牛属沼泽型，传统是役用，主产省处于亚热带、热带气候区域。著名的地方品种有江苏海子水牛、云南德宏水牛、四川德昌水牛、湖南与湖北的滨湖水牛、海南兴隆水牛、富钟水牛、西林水牛等。成年母牛年产奶700千克左右，其乳脂肪、蛋白质和干物质含量为7.5%、5%和18%左右。1957年从印度引进摩拉水牛，1974年从巴基斯坦引进利尼—拉菲水牛，开展与本地母水牛杂交改良，杂交一代水牛的泌乳期280～302天，泌乳量1 230～2 040千克，杂交二代水牛的泌乳期310～320天，泌乳量2 260～2 290千克。

中国饲养的牦牛约占世界牦牛总数的90%以上。据1989年统计，牦牛存栏总数为1 400万头，主要分布在青藏高原海拔3 000米以上的高寒地带，具有产奶、肉用、驮运及产绒毛的特性。著名的地方品种有四川九龙牦牛、甘肃天祝白牦牛、青海高原牦牛、西藏嘉黎牦牛、新疆巴州牦牛、云南中甸牦牛等，成年母牛平均年产奶250千克。含脂率为6.5%～7.0%、蛋白质4.5%～5.5%、干物质17.3%～18.4%。青海、四川等省先后将中国荷斯坦牛冷冻精液引入高原，与牦牛进行输精杂交试验成功，个体产奶量成倍增加。解决了直接引进良种公牛到高原极不适应的困难，加快了牦牛杂交改良的速度。

中国是世界上饲养奶山羊最多的国家之一。据1992年统计，奶山羊存栏总数为336.9万头，品种以莎能羊及其与各地奶山羊杂交种为主，有西农萨能羊、崂山奶山羊、洪洞奶山羊、关中奶山羊等。成年母羊年产奶300～600千克，主要分布在陕西、山东、山西、河北等省。

（农业部奶类项目办公室　徐　丽）

## 全国奶业优势区域发展规划

为贯彻温家宝副总理关于"发展奶牛和奶业应该作为农业结构调整的一项战略性任务"的批示精神，根据国务院办公厅转发农业部《关于加快畜牧业发展的意见》的通知和《畜牧业"十五"计划和2015年远景目标规划》，结合全国奶业生产、资源分布、乳品加工、市场消费状况，农业部制定了《奶业优势区域发展规划》。

规划的思路：依据不均衡发展的原理，发展我国优势区域奶业，依托国内国际两个市场、两种资源，大力实施产业化经营，做大做强龙头企业，提高基地规模经营水平，加快产业科技进步，率先实现生产集约化、产品优质化、产业现代化，尽快缩小与发达国家的差距，带动全国奶业的快速、协调、健康发展。

规划的原则：

(1) 相对集中原则。综合考虑优势产区的基础情况、资源状况等因素，围绕龙头企业、消费市场建设集中连片的奶源基地，形成主导产业突出、区域整体推进的格局。

(2) 龙头带动原则。发展奶业必须做大做强龙头企业，依靠市场力量带动产业发展。要瞄准市场需求，树立名牌企业，创造名牌产品，健全市场网络，不断提高产加双方的利益对接水平，通过产业化带动奶业现代化。

(3) 效益并重原则。奶业的发展必须兼顾经济、社会、生态三个效益。要通过奶业发展，加快当地产业结构调整和农牧民致富步伐；要统筹考虑资源开发与保护、奶牛增长与环境治理等因素，科学规划，规范运作，促进奶业的可持续发展。

优势区域布局：从各省、自治区、直辖市资源条件、奶业生产现状、发展潜力和发展趋向出发，按照规划的原则，将全国奶业优先发展区域分为三大片，即以京、津、沪等大城市郊区为主的城郊型奶源基地；由黑龙江、内蒙古呼伦贝尔盟为主的东北奶业产区和以河北、山西、内蒙古中南部构成的华北奶业产区。通过重点发展、区域推进的办法，逐步形成优势明显、分布合理、辐射力强、竞争有力的奶源基地群，带动全国奶业上规模、上水平。

规划的发展目标：

(1) 奶牛存栏。规划区域内80个县奶牛存栏由2000年的123.6万头发展到2007年264.8万头，年递增11.5%。其中基础母牛由2000年的75.8万头发展到2007年的155.8万头，年递增10.8%。

(2) 鲜产奶量。鲜奶总产量由2000年的292.7万吨，增长到2007年的702.8万吨，年递增13.3%。人均鲜奶占有量由2000年的23千克，增加到2007年的40千克。奶牛个体单产水平由2000年的3 850千克，提高到2007年的4 500千克以上。

(3) 乳品加工能力。与鲜奶生产相适应，培育和壮大一批大型龙头企业和企业集团。日加工鲜奶能力要达到2.5万吨，并形成以名牌产品为主导，花色多样、品味对路、质量较高，能与国际标准相接轨的加工群体，进而推动奶源基地向区域化、集约化、现代化发展。

（中国农业科学院农业经济研究所　张存根）

## 我国奶牛饲养模式

2001年全国存栏奶牛566.2万头，比2000年增加77.3万头，增长15.8%，奶类产量达到1 122.6万吨，其中：牛奶产量达到1 025.5万吨，比上年增加198.1万吨，增长23.9%。2001年存栏奶牛在12万头以上的主要分布在新疆、黑龙江、河北、内蒙古、山东、陕西、北京、山西、河南和青海10个省、自治区、直辖市，累计存栏奶牛达到456.9万头，占全国存栏奶牛总数的80.68%；牛奶产量累计达到718.5万吨，占全国牛奶产量总数的70.06%；牛奶产量最高的黑龙江省达到189万吨。我国目前饲养的奶牛品种，主要以荷斯坦奶牛为主，兼有蒙贝利亚奶牛、新疆褐牛和中国西门塔尔兼用牛。

在20世纪80年代前我国奶牛饲养，主要集中在国有农牧场，规模一般为千头左右，多的有2000头以上。随着市场经济的发展，乳品消费需求的不断增加，特别是畜牧业结构调整的加快，全国奶牛饲养结构和模式发生了巨大的变化。目前我国奶牛饲养模式大致分为三种类型。一是以农户为主体的规模养殖小区；二是奶牛专业养殖户；三是国有农牧场。这三种饲养形式构成了我国奶牛生产模式。由于养殖方式的不同，其生产、加工、技术服务等做法有着明显的区别。

1. **规模养殖小区**　这一形式是我国目前奶牛生产的主力军，其饲养数量比重大约占到五六成。小区内奶牛饲养基本采取了五统一的做法，即统一建设、统一管理、统一配种、统一防疫和统一机械挤奶。一般一个小区饲养奶牛在200～300头，多的也有达到500～1 000头。每个农户饲养10头左右，多的在20多头。小区内由乳品加工企业建有标准牛奶收购站，采取了集中定时、定点收购牛奶。小区的建设用地都由村委员会无偿提供，奶牛房舍是统一设计和建设的，费用由农民自筹或统一贷款解决。奶牛的来源主要由农户自行解决，个别也有统一组织购买的。奶牛的青粗饲料多数是每个农户自种、自收、自加工，但有的小区已开始进行统一组织，实行统一种植、统一加工、统一贮存，精饲料基本是购买预混料，农户只从事奶牛的饲喂和管理工作。

2. **专业养殖户** 这种形式饲养的数量大约占3成左右。饲养的规模比较大，一般专业户饲养奶牛在30～50头以内，大型专业户饲养百头以上，最大的接近千头左右。专业养殖户的饲料生产、饲养管理、人工挤奶等完全是自行解决。青粗饲料主要是租赁附近农民的耕地，雇佣专人种植、收割、加工和贮存，精饲料也是自己加工调制。奶牛挤奶方式为手工挤奶和机械挤奶两种，备有专用的牛奶贮存容器，在规定的时间内，统一用交通工具送往收奶站，或等待收奶站的工作人员上门收购牛奶。

3. **国有农牧场** 早在80年代前，国有农牧场就开始饲养奶牛，当时主要为解决大中城市的婴儿和老弱病人供应鲜奶，作出了积极的贡献。因此，在奶牛饲养上，一是有丰富的饲养管理经验，二是饲养规模比较大，机械化程度也比较高，饲养规模一般为1 000～2 000头左右，多的在2 000头以上，挤奶方式多为机械化挤奶。国有农牧场饲养奶牛，不仅在过去、现在或将来都具有丰富的资源优势，例如土地资源、生产力资源、机械化生产资源和资金资源等强大的优势。同时还具有奶牛种群结构较好，高产奶牛比重大，产奶量高的优势。据调查，国有农牧场奶牛平均产奶量达到6 000～8 000千克以上，高于全国平均产奶量的2～3倍。国有牧场奶牛的青粗饲料、精饲料都由农场采用机械化种植、收割、加工、贮存生产和供应。精、青粗饲料资源较为丰富。

（全国畜牧兽医总站 徐桂芳）

## 我国种奶牛引进情况

良种奶牛的引进对我国奶牛业的健康快速发展起着重要的推动作用。新中国成立以来，我国畜牧行政部门十分重视优良品种的引进，我国的奶牛品种从无到有，数量从解放初期的不足1万头发展到目前的600多万头，这些与我国政府鼓励引进良种的政策密不可分。

对于种牛的引进，国家在税收和资金方面都给予了优惠政策。资金方面，农业部和各级地方政府在良种引进上都有专项资金扶持，农业部先后启动了“948”引进计划、良种工程项目。这些项目的实施加速了我国良种奶牛的引进，为我国奶牛品质的提高和奶品质量的提升做出了很大的贡献。税收方面，非种用动物目前的进口关税税率为10%，进口环节增值税税率为13%，而对于经过国家批准进口的种用动物则实行了免税政策。在出入境动物的检验检疫方面，国家出入境检验检疫机关对优良品种的引进也加大了支持力度。为了适应奶牛业的快速发展和进口奶牛数量增加的新形势，除充分利用好现有北京、天津、上海、广州4家国家动物检疫场外，还批准在北京、北海、天津、大连等港口建立了几家适用于隔离海运种牛的大型临时动物检疫场，这样不仅满足了不断增长的进口种牛检疫隔离的需要，也大大降低了进口成本，减轻了牧业企业的负担。

正是由于政府的支持和优惠政策的实施，我国良种奶牛的引进数量迅速增加，速度大大加快。这些良种奶牛来自美国、加拿大、澳大利亚，国内引种较多的为新疆、内蒙古、北京、山东、黑龙江、辽宁等省、自治区。

近几年来，随着我国经济体制改革的深入，混合经济的发展壮大，我国奶牛引进的主体发生了根本性变化。以前，我国引进种牛的单位基本上为国有企事业单位，引进数量少，发展速度慢，所引种牛以种公牛为主，1998—2001年共计进口种牛3 000多头。而进入新世纪以来，越来越多的股份制企业、民营企业纷纷加入到奶牛产业中来，他们的特点是：起步晚、起点高、发展快。其中股份制企业“新疆金牛生物股份有限公司”致力于奶牛生物科技的研究达8年之久，斥巨资从加拿大、美国、澳大利亚进口高产荷斯坦奶牛3800头，以这些高产奶牛为供体，采用“胚胎移植技术”、“克隆技术”、“借土牛腹，产金牛犊”，最大限度地发挥进口良种奶牛的遗传潜力，在改良我国奶牛质量方面，取得了较好的经济效益和社会效益。民营企业大庆“银螺集团”涉足奶业两年来，采取了收购、兼并、引种三步走的战略，发展速度日新月异。股份制企业“北京雄特良种奶牛繁育中心”采用公司+养殖小区的经营模式，为了满足奶牛养殖小区对良种奶牛的需要，在北京顺义区建立了高产奶牛核心群，从加拿大、澳大利亚进口800多头高产荷斯坦母牛，有力地促进了京郊奶源基地的建设。奶牛业已成为畜牧业中最具发展潜力的朝阳产业。

（中国种畜进出口公司 张开展）

## 我国奶畜疫病防治工作

新中国成立后的50多年间，我国奶畜疾病的防治经历了三个阶段：

第一阶段（1950—1982）。人畜布鲁氏菌病发病率很高，给畜牧业生产和人体健康造成很大损失。当时奶畜以奶牛为主，且大多数为散养，饲养条件简陋，管理水平低下，奶畜个体产奶量低，健康状况差、疫病多，其中以布鲁氏菌病、结核病和牛肺疫等疫病更为常见，也更为严重。据不完全统计，严重时奶牛群的结核病阳性率高达80%，布鲁氏菌病阳性率高达80%，牛肺疫发病率约为73%，死亡率为50%～60%。为了尽快控制和净化布鲁氏菌病，中央人民政府提出了“保护和发展畜牧业，防止兽疫”的方针。此后，全国各地先后成立兽医防治机构，至1957年全国县级以上畜牧兽医站发展到3700多个，使畜禽疫病防治工作很有气色。1955年中国正式对外宣布在全国范围内消灭了牛瘟。但是，1958—1977年部分畜牧兽医站解体或处于瘫痪、半瘫痪状况。直到1978年后，各级畜牧兽医站逐步得到恢复和发展，并逐步根据诊断方法和检疫办法，采取开展疫病普查、研制免疫疫苗和加强技术培训等措施，对于奶畜疫病的防治，尤其是结核病和布鲁氏菌病等其他人畜共患病的防治也取得了显著的效果。

第二阶段（1982—1997年）。奶畜疾病防治工作平稳发展，全国畜牧兽医体系的逐步建立与完善。为尽快控制布鲁氏菌病、结核病等奶畜疫病，国家逐步建立和完善各级畜牧兽医体系。1982年4月23日成立了全国畜牧兽医总站，具体组织实施动物疫病防疫和动物防疫监督工作，做好动物疫病的预防、控制和扑灭工作，特别是布鲁氏菌病结核病等人畜共患病的防治工作。农业部制定了“七五”期间布鲁氏菌病和马传贫防治规划，从1988年起对布鲁氏菌病实行“目标管理”，以切断疫源消除疫源为主，制定了基础控制县和稳定控制县各项指标。1988年和1992年农业部和卫生部先后联合颁布了“布鲁氏菌病诊断方法、疫区判定和控制区考核标准”和修改补充文件。为协调做好全国人畜间布鲁氏菌病防治工作，农业部和卫生部联合于1989年9月在河北省承德市召开了全国布鲁氏菌病防治工作会议，对前几十年工作进行总结，针对问题对下一步工作提出了具体要求和落实的措施，确定在全国建立布鲁氏菌病的15个监测点。1990年两部下发了“关于颁发布鲁氏菌病全国监测点监测工作试行方案”；1991年农业部根据防治工作现状又制定下发了“八五”期间防治规划。充分利用奶牛（羊）疾病防治技术和诊断技术的研究成果，分析奶牛（羊）发病的原因，制定和采取相应的防治办法和预防措施，加强奶牛疾病的早期监测，减少奶畜的发病率和死亡率。并于1992年10月农业部与联合国粮农组织联合召开了“亚太地区布鲁氏菌病防治对策会议”。在各级人民政府的正确领导和畜牧兽医部门广大畜牧兽医工作者几十年的共同努力下，中国政府于1996年1月16日正式对外宣布我国消灭了牛肺疫。同年，农业部认真总结了“七五”“八五”规划落实情况，并依此制定并下发了1996—2000年全国马传贫和布鲁氏菌病防治规划。

在此期间，国家在奶畜疫病防治技术研究上也加大了投入，为疫病的控制发挥了重要作用。中国兽药监察所研制和生产的布鲁氏菌病诊断液和S 2号苗，开创了国际上使用一种疫苗免疫不同种动物的先例。另外，北京市在1980年率先成立了“北京市奶牛研究所”。此后，上海、南京、天津、重庆等大中城市也纷纷成立了奶牛研究所，以及各科研院校均投入一定的人力物力和财力，对奶牛白血病、牛流行热、牛传染性鼻气管炎、牛病毒性腹泻-粘膜病及犊牛腹泻等传染病，以及奶牛乳房炎、蹄病、营养代谢病、瘤胃酸中毒、酮病、酒精阳性乳等普通疾病进行了防治技术研究，提出了有效的防治措施，也大大促进奶畜疫病的防治工作。

第三阶段（1997年至今）。奶畜疫病防治规范化管理，兽医卫生法制建设逐步加强，动物防疫法律体系逐步建立和完善的阶段。这阶段奶畜主要以奶牛、牦牛和奶羊为主，奶畜疫病也主要以人畜共患病——布鲁氏菌病和结核病为主。期间以1997年7月3日《中华人民共和国动物防疫法》颁布为标志。在《动物防疫法》颁布后，农业部又相继出台许多相应配套规章和规范性文件，保证了全国布鲁氏菌病和结核病“九五”防治规划落实措施的实施，并在“九五”防治规划的基础上，于2001年制定和颁布了“十五”防治规划，为“十五”期间动物布鲁氏菌病结核病的防治工作提出了具体的要求、任务以及保障措施。其中，要求2001年全国各地全面开展奶牛结核病监测净化、检疫及防治工作。

同年，农业部起草制定了国家《布鲁氏菌病防治技术规范》、《结核病防治技术规范》（征询意见稿）等疫病防治技术规范，以及《动物布鲁氏菌病诊断技术》、《动物结核病诊断技术》、《牛病毒性腹泻/粘膜病诊断技术》等诊断技术标准，逐步建立和完善动物防疫法律体系，有力地保证了奶畜疫病的综合性防治措施的落实。目前，各地正按《规划》要求，结合本省实际陆续制定本省的防治规划，按照国家“十五”规划，有计划、有部署、有步骤、有检查、有验收，做好有关工作的落实。

（全国畜牧兽医总站　陈国胜）

## 我国奶水牛养殖状况

2001年，全国18个省饲养水牛2 268.4万头，占全国养牛总数的17.69 %。水牛饲养量达到100万头以上的有9个省、自治区，其中以广西水牛数最多，431.4万头，占全国水牛总数19.0 %，依次是云南占12.7 %、广东占10.36 %、贵州占10.27 %、四川占8.7 %、湖南占8.5%、湖北占8.2 %、江西占5.7 %和安徽占5.0 %，上述9个省、自治区共饲养水牛2 005.8万头，占全国水牛总数88.42 %。因此，这些省、自治区是中国水牛主要产区和水牛开发基地。由于水牛生产结构的调整，近10年来各省、自治区、直辖市水牛增长发生了变化，西部地区的广西、贵州和云南及中南地区的河南、湖北、湖南、江西和海南等省、自治区有较大的增长；而沿海地区的上海、浙江、福建、广东和山东等省、直辖市的水牛有所下降。

**（一）奶水牛类型和生产水平**

**1. 奶水牛类型**　当前中国主要饲养三种水牛类型：

沼泽型水牛。这类水牛细胞染色体核型2n=48，水牛有泡水和滚泥自然习性，故称沼泽型水牛。一般体型较小，生产性能偏低，但耐粗饲、耐湿热、抗疾病、适应性强，其用途以役用为主，中国本地水牛均属沼泽型水牛。

河流型水牛。这类水牛细胞染色体核型2n=50，原产于江河流域地带，有喜水习性，故称河流型水牛。河流型水牛体型大，乳用性能好，其用途以乳用为主，在中国饲养的河流型水牛有印度的摩拉（Marrah）和巴基斯坦的尼里—拉菲（Nili—Ravi）等水牛是世界著名的乳用水牛品种。

杂交型水牛。这类水牛按不同类型和不同杂交方法可以分两种。即河流型水牛之间杂交或者河流型与沼泽型水牛杂交后代。在中国有后者一类,即采用河流型的摩拉、尼里—拉菲水牛与本国沼泽型水牛杂交所繁殖的尼杂二代或三品杂水牛,可望培育成乳肉兼用水牛新类群。

2. 奶水牛生产水平

(1) 泌乳量。从广西水牛研究所作过的水牛泌乳性比较试验中得出：三品杂和尼杂二代水牛泌乳量达到尼里—拉菲水牛（$P>0.05$）或超过摩拉水牛（$P<0.05$）而高于本地水牛一倍多（$P<0.01$）的泌乳水平，其技术指标达到育种方案，说明水牛通过杂交方法，效果非常显著，提高水牛泌乳量的遗传进展。

各种水牛305天泌乳量之间一般差异不显著（$P>0.05$），但应注意到母牛泌乳期不足305天的占49.2%，还可以延长泌乳天数，水牛泌乳潜力大。

(2) 水牛营养成分。常量成分含量：尼杂和三品杂等杂交型水牛乳的固体物率、蛋白率、乳脂率、乳糖率、粗灰分率和非脂固体率等常量营养相对值介于河流型纯种水牛和沼泽型本地水牛之间。而杂交型水牛乳的固体物量、蛋白量和乳脂量等常量营养绝对量均高于河流型水牛和沼泽型水牛，主要原因是水牛乳营养成分的绝对量与全期泌乳量高低有密切的关系。

微量成分含量：在测定水牛乳8种微量元素资料中，各种水牛乳以钠、钾、钙含量高，如钙含量为835.3～994.3毫克/千克；锌、铜、锰含量低；镁、铁含量介于两者之间。但是本地水牛乳镁元素特高，铜含量则最低。

氨基酸含量：测定水牛乳18种氨基酸，杂交型水牛乳氨基酸总量3.883～4.160克/100克，高于河流型水牛而低于沼泽型水牛；而杂交型水牛乳必需氨基酸占总量的46.9%～47.0%，均高于双亲本。

维生素含量：测定水牛乳7种维生素（A、$B_1$、$B_2$、$B_6$、C、D、E)，杂交型水牛和河流型水牛乳水牛中各种维生素含量虽有差异，但不明显，其中以维生素C、E含量丰富，而本地水牛乳的维生素D含量很高。

(二) 奶水牛奶业产业发展状况

**1. 我国政府重视水牛奶业开发项目** 政府对水牛科技发展极为重视，早在1974年农林部科教局和畜牧局支持下成立了“全国水牛改良育种协作组”，组织协调全国科研、教学、生产和行政等部门的科技力量，协调研究，对中国水牛科技事业起到推动作用，开创新局面。随着中国农村体制改革的不断深入，市场对水牛产品需求日益增大，1987年农牧渔业部畜牧局提出中国水牛开发利用的初步规划；并成立了“全国水牛开发项目领导小组和专家组”，下设“水牛开发项目领导小组办公室”，重点抓好水牛开发项目。1991年国家科委下达“华南水牛乳业开发项目”，广西，广东部分地区列入国家级“八五”星火计划重点项目。1994年国务院同意在广西壮族自治区先行试点水牛乳业开发项目。1995年恢复中国农业科学院水牛研究所，同时成立了广西水牛研究所。1996年在农业部乳类项目办公室主办下，广西、广东、云南等3省、自治区承担了“中国—欧盟水牛开发项目”，开展水牛杂交改良，培育种牛、技术培训、乳业开发和乳品加工等工作。1999年国家外国专家局授予广西水牛研究所全国农业引智成果“乳肉兼用水牛引进与开发”推广示范基地，开展乳肉兼用水牛成果推广应用。

1990年以来，中央首长曾多次视察广西水牛业，并为中国水牛业的发展做出重要指示。充分说明了国务院、农业部、国家科委对水牛乳业开发项目极为重视。

2. 水牛奶业产业化的开发模式和机制

(1) 建立水牛奶业模式始终坚持“以市场为导向，以科技为依托，以加工为龙头，以乳农为主体；乳牛分散生产，牛乳集中经营，牛下乡乳进城，健全服务体系”为水牛奶业发展原则。

(2) 建立“生产、收购、加工、营销、服务一体化”的水牛奶业服务体系。

(3) 建立“公司+基地+农户”为奶业主体模式。

(4) 建立健全水牛奶业经营管理机制及其相关的经济实体。

(5) 制定水牛奶业模式一体化的运行机制和实施。

（中国农业科学院广西水牛研究所　章纯熙）

## 我国奶山羊养殖

中国是世界上饲养奶山羊最多的国家之一，2001年全国共有奶山羊478万只左右。主要分布在陕西、山东、河南、河北、山西、四川、云南、福建、广州等省市。近10多年来，奶山羊饲养量长期徘徊在450多万只，发展缓慢。究其原因，一是布局不合理，奶山羊主要分布在缺草的北方地区；二是产品单一，主要加工奶粉；三是经营分散，致使科学技术措施很难推广；四是单产低，比较效益差，五是重视不够，对其发展意义认识不足，投入太少。为了改变中国奶羊业发展滞后于奶牛的局面，应该从战略角度给予重视和调整。

**1. 实施羊奶开发工程** 2001年我国人均奶占有量仅为8.8千克，不到世界人均水平的1/10。可见，提高全民乳消费水平已成为全民营养的关键。羊乳营养丰富，品质好，消化率高，富含人体所需的各种蛋白质、维生素和矿物质，特别适于婴幼儿、老人及病人食用，是人类膳食中的佳品。羊奶因其风味独特，脂肪球小，不含过敏源，越来越受到人们的青睐。再加之奶山羊投资小、见效速、繁殖快、产奶多、易饲养、好管理，适于我国广大农户饲养，是加速发展我国奶业重要途径。

中国属于发展中国家，也是一个严重缺奶的国家，经济承受力、技术水平，以及生态条件等方面都特别适于发展奶羊业。因此，要把羊奶工程作一项工程来抓，在广大农区，提倡饲养奶羊，加大科技投人，开展特色奶制品，实行产业化经营，使我国奶羊业走出长期徘徊的局面，为奶业发展作出贡献。

2. **实施北羊南进** 中国的奶山羊主要分布在缺草的北方地区，其饲养量约占全国总数70%。南方地区虽然四季常青，饲草资源丰富，但是特别潮湿，不适于奶山羊发展。为了解决这一难题，四川省雅安市的经验是创造局部干燥的小环境，以适应奶山羊的生理需要。具体作法是，从抓圈舍改造入手，建造离地高架圈舍，进行规模经营，每户平均养羊10只以上，加上科学饲养管理，取得了显著成效，值得借鉴。

3. **实施养羊扶贫** 我国贫困地区，大部分集中在交通不便，经济落后，饲草资源丰富，劳动力充足而廉价的丘陵沟壑区及山区。国家对这些地区的脱贫工作非常重视，每年都要花费大量的人力、物力和财力。为从根本上解决脱贫问题，陕西省许多地方创造了很好的经验。采取的办法叫合同养羊，明确权责利，具体作法可概括为3句话，叫“借羊还羊，增值分成，滚动发展”。即政府用扶贫资金购买优质种羊，选择一批责任心强，有文化，爱科技的贫困户作为养羊扶贫户，经过必要的技术培训，以合同的形式将羊成批借给这些贫困户，到第二年将有新繁殖的一部分羔羊还给政府。政府再把这些羊借给周围的贫困户，这就像“滚雪球”，越滚越大。成为当地政府和群众脱贫致富的支柱产业，解决了贫困问题，又有力地推动了山羊业的发展。

4. **实施奶山羊肉改** 奶山羊不仅产奶量高，而且饲料转化率高，生长发育快，体格高大，产肉量多，据我们研究，在同等饲养条件下，12月龄的普通山羊产肉量仅为7千克左右，而同龄萨能奶山羊产肉量达13千克，杂交一代产肉量可达10千克左右。我国有普通山羊近1亿多只。且绝大多数体格小，产肉量低。若一半用萨能奶山羊进行杂交改良，每年可多产肉15万吨，每千克按人民币10元计算，可新增经济效益15亿元。除了用萨能奶山羊改良当地山羊提高产肉性能外，近年来，全国许多地方积极引进世界著名的肉用波尔山羊，选用体格高大，产奶性能好的奶山羊作母本，进行杂交改良，以其培育出产肉性能优良的中国肉用山羊。另外，西北农林科技大学等地还以奶山羊作受体，采用胚胎移植的方法大量扩繁波尔山羊，使其受胎率稳定在60%左右，为优质种羊扩繁做出了贡献。

5. **实施民族乳制品开发** 长期以来，我国羊奶主要生产奶粉，既浪费能源，又在一定程度上破坏了乳中的营养物质，经济效益还不高。为改变这种加工方式，云南省路南县的作法是：以乳饼加工为龙头，规模经营为基础，种草、养羊、加工一体化。路南县的群众有制作和喜食乳饼的习惯，但由于原料缺乏，长期以来，基本上处于自给自足的状态，没有形成商品生产。20世纪80年代初，该县开始引进“西农莎能奶山羊”与当地土山羊杂交，产奶量得到大幅度提高。加工的乳饼（羊奶发酵乳制品）成为昆明的地方名吃，每千克售价达10元以上，且供不应求，由于乳饼加工技术简单，费用低，价格较高，有力地促进了路南县奶羊业的发展。全县仅加工乳饼一项，每年可收入600多万元。如果一些奶山羊基地县结合当地条件，搞各种各样的民族乳制品的开发将会对我国奶山羊的发展起到极大的推动作用。

6. **实施羊奶进城** 羊奶是一种兼营养和保健的滋补品。我国台湾、海南、福建、广州等省市把羊奶视为一种高级享受。为此，一些省市已建立了大型奶羊场，专门生产消毒羊奶，以优质高价专门满足一些人的特种需要。若在沿海发达城市实施羊奶进城战略，将会促进集约化奶羊业的发展。此外，奶山羊还可作宠物饲养。

7. **实施基地养羊** 我国早在20世纪80年代先后建立了64个奶山羊基地县。这些基地县的鲜奶收购、加工以及奶山羊繁育、饲养、疾病防治体系配套，有力地促进了全国奶养业的发展，在很大程度上缓和了全国的吃奶难。但在近几年，由于羊奶价格低，收奶渠道不畅，以及重视不够等现象，致使大部分基地县名存实亡。为了发展奶羊业，必须加大投资，理顺价格体系，进行羊奶产品的深加工。目前，首先抓好陕西关中、河南豫中、河北唐山、山东胶东及山西晋中等奶山羊基地的建设和发展。

8. **实施奶山羊产品系列开发** 采用高新技术进行深加工，开发系列产品的战略。如有些地区用山羊胡子制造一种叫做“毫笔”的毛笔，出口创汇；利用山羊板皮加工鞋、帽、手套、钱包、挂包以及夹克等；利用山羊肉制作羊肉片、腊羊肉等；利用羊奶生产奶酪、乳清饮料、酸奶粉、奶片等；利用山羊内脏加工肠衣及医药制品等。提高了奶羊业综合效益，促进了奶羊业的大发展。

（西北农林科技大学动物科技学院　曹斌云）

# 甘肃省牦牛养殖

**（一）牦牛基本情况**

牦牛是我国青藏高原特有的畜种资源和宝贵的基因库。牦牛，藏语称“雅克”(英语 YAK),多分布于高寒草原牧区,不仅是藏民族及其他少数民族聚居区经济发展的基础和象征,而且已成为青藏高原地区畜牧业发展的独立板块。我国现有牦牛1 370多万头,占世界牦牛总数的90%以上,牦牛产业是甘肃广大牧区及半农半牧区农村经济发展的支柱,亦是藏族人民世代赖以生存发展的基础产业。从历史看,甘肃牦牛的起源,可追溯到殷周以前,在甘肃敦煌、张掖等地羌人开始驯养牦牛。经过数千年的自然选择、人工驯养和有计划地开展本品种选育、改良,开始向肉、乳、绒兼用方向发展,成为甘肃肉牛生产和奶业发展的独特群体。2001年甘肃省有牦牛100.76万头,占我国牦牛总头数的7.8%,仅次于西藏、青海、四川,居全国第四位,占本省牛存栏总数的28.87%,其中主要分布区域甘南藏族自治州,存栏牦牛达到83.91万头,占全省牦牛总数的83.91%,祁连山地及农牧交错区牦牛存量占全省牦牛的16.09%。甘南自治州以玛曲县的牦牛为最多，计有 30.80 万头，其他县依次是碌曲 12.43 万头、夏河县 11.75 万头。

**（二）品种特点及分布**

甘肃牦牛著名品种有天祝白牦牛。原产于天祝藏族自治县，是我国稀有而珍贵的牦牛地方类群，被农业部列入国家级畜禽资源保护品种，产区存栏量白牦牛达到 3.94 万头，占本县牦牛存栏的 44%，占全省牦牛总量的 3.61%，其中纯白天祝白牦牛为 5 000 头左右，该品种在 1999—2000 年期间被农业部列为重点畜禽保种工程项目，已建立天祝白牦牛资源场，核心群已达到 6 个血统 530 头规模，年提供种畜 100 头。据测定，天祝白牦牛成年公牦牛体高 120.8 厘米，体重 264.1 千克；成年母牦牛相应为 108.1 厘米和 189.7 千克，公母牛净产肉率分别为 36.28% 和 35.59%。所产白尾毛、绒毛和粗毛的经济价值高，是一种特产，畅销省内外。甘南藏族自治州是甘肃牦牛存栏最多的地区，而且地处青藏高原深处，形成了独特的地方牦牛品种或类群。据测定，甘南成年公牦牛平均体重 314.8 千克，屠宰率 49.81%，成年母牦牛平均体重 211 千克，屠宰率 46.08%，产犊母牦牛泌乳期 170 天，日均挤奶 1.8 千克，年个体产奶量 330 千克，甘南牦牛奶酥油率 8.47%，乳脂率为 6.8%，干酪素率 3.0%～3.5%。牦牛个体产毛 1.09 千克，其中粗毛占 70%，绒毛占 30%。因此，牦牛是集肉、乳、绒毛、皮于一体的地方原始品种。

**（三）产品产量**

2001 年全省年出栏牦牛 22 万头左右，占全省出栏牛总量的 28%，其中甘南藏族自治州年出栏为 19 万头，占全省出栏牦牛总量的 86%。全省年产牦牛肉达到 1.8 万吨，占全省年产牛肉总量的 25%。本省藏族、裕固族、蒙古族等民族，历来以经营牧业为主，素有吃奶习惯，或直接饮用，或喝奶茶，或制成酥油食品，已有悠久历史。据对全省 8 个牧业县统计，牦牛产奶量占全省总产奶量的 40.2%。甘南藏族自治州是甘肃最大的牧区，也是牦牛的主要产区，全州奶产品主要来源于牦牛，年产量 5.6 万吨，占全省奶类总产的 37%；全州牦牛肉产量达 1.8 万吨，占全省牛肉总产的 21%。

**（四）牦牛的选育改良**

1. **牦牛资源调查** 先后开展过几次大的资源调查，60 年代初，分别对甘南牦牛、天祝白牦牛、祁连山地牦牛 3 个生态区域进行了资源调查，甘南藏族自治州在 1978—1980 年对辖区家畜品种资源调查时，对牦牛资源再次进行了普查，编写了《甘南牦牛》调查报告，提出今后的选育要求重点是乳、肉、兼顾绒毛，逐步提高其生产性能。

2. **牦牛的改良与选育** 甘南藏族自治州在“牦牛杂交组合试验”方面做了大量的工作。即在本品种选育的基础上，开展种间杂交，利用杂交优势，提高乳、肉产量和役用性能。

为了使天祝白牦牛这一具有独特经济性状的优良基因在畜牧业生产中发挥更大的作用，甘肃采取建立保种场和组建保种群的方式对其进行了有效的保护。1984 年，由甘肃农业大学、省家畜改良站，天祝县农牧局、科委及其饲养比重较大的乡镇共同成立了天祝白牦牛保种选育领导小组，组建白牦牛选育群 15 个（其中核心群 1 个），每群 50 头，提出了选育方案和保种条例。1985 年又选留培育 300 头，同时拟订了《天祝白牦牛评级标准》。天祝县成立了“天祝白牦牛育种试验场”，以场为核心，以白牦牛集中饲养区为重点，组群选育。1998 年，天祝白牦牛被农业部列为重点保护品种；1999 年，又被列为国家级畜禽品种资源场建设项目，成立国家级“天祝白牦牛资源场”。项目建成后，实现新增核心群白牦牛 3 个血统 240 头，达到 6 个血统 530 头的存栏规模，实现年提供种牛 100 头的目标。

3. **进行血液更新** 进入 20 世纪 90 年代以后，由于各种原因牦牛个体趋小，引进野外血牦牛成了改良地方牦牛最有效的方式。玛曲、碌曲、夏河、合作、天祝、肃南等县（自治县）、市先后从四川甘孜藏族自治州九龙县引进牦牛、青海省大同引进野牦牛冻精，进行血液更新。由省畜牧技术推广总站主持，夏河县畜牧兽医工作站协作开展了《野牦牛冻精与半血野牦公牛提高家牦牛生产性能试验》专项课题研究。1987—1989 年，共冻配繁活改良后代 757 头，受胎率 76.77%，繁殖成活率 60.32%，二周岁平均体重为家牦牛的 152.38%。2001 年肃南裕固族、天祝藏族两自治县新引进野血牦牛 190 头，冻精 920 粒，当年累计授配牦牛 2.52 万头，从杂交一代初生重、6 月龄活重、日增重 3 个指标看，分别比本地牦牛提高 13.12%、23.13% 和 26.10%。

4. **制定地方标准** 1994 年甘南藏族自治州畜牧局制定《甘南牦牛—甘肃省地方标准》，1996 年 10 月省技术监督局发布。天祝藏族自治县在 10 多年的品种选育中摸索出了一整套科学选育办法，制定《天祝白牦牛选育标准》、《天祝白牦牛品种选育方案及核心群管理办法（试行）》、《天祝白牦牛种公牛调教及细管冻精生产规程》、《天祝白牦牛品种资源管理条例（草案）》等，大大地提高了天祝白牦牛资源的科学保护与利用。

**（五）牦牛系列产品开发取得一定成绩**

全省各牦牛产区均采取了不同方式，增加投入，建立牦牛商品基地。牦牛肉、乳是天然的绿色产品，在特定的生态条件下形成的，其产品各具特色，并以其原始“风味”和地方“特色”的畜禽产品而日益被市场看好。随着消费者生活水平和生活质量的日益提高，对肉、奶等动物食品的风味、营养、种类等要求更丰富，因此，牦牛肉在香港有“野味”之称。奶类加工主要是甘南自治州燎原乳业有限公司，主要产品为奶粉，年加工能力 1 200 吨。此外，碌曲、玛曲干酪素厂及华铃干酪素厂生产的干酪素产品销往海内外。皮革制品等也畅销藏区。

**（六）目前存在的主要问题**

牦牛晚熟低产、单畜产值低。牦牛抗逆性很强，几乎涵盖了甘肃高海拔、高寒、阴湿、枯草期长等恶劣生态因子的制约，以其晚熟低产为适应性特征。近十年来，由于草场严重超载，造成草场退化，加之过度的挤奶等掠夺式的生产所带来的后果，而且由于近亲繁殖更加导致了牦牛的日趋退化，生产水平低下。从产奶性能看，一头产奶牦牛年均产奶350千克左右。但该品种具有较强的抗逆性和明显的经济性状，而且高度纯化，遗传性相对稳定，是畜禽品种资源基因库的重要组成部分，为育种研究、生物多样性研究、基因工程等基础性研究提供良好原始材料。

甘肃是西部地区较为落后的省区之一，而地处恶劣生产环境的牦牛生产区，则更是边远贫困地区，经济发展缓慢、基础薄弱，财政自给率低，牦牛产业投入严重不足。特别是在20世纪90年代以后，牦牛品种培育工作严重滞后于商品生产，品种退化严重。虽然在冻精制作、野牦牛血引进、小型肉牛种（冻精）引进与人工授精等方面做了一些试验研究，取得了一些成功经验。但由于投资不足，难以有效进行基础设施建设，改善生产条件和建立配套的科技推广体系。

草原退化严重，生产基础薄弱。目前全省天然草地约有90%出现了不同程度的退化，其中达中度以上退化面积约占可利用草地面积的78%，重度退化面积占天然可利用草地面积的33%。甘南藏族自治州天然草地中度以上退化面积已占草地可利用面积的80%。据分析，严重的超载过牧是造成草场退化的直接原因，从而加大了对草场的压力。加之广大牧区普遍存在着生产基础设施薄弱。全省现有围栏草地57万公顷，占20个牧业半牧业县草地总面积的4.7%，畜均1 200米$^2$。冬春季节畜均补饲青干草量只有18.6千克，补饲水平很低。1/3的牲畜无固定棚圈，草场水利建设严重滞后，药浴池、注射栏等技术设施达不到应有的要求。15%的牧民尚未定居。防灾抗灾能力仍较脆弱，加之牧民缺乏科学养畜知识，还没有完全摆脱靠天养畜的被动局面。

龙头企业滞后，产品竞争力不强。牦牛资源虽然丰富，但是，畜产品加工规模小，档次低，花色品种少，并且多为初级加工，附加值低，市场占有份额很低。由于这些地区牦牛产品加工龙头企业多为改革开放前建设，设备老化、人才缺乏，企业难以进行设备更新改造，技术装备落后，产品难以形成规模和创立品牌，与该地区资源特征极不相称。

根据牦牛的分布现状和全省畜牧业发展的总体布局，充分利用现有资源优势，重点计划在碌曲、玛曲、夏河、卓尼、合作和天祝、肃南等8个牧业县建立优质牦牛繁育基地，重点提高肉、乳生产性能，缩短饲养周期，在此基础上巩固完善州内畜产品加工龙头企业，开发加工牦牛系列产品，把资源优势转化为经济优势。

加大资源保护和基础设施建设力度。加大饲料基地建设投入，改善牦牛饲养条件。今后牧区在草场承包到户的基础上建立“六化”家庭牧场（草场围栏化、住房定居化、饲草料基地化、圈舍暖棚化、牲畜良种化、疫病防治规范化）模式，推广“五良”技术（良医、良舍、良料、良法、良种）的配套应用，把牦牛产业作为牧区经济结构调整的重头戏来抓。加快牦牛系列产品开发力度。牦牛及其与奶牛、黄牛杂交所产犏牛是牧区生产开发的重点；可用于年出栏22万头牦牛资源，建立标准化生产模式，按照绿色食品要求，生产品牌产品，参与国际国内竞争。一是牦牛肉开发。二是牦牛奶开发。目前主要对牦牛乳加工企业进行必要的扶持，对现有的加工生产线进行改造、改进，进一步提高乳品加工企业的生产能力，提高乳制品的产品质量。三是皮革及毛绒加工开发。四是牦牛血资源生化产品开发。今后主要开发牦牛红细胞超氧化物歧化酶、牛血清白蛋白、胆红素等。

做好精选当地优质牦牛，组建本品种选育核心群，进行选种、选育、选配工作。

（甘肃省农牧厅　万占全）

# 奶牛养殖基地

## 北京怀柔区创优质高效奶业促农民就业增收

怀柔是北京市的远郊区，面积 213 085.27 公顷，耕地 14 937.2 公顷，人口 26.7 万，其中农业人口 17.9 万。2001 年末奶牛存栏达到 8 521 头，牛奶总产量 27 449吨。区内建有 6 家乳品加工企业。2001 年奶业总产值 6 800 万元，纯收入 1 685 万元，怀柔区奶牛业现已成为区域经济主导产业之一。

**1. 奶牛业发展的历史和现状** 怀柔区奶牛业发展分为三个阶段：

第一阶段：1959—1983 年，"起步探索发展阶段"

怀柔区最早引进奶牛是 1959 年，1978 年办起第一家奶牛场，解决了怀柔城区供应鲜奶靠外调的问题。1983 年本区奶牛业发展正式起步，但主要以从外埠带牛、带人、带技术与本区联营养牛为主。1983 年全区奶牛存栏 207 头，年产鲜奶 140 吨。

第二阶段：1984—1998 年"基础发展阶段"

一是鼓励发展家庭养奶牛。区政府制定了扶持政策，对农民发展家庭养奶牛给予每户 2 万～4 万元的贴息贷款，充分调动了农民养牛的积极性。

二是以集体养牛场为纽带，为家庭户饲养搞好服务。1985 年，市、区政府积极协调争取联合国粮农组织奶类项目无息贷款 30 万元，并引进技术人员成立了怀柔第一家奶牛场"梭草奶牛场"。同时扶持村民个人养牛，创出了"以场带户"的经验。

三是以奶牛服务站为基础，强化管理，搞好服务。1987 年区奶牛服务站应运而生，实行"强化管理、整顿畜群、狠抓饲养、完善服务"的十六字方针，在育种、品种调配、饲养管理、疾病防治、经营管理、牛源等方面拟出具体措施，由区奶牛服务站负责实施。1998 年全区奶牛存栏达到 3 083 头，年产奶 9 094.6吨。

第三阶段：1999—2001 年"规模发展阶段"

一是家庭饲养规模扩大，由几头上升到几十头、上百头。

二是建设奶牛养殖小区，以家庭为单位入区养殖，群体规模扩大。扶持发展以农民为投资、生产、经营主体的养殖小区，对验收合格的小区给予 20 万～30 万元的奖励，并在引进奶牛时每户给予 2 万～4 万元贴息贷款，2001 年，本区共建成投产的奶牛养殖小区 20 个。

三是组建奶牛合作社，以市场为导向，经营规模扩大。家庭户养奶牛饲养粗放，工艺落后，疾病防治、选配种很难服务到位，进入市场越来越难，为此，1999 年梭草村奶牛养殖户，本着自愿互利，产权明晰，民主管理的原则，组建了奶牛合作社。合作社由奶农出资组建，通过股东会选举产生董事会、监事会。主要投资建设挤奶厅、兽医室、配种室、购置挤奶设备集中挤奶，统一为养牛户提供饲料、技术培训、防疫治病、配种、设备维修和鲜奶销售等全方位的服务。合作社的建立解决了分散饲养和环境污染的矛盾；解决了家庭生产与社会化服务的矛盾；解决了小生产与大市场的矛盾；解决了低素质与竞争高层次的矛盾，也促进了农业结构的调整。2001 年全区已组建 8 个奶牛合作社，区政府给予每个合作社 20 万元的设备奖励。目前奶牛户基本实现了入社进区养奶牛，奶牛存栏规模和鲜奶质量在北京市都排在郊区前列，成为奶牛养殖强区。由于不断更新采奶技术和设备，现在各小区已经基本实现机械挤奶。2001 年全区 852 户农民从事奶牛业生产经营，奶业总产值达 7 800 万元，年纯收入 1 685 万元。全区月销售牛奶 2 500吨，其中 80%以合同形式销售。区内建有六家乳品加工企业，日加工鲜奶能力为 150 吨。

**2. 加快实施奶产业发展对策** 怀柔区把奶业作为一个主导产业，计划利用两年时间使本区奶牛存栏发展到16 000头，年产鲜奶65 000吨，带动近3 000户农民通过养奶牛增收致富，安排 1.5 万人就业。

(1) 积极推行奶牛产业化经营。本区采取奶牛养殖小区（户）+奶牛合作社+乳品加工龙头企业的基本模式，按照市场法则，以共同的利益为纽带，形成比较完整的产业链，实现产销双方互利双赢，共同发展。

(2) 搞好五大体系建设。一是良种繁育体系建设。进一步完善冷配改良站的建设与管理，加大优秀公牛的精液和高产奶牛胚胎的引进。

二是饲料体系建设。推广整株玉米制作青贮饲料建设和优质牧草种植技术，同时研究制定奶牛饲料配方，保证奶牛粗饲料和优质牧草的供应。

三是技术服务体系建设。采取股份和合作制改造等具体措施，进一步充实完善区奶牛协会和现有的合作社，做好服务工作，同时加大培训力度，不断提高和更新技术。

四是疫病防治体系建设。推行“奶牛健康证”管理制度，提高牛病诊疗率，降低死亡率。

五是鲜奶质量保证体系。加强鲜奶检测，让广大消费者喝上放心奶。

(3) 着力建设好奶牛养殖小区。推广“农民入股出资，集中建区，集中饲养，集中挤奶，集中管理，利润分红”的奶牛小区发展模式。

(4) 制定优惠政策，加大资金投入。在奶牛小区建设、奶牛合作社发展、胚胎移植等新技术应用，牧草和高产青饲作物种植等方面增加扶持力度。

（北京怀柔区人民政府副区长　赵文广）

## 北京密云县发展绿色畜牧养殖建设京郊奶牛大县

密云县位于北京市东北部，首都重要饮用水源——密云水库坐落在县域中央。近年来，密云县根据首都现代化农业发展要求，立足独特的区位、环境、资源优势，大力实施首都水源区发展战略，确定了发展绿色农业的工作思路，以“保水富民”为中心，以农业结构调整为切入点，全面加快建设京郊奶牛养殖大县的工作步伐，经过几年的努力，全县奶牛产业化发展取得了明显成效。

**1. 奶牛养殖大县建设目标基本实现**　密云县县域总面积 2 227.4 平方千米，其中山区面积占 80%，饲草年产量 65 万吨。丰富的饲草资源、优质的生态环境和地处京郊的区位优势，为密云发展奶牛养殖产业提供了得天独厚的物质条件。自 1999 年开始，密云县加大了奶牛养殖业发展力度，到 2001 年底，全县奶牛存栏达到 1.45 万头，年均增长 4 500 头；鲜奶年产量 5 万吨，奶牛养殖户达到 2 600 户，户均年奶牛养殖纯收入 2 万元；奶牛年净增量及其总量分别位于京郊第一和第二位，初步实现了奶牛养殖大县的发展目标。

**2. 绿色养殖成为奶业发展的主要特点**　密云县大力发展以奶牛为主的草食家畜，是实现“保水”与“富民”相统一的最佳途径。目前全县奶业生产初步形成了区域化布局、规模化发展、集约化养殖、标准化生产的绿色发展格局。

一是坚持发展高档次。通过彻底改变传统散养方式，大力推广规范化舍饲养殖。近两年，集中发展标准化养殖小区 118 个，其中存栏 1 000 头以上规模小区达到 8 个。

二是坚持生产高质量。大力推行奶牛标准化生产，全面执行中华人民共和国农业行业标准。截至 2001 年底，全县建成奶牛挤奶平台 36 个，确保了 90% 以上成乳牛实现机械化挤奶，奶品质量全部达到优级标准。

三是坚持管理高标准。养殖小区由具有一定经济实力的龙头养殖大户牵头建设，带动农户入区养殖，每个小区入区农户在 20 户左右。同时，每个小区都自发组建奶牛合作社，负责统一规范化管理和产前、产中、产后系统化服务，突出优良品种引进、饲养技术培训、全价饲料应用、防疫检疫和产品销售等重点环节的服务。

四是坚持发展生态环保型农业。全县以奶牛养殖为重点，探索出“以养带种、以种促养，种养连动，资源循环、综合利用”的生态环保型农业发展模式，通过奶牛标准化养殖带动牧草饲料业发展。截至 2001 年底，全县规模优质牧草饲料基地已达到 1 万公顷。奶牛等牲畜粪便变废为宝，通过推行捡拾技术、发酵技术进行无害化生物处理后，进入种植业生产流程，替代化肥施用，确保了种植产品达到绿色标准，为本县 2005 年实现“无化肥县”的目标奠定了基础。目前，全县建成生物肥厂 16 家，年生产能力 30 万吨，全县养殖小区粪污全部实现了无害化处理。

**3. 奶业产业化经营格局已经形成**　实现奶业产业化经营是密云县建设奶牛养殖大县的重要途径。为迅速增加总量、扩大规模、占领市场、提高效益，密云县立足优质的自然生态环境、丰富的饲草饲料资源、独特的区位优势和发达的通讯、交通网络，着重加大了“引进强县”力度，在县工业开发区内先后引进建成了内蒙古伊利集团北京乳品厂、湖南株洲太子奶集团北京太子奶生物科技发展有限责任公司，形成包括北京三元奶业在内，带动密云奶业产业化发展的三大奶产品龙头加工企业。同时，各奶牛合作社与三大龙头加工企业紧密衔接，形成完整的“龙头加工企业 + 奶牛合作社 + 奶牛养殖户”的产业化经营链，实现了“政府引进培育龙头、业主投资建设设施、公司具体经营、标准化生产、高效益集约发展、无害化生物处理”的建设布局标准，初步探索出了独具密云特色的奶业产业化经营发展模式，为实现密云由奶牛养殖大县向奶业大县目标发展夯实了基础。

（北京密云县人民政府副县长　刘福志）

## 北京延庆县加强奶源基地建设促进奶业快速发展

延庆县是北京郊区的农业大县，具有优良的生态绿化环境，是全国 33 个生态示范区之一。延庆利用区位优势和资源优势，坚持依靠科技，发展奶牛产业化生产，被市政府列入重点发展标准化奶牛生产示范基地县。

### (一) 延庆县奶牛业概况

**1. 奶牛业现状**　延庆县的奶牛养殖业，按照“国有、集体、个人一齐上”的方针，经过二十多年的发展，奶牛数量和生产水平不断提高，经营形式也发生了深刻变化。目前，全县奶牛分布于 11 个乡镇，186 个村队，1 600多农户家庭养殖，建起了 200 头成奶牛规模养殖小区49个，奶牛存栏达到21 000头，其中成年母牛10 575头，奶牛平均单产突破5 000千克，年总产奶量5.5万吨，占全市牛奶总产量的13%，年产值达1亿多元，占全县畜牧业总产值的26%。以落户在延庆的北京奶牛中心为技术依托，以北京三元、光明、伊利等乳品厂为龙头，日产销鲜奶100多吨。

2. **自然资源状况** 延庆县自然资源丰富。全县有天然草场199.2千公顷，可利用面积7.56公顷，适宜放牧面积62.6千公顷，人工种植牧草面积1 350公顷，耕地面积34千公顷，常年播种玉米20千公顷，年产玉米16.5万吨，相应收获农作物秸秆16.5万吨。在农业结构调整中"退耕还林，退耕还草"，构成了发展奶牛生产的物质资源。由于延庆独特的地理位置和优良的生态环境，所产玉米、秸秆和牧草品质普遍高于其他地区。因此，丰富的饲草饲料资源，对实现"十五"期间奶牛产业化发展目标提供了可靠保障。

**（二）政策引导是延庆县奶牛业发展的保证**

为了加大农业结构调整力度，实现富民强县的规划目标，县政府成立了奶业领导小组，制定了发展奶牛产业化的规划方案，出台了一系列扶持政策和发展措施，将奶牛生产、加工、销售、科研、服务等纳入一个体系，理顺了各种机构，推行适度规模经营，重点搞好奶牛产业化项目建设。1997年有17个集体奶牛场转换了经营机制；1998年在旧县镇大柏老村建起了第一个奶牛合作社示范点。同时制定了农民发展家庭养殖业扶持政策，并多方位、多层次筹集资金，为奶牛业发展提供贴息贷款、工艺改造资金和购牛补贴款达322.1万元，对发展延庆奶牛业起到了积极的促进作用。1999—2001年，延庆县委、县政府把发展奶牛产业化工程列入"十五"计划，加大扶持力度，采用牛散放饲养，集约化机械挤奶新工艺，推广养殖小区建设，使农民进区养牛。在养殖小区建设、购置设备、良种奶牛引进等方面，政府广泛地给予政策扶持和奖励，调动农民养奶牛积极性，据调查农民投资已超过1.7亿元。目前建设奶牛养殖小区49个，安装鱼骨式挤奶台23台，奶牛存栏比"九五"初期增长了1倍，年总产奶量增长2.3倍，延庆县奶牛业取得了迅猛发展。

**（三）依靠科技，健全服务体系，促进奶牛业健康发展**

近年来，奶业发展迅速，项目区的基础设施建设有了进一步改善，本县畜牧服务中心作为科技服务队伍，具有专业技术人员186人，高级畜牧兽医师8名，畜牧兽医师52名，主要负责全县奶牛生产发展规划、基地建设、良种引进与繁殖、疫病综合防治等工作，具有一定的技术实力和管理经验。而落户延庆的"北京奶牛中心"是国家重点高科技奶牛良种繁育基地，拥有全国一流的种公牛站和良种繁育牛群，也是全国最大的奶牛技术推广中心，该中心具有高级专业技术人才，可为延庆进行奶牛品种改良技术培训与指导，从而为延庆建设奶牛产业化项目提供稳固的科技支撑。

1. **加强良种繁育体系建设，确保奶牛高产稳产**
为发展奶牛业而设立的奶牛服务站、配种站、疫病防治体系及冷链体系建设已初步形成。1981年开始推广冷冻精液人工授精技术，普及率达100%；2000年与奶牛中心进行推广高产奶牛胚胎移植生物工程项目，现已完成胚胎移植1 000枚，可提高良种覆盖率和生产性能，缩短良种繁殖世代间隔，使奶牛优质、高产、增效。

2. **转变传统饲养方式，提高生产管理水平** 根据延庆县的各项条件和现状，不断探索新的饲养工艺，大力推广优质苜蓿干草和全株玉米青贮饲料，推广袋装青贮技术，全年青贮饲料达2.0亿吨，提高了饲料品质和利用率。同时，实行农民庭院养牛向养殖小区转变，集约化机械挤奶，采用全混日粮技术新饲养工艺，提高了劳动生产率和生产水平。全县成奶牛年平均单产由过去的4 000千克，提高到5 000千克以上，有6个奶牛小区，1 200头成奶牛年平均单产超过6 500千克。

3. **实行规范化管理，标准化生产** 为了全面贯彻实施北京市农业标准化生产示范基地建设，按照北京市奶牛饲养管理规范内容，包括：育种、饲养、繁殖、卫生保健、牛奶质量、饲料供应、药品应用等，在10个奶牛养殖小区推广实施，有3个小区达到市级标准，7个小区进入县级示范标准行列，6个小区进行农业安全食品认证，这将为本县小区标准化生产、规范化管理起到典型作用。

4. **加强疫病防治，确保奶牛健康生产** 在全县大力推行奶牛产业化建设中，认真贯彻执行"动物防疫法"和"防疫检疫条例"以及农业部颁布的"三个部令"，制定和实施了综合防疫措施。对奶牛普通病加强了调查、试验和预防，制定了代谢病、产后监控、隐性乳房炎、蹄病等防治措施，使一些常见病发病率逐步下降。在疫病净化和监测工作中，县政府加大了扶持力度，每年补贴防检费50%，实行了严格的疫病防检疫程序，奶牛布病和结核全年双检阴性率达100%。二十年来未发生大的烈性传染病和寄生虫病，对奶牛业健康发展起到了重要作用。

**（四）加快奶牛产业化建设步伐，促进奶业全面发展**

由于市场经济的建立和延庆奶牛产业化发展的需要，促使乳品厂与奶牛养殖小区和奶牛合作社联合，形成了奶业产供销一体化。近年来，在以北京三元乳品为主体，以八达岭、华庆乳品龙头加工企业的带动下，发展奶牛业成为农民增收致富的有效途径，成奶牛年创利3 000元以上。全县日产鲜奶150吨，形成了三元、光明、伊利三大乳品公司的奶源供应基地，吸引了大连冰凌花乳业有限公司来延庆投资1.5亿元建设日加工300吨鲜奶的生产线，延庆已呈现出奶牛产业化生产的雏形。

**（五）"十五"期间奶业发展目标**

1. **指导思想** 以富裕农民为主线，面向国际、国内两大市场，充分发挥区位优势和资源优势，加大科技兴牧和招商引资力度，加快奶牛产业化建设步伐，全面推进奶业现代化进程。

2. **发展目标** 到“十五”末，全县发展建立奶牛合作社组织30～50个，带动奶牛养殖小区100～150个，每年净增奶牛1万头，奶牛存栏达到5万头，其中成年母牛3万头。成奶牛年平均单产7 000千克，年鲜奶总产量达到21万吨，年奶业产值占全县畜牧业总产值的50%以上。

3. **保障措施** 进一步调整产业结构，选择多种奶业发展模式、资产结构和运行机制，实施养殖小区工程，实现自然资源、资金、技术等生产要素的合理配置；根据延庆县奶牛业实际情况，重点搞好良种繁育工作，利用奶牛中心的优势，推广人工授精和胚胎移植等高新技术，培养高产奶牛群体，达到最佳效益；发展现代化奶牛饲养工艺，改进传统饲养模式，以科技为先导，以经济效益为中心，全面提升饲养管理水平，达到优质、高产、高效等标准化生产；继续完善服务体系建设，在饲养、育种、防疫、饲料、人才培训等各方面建立社会化服务体系，同时，落实饲料基地建设，使生产保持长期性和稳定性，把延庆县奶牛产业做大、做好、做强。

（北京延庆县人民政府副县长　姚志强）

## 天津武清区以奶牛小区建设为重点推进奶牛业健康发展

武清为天津市辖区，全区区域面积1 574平方千米，总人口82万。武清地理经济优势明显，对外开放条件优越。改革开放以来，武清经济建设和各项社会事业取得了长足进步，全区多项工作跨入全国先进行列。2001年，全区完成国内生产总值92亿元，财政收入8.5亿元，农民人均纯收入4 754元。

武清是天津市的传统农业大区，近年来，立足自身优势、资源条件和基础，围绕农业增效、农民增收，适应农业发展的新形势，把发展奶牛产业作为农业结构调整的重大举措，不断加大发展力度，全区奶牛产业取得了较快、较好发展。到2001年底，全区奶牛存栏20 879头，其中产奶牛14 748头，鲜奶产量7.3万吨，分别比2000年增长一倍左右；共建成奶牛小区25个，存栏奶牛12 868头，占全区奶牛存栏总数的62%，其中2001年新建奶牛小区18个，新增小区奶牛存栏9 088头。

武清在奶牛产业发展上坚持规模化、规范化，把推广小区化集约饲养作为全区奶业发展的重点，按照“统一管理、分户饲养、集中挤奶、优质高效”的原则，突出抓好标准化奶牛小区建设与发展。

一是抓规划，确保基础设施配套。搞好小区建设，规划是前提。各奶牛小区在建设之前，都要先报规划，由区奶业办公室审订，并请北京、天津等地的有关专家帮助制订、审订小区规划方案，使各新建奶牛小区在符合环保要求的基础上，达到建场选址、功能布局、设施摆放等方面科学、规范、合理，水、电、路、绿化、消防等基础设施和防疫灭病等生产设施、设备配套、齐备。

二是抓规模，发挥最佳效益。根据规模效益和最佳资源配置的原则，明确各奶牛小区设计存栏规模必须在400头以上。在抓好规模发展的同时，下大力进行品种改良，提高牛群质量和产奶水平，提高效益。

三是抓质量，推行机械化挤奶。奶牛小区要提高水平，必须使用现代化设施，实现机械化挤奶、管道输送、冷链贮运。2001年，全区共购置瑞典利拉伐等比较先进的机械挤奶设备28台套，全区奶牛小区机械化挤奶设备总数达到32台套，全部实现了机械化挤奶。在推行机械化挤奶的同时，加强卫生规范，使各奶牛小区的鲜奶质量全部达到国家一级标准，提高了鲜奶的市场竞争力。

四是抓管理，提高发展水平。在加快奶牛小区建设、扩张规模的同时，全区努力强化小区管理，提高小区的规范化管理水平。根据各奶牛小区在管理上存在的问题，在饲养管理、防疫灭病、品种改良、卫生规范等方面及时制订了相应的管理办法和措施，健全和完善了各项小区内部管理制度，并不定期地请京、津两市的有关专家，以奶牛饲养管理为重点，有针对性地进行培训、指导，解决各种实际问题，提高管理技术人员的知识水平和管理能力，为各奶牛小区的长远健康发展奠定了基础。

（天津武清区区委副书记　李福海）

## 河北藁城市加快发展奶牛产业实现农业增效富民强市

近年来，藁城市在推进市域经济发展中，把做大做强奶牛产业作为全市农业结构调整中的特色产业进行重点培育，取得了明显成效。截至2001年底，全市奶牛存栏达到3.1万头，牛奶总产5.7万吨，产值2.8亿元，使奶牛产业逐步成为本市促进农民增收致富的一项重要产业。

1. **加强基地建设，促进奶牛业规模经营** 为加快奶牛业发展，我们首先把重点放在了有养牛传统和资源优势的九门乡和丘头镇，对养殖户在占地、用电、贷款等方面予以优先安排，并在技术服务上实行重点倾斜，加快了两镇奶牛业发展。2001年，两镇奶牛存栏达到1.1万头，占全市奶牛总数的35.5%，并建成26个规模奶牛场，3个奶牛专业村，487个奶牛专业户，对带动全市奶牛业发展发挥了积极作用。

2. **加速科技进步，促进奶牛业提质增效** 一是加强奶牛良种引进和推广。为推动全市奶牛业发展，本市由畜牧部门牵头，专门成立了奶牛服务协会，具体负责奶牛良种的引进和系列技术服务。几年来，已先后从北京、东北等地引进荷斯坦奶牛等优良品种奶牛8000多头，对市内奶牛品种进行了改良，加速了全市奶牛业发展。二是加强先进适用技术的普及和推广。几年来，在全市重点推广了奶牛高产配套技术、胚胎移植技术等一系列先进技术，促进了全市奶牛业提质增效。三是加强饲料饲草开发。2001 年，全市高蛋白饲用玉米和优质饲草种植面积分别达到 1.3 万公顷和 666.7 万公顷。

3. **加快小区发展，促进奶牛养殖上水平** 为进一步提高产品质量，降低生产成本，提高产出效益，我们从 2000 年开始，着手在奶牛养殖集中区域规划建设高标准奶牛养殖小区，配套建设机械化挤奶厅，实施“奶牛出村、集中养殖”战略，对小区实行“六统一分”的饲养管理模式，即统一规划设计、统一建设标准、统一机械挤奶、统一品种改良、统一技术服务、统一防疫灭病和分户管理饲养。2001 年，全市共建成 13 个较高水准的奶牛养殖小区并投入使用，奶牛小区饲养量达到 5 000多头，占到全市奶牛总数的 16%。

4. **实施“挂靠”战略，促进奶业产业化经营** 为实现奶牛业持续、健康、快速发展，本市先后与石家庄三鹿乳业集团、石家庄世达乳品公司等企业建立了长期合作关系，成为其重要的奶源基地。2001 年，两家企业已在本市设立收奶站点 14 个，日收鲜奶 40 多吨，全市奶业产业化经营率达到了 90%以上。

“十五”期间，藁城市将继续坚持以市场为导向，以质量和效益为中心，以科技进步和集约化养殖为手段，全力加快奶牛产业发展。到 2005 年，全市奶牛存栏达到 5 万头，建成标准化养殖小区 60 个以上。到 2010 年，全市奶牛存栏达到 10 万头，建成标准化养殖小区 100 个以上，逐步把本市建成石家庄市最大的奶源基地，成为全国范围有一定影响力的奶牛大市。

（藁城市人民政府副市长　王振华）

## 河北唐山丰润区走奶业产业化之路 做富民强区的“牛”文章

唐山市丰润区地处京津唐秦腹地，区位优越，交通发达。近年来，丰润区推进以奶业产业化为重点的农业结构调整，大做富民强区的“牛”文章，实现了农民收入稳定增长，农村经济全面发展。2001 年，全区奶牛存栏 5.31 万头，日产鲜奶 450 吨，年奶业相关收入近 3 亿元，农民人均奶业纯收入 430 元，基本形成了奶业龙型经济的格局，是河北省第一奶牛养殖大区。

1. **大力发展龙头企业** 发展产业化经营，龙头是关键。近年来，丰润区从壮大龙头入手，大力吸引名牌企业到丰润投资兴业，借助强势推动奶业发展。目前，广东乐百氏、上海均瑶等知名企业已在丰润安家落户。乐百氏（丰润）公司总投资 2.5 亿元，主要生产纯奶、发酵奶等三大系列 25 个品种，企业日加工鲜奶能力近 300 吨；上海均瑶集团奶制品加工项目，总投资 1.2 亿元，一期工程投资 5 000 万元，日处理鲜奶能力 120 吨；蒙牛乳业集团、北京三元乳业公司、上海光明（德州）公司、石家庄三鹿（芦台）公司也在丰润建立了奶源基地或产品加工项目。2001 年，全区奶制品加工企业达到 8 家，日处理鲜奶总能力达到 600 吨，形成了有序竞争的良好局面。

2. **积极探索龙头与基地的利益联结机制** 在学习借鉴外地成功经验的基础上，结合本地实际，大胆探索尝试，形成了三种行之有效的模式：公司＋农户模式，由龙头企业在规模养殖场和奶牛比较集中的地区，兴建高标准低温收奶站，实行“收购标准，质量检验、兑付奶资三公开，合同定购与技术培训相结合”的紧密型经济联合。已建成现代化低温奶站 33 个，日收鲜奶量达到 250 吨；公司＋中介组织＋农户模式，由中介组织分散收奶、统一储运，龙头企业集中运输、加工销售的方式进行运作；公司＋经纪人＋农户模式，由农村经纪人在各村设置收奶点定时收购，统一交给加工企业，由企业进行质检，按月发放奶资。这三种模式既保护了企业生产，又方便了群众，基本形成了利益共享、风险共担的经营机制。

3. **加快推进奶牛规模养殖** 实行奶牛规模饲养是提高鲜奶质量和养殖水平的重要举措。为此，丰润区制定了《关于扶持奶牛发展的若干规定》、《奶业产业化建设实施方案》、《奶牛专项贷款管理办法》等政策性文件，鼓励各镇乡发展奶牛养殖；鼓励支持集体和个人投资兴办规模牛场；按照“四统一分”（统一建场、统一物业管理、统一防疫灭病、统一收奶、分户饲养）的模式，积极兴建奶牛养殖小区，推进散养方式向集中喂养转变。全区已建成千头奶牛镇乡 21 个，百头村 168 个，存栏 20 头以上的规模养殖场区达到 158 个，存栏百头以上的场区 30 多个，全区规模化养殖比率达到 30%以上。

4. **不断提高科技应用水平** 与北京奶牛中心合作建立了丰润奶牛研究所，并对全区奶牛建立了奶牛系谱档案；全面推行了奶牛冷配技术，冷配率达到 100%；建立健全了奶牛技术培训和防疫体系，形成了区乡村三级服务网络，疫病防治率达到 100%；积极推广了优质饲料作物种植，引进种植饲用玉米和优质牧草 133.3 公顷，青贮玉米 10 万吨，转化粮食 15 万吨，农作物秸秆 667 公顷。通过科学技术的广泛应用，奶牛产奶量年增加 1.8 万吨，所产鲜奶基本达到国家二级以上标准。

5. **“十五”期间，丰润区奶业发展规划** 为进一步加快推进奶业发展，本区规划建设了投资 3 亿多元、占地 67 公顷的中国唐山奶业科技园。该园区集鲜奶生产、加工、销售、服务于一体，规划了奶牛良种繁育中心、技术研发培训中心、兽药供应中心、饲料加工中心、乳品加工基地、标准化养殖示范基地和优质牧草种植示范基地等 7 个分区，计划通过 3～5 年的时间，建成河北省乃至全国一流的奶业示范基地。到 2005 年，全区奶牛存栏力争达到 10 万头以上，日产鲜奶达到 1 000 吨，农民人均奶业纯收入超千元，奶业税收突破 3 000 万元，使奶业真正成为强区富民的最大而且是效益最好的产业。

（河北唐山丰润区人民政府区长　高世远）

## 山西山阴县抓奶牛业龙头带动经济全面发展

山阴县地处山西省北部，全县辖13个乡镇，262个行政村，总人口21.7万，总面积1 657.57平方千米，其中耕地5.3万公顷，草滩草坡3.3万公顷。

山阴县是以奶牛和煤炭业为主的经济大县，经过20多年的改革、开放，经济建设保持了持续、快速、协调、健康的发展势头。大力调整农业内部结构，紧紧抓住奶牛业这一龙头，农村经济初步形成了以农养牧、以牧促农、农牧并举，农林牧副各业全面发展的良好格局。2001年，全县农村经济总收入10.68亿元，农民人均纯收入1 817元，财政总收入达到8 020万元。

1. **良好的养牛资源**　本县地理条件优越，全县共有可开发草场面积4.03万公顷，其中，荒山、荒坡面积1.4万公顷，山区可畜草地3.5万公顷，人工种草0.67万公顷，四边草地2000公顷。全县每年所产农作物秸秆达13万吨，可养畜折羊单位120万只。山阴县是玉米种植大县，为保证畜牧业发展，全县每年玉米种植保有量达1.3万公顷，这些都为畜牧业的发展提供了强有力的饲草、饲料保证。

2. **奶牛养殖形成一大支柱产业**　山阴县奶牛业从20世纪70年代初引进荷兰黑白花奶牛改良本地黄牛开始，经过20多年的认识、示范、引导、积聚、发展，到2001年底，全县奶牛已发展到4.86万头，鲜奶产量达17万吨，其中养奶牛达1万头以上的乡镇1个，达2 000头以上乡镇6个。189个养奶牛村中，超过300～500头的村有92个。全县10头以上的养牛大户210个。

3. **奶牛养殖做法**

（1）超前发展乳品加工业，实行“公司＋农户”抓龙头企业。全县现有乳品加工企业6家，年乳品加工能力已达12万吨，市场占有率在全省占70%，拥有“古城”、“康喜”等知名品牌。其中古城乳业集团自1984年投产以来，实施名牌战略，内抓管理，外拓市场，依靠科技，企业规模逐年扩大。目前，已发展成为拥有资产2.36亿元，职工近800人，直辖纸箱、彩印等多个生产厂家的企业集团。现已具有年加工奶粉1.5万吨、冷冻饮品0.5万吨、灭菌奶1万吨的生产能力，可带动农户1.4万户。“古城牌”成为全国十大乳品上榜品牌之一，2001年完成销售收入1.37亿元，实现利税1 734万元，全员劳动生产率居全国同行业前列。在加强龙头企业建设上，我们注重处理龙头企业和农民的利益关系，推广“公司＋农户”的做法，将龙头企业、中介组织和农民结成紧密的利益共同体。当乳品市场看好时，奶粉厂预付奶款；当市场滑坡时，奶粉厂保价收奶，让利奶农，保护奶源。做到了“粮价再高也不能让奶农少挣钱，乳品再积压也绝不能让奶农倒鲜奶”。近年来，古城乳业集团每年拿出100万元资金，无息资助农民购买奶牛、饲草料和防病免疫；投资20万元购置鲜奶测试分析仪，建设奶源收购标准化体系；建起了多个现代化挤奶站；进行了股份制改造，集体股全部退出，以每股3000元吸纳养奶大户为股东，厂家与奶农真正结成了利益共同体。

（2）实行政策倾斜，扶持壮大奶牛业。县政府采取贴息贷款、保护奶价、让利于农等保护措施，保护奶农的生产利益；允许农民在承包地上建牛场。对规模养殖大户实行免费防疫，配种优惠50%；对养奶牛10头以上的户，适当减免义务工；对专项性支农贷款和周转金，优先贷给奶牛养殖户；对新开发的土地和拍卖的“四荒”，优先作为奶牛饲草和养殖基地；全县开展了“金牛杯”夺标竞赛活动，对养殖状元给予一定的物质奖励，极大地调动了广大农民群众养奶牛的积极性。

（3）依靠科技，建立健全奶牛发展社会化服务体系。一是在奶牛配种上下功夫建立奶牛谱系档案。每年引进美国、荷兰优质高产冷冻精液4万粒左右，免费为奶牛进行科学配种。目前，全县母牛受胎率达到92%，犊牛成活率达到95%。二是饲料以全价配合饲料为突破口，重点解决饲料单一问题。全县共推广各类配方饲料10多种，建起3个设计加工能力共20万吨的饲料加工厂。饲草以玉米秸秆微贮青贮为突破口，重点解决粗放喂养问题。1996年古城镇示范秸秆微贮5 000吨获得成功，并逐渐在全县养殖区推广，解决了奶牛青黄不接时的饲草料。目前已有9个乡镇80多个村庄，建起各类永久性贮窖228个，微贮饲草1525吨。三是兴办奶牛协会，开展全方位综合服务。全县采取联办、股份等多种形式，兴办专业性、社区性服务协会、实体9个，为畜禽繁育、人员培训、防疫治病、信息传递、产品销售提供一体化、全程化服务。古城镇聘请兽医专家成立了奶牛服务合作协会，开展实用技术推广、培训等系列服务，普及推广玉米秸秆微贮、机械化挤奶、微多蛋白素、虫克星、添加维生素、EM原露等多种实用技术，培训奶农60多期8 000多人次，解决奶农养牛过程中的许多生产技术难题。

4. **奶牛养殖效益明显**　2001年全县畜牧业人均收入达到965元，占到全县农民人均纯收入的50%，全县畜牧业总产值达到1.65亿元，占到农业总产值的60.44%。仅奶牛业一项，奶农每月收入950多万元，年总收入达1.7亿元，乳品税收1 636万元，占财政总收入的19.79%。奶牛乳品业在工农业总产值中比重逐年增加，农村产业结构得到合理调整和优化。

（山西山阴县人民政府副县长　程育胜）

## 内蒙古呼和浩特市建设绿色生态奶业

呼和浩特市位于内蒙古自治区中部土默川平原，东经110°～112°，北纬39°～41°，年降雨量400毫米，平均温度6.8℃，年日照2 863小时，农民人均拥有耕地0.5公顷，草场、草坡0.73公顷，气候与资源条件是世界上最适宜的养牛带。乳业是当地的民族特色产业，具有悠久的历史。全市奶业近几年一直保持着50%以上的增长速度。全市9个旗县、77个乡镇，奶牛养殖集中在5个旗县、24个乡镇、300个村，其中120个村奶产量占全市产量的70%，有近5 000户农民饲养奶牛在10头以上，有15个乡鲜奶生产年超过万吨，有1个乡达到7万吨，以市区为中心50千米半径内年产30万吨商品奶。

2001年，全市奶牛存栏14.1万头，当年牛奶产量40.01万吨，伊利、蒙牛等企业主营销售收入达到36.32亿元，已连续多年被国家认定为知名品牌，受到了广大消费者欢迎。2001年末伊利液态奶通过层层技术检测，获得进入中国香港市场的通行证。现在每天从呼和浩特市运往外地的奶及奶制品已近2 000吨，有10万人直接从事饲料、兽医兽药、收奶、运输、加工、印刷包装、经销等奶业业务。2001年全市112万农民人均收入中有340元来自养奶牛收入；4.2万养奶牛户，户均收入8 300元；有20万农民养奶牛摆脱贫困逐步富裕起来，奶牛业发展，为4万公顷玉米与秸秆找到出路。奶牛养殖乡村因大量粪肥还田土地有机质增加，地力明显提高，粮食产量增加促进了农业良性循环与可持续发展。奶业已名副其实地成为本地区高产、优质、高效农业的重要组成部分及增加农民收入和地区经济可持续发展的支柱产业。在加入WTO后，国外乳品的冲击以及国内乳业市场激烈竞争的形势下，呼和浩特市乳产品始终在全国保持着生产增长速度与销售的领先水平，其最主要的原因就是高质量与“来自大自然、无污染”品牌。

本市乳业在大发展的初期，市委、市政府就强调：奶业是富民兴市产业，更是关系到“民族强盛”的产业，要做大，更要做强。在政府引导下，养牛户与企业始终把“质量与发展”放到同等重要位置，企业更是采取了许多超常规的措施。早在1998年伊利公司就在奶源基地建设了“奶站”，鲜奶挤出后直接进入冷藏罐，实现了冷链运转，从根本上保证了质量，被我国奶业界称为：提升“公司加农户”产业化水平的一大创举，“对中国奶业的一大贡献”。伊利、蒙牛公司绝大多数产品都获得国家绿色食品A级认证，受到了全国广大消费者的欢迎与信任；在发展中始终严格执行防疫与卫生制度，兽医为牛治病用药报告制度，外购牛检疫制度，检测出不合格产品（原奶）奶站与养牛户赔偿制度，领导责任追究制度等，确保牛群健壮，奶产品安全卫生与良好的信誉；同时对农民加强技术培训，推广新技术与提高奶牛饲养管理水平。关系到鲜奶质量的饲料，在保证精饲料营养与安全外，粗饲料由最初的“青草—秸秆”、“青贮（玉米）—青草—秸秆”，发展到今天的“青贮—苜蓿—青草—秸秆”模式；营养更全面，有利于奶牛健康与提高鲜奶质量。是源于“大自然”，高于“大自然”。呼和浩特市的青贮（玉米）、优质牧草本身就是绿色饲料，既无污染，又不用农药，施农家肥种植，极少用化肥。企业已开始实行从“土地到餐桌”的全程监控。畜牧兽医服务正在打破行政界限，以小区为中心设站，为农民服务到户、技术传授到户、政策宣传到户，使养牛业的技术管理水平、食品安全卫生意识稳步提高。为全市奶业高质量的快速发展与产品畅销提供了重要保证。

当前我国奶业市场竞争异常激烈，企业只有不断创新，生产出多样化的、适合不同消费群体需要的、更优良的产品并提高市场上的信誉度与占有份额，才能在竞争中获胜。伊利公司从几十万元起家发展到今天，靠的是过硬的产品质量。呼和浩特市奶业要发展也要以优良的质量取胜。其中，乳品企业要不断提高管理水平，加强科研创新，密切与农户的合作关系，增强市场的竞争力。奶牛业要以科技为支撑，以提高综合素质、提升产业水平与农民收入为目标，在40个左右养牛基地乡镇逐步建成林网、草带、小区、园田。保护和逐步改良园区400千公顷草原。建设成山川秀美，牛群高产健壮，养殖环境整洁卫生，农牧民富裕的现代园区。养牛业基本实现适度规模集约经营，建成具有较高档次的绿色生态奶业，为呼和浩特市奶业的大发展做出更大的贡献。

（呼和浩特市人民政府副市长　郭　健）

## 黑龙江杜尔伯特发挥奶业优势<br>做好兴县富民大文章

随着农业和农村经济结构调整力度的加大，以及发展质量效益农业战略的实施，杜尔伯特蒙古族自治县以奶牛为主的畜牧业异军突起，呈现出大发展、快发展的势头。

1. **基本情况**　杜尔伯特蒙古族自治县是黑龙江省惟一的少数民族自治县，位于黑龙江省西南部，地处松嫩平原腹地。总面积618千公顷，人口24.7万，其中农村人口18.3万，有蒙、汉、满、回、达斡尔、朝鲜、锡伯等17个民族，蒙古族人口4.37万，占总人口的18.2%。全县现有可利用草原241千公顷，2001年末奶牛存栏50 006头，其中可繁母牛30 928头，奶牛存栏比1999年的36 092头增长38.6%；2001年鲜奶总产量89 863吨，比1999年的12 556吨增长615.7%；乳制品（奶粉）产量6 739吨，比1999年的1 889吨增加256.7%。2001年农牧民奶资收入9 000万元。

2. **奶业发展的具体措施**　从1999年开始，县委、县政府确定了“畜牧立县”的方针和“乳、肉、林、草”共同发展的战略，充分发挥畜牧业比较优势，本着“农业以牧业为主、牧业以奶牛为主”的原则，积极推进奶牛业生产，并且取得显著成效。

主要做法是：

（1）抓关键，定向定位招商，引强龙头带动奶业快速发展。县委、县政府经过深入调查研究，提出“开门破产、平稳过渡、寻求合作、再现生机”的指导思想。同时树立资源共享观念，目光向外，将外资目标定位于引进大“龙”、名“龙”和强“龙”。1999年引进了河北龙飞乳业集团，成立了大庆妙士乳业有限公司，目前东北三省出售的“妙士一品乳”就是该企业的产品。2000年又把内蒙古伊利集团引进本县，投入3 000万元与本县原乳品厂合作，组建了杜尔伯特伊利乳业有限公司。建成后的两处企业目前日处理能力为140吨，杜尔伯特乳业有限公司日处理能力为120吨，大庆妙士乳业有限公司日处理能力为20吨。这样极大地推动了本县奶牛业的快速发展。

(2) 提品质，增数量，扩大基地推动奶牛业快速发展。

① 建设专业村屯。2001年末全县奶牛养殖户1.2万户，共建有92处集中榨乳站，发展了3个奶牛专业乡镇，28个奶牛专业村屯。

② 加大繁改力度，2001年共新建和恢复繁育站77处，奶公牛去势率100%，奶牛全部采用冻配，使用特级荷斯坦奶牛冻精。

③ 拓宽饲料来源，实行放牧场休禁牧政策。2001年共休禁牧25千公顷，种植青贮玉米800公顷、紫花苜蓿213.3公顷，退耕还草2 166.7公顷。

④ 加大防疫灭病工作力度。2001年本县被定为黑龙江省无规定疫病区项目建设28个县之一。对重点疫病免疫率达到100%，县财政每年拿出20万元用于疫苗补贴。

(3) 建环境，提供组织保障，优化服务促动奶业快速发展。自治县出台了《全县促进奶牛发展的意见》，在发展奶牛业基础设施建设上用地优先，在青贮饲料和苜蓿种植上打井优先、贷款优先；制定了15条招商引资优惠政策，已有79户来本县养奶牛。引进资金4 074万元，增购奶牛1 822头，肉牛2 800头。在组织领导方面重新调整了农村经济工作考评方案，提出“城里抓招商，乡村抓牛羊”、“看牛看羊看干部、牛羊堆里找干部、没牛没羊换干部”的农村干部评价体系。还组建了奶牛发展办公室和奶牛协会，不定期召开奶牛养殖户会议，交流经验，了解存在的困难和问题，协调处理企业与基地出现的各类矛盾，规范奶源市场。

(黑龙江杜尔伯特蒙古族自治县县长　王玉杰)

## 黑龙江富裕县做大做强奶牛产业促进县域经济发展

富裕县地处黑龙江省西部，嫩江中游左岸。全县总面积405千公顷，其中耕地93千公顷，草原117千公顷。全县共有5乡5镇，90个行政村，总人口300 384万人。富裕县是联合国农业基金中国北方草原与畜牧业发展项目区，被省委、省政府确定为奶牛产业化生产基地县、牧业县和第一、第二期牧业技术改造试点县，连续7年被评为黑龙江省牧业先进县，1997年被确定为全国牧区开发工程示范县，并列入全国畜牧兽医科技百强县行列。

富裕县具有发展奶牛业得天独厚的自然优势和基础条件。有较好的奶牛养殖基础，较高的饲养管理水平和一定规模的奶源基地。富裕县委、县政府始终把实施牧业产业化，做大做强“奶牛经济”作为提升农村经济，提高市场竞争能力和壮大县域经济实力的支柱产业来抓，尤其是1996年原松鹤乳品厂加入上海光明乳业公司以后，在龙头企业的强力拉动下，奶牛业实现了超常规跨跃式发展，“奶牛经济”已构筑形成了全县农业经济的“半壁江山”，实现了农民增收，企业增利，财政增税的多重效应，开始了由牧业大县向牧业强县的大步跨越。2001年，实现牧业产值2.55亿元，占农业总产值的54.2%；农民人均牧业纯收入1347元，占农民人均纯收入的65%；全县奶牛存栏50 489头，商品奶量10万吨。

奶源基地形成一定规模。县委、县政府坚持大小同步、数质并重、农牧区并举的原则，把建设高标准的奶牛专业生产小区与分散饲养有机结合起来，牧区以培植规模大户为发展方向，农区以小规模饲养起步，循序渐进发展。按照小规模、大群体，大规模、专业化的发展思路，在千家万户普养的基础上，通过政策引导、利益吸引、典型示范、招商引牛、专项会战等措施，大力发展规模养殖户、家庭奶牛场、奶牛专业小区和专业村。截至2001年末，全县有4头奶牛以上的奶牛专业户6 300户，50头奶牛以上的家庭奶牛场20个，奶牛专业村46个，奶牛专业乡2个；年交售商品奶百吨户10户、千吨村29个、万吨乡2个，其中4万吨乡1个。

奶牛生产水平较高。富裕县委、县政府依靠科技发展奶牛业，重点实施了“七大工程”：(1) 良种工程。引进和推广美系荷斯坦高产奶牛良种，实行公牛全去势、母牛全冻配，提高奶牛品质，全县奶牛良种率达到100%。(2) 防疫工程。定期开展防疫工作，全县奶牛防疫率达到100%，多年来从未发生疫情。(3)“三化”工程。重点推广秸秆青割、揉碎及“三化”（盐化、糖化、氨化）处理技术。2001年，全县秸秆利用率达到60%，奶牛泌乳期由2000年的210天延长到285天。(4) 青贮工程。引导养牛户按照1头奶牛0.13公顷青贮的标准种植青贮玉米，并通过资金、物资扶持等办法帮助农户建青贮窖。2001年，全县种植青贮玉米7 000公顷，青贮总量为35万吨，建成青贮窖6 380个。(5) 饲草工程。采取封区育草、浅翻轻耙、改草种草相结合的办法，不断加大草原承包改良建设力度。截止2001年末，全县117千公顷草原，已承包到户108千公顷，累计改良草场47千公顷，退耕还草368公顷。(6) 信息工程。在县畜牧局设立畜牧信息中心，在县农委设立二级网络平台，建立畜牧业信息网页，实现县、乡、村、奶牛大户微机联网。(7) 不含抗生素工程。富裕县在全国率先实现了鲜奶不含抗生素。

奶牛生产政策环境宽松。为了鼓励广大农户饲养奶牛和吸引外地客商到富裕县兴办奶牛场，富裕县委、县政府出台了财政出资为新购牛户、招商引牛大户投保；对各乡镇新增商品奶超基数部分实现的增值税全部返还乡镇；给予投资大户贴息、免费提供场地、建青贮窖，对到富裕县高标准生产小区集中发展奶牛业的县内外客商，给予免费购买奶牛保险、提供技术服务、提供建青贮窖所需红砖水泥、提供新建奶牛舍购置红砖周转金，免收基地建设费等优惠政策，并在县农技高中开办免费“养牛明白人”培训班。截至2001年末，已培训农民1 300人；在县畜牧局设立“畜牧110”服务热线，24小时为奶农提供政策咨询、疫病防治等各项服务。

奶牛生产综合服务体系健全。富裕县委、县政府围绕奶牛生产基地建设，不断强化服务功能，形成了功能完善的畜牧综合服务体系。几年来，全县共投资100多万元，加强了县乡村畜牧兽医服务体系建设。截止2001年末，全县10个乡镇，已有8个乡镇的服务中心达到省级标准，全县畜牧兽医专业技术人员已达384人。完善了以远大饲料公司为核心，以乡村饲料供应站和青贮秸秆揉碎专业户为依托的饲料生产供应服务体系。完善了以光明松鹤乳品公司和明星食品公司两大龙头企业为核心，以全县乡村59个机械挤奶站为依托的鲜奶收购服务体系。全县68个村达到了疫病防治、机械挤奶、冻精配种、鲜奶收购、技术咨询“五不出村”。

（黑龙江富裕县人民政府副县长　翟志学）

## 黑龙江安达市加速产业化进程 奏响奶业发展新乐章

安达市地处黑龙江省西南部，全市面积3 586平方千米，辖10镇4乡6个街道办事处，总人口50万，境内耕地10.5万公顷，草原18.1万公顷，是全国荷斯坦牛繁育基地，全国500个商品粮大县（市）之一。安达市有近百年的奶牛养殖历史，1952年全市第一家乳品企业建成投产，拉动了安达奶牛业的发展。几十年来，安达凭借“雄厚的养殖基础、强劲的拉动作用、广茂的牧草资源”优势，使奶牛经济成为强市富民的主导产业。1995年被评为全国牧业生产先进县；1997年被中国特产之乡组委会确定为“中国奶牛之乡”。2001年，全市GDP完成39亿元，比上年增长11.4%；财政比上年增长10%，位居黑龙江省县级财政收入第五名。

1. **奶牛生产良种化**　优良品种是提高效益的前提。安达市多年来一直非常重视奶牛的品种改良工作，现在的奶牛核心群是在中国黑白花奶牛基础上繁育起来、符合国际标准的中国荷斯坦牛。全部采用从美国、加拿大、澳大利亚等牧业先进国家引进的特一级优质冻精进行繁育，并通过淘汰劣质母牛，用荷斯坦品种奶牛胚胎移植技术、建立良种繁育基地等一系列措施来提高奶牛的良种化程度。2001年，全市奶牛存栏8.5万头，良种率已达60%以上。

2. **奶牛养殖绿色化**　安达市有可利用草原16.7万公顷，其中采草场7.5万公顷，放牧场8.4万公顷，牧经两用草场0.87万公顷。植被构成以驰名中外的羊草为主要建群种，草势繁茂、草质优良、适口性强，各种营养成分丰富，其中粗蛋白含量是世界上最高的，理论载畜量为40万个牛单位，而且是亚洲东部特有的植物草场。面对奶业市场的激烈竞争，以及入世后奶业面临的机遇和挑战，安达市依托18.1万公顷草势丰茂无污染的优质草原，积极实施良种工程、无公害饲料工程、无污染养殖工程、无规定疫病区工程等。严格按照国家A级、AA级绿色食品标准组织生产，使畜产品逐渐实现绿色化。

3. **奶牛业产业素质知识化**　面对激烈的市场竞争，只有掌握更多的信息，才能抢占市场制高点。因此，安达市专门开通了“牛城畜牧网站”，使之成为高新技术传播的前沿阵地。同时，通过健全完善服务体系建设，加强了以市畜牧兽医服务中心为龙头，以乡镇畜牧兽医中心为主体，村级服务为基础，以科研单位和大专院校为补充的多层次、多功能服务体系，使奶牛业产业素质有了进一步的提高。

4. **奶牛经营体制产业化**　安达市共有红星、龙兴、龙福、长征、太平乳业等五家乳品加工企业，日加工处理鲜奶能力630吨以上，共生产6大系列30个品种。黑龙江红星集团股份有限公司1998年投资6 300万元，引进国际上最先进的瑞典鲜奶加工设备，使年鲜奶加工能力达3万吨，不仅开发了安达的第一个绿色乳制品品牌，并且通过了国际ISO－9002质量体系认证，同时，红星品牌被国家工商总局评为全国驰名商标。2001年，该企业实现产值1.2亿元，上缴税金1182万元；黑龙江龙兴乳品有限公司的生产设备、工艺是由丹麦DTD公司成套引进的。设计规模为日处理鲜奶200吨，年生产全脂速溶奶粉8833吨，奶油146吨。2001年，年产5万吨保鲜奶项目已经投入运作。同时从国外订购6套先进的生产设备，其中，日本四国公司产的HSK—2000型屋顶包装机，芬兰依莱克斯德产EA—5000型和EA—9000型塑料包装机，瑞典利乐公司的利乐砖包装机以及5T/H巴氏杀菌机和闪蒸装置等均为世界一流水平。

目前，为适应新形势需要，大部分乳品企业已经开始吸引农民以奶牛或鲜奶入股到企业中来，建立公司＋基地＋农户的产业化运行机制。企业之间探讨联营联合，招商引资，全力打造“乳业航母”，增强市场竞争能力。

（黑龙江安达市人民政府副市长　吴连涛）

## 山东莱西市抓住机遇 大力发展奶业经济

山东省莱西市地处胶东半岛腹地，是国务院首批确认的沿海对外开放城市之一，也是山东省最大的奶牛生产基地县。全市辖12个镇、861个行政村，72.48万人口，其中农业人口62.24万人，全市总面积1 522平方千米，其中耕地面积4.4万公顷，粮食总产量常年稳定在50万吨左右。2001年，全市畜牧业总收入达到21.3亿元，占农业总收入的43%。

**1. 奶牛生产的发展历程**

(1) 第一阶段1994—1996年。1994年莱西市引进了雀巢乳品加工项目。在发展初期，多数干部群众对饲养奶牛认识不足，市委、市政府为提高农民的积极性采取了一系列政策、措施。一是加强组织领导。市、镇两级都成立了奶牛生产领导班子和工作班子，主要领导亲自抓，市政府每月督查一次奶牛生产发展情况。二是落实购牛任务。市里将奶牛生产计划作为硬性指标落实到乡镇。三是采取扶持政策。市委、市政府出台了一系列鼓励扶持政策，从资金、饲料地、义务工等方面给予优惠扶持。四是开展技术培训。采取请进来教、派出去学、印发技术资料、现场指导等各种有效形式，先后培训了一大批奶牛养殖能手。由于措施得力，到1996年底奶牛生产发展到1.45万头，实现了奶牛从无到有、由少到多的转变。

(2) 第二阶段1997—1999年下半年。1997年开始，我们就狠抓了牛群结构的调整，在继续外购优质奶牛、保证奶牛数量稳定发展的同时，积极引导鼓励农民及时淘汰了部分劣质牛，使牛群质量显著提高，产奶牛平均单产由1995年的3 000多千克提高到1998年的4 500千克以上，鲜奶质量也明显提高，实现了奶牛由劣到优的转变。

(3) 第三阶段是从1999年下半年到现在。这个阶段本市奶牛发展进入了新高潮，随着雀巢公司奶制品销售形势的好转，特别是1998年上了超高温灭菌奶和淡奶生产线后，对鲜奶的需求量迅速上升，到1999年底日收奶量达到70吨。从1999年下半年开始，农民自发购牛的积极性高涨，2001年末全市存栏奶牛达到2.68万头，日产鲜奶达到280吨。涌现出1 000头以上的奶牛养殖大镇12个，存栏100头以上的奶牛养殖专业村40个，存栏5头以上的奶牛养殖大户1 500多个。奶牛生产已成为本市发展农村经济、带领农民致富的支柱产业，对莱西市农村经济和社会发展起到了重要作用。

一是加快了种植业结构的调整优化。随着奶牛生产的迅速发展，饲草供求矛盾日益突出。1999年莱西市委、市政府狠抓牧草生产，到2001年末，全市共发展人工牧草2 000多公顷。其中成方连片集中种植面积在6.7公顷以上的示范方20处。夏格庄镇在抓养殖园区建设的同时，对养牛园区配套规划了种草用地。2001年，全镇种植优质牧草达到200公顷。许多农民尝到了种牧草发展奶牛的甜头。马连庄镇河崖村奶牛养殖大户刘立荣常年采用鲜草喂奶牛，4头奶牛产奶量比喂干草提高30%。

二是增加了财政收入和农民收入。养奶牛虽不纳税，但由于本市奶牛生产的发展，保证了雀巢公司乳制品加工的需要，公司纳税额逐年增加，2001年缴纳税金达2 500多万元。目前，农民饲养1头中等水平的产奶牛，年纯收入4 000～5 000元，相当于种十几亩粮食和一个普通企业职工近一年的工资收入。周格庄办事处三里庄村共有150户，全村奶牛存栏300余头，仅奶牛一项，全村年纯收入80多万元，户均5 300元。姜山镇岭前村黄培忠，于1994年投资兴办了个体奶牛场，现存栏近100头，年纯收入在30万元以上，总资产已达200余万元。

三是为农村劳动力转移和企业下岗职工再就业提供了一条有效途径。据不完全统计，目前全市共有专门从事奶牛养殖的劳动力6 000多人，其中企业下岗职工养奶牛的约200人。日庄镇沟西村周洪峰，大学毕业后回家办起奶牛场，现存栏52头，其中成母牛44头，日产鲜奶600多千克，年纯收入20多万元。

**2. 发展目标**　为进一步发展奶牛生产，莱西市政府制订了《奶牛、牧草发展“十五”规划》，到“十五”末，全市存栏奶牛要达到6万头，其中产奶牛3.8万头，配套发展优质牧草0.67万公顷。为实现这一目标，要重点抓好以下5个方面：

(1) 加快发展速度，膨胀奶牛规模。一是要充分发挥本市现有奶牛多、自繁自养发展快的优势，积极引进国内外优良的奶牛冻精，加快良种奶牛的繁育。要加强奶牛配种站点的管理，全市实行统一采购供应冻精，统一建立配种档案，严禁用劣质冻精配种。要引导农民抓住当前全国牛源紧张、牛价高的有利时机，选留、培育好后备牛，使优良后备牛的比例达到30%以上，增强奶牛生产发展的后劲。二是要大力推广奶牛胚胎移植技术。建立2处胚胎移植基地，带动更多的农民接受这项技术。三是要加大外出购奶牛的力度。各镇办成立专业购牛队伍，统一外出购牛。

(2) 发展壮大乳品加工企业，提高鲜奶加工能力。本市奶牛基地的发展，促进了雀巢公司的发展，自1998年以来雀巢公司每年都增加投资2 000多万元，扩大生产规模。目前，日加工能力达到380吨。为全面进攻液态奶市场，雀巢将以本市奶源基地为基础，投巨资建设大型生产线，2008年日加工能力将达到800吨以上。今后要进一步加大招商引资力度，积极引进新的乳品加工企业，实现以牛招商。

(3) 抓好饲草生产，切实解决好奶牛饲草问题。一是要积极推广饲料青贮技术，开发利用好现有农作物秸秆。二是要大力发展牧草生产。优质牧草营养丰富而全面，适口性好，用其喂奶牛，不仅可节省精饲料，提高产奶量和奶的质量，而且能增强奶牛体质，延长利用年限。要按照“十五”规划要求，下决心搞好牧草生产，确保所有奶牛都能吃上优质牧草。

(4) 建立合作组织，强化奶牛的宏观管理。要进一步健全市级奶业协会，加快建立乡镇分会，吸收至少80%的奶户加入奶业协会。

(5) 切实加强奶牛的疫病防治工作。一是要认真扎实地搞好牲畜免疫和消毒灭源工作，每年开展3次集中强制免疫突击活动。二是要加强检疫监督。要定期组织对奶牛进行检疫,发现问题及时处理。三是要严格对新购进奶牛的管理,严防疫病侵入。严格实行外出购牛审批制度。凡外出购牛,必须经市畜牧局确认目的地为非疫区后方可购进。对购买的奶牛要在当地请畜牧兽医部门严格检疫检查,确认无病方可运输。进入本市后,要立即报检,经检疫、防疫、隔离观察两周后,确认无病方可合群饲养。

(山东莱西市人民政府副市长 王志强)

## 陕西泾阳县加快奶业产业化 促进畜牧业大发展

泾阳县位于陕西省关中平原中部,全县总面积780平方千米,耕地44 587公顷,人口49.3万人,其中农业人口44.5万。县境内地势平坦,土壤肥沃,渠井双灌,盛产粮菜,尤以畜牧业发达著称,是陕西省最大的畜牧生产基地。

泾阳奶畜业起步较早,20世纪70年代末开始大量养殖奶山羊;80年代中期引进推广奶牛,养殖规模逐步扩大。近年来,县委、县政府立足资源优势和市场需求,及时提出了"以建设畜牧商品大县为目标,以畜牧产业化、畜产品商品化为主攻方向,大力实施畜菜果富民工程"的思路,突出奶畜生产,推进产业化经营,使奶畜生产呈现出蓬勃发展的良好势头。2001年底,全县奶牛存栏2.7万头,奶山羊存栏15万只,鲜奶产量11.4万吨;全县乳品加工企业发展到12家,年加工鲜奶近20万吨,初步形成了产加销衔接、贸工农一体的奶业产业化格局。在推进奶业产业化的实践中,我们主要从以下几个方面进行了有益探索:

**1. 抓基地,推进奶业规模化** 没有规模就没有效益。壮大规模是推进奶业产业化的基础。我们以奶牛养殖为重点,通过多种形式,着力抓了养殖大户、专业村、养殖小区的建设。全县养殖300头以上的奶牛专业村达到25个,奶山羊专业村37个;建成百头奶畜养殖场和养殖小区12个,机械化挤奶站46个。兴隆镇奶牛存栏达到8600头,成为本县的奶业强镇。

**2. 抓品质,推进繁育良种化** 发展畜牧业,良种是前提。我们坚持外引内育,狠抓了良种繁育体系建设。先后引进了中国黑白花奶牛、西农莎能奶山羊等奶畜良种数千只,依托境内的陕西省家畜改良站、西安市奶牛繁育中心,建立了县、乡、村三级良繁网络,推广人工冷配技术,全县建立人工授精站(点)72个。1999年起实施中加奶牛育种项目,引进加拿大荷斯坦奶牛冷冻精液改良奶牛。全县奶牛良种率达到85%以上,日平均产奶量由过去的15千克提高到25千克。

**3. 抓科技,推进生产科学化** 为推动奶业产业化,我们坚持抓了三个方面的科技兴牧工作:一是技术培训。我们同西北农林科技大学、省仪祉农校、省家畜改良站、西安市奶牛繁育中心等科研教学单位建立了长期稳固的联系,常年邀请专家和技术人员来泾阳授课,为每个养殖专业村培训了2~3名技术人员。二是推广先进奶畜实用技术,重点引进推广了奶牛高产综合配套技术、牧草种植、综合育种、人工冷配、疫病综合防治、秸秆青贮微贮等技术。三是坚持推行科技承包,组织畜牧技术人员抓科技示范点,促进新技术的推广,科技贡献率达到了55%。

**4. 抓龙头,推进经营企业化** 为加快实施富民强县工程,我们抓了"龙头企业"建设。一是积极招商引资。全县有乳品加工企业12家。2001年,先后引进了上海光明乳业公司投资1.2亿元、年加工20万吨鲜奶项目和威阳银华乳业公司投资6 000万元、年产1.5万吨冰淇淋项目。二是加大现有企业技改挖潜,提高生产能力。已改造小型乳品企业8个。红旗乳业公司利用停产企业土地、厂房,建起了乳品生产线,已形成年加工鲜奶1万吨的能力。光明乳业公司对泾阳县乳品厂租赁经营,投资750万元,更新设备,进行技改,使企业的加工能力由原来的不足1 000吨提高到3 000吨以上。三是引导企业开发新产品,走系列化和精深加工的路子,增加产品科技含量和附加值。乳制品已由过去单纯的奶粉生产发展为甜脂奶粉、淡奶粉、液态奶、冷饮、糕点等10多个品种,产品销往全国各地。

**5. 抓管理,推进服务社会化** 一是从全县奶畜发展实际出发成立了畜牧产业服务中心,为县政府直属科级事业机构,专门负责为畜牧业生产进行全程服务。二是制定发展规划和产业政策,发挥引导作用。先后制定出台了《关于加快畜菜果产业化建设的决定》、《关于加快奶畜产业化建设的实施意见》等文件,从资金、用地、技术、服务等方面制定了一系列扶持政策,引导奶业走产业化之路。三是从"草、病、养、法"四个关键环节入手,建立健全了县乡村三级服务网络,做到县有中心、乡有站、村村都有技术员。在奶牛防疫上,推行了标识化管理,建档立卡,一畜一证,有效保证了奶畜业的健康发展。全县拥有畜牧技术干部136名,防疫员440人;建有鲜奶收购点150个,饲料兽药门市部(点)70个;年青贮秸秆17万吨,氨化3.5万吨,秸秆处理利用率达33%;组建奶牛协会28个。在专业村做到买料、卖奶、防疫、治病、配种"五不"出村。认真贯彻执行《动物防疫法》、《种畜禽管理条例》等法律法规,加强依法治牧,促进了奶畜产业化发展。

(陕西泾阳县人民政府副县长 何新春)

## 宁夏利通区提升基地 壮大龙头 推动奶业发展

利通区是宁夏回族自治区的三大经济核心区之一。全区辖4镇13乡95个行政村,总人口31万,其中农业人口占67.6%,耕地面积2.24万公顷,人均耕地近667米$^2$,是一个典型的农业县区。

“九五”期间，把以奶产业为主的畜牧业作为振兴农村经济的支柱产业，抓基地、举龙头、带产业，促进了农业增效和农民增收，基本构筑起区域化布局、专业化生产、一体化经营的产业化初级形态。截止2001年，奶牛存栏达3.42万头，占自治区总量的46%；鲜奶产量13万吨，人均占有量400千克；奶牛养殖户11 800户，其中2 000头以上奶牛乡5个，千头以上奶牛专业村7个，标准化养殖小区24个；农民人均奶业纯收入528元，占农民人均纯收入的17.4%；乳品加工企业年创产值2.6亿元，实现利税2 400万元；畜牧业产值达到3.93亿元，占农业总产值的62%，其中奶业产值占畜牧业的60%以上。奶产业已成为壮大财政、增加农民收入和振兴区域经济的主导产业。我们的主要做法是：

1. **加强领导，优化政策，为奶产业创造良好宽松的发展环境** 区政府成立了由主要领导挂帅，畜牧、乡企等部门参加的奶产业工作领导小组，专门协调处理生产、加工、经营服务等奶产业发展中存在的重大问题。从1994年开始，先后出台了《关于养牛业的八条优惠政策》、《关于加快农业产业化的决定》、《关于进一步加快畜牧产业化发展的决定》和《关于进一步加快奶产业发展的决定》等一系列政策、措施，对龙头企业发展、养殖用地、养殖专业乡、村建设等给予政策优惠和资金扶持。政策的支持，极大地调动了农民养牛的积极性，先后涌现出谷建国牛场、宁兰垦牧公司等一批养殖大户和养殖企业。

2. **区域布局，科技支撑，进一步提升产业基地建设水平** 奶产业起步之初，利通区按照“大规模、小群体”的思路，紧紧围绕扩大奶牛养殖规模，初步形成了“万户分散饲养、千户规模经营、百户科技示范”的奶源基地格局，有力地促进了养殖总量的扩张。从2001年开始，又将基地建设的重点转向建设高标准的奶牛科技园区上，重点建设了夏进等11个奶牛科技园区。在科技园区内全面推行了“统一良种繁育、统一疫病防治、统一科学喂养、统一集中挤奶、统一规范管理”的“五统一”措施。如科学喂养上，大力推广玉米青贮饲喂技术，使每头奶牛每天可增产3～5千克鲜奶，全区奶农年增收1 200多元。通过采取“五统一”措施，园区内奶牛数量有了明显增长，平均单产达到6 200千克，高出利通区平均水平400千克。

3. **强化经营，狠抓管理，进一步增强龙头企业辐射带动功能** 到目前为止，全区已建成乳品企业14家，固定资产投资达到2亿多元，日处理鲜奶能力500吨。为增强乳品企业的龙头辐射带动功能，我们着重抓了3个方面工作：一是加大新产品开发和技改力度。在乳品企业中开展“科技兴企”活动，引导和支持企业不断引进和广泛采用新技术、新设备，加快技术创新和新产品开发，提升企业技术装备水平和产品科技含量。二是加快乳品企业改制步伐。以明晰产权为重点，按照公司制的机制规范运作，采取多种改革形式，盘活存量资产，使各种要素合理流动。特别是在夏进公司的改制上，下大力气进行资产重组，使企业摆脱沉重的历史债务负担，并多方寻求合作伙伴，最终达成了与银川新华百货的“强强联合”，为企业今后上市奠定了坚实的基础。三是加强乳品企业内部管理。针对部分企业管理不善，经营粗放，投入高、产出低、效益差等问题，大力实施“管理效益工程”，积极推动企业管理工作的规范化和科学化，使企业向管理要效益。到2001年底，14家乳品企业年创产值达2.6亿元，全年为养殖户发放奶款1.5亿元。尤其是夏进公司年产值突破1亿元，被列为国家农业产业化重点龙头企业和学生奶定点生产企业，产品热销全国20多个省、自治区、直辖市，已成为全国的一个知名品牌。

4. **加强服务，强化监督，确保奶产业稳定健康发展** 在服务环节上，加大了农民科技培训力度，加强了技术服务体系建设，先后投资改建、新建了一批中心畜牧兽医站，并在人员、设备、经费等方面给予优先保证。2000年又筹资建成了畜禽疫病检测中心。另外，引导和鼓励农户、农民经纪能人等组建奶牛合作社、饲草料协会、兽医协会等民间中介服务组织，为奶产业的发展提供技术、市场、信息等全方位的服务。在监督环节上，针对乳品企业和养殖户中存在的压级压价、拖欠奶款、掺杂使假等问题，专门成立奶业稽查大队，出台《奶业管理办法》，加大对奶业市场经济秩序的整顿和监督力度，规范乳品企业和养殖户的行为，为本区奶产业营造了一个良好的发展环境。

（宁夏吴忠市利通区副区长　邓卫平）

## 新疆焉耆回族自治县狠抓奶业带动畜牧业快速发展

近几年来，我们在认真分析研究县情的基础上，提出并坚持了“稳粮、兴牧、上园艺”的发展思路。农村产业结构以畜牧业为中心，畜牧业以农区为重点作了大幅度调整，按照把农业大县同时建成畜牧业大县的要求，县委、县政府于1997年做出了《加快发展畜牧业若干问题的决定》，1998年进一步提出了《加快畜牧业发展的意见》，动员组织全县上下解放思想，转变观念，真抓实干，把畜牧业的发展推向了快车道。经过几年的艰苦努力，到2001年，全县畜牧业产值达到8 988万元，比1996年的4 684.6万元增加4 303.4万元，增长91.9%；畜牧业产值占农业总产值的比重由17.9%上升到35.3%。畜牧业的快速发展，促进农牧民收入一年迈出一大步，实现持续稳定快速增长。2001年全县农牧民人均纯收入达到3 202元，比1996年的1 598元增加1 604元，五年来年均增加320.8元。我们的具体做法是：

1. **培育养殖小区，带动千家万户搞养殖** 从1998年起，本县在位于城郊、交通便利、群众善于经商和发展二三产业意识较强的永宁镇，建成了一个育肥牛和一个养殖羊小区，发展养殖专业户29户。在用地、基建、养殖设施等方面给予大力支持，并为这些农户协调贷款280万元。当年每户养殖育肥纯收入达到5万～6万元。在示范户的带动下，全县养殖育肥业得到快速发展，现已建成养殖育肥小区24个，育肥50头牛、200只羊或3 000只禽以上的养殖示范户达378户，分散养殖户360户，养殖专业户占全县农户总数的20%以上。2001年，全县牲畜年末存栏达27.37万头，实现了全县耕地每0.06公顷（亩）一头畜的目标。牲畜出栏率达到74.49%，商品率达到80.8%，畜牧业主要指标较1998年翻了一番。

**2. 突出发展养牛业，实施“万头奶牛”工程。** 2000年，我们决定把发展奶牛业作为重点产业来抓，提出实施“万头奶牛”工程，建立了项目责任制，把各项目标措施具体落实到县乡村领导，县委、县政府主要领导和分管领导都有具体的责任项目，并重点在包尔海乡岱尔斯村扶持了一个养殖荷斯坦奶牛100多头的大户；在永宁镇下岔河村培育了规模在50头以上的奶牛大户5户；在五号渠乡中五号村推广了“大牛带小牛，1牛带3牛，1年带10牛，年年都增收”的养殖模式，全村发展奶牛500多头，上述3个村都实现了人均1头奶牛的目标；在包尔海乡推行由乳制品厂无偿提供乳牛，分散到农户家庭饲养，以牛奶抵还购牛款的“百户百牛”工程，培育了120个奶牛专业户。以上措施有效地推进了“万头奶牛”工程的顺利实施，奶牛业的发展成为焉耆县畜牧业的一个亮点，全县奶牛总数从2000年的1 000多头发展到现在的1.2万头，每头奶牛年均纯收入可达4 500元左右，养殖奶牛成为农民稳定增收的一个重要渠道。

**3. 着力培育“龙头”，推进畜牧业产业化** 重点支持三宇乳制品厂的发展，2001年在原有日处理鲜奶20吨的基础上，新建一条60～80吨生产线，现已形成日处理鲜奶100吨的生产能力。以三宇乳制品厂为龙头，推动焉耆县形成集奶牛育种、饲养、乳产品加工为一体的企业+基地+农户的畜牧业产业化经营格局。

**4. 多方协调，全力解决畜牧业发展资金** 1998年，在县财政非常困难的情况下，为永宁镇农牧民兴建养殖育肥小区协调财政贴息贷款280万元，解决购买牲畜的资金问题，使全镇农牧民当年养殖育肥人均增收230元，贷款全部按期还清，激发了农民的养殖育肥热情，也增加了金融部门为发展畜牧业加大贷款投放力度的决心和信心。近几年，县委、县人民政府想方设法在畜牧业发展资金方面做了大量的工作，采取了乡村干部担保、财产抵押、十户联保、小额贷款、财政贴息等多种形式，并协调保险公司办理了奶牛保险业务。五年来，累计为农区畜牧业发展协调贷款1.54亿元。同时，针对金融部门贷款期限短、贷款额度小的情况，我们认真抓好还贷履约率，使全县还贷履约率达到95%以上，一次性还贷率超过90%，在金融部门建立了良好的信贷信誉，并将养殖贷款期限由1年改为2～3年，缓解了农牧民发展畜牧业的资金困难。我们还把发展农区畜牧业与扶贫结合起来，采取多种形式筹措资金，帮助农村贫困户把养殖育肥作为脱贫的突破口。

**5. 抓好流通和中介服务，开拓畜产品市场** 一是培育和完善了五号渠乡、永宁镇的牲畜交易市场，拓宽了畜产品流通渠道。二是成立了养牛协会、养羊协会等，并在实践中逐步规范。通过协会，把全县养殖户、运销大户和分散的养殖、购销户组织起来，协调畜产品价格，统一运销、统一品种改良、统一技术攻关和推广、统一疾病防治，抓好畜产品订单落实。三是根据市场情况和农牧民生产经营中的实际需要，抓好信息服务，健全网络，在全县238个村民小组设置了汉、维两种文字的信息公告栏，每周更换一次。同时在广播电视节目中设置固定栏目，为农牧民按市场发展畜牧业需要提供信息。四是强化对畜牧兽医工作人员的日常管理和教育，组织他们搞好优质服务，抓好各项畜牧科技的推广应用。

**6. 依靠科技，搞好牲畜品种改良** 把依靠科技进步，搞好牲畜品种改良，作为提高畜产品质量的重点和发展优质高效畜牧业的根本措施来抓。把牲畜品种改良工作作为考核乡镇干部业绩的重要内容，层层签订责任状，狠抓各项指标和任务的落实。重点抓了奶牛胚胎移植和细毛羊人工授精，使全县牛、羊品种改良面由前几年的20%提高到目前的87.5%，优质良种牛及改良牛占牛存栏数的56.35%。上半年由自治区畜牧科研单位专家和本县畜牧技术人员共同组织实施，成功地移植牛胚胎200多枚。

**7. 抓好饲草料基地建设，以增草料促增畜** 一是改良开发天然草场资源。把农牧民责、权、利与草场的管、建、用统一起来，依法管草、护草、兴草，使现有的天然草场可利用率提高到70%以上。二是在充分利用、提高农作物秸秆转化率的基础上，扩大人工饲草料种植基地。结合近年来种植结构调整，不断扩大复种指数，2001年全县复播早熟、青贮玉米等饲料面积达到2000公顷以上，种植高效饲草面积667公顷。制定优惠政策，鼓励农民发展饲草饲料业，促进种植业的“两元结构”向“三元结构”的转变。

今后，要继续坚持把畜牧业作为增加农民收入和繁荣农村经济的支柱产业抓紧抓好，力争在“十五”期末，实现全县养牛总数达到5万头，农牧民人均纯收入4 500元的目标。要在全县推出一批依靠发展农区畜牧业，率先进入富裕村的典型，以典型带动，整体推进农牧民的致富进程，把焉耆县建成重要的畜牧业产业化基地县。

（新疆焉耆回族自治县人民政府供稿）

## 新疆呼图壁县畜牧业及县种牛场

新疆呼图壁县养牛业起步较早，20世纪80年代初为保证乌鲁木齐市的鲜奶供应，呼图壁县就与呼图壁种牛场成立了养牛联合体，先后从浙江、上海等地购进了一批良种荷斯坦奶牛，为养牛业的发展打下了基础。1992年，呼图壁县率先提出了“赶上黄牛奔小康”的口号，制订了“九五末户均三头牛”、“十五末人均一头牛”的远期目标，提出了“三年换种，十年改良”的牛品种改良规划，配种技术人员实行“见犊收费，成本包干，结余归己”的激励机制，使全县黄牛品质大大提高，养牛业得到了快速发展，荣获了全国黄牛改良先进县、青贮氨化先进县、自治区首批秸秆养牛示范县等称号。截止2001年底，牛的存栏由1996年的1.4万头增长到了6.7万头，全县畜牧业产值达到2.95亿元，占到大农业产值的34.3%，农民人均纯收入达到4 118元，畜牧业已经成为一大优势产业。县委、县政府认真贯彻自治区和昌吉州把畜牧业作为主导产业的重要决策，制定了“十五”畜牧业发展规划和实施意见等8个配套文件，提出到“十五”末畜牧业产值占大农业产值50%的奋斗目标。全县掀起全党动手、全社会参与、全面推进，大干畜牧业、干大畜牧业的新高潮。半年来，围绕新落户的维维集团，已建成鲜奶收购站（点）15个，规模养殖小区21个，在建千头奶牛场6个，鲜奶日收购量达到了35吨。此外，新天科文草业正式投产，与农牧民签订了4 666.7公顷的苜蓿种植收购合同。佳雨肉品公司与上海联华联合，在乌鲁木齐市建起8个肉品销售连锁店。农牧民发展畜牧业的积极性空前高涨，呈现出了强劲的发展势头。

呼图壁种牛场建立于1955年。该场下设3个奶牛生产分场，饲养高产良种奶牛1 800余头。该场培育的中国荷斯坦奶牛，具有耐高寒、耐粗饲和高产、高脂等特点，曾获国家科技进步三等奖。1995年以后，该场荷斯坦奶牛单产一直处于全国领先水平。2001年，一分场315头荷斯坦成母牛年平均单产9 600千克，为全国第一。今年有一头奶牛最高单产达到14 560千克，居全国之首。10年来该场共向国内外提供高产种牛8 000多头，为社会供应鲜奶及乳制品30多万吨。2001年全场实现总收入1.52亿元，其中畜牧业收入占67%。全场人均收入达到7 707元。

呼图壁种牛场牧二场是培育乳肉兼用西门塔尔的核心牛场。这个场技术力量强，兽医防疫、消毒制度严格周密，奶牛日粮实行严格的配方管理，全面推行了奶牛模式化养殖技术，采用了瑞典全封闭真空管道挤奶设备，是自治区级奶牛生产、科研、教学基地。2001年207头西门塔尔成母牛平均单产7 237千克，乳脂率达4.2%，名列全国第一，234头荷斯坦成母牛年均单产9 230千克，乳脂率3.75%，也名列全国第一。在肉用性能方面，犊牛经过强度育肥，日增重可达1.2～1.6千克。这些年他们共培育出西门塔尔奶牛2 000多头，计划“十五”期间向社会提供西门塔尔种公牛600头，西门塔尔牛胚胎10 000枚。牧二场先后被农业部授予“全国奶牛育种先进单位”等荣誉称号。

呼图壁种牛场胚胎工程中心成立于1988年，是新疆畜牧科学院的科研和教学基地。中心建成第一年，就在这里产下了新疆第一头胚胎移植牛犊，全国第一头冷冻胚胎分割移植牛犊，并创下了一次超排获可用胚胎41枚的全国纪录。1990年以来，中心先后荣获国家科技进步二等奖、农业部科技进步一等奖和自治区科技进步一、二等奖。近两年，中心致力于胚胎移植技术推广应用，与国内六省、自治区及疆内大部分地州、县市签订了万余枚胚胎移植服务合同，累计向社会提供年产奶量可达9 000千克以上的高产奶牛胚胎2万多枚，占到全区供应量的80%。中心年可生产牛胚胎5 000余枚，移植受体牛3 000余头。中心的冻胚移植受胎率平均达到了52.3%，最高的达到了64%。鲜胚移植受胎率平均达到了60%，最高的达到了75%。计划用3～4年时间，建成我国动物胚胎产业化生产基地，形成年产2万枚牛胚胎的生产能力。

（新疆呼图壁县人民政府　副县长　阿拜克）

# 饲草与饲料

## 全国草原资源基本状况

1. **我国草原资源及其分布**　我国是草原资源大国，拥有各类天然草原39 283.3万公顷，约占国土总面积的40%，仅次于澳大利亚，居世界第二位，但人均占有草原只有0.33公顷，仅为世界平均水平的一半。

我国天然草原主要分布于年降水量小于400毫米的干旱、半干旱地区，即大兴安岭—燕山—恒山—吕梁山—秦岭—青藏高原东缘一线，西北部的内蒙古、新疆、青海、西藏、甘肃、宁夏各省、自治区；辽宁、吉林、黑龙江省西部，以及四川西北部、河北北部、山西西北部、陕西北部和云南西北部；在南方和东部湿润区，草地主要分布于云贵高原、广西西北、贵州西南、湖南西部、湖北西部、河南西部、辽西山地；四川盆地盆周山地及南岭、大别山、太行山等山地；山东中南部和江南丘陵；东南部海岸带。其中牧区有草原19 315.87万公顷，半农半牧区有草原5 852.57万公顷，农区和林区有草原12 114.8万公顷，湖滨、河滩、海岸带有草地2 000万公顷，分别占全国草原总面积的49.2%、14.9%和30.8%、5.1%。有纯牧区分布的省、自治区，草原面积一般占本省、自治区国土面积的40%以上。南方及东部沿海省份，草地面积小于本省、自治区国土面积的15%～25%（表1）。

表1　全国和各省、自治区、直辖市草原资源

| 地　区 | 天然草原面积（千公顷） | 天然草原占当地国土面积（%） | 天然草原有效面积（千公顷） | 草原全年载畜量（千羊单位） | 人工草地保留面积（千公顷） |
|---|---|---|---|---|---|
| **全国合计** | **392 830** | **41.41** | **331 000** | **448 920** | **7 738.5** |
| 北京 | 400 | 24.97 | 340 | 510 | 0.4 |
| 天津 | 150 | 12.97 | 130 | 490 | 0.7 |
| 河北 | 4 710 | 25.06 | 4 080 | 11 740 | 273.3 |
| 山西 | 4 550 | 29.03 | 4 550 | 10 990 | 416.5 |
| 内蒙古 | 78 810 | 68.81 | 63 590 | 44 200 | 2 388.8 |
| 辽宁 | 3 390 | 23.23 | 3 240 | 5 320 | 234.7 |
| 吉林 | 5 840 | 30.60 | 4 380 | 11 110 | 226.3 |
| 黑龙江 | 7 530 | 16.57 | 6 080 | 19 260 | 406.1 |
| 上海 | 70 | 11.46 | 40 | 130 | 1.5 |
| 江苏 | 410 | 4.08 | 330 | 920 | 14.1 |
| 浙江 | 3 170 | 30.57 | 2 070 | 7 940 | 37.3 |
| 安徽 | 1 660 | 11.89 | 1 480 | 8 170 | 21.0 |
| 福建 | 2 050 | 16.54 | 1 960 | 8 520 | 16.0 |
| 江西 | 4 440 | 26.58 | 3 850 | 11 980 | 53.3 |
| 山东 | 1 640 | 10.45 | 1 330 | 2 640 | 106.7 |
| 河南 | 4 430 | 26.76 | 4 040 | 8 980 | 142.0 |
| 湖北 | 6 350 | 34.23 | 5 070 | 18 060 | 54.7 |
| 湖南 | 6 370 | 30.07 | 5 670 | 23 240 | 17.2 |
| 广东 | 3 270 | 18.34 | 2 680 | 18 070 | 17.1 |
| 广西 | 8 700 | 36.75 | 6 500 | 25 720 | 48.8 |
| 海南 | 950 | 27.93 | 840 | 3 900 | 9.7 |
| 重庆 | 2 158 | 26.19 | 1 915 | 10 960 | 13.6 |

（续）

| 地　区 | 天然草原面积（千公顷） | 天然草原占当地国土面积（%） | 天然草原有效面积（千公顷） | 草原全年载畜量（千羊单位） | 人工草地保留面积（千公顷） |
|---|---|---|---|---|---|
| 四川 | 20 382 | 42.44 | 17 705 | 44 390 | 243.7 |
| 贵州 | 4 290 | 24.40 | 3 760 | 11 730 | 140.0 |
| 云南 | 15 301 | 40.11 | 11 930 | 31 080 | 190.9 |
| 西藏 | 82 050 | 68.10 | 70 850 | 27 080 | 56.0 |
| 陕西 | 5 210 | 25.32 | 4 350 | 9 030 | 733.3 |
| 甘肃 | 17 900 | 42.07 | 16 070 | 11 040 | 826.9 |
| 青海 | 36 370 | 51.36 | 31 530 | 29 000 | 413.5 |
| 宁夏 | 3 010 | 58.19 | 2 630 | 1 470 | 201.0 |
| 新疆 | 57 260 | 34.68 | 48 010 | 32 250 | 433.3 |

按草原的自然特性、生产特征和区域分布，我国天然草原可划分四大类型区。

(1) 牧区草原区。一般位于400毫米等雨线以下，从大小兴安岭向西和西南直至新疆、西藏西部国境线。即我们通常所讲的牧区，主要包括内蒙古、新疆、青海、西藏及四川西部、甘肃南部等地，草原面积约占全国草原面积的49.2%，分布连片，是我国最重要的天然草原和草食家畜生产基地。这类草原水热条件较差，自然灾害多，除少数地方外，大部分生产力水平较低，还有不少草原缺水，难以利用。

(2) 半农半牧区草原区。主要分布在牧区草原与农区的结合部，草原和耕地常交错分布。这类草原面积约占全国草原总面积的14.9%，牧草资源比较丰富，水热条件比较好，牧业生产力水平较高。同时也是草原开垦较多的主要区域，草原破坏的重灾区。

(3) 农区和林区草原区。包括北方和南方的农区和林区。其中北方草原区、西北荒漠区、青藏高寒区中的农业县、林业县，有草原7 292.02万公顷，草原水热条件较好，有较丰富的秸秆、农副产品或林间草地可利用。南方次生草地有6 822.8万公顷，绝大部分为森林植被屡遭破坏后形成的次生草地。以秦岭—淮河一线为界，以南为热性草丛和热性灌草丛草地，以北为暖性草丛和暖性灌草丛草地。这类草地产草量高，大都为禾本科牧草，草质较差，除村庄附近及少量规模开发外，大部利用不充分。

(4) 湖滨、河滩、海岸带地区。沿湖滨、河滩、海岸带分布有一部分隐域性低地草甸草地，面积约2 000万公顷，大都分布零星，产草量高但草质较差，目前利用尚不充分。

**2. 我国草原的生产能力**　由于我国草原分布广，自然条件差异大，各地的草原生产能力差异也很大。我国南方和东部湿润区草原，水热条件好，牧草生长期长达7～10个月，牧草再生能力强，产草量高。这类草原年均干草产量一般达1 500～3 500千克/公顷，多数在2 000～2 500千克/公顷之间。

北部温带草原的产草量，由东向西逐渐降低，规律明显。东部草甸草原产草量600～2 200千克/公顷，中部典型草原900～1 600千克/公顷，西部荒漠草原600千克/公顷。草原的产草量主要受制于水分条件的变化，每100毫米降水能形成400～500千克/公顷的干草产量；等量降水所形成的产草量，东部大于西部。

黄土高原和鄂尔多斯高原西北部、伊犁谷地、北疆绿洲边沿的温性草原化荒漠，年干草产量为400～500千克/公顷。阿拉善高原中部、河西走廊西段、吐鲁番盆地、南疆塔里木盆地典型荒漠，年干草产量仅200～400千克/公顷；荒漠区中的贺兰山、祁连山、天山、阿尔泰山、准噶尔西部山地的山地草甸，年干草产量1 600～2 200千克/公顷。

青藏高原高寒草地，由于地势高亢，热量不足，牧草生长期短，产草量低，东西部产草量差异显著。东部高寒草甸区年干草产量1 000～1 500千克/公顷，中部高寒草原区年干草产量500～1 000千克/公顷，西部年干草产量小于500千克/公顷。每100毫米降水量能形成250～300千克/公顷干草产量；等量降水形成的产草量，低海拔区高于高海拔区，南部高于北部。

**3. 我国草原的载畜能力**

(1) 我国草原的理论载畜量。全国各类天然草原、改良草地共计能承载44 892万羊单位。其中四川省草原能载畜4 439万羊单位，居全国第一位。内蒙古自治区次之，能载畜4 420万羊单位。新疆草原能载畜3 225万羊单位，居第三位（表1）。

按区域划分，南方和东部湿润区草原载畜量最高，约占全国草原总载畜量的47.4%；北方温带草原载畜量居第二位，占全国草原总载畜量的31.3%；青藏高原高寒草地载畜量最低，仅占全国草地总载畜量的21.3%；分布于农区、半农半牧区、林区的零星草地和改良草地能载畜11 031万羊单位，占全国草原总载畜量的25.6%，具有重要地位。

(2) 单位面积草原载畜量。全国平均每公顷草原能载畜1.30羊单位，载畜力不高，从东向西，随降水量降低而减少。

我国北方温带草原的载畜量，与俄罗斯、美国、蒙古等国的温带草原载畜力无明显差异。全国温性草甸草原、温性（典型）草原和温性荒漠草原每公顷分别能承载1.29、0.72、0.40羊单位。温性草原化荒漠为0.32羊单位/公顷，温性荒漠为0.25羊单位/公顷。

青藏高原高寒草地载畜力很低，其中高寒草甸为1.19羊单位/公顷，高寒草原为0.35羊单位/公顷，高寒荒漠草原类为0.20羊单位/公顷。

南方热带、亚热带次生草地载畜量最高，达2.2～3.4羊单位/公顷。东部暖温带次生草地为2.0～2.3羊单位/公顷。

全国隐域性沼泽草地载畜量为2.6羊单位/公顷。

（中国科学院地理与资源研究所　苏大学
中国农业科学院农经所　周　礼
农业部畜牧兽医局　李维薇）

## 全国草原建设与保护状况

1. **围栏建设**　我国天然草原围栏自20世纪80年代中期开始迅速发展，特别是实行草原承包责任制以后，牧民自发进行草原围栏的积极性空前高涨。我国现有草原围栏面积1 200万公顷，其中1996—1999年4年期间建设的草原围栏就超过400万公顷，占全国草原围栏总面积的1/3。目前，我国草原围栏每年新增约107万公顷左右。围栏建设的迅速发展，对减少天然草原的破坏、恢复植被和改善草群结构已产生了明显效果。据对北方牧区草原的调查，围栏后可增加草原载畜量10%～15%。大规模的围栏建设为实行划区轮牧，科学合理地利用草原打下坚实的基础。

2. **飞播种草**　飞播种草是快速建立高产人工草地和改良退化草原的方式之一。我国于1979年在内蒙古、陕西等省、自治区试点成功后，目前已遍及全国各主要草原类 型区和急需进行国土治理的地方。截止1999年底累计飞播面积271万公顷，飞播牧草保留面积率达到73%。实施飞播种草的草场，大幅度地提高了牧草的产量和质量，促进了畜牧业的发展。同时由于飞播草场植被盖度的显著提高，降低了水土流失，减少了土壤冲刷和地表径流，有效地治理了部分沙化、退化、盐碱化草原。

3. **人工种草**　我国开展大面积的人工种草始于1979年，到目前累计保留人工草原面积1 600万公顷，只占我国草原总面积的4%，总体上看，我国人工种草面积很少。由于没有足够的人工草地的支持，家畜几乎终年依靠天然草原放牧，夏肥、秋壮、冬瘦、春死的状况没有得到很好地改善，生产力水平仍然很低。草原畜牧业产值只相当于有人工草地和足够割草地支撑的澳大利亚的1/10，美国的1/20。

4. **草原灭鼠治虫**　我国约有草原鼠害面积2 667万公顷，占全国草原总面积的6.7%；每年发生草原虫害面积约1 333万公顷，占全国草原总面积的3.3%。大规模的草原鼠虫害的发生，严重破坏草原植被，加剧草原退化，已成为我国草原畜牧业的主要灾害。鼠虫害使我国草原每年约损失牧草2 400万吨，造成内蒙古、新疆、青海、四川4省、自治区1 000万公顷草原成为失去利用价值的裸斑地，占4省、自治区草原总面积的4.5%。长期以来，国家和地方各级政府每年都要拿出专项资金投入不少人力、物力用于草原灭鼠治虫，但是投入资金严重不足，每年灭鼠治虫的面积只占发生面积的16%，难以遏制鼠虫灾害蔓延的趋势。

5. **草原水利建设**　我国北方和青藏高原牧区30 000万公顷草原中有近6 667万公顷是缺水草原，有3 333万公顷是无水草原。改革开放20年来，我国牧区草原畜牧业逐步实现由传统的逐水草而牧靠天养畜的游牧方式向定居半定居建设养畜方式转变。随着牧业生产和牧民生活方式的改变，人畜饮水、草原灌溉对牧区水利建设提出了新的要求。但目前我国牧区水利建设尚没有固定的资金投入渠道，牧区草原水利设施基本处于空白。

6. **草原生态建设**　近几年来，国家对草原保护和生态建设开始重视，投资逐年有所增加，但由于草原面积大，国家投入草原建设的资金仍然很少，平均每公顷仅为1.05元。牧民大多收入不高，甚至生活贫困，对草原建设的投入有限，不足以改变草原重利用、轻建设的状况。草原建设规模小，草原生态环境仍然是局部改善，总体恶化，远不足以抑制草原急速退化的趋势。

（中国科学院地理与资源研究所　苏大学
中国农业科学院农经所　周　礼
农业部畜牧兽医局　李维薇）

## 把草原工作推向新阶段

全国草原工作会议，2001年9月5～7日在内蒙古赤峰市召开。农业部齐景发副部长在会上做了报告，强调做好草原工作的重要性，提出了今后草原工作总体思路和要求；农业部畜牧兽医局局长贾幼陵也发表了题为“统一认识，扎实工作，把草原工作推向新的发展阶段”的总结讲话。

这次会议主要目的是统一认识，理思路，定任务。各地畜牧行业主管部门的领导对以下几方面达成了共识。

1. **加深了对草原工作重要性的认识**　必须从维护国家生态安全、促进经济社会可持续发展的战略高度来认识草原工作的重要性。

草原是重要的生态屏障，是江河源头和上游地区主要的水源涵养体，是抵御沙漠化的前沿地带。草原生态保护和建设关系到中华民族的生存与发展，是西部地区生态建设的主体，在实施西部大开发战略中具有重要地位。我国牧区大都分布在边疆少数民族地区，草原是牧区农牧民赖以生存和发展的物质基础，同时发展草原畜牧业是农业和农村经济结构战略性调整的重要措施，草原畜牧业是农牧民增收的主体产业。只有加强草原保护和建设，加快草原畜牧业的发展，提高少数民族地区人民群众的物质文化生活水平，缩小与发达地区的差距，才能进一步加强民族团结，巩固边疆稳定，实现各民族共同繁荣进步。

2. **增强了对草原工作艰巨性的认识** 既要看到近年来草原工作所取得的成就，又要清醒地认识到所面临的严峻形势。目前，我国90%的可利用天然草原不同程度地退化，每年还以200万公顷的速度递增，加强草原保护和建设已刻不容缓。一些地方对草原生态保护建设的认识不到位，长期以来由于受粮食问题困扰，重粮轻草，毁草种粮，新中国成立以来共出现四次大规模开垦草原，带来的直接后果是大量的弃耕和大面积的土地沙化。此外，还有乱采、滥挖、超载过牧等人为的破坏。生态建设存在着重林轻草的问题，有些地方甚至违背自然规律，在干旱草原地区大量种植乔木，管护成本很高，成活率却很低，影响了生态建设进程。因此，草原建设，保护任务十分繁重，对它的长期性、艰巨性和紧迫性要有足够的认识。

3. **强化了正确处理生态保护与经济发展关系的认识** 做好当前和今后一个时期的草原工作，需要我们在工作中处理好两方面的关系。首先是处理好生态效益与经济效益之间的关系，也就是近期目标与长远目标的关系。要在坚持草原生态效益的前提下，明确生态效益与经济效益相统一的观点，着眼于生态环境长远目标的实现，只有草原生态改善了，才能实现经济的可持续发展。同时，只有农牧民生活有了保障，才能保护其生态建设的积极性，生态效益才能长期稳定地发挥出来，实现绿起来与富起来的有机统一。其次是处理好草原保护与草原建设之间的关系。草原保护是实现草原永续利用的前提，草原建设是改善草原生态环境和提高草原生产力的有效手段，也是实施草原保护的重要条件。坚持全面保护，重点建设，坚持草原保护优先，以建设促保护，实行以草定畜，科学合理地开发利用草原。只有草原建设加强了，有充足的饲草了，才能减轻牲畜对草原的放牧压力，使天然草原得到休养生息，为采取更加有力的保护措施提供物质基础。

“九五”期间，国家对草原保护和建设的投入逐年增加，实施了天然草原植被恢复、牧草种子基地、牧区开发示范等重大工程项目。截止2000年底，全国累计种草保留面积达到1 600万公顷、围栏面积达1 500万公顷，人工种草比天然草原提高产草量5倍以上，对保护和改善生态环境起到了重要作用。牧区通过水、草、料、棚、圈、围栏和定居为主的配套建设，基础条件不断改善，正逐步摆脱逐水草而居和靠天养畜的被动局面，已经走上了建设养畜的道路。这些成绩的取得，主要得益于：

(1) 领导重视。党和国家领导人高度重视生态环境保护和治理工作，先后做出重要指示。一些地方政府领导把加强草原保护和建设作为改善本地区生态环境的切入点，亲自到基层指导种草工作，被群众亲切称呼为“草书记”、“草县长”、“草局长”。

(2) 加强了法制建设。一些省、自治区现已形成较为完善的法律体系。如内蒙古自治区已先后制定了《草原管理条例》、《基本草牧场保护条例》、《草原管理实施细则》、《草原承包经营权流转实施办法》、《森林草原防火办法》、《草畜平衡规定》等一系列配套法规，为草原执法工作奠定了坚实的基础。据不完全统计，全国已有县级以上草原监理机构580个，草原监理人员6 400余人，为维护草原正常秩序，查处草原案件，保护草原建设成果，发挥了重要作用。如新疆维吾尔自治区“九五”期间共查处乱垦、滥挖等破坏草原案件5 600多起，使67万公顷草场免遭破坏。黑龙江省“九五”以来，共立案查处破坏草原案件2 136起，有61人因开垦破坏草原被公安部门行政拘留，有2人被判处有期徒刑，极大地震慑了犯罪分子，为草原保护建设工作提供了有力的保障。

(3) 逐步落实了草原承包。目前全国累计承包草原2.08亿公顷，占可利用草原总面积的68.3%，其中新疆已承包0.45亿公顷，占可利用草原面积的94%；内蒙古承包到户0.53亿公顷，占可利用草原的76.9%。

(4) 增加了投入。近年以来，国家实施了一系列生态保护和建设项目，通过诸如天然草原植被恢复建设与保护工程、牧草种子基地建设工程、牧区开发示范工程、育草基金、飞播牧草、治虫灭鼠及防灾基地等项目的实施，夯实了草原畜牧业基础，改善了区域生态环境，增加了项目区抵御自然灾害的能力，使牧区从被动救灾转变为主动防灾，增强了牧民抗灾自救的能力，促进了牧区畜牧业经济的良性发展。

这次会议的召开，增强了各地代表做好草原工作的信心。目前社会大环境对草原保护建设工作十分有利，是难得的机遇，应当抓住这一有利时机，扎实工作，争取草原工作有一个新的突破。

草原保护和建设已得到越来越多的关注和重视。保护草原资源，促进生态环境与经济社会的协调发展是时代的要求，已成为全社会的共识。党中央、国务院十分重视草原保护和建设，国务院公布了《全国生态环境建设规划》，农业部下发了《全国草原生态保护建设规划》，各省、自治区也制订了相应规划和政策，为我们做好草原工作确定了方向和目标。近两年，国家实施积极的财政政策，加大了草原的投资力度，社会各界及广大农牧民也加大了对草原的投入，为草原保护和建设创造了良好的环境。

西部大开发战略的实施为草原工作提供了良好的契机。草原是西部地区生态系统的主体，草原保护和建设是西部大开发战略的切入点。西部大开发战略的实施，一方面进一步拓宽了投资渠道，增加了草原投资力度，加快了草原保护和建设的步伐；另一方面使基础设施逐步改善，科技教育水平不断提高。这些必将为西部草原保护和建设提供更好的物质基础和强有力的技术支持。

探索出一系列草原保护和建设的模式。在牧区有“种、改、保”模式，即“种植一点、改良一块、合理保护一大片”的建设模式。在半农半牧区有“进、退、还”模式，“进”就是通过加强以农田水利为主的基础设施建设，用较少的耕地解决口粮问题；“退”就是将不适宜种植农作物的坡耕地、贫瘠地退出农田种植；“还”是指将退下来的耕地用于还林还草还牧。在农区有“草田轮作”和“三元”种植业结构模式。此外，还有“六化”家庭牧场模式，即草地围栏化、牧民生活定居化、牲畜圈舍暖棚化、饲草料生产基地化、牲畜品种良种化、疫病防治科学化，以及“水、草、棚、机、料”等综合配套的“草库伦”建设模式。这些模式为今后大规模保护建设草原提供了有效的建设途径。

通过这次会议，明确了草原工作的总体发展思路及任务，提出了草原工作应坚持的基本原则，确定了草原工作的目标任务。在此基础上进一步强调了不同区域草原保护建设的侧重点。

牧区草原的工作重点是利用法制和行政手段，强化管理，在全面保护的基础上抓好重点建设，其中在自然条件极其恶劣、草原生态极度脆弱的草原牧区，重点是采取禁牧和生态移民等措施，搞好天然草原的保护。

半农半牧区草原工作的重点是退耕还草，建设优质人工草地，推广舍饲半舍饲和异地育肥。

农区要结合农业结构调整，引草入田，种草养畜，搞好草产品加工。

南方草山草坡保护和建设的重点是加大天然草原改良的力度，合理开发利用。

北方草山草坡要重点实施好退耕还草工程，加大人工种草力度，推广舍饲为主的养畜方式，搞好天然草原的恢复和建设工作。

（全国畜牧兽医总站　唐福坤）

## 我国草业产业化经营

高质量的粗饲料不仅关系到牛奶的产量和质量，而且关系到奶牛的健康与使用寿命。粗饲料，特别是苜蓿等优良牧草供应不足，已成为制约我国奶畜生产力提高的重要因素。研究表明，同样优良的荷斯坦奶牛，日粮中的粗饲料假如只是秸秆，只能满足 5 000 千克单产水平的营养需要，加上玉米全株（带棒）青贮饲料，只能停留在 7 000 千克左右水平。要将单产提高到 8 000 千克以上，必须饲喂苜蓿等优质青干草。因此，建立与奶业同步发展的牧草种植、加工、销售一体化的草产业实乃当务之急。

奶业发达国家的饲草饲料生产早已形成相对独立的大产业。1996 年，荷兰总耕地面积的 67.7% 是饲料作物，其中人工牧草占 53.3%。法国的饲料作物占耕地面积的 60%，其中人工牧草占 58.3%；美国的农作物种植面积中，21% 是人工牧草。我国牧草栽培历史悠久，新中国成立后，特别是改革开放以来，牧草栽培及其利用工作得到进一步发展。据统计，2000 年全国人工种草和改良草地保留面积达 1 651.1 万公顷，其中人工种草 718.6 万公顷，改良草地 818 万公顷，飞播牧草 114.5 万公顷。紫花苜蓿种植面积达到 200 万公顷。草地建设工作取得的进展为我国牧草利用从直接放牧或简单收割饲喂向生产、加工、销售的产业化经营发展创造了有利条件。我国牧草产业化工作起步较晚，但发展势头可喜，对畜牧业和奶业的发展起到了积极作用。各地草业产业化经营的模式概括起来主要有以下四种：

1. **种草养畜型**　即牧草自产自用。例如：新疆呼图壁种牛场饲养近 2 000 头奶牛，坚持常年种植紫花苜蓿，并进行科学栽培、加工、运输和贮藏，用紫花苜蓿代替干草饲喂奶牛，使牛奶单产连续 20 年创国内奶牛高产新记录。1995 年，“中国奶业协会”组织有关专家对该场高产牛群进行鉴定验收，呼图壁种牛场的 600 头中国荷斯坦成母牛，年平均产奶 8 773.9 千克，平均乳脂率 3.55%，其中高产核心群母牛头年均产奶量 10 510.6 千克，平均乳脂率 3.46%，创国内最高记录；该场 123 头西门塔尔成母牛头年均产奶量 7 019.5 千克，平均乳脂率 3.88%，创全国高产新记录。验收组认为，除育种工作是该场奶牛高产的基础外，建立稳固的苜蓿基地，使每头牛年均喂苜蓿干草 2.2 吨是重要因素之一。2001 年中国奶业协会育种委员会又对该场高产牛群进行鉴定验收，2000 年呼图壁畜牧一场 246 头荷斯坦成母牛头年均产奶量 9 505.3 千克，平均乳脂率 3.68%，其中 38 头高产核心群母牛头均 305 天胎次产奶量为 11 007.1 千克，平均乳脂率 3.66%。专家指出：高产奶牛饲喂 100% 的优质苜蓿干草，提高牛奶产量，提高和稳定乳脂率，呼图壁种牛场应属第一家。

2. **草产品基地型**　一部分地区已经开创了“公司＋基地＋农户”的草业产业化经营模式。全国最大的乡镇企业横店集团注资建立的横店集团草业有限公司，已经在黄河三角洲地区建立苜蓿草产品基地 3 万公顷。山东省东营市土地总面积中有 35 万公顷土地后备资源待开发利用，气候条件适宜，水资源充足，有利于苜蓿生产基地建设。2000 年全市牧草种植面积 0.8 万公顷，其中苜蓿种植面积 0.67 万公顷，苜蓿干草总产量 2.26 万吨，商品率 73%；2001 年全市苜蓿种植面积 1.33 万公顷，并计划经过 2～3 年的努力，使全市苜蓿种植面积达到 3.33 万公顷，建成在全国较有影响力的生产基地。苜蓿生产作为该市种植业内部结构调整的新兴产业，已开始步入规模化、商品化、产业化发展的轨道，发展势头很好，其主要特点：一是苜蓿样板园区建设带动了苜蓿产业的快速发展。广北农场万亩苜蓿样板园本着高起点、高标准、高质量的原则，经过两年的建设，已全面竣工，实现了沟、渠、路、林、桥、涵、闸灌排配套，种植苜蓿 566.7 公顷。2000 年苜蓿干草总产量 6 790吨，平均 667 米$^2$ 产干草 798 千克；创产值 543.9 万元，利润 222 万元。围绕样板园区建设，成立了牧草公司和牧草研究所，购置了美国牧草割晒机、压扁机、方形打捆机，实行播种、收割、打捆机械化作业和产品销售一体化经营。同时为周边地区苜蓿生产农户进行机械化服务，带动苜蓿大户从事规模化生产。二是建立产、供、销服务体系，为苜蓿草产业的快速发展提供保障。各乡镇都成立了相应的服务组织，提供产前、产中、产后服务。2001年绿宝庄园有限责任公司与日本协同饲料公司签订5万吨苜蓿干草出口合同，为该市苜蓿草产品进入国际市场打开了突破口。三是开展订单生产，确保苜蓿产业稳定发展。苜蓿产业在东营是一个新兴产业，了解信息、开拓市场最为重要。该市积极建立购销网络，开展订单生产，与苜蓿种植户签订收购合同，让种植者吃上"定心丸"。同时积极开展"北草南运"，与上海光明乳业集团已经签订了2万吨苜蓿干草购销合同。还与山东省无棣县草原公司签订了苜蓿干草包销合同，有力地调动了农民发展苜蓿生产的积极性。对草产品的质量标准和监测手段也正在逐步加以完善，努力为提高基地的产品信誉和创名牌夯实基础。

3. **兼用型** 即种草养畜和商品草生产相结合。河北省黄骅市地处渤海之滨，有盐碱耕地4万公顷，沿海滩涂2.67万公顷。由于受地碱水咸等自然条件的限制，农业长期处于"广种薄收、靠天吃饭"的局面。近两年来，该市从改善农业基本生产条件和生态环境入手，做出了"立草为业，以草兴农"的战略性决策，选准苜蓿产业作为全市农业结构调整的突破口，初步形成了种草养畜与商品草生产相结合的苜蓿产业化经营格局。2000年底，全市苜蓿种植面积达4 333.3公顷，建成21个66.7公顷（千亩）以上的苜蓿大方。2001年新发展3 666.7公顷，建成5个666.7公顷（万亩）乡镇，使全市苜蓿种植总面积达到0.8万公顷。为促进苜蓿种植业与改善生态环境的有机结合，提高农业整体效益，该市进一步明确了"种草养畜，草牧并举，以牧兴农"的方针，并提出了"沿路一条线，内陆一大片"的苜蓿种植格局。两年来，通过发展草食家畜，全市牛羊饲养量分别达到6万头和40万只，牛羊专业户达900多家，獭兔养殖户达1 400余家，畜牧业产值增长了20个百分点。从而使该市走出了一条"以草增收，以草促牧，以草改土，以草植被"的生态农业发展新路子，为"环渤海、环京津生态圈"建设做出了新贡献。为促进商品苜蓿产品的生产，扩大草业产业化经营，该市按照贯彻"扩基地，建龙头，抓服务，强销售"的工作思路，使苜蓿生产形成了"公司+基地+中介组织+农户"的产业化经营模式。苜蓿产品畅销上海、福建、内蒙古等省、自治区并出口到韩国。

4. **牧草种子基地型** 牧草种子业的发展是人工草地建设和天然草地改良的基础，是草业产业化的重要组成部分。截止1998年，经全国牧草品种审定委员会审定登记的牧草品种有196个，其中禾本科94个，豆科82个，其他科20个。2000年全国有牧草种子田61.9万公顷，当年种子产量62 485吨；其中内蒙古15 085吨，甘肃9 810吨，山西6 646吨，四川6 136吨，河南4 700吨，陕西3 640吨，重庆3 143吨，青海3 100吨。2000年度全国共进口 各类草种15 000吨，牧草和草坪草各占一半。优良牧草种子供不应求，市场潜力巨大。国家对牧草种子基地建设十分重视，并予以大力扶持。农业部所属耐旱苜蓿原种生产基地已于近期在甘肃张掖市高标准地完成建设任务，每年可提供苜蓿原种20吨，耐旱牧草原种300～500千克，既可作为西北地区耐旱牧草、水土保持植物的研究和新品种展示基地，也可为耗水大的绿洲农业向节水型的绿洲畜牧业转型提供可借鉴的模式。该基地从美国引进的耐旱、高产苜蓿优良原种"巨人201"1 000千克，目前长势良好。河北省黄骅市引进"中苜1号"、"美国皇后"、"德比德宝"等10多个优良品种，建成333.3公顷良种繁育基地，实行统一供种，统一播种，统一管理。为全市苜蓿的标准化生产创造了条件。紫花苜蓿的种植研究与推广也在重庆等西南地区取得了突破。

根据各地的经验，推进草业产业化经营，必须把住"市场、基地、龙头、科技、服务、监测"6个关键，拉长产业链条，密切公司、基地、农户的衔接关系，形成草业的科工贸一条龙、产加销一体化。同时，组建生产联合体，建立土地流转机制，采取租赁、转让、返租倒包、承包入股等多种形式，把撂荒和闲散土地向专业大户集中，扩大种植规模，增加整体效益。这些举措都是草业产业化经营快速发展的重要保障。

（中国奶业协会　李易方　徐定人）

## 山东省牧草产业化发展迅速

山东省有天然草地资源160万公顷，其中黄河三角洲连片草地33万公顷；改良草场18万公顷，牧草饲料作物种植面积12万公顷，其中，2001年新增3万公顷；紫花苜蓿商品草收获可达10万吨。草业生产发展较快，呈现以下特点。

1. **认识提高，制定优惠政策** 1996年以来，省财政从农业综合开发资金每年安排500万元用于牧草产业的发展；东营市政府2001年制定了《关于加快牧草产业化发展的意见》，出台了几项优惠政策：一是黄河三角洲农业综合开发资金、财政支农资金、农业科技推广项目资金，优先安排牧草生产、良种繁育牧草加工龙头企业建设；二是新建牧草加工企业，享受市招商引资优惠政策，对年加工销售5万吨以上的，优先安排贴息贷款。滨州市政府1998年提出了5年的时间发展百万亩苜蓿生产。引草入田，种草养畜的良好工作氛围已经形成。

2. **种植面积迅速扩大，种植区域相对集中** 牧草生产由1986年的15千公顷发展到2001年的120千公顷。2001年，全省仅苜蓿种植由2000年的26.7千公顷增加到53.3千公顷。而且新增面积80%以上是在原有的种植小麦、玉米、棉花等农作物的可耕土地上种植的。同时，在盐碱撂荒地或者沟渠路旁等非农用地上种草的传统观念也正在改变。济南的牧草奶牛科技园、菏泽的种草养羊带、滨州的苜蓿产业带、无棣种畜场万亩示范基地、以东营为主，横店10千公顷苜蓿科技示范园等，实现了规模种植，连片开发的区域经济带格局。

3. **以苜蓿为主，带动了饲料作物产业的大发展**

随着本省畜牧业依靠两个创新，实施畜牧业国际化战略的推进，近年来，饲料作物种植面积大幅攀生，以苜蓿为主要品种，多种饲料作物共同发展的多元化态势逐步形成，特别是以墨西哥玉米、青贮玉米、高油玉米、高蛋白玉米为代表的各类青饲、粮饲兼用饲料作物发展迅速，2001年种植面积达到60千公顷。这将为提高本省饲料的总体质量，满足畜牧业对饲料的多元化的需求起到了非常重要的作用。

4. **品种不断优化，生产收获贮存技术逐渐成熟** 选择好牧草良种是提高牧草质量和效益的重要基础。目前，山东省种植的苜蓿品种有美国的皇后苜蓿、金黄后苜蓿、WL系列苜蓿等十多个品种，都是从国外引进的优新品种，良种覆盖度达到了100%。为了提高苜蓿的商品化、机械化水平，东营市投资300万元从美国迪尔公司引进了田间割草机、搂草机、翻晒机、自走式捡拾打捆机等世界最先进的牧草收割设备，实现了牧草的种、管、收、翻晒、打捆、运输全程的机械化，同时还引进了意大利的拉伸膜裹包青贮牧草机械等设备。这使得本省苜蓿生产走上了一条高起点、高标准、高技术含量、高水平的发展之路。

5. **抓好科研与推广，建立种草养畜技术支撑体系** 围绕科学种草、科学养畜，科技攻关，推广普及适用技术，增加种草养畜的科技含量，提高了生产水平。山东省1996—1999年承担的农业部《冬闲地种草养畜综合配套技术》对利用冬闲田种植冬牧70黑麦栽培技术、利用冬牧70黑麦喂牛养羊技术进行了研究，并推广20千公顷，获农业部科技进步二等奖。由中国农业科学院畜牧所承担，山东省畜牧局、滨州市畜牧局、东营市畜牧局、无棣县畜牧局等单位共同完成的国家“九五”重中之重科技攻关项目——苜蓿产业化研究与开发课题，取得了积极的效果，为今后全省牧草产业的发展提供了强有力的技术支撑。苜蓿是山东省牧草种植的主要品种，这些年来，对苜蓿品种的选育、播种时期、田间管理、收割、打捆、贮存、利用等产业化的相关技术进行了系统研究，许多新技术、新工艺、新产品和新机械在生产中逐步得到推广应用。滨州市推广应用种子包衣、切叶蜂授粉和保水剂新技术，提高牧草产量达15%左右，同时解决了干旱对牧草生长不良的影响。无棣县针对本地中低产田比例较大、急需治理的现状，通过试验研究，提出了“四年苜蓿三年粮棉”的草粮轮作制，粮食产量提高20%。利津县与大专院校、科研部门联合，聘请专家指导苜蓿和饲料专用玉米专业村建设，加大了牧草饲料的科技力度。

6. **一批加工企业进入牧草产业，专业合作经济组织应运而生，促进了牧草产业化发展** 横店草业、东营绿宝庄园草业、超大集团绿色草业加盟，带动了牧草产业化的发展。无棣、汶上、单县等县的牧草合作经济组织，帮助协调生产者与企业、养殖户之间的利益关系。这些组织的成立，在帮助农民进入市场方面起到了重要的桥梁作用，同时也为牧草产业化经营提供了良好的技术、信息等支撑。现在，全省各地已探索出了基地+农户、公司+农户、专业合作经济组织+农户等几种牧草产业化模式，直接促进了牧草产业发展的速度、质量和经济效益的全面提高。

（山东省畜牧办公室　陶开宇　袁传溪）

## 甘肃积极发展人工牧草

以退耕还林还草为重点的西部大开发战略给甘肃农业带来了空前的发展机遇。1987年全省人工种草留床面积达到850千公顷，创历史最高纪录，之后十余年相继稳定在670千～730千公顷。2001年全省人工草地留床面积达到900千公顷，其中紫花苜蓿留床面积超过400千公顷。甘肃省在退耕还草中把种草和养奶牛紧密结合起来。在人工种草上，甘肃各地都有一套自己的做法。陇东镇原县在三荒地上取得了“山顶梁峁沙打旺，耕地阴坡种苜蓿”连片种植草带建设的经验；河西武威县白云村自1978年以来，由于推行“麦草轮茬”制，耕地每3年轮种一次绿肥饲草，农田耕层土壤有机质含量由0.7%～1.0%增至1986年的1.5%～2.0%；景泰黄灌区导入绿肥草木樨、毛苕子4年4区粮草种植模式，农田有机质增长了179个百分点。甘南藏族自治州夏河县机械化饲草料生产服务站以育草基地为依托，坚持牧机和饲料加工相结合，走草业系列化生产的路子，初步形成了产、加、销一条龙的生产体系；1985年开始在184个点、10 908个示范户开展的《全省草田轮作种草养畜试验示范课题》，实现了“草增、畜增、肥增、粮增、收入增”的土—草—畜三位一体农牧业的协调发展。

人工草地与奶源基地建设同步。把种牧草养奶牛作为农业主导产业来抓，甘肃草产品开发以品种优质化、布局区域化、经营一体化为目标，充分发挥区域优势和资源优势，依靠科技，面向市场，突出效益，逐步形成了规模化生产格局。①牧草品种多样化。美国、加拿大引进了一批牧草新品种，陇东苜蓿、甘农1号、2号、3号等优良牧草品种得到广泛推广应用。②品种布局科学化。基本形成河西地区以高产进口苜蓿品种为主，河东地区以当地耐旱品种为主，牧区以本地禾本科牧草为主的格局。③种草向规模化方向发展。河东地区立足于养畜转化，涌现出了一批种草养畜专业户。2001年定西、平凉、天水等地市种草面积增幅均超过50%。定西地区完成种草面积20千公顷，较上年翻了一番。河西地区草业开发继续在做大做强上做文章，共建成草产品规模生产基地近26千公顷。大业公司在酒泉、玉门建成两个5万吨生产线的基础上，又在张掖着手建设一个5万吨的草产品生产线。建成以紫花苜蓿为主的草产品加工原料基地13千公顷，全省草产品加工原料基地达47千公顷，预计可完成草产品加工6.8万吨。④实行标准化生产，提高了草产品质量。⑤扶持力度不断加大。这一切为种牧草养奶牛提供了物质基础，特别是河西、河东种苜蓿养奶牛势态发展良好。在抓奶源基地建设的同时，必须狠抓人工草地的建设。所以，必须因地制宜，妥善安排青干草、青贮饲料、多汁饲料、混合精料等的生产和建设用地。结合退耕还草，开展草粮轮作，大力推广种植紫花苜蓿及其他豆科牧草，建立起可持续发展的草地农业生态系统。

（甘肃省外援奶类项目办公室
孟宪政　姬永莲　赵明轩　孟海波）

## 横店集团积极发展草业产业化

横店集团名列 2001 年中国工业企业 500 强第 131 位。横店集团草业有限公司（简称“横店草业”）是横店集团的全资子公司，2000 年经农业部等国家八部委联合审定为首批“国家农业产业化重点龙头企业”。横店草业依托国家产业政策，大胆配置优势资源，发挥横店集团整体优势，以高科技和产业化为手段，以创新思维为先导，以产权为链条，选择现代草业作为切入点，从事饲草业、肉牛业和乳品业的一体化经营，现已创出了一条适合中国国情的高科技、高效益的发展道路。

公司在黄河三角洲地区建立了以苜蓿等饲草为主的农业产业化大型综合开发基地。拥有 3.2 万公顷国有荒地的长期使用权，现在已完成土地开发 1.5 万公顷，播种 1 万公顷，带动农户种植 1.3 万公顷，同时，公司在山东、河南、安徽、广东地区拥有大规模的肉牛养殖和加工基地，在浙江、山东拥有现代化乳品基地，控股的“燕牌乳业”日益成为中国乳坛的一支新军。在当地政府的大力支持下，通过基地、农村合作经济组织、会员网络等形式，与 3.5 万余户农户形成了产前、产中、产后的利益联动机制。

**（一）横店草业生产的产业化、科技化**

横店集团涉足草业，首先抓住了土地资源这个根本，敢于异地发展、跨省运作，与香港中宏公司、山东高新技术投资公司共同组建了山东横店草业畜牧有限公司，在山东省滨州、东营两市租赁国有荒地，科学合理地利用了当地丰富的闲置土地资源、适宜的气候条件和物种等自然优势，建立了以苜蓿草、苏丹草等饲草为主的农业产业化“大型人工优质高产牧草生产与开发基地”，使昔日泛白的盐碱滩涂返青、变绿、丰收。在黄河三角洲乃至全国树立了一个可持续发展的环保样板。

横店已成为我国迄今为止惟一用产业化、科技化手段大规模开发现代人工牧草的生产基地。横店现代草业的开发，主要有以下几个方面的特点：

一是以信息化为核心，以机械化为根本，按照现代“精准农业”的技术手段对项目区进行大规模的技术改造和开发建设。引进美国约翰迪尔公司、嘉吉公司、迪尔农机公司等世界先进的农牧业开发机械设备，聘用 15 位美国农业技术和管理专家实地培训和指导。成功地把以信息技术为支持的现代精准农业技术与大规模、机械化、标准化的作业方式进行了有机结合。横店草业采用的波涌节水灌溉、激光平地整地、GPS 全球定位系统、GIS 软件等精准农业技术，即使在美国、加拿大等这些发达的高科技农业大国也是最先进的。并且通过对这些技术的消化、吸收、改进和创新，逐步演化成适合我国国情的独具特色的技术体系和操作方法（如移动站灌溉技术、暗管排水洗碱技术、精细地面灌溉技术、卫星定位系统、牧草收割及加工技术等）。在技术研究开发、软件开发、设备管理应用以及农牧场管理方面与国内外大学、研究机构和著名商业公司开展全面的合作，以获得稳定的技术支持。

二是以龙头企业为核心，通过建立大规模牧草生产基地，用工业化方式进行牧草连片开发。山东横店草业畜牧有限公司是我国迄今惟一用产业化、科技化手段投资开发建设现代化人工牧草生产基地的农业高科技企业，也是横店集团实施高效农业战略的龙头企业。山东横店草业开发项目没有采取传统的模式，而是通过由企业大规模连片承包国有荒地，采用现代“精准农业”的技术手段进行土地开发和技术改造，建立大规模的牧草生产基地，从而实现工业化牧草连片开发，并为充分实施多种高科技手段建立了前提条件，进而达到精耕细作，稳定和保持牧草的品质，建立高效农业体系。

三是实施有效的资本运作，为高科技规模化牧草开发提供资金保障。充分发挥规模化经营和高科技手段的作用，有效的资本运作具有决定性作用。横店草业开发首先是依托横店集团的总体优势，在资金投入上得到集团的大力支持，目前集团投入该项目的资金总额已超过两亿元人民币；其次，横店草业积极与国际上该领域内著名的大公司开展合作，结成战略合作伙伴，通过设备投资、技术合作以及补偿贸易等形式，在引进先进的机械设备和优良品种的同时，获得了战略资本投资，扩大了投资规模，拓展了国际市场。此外，横店草业还积极争取国家有关部委和金融机构的支持。截止目前，国家国土资源部、国家开发银行、中国农业银行总行等部委和金融机构已为横店草业提供了强大的资金保障。有效的资本运作不仅保证了项目的投资需求，而且保证了项目在技术上的先进性和充分的产品国际空间。

**（二）草业产业化发展对高效畜牧业发展与农业产业化结构调整的贡献**

近几年来，由于受国际国内诸多因素影响，我国农业又开始进入了新的一轮调整期。横店“草畜乳一体化产业化”开发项目对探索适合我国国情的农业现代化道路，推进高效畜牧业发展和农业产业结构调整具有十分重要的意义。

农业产业化结构调整要在发展畜牧业上做文章。扩大饲料作物的种植面积，加强草场建设，改良畜禽品种，加快发展畜牧业是广大农区和农村经济结构向最优化转变和发展的最有效途径和方法之一。在这种大方向的指引下，横店草业在重点进行饲草种植高效发展的基础上，正在实施“好草、好牛、好奶”的草畜乳一体化发展战略。一方面，横店草业采用租赁、收购等方式，在山东、安徽、河南、广东等地建立了自己的肉牛饲养和加工基地，采用“公司＋经济合作组织＋基地＋农户”等方式，建设大规模的肉牛育肥基地。产品销往上海市、广州市、深圳市、中国香港、澳门地区和俄罗斯、中东等国家和地区，占据麦当劳中国公司牛肉采购量的60％以上的份额。另一方面，以黄河三角洲地区的优质牧草资源为基础，引进国外先进的饲养技术，在山东东营市建设大规模的奶牛养殖基地，成为国内最好的原奶供应商。同时，在浙江杭州、金华等地建设适应当地气候的饲草基地，调运三角洲的优质苜蓿养殖奶牛、夯实“燕牌”乳品的产业基础。

**（三）横店草业产业化发展战略目标**

到2005年前，计划再投资3亿～4亿元以上，扩建成总面积4万公顷的现代化优质牧草生产加工出口基地。并且，在此基础上帮助和带动当地农民种植和发展优质牧草基地16万公顷，最终形成亚洲规模最大的优质牧草生产和出口基地。横店草业在黄河三角洲建设现代化牧草种植基地，只是其发展现代高效农业的第一步，横店人不仅要当中国乃至世界的“草王”，更要从牧草生产的现代化入手，推动我国畜牧业生产的现代化，努力构建以黄河三角洲为中心的草畜乳综合开发基地，以中原肉牛带为中心的优质肉牛养殖及加工基地、以浙江杭州为中心的乳制品生产基地等三大产业基地，致力于建设一支“特别能吃苦，特别能战斗，特别爱学习”的精英团队，致力于以政策推动体系、技术创新体系、人才培育体系和开放型投资体系为内容的四大支持体系的建设，使横店草业的发展获得稳固持久的基础。

横店草业制定了面向世界先进水平的高科技产业发展规划，结合企业实际提出了相应的发展目标：通过多渠道引进和开发，发展高技术含量的草籽培育、草坪工程、草业机械以及与之相关的饲料、肥料、草药相配套的草业系列产品；大力发展和丰富“草畜乳一体化工程”内涵，重点研究开发天然环保无公害绿色食品和有机食品，并逐步增强引导市场需求的能力；加快用高新技术对传统农牧业的产业化改造步伐，逐步形成和完善种植、养殖、深加工、精加工、仓储物流到出口创汇的产业化链条。争取在不久的将来，实现“草、畜、乳一体化发展、生态工程兼顾成长”的产业格局，最终形成一个世界性的农业高科技产业集团。

（浙江横店集团草业有限公司　李坚强　袁　艳）

# 乳制品加工

## 全国乳制品加工概况

2001年是中国奶业及乳品加工业持续、稳定发展的一年，奶牛饲养业、乳品加工、乳品消费都取得了显著成就。2001年全国良种及改良种奶牛存栏566.2万头，比上年的489万头增长15.8%。全国奶类总产量1 122.9万吨，比上年的919万吨增长22.1%，其中牛奶总产量为1025.5万吨，比上年的827万吨增长23.9%。奶类总产量前五位的省区是：黑龙江省192.4万吨，比上年的156.5万吨增长22.9%，占全国总产量的17.1%；河北省119.3万吨，比上年的96.2万吨增长24.0%，占全国总产量的10.6%；内蒙古自治区109.0万吨，比上年的83.0增长31.3%，占全国总产量的9.7%；山东省90.4万吨，比上年的70.5万吨增长28.2%，占全国总产量的8.1%；新疆维吾尔自治区87.8万吨，比上年的78.2万吨增长12.3%，占全国总产量的7.8%。2001年全国乳制品产量为74.3万吨（比上年的82.9万吨低8.6万吨，是因为有一些企业在年终报表时误将含乳饮料、液态奶的产量按乳制品产量填报，国家统计局做了调整），其中奶粉产量为61万吨，比上年的58万吨增长5.2%。在奶粉产量中，全脂奶粉约占23.5%，加糖奶粉约占22.3%，婴幼儿奶粉约占28.0%，其他奶粉约占26.2%。与上年相比：全脂奶粉上升3.5%，加糖奶粉下降7.7%，婴幼儿奶粉上升8%，其他奶粉下降6.9%。2001年液态奶产量为280万吨，比上年的190万吨增长47.4%。在液态奶产品中：杀菌奶约占43.0%；灭菌奶约占35.4%；酸奶约占14.5%；其他奶约占7.1%。与上年相比：杀菌奶下降12%；灭菌奶上升10.4%；酸奶上升2.5%；其他奶基本持平。

2001年乳品行业的联合、兼并，大型企业集团的规模进一步发展壮大，产品的市场占有率进一步提高。据中国乳制品工业协会统计，2001年乳品销售收入前十位的企业共实现销售收入128.5亿元，与上年前十位企业相比增长49.2%，约占全行业规模以上企业税后收入的47.2%；奶粉产量前十位的企业产量合计为25.8万吨；比前十位的企业产量合计增加7.5万吨，约占全国总产量的42%；液态奶产量前十位的企业产量合计为137.5万吨，比上年前十位的企业产量合计增加44万吨，约占全国总产量的49.1%；利税总额前十位的企业利税合计为15.7亿元，约占行业利税总额（规模以上企业）的43.1%。2001年乳品行业销售收入、乳制品产量、液态奶产量、利税总额排行前十位的企业依次是：

全国乳制品企业销售收入排行2001年

单位：千元

| 排名 | 公司名称 | 销售收入 | 排名 | 公司名称 | 销售收入 |
|---|---|---|---|---|---|
| 1 | 上海光明乳业股份有限公司 | 3 052 900 | 6 | 内蒙古蒙牛乳业有限公司 | 723 550 |
| 2 | 内蒙古伊利集团股份有限公司 | 2 685 450 | 7 | 黑龙江乳业集团 | 657 700 |
| 3 | 石家庄三鹿集团股份有限公司 | 2 357 220 | 8 | 西安银桥实业股份有限公司 | 552 260 |
| 4 | 黑龙江完达山乳品有限公司 | 985 060 | 9 | 均瑶集团乳业有限公司 | 531 860 |
| 5 | 北京三元食品股份有限公司 | 805 560 | 10 | 哈尔滨金星乳业集团公司 | 494 640 |

全国乳制品企业乳制品产量排行2001年

单位：吨

| 排名 | 公司名称 | 乳制品产量 | 排名 | 公司名称 | 乳制品产量 |
|---|---|---|---|---|---|
| 1 | 石家庄三鹿集团股份有限公司 | 52 128 | 6 | 西安银桥实业股份有限公司 | 20 300 |
| 2 | 内蒙古伊利集团股份有限公司 | 34 515 | 7 | 哈尔滨金星乳业集团公司 | 19 840 |
| 3 | 黑龙江完达山乳品有限公司 | 33 375 | 8 | 黑龙江乳业集团 | 18 903 |
| 4 | 青岛圣元乳业有限公司 | 25 796 | 9 | 上海光明乳业股份有限公司 | 15 737 |
| 5 | 山西古城乳业集团有限公司 | 23 091 | 10 | 北京三元食品股份有限公司 | 14 149 |

全国乳制品企业液态奶产量排行 2001 年　　单位：吨

| 排名 | 公司名称 | 液态奶产量 | 排名 | 公司名称 | 液态奶产量 |
|---|---|---|---|---|---|
| 1 | 上海光明乳业股份有限公司 | 434 484 | 6 | 黑龙江乳业集团 | 94 517 |
| 2 | 北京三元食品股份有限公司 | 207 513 | 7 | 南京奶业集团公司 | 86 904 |
| 3 | 内蒙古伊利集团股份有限公司 | 178 532 | 8 | 沈阳乳业有限公司 | 63 373 |
| 4 | 内蒙古蒙牛乳业有限公司 | 104 625 | 9 | 均瑶集团乳业有限公司 | 56 076 |
| 5 | 石家庄三鹿集团股份有限公司 | 96 885 | 10 | 济南佳宝乳业有限公司 | 52 563 |

全国乳制品企业利税总额排行 2001 年　　单位：千元

| 排名 | 公司名称 | 利税总额 | 排名 | 公司名称 | 利税总额 |
|---|---|---|---|---|---|
| 1 | 上海光明乳业股份有限公司 | 396 110 | 6 | 黑龙江乳业集团 | 71 270 |
| 2 | 内蒙古伊利集团股份有限公司 | 368 430 | 7 | 山西古城乳业集团有限公司 | 58 240 |
| 3 | 石家庄三鹿集团股份有限公司 | 276 500 | 8 | 西安银桥实业股份有限公司 | 56 070 |
| 4 | 黑龙江完达山乳品有限公司 | 138 160 | 9 | 南京奶业集团公司 | 50 790 |
| 5 | 内蒙古蒙牛乳业有限公司 | 106 440 | 10 | 哈尔滨金星乳业集团公司 | 46 500 |

（中国乳制品工业协会　宋昆冈）

**【中国乳制品工业协会第七次年会】**于 2001 年 9 月 23～25 日在青岛召开，来自国内乳品加工企业以及与乳品行业密切相关的乳机制造、包装印刷、食品配料、教育科研等单位的企业家、专家、技术及管理人员参加了会议。还有专程从澳大利亚、新西兰、芬兰、德国、日本赶来的外国同行。参加本次年会的人员超过了 900 人，是中国乳制品工业协会成立以来规模空前的盛会。本次年会技术交流分两个会场进行，共有 28 位专家、教授、企业家在大会做了报告。报告内容涉及：牧场管理、奶牛饲养、原料乳质量、乳品加工机械、乳品添加剂、乳品市场、行业发展与联合等。本次年会共收到论文 35 篇，报告和论文具有较高的水平，受到与会者的好评。协会理事长宋昆冈代表秘书处向大会通报了“2001 年度乳品行业概况”，对 2001 年度协会工作做了总结，并对 2002 年度工作计划做了说明；协会副理事长兼秘书长牟静君向大会报告了协会财务情况、新会员发展情况等。本次年会同过去几次年会相比，会议形式有所改革。本次年会首次同会议结合举办了《乳品技术精品展示厅》。首届乳品技术精品展示厅共有乳机制造、包装印刷、食品配料等 42 家企业的产品参加了展出，为供需双方提供了交流、合作的机会，展出了一些企业的高技术产品和最新研究成果。如杭州中亚机械有限公司的高速分析仪、新型乳品添加剂等。首届“乳品技术精品展示”为年会增加了内容，为乳品行业新技术、新设备、新产品推广提供了机会，展出效果良好，受到与会者的欢迎。

本次年会表彰了全国乳品行业优秀企业家。根据 2001 年 2 月 9 日协会理事长会议通过的《全国乳品行业优秀企业家评选条件》，经过协会秘书处筛选，有 7 位同志当选为“2001 年度全国乳品行业优秀企业家”。他们是上海光明乳业股份有限公司总经理王佳芬，石家庄三鹿集团股份有限公司总经理田文华，内蒙古伊利集团股份有限公司总裁郑俊怀，北京三元食品股份有限公司总经理高青山，黑龙江完达山乳品有限公司总经理郑新民，广东燕塘牛奶公司总经理陈惠珍，湖南亚华南山绿色食品开发总公司总经理陈远荣。

第七次年会还通过了《乳品行业职业道德规范》。本规范提倡在行业内部开展公平竞争，反对不正当竞争；在竞争当中，提倡企业之间的协商、沟通、合作；倡导企业诚实经营，为消费者提供满意服务，共同维护市场的正常秩序。

（中国乳制品工业协会　宋昆冈）

**【国际乳联（IFD）第 85 次年会】**于 2001 年 10 月 28 日至 11 月 1 日在新西兰的第一大城市奥克兰举行，中国乳制品工业协会组织 34 人代表团出席会议。这是中国乳制品工业协会自 1995 年正式加入国际乳联以来第七次组织代表团出席会议，也是参加人数最多的一次。本次会议的主题是：新鲜、新鲜牧草、新视野、乳品新观点和最新加工工艺。本次会议涉及乳品工业从经济贸易到市场、新技术的方方面面。主要内容有：世界乳品政策论坛；世界领先乳品家论坛、乳中生物活性物质的研讨、乳品加工新技术、乳品新产品开发研讨、如何从新鲜牧草中获利、动物的疾病与预防等。通过参加会议，与会者从不同角度了解了发酵乳品生产及营销的现状，获得了一些可借鉴的经验。年会前后，代表团还顺访了澳大利亚和新西兰，参观乳品加工业、奶牛饲养业等。

（中国乳制品工业协会　宋昆冈）

**【婴幼儿配方奶粉生产许可证工作会议】**于 2001 年

7月22日在北京召开，国家质检总局、国家乳品质量监督检验中心、中国乳制品工业协会的领导及有关企业的负责同志出席会议。会议就婴幼儿配方奶粉实施生产许可证管理的意义、《婴幼儿配方奶粉生产许可证实施细则》、实施生产许可证工作的时间安排进行了认真讨论和研究。

婴幼儿配方奶粉是供特殊人群——婴幼儿食用的产品，技术含量高、质量要求严。1994年国家质量技术监督局就决定对婴幼儿配方奶粉生产许可证管理，曾委托有关部门制定实施细则，但由于种种原因未能实施。随着乳品工业的发展和市场竞争的加剧，一些不具备生产婴幼儿奶粉条件的企业纷纷生产婴幼儿奶粉，造成生产企业良莠不齐、劣质产品充斥市场，严重扰乱了婴幼儿配方奶粉的正常产销秩序，损害了方方面面消费者的利益。因而，对婴幼儿配方奶粉生产实施许可证管理已是势在必行。

为此，国家质检总局于2001年6月14日发出了《关于婴幼儿奶粉生产许可证工作有关问题的通知》，开始实施许可证工作。文件规定设立“国家质量监督检验检疫总局全国生产许可证办公室婴幼儿配方奶粉产品生产许可证审查部”，审查部设在国家乳制品质量监督检验中心，承担发证有关事宜。国家乳制品质量监督检验中心编写了《婴幼儿配方奶粉产品生产许可证实施细则》。《细则》共分：企业取得生产许可证的必备条件、企业生产条件的审查、产品检验、审定与发证、许可证的监督管理等11个部分。《细则》规定：所有以牛、羊奶为主要原料，加入适量的维生素、矿物质和其他辅料，经加工制成的供0～3岁婴幼儿食用的产品都在发证范围，所有生产经营单位都必须取得生产许可证方可生产。婴幼儿配方奶粉产品生产许可证管理将促进生产企业的技术装备水平、管理水平的提高，一些不具备生产条件的企业将被拒之门外。发证工作将在2002年完成。

（中国乳制品工业协会　宋昆冈）

**【国际牛奶日】**联合国粮农组织（FAO）主管乳品的官员于2000年6月下旬起，在网上就“世界牛奶日”、“世界学生奶日”的日期与各国的有关机构进行了讨论，最后确定：每年的6月1日为“世界牛奶日”；每年9月的最后一个星期三为“世界学生奶日”。2001年的6月1日是第一个“世界牛奶日”，中国乳制品工业协会组织会员单位在全国各地大张旗鼓地开展了形式多样的宣传活动。如：天津市奶办、奶协、乳品质量检验中心于6月1～3日组织天津海河乳业集团公司等20余家企业在天津市最热闹的商业步行街举办了大型牛奶营养知识宣传活动。场面热烈隆重，街道两旁遍布宣传牌和标语，各企业设展位优惠售卖、免费品尝、解答消费者的咨询、发放宣传资料，主会场军乐队、秧歌队、腰鼓队交替演出。当时天津气温高达38℃，各展位前挤满了人群，他们或买或尝或问，表现出极大的热情。

石家庄市奶业协会组织“三鹿”、“世达”等企业，于6月1～3日在省会文化广场举行了大型宣传活动。此次活动以专家现场咨询、优惠展销、发放宣传资料和展牌等形式，向过往群众宣传牛奶的营养知识。石家庄市政府、人大、政协的有关领导，省政府有关部门的领导参加了宣传活动。

沈阳市乳业有限公司向特困学生赠牛奶庆祝“世界牛奶日”。6月1日，沈阳乳业有限公司在市政府广场隆重举行“向特困学生赠奶及沈阳市世界牛奶日”启动仪式。辽宁省、沈阳市有关领导及省市有关部门的领导参加了仪式。现场活动中，700名小学生参加了千米长卷绘画比赛，文艺团体表演了丰富多彩的文娱节目，沈阳乳业公司向100名特困学生赠送了“奶卡”，免费向他们提供一年的“学生饮用奶”。庆祝“世界牛奶日”仪式启动后，沈阳乳业有限公司从6～9月，在全市28个文化广场、公园、步行街举行牛奶营养知识宣传。

“世界牛奶日”，北京三元食品股份有限公司向小朋友赠送酸奶。6月1日，北京三元食品有限公司在石景山游乐园、北京儿童活动中心开展儿童酸奶大赠送，进园的12岁以下的小朋友都可免费喝2杯不同风味的酸奶。同时还发动小朋友即兴想象作画比赛，让小朋友想象牛奶是怎么生产出来的。在这项活动中，三元公司还邀请了儿童营养专家、儿童心理专家、乳品专家现场进行咨询，解答有关问题。

（中国乳制品工业协会　宋昆冈）

## 广州乳制品加工发展历程

广州乳品加工已有近百年的历史。第一家乳品加工企业胜记牛奶公司诞生于20世纪20年代中期，同一时期，另一家乳品专业公司南方牛奶公司也相继成立。广州乳品加工业，是一个从无到有、从小到大、从手工到机械化、从小作坊到大规模生产的发展过程。有些产品如双皮奶、姜撞奶等颇具岭南民间地方特色，口感佳，很受消费者的欢迎，这些小有名气的特色奶品一直流传至今。新中国成立初期，奶业受到市政府的重视，近郊农民及合作社掀起了养牛热，奶牛业的发展，也促进了广州乳品加工业的发展。近年来，广州兴建了一批新的乳品加工厂，如广州畜牧场凤凰乳品厂、广州风行牛奶公司和广东燕塘牛奶公司等。随着这批乳制品加工企业的建成，广州的乳制品加工也就初步进入了规模生产。

广州的乳制品加工的第二个快速发展时期，是在改革开放后的20世纪的80年代中期。国家的对外开放政策，吸引了许多外商来华投资，1982年，时任美国商会主席的纪艾华先生第一个入了中国国门，创办了中国第一家外资奶业企业广美香满楼畜牧有限公司；1987年，由广州风行牛奶公司与法国达能在广州合作，组建广州达能酸乳酪有限公司；随后，中港合资企业广州维记牛奶食品有限公司、中美合作企业美赞臣（广州）有限公司。中日合资企业明治乳品有限公司、中港合作企业亨士联合有限公司等新兴乳品企业像雨后春笋一般在广州落地生根。

到2001年，广州市乳制品加工企业共拥有14家，其中属国有企业性质的有5家，占35.7%；属外资或中外合资、合作的有5家，占35.7%；属集体所有制的有1家，占14%，属个体、民营的有3家，占21.4%，形成了国有、集体、民营、外资等多种经济成分并存的企业结构，从而使广州市的乳品加工从加工水平到加工规模都实现了质的提高和快速的发展。全市的液态奶日处理能力已达到510吨，其中广东国营燕塘牛奶公司150吨，广州风行牛奶有限公司120吨，广州达能酸乳酪60吨，广美香满楼畜牧有限公司55吨，广州凤凰乳品厂20吨，广州天河强兴畜牧有限公司10吨，华农大乳品厂5吨，广州部队乳品厂3吨，广州荷斯坦乳业有限公司1吨，广州市吉姆乳业有限公司1吨。上述这些乳制品企业，大部分集中在天河区。另外广州金鼎设在海珠区、广州吉姆设在白云区、广州部队乳品厂设在花都区。天河区的乳品厂占全市乳品加工企业总数的78.6%，其余三个区的乳品加工企业只占21.4%。

（广州市奶业协会　王丁棉）

## 黑龙江乳制品加工概况

黑龙江省位于北纬43°～53°之间的世界玉米奶牛带上，与荷兰、丹麦、日本北部、美国北部等乳牛饲养发达地区处于相同的纬度，全省现有草原面积达7 533千公顷，适于放牧的草原、草坡达3 755千公顷，具有发展奶业得天独厚的自然条件。20世纪80年代以来，黑龙江省采取一系列措施优先发展奶业，先后制定了“允许并鼓励个人养牛”、“以奶换料”、“取消卖奶征税”、“提高鲜奶收购价格”等优惠政策，使黑龙江奶业取得了突飞猛进的发展。1990年全省奶牛存栏数54万头，鲜奶产量70.7万吨，乳制品产量11.2万吨，分别是1980年奶牛存栏7.8万头的6.9倍，鲜奶产量8.8万吨的8倍，乳制品产量1.3万吨的8.6倍，年均增长率分别是21.3%、23.1%和24%。乳制品产销量占全国总量的1/3以上，成为全国最大的奶业基地。

“九五”以来，黑龙江奶业加快了产业结构调整，2001年，全省现有独立核算乳品企业约50家，日加工鲜奶能力超过6 000吨，现有从业人员2.5万人，其中技术人员占5.1%。2001年全省奶牛存栏72.4万头，鲜奶产量192.4万吨，乳制品产量20.4万吨，全行业实现工业总产值45.3亿元，工业增加值13.5亿元。各项指标居全国同行业前茅。

**（一）加快奶源基地建设，大力发展绿色食品**

近年来，通过扶持养牛大户，存栏百头以上的个人牧场正在逐步兴起。全省现有养牛专业户7.7万户，规模养牛场293个，大力推行分散饲养、集中挤奶的饲养管理模式，并逐步向“规模饲养，统一挤奶”发展，目前已建立机械化挤奶站150余座。与此同时，黑龙江省还充分发挥无公害、无污染的优越自然生态环境，率先发展绿色乳品，现有绿色乳品生产企业16家，通过检测的原料基地面积32.24公顷，获得国家绿色食品标志认证的产品72个，居全国首位。完达山、龙丹分别建立了国家A级绿色食品乳品生产基地。

**（二）加快产品结构调整步伐，引导消费需求**

“八五”以前，黑龙江95%以上的乳制品为全脂加糖奶粉，产品品种十分单一，远远满足不了市场需求。进入“八五”以后，黑龙江省加快了产品结构调整，并确立以“配方奶粉为主，速溶豆粉为辅”的发展思路。在黑龙江省乳品工业技术开发中心的带领下，先后研制并推广了“婴儿配方奶粉（Ⅰ、Ⅱ、Ⅲ）”、“三助（助长、助智、助寿）”、壮骨系列、果味奶粉、降糖奶粉等形成了适应不同阶段、不同年龄、不同特殊人群的30多个品种的配方奶粉，使加糖奶粉比重由95%降至60%，配方奶粉的年产量近7万吨，约占总产量的35%。

进入“九五”以来，黑龙江把液态奶作为发展重点，开始从固态向液态转变。龙丹乳业集团、绿乐尔食品有限公司、红星乳业集团、完达山集团等企业先后引进了芬兰、瑞典等国的液态奶生产线60多条，使产品由单一的加糖奶粉逐步向固态、液态并存，多品种、多系列、多规格方向发展，形成了奶粉、发酵奶、保鲜奶、炼乳、冰淇淋、乳酸饮料、干酪等八大系列近百个品种的产品，产品结构得到明显改观。目前全省80%以上的产品销往省外。

**（三）依托科技进步，构筑行业竞争优势**

黑龙江省是全国最大乳品科研基地，拥有国家乳业工程技术研究中心、东北农业大学食品学院等一批高水平的科研机构。黑龙江乳业集团还建立了我国首家乳品博士后科研工作站。国家乳业工程技术研究中心是1996年国家科技部批准组建的国内惟一的国家级乳业综合科研机构，下设国家乳品检测中心、全国乳品信息中心、全国乳品培训中心、全国乳品标准化中心、国际乳品联合会中国国家委员会秘书处，形成了乳品研究、质量检测、信息开发、人才培训、工程开发、乳品机械制造、产品中试等功能配套齐全的乳品科研体系。

工程中心组建以来，完成了奶源基地建设，新产品开发工程、成果基层示范工程、人才培训等六大工程44个项目。中心现有科研成果35项，有28项获省部级科技进步奖，其中“婴儿配方奶粉的研制”获国家科技进步奖，科研成果转化率为64.5%。“乳清粉离子交换脱水技术”等8项属国内首创或填补国内空白。中心率先研制生产的“婴儿配方奶粉Ⅱ”、“三助”、“三壮”等产品在全国得到推广，目前全国配方奶粉已从1995年的不足8万吨增加到2001年的17.1万吨，年增加产值30多亿元。“国家乳制品工程技术研究中心”在工程化开发、乳品科学研究、技术成果转化和推广、中试生产等方面正逐步与国际水平接轨，为推动黑龙江省乃至全国乳业的发展提供了强大的科技动力。

**（四）加快技术改造，实现产品升级换代**

黑龙江省在“六五”以前建厂基本都是国产设备，企业生产规模较小，日处理能力在50吨以下，技术装备水平较低。从“七五”末期，黑龙江省先后从丹麦引进了三条日处理100吨以上，属80年代世界先进水平的大型奶粉生产线（黑龙江乳品厂、富裕乳品厂、泰康乳品厂），其中闻名全国的黑龙江乳品厂，采用了多效浓缩、流化床等先进技术，整个生产过程采用自动控制系统，是当时全国样板工程。“八五”以来，投入累计10多亿元，全部用于设备更新和技术改造，经过近十年努力，黑龙江省技术装备达到了一个新的阶段，多效浓缩、流化床、CIP自动控制清洗、奶粉自动包装等技术全部实现了自我研制、自我开发，并在全国推广。龙丹乳业集团二期扩建项目除采用上述技术外，还自行开发设计了多喷头雾化和细粉回收系统、旋风分离器细粉回收技术、冷风圈防止过热技术，均填补了国内空白，并达到国际同类产品水平。同黑龙江乳品机械总厂联合开发的三效降膜蒸发器和立式喷雾干燥塔全部为国内自行设计和制造。目前黑龙江乳品行业通过引进国外技术消化吸收和自我研制与开发，大企业装备水平居国内领先水平。

**（五）大力打造名牌产品和龙头企业，提升全行业竞争力**

“九五”以来，实施名牌战略，发展规模经济，组建大型企业集团已成为全行业的共识。经过十余年发展，黑龙江省也涌现出了雀巢、龙丹、完达山等一批知名企业和知名品牌。龙丹乳业是国内惟一通过国家科技部和中国科学院“双高”认证的高新技术企业，完达山成为国内乳品行业首家获得驰名商标的企业，并双双跨入全国十大乳品企业行列，龙丹、金星、完达山、飞鹤、正元等企业产品被国家质检总局授予“首批国家质量免检产品”。龙丹、完达山、金星三个品牌被中国名牌推进委员会确定为“中国名牌产品”。

企业兼并重组步伐不断加快。全省现有乳品企业50余家，比1990年减少118家，形成“两大集团、四大企业”的发展格局。两大集团即黑龙江乳业集团和完达山乳业集团。四大乳品企业分别为红星乳业集团、摇篮乳业集团、飞鹤乳品、绿洲乳业，加之双城雀巢、光明松鹤、森永等外资企业这十几家乳品企业的总产量约占全省70%，利税超过全省总和的一半以上，规模经济在黑龙江省已初步形成。

**（六）对外合资合作成效显著**

得天独厚的资源优势和配套齐全的乳品工业体系，吸引众多国内外奶业大公司到黑龙江投资建厂。目前已经先后有双城雀巢公司、日本森永公司、荷兰纽迪西亚公司、美国美登高公司、意大利帕马拉特公司等国际知名乳业集团以及上海光明乳业、内蒙古伊利乳业、青岛圣元乳业、杭州娃哈哈集团、厦门惠尔康公司等国内著名企业到黑龙江落户。累计吸引外资总额超过10亿元，引资额居全国同行业首位。

**（七）实施奶业振兴计划，迎接入世挑战，实现黑龙江乳业的二次腾飞**

2001年黑龙江省委、省政府做出了“关于加快发展，振兴奶业，推进全省农业和农村经济结构进行战略性调整”的重大决策。专门召集有关部门研究制定了《黑龙江省奶业振兴纲要》，本着充分发挥黑龙江省优势，优化资源配置，科学布局，完善行业体系，科技兴乳的思想，加强基地建设，巩固并加强黑龙江省乳业的优势，加快乳业发展，延长加宽乳业链条，实现黑龙江省乳业二次创业、富民强省的目标。

奶业振兴发展目标（2002—2005年）：根据各地资源条件、奶业生产现状和发展潜力，通过实施奶业振兴计划，到2005年，形成奶牛生产“一区两带”和乳品加工“两大集团、四大企业”的发展格局。

1. **奶牛存栏**　2005年达到120万头，即四年纯增奶牛42.2万头，年均增长11.44%。

2. **鲜奶产量及单产水平**　鲜奶产量2005年达到340万吨，实现奶产量翻一番的目标，年均增长15.4%；奶牛单产由4吨提高到5吨，年均增长5.7%。

3. **鲜奶加工能力与产品结构**　2005年，鲜奶日加工能力增加6 000吨，翻一番，达到12 000吨，年均增长18.9%；逐步调整乳制品结构，液态奶与以奶粉为主的其他乳制品加工比例调整为1∶1左右；乳制品以配方奶粉和功能性奶粉为主，液态奶以保鲜奶、花色奶、酸奶等品种为主。

4. **效益目标**　预计到2005年，奶牛饲养业产值达到123.8亿元，占畜牧业产值由目前的26%提高到45%；畜牧业产值占农业总产值由目前的30%提高到36%；乳制品加工业产值超过170亿元；奶业增加值可达到58.76亿元，年均增加22.2%，农民养奶牛人均纯收入增加175元，占人均增收462元的38%。

到2005年，黑龙江省奶业将全面实现生产规模化、服务社会化、技术现代化、经营产业化的产业新貌。同时，带动全省农村经济结构调整、农民收入增加和地方财力增强，促进富民强省目标的实现。

（黑龙江省乳品工业协会　杨思行）

## 新疆乳制品加工概况

**（一）新疆乳制品加工业历史**

20世纪80年代以前，自治区乳制品加工业处于起步阶段，1981年，自治区召开乳品工作会议，拟订出自治区乳品工业规划，确定大力发展乳品加工业，到1990年，自治区已拥有乳品生产企业66家，其生产能力日处理鲜奶达657.5吨，乳制品产量达7 530吨，分别比1978年增长16.5倍、26.3倍和15.8倍。其中奶粉产量居全国第六位，干酪素产量居全国第二位。

进入20世纪90年代，随着改革开放逐步深入，市场经济的逐步建立，乳与乳制品的市场竞争日益激烈，迫使新疆乳制品行业在企业组织结构和产品结构上开始进行重大调整，一大批小型乳品厂由于设备落后，产品单一，缺乏竞争能力而相继停产，1998年底，全自治区乳制品生产企业只有16个（不包括乡以下企业），年产干乳制品为51 060吨（其中奶粉产量33 160吨，占生产总量的64.94%），产品有全脂加糖奶粉、全脂淡奶粉、甜炼乳、母乳化奶粉、婴幼儿奶粉、强化奶粉、奶茶粉、蜂王浆奶粉、奶酪、干酪素等。

1983年3月1日，由北京市牛奶公司协助，新疆第一条塑料瓶装消毒牛奶生产线在乌鲁木齐市牛奶公司投产，大大方便了生产、经营和消费者。牛奶销量也有所增加。1987年，乌鲁木齐市农垦局引进芬兰伊莱克斯特公司的UHT软包装生产线，由于产品价位较高，群众一时无法接受，经短时间试产后就被迫停产，重新引进瓶装消毒奶生产线进行生产。1992年五一乳品厂引进天津航天公司的软包装机生产袋装消毒奶，投放市场后受到欢迎，此后各家纷纷引进，最终取代了瓶装奶。

90年代以后，新疆乳品行业开始进入一个新的创业阶段，农垦乳业集团、呼图壁种牛场、新绿洲乳业公司等骨干奶类企业，一方面开始走产业化之路，把牛奶的生产、加工、销售联为一体，通过各种途径，扩大自己的生产经营规模，以期提高自己的竞争能力；另一方面，更注重科学技术的创新和新产品的开发，期待着以先进的设备和技术，结合新疆优越的自然条件和养牛业的优势，创造出自己特有的名牌乳制品。目前，多条消毒鲜奶生产线已在全疆各地投入生产，仅乌鲁木齐市生产袋装（罐装）消毒奶已达10几个品种，年产量3万吨，酸奶、冷饮等乳制品年产量在3 000吨左右，保质期半年以上的二次灭菌奶已经走出新疆打入内地市场。

**（二）新疆乳制品加工业的现状**

**1. 乳制品加工现状** 2001年自治区奶粉生产能力约1.3万～1.5万吨，实际生产产品8 000吨；UHT液态奶生产能力达10万吨，目前实际产品不足2万吨；巴氏灭菌奶及系列软包装奶生产能力及产品约5万吨。合计全自治奶品企业年需原料奶达30万吨，而实际奶源不足15万吨。各类奶制品厂规模小、品牌杂、质量低、科技含量低，大部分奶粉只能作原料粉，液态奶类保存期短。大天池引进的瑞典利乐包生产线，目前达到了国际先进水平，但完整的产业链尚未形成，特别是奶源基地还很薄弱。

自治区液态奶销售主要集中在乌鲁木齐市，约占全区销售量的90%，其中高档次的超高温灭菌奶除大天池的少量产品外，其余均内外省企业生产，巴氏奶、酸奶等大众产品又因小厂家多，销售价格高低不一，产品质量良莠不齐，致使市场一片混乱。全自治区有近30家奶粉厂，其中包括在20世纪80～90年代就在全国小有名气的唐布拉乳品厂、三宇奶粉厂、寨口乳品厂，而现在市场上销售的配方奶粉、营养奶粉、甜奶粉中，只有3～4家是本自治区企业，其余厂家只能生产工业用淡奶粉，本自治区奶粉市场可谓是外省知名企业的一统天下。

**2. 乌鲁木齐乳制品加工现状** 天山北坡共有乳品加工企业65家，产品主要在乌鲁木齐市销售的有36家，其中呼图壁种牛场东泉乳品厂、乌鲁木齐市农垦乳业集团、大天池奶业公司、新欧乳业公司、乌鲁木齐市牛奶公司、乌鲁木齐市新绿洲乳品厂，占乌鲁木齐市乳品销售市场的76.9%。

除上述8家企业外，其余乳品厂家规模较小，设备投入少，生产线不齐全，产品质量差。但由于产品价格低于正规企业，目前仍占领了一部分消费市场，均有一定利润。

乌鲁木齐市现有人口205万，乳品支出为84.54元/人·年，每日上市液态奶150吨，其中巴氏奶105吨、酸奶13吨、超高温灭菌奶28吨，其中巴氏酸奶全部由本地区企业提供；超高温灭菌奶市场，外省企业占50%，本地区占50%，奶粉外省企业占98%，本地区占2%，自治区乳品市场中高档次产品，几乎全由外省提供，自治区内企业的产品远不能满足本地市场的需求，且随着居民生活水平的提高，供需间的缺口越来越大。

**3. 原料奶的价格及收购管理现状** 原料奶自2001年收购价格为1.4～1.7元/千克，我国其他省市收购价为1.6～2.6元/千克，自治区所有加工企业都未严格执行按质论价，虽有部分大企业为提高产品质量，拒收不合格原奶，但由于没有机构指导奶农建立标准收购站，牛奶掺假现象仍十分严重。

**（三）乳制品加工中的问题**

**1. 自治区乳品加工企业，规模小，设备陈旧，技术落后，产品单一，总体水平低，且相互间的恶性竞争日趋激烈** 乌鲁木齐和石河子的30多家液态奶生产厂家，具有固定奶源的企业只有3家，其余27家均没有自己的奶牛场，原料奶收购均来自养牛户和商贩，掺杂使假十分严重。低质量的原料难以生产高质量的产品。

**2. 奶业龙头企业还未形成** 由于新疆地域广阔多山，造成收奶困难，牛奶商品率低，不足30%，如伊犁地区的东五县，乳制品加工厂日处理能力不足50吨，产品主要为奶粉，质量较差，缺乏市场竞争力。

**3. 自治区乳品加工企业，主要集中在乌鲁木齐市—伊犁一线和焉耆盆地，其中液态奶集中在乌鲁木齐市、昌吉地区，奶粉加工企业集中在伊犁** 这些企业多在20世纪80年代一窝蜂上马，时至今日，设备都已老化，且大都是小而全，产品档次越来越低，利润越来越少，这就形成一个恶性循环，最后只有破产倒闭。由此，造成个体小作坊乘势而起，低价销售占领了市场，使一部分优质奶源不能产出优质产品。

**（四）2001年乳制品加工业的发展**

2001年是自治区奶业大发展的一年，奶业不仅受到了国务院、自治区人民政府的重视，而且广大农牧民出现了空前的养牛热潮，企业对乳制品加工业的投资也日益增加，自治区乳制品加工业迎来了前所未有的发展机遇。

1. 乳品企业的建设和技术改造取得了一定成绩，生产设备和基础建设达到世界先进水平的新疆大天池食品有限公司于2001年6月正式投产，结束了自治区没有长保质期的液态奶制品的历史，目前产品供不应求。呼图壁东泉乳品厂和农垦乳业乳品厂的奶粉生产线引进国内最先进的奶粉生产工艺，已生产出达到国际标准的奶粉制品。2001年5月由自治区奶办投资的昌吉新欧奶业有限公司生产线，生产出“新鲜屋”巴氏奶产品，填补了自治区乳制品市场的空白。焉耆三宇乳品有限公司的生产线改扩建工程和新疆龙元乳业的乳品加工新建生产线的工程进度都已经完成了50%，2002年有望建成投产。

2. 加强了原料奶及乳制品的质量管理，新建自治区乳品质量检测中心，引进了丹麦最先进的检测设备，推广牛奶以质论价体系。完成了成品液态奶及酸奶、奶粉450个样品的检测，比上年增加了近400个品种，完成原料奶检测3 000个样品，弥补了自治区原料奶无人检测的缺陷，从而从机构设置到体系建设上完善了自治区乳及乳制品质量监测工作，产品合格率比2000年有大幅度提高。同时还邀请了国家技术监督局对全自治区的乳品厂质检员进行了全面培训，有58人获得了国家技术监督局和劳动部颁发的证书。另外，伊犁唐布拉乳业有限责任公司和乌鲁木齐农垦乳业集团2001年通过了ISO-9000系列国际质量认证，是自治区奶业界首家通过的该项国际标准认证的企业，新疆大天池食品有限公司目前正在进行ISO-9000认证。

3. 扩大了跨地区、跨行业的股份制联合，拓宽资金渠道。新疆物华畜牧公司与新绿洲乳品厂合并，形成了乌鲁木齐地区最大的乳品生产企业；江苏可得尔公司收购了伊犁巩留乳品厂、伊犁县乳品厂，使这两个企业经济效益明显好转；东北的沙潟乳业在伊犁投资1 000万元生产出高档乳饮料正式投产；乌鲁木齐阿尔曼公司也分别收购和改组了两家奶粉企业，使自治区少数民族民营企业家首次进入奶业；江苏维维豆奶集团在库尔勒投资建设乳品厂并租赁呼图壁县奶粉厂。2001年新疆乳制品加工已出现了新景象。

（新疆维吾尔自治区奶业办公室　高庆超）

# 乳制品包装

## 我国乳制品包装发展现状

20世纪90年代，我国食品包装工业总产值已占包装工业总产值的60%以上。1999—2001年这短短的几年里，随着液态奶产量的迅速攀升，作为食品包装工业的一个分支，乳制品包装从产品结构、技术水平以及产品质量上都得到了快速的发展，取得了长足的进步。2001年，各类液体食品灌装、装填、封口、密封、贴标设备及各类包装材料生产设备已实现出口604 287台(套)，进口6 754台（套)；包装材料方面在新技术的研发和应用上同样取得了较大进步，由于乳品包装对设备与材料的适用性要求较高，而大、中型乳品生产企业多使用进口设备，包装材料厂商为实现包材的国产化、优质化做出了极大的贡献。我国乳品包装产品已经基本满足了现有乳品生产企业的需要，随着乳制品工业的快速发展，乳品包装产品也必将取得更好成绩。

**1. 包装材料**

(1) 纸质包装

①UHT纸铝塑复合砖型包装。是利用7层纸铝塑复合并加以印刷后生产的适用于无菌包装的包装材料，可使液态奶的保质期达到9个月以上，这种包装的应用使液态奶销售地域范围得以扩大。

代表企业为瑞典利乐公司、德国康美公司等。目前，利乐公司设在中国的生产厂担负着众多国内乳品企业无菌奶包装材料的供应，而康美公司在中国建厂的计划也将于2003年进入实施阶段。

②UHT纸铝塑复合枕式包装。即通常所说的利乐枕式包装，多为5层纸铝塑复合而成，保质期45天。此种包装形式在中国市场尤其是北方市场已经十分普及。

利乐公司最早推出这种包装，至今仍无同类或可替代产品。

③巴氏保鲜屋顶包（也称新鲜屋、屋脊包)。此种包装近年来被北京、上海、广州等冷链和销售渠道等基础设施良好、消费水平较高的大型城市看好，因此有人称之为“城市乳业包装”。代表企业有美国国际纸业、日资古林纸工等海外投资企业。近年来，国内如云南玉溪环球、山东泉林纸业、浙江韦伯等企业的技术水平也已经达到了国际先进水平。

(2) 塑料包装

①塑料膜（含封口膜)。塑料具有成本低、携带轻便、印刷精美、造型多样、回收方便的特点，因而在牛奶、酸奶上的应用正逐步增加。其中，无菌塑料袋包装(3~5层复合膜）应用势头迅猛。代表企业有大连大诺、西安依莱克斯等。②塑料瓶。多应用在二次灭菌乳制品的包装，塑料瓶无菌包装在发达国家非常流行，但其首期投资较高，厂房卫生条件和工作人员的素质要求较严，因此，在中国市场没有大范围应用。

使用塑料瓶包装产品的企业较多使用吹瓶、灌装、封口一体化的生产线，制瓶原料的选择为进口食品级塑料粒料。

(3) 其他

①玻璃。多用于城市居民每日订购的乳制品包装。②金属。由于成本和环保原因使用较少，目前“旺旺”和“雀巢”品牌使用这种包装。③瓷罐。七、八十年代盛行一时，目前市场占有率极少，但随着环保意识的增加以及迎合返朴归真的消费心理，近期这种包装的应用有所抬头。

**2. 机械设备** 乳制品包装的主力机型包括无菌软包装灌装机、无菌纸盒灌装机、屋顶包灌装机、成型灌装封口机等。此外，屋顶包灌装设备增加加盖装置，成型灌装封口机增加贴侧标或套环标功能，吹瓶灌装封口联线机增加套标功能等，都是乳品包装发展的需要。

**3. 乳制品包装存在的主要问题**

(1) 包装材料。乳品生产企业对包装材料的关注程度依次为：质量稳定、印刷质量、价格、保质期延长、卫生情况、售后服务及付款方式。

①包装材料质量问题。包括：塑料方面，印刷掉色、塑料味重、松紧边、砂眼、易撕性差和环保等；纸盒方面，胀包、渗漏等；②包装材料的价格直接关系到生产成本，包装企业为拿到订单，而不计成本，最后导致付出产品质量和企业信誉的代价并且毫无利润可言。③如何利用现有包装材料达到更长的保质期方面的研究，没有足够重视。④生产企业希望包装材料就近采购的原因，一是减少运输环节使卫生等指标得到更多保证，另一方面也是降低成本的需要。但目前包括企业多集中在东、南部沿海或地方经济发达地区，而西、北部

地区是乳品原奶或乳品企业较多、较发达的地区，成规模的包装企业在进行资本整合或扩大再生产时，如考虑异地建厂，将可望抢占先机。

(2) 包装机械设备。包装设备使用中的主要问题，排在首要位置的是产品质量，其次是售后服务、产品价格、包材配套、生产速度、自动化程度、维修周期和技术水平。

①中国的乳制品企业是以中、小企业为主，缺乏高素质的技术人员和管理人员，使企业更愿意购买“交钥匙”工程的一体化解决方案。但由于一体化机械对包装的形式、容量方面只能在一定范围内调节，无法满足包装形式的多样化更改。②我国乳品包装企业目前仍处于无序竞争状态，缺乏正确的引导和规范。国内乳品包装的资本运用多是分散型中小资金注入，大多缺乏长远发展目标。企业产品多采用“克隆技术”，缺乏真正的竞争力，恶性竞争的结果是资本得不到回报和资源的浪费。③与国外发达国家的产品相比，我国乳品包装机械产品的整体水平相差很远。技术上、运营理念上成熟的包装企业凤毛麟角，企业为争夺市场上演的价格战愈演越烈；包装产品大同小异，新面孔多，新产品少；企业之间信息闭塞，低水平重复建设现象十分严重。④售后服务一直就是乳品企业与包装企业间问题的焦点，保修期过后的服务更是不尽人意。较为集中的问题有：操作人员的再培训、零配件更换时间难以保证、维修人员派遣不及时且缺乏独立解决多种故障的能力等。

(中国包装技术协会供稿)

## 我国乳制品包装发展趋势

**1. 乳制品包装形式发展趋势** 乳制品包装总的发展趋势为低成本、安全卫生、方便即食和环保等多元化发展。从目前国际消费潮流看，乳制品包装形式的发展主要体现在以下方面：

(1) 大容量家庭装越来越多地出现。塑料桶装鲜牛奶和酸牛奶以其经济实惠在欧美广泛流行（0.5和1加仑装）。塑料桶的优点是成本低，采用食品级低密度聚乙烯颗粒由工厂在线吹制，洁净卫生，并可以延长产品的货架期。

(2) 方便卫生即饮包装前景看好。消费者更喜欢饮用方便又卫生的包装，如吸管附贴类纸盒包装（屋顶型和砖型），易拉罐类塑料杯（瓶）或纸盒包装，旋盖类塑料瓶和纸盒包装等。

(3) 适合儿童消费的小包装类乳品向方便、安全方向发展。开发适合学龄儿童消费的小包装成为一大趋势。但由于儿童食品要求首先做到饮用安全，无论是包装开发、灌装设备制造还是产品生产，各环节均采取谨慎的态度，因此，儿童乳品包装成为包装行业技术领先的标志。

(4) 低成本包装材料更显广阔的市场。包装材料成本越低，消费者获得的实惠就越多，对资源的浪费和环境的破坏就越少。将广泛采用铝箔纸、塑料和纸塑复合材料来包装乳品与乳制品。

(5) 回归自然，追求环保，玻璃瓶（罐）包装乳品依然有市场。进入20世纪末和21世纪初，由于人们对环保和资源再生性的高度重视，玻璃瓶包装的液态奶与乳制品又有回升之势。

(6) 便携旅游类包装。便携旅游型乳品包装如塑料瓶、纸塑复合膜等常温型无菌包装仍将占据乳品包装很高的市场份额，长盛不衰。

**2. 乳制品包装机械设备发展方向** 质量稳定、均一、安全、卫生，这就决定了乳品灌装设备必须向运行稳定、洁净卫生的方向发展。

(1) 自动化控制的高速灌装设备将更受青睐。模化生产将成为乳品企业核心竞争力之一，符合高效、高速、高智能化及光、机、电一体化要求的自动控制灌装设备将成为发展潮流。我国在这方面起步太晚，技术落后，目前在一定程度上还处于模仿阶段，要达到国际水平将任重而道远。

(2) 无菌灌装设备朝着无公害、环保型高速机发展。目前国际上通用的无菌技术是双氧水灭菌方式，由于双氧水蒸发后对环境和大气臭氧层的影响，今后将朝着蒸汽型灭菌方向发展，纳米技术也有可能应用在无菌灌装设备上。

(3) 小容量高速灌装设备将因满足即食方便的消费需求而得到迅猛发展。小容量包装一般在5～25克间，提高效率必须通过高速灌装实现，但它的技术难点——灌装量误差的控制和运行的稳定性核心技术仅掌握在国外少数著名企业手中，国内在这方面的发展几乎是空白，应加大研发力度，这将是发展潜力巨大的市场空间。

(4) 全自动控制的连续成型、灌装、封合、分切、装箱一体化灌装设备将在乳品灌装设备竞争中获胜。这种灌装设备虽然一次性购买设备投资巨大，但由于运行费用和包装成本低廉，又减少了中间制造环节，非常适合大型企业的规模化生产。如塑料瓶和塑料盒的灌装设备已经广泛应用一体化大型高速机，以投颗粒料或塑料板材为主，包装成本优势十分明显。

(5) 全自动控制连续清洗、灭菌、灌装、封盖、装箱的玻璃瓶装奶灌装设备，仍将会有一定的发展。

(中国包装技术协会供稿)

## 影响我国乳制品包装的主要因素

**1. 影响我国乳制品包装的因素**

(1) 保证原奶的运输质量。目前我国原奶生产呈现明显的南弱北强态势，有关资料表明，2001年6月份伊利公司原奶收购价为1.60元/千克，上海光明的收购价为2.00元/千克，广东燕塘为3.09元/千克，深圳晨光则达到了4.22元/千克。抛开其他技术因素，如能实现“北奶南调”，一方面增加农民收入，另一方面也可使生产企业降低生产成本，同时对改善牛奶品质和口味也大有益处，如何搞好原奶的运输包装，是包装企业应考虑的问题。

(2) 出于营销方面的考虑，加快产品的创新速度。乳品创业营销工作的重点就是不断根据对消费者口味爱好、消费习惯、经济能力及年龄层次等各方面指标进行分析后研发出具有创新性的产品，并且推出新产品的速度会越来越快。例如上海光明现有的130多个品种中，就有60%～70%是近5年研发出来的，并随时准备推出更新的乳制品。如果包装企业只是抱着几个老产品伸手要订单，就无法适应生产企业快速变化的包装需求，应在加快自身技术水平建设、产品结构调整、新产品研制的基础上积极推出独具特色的包装解决方案。

(3) 生产企业培养自己的乳品包装工程师。欧美等乳业发达国家设有专门的教育机构培养这类人员，他们在乳品企业中发挥着举足轻重的作用，通过对市场预测、成本核算、选型、设计、设备配置、产品销售等各环节的决策，加之敏锐的信息触角，及时对本企业的乳品包装情况进行调整。

(4) 大、中、小城市逐步形成各具特点的消费习惯和群体，适用不同的包装产品。目前这种群体的分化正日趋明朗，包装产品也将随乳品企业不同的市场定位应用于不同层面的产品上，包装企业就应积极调整自身产品的高、低端结构。

(5) 纸张向高档化发展。高档纸张作为乳品包装的重要原材料对乳品包装将起到重要作用，国外大型纸张供应商如斯道拉恩索、波特拉其等对中国乳业深感兴趣并推出优质产品的同时，国内造纸企业也正在积极攻克各种技术壁垒。

(6) 塑料更广泛地得到应用。塑料科技的发展如材料技术、加工制造技术、无菌技术等都在以良好的势头不断发展，塑料在乳品包装中广泛应用是大势所趋。

**2. 我国乳制品包装有待发展的几个问题**

(1) 环保。是国家、社会发展的大趋势，各种纸、塑料包装等废弃物彻底的分离再利用或分解工作并不到位，应加大力度寻求解决方式（如可制定谁生产谁回收的法律法规），行业协会也应起到指导和推进作用。

(2) 防伪。是企业保护品牌形象不被仿冒、盗用的一种可行性较大的方式，与烟、酒等产品的防伪不同的是，乳品包装的防伪技术应用还应注意符合卫生要求。

(3) 设计。随着超市、零售业的快速发展，包装对销售的作用更显突出，主要体现在选材、外观、图形优美、高质量的印刷及内外包装设计等方面，拥有一个令人瞩目的包装会对销售达到事半功倍的效果。

(4) 安全。包括材料生产的厂房应由专业人员设计，做到布局合理、无污染，部分产品的生产车间应达到10万级空气净化标准等。应从包装材料这一源头做好安全控制工作。

(5) 功能。增加功能性包装产品的开发和应用，如防潮、保鲜、感温、感水、杀菌、耐酸、除臭及可食用等功能。

(6) 创新。是多方面的，包括管理、市场研究、产品定位、技术改造、高效低成本的生产、营销策划、售后服务等企业运行各方面的创新。

(7) 标准。国家标准、行业标准、企业标准，一定要不折不扣地贯彻执行，有关部门和行业协会也应高度重视这一工作。

(8) 信息化。中国加入世贸组织，各行各业都应做好角逐国际市场的准备。这一时期内，信息化建设扮演的将是“助推器”和“后勤保障”的角色。同时信息化也是乳品包装企业向大型化、规模化发展，组建具备综合能力的大型包装企业的需要。

（中国包装技术协会供稿）

## 利乐无菌包装的发展情况

现代社会，人们在希望食品美味的同时，对食品卫生的要求也越来越高，还要容易保存，保鲜时间长。因此无菌食品及无菌包装对于产品的推广及保质、保鲜都有着至关重要的作用。

食品的无菌包装技术是指经过杀菌的食品，如乳制品的饮料等，在无菌环境中包装，密封在经过杀菌的容器内，在常温下具有较长的保质期，无需冷藏和添加防腐剂就能保持较长的货架期。且有助于以较低的成本将高质量的液体食品运输至每一个市场。

1989年，无菌加工技术被美国食品工艺研究所誉为50年来食品科学中最重要的成果。它为分销易腐坏食品带来了革命性的改进，使之更符合低成本、高效率的原则。采用无菌工艺技术，可更经济合算地在大区域里分销高质量食品，使食品生产合理化，而且简化零售商的库存以及令消费者更加方便，这一切优点均由温和的热处理及无菌灌装而达成的。所谓热处理，即是将产品加热至高温（如牛奶加热至135～150℃，并持续几秒，然后迅速冷却至室温，整个处理过程是在封闭及灭菌的系统中进行，以防止再污染，该过程被称为超高温灭菌处理(UHT)技术。而“无菌包装”，则是一种可防止微生物在灌装过程中及灌装后进入产品包装的加工程序。无菌灌装在整个包装过程中也至关重要，灌装是在无菌的环境下进行，而且包装材料也是在70℃的过氧化氢中作消毒灭菌，然后用无菌热空气进行干燥，确保灌装过程无菌。

然而，产品无论采用任何形式的包装，久而久之还是会随时间而出现化学或物理的变化。所以必须具备一条完整的无菌包装生产线，包括物料（食品）杀菌系统，无菌包装机、包装材料或包装物的供应及杀菌系统、自动清洗系统、设备预杀菌系统、无菌环境保持及自动控制系统，对食品无菌包装至关重要。

2001年，据一完全统计，我国乳制品行业共完成产值291.7亿元，同比增长49.2%，无菌加工技术和包装可谓功不可没。在这广阔的市场前景下，利乐公司作为无菌包装技术的领头企业，不断开发出了多种无菌包装，如利乐无菌砖、利乐无菌枕、利乐威无菌包装等。利乐的无菌包装是一种用纸、铝箔及聚乙烯制成的复合层材料，不仅能够防止无菌灌装后微生物的二次入侵，其特殊保护性更能有效减缓产品因与空气、其他气体、异味及光相互作用而产生的不必要的变化。先进的利乐无菌包装系统，配合瞬时超高温灭菌过程，能有效保存乳品或饮料的营养和味道。而且从包材成形至产品充填过程均是在同一部机器密封无菌的区域内进行，确保卫生洁净且节约空间。高度自动化的运作使各项生产程序易于操控，并节约了人力。

从50年前销售第一套包装系统起，利乐公司突破了乳品饮料业的传统，为广大生产商提供了新的包装技术。推出了目前已在全球165个国家使用的利乐无菌包装系统，特别是适合发展中市场的利乐枕和利乐威包装系统。利乐无菌包装为全球的食品生产商提供了优质丰富的选择，带来无限商机和竞争优势，同时将推进中国食品包装行业的快速发展。

［利乐（中国）有限公司供稿］

## 屋顶型纸盒包装发展情况

具有优良保鲜功能的屋顶型纸盒已经赢得了世界上广大消费者的喜爱。现在，全世界每年使用和消费屋顶包包装已经超过3 600亿个。屋顶包已成为牛奶果汁市场中消费者首选的包装形式，且不仅用于包装鲜奶、果汁，更多的产品如酸奶、茶，甚至洗涤剂都开始采用这种包装。

经过长时间的市场调研和技术考察，并伴随着中国市场经济的不断成熟而发展完善，国际纸业于1994年率先在中国市场引入了屋顶包产品。上海光明，北京三元，内蒙古伊利，杭州顶津等国内牛奶果汁行业重要企业先后与国际纸业合作，共同开拓屋顶包装市场。目前，在中国市场上使用的屋顶型纸盒保鲜包装形式以奶制品与果汁为主，其中奶制品占到60%以上。近年来，在国内冷链系统不断完善的基础上，屋顶型纸盒保鲜包装系统在中国市场的销售量有了很大幅度的提升。其中，整个屋顶包牛奶市场销量上升超过30%，销售量（含酸奶及乳酸菌饮料）达41万吨，预计2003年销售量可达50万吨。

屋顶型纸盒包装印刷精美，适合灌装营养成分高及口味新鲜的鲜奶、花色奶、酸奶及乳酸菌饮料等高档产品。这种符合时代潮流的包装形式，适宜在家中与家人共同饮用。在价格差别不是很大（0.25元/盒）的情况下消费者普遍愿意选购加盖型盒装奶，以便于打开和饮用，更好保留牛奶的新鲜风味。今后加盖型屋顶型盒装奶会有更广阔的市场前景。

作为屋顶型包装行业的领导者，国际纸业认为，面对乳业包装市场的竞争，整个行业应该联合起来，推动这种包装形式的发展，让消费者喝到真正新鲜营养的纸盒装牛奶，以博得更多消费者的认可和喜爱。为此，健康营养、风味独特的内容物是成功的基础，屋顶型包装系统（品质稳定，卫生，外观亮丽的屋顶型纸盒，配以精确可操作的灌装机）则使我们走向成功。包括生产、仓储、配送、零售等环节的冷藏链建设是消费者得到新鲜屋顶型牛奶的保证。屋顶型产品在冷藏储运下，口味的新鲜感及营养能更好保存。当然，我们还需要及时掌握广大消费者的心理和动向，开展强有力的广告宣传和促销活动。

我们相信，在乳业公司和供应商的共同努力下，具有优良保鲜功能的屋顶包装牛奶必将被越来越多消费者接受，成为消费者首选的牛奶包装。

（上海国际纸业有限公司　陈海文）

# 乳制品消费

## 我国居民乳制品消费现状

乳制品作为一种营养丰富而全面的理想食品，在许多西方国家人民的膳食结构中占有十分重要的地位。国际上也往往把乳及乳制品的消费量作为衡量一个国家人民生活水平高低的一个指标。由于受消费习惯、收入等因素的影响，我国乳制品的消费水平一直比较低。但近年来，随着我国居民生活水平的提高，我国对乳制品的消费也逐步增加，并呈现出一些新的特征。目前，我国居民乳制品消费现状如下：

1. **人均乳制品消费量还比较低**　在我国，除了牧区一些少数民族有食用乳及乳制品的传统习惯外，汉族没有消费乳制品的传统习惯。实际上，至今我国还有相当大一部分人尤其是农村居民从不或很少消费乳制品。所以从整体来说，中国人对乳制品的消费很有限。2001年我国的人均乳制品消费量约为9.06千克（折合成原奶计算），而同年的世界人均乳制品消费量为104千克，一些发达国家如美国、英国、法国等国家的人均乳制品消费量为200～300千克，相比之下，中国的人均乳制品消费量非常低。

2. **我国乳制品的消费正稳步增长**　近年来，随着我国人民生活水平的逐步提高和我国政府及一些相关部门如中国乳制品工业协会、中国奶业协会等对乳制品消费的社会公益宣传力度的加强，我国居民的乳制品消费量呈稳步、快速增长态势。从1990—2001年，我国的人均乳制品消费量平均每年的增长速度为6.76%。

与我国居民乳制品人均消费量逐步增长相适应的是，乳制品消费在居民人均消费支出中所占比重也稳步上升，从1990年的0.35%提高到2001年1.51%。（城镇居民，上述数据均来源于各年的《中国统计年鉴》）。与其他畜产品如肉类、蛋类、水产品等在居民食物消费支出中的比例相比，乳制品消费支出比例也呈稳步上升态势。如图1所示。

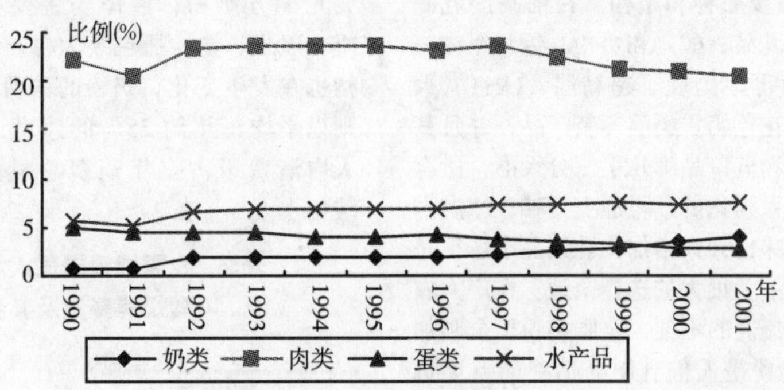


图1　城镇居民动物性食品支出比例

数据来源：2002年《中国统计年鉴》

3. **我国的乳制品消费主要集中在大中城市**　我国城市居民对乳制品的消费相对较多。在各大中城市中，上海和北京是两个最主要的乳制品消费地。上海市居民的人均乳制品消费量多年来一直雄踞全国榜首，北京则名列第二，其次是深圳、重庆、天津、广州、南京等市，福建、江苏、浙江、山东、西藏、新疆、青海等地的乳制品消费量也较多，反映了大城市尤其是直辖市的乳制品人均消费居全国前列，沿海地区及牧区的乳制品消费相对较多的事实。相比而言，农村居民的乳制品消费则少得多，人均消费总是在1千克左右徘徊（表1）。在农村居民中，牧区和农区又有很大差异。我国牧民历来就有生产和消费乳品的习惯，乳品是他们的主要食品之一，因此其人均乳制品消费量较高，年人均消费量在20千克左右。个别地区更高，如2001年，西藏自治区牧民人均消费鲜奶31千克，高于许多地区城市居民的人均鲜奶消费。但牧民基本上是自用消费型生产，奶的商品率很低，只在5%左右。

4. **我国乳制品消费的地区差异明显**　地区差异首先表现在城乡地区的乳制品消费差异上，我国城镇居民的乳制品人均消费量一直远远高于农村居民（表1）。

**表 1　我国城乡居民乳品年人均消费量**

单位：千克/人

| 年份 | 1992 | 1993 | 1994 | 1995 | 1996 | 1997 | 1998 | 1999 | 2000 | 2001 |
|---|---|---|---|---|---|---|---|---|---|---|
| 城镇 | 6.32 | 6.12 | 6.71 | 5.23 | 5.56 | 5.92 | 7.25 | 9.19 | 11.55 | 13.76 |
| 农村 | 1.46 | 0.85 | 0.67 | 0.64 | 0.80 | 0.95 | 0.93 | 0.96 | 1.06 | 1.20 |

资料来源：根据《中国农村统计年鉴》，1993—2002 年、《中国统计年鉴》1993—2002 年整理而来，城镇居民人均消费量用鲜乳品、酸奶、奶粉的消费量之和代替。

除城乡居民的乳制品消费存在差异外，不同地区的城镇居民及不同地区的农村居民的乳制品消费也存在差异。图 2 是 2001 年中国部分地区城镇居民的人均乳及乳制品消费支出，其中支出最高的依次是西藏、上海、北京、重庆、福建、天津、山东等地，人均支出均在 100 元以上，其他各地的人均支出则在 30～100 元之间参差不齐。

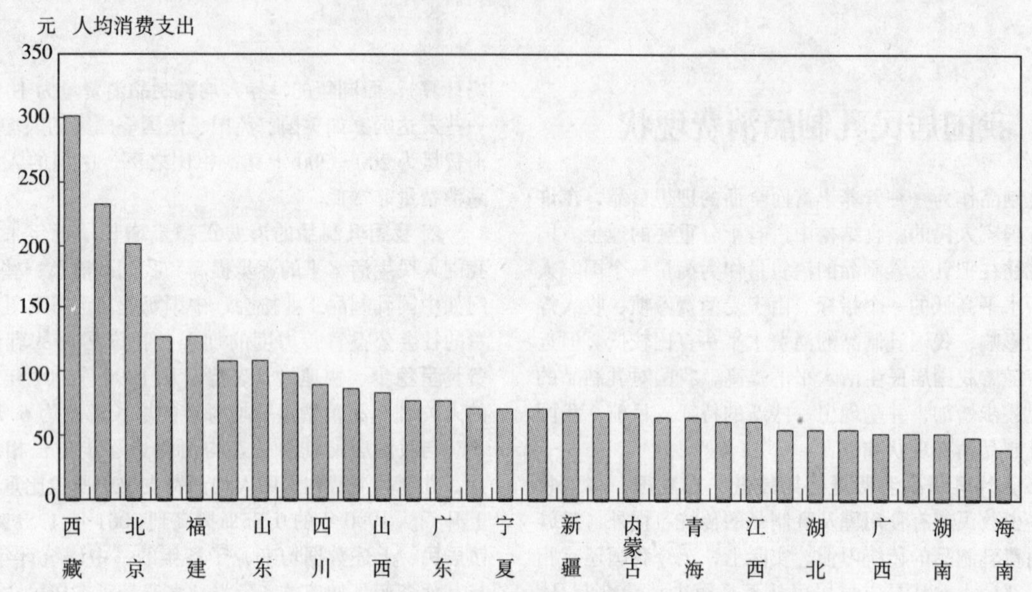


图 2　2001 年各地地区城镇居民人均消费支出

数据来源：2002 年《中国统计年鉴》

**5. 我国乳制品的消费品种和结构**　目前我国乳制品消费的品种主要是鲜乳品、酸奶和奶粉。近几年在一些大城市如北京、上海等地出现了超高温（UHT）灭菌奶、各种配方奶粉、花色奶、奶酪等新产品，并且其品牌很多，国产、合资和进口品牌几乎三分天下，所有这些品牌的产品又多是系列化的，再加上雪糕、冰淇淋等冷冻产品的花色、风味也大大增加，乳制品市场很是丰富多彩，给消费者留下了很大的选择余地。在广大农村，由于液体奶保藏和流通的不便，全脂奶粉、全脂加糖奶粉和少量的配方奶粉是人们乳制品消费的首要选择。虽然与过去相比，我国乳制品的品种丰富了很多，但与国外相比，我国乳制品消费的品种还相对较少。在国外，乳制品消费的品种除干酪、奶油、黄油、各种液体奶、冰淇淋、雪糕、炼乳、奶粉等大品种外，每个品种内又有很多小品种，如奶酪就有 150 种之多，酸奶也有 20 多种。相比而言，虽然中国是世界上奶品种最全的国家之一，但由于除液体奶及奶粉外，人们可作出的消费选择并不多，如中国人一般不消费或很少消费干酪、黄油、炼乳等，所以乳品消费的品种实际上比较单一。从消费结构看，液体奶与奶粉占乳制品消费的绝大部分，近几年冰淇淋的消费量也增长很快，而西方人消费最多的奶酪和黄油等品种的消费量所占比例微乎其微。在品种上奶粉主要有加糖奶粉、全脂奶粉、婴儿配方奶粉；液体奶主要有消毒奶、灭菌奶、酸奶，以袋、盒、瓶包装为主。近年来，乳制品消费结构也在发生变化，奶粉的消费比重逐渐下降，液体奶则以平均每年约 25% 的速度递增。2001 年，鲜乳品人均消费量占全年消费总量的 71%，奶粉占 21%，酸奶占 8%（表 2）。

**表 2　我国城镇居民人均鲜乳品、奶粉、酸奶消费量及其变化表**

单位：千克/人

| 年份 | 鲜乳品 | | 奶粉 | | 酸奶 | | 合计 | |
|---|---|---|---|---|---|---|---|---|
| | 消费量 | 比重（%） | 消费量 | 比重（%） | 消费量 | 比重（%） | 消费量 | 比重（%） |
| 1997 | 5.07 | 60.50 | 2.87 | 34.25 | 0.44 | 5.25 | 8.38 | 100 |
| 1998 | 6.18 | 62.87 | 3.01 | 30.62 | 0.64 | 6.51 | 9.83 | 100 |
| 1999 | 7.88 | 66.61 | 3.08 | 26.04 | 0.87 | 7.35 | 11.83 | 100 |
| 2000 | 9.94 | 68.60 | 3.43 | 23.67 | 1.12 | 7.73 | 14.49 | 100 |
| 2001 | 11.90 | 71.00 | 3.50 | 20.88 | 1.36 | 8.12 | 16.76 | 100 |

资料来源：《中国统计年鉴》1998—2002 年，表中奶粉的消费量是按 1∶7 折合成原奶计算。

**6. 乳品的消费人群和消费方式**　在我国，乳制品的稳定消费人群很少，主要是大中城市居民。据创研市场信息研究所（IMI）等单位 2000 年 10—12 月之间对北京、上海、广州等大城市几种主要的乳制品如奶粉、包装牛奶、酸奶、冰淇淋消费进行的市场调查表明，被调查的各大城市3个月的饮用频率中，从未喝过的比例平均在50%～60%之间。在城市消费者中，只有20%是稳定的经常性消费，其他则属于非经常性消费。

随着收入的逐渐提高和消费观念的逐步改变尤其是乳制品营养的丰富和全面逐渐为人们所了解和接受，乳制品消费者的消费面不断扩大，年龄结构也发生了很大的变化。1980年以前供奶主要是保证婴儿和老人，现在对北京市的抽样调查表明婴儿消费只占整个消费量的19%，60岁以上的老人占28%，其他年龄段占53%（赵鲜明，1999）。天津市调查的1000户，消费奶的比例为：2岁以下占7%，2～10岁占18%，11～60岁占55%，60岁以上占20%。这说明我国乳制品的消费人群已经从老幼人群扩大到各年龄段消费者，越来越多消费者已经开始把乳制品作为日常营养消费品。

消费者的职业结构也发生了变化，以前除老、幼、病、弱、孕外乳制品的供应主要是高级知识分子和外宾，现在不同文化程度和职业的消费者对乳制品的消费趋向平衡。对北京地区的一项抽样调查表明，失业人口的乳制品消费最少，其次是农民，再次是工人，其他职业的消费者的乳制品平均消费支出相差则并不明显（表3）。

**表3　北京市乳品消费的职业结构抽样调查结果，2000年**

单位：元/户

| 职业 | 机关 | 教育科研 | 企业 | 军人 | 工人 | 广播 | 农民 | 待业 |
|---|---|---|---|---|---|---|---|---|
| 平均支出 | 96 | 87 | 86 | 80 | 70 | 50 | 30 | 20 |

资料来源：丁平，《中国乳业经济研究》2000年

乳制品消费的目的和习惯也有所变化。对健康的追求及享受美好生活的理念使营养成分和口味成为人们乳制品消费的首选因素，而且消费者有认品牌消费的习惯。如奶粉消费，固定1～3个品牌消费的消费者比例北京是82.3%、上海是82.9%、广州是78.3%、成都为87.6%、武汉为84.7%、西安为89.9%（2002—2003IMI消费行为与生活形态年鉴）。其他品种乳制品的消费者也都有认品牌消费的习惯。在认品牌消费中，各地居民消费液体奶或酸奶多喜欢本地品牌，如包装牛奶消费，北京人购买“三元”牌最多，上海人对“光明”情有独钟，广州的“香满楼”、武汉的“扬子江”、重庆的“天友”都是当地人购买最多的地产品牌。包装也能影响消费者的购买行为。调查显示，居民消费袋装液态奶居多，其中243毫升和500毫升袋装巴氏消毒奶比较受欢迎，因这种包装适合于每天饮用，且携带方便，一次性支出较少（CIAT，2000）。此外，如今乳制品供应和需求的季节性差异正在缩小，全年供求比较均衡。以冰淇淋和雪糕为例，以前它们的供求主要是在夏季，但现在即使是严寒的冬天，吃冰淇淋和雪糕的人也不在少数。

另外，随着消费者食品安全意识的加强，消费者对乳制品卫生质量的要求也越来越高，低档次袋装乳制品的市场份额比重呈下降趋势，而消费者认为质量较高、口感风味较好的进口乳制品如进口奶粉等即使价格很高，如通常是国产奶粉价格的2～2.5倍，但也很受消费者青睐。

乳制品的消费方式也逐渐趋向多样化。以前人们主要是订奶煮沸后饮用及用开水冲奶粉喝，现在除了这两种消费方式外，由于生活节奏的加快，人们更青睐即买即饮或直接食用乳制品的消费方式。乳制品消费的时间也随着即买即饮乳品的出现而多起来，现在人们在早餐时、睡觉前、口渴时、工作休息时、外出旅游时都可随时消费奶类产品，有时奶也成为餐后的热饮品。新的消费方式也正在悄然出现。2000年5月，在南京最繁华的夫子庙商业区，开设了一座江苏省以前没有、国内也很少见的“金陵奶吧”。“奶吧”倡导了牛奶消费的新方式，即人们不仅可以在家中定时、定量饮用牛奶，而且还可以到餐饮业等社交场所饮用牛奶。

（中国农业大学经济管理学院　周俊玲）

## 我国农村居民乳制品消费特点

2001年，农村居民人均消费奶和奶制品1.20千克，折合原奶等值① 2.58千克。继续呈现绝对量极低、而增长速度很高的总体态势。在实际收入增长4.2%的情况下，奶类消费（原奶等值）快速上升了24%，奶类的边际消费倾向接近6（24%/4.2%＝5.7）。其中，购买奶粉、购买鲜奶分别上升了35%和69%，表现了极高的收入弹性（35%/4.2%＝8.3，69%/4.2%＝16.4），而消费自产鲜奶下降了4%。②

24%的奶类消费增速，在农村居民各类食品消费中位居首位，比增速居第二、三、四位的食糖、水果和水产品分别高出12、13和19个百分点，更高于基本不变、甚至略有下降的粮食、蛋类、蔬菜、猪牛羊肉、食用植物油、禽肉和酒。5.72的农村居民奶类消费收入弹性，是同样位居首位的城镇居民奶类消费收入弹性1.84的3.1倍（图1和图2）。

---

①　统计数据农村居民家庭主要实物消费量“奶及奶制品”或“牛羊奶”系将鲜奶和奶粉简单加总所得。本文将这一混合数据减去农村居民家庭购买主要食品“奶制品”（基本上是奶粉）和“鲜奶”后得出“消费自产鲜奶”数据，再将“奶制品”数据乘以7得出奶制品的原奶等值，然后与购买鲜奶和消费自产鲜奶加总，得出消费原奶等值数据，以准确地反映农村居民的奶类消费。同样，对城镇居民的奶粉消费也以7倍计算原奶等值，进而得出消费的原奶等值总量。

②　此处及后文数据资料来源：中国统计年鉴；中国农村住户调查年鉴。

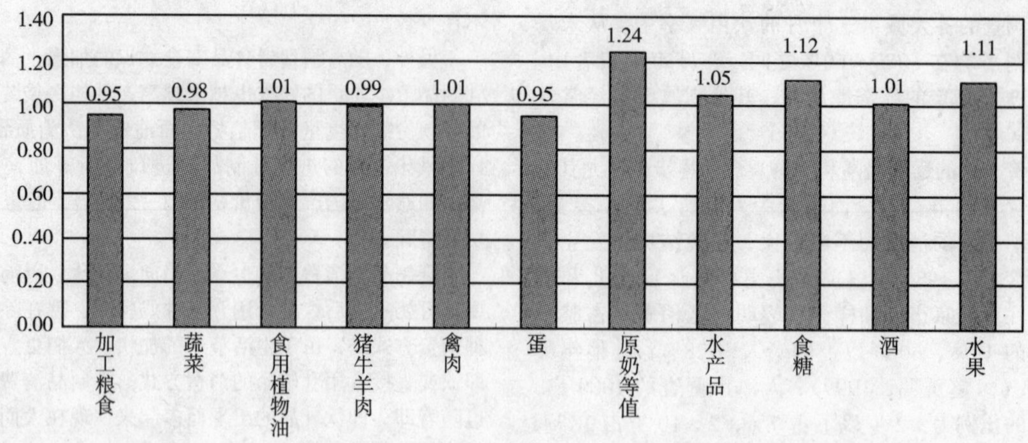


图 1　2001 年农村居民人均各类食品实物消费量是 2000 年的倍数

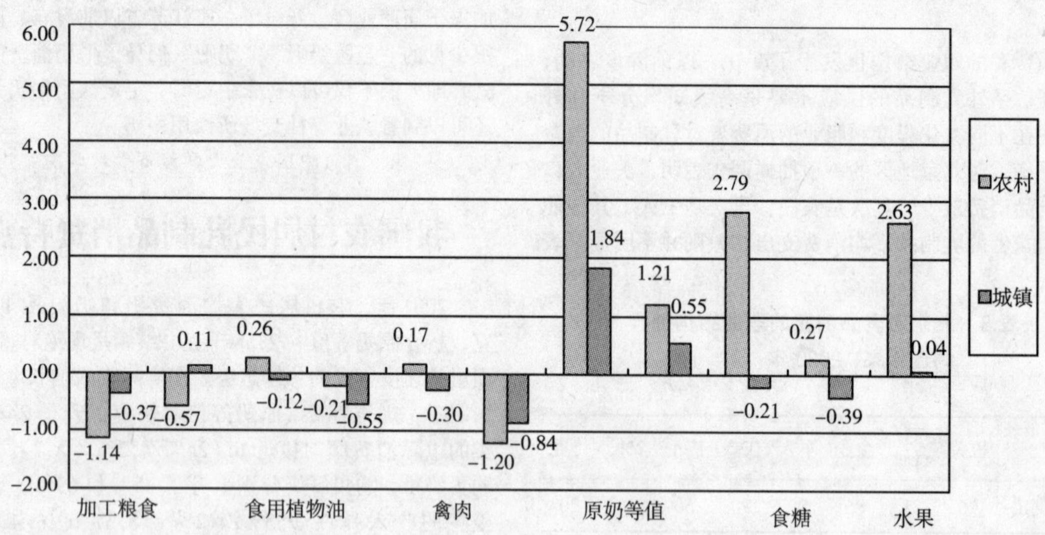


图 2　2001/2000 年城乡居民各类食品需求的收入弹性

与 1995 年相比，6 年间农村居民在人均纯收入实际增长 31%，各类副食品消费均呈增长的总体态势中，奶类增幅 1.19 倍，仍然位居首位（图 3）。

6 年间奶类消费增加的 1.19 倍中，购买奶粉、购买鲜奶和消费自产鲜奶分别增长了 156%、440% 和 40%。相应的，在农村居民奶类消费总量中，消费奶粉原奶等值、购买鲜奶和消费自产鲜奶所占比重，从 1995 年的 54%、4% 和 42%，变化为 2001 年的 63%、10% 和 27%，购买奶粉（原奶等值计）比重上升了 9 个百分点，购买鲜奶比重上升了 6 个百分点，而消费自产鲜奶比重下降了 15 个百分点（图 4、图 5 和图 6）。农村居民奶类消费结构中购买奶粉占首位且呈上升趋势，与同期城镇奶粉消费折合原奶等值占奶类总消费的比重，从 33% 下降到 21%，有很大的不同。

然而，农村居民原奶消费实物量低于肉、蛋、水产等单位重量热量和蛋白质含量均数倍于原奶的其他动物性食品，且仅相当于酒类实物消费量的 36%，换言之，农村居民每喝 1 千克奶，就喝下了将近 3 千克的酒；而城镇居民原奶消费量已经高于蛋类和水产，且高于酒类 73%。农村居民奶类消费水平仅为城镇的 15%，城乡差异居各类食品实物消费量之首。在食品消费城乡差距趋于缩小的总体情况下，是惟一的，与收入一样，差距略有扩大的主要食品。其中，奶粉消费差距显著缩小，而鲜奶消费差距显著扩大（图 7 和图 8）。

城乡居民奶类消费的上述异同，说明了我国农村奶类消费正在由亚洲传统农业社会向当代世界潮流靠拢。一方面，营养、安全的奶类消费越来越成为富裕起来的农民的选择；另一方面，保鲜储运不变、价格相对较高，尚处于“奢侈品”档次的商品奶制品，对于刚刚从温饱迈向小康的一般农区家庭，远未形成消费气候。

农村居民奶类消费的这种“传统”与“现代”的矛盾，还体现在我国 31 个省、自治区、直辖市差异极大的奶类消费格局。

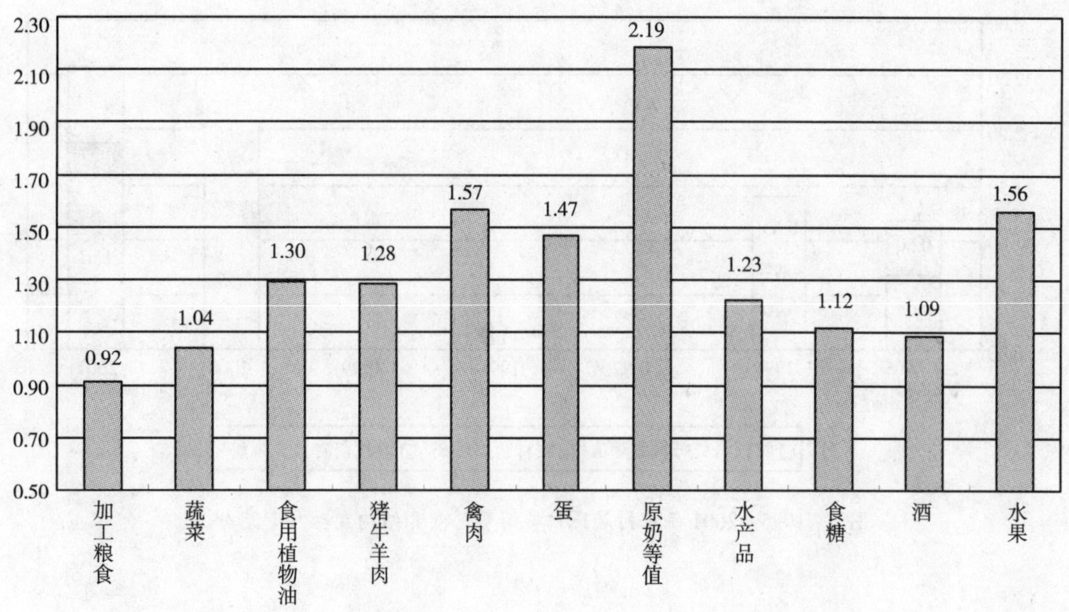


图3　2001年农村居民各类食品实物消费量是1995年的倍数

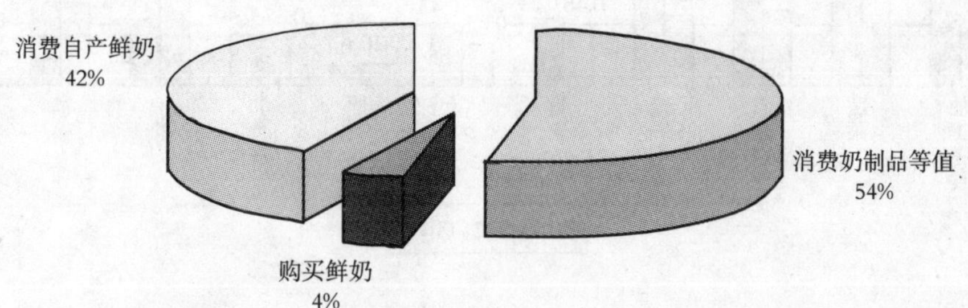


图4　1995年农村居民奶类消费结构（1.18千克原奶等值/人）

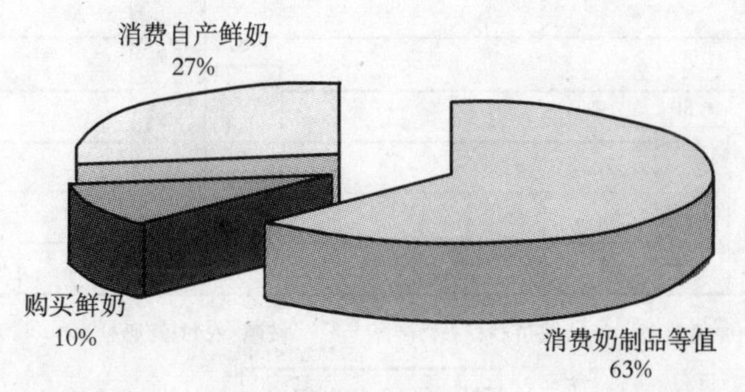


图5　2001年农村居民奶类消费结构（2.58千克原奶等值/人）

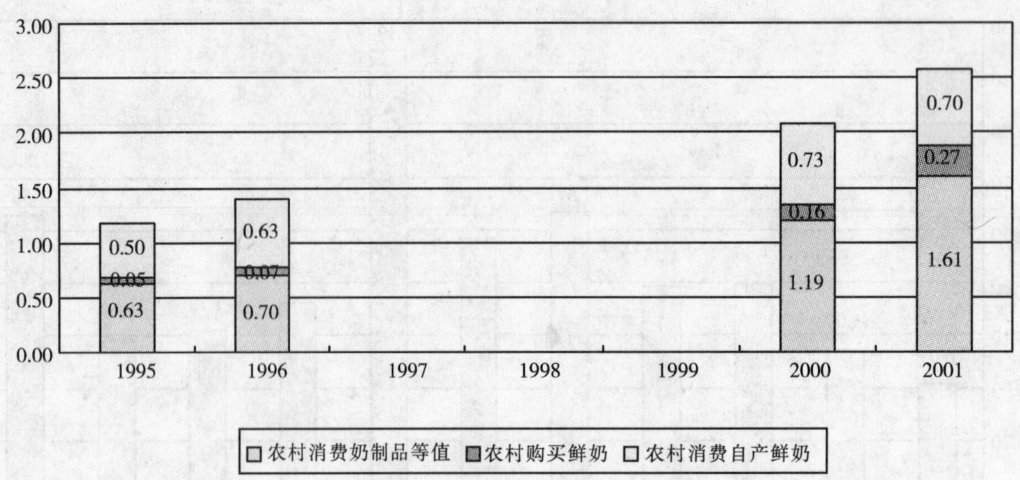


图 6　1995—2001 年农村居民奶类消费总量和结构变动（千克/人）

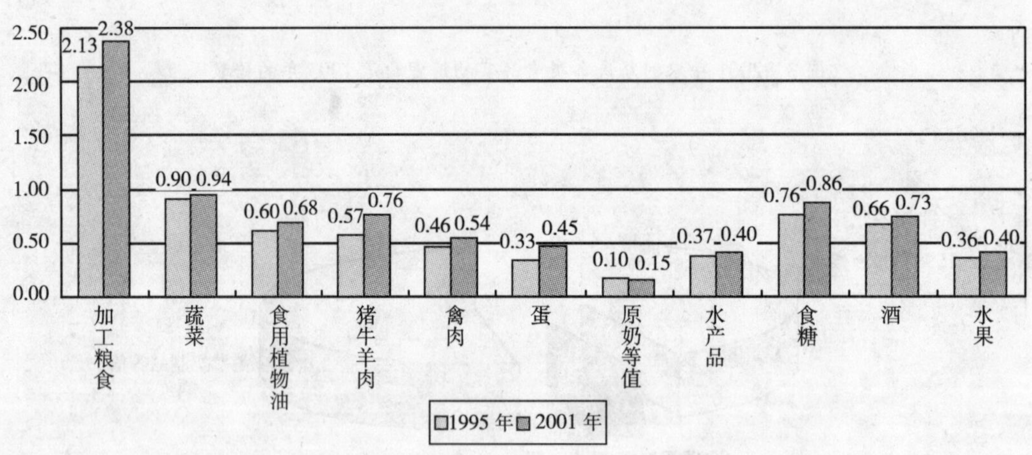


图 7　1995、2001 年城乡居民各类食品实物消费量比较（城镇为 1）

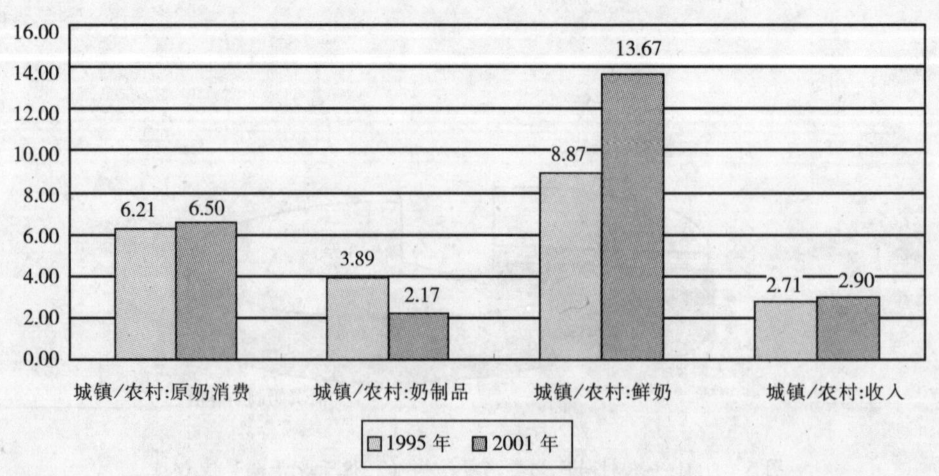


图 8　1995、2001 年城乡居民奶类消费及收入相差倍数（农村为 1）

与消费与收入通常相关不同，总体上我国农村居民奶类消费与人均纯收入不存在相关关系。31个省、自治区、直辖市农村居民家庭人均奶类消费量与人均纯收入相关系数仅0.12。

然而，去掉消费自产鲜奶大于1千克的内蒙古、西藏、青海和新疆4省、自治区后，余下的27个省、自治区、直辖市农村居民收入与奶类消费相关系数急剧上升到0.68，就与城镇居民收入与奶类消费相关系数0.65相仿了。

基于我国农村区域差距极大、传统牧区的奶类消费对奶类消费总体格局影响很大的现状，我们依据“人均原奶消费量”、“人均纯收入”、“人均销售牛羊奶”和“人均原奶生产量”这四个变量，运用SPSS统计软件，对我国31个省、自治区、直辖市进行聚类分析。分别采用离差平方和法（Ward's method）和欧氏距离（Euclidean distance）作为聚类和间距测量方法，并对这4组指标进行标准差为1的标准化（图9）。

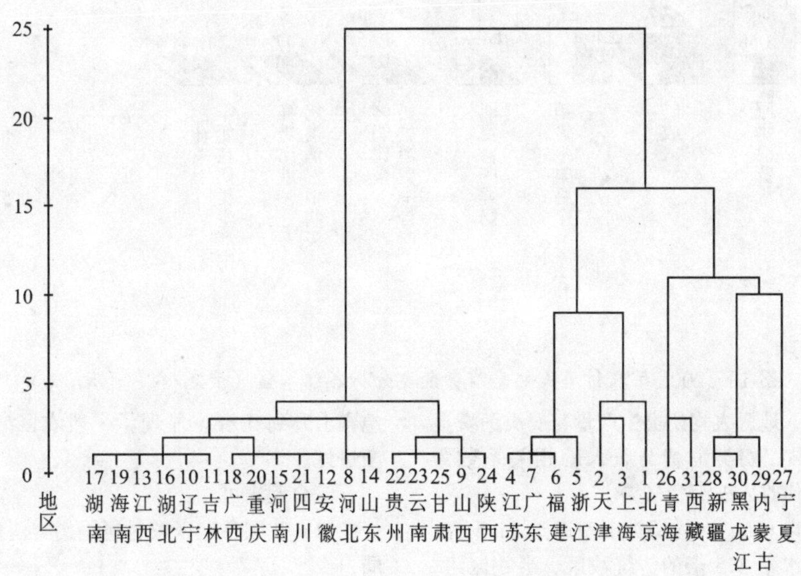


图9　2001年中国31个省、自治区、直辖市农村居民依奶类消费、纯收入、生产和出售牛羊奶的聚类分析

图9显现了我国农村居民奶类消费独特的区域格局：人均奶类消费较高的，由两组情况截然不同的省、自治区、直辖市组成。北京、上海、天津、浙江、江苏、广东和福建等7省、直辖市组成的第一组，属经济发达地区；西藏、青海、新疆、黑龙江、内蒙古和宁夏等6省、自治区组成的第三组，属经济落后的传统牧区、半牧区。而其他18个省、自治区、直辖市构成的第二组，属经济发展程度中等的一般农区，奶类消费量极低。

表1和图10显现这3组地区7个特征变量的（算术）平均值。

**表1　2001年发达地区、一般农区和传统牧区农村居民奶类消费相关特征**

| 均值 | 人口比重 | 人均纯收入（元） | 人均原奶消费量（千克） | 人均消费自产鲜奶（千克） | 人均销售牛羊奶（千克） | 人均原奶生产量（千克） | 羊奶在奶类生产中比重 | 奶类消费中自产鲜奶比重 | 奶类消费中购买鲜奶比重 |
|---|---|---|---|---|---|---|---|---|---|
| 第一组发达地区 | 20% | 4 337 | 6.55 | 0.01 | 2.40 | 38.57 | 1% | 1% | 17% |
| 第二组一般农区 | 74% | 2 066 | 1.32 | 0.06 | 1.75 | 7.28 | 19% | 4% | 7% |
| 第三组传统牧区 | 6% | 1 791 | 11.37 | 8.84 | 20.34 | 86.39 | 4% | 53% | 10% |
| 全国平均 | — | 2 366 | 2.58 | 0.7 | 3.65 | 12.02 | 9% | 13% | 11% |

占全国农村人口的20%、收入水平超过全国80%的发达地区组，人均奶类消费超过全国农村平均水平1.5倍、但仅及城镇水平40%，几乎全部为商品性消费，人均消费自产鲜奶几乎为零，效率更低、但更适合

提供自身消费的羊奶生产比重几乎为零；奶类消费中购买鲜奶比重在三个组中最高，但也仅17%而已。奶类

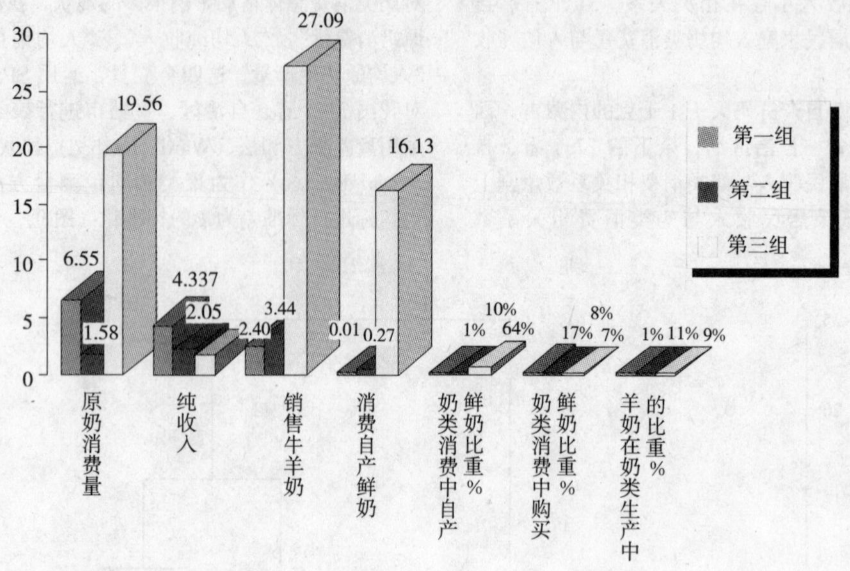


图10　2001年农村居民奶类消费聚类分析各组均值（千克/人、千元、%）

生产的商品率最高，地区人均奶类生产量与奶类消费显现0.89的相关系数；奶类消费与收入的相关系数为0.65，基本服从现代收入—消费格局。

占我国农村人口6%、人均奶类消费高达11千克、超过全国农村平均水平3.5倍的传统牧区、半牧区组，其中53%是自产鲜奶，在三个组中最高，人均销售牛羊奶20千克，奶类生产中羊奶比重4%，人均纯收入不足1 800元，仅及全国平均水平的75%。组内收入与奶类消费显现了系数为－0.80的负相关，完全是自给自足的传统牧区特征。

占我国农村人口74%、奶类消费仅及全国农村平均水平一半的一般农区，人均销售牛羊奶与人均消费自产鲜奶之和（家庭生产规模）在三组中最小，但与奶类消费的相关性较高，为0.634；羊奶生产比重高达19%，这些都是极低消费水平情况下的较高自给性的显著特征。奶类消费与收入水平几乎毫不相干，这是我国农村的一般状态。与发达地区组合并计算的相关系数则急剧上升到0.68，显现了一般农区向发达地区过渡的渐进性。

综合起来可知：

(1) 我国各地区农村居民奶类消费服从的是两类格局；

(2) 起决定作用的是前现代消费格局；

(3) 在总体上，我国农村尚未形成商品乳制品的消费气候；传统的自给自足生产格局和消费习惯，是现阶段中国农村奶类消费的主导因素；仅仅东部沿海发达地区进入了奶类消费的“现代”阶段；

(4) 相应的结论是，开拓农村乳品市场首先是促进农村现代化发展的问题。促进中国乳品消费的超常增长，必须缩短占人口大多数的农村居民奶类消费的“奢侈品”到“必需品”的过渡阶段。

（中国人民大学农业经济系　程漱兰　董筱丹
中国农业发展银行总行　徐德徽）

# 乳制品进出口贸易

## 我国乳制品进出口情况

**（一）近年来我国乳制品进口量快速增加，2001年有所减少**

20世纪90年代以来，随着人民收入的增长和生活水平的提高，我国对乳制品的需求快速增加，供给增长显得相对滞后，90年代中后期，随着乳制品进口关税的降低，乳制品进口数量呈现快速增长的趋势。1994—1996年我国年平均进口乳制品约7.8万吨左右，1997年乳制品进口关税降低5%～15%，1997—1999年乳制品年进口量超过10万吨。2000年乳制品进口关税再次降低，当年乳制品进口量达到21.9万吨，比1999年增长了34%。

但是随着国内畜牧业持续快速发展，奶类产量大幅度提高，2001年我国奶类产量达到1 122.9万吨，比上年增长103.8万吨，国内供求矛盾逐渐缩小。同时受"疯牛病"及"二恶英"等的影响，2001年我国乳制品进口量减少到19.6万吨，比2000年下降11%，占当年我国奶类产量的1.7%，进口额2.16亿美元，比上年增长0.7%。

我国主要进口的乳制品为乳清和浓缩加糖的乳及奶油，2001年我国进口乳清12万吨，价值0.9亿美元，占我国乳制品进口总量的61%，进口总额的42%；进口浓缩加糖的乳及奶油6万吨，价值1.15亿美元，占我国乳制品进口总量的31%，进口总额的53%（表1）。

**表1　2001年我国乳制品分品种进口情况**

单位：千吨，千美元

| | 进口数量 | 同比（%） | 进口金额 | 同比（%） |
|---|---|---|---|---|
| 乳制品 | 196 | －10.63 | 216 110 | 0.65 |
| 浓缩、加糖的乳及奶油 | 60 | －18.47 | 115 460 | －0.19 |
| 乳清 | 120 | －2.54 | 88 070 | 10.13 |
| 未浓缩未加糖的乳及奶油 | 10 | －35.62 | 4 870 | －45.05 |
| 乳酪及凝乳 | 2 | 3.13 | 3 970 | 1.49 |
| 黄油及其从乳提取的脂和油 | 1 | －52.97 | 2 020 | －57.41 |
| 乳酪、结块、发酵或酸化乳和奶油 | 3 | 11.85 | 1 700 | 12.16 |

资料来源：中国海关总署。

新西兰是我国最大的乳制品进口原产国，2001年我国从新西兰进口乳制品数量减幅较大，价值却增加。从新西兰进口量4.7万吨，占我国乳制品进口总量的24%，进口额8 796万美元，占我国乳制品进口总额的41%。从美国和澳大利亚进口增幅显著，从法国进口量大幅度下降。2001年从美国、澳大利亚和法国进口量分别为4.3万吨、3.2万吨和3万吨，占我国乳制品进口量的22%和17%和16%，进口额分别为2 600万美元、4 077万美元和2 874万美元，占乳制品进口总额的12%、19%和13%。此外，从加拿大、芬兰、荷兰、捷克、德国、爱尔兰等国也进口乳制品（见表2）。

**表2　2001年我国乳制品进口主要来源国情况**

单位：千吨，千美元

| | 进口数量 | 同比（%） | 份额 | 进口金额 | 同比（%） | 份额 |
|---|---|---|---|---|---|---|
| **合　计** | 196 | －10.6 | | 216 110 | 0.7 | |
| 新西兰 | 47 | －16.6 | 24% | 87 960 | 2.7 | 41% |
| 美国 | 43 | 16.1 | 22% | 26 000 | 29.3 | 12% |
| 澳大利亚 | 33 | 14.2 | 17% | 40 770 | 49.1 | 19% |
| 法国 | 31 | －21.8 | 16% | 28 740 | －15.5 | 13% |
| 加拿大 | 12 | －8.7 | 6% | 5 660 | －2.4 | 3% |
| 芬　兰 | 11 | 74.6 | 5% | 9 820 | 83.5 | 5% |

资料来源：中国海关总署。

**（二）我国乳制品少量出口，2001 年出口量减少**

近年来我国也有少量乳制品出口，出口量呈现增长的势头。但是 2001 年出口量减少到 4.3 万吨，比上年下降 11%，出口值 0.4 亿美元，减幅更大，比上年下降 21%。

从出口额来看，我国主要出口未浓缩加糖和浓缩未加糖的奶及奶油，2001 年共出口 4.1 万吨，0.36 亿美元，约占乳制品出口总量的 92%，总额的 94%（表 3）。

**表 3　2001 年我国乳制品分品种出口情况**

单位：千吨，千美元

| | 出口数量 | 同比（%） | 出口金额 | 同比（%） |
|---|---|---|---|---|
| 乳制品 | 43 | −11.0 | 39 620 | −20.9 |
| 未浓缩未加糖乳及奶油 | 26 | −10.1 | 19 070 | −5.2 |
| 浓缩、加糖乳及奶油 | 15 | −11.9 | 18 950 | −32.2 |
| 乳酪及凝乳 | 1 | 26.1 | 1 310 | 11.2 |
| 乳　清 | 0 | 1.0 | 230 | −22.1 |
| 酪乳、结块、发酵或酸化乳和奶油 | 0 | −54.6 | 60 | −69.1 |
| 黄油及其从乳提取的脂和油 | 0 | −100.0 | 0 | −100.0 |

资料来源：中国海关总署。

我国乳制品主要销往香港，2001 年共计 3.5 万吨，2868 万美元，占乳制品出口总量的 82%，出口总额的 72%。此外，我国乳制品还出口到缅甸、新加坡、阿拉伯联合酋长国、日本等（表 4）。

**表 4　2001 年我国乳制品出口主要目的国情况**

单位：千吨，千美元

| | 出口数量 | 同比（%） | 份额 | 出口金额 | 同比（%） | 份额 |
|---|---|---|---|---|---|---|
| 合　计 | 43 | −11.0 | | 39 620 | −20.9 | |
| 中国香港 | 35 | −1.2 | 82% | 28 680 | 2.9 | 72% |
| 缅甸 | 3 | −4.8 | 6% | 4 490 | −6.1 | 11% |
| 新加坡 | 3 | 35.9 | 6% | 2 530 | 146.2 | 6% |
| 阿联酋 | 1 | 333.3 | 1% | 940 | 341.5 | 2% |
| 日　本 | 1 | −19.3 | 1% | 780 | −25.1 | 2% |

资料来源：中国海关总署。

**（三）乳制品净进口量快速增长**

1995—1998 年，我国乳制品净进口量缓慢增长，1999—2000 年净进口量呈快速增长趋势（见下图）。1995 年我国乳制品净进口量为 4.2 万吨，1998 年增加到 7.4 万吨，2000 年增加到 17.1 万吨，是 1995 年的 4 倍多。2001 年回落到 15.3 万吨，比上年下降 11%。但

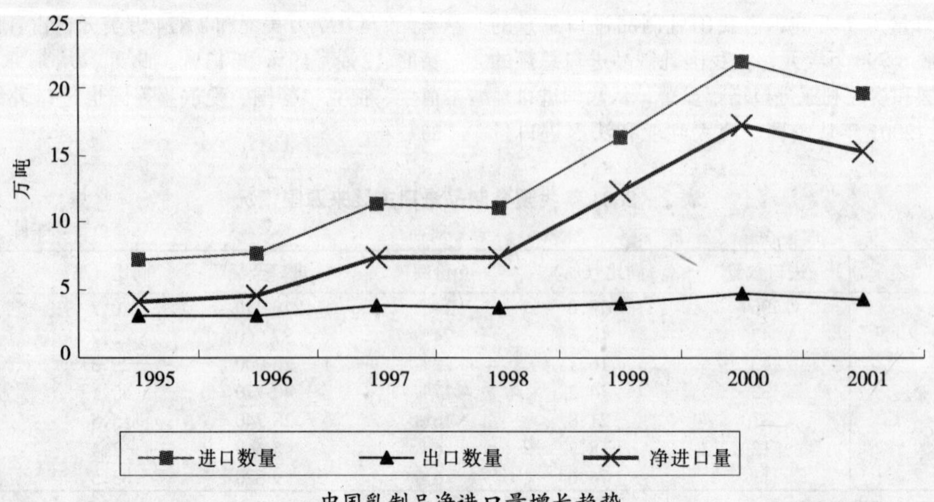


中国乳制品净进口量增长趋势

乳制品净进口额却由2000年的1.65亿美元增加到1.76亿美元。

**（四）国外乳制品大量涌入对国内奶业的影响**

从1993年起，我国开始出现奶粉积压现象，每年积压量以30%的速度递增，与此同时进口奶粉大量进入我国市场，每年正规渠道和走私奶粉达10万多吨。奶粉积压导致我国多数中小乳制品企业处于微利或亏本经营状态，造成奶农的奶资难以兑现，所以我国的乳品行业的产品销售、经济效益同前几年相比仍无较大好转。

在对北京、上海、郑州、西安等大城市的洋奶粉与国产奶粉比较后，发现造成国产奶粉积压的主要原因是：

1. 国产奶粉与进口奶粉的质量相差距较大。进口奶粉不仅是包装好，而且其奶粉内在质量好，奶香浓郁，速溶度高，不结块，在包装匣中还装有极富人性化的小物件，颇受儿童们的喜爱。国产奶粉溶解差的原因是生产规模小，国外企业日处理原料奶一般在2000～4000吨之间，加工塔大一些，加工出来的奶粉溶解性就好一些，而我国最大的企业日处理原料奶仅200吨。

2. 国产乳制品品种单一，乳制品中85%是奶粉，又主要是全脂奶粉，而受到消费者欢迎的液态奶，产量不能满足消费者的需求。一些有前途的新乳制品开发力度不够，与国外新产品开发不同步。

3. 据《IMI生活行为与形态年鉴》中的数据，从北京、上海、广州、重庆、武汉、西安六个城市奶粉消费排名表中看出：广州市有88%的消费者购买进口奶粉，上海市54%，北京市50%；重庆、武汉、西安都是地方名牌居第一位。也就是说大城市对进口奶粉的需求较大。

**（五）加入WTO以后将对我国奶业的影响**

我国奶业生产形势不容乐观。奶业在我国是一个新兴的行业，随着我国居民生活水平的不断提高，市场对乳制品的需求将随之增长，其发展潜力是不可低估的。但是由于我国奶牛单产低，饲养成本高，加工企业规模效益差，加工成本高，致使国产乳制品价格高于国际市场，同时我国乳制品在加工工艺、包装和产品推广等方面缺乏国际竞争力，所以我国乳制品不具有比较优势。

我国加入WTO以后，乳制品进口关税将逐渐降低，从现在起到2004年，干酪关税由50%下降到12%，冰淇淋关税由45%下降到19%，关税的减少，必然会导致进口乳制品的大量涌入，这必然要冲击我国奶业的发展，使生产者利益受到损失。

总之，我国奶业的生产潜力和消费市场的发展空间非常巨大，只要加强宣传奶类营养知识，引导奶类消费习惯，政府重视和支持奶业的发展，学习国际经验，采取相应的政策和措施，就能达到振兴我国奶业，提高人民身体素质的目标，这项利国利民的产业才能有更大的发展。

*（农业部信息中心　汤艳丽）*

## 我国进口奶粉市场分析

奶粉是我国乳制品市场竞争最为激烈的品种。从20世纪50年代初至今，奶粉在我国乳制品中的比例一直稳定在60%以上，最高时达到80%，目前我国乳品行业用约50%的鲜奶加工奶粉，与发达国家用3%～4%的鲜奶加工奶粉有很大差距（表1、表2）。

**表1　1996—2001年中国奶粉产量年增长率比较**

| | 1997 | 1998 | 1999 | 2000 | 2001 |
|---|---|---|---|---|---|
| 奶粉产量（千吨） | 391 | 420 | 500 | 542.5 | 553.2 |
| 增长率（%） | 11.60 | 7.5 | 19.10 | 8.5 | 1.78 |

**表2　1999—2000年不同品种国产奶粉比例**

单位：吨

| | 全　脂 | 加　糖 | 脱　脂 | 婴儿奶粉 | 其他奶粉 |
|---|---|---|---|---|---|
| 1999年产量 | 49 305 | 91 135 | 3 385 | 51 163 | 61 693 |
| 占乳制品总比例（%） | 17.8 | 32.9 | 1.2 | 18.5 | 22.3 |
| 2000年产量 | 61 779 | 87 732 | 6 279 | 58 871 | 86 679 |
| 占乳制品总比例（%） | 18.9 | 76.4 | 2.08 | 19.54 | 28.76 |

我国乳制品生产中以奶粉为主，占总量75%，从1999—2001年中，奶粉进口占一般国内奶粉总量的10%左右。近10年，我国乳制品进口在农产品中所占的比例基本维持在0.3%～0.4%左右。2000年进口总额2.6亿美元，出口0.5亿美元，主要集中在澳大利亚、新西兰、美国等国家。其中进口主要为乳清粉、浓缩奶、奶粉等。其他乳制品黄油、奶酪等进口数量不大。我国奶制品主要销往香港、澳门地区，主

要为鲜乳等产品，数量小。我国是乳制品净进口国。

由于我国奶牛主要饲养牧区和农区，距离运输远，我国幅员辽阔，运输条件不足，冷链系统不完善；同时多数居民没有消费奶油、炼乳、干酪习惯，在奶制品消费中主要消费以奶粉为主。我国乳制品消费总量从1990年人均4.54千克到2001年8.79千克，10年人均消费平均增长5.6%；2001年全国人均奶类占有量中，城市15.56千克，为主要奶类消费者。

多年来，奶粉一直是我国重要乳制品，在乳制品消费比例中占60%以上。在1992—1999年，由于进口奶粉持续增加，造成国产奶制品下滑，国产奶粉价格下降。我国乳品市场销售疲软、奶粉每年积压超过7万吨、一大批乳业企业经营效益下滑，面临倒闭。但与此同时，进口乳制品数量却出现猛增，2001年已达到10万吨，比10年前增加50%，国内消费数量也持续增加，其中主要为婴儿奶粉制品。

如1996—1998年奶制品生产两次下滑4.2%和2.8%。虽然近3年中国奶业生产每年保持10%以上的高速增长，但是生产仍不能满足市场需要，由进口补充。同时每年有大量走私进口乳奶粉制品。从1991—1995年，我国平均每年从正常渠道进口乳制品6万吨，1997年和1998年每年进口各类乳制品11万吨左右，同时每年有大量的走私进口奶粉，这些正常与非正常的进口冲击着国内乳业。

进口奶粉，速溶性、冲调性、滋气味、微量元素含量等方面具有优势，同时进口奶粉在品牌宣传以及产品阶段细分，国内对进口奶粉需求持续增加，特别是婴儿奶粉方面。进口产品主要为美国惠氏、英特尔乳品、美赞臣、多美滋等品牌。以及全球食品第一雀巢（总部瑞士）、第二的卡夫（总部美国）、第四的达能（总部法国）、第六的帕玛拉特（总部意大利）、第十一的明治（总部日本）、第十二的联合利华（总部荷兰/英国）、第十四的森永（总部日本）等（表3）。

**表3 2001年不同品种进口奶粉比较**

单位：吨

| 固态乳及奶油（海关税号 04021000） | | | 未加糖的固态乳及奶油（海关税号 04022100） | | | 其他固态乳及奶油（海关税号 04022900） | | |
|---|---|---|---|---|---|---|---|---|
| 国家和地区 | 数量 | % | 国家和地区 | 数量 | % | 国家和地区 | 数量 | % |
| 新西兰 | 8 403.1 | 46.84 | 新西兰 | 19 671.3 | 82.59 | 新西兰 | 12 069.0 | 72.07 |
| 澳大利亚 | 5 173.7 | 28.84 | 澳大利亚 | 3 383.3 | 14.20 | 澳大利亚 | 3 757.2 | 22.43 |
| 美国 | 2 086.4 | 11.63 | 美国 | 313.3 | 1.32 | 英国 | 300.0 | 1.79 |
| 捷克 | 745.7 | 4.16 | 法国 | 282.7 | 1.19 | 西班牙 | 200.0 | 1.19 |
| 立陶宛 | 450.0 | 2.51 | 德国 | 50.0 | 0.21 | 中国香港 | 126.0 | 0.75 |
| 法国 | 373.2 | 2.08 | 荷兰 | 39.6 | 0.17 | 爱尔兰 | 99.8 | 0.60 |
| 波兰 | 350.0 | 1.95 | 爱尔兰 | 31.0 | 0.13 | 法国 | 89.3 | 0.53 |
| 德国 | 100.0 | 0.56 | 加拿大 | 21.6 | 0.09 | 荷兰 | 44.3 | 0.26 |
| 乌克兰 | 100.0 | 0.56 | 韩国 | 8.0 | 0.03 | 日本 | 31.2 | 0.19 |
| 芬兰 | 50.0 | 0.28 | 中国香港 | 7.1 | 0.03 | 丹麦 | 12.6 | 0.08 |
| 新加坡 | 40.7 | 0.23 | 中国台湾 | 5.4 | 0.02 | 美国 | 9.3 | 0.06 |
| 斯洛伐克 | 24.0 | 0.13 | 比利时 | 2.4 | 0.01 | 马来西亚 | 3.3 | 0.02 |
| 中国香港 | 19.6 | 0.11 | 墨西哥 | 2.0 | 0.01 | 中国台湾 | 2.2 | 0.01 |
| 中国台湾 | 16.2 | 0.09 | 日本 | 0.9 | — | 印度 | 1.8 | 0.01 |
| 韩国 | 7.7 | 0.04 | 马来西亚 | 0.1 | — | 韩国 | 1.3 | 0.01 |
| 荷兰 | 0.4 | — | | | | 中国 | 0.2 | — |
| 日本 | 0.1 | — | | | | | | |
| 合计 | 17 940.6 | 100.00 | 合计 | 23 818.4 | 100.00 | 合计 | 16 747.2 | 100.00 |

2001奶粉进口达到5.9万吨，比1998年增加35%。由于中国东南部地区收入持续增加，也是乳制品消费主要地区，为进口奶粉提供便利（图1）。

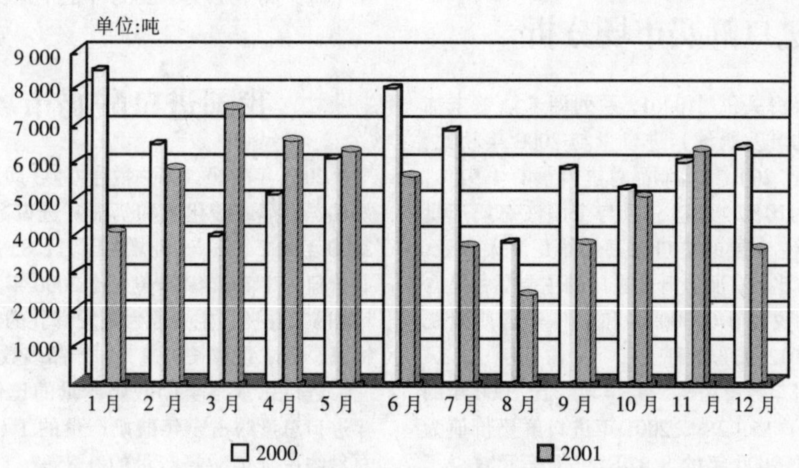


图1　2000—2001年中国各月进口奶粉数量

奶粉进口主要国家为新西兰、澳大利亚、美国，分别占52%、36%和3%。我国进口主要地区为广东省34%、上海市16%、山东省11%、北京市11%、江苏省10%等。

进口奶粉主要用途，一是还原为鲜奶；另一方面主要用于雪糕、冰淇淋以及食品糕点等制品加工使用。

从进口品种，加糖奶粉进口比例最大（中低档），数量最多，2000年进口奶粉（加糖）价格已与国产价格相差少；2000年进口奶粉价格18 000元/吨，国产价格为16 000元/吨。如果逐渐下降关税后，部分进口奶粉价格将低于国产。由于国内供应不能满足市场，随着1998—2001年国内城市消费奶类增加，奶粉进口逐渐呈增长趋势（表4）。

2001年11月由于中国加入世界贸易组织，奶粉进口关税从平均50%下降到2004年的20%。2001年我国乳制品进口关税情况是：液体奶、奶粉类25%，乳清粉类6%，奶油、干酪类为50%。

2001年进口奶粉5.85万吨。相当全国奶粉总产量的28%左右。2001年国产奶粉同进口奶粉比，在价格上尚有一定的优势，同类产品每吨差价在2 500～3 000元人民币左右，如果关税由25%降到10%，价格优势将逐渐消失。

表4　2001年中国奶类制品分月进口数量

单位：吨

| 项目<br>月份 | 乳制品合计 | 液态奶 | 固体奶粉 | 酸奶 | 乳清制品 | 奶油 | 干酪 |
|---|---|---|---|---|---|---|---|
| 1月 | 13 774 | 918 | 4 034 | 209 | 8 468 | 38 | 108 |
| 2月 | 16 109 | 601 | 5 770 | 203 | 9 344 | 22 | 170 |
| 3月 | 18 486 | 391 | 7 404 | 228 | 10 020 | 57 | 229 |
| 4月 | 18 848 | 1 196 | 6 519 | 251 | 10 553 | 26 | 263 |
| 5月 | 17 585 | 835 | 6 215 | 314 | 9 864 | 145 | 185 |
| 6月 | 16 448 | 870 | 5 522 | 220 | 9 582 | 52 | 136 |
| 7月 | 14 596 | 646 | 3 642 | 269 | 9 512 | 58 | 165 |
| 8月 | 12 594 | 687 | 2 342 | 246 | 9 159 | 43 | 75 |
| 9月 | 14 483 | 948 | 3 687 | 307 | 9 263 | 78 | 187 |
| 10月 | 14 628 | 1 119 | 4 995 | 231 | 7 844 | 221 | 178 |
| 11月 | 19 934 | 675 | 6 232 | 182 | 12 634 | 34 | 158 |
| 12月 | 18 338 | 714 | 3 571 | 197 | 13 484 | 100 | 176 |
| 合计 | 195 823 | 9 599 | 59 932 | 2 856 | 119 725 | 873 | 2 030 |
| 比例% | 100.00 | 4.90 | 30.61 | 1.46 | 61.14 | 0.45 | 1.04 |

（本刊编辑部　王　军
北京三元集团东郊农工商联合公司　王秀芝）

## 我国进口鲜奶市场分析

2001年鲜奶（海关税号0401.系列即未浓缩未加糖或其他甜物质的乳及奶油）进口量与2000年相比，下降了35.62%；占2001年乳制品总进口量的4.91%，低于常年8.75%的比例；进口总量与全国液态奶产量的比值进一步下降；主要的进口国家仍然是澳大利亚，并且占全国进口的比例有所上升；进口的主要品种是含脂量 >6%（海关税号04013000）和1 %<含脂量≤6%（海关税号04012000）两种。

2001年鲜奶进口数量为9 599.44吨，比2000年的14 910.33吨下降了35.62%，2001年进口鲜奶价值为4 874.52千美元比2000年的8 870.69千美元减少了45.05%，主要原因是国内液态奶产量高速增长，产品品质和科技含量大幅度提高，产品种类也非常丰富，价格下降。

鲜奶进口总量与全国液态产量的比值进一步下降，2001年进口总量与全年液态奶产量的比值为0.51%，2000年进口总量与全年液态奶产量的比值为1.20%，1999年进口总量与全年液态奶产量的比值为1.57%。主要原因是国内液态奶产量高速增长，同时进口数量也大幅度降低。

澳大利亚仍然是我国最大的鲜奶进口原产国，并且占全国鲜奶进口的比例有所上升。2001年全年从澳大利亚进口数量占全国总进口量的77.92%，进口价值占全国总进口价值的63.63%；2000年全年进口数量占全国总数量的71.92%，进口的价值占全国的60.79%；其次是新西兰，但是进口量占全国总进口的比重有所降低，2001年全年从新西兰进口数量占全国的8.28%，进口价值占全国总进口价值的11.01%；2000年全年进口数量占全国的10.03%，进口的价值占全国的16.52%。

从进口该类产品的地区看，主要是广东、福建、上海三省、直辖市，2001年三省、直辖市鲜奶进口量占全国鲜奶总进口量的92.10%（广东47.05%、福建34.28%、上海10.77%），2000年为88.53%（广东57.09%、福建20.34%、上海11.09%）；2001年三省、直辖市鲜奶进口价值占全国鲜奶总进口价值的82.09%（广东44.60%、福建19.58%、上海17.91%），2000年为72.89%（广东46.90%、福建9.98%、上海16.00%）。

从进口品种结构上看，2001年含脂量 <1 %（海关税号04011000）的进口数量占4.75%，1 %<含脂量≤ 6 %（海关税号04012000）的进口数量占44.91%，含脂量 >6 %（海关税号04013000）的进口数量占50.34%，与2000年相比含脂量 < 1 %的比重下降，并且大大低于1995—2000年的平均比例18.02%，1 %<含脂量≤ 6 %的比重增加，略高于1995—2000年的平均比例39.49%，含脂量 >6 %的比重下降，高于1995—2000年的平均比例42.49%。

（本刊编辑部　陈联奇）

## 我国进口酸奶市场分析

2001年酸奶（海关税号0403即酪乳、结块的乳及奶油、发酵或酸化乳和奶油）进口数量2 856.34吨比2000年的2 553.78吨增加了11.85%，2001年进口酸奶价值为1 703.49千美元比2000年的1 518.81千美元增加12.16%，主要原因是发酵乳的营养认识的进一步提高，需求量增长迅速，国产品多数科技含量不高。

进口总量与全国酸奶产量的比值略有增加，2001年进口总量约占全年酸奶产量的1.04%，2000年进口总量约占全年酸奶产量的0.85%。主要原因是进口量的增加。

主要从中国香港地区进口，2001年从该地区进口的数量占全国进口总量的89.84%，基本与2000年的89.42%的比例持平。

从进口酸奶的地区看，主要进口的地区是广东，2001年占进口总量的91.4%，2000和1999年占的比例分别是92.6%和91.1%。

从进口品种结构上看，2001年酸乳（海关税号04031000）的进口占0403.系列进口总量的92.06%，其他（海关税号04039000）占7.94%，同2000年相比品种结构上几乎没有变化。

（本刊编辑部　陈联奇）

## 我国进口乳清粉及其制品市场分析

乳清粉是中国乳制品进口数量最大的产品。从1995年进口3.5万吨，到2001进口数量11.9万吨，年增长24%左右。

2001年进口乳清粉数量占乳制品进口总量62.35%，价值8 803万美元，同2000年比下降3.25%，主要进口地区为美国4.0万吨、法国2.95万吨、加拿大1.23万吨、芬兰1.04万吨、澳大利亚1.21万吨等。上述5国占总进口数量87.6%。中国乳清粉产品年出口只有338吨，价值23.6万美元。是乳清粉净进口国（图1）。

乳清粉为生产奶酪制品的主要副产品之一，生产1吨奶酪需要消耗10吨牛奶左右。由于中国生产奶酪数量长期不足，以及消费数量少，国产乳清粉产量一直供应不足，长期依赖进口。目前进口乳清粉产品主要有两种商品，一种高蛋白，粗蛋白CP>11%，乳糖Lac>65%；价格相对高，2001年平均价格5 400元/吨；中蛋白中粗蛋白CP>6，乳糖含量73%～80%；另一种低蛋白，粗蛋白CP>3～4（乳糖Lac>76%～78%），价格4 000～4 200元/吨。

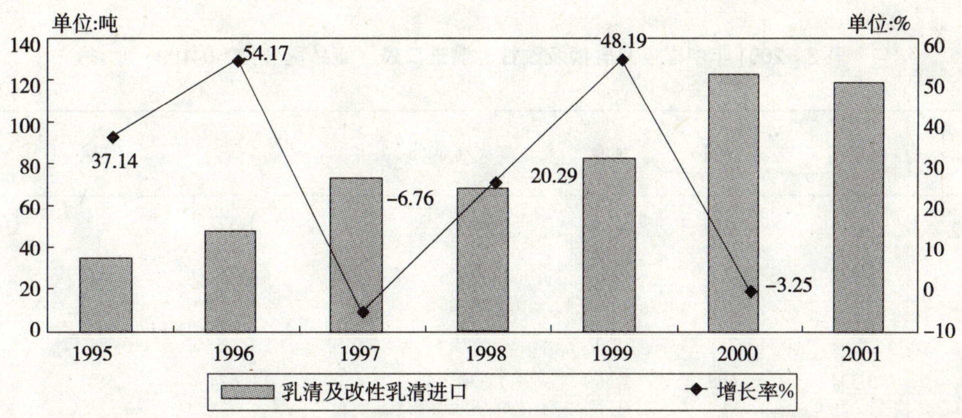


图 1　1996—2001 年中国乳清及改性乳清进口增长情况

2001 年中国年奶酪的需求量为 5 000 多吨，但奶酪在中国产量仅 1 800 吨左右，国产乳清粉来源不足。北京有两个合资企业生产奶酪，由于原奶成本和市场的原因停止了生产。只有内蒙古包头“骑士乳品有限公司”以及新疆少数企业在生产几种干酪，产品供不应求，仅限于供应大宾馆、饭店。

乳清粉在国内主要用于婴儿奶粉、含乳饮料以及工业饲料中乳猪料等。在 1990—1998 年期间，国产婴儿奶粉生产数量少，应用不足时，乳清粉主要用于乳猪类饲料生产重要原料。

1998 年以后中国大型乳品企业逐渐发育成熟，乳制品生产逐渐提高，大型企业开始开发生产婴儿高档奶粉和生产奶酪，对乳清粉生产和需求迅速增长（表 1）。

表 1　1995—2001 年中国乳清及改性乳清进口表
（商品税号：04041000）

单位：千吨

| 年份 / 国名 | 1995 | 1996 | 1997 | 1998 | 1999 | 2000 | 2001 |
|---|---|---|---|---|---|---|---|
| 美国 | 18.1 | 15.2 | 21.7 | 20.4 | 30.0 | 36.1 | 40 |
| 法国 | 0.9 | 7.7 | 20.6 | 13.8 | 20.3 | 36.4 | 29 |
| 芬兰 | 4.3 | 2.8 | 1.6 | 5.8 | 5.4 | 6.0 | 10 |
| 加拿大 | 3.4 | 1.8 | 5.3 | 5.5 | 9.0 | 13.3 | 12 |
| 荷兰 | 1.6 | 5.0 | 5.8 | 4.9 | 4.1 | 12.5 | 7 |
| 新西兰 | 1.6 | 1.1 | 1.9 | 2.9 | 2.5 | 1.1 | 2 |
| 澳大利亚 | 1.6 | 5.9 | 8.3 | 7.4 | 8.4 | 9.3 | 12 |
| 其他 | 3.3 | 8.7 | 9.1 | 8.5 | 3.5 | 8.0 | 7 |
| 合计 | 35 | 48 | 74 | 69 | 83 | 123 | 119 |

我国乳品行业相对国际市场属于幼稚型行业，其规模、技术、产品质量同发达国家存在较大差距。2001 年我国乳制品进口关税情况是：液态奶、奶粉类 25%，乳清粉类 6%，奶油、干酪类为 50%。在 2004 年降到 10%～15%，这将对我国乳品行业形成一定的冲击。

国产乳清粉制品长期不足。干酪、奶油的国内产量很小。特别是干酪，国内专业生产厂家仅一家，年产量仅几百吨，且国内食用干酪、奶油的习惯尚未形成。

据统计，我国现有 1 000 多家乳制品企业，其中日加工能力超过 100 吨的企业只占 5%，50～100 吨的占 40%，其余绝大部分日加工能力在 20 吨以下。2001 年由于国际乳业大公司前 10 名中已有 4 家在中国建厂，将继续扩大对乳清粉生产和需求。

2001 年中国生猪年存栏稳定在 4.5 亿头，生猪工业饲料占工业饲料总产比重约为 35.8%，产量 2 221 万吨，比 2001 年增长 3.38%。其中乳猪料大约占 1/10 左右。随着商品化养猪小区以及规模化企业增多，仔猪饲料对乳清粉用量持续上升（表 2）。

**表2　2001年中国各月乳清及改性乳清进口表（商品税号：04041000）**

单位：吨

| 月份 \ 国名 | 美国 | 法国 | 加拿大 | 澳大利亚 | 芬兰 | 荷兰 | 其他 | 合计 |
|---|---|---|---|---|---|---|---|---|
| 1月 | 1 613 | 2 305 | 1 230 | 465 | 792 | 1 597 | 467 | 8 468 |
| 2月 | 1 977 | 3 493 | 1 031 | 734 | 777 | 1 213 | 119 | 9 344 |
| 3月 | 3 023 | 1 886 | 1 849 | 754 | 901 | 835 | 771 | 10 019 |
| 4月 | 3 334 | 1 608 | 1 569 | 1 338 | 1 450 | 674 | 581 | 10 554 |
| 5月 | 3 256 | 3 666 | 122 | 1 218 | 686 | 25 | 893 | 9 865 |
| 6月 | 4 744 | 252 | 857 | 1 562 | 1 018 | 100 | 1 050 | 9 582 |
| 7月 | 4 069 | 1 706 | 1 105 | 1 367 | 568 | 459 | 238 | 9 512 |
| 8月 | 4 579 | 1 636 | 653 | 889 | 935 | 74 | 394 | 9 159 |
| 9月 | 2 359 | 2 975 | 946 | 979 | 935 | 185 | 884 | 9 263 |
| 10月 | 2 830 | 2 095 | 1 052 | 439 | 852 | | 575 | 7 844 |
| 11月 | 4 013 | 4 104 | 1 236 | 1 214 | 709 | 594 | 764 | 12 634 |
| 12月 | 4 610 | 3 837 | 702 | 1 179 | 860 | 1 400 | 897 | 13 484 |
| 全年总计 | 40 406 | 29 564 | 12 351 | 12 139 | 10 483 | 7 157 | 7 627 | 119 727 |
| 所占比例% | 33.75 | 24.69 | 10.32 | 10.14 | 8.76 | 5.98 | 6.37 | 100.00 |

2001年由于国产婴儿配方奶粉产量不断增加对乳清粉消费呈增长趋势。奶粉产量同比增长5.2%，74.5万吨。产品构成：奶粉产量约占乳制品产量的82.1%；奶粉产量中全脂乳粉占全脂奶粉23.5%，婴儿配方奶粉28.0%，加糖奶粉22.3%，其他奶粉26.2%。

与2000年同期相比，婴儿配方奶粉上升了8%，全脂奶粉上升了3.5%；加糖奶粉下降了7.7%，其他乳粉下降了6.9%。

（本刊编辑部　王　军

北京三元集团东郊农工商联合公司　王秀芝）

## 中国乳制品出口市场分析

2001年全年出口乳制品42 704.16吨，总价值39 616.99千美元，与2000年相比出口数量减少了10.96%，出口金额减少了20.88%；主要出口品种仍然是鲜奶（海关税号0401．即未浓缩未加糖或其他甜物质的乳及奶油）和固态奶（海关税号0402．即浓缩、加糖或其他甜物质的乳及奶油）两种占总出口量的95%以上，常年平均在96.71%以上；出口产品的货源地主要是广东、山东、黑龙江、云南、天津五省直辖市；出口的目的地主要是中国香港，2001年占乳制品总出口量的80%以上。

从品种结构看，出口的主要品种仍然是鲜奶（海关税号0401.）和固态奶（海关税号0402.），2001年两者合计数量占出口总量的97.83%，合计金额占出口总金额的95.96%，2000年两者合计数量占出口总量的97.65%，合计金额占出口总金额的95.96%；这其中从出口数量看最主要是鲜奶（海关税号0401.），2001年出口数量占出口总量的61.90%，2000年和1999年分别占61.34%和62.31%，从出口价值看两类产品几乎相当，2001年鲜奶出口金额占乳制品出口总价值的48.13%，后者占47.83%；从出口产品占全国同类产品总产量的比例看，2001年鲜奶出口量占全国液态奶总产量的1.39%，固态奶出口量占全国固态奶总产量的1.46%，比2000年的2.36%和2.10%均大幅下降。

从出口产品货源地看，主要是广东、山东、黑龙江、云南、天津五省直辖市。广东出口的主要产品仍然是鲜奶中的1%＜含脂量≤6%品种（海关税号0401200），2001年出口量为20 166.27吨，占鲜奶（海关税号0401.）出口总量的76.29%，占全国乳品总出口量的47.22%，2000年出口量为22 396.69吨，占全国鲜奶（海关税号0401.）出口总量的76.14%，占全国乳品总出口量的46.70%；山东出口的主要产品是固态奶（海关税号0402.），2001年该产品出口量为6 818.21吨，占全国固态奶（海关税号0402.）出口总量的44.43%，占全国乳品出口总量的15.97%；2000年该产品出口量为7 852.92吨，占全国该产品出口总量的45.09%，占全国乳品出口总量的16.37%；黑龙江出口的主要产品是固态奶，2001年该产品出口量为2 697.86吨，占全国该产品出口总量的17.58%，占全国乳品出口总量的6.32%；2000年该产品出口量为2 631.94吨，占全国该产品出口总量的15.11%，占全国乳品出口总量的5.49%。云南出口的主要产品是固态奶，2001年该产品出口量为2 359.93，占全国固态奶出口总量的15.38%，占全国乳制品出口总量的5.53%；2000年该产品出口量为2 553.74吨，占全国固态奶出口总量的14.66%，占全国乳制品出口总量的5.32%，天津市出口的主要产品是固态奶，2001年该产品出口量为2 117.37吨，占全国该产品出口总量的13.80%，占全国乳品出口总量的4.96%；2000年该产品出口量为4.11吨，占全国该产品出口总量的0.02%，占全国乳品出口总量的0.01%。

从出口目的地看，主要出口到中国香港，2001年占中国乳制品总出口量的81.63%，2000年占中国乳制品出口量的73.76%，常年平均为76.69%。其次是缅甸和新加坡，占中国乳制品出口总量的比例常年平均分别是7.04%和1.28%，2001年出口到新加坡的数量占中国乳制品总出口量的6.01%，2000年占中国乳制品总出口量的3.96%；2001年出口到缅甸的数量占中国乳制品总出口量的5.95%，2000年占中国乳制品总出口量的5.59%。

（本刊编辑部 陈联奇）

# 国际合作与交流

## 世界粮食计划署（WFP）援助中国六大城市的奶类发展项目

**（一）项目的规模与内容**

为了迅速发展奶业和尽快提高奶的产量，大幅度增加大中城市鲜奶及乳制品的供应量，缓解市场供需矛盾，农业部于1982年1月向WFP提出申请，在我国北京、上海、天津、武汉、南京、西安等6城市合作实施奶类发展项目（项目编号2647）。该项目在1983年5月经第15次粮食援助政策及计划会议上(CFA)通过，并于同年8月在北京签署了项目＜执行计划＞。12月农业部畜牧总局局长、项目主任李易方向WFP签发了项目就绪函。1984年4月第一批援助物资到达中国天津新港和上海港。项目正式开始实施。1990年6月30日结束。

WFP提供总价值为6 473.3万美元的45 000吨脱脂奶粉、13 330吨无水黄油。用于在6城市加工成再制奶，并与当地的鲜奶按不超过1:1的比例进行混合后供应市场。所获得的销售收入用于发展奶畜、奶的收集、分发、加工和技术服务体系的建设；项目的执行期为5年，实际为6年（1984年5月至1990年6月）：WFP援助物资销售收入为人民币2 539.4万元，中方的项目配套资金50 618.2万元，共计75 857.6万元,作为发展6大城市奶业的投资，受援城市及分配比例为：北京市38%，上海市19%，天津市13%，武汉、南京、西安市各10%。

**（二）项目的宗旨与目的**

项目城市用受援的脱脂奶粉和无水黄油加工成再制奶与当地鲜奶混合加工后上市，缓解项目城市鲜奶供应的紧张状况；促进项目地区农村奶牛和奶山羊的发展和奶产量的增加；提高项目地区牛群质量，积极鼓励个体和集体发展奶牛；发展奶业，促进农业结构的调整，创造就业机会并增加农民的收入；对奶的收集、分发和服务系统进行改进与完善，保证供应合格的牛奶，并为奶农提供优质服务，改造现有乳品厂，使其扩大加工能力和现代化，并新建一批乳品加工厂和饲料加工厂，该项目是我国接受国际组织和机构最早最大的奶类援助项目，为确保项目按计划实施，经国务院同意，由农业部执行该项目，并在农业部畜牧局内设六大城市奶类项目管理监测组，负责整个项目的组织、管理和监测工作；还由有关部门和项目城市代表组成的项目协调小组，审议项目计划并对项目执行中的问题进行协调和监督。各市人民政府均建立了项目领导小组，由一名市政府领导和有关部门的负责人组成，下设奶类项目办公室，具体负责本市奶类项目的管理和实施。项目的审计由国家审计署承担。

（农业部奶类项目办公室　殷成文）

## 欧洲经济共同体（EEC）援助中国20个城市奶类发展项目

该项目是“2647”项目的继续和扩大。1984年7月，在“2647”项目执行获得成功的基础上，中国农业部向WFP递交了把项目区扩大到20个城市的第二期援助申请。后因WFP资源有限，将其转给EEC。中国政府于1986年10月向EEC提出了中国20个城市奶类发展项目的申请，经过洽谈、评估、谈判，于1987年11月达成初步协议，1988年2月1日，对外经济贸易部代表中国政府与欧洲经济共同体在布鲁塞尔签署了“EEC援助中国20城市奶类发展项目协议书”，并开始执行。

**（一）项目的规模和内容**

(1) EEC无偿提供45 000吨脱脂奶粉，15 000吨无水黄油，另外追赠无水黄油1 700吨用于北京、上海等6城市加工再制奶，上述援助物资总值7 500万欧洲货币单位（ECU），约折合9 149万美元。

(2) EEC另外提供450万ECU（约折合549万美元）的财政技术援助，用于聘请外国专家进行技术服务；资助中方人员出国培训；赠送化验仪器等。以上两项总计7 950万ECU，折合9 698万美元。

(3) 项目的执行期为5年（1988—1992年），实际执行为：原6城市1990—1992年，新上14个城市1993年底结束。援助物资销售收入为人民币4亿元，中方配套资金8亿元，总计12亿元。

(4) 受援城市及分配比例。

甲组（原6大城市）：北京（8%）、上海（8%）、天津（6%）、武汉（3%）、南京（3%）、西安（3%）；

乙组（新上城市）：广州（8%）、沈阳（8%）、成都（8%）、重庆（8%）、青岛（5%）、福州（5%）、杭州（5%）、合肥（5%）、长沙（5%）、南昌（4%）、大连（2%）、桂林（2%）、苏州（2%）、无锡（2%）。

(5) 根据项目协议，设立奶业基金，在项目执行的前两年，从受援总额中提取 10%，加上追加的 1 700 吨无水黄油的全部销售收入，总计约 4 500 万元用于具有全国性的奶业发展项目。这笔资金由农业部奶类项目办公室管理，并成立基金理事会对基金的使用进行监督。该理事会由农业部代表出任主席，外经贸部、商业部、轻工部、中国农业银行等派代表参加。

**（二）项目的宗旨和目的**

这是一个食品援助的开发性项目，援助的宗旨是为了增加受援城市鲜奶供应，提高奶业的生产力，不得将受援奶粉、黄油直接出售。加工成再制奶后所得的销售收入只能用于奶业的发展，重点帮助郊区集体和个体农民发展奶牛饲养业。

本项目的执行，主要是利用援助物资加工成再制奶，以缓解鲜奶市场供应的紧张状况，将所获得的销售收入和国内配套资金用于发展奶牛，扩大奶的加工能力，改进加工技术，增加饲料加工能力，改善奶的收集分发和综合技术服务系统，并设立奶业基金，以支持全国奶业的发展。项目结束时，20 城市奶牛存栏达 389 千头，总产奶量比 1986 年增加 60%。

**（三）项目的管理与实施**

根据项目“协议书”，该项目由外经贸部代表中国政府，就项目的政策性事宜负责与 EEC 保持联络。

农业部负责项目的实施，农业部国际合作司负责项目的涉外事宜、畜牧兽医司的奶类项目办公室负责项目执行、管理与监测及奶业基金的管理工作。

（农业部奶类项目办公室　殷成文）

## 中国—欧盟（EU）过渡期奶类发展项目

在中国— EEC20 城市奶类发展项目获得初步成功的基础上，1992 年初，外经贸部代表中国政府向 EU，提出了延续和扩大“20 城市奶类发展项目”的申请。由于 EU 将改变过去的食品援助方式为资金援助方式；又由于准备这一项目所需的时间长、工作量大。因此，双方同意在准备下一期奶类项目期间，合作上一个过渡期的奶类项目，以便在资金援助的条件下，为下一期奶类项目摸索经验。该项目于 1995 年 1 月在北京签字并开始执行，1996 年 7 月结束。

**（一）项目的规模内容**

EU 提供 610 万 ECU（约合人民币 6 100 万元）的财政援助，另外提供 88 万 ECU 的技术援助，总计 698 万 ECU。中方提供折合 630 万 ECU 的人民币的配套资金。项目地区是原项目的 20 城市和新疆、甘肃、贵州、黑龙江等省、自治区的一些地区。内容为：

**1. 提高生产能力，改进服务工作**　通过培训，改善服务中心的设施及提供推广、饲料化验、兽医服务和诊断等方面的运转费用，来改善目前服务系统工作。对部分城市的一些技术人员提供摩托车，以使他们更好地为奶农服务。这一计划主要用于个体奶农集中且最需要服务的地区。为更好地扶持和监测上述示范性项目，直接的技术援助主要集中于 3 个城市（南昌、青岛、福州）。其他城市参加培训活动以及得到一定的资金援助。

**2. 质量控制计划**　继续进行（天津、沈阳、长沙）3 个城市的牛奶质量控制计划。其他城市给予资金购买用于收奶站和乳品厂的 CIP 设备，检测原奶的化验室设备，供个体奶农使用的奶桶、刷子及清洗剂。

**3. 加工、分发和销售**　有选择地对一些城市和地区的乳品厂改造提供援助。EU 的资金将重点用于质量改善方面和环境改善方面，如：污水处理和节能节水方面。

**4. 技术援助和海外培训**　除提供上述内容的资金援助外，还将使用技术援助预算提供 30 人·月的技术专家援助、国外培训及一些小额采购。

**（二）项目的目的和方式**

保持现有项目管理机构和人员的稳定，通过培训新、老人员和改善奶牛的生产能力及全面提高牛奶质量，巩固和扩大奶类发展项目的成果，为预计要开始的第二期奶类项目探索新的项目管理方式。项目由农业部奶类项目办公室负责全面实施。通过财政援助的方式改进农场的生产力，改善卫生条件，扶持收奶站和加工与销售系统来达到项目目标。各地用当地的资金垫付 EU 援助资金。然后凭据报销，在 EU 国家进行国际招标的设备，由 EU 委员会直接支付货款。

（农业部奶类项目办公室　殷成文）

## 中国—欧盟（EU）奶业和食品加工业技术及商务合作项目

该项目从 1992 年提出申请，经过过渡期奶类项目实施摸索经验，又经 EU 多次派遣评估团来我国进行评估、考察、论证，欧方又多次与中方进行商讨、谈判，最终达成一致，于 1996 年 5 月在北京签署了项目的“援款协议”。经过 1997 年的启动评估，1998 年正式进入实施阶段。通过两次修改“协议”，项目的结束期改为 2003 年底。

**（一）项目的目标**

推动经济改革进程，把国有奶业公司转化成面向市场能够生存的企业；促进建立乡镇奶农合作组织，特别是支持为个体奶农服务的兽医服务和其他技术机构；促进中欧奶业和相关食品加工部门的商务公司和工业公司之间的联系，以便鼓励相互间的商业合作，并有助于这些部门经济效益的增长。

**（二）项目的规模和内容**

项目将通过使用EU提供的技术援助、培训和设备等，与中方提供的配套资金来达到项目目标。EU提供3 000万ECU的财政技术援助，中方提供折合3 000万ECU的人民币的配套资金。

项目地区包括：四川省成都市，江西省南昌市，山东省济南市和青岛市，辽宁省大连市，新疆维吾尔自治区乌鲁木齐市，甘肃省河西走廊地区及兰州市，河南省郑州市，河北省石家庄市，黑龙江省三江平原（农垦和畜牧系统），贵州省的贵阳、安顺、遵义。

项目的主要组成部分为：

(1) 奶农合作组织及服务。项目为对个体奶农成立奶农合作组织提供援助和咨询。将对综合性服务站的建立和管理给予帮助。将建立或改进当地对个体奶农的支持服务，包括：兽医服务、人工授精服务和合作社性质的收奶站。

(2) 支持个体农民。在建立奶农合作组织时将支持牛奶质量改进计划。这项计划是从奶的生产到销售、保护消费者、保证原奶质量、生产高附加值产品等的各个阶段全面提高牛奶的质量。

(3) 经济改革。项目将支持企业的改造和经济改革，帮助乳品企业适应市场经济的挑战而成为有效益和高效率的企业。项目旨在提高牛奶公司在市场经济条件下的经营能力，尤其是在财务计划、人力资源开发、商业会计、销售、市场和分发等活动的能力。项目将支持没有液态奶供应的城镇地区建立牛奶分发系统。

(4) 环境保护和加工设备。EU的财政支持重点是投资于改善环境的保护措施。具体项目包括就地清洗设备，质量监测、废气、废水治理和节约能源。在没有足够的加工设施的地区，在考虑环境保护的前提下有选择地提供一些技术和财政支持来改造乳品加工设施。

(5) 商务合作。商务合作是本项目重要的组成部分。包括确认商业项目建议书和其他相关的商务活动，以便促进双边贸易和投资，并促进中欧奶业和相关食品加工部门的商务合作。

具体任务是：第一，确保商务项目建议书和补充文件及背景材料的高质量；第二，负责答复并跟踪中欧奶业和相关食品工业公司发展商务合作的具体要求。商务合作部分还有为中欧未来的合资企业和商业伙伴有选择地进行一些工业培训。

(6) 经济改革研究。项目将通过与中国及EU的大学和农业机构的合作来支持对企业改革和奶业经济的研究。这种研究将提供有用的背景分析数据和信息，支持经济上可行的奶业发展，促进中国—EU的经济合作。

(7) 工业培训、海外培训和考察。项目支持在欧洲培训具有中级管理水平的中方技术人员，以促进中欧奶业和相关食品企业间的技术和商业合作。这些培训包括商业管理和市场，农场经济，畜牧，牛奶质量控制，乳品加工，环保和奶农合作组织与组织管理技巧。

(8) 地方培训。在中国选择适合的培训地点，实施专门计划来支持对项目区技术人员的培训和教育。

(9) 技术援助。为支持上述活动，提供一个120个人/月的EU长期技术援助。265个人/月的短期EU技术援助，将用于企业改革、建立奶农合作组织和经济改革。涉及的领域包括会计和财务管理、销售、环境、保护、畜牧、乳品加工和牛奶质量。

为使技术援助更加有效，项目从项目地区奶业和相关的食品部门中挑选人员组成了中方专家组，并对其培训。

EU不预付资金，只对协议规定的支出进行报账，并且在资金投入前要进行评估论证。

**（三）项目的管理**

项目由农业部奶类项目办公室负责执行，地方奶类项目办公室负责每个项目的具体实施。在地方一级建立由各业务部门负责人参加的奶类项目领导小组，对各地项目的实施进行协调。

（农业部奶类项目办公室　殷成文）

## 中国—欧盟（EU）水牛开发项目

中欧双方经过协商达成一致，在实施中国—EU奶业和食品加工业技术及商务合作项目的同时，单独立项实施一个“水牛开发项目”，在广东、广西、云南3省、自治区的部分地区实施。该项目，于1996年5月在北京签字，2003年12月31日结束。

**（一）项目的目的和宗旨**

在3个水牛大省的所选定的地区内实施。通过提供更优质的种畜（役力更强；产肉和产奶市场价值更高），从而改善农民（特别是少数民族和贫困山区农民）的经济状况，提高农民收入。进一步满足所选定的项目区及全国其他地区对水牛肉和水牛奶的不断增长的需要。在云南，主要项目活动集中在与缅甸毗邻的德宏地区的盈江、潞西和陇川县等地。在广西，项目活动主要集中在南宁市的水牛研究所和公牛育种站。在广东，项目活动主要集中在南海市和汕头地区。

项目通过由EU提供的援助，资助欧盟专家、培训和购买设备等费用，中方出资进行基本建设来实现其目标。

估计总费用为511.2万ECU。欧盟以赠款形式捐助278.7万ECU，中方投资额为折合232.5万ECU的人民币。

1. **在广西壮族自治区南宁市**　由南宁市水牛研究所负责并实施育种计划，在区域一级对水牛进行改良。该研究所利用农户和县、地区收集到的第一手数据。南宁市的公牛育种站提供改良水牛的冷冻精液和青年优质公牛并向云南省的项目地区分发。该站的设施将得到改善以便能有效的在全国发挥其作用。南宁水牛研究所组织项目要求的所有技术培训，并对其他省份项目区的技术人员进行培训。改善南宁的培训设施以使其在全国发挥作用，并编写培训和推广材料，供项目以及畜牧人员与农民使用。

2. **在云南省，将主要由昔玛种公牛站生产和提供育种材料** 将对该站的畜舍进行修缮，使其能容纳150头育种母牛及其后代，在头3年，将用南宁水牛研究所种公牛站提供的纯种摩拉公牛冷冻精液进行人工授精繁殖后代。

该站还向当地农民出售断奶的杂交小牛，这些牛中最好的25%将留在站内供品种改良用。

实施信贷计划支持较贫困农户购买2000头可繁育青年母牛。向较贫困的农民提供贷款用于购买种畜，以便建立或重建家庭改良水牛群。

平均贷款期需要为4～5年，还应考虑购买怀孕青年母牛的育种者在购牛后3年内将不会有利润。估计该信贷计划将支持购买约2000头青年母牛。EU负担25%，中方负担75%的费用。

为了尽快开展执行村级计划，昔玛公牛育种站将从南宁公牛育种站购买杂交小公牛6个月至2岁的青年公牛并培育至可繁殖年龄。

3. **在广东省南海县和汕头地区** 项目将提供技术援助，帮助更进一步认识水牛产奶的潜力。通过传播已经取得的成果，将使其他地区从南海和汕头的经验中得益。项目将帮助建立后备种畜，促进南海县育种材料的保存。在国家级培训中心，对乳品厂技术人员进行培训。

**（二）项目的管理与实施**

农业部奶类项目办公室作为项目的执行机构，全面负责财务、技术和行政的日常管理，包括负责各项目区的计划准备、工作计划的制定、核准工作计划的执行。

项目执行机构将与“中国—EU奶业和食品加工业的技术及商务合作”项目的EU常驻协调员会。一起密切配合，监测水牛开发项目并且将协助EU驻华代表团协调项目活动。

当地支出实行单独核算，如房屋的修缮、育种站的建设和土地改良等，按中国正常程序支出并由当地项目管理机构负责提供和管理。

EU采购遵循EU委员会的标准程序，在列入年度预算和工作计划之前，由技术援助组确定设备名称。

经过国际招标并经农业部奶类项目办公室核准后，从EU进行的采购由EU直接支付款项。在国内的招标采购经农业部奶类项目办公室核准后，从开设在中国的项目账户上支付。

（农业部奶类项目办公室　殷成文）

## 中芬奶业技术合作项目

中芬奶业合作项目，是芬兰政府向天津市无偿援助乳制品加工设备和转让加工技术的合作项目。

1986年“天津奶类发展项目办公室”在实施联合国援助项目时，天津市政府决定争取芬兰政府的无偿援助，组建“天津市中芬乳品研究培训中心”（简称中芬）。利用欧洲先进的乳品加工技术，带动天津市奶业发展，提高天津乳制品行业的总体水平。经过3年的谈判，芬兰政府同意提供价值1 030万元芬兰马克的成套乳制品加工设备。外经贸部代表我国政府，芬兰驻华使馆代表芬兰政府于1989年5月18日在北京正式签约。

签约后芬兰方面按照协议，为我方提供年产1 200吨全套超高温灭菌奶设备、90吨干酪设备和45吨冰淇淋、30吨黄油、酸奶的中式设备各一套，总价值1 200万元人民币及36名技术人员在国外培训的全部费用。在设备安装和调试期间，中方派出技术人员和农业部选派的部分城市的乳品专家一同去芬兰接受培训。

该项目的确立受到天津市政府和有关领导的关注，天津市政府投资860万元人民币，在津南区占地3.33公顷，新建试验厂1 550平方米，用于成套设备的安装供电、供水、制冷配套齐全。新建1 350平方米的综合教学楼，可同时培训300名学员，提供80名学员的住宿，教学设备和生活设施俱全。特建专家楼200平方米，内有客房、会客室等生活设施。附属用房900平方米。

在中芬两国政府和技术人员的共同努力下，于1992年12月2日天津中芬乳品研究培训中心正式落成使用，农业部副部长陈耀邦、芬兰农业部副部长乌罗南先生、天津市副市长李盛林、天津市人大及天津市相关部门领导出席了剪彩仪式，天津各家新闻媒体都作了相应的报道。该中心的成立是我国继北京、上海后又一个积聚着乳制品专家和专业人员，集科研、培训及产品开发的乳制品基地 。

中芬乳品研究培训中心已建立了十年，在这个时期为天津乃至对其他地区的乳品工业的发展做出了巨大的贡献：

1. **加强培训，提高业内人士的水平** 中芬奶业项目多年来按照项目建设要求和农业部及欧盟专家的总体安排，面向全国举办各种培训班有：乳品理论、奶牛饲养、乳品加工、质量检测、奶业项目研讨会等，为全国培训各种层次的技术人员千余名。为天津和其他地区乳制品的发展奠定了良好的基础。

2. **摸索创新，服务社会** 中芬奶业项目合作的成功，使中芬在很短时间内掌握了相应的技术。成为国内首家生产长效、软包装超高温灭菌牛奶的企业，并积累了丰富经验，为该技术在国内得到广泛的推广，起到积极推动作用。为天津乳制品的更新换代，做出了极大的贡献。

3. **中芬奶类项目的引进，为天津乳品行业带来了冲击力和竞争，打破了天津乳品业几十年独家垄断的格局** 促进了行业间的交流与发展，为天津的乳品市场带来巨大活力。

中芬奶类项目的合作，不仅仅是为天津奶业带来了发展，也为我国的乳业发展起到推动作用。他的成功将成为我们接受外援、吸收其他国家先进技术经典之作。

（天津市奶业办公室　刘汝庆）

## 中日奶业技术合作项目

中日奶业技术合作项目，即中国天津奶业技术发展项目，是日本国际协力事业团（JICA）向中国天津转让有关提高奶牛生产性能的技术合作项目。

该项目于1990年1月24日由中日两国政府代表签署《会谈纪要》和《暂行实施方案》，于1990年3月1日开始实施，将于2002年3月结束。根据项目的进展情况和实际需要，项目分为合作期5年，后续项目期2年，自我运行期3年和完善项目期2年，前后共12年。

项目运行期间，中日双方共投入资金约4 860万元人民币，其中日本国政府无偿提供5.3亿日元的设备和器材，接受我国研修生37人（次），派遣长期专家17人，短期专家38人（次）。我国政府投入资金1 500万元人民币，均为天津市政府投入。

在中日两国政府和技术人员的共同努力下，有效地实施了奶牛细管冷冻精液制造技术；奶牛改良方法的改善技术（包括奶牛血型分析技术）；奶牛饲养管理技术（包括一般饲养管理技术和饲料分析技术及奶牛非传染性繁殖障碍的防治技术）；奶牛胚胎移植技术；国有黄庄农场奶牛饲养管理技术及作物生产技术的改善等技术的转让。

中日奶业发展技术合作项目实施的十多年来，正值中国奶业经历较大变化的时期，项目的实施为天津奶业发展做出了较大的贡献：

1. **引进奶业高新技术** 其中奶牛血型鉴定技术的转让填补了我国奶业在这一领域里的空白，为奶牛育种中的亲子判定提供了技术支持。奶牛生产性能测定技术的开展，有效提高了奶牛的产奶性能。目前，此项技术已推广到8 000多头成年母牛，同时胚胎移植技术、饲料分析和饲养管理技术的开展也在天津奶业的发展中起到了积极作用。

2. **培训人才** 项目培训的技术人才已成为天津奶业科研、技术推广的骨干力量，参加日方的技术研修人员已遍布全市各奶牛场和奶牛养殖小区。奶牛育种站已成为为天津及周边地区奶牛发展提供技术、良种等服务的依托。

3. **援助设备** 项目建设期间日方援助了大量的仪器和设备，其中包括体细胞仪、牛奶成分全项分析仪、细管冷冻精液制造、胚胎移植、饲料分析、血型分析、TMR饲料预混等精密仪器和设备。同时还为项目装备了交通、办公等设备。

（天津市奶业办公室　曲金铎）

## 中国与世界粮食计划署和欧盟奶类项目大事记

### 1982年

**1月** 农业部（原农牧渔业部）在意大利罗马向世界粮食计划署（WFP）提交了世界粮食计划署援助我国六大城市奶类项目申请书。提出首先在北京、上海、天津、武汉、南京、西安等六大城市及其郊区执行联合国世界粮食计划署奶业发展项目的计划。

### 1983年

**5月** 在罗马召开的第十五次粮食援助政策及计划会议上（CFA）批准了该项目。

**8月** 农业部外事司司长和WFP驻华代表，分别代表中国政府和WFP在北京签署了项目的《执行计划》。即：《中华人民共和国政府和联合国/粮农组织合办的世界粮食计划署就为六大城市及其郊区的奶业发展而提供援助商定的执行计划》(项目编号：2647)

**11月** 农业部批准成立“畜牧局六大城市奶类项目管理监测组”，农业部畜牧总局局长李易方任项目主任。

### 1984年

**4月** 第一批援助物资（脱脂奶粉和无水黄油）运抵中国的天津港和上海港，项目正式开始实施。

**7月** 农业部向WFP正式递交了将项目地区由原来的六大城市扩大到20个大中城市及其郊区的申请。

### 1985年

**6月和11月** 农业部外事司司长和WFP驻华代表分别代表双方两次签署了《执行计划》的补充条款。

### 1986年

**10月** 农业部通过外经贸部向欧共体（EEC）提交了把项目区扩大到20个城市的奶类援助项目申请书。

### 1987年

**11月** 中—欧双方就“实施20个城市奶类发展项目”达成初步协议。

### 1988年

**3月** 对外经济贸易部郑拓彬部长代表中国政府与EEC委员会代表在布鲁塞尔签署了《中华人民共和国与欧洲经济共同体关于对中国20个城市奶类发展项目的资助和实施议定书》ALA/CHN/87/11，并开始执行。即：根据议定书的规定，EEC向中国20个城市无偿提供4 500吨脱脂奶粉和1 500吨无水黄油。另外追赠无水黄油1 700吨，用于WFP援助的六大城市配套加工再制奶。上述物资总价值：7 500万欧洲货币单位（ECU，现改为欧元）折合9 149万美元，EEC还提供450万欧元（折合549万美元）的财政技术援助。

### 1990年

**6月** 《中华人民共和国政府和联合国/粮农组织合办的世界粮食计划署就为六大城市及其郊区的奶业发展而提供援助商定的执行计划》（项目编号：2647）项目正式结束。

## 1992 年

1月　外经贸部代表中国政府向欧盟（EU 即原来的 EEC）提出了延续和扩大《20 个城市奶类发展项目》的申请。

3 月　外经贸部李岚清部长致函 EU 委员会主席德洛尔先生，' 正式提出执行《中国—欧盟奶业和食品加工业的技术及商务合作》项目的申请。

## 1995 年

1月　《中华人民共和国与欧洲经济共同体关于在中国实施过渡期奶类发展项目援款协议的附加条款》协议书在北京市签字并开始执行。项目计划总投资：1 240万欧元；欧盟提供资金援助：610 万欧元，中方投入配套资金：相当于 630 万欧元的人民币。

## 1996 年

5月　《中国—欧盟奶业和食品加工业的技术及商务合作》项目协议书，在北京签字。李岚清副总理出席签字仪式并讲话；农业部副部长张延喜、全国畜牧兽医总站站长徐定人也参加了签字仪式。外经贸部副部长、EU 委员会副主席分别代表中国政府和 EU 委员会在协议书上签字。即：《中华人民共和国与欧洲经济共同体关于在中国实施奶业和食品加工业的技术及商务合作项目的援款协议》（ALA/CHN/95/17）项目计划总投资：6 000 万欧元；欧盟提供资金援助 3 000 万欧元（其中用于各项目区的投资建设：15 400 万欧元，其他用于技术培训和技术援助），中方投入配套资金：相当于 3 000 万欧元的人民币。

5 月　《中国—欧盟水牛开发项目》协议书在北京签字。李岚清副总理出席签字仪式并讲话；农业部副部长张延喜、全国畜牧兽医总站站长徐定人也参加了签字仪式。外经贸部副部长、EU 委员会副主席分别代表中国政府和 EU 委员会在协议书上签字。即：《中华人民共和国与欧洲经济共同体关于在中国实施水牛开发项目的援款协议》（ALA/CHN/95/22）项目计划总投资：511.2 万欧元；欧盟提供资金援助：278.7 万欧元；中方投入配套资金：相当于 232.5 万欧元的人民币。

## 1997 年

2月　欧盟派出水牛项目启动评估团赴广西、广东、云南进行项目的启动评估，制定了 1998—2002 年水牛项目的总体投资计划和工作计划。

3 月　EU 派出工作组在中方项目执行机构“农业部奶类项目办公室”协助下，对实施“中国—欧盟奶业和食品加工业的技术及商务合作”项目进行启动评估。

5 月　欧方为执行“中国—欧盟奶业和食品加工业的技术及商务合作”项目“中—欧奶类项目技术援助专家组”在北京成立。

7 月　欧盟派技术援助专家组来我国与农业部奶类项目办公室共同制定了 1997 年度“水牛开发项目”投资计划，随即在广西南宁召开了水牛项目办公室主任会议，宣布项目开始实施。

## 1998 年

2 月　“中国—欧盟奶业和食品加工业的技术及商务合作”项目正式开始实施。

7 月　“中国—欧盟奶业和食品加工业的技术及商务合作”项目设备采购进行了第 1 次国内公开竞争性招标。

10 月　1998 年 10 月及 1999 年 2 月、9 月、2000 年 7 月分别进行了第 2、3、4、5 次国内公开竞争性招标。

11 月　“中国—欧盟奶业和食品加工业的技术及商务合作”项目设备采购进行了第 1 次国际公开竞争性招标。1999 年 5 月、2000 年 1 月、9 月分别进行了第 2、3、4 次国际公开竞争性招标。

## 1999 年

9 月　“中国—欧盟奶业和食品加工业的技术及商务合作”项目协议条款进行第一次修改，将项目结束期延至 2001 年 6 月 30 日。

## 2001 年

3 月　中国和欧盟对水牛项目协议进行了修改，决定追加对项目的投资，EU 增加 55 万欧元的无偿援助，使援助总金额达到 333.7 万欧元。

6 月　“中国—欧盟奶业和食品加工业的技术及商务合作”项目协议条款进行第二次修改，将项目结束期延至 2003 年底。

（农业部奶类项目办公室　殷成文）

# 奶业行业人物

## 专　　家

### 于若木

研究员。女，1919年4月15日出生，山东济南市人。1932—1935年就读于山东省立女子一中、北平市立女一中，1935年参加了“一二·九”运动。1936年加入共产主义青年团，1936年9月成为中国共产党党员。1937年10月奔赴延安抗日根据地，在陕北公学学习。1938年1月，在中共中央党校学习。1938年5月至1941年初，在延安马列主义学院学习。新中国成立后，于1957年9月至1962年初在国家科委政策研究室工作。1964年秋，任中国科学院植物园党总支书记兼副主任。1981年初，任中共中央书记处研究室科技组顾问。

**主要贡献：**20世纪80年代初，营养学家于若木开始对营养学进行调查研究。1983年她在《红旗》杂志上发表了“营养——关系人民体质的大事”的论文，以深刻的战略观点强调指出：“人民的营养状况如何，是关系到人民的体质强弱，关系到民族繁衍昌盛的大事；人民的营养状况也是衡量一个国家经济和科学文化发达标志。”“在安排农业生产、发展食品工业和指导广大人民食品消费等方面，营养学应发挥重要的作用。”这一远见至今仍具有重要的现实意义和指导作用。近20年来，她身体力行，奔走呼吁，为促进我国营养事业和食品工业的发展，推广学生营养餐、学生奶和豆奶，做出了重要贡献。特别是她不顾年事已高，仍以巨人的毅力，极大的热情，致力于我国青少年营养与健康的改善。在她的倡导下，1989年1月成立了中国学生营养促进会，被推选为会长。她十分重视营养科学知识的宣传教育，在有关单位和有识之士的支持下创办了《中国学生营养小报》（现《中国学生营养报》），并先后担任名誉社长、总编辑等职。为了迎接21世纪的挑战，她倡导并提出了“护苗工程方案”（1999—2010年学生营养工作大纲）。1999年春节，江泽民总书记等中央领导同志分别看望了著名营养学家于若木，她向领导同志建议推广学生营养餐，提倡多吃豆类、奶类食品。从而有力地推动了近年来学生营养餐的恢复与发展、国家“学生饮用奶计划”以及“东北中小学生豆奶计划”的实施。2000年11月15日在国家“学生饮用奶计划”新闻发布会上于若木强调指出：“学生饮用奶计划”的实施是国家的一个大政策，这一政策的近期和远期的效益，实践将会予以证明。

于若木研究员十分重视我国奶业发展。早在1992年1月6日全国乳协第一次代表大会暨首届年会召开时，她就提出：“牛奶给您健康、智慧、力量”。1995年11月30日在中国乳业协会全国会议上，她殷切希望“乳业协会要利用协会这一组织形式，调动大家的积极性并争取政府行政部门的支持，进一步完善方针政策，使之有利于乳业的发展。”1998年6月5日在“乳、乳制品与健康研讨会”上，呼吁加快乳业发展，拓展乳品市场，开展奶类行动计划。于若木研究员近20年来坚持不懈的努力，结出了丰硕成果，为我国奶业的发展，为儿童青少年和全国人民的营养与健康，她做出了突出贡献，在全国享有崇高声誉。

### 方有生

高级畜牧师。男，1941年6月出生，重庆市长寿县人，1960年北京农垦技术学校畜牧专业毕业后，进入黑龙江八一农垦大学畜牧专业学习，1964年毕业后留校在畜牧系任教，讲授“养牛学”。1982年调国家农垦总局科教局教育处，分管全国农垦高等院校工作。曾任农业部农垦局畜牧水产处副处长、处长，中国奶业协会秘书长，现任中国奶业协会副理事长。

**主要贡献：**方有生曾主持“工厂化养猪饲养工艺改革及配套技术的研究”项目，该项目1994年获农业部科技进步二等奖。在主持奶协秘书处工作期间，注重对我国奶业发展状况的调查研究和分析，曾发表多篇论文，受到业内人士的关注。1999年在《中国奶牛》杂志上发表“中国奶牛业现状及发展趋势”一文，对新中国成立以来我国奶牛业发展的历史和经验进行了分析、总结。2001年撰写的“我国奶业现状与2002年展望”发表在国家信息中心《2002中国经济展望（产业卷）》

---

注：本专栏人物按类别编排，每类别人物以姓氏笔画为序。

上，针对我国奶业发展中的一些深层次矛盾，撰写了“发展奶产业必须实事求是，尊重客观规律”、“对加入WTO后中国奶业发展战略有关问题的几点看法”等论文，被多家媒体采用。

组织奶协积极协助政府业务主管部门工作，参与了七部委“国家学生饮用奶计划”有关指导性文件的起草工作，并被聘任为“国家学生饮用奶计划”专家组成员。参与了农业部《畜牧业“十五”计划和2015年远景目标规划》、《奶业优势区域发展规划》等文件制定的部分工作。参与了科技部“十五”国家重大科技项目《奶业重大关键技术研究与产业化技术集成示范》项目可行性研究报告和项目投标的评审工作。

在奶业的国际交流中，与中加奶牛综合育种项目密切合作，担任全国DHI工作委员会主席，对DHI在全国的推广工作起到了促进作用。组织奶牛场技术管理干部、DHI推广人员赴加考察等。主持完成了行业标准《荷斯坦奶牛生产性能测定》的制定和《奶牛饲养标准》的修订工作。在中国奶业协会第四次会员代表大会上，被推选为副理事长，并担任《中国奶牛》杂志主编，为奶业协会的发展做出了贡献。

## 王伟琪

教授级高级畜牧师。男，1931年出生，吉林长春人。1952年毕业于东北农学院畜牧系。曾任农业部科技局副局长、科技司司长，农业部科学技术委员会副主任、农业部生物技术领导小组副组长、中德两国农业科技合作工作组中方组长。1982年至今担任中国奶牛（业）协会副理事长。现为中国奶业协会顾问、中国农业科技管理研究会会长、中国农业生物技术学会副理事长、《农业生物技术学报》编委。

**主要贡献：**王伟琪同志50年来一直从事畜牧业科技研究和农牧渔业科技管理工作。在奶牛业方面，20世纪50年代主持短角牛选育和应用短角牛改良蒙古牛工作，培育乳肉兼用品种，发表了“察北牧场应用短角牛改良蒙古牛的研究报告”、“短角牛在中国繁育情况的研究报告”等论文，出版了《蒙古牛的改良》专著，为“中国草原红牛”的育成提供了科学依据和实践经验。研究编拟了国营农场“奶牛饲养标准（草案）”。20世纪60年代初，王伟琪负责了从国外引进家畜精液超低温冷冻技术设备，并组织开展了奶牛等家畜精液冷冻及其人工授精技术的试验研究和示范推广，均取得了成功，获1978年全国科学大会奖。1972年他倡导并组织成立了北方和南方两个黑白花奶牛育种科研协作组，开展联合育种工作，成效显著。1982年获北方组奖状和奖牌。两个协作组合并成立了“中国奶牛（业）协会”，由于加强了科技人员培训，积极应用数量遗传等基本原理和选育种、冷冻精液等先进技术，加快了育种进程，达到国际先进水平。由他参加主持的“中国黑白花奶牛的培育”成果，获1987年农业部科技进步一等奖和1988年国家科技进步一等奖。1990年他多方面考虑和协调，并经国家有关部委批准，“中日合作天津奶业发展项目”开始启动，各项内容均取得了良好成果，使天津市奶牛业技术水平有了较大提高，成为我国奶牛业先进地区之一。

他参与了海峡两岸奶牛事业发展学术研讨会的筹备事宜，1999年该研讨会在北京成功举行，增进了两岸同胞、同行的亲情。

20世纪70年代由他提出水牛向乳肉役兼用方向改良，也有了成效，处于国际先进水平。

王伟琪同志在畜牧业现代化养鸡、细毛羊、瘦肉型猪的育种和经济杂交组合试验研究和示范推广等方面，也做了在量地组织实施工作，均取得了显著成绩，对推动我国畜牧业科技进步和畜牧业发展，增加优质的牛奶、瘦猪肉、鸡蛋和细羊毛等生产、市场供应，做出了重要贡献。1993和1994年分别入选“英国剑桥传记中心”和“美国传记研究所名人录”。

## 王怀宝

高级经济师。男，1937年6月出生，黑龙江哈尔滨市人。1957年进入中国人民大学农业经济系学习。1961年大学毕业后先分配中央华北局，后又到北京市农林局、农场局工作。1968年到北京市牛奶公司（现北京三元食品股份有限公司）工作，先后担任厂长、书记、公司总经理、党委书记等职。现任中国奶业协会副理事长。

**主要贡献：**王怀宝在牛奶公司30年的工作经历，对牛奶、奶牛、奶业产生了深厚的感情，倾注了全部的心血。自称“王老牛”，人称“牛奶大王”。在企业任职期间，正处我国计划经济末期和向市场经济转变的初期，他较好地处理好了这一特殊行业中企业经济效益和社会效益，国家计划与市场调节、改革与继承、发展等各种关系。为此获得了北京市农场系统“优秀企业家”和全国华侨及侨眷“先进工作者”称号。

20世纪80年代中期，与乳业同仁共同创立中国乳业协会。1990年5月成立了全国大中城市及重点垦区乳业协会，1992年更名为中国乳业协会。并且首先提出了“天下乳业是一家”、“中国乳业是一家”这一增强行业凝聚力、亲和力的响亮口号。协会成立后，不断总结交流全国同行在生产、经营、研发工作方面经验与问题。1996年10月，中国乳业协会与国家体改委、上海光明乳业共同在上海召开了中国奶业发展战略研讨会，提出了中国奶业发展的建议。2000年参与编写“关于实施我国奶业中长期规划的若干建议”，荣获国家计划发展委员会三等奖。

1998年5月中国乳业协会与中国食品协会、中国乳制品工业协会等九家率先举办了“1998年北京牛奶科学论坛”宣传、引导消费，在以后的几年坚持以此为起点，陆续参与了1999年“中国奶业振兴 高层研讨会”、“2000年北京国际奶业大会”等一系列活动，对推动和促进中国奶业的发展起到重要作用。

王怀宝同志一贯注重对青年一代的培养，以协会为纽带，积极创造条件，为中国乳业发展培养后备人才。协会先后举办了四次全国性的青年乳业工作者科技研讨会，并将研讨会论文编辑成《全国青年乳业科技工作者论文集》。还主编出版了《中国奶业五十年》、《中国乳业指南》等书籍，为中国奶业发展做出了重要贡献。

## 伍精华

男，1931年2月出生，四川冕宁县人，曾任国家民委常务副主任、西藏自治区党委书记等职，现任全国人大常委、农业与农村委员会副主任委员。

**主要贡献：**伍精华同志在过去的工作中一直关注我国畜牧业的发展，对奶业情有独钟，不遗余力地进行宣传和推动。在进行了深入、全面的调查研究后，1998年在九届全国人大第一次会议上，提出了“实施‘奶瓶子’工程，振兴中华民族”的议案，刊登在《人大农业与农村工作》上，许多省委书记、省长批示转发了该文，组织试点，推动奶业的发展。在全国人大审议政府工作报告，或者讨论有关农业问题的时候，伍精华同志极力主张要调整农业结构，大力发展畜牧业尤其是奶业。经过他的争取，奶业终于为政府工作报告所提到。伍精华同志被人誉为“牛奶主任”，2001年，他倡议并组织起草畜牧法，在起草过程中，他抓住各种机会，宣传奶业，推动奶业。

伍精华同时经过多年的调查研究，对国内外奶业的发展状况有了进一步的了解和认识，总结出了以下观点：

1. 农业发展要以畜牧业为主。他认为，当今世界，畜牧业是一个国家农业发展水平的重要标志，而奶业又是畜牧业发展水平的重要标志。我国农业要发展到一个更高的水平，就必须发展畜牧业，尤其是奶业。

2. 发展畜牧业尤其是奶业，是拉动内需、增加农民收入的重要途径。我国奶业发展滞后，目前人均生产鲜奶只有8千克左右，而世界人均已达100多千克，这与我国人民群众的需求也有很大的差距。实践证明，养一头奶牛农牧民可以获得纯利润3 000～5 000元，获得的经济效益是传统农业的4～5倍，这是农牧民增加收入、治穷致富的重要途径。

3. 只有发展畜牧业才能建设有机农业、防止农业化学污染。全国人大批准的政府工作报告提出要建设有机农业，防止农业化学污染的发展目标。实现这个目标，最有效的途径就是发展畜牧业，因为畜牧业发展了，才能提供大量的优质的有机肥料，才能减少化肥的使用。

4. 发展畜牧业是实现可持续发展的有利措施。种草种树，发展畜牧业，扩大食物来源，才能更好地保障粮食、食品的安全，才能减少粮食种植面积，退耕还林还草，更好地保护生态，防止土地沙化、荒漠化和水土流失，实现可持续发展。

5. 发展畜牧业和奶业是改善我国膳食结构、增强国民体质的需要。现在衡量一个国家人民的生活水平，不是以消费多少粮食为标准，而是以消费多少畜产品，包括奶、肉、蛋、皮、毛、绒等等为标准。奶是营养最丰富、最全面而成本低廉的食品，对提高人民生活水平，增强中华民族体质具有重要作用。必须加强对奶业地位和作用的宣传、启蒙，提高人们对奶的认识。

伍精华同志的这些观点，以及他提出的争取早日实现“人人喝奶，天天喝奶，终身喝奶”的目标，得到了越来越多人的认同，他在推动奶业发展上的努力，得到了奶业界同志们的广泛肯定，被推举为中国奶业协会名誉理事长。

## 李易方

教授级高级农业经济师。男，1921年10月出生，河南叶县人。1943年西北农学院农业经济学系毕业；1945年浙江大学研究院毕业(硕士学位)。1946年8月参加革命，在陕甘宁边区政府从事农业工作。曾任农业部办公厅秘书处长、办公厅副主任、农业部畜牧局副局长、局长。1981—1984年兼任中国牧工商总公司总经理；1983—1986年任农业部奶类项目主任、奶业基金理事会主席、中法畜牧协会会长；1999年任中国地区开发促进会常务理事；1984年至今任中国乳业协会、中国奶牛（业）协会顾问。

**主要贡献：**参加工作以来，主要从事农业政策、畜牧业经济、奶业经济等方面的研究和实践。在奶业方面，参与主编出版了《中国奶业发展战略研究》，主编出版了《奶业春秋》和《入世前夕话奶业》，参与撰写“关于实施我国奶业中长期规划的若干建议”（获国家计划发展委员会三等奖），对中国奶业的现状、制约因素、基本经验进行了系统分析研究，提出了中国奶业中长期规划、布局和对策，对我国奶业的发展起了积极作用。

此外，李易方还参与主编出版了《当代中国的畜牧业》、《中国畜牧业一体化十年》、《中国畜牧业技术推广与服务》等书籍。

## 周诗平

工程师。男，1939年11月出生，湖南浏阳市人，大专文化，现任中国奶业协会副理事长、北京市奶业协会理事长、北京丘比食品有限公司董事长。

**主要贡献：**周诗平1958—1986年在北京国营双桥农场工作，历任兽医助手、种猪场场长、水产站站长、农场畜牧科科长、农场副场长兼畜牧分场党委书记、农场党委书记等职。在此期间，主抓畜牧水产工作。为适应工作需要，长期坚持刻苦自学，1981年北京市总工会授予自学标兵称号。1981—1982年参加北京市委党校第一期大专班脱产学习。1986年6月调任北京市国营农场管理局副局长，主管全局畜牧水产和全市奶牛生产、牛奶加工和市场供应。

在北京农垦工作43年，亲身经历和参与了北京奶业的巨大发展变化过程。为适应改革开放和市场经济发展的需要，周诗平及时提出调整近郊、发展远郊、利用周边，加速发展北京奶业的思路。在国家和北京市有关部门的大力支持和大家的共同努力下，北京奶业发展迅速，目前，全市奶牛达14.5万头，生产牛奶54.6万吨，成乳牛平均单产超过7吨，以三元为主的加工企业基本实现了现代化，乳品市场繁荣，全市人均占有牛奶43.4千克、消费牛奶超过50千克。为迅速提高北京郊区农民养牛的组织化、规模化和规范化程度，保持奶业持续、稳定发展，在各级政府的大力支持下，积极组织奶牛合作社，建立奶牛养殖小区。目前，全市农民养牛11.3万头，80%以上的成立了奶牛合作社，奶牛进入了养殖小区，实现了机械挤奶和规范化管理，牛奶质量明显好转，效果明显提高。同时，北京农垦利用技术优势，重点发展技术含量高的良种产业，先后建立了北京奶牛育种中心、北京养猪育种中心和北京鸭育种中心，为全国提供了大量的畜禽良种及其基因产品，成为全国重要的畜禽良种繁育基地。1992年，北京良种场建成投产，饲养1 000多头的良种奶牛核心群，成为北京重要的奶牛胚胎生产基地。

周诗平同志因为工作成绩突出，多次受到上级部门的奖励。1980年被评为北京市劳动模范，1984年被国家经委、国家科委、农牧渔业部和林业部授予先进工作者称号，1986年被北京市政府聘为第二届顾问团顾问，为北京市奶业的发展做出了突出贡献。

### 周瑞君

高级畜牧师。男，1957年出生，黑龙江人，1981年毕业于黑龙江八一农垦大学牧医系，曾任畜牧兽医总站副站长、畜牧水产科技推广总站站长、畜牧水产处处长，现任北京奶牛中心主任。

**主要贡献：**周瑞君主持了由中国农科院畜牧所、西北农业大学、黑龙江省畜牧所、北京奶牛中心等参加的国家“九五”重点攻关专题《应用胚胎生物技术建立良种奶牛繁育体系和生产体系》，该专题已通过国家验收，获直接经济效益8 040万元。主持了北京“九五”攻关课题《应用集成技术培育高产奶牛群的研究》，参加了北京市重点课题《奶牛传染性病鼻气管炎的监控技术的推广与应用》，获2000年北京市技术推广一等奖。承担了国家“99”高技术奶牛胚胎产业化重大示范项目，获国家计委国家高技术产业化示范项目牌匾，这也是目前全国畜牧行业惟一的一块牌匾。现主持国家“十五”863计划项目《利用人工授精和胚胎移植技术建立低脂高蛋白优良奶牛繁育体系》课题；主持北京市“十五”248重大项目《奶牛胚胎产业化工程关键技术的研究》，参加了农业部跨越计划《高产奶牛MOET畜种核心群的建立》课题。主持和参与国家科技部奶业重大专项关键技术和北京示范区两大课题。

近年来，主编出版著作6部共250万字，如《猪病学》、《奶牛病学》、《实用奶牛外科学》、《苜蓿的生产与应用技术》等。发表文章40余篇，如“北京市奶牛业发展问题的思考”、“关于国家‘99’奶牛胚胎产业化示范项目的思考”等。主持和执笔完成了北京奶牛饲养技术规范、奶牛育种技术规范、奶牛卫生保健技术规范、奶牛繁殖技术规范等。曾多次在全国奶牛胚胎移植学习班、规范化标准化学习班、畜牧高级研讨班上讲课。现任北京市高级技术职称评委、中国奶牛协会常务理事、北京畜牧兽医协会副理事长、北京市奶牛协会副理事长，国家计委高技术产业化示范项目专家。所在单位北京奶牛中心连续五年精液、胚胎产量、市场占有量、市场增长率、经济效益、员工分配五项指标全国同行业第一。荷斯坦牛精液分别于1999年、2001年获国际农业展览会优秀产品奖，所属的北京市种公牛站获首都“五一”奖章。

### 徐定人

农业技术推广研究员。男，1939年6月出生，湖南南县人，1964年毕业于北京农业机械化学院（现中国农业大学）。曾任中国农业科学院草原研究所牧业机械研究室副主任、中国牧工商联合总公司奶业公司经理、农业部奶类项目办公室主任、农业部畜牧兽医司副司长、全国畜牧兽医总站站长。现任中国奶业协会副理事长。

**主要贡献：**在奶业方面，从事奶业企业和外援奶类发展项目管理工作长达18年。曾建设管理中国牧工商联合总公司与地方联营的35家乳品加工厂，对改革国有企业的运行机制进行了有益的探索。曾主持实施五个外援奶类发展项目，即世界粮食计划署（WFP）援助我国六大城市奶类项目（1983—1988年）、欧共体（EEC）援助我国二十个大中城市奶类项目（1983—1993年）、欧盟（EU）援助我国二十个大中城市及四省、自治区过渡期奶类项目（1994—1995年）、欧盟援助我国十二省、自治区、直辖市奶业及食品加工业合作项目（1996—2000年）和欧盟援助我国三省、自治区水牛开发项目（1996—2002年）。五个项目总投资规模为27.8亿元，其中援助资金10.5亿元，国内配套资金17.3亿元。奶类发展项目是中国政府与联合国世界粮食计划署和欧盟在农业领域合作的规模最大、持续时间最长的奶业开发性项目，它有效地利用国际援助物资和资金、现代化技术装备以及先进的管理经验开发奶业，对项目地区乃至全国的奶业建设、乳和乳制品供应的改善、奶业经济体制的改革和农业结构的调整等，起到了积极的促进作用，同时为奶业的发展积累了宝贵的经验。在以上项目的争取和实施过程中，徐定人同志倾注了极大的精力，为项目地区和全国奶业的发展做出了贡献。在从事技术工作期间，曾获国家科学技术进步二等奖、农业部科学技术进步一等奖和内蒙古自治区科学技术成果二等奖、三等奖。参与主编和合著出版了《中国畜牧兽医技术推广与服务》、《中国奶类项目》、《中国奶业发展道路》和《中国奶业发展战略研究》等书籍，并于1996年获国务院颁发的《政府特殊津贴证书》。

## 学　者

### 冯仰廉

教授、博士生导师。男，1931年5月出生，江苏徐州人。毕业于南京农学院畜牧专业，曾作为访问学者赴英、法、德、美等国动物营养研究所进行合作交流。现任中国农业大学动物科学技术学院教授、博士生导师，兼任中国畜牧兽医学会名誉理事长、养牛学分会名誉理事长、动物营养学分会名誉理事长、中国畜牧杂志主编、动物营养学报主编等职。

**主要贡献**：冯仰廉长期从事养牛学和反刍动物营养学科的教学科研工作，是我国该学科的带头人和开拓者。先后获国家和部科技奖11项、专著和教学奖各1项。主持的国家自然基金重点项目反刍动物能量转化规律及营养调控，研究证明了肉牛瘤胃乙酸代谢热损失过高是能量转化效率低的原因及提高能量转化效率的有效营养调控途径，属国际创新；主持国家攻关项目研究出我国第一个奶牛和肉牛国家饲养标准，达国际先进水平；主持部项目研制成功我国第一个自控大型双呼吸测热室，解决了无进口部件和国内缺乏经验的难题，连续运转了14年，使我国能量代谢研究从此在国际上占有一席之地；主持部项目研究出反刍家畜小肠蛋白质营养新体系，使我国进入9个国家具有该体系的先进行列，并已推广应用；主持国家攻关研究出的尿素瘤胃缓释技术成果达到国际先进水平，为解决我国蛋白质饲料短缺提供了有效技术；主持部项目建成我国第一个南方山区大型奶牛基地的典范，解决了南方山区海拔高坡度大、草场质量差、多雨对饲养奶牛长期没有解决的难题；已培养出40多名硕士和博士；出版专著9部和论文100多篇。因科技成果卓著被国家科委和教委授予全国高校先进科技工作者称号，中国科协先进工作者，为我国的动物营养学研究做出了自己的贡献。

### 张　沅

教授、博士生导师。男，1943年1月出生，北京人，北京农业大学畜牧系本科生、动物遗传育种专业研究生毕业，1980—1984年在德国霍恩海姆大学师从世界著名家畜遗传育种学家Fewson教授，获德国农业科学博士学位。回国后至今在中国农业大学动物科技学院任教，1989年以来一直受聘动物遗传育种学教授。现任中国奶业协会副理事长。

**主要贡献**：张沅同志在主持全国的奶牛育种工作期间，参加了制定“中国黑白花奶牛标准”、制定和修改全国奶牛群体遗传改良方案及其相关的技术规程；参加了全国青年公牛联合后裔测定等工作。多年来坚持家畜育种数据处理的理论和方法研究，特别是在全国青年公牛后测的育种值估计中，推行了公畜模型BLUP法，并指导北京市应用世界公认最先进的动物模型BLUP方法评定公牛，提高了公牛的遗传评定的准确性。缩小了我国与发达国家在这一领域上的差距。主持和参加了三个五年计划的奶牛育种攻关项目，“七五”期间作为主要参加人完成了“中国黑白花奶牛育种核心群选育”国家攻关专题，建立了我国奶牛育种规划最优化系统，更加精确和定量性地论证了我国奶牛育种的策略。获得农业部科技进步三等奖。“八五”期间代表中国奶协主持完成了国家科技攻关专题“应用MOET技术选育高产奶牛研究”，建立了先进的MOET核心群育种体系，在实施过程中成批地选育出了优秀种公牛和种母牛，该项成果获1999年度农业部科技进步一等奖和2000年度科技进步二等奖。

在人才培养和知识传播方面，张沅同志先后参与主编出版了《高产奶牛培育与饲养》、《畜禽育种中的线性模型》、《动物育种学各论》（主编）、《家畜育种学》（主编）、《家畜育种规划》（专著）等书籍，还发表了数十篇学术论文。培养了多名本科生和研究生，为我国奶牛育种工作做出了突出贡献。

### 张子仪

研究员。男，1925年3月出生，山西临猗县人。1945年毕业于日本北海道帝国大学预科农类。1948年毕业于日本京都大学农学部，以后在该大学研究生院攻读反刍动物微量元素营养。曾任前华北农业科学研究所畜牧系一级技术员、饲料组组长；中国农业科学院畜牧研究所动物营养室副主任、学委会委员、主任等职务。

**主要贡献**：张子仪主要从事饲料及动物营养等方面的研究，“六五”至“九五”期间曾先后主持或参加国家级、部级重点攻关项目多项。在饲料营养价值评定、饲料质量监测技术、饲料质量标准化体系及中国饲料数据库的建立、农业部动物营养代谢重点实验室的筹建等方面做出重要贡献。先后获国家、部、省市级科技进步奖19项（主持14项，参加5项）。代表作有：《中国饲料成分及营养价值表》、《饲料营养价值评定方法》、《动物营养研究进展》、《饲料原料标准》、《近红外光谱分析技术》、《中国农业大百科》（畜牧卷）、《中国饲料学》等28册，发表科学论文约270篇。先后培养博士18名，硕士8名。1984年被评为动物营养学科博士生导师，1991年获国务院科学研究突出贡献表彰，享受政府津贴。

曾兼任全国政协第七届、第八届委员会委员及经济委员会委员，中国畜牧兽医学会动物营养学会名誉会长、动物营养学报主编、中国农业科学编委、中国农业大百科畜牧卷副主编、中国农学会计算机农业应用分会顾问、农业部历届顾问或科学技术委员会委员、中国饲料工业协会第四届副会长，1997年当选为中国工程院院士，1998年获中华农业科教杰出贡献奖金。2001年主编《中国饲料学》一书获国家新闻出版总署优秀科技著作二等奖。张子仪是我国饲料及动物营养学界的学术带头人之一。

## 陈大元

博士生导师。男，1933年4月出生，江苏吴县人，1957年毕业于山东大学生物系胚胎专业，现为中国科学院动物研究所生殖生物学国家重点实验室首席研究员，曾主持国家和院的重大和重点项目。现为国家科技部“克隆大熊猫研究”攀登专项的首席科学家、国家自然科学基金委“家畜体细胞无性繁殖（克隆牛）研究”重点项目的首席科学家、中国科学院“异种克隆大熊猫研究”知识创新工程重大项目的课题主持人和“973”“异种克隆中线粒体命运研究”及“‘治疗性克隆’灵长类动物模型的建立”课题的负责人。曾任所学术委员、室副主任、研究组长等职务。现兼任中国动物学会理事长，中国科协第六届全委会委员。中国科协全国优秀科技工作者，国务院特殊津贴获得者。

**主要贡献**：陈大元在世界上最早克隆出了一批大熊猫早期重构胚胎。首次证明了大熊猫体细胞能在异种卵胞质中去分化、重新程序化、恢复全能性、核质具有相容性。在奶业方面首次在国内利用高产奶牛的耳朵成纤维细胞作为核供体，进行了规模较大的克隆牛实验并成功地获得了一批成年体细胞克隆奶牛牛犊。采用创新手段进行去核与核移植，通过胚胎培养，选择230枚良好的囊胚进行非手术法移植给112头受体牛，有26头受体牛获得妊娠，其中14头先后流产，怀孕的12头受体牛中除一头产下干尸外，11头共产下14头克隆牛犊，9头克隆牛犊在出生后先后死亡，5头健康地存活至今。所有克隆个体都经微卫星分析证明其核DNA均与供体细胞一致，而与代孕牛无关。这是我国独立自主利用成年奶牛耳成纤维细胞作为核供体首次获得的克隆奶牛牛犊，实现了我国成年体细胞克隆牛成活群体零的突破。

陈大元曾获国家、院和省部委级一、二等奖共11项。其科研成果被两院院士评为1999年中国十大科技进步奖。公布于2000年1月7日的科学时报上。2001年“大熊猫重构胚在家猫子宫中能着床”论文发表在BIOLOGY OF REPRODUCTION 67，637－642（2002）上。发表论文189篇。主编出版了《受精生物学》专著。已培养硕士、博士和博士后39名。在读博士生8名，为我国的自然科学进步及畜牧业的发展做出了突出贡献。

## 陈历俊

高级工程师。男，1967年3月出生，湖南隆回人，东北农业大学毕业，博士学位，曾任北京三元食品有限公司乳品一厂副厂长、厂长。现任北京三元食品股份有限公司副总经理、兼科研开发中心主任，中国畜产品加工研究会常务理事。曾获北京市首都劳动奖章、北京市工会技术创新奖及省部级科技进步奖，并获得了2002年北京市优秀人才培养专项经费资助。

**主要贡献**：1995—1998年，陈历俊作为主要执行人完成了黑龙江省省长基金研究课题“大豆活性肽的制备与应用的研究”，通过省科委组织的专家验收；期间，作为主要参与人参与省长基金研究课题“大豆寡聚糖的提取、转化与应用的研究”及“鸡蛋中免疫活性物质提取、纯化与应用”的研究，并通过专家验收；其中“大豆寡聚糖的提取、转化与应用的研究”于2001年获得黑龙江省教育厅科技进步二等奖，同年获黑龙江省进步科技三等奖。1999年，承担了全国高等农业院校教材《乳与乳制品工艺学》的部分编写工作。

近年来，作为项目主持人成功地完成了国内首先开发的、具国内领先水平的“早餐奶”，以牛奶、谷物、鸡蛋的全新优化配比，满足了城市居民的早餐饮食需要，其优良的口味深受消费者喜爱，该产品填补了国内空白，获得北京市工会技术创新奖和北京市农工商联合总公司科技进步二等奖。另外，还成功地主持开发了“AD钙酸奶饮品”、“三元果汁酸奶”、“特品奶”和“超高温酸奶饮品”系列产品等多种新产品，产品居国内领先水平，为提高企业的经济效益做出了突出贡献。

在《食品工业与科技》、《北京国际奶业大会论文集》及《中国乳品工业》、《海峡两岸畜产品加工研讨会论文集》等书中发表论文十余篇。

目前正在进行的主要科研工作有：国家重点技

术创新项目“直投式酸奶发酵剂的研制与产业化”（项目主持人）、“十五”国家重大科技课题“北方大城市郊区奶业现代化生产技术集成与产业化示范”（子课题负责人）、“乳品加工关键技术及设备的研究与产业化开发”（子课题负责人）及“十五”国家重大科技攻关课题“乳制品加工技术研究与新产品开发”等。

## 郑大征

高级经济师。男，1948年8月出生。浙江人。华东师范大学毕业。硕士学位。曾任上海乳品二厂厂长助理、副厂长、厂长，上海市牛奶公司营销部经理，上海市牛奶（集团）有限公司副总经理，上海光明乳业有限公司董事、副总经理，上海光明乳业股份有限公司首席研究员等职。

**主要贡献：**郑大征同志在乳品二厂厂长任职期间，坚持抓投资回报，1992年创造了新增利润500万元的佳绩，获得农场局的金牌奖励。1993年，在乳品二厂由旧厂搬迁新厂过程中，坚持生产、培训、安装、调试全面抓，实现了“生产一天不停，市场一天不断，工人迅速掌握现代化设备，同年利润仍有大幅增长”的目标，并大胆提出“创国内一流，同国际接轨”的新思路，得到公司领导层的认可与接受，并在全公司落实推广。

在任上海市牛奶公司营销部经理期间，面对营销理论与意识尚未普及的大形势，坚持引入先进营销理论，在公司内部推行以市场为导向的机制，建立产品经理制度，树立“光明”品牌，集中品牌管理，制订“走向全国”战略。对“光明”保鲜奶，从产品开发、包装设计、市场定位、冷链设计，直到定价和促销全面规划。目前，光明保鲜奶已成为公司主要创利产品之一，也是销量全国第一的产品。

在担任上海光明乳业有限公司副总经理期间，做到“每周一品”（新产品）上市，乳品销售额与净利润年递增30%以上；江浙地区的销售飞速增长；公司经济指标达到全国四项第一（销售额、利润、收奶量、液态奶总量），二项第二；光明品牌荣获上海著名商标称号。分别制订了光明乳业、可的便利店有限公司、金牛房产公司的发展战略与规划、推行上海奶牛一体化的战略、建立品牌公司的战略；提出了“人力资源的开发与管理”的研究报告和“奶粉基地北移”的战略思想并进行实施。任上海光明乳业股份有限公司首席研究员期间，每年完成多个研究项目，并致力于用国际资源做大中国乳业。

郑大征作为IDF“经济与政策委员会”惟一的中国委员，多次出席IDF大会和专业会议，并数次发言。2001年FAO支持的“第二届亚太地区学生奶会议”在上海成功举办。作为该会议组委会负责人之一，为会议的成功申办、准备和召开做出了巨大努力。

## 郑丕留

教授。男，1911年1月出生。江苏太仓市人。1934年清华大学毕业（理学士，留校任教）。1943年先后在美国康奈尔大学畜牧系、威斯康星大学遗传系获硕士、博士学位。在威斯康星大学时还在乳品加工系的暑期学校学习奶制品加工技术。1950—1987年间历任华北农业科学研究所畜牧系副主任、中国农业科学院畜牧研究所副所长、所长、顾问及科技情报研究所所长等职。曾任第一届国务院学位委员会农业学科评议组成员、中国畜牧兽医学会和中国生殖生物学会副理事长、国际动物繁殖及人工授精大会常委、联合国粮农组织遗传资源专家小组成员，为美国农业服务基金会终身荣誉会员、日本养豚学会名誉会员。现任中国农业科学院研究员，第三届全国人民代表大会代表。

**主要贡献：**郑丕留1948年在南京中央畜牧实验所任家畜改良系主任，创建了我国第一个人工授精实验室。1950年3月开始参加中央农业部举办的12期家畜人工授精训练班，负责教学工作并讲授家畜生殖生理，翻译和编写了各种教材。在20世纪60年代举办的学习班上，介绍了国外奶牛冷冻精液的发展和应用情况。1966年在农业部和有关技术人员的协作下，建立了我国第一个奶牛冷冻精液种公牛站，从此我国进入了用超低温长期保存精液的新时代，使冻精在家畜繁殖和改良中起到了很大作用。20世纪60年代在北京农业大学畜牧系兼任教授，讲授家畜生殖生理及人工授精，他指导下的学生在我国稀有动物的繁殖和人工授精的实践和研究中做出了很多成绩。经过长期培训工作，我国人工授精的推广应用效果十分显著，人工授精母畜数、普及率、公畜利用率以及情期受胎率都很高。20世纪70年代奶牛的人工授精普及率已高达93.6%。由于绵羊精液冷冻保存技术达到国际水平，1982年获得农牧渔业部农牧渔业技术改进一等奖。1979年他还和有关单位研究人员一起，分别在上海和黑龙江进行了奶牛和黄牛的胚胎移植实验，其后又多次参加全国性奶牛胚胎移植学术研讨会，介绍国外胚胎移植发展情况，为推动我国牛胚胎移植工作做出了贡献。主持了农业部重点科研项目“我国家畜优良品种资源调查”工作，主编出版了《中国畜禽品种志》巨著。1985年获农牧渔业部科学进步一等奖、1987年获国家科学技术进步二等奖。发表论文报告90篇，编、译、著书12种，有的已译成日文，英文原著《中国家畜品种志》由联合国粮农组织出版，并有西、法两种文字译本。郑丕留为我国家畜的繁殖和改良工作做出了重要贡献，是我国著名的家畜繁殖学家、畜牧学家。

## 南庆贤

教授。男，1938年出生，上海市人。1960年毕业于北京农业大学畜牧系，曾任中国农业大学食品学院院长，博士生导师。现兼任中国农学会常务理事，农产品贮藏加工分会理事长；中国“学生饮用奶计划”专家委员会委员；中国奶业协会常务理事；中国乳品工业协会顾问；北京食品协会副会长；中国畜牧兽医学会食品卫生研究会常务理事。

**主要贡献**：南庆贤参加工作以来，一直从事于家畜营养，动物产品加工和品质质量分析的科学研究和教学工作。曾先后为本科生开设了“养牛学”、“肉品加工学”、“乳品加工学”，为硕士生讲授“肉品科学”和“乳品科学与加工技术”。并给博士研究生讲授“食品科学技术研究进展”课和“生物技术在乳品工业中应用”、“畜产品加工现状及发展趋势”等专题。自1984年起，先后主持农业部举办的农畜产品加工技术和师资培训班（6次），为轻工业部举办一期乳品专业证书班（一年制）。共培养乳品厂的领导和技术骨干近百人。至今已经培养了博士生12名，硕士生26名，现指导博士生5名，硕士生1名。

1996年受农业部委托负责《农业科技发展纲要》中畜产品与水产品贮运加工技术发展纲要的调研和起草工作。并参与制定了《畜产品中长期发展项目设想》。1996年参加科技部负责主编《中国农业科学技术政策》蓝皮书中的食品加工制造业一章，并负责2116工程项目中的“畜、禽、水产品贮藏保鲜及深加工技术研究与开发”的课题起草和协调工作。

在“七五”至“十五”期间主持和参加了18项重点课题的研究工作。已完成的有：农业部重点课题：木瓜蛋白酶对肉类嫩化机理研究等。北京市科委课题：法式肉制品中式风味化研究、乳酸菌种筛选及浓缩乳饮料开发、应用生物工程和膜技术制备高效浓缩乳酸菌发酵剂的研究。国家教育部博士点基金和国家自然科学基金三项。主持和参加国家“十五”攻关课题和科技专项：“肉制品加工关键技术研究和新产品开发”和“奶业发展共性关键技术研究课题”。

近十几年来先后编写教材有《畜牧学》、《畜产品加工学》、《肉奶蛋加工工艺》、《实用肉品加工技术》、《畜产食品加工及进展》等专著，参编有《中国营养丛书》、《中国农业百科全书》、《现代化养鸡》、《食品原料学》等书，目前主编有《肉类工业手册》、《食品加工工程》中卷。

发表60余篇科技文章。先后到美国、加拿大、澳大利亚、日本、法国、德国、俄罗斯等国进行学术交流和访问。

获得农业部科技进步一等奖1项、三等奖1项，北京市星火科技二等奖1项，中国农业大学科技成果二等奖2项。1991年评为北京市优秀教师，1992年获得国家特殊津贴，1999年评为全国优秀农业科技工作者，2001年评为中国科协先进工作者。

## 骆承庠

教授。男，1924年出生，浙江义乌县人，1947年毕业于国立英士大学。毕业后去台湾省，先后在台湾省农业试验所任技士，台中农学院任讲师，1955年至1958年在日本北海道大学（研究生）和九州大学（硕士研究生）进修，1958年受原森林工业部副部长刘达同志邀请回到祖国，在东北农学院工作。

**主要贡献**：骆承庠教授是我国著名的畜产品加工专家，全国惟一的动物食品科学博士点的博士研究生导师，省重点学科学术带头人，全国乳品、畜产品教材主编，所编教材《乳品工艺学》获农业部优秀教材二等奖；创办中国畜产品加工学会（一级学会），任理事长，主持召开三届海峡两岸畜产品加工学术交流研讨会，并主编了三集学术论文集，为增进两岸思想、学术交流和台湾回归做了大量工作；担任《中国畜产与加工》（一级学术刊物）杂志主编和《中国乳品工业》、《肉品工业》、《黑龙江畜牧兽医》、《中国乳业》等多种学术杂志的编委和顾问。他是我国畜产品加工界的奠基人和开拓者之一，在国内享有很高的声誉。

骆承庠教授在畜产品加工领域取得了重要研究成果，他参与主持的“建成我国奶山羊良种繁殖基地及奶酪加工技术的工业试验”，为发展我国奶山羊事业做出了重大贡献，获得国家科技二等奖，陕西省科技进步一等奖；他研制出“大颗粒速溶奶粉”，解决了国产奶粉速溶问题，获黑龙江省优秀科技成果奖；研制成功婴儿一、二、三段奶粉，为婴儿奶粉向母乳化方向发展奠定了基础，并获哈尔滨科技进步一等奖；同时还发明了“乳酸菌素”的生产技术，该产品畅销全国；另外在肉的嫩化、双歧杆菌增殖因子、乳清的开发利用和鸡蛋综合利用等方面研究中也取得了显著成果。

骆承庠教授在人才培训方面做了大量工作，先后三次受农业部委托举办全国高、中等农业院校畜产品加工学师资培训班，学员遍布全国，成为各行业的领导和技术骨干；同时还培训了大量高级技术人才，先后出版专著和教材20余部，论文30余篇，已培养硕士、博士研究生50名，一部分已在我国乳品和食品行业任领导工作，为我国畜产品加工事业的发展奠定了坚实的基础。

## 秦志锐

研究员。男，1921年3月出生，广西桂林人。1944年毕业于铭贤学院畜牧系，同年进入农林部中央畜牧实验所。1949年以后在华北农业科学研究所、黑龙江省畜牧研究所、中国农业科学院畜牧研究所等单位工作。曾任奶牛育种联络员、中国奶牛协会常务理事、副秘书长、副理事长兼育种专业委员会主任、北京市奶牛协会副理事长，中国畜牧兽医学会养牛学分会副会长、遗传标记分会副会长兼秘书长及名誉会长，北京市1~4届顾问，中国畜牧杂志副主编，国家畜禽品种审定委员会牛品种审定主任等职。

**主要贡献：**秦志锐在组织跨省、自治区、直辖市的联合公牛后裔测定工作中，带头制订符合国际标准的测定方法和规范，并成功地选出良种公牛40多头，精液分布全国，经抽查证明，凡经过后裔测定选出的良种公牛，其后代母牛一个泌乳期产奶量、乳脂率比对照组各提高220千克及0.06%，效果明显。他极力主张从美国、加拿大引种并亲自参加从美国引种的工作，经抽样调查证明，该次引种的效果明显，一个泌乳期的产奶量和乳脂率，各提高632千克及0.07%。这些工作在提高全国奶牛生产性能改进体型缺点上，做出了很大成绩，对育成中国荷斯坦牛，起到关键性作用。此外，他在国内首次提出应用数量遗传学与生化、细胞、免疫等遗传学相结合的方法，早期选择良种公牛，主张成立《中国畜牧兽医学会遗传标记学分会》，并获得成功，为该项研究奠定了基础。这些成果曾获得黑龙江省科技大会和全国科技大会奖（1978年）、黑龙江省科技进步一等奖（1983年第一名）、农业部科技进步一等奖（1986年第二名）、国家科技进步一等奖（1987年第二名）、农业部科技进步三等奖（1993年第一名）。正式出版专著《奶牛的遗传改良》，主编《奶牛高效益饲养技术》，发表论文约80篇，译文20万字。

## 蒋建平

研究员。男，1930年9月出生，安徽亳州市人。1953年毕业于浙江大学农学院。现为中国农业科学院研究员，任国家“学生饮用奶计划”专家委员会主任。

**主要贡献：**针对我国居民食物结构中优质蛋白质不足问题，于1993年3月草拟并与其他专家一起，向国务院送交了《关于加速优质蛋白质开发利用、优化食物结构的建议》，明确提出“要提倡吃奶，并把奶制品加工作为一个新兴的产业加以发展”。这一建议得到国务院领导的批示。1998年3月，借鉴国家大豆行动计划的经验，在《中国食品报》上率先提出了《制定“奶类行动计划”、“加快乳业发展步伐”》的建议，从“倡导吃奶、开拓市场、广辟奶源、发展加工、组织管理”等各个环节上，呼吁国家有关部门为振兴奶业而共同奋斗。同时，在中国奶牛协会等组织举办的“1998年中国牛奶科学论坛”上，提出以中小学生为重点，推广学生奶，并与营养餐相结合的对策。1998年6月，在中国乳制品工业协会召开的“乳、乳制品与健康研讨会”上，论述了“一手抓奶、一手抓豆”，奶业与豆业同步发展的必要性与可行性，策划与操办了“奶业振兴、经济增长与民族强盛高层研讨会”，并根据代表们的意见，草拟并向国务院提出了建议，李岚清、温家宝副总理都作了重要批示。同年10月，赴南非参加了在联合国粮农组织支持下首次召开的“21世纪学生奶国际会议”。会后，提出了“以学生奶为突破口，开展奶类行动计划，以推进奶业生产和加工的发展，扭转我国奶业严重滞后局面。”这一建议得到农业部领导的批示，并委托农垦局进行学生奶的试点。作为一项政府行为，这是有计划、分步骤推广学生奶的一个良好开端。此后，又先后参加了第一次和第二次亚太地区学生奶会议，于2001年11月论述了建立与完善中国学生奶推广体系的必要性和主要内容。近年来，还积极参与国家“学生饮用奶计划”的策划、试点、推广与宣传等活动，促进多部门、跨学科的协作与学生奶的推广。蒋建平研究员坚持干实事、讲实效，在国内外具有广泛的影响，为促进我国奶业的发展做出了贡献。

## 蔡同一

教授，博士生导师。男，1938年出生，浙江宁波人。原北京农业大学食品科学系主任，现在中国农业大学食品学院从事食品科学与工程学科的教学与科研工作，任农产品加工教研室主任。

**主要贡献：**蔡同一从事高等农业教育42年，他的研究方向是农产品加工及资源综合利用。研究领域：果蔬加工与优质植物蛋白利用。近20年来，他出版了《果蔬加工原理及技术》、《农产品原料学》、《果蔬加工》等专著，主编的面向21世纪课程教材：《园艺产品贮藏加工学》已于2001年8月由中国农业大学出版社出版。为国家培养21位博士生和32位硕士生。1997年北京市授予优秀教师称号。

他主持农业部“七五”、“八五”、“九五”攻关课题，包括主要农产品加工技术研究；主要果蔬汁酱加工技术；复合蔬菜汁加工技术及产品开发，太行山区果品加工研发；果汁加工中关键技术与装备研发，南瓜、生姜、洋葱功能因子研究及功能鉴定，苹果加工中褐变及后混浊控制技术研究。90年代主持三次国家自然科学基金项目，果汁（苹果、葡萄、草莓）加工中典型芳香成分形态、变化及增香调控研究及主要营养素变化规律研究。主持中德农业综合发展第14项国际合作项目“现代果蔬汁加工技术及质量控制”，首先将膜分离这一高新技术引入我国果蔬汁加工技术中，2001年12月，他主持的“九五”国家科技部攻关项目果汁加工中褐变与后混浊控制技术被中国食品工业协会评为食品领域二十大科技成果之一。在他承担的科研项目中获国家科技进步一等奖1项，农业部科技进步一等奖1项，三等奖1项，河北省人民政府表彰奖1项，评为太行山区科技开发有功人士和先进个人、北京市科委星火科技一等奖1项。1992年国家农业部授予有突出贡献中青年专家称号，同年获国务院颁发的政府特殊津贴。

现在正主持国家自然科学基金项目1项，博士点基金项目1项，中华农业科教基金项目1项，“十五”国家科技部重点攻关项目“农产品加工关键技术与装备研发”，重点是苹果加工中关键技术与装备研发。共发表论文百余篇，有22篇获优秀论文。他任副主编的中国营养丛书《生命首先在于营养》获中国图书二等奖，还主编了《膳食与健康》等科普丛书。

蔡同一还曾兼任：国家食物与营养咨询委员会委员、法国达能营养中心科学委员会委员、肯德基（美国）大中国地区百胜餐饮集团健康咨询委员会委员、北京市科学技术协会委员、北京食品学会理事长、北京食品协会副理事长、中国食品科学技术学会、中国绿色食品协会常务理事，北京营养学会常务理事。

“捧着一颗心来，不带半根草去”是他的座右铭，虽已年过花甲，仍然工作在第一线，为食品科学的教学与科研做出自己应有的贡献。

## 企　业　家

### 王均豪

经济师。男，1972年10月出生，浙江温州人。曾任均瑶集团乳品有限公司总经理，均瑶集团有限公司副总裁，均瑶集团乳业股份有限公司总经理。兼任浙江饮料协会副会长、中国乳制品工业协会常务理事、中国奶业协会常务理事。

**主要贡献：**1994年6月，王均豪经过多次考察和论证，看好中国乳制品市场的发展前景，组建温州均瑶乳品公司，同时进行新产品开发，并率先在国内推出了长效灭菌奶，这一产品的推出大大延长了牛奶的保质期，使更多的人都有条件喝上牛奶。1996年1月，在无锡市组建了均瑶集团无锡乳品有限公司，均瑶乳业的规模很快得到提升。1997年1月，为推动品牌战略，邀请香港歌坛巨星张学友出任均瑶牛奶的形象代言人，并在中央电视台黄金时段推出均瑶牛奶的广告。很快均瑶品牌开始深入千家万户，均瑶牛奶的销量也开始直线上升，在包机业务和牛奶业务如火如荼发展的同时，他又开始参与温州均瑶宾馆组建，1997年11月投入近亿元的均瑶宾馆正式投入运营，1998年宾馆被国家旅游局授予三星级涉外酒店。2000年均瑶集团响应中国光彩事业号召，参与三峡库区扶贫项目，投资上亿元在宜昌建设乳品加工项目，促进了三峡库区的农业结构调整，带动当地经济建设的连动发展，为此，公司还受到国务院领导的肯定和嘉奖。目前已形成华东以无锡为中心、西南以宜昌、当阳为中心、华北以丰润为中心的四大乳业生产基地。在王均豪的努力下，均瑶集团不断发展壮大，为祖国的经济建设做出了自己应有的贡献。

### 王佳芬

高级经济师。女，1951年10月出生，上海人。中欧工商管理学院工商管理硕士。曾任上海市牛奶（集团）有限公司董事长、上海光明乳业股份有限公司董事长兼总经理。兼任国际乳品联合会中国副主席、中国奶业协会副理事长、中国乳品工业协会副理事长、上海奶业协会会长、中国食品协会常务理事、上海市女企业家协会常务理事、上海市人民政府决策咨询研究专家。

**主要贡献：**1997—1999年，王佳芬同志带领光明乳业取得了显著业绩，销售收入和利润每年都以30%以上的速度持续增长，2000—2001年更是达到了50%以上的增长率。王佳芬提出“以战略统帅全局”的观念，“以全国资源做全国市场”，建立了四个奶源基地、八个生产基地，产品行销至29个省、自治区、直辖市。提出了“质量是企业永恒的主题，新鲜每一天是光明乳品的象征”的企业要求，在ISO－9002质量体系的保证下，结合以满足消费者需要的新品开发体系和服务体系，强调产品创新。光明牌四大主力产品——鲜奶、奶粉、酸牛奶和保鲜果汁被上海市名牌产品推荐委员会连续五年推荐为上海名牌产品，荣获“上海名牌产品五连冠”称号；2000年光明牌乳制品荣获第27届中国奥运代表团惟一指定乳制品的称号。光明乳业在国内乳业排名中综合指标名列前茅。

曾经获得的荣誉：1996年度全国优秀女企业家，1996年度全国食品行业优秀企业家，1998年度全国先进女职工，1998年度上海市劳动模范，1998年度上海市先进女职工标兵，1999年受聘为上海市人民政府“1999—2000年决策咨询研究专家”，2000年度全国“五·一”劳动奖章获得者，2002年度全国质量管理先进工作者，王佳芬总经理作为上海企业制度试点企业代表，曾于1995年先后参加了中央领导在沪召开的座谈会，受到了亲切接见。

### 王德胜

高级农业经济师。男，1960年12月出生，山东平度县人，哈尔滨师范大学研究生毕业，现任黑龙江省农垦总局党委委员、完达山乳业股份有限公司董事长、中国奶业协会副理事长。曾因工作成绩突出被评为省十大杰出青年企业家、全国青年星火带头人标兵、黑龙江省劳动模范、全国劳动模范等荣誉称号。黑龙江省第八、九届人大代表、省劳模协会常务理事、省青年企业家协会副会长、中国农业大学和八一农大客座教授。

**主要贡献：**1996年，时任牡丹江农垦分局局长的王德胜针对分局所属的10个乳品厂各执品牌在同一市场上，竞相降价，经营窘困的实际状况，对这10个乳品厂进行合并，依托完达山名牌组建完达山乳业股份有限公司，参与乳品市场竞争。2001年凭借品牌、市场、技术实力，先后收购、控股或租赁了双鸭山市、讷河市、新华农场等垦区内外24家乳品厂，并投资2.6亿元在哈尔滨市高新技术开发区建成日生产400吨世界先进水平的液态奶生产线，日处理鲜奶能力1000吨以上，可生产奶粉、液态奶、豆制品、饮料、米粉及保健品等六大系列70多个品种，资产总额达7.16亿元的大型专业乳品制造商。王德胜率先在全国乳品行业实施“放心奶工程”，从基地、奶源、加工、检测、生产、包装、配送直到企业的服务、品牌形象、文化传递等，都按绿色食品标准要求运作，并在企业内部推行了生产现场“五字”管理法（严、实、细、高、满），“三全”管理法（全企业、全过程、全员参与）和HACCP相关危害分析控管技术，有效地提高了产品质量，让消费者喝到真正的放心奶。目前，完达山已有40个产品获得了国家绿色食品A级认证，绿色食品占产销总量的96%以上，成为全国乳品行业绿色食品品种最多、产销量最大的企业。

如今，王德胜又结合黑龙江奶业振兴计划的启动，进一步加快“三化”建设，即制度化建设、多元化建设、信息化建设；实施四项工程：即换脑工程、素质工程、CIS工程、放心奶工程；发展六大产品：奶粉、液态奶、豆粉、米粉、饮料、保健品，使一个名牌产品变成一个名牌群体；构造七大优势：品牌优势、市场优势、产品优势、人才优势、绿色基地优势、产业化经营优势、学习型组织等优势的可持续发展战略。

### 牛根生

高级经济师，教授级工程师。男，1958年1月出生，内蒙古呼和浩特人，中国社会科学院工商管理硕士研究生，曾任伊利集团副总裁，现任蒙牛集团总裁，中国奶业协会副理事长。

**主要贡献**：1999年牛根生创建蒙牛集团，经过3年多的艰苦奋斗，总资产从1 000多万元增长到近10亿元，年销售额由1999年的4 365万元增长到目前的21亿元，在全国乳制品企业排名上升至第4位。

牛根生领导的蒙牛，创造了中国乳品企业发展的最高速度——蒙牛速度；以最短的时间打造了中国驰名商标及中国名牌。牛根生荣获多项荣誉，1993年，获呼和浩特市政府颁发的科技兴市效益一等奖；1990—1996年首届呼和浩特市特级劳动模范；1995年获内蒙古自治区有突出贡献的科技人员奖；1996年入选“呼和浩特首届十大杰出青年企业家”；2000年被评为“发展乡镇企业功臣”；2001年获第八届内蒙古先进企业家称号。

牛根生在领导蒙牛集团发展中，十分注重文化建设。他认为，一个成功的企业，必须“两条腿”走路，第一条腿是学习，第二条腿是创新。蒙牛一直致力于建立学习型企业。蒙牛人认为，人类社会几千年积累起来的智慧宝库，有着取之不尽用之不竭的文化源泉。他们本着“综合就是创造”的原则，从古今中外的文化遗产中撷取出上百条至理名言，并揉入自己的创新，将它们制成标牌，悬挂在公司的角角落落，以规范每个员工的思想和行为。

他十分重视整合无形资源，如把“天苍苍，野茫茫，风吹草低见牛羊”草原文化挖掘为“内蒙古最重要的一笔文化遗产”，把呼和浩特挖掘为“中国乳都”，为内蒙古企业团队赋予“为内蒙古喝彩”的精神纲领，以及将古今中外的文化精华整理出来为企业所用，都显示出极高的整合资源的艺术。

牛根生以“小胜靠智，大胜靠德”为座右铭，以振兴内蒙古、振兴整个中国乳业为己任，依法治厂，以德治厂，要求蒙牛人追求真理、崇尚正义，充满正气，使企业向着健康、稳定的方向发展。

### 田文华

高级工程师。女，1942年10月出生，河北正定人，大专学历，曾任石家庄市牛奶厂乳品分厂厂长，石家庄市牛奶厂生产副厂长，石家庄市乳业公司总经理、党委书记，现任石家庄三鹿集团股份有限公司党委书记、董事长、总经理，石家庄市新华区区委常委，人大副主任。

**主要贡献**：在田文华同志的带领下，三鹿集团现已发展成为集奶牛饲养、乳品加工、科研开发为一体的中国最大的奶粉生产企业。1993年以来，三鹿奶粉的产量、质量、销量和企业效益均居全国同行业第一位。液态奶产销量进入全国前五位。先后荣获“全国质量效益型先进企业”、“全国轻工业十佳企业”、“全国五一劳动奖状”、“农业产业化国家重点龙头企业”、“全国质量管理先进企业”、“国家科技创新型星火龙头企业”、“中国保健食品行业百强企业”、“全国先进基层党组织”、“中国企业500强”等多项荣誉称号。三鹿奶粉、三鹿液态奶双双被评为国家免检产品和“中国名牌产品”。

她在企业内部推行了“吨产工资、优质节约有奖”的分配机制，并创立了“奶牛下乡、鲜奶进城、城乡联合发展奶业”的新路子，以品牌为旗帜，以资本为纽带，进行了资产重组，实现了低成本扩张，使企业规模迅速扩大，配方奶粉市场占有率为全国同类产品的28%，同行业主要经济指标排序进入前三名。她先后带领科技人员攻克难关142项，开发研制新产品32项。

田文华同志多次受到国家、省、市级表彰，先后荣获省劳模、省优秀共产党员、省级优秀专家、省企业改革标兵、省“十大女杰”、省优秀人民公仆、省优秀企业家、省最佳厂长（经理）和省轻工业企业家创业奖以及全国“三八”红旗手、全国劳动模范、全国少儿先进工作者、全国优秀女企业家、全国轻工业优秀企业家、中国食品工业优秀企业家、全国质量管理先进工作者、2001年杰出创业女性、全国城镇妇女“巾帼建功”标兵、首届企业家创业奖等多项荣誉称号，享受国家特殊津贴。1998年当选为第九届全国政协委员。

### 乔九崇

高级经济师、企业家。男，1947年8月出生，山西山阴县人，大专文化。现任山西古城乳业集团有限公司董事长，中国乳制品工业协会副理事长。

**主要贡献：**1976年，时任村支书的乔九崇带领20多农民兄弟在千亩盐碱荒滩上搭牛舍、垦荒地、种粮食、办副业，使一个起步时靠5000元借贷购买七头小奶牛、一条毛驴的镇办小农场办的红红火火，在黄牛改良、奶牛标准日粮饲喂技术等试验成功的基础上，奶牛存栏头数逐年增多，远远超过了预期的各项指标，受到了县里的表彰。1982年他自己设计、自己安装，贷款40万元，建成一座年产2 000吨的奶粉厂，并提前三个月试产成功，在他看来，作为一个乡办小企业，只有比别人付出更多的努力，才能在同行业中站稳脚跟。经过二十多年的发展，古城乳业拥有总资产近2亿多元，职工600多人，日处理鲜奶450吨，年产值3亿多元，实现利税近6 000万元，跻身于中国十大乳品产销企业集团。目前已投资1.9亿元扩建年产16万吨液态奶乳品加工项目，一期工程投产在即。

由于乔九崇本人工作成绩突出，被选为山西省人大代表，多次受到协会、农业部、省市县的表彰奖励，先后荣获全国乡镇企业家、功勋企业家、山西省劳模、全国劳模等称号。农民企业家乔九崇以其艰苦创业的精神和坚忍不拔的毅力在乳制品行业中深受瞩目。

### 刘永好

企业家。男，1951年出生，四川成都人，大学文化，全国政协常委。现任新希望集团董事长、希望集团总裁、中国民生银行副董事长、中国饲料工业协会副会长、中国奶业协会副理事长。

**主要贡献：**刘永好1982年筹集了1000元人民币，从种植、养殖业起步，历经磨难，创出了中国最大的本土饲料企业集团——希望集团。希望集团是中国100家最大的饲料生产企业的第一名，曾被中国国家工商局评选为全国500家最大私营企业第一名。

1996年，刘永好组建了新希望集团。新希望集团现有15 000多名员工，82家企业，产业范围涉及饲料、乳业、肉食品、房地产、金融与投资、基础化工、国际贸易等领域，并在东南亚建有3家生产型企业，2001年实现产值40亿元人民币，是中国民生银行的第一大股东，也是中国民生保险主要发起股东。

1994年，在有关方面的支持下，刘永好等9位民营企业家联名倡议发起了“光彩事业”，新希望集团作为倡议者之一，已在中西部贫困地区投资2亿元，兴建14家光彩事业扶贫工厂。刘永好由此而荣获全国光彩事业金质奖章并荣任全国光彩事业促进会副会长。

多年来，刘永好先后被有关方面评选为“中国十大改革风云人物”、“中国十佳民营企业家”以及“中国十大扶贫状元”、“中国十大民营企业家”等，并曾被美国《商业周刊》评为“2000亚洲之星”。

### 刘华国

高级经济师、政工师。男，1953年出生，陕西临潼人。大学文化，现任中国乳品十强企业——西安银桥乳业集团党委书记、董事长兼总经理。

**主要贡献：**刘华国同志具有高度的历史使命感和强烈的工作责任感。创业初，他就把“厂兴民富，同奔小康”作为企业的奋斗目标，始终以“公司+农户”开发扶贫的产业化经营模式发展乳制品生产，通过银桥龙头企业的辐射和带动作用，已使周边10多个区县，60多个乡镇的数万户农民靠养殖奶牛走上了致富奔小康的道路。目前，银桥集团已建成陕西省最大的绿色奶源基地，并在当地形成了以市场牵龙头、龙头带基地、基地连农户，产供销一条龙、农工贸一体化的产业化格局。奶牛饲养已成为当地经济发展的主导产业和集团发展壮大的“造血库”。同时，大胆开拓，不断创新，引进了具有国际先进水平的乳品生产线和自动监控杀菌器、脂肪仪等乳品生产关键性设备。成立了以权威专家教授为核心的高科技新产品开发研究中心，不断调整和优化产品结构。推行全员质量管理，在全国十大乳品企业中率先通过ISO-9002国际质量体系和产品质量认证。集团在临潼经济开发区投资1.2亿元建成了以液态奶为主的现代化综合乳品生产基地，并从美国、德国、法国、丹麦和瑞典等引进具有国际先进水平的生产线和包装设备，采用国际先进的乳品生产工艺和GMP优良制造规范，生产出了“银桥”系列酸奶、鲜奶、中国学生饮用奶、超高温灭菌奶、巴氏消毒奶、乳酸菌饮料以及高科技含量、高附加值的“秦俑”系列配方奶粉，并已向生物工程领域进军，从而为集团的进一步发展和取得更大的效益奠定了坚实的基础，同时形成和牢固树立了“团结、勤奋、拼搏、腾飞”的企业精神。

在刘华国任职期间，企业各项经济指标均以每年35%以上的速度递增。近五年来，集团实现产值、销售收入累计达到13亿元，支付群众鲜奶费近5亿元，创造了良好的经济效益和社会效益。集团生产的“秦俑”系列奶粉连续6年在国家质量技术监督局抽检中合格，其中婴幼儿配方奶粉被国家质量监督检验检疫总局授予了“国家免检产品”称号；银桥集团也被国家8部委认定为“中国学生饮用奶定点生产企业”之一；“秦俑”奶粉被国家质检总局评为“中国名牌产品”，从而实现了陕西省中国名牌零的突破。

1989年刘华国被民政部、总政治部评为全国军地两用人才先进个人；1991年被农业部授予全国优秀乡镇企业家称号；1994年在美国洛杉矶国际食品博览会上荣获国际优秀青年企业家称号；1995年被国务院授予全国劳动模范称号；1996年荣获第八届《半月谈》思想政治工作创新奖特等奖；1997年被陕西省人民政府评为有突出贡献的中青年专家；1998年当选为九届全国人大代表；2000年被国家科技部、农业部、水利部、林业局联合授予全国农业科技先进人物，受到江泽民等党和国家领导人的亲切接见。

## 刘树清

民营企业家。男，1949年3月出生，黑龙江五常市人。1989年10月在大庆创办沥青加工厂、炼钢厂、木器厂等乡镇企业和餐饮服务业，1996年5月从事房地产业，任董事长兼总经理，2000年开始投入奶牛养殖业和乳品加工业，任董事长兼总经理。

**主要贡献：**1996年在大庆开发区创建时，投巨资建设了高品位多功能的皇宫饭店和6万米$^2$的大庆市商业银行，取得较好的经济效益。2000年8月正式组建大庆市银螺乳业集团。同时出巨资收购了原大庆三环公司12个牧场1 000多头奶牛，租赁草原2万公顷，青贮地0.67公顷。在此基础上，自筹资金1.25亿元，重点进行奶牛基地的建设和改造，按照现代养殖技术的要求新建70栋近9万米$^2$新牛舍，到国内优质奶牛产地购买良种奶牛7 200多头。并先后到世界上奶牛业发达的国家加拿大、新西兰、澳大利亚考察和选购奶牛。2001年，由省长带领到加拿大阿尔伯达省考察期间，公司同加拿大签订了购买世界最新品质优良怀孕母牛880头的合同。为了尽快引进优质奶牛，公司在大连港口附近投资2 200多万元建立了一个占地6万多米$^2$高水平的奶牛隔离场，目前已通过大连海关验收。此外，从加拿大引进11 000头优良高产奶牛胚胎，进行规模移植，实现了奶牛自繁自育。为了加快企业的发展，先后从华南理工大学、乳品研究所等单位聘请专家，同时还从美国、加拿大聘请外国专家进行技术咨询。为探索鲜奶加工新途径，投资300多万元同华南理工大学合作建立银螺集团乳品开发研究室。在刘树清的带领下，大庆银螺乳业有限公司现已发展成为集草场建设、奶牛养殖、饲料种植、鲜奶加工、房地产开发为一体的黑龙江省及大庆市产业化龙头企业。公司现有资产总额6.8亿元，资产负债率39.3%，银行信用等级为AAA级。2001年加工鲜奶7万吨，实现销售收入35 860万元，税后利润3 400万元，带动周边3 000饲草户和5 000种粮户的发家致富。

## 郑俊怀

高级经济师。男，1950年9月出生，内蒙古呼和浩特人。中国社会科学院工商管理硕士，现任内蒙古伊利实业集团股份有限公司党委书记、董事长，中国奶业协会副理事长。

**主要贡献：**在伊利任职的近20年间，郑俊怀带领广大员工解放思想、求实创新、大胆改革、锐意进取。企业于1993年完成了股份制改组，使原来固定资产40多万元、年利税不足5万元的呼和浩特市回民奶食品厂，发展成为全国大型乳业集团。与股份制改组前相比，净资产总额增长了118倍，销售收入增长了79倍，利润和税金分别增长了69倍和135倍。2001年完成主营业务收入27.02亿元，实现净利润1.2亿元、利税3.4亿元，每股收益0.82元、每股经营净现金流量2.09元，在沪深股市1 170多家上市公司中名列第八名。在全国同行业中，冰淇淋、雪糕系列产品产销量连续七年名列第一名，奶粉、奶茶粉系列产品产销量名列前三名，超高温灭菌奶系列产品产销量名列第一名。生鲜奶收购量达到45万吨，向10多万户奶农支付奶款约7亿元。公司连续四次被评选为“中证·亚商中国最具发展潜力上市公司五十强”之一。目前，伊利集团公司已实现主营业务收入31.4亿元，利税3.8亿元，总资产达到30.6亿元，其中净资产达到17.5亿元。乳品业务收入跃居全国同行业企业第一位。

多年来，郑俊怀同志带领企业积极导入国际先进的管理理念和模式，始终把人才战略作为提升企业核心竞争力的第一战略，建立以人为本、制度为保障、团队为前提的平等信任的企业文化。为了承担更多的社会责任，伊利集团坚持走农业产业化的发展道路，带动呼和浩特市周边地区3万多农户，10余万人脱贫致富。同时，伊利集团在东北、华北等全国范围内建立了奶源基地和生产基地，拉动了农村奶牛养殖业和城乡相关产业的蓬勃发展，直接或间接为社会创造了几十万个就业岗位，为解决农民脱贫致富问题发挥了卓有成效的作用，并提供了宝贵的经验。

郑俊怀同志在工作中善于创新，勇于拼搏，多次被评为自治区优秀企业家、优秀共产党员、全国劳动模范、全国十大扶贫状元，为内蒙古奶业的发展做出了突出贡献。

## 高青山

经济师。男，1955年11月出生，北京人，大专学历。曾任双桥乳品厂副厂长、厂长、党委书记，北京市牛奶公司总经理，北京三元食品股份公司总经理。现任北京三元集团公司董事，中国奶协副理事长。

**主要贡献：**高青山在双桥乳品厂工作期间，开发出了19个新产品，组织进行了技术改造，使劳动生产率提高了20%，销售收入增加了30%。双桥乳品厂由1989年实现销售收入1082万元、利润101万元，一跃达到1994年实现销售收入4000万元、利润400万元，增长了3倍。由他主持开发的维D消毒奶在中国食品工业成就展示会上获优秀产品称号，同时，高青山同志个人也被评为中国食品工业优秀企业家、北京市工业企业优秀科技领导干部一等奖。

1997年，适逢三元公司通过北京市控股有限公司在香港上市筹集到了2.4亿元的资金。借此契机高青山同志提出了品牌、人才、科技、资金四大战略，带领三元职工同时进行并完成了三元公司双桥液态奶、右安门发酵奶、南口奶粉生产基地和中瑞科研培训中心的改造。这些项目于1999年的全面投产，使三元公司具备了国内一流的生产能力和雄厚的科研力量。

高青山同志始终将市场作为企业的生命线，主持建立了专业营销公司，并亲自兼任经理，短短一年时间中，实施了"统一销售、分区划片"，全面开展送奶到户业务，规范了三元的市场行为，牢固地树立了三元的品牌形象。

高青山同志注重管理，重视人才。1998年，他主持邀请咨询公司对三元公司组织结构进行了全面的考察、评定和设计，大力吸纳大中专毕业生，改善企业人才结构，并实行了干部的竞聘上岗制度和岗位工资制度。在高青山同志的大力推进下，三元公司于1998年就开始筹备ISO－9000工作，并于2000年初顺利通过审核，这为三元的形象和市场竞争力加上一个重要砝码 。2000年成功收购了曾是国内最大乳品厂的海拉尔乳品厂，组建了呼盟三元乳业公司。2001年，在高青山同志的直接领导和组织下，顺利完成了公司的股份制改造，成立了北京三元食品股份有限公司，向现代企业迈出了更加坚实的步伐。

## 蔡敬东

男，1947年10月出生，江苏南京人。曾任南京江宁县政府办公室主任、财政局局长、常务副县长，江宁开发区管委会主任和南京高新技术开发区委管会常务副主任，现任南京奶业集团董事长、总经理，同时还担任南京大学心理学客座教授，南京市人大代表、江苏省奶业协会副理事长等社会职务。

**主要贡献：**蔡敬东同志在南京奶业集团两年来，以其丰富的工作经验，创业创新的开拓精神和求真务实的人格魅力，凝聚和带领卫岗几千名干部员工，解放思想，化危机为转机，变被动为主动，促进了南京奶业集团的改革、稳定与发展，促使企业实现了重大历史转折，进入跨越式发展的新阶段，使公司的生产利润实现了翻番。目前，液态奶市场量突破10万吨，集团实现销售收入近10亿元，经营资产达10亿元，国有资产增值1个多亿，资产负债率下降了30多个百分点。同时还为了企业的可持续性发展，成功地构筑了三个平台。第一，运行体制新平台。通过深化企业改革改制，建立了集团化、市场化的现代企业运作体制。第二，技术改造新平台。实施卫岗二次创业计划，开工建设了一期投资1.4亿元，占地26.7公顷的江宁卫岗乳品工业园技改项目，争取到"十五"国家重大科技专项。第三，企业管理新平台。强化了以质量为核心的生产管理，以成本为核心的财务管理。以素质为核心的人力资源管理。三个平台的建立大大提升了企业的核心竞争力，为卫岗奶业实现跨越式发展打下基础，创造了条件。

在当前乳业竞争加剧、整合加速的新格局中，"卫岗现象"引起了南京国企及全国乳业同行的高度关注，蔡敬东将卫岗奶业由一个问题企业转变为一个充满生机盎然的企业，他的成功对南京国企及全国中小乳业的发展有着重大的借鉴和促进作用。

# 知名奶业企业

## 光明乳业专业化起步 产业化发展 国际化经营

上海光明乳业股份有限公司 王佳芬

上海光明乳业股份有限公司是由国有企业上海牛奶集团公司脱胎而来的由国资、外资、民营资本组成的产权多元化的股份制上市公司。光明乳业的孕育与发展，经历了改革的“阵痛”，“走向全国”的洗礼，并正致力于早日把“跻身世界”的蓝色憧憬变为现实的光明。

**(一) 专业化起步，集约化变型**

光明乳业的前身上海市牛奶公司，是一家具有40多年历史的传统国有企业。1992年，在小平南巡讲话的推动下，公司抓住了改革的机遇，以“国内一流，国际接轨”的标准，以“专业化分工，集约化经营”的思路，率先进行国有企业现代企业制度的改革，使企业由计划经济条件下的专业公司走上了市场化、产业化、集团化的现代企业之路，并成为全国乳业集团的排头兵。

**1. 战略，是企业的航标** 20世纪90年代初，放权搞活、多种经营成为一种“潮流”。在改革的浪潮中，企业向何处去决定着企业的航向和命运。从国际乳业看中国乳业，从中国乳业看上海乳业，看未来，看趋势，看规律，看现状，光明确定了自己的战略调整方向：以公司为市场主体，实现专业化、集约化经营。选择国际乳业集约发展的方向，争取领先一步从整体上搞活企业；以国内一流、国际接轨为目标，内引外联实现国有企业的两个根本性转变，争取尽快地从传统国企体制中脱颖而出。

**2. 迅速果断地变革**

变革之一：将行政性的牛奶管理公司定位为面向市场的直接主体，迅速改变20多个独立法人分散管理的局面。从企业出发变为从消费者出发，生产导向变为销售导向，分散经营变为集中经营，多个品牌变为集中提升光明主品牌。

变革之二：全面调整，构筑适应市场经济发展的经济格局。展开了产业、产品、布局、劳动力和观念五大调整，初步形成了以市场为导向，以专业分工、规模化生产为原则，按市场机制运行的新机制。同时在产业调整中，形成了房产、商业两个新的经济增长点，在深化改革中，以提供资金和安置劳动力起到了“造血功能”的作用。

变革之三：变革人事管理制度。变“身份管理”为“岗位管理”，破“平均主义”为业绩考核，以经营管理代替行政管理，以劳动力的动态管理代替铁饭碗。以实现“四能机制”为目标的第一次人事制度改革的成功，为以后进行的企业内部建立“离退休，再就业，劳动服务”三个中心，率先分离企业社会职能的第二次人事制度改革和把“企业人”变为“社会人”的第三次人事制度改革，奠定了基础。

**(二) 形成股权多元化的体制，演绎产业化的全新格局**

**1. 基本完成国有企业真正意义上的转轨变型** 光明的不断改变，具有战略意义的就是所有制的改变。每次股权的变革都推动了生产力的巨大发展。1996年引入香港“上实控股”，成为各占50%股权的中外合资有限责任公司。2000年再次资产重组，上海国资、大众交通、希望集团、法国达能成为股东，成为由两个大股东占80%股权和四个小股东占20%股权组成的股份有限公司。

新的产权关系，给企业注入了强劲的活力，形成了市场化的运行机制，董事会、股东大会的法人治理机制，完全改变了原来的行政化管理；凸现了创造价值的观念，为股东，为员工、为顾客、为社会创造更大的价值成为企业的首要任务；通过合资、上市集资的11.9亿元资金和资产经营的新思路，为企业做强做大创造了条件。

**2. 走向全国，以全国资源做全国市场** 从世界乳业看中国乳业，从中国乳业看上海乳业，这是光明乳业确定企业定位和制定发展战略的重要思路。牛奶的人均消费量中国与世界之比是8:100，中国农业产业化的重点之一是发展奶业，光明乳业是农业部确定的农业产业化的龙头企业之一，巨大的市场前景和农业产业化的重大机遇，必然也已经引起了国内外乳业的竞争，更强、更优、更快地建设乳业产业化的核心能力是我们面临的又一次重大机遇。

中国乳业产业化的特点是奶源基地重点在北方和中西部地区，成熟市场在大城市和沿海地区，因此它必然是全国化的布局。同时，乳业产业链的“农户—收奶存储系统—工厂—市场分销系统—消费者”五大环节中，收奶存储系统和市场分销系统是发展产业化的核心环节。正是从这个市场和国情出发，光明确定了“以全国资源做全国市场”的发展方针，在以黑龙江、内蒙古为重点的北方地区建立奶源基地，成为当地农业产业化的龙头企业；实施光明的全国品牌战略，在全国建成市场销售系统；以全国为背景进行资源和核心产品生产的战略性布局，建设最低成本、最好效率的乳品产业链。现在，光明已在黑龙江、内蒙古、北京、天津、西安、武汉、青岛、德州、南京、无锡、杭州、金华、广州等地形成了多种形式的产加销基地。光明在上海以外的全国各地的销售额和奶源量均已占55%以上。

3. **服务全国，增强乳业产业化的四大功能** 龙头带动：以品牌、市场、销售、管理见强和稳定高速发展的全国乳业领先公司的优势，以全国驰名商标光明牌的高质量、新鲜、健康、可以信赖的品牌价值，进一步发挥全国农业产业化龙头企业的作用。

牧业示范：以育种、饲养、技术、人才、管理和服务的全国化网络和国际化接轨的专业优势，率先在全国建设200万吨的奶源基地。

科技领先：以国内一流、国际接轨的技术中心，打造国际一流的技术研发平台，发展服务全国的科研网络，建设高科技的光明。

服务全国：以光明地处上海的地理区位带给我们的信息、技术、观念、人才、管理的优势，以及运作国际资本、实行轻资产管理和资源优化配置的能力，服务、联合、重组、发展、推进中国奶业产业化进程。

**（三）与时俱进，以国际化经营做大中国乳业**

1. **“合作、学习、赶超”，主动与国际乳业接轨** 光明的战略定位，使我们从90年代初期开始，就加强了与国际乳业巨头的沟通与联合，光明以“合作、学习、赶超”的方针，先后与法国达能等4家国际跨国公司合资合作。

光明与达能结下了不解之缘，从合资企业到入股光明，从上海发展到广州，奏响了光明在国际合作中与时俱进的三部曲：从合资开始，“东西联动”，激活光明；在学习中赶超，光明的酸奶和保鲜奶比达能赢得了更大优势；在发展中联合，达能在中国的二家企业的经营权和达能乳品品牌在中国的使用权归属光明，达能成为占光明3.85%股权的股东，标志着光明与国际知名乳业的联合和竞争进入了全新的阶段。光明吸收达能参股，显然不是出于资金上的考虑，最重要的原因是企业由过去“用全国资源做全国市场”转向“用世界资源做中国乳业”的这一战略目标发展的需要。

与法国达能的合作，与美国惠氏的合作，和中国香港上实的合作，加快了光明走向国际化经营的进程。与国际资本的合作，资金、技术的引进是一个方面，更重要的在于借用外力加速光明乳业彻底转换经营机制的进程，对市场化、规范化、国际化有更深层次的理解，在潜移默化中形成新的思维方式，加快企业的全球化进程。

2. **变革管理，主动适应国际化的经营理念** 管理变革的能力，是光明乳业的核心竞争力。这一基本观念，使我们比较注意随时摆正自己的位置，随着市场的变化而主动变化，赢得发展的主动权。管理变革的核心是把握方向和增加动力，光明遵循的原则是主动适应国际化的经营理念。近两年，光明与国际知名的麦肯锡公司合作，整合了公司的组织模式，成功实施了“轻资产经营”的战略；光明与普华永道咨询公司合作，从2001年起全面实施了ERP信息管理系统；与香港德勤会计事务所的合作，形成了与国际接轨的财务管理系统。变革管理需要勇于变革善于变革的人才，光明正从国内外引进优秀人才，努力建设一支适应国际化经营的职业经理队伍。

变革中的光明企业，2006年的目标是跻身世界乳业二十五强。

## 伊利实业集团发挥优势 争创中国第一品牌

内蒙古伊利实业集团股份有限公司　郑俊怀

内蒙古伊利实业集团股份有限公司作为综合类乳制品加工资源转化型的农畜产品深加工企业，从1983年年利税仅4.7万元的区办小厂起步，经过十几年的努力，如今已经发展成为专门从事乳品研究、开发和生产的全国大型乳业集团。在其产品中，雪糕、冰淇淋产销量连续8年保持全国第一位；奶粉、奶茶粉产销量名列前三名；超高温灭菌奶及含乳饮料产销量预计突破40万吨，继续保持第一位；牛奶收购量达到60万吨，跃居全国首位，向广大农牧民支付奶款约10亿元。

作为目前国内乳品行业惟一的A股上市公司，2001年伊利集团公司连续第三年被中国证券报和上海亚商咨询公司评选为“中证＊亚商中国最具发展潜力上市公司50强”之一，排名由2000年的第31位上升到第24位。2001年，公司被国家食品工业协会授予中国食品工业20大著名品牌称号，并成为国内乳品业中惟一入围“中国企业500强”的企业，在业界具备了绝对的规模优势和品牌优势。

**（一）构建“中国伊利”战略框架，用全球的资源，做中国的市场**

伊利集团在企业改革过程中，逐步探索出一条适合于本企业发展的管理模式：

1. **进一步完善企业法人治理结构，规范企业运作** 建立起企业权力机构、决策机构、经营机构和监督机构之间相互独立、相互制衡的高效运行体制，以更新的思想、更有效的决策实现股东、员工和公司的利益，并承担更大的社会责任。

2. **认真实行资本经营，是伊利集团迅速发展、扩大规模的有效途径** 集团通过资本市场多次进行融资配股，前后共募集资金5.27亿元，壮大了企业的资金实力，使企业步入集团化高效运作的轨道。到目前为止，伊利集团已通过收购、兼并、资产重组、托管等方式在国内大规模地整合乳业资源：登陆京津沪、扎根黑土地，全面打造“中国伊利”，实现跨区域、跨所有制的兼容，使伊利集团实现了资源共享、规模经营的目标。

3. **坚持以人为本的思想，始终把人才战略作为提升企业核心竞争力的重要战略** 近年来，伊利集团对内加强对现有员工培训，对外面向全国招聘人才。目前，公司中层以上管理人员都具备大专以上学历，并始终把培养有理想、守纪律、爱岗敬业的伊利人当作企业发展的根本大计，增强企业人员对企业的归属感，极大地提高了员工工作的积极性和创造性，增强企业凝聚力。

4. **聚焦乳业、立足主业、创造品牌是伊利集团市场营销战略的基本模式** 多年来，伊利集团始终把握坚持天然品质的品牌定位，不断加大新品研发的投入，努力提高产品的科技含量，加强市场营销网络建设，赢得了消费者、经销商和供应商的广泛信赖。

5. **强基固本大力加强纯天然的奶源基地建设，实施“分散饲养、集中挤奶、优质优价、全面服务”是伊利集团建设绿色奶源基地独特的模式** 每年伊利集团都要拨出几千万元专款投入优质奶源基地建设，保证了鲜奶的纯天然、无污染。同时，集团坚持走农业产业化道路，带动了周边地区的种植业、养殖业、运输业等相关产业的发展，直接、间接为社会创造了10万多个就业岗位，在呼和浩特市收购鲜牛奶超过25万吨，向农牧民支付奶款4亿多元，带动周边4万多奶户走上了致富道路。

6. **努力建设适应世界贸易组织规则的技术创新体制** 通过建立以企业技术中心为主要形式的企业技术创新体系、以行业技术创新基地建设为主要方式的产业共性技术开发体系以及产学研联合为纽带的技术成果转化体系，进一步完善现有的技术创新体系。集团先后投资4.2亿元引进了当今世界先进水平的荷兰GM公司鱼骨式挤奶器，德国GEA集团牛奶无菌加工设备，瑞典利乐公司UHT奶无菌包装线，丹麦海耶公司冰淇淋生产线，德国托菲尔公司婴幼儿奶粉配方技术，增加了产品的科技含量，这一切标志着伊利集团完成了从劳动密集型到科技效益型的转变，使伊利的乳品加工能力得到了较大的提高。如今，日处理鲜奶能力已超过2000多吨，到2005年，年加工鲜牛奶将超过150万吨；科技水平的提高，保证了伊利鲜奶加工产品的无菌、营养和卫生。

**（二）新世纪战略目标——中国乳业第一品牌**

中国乳品工业是随着国民经济发展起来的新兴产业。当前，乳品企业之间市场竞争愈演愈烈，资金、技术、市场成为竞争的焦点。大量国内外资金的投入，使得市场总量继续扩大，处于转型期的乳品企业的数量有所增加，这些促进了品牌集中速度的进一步加快，具有品牌资金及资源优势的企业将占有更大的市场份额。

伊利集团作为全国大型乳业集团，经过近几年的发展，已经形成体制、机制、品牌、资金、资源、技术、人才等多方面的竞争优势。抓住发展机遇，尽快做大、做强、做优是伊利的必然选择。根据全球经济一体化、新经济、中国加入WTO等重大变革对伊利集团可能产生的影响，伊利集团对推动企业发展的积极因素和存在的问题进行了深入细致的分析，提出在几年内做“中国乳业第一品牌”的目标，即在坚持专业化经营的基础上，不断将企业做大、做强、做优，并承担更大的社会责任。

我们清醒地认识到，随着全球经济一体化趋势的加快和中国加入世界贸易组织临近，乳制品市场的竞争也会进入一个全新的阶段。我们在生产设备、技术、品牌、管理等方面与跨国集团相比还存在着一定的差距。随着国际企业集团全球化发展战略的推进，跨国乳品公司的本土化经营战略，企业将面临更加狭小的市场空间，公司将面临更加严峻的挑战；同时，随着人民生活水平的不断提高，消费者从安全、营养、卫生等方面，对快速流转品的要求也越来越高，使企业面临更加严峻的挑战。因此我们必须根据市场实际情况，通过有效手段，进一步扩张主营业务，调整产品结构，扩大产品的市场占有率，降低材料和采购的综合成本，加大产品研发力度，继续提高品牌附加值，保证经营目标的实现。

面对新的机遇，新的挑战，伊利集团决心在社会各界和广大股东的大力支持下，经过全体员工的一致努力，充分发挥自身的优势，联合各方面的力量，吸收国际先进的技术和经验，通过不断创新、不断突破，进一步提升公司的核心竞争能力，早日实现做“中国乳业第一品牌”的目标！

## 三鹿集团加强企业文化建设提升企业竞争力

石家庄三鹿集团　田文华

河北石家庄三鹿集团是集奶牛饲养、科研开发、乳品加工、贸、工、农一体的全国三大乳业集团之一，是农业产业化国家重点龙头企业和中国企业500强之一，也是河北省和石家庄市重点支持的大型企业集团。集团现有生产厂19个，科研开发机构5个。奶牛饲养已扩展到河北、天津、甘肃、内蒙古、河南等地的65个县（市），饲养奶牛13.6万余头，日产牛奶2000余吨、日产奶粉150余吨，液态奶1000余吨。产品有8大系列136个品种，畅销全国31个省、直辖市、自治区。企业先后获得“全国质量管理先进企业”、“全国五一劳动奖状”、“全国先进基层党组织”等多项荣誉称号。3 鹿商标被认定为中国驰名商标，三鹿奶粉、三鹿液态奶被认定为国家免检产品，并双双荣获“中国名牌产品”称号。3 种三鹿产品被卫生部认定为保健食品，26 种产品被国家绿色食品委员会认定为绿色食品。

三鹿集团在发展过程中，始终把“三鹿文化是企业创新创牌之根”作为理念，注重以人为本，重视企业精神、经营境界、职业道德培养，不断创新发展企业文化，注意挖掘和发挥文化内涵的作用，使三鹿文化与高品质的产品完美结合起来，从而赢得了广大消费者的青睐。

**1. 树立企业精神，加强企业文化建设** 企业文化是三鹿持续发展的基石。目前，企业的管理正由经验管理向科学管理、文化管理过渡，在这过程中，具有三鹿特色的企业文化成为三鹿最为宝贵的财富和第一竞争力。主要做法：一是解放思想，转变观念。三鹿之所以走在乳品行业的前列，源于三鹿班子成员的战略眼光；《奶牛下乡，鲜奶进城实施方案》、《名牌战略》、《跨世纪发展纲要》，使三鹿在不同时期总是先行一步。20 世纪 80 年代初公司通过收集、分析国际国内的有关信息之后，解放思想、转变观念，决定搞横向经济联合，走城乡一体化道路；90 年代初，三鹿人又将资本运营用到企业扩张中，将品牌、技术视为无形资产，并作为资本进行科学运作，实现了集团的超常规发展。二是持续不断的创新精神。企业要有持续不断的创新精神，要有不断否定自己的勇气。三鹿的理念是，观念是一切变革的先导，观念的创新比产品、服务创新更加重要；创新要与务实相统一；要实现企业的全方位创新。40 多年来，三鹿的创新层出不穷，60 年代由搂树叶养牛卖奶到做炼乳初加工；70 年代由初加工到深加工（奶粉、麦乳精）；80 年代由单一品种到开辟系列配方奶粉，90 年代由产品经营到品牌经营、资本运营。每一次创新，都使企业快速发展，规模越来越大，实力越来越强。三是追求理想的奉献精神。三鹿追求的是超越于经济目标之上的企业自主目标，企业不仅要被视为经济组织，还要作为一个有独立个性的“社区”，要更富有人性，才具有生命力。三鹿秉承“以科技兴企、产业报国、服务大众、奉献社会为己任，为民族奶业的振兴而努力奋斗，为提高大众的营养健康水平而不懈地进取”的企业宗旨，一贯致力于社会公益事业。无论是抗震救灾、抗洪救灾、扶贫济贫、助残助教，还是支持公益事业、扶植农民养牛，三鹿人都毫不吝啬，一马当先。多年来，三鹿员工对这种企业文化有强烈的认同感。企业的文化建设也促进了企业的进一步发展。

**2. 加强科学管理，提高产品质量** 面对经济全球化和技术更新速度不断加快的新形势，建立完善的现代企业制度已迫在眉睫。要在竞争激烈的环境中实现销售收入的稳步增长，最根本的一条就是要树立全新的市场意识，不断地感知市场，适应市场，从而使企业一步步走向辉煌。随着市场竞争的加剧，三鹿人意识到顾客是企业的“上帝”，企业的生产、销售、质检和研发等各个环节都要以满足顾客需求为中心，全面实施“超值亲情服务”，从而赢得了行业内普遍赞誉和顾客长期的依赖和忠诚，确立了三鹿稳固的竞争优势。在稳固城市市场的同时，以成熟地区的网络为中心，大力开辟农村市场，避开了市场竞争的焦点，大大提高了其销量和市场占有率，并培育出了一支具有研究市场环境、把握市场变化和分析、开拓市场能力的优秀的营销队伍，在全国主要大中城市设置了 3 000 名导购员，保证了集团在市场竞争中决策的正确性、及时性和有效性。优秀的营销队伍加之正确的策略，使三鹿产品的市场占有率连年提高，2001 年三鹿牌系列奶粉市场占有率达到全国同类产品的 28%。

科学管理是三鹿持续发展的永恒主题。在企业高速发展时期，强化科学管理尤为重要。1986 年 3 月，企业成立了由龙头企业与奶牛场、奶牛专业户组成的石家庄冀中乳业联合总公司，这种公司加农户模式的城乡联合体，使企业与奶农之间形成了互惠互利，荣辱与共的一体化关系，打破了计划经济时代城郊型大牛场的管理模式，创建了适合冀中平原农区分散饲养的模式。把鲜奶生产环节视为“第一车间”。1989 年，城乡联合体发展成了公司加基地加农户的模式，将收奶站改造成为饲养、医疗、育种、收奶为一体的综合服务站；城乡联合体发展到 90 年代中期，又突破庭院经济的局限，投资上亿元购置机械设备扶持创办“集约化奶牛饲养场”，实行“四统一分一集中”养殖模式，扩大了养殖规模，减轻了奶农的劳动强度，真正提高了鲜奶质量。自 1993 年起，三鹿人以资本为纽带，以三鹿品牌为旗帜，进行了跨地区、跨行业、跨所有制的资本运营，先后选择了唐山、承德、张家口、石家庄、邢台等地的 16 家与自己的产品工艺接近的企业进行资产重组。在生产经营上严格实行“八统一”（标准、配方、工艺、原料、包装、检测、销售、广告），并制定了一系列规范运作的规章制度，从而保证了成品出厂合格率 100%，使市场网络得到巩固和发展，企业实现了规模效益。三鹿人始终坚持“以质量为生命、以质量求生存、以质量求声誉、以质量创名牌、以质量求发展”的方针。集团组建初期，向联合企业下发了《原料质量管理》、《产品质量管理》等文件，并把它转化为各联合企业管理者和每个职工的实际行动。近年来，公司先后投资 4.9 亿元对各企业的生产线进行了改造，使各加工企业生产实现了“管道化、密闭化、自动化”。集团经过严格的科学管理和 ISO-9002 质量体系认证，创造了人人称道的三鹿产品质量，从而形成了产品供不应求的射线型需求形式。

优良的产品质量，科学的企业管理，加之企业精神的塑造和企业文化建设的加强，使三鹿集团的发展蒸蒸日上，企业的核心竞争力得到大大提升。

# 完达山乳业发挥龙头企业拉动作用推进奶业产业化经营

黑龙江省完达山乳业股份有限公司　王德胜

黑龙江省完达山乳业股份有限公司（以下简称完达山乳业）是东北地区规模最大，现代化水平最高的乳品企业，现下属4个控股子公司、39个生产企业，主要生产乳、乳制品、豆制品、饮料、麦片及保健食品六大系列70多个品种，日处理鲜奶1 020吨，拥有员工4 080名，其中研究生13名，本科生444名，大专生681名；拥有37万公顷天然牧场和22万头中国荷斯坦良种奶牛；拥有完善的销售网络，在全国29个省、直辖市、自治区设立了560多个区域经销商。预计到2002年实现产品产量94 518吨，销售量10.8万吨，销售收入12亿元，利税1.5亿元，历年来公司经济指标不断攀升，取得了丰硕的成果。

1999年完达山乳业被国务院列为全国151家产业化重点龙头企业之一，形成了市场牵龙头，龙头带基地，基地连农户的产业化经营格局。据不完全统计，企业的快速发展创造了十万多个就业岗位，推动了周边地区相关行业的发展，带动了地方经济，在提高经济总量的同时，收到了良好的社会效益。

从1981年至今，完达山乳业共获得省部级以上奖项104次，是全国乳业获得荣誉最多的企业。1999年“完达山”商标被国家工商行政管理局认定为“中国驰名商标”。

完达山乳业是全国同行业首家被认证为中国乳业绿色食品乳品加工生产企业的厂家，公司生产的40种产品被国家绿色食品发展中心认证为绿色食品，生产的绿色食品占产品总量的93%，是全国乳品行业绿色食品品种最多、产销量最大的企业。

完达山乳业全面完成了ISO-9002换版工作，通过了ISO－9001国际质量体系认证；奶粉被国家质监总局批准为免检产品；完达山牌系列乳制品被中国质量检验协会认定为“国家权威检测质量达标放心品牌”。

公司引进当今国际领先水平的美国四班公司的ERP企业管理软件，实现了物流、资金流、信息流合一的现代化企业管理模式。

为满足全国广大消费者对安全、营养、无污染乳品的需要，完达山乳业全面启动“放心奶工程”。为使消费者能够真正喝上安全、放心的牛奶，完达山采用优质的奶源、一流的技术、专业的生产、严格的控制、安全的包装、及时的配送、完善的售后服务将安全、营养、无污染的乳品送到消费者手中，让消费者成为完达山的终身受益者。为了实现这个目标，完达山乳业严把从基地到售后服务的七个环节，按照管理规范，认真落实。

一是拥有顾客“放心”的基地。北大荒的水土、森林、植被三大资源无污染、无公害，符合国家对水质、土壤、大气等19项生态指标的规定，55个牧场中有1个国家级生态示范区，2个省级生态示范区，14个生态农场，10个绿色食品基地，完达山乳业依托得天独厚的地理优势，大力发展绿色食品、奶牛、种植基地。公司设置绿色食品管理部，负责对绿色食品基地、外购原材料、生产过程进行技术指导、检验、控制，使产品生产完全按照国家绿色食品生产要求进行，并建立严密的监督管理体系。

二是完达山乳业有6万公顷天然牧场，是国际公认的优质乳品生产基地。

三是拥有顾客“放心”的奶站。引进日本、法国、意大利等国的设备，对产奶牛的奶质进行检测，奶牛进站挤奶前要保证牛体清洁干净，对乳房进行清洗、消毒，挤掉头三把奶，挤奶后对奶牛乳房进行消毒、药浴，鲜奶经收奶员、化验员检测合格后方可收购，杜绝了劣质奶进厂的可能性。奶车在运输鲜奶时，配有收奶员，对奶站的鲜奶进行二级检验，各生产厂设有鲜奶检验室，对每一车进厂鲜奶进行检测，合格后方可进入生产工序。

四是采用英国APV公司标准化技术、超高温灭菌和无菌灌装技术加工鲜奶，保证了产品的包装质量。另外，还有屋顶包生产线，在外形美观的基础上采用巴氏杀菌，最大程度减少营养物质的损失，且保质期长，可以让消费者喝到最新鲜的放心奶。

五是拥有完善的质量管理体系，一方面通过ISO-9001国际质量管理体系认证，能够保证产品的质量完全符合国际标准；另一方面，从丹麦、德国等国家引进了检测设备，对生产过程严格管理，导入HACCP食品安全认证体系、GMP优质操作规范、5S现场管理、SSOP卫生标准操作规范等先进的管理方法。实行“质量检测跟踪体系”，产品从原料到成品的各个工序设置品控员，对质量进行严格监测，将产品质量与各岗位人员联系在一起，实行质量一票否决权制。

六是有健全的配送冷链设施。从生产到客户手中运输全程采用冷藏设备，保证产品安全运输，同时支持客户建立冷藏库和购买冷藏车辆，为零售卖场提供冷藏柜等冷链设备，保证产品的新鲜程度。

七是提供全天售后服务。设置800免费健康咨询电话，解答消费者提出的饮用方法、营养知识、购买方式、质量等方面的问题。听取消费者的意见及建议，并反馈到相关部门，进行及时改进，不断提高产品质量。

在今后的发展过程中，我们还要不断开拓创新，大力推进“三化”建设，即：企业制度化、多元化、信息化；实施四项工程，即：换脑工程、素质工程、CIS工程、放心奶工程；发展六大产品，即：奶粉、液态奶、米粉、豆粉、饮料、保健品；构造七大优势，即：品牌、市场、产品、人才、绿色基地、技术创新、学习型组织，努力把完达山奶业做强做大。

# 三元食品加强基础建设
# 实现超常规跨越式发展

北京三元食品股份有限公司　郭维健

北京三元食品股份有限公司是由1997年成立的北京三元食品有限公司整体变更而来，前身是具有43年历史的北京市牛奶公司。几年来，三元公司以改革为动力，以科技、人才、市场为重点，以创新为中心，通过创造性的实践，探索出了一条专业化生产、规模化经营、超常规发展的新路子，使一个原本设备老化、技术落后、体制不顺的国有企业，在短短五年的时间内就发展成为拥有资产总值达11亿元、主业年销售额超10亿元的北京地区最大的乳制品加工销售企业和全国最大的乳制品加工企业之一。

**（一）公司基本情况**

奶业是公司的主营行业，主要经营鲜奶及乳制品的生产、销售。公司在北京、上海、天津市和内蒙古呼伦贝尔地区拥有8个大型生产基地，日平均处理鲜奶达800吨。现拥有袋装鲜牛奶、屋型保鲜牛奶、超高温灭菌奶、酸奶、婴儿配方奶等系列奶粉、北京干酪、各种乳饮料、冷食及特制宫廷乳制品系列等十余种特色、近百个品种的产品。产品覆盖北京市各城区及郊县，并销往全国近30个大中城市，尤其是鲜奶的销售量占北京地区的80%。

公司通过下属子公司经营餐饮和房地产业务。分别持有北京和广东三元麦当劳食品有限公司各50%、25%的股权，经营麦当劳餐厅总数已达140家；同时还拥有在河北、山西等省份经营麦当劳餐厅的特许权。是麦当劳食品公司惟一的中方合营者。房地产开发和物业管理是公司的又一支柱行业。

三元食品有限公司自成立以来，一直坚持不懈地实施品牌战略、人才战略、科技战略和资源战略。到目前已建成了与国际接轨、在国内处于领先地位的液态奶、发酵奶、固态奶和科研培训中心四大生产科研基地和遍布全市及国内众多地区的营销网络。公司具有严格的质量保证体系，从原料奶采购到产品生产过程直至出厂，均有严格的质量控制和卫生测试，已顺利通过ISO-9001（2000版）国际质量体系认证。2000年11月，国家正式启动“学生饮用奶计划”，公司成为全国首家由国家七部委联合批准的具备学生饮用奶生产销售资格的乳品生产企业。

三元公司在1997年成立时，就紧紧抓住“北控”在中国香港上市募集资金的契机，筹措了3.47亿元用于三元公司的发展。第一个三年规划，即1998年的工程改造年、1999年的市场营销年和2000年的管理改革年得以顺利实施，使公司在硬件设施、软件管理和市场开拓等各方面都取得了显著成绩。2001年，通过资本运营，公司对外扩张和投资企业已达8家，且整体运转形势良好，并成功地实现了股份制改造，北京三元食品股份有限公司宣布成立。这一系列成绩的取得，无疑给“三元奶业”创造了更好的发展机会。

近几年三元公司主营业务的经营业绩，2001年与1997年相比，销售收入从4.13亿元增加到10.07亿元，增长了1.44倍；利税总额从0.44亿元增加到2.29亿元，增长了4.20倍；人均创利从0.81万元增加到2.14万元，增长了1.64倍；加工奶量从12万吨增加到28万吨，增长了1.33倍。

**（二）公司几年来的主要工作**

作为首都奶业发展龙头企业的北京三元食品股份有限公司，几年来，在发展奶业产业化和打造奶业名牌的生产经营中，以市场为导向、以改革为动力、以资源为优势，大力加强奶源基地建设，不断强化技术改造和科技创新，着力加强企业内部管理，进行资源整合和资产重组，走上了一条规模化经营、超常规发展之路。主要经验如下：

**1. 加强奶源基地建设，为公司的持续发展奠定坚实的基础**　三元公司在原料奶收购上，始终秉承以市场价格为基准、互惠互利及公开、公平、公正的原则，实行按需收购、按质论价的政策。多年来，公司始终按照“公司+基地+农户”的模式，把奶源基地和奶牛养殖户当作公司的第一生产车间，致力于同奶源基地、农户建立利益共同体，在北京及周边地区确立了分布合理的奶源基地，而且又在呼伦贝尔等地培植起了新的奶源基地，从而为三元公司的稳定、持续、健康发展奠定了坚实的基础。

为了建立稳固的奶源基地，三元公司从1997年成立伊始，就先后投资1000多万元，在北京及其周边地区参与建立了近30个自我投资、自我控制及监督管理的奶牛养殖基地及养殖小区。这些奶源基地分布于北京及其周边奶牛饲养条件好、奶源可控、持续发展性强的北京顺义、通州、大兴、延庆、密云、怀柔、门头沟、平谷等八大区县及天津、承德、丰润等周边几大养牛强市、强县。三元公司对养殖小区的设施、设备及运输车辆进行投资，当地政府出资建厂房等基础设施，养牛户出资购买奶牛，政府给予相应的补贴。这些小区均与三元签订长期的牛奶全额购销合同，确保小区产奶全部送交三元公司。实践证明，这些小区管理规范，奶质稳定，是三元公司最为稳固的“第一车间”。而且为三元公司送交奶量逐年增加：1999年这些养殖小区每天向三元公司送交奶量为50余吨；2000年为100余吨；2001年为150余吨。而且,这些小区的规模还在不断扩大,其所产奶源占北京三元公司收奶总量的比重将会逐年增加,为三元公司后续发展打下了坚实的奶源基础。

**2. 加速设备更新、技术改造，实现专业化生产和规模化经营**　1998—2000年的三年间，公司本着“五年保先进、十年不落后”的原则，投资2.5亿元及时对加工厂进行设备更新和技术改造。建成了厂房、设备、工艺堪称国内领先、国际一流的液态奶、发酵奶、固态奶、超高温奶四大基地：利用乳品一厂，总投资1.1亿元的液态奶生产基地，选用当今具有国际领先水平的全套设备，采用全自动中央控制系统和牛奶的自动控制标准化处理，实现了与国际标准接轨，是目前我国国内自控程度和自动化程度最高、规模最大的乳品生产厂；利用乳品三厂，总投资7 000万元的发酵奶基地，在我国同类企业中设备较先进，自动化程度较高，规模也较大；利用乳品四厂，投资2 800万元的奶粉生产基地，引进了目前国际一流水平的干法混合生产线，解决了配方奶粉的营养素问题；利用乳品五厂，投资2 000万元的科研、培训和中试基地，配备了具有国际先进水平的分析检测仪器设备，为企业的技术领先提供了先进的装备。

与此同时，三元公司还适应市场经济的要求，实行产销分离，组建了营销公司，统一负责三元乳品的销售工作，实现了规模经营。营销公司成立伊始，就确定了以"立足北京、辐射周边、走向全国"为努力方向，以"四角定位、中心开花、锦上添花"为工作模式的发展思路，全力做好市场拓展工作，提高三元产品的市场占有率和覆盖率。四角定位：即以鲜奶和酸奶为主打产品，依托四个销售分公司的力量，将北京市区划为四个区域，各分公司负责各自区域的销售。中心开花：即成立了三元乳品连锁总店，将北京的乳品店和商亭统一改为分店，确立了销售的整体规模；同时，以北京三元益民服务公司为主体，全方位实现送奶到家。锦上添花：即拓展外埠市场，提高三元产品的全国市场覆盖率。截至目前，三元公司已建立了近100家的销售连锁店和1 600余家的销售网点，形成了具有全国规模的销售网络。

**（三）公司未来发展规划**

**1. 公司总体战略定位**　走以增加精品和高附加值新品为主的内涵扩大再生产、建立奶源基地和适度向外扩张并重的质量效益型发展道路，使三元品牌成为全国一流品牌，中国液态奶三强之一，"大北京"市场液态奶第一品牌，其产品成为2008年奥运会指定产品；扩展保健食品类酸奶、ESL奶、功能性奶粉等七大类新产品，使其产值比重从2001年的15%提高到2005年的30%。调整中低档产品和屋型奶比重，维持低档袋奶的产销量，使三元酸奶也成为中国第一品牌；逐步在食品加工业中寻求新的经济增长点。在大豆、人们日用主食方面有所作为；加大技术开发投人，推动科技产品产业化进程，使三元公司成为中国奶业科技代言人和培养中国奶业人才的摇篮。

**2. 公司总体发展目标**　到2005年争取实现年销售收入50亿元（其中奶业25亿元、麦当劳快餐和房地产25亿元）；税后利润2.0亿元；实施七项技改工程，使产量从日均800吨提高至1500吨；在呼伦贝尔建立10万吨奶源基地；争取使黄油、干酪、奶粉等产品打入国际市场。

# 蒙牛集团创新机制
# 注重企业文化建设

内蒙古蒙牛乳业有限公司　牛根生

蒙牛集团成立于1999年，是呼和浩特市最大的奶业民营企业，有员工6 000人。成立三年来，在内蒙古地区扶持和发展养牛户10万多个，增加奶牛20万头，每头奶牛年收益可达3 000～5 000元；目前，企业已形成年产液态奶60万吨，冰淇淋20万吨的生产规模，开发的产品有液态奶、冰淇淋、奶粉三大系列100多个品种。总资产从1 000多万元增长到近10亿元，年销售额由1999年的4 365万元增长到21亿元，在全国乳制品企业中的排名由第1116位上升至第4位，被誉为"中国乳业神话的缔造者"。

蒙牛集团成功的经验是：

**（一）在用人和管理上不断创新**

**1. 资源整合上的"三力法则"**　世界上的竞争，从古到今，无非是三种资源的竞争，一是体力竞争，二是财力竞争，三是脑力竞争。三种力的地位也不同。野蛮社会，体力可以统御财力和智力；在资本社会，财力可以雇佣体力和智力；信息社会，智力可以整合财力和体力。有了这样的"三力法则"，在用人和管理上就要突出人才的重要性。

**2. 选人用人上要不拘一格**　一个企业，全由精明人构成也不行，愣头青也得有几个，在揭不开瓶盖时第一个砸烂瓶颈的人，往往就是那个愣头青；光有"喜鹊"也不行，"乌鸦嘴"也得有几个。在非关键岗位，甚至有几个"离心"者也不全是坏事，他们是企业的"监工"，企业会因他们的存在而被迫表里如一，内外一致，努力做到无懈可击。也就是看人用人的标准不能只有一个，要会用每个人的长处，做到趋利避害。

**3. 决策管理讲求民主**　由于我们每个人的视野都是有限的，都不能穷尽所有，总有自己看不到的地方，因此，在决策中，企业的方针是，任何人可以在任何时间提任何意见。公司还准备建立一个"反对意见奖"，重奖那些因为提出反对意见、推翻错误方案而使公司避免了重大决策失误的人。这一切都是为了保证大小决策均运行在科学的轨道上，使企业政策管理更加民主。

**（二）创新管理体制，促进企业发展**

**1. 资本运营方面**　虚拟联合助己助人，在1999年公司成立之初，由于企业处于"无工厂、无奶源、无市场"的三无状态，公司提出"先建市场，后建工厂"的逆向经营模式，通过虚拟联合，为合作方出标准、出技术、出品牌，运作了国内8个困难企业，使蒙牛品牌迅速辐射全国，取得了巨大的成功。

蒙牛还将"虚拟联合"渗透到资本运营的各个方面。公司建立工厂后，又通过"虚拟联合"，用社会资金为公司匹配了奶站和运奶车。建一个奶站，许多企业要花三四十万元，而蒙牛却没花多少钱，省去了大量的管理成本。像这样，不在蒙牛“体内”却为蒙牛所用的资本达5亿多元。

2. **管理经营方面** 创新模式，在管理上，蒙牛推行“OEC管理模式”，致力于“前管理”；在流程领域，严格贯彻ISO-9002质量体系。由于企业完全是按现代企业制度创立的，因此，“管理科学”在蒙牛公司表现得尤为突出。

蒙牛是中国第一例进行蓄奶车清洗的厂家。奶罐车从奶源基地向工厂每送完一次奶，都要在高压喷淋设备下进行酸、碱及蒸汽和开水清洗，上上下下，里里外外，杜绝了陈奶残留污染新奶的可能。

蒙牛“前管理”的核心理念是：一切机遇，都在来临前把握；一切隐患，都在爆发前铲除；一切竞争，都从设计时开始。例如，在经营管理上，实行预测预警制度；在财务管理上，执行严格的预算制度；在人才招聘上，实施人才储备制度；在产品开发上，生产一代，储存一代，开发一代。

蒙牛公司不同于改制的国有企业，也不同于家族企业。为了避免裙带关系对公司带来负面影响，蒙牛规定：凡是中高层领导的直系亲属，都不能进企业，连当工人都不行；凡是向中高层领导打招呼企图往公司塞人的，都被列入“黑名单”。

在这一管理模式下，“人人有事，事事有人”，每个人都有明确的责任，每件事情、每个物品都有明确的责任人，因此，每个员工的是非功过，一目了然。

**（三）注重企业文化建设**

1. **文化是第二生产力** 邓小平同志说：“科学技术是第一生产力。”借用这一思路，公司认为：“文化是第二生产力。”在蒙牛的大门口挂有几个标牌：“如果你有智慧，请你拿出智慧；如果你缺少智慧，请你流汗；如果你既缺少智慧，又不想流汗，那么请你离开本单位。”在用人原则上，强调：“有德有才，破格重用；有德无才，培养使用；有才无德，限制录用；无德无才，坚决不用。”

蒙牛一直致力于建立学习型企业。蒙牛人认为，人类社会几千年积累起来的智慧宝库，有着取之不尽用之不竭的文化资源。本着“综合就是创造”的原则，蒙牛从古今中外的文化遗产中撷取出上百条至理名言，并揉入自己的创新，将它们制成标牌，悬挂在公司的每个角落，在潜移默化中规范每个员工的思想和行为。

公司认为，一个企业要讲两种文化，一种是小文化，即企业文化，包括个体文化；一种是大文化，即民族文化、地区文化。员工既要爱护自己的品牌，也要爱护相关的竞争对手的品牌，因为蒙牛除了拥有自己的独立品牌，还与内蒙古同行拥有一个共同的品牌——“内蒙古牌”。公司提出的“中国乳都”概念，使呼和浩特与内蒙古的声名随着牛奶传遍全国；倡导的“为内蒙古喝彩”，成为内蒙古企业团队的共同精神；蒙牛支持奥运的“一厘钱精神，千万元奉献”，将中华民族的传统美德与现代奥运精神有机地结合在一起。

2. **创蒙牛企业理念** 蒙牛企业理念是：大胜靠德，反求诸己，创立百年蒙牛。

蒙牛总裁牛根生有句座右铭：“小胜凭智，大胜靠德。”诚信为本，创立“百年蒙牛”。蒙牛精神的核心，就是勇于与自己较劲，就是反求诸己！无论遇到什么事，先在自己身上找原因。

公司廉政制度规定，“不许利用婚丧嫁娶以及岗位变动、过生日、迁新居等机会，大操大办，收受礼金”。谁违反这个制度，谁就必须离开蒙牛。公司经营班子的成员乃至各级领导干部都自觉遵守廉政规定，做到不收回扣，不收礼金，在业务来往中，即使对方主动给的回扣，也都如数上交公司。强调“每个人都是企业的生态环境”，这个生态环境，首先从干部建设抓起。

在战略决策中，蒙牛追求“共赢”，将股东、银行、员工、合作伙伴和社会“五满意”作为企业立身之本。公司总裁牛根生将这一理念概括为五句话：“股东投资求回报，银行注入图利息，员工参与为收入，合作伙伴需赚钱，父老乡亲盼税收。”在内蒙古，蒙牛创造的直接、间接就业岗位在20万个以上。并在当地大量扩展草原，成为农牧业产业化链条上带领千家万户奔小康的龙头企业。

## 银桥乳业集团争创中国名牌

西安银桥乳业集团　刘华国

西安银桥乳业集团是陕西省农业产业化龙头示范企业和西部地区乳制品行业产销量最大的骨干企业，建于1979年。二十多年来，集团始终以“公司＋农户”开发扶贫的产业化经营模式发展乳制品生产，通过实施奶畜产业化工程和万亩绿色牧草工程带领群众脱贫致富，取得了突飞猛进的发展。集团现拥有固定资产2.5亿元，员工1600多名，已发展成为拥有十个子公司和一个高科技新产品研究开发中心的企业联合体，并跨入了全国乳品十强企业的行列。近五年来，集团实现产值、销售收入累计达到13亿元，支付群众鲜奶费近5亿元。集团主导产品、中国乳品十大名牌之一的“秦俑”牌系列奶粉，先后荣获部、省、市优质产品奖，并被评为陕西名牌、绿色食品和著名商标等。产品连续6年在国家质量技术监督局抽检中合格，并被国家质检总局评为“国家免检产品”；集团也被国家有关部委认定为“中国学生饮用奶定点生产企业”。

1. **质量是关键** “秦俑”奶粉是西安银桥乳业集团的当家品牌，不仅占有88%的西安奶粉市场份额，更远销菲律宾、伊拉克、东欧、中国香港等国家和地区。

银桥产品之所以深得广大消费者和专家青睐，乳制品质量是关键。集团为每个鲜奶收购站配备了专职收购员和检验员，并与收购站逐个签订了质量责任书，实行鲜奶质量“二查承包制”，即由收购员和化验员在奶站对鲜奶进行第一次检验，由集团收购室进行第二次检验。检验员严格检验，层层把关，凡不符合标准要求的鲜奶，一滴不收。2001年，集团投资1.2亿元在临潼经济开发区建成了以液态奶为主的现代化综合乳品生产基地，从美国、德国、法国、瑞典和丹麦引进了世界一流的生产设备。此后，又陆续在奶区建立了40多个现代化集中挤奶站。自动化的真空挤奶设备，清洗、消毒、挤奶、制冷一次完成，绝无掺杂使假的可能。同时，集团还成立了以总经理牵头的质量保证委员会，以主管副总经理为首的质量管理委员会，制定出了114条技术标准、18条质量标准、55条工作标准，并落实到每个岗位、每个员工。实行产品质量与员工工资、奖金挂钩，如果当月特级粉率达不到98%以上时，上至总经理、下至每个员工，一律扣罚当月奖金。

严格的质量管理制度给银桥带来了丰硕的成果。“秦俑”系列奶粉连续六年在国家质量技术监督局抽检中被评为合格产品；1995年，银桥集团以产值、销售收入首次突破亿元的不凡战绩，跻身全国乳品十强企业；1996年，在全国十大乳品企业中第一个通过了ISO-9002国际质量体系和产品质量认证；“秦俑”婴幼儿系列配方奶粉被国家质量监督检验检疫总局评为“国家免检产品”。

**2.科技创新是第一生产力** 市场经济条件下，竞争异常激烈，但一切竞争的核心仍是人才的竞争，谁能最大限度地拥有高素质的人才，谁就能在未来的竞争中立于不败之地。银桥集团先后聘请了国内外10多位食品行业的专家教授来厂工作，并派出一线员工参加国际、国内及省、市举办的专业技术培训班，对领导班子和管理人员进行了比较系统的现代化企业管理、财务管理、统计、微机操作、食品卫生监督等专业培训，组织员工学习《食品卫生法》、《标准化法》、《计量法》等法律，还对40岁以下的干部员工分别进行了为期一个月的军事化训练，并把质量意识教育、艰苦奋斗精神教育、科技知识教育和主人翁意识教育贯穿其中。几年来，已招收了70多名德才兼备的大中专毕业生。目前，集团各类工程技术人员及大中专毕业生已占到员工总数的22%，成为企业的骨干力量。

有了高素质的人才，就有了科技创新的基础。二十多年的奶粉生产过程中，银桥先后三次改造了生产车间的技术设备。第一次是在70年代末80年代初建起了喷粉车间，改卧式粉塔为立式顺流干燥粉塔；第二次是从丹麦引进了具有90年代先进水平的乳品生产线；第三次是从国外引进国际一流的液态奶生产设备。

在专家的积极参与下，根据市场需求，依靠科技创新，先后研制开发出“秦俑”婴儿奶粉、中老年奶粉、女士奶粉、阳光宝宝奶粉等六大系列90多个品种。同时，积极调整和优化产品结构。2001年，集团投资1.2亿元，在临潼经济开发区建成了以液态奶为主的综合乳品生产基地，从美国、德国、法国、瑞典和丹麦引进了国际先进的生产线和包装设备，成立了一个以权威专家教授为核心的高科技新产品研究开发中心。并先后开发研制出了酸奶、鲜奶、超高温灭菌奶、乳酸菌饮料等新产品，赢得了广大消费者的喜爱。

**3.成功的经验** 作为陕西省惟一一家“奶畜产业化项目”实施单位，银桥在当地形成了以市场牵龙头、龙头带基地、基地连农户，产供销一条龙、农工贸一体化的产业化格局。奶畜产业化工程的实施，从根本上解决了困扰企业生存和发展的“造血功能”问题，而奶农更是把企业的兴旺和发展看成是自己致富的“小金库”。

二十几年来，成功的经验主要有：

(1) 完善服务，让养殖户得利。银桥集团在成立之初，实行了“厂方贷款，农户养牛；厂户挂钩，以奶还贷”的做法，由厂方出面，从当地银行和世界银行贷款，引进2300多头良种奶牛，发放给农户，然后从农户每月的鲜奶费中扣除。既解决了农民想要大干而难以解决的资金、良种难题，又使数以千计的农民成为企业无偿却尽心尽力的“饲养员”。

之后，集团又先后成立了奶牛公司、奶牛繁殖育种协会、配种站和防疫站，为奶农提供完善的服务，并聘请国内外专家对奶农进行培训，为每个养牛户代办保险。养牛户只要尽心尽力养好牛，就能稳妥赚钱，所以基地迅速壮大。

(2) 风险共担，利益共享。通过入股，让农民自觉自愿成为企业的“编外职工”，使企业与农户真正成为“风险共担，利益共享”的共同体。企业“造血库”和奶农“小金库”紧紧地联系在一起，他们比以往更关心企业的兴衰，努力养好牛，交好奶。企业也不用再担心奶源会轻易流失。

(3) 形成环环紧扣的产业链。牛养起来了，怎样解决饲料问题，如何方便交售鲜奶？这也是养殖户普遍关心且迫切需要解决的问题。为此，银桥斥资修建了26个固定收奶点，又相继建立了40多个快捷、方便、卫生的自动化集中挤奶站以及自己的饲料厂，在奶区真正形成从饲料生产、疾病防治、奶牛饲养、鲜奶收购、鲜奶加工到生产销售环环紧扣的一体化经营。

**4.发展规划** 在把“秦俑”奶粉蛋糕做大做好的同时，加大液态奶生产的投入。目前，集团在临潼经济开发区投巨资兴建的液态奶综合工程已顺利投产，二期工程正在兴建之中。该工程投产后，在未来三年内集团的奶粉年产量将达到3万吨，液态奶年产量将达到20万吨，年产值将达到15亿～20亿元。

在现有奶源的基础上，集团将在临潼周边地区再建10个现代化的科技示范养牛场，并和中国科学院合作，成立胚胎移植中心，改良奶牛品系。在农户分散饲养的区域建立近百个奶牛养殖小区和机械化集中挤奶站。“十五”期间，集团奶牛存栏将达到10万～15万头，养牛户达7万～8万户，建成中国西部地区最大的生态草业基地和中国第一奶牛产地。

根据市场的需求，集团也将加大科技开发力度，按照“安全、营养、方便、价廉”的原则，生产出高品质的“中国学生饮用奶”及系列液态奶。依靠公司专家的特长，开发益生菌发酵乳、超高温灭菌乳、巴氏消毒乳等多系列产品，不断扩大市场占有率，力争在“十五”末进入全国液态奶生产前5名。

“十五”期间，银桥还将通过良好的销售业绩和诚信的企业形象，争取股票早日上市交易，通过资本的运作，使企业获得长足发展。另外，集团还将通过兼并、重组、合作等方式，不断扩大企业的生产规模，增强竞争实力，组建坚不可摧的“银桥”航空母舰。

## 均瑶集团促进奶业产业化营造库区经济新格局

均瑶集团乳业股份有限公司　王均豪

均瑶集团成立于1995年7月，前身是温州天龙包机有限公司。在全国各城市及中国香港地区拥有19家全资独立法人公司和9家分公司，总资产13.5亿元。现有员工2500余人。1999年，均瑶集团全面实施战略调整，在上海浦东康桥征地18公顷，投入3个多亿，建造集团的营运中心、人才中心、科研中心，从而为均瑶集团走向国际舞台搭建了一个良好的平台。集团从1996年起连续被评为浙江省“行业最佳经济效益工业企业”、“明星企业”。1998年被国家工商总局批准为全国无区域集团公司，同年跻身全国民营企业百强之列。

1999年9月均瑶集团决定将库区的资源优势与均瑶集团的产业优势有机链接，鼓励库区移民养殖奶牛，为他们担保启动资金，以保护价收购鲜奶，由此带动养殖业和种植业的发展。12月，集团与宜昌市政府签约，投资1亿元在当地兴建大型乳品基地，整体实施均瑶集团振兴中国民族乳品业的奶牛养殖计划，以“公司+基地+农户”，即市场牵龙头，龙头带基地，基地连农户的现代农业产业模式，推动内陆传统农村产业结构的调整。

**1. 启动奶业产业化工程，营造库区“造血”功能**　在政府实施移民安置过程中遵循的一个基本原则，就是要“搬得出，稳得住，能致富”。在这种情况下，均瑶集团果断提出：在三峡宜昌库区建设一座年产值6亿元的现代化奶业生产基地，在计划内扶助库区移民养殖奶牛3万头，以发展奶业带动农业产业调整，创建出当地一个现代农业产业化的龙头示范企业。

**2. 投巨资建设龙头企业，确保形成年产值6亿元规模效应**　经过深入实地的详细考察和论证，均瑶集团决定在三峡库区宜昌市建设大型乳品加工基地，以乳品加工的发展带动当地农业和其他产业的发展，并由此形成一个产业链，再以产业链的发展，形成移民安置和库区经济双轨并行发展的良性机制。为确保该基地能真正发挥农业产业化的龙头示范带动作用，均瑶集团在规划宜昌基地时确定了几项基本原则：第一，“起点要高”，技术上要达到国际领先水平；第二，“规模要大”，年产值要达到6亿元的规模；第三，“速度要快”，要确保基地在移民安置和当地的农业产业化发展中尽早发挥作用。

2000年4月，宜昌大型乳品加工基地一期工程竣工投产，2001年3月二期、三期工程竣工投产，形成了8万吨的生产能力，到2002年可望形成年产值6亿元的规模，日处理鲜奶300吨。在三峡库区的创业中，均瑶集团为驰名全国的“三峡（建设）速度”赋予了成功创业的“温州精神”。“十五”期间，计划达到50亿元的产销业绩。

为实现进入资本市场，2000年，均瑶集团乳业股份有限公司按照《公司法》和中国证监委的规范进行了改制，并于2000年10月完成改制正式挂牌运行。

在产品质量和市场竞争力的技术上和研发上，均瑶集团与无锡轻工业大学合作，萃集国内数名食品界专家教授，成立了均瑶乳品研究院；与国际水准接轨的上海浦东均瑶研发中心也在建设之中。

**3. 发展奶牛3万头，带动养殖户近千家，安置移民近万人**　均瑶集团在规划建设宜昌乳品加工基地的同时，在当地政府支持下，还积极致力于发展三峡库区奶牛养殖，计划在“十五”期间内发展奶牛30 000头。截至目前，该基地已形成养殖奶牛2000头的规模，今后计划要确保养殖奶牛5 000头的规模，力争达到8 000头。

在发展奶牛养殖业的过程中，为切实提高农户养牛的积极性，减少养殖户的经营风险，均瑶集团还从以下几个方面为库区移民提供了保障性的措施：

（1）提供融资担保，解决养殖户筹资难的问题。发展奶牛养殖，一次性投入大，由于库区移民自身资金积累有限，很难筹集到足够的资金。为此，均瑶集团与当地政府、银行协调，凭借其雄厚的实力和良好的信誉，主动为农户提供贷款担保。这样，既解决了农民的资金问题，又降低了银行贷款的风险，提高了银行为农民贷款的积极性。

（2）最低保护价确保收购，养殖户笑对“零”风险。要想真正调动三峡库区移民养牛的积极性，减少其后顾之忧，还必须从根本上解决养殖户卖奶难的问题，真正减少养牛的风险。有鉴于此，均瑶集团联合当地政府，与每位养殖户签订协议，以协议的形式向养殖户保证均瑶集团以最低保护价确保收购养殖户的牛奶。同时，均瑶集团又与当地政府协商，出面与保险公司协调，积极为养殖户的奶牛投保，使养殖户养牛几乎是零风险。

（3）加强配套设施建设，积极为养殖户提供技术支持。在发展奶牛养殖过程中，均瑶集团还投入巨资兴建各项配套设施，首期将投资近千万元，在三峡库区宜昌市4个乡镇建设10多个收奶站和挤奶站，在运输系统上购买数辆大型冷藏车投入运行，有效地保证鲜奶的质量。

针对库区宜昌市奶牛养殖基础设施薄弱的现状，均瑶集团还积极发挥自身优势，和地方政府一起大力加强示范基地的建设，以公司化的示范基地为基础，积极为养殖户提供各种方式的技术培训和养殖等多种服务。

**4. 奶业产业化的发展必将带动库区农业经济结构的调整** 三峡库区宜昌市传统的畜牧养殖业一直以猪、鸡等养殖为主，农业种植也仅限于传统的玉米和水稻等粮食作物。长期以来，库区农业始终未能形成规模化、产业化，附加值不高，效益低下，农民增收因此受到很大制约。因此，均瑶集团在宜昌大规模建设乳品加工基地，发展奶牛养殖，对库区畜牧养殖结构和农业种植结构的调整，对库区农业产业化发展，实现库区由传统农业向现代农业转变，均有着极为重要的战略意义。

均瑶集团是温州改革开放后发展起来的一家大型民营企业。“致富思源，富而思进”，作为一家靠国家的改革开放政策优先发展起来的民营企业，我们有责任、有义务在三峡工程这一功在当代、惠及子孙的千秋伟业中奉献自己的力量。

## 古城乳业强化质量管理 实施名牌战略

山西古城乳业集团有限公司　乔道首

组建于1997年10月的山西古城乳业集团有限公司位于晋北奶牛养殖中心地带的山阴县。几年来，公司立足于当地丰裕的奶源优势，依靠多年积累的乳制品加工经验，积极寻找市场空缺，大力引进国内外先进设备和技术，以引导消费、满足市场需求为宗旨进行新产品开发研制，强化内部管理，狠抓产品质量，实施名牌战略，力创名优新产品；不断深化体制改革，促进内部管理；强化市场营销，努力开拓市场，使经济效益连续增长。特别是1998年，全年实现利税2 893万元，位居全省同行业第一。公司先后被评为山西模范单位、结构调整先进企业、全国十大乳品企业集团，被八部委联合认定为全国151家农业产业化龙头企业，IDF中国国家委员会会员单位，全国食品行业质量效益型先进企业，2001年被中华全国总工会授予“五一劳动奖状”。

**（一）兴科技，创名牌**

在当今激烈的市场竞争中，乳制品企业要站稳脚根，并立于不败之地，靠的是良好的综合素质，而最能体现这种素质的便是企业的主导产品技术先进、质量上乘、成本低廉、适销对路、信誉卓著。为了形成产品竞争优势，首先确立了正确的新产品开发策略，组建了具有国内乳制品企业一流水平的省级企业技术中心——山西古城乳业集团技术中心。中心聘请了国内外著名乳制品专家、教授担任顾问，进行重点攻关和新产品的研究开发。确立了“抓质量、上品种、上档次、创名牌、增效益”的科技兴企战略；制定了“人无我有，人有我精、人精我专”和以“新、优、快”取胜的新产品开发策略；做到“研究一代、生产一代、储存一代、构思一代”；形成从设计、试制、宣传试销到批量生产、售后服务的新产品开发体系。建立了各环节专人负责，环环紧扣，责、权、利配套的责任制度，形成运转灵活的工作体系。公司在财力、物力上优先保证新产品的研究开发，对技术人员待遇从优，对做出贡献的予以重奖。其次，逐步形成了引进、吸收、转化、创新一条龙机制，有计划、有步骤、有目的地引进国内乳制品行业的新技术、新成果。公司领导和技术人员经常向乳制品加工专家、教授学习工艺理论和操作技术，还同国内外著名科研院所以及国内部分先进乳制品加工兄弟企业的科研机构保持了经常的联系，聘请高级工程师、专家、教授来公司讲课，传授工艺理论、指导实践操作，解决生产过程中的一系列难题。在引进技术中，不搞盲目照搬的产品重复，重点吸取他人的精华，消化吸收，取长补短，为我所用，创出具有本企业特色的新产品。比如，公司开发的“超高温灭菌奶”、“酸牛奶饮品”被国内知名专家、教授评价为“具有纯天然鲜牛奶风格，乳香浓郁、风味独特”的产品。

坚持正确的新产品开发策略，公司开发新产品取得了一系列成果，产品经国家权威质量监督检验机构监测均为国家级达标放心食品。系列产品先后获得中国国际食品博览会金奖，省优、部优产品，山西免检产品，全国食品行业名牌产品，中国十大乳品上榜品牌，全国食品行业质量达标合格产品，山西省标志性名牌产品，其中系列婴幼儿配方奶粉、灭菌奶被评为全国质量免检产品，古城奶粉被评为中国名牌产品。古城牌系列乳制品畅销山西及周边省、自治区、直辖市，深受广大消费者的欢迎，在市场长盛不衰，全国市场占有率达到3.2%。

**（二）抓技改，优化名牌**

公司把抓企业技改作为实施名牌战略的重要一环。首先，确定技改目标是：开发名优产品，提高产品质量，优化产品结构，提高经济效益，结合企业规模扩大，在提高技术水平上下功夫，不搞低水平的重复和老技术、老设备的翻版，保证技术装备的先进性、实用性。技改投资做到三个倾斜：在品种、质量上倾斜；在短、平、快项目品种上倾斜；在完善配套生产能力上倾斜。同时，严格预算管理，控制投资规模，立足内部挖潜，提高投资效益，加快技改实施步伐。近年先后投资上亿元，进行了四次大型技改扩建，完成了系列奶粉标准化车间的配套，增设了流化床、卵磷脂喷涂，生产工艺、机械设备完全达到90年代后期世界先进水平。2001年，公司投资3 000万元在忻定分厂扩建了法国百利包鲜奶无菌包装生产线，由于工艺设备先进，自动化程度高，完全可确保液态奶产品质量，产品上市供不应求。根据国家“十五”发展规划关于大力发展农副产品深加工的要求，公司投资2亿多元建设由国家计委批复的“扩建年产16万吨液态奶乳品加工专项项目”，一期工程投产完成了四条百利包、两条康美包无菌生产线，预计2003年公司年产销系列液态奶产品8万吨。

其次，围绕市场调整产品结构，上项目，抓技改。公司根据当前市场发展趋势的三个转变：粉状产品向液态产品的转变，低档产品向高档产品转变，单一产品向多品种转变，实施了全方位、多元化、科学有序的新产品开发战略，大力调整、优化产业结构，除了保证奶粉产品的动态稳定外，还要根据国家产业政策导向和国内乳制品市场发展趋势，投资扩建机械化挤奶站，加大奶源基地建设的投入，配套完善年产16万吨液态奶乳品加工专项项目，确保系列乳制品加工的规模。

**（三）加强管理，力保名牌**

为把质量管理切实摆到一切管理的首位，果断提出：质量第一，质量立业。没有高质量意识的人不能担任各层领导、抓不好质量就是失职，“以优质拓市场，向管理要效益”成为全体员工的共识和为之奋斗的目标。

怎样才能集中精力加强对质量管理的领导？为此公司建立了严密的质量管理网络，成立了全面质量管理委员会，由一把手亲自抓质量，下设质检、化验、计量室，选拔了50多名坚持原则、办事公正、技术业务水平高的同志担任质量监督员，形成了一个自上而下、左右配合，横向至边、纵向至底的质量管理网络，由过去的生产车间抓质量变为班组、车间、生产科、质检科、质监处，层层把关层层抓，“质量第一”成为全员的“群众意识”。公司质管委是抓好全面质量管理的权威决策机构，主要职责是制定质量管理的规划、目标、制度，加强检查、指导、评比、奖惩。其主要做法是坚持“五会”制度：日有报告会，由各科室、车间、班组负责人报告质量情况；周有评比会，好的表扬、差的批评教育、失职的予以经济处罚和行政处分；月有整改会，总结成绩，寻找不足，提出整改措施；季有研讨会，对质量管理分析、研究，提出新对策、新措施；年底有总结会，表彰奖励在质量管理上做出贡献的先进处室、班组和模范个人。

公司还实行了一条龙的五关制度。要求各个环节把好原料入库关、半成品控制关、加工工艺关、配料操作关、成品检验关，要通过定时、定期自检、专检、互检、抽检制度，决不允许不合格的半成品流入下道工序，决不让不合格的产成品出厂。实行了严格的质量管理责任制，从领导到车间一线工人，人人制定了创名牌的责任制，实行了一级管一级，一级向一级负责的把关制度，每道工序、各个环节都要对质量严格考核，奖惩兑现，实行一票否决制，质量上不去或发生质量事故，集体和个人不能评为模范，情节严重、经济损失严重的事故，对职能职责人予以重罚，免去职务，事故直接责任人开除公职。

随着我国加入WTO，乳制品工业的竞争将会更加激烈，公司要积极参与竞争并求得发展，就必须继续加大产品结构调整力度，加速发展有市场竞争力的产品，坚持以市场为导向，依靠科技创新，大力开发科技含量高、质量好、竞争力强的乳制品深加工产品。今后几年内公司将继续秉承“诚信、敬业、创新、发展”的经营理念，坚持“质量高于一切”的质量方针，从源头抓起，合理优化配置资源，加速发展，完成“年产16万吨液态奶加工示范工程项目”扩建，生产出更多规格、更多营养配方的牛奶制品，满足不同消费者的需求。继续实施可持续发展的特色经济战略，为带动生态农业发展起好步，建立健全乳（食）品生产的安全体系，大力发展科学养殖、精心加工、深入研究的发展战略，进一步加快制度化、多元化、信息化建设，积极实施换脑工程、素质工程、CIS工程和环境工程，发展系列液态奶、小杂粮系列食品深加工、精包装，形成品牌、市场、产品、奶源基地以及产业化经营五大可依托优势，力争到2005年公司乳制品销售收入完成10亿元，实现利税2亿元，从而为古城乳业做大做强、沉着应对行业竞争、进军国际市场夯实基础，为促进县域经济发展，带动当地农民增收，强化市民营养，提高全民素质做出应有的贡献。

# 南京卫岗奶业战略创新　整合发展

南京奶业集团　蔡敬东

南京卫岗在世纪交替的时期，抓住朝阳产业发展的机遇、卫岗悠久历史所形成的区域强势品牌优势和干部群众要求生存发展的迫切愿望，凝心聚力带领全体干群重整旗鼓，化危机为转机，变被动为主动，“再造卫岗，从头做起”。对企业的各种生产要素进行整合、优化、激活，重新构筑先进生产力发展的高位平台。在不到两年的时间里，使企业实现了重大历史转折，进入跨越式发展的新阶段。南京奶业的成功在于扎实做好发展战略创新的五个整合。

**（一）整合第一生产要素，激发全员再造卫岗激情**

人是生产力中的第一要素。国有企业的优势在政治优势和干部职工的素质优势。南京卫岗认为，要解决国有企业干部员工创业的激情关键是四条：一是融心。就是把职工的人心凝聚到企业的发展上来，让大家明白企业的发展不仅仅是解决国有企业做大做强的问题，而且是解决员工生存和过好日子走上富裕道路的问题。因此，卫岗一方面提出“从头做起，再造卫岗”的口号，以聚合人心，鼓舞士气，增强搞好企业的信心与决心。另一方面，在资金十分紧缺的情况下，仍然想方设法对生产环境和生活环境进行改善，使职工感受到企业的温暖，主动为企业发展挑担分忧。二是融智。就是要集中干群的智慧和力量，攻艰克难，解决加快发展的思路。既依靠自身的力量，又借助外部的力量，解决如何谋求发展，提升员工的素质、水平、竞争能力的问题。在企业很困难的情况下，聘请了顾问公司，为企业再造出谋划策，在企业发展战略、企业再造方面取得了良好的效果。三是解决好薪酬分配机制和人才合理使用机制。通过这两个机制，充分调动人的积极性、营造选人才脱颖而出的良好环境，促进人才与事业共同成长，为企业的可持续发展提供人力资源支撑。四是整合优化领导班子。选拔任用了一大批作风正、懂业务、敢于创新的干部，充实到各级领导岗位，形成了团结奋斗，知难而进，带头苦干，依法治企，以德聚人的良好风气，营造出了改革发展的良好氛围。

**（二）整合企业发展思路，确立再造卫岗的发展战略**

明确的企业发展思路和发展战略是企业成熟的重要标志。南京卫岗自1928年创建全国第一家奶牛场以来，经过75年的风风雨雨，不断成长壮大，成为最有希望跨越百年的乳品企业。南京奶业由当时的几十头奶牛，发展到现在年加工液态奶10万吨，主业销售收入突破5亿元，经营性总资产近10亿元。在这一发展历程中，有着深刻经验教训。如果发展思路出了毛病，企业必将受到挫折。为此，卫岗领导班子通过参观、学习、分析形势，多次研究讨论，并确立了自己的发展战略目标计划，不断完善充实，提出了“百年卫岗、登高望远”，不断做强做大地方品牌的战略思路，组织实施了“卫岗”、“亚东”双品牌战略，形成了乳业和房地产“二元互动、双峰并起”的发展新格局。

**（三）整合体制与机制，激活企业竞争市场的能力**

国有企业最大的弊端是政企不分、职责不明，南京奶业卫岗是从行政型的牛奶公司组建的，长期行使着企业经营和行政管理双重职能，带有浓厚的计划经济色彩。经营与管理脱节，生产与市场脱钩。在市场机制日臻完善的今天，这种体制机制已成为制约企业进一步发展的重大障碍。针对这一情况，2001年，成立了南京奶业（集团）有限公司，取消了企业的行政职能，退出政府序列，按照集团化、市场化运作。对内部机构进行了大刀阔斧的改革，对管理机构进行精简，对职工工资采取“先退出、后并轨”改革，进入按市场机制分配的轨道，对二级子公司也进行进一步改革规范公司制，使公司股权结构逐步多元化。目前，正着手进行股份公司的组建，准备聚集主业优质资产，组建新的股份公司。由于卫岗改革坚持了“平和、平衡、平稳”的原则，改革方案做到了上级同意、经营者愿意、群众满意，得到了广大干群的充分理解、积极支持，使改革有条不紊向前推进，没有引起大的波动。

**（四）整合企业资源，做强产业链，提升产业水平**

作为有70余年历史的老企业，与其弊端同时存在的现实资源、历史资源也是极其丰富的。卫岗在实践中认识到，奶业作为一个特殊的行业，要获得健康持续快速的发展，必须发掘所有的资源优势，不断做强做优产业链。奶业的特征是产业链长，如果不做强、做优产业链，企业的根基就不稳，竞争力就不强。一个企业发展快与慢，好与坏，根本原因是对产业链的强化工作做得如何。因此卫岗一是重视奶源基地的建设。为了提高奶农奶牛饲养的质量和产量，采取了相应政策扶持，并开通24小时服务热线，加强科技指导和服务，与奶农建立起一个稳固的利益共同体，进一步巩固了奶源基地的掌控力度；二是加快技术改造步伐。着手实施投资上亿元，在南京江宁开发区建立生态型的绿色食品生产基地。同时争取到“十五”国家重大科技专项——南方农区乳业科技攻关项目，并将结合在乳品工业园内建立乳品工程技术中心和在江宁淳化建立生态现代化大型牧场，做好做优这个项目，作为“科技兴企”的新起点。三是对销售进行通路再造，品牌再造，队伍再造，业务流程再造。此外，还对土地资源进行置换与整合，使土地发挥应有的作用。

**（五）整合企业文化，重塑企业新形象**

企业文化是一个企业的灵魂，是企业精神的集中体现，也是企业文明程度的具体表现。南京卫岗在长期发展过程中，形成了独特的卫岗亲情文化。这种亲情文化，是根植于六朝古都，历史名城的区域性文化，是与南京及周边地区几代人共同培育的消费者和企业水乳交融的文化，是传统儒文化与现代乳文化相互交融、传承发展的文化。卫岗企业内部，每两年举办一次职工运动会，一次文艺汇演；创办了企业商学院、乳业报；组建了女子管乐队；资助和鼓励在职职工学习深造。在产品市场上，他们把“百年事业，亲情卫岗”融入到营销理念中，并通过开展广场文化促销活动，将卫岗亲情文化与现代乳文化融合在一起，向消费者倾情展示，让广大消费者在享用高品质卫岗牛奶的同时，也感触到一份温馨和亲情。同时承诺对消费者负责，对广大奶农负责，做诚信企业。在对外交往中，始终坚持低姿态、高境界，平等诚信相待；保持开放的心态，提倡在竞争中共同进步，在合作中取得共赢。卫岗的领导班子以严以律己、善待他人的工作风格，弘扬卫岗创业创新精神。树一代新风，让人人共树共创卫岗形象，使卫岗新形象在人人身上得到体现与展示。

近两年，通过对各种生产要素的整合与激化，化危机为转机，抓住了奶业发展的大好时机，在国家奶业产业政策的扶持下，在全体干部员工改革改制、创业创新的努力下，南京卫岗发生了巨大的变化。近年来，液态奶加工和销售收入均保持了30%的增速，利润增长了4倍，企业负债率下降了近30个百分点，2001年国有资产增值近亿元。南京卫岗实现了由危险期到调整恢复期，由恢复期到各项工作有重大突破转折期，由转折期到构筑高位平台的跨越式发展期这三个阶段的不断提升。

## 北京奶牛中心增强服务功能为全国奶业发展做贡献

北京奶牛中心　周瑞君

北京奶牛中心隶属于北京三元集团有限责任公司。总固定资产6500万元，员工268人，是一个技术推广的事业单位，实行企业管理，定额上交。近几年中心根据全国奶业发展的需求，在科技推广和技术服务方面做了一些工作，取得了一些成绩。

**（一）抓住改革机遇，实行企业化管理**

根据市场经济的要求和全国奶业发展形势的需要，北京奶牛中心1997年取消事业费补贴，实行企业化管理，并进行了一系列改革。在劳动人事制度上，与员工签订劳动合同，给他们上了养老、失业、医疗、住房等“四保”；实行计效工资；对管理人员实行聘任制。在机构设置上，将原来的12个科（办）、五个研究室、四个实体，合并成育种部、胚胎工程部、冻精销售部、科技开发部、信息部、培训部、计财部、办公室等七部一办和种公牛站、良种场、新技术公司、乳品质量监督检验站等四个实体单位。在经营机制上，对所属八个单位实行资产经营承包责任制，并全部实行了风险抵押。中心对承包单位主要管两个一，即一个承包人，一个承包合同；放三个权，一是副职、员工聘任权，二是机构设置权，三是效益工资分配权。这样极大地调动了承包人和员工的工作积极性。目前承包的八个单位，有七个年经营利润超过百万元，员工平均收入4万元以上。

**（二）以科技为动力，提高服务水平**

“九五”期间公司承担了国家科技攻关课题，农业部推广课题、部颁标准，北京市攻关课题、推广课题和地方标准，还有农业部948引进项目、中加奶牛育种项目。获国家科技进步二等奖一项，北京市一等奖一项、二等奖二项。并制定出台了奶牛育种、繁殖、饲养、卫生保健四个北京市地方标准。选育出黑星、空中之星、雷达、马克、林肯、罗曼蒂克、序曲等世界名牛的优秀后代种公牛100多头，年产9 000千克以上的高产奶牛1 000多头，其中有400头年单产超过10 000千克。北京奶牛中心BDCC牌荷斯坦牛冷冻精液荣获1999、2001年国际农业博览会名牌产品称号，选育的世界著名公牛的儿孙及“龙”的冻精供不应求。近三年，推广优秀公牛冻精600多万剂，优秀组合胚胎1万多枚，生产母牛达150多万头，每头母牛的产奶量平均可增加500千克，共增收13.5亿元，社会效益显著。公司坚持质量第一、服务至上的宗旨，将高学历、高职称、高级管理人员选派到技术推广服务部门，举办各种技术学习班，传授种公牛后裔测定、性能测定、体型外貌线性鉴定技术，MOET育种技术，胚胎工程技术，人工授精技术，TMR技术，高产奶牛配套技术和育种、繁殖、饲养、卫生保健等北京地方标准以及奶牛中心研制的育种软件、牛场管理软件、公牛系谱软件等先进实用技术。在奶牛中心网站上发布各种奶牛信息，提供各种资料及牛场所需的产品。还编写了上万份技术资料，刻录了十几种技术光盘，提供给全国奶牛场和养牛户，受到了奶牛场、养牛户的欢迎。同时也使奶牛中心冷冻精液和胚胎产量、市场占有量、市场增长率、经济效益、员工收入连续5年列全国同行业第一。2001年北京奶牛中心荷斯坦种公牛冻精占全国市场50%以上。

**（三）实施人才工程，提高服务质量**

北京奶牛中心现有研究员4名，副研究员、高级畜牧师14名，博士、硕士18名，技术人员占员工总数的56%。近几年奶牛中心又吸纳了28名技术人员，派8名同志到国外考察学习，同时引进研究员3名、副研究员5名，他们都是从事胚胎工程、育种、疾病防治、奶牛饲养工作的专家。并做到了感情留人、事业留人、分配留人、人尽其才，充分调动了技术人员的创造力。中心胚胎工程部今年承担了农业部“万枚高产奶牛胚胎移植富民工程”项目北京区3000枚胚胎生产移植任务，胚胎工程部的技术人员全力以赴，在北京三元绿荷、各区县及奶牛中心良种场的支持下，圆满超额完成任务。

**（四）加强基础设施建设**

1999年中心承担了“国家高技术奶牛胚胎产业化工程重大示范项目”，总投资8 200万元，其中国家投资1 200万元，地方政府配套资金1 200万元，企业自筹资金5 800万元。根据北京市总体发展规划和良种生态牛场的要求，建设了科研区、种公牛区、供体母牛区，区与区之间相隔500米，由苜蓿地、防风林、防疫沟隔离，形成了区中区院中院的格局，绿地达79%以上。

在科研区的综合实验楼内，中心根据胚胎工程产业化技术组装、配套、集成、攻关的需要，建设400米$^2$透明隔断、无棱角、采用中央空调和空气净化设备，负压和具有十级、百级、千级、万级的胚胎工程实验室，还有质量监控室、教室和配套的专家楼及中试车间；在种公牛区建设了精液生产车间、监控室和XY精子分离室；在供体母牛区建设了半开放、半舍饲，全混日粮、全天候饲喂，机械搅拌、机械投料的标准化牛舍和电脑补饲系统。并引进了胚胎生产线、冷冻精液生产线、中试生产线及大型配套设备。三个区都建设了排水暗沟和三级防渗沉淀过滤化粪池，化粪池沉淀过滤的清水全部用抽粪车抽出浇灌到66.7公顷苜蓿地里，从运动场捡拾的牛粪熟化后，除了自用外，供应周边的特供基地、特菜基地、花卉基地、林木苗圃、科技园，这样真正实现了养牛—苜蓿种植—养牛的生态良性循环。三个区都采用当今最先进的取暖方式——电热膜取暖。这样有效地保证了科研、生产、推广、服务的需要和生态牛场的要求。2001年该项目被国家计委授予“高技术产业化示范项目”牌匾，这大大提升了奶牛中心服务功能，使奶牛中心的服务水平上了一个新台阶。

今后，中心将加快股份制改造步伐和人才的引进及培养，走产业化、股份制、高科技、名牌企业的发展道路，使北京奶牛中心尽快成为全国一流、世界知名的大型良种企业，为全国奶业发展做出更大贡献。

# 新兴奶业企业

## 新希望乳业发展态势

新希望集团乳业事业部（张列兵）

（一）基本情况

新希望集团把对农民增收和农业结构调整有较大帮助的乳业作为新的产业平台来构建，寻求大的发展。2001年10月，采用股权收购的方式进入了阳平乳业，组建了新阳平乳业有限公司，新希望持有该公司60%的股份。随后，又采用股权收购的方式先后同安徽白帝乳业、重庆天友乳业、四川华西乳业、长春苗苗豆乳集团、保定天香乳业、青岛琴牌乳业、杭州双峰乳业、杭州美丽健乳业和云南邓川蝶泉乳业建立了合资、合作的关系，其中，除重庆天友乳业新希望参股47.6%以外，其他的均系新希望控股。借助资金、企业的商誉和机制灵活、管理规范的优势，在不到一年的时间里，新希望乳业实现了超常规跨越式地快速扩张和发展，加上前已组建的新阳平奶牛发展公司，目前已拥有11家乳业企业，成为中国南方仅次于光明乳业的第二大乳业企业联合体，最大的乳业“联合舰队”。

（二）发展目标

规划用两年时间使新希望乳业的加工能力达到或超过50万吨；再用3年左右的时间，使产能达到100万吨；到2010年前，使产能有进一步的增加；新希望已同眉山市政府签订了共建西南第一奶市的协议。下一步重点工作是在川西“眉（山）乐（山）雅（安）”地区建立一个拥有266.7千公顷饲草种植、奶牛数量达30万头的生态奶源基地，支持现有的乳业加工企业全面提升液奶的加工能力。

（三）具体措施

**1. 收购和联合的目的是着眼于盘活社会存量资产** 新希望不是通过新建乳业企业，而是通过业外资本的介入对行业的发展起促进作用。新希望收购股权不是简单地考虑资本的增值或是通过对股权的变现来谋取利益，而是通过对存量资产的盘活最大限度地发挥现有生产设备和生产能力的效应，通过体制改革的深化和转换机制的实现使现有的生产能力得到激活。在新希望已经进入的10家乳业企业中，有3家企业是新希望进入后实现了扭亏为盈；有盈利的企业则取得了利税大幅增加的业绩。

**2. 注重增量效益的放大和提升** 新阳平公司进口的施托克超高温灭菌机和百利包无菌灌装机，包括其他配套的系列设备安装和近3 000米$^2$的成品库房目前已全部安装调试完毕，试车一次成功，全面投入生产。公司液态奶加工能力由技改前的日产30多吨提高到日产140吨，大大地缓解了产品供不应求的矛盾，同时拉动了眉山洪雅地区奶牛养殖业的发展，全面提升了新阳平的生产能力和竞争能力。该公司液奶实现月销量1 100吨，首次突破了月销量上千吨大关。而华西乳业，年销量也将达到6万吨，3年后华西乳业形成超过10万吨的规模和能力。为了全面提升新希望乳业旗下各企业的产品创新能力，与中国农业大学签订了关于组建“新希望·中国农大乳品技术研究中心”的协议。目前新希望乳业已聚集了一批在国内乳业技术领域中拔尖的人才和相关的专业人士，为企业的产品研发和技术创新提供了最重要的智力保障。

**3. 实施企业重组和转制，注意不同管理风格和不同企业文化的融合** 新希望在介入国有乳业企业的发展和改革时，不仅考虑综合成本、经济效益、投资回报，而且考虑社会效益，包括生产企业的环保问题及企业现有员工队伍的稳定、企业的改制和发展等问题。作为一个负责任的民营企业，公司把发展作为所有举措的最终指向，不仅使企业或项目的重组符合改革的总体方向和具体要求，而且要有利于充分调动员工队伍的积极性，符合把企业规模做大、实力做强的要求。只有这样考虑问题、制订措施，才能使好的发展思路和好的经营机制产生预期的效果。新希望以控股方的身份进入重组后的乳业企业后，通过会议和沟通的方式帮助重组企业原有的经营班子从思想上加深认识、在工作作风和工作节奏上适应机制转换的要求，用规章制度和措施、办法激励和约束干部员工队伍。实践证明，这种做法保持了队伍的稳定性和工作的连续性，使所有的合资企业都在短时间内完成了产权调整的过渡。

**4. 加强奶源基地建设** 未来乳业企业之间的竞争，从根本上讲是奶源的竞争。狠抓奶源基地的建设对于支持西部乳业的发展具有至关重要的作用。新阳平奶牛发展公司除了继续为农户提供奶牛、奶牛的防病检疫、养殖中的技术指导以外，还与地方政府合作建设奶牛养殖小区，推广、建设机械化挤奶站等。为收购农户提供的鲜奶资金达到7 000万元，户均增收12 000元，直接带动的农户已近5 000户。为了实现以大企业带动大产业的构想，新希望还与眉山市政府、省科技厅合作积极创建、申报生态乳业科技示范区。采用政企合作的方式，可以保障用科技推动农业结构调整和农民增收，真正把四川和西部乳业的发展作为辐射农村千家万户的一个优势产业盘活做大，实现“城市多喝一杯奶，农村致富一家人”和“喝奶兴农、健身强国”的理念。

## 维维集团做大做强　带动农民致富

徐州维维食品饮料股份有限公司　崔桂亮

徐州维维食品饮料股份有限公司是维维集团的核心企业，江苏省农业产业化重点龙头企业。公司把“企业发展、农民致富”作为自己的经营理念和追求目标，积极带动农民增收致富。

**(一) 实力雄厚**

“维维豆奶、欢乐开怀”。维维股份成立于1992年，经过十年创业，由一个40来人、100多万元资产的小米厂发展成为拥有总资产17.3亿元、固定资产4.3亿元，实力雄厚的大型上市公司。2001年实现销售收入10.8亿元，利润总额1.5亿元，上缴税金7 254万元。“维维”商标被国家工商局商标局认定为“中国驰名商标”，“维维”牌豆奶粉是中国最畅销的商品之一，产销率达99%。公司拥有六个大型原料供应基地，30多个生产基地，100多条现代化生产线。公司银行资信为AAA级，率先通过ISO-9002质量认证体系认证，被国家审定为“中国学生饮用奶定点生产企业”和“中国豆奶生产示范企业”，维维产品被国家审定为“绿色食品”。

**(二) 带动力强**

维维的主要产品是豆奶、牛奶系列产品，公司每年大约需要原料大豆3.8万吨、牛奶10万吨，其中76%以上是通过“订单农业”、“产销合同”、“公司+农户”等多种形式购进的，不仅带动了7 900多户农民增收致富，还为4 000多个农民子女提供了就业机会。

维维股份强力带动农民致富，取得了良好的社会效益，受到各级领导和社会各界的关注。李鹏、朱镕基、胡锦涛、尉健行、姜春云、吴邦国、布赫等党和国家领导人都曾亲临维维视察过，给予好评。朱镕基总理在视察维维时语重心长地对维维员工说：“你们企业发展了，还带动一方农民致富，有着非常好的社会效益。维维要继续抓下去，这可是造福千家万户的事业啊!”。总理的嘱托是鼓励也是鞭策，维维人深感责任重大。

维维股份和农民的产销关系和利益连接，根据各自的不同情况大体采取四种方式进行：

一是在外省市的大豆原料基地，和当地农民行业协会签订委托收购协议，再由协会和当地农户签订收购合同，组织种植，提供产中服务。公司坚持全部用国产大豆，每年仅在黑龙江省密山市就购进大豆近3万吨。

二是在本地原料基地，由公司（或控股子公司）直接和农民签订收购合同，以不低于保护价敞开收购，切实保护农民利益。公司仅在徐州地区牛奶原料基地就和3 100多户农民签订了收购合同。

三是重点扶植奶牛养殖大户。公司为这些大户配备冷藏罐、挤奶机等大型设备，双方签订合同，农民在把所产鲜奶售给公司的同时，可无偿使用公司的设备。

四是针对零散分布、条件比较困难的农户，出资建设奶牛饲养小区，配备全套先进设备和技术人员，和农民签订入区饲养合同，实行“五统二分”（统一技术指导、配种、挤奶、防疫、配方，分户饲养、分户管理核算），使农民饲养技术不断提高，收益不断增加，而公司也得到了优质奶源。

**(三) 后劲勃发**

强力带动要有强的实力。维维股票上市后募集了10亿元资金，加上自己的利润积累，后劲十足。近年来，公司开始实施以“稳定发展豆奶、全面进军奶业”为内容的二次创业战略，全力打造维维乳业新形象。

一是扩大规模、增强带动力。利用自己的品牌、技术和资金优势，做好行业整合和规模扩张，先后在珠海、西安、银川、济南、新疆等地组建了维维乳业公司，带动力得到迅速增强。

二是投资8 000万元建设华北、东北、西北三大区域配送中心，实行“地毯式”销售战略，做到省有分公司，市有市场部，县、乡有代理商，使维维的销售网络遍布全国城乡。

三是塑造乳业第一品牌，成功开发出高品位“天山雪”系列产品，投放市场势头强劲，和“维维豆奶”形成双翼齐展之势。

四是打造好产业化第一车间，建好奶源基地，在全国启动“千家万户致富工程”，即以各子公司为依托，逐步培育带动100头饲养大户1 000家，3~5头饲养户上万家，力争在5年内带动上万家农户养牛致富，使奶牛总数达到15万头。

今后，维维股份将自加压力，奋力拼搏，努力为我国的农业产业化建设做出更大贡献。

## 大庆银螺乳业加强奶源基地建设<br>推动奶业发展

大庆银螺乳业集团　刘树清

大庆银螺乳业集团始建于2000年8月，是集草场建设、奶牛养殖、肉牛养殖、优良品种繁育、饲料生产、鲜奶加工为一体的省级产业化龙头企业。乳业产业现有资产总值6.8亿元，职工500多人，高级畜牧师、畜牧师30多人，技术员45人。下设养殖公司、饲料公司、乳品公司、房地产开发公司等8个分公司。集团现有奶牛存栏7 200头，拥有草原20千公顷，饲料地6.7千公顷，牛舍21万米$^2$，日加工500吨液态奶加工厂正在紧张建设中。

**（一）调整企业投资结构，确定新的主导产业**

公司是由小型加工企业到饮食服务业，再到房地产开发业逐步发展壮大起来的综合性民营企业。尤其在房地产业上，这几年取得了较好的成绩，为此，公司认为有必要再选择一个有较大市场潜力和市场发展空间的产业作为主攻方向，来实现企业的可持续发展，把企业做大、做强。基于这一认识，1998年，先后到美国、加拿大、澳大利亚、新西兰、日本等国家和地区进行考察，同时对国内北京、上海、广东等14个省、直辖市进行调研，选择了奶牛繁育基地建设、乳业加工等几个项目，请专家及有关部门帮助论证。通过国内外市场仔细深入的分析和对本市自然环境、发展环境的调研，果断做出了把奶牛业和液态奶等加工业确定为集团新主导产业的决策，并正式组建大庆银螺乳业集团，确立了以奶牛养殖、鲜奶加工、饲料加工、奶牛良种繁育等产业化经营方向。

主导产业确定后，集团的总体发展规划，即到2004年奶牛养殖达到3万头，乳品加工厂年加工能力达到15万吨。具体实施步骤是：2001年奶牛养殖达到5 000头，目标已实现；2002年奶牛养殖达到1万头，完成鲜奶加工项目一期工程，实现年加工5万吨液态奶的能力；2003年奶牛养殖达到2万头，完成奶加工二期工程，年加工液态奶10万吨；到2004年奶牛养殖达到3万头，建成奶加工三期工程，年加工鲜奶达到15万吨，建成全国规模最大、标准最高的现代化、花园式奶牛及鲜奶加工等产业化基地。

**（二）坚持高标准起步，创国内一流高产优质奶牛繁育及乳品加工生产基地**

高起点、大规模、高水平、现代化，这是集团发展奶牛业，搞好奶源基地走产业化之路，建现代化企业的宗旨和目标。为了尽快实现集团规划目标，本着高标准起步、新技术支撑、快速度发展的指导方针，重点做了以下几点。

**1. 加大投入，扩大规模，快速做大做强奶牛产业** 在奶牛基地建设上，集团采取走捷径办法起步，出巨资收购了原大庆三环公司12个牧场1 000多头奶牛，租赁草原20千公顷，青贮饲料地6.7千公顷。在此基础上，自筹资金1.25亿元，重点进行奶牛基地的硬件建设和改造，先后将原来购买的26栋旧牛舍进行更新改造，并按照现代养殖技术的要求，新建70栋近9万米$^2$钢材结构新牛舍和11千米四通八达的水泥路、排污管线、隔离带及绿化带，近10千米标准场区围墙。同时，重点抓优良奶牛存栏的增加。一是投入出规模，到国内有优质奶牛的产地，购买优良品种奶牛。两年时间，奶牛存栏增加到7 200头；二是引进出规模，公司到世界上奶牛业发达国家美国、加拿大、新西兰、澳大利亚去进行考察和选奶牛。2001年，由省长带领到加拿大阿尔伯达省考察，同加拿大签订了购买优良怀孕成年种母牛875头的合同，每头种母牛5 100美元、折合人民币43 500元。最近，公司在中国香港和澳大利亚又签订买7 000头优质奶牛的合同。为了尽快从国外引进这批优质奶牛，公司在大连港口附近投资2 200多万元建立了一个占地40公顷、建筑面积1.2万米$^2$的奶牛隔离场，目前已通过大连海关验收。三是繁育出规模。在利用优良冷冻精液进行自繁自育的同时，从加拿大引进优良高产奶牛胚胎，目前已移植1 500枚优质高产奶牛胚胎，在奶牛自繁自育上实现快速发展。投资8 000万元建设一座奶牛繁育中心和一个设施、功能完善的奶牛拍卖广场，占地面积28公顷。在鲜奶加工龙头企业建设上，确立了用现代科技武装企业，靠一流产品质量开拓市场的发展思路，引进国外先进技术，建设起点高、规模大的乳品加工企业。预计2002年建成一期工程，年产5万吨，2003年完成二期工程，年产达到10万吨以上，2004年完成三期工程，达到年加工15万吨的规模。为了建成具有一流水平的乳品加工企业，公司做好产品市场定位、产品结构定位和产品生产工艺技术定位，先后派人到上海、北京、广州、河北及本省多家企业进行考察和市场调研，先后十多次聘请国内乳业加工方面专家教授指导和论证，形成了初步产品结构方案和工艺技术方案，建成了2万米$^2$主体厂房和配套工程。

**2. 依托科技，提质增效，实现奶牛产业的快速发展和升级** 科技是企业发展的内在原动力，要实现企业的快速发展和升级，必须在技术上有所创新，依靠科技上档次、创效益。一是引进外部智力参与决策，先后从华南理工大学、乳品研究所等单位聘请了多名专家进行技术指导和咨询。同时还邀请国外专家来管理牛场工作；二是积极搞好课题攻关，围绕探索鲜奶加工新途径，抓住关键，集中攻关。作为技术依托，投资300多万元同华南理工大学合作建立银螺集团乳产品开发研究室；三是引进良种奶牛。树立超前意识，进行新技术的引进和试验，为周边地区养牛户起示范、带头作用；四是引进技术和设备相结合，加工企业的关键设备均从西欧引进，确保技术先进、产品新颖、市场竞争能力强、发展后劲足。要占领国内外市场，必须根据市场多元化不断变化的需要，抓好新品种开发和更新换代体系建设。目前已与国内外一些科研机构和协会建立了经常性的密切联系。

**3. 加强管理，完善机制，瞄准创建“绿色牛奶”基地目标打好攻坚战** 中国加入世贸组织后，规则上要求与国际接轨。欧美国家早在20世纪50年代就禁止销售含有抗生素的牛奶，要想占有国内市场，挤进国际市场，尤其是让广大群众喝上“放心奶”，就要顺应潮流，创建“绿色牛奶”的生产基地，这样才能使我们奶业不断发展壮大。

首先是围绕强化质量管理，建立健全了质量管理体系，从奶牛养殖、繁育、防疫、奶质检验、饲料加工到奶产品出厂，每道工序都有严格的质量标准，并把质量责任与个人工资挂钩，奖罚分明，明确规定“质量下降，责任人下岗”。在此基础上，在集团内开展了“在岗1分钟，干好60秒”活动，使质量意识深入到每个职工的心中。

卫生防疫是大规模养殖的生命线，公司建立了严格的卫生防疫责任制，每个分场均设有防疫安全员，把住病疫传播关，给每头奶牛建立健康档案，定期检疫检查，做好记录存档；在饲养方式上，实行按品种、按年龄段、按健康程度分场饲养；每个分场设消毒间，对进场进牛舍人员实行先消毒后进场的管理办法，有效地避免了病疫传播。同时，还在各分场设立了病疫隔离区，发现病情及时隔离。由于管理到位，机制健全，两年来，没有发生病疫传播而死牛现象。现在又开始对奶牛的饲养实行微机管理，给每条牛都建起牛档案，将其基本状况、健康状况、奶品质、奶产量等数据输入微机，随时进行监测、管理。

**4. 推动奶牛业和奶源基地健康发展** 实施机械化自动化挤奶技术是生产“绿色牛奶”的重要保证措施。在奶牛检疫检查合格后，机械挤奶是杜绝外来细菌、病菌进入牛奶、确保牛奶质量的重要措施，是生产“绿色牛奶”的基本保证。奶牛基地从组建开始，就下功夫抓这方面投入，到目前已经建设4个可日挤800～1000头的现代化挤奶站，有3座工程已完工，2002年就可投入使用。

银螺乳业集团在奶业振兴方面虽然做了一些工作，取得了一定的成绩，但是仍处于创业探索阶段，工作中还存在很多不足，为此集团将继续大胆探索，不断努力，为中国奶业振兴做更大贡献。

## 湖南亚华种业组建大型高科技乳业集团

湖南亚华种业股份有限公司　邹定民

湖南亚华种业股份有限公司是一家集乳业、种业、生物药业等产业于一体的大型农业高科技企业集团。成立于1998年，注册资本17000.2万元，总资产20亿元，拥有“南山”和“宾佳乐”两大乳业品牌。目前，公司乳品销售网络从中国南方已扩展至黄河以北的辽宁、河北、天津等省、直辖市，1000多个销售网点遍布全国20多个省、直辖市市场。亚华乳业分公司现有固定资产4.2亿元；拥有年产奶粉2万余吨的加工生产线3条，年产5万吨的液态奶生产线2条；年产销奶粉小包装超过1万吨，在全国排名已进入前5名；拥有万余头奶牛的养殖规模基地，并建成具有国内先进水平的现代乳品科技园；2001年在中南地区率先建起企业博士后科研工作站，加大了科研创新力度。两个品牌的婴儿奶粉双双被国家质检总局认定为首批国家免检产品；“南山”牌被评为“中国驰名品牌”。总结亚华乳业的成功经验，主要有以下4个方面：

**1. 夯实基础，强化乳源建设** 亚华乳业所依托的南方十亿亩草山草坡，平均海拔1800米，大气、土壤、水质均为A级，是中国南方最大的现代化高山天然牧场和国家定点绿色食品生产基地。在长沙市、城步县等地方政府的资金信贷支持下，通过完善和落实“公司+基地+农户”的产业化经营模式，扩大乳源基地。公司投入巨资，采取统贷统还的方式，对农户实行“六统一分”管理（统一回收鲜奶、统一配种、统一防疫检疫、统一保险、统一供应饲料、统一划拨牧草地、统一建设草山和牛舍，以及分开独立经营），为农户提供良种奶牛、饲养挤奶技术以及贷款担保方面的服务；同时，对农户提供的鲜奶按保护价收购，极大地调动了奶农的积极性。2001年，1 067户农户实现年收入2 400多万元。在奶源建设方面，统一规划，集中发展，搞集约化经营，重点培养大户家庭牧场和示范专业村，发展机械化挤奶和鲜奶的收购、运输，提高奶牛的饲养水平和产奶水平。同时用高科技、大投入培育核心牛群。从北京、上海、内蒙古等地购买了1 843头优质奶牛，分给农户；采用先进的胚胎移植技术，通过同加拿大IND育生公司合作，引进其胚胎技术资源、IVF胚胎技术优势和胚胎移植服务体系，用亚华宾佳乐丰裕牛场和亚华南山分公司现有能繁母奶牛为受体，借腹怀胎生产国外优良品系奶牛，扩大优良奶牛品种规模，改善奶牛种群结构。1998年一头奶牛平均产奶约3 000千克，现在平均每头年产奶5 000千克，有5%的奶牛年产奶甚至达到7 000千克。

**2. 狠抓质量，扩大规模求发展** 一是扩大生产规模。近两年公司投入大量资金对原有的南山5 000吨奶粉生产线进行技术改造；2000年8月建成投产的亚华南山乳品科技园南山万吨奶粉生产线，使小包装奶粉由原来的年生产能力不足5 000吨上升到年产2万吨；目前，高技术水平的亚华宾佳乐乳品科技园也已动工兴建，计划2003年6月30日竣工投产。二是严格按ISO国际标准进行规范管理。在生产流程中，谨遵标准，严格操作程序、检验程序，坚决执行有效的常规质量管理措施；严格卫生、工艺、投入产出、配方等关键控制点的责任化管理，明确目标，狠抓落实，确保产品出厂合格率100%、原辅材料投产合格率100%、预防纠正率100%，力争市场抽检合格率100%。三是确立了“先建市场，后建工厂”的战略。通过为合作方出标准、出技术、出品牌的“虚拟联合”，走OEM运作模式，成立外协部，使南山品牌迅速辐射全国。

**3. 更新观念、深化机制改革** 一是实行经理领导下的事业部制。公司对事业部从目标计划（包括目标量化、成本与费用预算、计划执行等）、战略指导与战术服务（包括培训、诊断、信息服务、结算等）、考核与激励3个方面进行管理，确保了公司的快速健康发展。二是风险管理，以业绩说话，拉开分配档次。在分配上，按贡献率、环境变化率、可控率定薪，用岗位、绩效设立薪酬分配机制。严格执行“二八”原则，明确管理员工与生产员工的概念，生产员工只与生产任务挂钩，对事故、问题负20%责任，不承担部门或公司经营效果风险；管理人员必须对本部门或公司的经营效果、目标任务承担管理经济责任风险，负80%的责任，与工资挂钩；管理层次越高，承担的风险就越高，承担的管理责任越大。三是引入开放的用人机制和“三工转换”考核制度，建立一个能者上、庸者下，优胜劣汰的内部竞争机制。按绩晋升，三工转换，辅以严格的业绩考核，每季考核一次，奖优罚劣。同时，在全公司倡导和灌输艰苦奋斗、开拓创新、敢为人先、追求卓越的企业文化理念，加大对员工的培训，形成开放型、学习型的良好氛围。

4. **创新营销，抢占全国市场** 实行品牌经营，向全国市场迈进。加大品牌经营战略的力度，成立专门的策划部门，预列专门的资金，把“南山”品牌推向全国市场。先后在中央电视台1、5、6、8频道套播了南山形象广告，并在重点区域市场进行专项广告投入，使南山的品牌形象得以迅速提升。在全国建立完善的产品销售、服务网络。包括“片区经理—供奶中心—社区服务终端产品”传递体系，覆盖全国的订货、投诉热线，以及通过邮政网络进行牛奶终端配送和服务。加大新产品多元化进程。坚持市场效应的原则，紧盯行业竞争对手，贴近市场开发新产品，改进、延续创利产品生命周期。公司成立了专门机构，投入专项资金、人员和优势技术力量，利用亚华博士后工作站建站的有利条件，积极进行产品研发课题的研究和试验，开发出“聪明一代”、“牧场鲜奶”等多个品种。目前，这些产品已陆续上市并取得市场认可，如南山新一代婴儿奶粉“聪明一代”上市后，很受广大农村消费者的偏爱，其高档的婴儿IGg奶粉、中老年奶粉、南山牛初乳的开发、生产已成为公司的利润增长点。

## 宁夏夏进乳业创优质名牌振兴西部奶业

宁夏新华百货夏进乳业股份有限公司　张志前

夏进公司全称宁夏新华百货夏进乳业股份有限公司，1992年建厂，起初由于经营管理不善，业绩不佳。经过几年的努力，夏进逐步将与其主营产品紧密相关的其他经营纳入了本企业的经营范围，实现了纵向一体化经营，在顺着物流的方向上建立起销售公司，逆着物流的方向上建立起原奶公司，最大程度地疏通了各主要经营环节，提高了产品的利润率，建立起生产经营的良性循环，实现了经营战略的延伸，取得了区域竞争的优势，对以后的发展产生了深远的影响。

1998年后，夏进公司各项经济指标以翻番的速度猛增，特别是2000年通过了ISO－9002质量体系认证后，更加注重营销策划，不仅做到了售前、售中和售后的零距离服务，全面推进产品促销工作，而且质量管理、技术改造等各方面不断创新，产品增加到五大系列、二十多个品种、十几种规格；同时不断加大广告宣传的力度，多层次、全方位展示企业和产品的良好形象；高薪特聘的营销总监、财务总监和人力资源部经理，成为自治区内企业界“以人为本”战略中人才引进的典范。

目前，夏进公司鲜牛奶收购量累计完成37 146.06吨，与上年同比增长93.7%；灭菌奶产量累计完成38 164.06吨，与上年同比增长72.38%；灭菌奶销售量累计完成37 691.3吨，与上年同比增长75.64%；销售收入累计完成16 730.47万元，与上年同比增长66.61%；上缴税金568.76万元，与上年同比增长3.31 %；实现利润2 134.45万元，与上年同比增长116.68%。根据国家经贸委对全国乳品行业部分企业生产经营情况的调查，按照鲜奶收购量排名，夏进公司位居第13，按照液体奶产量排名，居第8，按照乳品销售收入排名，居第19，上缴税金排在第18名，实现利润排名第11。可以说，公司在国内乳品行业已有一席之地。夏进公司成功的经验有：

1. **强大资本的注入** 夏进公司与上市公司——银川新华百货联手，组建“宁夏新华百货夏进乳业股份有限公司”，两个公司的资本、品牌和经营管理资源得到了优化整合，确保了夏进公司做大、做强、做优、做久及可持续发展目标的实现，其实质是解决了夏进发展的资金“瓶颈”，提高了夏进公司的经济实力和市场竞争力。目前，二期工程改造又增扩引进了8条生产线，年生产能力将增加到10万吨，大大提高了生产力。

2. **长远的发展战略** 夏进公司在制订的企业经营战略中明确提出了“立足宁夏、占领西北、割据华北、进军全国”的发展战略。从夏进公司实行的纵向一体化和其当前的规模实力来看，已基本实现了“立足宁夏”的战略意图，而控股公司——银川新华百货强劲的资本注入更为其“占领西北、割据华北”提供了充足的能量。从夏进公司的整体格局来说，异地扩张进入华北，是开辟了为其贡献50%市场业绩的陕甘宁板块第一市场之后的第二市场，即成长性最强的华北市场，在此可以建立新的高增长率的生产基地，从战略态势上讲，是意图北拒乳业“诸强”，拥抱前景广阔的东部、西南和中原市场。

随着实力的逐渐增强，夏进公司进军全国也不会仅仅是一个口号，因为她在国内和宁夏各级政府、行业协会获得过各种各样的荣誉，并已经在国内各大城市设立了销售分公司，其品牌已拥有了相当的知名度和消费者忠诚度。

3. **优良的品质是企业发展的基础** 配合企业壮大的现实和发展的需要，继实施“精品名牌”战略之后，夏进公司适时提出了新的经营理念——创品质卓越、造百年夏进，以此为中心的企业文化建设必将给企业的生产经营注入新的活力，这个理念提出了员工的品质和产品的品质都需要得到提高甚至重塑，夏进要将质量意识和诚信的准则树立在每一位员工的心中，一切工作着眼于企业的长远发展，这个理念是夏进今后的一面旗帜，它必将得到消费者更多的认同和追随。

今后的目标：夏进公司将以市场为导向，继续加大产品设计开发；以保证质量为前提，大力推进品牌扩张；以营销为龙头，促进规模经营；以奶源基地为基础，加速产业化进程；以创新为力量，加快科技进步；以扩大市场份额控制成本，推行轻资产战略；以人为本，全面提高企业素质。

年度销售收入完成4亿元，利润实现1 800万元，上缴税金1 700万元，年末生产能力达到15万吨。在年内创西北乳品第一，创塑瓶奶全国销量第一，创百利包奶销量第一，进入全国十强，逐步形成以高科技为支柱的奶产业发展框架，多元化发展相关产业，不断挖掘和提升新的经济增长点，而建立乳业集团对夏进来说，已是迫在眉睫。

在即将组建夏进乳业集团之时，夏进人确立了“以优质立足中国，让品牌走向世界”的发展目标，成为名副其实的“国家农业产业化重点龙头企业”和“宁夏奶产业重点龙头企业”，为宁夏奶业发展做出更大的贡献。

## 新疆麦趣尔集团打造乳制品龙头企业

新疆麦趣尔集团有限责任公司　李　勇

新疆麦趣尔集团有限责任公司即原新疆大天池食品有限公司，成立于1988年，是一家以食品精加工、高品质乳制品加工为主，科技、商贸、宾馆综合经营的股份制企业。经过仅仅13年的发展，现集团占地66 000米$^2$，总资产1 800万元、固定资产1 300万元，年利税1 200万元，现有员工1 000余人，下设7个分公司，12个职能部门。麦趣尔面包西饼屋作为“麦趣尔”系列产品的销售窗口已在新疆开设了16家连锁店。

公司主导产品“麦趣尔”品牌系列乳制品、烘焙食品、冷饮食品、速冻食品其中麦趣尔品牌已成为新疆著名品牌，麦趣尔乳品被评为中国绿色食品，公司现有年产3 000吨乳制品的精加工生产线，年产1 500吨烘焙食品的加工生产线，年产500吨的冰淇淋加工生产线。

新疆大天池食品有限公司是依靠科技创新、最优品牌、质量第一、自我积累、自我滚动逐步发展起来的，通过积极参与市场竞争，完善机制，注重人才和管理，经过13年的发展，企业由主营烘焙食品拓展到乳制品精加工，实现了产品结构的多元化调整，成为新疆乳制品加工、农业产业化的龙头企业。同时，建立了质量管理保证体系，成立了质量管理委员会，进行国际质量ISO－9002质量体系认证工作。为了提高管理水平，公司不断派出管理人员到美国、日本、意大利等国家和地区学习先进的管理经验，力求以持之以恒的品质管理和完善的销售服务理念塑造企业的文化。

未来的五年麦趣尔集团计划投入近10亿元用于奶牛基地建设，并迅速形成100个千头牛养殖小区，达到日处理鲜牛奶800～1 000吨的能力。同时，斥资3亿元引进了世界一流牛奶生产线，不仅结束了西北地区不能生产高档乳品的历史，而且也提高了麦趣尔在新疆市场的知名度，同时也为走向全国市场奠定了坚实的基础。麦趣尔继在天山北坡一带建立十几家大型的优质奶牛散养牧场后，又着手在国内最好的高山盆地草原——巴音布鲁克建成国内最大的奶牛高山散养牧场。麦趣尔牛奶在新疆最新的牛奶产品口味测试中名列第一。

公司生产的“麦趣尔”系列食品连续六年被消费者协会评为“信得过产品”，被中国食品工业协会列为向全国推荐的惟一清真品牌。1998年“麦趣尔”月饼在中国月饼节上荣获“质量信誉奖”和“中国金饼奖”两项大奖，并授予清真品牌的惟一金奖。在国家质检总局公布的10种国家免检食品中，新疆麦趣尔集团有限责任公司的“麦趣尔”牌无菌奶榜上有名。

公司生产的麦趣尔牛奶主要品种有：200毫升纯牛奶、巧克力牛奶，250毫升纯牛奶、巧克力牛奶、草莓酸奶、天然酸奶，125毫升天然酸奶、草莓酸奶、黄桃酸奶、芦荟酸奶、菠萝酸奶。开发的新品种有：200毫升苹果奶、香橙奶、香蕉奶、甜牛奶，500毫升金樽饮、天然特浓酸奶、草莓果粒酸奶。麦趣尔集团还根据区域特点，花巨资引进了世界先进的利乐生产线，促进了天山北坡经济带的畜牧业产业链的发展。

随着我国加入WTO，国家将逐步降低畜牧产品的进口关税，开放国内市场，乳品业也将直接面对来自世界市场的激烈竞争。为此，我们既要敢于挑战现实又要不断创新产品，紧紧抓住国家西部大开发的历史机遇，依托品牌优势走集团化发展之路，搞好资本运营，把企业做好、做大、做强，最终形成产品带动产业促进产品的良性发展之路，使“麦趣尔”品牌走向全国、走向全世界。

## 山西恒康乳业发挥龙头作用带动农村经济发展

山西恒康乳业科技股份有限公司　李建华

山西恒康乳业科技股份有限公司是山西最大的液态奶、果汁生产加工基地，以乳品、果汁加工销售为主营业务，辅以种植、养殖、新产品研制开发。是省委省政府命名的模范民营企业，公司占地2万米$^2$，总投资1.8亿元，注册资本8 000万元。公司现有员工1 000多人，其中科技开发及管理人员350余人，拥有美国、芬兰等世界一流的乳制品加工、质量监控设备（ELECSTR无菌包装机、ELORAK新鲜屋灌装机、BENTLEY公司B—150型牛奶分析仪、体细胞监测仪），日加工生产乳制品能力265吨。公司已通过ISO－9001及ISO－14001质量环境管理体系双认证，年产6万吨系列乳制品项目被列为“2001年工业调产技改项目”和“山西省农业产业化百龙企业工程”。

**（一）目前生产情况**

**1. 初具规模、比较稳定的奶源基地**　公司奶牛养殖基地饲养优种奶牛1 000头、联营奶场10个，鲜奶收集站5个，主要分布在太原周边150千米以内的太原市、晋中市，公司联营的奶牛场和集奶站都有健全的奶牛疫病防疫保证体系和一定的机械化挤奶、冷奶设备，日供鲜奶量90余吨，保证了目前生产需求。

**2. 鲜奶、果汁、冰品、纯净水系列产品逐步增加** 现加工厂各种系列品种有纯牛奶、AD钙奶、草莓酸奶、原味酸奶、丽酸乳、八联杯、海红果、沙棘汁、酸枣汁、超纯水、纯净水、冰品等三十余个品种，单班产量150多吨。这些产品上市，受到了消费者的欢迎，满足了市场的需要。

**3. 营销网络初步形成，辐射范围越来越大** 恒康公司以现代企业的经营模式"内强素质、外树形象"，本着"质量第一、顾客至上、科技创新、市场为导"的经营理念，不断推行CIS战略。恒康的系列产品已远销北京、天津等12个省、直辖市，在华北、华东、华中、西南设有分公司，有80余个销售中心。在太原市以送奶入户为中心，辅以分摊设销，电子商务，物流体系，多渠道业务等整合营销体系，在各城区设立区域配送中心，聘用800余名下岗职工为公司送奶工，他们深入千家万户，为广大消费者提供最优质的服务。截至目前，送奶入户量已突破5万户，零售摊点2 000余个，已占到太原鲜奶市场近50%的份额。

**（二）正在开发的项目**

**1. 开发万亩万寿菊种植产业化项目** 在离石市种植333.3公顷，方山县种植200公顷，娄烦县种植133.3公顷，形成连乡连片的万亩万寿菊种植工程，预计收进菊花15 000吨（平均每666.7米$^2$产量1.5吨），每吨580元，可给农民创收870万元。

**2. 实施万头奶牛养殖基地建设** 在小店区新增奶牛4 000头，清徐县奶牛3 000头，娄烦县饲养奶牛1 000头，晋中市奶牛2 000头。项目完成可给奶农增加收益近亿元。

**3. 沙棘种植采集项目** 沙棘作为特殊的营养饮品，已为国内外厂家所重视，山西是沙棘的重要产区，开发采集沙棘是利国利民的项目。公司在省内右玉、古交、娄烦、大同、平鲁、左云、偏关、原平、保定、神池、岢岚、宁武、离石、中阳、汾阳、兴县、临县、方山建15个沙棘采集基地，由公司提供可移动式沙棘榨汁设备，派员工现场收购。年可收集沙棘原汁11 000吨，沙棘籽360吨，沙棘果渣1 200吨。可为农民增加收入3 000多万元。

山西恒康乳业科技股份有限公司2000年5月16日奠基开始建设，2001年5月1日建成投产，一年来，相继推出了恒康系列乳制品、果汁饮料、纯净水、冰品类，以"高起点、高档次、优质、安全"受到了广大市民的好评，恒康系列产品不仅在太原市场畅销，而且已远销全省，覆盖全国。在公司效益不断增长的同时，有力地带动了太原市和周边地区的养牛业的迅速发展。为3 000多户奶农带来5 000多万元的收入。同时安排下岗职工1 000余人，解决了下岗职工就业问题，取得了较好的社会效益和经济效益。

新世纪，恒康乳业将不断夯实基础、开拓进取，以科技为先，积极改造、发展传统农牧业，为推进山西省农业产业化，大力发展农村经济做出新的贡献。

# 发展中的玉溪环球彩印包装

云南玉溪环球彩印纸盒有限公司　张一制

云南玉溪环球彩印纸盒有限公司创建于1992年12月，是云南红塔投资有限责任公司、云南玉溪印刷有限责任公司、香港云玉集团有限公司、香港贸易发展公司、天大集团澳大利亚有限公司等五家企业共同投资兴建的，以生产彩印包装盒系列产品为主的中外合资企业。公司隶属于红截集团，投资总额3 600万美元，拥有年产配套卷烟120万大箱，各类液体食品包装、医药包装、礼品包装等纸盒125 000万个的生产能力，每年完成工业总产值3个多亿，实现利税近亿元，是国内技术及质量领先的彩印包装企业。2000年9月，公司通过ISO—9002质量体系认证，连续8年荣获全国先进包装行业、外商投资先进企业等荣誉称号。

**（一）以用户满意度为导向**

玉溪环球彩印纸盒有限公司决策层充分认识到用户导向的重要性，以用户满意为宗旨，努力使用户成为整个公司动作的核心。特别是生产的各个环节中始终与用户保持紧密联系：印前积极了解用户意图，力争以最好的设计样稿使用户满意；印中努力控制各环节保证印品的最佳质量；印后主动打电话征求用户意见、填写用户意见反馈表、定期走访用户，以收集用户的意见和建议，从而更好地满足用户的需求，实现"用户需求的解决是市场营销部的第一任务"的承诺。

**（二）以技术竞争为核心**

公司一直瞄准世界印刷发展的前沿，先后引进了柔凹印刷生产线、圆压圆丝网印刷生产线、圆压圆全息印生产线、液体饲料包装火焰封边生产线以及配套的设计、制版、打样、检测等国际先进设备，其中用于无菌液体饮料包装盒生产的火焰封边机具有削边、镶边等功能，是现今国内惟一一条具有此功能的生产线。在实践中注重对各种高科技技术进行不断的消化吸收和创新，同时注重开展技术革新，从生产实际出发，以替代进口、提高效率、降低消耗为原则，在各生产车间大力提供和开展技术革新活动，鼓励职工开动脑筋、献计献策，提出合理化建议，为此公司还制定了《技术创新成果、合理化建议奖励办法》，调动了职工的积极性，加速了公司的技术进步。公司是云南省首批技术创新试点企业，被国家科技部认定为"重点高新技术企业"，并有多项技术获得国家专利，这一切为企业争取和保持行业技术领先地位，积极参与市场竞争提供了有力支持。

**（三）以高效管理为原则**

为稳定提高产品质量，为用户提供产品服务，我们按照ISO—9002质量体系要求，推广“全员、全过程”的生产管理，从原材料的采购、生产过程中各个环节到产品的入库和出厂，都实行严格的分段控制，建立了一套科学的管理体系，同时要求每位员工对下一工序的员工负责，做到分段不分家，分工序不失协作配合，疏通了瓶颈梗阻，有效地整合生产秩序，达到精益、高效、降本、优质的预想目标，提高了资金、质量、生产、发运等方面的管理水平，使企业的市场竞争力得以加强。

**（四）以全员培训为基础**

公司以打造职工过硬素质，作为全面提升企业竞争能力的重点工作来抓，突出“以人为本”的管理理念，注重职工思想观念的更新，以及职业道德水平的提高。建立完善了岗前培训、岗位培训、专题培训、半脱产、脱产培训，并进行严格的考核，考核结果与职工的经济利益挂钩。在职工素质建设过程中，根据各单位、各部门、各岗位的不同情况和要求，树立各种类型的系列典型，如先进车间、先进班组、先进生产者、先进工作者、安全生产标兵等，通过典型形象的示范作用带动整个职工队伍素质整体提高，并通过提高典型人物待遇、加大物质奖励力度的办法，引导和激发职工争当素质建设先进典型。

**（五）以安全生产为保障**

公司一直注重“安全第一，预防为主”的安全工作方针，提高全员安全意识，全面落实安全生产责任制，加大安全检查力度，强化现场管理监督检查，经常开展多形式、多内容的安全宣传教育活动，利用生产之余组织消防训练，最大限度减少事故的发生，促进各项工作的顺利开展，为生产、生活提供了坚实的保障。

随着中央西部大开发战略的启动和本省建立绿色经济强省目标的提出以及市场经济的需要，公司将继续努力抓住机遇，更好地为全国各乳品、饮料厂家做好一系列的配套服务工作。

# 浙江温兄机械发展优质产品创星级服务

浙江温兄机械阀业有限公司　姜瑞玉

浙江温兄机械阀业有限公司创建于1997年，是一家经营工程、设备制造的专业公司。经过几年的努力，现已发展成为资金雄厚、技术过硬、产品先进的成功企业。公司认为，人才是企业发展的原动力，先进的产品是企业参与市场竞争的基础，优质的售后服务是企业诚信的保证。

**（一）人力资源是企业发展的原动力**

温兄企业的生存与发展皆以“人”为本，员工的专业技术及知识结构是企业经营所依赖的支柱，但员工的工作热情，敢于创新及对公司经营理念的认同，更是企业不断发展的源泉。公司吸引了一大批优秀管理人才和技术精英，聘请了具有多年大企业管理经验的经理人任副总经理，聘请了齐齐哈尔大学教授和若干名高级工程师做技术的坚强后盾。不仅如此，公司还注重内部人才的培养，每年投资达几十万元用于各种上岗培训及技术培训。经过几年的积累，温兄建立了充足的人力资源储备。

公司的利益也就是员工自己的利益，这种观念使得工作效率大为提高。公司良好的工作氛围当然与公司的科学管理是分不开的。管理者平时对员工关心体贴，视为自己的兄弟姐妹，无论是工作上还是生活琐事，都是想员工之所想，急员工之所急，尽量做到令员工满意为止。不仅如此，企业还建立了良好的交流沟通体系，使员工能畅所欲言，每个职员在公司中都找到展示自己才华的空间，公司与员工之间建立了良好的信任关系，员工视企业为己家，使企业的管理真正做到全员化、民主化，把企业员工的个人优势整合为企业的整体优势。企业的目标是追求股东利益的最大化，由于员工也是“股东”，所以企业的目标也是在追求员工利益的最大化，而基层员工是如何“产”出效益的呢？

1. **节省能源法**。节省原材料，就要从设计之初开始，从产品开发开始，计算好购买哪一种原料，降低产品的成本，并把利益直接让给用户。相反，由于技术和经验不断提高，使温兄企业的产品成为同行业中的领头羊。

2. **灵活生产法**。要想生产出效益，仅仅靠严格管理是不够的，严格管理生产的同时，辅以灵活生产，利润产生了很大程度的提高。实现“灵活战略”的关键是建立灵活的管理体系，配备技术先进的设备，甚至可以全部机械化生产出型号繁多的产品。

3. **服务为先法**。对于公司来说，仅仅有好的产品，没有好的服务，是很难在竞争激烈的市场中站稳脚跟的。温兄企业就是把服务当作自己最重要的课题，要想有好效益就必须服务为先，力求以完美的服务占领市场，让顾客满意。

**（二）前卫的设计**

温兄企业有着一支强大的技术队伍，独立的工程技术部，负责企业的产品研发工作，不但有乳机方面的专业研发人员，而且还具有辅助专业、自控和乳品工艺人员，他们有着一种超前思维，不断地为市场设计出独特的产品，产品的开发不但使产品在乳机方面具有先进性，而且使控制系统也达到先进水平，体现出产品的整体优势。

1. 公司通过几年艰苦努力，已由原来只能生产乳品标准化前的一些设备，如双联过滤器、冷热缸、夹层锅、超高温瞬时杀菌机、奶泵、阀门及管配件等，现已能设计和生产乳品多效降膜蒸发系统和设备，其中在多效中所使用的热压泵，为本公司独有技术，处于国内领先、国际先进水平。

2. 温兄企业已与中科院沈阳分院、齐齐哈尔大学、中国天辰公司、丹麦DSSE公司等科研院所建立了密切的协作关系。闪蒸灭菌系统是本公司与协作单位联合开发的另一项适用于液态奶、豆奶灭菌系统，由于该系统采用瞬间加热，热能二次利用，既节约了能源，又为液体奶、豆奶脱除异味创造了有利条件，使杀菌后的液体奶、豆奶不仅杀菌彻底，保持了原来的营养成分，而且具有良好的口感香味，使产品质量得以提高。

3. 具有国际领先水平的板式超高温瞬时杀菌系统，该系统是参照国外先进的技术、工艺而设计的全自动控制，板式超高温灭菌系统，适用于鲜果汁、牛奶或类似的液体物料的连续杀菌。而超高温瞬时灭菌机广泛应用于豆奶、牛奶、果汁、饮料、酿造产品等流体物料的灭菌，也可用于较高黏度物体（炼乳、冰淇淋、浆料）的瞬时灭菌。由于受热时间极短，营养损失极小，是现代最理想的灭菌设备。

**（三）优质的销售服务**

1. **星级服务** “星级服务”有一整套规范化标准，即售前、售中提供详尽热情的咨询服务，任何时候均为顾客送货到家，根据客户指定的时间、空间，给予最方便的安装；上门调试，示范性指导使用，保证一试就会，售后跟踪，上门服务，出现问题24小时之内答复，使用户绝无后顾之忧。

2. **“一、二、三、四”模式** 一个结果：服务圆满；二条理念：带走用户的烦恼、留下温兄的真诚；三个控制：服务投诉率小于千万分之一、服务遗漏小于千万分之一、服务不满意率小于千万分之一；四个不漏：一个不漏地记录用户反映的问题；一个不漏地处理用户反映的问题；一个不漏地复查处理结果；一个不漏地将处理结果反映到设计、生产、经营部门。

“星级服务”的目标是：用户的要求有多大，温兄的服务内容就有多少；市场多大，温兄的服务范围就有多大。

3. 企业设有独立的售后服务机构并在全国主要大城市沈阳、西安、哈尔滨、兰州、贵阳、成都设有分公司，能够及时地为客户提供工程设计、设备制造、工程安装、调试运行一条龙服务，并及时为客户提供各类技术咨询及产品售后的终身服务。

# 江苏仅一集团创奶粉自动包装知名品牌

仅一包装设备有限公司 吴立平

“仅一”集团成立于20世纪90年代初，当时正逢国内经济飞速发展，国际上的资本开始投入中国，国外先进的装备、技术、管理，特别是价值观、理念也进入中国，对国内很多企业影响很大，“仅一”集团抓住这个千载难逢的机遇，把企业定位在装备高起点、人员高素质、管理高水平、产品高档次上。

目前超市货架上摆放的奶粉中，价高者大多为国外品牌，其次为国内的用自动包装机包装生产的品牌，价格最低者为手工包装品牌。同时也存在一个令业界不太在意的现象：低价竞争大多在采用手工包装企业间产生，此现象是否有些怪异，是否能从另外一个角度反映出值得大家深思的问题？可能业内人士都知道，采用自动化进口包装设备一次资金投入巨大，特别是运行后的售后服务、零部件、易损易耗件等费用，更令业内大多数企业不敢问津，再加上国内还有很多企业花巨资引进的设备因各种因素，特别是技术支持不及时而无法使用，最终成为企业一块心病，更让业内不敢因此而引进昂贵的进口设备。但大家不得不承认，奶粉软袋自动化包装机给企业提高产品包装档次，延长保质期，确保内在品质，增加市场竞争力，带来了巨大实在的直接效益。但面对我国1 000多家乳品生产企业，大多年产奶粉千吨级，花巨资去引进相关设备，设备加维护的资金投入与产生的效益确实不相适应。

仅一公司对奶粉袋、听自动化包装做了几年的研究，找到了与国际上同类设备之间的差异，更找到了国产设备为何几年来制造商无进步更没有被乳品业内采用的主要原因。

1. 进口软袋自动包装设备虽然在国外很多企业运行良好，但在国内未必全行，因为我国奶粉制造工艺、颗粒度的均匀性等与国外有差距，特别是发达国家的价值观与我国的不同，造成进口设备也存在着充填精度差、重量不稳定的现象，给企业带来巨大的损失。

2. 自动包装属于专用高技术产品，其售后技术服务对设备能否正常运行，显得尤为重要，然而进口设备因地域原因，很难两全，故极易造成用户不便之事。

3. 国内在这方面起步晚，生产此类设备的企业均为小企业，以仿制为主，自行研发能力极差，同行间还要搞低价竞争，使该行业赢利能力下降，资金再投入减少，导致创新能力的低下，造成国产设备质劣价低的情况。再加很多供应商只顾眼前利益，无打造品牌意识，器件低劣，工艺粗糙，服务滞后，在用户中造成极差影响，使人不敢问津国产设备。

4. 以往奶粉生产企业普遍规模偏小，国家对食品准入市场限制宽松，消费者消费水平较低，故造成了企业对昂贵的进口自动包装设备投入能力不足，国内又无价廉物美的配套设备选择，国家大多站在企业立场，未有强制措施，更重要的是消费者也不懂此类需求，所以更阻碍了国内自动化包装设备的发展。

5. 国内以前信息的不畅通，对国际上先进的控制技术，优质元器件，科学的研发手段，精密可靠的制造工艺，以及优秀的自动包装设备同行产品性能、发展水平等了解甚少，闭门造车，无危机感。

为打造散装固体物料自动化包装设备行业第一品牌，仅一集团进行了不懈的努力，其成功的经验有：

1. **科学管理** 百十来人的企业，内部计算机局域终端达六十多个，所有的人流、物流、资金流、信息流、价值流等全部实施计算机ERP管理；光纤因特网直接进入公司局域网，使技术人员及时掌握先进控制技术变化和原器件升级动态。拥有自主进出口经营权，完全享有国际先进同行同等待遇。

**2. 注重人才和知识** 本科以上高学历者占正式员工总数的50%以上，公司创新中心下设八个专业研发项目组，拥有自主知识产权的专利技术几十项。

**3. 引进国际先进设备，注重产品质量** 公司拥有世界最先进的、价值400余万元的不锈钢、碳钢等板材加工切割设备，德国制造的数控激光切割加工中心，以及最先进的不锈钢钣金加工装备和工艺手段，还有数控铣加工中心等确保零件精密可靠的价值数百万元的各类加工母机。并率先实施ISO-9001质量体系，成为体系贯彻落实的模范单位。同时还通过国家评审，取得了国家核发的《制造计量器具生产许可证》。

**4. 优质服务** 公司向国内用户承诺：根据交通线路长短，实施终身限时修复制，给用户一个实在的承诺，为此我们结合ERP管理，仓库长年必备售后服务备件，计算机监控，并实施低位报警，确保任何时候都能及时提供售后服务所需备件。

# 外资乳业在中国

## 利拉伐公司积极推行机械化挤奶

18世纪70年代，瑞典利拉伐公司的创始人 Gustaf de Laval 先生发明了牛奶分离机，从此利拉伐诞生了。经过100多年的发展，目前已成为全球最大的奶业机械设备生产销售商，并拥有全球最大的销售服务网络，业务遍及110多个国家，有50多个销售公司，100多万用户。所有这些使“利拉伐”成为同行业中的佼佼者。

一个成功的现代奶牛场，需要各方面的密切配合：从机器设备系统，到服务的配套；从牛只管理系统、喂饲系统、挤奶系统、原奶速冻装置到粪便处理系统；从电子围栏、高压清洗刷子、颈项识别标志到清洗剂、牛乳头清洁保健等等，只要是牛场需要的，利拉伐都能提供。一个良好的牛场环境是获得高质量牛奶的保证，而高产优质的牛奶又是利拉伐和牛场主的共同目标。

早在1989年，利拉伐就在中国广州设立了分公司（原“阿法拉伐农务有限公司”），经过十多年的努力，业务遍及全国各地牛场，市场占有率已达80%以上，赢得了客户的好评。2000年瑞典利拉伐投资1 000万元人民币在上海设立了全资附属公司——利拉伐（上海）乳业机械有限公司，同时，在北京、广州、西安、银川、呼和浩特、哈尔滨、衡阳、沈阳、济南等十几个主要城市设立了办事处，以配合全国各地牛场的不同需求。2000年10月，利拉伐（上海）乳业机械有限公司各种型号的挤奶设备均通过了中国国家农机具质量监督检验中心的认证；目前公司已通过了国际权威机构 ISO-9001国际质量管理体系和挤奶设备及配套的清洁剂的生产、ISO-14001国际环境保护体系验证。ISO-9001包括设计、开发、生产、安装和服务几个环节。ISO-14001在服务方面的核心则是环保和顾客健康。

利拉伐（上海）公司生产销售的产品主要有挤奶设备及其配套使用的清洗剂。挤奶设备包括：适合大型牧场的并列式、鱼骨式挤奶台，适合中小型牧场用的管道式挤奶机、提桶式挤奶机、移动式挤奶机等各类型挤奶机械。在服务方面，利拉伐提供牛场设计到设备安装的一条龙服务以及完善的售后服务，并由专家亲临现场提供技术培训，帮助用户提高操作、维护技能。

利拉伐注重产品的质量，充分考虑到节省能源和操作方便，以及人与奶牛的健康等因素。70%的设备是进口原件（包括真空泵、集奶器、仿生系统、脉动器、集奶罐、自动清洗装置等主要部件）。1980年深圳光明华侨农场引进的利拉伐第一台2×12带仿生装置的大型挤奶设备，今天还在运转，并生产国标一级牛奶供出口。由此看出利拉伐公司对产品质量和环境保护的重视。

利拉伐除了拥有高质量的产品外，还有一系列完整的服务体系。不仅提供机械产品，还根据牛场主的需求，进行牛场设计和管理、牛奶质量控制技术培训等。另外，利拉伐还对世界各地客户进行奶牛健康、挤奶技术及牛场卫生等技术培训，以提高牛场员工的知识水平，为提供优质、卫生的原奶打好基础。

[利拉伐（上海）乳业机械有限公司　供稿]

## 雀巢集团——百年奶品专家

总部位于瑞士的雀巢集团，是世界上最大的食品公司，2001年，雀巢集团的总销售额约为4190亿元，净利润为330亿元，在84个国家经营着468家工厂，全球的员工人数约23万名。

具有130多年历史经验的雀巢公司自创立以来，始终把高品质、营养、健康、美味和幸福奉献给消费者，奶品业务一直是雀巢业务的核心，占雀巢在全世界总销售额的25%，在45个国家建立了91个奶品工厂，雀巢每年从30万奶户手中收购1200万吨鲜奶。

**（一）集团发展成功的经验**

**1. 科研创新是成功的基础**　雀巢非常重视改良和创新，加强营养和食品加工方面新技术的研究和开发。2001年，雀巢集团在瑞士洛桑的科研中心以及世界各地20个专业产品技术中心的研发费用达7亿美元，其中专门从事奶品科研项目的研发中心位于瑞士的Konollingen。

**2. 产品质量是保证**　牛奶供应链的高效管理是雀巢成功的关键因素，雀巢的有效管理是通过它的农业服务部门与全世界的农民合作，以保证原料质量和生产质量。首先从奶牛饲料抓起，培训农民正确有效地使用饲料，同时指导农民注重奶牛的健康和奶器的卫生，保证牛奶的品质。雀巢还拥有一套科学设置牛奶收购站的方法，确保在最短时间和最好的条件下收集鲜奶，保持它的基本特点（口味、成分和所有营养物质）和新鲜；再用最佳的加工方法保证最好的产品质量；通过有效的分销保持新鲜度，确保送到消费者手中的产品是优质安全、信赖的品牌产品。

3. **优质服务是长期发展的动力** 雀巢通过收购牛奶的长期承诺、透明的牛奶价格和质量政策，及时、定期和稳定地支付奶款，为农民提供技术援助，帮助他们提高牛奶的质量和产量并降低成本，从而实现为奶牛养殖业增添可持续的价值。

雀巢不拥有农业用地和农场，但她承诺在双方互利的基础上发展与奶农的长期合作关系，在一些地区，已经出现连续几代人从中受益的事例。雀巢使奶农在原有收入的基础上又增加了一份额外的收入，极大地提高了农业人口的生活水平，这一情况通常发生在边远贫困地区。雀巢的做法使得这些地区有了经济效益，实现了长期可持续发展。

**（二）雀巢在中国的发展状况**

1. **立足本地，发展生产** 在幅员辽阔的中国销售进口奶粉从长远来看是站不住脚的。因此，雀巢投资建立了本地生产设施，并提供所需的所有技术援助，造就了成功的企业——双城雀巢有限公司和青岛雀巢有限公司。

2. **双城雀巢的发展情况** 雀巢在双城投资厂并提供技术诀窍和全面的技术援助，带来了世界一流的生产技术，并生产许多超值的、完全符合国内国际质量标准的产品（例如：奶粉、婴儿配方奶粉、婴儿米粉）。雀巢农业服务部一直在提供日常技术援助，帮助数以千计的小农户改善奶牛的质量和喂养条件，从而产出更多更好的牛奶，也增加了数以千计的小农户的日常收入。双城雀巢现已成为中国最大的奶制品工厂。在工厂运营的头十二年，鲜奶年收购量持续增长，2002 年将达到近 300 万吨，使两万名小农户的生活因此得到了根本改善。2001 年平均每人每天 80 元人民币，而且还不包括其他农业收入。雀巢还为双城 900 多名固定员工提供了富有吸引力的工作和培训，2001 年为当地经济做出的贡献价值超过 8.5 亿元人民币，包括付给奶户的鲜奶收购款、付给当地政府的税金、购买原材料及能源和服务的费用以及付给双城员工的工资。

鉴于雀巢公司在食品业界的重要地位和对中国经济的贡献，朱镕基等国家领导人都先后访问过雀巢公司并对公司取得的成绩表示高度赞赏。在国家计委、国家经贸委、农业部、科技部主办的“中国国际农产品深加工一食品工业成果展览暨发展战略研讨会”上，雀巢公司的展览受到各级领导和国内外企业界的高度关注。雀巢（中国）有限公司董事长兼行政总裁穆立先生还和与会者共同探讨了雀巢集团在全球发展 136 年的成功经验，特别是在奶品业务方面今后的发展战略，为雀巢这个百年奶品专家在中国的进一步发展规划了更加宏伟的蓝图。

［雀巢（中国）有限公司　供稿］

# 国际纸业在中国的发展

美国 Stanford 的国际纸业公司距今已有 100 多年的历史。它是世界最大的造纸公司，也是世界最大的私人林地拥有者。国际纸业公司是生产纸产品、包装产品、林木产品及所有相关产品的著名跨国公司。营运总部在田纳西州的孟菲斯。国际纸业年销售额达到 360 亿美元，在全球 50 个国家设有工厂，客户遍及 130 多个国家和地区，员工人数达 13 万名，是美国第 50 大公司，2001 年度全球财富排名榜上名列第 161 位。

随着全球经济一体化的不断推进，亚洲作为世界经济不可分割的一部分，在国际纸业发展战略中有着重要的地位，根植亚洲市场，是国际纸业的重头戏。饮品包装部在 1975 年进入日本市场，1984 年进入韩国和中国台湾省市场，1994 年在香港成立了亚太总部，积极发展亚洲区的业务。同年 12 月，国际纸业抢滩中国市场，选址上海浦东金桥，成立上海国际纸业有限公司，总投资额近 3 000 万美元。公司引进美国和德国的先进印刷以及封合生产线，生产供应各种新颖的牛奶和果汁等饮料的屋顶型纸盒包装。目前在中国市场上极受欢迎，市场占有率高达 80％以上。

准确的市场定位，过硬的硬件建设，优质的产品质量，完善的全程服务，使得上海国际纸业有限公司的业务一直处于上升趋势，一跃成为屋顶型包装行业的领头羊。目前公司还在北京和广州开设了联络处，客户遍及全国各地。

国际纸业每年在造纸技术研究领域投入巨资，生产的包装饮料纸具有阻隔香味挥发，防止营养流失，隔绝光线，以及阻止营养素流失等多项保证产品的功能。以包装牛奶产品为例，屋顶型纸盒包装其独到的设计与特有的材质及结构，可防止氧气、水分的进出，对外来光线有良好的阻隔性，可保持盒内牛奶的鲜度，有效保存牛奶中丰富的维生素 A 和维生素 B。纸盒的生产过程经过严密的品质管理，符合食品卫生标准。现在屋顶型纸盒不仅限于包装鲜奶，果汁、酸奶、茶、汤甚至洗涤剂都开始采用这种包装。伴随着社会冷链系统的不断完善，屋顶型纸盒包装的发展是不可限量的。

为了方便用户，上海国际纸业有限公司生产的屋顶型纸盒与国际纸业所属长青包装设备公司之屋顶型灌装机实行配套供应，实现高灵活性，低维护成本，及更高速的生产能力。设备可灌装 177～1 150 毫升的标准尺寸纸盒，调节灌装时无需停机，提供无间断的生产效能。长青公司不断提升研发水平，以耐用度，保鲜程度，冷链加工工艺，以及提供倒嘴和封盖配件等设计考虑因素，从而拓宽产品的应用层面。同时，提供优质的售后服务和市场咨询。

目前，国际纸业在中国销售额总计已达近 3 亿美元。公司希望成为员工、客户、社区、股东心中全世界最好、最受尊重的公司之一。公司以培养员工，客户至上，杰出运营这三大方向作为经营理念。上海国际纸业有限公司愿意以最优质的包装，最先进的设备技术，全方位的增值服务，整体的解决方案，与客户共同缔造双赢的合作方案，使国际纸业在中国的业务有更大的发展。

（上海国际纸业有限公司　陈海文）

## 利乐包装公司在中国的发展

利乐公司于20世纪50年代初创，创始人鲁宾劳辛先生在欧洲第一个推出应用于牛乳的包装设计，利乐成为当时最先为液体牛奶提供包装的公司之一。随后，通过不断创新，逐步发展成为世界上牛奶、果汁、饮料和许多其他产品包装系统的大型供应商之一。利乐在全球共有77家销售公司，获许可经营的68家包装材料厂以及12家包装机器装配厂。利乐的产品在165个市场上销售。公司拥有20150名员工。2001年，公司共生产了940亿件包装，为全球消费者提供了530亿升的液态食品产品，净销售收入约76亿欧元。

1972年，利乐公司在我国香港设立了办事处，并于当年3月在北京展览会上展出了利乐标准包150毫升、300毫升、500毫升的灌装机。1979年，广东罐头厂购买了利乐的250毫升无菌砖灌装机。从此，利乐包装开始了在中国的蓬勃发展。

二十年来，利乐公司分别在上海、北京等主要城市设立办事处，并在北京、广东佛山、江苏昆山分别建起了包材工厂及分销网络，推广先进的包装设备和技术，为我国消费者提供利乐砖和利乐枕等液体食品包装食品。

利乐公司始终致力于“以多元化的产品满足中国市场多元化的需求”，不断引进先进的技术设备和完善的配套服务，在我国的液体食品包装领域发挥了重要的作用。近年来，随着我国乳品业的飞速发展，利乐公司的产品也得到了我国市场的广泛认可。针对我国乳品市场地域广阔、运输不便等情况，利乐特别提供了适合长途运输、便于贮藏并长期保鲜的技术，从而将大量产于北方如新疆、内蒙古等地的新鲜优质奶源，运到更广阔的华南市场。

除了为国内的客户提供便利的包装产品外，利乐公司还定期举办各项促进我国乳品业发展的活动。1998年，中国乳制品工业协会与利乐中国合作实施“绿叶计划”，聘请中国农业大学食品学院的专家教授向乳品制造的生产管理和市场营销人员授课。利乐公司还为学员提供部分研修资助金。通过系统的学习，70多名来自全国各地的乳品制造企业的精英从讲习班毕业，取得了绿叶文凭和国家承认的中国农业大学大专毕业证书。优秀学员还获得了由利乐公司赞助的“绿叶奖学金”。如今，“绿叶计划”的受益者们在各自的工作岗位发挥着重要作用，成为中国乳制品行业发展的中坚力量。

为了帮助我国乳业走向世界，利乐公司还组织中国乳业从业者定期赴外培训参观。为中国乳品企业的领导人提供机会，到乳品市场比较发达的国家和地区开拓视野，寻求新的理念和思路，从而促进我国新兴的乳品工业的腾飞。

利乐公司还关心及支持我国的各类环保公益事业，尤其重视青少年的环保意识培养和环保知识教育。围绕这一主题，利乐公司在我国发起了各项公益活动，例如：利乐提供与包装有关的环保教育资料，组织学生收集校园的废弃纸盒并制成各类手工艺品。利乐公司也热心支持中国的民间环保组织，例如地球村、中华环保基金会、世界自然基金会等，支持他们在民间推广绿色社区和绿色消费，普及基本环保知识，认识再生利用的积极意义，并积极参与政府和民间组织举办的各类环保研讨会，参与有关政策和未来发展趋势的讨论。

利乐包装在中国的发展目标是：通过不断加深对市场及客户的了解，成为客户及供应商的合作伙伴；提倡与客户及供货商建立长期的合作关系，确保公司具备竞争力和稳定的供货链。利乐公司还将努力创造良好的工作环境，鼓励合作伙伴创造佳绩，肯定他们的成果。今后，利乐公司将不断致力于中国乳品行业的发展，与中国的经济一起腾飞！

[利乐（中国）有限公司]

## 斯道拉恩索公司在中国的发展

斯道拉恩索集团是生产杂志纸、新闻纸、高档文化用纸、包装纸板和木制品的综合林产品公司。2001年，斯道拉恩索集团的营业额达135亿欧元，纸和纸板的年产量约为1 500万吨。整个集团的雇员遍布40多个国家，约有43 000人，公司股票在赫尔辛基、纽约和斯德哥尔摩的交易所挂牌上市。斯道拉恩索集团注册在芬兰赫尔辛基，管理总部设在英国伦敦，是《财富》杂志公布的跨国公司全球500强之一。集团致力于营造经营环境。客户来自于全球大大小小的出版社、印刷厂和经销商，以及包装业、木制品加工业和建筑业。在欧洲、北美和亚洲都有本集团的工厂。正因为全球化的经营使得我们能够为客户提供本地化服务。集团具备现代化生产力，以及原材料、能源和高效生产过程的优质一体化，确保了生产的连续性。公司所执行的环境和社会责任政策是在不断发展经营的同时致力于生态、社会和经济的可持续发展。

斯道拉恩索公司专门制造印刷纸张、包装纸板等纸材，涵盖从森林伐木开始直至最终用户的整个生产加工过程。以年产量90万吨的液体包装纸板来看，公司的产品所覆盖的领域非常广阔。

**1. 纸盒包装的材料要求**　公司主要供应两方面的液体包装纸板，即用于无菌包装的底纸和用于新鲜屋顶包装的PE涂布纸板。PE涂布纸板本身基本上已能直接应用于屋顶型包装；至于无菌包装方面，包装商须在底纸上加添一层铝箔涂层，以增加其阻隔性能。据推测，未来3年，中国市场每年对新鲜屋顶包装的需求会上升25%，而无菌包装将上升50%～55%。

一般来说，包装纸盒的质量，主要视其坚挺度，即必须能承受一定的压力及撞击，以达到保护产品的功能。纸板的重量与挺度基本上呈正比关系，减少重量，在某种程度上意味着减弱其挺度；而重量又与成本挂钩，要在其中取得平衡实非易事。然而，斯道拉恩索可以通过纸浆的改良来降低原材料用量及成本。举例来说，美国纸材生产商多以全化学木浆SBS生产纸板，用来包装1升牛奶时，一般纸板的规格是330克/米$^2$；而斯道拉恩索所使用的是化学热磨机器浆CTMP，同样是包装1升的牛奶，纸板规格只须300克/米$^2$，即减少了9%的重量，挺度基本维持不变。成本的降低，对包装商来说非常具有吸引力。

完好的PE涂布对产品保质和印刷效果而言极为重要，因此，公司制定了PE涂布标准，按纸板的不同接触面来划分：用于接触产品的一面，所需的PE涂布量为26克/米$^2$；至于要接触外界的一面，只要14克/米$^2$即可。要检查PE涂布的均匀性，可在表面涂抹上有色酒精，然后在阳光照射下观察，如发现有破孔，即表示涂布效果欠佳。

2. **液体纸盒包装中国市场**　纸盒包装的市场将会有一定的扩充，如目前主要以塑料杯盛载的酸奶制品，相信会逐渐移向纸盒包装。至于包装容量方面也将有所变化，大容量家庭包装如700毫升、1升等开始普及，产品定位由个人转向家庭市场。

谈到中国的液体纸盒包装市场，长期以来一直为少数提供一条龙服务的包装商所控制。国际纸业有限公司以及斯道拉恩索的主要客户利乐中国有限公司，均属其中的佼佼者，前者以新鲜包装为主，而后者则以无菌技术著称。此外，艾罗派克以及康美包也曾领导液体包装市场。这些大型包装商提供交钥匙解决方案，由包装设计到设备供应均一律承包。当然，利乐、康美包及艾罗派克更是斯道拉恩索全球最大的客户。

3. **新局面的形成**　近几年来，市场发生了某种程度的变化。在云南、四川、青岛和浙江等地区，相继出现一些中小型的液体纸盒包装加工商，他们负责将包装纸板加工折叠印刷成纸盒包，应用于牛奶、酸奶等乳类产品中。

我国对液体包装的需求正逐年递增，为这些中小型包装加工商带来一定的鼓舞作用。目前，在国内最少已建有20条这一类的加工包装线。当然，它们所能提供的服务是有限的，同时要考虑与其他设备如灌装机的配套，跟大型的一条龙液体包装商比较，服务显然不尽完善。但从另一角度看，它们为液体纸盒包装领域带来的额外选择，无疑有助市场的健康发展。

（芬兰斯道拉恩索公司销售办事处供稿）

# 大事记

## 2000年

### 1月

2日 《人民日报》报道 国家重点科技攻关项目"草地畜牧业综合发展技术"日前通过专家组评审验收。该项目分别在云贵高原、内蒙古高原、华北农牧交错带等地区建立了8个试验示范区，通过攻关，改良草地、人工草地、饮料地的产草量提高150%～300%，育成优质高产多抗牧草新品种12个，并选育出18个牧草新品系。

6日 新华社报道 日前国内首家国家级乳品批发市场在哈尔滨市建成启动。

14日 据新华社报道 上海乳品业已与北方奶源基地实现联手，计划在未来3年内形成20万吨规模的稳定奶源。最近3年内，上海光明乳业已在内蒙古和黑龙江地区投资建立了两个控股奶源企业。两个企业在当地都快速发展成核心企业，其中黑龙江富裕光明公司成为齐齐哈尔市三大企业集团之一。上海光明乳业由于进入了全国市场，已连续7年保持30%的发展速度。

25日 《中国食品报》报道 国家乳业工程技术研究中心1月20日在哈尔滨通过国家验收并正式挂牌运行，总投入2 873.3万元，是国内惟一的集科研开发、乳品检测、教学培训、工程技术安装及乳制品加工为一体的科技实体，这是我国第65个行业工程技术研究中心，项目投入完成了奶源基地建设、新产品开发、技术装备更新改造、成果的集成示范、人才培训和现代化交流管理六大工程49个项目。

28日 《中国食品报》报道 农业部确定畜牧业发展重点：今后一个时期我国畜牧业将在稳定生猪和禽蛋生产的基础上，加快发展牛羊肉和禽肉生产，突出发展奶制品。

29日 新疆维吾尔自治区成立奶业协会。

### 2月

6日 《农民日报》报道 以色列外交部国际合作中心和中华人民共和国农业部关于建立中以示范奶牛技术合作项目在北京举行签字仪式。

### 3月

中国奶业协会发文在全国各地开展"国际牛奶日"宣传活动。

黑龙江草原香乳业集团公司被内蒙古伊利股份有限公司收购，该乳业集团是具有43年历史的大型乳品企业。

### 4月

1日 据《中华工商时报》报道 上海光明乳业有限公司和占据第三强位置的南京卫岗牛奶公司，最近宣布要正式牵手，即由"卫岗"下属企业浦口乳品厂为生产基地，双方共同投资1 500万元，"光明"占60%，"卫岗"占40%，全部生产盒装"光明牌"保鲜奶，奶源由"卫岗"解决，销售由"光明"负责，在江苏地区专卖，利益共同分享，至此，中国奶业走出了强强联手的第一步。

20日 中国乳制品工业协会主办的"加入WTO与中国乳品工业发展研讨会"在广西桂林市召开，参加本次研讨会的42个企业的80位代表，对入世后中国乳业面临的形式及应对措施做了客观、深入的研讨，会议听取了中国乳制品工业协会理事长宋昆冈同志的《加入WTO与中国乳制品工业的发展》等6个专题报告。

### 5月

5日 《中国食品报》报道 5月1日起，江苏省在全省范围内展开"2000年牛奶宣传月活动"。本次活动是由江苏省计经委、农林厅、卫生厅等11个省有关部门主办，省食品工业协会、奶业协会和南京奶业集团承办的，也是以庆祝《中国食品报》报道国际牛奶日为契机，推进和全面启动江苏奶类行动计划的重要步骤。

18日 中德伊利托菲尔公司建成。伊利集团与德国托菲尔公司就婴儿乳品技术合作项目达成协议并正式签约。签约项目涉及婴儿系列配方奶粉及相关功能食品的全面技术合作和共同组建中德伊利托菲尔公司。合作企业总投资550万德国马克，伊利股份持有75%的股权，并全面引进德方的国际先进技术和品质控制手段，年生产高档婴儿奶粉5 000万吨。据测算年利润超过1 000万人民币。使伊利在国内市场中占据了更有利的竞争地位。

6月

1日　《中国食品报》报道　广西柳州市奶业协会、柳州市奶业公司于5月20～21日在人民广场以牛奶与青少年健康为主题，开展柳州市首次国际牛奶日宣传活动。

5日　《中国食品报》报道　北京三元食品有限公司举行"庆六一暨三元公司学生奶工程启动仪式"，目标是让北京的中小学生每天喝一杯学生奶。作为北京市奶业的龙头企业，三元公司早在10年前，就着手学生奶的研制和推广，研制出"三元学生奶"，1998年投入市场。他们先后投入2 000余万元，与北京市卫生防疫站、学生营养餐研究中心等单位进行改善学生健康情况的研究课题。

28日　2000北京国际奶业大会暨展览会在北京国际会议中心举行，这是由全国畜牧兽医总站、农业部奶类项目办公室、中国国际科技会议中心、中国奶业协会、中国乳制品工业协会共同主办，大会主题是奶与人类健康，由学术交流会和展览两部分组成，国内外知名专家学者分别就中国、亚太地区以及世界奶业的生产现状和发展趋势、奶牛育种的现状和发展趋势、奶制品的生产质量控制、中国奶及奶制品的消费进行了交流，30日结束。

7月

18日　帕玛拉特（南京）乳品有限公司正式揭牌，并举行奠基仪式。该公司由南京奶业（集团）公司与全球最大液态奶加工企业——意大利帕玛拉特乳品公司合资建成，总投资为1 500万美元，中方占股35%，外方占股65%，年乳品加工能力为54 750吨。

19日　中国国家出入境检验检疫局发出紧急公告：停止接受日本雪印牌乳制品的进口报检，对已进口的日本雪印牌乳制品加强检查。

22日　据新华社报道　根据市场变化的新趋势，农业部确定了我国奶业中长期发展目标："十五"计划末，我国奶类产品人均占有量达到10千克，总产量达到1 350万吨。到2030年，奶类人均占有量达到25千克，总产量达到4 250万吨。

9月

1日　中国乳制品工业协会第六次年会在大连召开。本次年会的主题是"现代乳品企业的经营与管理"。出席年会的有来自国内外的乳品企业、科研单位、大专院校及相关行业的250多个单位、680余名代表。

9日　《中国食品报》报道　近日，内蒙古奶业协会在呼和浩特市正式成立。内蒙古奶业协会是由原自治区奶牛协会和乳品工业协会合并而成的。该协会由奶牛养殖业、乳品加工业和饲草料加工业及相关的教学、科研、推广等方面的人士共同组成。

10月

8日　由中国奶业协会和中国畜产品加工研究会主办、南京奶业集团承办的"2000年全国首次液态奶新科技研讨会"，在南京举行。全国乳品及相关企业、大专院校、科研院所的代表220人参加了会议。

24日　《中国食品报》报道　江苏省根据全省畜禽良繁体系建设规划布局，日前在南京东郊挂牌成立江苏省奶牛育种中心，肩负起向全省乃至国内开展为奶牛供种、育种任务，实现良种、优质、高产，促进省内外奶业的大发展。

11月

7日　农业部、国家计委、国家经贸委、财政部等八部委公布了151家全国农业产业化重点龙头企业名单，上海光明乳业、伊利集团等13家乳品企业榜上有名。

14日　由中国奶业协会和上海市奶业工作小组办公室主办、上海市奶业协会、上海光明乳业有限公司承办的中国奶业与"入世"研讨会在上海举行，300多名代表参加了会议。

15日　国家"学生饮用奶计划"启动仪式在人民大会堂举行，是由农业部、中宣部、教育部、卫生部、国家轻工业局、国家计委、财政部、国家质量技术监督局、国家食物与营养咨询委员会等九部委联合举办。

17日　世界著名乳业企业法国达能公司参股上海光明乳业5%股份，并把达能在中国南方的乳品企业交由上海光明乳业经营。

12月

5日　"生物工程技术生产新型乳制品"项目通过国家级鉴定验收，该项目是由江南大学食品学院和河北石家庄市三鹿集团股份有限公司共同合作完成的"九五"期间国家技术创新重点工业性试验项目，填补了国内婴儿配方奶粉在生产技术和产品两方面的空白。

16日　"十五"乳业发展计划暨完达山发展战略研讨会在人民大会堂召开。全国人大农业与农村委员会副主任伍精华、农业部副部长范小健、国务院发展研究中心等领导、行业专家共200多人参加了会议。

22日　为加强质量管理，国家技术质量监督局分别在北京、武汉、合肥、济南、郑州、沈阳、哈尔滨等11个城市的31家经销企业抽样，共抽查了45家生产企业的45种强化奶粉样品。

23日《中国食品报》报道　据新华社报道，"十五"期间，河北省将在全省建设奶业带和奶业圈工程。在唐山、石家庄、保定、承德4市，以三鹿、乐百氏、龙飞等奶业品牌为龙头，兴建起高产奶牛示范园区200个，发展规模奶牛户2 000户，建成以京津和省会石家庄为中心的奶牛带；在张家口、廊坊、沧州等7市，兴建起300个奶牛示范园区，发展规模奶牛养殖户3 000户，建成7个城郊型奶牛圈。

29日　中国消费者协会在人民大会堂举行新闻发布会，宣布该协会2001年的主题是“绿色消费”，并发出新世纪消费提示：为国民强壮加杯奶。

## 2001年

### 1月

5日　农业部、教育部、国家质量技术监督局、国家轻工业局联合下发了《学生饮用奶定点生产企业申报认定暂行办法》。

9日　《中国食品报》报道　近日，上海光明乳业股份有限公司与德州天恩牧业有限公司签订了成立上海光明乳业（德州）有限公司的合同，一期工程将于7月份建成投产。

12日　北京三元食品有限公司以930万美元，收购全球食品知名企业——美国菲利普·莫里斯公司在北京卡夫食品有限公司全部拥有85%的股权，并将其更名为三元卡夫。

### 2月

28日　中国预防医学科学院在沈阳市就学生饮用奶对比实验召开新闻发布会，公布了对学生饮奶后的健康状况所做的为期6个月的跟踪调查结果。结果显示实施学生饮用奶计划对于学生身体素质有着明显的改善作用。

### 3月

26日　2001年春季（第二十五次）全国联合公牛后裔测定精液交换暨2001年秋季（第二十六次）后裔测定公牛资格审定会在重庆召开，会议由中国奶业协会育种专业委员会举办，来自北京、上海、天津、内蒙古、重庆等11个省、自治区、直辖市的代表参加会议，28日结束。

### 4月

6日　国家“学生饮用奶计划”专家委员会成立。专家委员会由来自奶业行业协会和有关科研院所的生产、营养等方面17位专家组成，由蒋建平教授担任主任。

27日　新华社报道　天津三元乳业有限责任公司正式成立，该公司由北京三元食品有限责任公司与天津海翔集团有限公司合作，并购其下属的天津市翔瑞乳业有限公司成立的合资公司。

### 5月

18日　国家“学生饮用奶计划”部际协调小组办公室公布首批中国国家学生饮用奶定点生产企业，他们是北京三元食品股份有限公司、上海光明乳业股份有限公司、天津奶业集团有限公司、菲仕兰（天津）乳制品有限公司、天津中芬乳业有限公司、天津市梦得奶制品有限公司、沈阳乳业有限责任公司等七家企业，准予使用中国学生饮用奶标志，有效期3年。

22日　“中国西部地区奶业发展研讨会”在宁夏银川市召开，会议由中国奶业协会、中加奶牛育种项目和宁夏回族自治区农牧厅联合举办，来自西部地区的100多名代表参加了会议，会议研讨的主题是“如何发展西部奶业”，24日结束。

24日　北京市消费者协会对北京市场销售的15种品牌的酸奶进行了比较试验。依据《GB2746—1999酸牛奶》产品质量标准，对样品的净含量、大肠菌群、致病菌、山梨酸、苯甲酸、亚硝酸盐、硝酸盐、酸度、脂肪、蛋白质、标签等项目进行了检测试验。检测结果表明，卫生全部合格，其他性能指标拉开了距离。

### 6月

14日　《中国食品报》报道　由欧盟援助哈尔滨金星乳业集团的冷却水、循环水、污水处理工程，在6月5日“世界环境日”正式竣工投入使用。这是我国乳品行业的第一个重点环保工程，不仅解决了环境污染问题，而且还节约用水90%，节约费用90万元。

19日　中国奶业协会第十六次繁殖会议在福建省南平市召开。来自15个省、自治区、直辖市的近150名代表参加了会议，21日结束。

21日　新疆大天池食品有限公司液态奶生产线建成并投入试运行，该生产线投入1.3亿元人民币从瑞典引进，一期工程设计日生产能力为100吨。6月28日正式投入生产。

25日　杜尔伯特伊利乳业有限公司开业仪式在黑龙江省大庆市杜尔伯特蒙古族自治县举行。

### 7月

2日　南京光明乳品有限公司正式投产，该公司是由上海光明乳业股份公司与南京禄口机场经济圈发展公司共同投资1 500万元组建，公司是6月26日正式开业。

6日　山西太原市恒康乳业有限公司投资1.8亿元从芬兰、挪威、美国等国家引进超高温灭菌奶包装生产线，并于近日投产。

16日　日前，南京市栖霞区投资150万元新建了4所“奶牛公寓”，采用统一饲养管理、统一繁殖配种、统一防病治病、统一挤奶发售的规模饲养和科学管理，首批1 300头奶牛已陆续入住。

22日　婴幼儿配方乳粉生产许可证工作会议在北京召开。国家质量技术监督局、国家乳品质量监督检验中心、中国乳制品工业协会的领导及婴幼儿配方乳粉生产企业参加了会议。会议就婴幼儿配方乳粉实施生产许可证管理的意义、《婴幼儿配方乳粉产品生产许可证实施细则》、实施生产许可证的时间进程进行了讨论。

24日　天津娃哈哈乳品有限公司两条液态奶生产线的设备安装已进入调试阶段，该公司是由杭州娃哈哈集团与天津市武清区杨村镇兴华饮料食品公司共同投资5 000万元组建。

29日　山西省人大常委会第24次会议审议批准了《太原市牛奶生产经营管理办法》，并从批准日起执行。

31日　上海光明乳业股份有限公司与陕西省最大的泾阳县奶畜基地合作建设乳品基地。该项目建成后年加工鲜奶可达20万吨，其中包括10万吨液态奶加工项目和处理10万吨奶源的奶粉加工项目。项目一期计划投资5 000万元。

## 8月

9日　南京大学医学院药物研究所的科研人员，从牛乳中提取了一种具有明显抗癌作用的物质IM－94肿瘤抑制因子。经卫生部批准，这种IM－94制剂“爱生康”胶囊，已由浙江爱生药业有限公司推向市场。

17日　国家经贸委在北京召开国家液态奶生产规划会，指出国家已将液态奶无菌包装列为优先开发项目，投资20亿元扶持液态奶工业的发展。

18日　黑龙江完达山哈尔滨乳品有限公司，在哈尔滨高新技术开发区举行了开业仪式。该项目一期工程投资9 600万元，以生产液态奶为主，日处理鲜奶能力160吨，产品主要是无菌包装的系列鲜奶制品。

20日　新华社报道　中国首届动物胚胎生物技术会议在乌鲁木齐举行。来自国内和美国、日本等各著名研究院所的专家出席了会议。

27日　新华社报道　科技部中国生物工程开发中心日前组织专家对国家“863计划”生物技术领域“牛胚胎移植技术产业化研究”项目通过鉴定。

28日　“首届中国乳品博览会——中国国际奶业及相关制品博览会”在上海国际展览中心举行，此次博览会是由中国奶业协会、中国食品工业协会等单位主办、上海市奶业协会，上海荷雅企龙展览服务公司承办，8月31日结束。

科技部启动实施的“十五”国家科技攻关计划“农产品深加工技术与设备研究开发”重大项目在北京首次开标。本次招标的14个课题包括畜乳加工类2个。整个项目国家每年拨款1 320万元，主要用于支持技术依托单位的攻关研究。项目计划3年完成。

伊利康业冷冻食品有限责任公司合作签字仪式在天津举行。该公司是由伊利集团公司与天津康业冷冻食品股份有限公司合作新建的冷饮生产项目，同时，也是伊利集团在华北地区冷饮产品的第一家控股子公司。

30日　科迪集团与河南省邮政局正式签订协议，实施送奶到户的“户箱工程”。

## 9月

2日　山西阳泉市三来食品有限公司开发出新型土豆奶粉，为山西的土豆产业发展带来了商机。土豆奶粉目前正式投产并上市。

6日　呼和浩特市启动“奶牛业富民兴市工程”。全市建成万头以上的奶牛基地县（旗）5个，建成千头规模奶牛养殖示范小区8个，饲养5头以上奶牛专业户已发展到5 000户，目前呼和浩特市人均占有牛奶量居全国大中城市之首。

16日　内蒙古伊利集团在北京市密云斥资1.1亿元，占地面积4.67公顷，兴建日处理鲜奶200吨的乳制品生产厂第一期工程正式启动。主要产品有屋顶型保鲜纯牛奶和酸奶。

23日　中国乳制品工业协会第七次年会在青岛市召开。会议报告了本年度协会工作及下年度工作计划，通报本年度全国乳品行业情况及表彰了2001年度乳品行业优秀企业家。

27日　《中国食品报》报道　原西宁奶牛场通过企业改制成立了青海天露乳业有限责任公司，从而成为青海省最大的良种奶牛繁殖、乳品加工和西宁市政府“菜篮子”工程的龙头企业。

## 10月

12日　中以示范奶牛场落成典礼在北京通州区举行。农业部常务副部长韩长赋、以色列农业部部长沙洛姆·希姆弘、以色列驻华大使沙雷夫和有关人士出席典礼。

13日　新华社报道　卫生部首次公示卫生安全食品目录。光明牌保鲜屋纯鲜牛奶等25种食品榜上有名。

国家计委产业司，邀请有关专家，就国家运用财政资金支持奶业发展的项目进行论证，国家支持奶业资金总额20亿人民币，包括财政拨款，国债贷款和银行贷款三部分，支持范围包括奶牛良种改良。到目前为止，已有30多家企业申报了乳业项目。

17日　河南省黄河滩区绿色奶牛饲养带第一个示范小区——韩董庄示范小区暨河南花花牛公司韩董庄奶源基地竣工。按照“公司＋基地＋农户”的模式，在整个饲养带上将建立50个规范化示范小区。

19日　首届中国西部乳业发展协作会暨产品交易会，在四川省展览馆正式开幕。该会是由中国奶业协会、中国畜产品加工研究会和四川省畜牧食品局共同主办，21日结束。

新希望集团与四川阳坪乳业有限公司正式签约，并将共同投资3.5亿元组建四川新阳坪乳业有限公司，其中新希望集团占有55%的股份。

20日　包头伊利有限责任公司在包头市高新技术开发区举行了奠基仪式。该项目是伊利集团投资1.6亿元建设一个新的液态奶加工厂。

22日　乳制品与健康研讨会在天津市举行，参加会议的专家200多名。

一项填补国内外空白的新型饮料——奶啤酒在天津轻工学院研制成功，该产品已小批量生产。

中国农业科学院广西水牛研究所研究人员，用完全体外化受精技术受孕的两头母水牛最近产下了3头试管杂交水牛，其中2头小牛犊是龙凤双胞胎。另外有7头利用这一技术受孕的母水牛已进入临产期，即将分娩。这是自1990年在印度诞生世界上第一头试管水牛以来，科学家采用完全体外化受精培养胚胎移植技术，第一次成功地使多头水牛受孕，并产下多头试管杂交水牛。

23日　国家“学生饮用奶计划”工作会议在北京召开。这是部际协调小组各成员单位联合召开的第一次全国性工作会议，来自全国20多个省、自治区的主管部门领导和乳品企业的代表参会。试点城市的代表介绍了经验，会议部署了下一阶段的工作，根据《国家“学生饮用奶计划”实施方案》，全国学生饮用奶工作开始进入向省会城市和其他重点城市扩展的第二阶段，中心任务是建立和完善各级实施“学生饮用奶计划”的协调组织和工作机构，建立健全相应的责任制体系；同时来自中宣部的领导对新闻单位提出要求，凡是涉及国家学生饮用奶计划的负面报道在未经各级学生饮用奶管理机构核实之前媒体不得随意炒作。

25日　内蒙古伊利集团投资2.5亿元的奶粉生产项目，最近在黑龙江省杜尔伯特蒙古族自治县奠基。这个项目建成后，可处理鲜奶460吨，生产配方奶粉1.5万吨。

## 11月

2日　宁夏奶业协会成立大会在银川市召开。

12日　首届中国国际乳品工业技术展览会在北京召开。这是杜塞尔多夫展览（中国）有限公司首次与中国轻工业机械总公司、中国乳制品工业协会共同在国内主办的乳品专业展览会，15日结束。

20日　由上海市农业委员会、亚太地区奶业协会、中国奶业协会和中国乳制品工业协会主办的“第二届亚太地区学生奶会议”在上海举行。会议得到了FAO及中华人民共和国农业部、上海市人民政府的支持，上海市奶业协会和上海光明乳业股份有限公司为会议的承办单位。上海光明乳业股份公司和利乐中国有限公司是这次会议的主要赞助商，来自世界21个国家的380多名代表出席了大会，22日结束。同期举办了上海国际奶业技术展览会。

21日　上海英特尔营养乳品公司与宁夏兴宁实业公司黄河乳品厂达成合作协议，计划用3年时间，在宁夏回族自治区吴忠市中宁县建设万头奶牛养殖基地。

23日　“中国优质高产奶牛指标评价体系建设”第一次专家研讨会在北京召开，这是国家948项目，会议对我国奶牛养殖业的现状和发展趋势，特别是在WTO条件下中国奶牛养殖业的发展面临的问题进行了深入的研讨。

24日　全国奶业加强管理争创名牌研讨会在北京举行。会议邀请全国各大奶业企业领导和负责产品质量的负责人共同起草通过奶业企业质量宣言，26日结束。

29日　北京三元食品有限公司与内蒙古海拉尔乳品厂在北京人民大会堂内蒙古厅，正式签订合作协议。

## 12月

1日　青海省西宁市政府颁布的第50号令《西宁市乳类卫生管理办法》，从今日起开始生效。该办法从乳类的生产、加工、销售渠道等方面对西宁乳制品行业进行了更加严格的规范。

4日　国务院办公厅转发了农业部《关于加快畜牧业发展的意见》，明确提出畜牧业结构调整的重点，要求突出发展奶牛养殖业，提高奶产品在畜产品中的比重，积极推广和实施国家“学生饮用奶计划”。

5日　新华社报道　山东实施黄牛奶改工程。山东省畜牧办公室提出的奶改目标是，在“十五”期间，利用高产奶牛改良西门塔尔杂交牛、当地黄牛220万头，达到生产奶杂母牛66万头的能力。

徐州维维集团，开始重点开发液体奶产品，形成了系列产品。在徐州首期投资800万元新上的两条塑瓶保鲜奶生产，日产鲜奶50余吨。

上海光明乳业股份有限公司和北京林河工业开发总公司在北京举行签约仪式。这一合作项目总投资1.4亿元人民币，日产奶300吨，主营保鲜奶、液态奶等各类乳制品生产和销售。

6日　辽宁大连九羊食品有限公司聘请了国内外著名专家，采用了高温真空脱膻技术和生物脱膻相结合的方式，有效地解决了羊奶脱膻的问题，将羊奶制品陆续推向市场。

国务院办公厅公布《中国食物与营养发展纲要(2001—2010年)》。《纲要》由农业部牵头，会同卫生部、科技部、国家计委、国家经贸委、教育部、财政部等有关部委以及国家食物与营养咨询委员会共同编写。《纲要》由食物与营养发展的基本状况；食物占营养发展的指导思想、基本原则和目标；食物与营养发展的重点领域地区和群体；促进食物与营养的政策措施4个部分组成，共28条。奶产业、大豆产业和食品加工业被列为发展重点。

28日　新华社报道　由四川省国有资产投资管理公司投资控股的华西乳品公司，正式挂牌成立，这是四川省内乳业最大的整合项目，也是西南地区最大乳品加工企业。

从召开的广东省出入境检验检疫局长会议上获悉，前不久，中国某进出口公司从美国引进142头优良种牛，从深圳黄田申请进境。广州检验检疫局检验检疫人员，在规定的检疫期内对活牛完成全部8个病9个检测项目的实验室检测检验，并从中检出19头牛患有动物二类传染病——结核病和副结核病。近日，广东检验检疫局下属机构广州检验检疫局在动植物检疫隔离场对来自美国的19头患有结核病和副结核病的牛进行销毁处理，打破了美国25年来没有结核病的说法。9头美病牛美25年无结核病说法不实。

# 奶业统计资料

## Ⅰ.全国奶类产量与奶畜存栏

### 表 1-1　全国奶类产量统计　1949—2001 年

单位：千吨

| 年　度 | 奶　类 | 其中：牛奶 | 山羊奶 | 年　度 | 奶　类 | 其中：牛奶 | 山羊奶 |
|---|---|---|---|---|---|---|---|
| 1949 | 217 | 200 | 17 | 1976 | 979 | 885 | 94 |
| 1950 | | | | 1977 | 966 | 877 | 89 |
| 1951 | | | | 1978 | 971 | 883 | 88 |
| 1952 | | | | 1979 | 1 302 | 1 065 | 237 |
| 1953 | | | | 1980 | 1 367 | 1 141 | 226 |
| 1954 | | | | 1981 | 1 549 | 1 291 | 258 |
| 1955 | | | | 1982 | 1 959 | 1 618 | 341 |
| 1956 | | | | 1983 | 2 219 | 1 845 | 374 |
| 1957 | | | | 1984 | 2 596 | 2 186 | 410 |
| 1958 | | | | 1985 | 2 894 | 2 499 | 395 |
| 1959 | 299 | 270 | 29 | 1986 | 3 329 | 2 899 | 430 |
| 1960 | | | | 1987 | 3 788 | 3 301 | 481 |
| 1961 | | | | 1988 | 4 189 | 3 660 | 529 |
| 1962 | | | | 1989 | 4 358 | 3 813 | 545 |
| 1963 | | | | 1990 | 4 751 | 4 157 | |
| 1964 | | | | 1991 | 5 243 | 4 646 | |
| 1965 | | | | 1992 | 5 639 | 5 031 | |
| 1966 | | | | 1993 | 5 637 | 4 986 | |
| 1967 | | | | 1994 | 6 089 | 5 288 | |
| 1968 | | | | 1995 | 6 728 | 5 764 | |
| 1969 | 561 | 510 | 51 | 1996 | 7 359 | 6 294 | |
| 1970 | | | | 1997 | 6 811 | 6 011 | |
| 1971 | | | | 1998 | 7 454 | 6 629 | |
| 1972 | 571 | 571 | | 1999 | 8 067 | 7 176 | |
| 1973 | 888 | 806 | 82 | 2000 | 9 189 | 8 274 | |
| 1974 | 986 | 886 | 100 | 2001 | 11 226 | 10 255 | |
| 1975 | 993 | 888 | 104 | | | | |

## 表 1-2　全国各地区奶类产量　1990—2001 年

单位：千吨

| 地　区 | 1990 | 1991 | 1992 | 1993 | 1994 | 1995 | 1996 | 1997 | 1998 | 1999 | 2000 | 2001 |
|---|---|---|---|---|---|---|---|---|---|---|---|---|
| **全国总计** | **4 751** | **5 243** | **5 639** | **5 637** | **6 089** | **6 728** | **7 359** | **6 811** | **7 454** | **8 067** | **9 189** | **11 226** |
| 北　京 | 218 | 239 | 245 | 225 | 222 | 206 | 201 | 222 | 228 | 241 | 304 | 429 |
| 天　津 | 77 | 89 | 96 | 96 | 99 | 111 | 114 | 121 | 117 | 129 | 165 | 241 |
| 河　北 | 143 | 163 | 186 | 211 | 340 | 389 | 479 | 547 | 659 | 788 | 962 | 1 193 |
| 山　西 | 179 | 210 | 214 | 218 | 257 | 293 | 326 | 316 | 325 | 327 | 359 | 404 |
| 内蒙古 | 396 | 403 | 428 | 449 | 482 | 512 | 566 | 624 | 671 | 712 | 830 | 1 090 |
| 辽　宁 | 153 | 177 | 197 | 171 | 175 | 183 | 186 | 187 | 199 | 203 | 219 | 266 |
| 吉　林 | 121 | 127 | 113 | 98 | 109 | 113 | 121 | 99 | 134 | 145 | 150 | 164 |
| 黑龙江 | 1 027 | 1 212 | 1 380 | 1 355 | 1 436 | 1 666 | 1 867 | 1 430 | 1 445 | 1 450 | 1 565 | 1 924 |
| 上　海 | 227 | 256 | 277 | 243 | 206 | 218 | 218 | 239 | 246 | 259 | 259 | 260 |
| 江　苏 | 89 | 102 | 119 | 114 | 105 | 104 | 109 | 117 | 91 | 163 | 257 | 360 |
| 浙　江 | 113 | 128 | 124 | 109 | 97 | 92 | 90 | 86 | 80 | 91 | 112 | 176 |
| 安　徽 | 26 | 25 | 27 | 27 | 25 | 25 | 27 | 28 | 30 | 36 | 41 | 55 |
| 福　建 | 49 | 51 | 57 | 59 | 61 | 63 | 65 | 61 | 67 | 80 | 99 | 114 |
| 江　西 | 22 | 26 | 28 | 28 | 31 | 32 | 35 | 35 | 47 | 52 | 58 | 59 |
| 山　东 | 296 | 316 | 343 | 395 | 513 | 668 | 743 | 458 | 540 | 613 | 705 | 904 |
| 河　南 | 74 | 82 | 72 | 75 | 89 | 97 | 108 | 106 | 123 | 159 | 202 | 300 |
| 湖　北 | 52 | 56 | 56 | 47 | 46 | 38 | 43 | 46 | 42 | 40 | 59 | 88 |
| 湖　南 | 11 | 12 | 12 | 11 | 9 | 8 | 6 | 8 | 8 | 10 | 11 | 18 |
| 广　东 | 56 | 61 | 58 | 58 | 58 | 57 | 59 | 63 | 75 | 81 | 95 | 104 |
| 广　西 | 9 | 9 | 9 | 10 | 9 | 9 | 9 | 11 | 12 | 13 | 17 | 21 |
| 海　南 | 1 |  | 1 | 1 |  | 1 | 2 |  | 0 | 0 |  |  |
| 重　庆 |  |  |  |  |  |  |  | 45 | 47 | 47 | 56 | 68 |
| 四　川 | 268 | 280 | 287 | 289 | 283 | 281 | 284 | 256 | 273 | 269 | 289 | 333 |
| 贵　州 | 10 | 10 | 13 | 13 | 14 | 14 | 16 | 5 | 16 | 15 | 17 | 20 |
| 云　南 | 76 | 85 | 92 | 100 | 100 | 101 | 109 | 97 | 99 | 135 | 147 | 171 |
| 西　藏 | 158 | 177 | 186 | 186 | 162 | 177 | 166 |  | 196 | 209 | 204 | 231 |
| 陕　西 | 212 | 237 | 256 | 274 | 313 | 326 | 404 | 516 | 506 | 557 | 639 | 695 |
| 甘　肃 | 81 | 82 | 86 | 99 | 99 | 99 | 109 | 118 | 141 | 138 | 137 | 156 |
| 青　海 | 210 | 198 | 215 | 196 | 201 | 206 | 186 | 191 | 205 | 196 | 213 | 228 |
| 宁　夏 | 41 | 55 | 64 | 71 | 100 | 140 | 169 | 191 | 182 | 205 | 236 | 276 |
| 新　疆 | 356 | 375 | 398 | 409 | 448 | 497 | 542 | 588 | 650 | 704 | 782 | 878 |

## 表 1-3 全国各地区牛奶产量 1990—2001 年

单位：千吨

| 地区 | 1990 | 1991 | 1992 | 1993 | 1994 | 1995 | 1996 | 1997 | 1998 | 1999 | 2000 | 2001 |
|---|---|---|---|---|---|---|---|---|---|---|---|---|
| **全国总计** | **4 157** | **4 646** | **5 031** | **4 986** | **5 288** | **5 764** | **6 294** | **6 011** | **6 629** | **7 176** | **8 274** | **10 255** |
| 北京 | 217 | 239 | 245 | 225 | 222 | 206 | 201 | 222 | 227 | 240 | 303 | 429 |
| 天津 | 76 | 88 | 95 | 95 | 98 | 107 | 113 | 120 | 117 | 129 | 165 | 241 |
| 河北 | 112 | 132 | 154 | 175 | 286 | 325 | 401 | 467 | 558 | 684 | 842 | 1 074 |
| 山西 | 160 | 191 | 195 | 199 | 237 | 260 | 296 | 291 | 301 | 302 | 335 | 379 |
| 内蒙古 | 370 | 386 | 410 | 422 | 458 | 486 | 543 | 554 | 638 | 679 | 798 | 1 062 |
| 辽宁 | 144 | 168 | 180 | 159 | 164 | 171 | 170 | 171 | 185 | 182 | 189 | 242 |
| 吉林 | 117 | 123 | 109 | 94 | 104 | 102 | 113 | 94 | 124 | 138 | 143 | 161 |
| 黑龙江 | 1 017 | 1 200 | 1 367 | 1 341 | 1 415 | 1 646 | 1 850 | 1 405 | 1 421 | 1 428 | 1 543 | 1 890 |
| 上海 | 227 | 256 | 277 | 243 | 206 | 218 | 218 | 239 | 246 | 259 | 259 | 260 |
| 江苏 | 87 | 100 | 115 | 112 | 99 | 100 | 105 | 111 | 121 | 162 | 255 | 354 |
| 浙江 | 113 | 128 | 123 | 108 | 97 | 92 | 90 | 86 | 80 | 91 | 112 | 176 |
| 安徽 | 25 | 25 | 27 | 27 | 25 | 25 | 27 | 28 | 30 | 36 | 41 | 55 |
| 福建 | 48 | 50 | 56 | 58 | 59 | 61 | 62 | 58 | 64 | 77 | 96 | 111 |
| 江西 | 22 | 26 | 28 | 28 | 31 | 32 | 35 | 35 | 47 | 52 | 56 | 59 |
| 山东 | 70 | 82 | 107 | 125 | 156 | 179 | 220 | 225 | 275 | 356 | 457 | 618 |
| 河南 | 27 | 31 | 30 | 35 | 50 | 55 | 55 | 57 | 78 | 103 | 161 | 270 |
| 湖北 | 52 | 56 | 56 | 47 | 46 | 38 | 43 | 46 | 42 | 39 | 56 | 88 |
| 湖南 | 11 | 12 | 12 | 11 | 9 | 8 | 6 | 8 | 8 | 10 | 11 | 19 |
| 广东 | 55 | 60 | 57 | 57 | 57 | 55 | 56 | 60 | 70 | 78 | 92 | 102 |
| 广西 | 9 | 9 | 9 | 9 | 9 | 9 | 9 | 11 | 12 | 13 | 17 | 21 |
| 海南 | 1 |  | 1 | 1 | 0 | 1 | 2 | 0 | 0 | 0 |  | 0 |
| 重庆 |  |  |  |  |  |  |  | 45 | 47 | 47 | 56 | 68 |
| 四川 | 264 | 275 | 282 | 283 | 282 | 277 | 280 | 250 | 267 | 266 | 285 | 330 |
| 贵州 | 10 | 10 | 13 | 13 | 14 | 14 | 16 | 5 | 16 | 15 | 17 | 20 |
| 云南 | 73 | 81 | 88 | 93 | 94 | 95 | 100 | 90 | 99 | 122 | 130 | 156 |
| 西藏 | 126 | 140 | 148 | 148 | 97 | 141 | 136 |  | 156 | 167 | 162 | 181 |
| 陕西 | 95 | 115 | 131 | 153 | 174 | 174 | 206 | 298 | 282 | 323 | 392 | 435 |
| 甘肃 | 79 | 80 | 84 | 95 | 96 | 96 | 105 | 114 | 138 | 134 | 133 | 152 |
| 青海 | 201 | 191 | 208 | 189 | 194 | 200 | 181 | 186 | 199 | 190 | 206 | 217 |
| 宁夏 | 41 | 55 | 64 | 71 | 100 | 140 | 169 | 191 | 182 | 205 | 236 | 276 |
| 新疆 | 308 | 337 | 360 | 370 | 408 | 452 | 488 | 542 | 600 | 648 | 725 | 811 |

## 表 1-4 全国奶畜年末存栏数 1949—2001 年（一）

单位：千头 千只

| 年 度 | 乳 牛 | 水 牛 | 黄 牛 | 牦 牛 | 山 羊 | 其中：奶山羊 |
|---|---|---|---|---|---|---|
| 1949 | | 10 184 | 33 752 | | 16 130 | |
| 1950 | | 10 915 | 37 188 | | 18 210 | |
| 1951 | | 11 469 | 40 619 | | 20 980 | |
| 1952 | | 11 640 | 44 960 | | 24 900 | |
| 1953 | | 12 160 | 47 923 | | 29 200 | |
| 1954 | | 12 447 | 51 176 | | 33 150 | |
| 1955 | | 12 470 | 53 481 | | 34 010 | |
| 1956 | | 12 609 | 53 992 | | 38 550 | |
| 1957 | 159.8 | 13 127 | 50 325 | | 45 150 | |
| 1958 | | 12 902 | 46 167 | | 45 330 | |
| 1959 | | 12 913 | 48 181 | | 49 760 | |
| 1960 | | 12 082 | 45 361 | | 51 170 | |
| 1961 | | 11 417 | 43 588 | | 63 120 | |
| 1962 | | 11 471 | 44 246 | | 70 530 | |
| 1963 | | 12 014 | 47 257 | | 67 730 | |
| 1964 | | 12 597 | 50 184 | | 62 240 | |
| 1965 | | 13 378 | 53 573 | | 60 770 | |
| 1966 | | | | | | |
| 1967 | | | | | | |
| 1968 | | | | | | |
| 1969 | | | | | | |
| 1970 | | 16 431 | 57 151 | | 61 410 | |
| 1971 | | 16 647 | 57 339 | | 62 780 | |
| 1972 | | 16 642 | 57 224 | | 61 340 | |
| 1973 | 368 | 17 159 | 57 149 | | 64 100 | |
| 1974 | 366 | 17 369 | 56 805 | | 66 170 | |
| 1975 | 406 | 17 669 | 55 471 | | 68 040 | |
| 1976 | 425 | 17 443 | 53 825 | | 65 460 | |
| 1977 | 447 | 17 229 | 52 723 | | 67 830 | |
| 1978 | 475 | 17 723 | 52 526 | | 73 540 | |
| 1979 | 557 | 18 377 | 52 412 | | 80 570 | |
| 1980 | 641 | 18 520 | 52 515 | | 80 684 | |
| 1981 | 698 | 18 770 | 53 833 | | 78 264 | |
| 1982 | 817 | 19 144 | 56 112 | | 75 222 | |
| 1983 | 951 | 19 149 | 57 984 | | 68 035 | 2 438 |
| 1984 | 1 336 | 19 506 | 61 286 | | 63 207 | 2 443 |

## 表 1-4 全国奶畜年末存栏数 1949—2001 年（二）

单位：千头 千只

| 年 度 | 乳 牛 | 水 牛 | 黄 牛 | 牦 牛 | 山 羊 | 其中：奶山羊 |
|---|---|---|---|---|---|---|
| 1985 | 1 627 | 19 934 | 65 259 | | 61 674 | 2 334 |
| 1986 | 1 846 | 20 437 | 69 384 | | 67 220 | 2 330 |
| 1987 | 2 164 | 20 898 | 71 589 | | 77 687 | 3 001 |
| 1988 | 2 222 | 21 067 | 74 659 | | 90 956 | 3 218 |
| 1989 | 2 526 | 21 395 | 76 831 | | 98 134 | 5 941 |
| 1990 | 2 691 | 21 690 | 78 503 | | 97 205 | |
| 1991 | 2 946 | 22 005 | 79 641 | | 95 355 | |
| 1992 | 2 942 | 22 200 | 82 501 | | 97 610 | |
| 1993 | 3 451 | 22 549 | 87 167 | | 105 696 | |
| 1994 | 3 843 | 22 913 | 92 396 | | 123 083 | |
| 1995 | 4 172 | 23 584 | 99 297 | | 149 593 | |
| 1996 | 4 470 | 21 677 | 80 770 | | 123 158 | |
| 1997 | 4 425 | 22 545 | 88 441 | | 134 801 | |
| 1998 | 4 265 | 22 665 | 93 322 | | 141 683 | |
| 1999 | | 22 587 | 94 366 | | 148 163 | |
| 2000 | 4 887 | 22 758 | 96 565 | | 157 159 | |
| 2001 | 5 662 | 22 684 | 95 297 | | 161 294 | |

## 表 1-5 全国奶畜年末存栏数 2001 年

单位：千头 千只

| 项 目 | 2000 | 2001 | 2001 年比 2000 年增加 | |
|---|---|---|---|---|
| | | | 绝对数 | % |
| 牛 | 128 663 | 128 242 | −421 | −0.3 |
| 其中奶牛 | 4 887 | 5 662 | 775 | 15.9 |
| 水牛 | 22 758 | 22 684 | −74 | −0.3 |
| 牦牛 | | | | |
| 羊 | 290 319 | 298 265 | 7 946 | 2.7 |
| 其中山羊 | 157 159 | 161 294 | 4 135 | 2.6 |
| 绵羊 | 133 160 | 136 972 | 3 812 | 2.9 |

## 表 1-6 全国各地区乳牛年末存栏数 1990—2001 年

单位：千头

| 地区 | 1990 | 1991 | 1992 | 1993 | 1994 | 1995 | 1996 | 1997 | 1998 | 1999 | 2000 | 2001 |
|---|---|---|---|---|---|---|---|---|---|---|---|---|
| **全国总计** | **2 691** | **2 946** | **2 942** | **3 451** | **3 843** | **4 172** | **4 470** | **4 425** | **4 265** | **4 428** | **4 887** | **5 662** |
| 北　京 | 65 | 66 | 63 | 58 | 56 | 57 | 57 | 57 | 55 | 57 | 95 | 128 |
| 天　津 | 23 | 26 | 27 | 25 | 25 | 27 | 29 | 17 | 27 | 28 | 46 | 71 |
| 河　北 | 95 | 164 | 203 | 368 | 438 | 643 | 483 | 580 | 636 | 660 | 612 | 766 |
| 山　西 | 82 | 87 | 86 | 92 | 99 | 106 | 114 | 126 | 106 | 110 | 127 | 141 |
| 内蒙古 | 394 | 441 | 462 | 537 | 587 | 710 | 804 | 619 | 726 | 754 | 719 | 747 |
| 辽　宁 | 60 | 66 | 71 | 63 | 64 | 64 | 72 | 90 | 74 | 77 | 80 | 106 |
| 吉　林 | 50 | 53 | 49 | 46 | 59 | 51 | 102 | 69 | 69 | 72 | 80 | 80 |
| 黑龙江 | 540 | 618 | 696 | 670 | 732 | 854 | 973 | 976 | 685 | 711 | 698 | 778 |
| 上　海 | 71 | 74 | 59 | 49 | 59 | 62 | 60 | 58 | 58 | 60 | 58 | 60 |
| 江　苏 | 35 | 41 | 43 | 45 | 37 | 29 | 34 | 35 | 33 | 34 | 68 | 109 |
| 浙　江 | 40 | 43 | 43 | 37 | 31 | 30 | 29 | 30 | 26 | 27 | 40 | 56 |
| 安　徽 | 14 | 11 | 15 | 12 | 22 | 14 | 11 | 15 | 9 | 9 | 20 | 28 |
| 福　建 | 21 | 24 | 23 | 22 | 21 | 21 | 22 | 20 | 21 | 22 | 36 | 45 |
| 江　西 | 13 | 15 | 19 | 20 | 22 | 22 | 24 |  | 21 | 22 | 30 | 25 |
| 山　东 | 29 | 28 | 38 | 46 | 63 | 84 | 94 | 108 | 122 | 127 | 211 | 293 |
| 河　南 | 29 | 14 | 10 | 20 | 21 | 21 | 26 | 20 | 24 | 25 | 67 | 123 |
| 湖　北 | 25 | 27 | 29 | 22 | 22 | 22 | 41 | 54 | 66 | 69 | 64 | 55 |
| 湖　南 | 7 | 10 | 11 | 10 | 4 | 16 | 71 | 127 | 71 | 74 | 7 | 15 |
| 广　东 | 29 | 25 | 24 | 23 | 24 | 26 | 25 | 29 | 30 | 31 | 37 | 43 |
| 广　西 | 5 | 5 | 5 | 5 | 5 | 5 | 6 | 7 | 7 | 7 | 10 | 12 |
| 海　南 | 1 | 1 | 1 | 1 | 1 | 1 |  | 1 |  |  | 1 |  |
| 重　庆 |  |  |  |  |  |  |  | 10 | 11 | 11 | 16 | 23 |
| 四　川 | 45 | 48 | 51 | 47 | 39 | 37 | 43 | 28 | 28 | 29 | 43 | 56 |
| 贵　州 | 17 | 16 | 16 | 20 | 18 | 15 | 16 | 5 | 6 | 6 | 8 | 10 |
| 云　南 | 54 | 59 | 65 | 80 | 72 | 76 | 78 | 84 | 62 | 64 | 104 | 106 |
| 西　藏 | 233 | 234 | 36 | 263 | 300 |  |  | 30 |  |  |  | 19 |
| 陕　西 | 42 | 48 | 56 | 61 | 75 | 81 | 96 | 115 | 112 | 116 | 157 | 195 |
| 甘　肃 | 112 | 102 | 101 | 115 | 163 | 220 | 229 | 214 | 50 | 52 | 71 | 100 |
| 青　海 | 65 | 68 | 63 | 70 | 74 | 84 | 81 |  | 97 | 101 | 115 | 120 |
| 宁　夏 | 19 | 21 | 23 | 30 | 41 | 60 | 71 | 71 | 61 | 63 | 81 | 76 |
| 新　疆 | 476 | 511 | 554 | 594 | 671 | 734 | 783 | 852 | 977 | 1 014 | 1 189 | 1 278 |

注：2000 年以前，此统计指标的名称为“良种及改良种奶牛”

## 表 1-7 全国各地区水牛年末存栏数 1990—2001 年

单位：千头

| 地区 | 1990 | 1991 | 1992 | 1993 | 1994 | 1995 | 1996 | 1997 | 1998 | 1999 | 2000 | 2001 |
|---|---|---|---|---|---|---|---|---|---|---|---|---|
| **全国总计** | **21 690** | **22 005** | **22 200** | **22 549** | **22 913** | **23 584** | **21 677** | **22 545** | **22 665** | **22 587** | **22 758** | **22 684** |
| 北京 | | | | | | | | | | | | |
| 天津 | | | | | | | | | | | | |
| 河北 | | | | | | | | | | | | |
| 山西 | | | | | | | | | | | | |
| 内蒙古 | | | | | | | | | | | | |
| 辽宁 | | | | | | | | | | | | |
| 吉林 | | | | | | | | | | | | |
| 黑龙江 | | | | | | | | | | | | |
| 上海 | 10 | 10 | 10 | 8 | 7 | 7 | 7 | 6 | 4 | 4 | 2 | 1 |
| 江苏 | 332 | 334 | 320 | 318 | 341 | 349 | 320 | 338 | 357 | 260 | 236 | 206 |
| 浙江 | 227 | 217 | 201 | 178 | 164 | 162 | 160 | 148 | 140 | 125 | 114 | 114 |
| 安徽 | 1 325 | 1 300 | 1 273 | 1 279 | 1 269 | 1 295 | 1 322 | 1 300 | 1 224 | 1 182 | 1 098 | 1 139 |
| 福建 | 464 | 463 | 460 | 454 | 438 | 434 | 441 | 403 | 394 | 379 | 370 | 358 |
| 江西 | 1 190 | 1 225 | 1 267 | 1 302 | 1 343 | 1 360 | 1 360 | 1 425 | 1 361 | 1 327 | 1 299 | 1 291 |
| 山东 | 13 | 13 | 15 | 16 | 18 | 28 | 13 | 10 | 12 | 11 | 11 | 10 |
| 河南 | 335 | 341 | 338 | 360 | 391 | 426 | 476 | 600 | 428 | 427 | 476 | 446 |
| 湖北 | 1 634 | 1 635 | 1 659 | 1 710 | 1 801 | 1 914 | 1 956 | 2 029 | 2 015 | 1 948 | 1 900 | 1 851 |
| 湖南 | 1 627 | 1 630 | 1 655 | 1 668 | 1 684 | 1 693 | 1 526 | 1 822 | 1 841 | 1 853 | 1 869 | 1 936 |
| 广东 | 2 753 | 2 761 | 2 715 | 2 656 | 2 609 | 2 595 | 2 058 | 2 078 | 2 317 | 2 288 | 2 278 | 2 349 |
| 广西 | 3 713 | 3 891 | 4 021 | 4 165 | 4 290 | 4 417 | 4 028 | 4 147 | 4 200 | 4 337 | 4 378 | 4 314 |
| 海南 | 743 | 770 | 816 | 845 | 875 | 902 | 784 | 774 | 801 | 828 | 872 | 914 |
| 重庆 | | | | | | | 496 | 478 | 505 | 549 | 541 | 559 |
| 四川 | 2 655 | 2 632 | 2 625 | 2 697 | 2 718 | 2 917 | 1 791 | 1 943 | 1 928 | 1 916 | 1 947 | 1 977 |
| 贵州 | 1 932 | 1 998 | 2 032 | 2 076 | 2 140 | 2 222 | 2 051 | 2 106 | 2 169 | 2 211 | 2 271 | 2 329 |
| 云南 | 2 720 | 2 768 | 2 776 | 2 800 | 2 808 | 2 848 | 2 870 | 2 916 | 2 951 | 2 926 | 3 080 | 2 872 |
| 西藏 | | | | | | | | | | | | |
| 陕西 | 17 | 17 | 17 | 17 | 18 | 17 | 18 | 22 | 18 | 19 | 19 | 18 |
| 甘肃 | | | | | | | | | | | | |
| 青海 | | | | | | | | | | | | |
| 宁夏 | | | | | | | | | | | | |
| 新疆 | | | | | | | | | | | | |

## 表 1-8 全国各地区黄牛年末存栏数 1990—2001 年

单位：千头

| 地 区 | 1990 | 1991 | 1992 | 1993 | 1994 | 1995 | 1996 | 1997 | 1998 | 1999 | 2000 | 2001 |
|---|---|---|---|---|---|---|---|---|---|---|---|---|
| **全国总计** | **78 503** | **79 641** | **82 501** | **87 167** | **92 396** | **99 297** | **80 770** | **88 441** | **93 322** | **94 366** | **96 565** | **95 297** |
| 北 京 | 80 | 68 | 68 | 75 | 95 | 80 | 69 | 70 | 70 | 72 | 94 | 106 |
| 天 津 | 80 | 92 | 107 | 120 | 174 | 195 | 168 | 157 | 157 | 155 | 168 | 199 |
| 河 北 | 1 984 | 1 970 | 2 283 | 2 870 | 4 212 | 5 150 | 5 529 | 3 422 | 6 009 | 6 396 | 6 367 | 6 250 |
| 山 西 | 1 711 | 1 728 | 1 761 | 1 831 | 1 994 | 2 411 | 1 929 | 2 052 | 2 164 | 2 133 | 2 124 | 2 008 |
| 内蒙古 | 3 459 | 3 324 | 3 245 | 3 117 | 3 068 | 3 182 | 3 644 | 3 339 | 3 030 | 3 114 | 2 797 | 2 264 |
| 辽 宁 | 1 449 | 1 428 | 1 482 | 1 857 | 2 548 | 2 952 | 1 833 | 1 867 | 2 019 | 2 201 | 2 460 | 2 405 |
| 吉 林 | 1 833 | 1 938 | 2 180 | 2 373 | 3 050 | 3 792 | 2 935 | 3 271 | 3 791 | 4 059 | 4 239 | 4 466 |
| 黑龙江 | 1 828 | 2 029 | 2 232 | 2 595 | 3 290 | 3 903 | 3 767 | 3 831 | 3 881 | 3 896 | 3 916 | 4 004 |
| 上 海 |  |  |  |  |  |  |  |  |  |  |  | 2 |
| 江 苏 | 348 | 343 | 383 | 423 | 478 | 611 | 291 | 306 | 323 | 334 | 288 | 276 |
| 浙 江 | 413 | 391 | 361 | 326 | 312 | 310 | 307 | 289 | 270 | 252 | 236 | 223 |
| 安 徽 | 3 673 | 3 526 | 3 564 | 4 000 | 4 898 | 5 693 | 4 363 | 5 019 | 5 034 | 4 747 | 4 412 | 4 117 |
| 福 建 | 810 | 827 | 828 | 823 | 844 | 821 | 855 | 783 | 756 | 741 | 709 | 694 |
| 江 西 | 2 034 | 2 109 | 2 192 | 2 294 | 2 369 | 2 462 | 2 485 | 2 663 | 2 535 | 2 391 | 2 365 | 2 293 |
| 山 东 | 5 076 | 5 558 | 6 579 | 8 333 | 11 509 | 12 281 | 6 978 | 8 001 | 8 984 | 9 595 | 9 864 | 9 765 |
| 河 南 | 8 561 | 8 520 | 9 001 | 9 990 | 11 091 | 12 090 | 9 716 | 12 362 | 12 527 | 12 950 | 12 860 | 12 811 |
| 湖 北 | 1 856 | 1 827 | 1 836 | 1 890 | 1 975 | 2 106 | 2 214 | 2 291 | 2 244 | 2 219 | 2 168 | 2 039 |
| 湖 南 | 2 358 | 2 409 | 2 450 | 2 469 | 2 511 | 2 595 | 2 454 | 2 869 | 2 978 | 3 014 | 3 172 | 3 129 |
| 广 东 | 1 983 | 2 014 | 2 007 | 2 001 | 2 036 | 2 095 | 1 486 | 1 568 | 1 816 | 1 848 | 1 892 | 1 953 |
| 广 西 | 3 321 | 3 376 | 3 388 | 3 404 | 3 432 | 3 549 | 3 168 | 3 207 | 3 274 | 3 363 | 3 365 | 3 340 |
| 海 南 | 479 | 491 | 515 | 532 | 543 | 563 | 451 | 452 | 471 | 555 | 577 | 588 |
| 重 庆 |  |  |  |  |  |  | 873 | 922 | 976 | 1 052 | 1 083 | 1 134 |
| 四 川 | 7 380 | 7 554 | 7 517 | 7 673 | 7 816 | 8 057 | 3 167 | 7 436 | 7 661 | 6 568 | 8 026 | 8 172 |
| 贵 州 | 3 952 | 4 065 | 4 118 | 4 140 | 4 144 | 4 256 | 3 903 | 4 007 | 4 127 | 4 210 | 4 303 | 4 375 |
| 云 南 | 4 901 | 4 843 | 4 792 | 4 780 | 4 814 | 4 936 | 4 537 | 4 628 | 4 725 | 5 118 | 5 322 | 4 957 |
| 西 藏 | 4 823 | 4 984 | 5 438 | 5 438 | 962 | 954 | 977 | 988 | 1 005 | 1 009 | 1 017 | 1 041 |
| 陕 西 | 2 357 | 2 331 | 2 351 | 2 422 | 2 562 | 2 682 | 2 029 | 2 140 | 2 264 | 2 326 | 2 401 | 2 345 |
| 甘 肃 | 3 267 | 3 278 | 3 323 | 3 338 | 3 411 | 3 483 | 3 154 | 3 197 | 3 251 | 3 269 | 3 363 | 3 394 |
| 青 海 | 5 321 | 5 506 | 5 444 | 5 021 | 5 168 | 4 925 | 4 350 | 4 131 | 3 847 | 3 675 | 3 795 | 3 893 |
| 宁 夏 | 260 | 260 | 280 | 310 | 389 | 460 | 423 | 428 | 467 | 485 | 524 | 469 |
| 新 疆 | 2 906 | 2 852 | 2 776 | 2 722 | 2 703 | 2 701 | 2 715 | 2 746 | 2 666 | 2 622 | 2 661 | 2 587 |

# 表 1-9　全国各地区牛年末存栏数　1990—2001 年

单位：千头

| 地区 | 1990 | 1991 | 1992 | 1993 | 1994 | 1995 | 1996 | 1997 | 1998 | 1999 | 2000 | 2001 |
|---|---|---|---|---|---|---|---|---|---|---|---|---|
| **全国总计** | **102 884** | **104 592** | **107 840** | **113 157** | **123 318** | **132 060** | **110 318** | **121 757** | **124 419** | **126 983** | **128 663** | **128 242** |
| 北　京 | 145 | 134 | 131 | 133 | 151 | 141 | 126 | 128 | 125 | 136 | 189 | 234 |
| 天　津 | 103 | 118 | 134 | 145 | 199 | 222 | 195 | 186 | 183 | 188 | 215 | 270 |
| 河　北 | 2 079 | 2 134 | 2 486 | 3 238 | 4 650 | 5 793 | 5 980 | 6 187 | 6 645 | 6 939 | 6 979 | 7 016 |
| 山　西 | 1 793 | 1 815 | 1 847 | 1 922 | 2 093 | 2 517 | 2 010 | 2 151 | 2 270 | 2 249 | 2 250 | 2 149 |
| 内蒙古 | 3 853 | 3 765 | 3 707 | 3 654 | 3 654 | 3 893 | 4 095 | 3 958 | 3 756 | 3 797 | 3 516 | 3 011 |
| 辽　宁 | 1 509 | 1 494 | 1 553 | 1 920 | 2 612 | 3 016 | 1 878 | 1 935 | 2 093 | 2 281 | 2 540 | 2 511 |
| 吉　林 | 1 883 | 1 991 | 2 229 | 2 419 | 3 102 | 3 843 | 2 946 | 3 641 | 3 860 | 4 131 | 4 319 | 4 546 |
| 黑龙江 | 2 368 | 2 647 | 2 928 | 3 265 | 4 022 | 5 115 | 4 425 | 4 503 | 4 566 | 4 582 | 4 614 | 4 782 |
| 上　海 | 81 | 84 | 69 | 59 | 67 | 69 | 61 | 63 | 62 | 60 | 61 | 63 |
| 江　苏 | 715 | 718 | 746 | 786 | 856 | 991 | 636 | 671 | 708 | 637 | 591 | 591 |
| 浙　江 | 680 | 651 | 605 | 541 | 507 | 503 | 495 | 464 | 435 | 406 | 390 | 393 |
| 安　徽 | 5 012 | 4 837 | 4 852 | 5 291 | 6 190 | 7 013 | 5 686 | 6 319 | 6 270 | 5 952 | 5 530 | 5 284 |
| 福　建 | 1 295 | 1 314 | 1 311 | 1 298 | 1 302 | 1 276 | 1 037 | 1 204 | 1 171 | 1 146 | 1 114 | 1 097 |
| 江　西 | 3 237 | 3 349 | 3 478 | 3 616 | 3 735 | 3 844 | 3 869 | 4 111 | 3 917 | 3 747 | 3 694 | 3 609 |
| 山　东 | 5 118 | 5 599 | 6 632 | 8 395 | 11 589 | 12 393 | 7 049 | 8 119 | 9 118 | 9 773 | 10 086 | 10 069 |
| 河　南 | 8 925 | 8 875 | 9 349 | 10 370 | 11 503 | 12 536 | 10 207 | 12 982 | 13 006 | 13 410 | 13 402 | 13 380 |
| 湖　北 | 3 515 | 3 489 | 3 524 | 3 632 | 3 809 | 4 095 | 4 313 | 4 476 | 4 390 | 4 299 | 4 284 | 4 069 |
| 湖　南 | 3 992 | 4 049 | 4 116 | 4 147 | 4 205 | 4 305 | 4 694 | 4 819 | 4 890 | 4 939 | 5 048 | 5 079 |
| 广　东 | 4 765 | 4 800 | 4 746 | 4 680 | 4 668 | 4 715 | 3 571 | 3 673 | 4 163 | 4 168 | 4 206 | 4 345 |
| 广　西 | 7 039 | 7 272 | 7 414 | 7 574 | 7 727 | 7 971 | 7 202 | 7 361 | 7 482 | 7 707 | 7 753 | 7 666 |
| 海　南 | 1 223 | 1 262 | 1 332 | 1 378 | 1 419 | 1 465 | 1 236 | 1 226 | 1 272 | 1 384 | 1 449 | 1 502 |
| 重　庆 | | | | | | | 1 379 | 1 410 | 1 492 | 1 606 | 1 641 | 1 706 |
| 四　川 | 10 080 | 10 234 | 10 193 | 10 417 | 10 688 | 11 159 | 4 958 | 9 404 | 9 549 | 9 721 | 10 028 | 10 222 |
| 贵　州 | 5 901 | 6 079 | 6 166 | 6 245 | 6 302 | 6 493 | 5 960 | 6 118 | 6 302 | 6 428 | 6 581 | 6 714 |
| 云　南 | 7 675 | 7 670 | 7 633 | 7 660 | 7 693 | 7 861 | 7 524 | 7 645 | 7 799 | 8 187 | 8 548 | 7 934 |
| 西　藏 | 5 056 | 5 218 | 5 672 | 5 672 | 5 303 | 5 385 | 5 100 | 5 242 | 5 086 | 5 276 | 5 262 | 5 527 |
| 陕　西 | 2 416 | 2 396 | 2 424 | 2 500 | 2 655 | 2 781 | 2 106 | 2 231 | 2 394 | 2 467 | 2 577 | 2 558 |
| 甘　肃 | 3 379 | 3 380 | 3 424 | 3 453 | 3 574 | 3 703 | 3 173 | 3 216 | 3 301 | 3 327 | 3 434 | 3 494 |
| 青　海 | 5 386 | 5 574 | 5 507 | 5 091 | 5 242 | 5 009 | 4 432 | 4 217 | 3 943 | 3 782 | 3 910 | 4 013 |
| 宁　夏 | 279 | 281 | 303 | 340 | 429 | 519 | 477 | 499 | 528 | 555 | 605 | 545 |
| 新　疆 | 3 382 | 3 363 | 3 329 | 3 316 | 3 373 | 3 435 | 3 498 | 3 598 | 3 643 | 3 705 | 3 850 | 3 864 |

## 表 1-10　全国各地区羊年末存栏数　1990—2001 年

单位：千只

| 地区 | 1990 | 1991 | 1992 | 1993 | 1994 | 1995 | 1996 | 1997 | 1998 | 1999 | 2000 | 2001 |
|---|---|---|---|---|---|---|---|---|---|---|---|---|
| **全国总计** | **25 214** | **26 267** | **207 329** | **217 314** | **240 528** | **276 856** | **237 283** | **255 757** | **269 035** | **279 258** | **290 319** | **298 265** |
| 北　京 | 226 | 263 | 640 | 665 | 780 | 815 | 817 | 809 | 958 | 1 031 | 1 201 | 1 451 |
| 天　津 | 84 | 114 | 696 | 621 | 706 | 749 | 478 | 436 | 561 | 569 | 652 | 821 |
| 河　北 | 1 099 | 1 253 | 9 606 | 10 026 | 12 192 | 15 657 | 16 565 | 17 881 | 19 240 | 20 635 | 20 900 | 21 850 |
| 山　西 | 383 | 381 | 6 790 | 7 317 | 8 045 | 9 150 | 9 053 | 9 704 | 10 191 | 10 160 | 10 584 | 10 969 |
| 内蒙古 | 339 | 367 | 28 567 | 28 603 | 30 281 | 33 210 | 36 428 | 36 567 | 37 129 | 37 026 | 35 516 | 35 159 |
| 辽　宁 | 779 | 793 | 2 395 | 2 644 | 3 020 | 3 732 | 2 745 | 2 926 | 3 181 | 3 479 | 3 861 | 4 494 |
| 吉　林 | 434 | 455 | 2 276 | 2 419 | 2 715 | 3 370 | 2 764 | 3 085 | 3 241 | 3 422 | 3 530 | 3 593 |
| 黑龙江 | 658 | 699 | 3 086 | 3 275 | 3 997 | 4 947 | 4 317 | 4 405 | 4 628 | 4 811 | 5 074 | 5 678 |
| 上　海 | 230 | 244 | 348 | 377 | 404 | 477 | 409 | 519 | 565 | 523 | 554 | 545 |
| 江　苏 | 1 051 | 1 112 | 8 737 | 9 786 | 10 755 | 12 739 | 6 647 | 8 518 | 9 049 | 9 275 | 10 230 | 10 881 |
| 浙　江 | 751 | 876 | 1 833 | 1 914 | 2 060 | 2 186 | 2 213 | 2 146 | 2 076 | 2 190 | 2 335 | 2 450 |
| 安　徽 | 750 | 752 | 3 241 | 3 640 | 4 653 | 6 211 | 5 234 | 6 208 | 6 711 | 7 182 | 7 949 | 7 209 |
| 福　建 | 559 | 576 | 647 | 697 | 814 | 1 005 | 715 | 909 | 913 | 938 | 962 | 1 014 |
| 江　西 | 898 | 892 | 198 | 232 | 338 | 458 | 718 | 840 | 729 | 792 | 811 | 864 |
| 山　东 | 1 486 | 1 739 | 23 733 | 27 252 | 35 563 | 45 204 | 17 878 | 20 386 | 23 220 | 25 362 | 27 847 | 29 045 |
| 河　南 | 1 165 | 1 231 | 12 342 | 14 350 | 17 014 | 22 983 | 17 671 | 23 260 | 25 531 | 27 863 | 29 614 | 31 201 |
| 湖　北 | 1 081 | 1 021 | 1 268 | 1 484 | 1 851 | 2 632 | 1 344 | 1 398 | 1 441 | 1 662 | 2 248 | 2 265 |
| 湖　南 | 2 046 | 1 977 | 794 | 1 092 | 1 400 | 2 148 | 3 902 | 3 453 | 3 366 | 3 495 | 3 752 | 3 879 |
| 广　东 | 1 420 | 1 396 | 149 | 172 | 194 | 273 | 201 | 244 | 281 | 307 | 293 | 359 |
| 广　西 | 1 322 | 1 442 | 891 | 977 | 1 093 | 1 413 | 1 616 | 2 287 | 2 392 | 2 411 | 2 418 | 2 376 |
| 海　南 | 233 | 238 | 433 | 503 | 673 | 712 | 572 | 660 | 728 | 911 | 925 | 970 |
| 重　庆 |  |  |  |  |  |  | 1 142 | 1 313 | 1 296 | 1 496 | 1 606 | 1 687 |
| 四　川 | 4 493 | 4 626 | 9 452 | 9 822 | 10 711 | 12 106 | 8 630 | 10 216 | 11 122 | 11 990 | 13 216 | 12 870 |
| 贵　州 | 913 | 936 | 1 657 | 1 670 | 1 900 | 2 212 | 2 331 | 2 840 | 3 205 | 3 301 | 3 418 | 3 500 |
| 云　南 | 1 732 | 1 711 | 6 312 | 6 270 | 6 663 | 7 187 | 7 344 | 7 679 | 8 014 | 8 364 | 8 929 | 8 383 |
| 西　藏 | 29 | 47 | 17 787 | 17 787 | 16 940 | 17 701 | 16 929 | 17 147 | 16 710 | 16 887 | 16 643 | 17 289 |
| 陕　西 | 461 | 497 | 6 019 | 6 195 | 6 474 | 6 634 | 6 784 | 6 684 | 6 921 | 5 828 | 6 353 | 6 645 |
| 甘　肃 | 384 | 413 | 10 122 | 10 256 | 10 772 | 11 265 | 11 315 | 11 206 | 11 186 | 11 265 | 11 633 | 11 729 |
| 青　海 | 53 | 56 | 16 481 | 16 350 | 16 771 | 16 663 | 15 695 | 16 012 | 16 389 | 16 395 | 16 420 | 16 768 |
| 宁　夏 | 47 | 50 | 2 525 | 2 490 | 2 691 | 2 927 | 3 464 | 3 401 | 3 589 | 3 767 | 3 943 | 4 672 |
| 新　疆 | 108 | 110 | 28 304 | 28 428 | 29 058 | 30 090 | 31 362 | 32 618 | 34 474 | 35 923 | 36 902 | 37 649 |

## 表 1-11 全国各地区山羊年末存栏数 1990—2001 年

单位：千只

| 地区 | 1990 | 1991 | 1992 | 1993 | 1994 | 1995 | 1996 | 1997 | 1998 | 1999 | 2000 | 2001 |
|---|---|---|---|---|---|---|---|---|---|---|---|---|
| **全国总计** | **97 205** | **95 355** | **97 610** | **105 696** | **123 083** | **149 593** | **123 158** | **134 801** | **141 683** | **148 163** | **157 159** | **161 294** |
| 北　京 | 521 | 445 | 406 | 393 | 411 | 416 | 417 | 393 | 452 | 479 | 513 | 562 |
| 天　津 | 364 | 352 | 350 | 288 | 283 | 272 | 175 | 161 | 181 | 183 | 159 | 182 |
| 河　北 | 5 626 | 5 179 | 5 037 | 5 241 | 6 424 | 8 034 | 8 413 | 9 031 | 9 584 | 10 145 | 9 993 | 9 995 |
| 山　西 | 3 039 | 2 885 | 2 911 | 3 152 | 3 499 | 4 080 | 4 069 | 4 458 | 4 637 | 4 661 | 4 749 | 4 951 |
| 内蒙古 | 9 490 | 9 460 | 9 260 | 9 391 | 10 368 | 11 931 | 14 657 | 14 701 | 13 398 | 13 159 | 13 043 | 13 566 |
| 辽　宁 | 734 | 737 | 757 | 888 | 1 158 | 1 465 | 1 382 | 1 337 | 1 463 | 1 593 | 1 873 | 2 126 |
| 吉　林 | 150 | 153 | 159 | 193 | 236 | 391 | 442 | 546 | 513 | 518 | 541 | 560 |
| 黑龙江 | 342 | 375 | 390 | 445 | 602 | 927 | 1 241 | 1 221 | 1 215 | 1 202 | 1 238 | 1 473 |
| 上　海 | 289 | 271 | 265 | 292 | 311 | 379 | 343 | 436 | 456 | 440 | 460 | 449 |
| 江　苏 | 7 974 | 7 805 | 8 236 | 9 228 | 10 177 | 12 112 | 6 452 | 8 178 | 8 608 | 8 975 | 9 944 | 10 567 |
| 浙　江 | 774 | 735 | 752 | 815 | 932 | 1 044 | 1 086 | 1 055 | 1 012 | 1 041 | 1 134 | 1 324 |
| 安　徽 | 3 823 | 3 280 | 3 121 | 3 548 | 4 562 | 6 132 | 5 160 | 6 157 | 6 683 | 7 160 | 7 925 | 7 187 |
| 福　建 | 600 | 626 | 647 | 697 | 814 | 1 005 | 715 | 909 | 913 | 938 | 962 | 1 014 |
| 江　西 | 140 | 157 | 195 | 227 | 338 | 457 | 718 | 840 | 729 | 792 | 751 | 602 |
| 山　东 | 15 527 | 16 528 | 18 264 | 20 881 | 27 754 | 35 030 | 16 271 | 16 039 | 18 346 | 19 898 | 21 602 | 22 397 |
| 河　南 | 11 295 | 10 429 | 11 002 | 12 960 | 15 252 | 20 938 | 16 673 | 21 384 | 23 651 | 25 745 | 27 301 | 28 375 |
| 湖　北 | 1 607 | 1 303 | 1 249 | 1 463 | 1 827 | 2 600 | 1 319 | 1 376 | 1 431 | 1 650 | 2 236 | 2 250 |
| 湖　南 | 660 | 708 | 788 | 1 087 | 1 395 | 2 141 | 3 889 | 3 448 | 3 361 | 3 491 | 3 749 | 3 877 |
| 广　东 | 142 | 144 | 149 | 172 | 194 | 273 | 201 | 244 | 281 | 307 | 293 | 359 |
| 广　西 | 806 | 840 | 891 | 977 | 1 093 | 1 413 | 1 616 | 2 287 | 2 392 | 2 411 | 2 418 | 2 376 |
| 海　南 | 371 | 395 | 433 | 503 | 673 | 712 | 572 | 660 | 728 | 911 | 925 | 970 |
| 重　庆 | | | | | | | 1 139 | 1 310 | 1 293 | 1 494 | 1 605 | 1 685 |
| 四　川 | 5 986 | 5 944 | 5 940 | 6 239 | 7 093 | 8 444 | 5 329 | 6 460 | 7 230 | 8 007 | 9 022 | 9 038 |
| 贵　州 | 1 373 | 1 391 | 1 352 | 1 400 | 1 635 | 1 954 | 2 168 | 2 641 | 3 011 | 3 101 | 3 214 | 3 299 |
| 云　南 | 5 686 | 5 439 | 5 070 | 5 080 | 5 472 | 5 978 | 6 379 | 6 724 | 7 050 | 7 174 | 7 708 | 7 316 |
| 西　藏 | 5 662 | 5 774 | 5 903 | 5 903 | 5 694 | 6 035 | 5 832 | 5 886 | 5 752 | 5 842 | 5 894 | 6 176 |
| 陕　西 | 4 482 | 4 292 | 4 450 | 4 610 | 4 905 | 5 219 | 5 578 | 5 539 | 5 482 | 4 566 | 4 999 | 5 336 |
| 甘　肃 | 2 309 | 2 110 | 2 189 | 2 288 | 2 448 | 2 600 | 2 842 | 2 890 | 2 798 | 2 802 | 3 012 | 3 011 |
| 青　海 | 2 036 | 2 183 | 2 114 | 2 134 | 2 139 | 2 001 | 2 010 | 2 284 | 2 601 | 2 670 | 2 726 | 2 796 |
| 宁　夏 | 903 | 814 | 743 | 720 | 808 | 894 | 1 089 | 1 061 | 1 153 | 1 255 | 1 304 | 1 464 |
| 新　疆 | 4 494 | 4 601 | 4 587 | 4 481 | 4 586 | 4 714 | 4 981 | 5 146 | 5 281 | 5 552 | 5 867 | 6 011 |

## 表 1-12 全国各地区绵羊年末存栏数 1990—2001 年

单位：千只

| 地区 | 1990 | 1991 | 1992 | 1993 | 1994 | 1995 | 1996 | 1997 | 1998 | 1999 | 2000 | 2001 |
|---|---|---|---|---|---|---|---|---|---|---|---|---|
| **全国总计** | **112 816** | **110 855** | **109 719** | **111 618** | **117 444** | **127 263** | **114 125** | **120 956** | **127 352** | **131 095** | **133 160** | **136 972** |
| 北 京 | 263 | 244 | 234 | 272 | 369 | 399 | 400 | 416 | 506 | 552 | 689 | 890 |
| 天 津 | 306 | 317 | 346 | 333 | 424 | 477 | 303 | 275 | 381 | 385 | 493 | 639 |
| 河 北 | 5 119 | 4 775 | 4 569 | 4 785 | 5 769 | 7 623 | 8 152 | 8 850 | 9 656 | 10 491 | 10 907 | 11 855 |
| 山 西 | 4 057 | 3 907 | 3 879 | 4 165 | 4 546 | 5 070 | 4 984 | 5 247 | 5 554 | 5 499 | 5 836 | 6 019 |
| 内蒙古 | 20 749 | 20 149 | 19 307 | 19 212 | 19 912 | 21 280 | 21 771 | 21 866 | 23 731 | 23 867 | 22 473 | 21 593 |
| 辽 宁 | 1 938 | 1 742 | 1 638 | 1 756 | 1 862 | 2 267 | 1 363 | 1 589 | 1 717 | 1 885 | 1 988 | 2 368 |
| 吉 林 | 2 186 | 2 134 | 2 117 | 2 226 | 2 479 | 2 978 | 2 322 | 2 539 | 2 728 | 2 904 | 2 988 | 3 033 |
| 黑龙江 | 2 491 | 2 671 | 2 696 | 2 830 | 3 395 | 4 019 | 3 076 | 3 184 | 3 413 | 3 609 | 3 836 | 4 205 |
| 上 海 | 83 | 83 | 83 | 85 | 93 | 98 | 66 | 83 | 109 | 82 | 95 | 96 |
| 江 苏 | 534 | 515 | 501 | 558 | 578 | 627 | 195 | 340 | 441 | 300 | 286 | 315 |
| 浙 江 | 1 077 | 1 078 | 1 081 | 1 099 | 1 128 | 1 143 | 1 127 | 1 091 | 1 064 | 1 148 | 1 201 | 1 126 |
| 安 徽 | 157 | 137 | 120 | 92 | 90 | 79 | 74 | 51 | 28 | 23 | 24 | 22 |
| 福 建 | | | | | | | | | | | | |
| 江 西 | 1 | 1 | 3 | 5 | | 1 | | | | | 60 | 262 |
| 山 东 | 5 237 | 5 125 | 5 469 | 6 371 | 7 809 | 10 174 | 1 607 | 4 347 | 4 874 | 5 464 | 6 246 | 6 647 |
| 河 南 | 1 500 | 1 430 | 1 340 | 1 390 | 1 762 | 2 044 | 998 | 1 876 | 1 880 | 2 118 | 2 312 | 2 825 |
| 湖 北 | 24 | 22 | 19 | 21 | 24 | 32 | 25 | 22 | 11 | 12 | 13 | 15 |
| 湖 南 | 5 | 6 | 6 | 5 | 5 | 6 | 13 | 5 | 6 | 3 | 3 | 2 |
| 广 东 | | | | | | | | | | | | |
| 广 西 | | | | | | | | | | | | |
| 海 南 | | | | | | | | | | | | |
| 重 庆 | | | | | | | 3 | 3 | 3 | 2 | 2 | 2 |
| 四 川 | 3 473 | 3 535 | 3 512 | 3 583 | 3 618 | 3 662 | 3 301 | 3 756 | 3 892 | 3 983 | 4 194 | 3 832 |
| 贵 州 | 404 | 371 | 305 | 270 | 265 | 258 | 163 | 199 | 194 | 200 | 204 | 201 |
| 云 南 | 1 538 | 1 418 | 1 242 | 1 190 | 1 191 | 1 209 | 965 | 955 | 965 | 1 190 | 1 221 | 1 067 |
| 西 藏 | 11 107 | 11 463 | 11 884 | 11 884 | 11 246 | 11 666 | 11 097 | 11 261 | 10 957 | 11 045 | 10 748 | 11 113 |
| 陕 西 | 1 644 | 1 514 | 1 569 | 1 585 | 1 569 | 1 415 | 1 206 | 1 145 | 1 439 | 1 262 | 1 355 | 1 309 |
| 甘 肃 | 8 789 | 8 088 | 7 933 | 7 968 | 8 324 | 8 665 | 8 473 | 8 316 | 8 389 | 8 463 | 8 620 | 8 718 |
| 青 海 | 14 047 | 14 521 | 14 367 | 14 216 | 14 633 | 14 662 | 13 685 | 13 728 | 13 788 | 13 725 | 13 695 | 13 972 |
| 宁 夏 | 2 273 | 1 903 | 1 782 | 1 770 | 1 883 | 2 033 | 2 375 | 2 340 | 2 436 | 2 512 | 2 638 | 3 208 |
| 新 疆 | 23 814 | 23 706 | 23 717 | 23 947 | 24 472 | 25 376 | 26 381 | 27 472 | 29 193 | 30 371 | 31 035 | 31 638 |

## 表 1-13　全国主要城市人均奶类占有量　1995—2000 年

单位：千克/人

| 城　市 | | 1995 | 1996 | 1997 | 1998 | 1999 | 2000 |
|---|---|---|---|---|---|---|---|
| 北　京 | | **19** | **20** | **18** | **19** | **19** | **28** |
| 天　津 | | **12** | **13** | **14** | **13** | **14** | **18** |
| 河　北 | | **6** | **7** | **8** | **10** | **12** | **14** |
| | 石家庄 | 17 | 19 | 21 | 26 | 29 | 33 |
| | 唐　山 | 17 | 24 | 26 | 31 | 41 | 49 |
| | 秦皇岛 | 9 | 10 | 11 | 12 | 13 | 14 |
| | 邯　郸 | 2 | 2 | 3 | 3 | 3 | 4 |
| | 邢　台 | 3 | 3 | 4 | 5 | 6 | 8 |
| | 保　定 | 2 | 2 | 3 | 3 | 4 | 6 |
| | 张家口 | 8 | 8 | 9 | 11 | 12 | 16 |
| | 承　德 | 4 | 4 | 5 | 5 | 8 | 11 |
| | 沧　州 | 1 | 1 | 1 | 1 | 1 | 2 |
| | 廊　坊 | 2 | 3 | 3 | 4 | 4 | 4 |
| | 衡　水 | 2 | 1 | 1 | 1 | 1 | 1 |
| 山　西 | | **13** | **14** | **15** | **16** | **17** | **12** |
| | 太　原 | 13 | 14 | 15 | 15 | 15 | 15 |
| | 大　同 | 8 | 9 | 8 | 8 | 8 | 8 |
| | 阳　泉 | 2 | 2 | 1 | 2 | 2 | 2 |
| | 长　治 | 2 | 2 | 1 | 1 | 1 | 1 |
| | 晋　城 | | 0 | | 0 | 1 | 1 |
| | 朔　州 | 88 | 98 | 100 | 108 | 113 | 128 |
| | 晋　中 | | | | | | 10 |
| | 运　城 | 2 | 2 | | | | 1 |
| | 忻　州 | 79 | 83 | | | | 13 |
| | 临　汾 | 4 | 5 | | | | 7 |
| 内蒙古 | | **20** | **22** | **20** | **22** | **21** | **29** |
| | 呼和浩特 | 42 | 46 | 55 | 62 | 73 | 112 |
| | 包　头 | 11 | 12 | 11 | 12 | 13 | 15 |
| | 乌　海 | 2 | 2 | 2 | 2 | 3 | 3 |
| | 赤　峰 | 9 | 9 | 10 | 9 | 8 | 8 |
| | 通　辽 | 5 | 7 | | | 14 | 17 |
| 辽　宁 | | **5** | **5** | **5** | **5** | **5** | **5** |
| | 沈　阳 | 9 | 9 | 8 | 8 | 7 | 8 |
| | 大　连 | 9 | 9 | 9 | 10 | 11 | 12 |
| | 鞍　山 | 1 | 1 | 1 | 2 | 2 | 2 |
| | 抚　顺 | 7 | 8 | 9 | 10 | 8 | 7 |
| | 本　溪 | 2 | 2 | 1 | 1 | 1 | 3 |
| | 丹　东 | 2 | 2 | 2 | 2 | 2 | 3 |
| | 锦　州 | 5 | 5 | 6 | 6 | 5 | 6 |
| | 营　口 | 1 | 1 | 1 | 1 | 2 | 2 |
| | 阜　新 | 5 | 4 | 4 | 5 | 3 | 6 |

## 表 1-13　全国主要城市人均奶类占有量　1995—2000 年（续）

单位：千克/人

| 城　市 | 1995 | 1996 | 1997 | 1998 | 1999 | 2000 |
|---|---|---|---|---|---|---|
| 辽　阳 | 1 | 2 | 1 | 1 | 2 | 2 |
| 盘　锦 | 4 | 3 | 4 | 5 | 4 | 6 |
| 铁　岭 | 3 | 4 | 3 | 3 | 3 | 4 |
| 朝　阳 | 2 | 2 | 2 | 2 | 2 | 2 |
| 葫芦岛 | | | | | | |
| 吉　林 | **5** | **5** | **6** | **5** | **6** | **6** |
| 长　春 | 6 | 7 | 6 | 7 | 7 | 6 |
| 吉　林 | 4 | 5 | 5 | 5 | 6 | 6 |
| 四　平 | 8 | 9 | 10 | 10 | 13 | 14 |
| 辽　源 | 2 | 3 | 3 | 2 | 3 | 3 |
| 通　化 | 2 | 0 | | | 1 | 1 |
| 白　山 | | 0 | 1 | 1 | 0 | 1 |
| 松　原 | 3 | 3 | 4 | 4 | 4 | 6 |
| 白　城 | 5 | 8 | 9 | 6 | 8 | 7 |
| 黑龙江 | **49** | **52** | **43** | **34** | **34** | **43** |
| 哈尔滨 | 28 | 45 | 47 | 36 | 39 | 47 |
| 齐齐哈尔 | 58 | 62 | 63 | 40 | 41 | 46 |
| 鸡　西 | 55 | 51 | 51 | 48 | 42 | 52 |
| 鹤　岗 | 29 | 36 | 48 | 45 | 48 | 53 |
| 双鸭山 | 12 | 12 | 13 | 10 | 9 | 9 |
| 大　庆 | 84 | 92 | 96 | 69 | 68 | 69 |
| 伊　春 | 10 | 11 | 10 | 8 | 7 | 10 |
| 佳木斯 | 12 | 12 | 11 | 7 | 6 | 7 |
| 七台河 | 3 | 3 | 4 | 5 | 4 | 4 |
| 牡丹江 | 5 | 5 | 5 | 5 | 5 | 6 |
| 黑　河 | 54 | 46 | 49 | 61 | 59 | 63 |
| 绥　化 | 17 | 21 | | | | 65 |
| 上　海 | 19 | 17 | 18 | 19 | 20 | 20 |
| 江　苏 | 1 | 2 | 2 | 2 | 2 | 4 |
| 南　京 | 5 | 5 | 6 | 6 | 8 | 12 |
| 无　锡 | 5 | 5 | 4 | 4 | 6 | 11 |
| 徐　州 | 3 | 4 | 4 | 4 | 4 | 7 |
| 常　州 | 1 | 0 | 1 | 1 | 1 | 1 |
| 苏　州 | 2 | 2 | 3 | 4 | 5 | 8 |
| 南　通 | 1 | 0 | | | 1 | 1 |
| 连云港 | 1 | 1 | 2 | 1 | 2 | 1 |
| 淮　安 | | | | | 2 | 2 |
| 盐　城 | | 0 | | | 0 | 1 |
| 扬　州 | | 0 | | | 1 | 1 |
| 镇　江 | 1 | 1 | 1 | | 0 | 2 |
| 泰　州 | | 0 | | | 0 | 1 |
| 宿　迁 | | | | | 0 | 0 |

## 表 1-13 全国主要城市人均奶类占有量 1995—2000 年（续）

单位：千克/人

| 城 市 | | 1995 | 1996 | 1997 | 1998 | 1999 | 2000 |
|---|---|---|---|---|---|---|---|
| 浙 江 | | **2** | **2** | **2** | **2** | **2** | **2** |
| | 杭 州 | 7 | 7 | 6 | 5 | 6 | 6 |
| | 宁 波 | 1 | 1 | 1 | 1 | 1 | 2 |
| | 温 州 | 2 | 2 | 1 | 1 | 1 | 1 |
| | 嘉 兴 | 1 | 1 | 1 | 1 | 0 | 0 |
| | 湖 州 | | 0 | | | 0 | 0 |
| | 绍 兴 | | 0 | | | 0 | 0 |
| | 金 华 | 4 | 5 | 5 | 5 | 6 | 9 |
| | 衢 州 | 1 | 0 | | | 0 | 1 |
| | 舟 山 | 1 | 1 | 1 | 1 | 1 | 1 |
| | 台 州 | 1 | 1 | 1 | 1 | 1 | 1 |
| | 丽 水 | 1 | 1 | | | | 0 |
| 安 徽 | | **1** | **1** | **1** | **1** | **1** | **1** |
| | 合 肥 | 2 | 2 | 2 | 2 | 2 | 3 |
| | 芜 湖 | 1 | 1 | 1 | 1 | 1 | 1 |
| | 蚌 埠 | 1 | 1 | 1 | 1 | 1 | 1 |
| | 淮 南 | 5 | 6 | 5 | 5 | 6 | 6 |
| | 马鞍山 | | 0 | | 1 | 1 | 1 |
| | 淮 北 | | 0 | | | 1 | 1 |
| | 铜 陵 | | 0 | | | 0 | 0 |
| | 安 庆 | | 0 | | | 0 | 0 |
| | 黄 山 | | | | | 0 | 0 |
| | 滁 州 | | 0 | | | 0 | 1 |
| | 阜 阳 | | 0 | | | 0 | 0 |
| | 宿 州 | | 0 | | | 0 | 0 |
| | 巢 湖 | | | | | 0 | 0 |
| | 六 安 | | 0 | | | 0 | 0 |
| | 亳 州 | | | | | | 0 |
| | 池 州 | | | | | | 0 |
| | 宣 城 | | | | | | 0 |
| 福 建 | | **2** | **2** | **2** | **2** | **3** | **3** |
| | 福 州 | 6 | 6 | 6 | 6 | 6 | 7 |
| | 厦 门 | | 1 | 1 | 1 | 1 | 1 |
| | 莆 田 | 6 | 6 | 4 | 4 | 5 | 5 |
| | 三 明 | | 0 | | 1 | 1 | 1 |
| | 泉 州 | 1 | 1 | 1 | 1 | 1 | 1 |
| | 漳 州 | 1 | 1 | 1 | 1 | 1 | 1 |
| | 南 平 | 1 | 1 | 1 | 1 | 4 | 8 |
| | 龙 岩 | | 0 | | | 0 | 0 |
| | 宁 德 | 1 | 1 | | | | 1 |
| 江 西 | | **1** | **1** | **2** | **3** | **2** | **1** |
| | 南 昌 | 6 | 7 | 7 | 10 | 10 | 11 |
| | 景德镇 | | 0 | | | 0 | 0 |
| | 萍 乡 | 0 | 0 | | | 0 | 0 |

**表 1-13　全国主要城市人均奶类占有量　1995—2000 年（续）**

单位：千克/人

| 城　　市 | 1995 | 1996 | 1997 | 1998 | 1999 | 2000 |
|---|---|---|---|---|---|---|
| 九　江 | | 0 | | | 0 | 0 |
| 新　余 | | 0 | | | 0 | 0 |
| 鹰　潭 | | | | | 0 | 0 |
| 赣　州 | | 0 | | | 0 | 0 |
| 吉　安 | 1 | 1 | | | | 0 |
| 宜　春 | | | | | | 0 |
| 抚　州 | | | | | | 1 |
| 上　饶 | | 0 | | | | 0 |
| 山　东 | **9** | **10** | **7** | **7** | **8** | **8** |
| 济　南 | 7 | 7 | 6 | 11 | 11 | 13 |
| 青　岛 | 20 | 23 | 19 | 24 | 27 | 33 |
| 淄　博 | 4 | 4 | 5 | 7 | 5 | 6 |
| 枣　庄 | 8 | 10 | 1 | 1 | 2 | 2 |
| 东　营 | 3 | 3 | 4 | 6 | 6 | 5 |
| 烟　台 | 18 | 20 | 9 | 9 | 12 | 14 |
| 潍　坊 | 11 | 13 | 9 | 10 | 10 | 12 |
| 济　宁 | 2 | 2 | 1 | 1 | 2 | 3 |
| 泰　安 | 7 | 6 | 1 | 1 | 2 | 2 |
| 威　海 | 34 | 35 | 36 | 35 | 39 | 32 |
| 日　照 | 4 | 4 | 1 | 1 | 1 | 1 |
| 莱　芜 | 3 | 3 | 3 | | 0 | 1 |
| 临　沂 | 6 | 8 | 7 | 2 | 2 | 2 |
| 德　州 | | 0 | | 1 | 1 | 1 |
| 聊　城 | 1 | 2 | | 1 | 1 | 1 |
| 滨　州 | 6 | 1 | | | | 4 |
| 菏　泽 | 1 | 0 | | | | 0 |
| 河　南 | **2** | **2** | **2** | **2** | **2** | **2** |
| 郑　州 | 7 | 6 | 7 | 7 | 7 | 8 |
| 开　封 | 3 | 4 | 4 | 3 | 4 | 4 |
| 洛　阳 | 2 | 2 | 2 | 2 | 3 | 4 |
| 平顶山 | | 0 | | | 1 | 1 |
| 安　阳 | 1 | 1 | | | 1 | 1 |
| 鹤　壁 | | 0 | 1 | 1 | 1 | 1 |
| 新　乡 | | 0 | | 1 | 1 | 2 |
| 焦　作 | 1 | 1 | 1 | 1 | 0 | 1 |
| 濮　阳 | | 0 | | | 0 | 1 |
| 许　昌 | | 0 | | | 0 | 1 |
| 漯　河 | | 0 | | | 0 | 1 |
| 三门峡 | 1 | 0 | | 1 | 3 | 2 |
| 南　阳 | 2 | 2 | 2 | 3 | 4 | 5 |
| 商　丘 | 1 | 2 | | 1 | 2 | 2 |
| 信　阳 | 1 | 1 | | | 0 | 0 |
| 周　口 | 1 | 1 | | | | |
| 驻马店 | 1 | 1 | | | | |

表 1-13　全国主要城市人均奶类占有量　1995—2000 年（续）

单位：千克/人

| 城　市 | 1995 | 1996 | 1997 | 1998 | 1999 | 2000 |
|---|---|---|---|---|---|---|
| 湖　北 | **1** | **1** | **1** | **1** | **1** | **1** |
| 武　汉 | 4 | 4 | 5 | 4 | 4 | 6 |
| 黄　石 |  | 0 |  |  | 0 | 0 |
| 十　堰 |  | 0 |  |  | 0 | 0 |
| 宜　昌 |  | 1 | 1 |  | 1 | 1 |
| 襄　樊 |  | 0 |  |  | 0 | 0 |
| 鄂　州 |  | 0 |  |  | 0 | 0 |
| 荆　门 | 3 | 2 | 2 |  | 1 | 1 |
| 孝　感 |  | 0 |  |  | 0 | 0 |
| 荆　州 |  |  |  |  | 0 | 0 |
| 黄　冈 |  | 0 |  |  | 0 | 0 |
| 咸　宁 | 3 | 3 |  |  | 1 | 1 |
| 随　州 |  |  |  |  |  | 0 |
| 湖　南 |  | **0** |  |  | **0** | **0** |
| 长　沙 | 1 | 0 |  |  | 0 | 0 |
| 株　洲 |  | 0 |  |  | 0 | 0 |
| 湘　潭 |  | 0 |  |  | 0 | 0 |
| 衡　阳 |  | 0 |  |  | 0 | 0 |
| 邵　阳 |  | 0 |  |  | 1 | 1 |
| 岳　阳 |  | 0 |  |  | 0 | 0 |
| 常　德 |  | 0 |  |  | 0 | 0 |
| 张家界 |  |  |  |  | 0 | 0 |
| 益　阳 |  |  |  |  | 0 | 0 |
| 郴　州 |  | 0 |  |  | 0 | 0 |
| 永　州 |  |  |  |  | 0 | 0 |
| 怀　化 |  | 0 |  |  | 0 | 0 |
| 娄　底 |  |  |  |  | 0 | 0 |
| 广　东 | **1** | **1** | **1** | **1** | **1** | **1** |
| 广　州 | 4 | 4 | 5 | 5 | 5 | 6 |
| 韶　关 |  | 0 |  |  | 0 | 0 |
| 深　圳 | 20 | 20 | 17 | 17 | 19 | 20 |
| 珠　海 | 1 | 0 |  | 1 | 4 | 6 |
| 汕　头 |  | 0 | 1 | 2 | 1 | 1 |
| 佛　山 | 1 | 1 |  | 1 | 1 | 2 |
| 江　门 |  | 0 |  |  | 0 | 0 |
| 湛　江 |  | 0 |  |  | 0 | 0 |
| 茂　名 |  |  |  |  | 0 | 0 |
| 肇　庆 |  | 0 |  |  | 0 | 0 |
| 惠　州 |  | 0 |  |  | 0 | 1 |
| 梅　州 |  | 0 |  |  | 0 | 0 |
| 汕　尾 |  | 0 |  |  | 0 | 0 |
| 河　源 |  | 0 |  |  | 0 | 0 |
| 阳　江 |  |  |  |  | 0 | 0 |
| 清　远 |  |  |  |  | 0 | 0 |
| 东　莞 |  | 0 |  |  | 0 | 1 |

**表 1-13　全国主要城市人均奶类占有量　1995—2000 年（续）**

单位：千克/人

| 城　市 | 1995 | 1996 | 1997 | 1998 | 1999 | 2000 |
|---|---|---|---|---|---|---|
| 中　山 | | 0 | | | 0 | 0 |
| 潮　州 | | 0 | | | 0 | 0 |
| 揭　阳 | 1 | 1 | 1 | 1 | 1 | 1 |
| 云　浮 | | 0 | | | 0 | 0 |
| **广　西** | | **0** | | | **0** | **1** |
| 南　宁 | 2 | 2 | 2 | 2 | 2 | 2 |
| 柳　州 | 1 | 1 | 1 | 1 | 2 | 3 |
| 桂　林 | 1 | 1 | 1 | | 0 | 1 |
| 梧　州 | | 0 | | | 0 | 0 |
| 北　海 | | 0 | | | 0 | 0 |
| 防城港 | | | | | 0 | 0 |
| 钦　州 | | 0 | | | 0 | 0 |
| 贵　港 | 1 | 0 | | | 0 | 0 |
| 玉　林 | | | | | 0 | 0 |
| **海　南** | | **0** | | | **0** | **0** |
| 海　口 | | 0 | | | 0 | 0 |
| 三　亚 | | | | | 0 | 0 |
| **重　庆** | **3** | **3** | **1** | **2** | **2** | **2** |
| **四　川** | **1** | **1** | **1** | **1** | **1** | **1** |
| 成　都 | 4 | 4 | 4 | 4 | 4 | 5 |
| 自　贡 | 1 | 1 | 1 | 1 | 1 | 2 |
| 攀枝花 | 1 | 1 | 1 | 1 | 1 | 1 |
| 泸　州 | | 0 | | | 0 | 1 |
| 德　阳 | 1 | 1 | 1 | 1 | 1 | 1 |
| 绵　阳 | 1 | 1 | 1 | 1 | 1 | 2 |
| 广　元 | | 0 | | | 0 | 0 |
| 遂　宁 | | 0 | | | 0 | 0 |
| 内　江 | | 0 | | | 0 | 1 |
| 乐　山 | 1 | 1 | | | 0 | 0 |
| 南　充 | | 0 | | | 1 | 1 |
| 眉　山 | | | | | | 3 |
| 宜　宾 | 2 | 1 | | | 0 | 0 |
| 广　安 | | | | | 0 | 0 |
| 达　州 | | | | | 1 | 1 |
| 雅　安 | 13 | 17 | | | | 5 |

## 表 1-13　全国主要城市人均奶类占有量　1995—2000 年（续）

单位：千克/人

| 城　市 | | 1995 | 1996 | 1997 | 1998 | 1999 | 2000 |
|---|---|---|---|---|---|---|---|
| | 巴　中 | | 0 | | | | 0 |
| | 资　阳 | | | | | | 0 |
| 贵　州 | | **1** | **1** | **1** | **1** | **1** | **1** |
| | 贵　阳 | 6 | 4 | 4 | 4 | 4 | 4 |
| | 六盘水 | | 0 | | | 0 | 0 |
| | 遵　义 | 5 | 5 | | 1 | 1 | 1 |
| | 安　顺 | | 1 | | | | 0 |
| 云　南 | | **5** | **5** | **5** | **4** | **5** | **4** |
| | 昆　明 | 10 | 11 | 13 | 12 | 11 | 12 |
| | 曲　靖 | 1 | 0 | 1 | 1 | 1 | 1 |
| | 玉　溪 | 1 | 1 | | | 0 | 0 |
| | 保　山 | | | | | | |
| 陕　西 | | **14** | **17** | **16** | **18** | **18** | **19** |
| | 西　安 | 21 | 25 | 31 | 26 | 31 | 36 |
| | 铜　川 | | 1 | | 1 | 0 | 0 |
| | 宝　鸡 | 17 | 20 | 18 | 26 | 28 | 33 |
| | 咸　阳 | 15 | 25 | 22 | 28 | 29 | 33 |
| | 渭　南 | 11 | 14 | 11 | 16 | 16 | 17 |
| | 延　安 | 1 | 1 | | 1 | 1 | 1 |
| | 汉　中 | 4 | 1 | 1 | 1 | 1 | 1 |
| | 榆　林 | 18 | 18 | | | 5 | 5 |
| | 安　康 | | 0 | | | | 0 |
| 甘　肃 | | **4** | **4** | **4** | **4** | **4** | **4** |
| | 兰　州 | 8 | 8 | 9 | 9 | 9 | 10 |
| | 嘉峪关 | | 1 | 1 | 4 | 5 | 5 |
| | 金　昌 | 2 | 3 | 3 | 4 | 5 | 6 |
| | 白　银 | | 1 | 2 | 1 | 1 | 1 |
| | 天　水 | | 0 | | | 1 | 1 |
| 青　海 | | **18** | **18** | **20** | **18** | **17** | **22** |
| | 西　宁 | 19 | 19 | 20 | 18 | 17 | 22 |
| 宁　夏 | | **58** | **70** | **43** | **53** | **58** | **66** |
| | 银　川 | 53 | 66 | 69 | 55 | 54 | 58 |
| | 石嘴山 | 5 | 7 | 7 | 8 | 10 | 9 |
| | 吴　忠 | 212 | 249 | | 69 | 79 | 91 |
| 新　疆 | | **23** | **24** | **13** | **13** | **12** | **14** |
| | 乌鲁木齐 | 15 | 14 | 14 | 14 | 14 | 15 |
| | 克拉玛依 | 6 | 6 | 6 | 5 | 5 | 6 |

# Ⅱ.牛奶生产成本收益

表 2-1 全国部分地区国营农场牛奶生产成本收益 2001 年（一）

按统一工价汇总

| 项目 | | 单位 | 平均 | 北京 | 天津 | 河北 | 辽宁 | 吉林 |
|---|---|---|---|---|---|---|---|---|
| 调查县数 | | 个 | 55.00 | 3.00 | 4.00 | 3.00 | 1.00 | 1.00 |
| 调查户数 | | 户 | 83.00 | 12.00 | 4.00 | 3.00 | 1.00 | 2.00 |
| 调查数量 | | 头 | 37 123.00 | 5 964.00 | 2 268.00 | 384.00 | 1 118.00 | 769.00 |
| 平均饲养天数 | | 天 | 365.00 | 365.00 | 365.00 | 365.00 | 365.00 | 365.00 |
| 每头 | 主产品产量 | 千克 | 6 000.10 | 7 769.80 | 7 157.30 | 5 833.20 | 6 120.00 | 6 459.60 |
| | 产值合计 | 元 | 13 313.77 | 15 903.75 | 16 500.14 | 10 971.47 | 12 420.00 | 11 163.20 |
| | 主产品产值 | 元 | 12 903.91 | 15 721.26 | 14 206.18 | 10 799.28 | 12 240.00 | 10 981.40 |
| | 副产品产值 | 元 | 409.86 | 182.49 | 2293.96 | 172.19 | 180.00 | 181.80 |
| | 其他收入 | 元 | 23.63 | | | | 243.00 | |
| | 生产成本 | 元 | 10 026.54 | 11 040.21 | 9 861.40 | 6 773.38 | 9 456.50 | 10 538.94 |
| | 物质费用 | 元 | 9 358.86 | 10 527.49 | 9 569.16 | 6 093.22 | 8 884.50 | 9 388.70 |
| | 用工作价 | 元 | 667.68 | 512.72 | 292.24 | 680.16 | 572.00 | 1 150.24 |
| | 用工数量 | 日 | 64.20 | 49.30 | 28.10 | 65.40 | 55.00 | 110.60 |
| | 劳动日工价 | 元 | 10.40 | 10.40 | 10.40 | 10.40 | 10.40 | 10.40 |
| | 期间费用 | 元 | 1 755.86 | 2 409.98 | 2 283.88 | 657.28 | 1 571.00 | 5 804.00 |
| | 税金 | 元 | 2.72 | | | | | |
| | 含税成本 | 元 | 11 785.12 | 13 450.19 | 12 145.28 | 7 430.66 | 11 027.50 | 16 342.94 |
| | 净产值 | 元 | 3 954.91 | 5 376.26 | 6 930.98 | 4 878.25 | 3 535.50 | 1 774.50 |
| | 减税纯收益 | 元 | 1 552.28 | 2 453.56 | 4 354.86 | 3 540.81 | 1 635.50 | －5 179.74 |
| | 成本纯收益率 | % | 13.17 | 18.24 | 35.86 | 47.65 | 14.83 | －31.69 |
| | 耗粮数量 | 千克 | 2 049.10 | 3 380.20 | 3 161.60 | 1 694.60 | 1 982.00 | 1 857.30 |
| 每 50 千克主产品 | 平均出售价格 | 元 | 107.53 | 101.17 | 99.24 | 92.57 | 100.00 | 85.00 |
| | 物质费用 | 元 | 75.59 | 66.97 | 57.55 | 51.41 | 71.53 | 71.49 |
| | 生产成本 | 元 | 80.98 | 70.23 | 59.31 | 57.15 | 76.14 | 80.25 |
| | 含税成本 | 元 | 95.18 | 85.56 | 73.05 | 62.69 | 88.79 | 124.44 |
| | 净产值 | 元 | 31.94 | 34.20 | 41.69 | 41.16 | 28.47 | 13.51 |
| | 减税纯收益 | 元 | 12.55 | 15.61 | 26.19 | 29.88 | 13.20 | －39.44 |
| | 耗粮数量 | 千克 | 17.10 | 21.80 | 22.10 | 14.50 | 16.20 | 14.40 |
| 每一劳动日 | 主产品产量 | 千克 | 93.50 | 157.60 | 254.70 | 89.20 | 111.30 | 58.40 |
| | 净产值 | 元 | 61.60 | 109.05 | 246.65 | 74.59 | 64.28 | 16.04 |
| 每核算单位成本外支出 | | 元 | | | | | 20.00 | |

## 表 2-1 全国部分地区国营农场牛奶生产成本收益 2001 年（二）

按统一工价汇总

| 项 目 | | 单位 | 上 海 | 江 苏 | 浙 江 | 安 徽 | 福 建 | 山 东 |
|---|---|---|---|---|---|---|---|---|
| 调查县数 | | 个 | 5.00 | 3.00 | 2.00 | 4.00 | 1.00 | 2.00 |
| 调查户数 | | 户 | 15.00 | 3.00 | 2.00 | 4.00 | 2.00 | 2.00 |
| 调查数量 | | 头 | 3 064.00 | 1 982.00 | 1 691.00 | 3 890.00 | 1 496.00 | 1 240.00 |
| 平均饲养天数 | | 天 | 365.00 | 365.00 | 365.00 | 365.00 | 365.00 | 365.00 |
| 每头 | 主产品产量 | 千克 | 6 991.00 | 6 929.00 | 7 412.80 | 5 756.80 | 5 620.50 | 7 168.00 |
| | 产值合计 | 元 | 14 901.46 | 16 470.00 | 16 582.51 | 10 753.06 | 13 852.30 | 14 022.10 |
| | 主产品产值 | 元 | 14 732.51 | 16 300.67 | 16 393.41 | 10 738.33 | 13 587.30 | 13 619.20 |
| | 副产品产值 | 元 | 168.95 | 169.33 | 189.10 | 14.73 | 265.00 | 402.90 |
| | 其他收入 | 元 | 77.61 | 2.67 | 204.27 | | | |
| | 生产成本 | 元 | 12 189.78 | 12 439.14 | 11 336.36 | 7 755.85 | 10 914.38 | 11 145.73 |
| | 物质费用 | 元 | 11 608.42 | 10 858.34 | 10 566.76 | 7 081.93 | 10 264.38 | 10 712.05 |
| | 用工作价 | 元 | 581.36 | 1 580.80 | 769.60 | 673.92 | 650.00 | 433.68 |
| | 用工数量 | 日 | 55.90 | 152.00 | 74.00 | 64.80 | 62.50 | 41.70 |
| | 劳动日工价 | 元 | 10.40 | 10.40 | 10.40 | 10.40 | 10.40 | 10.40 |
| | 期间费用 | 元 | 918.33 | 2 258.04 | 1 767.89 | 863.57 | 721.84 | 1 315.48 |
| | 税金 | 元 | | | | | | |
| | 含税成本 | 元 | 13 108.11 | 14 697.18 | 13 104.25 | 8 619.42 | 11 636.22 | 12 461.21 |
| | 净产值 | 元 | 3 293.04 | 5 611.66 | 6 015.75 | 3 671.13 | 3 587.92 | 3 310.05 |
| | 减税纯收益 | 元 | 1 870.96 | 1 775.49 | 3 682.53 | 2 133.64 | 2 216.08 | 1 560.89 |
| | 成本纯收益率 | % | 14.27 | 12.08 | 28.10 | 24.75 | 19.04 | 12.53 |
| | 耗粮数量 | 千克 | 2 386.30 | 2 304.70 | 3 485.70 | 1 619.10 | 2 134.30 | 3 150.50 |
| 每50千克主产品 | 平均出售价格 | 元 | 105.37 | 117.63 | 110.58 | 93.27 | 120.87 | 95.00 |
| | 物质费用 | 元 | 82.08 | 77.55 | 70.46 | 61.43 | 89.56 | 72.57 |
| | 生产成本 | 元 | 86.20 | 88.84 | 75.60 | 67.27 | 95.23 | 75.51 |
| | 含税成本 | 元 | 92.69 | 104.97 | 87.39 | 74.76 | 101.53 | 84.42 |
| | 净产值 | 元 | 23.29 | 40.08 | 40.12 | 31.84 | 31.31 | 22.43 |
| | 减税纯收益 | 元 | 13.24 | 12.68 | 24.57 | 18.51 | 19.34 | 10.58 |
| | 耗粮数量 | 千克 | 17.10 | 16.60 | 23.50 | 14.10 | 19.00 | 22.00 |
| 每一劳动日 | 主产品产量 | 千克 | 125.10 | 45.60 | 100.20 | 88.80 | 89.90 | 171.90 |
| | 净产值 | 元 | 58.91 | 36.92 | 81.29 | 56.65 | 57.41 | 79.38 |
| 每核算单位成本外支出 | | 元 | | 407.33 | | | | 42.45 |

## 表 2-1 全国部分地区国营农场牛奶生产成本收益 2001 年（三）

按统一工价汇总

| 项目 | | 单位 | 河南 | 湖北 | 广东 | 广西 | 海南 | 四川 |
|---|---|---|---|---|---|---|---|---|
| 调查县数 | | 个 | 4.00 | 1.00 | 1.00 | 2.00 | 1.00 | 5.00 |
| 调查户数 | | 户 | 5.00 | 1.00 | 2.00 | 4.00 | 3.00 | 5.00 |
| 调查数量 | | 头 | 1 272.00 | 559.00 | 881.00 | 831.00 | 110.00 | 1 476.00 |
| 平均饲养天数 | | 天 | 365.00 | 365.00 | 365.00 | 365.00 | 365.00 | 365.00 |
| 每头 | 主产品产量 | 千克 | 3 434.00 | 6 000.00 | 4 693.80 | 4 629.40 | 2 254.00 | 5 728.60 |
| | 产值合计 | 元 | 6 202.44 | 13 300.00 | 16 121.37 | 11 524.21 | 5 306.10 | 12 515.61 |
| | 主产品产值 | 元 | 5 972.85 | 13 200.00 | 16 078.31 | 11 289.13 | 4 693.70 | 12 419.08 |
| | 副产品产值 | 元 | 229.59 | 100.00 | 43.06 | 235.08 | 612.40 | 96.53 |
| | 其他收入 | 元 | 15.88 | | | | | |
| | 生产成本 | 元 | 4 574.73 | 10 844.00 | 14 132.10 | 12 999.16 | 4 559.70 | 8 867.72 |
| | 物质费用 | 元 | 4 023.53 | 10 220.00 | 13 716.10 | 12 112.04 | 4 133.30 | 8 320.68 |
| | 用工作价 | 元 | 551.20 | 624.00 | 416.00 | 887.12 | 426.40 | 547.04 |
| | 用工数量 | 日 | 53.00 | 60.00 | 40.00 | 85.30 | 41.00 | 52.60 |
| | 劳动日工价 | 元 | 10.40 | 10.40 | 10.40 | 10.40 | 10.40 | 10.40 |
| | 期间费用 | 元 | 437.34 | 1 136.00 | 2 182.19 | 1 793.72 | 476.60 | 1 903.70 |
| | 税金 | 元 | | 53.00 | | | | |
| | 含税成本 | 元 | 5 012.07 | 12 033.00 | 16 314.29 | 14 792.88 | 5 036.30 | 10 711.42 |
| | 净产值 | 元 | 2 178.91 | 3 080.00 | 2 405.27 | －587.83 | 1 172.80 | 4 194.93 |
| | 减税纯收益 | 元 | 1 206.25 | 1 267.00 | －192.92 | －3 268.67 | 269.80 | 1 744.19 |
| | 成本纯收益率 | % | 24.07 | 10.63 | －1.18 | －22.10 | 5.36 | 16.19 |
| | 耗粮数量 | 千克 | 1 204.40 | 1 860.00 | 1 000.20 | 1 453.40 | 1 185.00 | |
| 每50千克主产品 | 平均出售价格 | 元 | 86.97 | 110.00 | 171.27 | 121.93 | 104.12 | 108.40 |
| | 物质费用 | 元 | 56.42 | 84.53 | 145.72 | 128.15 | 81.11 | 72.07 |
| | 生产成本 | 元 | 64.15 | 89.69 | 150.14 | 137.54 | 89.47 | 76.80 |
| | 含税成本 | 元 | 70.28 | 99.52 | 173.32 | 156.51 | 98.83 | 93.29 |
| | 净产值 | 元 | 30.55 | 25.47 | 25.55 | －6.22 | 23.01 | 36.33 |
| | 减税纯收益 | 元 | 16.92 | 10.48 | －2.05 | －34.58 | 5.29 | 15.11 |
| | 耗粮数量 | 千克 | 17.50 | 15.50 | 10.70 | 15.70 | 26.30 | |
| 每一劳动日 | 主产品产量 | 千克 | 64.80 | 100.00 | 117.30 | 54.30 | 55.00 | 108.90 |
| | 净产值 | 元 | 41.11 | 51.33 | 60.13 | －6.89 | 28.60 | 79.75 |
| 每核算单位成本外支出 | | 元 | | | 871.58 | | | 133.90 |

## 表 2-1 全国部分地区国营农场牛奶生产成本收益 2001 年（四）

按统一工价汇总

| 项　目 | | 单位 | 贵 州 | 重 庆 | 陕 西 | 甘 肃 | 青 海 | 新 疆 |
|---|---|---|---|---|---|---|---|---|
| 调查县数 | | 个 | 1.00 | 1.00 | 5.00 | 1.00 | 1.00 | 3.00 |
| 调查户数 | | 户 | 1.00 | 1.00 | 5.00 | 2.00 | 1.00 | 3.00 |
| 调查数量 | | 头 | 3 750.00 | 268.00 | 1 837.00 | 617.00 | 535.00 | 1 121.00 |
| 平均饲养天数 | | 天 | 365.00 | 365.00 | 365.00 | 365.00 | 365.00 | 365.00 |
| 每头 | 主产品产量 | 千克 | 5 000.00 | 4 981.20 | 8 308.80 | 5 530.20 | 5 577.00 | 8 647.80 |
| | 产值合计 | 元 | 22 360.00 | 11 278.04 | 15 029.85 | 14 221.54 | 9 080.53 | 15 737.14 |
| | 主产品产值 | 元 | 22 340.00 | 10 958.64 | 14 433.88 | 12 423.65 | 8 923.52 | 14 737.70 |
| | 副产品产值 | 元 | 20.00 | 319.40 | 595.97 | 1 797.89 | 157.01 | 999.44 |
| | 其他收入 | 元 | | | | | | |
| | 生产成本 | 元 | 12 635.41 | 8 657.70 | 11 821.38 | 7 022.02 | 7 491.13 | 13 548.84 |
| | 物质费用 | 元 | 11 782.61 | 7 518.90 | 11 414.74 | 6 753.70 | 6 902.49 | 12 801.08 |
| | 用工作价 | 元 | 852.80 | 1 138.80 | 406.64 | 268.32 | 588.64 | 747.76 |
| | 用工数量 | 日 | 82.00 | 109.50 | 39.10 | 25.80 | 56.60 | 71.90 |
| | 劳动日工价 | 元 | 10.40 | 10.40 | 10.40 | 10.40 | 10.40 | 10.40 |
| | 期间费用 | 元 | 6 322.40 | 539.50 | 690.50 | 2 233.87 | 1 223.17 | 874.49 |
| | 税金 | 元 | | | 5.16 | | | 4.34 |
| | 含税成本 | 元 | 18 957.81 | 9 197.20 | 12 517.04 | 9 255.89 | 8 714.30 | 14 427.67 |
| | 净产值 | 元 | 10 577.39 | 3 759.14 | 3 615.11 | 7 467.84 | 2 178.04 | 2 936.06 |
| | 减税纯收益 | 元 | 3 402.19 | 2 080.84 | 2 512.81 | 4 965.65 | 366.23 | 1 309.47 |
| | 成本纯收益率 | % | 17.95 | 22.62 | 20.08 | 53.65 | 4.20 | 9.08 |
| | 耗粮数量 | 千克 | 3 045.00 | 2 597.70 | 2 673.10 | 2 070.90 | 700.50 | 2 183.00 |
| 每 50 千克主产品 | 平均出售价格 | 元 | 223.40 | 110.00 | 86.86 | 112.33 | 80.00 | 85.21 |
| | 物质费用 | 元 | 117.72 | 73.34 | 65.97 | 53.34 | 60.81 | 69.31 |
| | 生产成本 | 元 | 126.24 | 84.44 | 68.32 | 55.46 | 66.00 | 73.36 |
| | 含税成本 | 元 | 189.41 | 89.70 | 72.34 | 73.11 | 76.77 | 78.12 |
| | 净产值 | 元 | 105.68 | 36.66 | 20.89 | 58.99 | 19.19 | 15.90 |
| | 减税纯收益 | 元 | 33.99 | 20.30 | 14.52 | 39.22 | 3.23 | 7.09 |
| | 耗粮数量 | 千克 | 30.50 | 26.10 | 16.10 | 18.70 | 6.30 | 12.60 |
| 每一劳动日 | 主产品产量 | 千克 | 61.00 | 45.50 | 212.50 | 214.30 | 98.50 | 120.30 |
| | 净产值 | 元 | 128.99 | 34.33 | 92.46 | 289.45 | 38.48 | 40.84 |
| 每核算单位成本外支出 | | 元 | | | | | | |

**表 2-2　全国部分地区国营农场牛奶生产成本收益　1995—2000 年**

按统一工价汇总

| 项目 | | 单位 | 1995 | 1996 | 1997 | 1998 | 1999 | 2000 |
|---|---|---|---|---|---|---|---|---|
| 调查县数 | | 个 | 23.00 | 42.00 | 44.00 | 51.00 | 37.00 | 56.00 |
| 调查户数 | | 户 | 34.00 | 63.00 | 80.00 | 73.00 | 78.00 | 93.00 |
| 调查数量 | | 头 | 11 962.40 | 19 560.00 | 24 977.00 | 23 413.00 | 22 189.00 | 31 194.00 |
| 平均饲养天数 | | 天 | 364.10 | 361.50 | 442.75 | 364.00 | 356.00 | 367.00 |
| 该地区年初存栏量 | | 头 | | | | | | |
| 每头 | 主产品产量 | 千克 | 4 757.41 | 5 138.55 | 5 154.87 | 5 434.82 | 5 889.16 | 6 018.80 |
| | 副产品产量 | 千克 | 1 007.11 | | 11 072.94 | | | |
| | 产值合计 | 元 | 9 328.86 | 10 918.61 | 11 138.43 | 12 696.81 | 12 980.15 | 13 258.60 |
| | 主产品产值 | 元 | 8 878.35 | 10 537.28 | 10 807.76 | 12 144.50 | 12 616.07 | 12 739.88 |
| | 副产品产值 | 元 | 450.51 | 381.33 | 330.67 | 552.31 | 364.08 | 518.72 |
| | 物质费用合计 | 元 | 8 140.17 | 9 588.11 | 9 328.52 | 8 618.01 | 8 752.76 | 9 328.83 |
| | 用工作价 | 元 | 570.13 | 904.04 | 808.40 | 600.48 | 622.15 | 648.00 |
| | 用工数量 | 个 | 78.10 | 93.20 | 80.84 | 62.55 | 65.49 | 64.80 |
| | 劳动日工价 | 元 | 7.30 | 9.70 | 10.00 | 9.60 | 9.50 | 10.00 |
| | 总生产成本 | 元 | 8 710.30 | 10 492.15 | 10 136.92 | 10 767.34 | 10 907.13 | 11 461.61 |
| | 税金 | 元 | 7.26 | 4.13 | 29.10 | 0.60 | 3.50 | 4.75 |
| | 净产值 | 元 | 1 188.69 | 1 330.50 | 1 089.91 | 4 078.8 | 4 227.39 | 3 929.77 |
| | 减税纯收益 | 元 | 611.30 | 422.33 | 972.41 | 2 128.90 | 2 134.75 | 1 825.00 |
| | 成本纯收益率 | % | 7.02 | 4.03 | 9.59 | 19.77 | 19.57 | 15.90 |
| | 耗精饲料折粮 | 千克 | 1 849.87 | 2 081.90 | 2 360.56 | 2 194.02 | 2 310.18 | 2 231.00 |
| 每百元产值 | 物质费用 | 元 | 87.26 | 87.81 | 83.75 | | | |
| | 生产成本 | 元 | 93.37 | 96.09 | 91.01 | | | |
| 每 50 千克主产品 | 生产成本 | 元 | 87.12 | 98.52 | 95.41 | 81.12 | 77.36 | 79.63 |
| | 含税生产成本 | 元 | 87.20 | 98.56 | 95.69 | 94.76 | 90.00 | 91.60 |
| | 平均出售价格 | 元 | 93.31 | 102.53 | 104.83 | 111.73 | 107.11 | 105.83 |
| | 耗粮数量 | 千克 | 19.44 | 20.26 | 22.90 | 20.18 | 19.61 | 18.50 |
| 每一劳动日 | 主产品产量 | 千克 | 60.92 | 55.14 | 63.77 | 86.59 | 89.92 | 92.90 |
| | 净产值 | 元 | 15.22 | 14.28 | 22.39 | 65.21 | 64.55 | 60.64 |
| 每核算单位成本外支出 | | 元 | 0.74 | 13.77 | 12.49 | 12.15 | 16.81 | 81.78 |

注：表中数据为当年调查地区平均数，常年调查地区为：北京、河北、辽宁、上海、江苏、安徽、山东、河南、甘肃，其他调查地区各年度间略有变动。

## 表 2-3 全国部分地区农村专业户牛奶生产成本收益 2001 年（一）

按统一工价汇总

| 项目 | | 单位 | 平均 | 天津 | 河北 | 山西 | 内蒙古 | 辽宁 |
|---|---|---|---|---|---|---|---|---|
| 调查县数 | | 个 | 48.00 | 3.00 | 5.00 | 1.00 | 6.00 | 1.00 |
| 调查户数 | | 户 | 126.00 | 8.00 | 8.00 | 3.00 | 25.00 | 2.00 |
| 调查数量 | | 头 | 3315.00 | 983.00 | 60.00 | 15.00 | 1 301.00 | 91.00 |
| 平均饲养天数 | | 天 | 365.00 | 365.00 | 365.00 | 365.00 | 365.00 | 365.00 |
| 每头 | 主产品产量 | 千克 | 5 120.60 | 5 620.00 | 5 167.80 | 5 930.00 | 5 531.90 | 5 636.00 |
| | 产值合计 | 元 | 9 085.48 | 10 101.05 | 9 089.19 | 9 954.00 | 11 779.02 | 8 704.00 |
| | 主产品产值 | 元 | 8 632.49 | 9 478.83 | 7 785.27 | 9 820.00 | 11 127.24 | 8 454.00 |
| | 副产品产值 | 元 | 452.99 | 622.22 | 1 303.92 | 134.00 | 651.78 | 250.00 |
| | 其他收入 | 元 | | | | | | |
| | 生产成本 | 元 | 6 370.21 | 7 276.21 | 5 311.63 | 8 439.00 | 7 290.35 | 5 245.10 |
| | 物质费用 | 元 | 5 691.09 | 6 800.93 | 4 725.07 | 8 023.00 | 6 571.71 | 4 839.50 |
| | 用工作价 | 元 | 679.12 | 475.28 | 586.56 | 416.00 | 718.64 | 405.60 |
| | 用工数量 | 日 | 65.30 | 45.70 | 56.40 | 40.00 | 69.10 | 39.00 |
| | 劳动日工价 | 元 | 10.40 | 10.40 | 10.40 | 10.40 | 10.40 | 10.40 |
| | 期间费用 | 元 | 247.17 | 731.58 | 140.02 | 138.00 | 724.75 | 67.50 |
| | 税金 | 元 | 16.26 | | | | 176.25 | |
| | 含税成本 | 元 | 6 633.64 | 8 007.79 | 5 451.65 | 8 577.00 | 8 191.35 | 5 312.60 |
| | 净产值 | 元 | 3 394.39 | 3 300.12 | 4 364.12 | 1 931.00 | 5 207.31 | 3 864.50 |
| | 减税纯收益 | 元 | 2 451.84 | 2 093.26 | 3 637.54 | 1 377.00 | 3 587.67 | 3 391.40 |
| | 成本纯收益率 | % | 36.96 | 26.14 | 66.72 | 16.05 | 43.80 | 63.84 |
| | 耗粮数量 | 千克 | 2 313.70 | 2 393.50 | 2 722.00 | 2 736.60 | 2 598.50 | 1 485.00 |
| 每50千克主产品 | 平均出售价格 | 元 | 84.29 | 84.33 | 75.32 | 82.80 | 100.57 | 75.00 |
| | 物质费用 | 元 | 52.80 | 56.78 | 39.16 | 66.74 | 56.11 | 41.70 |
| | 生产成本 | 元 | 59.10 | 60.75 | 44.02 | 70.20 | 62.25 | 45.20 |
| | 含税成本 | 元 | 61.54 | 66.85 | 45.18 | 71.35 | 69.94 | 45.78 |
| | 净产值 | 元 | 31.49 | 27.55 | 36.16 | 16.06 | 44.46 | 33.30 |
| | 减税纯收益 | 元 | 22.75 | 17.48 | 30.14 | 11.45 | 30.63 | 29.22 |
| | 耗粮数量 | 千克 | 22.60 | 21.30 | 26.30 | 23.10 | 23.50 | 13.20 |
| 每一劳动日 | 主产品产量 | 千克 | 78.40 | 123.00 | 91.60 | 148.30 | 80.10 | 144.50 |
| | 净产值 | 元 | 51.98 | 72.21 | 77.38 | 48.28 | 75.36 | 99.09 |
| 每核算单位成本外支出 | | 元 | | | | | 50.00 | 10.00 |

**表 2-3　全国部分地区农村专业户牛奶生产成本收益　2001 年（二）**

按统一工价汇总

| 项　目 | | 单位 | 黑龙江 | 安　徽 | 福　建 | 山　东 | 河　南 | 湖南 |
|---|---|---|---|---|---|---|---|---|
| 调查县数 | | 个 | 8.00 | 1.00 | 1.00 | 7.00 | 7.00 | 1.00 |
| 调查户数 | | 户 | 25.00 | 1.00 | 3.00 | 17.00 | 11.00 | 1.00 |
| 调查数量 | | 头 | 188.00 | 30.00 | 148.00 | 321.00 | 81.00 | 20.00 |
| 平均饲养天数 | | 天 | 365.00 | 365.00 | 365.00 | 365.00 | 365.00 | 365.00 |
| 每头 | 主产品产量 | 千克 | 5 327.80 | 5 014.00 | 5 423.20 | 4 806.20 | 4 885.20 | 5 250.00 |
| | 产值合计 | 元 | 8 062.36 | 8 774.50 | 1 2352.50 | 8 863.05 | 9 203.75 | 11 325.00 |
| | 主产品产值 | 元 | 7 734.94 | 8 774.50 | 11 832.91 | 8 638.59 | 8 979.85 | 11 025.00 |
| | 副产品产值 | 元 | 327.42 | | 519.59 | 224.46 | 223.90 | 300.00 |
| | 其他收入 | 元 | | | | | | |
| | 生产成本 | 元 | 5 591.18 | 6 890.43 | 7 644.49 | 6 689.45 | 5 807.66 | 8 722.62 |
| | 物质费用 | 元 | 4 561.58 | 6 602.35 | 7 043.37 | 6 075.85 | 4 913.26 | 8 046.62 |
| | 用工作价 | 元 | 1 029.60 | 288.08 | 601.12 | 613.60 | 894.40 | 676.00 |
| | 用工数量 | 日 | 99.00 | 27.70 | 57.80 | 59.00 | 86.00 | 65.00 |
| | 劳动日工价 | 元 | 10.40 | 10.40 | 10.40 | 10.40 | 10.40 | 10.40 |
| | 期间费用 | 元 | 40.89 | 170.00 | 248.19 | 375.31 | 173.60 | 100.24 |
| | 税金 | 元 | | | | 1.03 | | |
| | 含税成本 | 元 | 5 632.07 | 7 060.43 | 7 892.68 | 7 065.79 | 5 981.26 | 8 822.86 |
| | 净产值 | 元 | 3 500.78 | 2 172.15 | 5 309.13 | 2 787.20 | 4 290.49 | 3 278.38 |
| | 减税纯收益 | 元 | 2 430.29 | 1 714.07 | 4 459.82 | 1 797.26 | 3 222.49 | 2 502.14 |
| | 成本纯收益率 | % | 43.15 | 24.28 | 56.51 | 25.44 | 53.88 | 28.36 |
| | 耗粮数量 | 千克 | 2 306.60 | 2 935.20 | 1 727.70 | 2 045.00 | 1 491.30 | 3 267.20 |
| 每 50 千克主产品 | 平均出售价格 | 元 | 72.59 | 87.50 | 109.10 | 89.87 | 91.91 | 105.00 |
| | 物质费用 | 元 | 41.07 | 65.84 | 62.21 | 61.61 | 49.06 | 74.60 |
| | 生产成本 | 元 | 50.34 | 68.71 | 67.52 | 67.83 | 58.00 | 80.87 |
| | 含税成本 | 元 | 50.71 | 70.41 | 69.71 | 71.65 | 59.73 | 81.80 |
| | 净产值 | 元 | 31.52 | 21.66 | 46.89 | 28.26 | 42.85 | 30.40 |
| | 减税纯收益 | 元 | 21.88 | 17.09 | 39.39 | 18.22 | 32.18 | 23.20 |
| | 耗粮数量 | 千克 | 21.60 | 29.30 | 15.90 | 21.30 | 15.30 | 31.10 |
| 每一劳动日 | 主产品产量 | 千克 | 53.80 | 181.00 | 93.80 | 81.50 | 56.80 | 80.80 |
| | 净产值 | 元 | 35.36 | 78.42 | 91.85 | 47.24 | 49.89 | 50.44 |
| 每核算单位成本外支出 | | 元 | 43.38 | | | 33.64 | | |

**表 2-3　全国部分地区农村专业户牛奶生产成本收益　2001 年（三）**

按统一工价汇总

| 项　目 | | 单位 | 云　南 | 重　庆 | 陕　西 | 宁　夏 | 新　疆 |
|---|---|---|---|---|---|---|---|
| 调查县数 | | 个 | 2.00 | 2.00 | 1.00 | 1.00 | 1.00 |
| 调查户数 | | 户 | 6.00 | 2.00 | 9.00 | 2.00 | 3.00 |
| 调查数量 | | 头 | 19.00 | 11.00 | 12.00 | 28.00 | 7.00 |
| 平均饲养天数 | | 天 | 365.00 | 365.00 | 365.00 | 365.00 | 365.00 |
| 每头 | 主产品产量 | 千克 | 3 331.10 | 4 956.40 | 5 366.00 | 5 039.00 | 4 645.40 |
| | 产值合计 | 元 | 4 940.45 | 8 398.43 | 7 358.40 | 7 292.00 | 9 170.00 |
| | 主产品产值 | 元 | 4 535.10 | 8 169.23 | 6 439.20 | 7 250.93 | 8 074.29 |
| | 副产品产值 | 元 | 405.35 | 229.20 | 919.20 | 41.07 | 1 095.71 |
| | 其他收入 | 元 | | | | | |
| | 生产成本 | 元 | 3 671.87 | 7 347.30 | 4 849.48 | 5 429.01 | 5 741.72 |
| | 物质费用 | 元 | 2 663.07 | 6 406.10 | 3 643.08 | 5 189.81 | 4 952.40 |
| | 用工作价 | 元 | 1 008.80 | 941.20 | 1 206.40 | 239.20 | 762.32 |
| | 用工数量 | 日 | 97.00 | 90.50 | 116.00 | 23.00 | 73.30 |
| | 劳动日工价 | 元 | 10.40 | 10.40 | 10.40 | 10.40 | 10.40 |
| | 期间费用 | 元 | 305.19 | 267.28 | 56.00 | 311.78 | 104.57 |
| | 税金 | 元 | 7.89 | | | | 75.00 |
| | 含税成本 | 元 | 3 984.95 | 7 614.58 | 4 905.48 | 5 740.79 | 5 894.29 |
| | 净产值 | 元 | 2 277.38 | 1 992.33 | 3 715.32 | 2 102.19 | 4 217.60 |
| | 减税纯收益 | 元 | 955.50 | 783.85 | 2 452.92 | 1 551.21 | 3 275.71 |
| | 成本纯收益率 | % | 23.98 | 10.29 | 50.00 | 27.02 | 55.57 |
| | 耗粮数量 | 千克 | 1 062.00 | 2 718.60 | 1 802.30 | 3 184.30 | 2 543.80 |
| 每 50 千克主产品 | 平均出售价格 | 元 | 68.07 | 82.41 | 60.00 | 71.95 | 86.91 |
| | 物质费用 | 元 | 36.69 | 62.86 | 29.71 | 51.21 | 46.94 |
| | 生产成本 | 元 | 50.59 | 72.10 | 39.54 | 53.57 | 54.16 |
| | 含税成本 | 元 | 54.91 | 74.72 | 40.00 | 56.64 | 55.86 |
| | 净产值 | 元 | 31.38 | 19.55 | 30.29 | 20.74 | 39.97 |
| | 减税纯收益 | 元 | 13.16 | 7.69 | 20.00 | 15.31 | 31.05 |
| | 耗粮数量 | 千克 | 15.90 | 27.40 | 16.80 | 31.60 | 27.40 |
| 每一劳动日 | 主产品产量 | 千克 | 34.30 | 54.80 | 46.30 | 219.10 | 63.40 |
| | 净产值 | 元 | 23.48 | 22.01 | 32.03 | 91.40 | 57.54 |
| 每核算单位成本外支出 | | 元 | | | | | 40.00 |

**表 2-4　全国部分地区农村专业户牛奶生产成本收益　1995—2000 年**

按统一工价汇总

| 项　目 | | 单位 | 1995 | 1996 | 1997 | 1998 | 1999 | 2000 |
|---|---|---|---|---|---|---|---|---|
| 调查县数 | | 个 | 21.00 | 25.00 | 30.00 | 33.00 | 41.00 | 35.00 |
| 调查户数 | | 户 | 67.00 | 73.00 | 79.00 | 84.00 | 142.00 | 88.00 |
| 调查数量 | | 头 | 3 848.00 | 1 073.00 | 2 653.00 | 2 930.00 | 3 264.00 | 2 471.00 |
| 平均饲养天数 | | 天 | 365.00 | 339.40 | 362.85 | 357.00 | 353.00 | 364.00 |
| 该地区年初存栏量 | | 头 | | | | | | |
| 每头 | 主产品产量 | 千克 | 4 997.52 | 4 705.15 | 5 071.12 | 4 601.70 | 4 421.16 | 5 031.80 |
| | 副产品产量 | 千克 | 1 217.84 | 3 342.25 | 809.72 | | | |
| | 产值合计 | 元 | 7 337.49 | 8 295.51 | 10 124.84 | 8 674.46 | 8 136.28 | 8 999.83 |
| | 主产品产值 | 元 | 7 032.28 | 8 103.62 | 9 248.70 | 8 203.99 | 7 883.44 | 8 641.17 |
| | 副产品产值 | 元 | 305.21 | 191.89 | 876.14 | 470.47 | 252.84 | 358.66 |
| | 物质费用合计 | 元 | 5 581.64 | 5 647.10 | 7 479.79 | 5 308.25 | 4 961.11 | 5 205.09 |
| | 用工作价 | 元 | 888.63 | 703.25 | 839.30 | 672.38 | 626.14 | 781.00 |
| | 用工数量 | 个 | 121.73 | 72.50 | 83.93 | 70.04 | 65.91 | 78.10 |
| | 劳动日工价 | 元 | 7.30 | 9.70 | 10.00 | 9.60 | 9.50 | 10.00 |
| | 总生产成本 | 元 | 6 470.27 | 6 350.35 | 8 319.09 | 6 410.35 | 5 806.23 | 6 179.80 |
| | 税金 | 元 | 0.48 | 3.25 | 1.82 | 3.76 | 4.21 | 0.25 |
| | 净产值 | 元 | 1 755.85 | 2 648.41 | 2 645.05 | 3 366.21 | 3 175.17 | 3 794.74 |
| | 减税纯收益 | 元 | 866.74 | 1 941.91 | 1 803.93 | 2 306.70 | 2 335.58 | 2 827.28 |
| | 成本纯收益率 | % | 13.40 | 30.58 | 21.68 | 35.96 | 40.23 | 45.75 |
| | 耗精饲料折粮 | 千克 | 1 938.57 | 1 708.40 | 1 914.28 | 1 936.76 | 2 248.06 | 2 128.00 |
| 每百元产值 | 物质费用 | 元 | 76.07 | 68.07 | 73.88 | | | |
| | 生产成本 | 元 | 88.18 | 76.55 | 82.17 | | | |
| 每 50 千克主产品 | 生产成本 | 元 | 62.04 | 65.92 | 74.93 | 61.46 | 61.23 | 57.12 |
| | 含税生产成本 | 元 | 62.04 | 65.95 | 74.95 | 65.91 | 63.63 | 58.97 |
| | 平均出售价格 | 元 | 70.36 | 86.11 | 91.19 | 89.14 | 89.16 | 85.87 |
| | 耗粮数量 | 千克 | 19.40 | 18.16 | 18.88 | 21.04 | 25.42 | 21.10 |
| 每一劳动日 | 主产品产量 | 千克 | 41.06 | 64.90 | 60.42 | 65.70 | 67.08 | 64.40 |
| | 净产值 | 元 | 14.42 | 36.53 | 31.51 | 48.06 | 48.17 | 48.59 |
| 每核算单位成本外支出 | | 元 | 32.02 | 2.09 | 0.65 | 4.72 | 1.21 | 0.56 |

注：表中数据为当年调查地区平均数，常年调查地区为：天津、河北、黑龙江、河南、内蒙古，其他调查地区各年度间略有变动。

## 表 2-5 全国部分大中城市国营农场牛奶生产成本收益 2001 年（一）

按统一工价汇总

| 项目 | | 单位 | 平均 | 北京 | 天津 | 石家庄 | 长春 | 大连 |
|---|---|---|---|---|---|---|---|---|
| 调查县数 | | 个 | 46.00 | 3.00 | 4.00 | 1.00 | 1.00 | 1.00 |
| 调查户数 | | 户 | 72.00 | 12.00 | 4.00 | 1.00 | 2.00 | 1.00 |
| 调查数量 | | 头 | 33 238.00 | 5 964.00 | 2 268.00 | 120.00 | 769.00 | 1 118.00 |
| 平均饲养天数 | | 天 | 365.00 | 365.00 | 365.00 | 365.00 | 365.00 | 365.00 |
| 每头 | 主产品产量 | 千克 | 6 141.00 | 7 769.80 | 7 157.30 | 7 057.00 | 6 459.60 | 6 120.00 |
| | 产值合计 | 元 | 13 545.01 | 15 903.75 | 16 500.14 | 14 314.00 | 11 163.20 | 12 420.00 |
| | 主产品产值 | 元 | 13 132.26 | 15 721.26 | 14 206.18 | 14 114.00 | 10 981.40 | 12 240.00 |
| | 副产品产值 | 元 | 412.75 | 182.49 | 2 293.96 | 200.00 | 181.80 | 180.00 |
| | 其他收入 | 元 | 24.09 | | | | | 243.00 |
| | 生产成本 | 元 | 10 185.58 | 11 040.21 | 9 861.40 | 9 329.90 | 10 538.94 | 9 456.50 |
| | 物质费用 | 元 | 9 514.78 | 10 527.49 | 9 569.16 | 8 487.50 | 9 388.70 | 8 884.50 |
| | 用工作价 | 元 | 670.80 | 512.72 | 292.24 | 842.40 | 1 150.24 | 572.00 |
| | 用工数量 | 日 | 64.50 | 49.30 | 28.10 | 81.00 | 110.60 | 55.00 |
| | 劳动日工价 | 元 | 10.40 | 10.40 | 10.40 | 10.40 | 10.40 | 10.40 |
| | 期间费用 | 元 | 1 794.25 | 2 409.98 | 2 283.88 | 1 632.90 | 5 804.00 | 1 571.00 |
| | 税金 | 元 | 3.92 | | | | | |
| | 含税成本 | 元 | 11 983.75 | 13 450.19 | 12 145.28 | 10 962.80 | 16 342.94 | 11 027.50 |
| | 净产值 | 元 | 4 030.23 | 5 376.26 | 6 930.98 | 5 826.50 | 1 774.50 | 3 535.50 |
| | 减税纯收益 | 元 | 1 585.35 | 2 453.56 | 4 354.86 | 3 351.20 | −5 179.74 | 1 635.50 |
| | 成本纯收益率 | % | 13.23 | 18.24 | 35.86 | 30.57 | −31.69 | 14.83 |
| | 耗粮数量 | 千克 | 2 049.50 | 3 380.20 | 3 161.60 | 1 476.50 | 1 857.30 | 1 982.00 |
| 每50千克主产品 | 平均出售价格 | 元 | 106.92 | 101.17 | 99.24 | 100.00 | 85.00 | 100.00 |
| | 物质费用 | 元 | 75.11 | 66.97 | 57.55 | 59.30 | 71.49 | 71.53 |
| | 生产成本 | 元 | 80.40 | 70.23 | 59.31 | 65.18 | 80.25 | 76.14 |
| | 含税成本 | 元 | 94.60 | 85.56 | 73.05 | 76.59 | 124.44 | 88.79 |
| | 净产值 | 元 | 31.81 | 34.20 | 41.69 | 40.70 | 13.51 | 28.47 |
| | 减税纯收益 | 元 | 12.52 | 15.61 | 26.19 | 23.41 | −39.44 | 13.20 |
| | 耗粮数量 | 千克 | 16.70 | 21.80 | 22.10 | 10.50 | 14.40 | 16.20 |
| 每一劳动日 | 主产品产量 | 千克 | 95.20 | 157.60 | 254.70 | 87.10 | 58.40 | 111.30 |
| | 净产值 | 元 | 62.48 | 109.05 | 246.65 | 71.93 | 16.04 | 64.28 |
| 每核算单位成本外支出 | | 元 | | | | | | 20.00 |

**表 2-5　全国部分大中城市国营农场牛奶生产成本收益　2001 年（二）**

按统一工价汇总

| 项　目 | | 单位 | 上 海 | 南 京 | 杭 州 | 合 肥 | 济 南 | 宁 波 |
|---|---|---|---|---|---|---|---|---|
| 调查县数 | | 个 | 5.00 | 3.00 | 2.00 | 2.00 | 2.00 | 1.00 |
| 调查户数 | | 户 | 15.00 | 3.00 | 2.00 | 2.00 | 2.00 | 1.00 |
| 调查数量 | | 头 | 3 064.00 | 1 982.00 | 1 691.00 | 2 539.00 | 1 240.00 | 575.00 |
| 平均饲养天数 | | 天 | 365.00 | 365.00 | 365.00 | 365.00 | 365.00 | 365.00 |
| 每头 | 主产品产量 | 千克 | 6 991.00 | 6 927.50 | 7 703.50 | 6 637.20 | 7 168.00 | 5 890.60 |
| | 产值合计 | 元 | 14 901.46 | 16 710.80 | 16 955.59 | 12 518.93 | 14 022.10 | 13 077.23 |
| | 主产品产值 | 元 | 14 732.51 | 16 554.32 | 16 720.65 | 12 518.93 | 13 619.20 | 12 708.23 |
| | 副产品产值 | 元 | 168.95 | 156.48 | 234.94 | | 402.90 | 369.00 |
| | 其他收入 | 元 | 77.61 | 4.47 | 126.90 | | | |
| | 生产成本 | 元 | 12 189.78 | 12 282.41 | 11 226.90 | 8 588.48 | 11 145.73 | 8 124.39 |
| | 物质费用 | 元 | 11 608.42 | 10 877.37 | 10 391.78 | 7 830.32 | 10 712.05 | 7 671.99 |
| | 用工作价 | 元 | 581.36 | 1 405.04 | 835.12 | 758.16 | 433.68 | 452.40 |
| | 用工数量 | 日 | 55.90 | 135.10 | 80.30 | 72.90 | 41.70 | 43.50 |
| | 劳动日工价 | 元 | 10.40 | 10.40 | 10.40 | 10.40 | 10.40 | 10.40 |
| | 期间费用 | 元 | 918.33 | 2 336.81 | 1 445.05 | 944.59 | 1 315.48 | 1 335.38 |
| | 税金 | 元 | | | | | | |
| | 含税成本 | 元 | 13 108.11 | 14 619.22 | 12 671.95 | 9 533.07 | 12 461.21 | 9 459.77 |
| | 净产值 | 元 | 3 293.04 | 5 833.43 | 6 563.81 | 4 688.61 | 3 310.05 | 5 405.24 |
| | 减税纯收益 | 元 | 1 807.96 | 2 096.05 | 4 410.54 | 2 985.86 | 1 560.89 | 3 617.46 |
| | 成本纯收益率 | % | 14.27 | 14.34 | 34.81 | 31.32 | 12.53 | 38.24 |
| | 耗粮数量 | 千克 | 2 386.30 | 2 307.90 | 3 401.40 | 2 221.80 | 3 150.50 | 1 680.00 |
| 每 50 千克主产品 | 平均出售价格 | 元 | 105.37 | 119.48 | 108.53 | 94.31 | 95.00 | 107.87 |
| | 物质费用 | 元 | 82.08 | 77.77 | 66.52 | 58.99 | 72.57 | 63.28 |
| | 生产成本 | 元 | 86.20 | 87.82 | 71.86 | 64.70 | 75.51 | 67.02 |
| | 含税成本 | 元 | 92.69 | 104.53 | 81.11 | 71.82 | 84.42 | 78.03 |
| | 净产值 | 元 | 23.29 | 41.71 | 42.01 | 35.32 | 22.43 | 44.59 |
| | 减税纯收益 | 元 | 13.24 | 14.98 | 28.24 | 22.49 | 10.58 | 29.84 |
| | 耗粮数量 | 千克 | 17.10 | 16.70 | 22.10 | 16.70 | 22.00 | 14.30 |
| 每一劳动日 | 主产品产量 | | 125.10 | 51.30 | 95.90 | 91.00 | 171.90 | 135.40 |
| | 净产值 | 元 | 58.91 | 43.18 | 81.74 | 64.32 | 79.38 | 124.26 |
| 每核算单位成本外支出 | | 元 | | 494.96 | | | 42.45 | |

表 2-5 全国部分大中城市国营农场牛奶生产成本收益 2001 年（三）

按统一工价汇总

| 项目 | | 单位 | 郑州 | 武汉 | 广州 | 南宁 | 海口 | 成都 |
|---|---|---|---|---|---|---|---|---|
| 调查县数 | | 个 | 1.00 | 1.00 | 1.00 | 1.00 | 1.00 | 6.00 |
| 调查户数 | | 户 | 1.00 | 1.00 | 2.00 | 3.00 | 3.00 | 6.00 |
| 调查数量 | | 头 | 198.00 | 559.00 | 881.00 | 645.00 | 110.00 | 1 580.00 |
| 平均饲养天数 | | 天 | 365.00 | 365.00 | 365.00 | 365.00 | 365.00 | 365.00 |
| 每头 | 主产品产量 | 千克 | 2 946.00 | 6 000.00 | 4 693.80 | 4 956.00 | 2 254.00 | 6 085.50 |
| | 产值合计 | 元 | 5 808.00 | 13 300.00 | 16 121.37 | 10 857.27 | 5 306.10 | 13 292.49 |
| | 主产品产值 | 元 | 5 682.00 | 13 200.00 | 16 078.31 | 10 655.33 | 4 693.70 | 13 187.70 |
| | 副产品产值 | 元 | 126.00 | 100.00 | 43.06 | 201.94 | 612.40 | 104.79 |
| | 其他收入 | 元 | 102.00 | | | | | |
| | 生产成本 | 元 | 5 386.05 | 10 844.00 | 14 132.10 | 13 693.33 | 4 559.70 | 9 473.31 |
| | 物质费用 | 元 | 4 751.65 | 10 220.00 | 13 716.10 | 12 745.89 | 4 133.30 | 8 921.07 |
| | 用工作价 | 元 | 634.40 | 624.00 | 416.00 | 947.44 | 426.40 | 552.24 |
| | 用工数量 | 日 | 61.00 | 60.00 | 40.00 | 91.10 | 41.00 | 53.10 |
| | 劳动日工价 | 元 | 10.40 | 10.40 | 10.40 | 10.40 | 10.40 | 10.40 |
| | 期间费用 | 元 | 377.40 | 1 136.00 | 2 182.19 | 1 389.63 | 476.60 | 1 969.77 |
| | 税金 | 元 | 32.00 | 53.00 | | | | |
| | 含税成本 | 元 | 5 795.45 | 12 033.00 | 16 314.29 | 15 082.96 | 5 036.30 | 11 443.08 |
| | 净产值 | 元 | 1 056.35 | 3 080.00 | 2 405.27 | －1 888.62 | 1 172.80 | 4 371.42 |
| | 减税纯收益 | 元 | 114.55 | 1267.00 | －192.92 | －4 225.69 | 269.80 | 1 849.41 |
| | 成本纯收益率 | % | 1.98 | 10.53 | －1.18 | －28.20 | 5.36 | 16.16 |
| | 耗粮数量 | 千克 | 1 274.00 | 1 860.00 | 1 000.20 | 1 554.10 | 1 185.00 | |
| 每50千克主产品 | 平均出售价格 | 元 | 96.44 | 110.00 | 171.27 | 107.50 | 104.12 | 108.35 |
| | 物质费用 | 元 | 78.90 | 84.53 | 145.72 | 126.20 | 81.11 | 72.72 |
| | 生产成本 | 元 | 89.43 | 89.69 | 150.14 | 135.58 | 89.47 | 77.22 |
| | 含税成本 | 元 | 96.23 | 99.52 | 173.32 | 149.34 | 98.83 | 93.28 |
| | 净产值 | 元 | 17.54 | 25.47 | 25.55 | －18.70 | 23.01 | 35.63 |
| | 减税纯收益 | 元 | 1.94 | 10.48 | －2.05 | －41.84 | 5.29 | 15.07 |
| | 耗粮数量 | 千克 | 21.60 | 15.50 | 10.70 | 15.70 | 26.30 | |
| 每一劳动日 | 主产品产量 | 千克 | 48.30 | 100.00 | 117.30 | 54.40 | 55.00 | 114.60 |
| | 净产值 | 元 | 17.32 | 51.33 | 60.13 | －20.73 | 28.60 | 82.32 |
| 每核算单位成本外支出 | | 元 | | | 871.58 | | | 164.16 |

**表 2-5　全国部分大中城市国营农场牛奶生产成本收益　2001 年（四）**

按统一工价汇总

| 项　目 | | 单位 | 贵　阳 | 重　庆 | 西　安 | 兰　州 | 西　宁 | 乌鲁木齐 |
|---|---|---|---|---|---|---|---|---|
| 调查县数 | | 个 | 1.00 | 1.00 | 5.00 | 1.00 | 1.00 | 1.00 |
| 调查户数 | | 户 | 1.00 | 1.00 | 5.00 | 2.00 | 1.00 | 1.00 |
| 调查数量 | | 头 | 3 750.00 | 268.00 | 1 837.00 | 617.00 | 535.00 | 928.00 |
| 平均饲养天数 | | 天 | 365.00 | 365.00 | 365.00 | 365.00 | 365.00 | 365.00 |
| 每头 | 主产品产量 | 千克 | 5 000.00 | 4 981.20 | 8 308.80 | 5 530.20 | 5 577.00 | 928.60 |
| | 产值合计 | 元 | 22 360.00 | 11 278.04 | 15 029.85 | 14 221.54 | 9 080.53 | 16 392.82 |
| | 主产品产值 | 元 | 22 340.00 | 10 958.64 | 14 433.88 | 12 423.65 | 8 923.52 | 15 348.62 |
| | 副产品产值 | 元 | 20.00 | 319.40 | 595.97 | 1 797.89 | 157.01 | 1 044.20 |
| | 其他收入 | 元 | | | | | | |
| | 生产成本 | 元 | 12 635.41 | 8 657.70 | 11 822.38 | 7 022.02 | 7 491.13 | 14 757.99 |
| | 物质费用 | 元 | 11 782.61 | 7 518.90 | 11 415.74 | 6 753.70 | 6 902.49 | 14 028.95 |
| | 用工作价 | 元 | 852.80 | 1 138.80 | 406.64 | 268.32 | 588.64 | 729.04 |
| | 用工数量 | 日 | 82.00 | 109.50 | 39.10 | 25.80 | 56.60 | 70.10 |
| | 劳动日工价 | 元 | 10.40 | 10.40 | 10.40 | 10.40 | 10.40 | 10.40 |
| | 期间费用 | 元 | 6 322.40 | 539.50 | 690.50 | 2 233.87 | 1 223.17 | 729.35 |
| | 税金 | 元 | | | 5.16 | | | |
| | 含税成本 | 元 | 18 957.81 | 9 197.20 | 12 518.04 | 9 255.89 | 8 714.30 | 15 487.34 |
| | 净产值 | 元 | 10 577.39 | 3 759.14 | 3 614.11 | 7 467.84 | 2 178.04 | 2 363.87 |
| | 减税纯收益 | 元 | 3 402.19 | 2 080.84 | 2 511.81 | 4 965.65 | 366.23 | 905.48 |
| | 成本纯收益率 | % | 17.95 | 22.62 | 20.07 | 53.65 | 4.20 | 5.85 |
| | 耗粮数量 | 千克 | 3 045.00 | 2 597.70 | 2 673.10 | 2 070.90 | 700.50 | 2 173.60 |
| 每 50 千克主产品 | 平均出售价格 | 元 | 223.40 | 110.00 | 86.86 | 112.33 | 80.00 | 85.00 |
| | 物质费用 | 元 | 117.72 | 73.34 | 65.97 | 53.34 | 60.81 | 72.74 |
| | 生产成本 | 元 | 126.24 | 84.44 | 68.32 | 55.46 | 66.00 | 76.52 |
| | 含税成本 | 元 | 189.41 | 89.70 | 72.34 | 73.11 | 76.77 | 80.30 |
| | 净产值 | 元 | 105.68 | 36.66 | 20.89 | 58.99 | 19.19 | 12.26 |
| | 减税纯收益 | 元 | 33.99 | 20.30 | 14.52 | 39.22 | 3.23 | 4.70 |
| | 耗粮数量 | 千克 | 30.50 | 26.10 | 16.10 | 18.70 | 6.30 | 12.00 |
| 每一劳动日 | 主产品产量 | 千克 | 61.00 | 45.50 | 212.50 | 214.30 | 98.50 | 128.80 |
| | 净产值 | 元 | 128.99 | 34.33 | 92.43 | 289.45 | 38.48 | 33.72 |
| 每核算单位成本外支出 | | 元 | | | | | | |

## 表 2-6 全国部分大中城市国营农场牛奶生产成本收益 1995—2000 年

按统一工价汇总

| 项目 | | 单位 | 1995 | 1996 | 1997 | 1998 | 1999 | 2000 |
|---|---|---|---|---|---|---|---|---|
| 调查县数 | | 个 | 26.00 | 51.00 | 50.00 | 41.00 | 48.00 | 48.00 |
| 调查户数 | | 户 | 42.00 | 75.00 | 87.00 | 53.00 | 76.00 | 83.00 |
| 调查数量 | | 头 | 18 663.40 | 26 316.20 | 28 469.00 | 22 966.00 | 27 452.00 | 26 906.00 |
| 平均饲养天数 | | 天 | 363.73 | 361.00 | 383.16 | 367.00 | 365.00 | 365.00 |
| 该地区年初存栏量 | | 头 | | | | | | |
| 每头 | 主产品产量 | 千克 | 5 237.25 | 5 533.45 | 5 721.89 | 5 838.32 | 6 181.97 | 6 078.90 |
| | 副产品产量 | 千克 | 528.95 | 126.15 | 113.35 | | | |
| | 产值合计 | 元 | 9 726.91 | 11 544.98 | 12 769.28 | 12 814.89 | 14 117.51 | 13 763.24 |
| | 主产品产值 | 元 | 9 426.87 | 11 180.37 | 12 531.52 | 12 301.42 | 13 672.43 | 13 262.13 |
| | 副产品产值 | 元 | 300.04 | 364.61 | 237.76 | 513.47 | 445.08 | 501.11 |
| | 物质费用合计 | 元 | 8 732.50 | 10 285.00 | 10 428.50 | 9 139.28 | 9 557.42 | 9 564.33 |
| | 用工作价 | 元 | 673.79 | 800.25 | 690.80 | 637.44 | 627.28 | 619.00 |
| | 用工数量 | 个 | 92.03 | 82.50 | 69.08 | 66.40 | 66.03 | 61.90 |
| | 劳动日工价 | 元 | 7.30 | 9.70 | 10.00 | 9.60 | 9.50 | 10.00 |
| | 总生产成本 | 元 | 9 406.29 | 11 085.25 | 11 119.30 | 11 384.46 | 12 065.66 | 11 898.49 |
| | 税金 | 元 | 0.71 | 5.49 | 25.19 | 2.20 | 5.43 | 5.53 |
| | 净产值 | 元 | 994.41 | 1 259.98 | 2 340.78 | 3 675.61 | 4 560.09 | 4 198.91 |
| | 减税纯收益 | 元 | 319.91 | 454.24 | 1 624.79 | 1 488.24 | 2 127.64 | 1 905.38 |
| | 成本纯收益率 | % | 3.40 | 4.10 | 14.61 | 13.07 | 17.63 | 16.01 |
| | 耗精饲料折粮 | 千克 | 2 063.90 | 2 382.50 | 2 637.30 | 2 237.45 | 2 306.78 | 2 206.50 |
| 每百元产值 | 物质费用 | 元 | 89.78 | 89.09 | 81.67 | | | |
| | 生产成本 | 元 | 96.70 | 96.02 | 87.08 | | | |
| 每50千克主产品 | 生产成本 | 元 | 87.03 | 97.01 | 95.36 | 80.37 | 79.77 | 80.71 |
| | 含税生产成本 | 元 | 87.04 | 97.06 | 95.58 | 93.61 | 94.51 | 94.34 |
| | 平均出售价格 | 元 | 90.00 | 101.03 | 109.51 | 105.35 | 110.58 | 109.08 |
| | 耗粮数量 | 千克 | 19.71 | 21.53 | 23.05 | 19.16 | 18.66 | 18.10 |
| 每一劳动日 | 主产品产量 | 千克 | 56.74 | 67.05 | 82.83 | 87.93 | 93.62 | 98.20 |
| | 净产值 | 元 | 10.77 | 15.27 | 33.89 | 55.36 | 69.06 | 67.83 |
| 每核算单位成本外支出 | | 元 | 0.80 | 20.07 | 68.18 | 12.77 | 39.95 | 76.81 |

注：表中数据为当年调查城市平均数，常年调查城市为：石家庄、大连、哈尔滨、上海、宁波、济南、郑州、武汉、昆明、西宁，其他调查城市各年度间略有变动。

表 2-7 全国部分大中城市郊区专业户牛奶生产成本收益 2001 年（一）

按统一工价汇总

| 项 目 | | 单位 | 平 均 | 天 津 | 太 原 | 呼和浩特 | 沈 阳 |
|---|---|---|---|---|---|---|---|
| 调查县数 | | 个 | 24.00 | 3.00 | 1.00 | 3.00 | 1.00 |
| 调查户数 | | 户 | 66.00 | 8.00 | 3.00 | 9.00 | 2.00 |
| 调查数量 | | 头 | 1 612.00 | 983.00 | 15.00 | 178.00 | 91.00 |
| 平均饲养天数 | | 天 | 365.00 | 365.00 | 365.00 | 365.00 | 365.00 |
| 每头 | 主产品产量 | 千克 | 5 282.20 | 5 620.00 | 5 930.00 | 6 750.00 | 5 636.00 |
| | 产值合计 | 元 | 9 405.16 | 10 101.05 | 9 954.00 | 12 877.50 | 8 704.00 |
| | 主产品产值 | 元 | 8 996.98 | 9 478.83 | 9 820.00 | 11 677.50 | 8 454.00 |
| | 副产品产值 | 元 | 408.18 | 622.22 | 134.00 | 1 200.00 | 250.00 |
| | 其他收入 | 元 | | | | | |
| | 生产成本 | 元 | 6 340.39 | 7 276.21 | 8 439.00 | 6 761.24 | 5 245.10 |
| | 物质费用 | 元 | 5 657.11 | 6 800.93 | 8 023.00 | 6 603.16 | 4 839.50 |
| | 用工作价 | 元 | 683.28 | 475.28 | 416.00 | 158.08 | 405.60 |
| | 用工数量 | 日 | 65.70 | 45.70 | 40.00 | 15.20 | 39.00 |
| | 劳动日工价 | 元 | 10.40 | 10.40 | 10.40 | 10.40 | 10.40 |
| | 期间费用 | 元 | 244.92 | 731.58 | 138.00 | | 67.50 |
| | 税金 | 元 | 3.49 | | | 15.00 | |
| | 含税成本 | 元 | 6 588.80 | 8 007.79 | 8 577.00 | 6 776.24 | 5 312.60 |
| | 净产值 | 元 | 3 748.05 | 3 300.12 | 1 931.00 | 6 274.34 | 3 864.50 |
| | 减税纯收益 | 元 | 2 816.36 | 2 093.26 | 1 377.00 | 6 101.26 | 3 391.40 |
| | 成本纯收益率 | % | 42.74 | 26.14 | 16.05 | 90.04 | 63.84 |
| | 耗粮数量 | 千克 | 2 132.70 | 2 393.50 | 2 736.60 | 3 000.00 | 1 485.00 |
| 每 50 千克主产品 | 平均出售价格 | 元 | 85.16 | 84.33 | 82.80 | 86.50 | 75.00 |
| | 物质费用 | 元 | 51.22 | 56.78 | 66.74 | 44.35 | 41.70 |
| | 生产成本 | 元 | 57.41 | 60.75 | 70.20 | 45.42 | 45.20 |
| | 含税成本 | 元 | 59.66 | 66.85 | 71.35 | 45.52 | 45.78 |
| | 净产值 | 元 | 33.94 | 27.55 | 16.06 | 42.15 | 33.30 |
| | 减税纯收益 | 元 | 25.50 | 17.48 | 11.45 | 40.98 | 29.22 |
| | 耗粮数量 | 千克 | 20.20 | 21.30 | 23.10 | 22.20 | 13.20 |
| 每一劳动日 | 主产品产量 | 千克 | 80.40 | 123.00 | 148.30 | 444.10 | 144.50 |
| | 净产值 | 元 | 57.05 | 72.21 | 48.28 | 412.79 | 99.09 |
| 每核算单位成本外支出 | | 元 | 31.52 | | | 200.00 | 10.00 |

## 表2-7 全国部分大中城市郊区专业户牛奶生产成本收益2001年（二）

按统一工价汇总

| 项目 | | 单位 | 哈尔滨 | 福州 | 济南 | 青岛 | 郑州 |
|---|---|---|---|---|---|---|---|
| 调查县数 | | 个 | 4.00 | 1.00 | 2.00 | 1.00 | 1.00 |
| 调查户数 | | 户 | 10.00 | 3.00 | 4.00 | 6.00 | 1.00 |
| 调查数量 | | 头 | 46.00 | 148.00 | 37.00 | 15.00 | 9.00 |
| 平均饲养天数 | | 天 | 365.00 | 365.00 | 365.00 | 365.00 | 365.00 |
| 每头 | 主产品产量 | 千克 | 4 520.30 | 5 423.20 | 5 486.90 | 4 988.30 | 5 654.00 |
| | 产值合计 | 元 | 7 015.87 | 12 352.50 | 12 098.84 | 10 108.28 | 9 146.00 |
| | 主产品产值 | 元 | 6 734.14 | 11 832.91 | 11 690.62 | 9 804.28 | 9 046.00 |
| | 副产品产值 | 元 | 281.73 | 519.59 | 408.22 | 304.00 | 100.00 |
| | 其他收入 | 元 | | | | | |
| | 生产成本 | 元 | 5 122.44 | 7 644.49 | 7 027.21 | 5 226.36 | 6 005.00 |
| | 物质费用 | 元 | 4 001.32 | 7 043.37 | 6 236.81 | 4 477.56 | 5 225.00 |
| | 用工作价 | 元 | 1 121.12 | 601.12 | 790.40 | 748.80 | 780.00 |
| | 用工数量 | 日 | 107.80 | 57.80 | 76.00 | 72.00 | 75.00 |
| | 劳动日工价 | 元 | 10.40 | 10.40 | 10.40 | 10.40 | 10.40 |
| | 期间费用 | 元 | 36.12 | 248.19 | 554.63 | 457.33 | 155.00 |
| | 税金 | 元 | | | | | 26.00 |
| | 含税成本 | 元 | 5 158.56 | 7 892.68 | 7 581.84 | 5 683.69 | 6 186.00 |
| | 净产值 | 元 | 3 014.55 | 5 309.13 | 5 862.03 | 5 630.72 | 3 921.00 |
| | 减税纯收益 | 元 | 1 857.31 | 4 459.82 | 4 517.00 | 4 424.59 | 2 960.00 |
| | 成本纯收益率 | % | 36.00 | 56.51 | 59.58 | 77.85 | 47.85 |
| | 耗粮数量 | 千克 | 1 860.30 | 1 727.70 | 1 968.40 | 1 321.60 | 1 330.00 |
| 每50千克主产品 | 平均出售价格 | 元 | 74.49 | 109.10 | 106.53 | 98.27 | 80.00 |
| | 物质费用 | 元 | 42.48 | 62.21 | 54.91 | 43.53 | 45.70 |
| | 生产成本 | 元 | 54.39 | 67.52 | 61.87 | 50.81 | 52.53 |
| | 含税成本 | 元 | 54.77 | 69.71 | 66.76 | 55.26 | 54.11 |
| | 净产值 | 元 | 32.01 | 46.89 | 51.62 | 54.74 | 34.30 |
| | 减税纯收益 | 元 | 19.72 | 39.90 | 39.77 | 43.01 | 25.89 |
| | 耗粮数量 | 千克 | 20.60 | 15.90 | 17.90 | 13.20 | 11.80 |
| 每一劳动日 | 主产品产量 | 千克 | 41.90 | 93.80 | 72.20 | 69.30 | 75.40 |
| | 净产值 | 元 | 27.96 | 91.85 | 77.13 | 78.20 | 52.28 |
| 每核算单位成本外支出 | | 元 | 34.41 | | 178.81 | 18.00 | |

## 表 2-7 全国部分大中城市郊区专业户牛奶生产成本收益 2001 年（三）

按统一工价汇总

| 项 目 | | 单位 | 长 沙 | 昆 明 | 重 庆 | 西 安 | 银 川 |
|---|---|---|---|---|---|---|---|
| 调查县数 | | 个 | 1.00 | 2.00 | 2.00 | 1.00 | 1.00 |
| 调查户数 | | 户 | 1.00 | 6.00 | 2.00 | 9.00 | 2.00 |
| 调查数量 | | 头 | 20.00 | 19.00 | 11.00 | 12.00 | 28.00 |
| 平均饲养天数 | | 天 | 365.00 | 365.00 | 365.00 | 365.00 | 365.00 |
| 每头 | 主产品产量 | 千克 | 5 250.00 | 3 331.10 | 4 956.40 | 5 366.00 | 5 039.00 |
| | 产值合计 | 元 | 11 325.00 | 4 940.45 | 8 398.43 | 7 358.40 | 7 292.00 |
| | 主产品产值 | 元 | 11 025.00 | 4 535.10 | 8 169.23 | 6 439.20 | 7 250.93 |
| | 副产品产值 | 元 | 300.00 | 405.35 | 229.20 | 919.20 | 41.07 |
| | 其他收入 | 元 | | | | | |
| | 生产成本 | 元 | 8 722.62 | 3 671.87 | 7 347.30 | 4 849.48 | 5 429.01 |
| | 物质费用 | 元 | 8 046.62 | 2 663.07 | 6 406.10 | 3 643.08 | 5 189.81 |
| | 用工作价 | 元 | 676.00 | 1 008.80 | 941.20 | 1 206.40 | 239.20 |
| | 用工数量 | 日 | 65.00 | 97.00 | 90.50 | 116.00 | 23.00 |
| | 劳动日工价 | 元 | 10.40 | 10.40 | 10.40 | 10.40 | 10.40 |
| | 期间费用 | 元 | 100.24 | 305.19 | 267.28 | 56.00 | 311.78 |
| | 税金 | 元 | | 7.89 | | | |
| | 含税成本 | 元 | 8 822.86 | 3 984.95 | 7 614.58 | 4 905.48 | 5 740.79 |
| | 净产值 | 元 | 3 278.38 | 2 277.38 | 1 992.33 | 3 715.32 | 2 102.19 |
| | 减税纯收益 | 元 | 2 502.14 | 955.50 | 783.85 | 2 452.92 | 1 551.21 |
| | 成本纯收益率 | % | 28.36 | 23.98 | 10.29 | 50.00 | 27.02 |
| | 耗粮数量 | 千克 | 3 267.20 | 1 062.00 | 2 718.60 | 1 802.30 | 3 184.30 |
| 每50千克主产品 | 平均出售价格 | 元 | 105.00 | 68.07 | 82.41 | 60.00 | 71.95 |
| | 物质费用 | 元 | 74.60 | 36.69 | 62.86 | 29.71 | 51.21 |
| | 生产成本 | 元 | 80.87 | 50.59 | 72.10 | 39.54 | 53.57 |
| | 含税成本 | 元 | 81.80 | 54.91 | 74.72 | 40.00 | 56.64 |
| | 净产值 | 元 | 30.40 | 31.38 | 19.55 | 30.29 | 20.74 |
| | 减税纯收益 | 元 | 23.20 | 13.16 | 7.69 | 20.00 | 15.31 |
| | 耗粮数量 | 千克 | 31.10 | 15.90 | 27.40 | 16.80 | 31.60 |
| 每一劳动日 | 主产品产量 | 千克 | 80.80 | 34.30 | 54.80 | 46.30 | 219.10 |
| | 净产值 | 元 | 50.44 | 23.48 | 22.01 | 32.03 | 91.40 |
| 每核算单位成本外支出 | | 元 | | | | | |

## 表 2-8 全国部分大中城市郊区专业户牛奶生产成本收益 1995—2000 年

按统一工价汇总

| 项目 | | 单位 | 1995 | 1996 | 1997 | 1998 | 1999 | 2000 |
|---|---|---|---|---|---|---|---|---|
| 调查县数 | | 个 | 14.00 | 18.00 | 18.00 | 19.00 | 23.00 | 23.00 |
| 调查户数 | | 户 | 24.00 | 44.00 | 49.00 | 69.00 | 87.00 | 69.00 |
| 调查数量 | | 头 | 566.00 | 827.00 | 566.00 | 2 095.00 | 1 953.00 | 2 240.00 |
| 平均饲养天数 | | 天 | 363.16 | 352.00 | 358.19 | 365.00 | 362.00 | 365.00 |
| 该地区年初存栏量 | | 头 | | | | | | |
| 每头 | 主产品产量 | 千克 | 5 011.04 | 5 004.00 | 4 422.98 | 4 652.84 | 4 850.06 | 5 075.50 |
| | 副产品产量 | 千克 | 3 289.63 | 3 232.50 | 2 479.00 | | | |
| | 产值合计 | 元 | 8 458.10 | 9 504.81 | 9 263.81 | 8 424.54 | 8 049.58 | 9 001.07 |
| | 主产品产值 | 元 | 8 137.84 | 8 978.47 | 8 661.74 | 8 129.44 | 7 838.50 | 8 700.97 |
| | 副产品产值 | 元 | 320.26 | 526.34 | 602.07 | 295.10 | 211.08 | 300.10 |
| | 物质费用合计 | 元 | 6 114.91 | 6 240.05 | 5 076.53 | 5 501.52 | 4 928.09 | 5 179.76 |
| | 用工作价 | 元 | 596.92 | 895.31 | 1 003.80 | 910.46 | 674.60 | 691.00 |
| | 用工数量 | 个 | 81.77 | 92.30 | 100.38 | 94.84 | 71.01 | 69.10 |
| | 劳动日工价 | 元 | 7.30 | 9.70 | 10.00 | 9.60 | 9.50 | 10.00 |
| | 总生产成本 | 元 | 6 711.83 | 7 135.36 | 6 080.33 | 6 682.04 | 5 812.17 | 6 082.85 |
| | 税金 | 元 | | | | | | |
| | 净产值 | 元 | 2 343.19 | 3 264.76 | 4 187.28 | 2 923.02 | 3 121.49 | 3 821.31 |
| | 减税纯收益 | 元 | 1 746.27 | 2 369.45 | 3 183.48 | 1 742.50 | 2 273.99 | 29 922.54 |
| | 成本纯收益率 | % | 26.02 | 33.20 | 52.36 | 26.08 | 39.12 | 48.05 |
| | 耗精饲料折粮 | 千克 | 1 676.55 | 1 933.40 | 1 771.51 | 2 225.91 | 2 362.82 | 2 194.20 |
| 每百元产值 | 物质费用 | 元 | 72.30 | 65.65 | 54.80 | | | |
| | 生产成本 | 元 | 79.35 | 75.07 | 65.64 | | | |
| 每 50 千克主产品 | 生产成本 | 元 | 64.43 | 67.35 | 64.27 | 66.49 | 56.25 | 55.91 |
| | 含税生产成本 | 元 | 64.43 | 67.35 | 64.27 | 69.29 | 58.35 | 57.93 |
| | 平均出售价格 | 元 | 81.20 | 89.71 | 97.92 | 87.36 | 80.81 | 85.72 |
| | 耗粮数量 | 千克 | 16.73 | 19.32 | 20.03 | 23.92 | 24.36 | 21.60 |
| 每一劳动日 | 主产品产量 | 千克 | 61.28 | 54.20 | 44.06 | 49.06 | 68.30 | 735.00 |
| | 净产值 | 元 | 28.66 | 35.37 | 41.71 | 30.82 | 43.96 | 55.30 |
| 每核算单位成本外支出 | | 元 | | | | 0.73 | 14.32 | 2.40 |

注：表中数据为当年调查城市平均数，常年调查城市为：沈阳、哈尔滨、宁波、福州、济南、重庆、银川，其他调查城市各年度间略有变动。

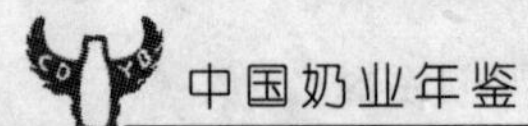


# Ⅲ.全国奶畜良种场情况

**表 3-1　全国各地区种牛场情况　2000—2001 年**

单位：个、头

| 地　区 | 种　牛　场 | | 年末存栏 | | 当年出场 | |
|---|---|---|---|---|---|---|
| | 2000 | 2001 | 2000 | 2001 | 2000 | 2001 |
| **全国总计** | **274** | **248** | **112 629** | **94 785** | **16 162** | **13 813** |
| 北　京 | 2 | 2 | 1 300 | 1 300 | 150 | 150 |
| 天　津 | | | | | | |
| 河　北 | 24 | 11 | 6 993 | 3 376 | 2 350 | 577 |
| 山　西 | 4 | 3 | 176 | 50 | 52 | 15 |
| 内蒙古 | 9 | 11 | 17 554 | 3 444 | 1 615 | 1 380 |
| 辽　宁 | 2 | 2 | 861 | 918 | 83 | 108 |
| 吉　林 | 9 | 11 | 6 188 | 7 437 | 1 448 | 2 157 |
| 黑龙江 | 20 | 26 | 8 001 | 5 843 | 2 224 | 1 232 |
| 上　海 | 4 | 4 | 3 704 | 3 843 | 155 | 160 |
| 江　苏 | 5 | 6 | 417 | 1 577 | 88 | 339 |
| 浙　江 | | | | | | |
| 安　徽 | 13 | 4 | 2 479 | 892 | 529 | 136 |
| 福　建 | 7 | 11 | 7 498 | 9 714 | 111 | 383 |
| 江　西 | 1 | 3 | 9 922 | 10 144 | 1 200 | 350 |
| 山　东 | 60 | 30 | 4 480 | 1 434 | 833 | 448 |
| 河　南 | 6 | 4 | 989 | 567 | 161 | 171 |
| 湖　北 | 4 | 5 | 2 433 | 2 747 | 465 | 407 |
| 湖　南 | 15 | 16 | 7 134 | 5 630 | 118 | 1 551 |
| 广　东 | 28 | 21 | 1 625 | 2 765 | 300 | 580 |
| 广　西 | 3 | 4 | 91 | 183 | 9 | 5 |
| 海　南 | 6 | 8 | 649 | 2 815 | 63 | 16 |
| 重　庆 | | 6 | | 47 | | 7 |
| 四　川 | 5 | 13 | 711 | 3 710 | | 564 |
| 贵　州 | 1 | 1 | 28 | 30 | | |
| 云　南 | 4 | 4 | 927 | 1 050 | 70 | 94 |
| 西　藏 | 4 | 4 | 284 | 284 | 65 | 65 |
| 陕　西 | 16 | 23 | 1 715 | 2 580 | 527 | 497 |
| 甘　肃 | 12 | 10 | 4 987 | 2 252 | 616 | 20 |
| 青　海 | | | | | | |
| 宁　夏 | 6 | 1 | 1 485 | 153 | 602 | 1 |
| 新　疆 | 4 | 4 | 19 998 | 20 000 | 2 328 | 2 400 |

## 表 3-2 全国各地区种乳牛场情况 2000—2001 年

单位：个、头

| 地区 | 种乳牛场 | | 年末存栏 | | 当年出场 | |
|---|---|---|---|---|---|---|
| | 2000 | 2001 | 2000 | 2001 | 2000 | 2001 |
| **全国总计** | **117** | **138** | **82 485** | **67 859** | **9 765** | **7 913** |
| 北京 | 2 | 2 | 1 300 | 1 300 | 150 | 150 |
| 天津 | | | | | | |
| 河北 | 20 | 9 | 4 137 | 1 340 | 810 | 165 |
| 山西 | 2 | | 18 | | 4 | |
| 内蒙古 | 5 | 7 | 8 408 | 1 189 | 715 | 383 |
| 辽宁 | | 2 | 182 | 750 | 25 | 108 |
| 吉林 | 3 | 4 | 3 118 | 4 072 | 220 | 1 264 |
| 黑龙江 | 15 | 23 | 7 680 | 5 239 | 2 102 | 1 162 |
| 上海 | 3 | 3 | 3 564 | 3 684 | 150 | 155 |
| 江苏 | 4 | 2 | 317 | 97 | 48 | 35 |
| 浙江 | | | | | | |
| 安徽 | 8 | 2 | 2 296 | 840 | 518 | 126 |
| 福建 | 7 | 7 | 7 498 | 9 583 | 111 | 340 |
| 江西 | 1 | 2 | 9 922 | 9 982 | 1 200 | 300 |
| 山东 | 5 | 22 | 1 418 | 940 | 510 | 331 |
| 河南 | 1 | 1 | 280 | 35 | 25 | 15 |
| 湖北 | 2 | 3 | 906 | 1 029 | 55 | 107 |
| 湖南 | 2 | 2 | 4 273 | 83 | | 164 |
| 广东 | 7 | 5 | 1 333 | 1 398 | 15 | 220 |
| 广西 | 2 | 3 | 73 | 108 | 9 | 5 |
| 海南 | | | | | | |
| 重庆 | | 3 | | 26 | | 2 |
| 四川 | 3 | 8 | 651 | 2 420 | | 194 |
| 贵州 | 1 | 1 | 28 | 30 | | |
| 云南 | | | | | | |
| 西藏 | 4 | 4 | 284 | 284 | 65 | 65 |
| 陕西 | 7 | 11 | 1 259 | 1 202 | 359 | 201 |
| 甘肃 | 6 | 8 | 2 802 | 2 178 | 100 | 20 |
| 青海 | | | | | | |
| 宁夏 | 3 | | 740 | 50 | 246 | 1 |
| 新疆 | 4 | 4 | 19 998 | 20 000 | 2 328 | 2 400 |

表 3-3　全国各地区种水牛场情况　2000—2001 年

单位：个、头

| 地　区 | 种水牛场 | | 年末存栏 | | 当年出场 | |
|---|---|---|---|---|---|---|
| | 2000 | 2001 | 2000 | 2001 | 2000 | 2001 |
| **全国总计** | **7** | **15** | | | | |
| 北　京 | | | | | | |
| 天　津 | | | | | | |
| 河　北 | | | | | | |
| 山　西 | | | | | | |
| 内蒙古 | | | | | | |
| 辽　宁 | | | | | | |
| 吉　林 | | | | | | |
| 黑龙江 | | | | | | |
| 上　海 | | | | | | |
| 江　苏 | 2 | 3 | | | | |
| 浙　江 | | | | | | |
| 安　徽 | | 1 | | | | |
| 福　建 | | 2 | | | | |
| 江　西 | | | | | | |
| 山　东 | | | | | | |
| 河　南 | 1 | 1 | | | | |
| 湖　北 | | | | | | |
| 湖　南 | 2 | 1 | | | | |
| 广　东 | 2 | 6 | | | | |
| 广　西 | | | | | | |
| 海　南 | | | | | | |
| 重　庆 | | | | | | |
| 四　川 | | | | | | |
| 贵　州 | | | | | | |
| 云　南 | | | | | | |
| 西　藏 | | | | | | |
| 陕　西 | | 1 | | | | |
| 甘　肃 | | | | | | |
| 青　海 | | | | | | |
| 宁　夏 | | | | | | |
| 新　疆 | | | | | | |

**表 3-4　全国各地区种牦牛场情况　2000—2001 年**

单位：个、头

| 地　区 | 种牦牛场 | | 年末存栏 | | 当年出场 | |
|---|---|---|---|---|---|---|
| | 2000 | 2001 | 2000 | 2001 | 2000 | 2001 |
| **全国总计** | **10** | **9** | **26 225** | **26 708** | **5 622** | **4 481** |
| 北　京 | | | | | | |
| 天　津 | | | | | | |
| 河　北 | 1 | 1 | 2 200 | 2 000 | 1 100 | 400 |
| 山　西 | | | | | | |
| 内蒙古 | | | | | | |
| 辽　宁 | | | | | | |
| 吉　林 | | | | | | |
| 黑龙江 | | | | | | |
| 上　海 | | | | | | |
| 江　苏 | | | | | | |
| 浙　江 | | | | | | |
| 安　徽 | | | | | | |
| 福　建 | | | | | | |
| 江　西 | | | | | | |
| 山　东 | | | | | | |
| 河　南 | | | | | | |
| 湖　北 | | | | | | |
| 湖　南 | | | | | | |
| 广　东 | 1 | | 5 | | 2 | |
| 广　西 | | | | | | |
| 海　南 | | | | | | |
| 重　庆 | | | | | | |
| 四　川 | 2 | | 3 085 | | | |
| 贵　州 | | | | | | |
| 云　南 | | | | | | |
| 西　藏 | 2 | 2 | 115 | 115 | 26 | 26 |
| 陕　西 | | | | | | |
| 甘　肃 | 3 | 5 | 1 777 | 5 648 | 394 | 1 155 |
| 青　海 | 1 | 1 | 19 043 | 18 945 | 4 100 | 2 900 |
| 宁　夏 | | | | | | |
| 新　疆 | | | | | | |

## 表 3-5 全国各地区种肉牛场情况 2000—2001 年

单位：个、头

| 地 区 | 种肉牛场 | | 年末存栏 | | 当年出场 | |
|---|---|---|---|---|---|---|
| | 2000 | 2001 | 2000 | 2001 | 2000 | 2001 |
| **全国总计** | **150** | **106** | **27 359** | **23 546** | **5 297** | **5 246** |
| 北 京 | | | | | | |
| 天 津 | | | | | | |
| 河 北 | 3 | 1 | 656 | 36 | 440 | 12 |
| 山 西 | 2 | 3 | 158 | 50 | 48 | 15 |
| 内蒙古 | 4 | 4 | 9 146 | 2 255 | 900 | 997 |
| 辽 宁 | 2 | | 679 | 168 | 58 | |
| 吉 林 | 6 | 7 | 3 070 | 3 365 | 1 228 | 893 |
| 黑龙江 | 5 | 3 | 321 | 604 | 122 | 70 |
| 上 海 | 1 | 1 | 140 | 159 | 5 | 5 |
| 江 苏 | 1 | 1 | 100 | 100 | 40 | 50 |
| 浙 江 | | | | | | |
| 安 徽 | 5 | 2 | 183 | 52 | 11 | 10 |
| 福 建 | | 4 | | 131 | | 43 |
| 江 西 | | 1 | | 162 | | 50 |
| 山 东 | 55 | 8 | 3 062 | 494 | 323 | 117 |
| 河 南 | 4 | 3 | 669 | 532 | 136 | 156 |
| 湖 北 | 2 | 2 | 1 527 | 1 718 | 410 | 300 |
| 湖 南 | 11 | 14 | 2 336 | 5 547 | 118 | 1 387 |
| 广 东 | 18 | 16 | 272 | 1 367 | 285 | 360 |
| 广 西 | 1 | 1 | 18 | 75 | | |
| 海 南 | 6 | 8 | 649 | 2 815 | 63 | 16 |
| 重 庆 | | 3 | | 21 | | 5 |
| 四 川 | 2 | 5 | 60 | 1 290 | | 370 |
| 贵 州 | | | | | | |
| 云 南 | 4 | 4 | 927 | 1 050 | 70 | 94 |
| 西 藏 | | | | | | |
| 陕 西 | 9 | 12 | 456 | 1 378 | 168 | 296 |
| 甘 肃 | 6 | 2 | 2 185 | 74 | 516 | |
| 青 海 | | | | | | |
| 宁 夏 | 3 | 1 | 745 | 103 | 356 | |
| 新 疆 | | | | | | |

## 表 3-6 全国各地区种羊场情况 2000—2001 年

单位：个、头

| 地区 | 种羊场 | | 年末存栏 | | 当年出场 | |
|---|---|---|---|---|---|---|
| | 2000 | 2001 | 2000 | 2001 | 2000 | 2001 |
| **全国总计** | **897** | **1 099** | **1 075 444** | **1 161 756** | **292 977** | **402 936** |
| 北京 | 19 | 22 | 33 046 | 43 722 | 7 980 | 18 464 |
| 天津 | 3 | 4 | 1 187 | 2 393 | 77 | 2 160 |
| 河北 | 141 | 114 | 46 837 | 38 900 | 44 819 | 27 424 |
| 山西 | 38 | 61 | 10 173 | 23 545 | 3 381 | 9 583 |
| 内蒙古 | 34 | 33 | 222 844 | 173 021 | 42 376 | 49 618 |
| 辽宁 | 8 | 8 | 4 817 | 7 731 | 2 207 | 3 382 |
| 吉林 | 9 | 13 | 19 708 | 34 690 | 3 465 | 6 504 |
| 黑龙江 | 22 | 25 | 22 354 | 15 981 | 9 888 | 4 830 |
| 上海 | 3 | 9 | 876 | 2 928 | 480 | 4 909 |
| 江苏 | 36 | 41 | 6 946 | 10 035 | 7 767 | 11 488 |
| 浙江 | 27 | 19 | 5 743 | 5 986 | 2 930 | 3 694 |
| 安徽 | 53 | 70 | 6 775 | 13 931 | 12 083 | 23 561 |
| 福建 | 13 | 11 | 1 886 | 3 031 | 761 | 1 846 |
| 江西 | 20 | 36 | 12 364 | 10 598 | 14 159 | 9 602 |
| 山东 | 128 | 142 | 16 284 | 23 376 | 37 733 | 40 051 |
| 河南 | 18 | 37 | 6 285 | 19 661 | 8 443 | 18 399 |
| 湖北 | 27 | 35 | 5 869 | 7 365 | 3 924 | 7 561 |
| 湖南 | 25 | 41 | 9 178 | 16 396 | 4 492 | 9 882 |
| 广东 | 6 | 8 | 1 605 | 2 477 | | 2 770 |
| 广西 | 3 | 2 | 2 760 | 1 230 | 1 972 | 200 |
| 海南 | 1 | 3 | 1 140 | 2 000 | 560 | 15 720 |
| 重庆 | | 51 | | 11 329 | | 8 987 |
| 四川 | 107 | 134 | 73 692 | 100 539 | | 35 019 |
| 贵州 | 2 | 1 | 688 | 514 | 100 | 203 |
| 云南 | 17 | 19 | 9 131 | 11 044 | 3 809 | 2 636 |
| 西藏 | 4 | 4 | 7 500 | 7 500 | 942 | 942 |
| 陕西 | 69 | 94 | 22 563 | 25 225 | 12 637 | 11 783 |
| 甘肃 | 28 | 31 | 41 917 | 49 813 | 15 397 | 16 472 |
| 青海 | 6 | 5 | 43 600 | 65 173 | 20 306 | 16 629 |
| 宁夏 | 12 | 8 | 9 645 | 7 622 | 1 339 | 1 470 |
| 新疆 | 18 | 18 | 428 031 | 424 000 | 28 950 | 37 147 |

## 表 3-7 全国各地区种山羊场情况 2000—2001 年

单位：个、头

| 地 区 | 种山羊场 | | 年末存栏 | | 当年出场 | |
|---|---|---|---|---|---|---|
| | 2000 | 2001 | 2000 | 2001 | 2000 | 2001 |
| **全国总计** | **531** | **723** | **269 692** | **310 003** | **130 981** | **198 588** |
| 北 京 | 10 | 8 | 28 500 | 6 850 | 5 700 | 6 800 |
| 天 津 | | 1 | | 33 | | |
| 河 北 | 24 | 49 | 5 058 | 7 511 | 2 149 | 4 751 |
| 山 西 | 19 | 26 | 3 460 | 18 371 | 1 756 | 4 765 |
| 内蒙古 | 10 | 9 | 62 729 | 49 016 | 20 975 | 15 841 |
| 辽 宁 | 7 | 7 | 4 482 | 4 770 | 1992 | 1 831 |
| 吉 林 | 2 | 3 | 1 538 | 824 | 94 | 660 |
| 黑龙江 | 3 | 9 | 4 220 | 1 891 | 1 961 | 495 |
| 上 海 | 3 | 7 | 876 | 2 668 | 480 | 2 909 |
| 江 苏 | 33 | 37 | 5 366 | 8 575 | 7 422 | 10 795 |
| 浙 江 | 25 | 17 | 5 071 | 5 269 | 2 531 | 3 062 |
| 安 徽 | 52 | 70 | 6 575 | 13 931 | 12 083 | 23 561 |
| 福 建 | 13 | 11 | 1 886 | 3 031 | 761 | 1 846 |
| 江 西 | 20 | 36 | 12 364 | 10 598 | 14 159 | 9 602 |
| 山 东 | 84 | 71 | 4 553 | 8 694 | 32 525 | 7 315 |
| 河 南 | 12 | 27 | 2 788 | 12 445 | 5 083 | 16 009 |
| 湖 北 | 24 | 32 | 4 500 | 6 110 | 3 242 | 6 596 |
| 湖 南 | 24 | 41 | 8 878 | 16 396 | 4 377 | 9 882 |
| 广 东 | 6 | 8 | 1 605 | 2 477 | | 2 770 |
| 广 西 | 3 | 2 | 2 760 | 1 230 | 1 972 | 200 |
| 海 南 | 1 | 3 | 1 140 | 2 000 | 560 | 15 720 |
| 重 庆 | | 50 | | 11 278 | | 8 715 |
| 四 川 | 90 | 117 | 29 807 | 41 607 | | 31 726 |
| 贵 州 | 2 | 1 | 688 | 514 | 100 | 203 |
| 云 南 | 12 | 15 | 4 572 | 6 503 | 2 499 | 2 361 |
| 西 藏 | 1 | 1 | 300 | 300 | 78 | 78 |
| 陕 西 | 37 | 51 | 12 797 | 16 463 | 5 226 | 5 346 |
| 甘 肃 | 7 | 7 | 5 307 | 4 274 | 886 | 805 |
| 青 海 | 1 | 1 | 82 | 74 | 15 | 21 |
| 宁 夏 | 4 | 4 | 3 875 | 2 300 | 405 | 385 |
| 新 疆 | 2 | 2 | 43 915 | 44 000 | 1 950 | 3 538 |

# Ⅳ.全国饲料饲草情况

**表 4-1 全国各地区草地和已利用草地面积 2000—2001 年**

单位：千公顷

| 地区 | 草地总面积 | | 已利用草地面积 | |
|---|---|---|---|---|
| | 2000 | 2001 | 2000 | 2001 |
| **全国总计** | **303 382.91** | **282 170.96** | **225 656.15** | **203 457.38** |
| 北　京 | 128.23 | 135.2 | 88.3 | 89.01 |
| 天　津 | | | | |
| 河　北 | 4 252.32 | 3 075.84 | 2 929.6 | 1 978.49 |
| 山　西 | 4 358 | 4 363.62 | 2 825 | 2 856.67 |
| 内蒙古 | 88 000 | 88 000 | 86 000 | 68 000 |
| 辽　宁 | 1 486.95 | 3 239.3 | 1 486.95 | 3 239.3 |
| 吉　林 | 3 110.67 | 5 842.2 | 1 528.01 | 3 722.1 |
| 黑龙江 | 4 333.3 | 4 333 | 4 333.3 | 3 333 |
| 上　海 | 2.26 | 2.64 | 2.26 | 2.64 |
| 江　苏 | 260.66 | 239.88 | 84.55 | 90.02 |
| 浙　江 | 677.78 | 683.15 | 183.15 | 183.15 |
| 安　徽 | | | | |
| 福　建 | 1 149.09 | 1 214.79 | 533.16 | 547.67 |
| 江　西 | 4 442 | 4 442 | 1 540.57 | 1 590 |
| 山　东 | 478.7 | 521.24 | 133 | 225.72 |
| 河　南 | 28 052.5 | 4 085.84 | 9 081.8 | 1 792.41 |
| 湖　北 | 6 162.37 | 6 144.82 | 3 304.32 | 3 298.27 |
| 湖　南 | 5 871.62 | 6 828.79 | 3 308.09 | 3 749.57 |
| 广　东 | | 417.54 | | 129.02 |
| 广　西 | 5 879.51 | 4 066.96 | 2 379.4 | 1 373.96 |
| 海　南 | 478.29 | 370.26 | 283.91 | 182.63 |
| 重　庆 | 2 060.81 | 2 445.36 | 1 166.56 | 1 307.69 |
| 四　川 | 5 990.19 | 5 428.55 | 2 344.84 | 2 573.88 |
| 贵　州 | 4 286 | 4 286 | 3 086 | 3 086 |
| 云　南 | 16 487.4 | 15 989.72 | 11 572.3 | 11 405.34 |
| 西　藏 | | | | |
| 陕　西 | 3 176.8 | 4 861.51 | 2 172.39 | 3 224.34 |
| 甘　肃 | 17 904.21 | 17 488.66 | 16 071.61 | 15 620.21 |
| 青　海 | 36 466.67 | 36 466.67 | 31 600 | 31 600 |
| 宁　夏 | 2 205 | 1 515.83 | 1 567.68 | 1 256.29 |
| 新　疆 | 55 681.58 | 55 681.58 | 36 049.4 | 37 000 |

## 表 4-2 全国各地区累积种草保留面积 2000—2001 年

单位：千公顷

| 地 区 | 累积种草保留面积 | | 1. 人工种草 | | 2. 改良草地 | | 3. 飞播牧草 | |
|---|---|---|---|---|---|---|---|---|
| | 2000 | 2001 | 2000 | 2001 | 2000 | 2001 | 2000 | 2001 |
| **全国总计** | **16 654.55** | **15 436.35** | **7 246.14** | **7 578.38** | **8 280.31** | **6 679.58** | **1 128.1** | **1 178.39** |
| 北 京 | 10.17 | 19.72 | 9.97 | 19.52 | 0.2 | 0.2 | | |
| 天 津 | | | | | | | | |
| 河 北 | 319.35 | 228.99 | 136.58 | 145.91 | 171.91 | 75.54 | 10.86 | 7.54 |
| 山 西 | 505.15 | 675.97 | 230 | 299.03 | 252 | 245.95 | 23.15 | 130.99 |
| 内蒙古 | 4 310.7 | 4 462.41 | 1 824.47 | 1 742.84 | 1 988.84 | 2 235.22 | 497.39 | 484.35 |
| 辽 宁 | 337.75 | 295.75 | 151.95 | 133.58 | 141.57 | 146.87 | 44.23 | 15.3 |
| 吉 林 | 247.03 | 408.7 | 104.68 | 187.3 | 120.55 | 190.7 | 21.8 | 30.7 |
| 黑龙江 | 801.4 | 608 | 210.1 | 208 | 511.9 | 321 | 79.4 | 79 |
| 上 海 | 2.26 | 2.64 | 1.9 | 2.28 | 0.36 | 0.36 | | |
| 江 苏 | 30.48 | 40.58 | 25.3 | 34.16 | 2.53 | 3.95 | 2.65 | 2.47 |
| 浙 江 | 25.45 | 30.78 | 24.4 | 29.73 | 1.05 | 1.05 | | |
| 安 徽 | | | | | | | | |
| 福 建 | 39.52 | 51.62 | 16.66 | 24.47 | 19.1 | 23.35 | 3.76 | 3.8 |
| 江 西 | 199.29 | 224.75 | 143.2 | 133.3 | 51 | 83.29 | 5.09 | 8.16 |
| 山 东 | 77 | 71.86 | 52 | 33.45 | 25 | 38.36 | | 0.05 |
| 河 南 | 2 623.75 | 1 099.39 | 680.13 | 859 | 1 940.61 | 226.92 | 3.01 | 13.47 |
| 湖 北 | 193.06 | 206.06 | 57.94 | 64.28 | 116.18 | 122.82 | 18.94 | 18.96 |
| 湖 南 | 350.32 | 520.84 | 201.82 | 287.48 | 100.5 | 214.13 | 48 | 19.23 |
| 广 东 | | 36.02 | | 28.2 | | 4.37 | | 3.45 |
| 广 西 | 117.08 | 275.64 | 18.19 | 158.64 | 4.43 | 5.14 | 94.46 | 111.86 |
| 海 南 | 6.57 | 11.85 | 3.47 | 5.18 | 2.9 | 6.67 | 0.2 | |
| 重 庆 | 100.21 | 136.46 | 48.65 | 79.76 | 50.96 | 50.4 | 0.6 | 6.3 |
| 四 川 | 317.43 | 463.96 | 218.55 | 340.44 | 84.73 | 110.49 | 14.15 | 13.03 |
| 贵 州 | 185.7 | 189.53 | 63.4 | 64.53 | 101.9 | 104.63 | 20.4 | 20.37 |
| 云 南 | 344.79 | 177.09 | 210.81 | 119.19 | 128.48 | 51.44 | 5.5 | 6.46 |
| 西 藏 | | | | | | | | |
| 陕 西 | 910.38 | 886.02 | 598.13 | 664.42 | 248.25 | 186.83 | 64 | 34.77 |
| 甘 肃 | 1 324.87 | 971.6 | 853.33 | 533.22 | 416.21 | 403.04 | 55.33 | 35.34 |
| 青 海 | 1 998.79 | 2 160.88 | 905.04 | 990.55 | 1 030.18 | 1 096.11 | 63.57 | 74.22 |
| 宁 夏 | 294.88 | 135.18 | 191.48 | 89.92 | 86.47 | 30.75 | 16.93 | 14.51 |
| 新 疆 | 981.17 | 1 044.06 | 263.99 | 300 | 682.5 | 700 | 34.68 | 44.06 |

## 表4-3 全国各地区当年新增种草面积2000—2001年

单位：千公顷

| 地区 | 当年新增种草面积 | | 1. 人工种草 | | 2. 改良草地 | | 3. 飞播牧草 | |
|---|---|---|---|---|---|---|---|---|
| | 2000 | 2001 | 2000 | 2001 | 2000 | 2001 | 2000 | 2001 |
| **全国总计** | **4 315.25** | **4 042.44** | **2 630.07** | **2 616.83** | **1 516.2** | **1 279.95** | **169.18** | **145.66** |
| 北京 | 4.62 | 7.95 | 4.62 | 7.95 | | | | |
| 天津 | | | | | | | | |
| 河北 | 61.53 | 44.54 | 55.78 | 39.87 | 4.35 | 3.21 | 1.4 | 1.46 |
| 山西 | 92.9 | 96.04 | 47 | 66.46 | 29 | 27.19 | 16.9 | 2.39 |
| 内蒙古 | 1 617.59 | 1 532.54 | 794.64 | 853.1 | 721.5 | 598.26 | 101.45 | 81.18 |
| 辽宁 | 35.78 | 51.34 | 17.34 | 30.05 | 16.94 | 19.76 | 1.5 | 1.53 |
| 吉林 | 58.3 | 73.34 | 23.89 | 31 | 31.55 | 40.94 | 2.86 | 1.4 |
| 黑龙江 | 111.3 | 97 | 31 | 40 | 77.6 | 54 | 2.7 | 3 |
| 上海 | 0.4 | 0.38 | 0.4 | 0.38 | | | | |
| 江苏 | 19.61 | 21.36 | 18.85 | 21.09 | 0.74 | 0.27 | 0.02 | |
| 浙江 | 4.45 | 5.33 | 4.4 | 5.3 | 0.05 | 0.03 | | |
| 安徽 | | | | | | | | |
| 福建 | 4.04 | 8.69 | 2.22 | 5.18 | 1.79 | 3.36 | 0.03 | 0.15 |
| 江西 | 86.68 | 35.36 | 45.2 | | 40.54 | 32.29 | 0.94 | 3.07 |
| 山东 | 36.97 | 20.45 | 36 | 20.39 | 0.97 | 0.03 | | 0.03 |
| 河南 | 796.14 | 762.42 | 575.73 | 724.3 | 219.35 | 37.06 | 1.06 | 1.06 |
| 湖北 | 14.04 | 12.35 | 5.75 | 5.74 | 6.73 | 6.58 | 1.56 | 0.03 |
| 湖南 | 33.19 | 169.93 | 9.52 | 73.51 | 20.41 | 89.59 | 3.26 | 6.83 |
| 广东 | | 12.98 | | 11.41 | | 1.5 | | 0.07 |
| 广西 | 14.59 | 52.28 | 7.51 | 36.92 | 2.39 | 5.11 | 4.69 | 10.25 |
| 海南 | 5.6 | 1.18 | 5.5 | 0.88 | 0.1 | 0.3 | | |
| 重庆 | 26.79 | 25.42 | 12.99 | 14.47 | 13.76 | 10.95 | 0.04 | |
| 四川 | 91.79 | 92.44 | 80.97 | 65.86 | 10.45 | 25.92 | 0.37 | 0.66 |
| 贵州 | 20 | 24.83 | 8.7 | 15.99 | 11.3 | 8.84 | | |
| 云南 | 41.59 | 16.36 | 35.93 | 11.96 | 5.66 | 4.4 | | |
| 西藏 | | | | | | | | |
| 陕西 | 278.11 | 284.6 | 213.33 | 213.49 | 57.31 | 63.44 | 7.47 | 7.67 |
| 甘肃 | 482.72 | 199.12 | 412 | 135.44 | 66.05 | 59.56 | 4.67 | 4.12 |
| 青海 | 128.31 | 162.09 | 106.28 | 85.51 | 16.7 | 65.93 | 5.33 | 10.65 |
| 宁夏 | 59.4 | 55.73 | 25.47 | 25.29 | 21.2 | 20.33 | 12.73 | 10.11 |
| 新疆 | 188.81 | 176.39 | 49.05 | 75.29 | 139.76 | 101.1 | 0.2 | |

## 表 4-4 全国各地区累计草场围栏保留面积 2000—2001 年

单位：千公顷

| 地 区 | 累计草场围栏保留面积 | | 其中：当年新增面积 | |
|---|---|---|---|---|
| | 2000 | 2001 | 2000 | 2001 |
| **全国总计** | **15 004.68** | **15 089.33** | **1 683.76** | **2 373.65** |
| 北 京 | | | | |
| 天 津 | | | | |
| 河 北 | 1.9 | 1 | 1.04 | 0.5 |
| 山 西 | 48 | 49.52 | 6.99 | 11.94 |
| 内蒙古 | 10 656.78 | 10 504.21 | 1 199.63 | 1 783.18 |
| 辽 宁 | 18.13 | 20 | 5.53 | 6.4 |
| 吉 林 | 239 | 463.5 | 59 | 80 |
| 黑龙江 | 649.9 | 210 | | 44 |
| 上 海 | | | | |
| 江 苏 | 5.22 | 3.75 | 0.53 | 0.08 |
| 浙 江 | | | | |
| 安 徽 | | | | |
| 福 建 | | 0.01 | | 0.01 |
| 江 西 | 3.28 | 3.68 | 1.1 | 0.4 |
| 山 东 | 4.7 | 6.38 | 1.27 | 0.33 |
| 河 南 | 6.36 | 5.41 | 2.7 | 2.39 |
| 湖 北 | 13.68 | 13.03 | 2.77 | 2.26 |
| 湖 南 | 7.64 | 7.51 | 1.48 | 1.13 |
| 广 东 | | 2.69 | | 0.49 |
| 广 西 | 5.93 | 5.93 | 2.1 | 2.1 |
| 海 南 | | 5.54 | | 1.08 |
| 重 庆 | 3.03 | 0.7 | 2.88 | 0.61 |
| 四 川 | 4.54 | 3.52 | 0.8 | 0.1 |
| 贵 州 | 18.7 | 19.83 | 0.9 | 1.13 |
| 云 南 | 44.09 | 52.45 | 3.37 | 2.46 |
| 西 藏 | | | | |
| 陕 西 | 87.24 | 88.98 | 14.27 | 12.46 |
| 甘 肃 | 569.33 | 659.52 | 75.56 | 84.82 |
| 青 海 | 1 969.59 | 2 225.86 | 239.79 | 256.27 |
| 宁 夏 | 45.08 | 52.47 | 18.9 | 22.55 |
| 新 疆 | 602.56 | 638.84 | 43.15 | 56.96 |

## 表 4-5　全国各地区草种田面积和种子产量　2000—2001 年

单位：千公顷、吨

| 地　区 | 草种田面积 | | 当年种子产量 | |
|---|---|---|---|---|
| | 2000 | 2001 | 2000 | 2001 |
| **全国总计** | **620.57** | **1 890.76** | **7 121.05** | **30 449.56** |
| 北　京 | | | | |
| 天　津 | | | | |
| 河　北 | 4.65 | 1.81 | 85.74 | 83.83 |
| 山　西 | 10.2 | 11.74 | 664.6 | 6.86 |
| 内蒙古 | 266.02 | 869.77 | 1 508.5 | 1 399.5 |
| 辽　宁 | 9.26 | 3.05 | 225.92 | 157.3 |
| 吉　林 | 9.31 | 9 | 37.13 | 310 |
| 黑龙江 | 24.5 | 208 | 190 | 6 300 |
| 上　海 | 0.08 | 0.08 | 0.08 | 0.08 |
| 江　苏 | 0.43 | 0.74 | 206.75 | 465.57 |
| 浙　江 | 0.56 | 0.58 | 36.5 | 37.5 |
| 安　徽 | | | | |
| 福　建 | 1.31 | 1.21 | 24.69 | 22.69 |
| 江　西 | 1.81 | 2.64 | 0.13 | 0.12 |
| 山　东 | 1.3 | 1.56 | | 7.5 |
| 河　南 | 39.12 | 6.51 | 470.18 | 18 822.63 |
| 湖　北 | 2.46 | 1.36 | 925.09 | 631.24 |
| 湖　南 | 99.02 | 656.13 | 25.1 | 355.3 |
| 广　东 | | 4.5 | | |
| 广　西 | 5.97 | 5.97 | 0.85 | 0.85 |
| 海　南 | 0.01 | 0.01 | 0.7 | 0.7 |
| 重　庆 | 57.8 | 0.65 | 314.32 | 59.8 |
| 四　川 | 35.48 | 41.05 | 613.62 | 717.36 |
| 贵　州 | 0.4 | 0.4 | 22 | 2.2 |
| 云　南 | 1.33 | 0.81 | 27.54 | 13.77 |
| 西　藏 | | | | |
| 陕　西 | 12.13 | 30.04 | 364 | 63.06 |
| 甘　肃 | 23.9 | 7.36 | 981.24 | 282.85 |
| 青　海 | 3 | 10.24 | 309.92 | 585.85 |
| 宁　夏 | 2.97 | 5.67 | 26.45 | 53 |
| 新　疆 | 7.55 | 9.88 | 60 | 70 |

## 表 4-6 全国各地区草地承包面积 2000—2001 年

单位：千公顷

| 地 区 | 草种承包面积 | | 其中：有偿使用面积 | |
|---|---|---|---|---|
| | 2000 | 2001 | 2000 | 2001 |
| **全国总计** | **110 553.39** | **108 671.47** | **38 318.67** | **40 856.58** |
| 北 京 | | | | |
| 天 津 | | | | |
| 河 北 | 122.65 | 68.34 | 54.91 | 40.77 |
| 山 西 | 5 763 | 219.33 | 73.55 | 81.6 |
| 内蒙古 | 51 022.25 | 50 894.77 | | |
| 辽 宁 | 82.07 | 74.12 | 50.93 | 48.83 |
| 吉 林 | 1 344 | 1 344 | 1 344 | 1 344 |
| 黑龙江 | 3 006.7 | 3 000 | 3 006.7 | |
| 上 海 | 1.76 | 1.76 | 0.86 | 0.86 |
| 江 苏 | 7.58 | 11.68 | 5.79 | 10 |
| 浙 江 | | | | |
| 安 徽 | | | | |
| 福 建 | 0.17 | 0.76 | 0.17 | 0.76 |
| 江 西 | | | | |
| 山 东 | 3.63 | 17.96 | 3.63 | 15.96 |
| 河 南 | 44.25 | 44.74 | 36.61 | 16.7 |
| 湖 北 | 68.56 | 54.69 | 50 | 33.72 |
| 湖 南 | 205.11 | 158.56 | 157.68 | 136.4 |
| 广 东 | | 33.84 | | 4.85 |
| 广 西 | 32.95 | 9.18 | 22.85 | 2.1 |
| 海 南 | 1.6 | 1.6 | 1.6 | 0.8 |
| 重 庆 | 113.63 | 69 | 11.61 | 13.19 |
| 四 川 | 53.5 | 277.51 | 8.55 | 28.42 |
| 贵 州 | 3 086 | 3 086 | 1 203 | 1 203 |
| 云 南 | 32.7 | 35.24 | 17.78 | 24.46 |
| 西 藏 | | | | |
| 陕 西 | 1 233.33 | 748.79 | 635.33 | 365.83 |
| 甘 肃 | 1 477.52 | 2 521.08 | 477.34 | 883.6 |
| 青 海 | 18 248.66 | 15 397.21 | 8 353.23 | 9 122.66 |
| 宁 夏 | 700.91 | 740.14 | 97.2 | 210.1 |
| 新 疆 | 23 900.86 | 29 861.17 | 22 705.35 | 27 267.97 |

## 表 4-7 全国各地区草地鼠虫害发生面积 2000—2001 年

单位：千公顷

| 地区 | 鼠虫害发生面积 | | 其中：鼠害面积 | |
|---|---|---|---|---|
| | 2000 | 2001 | 2000 | 2001 |
| **全国总计** | **31 677.4** | **31 317.21** | **17 525.84** | **16 544.48** |
| 北京 | | | | |
| 天津 | | | | |
| 河北 | 634.04 | 158.47 | 102.98 | 51.34 |
| 山西 | 149.95 | 181.79 | 76.61 | 98.29 |
| 内蒙古 | 13 305.09 | 15 887.18 | 4 933.93 | 5 788.75 |
| 辽宁 | 268.07 | 582.6 | 155.99 | 248.4 |
| 吉林 | 553.19 | 522 | 381.7 | 332 |
| 黑龙江 | 1 020 | 183 | 260 | 45 |
| 上海 | | | | |
| 江苏 | 0.01 | 0.22 | 0.01 | 0.22 |
| 浙江 | | | | |
| 安徽 | | | | |
| 福建 | 6.54 | 1.12 | 5.1 | 0.9 |
| 江西 | | | | |
| 山东 | | | | |
| 河南 | 2.54 | 3.53 | 0.54 | 1.42 |
| 湖北 | | | | |
| 湖南 | 108.07 | 92.45 | 85.18 | 88.8 |
| 广东 | | 1.61 | | 1.24 |
| 广西 | 43.6 | 1.43 | 43 | 0.6 |
| 海南 | 1.1 | 0.5 | 1.1 | 0.3 |
| 重庆 | 1.53 | 0.94 | 1.17 | 0.36 |
| 四川 | | 0.63 | | 0.04 |
| 贵州 | | | | |
| 云南 | 25.96 | 15.42 | 13.42 | 5.29 |
| 西藏 | | | | |
| 陕西 | 1 493.33 | 437.84 | 633.33 | 210.18 |
| 甘肃 | 2 078.12 | 3 046.76 | 1 418.88 | 2 276.82 |
| 青海 | 8 583.5 | 6 710.17 | 7 556.66 | 5 466.13 |
| 宁夏 | 517.8 | 401.73 | 410.2 | 324.23 |
| 新疆 | 2 884.96 | 3 087.82 | 1 446.04 | 1 604.17 |

**表 4-8 全国各地区草地灭鼠面积 2000—2001 年**

单位：千公顷

| 地 区 | 灭鼠面积 | | 其中：生物防治面积 | |
|---|---|---|---|---|
| | 2000 | 2001 | 2000 | 2001 |
| **全国总计** | **3 998.8** | **4 787.53** | **1 364.23** | **1 953.83** |
| 北 京 | | | | |
| 天 津 | | | | |
| 河 北 | 88.32 | 21.87 | 9.1 | 2.47 |
| 山 西 | 45.87 | 29.27 | 20.25 | 17.91 |
| 内蒙古 | 1 425.85 | 1 987.84 | 3.47 | 156.84 |
| 辽 宁 | 80.8 | 161.4 | 18.33 | 31.4 |
| 吉 林 | 190 | 173.3 | 116 | 106 |
| 黑龙江 | 57.3 | 35 | 36.7 | 5 |
| 上 海 | 1.5 | 1.5 | 0.9 | 0.9 |
| 江 苏 | 0.01 | 0.22 | 0.01 | 0.22 |
| 浙 江 | | | | |
| 安 徽 | | | | |
| 福 建 | 1.03 | 2.53 | | |
| 江 西 | | | | |
| 山 东 | | | | |
| 河 南 | 0.68 | 0.28 | 0.35 | 0.27 |
| 湖 北 | | | | |
| 湖 南 | 22.81 | 11.67 | 2.01 | 6.15 |
| 广 东 | | 0.35 | | 0.15 |
| 广 西 | | | | |
| 海 南 | 5.9 | | 2.2 | |
| 重 庆 | 0.15 | 0.04 | | |
| 四 川 | | 6.06 | | |
| 贵 州 | | | | |
| 云 南 | 0.5 | 0.39 | | 0.06 |
| 西 藏 | | | | |
| 陕 西 | 124 | 128.78 | 92 | 46.79 |
| 甘 肃 | 352.76 | 359.14 | 144.12 | 210.74 |
| 青 海 | 1 372.62 | 1 557.93 | 8 14.79 | 1 190.4 |
| 宁 夏 | 48.7 | 54.41 | 4 | 4.03 |
| 新 疆 | 180 | 255.55 | 100 | 174.5 |

## 表 4-9　全国各地区草地治虫面积　2000—2001 年

单位：千公顷

| 地　区 | 治虫面积 | | 其中：生物防治面积 | |
|---|---|---|---|---|
| | 2000 | 2001 | 2000 | 2001 |
| **全国总计** | **1 671.88** | **3 902.26** | **3 36.56** | **387.76** |
| 北　京 | | | | |
| 天　津 | | | | |
| 河　北 | 196.22 | 63.99 | 17.74 | 8 |
| 山　西 | 38.73 | 33.55 | 13.64 | 8.84 |
| 内蒙古 | 149.06 | 2 024.39 | 2.07 | 8.6 |
| 辽　宁 | 49.3 | 165.4 | 17.48 | 23.1 |
| 吉　林 | 91.7 | 160 | 55 | 97 |
| 黑龙江 | 76.7 | 66 | 10 | 20 |
| 上　海 | 1.5 | 1.5 | 0.5 | 0.5 |
| 江　苏 | 0.5 | 1.35 | 0.1 | 0.02 |
| 浙　江 | | | | |
| 安　徽 | | | | |
| 福　建 | 0.64 | 0.49 | | |
| 江　西 | | | | |
| 山　东 | | | | |
| 河　南 | 3.08 | 5.78 | 0.97 | 1.57 |
| 湖　北 | | | | |
| 湖　南 | 8.44 | 0.86 | 0.06 | 0.14 |
| 广　东 | | 0.29 | | 0.16 |
| 广　西 | | | | |
| 海　南 | | | | |
| 重　庆 | 0.22 | 1.42 | | |
| 四　川 | | 2.83 | | 0.1 |
| 贵　州 | | | | |
| 云　南 | | 0.1 | | 0.02 |
| 西　藏 | | | | |
| 陕　西 | 72 | 81.08 | 52 | 14.16 |
| 甘　肃 | 388.3 | 525.43 | 32.54 | 58.88 |
| 青　海 | 75.49 | 102.26 | 34.46 | 33.67 |
| 宁　夏 | 20 | 20 | | |
| 新　疆 | 500 | 645.54 | 100 | 113 |

**表 4-10　全国各地区打贮草总量　1998—2001 年**

单位：千吨

| 地　区 | 1998 | 1999 | 2000 | 2001 |
|---|---|---|---|---|
| **全国总计** | **45 978.92** | **40 349.49** | **61 507.92** | **47 913.01** |
| 北　京 | | 6.00 | | |
| 天　津 | | | | |
| 河　北 | 1 205.15 | 744.44 | 2 903.328 | 4 101.991 |
| 山　西 | 1 690.22 | 3 949.05 | 4 361.305 | 2 891.58 |
| 内蒙古 | 12 191.48 | 9 553.58 | 7 717.708 | 8 970.447 |
| 辽　宁 | 516.02 | 352.02 | 246.215 | 308.132 |
| 吉　林 | 55.14 | 553.60 | 845.406 | 280.1 |
| 黑龙江 | 1 500.00 | 1 590.00 | 2 276 | 3 000 |
| 上　海 | 41.28 | 120.00 | 120 | 195.6 |
| 江　苏 | 91.65 | 166.50 | 458.772 | 597.967 |
| 浙　江 | | | | |
| 安　徽 | | | | |
| 福　建 | 9 106.62 | 1 142.07 | 150.368 | 172.290 |
| 江　西 | | 257.46 | | |
| 山　东 | | 839.10 | 115.1 | 326.999 |
| 河　南 | 4 207.47 | 3 697.62 | 10 289.86 | 5 922.768 |
| 湖　北 | | | | |
| 湖　南 | 653.42 | 384.94 | 771.966 | 3 803.226 |
| 广　东 | 0.00 | 488.00 | | |
| 广　西 | 20.05 | 23.55 | 0.2 | 0.2 |
| 海　南 | | | | |
| 重　庆 | 368.60 | 64.98 | 238.913 | |
| 四　川 | 2 817.52 | 2 526.78 | 2 704.064 | 2 089.372 |
| 贵　州 | 220.78 | | | |
| 云　南 | | 610.10 | 821.676 | 1 105.143 |
| 西　藏 | | | | |
| 陕　西 | 2 479.44 | 2 037.27 | 2 320.225 | 427.080 |
| 甘　肃 | 687.77 | 2 177.05 | 13 607.68 | 2 098.522 |
| 青　海 | 262.04 | 238.55 | 1.138 | 3.835 |
| 宁　夏 | 24.78 | 360.90 | 320.85 | 922.618 |
| 新　疆 | 7 839.49 | 8 465.93 | 11 237.15 | 10 695.14 |

# V.全国畜牧兽医系统情况

## 表5-1　全国省级畜牧厅（局）机构、人员情况　2001年

单位：个、人

| 地区 | 总数 | 干部职工 | | | | 离退休人员 |
|---|---|---|---|---|---|---|
| | | | 高级技术职称 | 中级技术职称 | 初级技术职称 | |
| **全　国** | **31** | **1 074** | **120** | **151** | **78** | **774** |
| 北　京 | 1 | 8 | 2 | 4 | 2 | |
| 天　津 | 1 | 64 | | | | 42 |
| 河　北 | 1 | 51 | | | | |
| 山　西 | 1 | 33 | 10 | 6 | 2 | 6 |
| 内蒙古 | 1 | 49 | | | | 68 |
| 辽　宁 | 1 | 37 | 6 | 11 | 18 | 44 |
| 吉　林 | 1 | 37 | | | | 37 |
| 黑龙江 | 1 | 52 | | | | 58 |
| 上　海 | 1 | 11 | | 9 | 2 | 9 |
| 江　苏 | 1 | 3 | 3 | | | 4 |
| 浙　江 | | | | | | |
| 安　徽 | 1 | 27 | | | | 14 |
| 福　建 | 2 | 13 | 2 | 5 | 1 | 10 |
| 江　西 | 1 | 11 | 4 | 3 | | 7 |
| 山　东 | 1 | 45 | | | | |
| 河　南 | 1 | 34 | | | | 23 |
| 湖　北 | 1 | 149 | 31 | 12 | 19 | 56 |
| 湖　南 | 1 | 109 | 30 | 20 | 9 | 40 |
| 广　东 | 1 | 11 | 1 | 4 | 1 | 18 |
| 广　西 | 1 | 21 | 4 | 17 | | 50 |
| 海　南 | 1 | 8 | | 3 | | 2 |
| 重　庆 | 1 | 8 | 2 | | | 14 |
| 四　川 | 1 | 63 | | | | 38 |
| 贵　州 | 1 | 19 | 1 | 2 | | 12 |
| 云　南 | 1 | 10 | | | | 6 |
| 西　藏 | 1 | 8 | 3 | 5 | | |
| 陕　西 | 1 | 11 | | | | |
| 甘　肃 | 1 | 55 | 6 | 20 | 15 | 14 |
| 青　海 | 1 | 66 | 10 | 22 | 9 | 82 |
| 宁　夏 | 1 | 4 | | | | |
| 新　疆 | 1 | 57 | 5 | 8 | | 120 |

## 表 5-2　全国地（市）级畜牧局机构、人员情况　2001 年

单位：个、人

| 地　区 | 总　数 | 干部职工 | | | | 离退休人员 |
|---|---|---|---|---|---|---|
| | | | 高级技术职称 | 中级技术职称 | 初级技术职称 | |
| **全　国** | **306** | **5 320** | **404** | **892** | **662** | **2 328** |
| 北　京 | 10 | 264 | 14 | 58 | 77 | 105 |
| 天　津 | | | | | | |
| 河　北 | 11 | 375 | 5 | 17 | 12 | 337 |
| 山　西 | 11 | 161 | 11 | 24 | 16 | 49 |
| 内蒙古 | 12 | 235 | 6 | 35 | 19 | 156 |
| 辽　宁 | 14 | 115 | 6 | 10 | 7 | 71 |
| 吉　林 | 9 | 139 | 10 | 4 | 1 | 51 |
| 黑龙江 | 13 | 315 | 51 | 55 | 18 | 256 |
| 上　海 | 9 | 89 | 2 | 26 | 19 | 48 |
| 江　苏 | 6 | 21 | 9 | 11 | | 5 |
| 浙　江 | 1 | 3 | 1 | 1 | | 2 |
| 安　徽 | 8 | 107 | 24 | 14 | 30 | 36 |
| 福　建 | 5 | 13 | | 1 | 4 | |
| 江　西 | 7 | 49 | 14 | 13 | 10 | 13 |
| 山　东 | 8 | 438 | 26 | 50 | 56 | 109 |
| 河　南 | 15 | 225 | 16 | 30 | 20 | 53 |
| 湖　北 | 16 | 367 | 62 | 107 | 28 | 108 |
| 湖　南 | 14 | 753 | 56 | 173 | 141 | 244 |
| 广　东 | 21 | 267 | 7 | 67 | 60 | 141 |
| 广　西 | 13 | 117 | 23 | 41 | 18 | 111 |
| 海　南 | 3 | 9 | | 2 | 2 | 1 |
| 重　庆 | | | | | | |
| 四　川 | 21 | 514 | 42 | 78 | 45 | 186 |
| 贵　州 | 9 | 68 | 2 | 5 | 15 | 41 |
| 云　南 | 15 | 107 | | 15 | 8 | 38 |
| 西　藏 | 6 | 38 | | 10 | 28 | |
| 陕　西 | 9 | 80 | 1 | 11 | 8 | 4 |
| 甘　肃 | 13 | 181 | 5 | 20 | 6 | 44 |
| 青　海 | 8 | 97 | 3 | 2 | 2 | 3 |
| 宁　夏 | 4 | 7 | 2 | 3 | 1 | 1 |
| 新　疆 | 15 | 166 | 6 | 9 | 11 | 115 |

## 表5-3 全国县（市）级畜牧局机构、人员情况 2001年

单位：个、人

| 地区 | 总数 | 干部职工 | 高级技术职称 | 中级技术职称 | 初级技术职称 | 离退休人员 |
|---|---|---|---|---|---|---|
| **全国** | **2 239** | **39 388** | **1 564** | **7 828** | **9 671** | **14 549** |
| 北京 | 4 | 136 | 4 | 30 | 55 | 96 |
| 天津 | 11 | 237 | 9 | 11 | 44 | 83 |
| 河北 | 174 | 4 381 | 170 | 920 | 1 127 | 1 649 |
| 山西 | 109 | 1 503 | 49 | 278 | 269 | 481 |
| 内蒙古 | 92 | 1 166 | 32 | 134 | 141 | 693 |
| 辽宁 | 74 | 574 | 30 | 94 | 46 | 286 |
| 吉林 | 60 | 835 | 88 | 189 | 246 | 629 |
| 黑龙江 | 83 | 1 027 | 37 | 263 | 254 | 1 124 |
| 上海 | 1 | 4 |  | 2 | 2 |  |
| 江苏 | 45 | 182 | 14 | 65 | 33 | 52 |
| 浙江 | 4 | 11 | 1 | 3 | 1 | 4 |
| 安徽 | 38 | 665 | 68 | 145 | 186 | 215 |
| 福建 | 29 | 132 | 1 | 27 | 28 | 43 |
| 江西 | 27 | 463 | 45 | 106 | 90 | 138 |
| 山东 | 171 | 4 486 | 311 | 906 | 1 364 | 1 084 |
| 河南 | 134 | 2 478 | 98 | 583 | 496 | 1 071 |
| 湖北 | 78 | 2 135 | 111 | 488 | 253 | 741 |
| 湖南 | 129 | 6 085 | 87 | 944 | 2 148 | 1 380 |
| 广东 | 118 | 2 097 | 17 | 344 | 687 | 1 096 |
| 广西 | 99 | 1 071 | 75 | 336 | 258 | 343 |
| 海南 | 17 | 388 | 8 | 38 | 131 | 209 |
| 重庆 | 29 | 861 | 76 | 222 | 155 | 412 |
| 四川 | 209 | 2 947 | 164 | 880 | 657 | 1 092 |
| 贵州 | 83 | 947 | 10 | 186 | 206 | 282 |
| 云南 | 80 | 1 156 | 11 | 253 | 268 | 386 |
| 西藏 | 30 | 354 | 5 | 85 | 159 | 36 |
| 陕西 | 97 | 654 | 9 | 91 | 134 | 128 |
| 甘肃 | 70 | 809 | 11 | 88 | 121 | 179 |
| 青海 | 39 | 434 | 1 | 17 | 15 | 38 |
| 宁夏 | 19 | 216 | 18 | 64 | 50 | 225 |
| 新疆 | 86 | 954 | 4 | 36 | 47 | 354 |

**表 5-4　全国省级畜牧兽医站机构、人员情况　2001 年**

单位：个、人

| 地 区 | 总 数 | 干部职工 | 高级技术职称 | 中级技术职称 | 初级技术职称 | 离退休人员 |
|---|---|---|---|---|---|---|
| **全 国** | **28** | **1 348** | **305** | **383** | **281** | **594** |
| 北 京 | 1 | 128 | 10 | 29 | 40 | 34 |
| 天 津 | 1 | 78 | 9 | 15 | 31 | 31 |
| 河 北 | 1 | 50 | 15 | 9 | 9 | |
| 山 西 | | | | | | |
| 内蒙古 | 1 | 62 | 12 | 26 | 8 | 53 |
| 辽 宁 | | | | | | |
| 吉 林 | 1 | 43 | 15 | 9 | 8 | 31 |
| 黑龙江 | 3 | 36 | 14 | 8 | 3 | 2 |
| 上 海 | 1 | 65 | 10 | 22 | 7 | 18 |
| 江 苏 | 1 | 40 | 16 | 13 | 6 | 23 |
| 浙 江 | 1 | 57 | 11 | 31 | 4 | 22 |
| 安 徽 | 1 | 32 | 10 | 10 | 6 | 6 |
| 福 建 | | | | | | |
| 江 西 | | | | | | |
| 山 东 | 2 | 72 | 21 | 15 | 36 | 35 |
| 河 南 | 1 | 24 | 10 | 4 | 10 | 6 |
| 湖 北 | | | | | | |
| 湖 南 | 1 | 49 | 19 | 6 | 5 | 19 |
| 广 东 | | | | | | |
| 广 西 | 1 | 31 | 7 | 17 | 2 | 5 |
| 海 南 | 1 | 42 | 1 | 13 | 7 | 24 |
| 重 庆 | 1 | 38 | 13 | 9 | 3 | 10 |
| 四 川 | 1 | 46 | 15 | 15 | 2 | 12 |
| 贵 州 | 1 | 24 | 6 | 6 | 1 | 7 |
| 云 南 | 1 | 32 | 10 | 11 | 4 | 17 |
| 西 藏 | 1 | 41 | 3 | 9 | 11 | 18 |
| 陕 西 | 1 | 134 | 30 | 44 | 29 | 84 |
| 甘 肃 | 1 | 77 | 15 | 25 | 10 | 40 |
| 青 海 | 1 | 99 | 7 | 29 | 32 | 72 |
| 宁 夏 | 2 | 48 | 26 | 8 | 7 | 25 |
| 新 疆 | | | | | | |

表 5-5 全国地（市）级畜牧兽医站机构、人员情况 2001 年

单位：个、人

| 地 区 | 总 数 | 干部职工 | 高级技术职称 | 中级技术职称 | 初级技术职称 | 离退休人员 |
|---|---|---|---|---|---|---|
| **全 国** | **336** | **6 809** | **851** | **1 928** | **1 886** | **2 111** |
| 北 京 | 10 | 350 | 8 | 60 | 146 | 152 |
| 天 津 | | | | | | |
| 河 北 | 16 | 362 | 71 | 128 | 53 | 96 |
| 山 西 | 5 | 61 | 12 | 16 | 15 | 19 |
| 内蒙古 | 12 | 471 | 52 | 118 | 142 | 188 |
| 辽 宁 | 11 | 191 | 43 | 62 | 47 | 125 |
| 吉 林 | 8 | 162 | 35 | 45 | 50 | 91 |
| 黑龙江 | 14 | 92 | 19 | 43 | 14 | 39 |
| 上 海 | 9 | 398 | 28 | 125 | 142 | 122 |
| 江 苏 | 13 | 238 | 57 | 65 | 59 | 114 |
| 浙 江 | 9 | 150 | 21 | 54 | 45 | 54 |
| 安 徽 | 15 | 161 | 39 | 45 | 27 | 62 |
| 福 建 | 10 | 68 | 18 | 27 | 16 | 18 |
| 江 西 | 11 | 132 | 43 | 36 | 24 | 39 |
| 山 东 | 14 | 159 | 24 | 55 | 45 | 30 |
| 河 南 | 15 | 467 | 62 | 113 | 120 | 112 |
| 湖 北 | 15 | 299 | 40 | 66 | 94 | 56 |
| 湖 南 | 9 | 51 | 11 | 18 | 9 | 12 |
| 广 东 | 28 | 239 | 2 | 21 | 68 | 7 |
| 广 西 | 17 | 423 | 35 | 124 | 88 | 137 |
| 海 南 | 1 | 18 | | 4 | 3 | 4 |
| 重 庆 | | | | | | |
| 四 川 | 21 | 259 | 54 | 78 | 56 | 72 |
| 贵 州 | 8 | 115 | 12 | 37 | 35 | 37 |
| 云 南 | 15 | 435 | 41 | 200 | 98 | 160 |
| 西 藏 | 7 | 202 | 6 | 50 | 80 | 49 |
| 陕 西 | 9 | 370 | 32 | 93 | 92 | 60 |
| 甘 肃 | 14 | 383 | 40 | 97 | 115 | 93 |
| 青 海 | 8 | 219 | 12 | 58 | 67 | 63 |
| 宁 夏 | 3 | 48 | 6 | 16 | 16 | 13 |
| 新 疆 | 9 | 286 | 28 | 74 | 120 | 87 |

**表 5-6　全国县（市）级畜牧兽医站机构、人员情况　2001 年**

单位：个、人

| 地区 | 总数 | 干部职工 | 高级技术职称 | 中级技术职称 | 初级技术职称 | 离退休人员 |
|---|---|---|---|---|---|---|
| **全国** | **2 844** | **45 902** | **2 117** | **10 980** | **16 741** | **11 310** |
| 北京 | 4 | 212 | 2 | 26 | 59 | 80 |
| 天津 | 12 | 191 | 16 | 37 | 59 | 53 |
| 河北 | 172 | 2 096 | 97 | 593 | 786 | 224 |
| 山西 | 55 | 529 | 7 | 101 | 185 | 118 |
| 内蒙古 | 95 | 2 029 | 92 | 547 | 865 | 858 |
| 辽宁 | 69 | 1 381 | 91 | 300 | 511 | 482 |
| 吉林 | 63 | 1 374 | 104 | 271 | 561 | 471 |
| 黑龙江 | 96 | 660 | 52 | 242 | 270 | 182 |
| 上海 | 1 | 45 | 2 | 12 | 14 | 4 |
| 江苏 | 94 | 2 151 | 258 | 555 | 789 | 820 |
| 浙江 | 84 | 1 048 | 98 | 384 | 353 | 433 |
| 安徽 | 87 | 1 508 | 128 | 418 | 424 | 424 |
| 福建 | 81 | 885 | 49 | 329 | 306 | 349 |
| 江西 | 98 | 1 318 | 151 | 319 | 411 | 199 |
| 山东 | 138 | 3 186 | 196 | 721 | 1 279 | 487 |
| 河南 | 165 | 3 775 | 105 | 674 | 945 | 710 |
| 湖北 | 85 | 1 172 | 55 | 255 | 358 | 215 |
| 湖南 | 124 | 1 106 | 20 | 234 | 292 | 76 |
| 广东 | 294 | 1 893 | 4 | 66 | 542 | 448 |
| 广西 | 103 | 2 135 | 68 | 666 | 576 | 504 |
| 海南 | 127 | 474 | 7 | 14 | 252 | 61 |
| 重庆 | 39 | 495 | 47 | 172 | 148 | 109 |
| 四川 | 180 | 2 617 | 107 | 788 | 1 099 | 528 |
| 贵州 | 68 | 664 | 17 | 187 | 310 | 174 |
| 云南 | 105 | 2 590 | 52 | 764 | 1 041 | 683 |
| 西藏 | 74 | 891 | 3 | 119 | 289 | 165 |
| 陕西 | 105 | 3 537 | 108 | 778 | 1 488 | 928 |
| 甘肃 | 85 | 2 490 | 61 | 587 | 916 | 440 |
| 青海 | 47 | 940 | 27 | 198 | 563 | 274 |
| 宁夏 | 24 | 740 | 37 | 191 | 316 | 141 |
| 新疆 | 70 | 1 770 | 56 | 432 | 734 | 670 |

## 表5-7　全国省级动物防（检）疫站机构、人员情况　2001年

单位：个、人

| 地区 | 总数 | 干部职工 | 高级技术职称 | 中级技术职称 | 初级技术职称 | 离退休人员 |
|---|---|---|---|---|---|---|
| **全国** | **24** | **1 009** | **157** | **243** | **181** | **393** |
| 北京 | 1 | 49 | | 22 | 27 | 11 |
| 天津 | 1 | 105 | 5 | 3 | 15 | 15 |
| 河北 | 1 | 26 | 6 | 5 | 5 | 5 |
| 山西 | 1 | 29 | 9 | 10 | 4 | 6 |
| 内蒙古 | | | | | | |
| 辽宁 | 1 | 52 | 17 | 12 | 9 | 34 |
| 吉林 | | | | | | |
| 黑龙江 | 3 | 144 | 41 | 47 | 23 | 115 |
| 上海 | | | | | | |
| 江苏 | | | | | | |
| 浙江 | 1 | | | | | |
| 安徽 | | | | | | |
| 福建 | | | | | | |
| 江西 | 2 | 57 | 10 | 12 | 15 | 38 |
| 山东 | | | | | | |
| 河南 | 1 | 17 | 7 | 6 | 4 | 6 |
| 湖北 | 1 | 17 | 7 | 4 | 6 | |
| 湖南 | | | | | | |
| 广东 | 1 | 22 | 7 | 7 | 1 | 9 |
| 广西 | 1 | 49 | 7 | 15 | 6 | 35 |
| 海南 | 1 | 7 | | 4 | 3 | |
| 重庆 | 1 | 28 | 8 | 6 | 3 | 10 |
| 四川 | | | | | | |
| 贵州 | | | | | | |
| 云南 | | | | | | |
| 西藏 | 1 | 12 | 1 | 5 | 2 | 7 |
| 陕西 | 1 | | | | | |
| 甘肃 | 2 | 131 | 20 | 43 | 13 | 39 |
| 青海 | 1 | 20 | 1 | 10 | 4 | 19 |
| 宁夏 | 1 | 14 | 5 | 5 | | 3 |
| 新疆 | 1 | 230 | 6 | 27 | 41 | 46 |

## 表 5-8 全国地（市）级动物防（检）疫站机构、人员情况 2001 年

单位：个、人

| 地 区 | 总 数 | 干部职工 | 高级技术职称 | 中级技术职称 | 初级技术职称 | 离退休人员 |
|---|---|---|---|---|---|---|
| **全 国** | **241** | **3 909** | **343** | **944** | **1 189** | **721** |
| 北 京 | 10 | 16 | | 8 | 8 | |
| 天 津 | | | | | | |
| 河 北 | 24 | 236 | 18 | 66 | 54 | 46 |
| 山 西 | 11 | 246 | 30 | 81 | 37 | 67 |
| 内蒙古 | 1 | 9 | 3 | | 2 | |
| 辽 宁 | 11 | 257 | 43 | 90 | 76 | 94 |
| 吉 林 | 3 | 76 | 28 | 12 | 26 | 30 |
| 黑龙江 | 19 | 281 | 50 | 88 | 58 | 79 |
| 上 海 | | | | | | |
| 江 苏 | 4 | 2 | 1 | | | |
| 浙 江 | 5 | 18 | 3 | 8 | 5 | 2 |
| 安 徽 | 13 | 129 | 24 | 36 | 25 | 19 |
| 福 建 | 2 | 50 | | 4 | 6 | 2 |
| 江 西 | 4 | 26 | 6 | 11 | 8 | 4 |
| 山 东 | 2 | 6 | 3 | 1 | 2 | 1 |
| 河 南 | 17 | 331 | 34 | 87 | 105 | 43 |
| 湖 北 | 19 | 674 | 23 | 123 | 323 | 63 |
| 湖 南 | 13 | 258 | 24 | 47 | 53 | 57 |
| 广 东 | 23 | 331 | 13 | 79 | 91 | 53 |
| 广 西 | 3 | 54 | 3 | 15 | 33 | 2 |
| 海 南 | 3 | 131 | | 11 | 28 | 11 |
| 重 庆 | | | | | | |
| 四 川 | 15 | 246 | 22 | 63 | 45 | 53 |
| 贵 州 | 6 | 38 | 2 | 16 | 10 | 9 |
| 云 南 | 3 | 84 | | 16 | 57 | 12 |
| 西 藏 | 7 | 104 | 1 | 19 | 31 | 13 |
| 陕 西 | 5 | 18 | 1 | 4 | 4 | 6 |
| 甘 肃 | 11 | 126 | 6 | 38 | 43 | 26 |
| 青 海 | 3 | 49 | 1 | 12 | 22 | 4 |
| 宁 夏 | 2 | 57 | | | | |
| 新 疆 | 2 | 56 | 4 | 9 | 37 | 25 |

## 表5-9 全国县（市）级动物防（检）疫站机构、人员情况 2001年

单位：个、人

| 地区 | 总数 | 干部职工 | 高级技术职称 | 中级技术职称 | 初级技术职称 | 离退休人员 |
|---|---|---|---|---|---|---|
| **全国** | **1 705** | **20 993** | **577** | **4 308** | **8 015** | **2 509** |
| 北京 | 4 | 25 |  | 4 | 19 | 15 |
| 天津 | 7 | 114 | 4 | 12 | 60 | 1 |
| 河北 | 159 | 1 891 | 50 | 408 | 694 | 53 |
| 山西 | 127 | 1 351 | 28 | 370 | 523 | 200 |
| 内蒙古 | 15 | 211 | 3 | 39 | 67 | 43 |
| 辽宁 | 52 | 1 221 | 38 | 184 | 480 | 213 |
| 吉林 | 62 | 1 446 | 98 | 291 | 683 | 542 |
| 黑龙江 | 104 | 1 100 | 57 | 342 | 531 | 139 |
| 上海 |  |  |  |  |  |  |
| 江苏 | 14 | 147 | 4 | 21 | 91 | 44 |
| 浙江 | 42 | 155 | 8 | 80 | 55 | 22 |
| 安徽 | 42 | 259 | 12 | 55 | 102 | 17 |
| 福建 | 29 | 191 | 5 | 15 | 43 | 30 |
| 江西 | 49 | 413 | 23 | 85 | 171 | 30 |
| 山东 | 67 | 802 | 32 | 193 | 374 | 51 |
| 河南 | 144 | 3 191 | 42 | 347 | 796 | 138 |
| 湖北 | 84 | 1 459 | 37 | 246 | 525 | 100 |
| 湖南 | 106 | 961 | 24 | 194 | 420 | 44 |
| 广东 | 105 | 1 195 | 4 | 133 | 540 | 255 |
| 广西 | 44 | 449 | 7 | 151 | 122 | 56 |
| 海南 | 30 | 210 | 1 | 8 | 71 | 2 |
| 重庆 | 27 | 296 | 26 | 119 | 86 | 28 |
| 四川 | 112 | 1 148 | 44 | 405 | 363 | 191 |
| 贵州 | 41 | 269 | 1 | 87 | 150 | 31 |
| 云南 | 38 | 473 | 4 | 185 | 201 | 56 |
| 西藏 | 44 | 80 |  | 9 | 21 | 15 |
| 陕西 | 60 | 704 | 7 | 103 | 257 | 60 |
| 甘肃 | 62 | 670 | 4 | 98 | 281 | 12 |
| 青海 | 16 | 185 | 1 | 38 | 124 | 6 |
| 宁夏 |  |  |  |  |  |  |
| 新疆 | 19 | 377 | 13 | 86 | 165 | 115 |

表 5-10　全国省级兽医卫生监管所机构、人员情况　2001 年

单位：个、人

| 地　区 | 总　数 | 干部职工 | 高级技术职称 | 中级技术职称 | 初级技术职称 | 离退休人员 |
|---|---|---|---|---|---|---|
| **全　国** | **13** | **327** | **62** | **105** | **63** | **137** |
| 北　京 | 1 | | | | | |
| 天　津 | 1 | 35 | | 8 | 9 | 9 |
| 河　北 | | | | | | |
| 山　西 | | | | | | |
| 内蒙古 | 1 | 109 | 22 | 42 | 18 | 52 |
| 辽　宁 | 1 | 30 | 11 | 5 | 5 | 18 |
| 吉　林 | 1 | 87 | 22 | 29 | 12 | 54 |
| 黑龙江 | | | | | | |
| 上　海 | 1 | 42 | 1 | 13 | 13 | 1 |
| 江　苏 | | | | | | |
| 浙　江 | 1 | | | | | |
| 安　徽 | | | | | | |
| 福　建 | 2 | 9 | | 5 | 3 | 3 |
| 江　西 | 1 | 3 | 1 | 1 | 1 | |
| 山　东 | | | | | | |
| 河　南 | | | | | | |
| 湖　北 | 1 | 12 | 5 | 2 | 2 | |
| 湖　南 | | | | | | |
| 广　东 | | | | | | |
| 广　西 | | | | | | |
| 海　南 | 1 | | | | | |
| 重　庆 | | | | | | |
| 四　川 | | | | | | |
| 贵　州 | | | | | | |
| 云　南 | | | | | | |
| 西　藏 | | | | | | |
| 陕　西 | 1 | | | | | |
| 甘　肃 | | | | | | |
| 青　海 | | | | | | |
| 宁　夏 | | | | | | |
| 新　疆 | | | | | | |

## 表 5-11 全国地（市）级兽医卫生监管所机构、人员情况 2001 年

单位：个、人

| 地区 | 总数 | 干部职工 | 高级技术职称 | 中级技术职称 | 初级技术职称 | 离退休人员 |
|---|---|---|---|---|---|---|
| **全国** | **175** | **1 185** | **202** | **372** | **318** | **188** |
| 北京 | 10 | 11 | | 3 | 5 | |
| 天津 | | | | | | |
| 河北 | 18 | 73 | 9 | 21 | 20 | 5 |
| 山西 | 4 | 53 | 11 | 17 | 12 | 9 |
| 内蒙古 | 9 | 147 | 29 | 49 | 30 | 26 |
| 辽宁 | 10 | 188 | 30 | 76 | 52 | 41 |
| 吉林 | 6 | 81 | 25 | 11 | 37 | 12 |
| 黑龙江 | 6 | 28 | 9 | 9 | 6 | 12 |
| 上海 | | | | | | |
| 江苏 | 11 | 67 | 18 | 18 | 12 | 26 |
| 浙江 | 4 | 9 | 1 | 5 | 3 | |
| 安徽 | 7 | 9 | 3 | 1 | 4 | |
| 福建 | 8 | 43 | 6 | 17 | 6 | |
| 江西 | 7 | 29 | 11 | 13 | 5 | 5 |
| 山东 | 6 | 47 | 10 | 12 | 13 | 2 |
| 河南 | 2 | 12 | 3 | 6 | 2 | 1 |
| 湖北 | 10 | 84 | 7 | 30 | 30 | 7 |
| 湖南 | 3 | 7 | 1 | 3 | 3 | |
| 广东 | 18 | 177 | 6 | 40 | 53 | 20 |
| 广西 | 7 | 5 | 2 | 2 | 1 | |
| 海南 | 2 | | | | | |
| 重庆 | | | | | | |
| 四川 | 6 | 21 | 4 | 4 | 6 | |
| 贵州 | 2 | | | | | |
| 云南 | 5 | 36 | 4 | 18 | 8 | 13 |
| 西藏 | | | | | | |
| 陕西 | 3 | 23 | | 8 | 3 | 3 |
| 甘肃 | 5 | 3 | 2 | 1 | | |
| 青海 | 2 | 7 | 3 | 2 | 2 | |
| 宁夏 | 2 | 7 | 4 | 3 | | 1 |
| 新疆 | 2 | 18 | 4 | 3 | 5 | 5 |

## 表 5-12 全国县（市）级兽医卫生监管所机构、人员情况 2001 年

单位：个、人

| 地 区 | 总 数 | 干部职工 | | | | 离退休人员 |
|---|---|---|---|---|---|---|
| | | | 高级技术职称 | 中级技术职称 | 初级技术职称 | |
| **全 国** | **1 158** | **7 162** | **541** | **1 993** | **2 709** | **721** |
| 北 京 | 4 | 26 | 1 | 3 | 16 | |
| 天 津 | 9 | 21 | | 2 | 2 | |
| 河 北 | 48 | 314 | 4 | 74 | 126 | 4 |
| 山 西 | 46 | 239 | 14 | 73 | 76 | 21 |
| 内蒙古 | 38 | 365 | 18 | 120 | 109 | 41 |
| 辽 宁 | 34 | 433 | 26 | 82 | 199 | 50 |
| 吉 林 | 43 | 489 | 42 | 119 | 253 | 177 |
| 黑龙江 | 59 | 283 | 25 | 95 | 134 | 78 |
| 上 海 | | | | | | |
| 江 苏 | 76 | 247 | 35 | 84 | 76 | 45 |
| 浙 江 | 18 | 18 | 2 | 8 | 7 | |
| 安 徽 | 31 | 148 | 8 | 46 | 53 | 29 |
| 福 建 | 62 | 157 | 10 | 54 | 58 | |
| 江 西 | 69 | 551 | 55 | 155 | 188 | 119 |
| 山 东 | 74 | 685 | 38 | 171 | 303 | 11 |
| 河 南 | 72 | 817 | 14 | 151 | 161 | 18 |
| 湖 北 | 38 | 208 | 6 | 54 | 67 | 1 |
| 湖 南 | 47 | 157 | 2 | 48 | 47 | 10 |
| 广 东 | 86 | 444 | | 73 | 213 | 14 |
| 广 西 | 55 | 174 | 8 | 91 | 49 | 7 |
| 海 南 | 16 | 78 | 1 | 16 | 33 | |
| 重 庆 | | | | | | |
| 四 川 | 61 | 484 | 217 | 202 | 166 | 50 |
| 贵 州 | 29 | 39 | 1 | 10 | 24 | 5 |
| 云 南 | 45 | 332 | 6 | 133 | 155 | 22 |
| 西 藏 | | | | | | |
| 陕 西 | 27 | 157 | 3 | 29 | 70 | 8 |
| 甘 肃 | 41 | 135 | 2 | 39 | 49 | 9 |
| 青 海 | 10 | 73 | 1 | 27 | 44 | 1 |
| 宁 夏 | 8 | 38 | 2 | 13 | 8 | 1 |
| 新 疆 | 12 | 50 | | 21 | 23 | |

## 表5-13 全国省级兽药监察所机构、人员情况 2001年

单位：个、人

| 地区 | 总数 | 干部职工 | | | | 离退休人员 |
|---|---|---|---|---|---|---|
| | | | 高级技术职称 | 中级技术职称 | 初级技术职称 | |
| **全国** | **28** | **581** | **175** | **182** | **80** | **131** |
| 北京 | 1 | 33 | 1 | 11 | 8 | 6 |
| 天津 | 1 | | | | | |
| 河北 | 1 | 37 | 11 | 12 | 5 | |
| 山西 | 1 | 20 | 7 | 4 | 5 | 5 |
| 内蒙古 | 1 | 41 | 9 | 10 | 2 | 17 |
| 辽宁 | 1 | 33 | 17 | 5 | 2 | 13 |
| 吉林 | 1 | 39 | 15 | 12 | 6 | 10 |
| 黑龙江 | 1 | 55 | 19 | 14 | 3 | 13 |
| 上海 | | | | | | |
| 江苏 | 1 | 23 | 6 | 6 | 8 | 8 |
| 浙江 | 1 | | | | | |
| 安徽 | 1 | 26 | 7 | 4 | 4 | 3 |
| 福建 | 1 | 7 | 2 | 3 | 2 | 4 |
| 江西 | 1 | 24 | 6 | 10 | 3 | 4 |
| 山东 | 1 | 27 | 15 | 8 | 4 | 15 |
| 河南 | 1 | 14 | 7 | 5 | 2 | 4 |
| 湖北 | 1 | 16 | 4 | 7 | 3 | |
| 湖南 | 1 | 11 | 8 | 2 | 1 | 1 |
| 广东 | 1 | 35 | 4 | 14 | 3 | 8 |
| 广西 | 2 | 31 | 10 | 11 | 5 | |
| 海南 | 1 | | | | | |
| 重庆 | 1 | 12 | 4 | 4 | 3 | 1 |
| 四川 | 1 | 27 | 12 | 7 | | 6 |
| 贵州 | 1 | 21 | 2 | 10 | | 5 |
| 云南 | 1 | 8 | 3 | 4 | 1 | 1 |
| 西藏 | | | | | | |
| 陕西 | 1 | | | | | |
| 甘肃 | | | | | | |
| 青海 | 1 | 23 | | 11 | 9 | 3 |
| 宁夏 | 1 | 18 | 6 | 8 | 1 | 4 |
| 新疆 | | | | | | |

## 表5-14 全国地（市）级兽药监察所机构、人员情况 2001年

单位：个、人

| 地区 | 总数 | 干部职工 | | | | 离退休人员 |
|---|---|---|---|---|---|---|
| | | | 高级技术职称 | 中级技术职称 | 初级技术职称 | |
| **全国** | **72** | **403** | **61** | **151** | **116** | **36** |
| 北京 | 1 | 2 | | 1 | 1 | |
| 天津 | | | | | | |
| 河北 | 5 | 33 | 5 | 9 | 9 | 4 |
| 山西 | | | | | | |
| 内蒙古 | 2 | 19 | 4 | 11 | 2 | 3 |
| 辽宁 | 11 | 78 | 12 | 29 | 25 | 10 |
| 吉林 | 4 | 35 | 7 | 6 | 17 | 4 |
| 黑龙江 | 3 | 13 | 5 | 4 | 4 | 3 |
| 上海 | | | | | | |
| 江苏 | | | | | | |
| 浙江 | | | | | | |
| 安徽 | 1 | 6 | 2 | 1 | 1 | |
| 福建 | | | | | | |
| 江西 | 3 | 15 | 5 | 6 | 3 | |
| 山东 | 2 | 16 | 3 | 8 | 3 | 2 |
| 河南 | 8 | 56 | 7 | 21 | 19 | |
| 湖北 | 5 | 21 | 3 | 14 | 2 | 2 |
| 湖南 | 3 | 12 | | 5 | 4 | |
| 广东 | 2 | 3 | | 1 | 1 | |
| 广西 | 2 | 3 | 1 | 2 | | |
| 海南 | | | | | | |
| 重庆 | | | | | | |
| 四川 | 3 | 11 | | 4 | | |
| 贵州 | 7 | 26 | 2 | 7 | 11 | 3 |
| 云南 | 3 | 25 | 1 | 11 | 7 | 3 |
| 西藏 | | | | | | |
| 陕西 | 2 | 5 | | 2 | 1 | 2 |
| 甘肃 | 1 | | | | | |
| 青海 | | | | | | |
| 宁夏 | 2 | 9 | 3 | 4 | | |
| 新疆 | 2 | 15 | 1 | 5 | 6 | |

## 表5-15 全国县（市）级兽药监察所机构、人员情况 2001年

单位：个、人

| 地 区 | 总 数 | 干部职工 | | | | 离退休人员 |
|---|---|---|---|---|---|---|
| | | | 高级技术职称 | 中级技术职称 | 初级技术职称 | |
| **全 国** | **384** | **2 117** | **64** | **529** | **814** | **125** |
| 北 京 | 1 | 11 | | 1 | 1 | |
| 天 津 | 1 | 30 | 2 | 3 | 18 | 7 |
| 河 北 | 33 | 159 | 5 | 45 | 60 | 2 |
| 山 西 | | | | | | |
| 内蒙古 | 8 | 32 | 1 | 11 | 13 | 6 |
| 辽 宁 | 14 | 68 | 2 | 22 | 24 | 8 |
| 吉 林 | 22 | 271 | 6 | 37 | 107 | 27 |
| 黑龙江 | 10 | 54 | | 11 | 28 | 3 |
| 上 海 | | | | | | |
| 江 苏 | 2 | 7 | 1 | 1 | 4 | |
| 浙 江 | 2 | | | | | |
| 安 徽 | 5 | 22 | 1 | 8 | 11 | |
| 福 建 | | | | | | |
| 江 西 | 21 | 123 | 11 | 39 | 47 | 7 |
| 山 东 | 59 | 392 | 17 | 100 | 211 | 19 |
| 河 南 | 45 | 416 | 1 | 81 | 99 | 9 |
| 湖 北 | 17 | 87 | 1 | 21 | 32 | 7 |
| 湖 南 | 26 | 64 | 3 | 22 | 23 | |
| 广 东 | 6 | 10 | | | 3 | |
| 广 西 | 3 | 11 | | 5 | 3 | |
| 海 南 | 6 | 14 | 1 | 4 | 9 | |
| 重 庆 | 9 | 38 | 4 | 15 | 12 | 2 |
| 四 川 | 18 | 123 | 4 | 37 | 47 | 16 |
| 贵 州 | 48 | 110 | | 41 | 41 | 11 |
| 云 南 | 10 | 24 | 1 | 10 | 9 | 1 |
| 西 藏 | | | | | | |
| 陕 西 | 6 | 9 | | 5 | 1 | |
| 甘 肃 | 5 | 18 | 2 | 1 | 2 | |
| 青 海 | 4 | 11 | 1 | 4 | 6 | |
| 宁 夏 | 3 | 13 | | 5 | 3 | |
| 新 疆 | | | | | | |

**表5-16　全国省级家畜繁育改良站机构、人员情况　2001年**

单位：个、人

| 地　区 | 总　数 | 干部职工 | | | | 离退休人员 |
|---|---|---|---|---|---|---|
| | | | 高级技术职称 | 中级技术职称 | 初级技术职称 | |
| **全　国** | **25** | **1 204** | **151** | **171** | **193** | **448** |
| 北　京 | | | | | | |
| 天　津 | | | | | | |
| 河　北 | 1 | 105 | 4 | 6 | 38 | |
| 山　西 | 1 | 20 | 11 | 5 | 3 | 3 |
| 内蒙古 | 1 | 105 | 20 | 23 | 10 | 38 |
| 辽　宁 | 1 | 72 | 10 | 9 | 9 | 46 |
| 吉　林 | | | | | | |
| 黑龙江 | 1 | 78 | 27 | 27 | 20 | 61 |
| 上　海 | | | | | | |
| 江　苏 | | | | | | |
| 浙　江 | | | | | | |
| 安　徽 | 1 | 33 | 8 | 4 | 4 | 5 |
| 福　建 | 2 | 13 | 5 | 2 | 1 | 10 |
| 江　西 | 2 | 43 | 4 | 3 | 10 | 20 |
| 山　东 | 1 | 4 | | 2 | 1 | 1 |
| 河　南 | 1 | 24 | 14 | 2 | 8 | 7 |
| 湖　北 | 1 | 290 | 5 | 16 | 12 | 92 |
| 湖　南 | | | | | | |
| 广　东 | 1 | 24 | 3 | 8 | 3 | 7 |
| 广　西 | 1 | 54 | 1 | 8 | 17 | 22 |
| 海　南 | 1 | 2 | | 1 | | |
| 重　庆 | 1 | 13 | 5 | 2 | 1 | 3 |
| 四　川 | 1 | 41 | 9 | 10 | 1 | 10 |
| 贵　州 | 1 | 28 | 7 | 4 | 2 | 11 |
| 云　南 | 2 | 28 | 7 | 12 | 3 | 14 |
| 西　藏 | | | | | | |
| 陕　西 | 1 | 32 | 3 | 5 | 6 | 9 |
| 甘　肃 | | | | | | |
| 青　海 | 1 | 58 | | 3 | 19 | 50 |
| 宁　夏 | 1 | 48 | 3 | 5 | 4 | 19 |
| 新　疆 | 1 | 89 | 5 | 14 | 21 | 20 |

表 5-17　全国地（市）级家畜繁育改良站机构、人员情况　2001 年

单位：个、人

| 地区 | 总数 | 干部职工 | | | | 离退休人员 |
|---|---|---|---|---|---|---|
| | | | 高级技术职称 | 中级技术职称 | 初级技术职称 | |
| **全国** | **155** | **2 278** | **238** | **569** | **526** | **999** |
| 北京 | 3 | 48 | 1 | 5 | 13 | 17 |
| 天津 | | | | | | |
| 河北 | 9 | 26 | 3 | 10 | 4 | 6 |
| 山西 | 11 | 195 | 28 | 69 | 45 | 55 |
| 内蒙古 | 12 | 499 | 49 | 117 | 96 | 180 |
| 辽宁 | 13 | 100 | 26 | 34 | 16 | 39 |
| 吉林 | 7 | 146 | 22 | 31 | 35 | 63 |
| 黑龙江 | 10 | 88 | 18 | 37 | 13 | 23 |
| 上海 | | | | | | |
| 江苏 | 2 | 46 | 2 | 3 | 7 | 24 |
| 浙江 | | | | | | |
| 安徽 | 2 | 24 | 5 | 3 | 8 | |
| 福建 | 8 | 42 | 6 | 16 | 16 | 2 |
| 江西 | 1 | 3 | 1 | 1 | 1 | |
| 山东 | 1 | 4 | 2 | 1 | 1 | |
| 河南 | 13 | 251 | 25 | 40 | 72 | 383 |
| 湖北 | 6 | 74 | 5 | 16 | 14 | 7 |
| 湖南 | 5 | 59 | 5 | 8 | 14 | 16 |
| 广东 | 6 | 108 | | 19 | 24 | 31 |
| 广西 | 6 | 101 | 4 | 10 | 32 | 56 |
| 海南 | | | | | | |
| 重庆 | | | | | | |
| 四川 | 12 | 124 | 19 | 57 | 14 | 17 |
| 贵州 | 9 | 89 | 3 | 37 | 23 | 18 |
| 云南 | 1 | 5 | 1 | 3 | | 6 |
| 西藏 | 2 | 13 | | 6 | 4 | |
| 陕西 | 5 | 71 | 2 | 4 | 21 | 4 |
| 甘肃 | 4 | 48 | 2 | 15 | 10 | 9 |
| 青海 | | | | | | |
| 宁夏 | 1 | 11 | 1 | 5 | 5 | 4 |
| 新疆 | 6 | 103 | 8 | 22 | 38 | 39 |

## 表 5-18 全国县（市）级家畜繁育改良站机构、人员情况 2001 年

单位：个、人

| 地区 | 总数 | 干部职工 | 高级技术职称 | 中级技术职称 | 初级技术职称 | 离退休人员 |
|---|---|---|---|---|---|---|
| **全国** | **1 232** | **11 744** | **455** | **2 581** | **3 993** | **3 005** |
| 北京 | 5 | 73 | | 6 | 19 | 31 |
| 天津 | 11 | 36 | | 6 | 9 | 5 |
| 河北 | 80 | 380 | 6 | 83 | 129 | 24 |
| 山西 | 98 | 695 | 19 | 196 | 288 | 142 |
| 内蒙古 | 98 | 1 518 | 79 | 339 | 556 | 659 |
| 辽宁 | 61 | 1 230 | 80 | 236 | 404 | 348 |
| 吉林 | 38 | 638 | 60 | 164 | 308 | 370 |
| 黑龙江 | 65 | 477 | 30 | 172 | 164 | 87 |
| 上海 | | | | | | |
| 江苏 | 51 | 516 | 23 | 82 | 179 | 89 |
| 浙江 | 17 | 187 | | 20 | 40 | 92 |
| 安徽 | 30 | 192 | 16 | 32 | 35 | 88 |
| 福建 | 7 | 35 | | 5 | 9 | 5 |
| 江西 | 15 | 110 | 16 | 33 | 36 | 4 |
| 山东 | 59 | 434 | 16 | 93 | 151 | 53 |
| 河南 | 96 | 1056 | 15 | 129 | 228 | 161 |
| 湖北 | 45 | 253 | 6 | 68 | 80 | 33 |
| 湖南 | 32 | 74 | | 21 | 30 | 3 |
| 广东 | 54 | 543 | | 33 | 115 | 119 |
| 广西 | 45 | 403 | 6 | 97 | 113 | 93 |
| 海南 | 11 | 82 | | 9 | 27 | 13 |
| 重庆 | 25 | 254 | 21 | 87 | 77 | 22 |
| 四川 | 96 | 895 | 37 | 272 | 313 | 165 |
| 贵州 | 89 | 705 | 6 | 185 | 327 | 215 |
| 云南 | 28 | 344 | 5 | 94 | 133 | 47 |
| 西藏 | 9 | 23 | 1 | 2 | 10 | |
| 陕西 | 32 | 259 | 6 | 55 | 101 | 60 |
| 甘肃 | 16 | 106 | 4 | 16 | 35 | 15 |
| 青海 | 3 | 37 | | 4 | 11 | 4 |
| 宁夏 | 6 | 101 | 2 | 16 | 28 | 35 |
| 新疆 | 10 | 88 | 1 | 26 | 38 | 23 |

表 5-19 全国省级草原工作站机构、人员情况 2001 年

单位：个、人

| 地区 | 总数 | 干部职工 | 高级技术职称 | 中级技术职称 | 初级技术职称 | 离退休人员 |
|---|---|---|---|---|---|---|
| **全国** | **23** | **787** | **130** | **195** | **162** | **273** |
| 北京 | 1 | 29 | 2 | 4 | 2 | 6 |
| 天津 | 1 | 4 | | | | |
| 河北 | 1 | 10 | 1 | 2 | 2 | |
| 山西 | 1 | 22 | 11 | 5 | 2 | 3 |
| 内蒙古 | 2 | 64 | 25 | 32 | 5 | 28 |
| 辽宁 | 1 | 15 | 11 | 1 | | 8 |
| 吉林 | 1 | 28 | 11 | 9 | 3 | 6 |
| 黑龙江 | 1 | 19 | 11 | 3 | | 5 |
| 上海 | | | | | | |
| 江苏 | | | | | | |
| 浙江 | | | | | | |
| 安徽 | | | | | | |
| 福建 | | | | | | |
| 江西 | 1 | | | | | |
| 山东 | | | | | | |
| 河南 | | | | | | |
| 湖北 | 1 | 11 | 4 | 2 | 1 | |
| 湖南 | 1 | 6 | 2 | 3 | 1 | |
| 广东 | | | | | | |
| 广西 | 1 | 68 | | 5 | 5 | 20 |
| 海南 | | | | | | |
| 重庆 | 1 | 21 | 7 | 2 | 1 | 7 |
| 四川 | 1 | 23 | 7 | 10 | 1 | 5 |
| 贵州 | 1 | 14 | 2 | 4 | | 6 |
| 云南 | 1 | 18 | 8 | 4 | 1 | 8 |
| 西藏 | | | | | | |
| 陕西 | 1 | | | | | |
| 甘肃 | 1 | 93 | 10 | 27 | 21 | 42 |
| 青海 | 1 | 120 | 3 | 43 | 55 | 73 |
| 宁夏 | 1 | 19 | 8 | 6 | 2 | 5 |
| 新疆 | 2 | 203 | 7 | 33 | 60 | 51 |

## 表 5-20 全国地（市）级草原工作站机构、人员情况 2001 年

单位：个、人

| 地 区 | 总 数 | 干部职工 | | | | 离退休人员 |
|---|---|---|---|---|---|---|
| | | | 高级技术职称 | 中级技术职称 | 初级技术职称 | |
| **全 国** | **119** | **1 555** | **162** | **466** | **401** | **320** |
| 北 京 | | | | | | |
| 天 津 | | | | | | |
| 河 北 | 16 | 70 | 12 | 33 | 8 | 17 |
| 山 西 | 11 | 143 | 19 | 61 | 26 | 34 |
| 内蒙古 | 12 | 455 | 46 | 127 | 108 | 105 |
| 辽 宁 | 6 | 27 | 5 | 8 | 6 | 7 |
| 吉 林 | 8 | 74 | 14 | 28 | 18 | 18 |
| 黑龙江 | 7 | 56 | 14 | 12 | 11 | 9 |
| 上 海 | | | | | | |
| 江 苏 | | | | | | |
| 浙 江 | | | | | | |
| 安 徽 | | | | | | |
| 福 建 | | | | | | |
| 江 西 | | | | | | |
| 山 东 | 1 | 7 | 4 | 1 | | 1 |
| 河 南 | 2 | 21 | 3 | 6 | 6 | 1 |
| 湖 北 | 1 | 1 | | | 1 | |
| 湖 南 | 2 | 11 | 1 | | 3 | |
| 广 东 | | | | | | |
| 广 西 | 2 | 5 | 1 | 2 | | 1 |
| 海 南 | | | | | | |
| 重 庆 | | | | | | |
| 四 川 | 6 | 78 | 11 | 29 | 18 | 5 |
| 贵 州 | 9 | 64 | | 30 | 22 | 15 |
| 云 南 | 2 | 14 | 2 | 4 | 4 | 5 |
| 西 藏 | 5 | 86 | 1 | 13 | 22 | 1 |
| 陕 西 | 4 | 65 | 5 | 19 | 18 | 3 |
| 甘 肃 | 9 | 101 | 5 | 33 | 42 | 31 |
| 青 海 | 6 | 142 | 9 | 25 | 39 | 19 |
| 宁 夏 | 2 | 11 | 2 | 6 | 1 | 1 |
| 新 疆 | 8 | 124 | 8 | 29 | 48 | 47 |

## 表 5-21 全国县（市）级草原工作站机构、人员情况 2001 年

单位：个、人

| 地区 | 总数 | 干部职工 | | | | 离退休人员 |
|---|---|---|---|---|---|---|
| | | | 高级技术职称 | 中级技术职称 | 初级技术职称 | |
| **全国** | **746** | **8 828** | **210** | **1 692** | **3 288** | **1 796** |
| 北京 | | | | | | |
| 天津 | | | | | | |
| 河北 | 22 | 172 | 5 | 35 | 67 | 6 |
| 山西 | 90 | 686 | 18 | 203 | 250 | 101 |
| 内蒙古 | 90 | 1 668 | 63 | 288 | 568 | 512 |
| 辽宁 | 25 | 242 | 15 | 37 | 83 | 55 |
| 吉林 | 35 | 497 | 15 | 67 | 164 | 72 |
| 黑龙江 | 64 | 361 | 22 | 93 | 196 | 55 |
| 上海 | | | | | | |
| 江苏 | | | | | | |
| 浙江 | | | | | | |
| 安徽 | | | | | | |
| 福建 | 1 | 2 | | 2 | | |
| 江西 | | | | | | |
| 山东 | 9 | 55 | 1 | 8 | 11 | 10 |
| 河南 | 7 | 128 | 1 | 9 | 13 | 37 |
| 湖北 | 10 | 62 | 3 | 16 | 20 | 8 |
| 湖南 | 4 | 23 | 1 | 5 | 16 | |
| 广东 | | | | | | |
| 广西 | 8 | 21 | 1 | 9 | 5 | 3 |
| 海南 | 2 | 14 | | 2 | 1 | |
| 重庆 | 13 | 111 | 8 | 43 | 43 | 5 |
| 四川 | 58 | 612 | 10 | 138 | 248 | 90 |
| 贵州 | 80 | 423 | 1 | 124 | 212 | 75 |
| 云南 | 23 | 245 | 4 | 77 | 109 | 28 |
| 西藏 | 2 | 10 | | 1 | 1 | |
| 陕西 | 18 | 374 | 6 | 40 | 138 | 148 |
| 甘肃 | 41 | 477 | 12 | 87 | 154 | 87 |
| 青海 | 39 | 628 | 3 | 91 | 299 | 98 |
| 宁夏 | 20 | 335 | 5 | 72 | 110 | 33 |
| 新疆 | 85 | 1 682 | 16 | 245 | 580 | 373 |

# Ⅵ. 全国乳品企业经济指标

表 6-1　全国乳品企业基本情况　1998—2001 年

| | 单位 | 1998 | 1999 | 2000 | 2001 |
|---|---|---|---|---|---|
| 企业数 | 个 | 395 | 378 | 377 | 434 |
| 其中：亏损企业数 | 个 | 145 | 124 | 98 | 110 |
| 职工人数 | 千人 | 81.78 | 84.86 | 89.63 | 110.41 |
| 销售总额 | 亿元 | 118.30 | 148.68 | 193.46 | 271.89 |
| 利税总额 | 亿元 | 6.31 | 11.60 | 18.82 | 31.97 |
| 其中：利润额 | 亿元 | 0.18 | 3.62 | 8.38 | 17.12 |
| 资产总额 | 亿元 | 149.50 | 160.43 | 185.91 | 245.11 |
| 负债总额 | 亿元 | 98.67 | 97.25 | 108.57 | 140.94 |

注：统计口径是全部国有及年销售收入 500 万元以上的非国有企业，下同

表 6-2　全国不同规模乳品企业基本情况　1998—2001 年

| | 单位 | 1998 | 1999 | 2000 | 2001 |
|---|---|---|---|---|---|
| 全行业 | | | | | |
| 企业个数 | 个 | 395 | 378 | 377 | 434 |
| 亏损企业数 | 个 | 145 | 124 | 98 | 110 |
| 从业人员 | 千人 | 81.78 | 84.86 | 89.63 | 110.41 |
| 销售总额 | 亿元 | 118.30 | 148.68 | 193.46 | 271.89 |
| 资产总额 | 亿元 | 149.50 | 160.43 | 185.91 | 245.11 |
| 利税总额 | 亿元 | 6.31 | 11.60 | 18.82 | 31.97 |
| 大型企业 | | | | | |
| 企业个数 | 个 | 23 | 28 | 33 | 33 |
| 亏损企业数 | 个 | 11 | 12 | 9 | 9 |
| 从业人员 | 千人 | 14.07 | 18.30 | 22.79 | 27.46 |
| 销售总额 | 亿元 | 47.83 | 51.80 | 72.63 | 97.55 |
| 资产总额 | 亿元 | 55.59 | 54.00 | 67.06 | 91.02 |
| 利税总额 | 亿元 | 2.26 | 3.65 | 6.39 | 12.05 |
| 中型企业 | | | | | |
| 企业个数 | 个 | 48 | 43 | 39 | 46 |
| 亏损企业数 | 个 | 16 | 8 | 6 | 10 |
| 从业人员 | 千人 | 19.65 | 15.73 | 17.45 | 30.02 |
| 销售总额 | 亿元 | 19.76 | 33.05 | 41.21 | 73.99 |
| 资产总额 | 亿元 | 24.64 | 26.38 | 38.13 | 66.22 |
| 利税总额 | 亿元 | 0.78 | 2.88 | 4.28 | 9.53 |
| 小型企业 | | | | | |
| 企业个数 | 个 | 324 | 307 | 305 | 355 |
| 亏损企业数 | 个 | 118 | 104 | 83 | 91 |
| 从业人员 | 千人 | 48.06 | 50.83 | 49.40 | 52.93 |
| 销售总额 | 亿元 | 50.72 | 63.83 | 79.63 | 100.35 |
| 资产总额 | 亿元 | 69.27 | 80.05 | 80.72 | 87.86 |
| 利税总额 | 亿元 | 3.26 | 5.06 | 8.16 | 10.39 |

表 6-3　全国不同经济类型乳品企业基本情况　1998—2001 年

| | 单　位 | 1998 | 1999 | 2000 | 2001 |
|---|---|---|---|---|---|
| 全行业 | | | | | |
| 企业个数 | 个 | 395 | 378 | 377 | 434 |
| 亏损企业数 | 个 | 145 | 124 | 98 | 110 |
| 从业人员 | 千人 | 81.78 | 84.86 | 89.63 | 110.41 |
| 销售总额 | 亿元 | 118.30 | 148.68 | 193.46 | 271.89 |
| 资产总额 | 亿元 | 149.50 | 160.43 | 185.91 | 245.11 |
| 利税总额 | 亿元 | 6.31 | 11.60 | 18.82 | 31.97 |
| 国有企业 | | | | | |
| 企业个数 | 个 | 219 | 182 | 142 | 112 |
| 亏损企业数 | 个 | 89 | 63 | 45 | 39 |
| 从业人员 | 千人 | 43.24 | 38.20 | 36.10 | 28.97 |
| 销售总额 | 亿元 | 38.57 | 45.18 | 45.21 | 42.73 |
| 资产总额 | 亿元 | 51.06 | 56.36 | 59.04 | 49.06 |
| 利税总额 | 亿元 | 2.00 | 3.40 | 3.52 | 3.09 |
| 集体企业 | | | | | |
| 企业个数 | 个 | 55 | 53 | 52 | 45 |
| 亏损企业数 | 个 | 18 | 13 | 10 | 6 |
| 从业人员 | 千人 | 10.03 | 9.06 | 10.25 | 7.80 |
| 销售总额 | 亿元 | 13.85 | 13.62 | 18.30 | 15.99 |
| 资产总额 | 亿元 | 19.17 | 19.15 | 20.09 | 15.62 |
| 利税总额 | 亿元 | 0.94 | 0.99 | 1.28 | 1.27 |
| 股份制企业 | | | | | |
| 企业个数 | 个 | 62 | 77 | 97 | 155 |
| 亏损企业数 | 个 | 10 | 19 | 10 | 30 |
| 从业人员 | 千人 | 14.65 | 18.20 | 22.85 | 48.45 |
| 销售总额 | 亿元 | 24.00 | 29.34 | 44.22 | 113.36 |
| 资产总额 | 亿元 | 18.09 | 22.47 | 31.96 | 85.75 |
| 利税总额 | 亿元 | 2.32 | 3.20 | 5.26 | 13.04 |
| 私营企业 | | | | | |
| 企业个数 | 个 | 16 | 21 | 41 | 71 |
| 亏损企业数 | 个 | 4 | 7 | 15 | 17 |
| 从业人员 | 千人 | 3.29 | 4.77 | 5.39 | 9.22 |
| 销售总额 | 亿元 | 2.53 | 7.02 | 9.18 | 17.41 |
| 资产总额 | 亿元 | 3.57 | 4.89 | 8.77 | 14.77 |
| 利税总额 | 亿元 | 0.16 | 0.45 | 0.06 | 1.54 |
| 三资企业 | | | | | |
| 企业个数 | 个 | 43 | 45 | 45 | 51 |
| 亏损企业数 | 个 | 24 | 22 | 18 | 18 |
| 从业人员 | 千人 | 10.58 | 14.65 | 15.05 | 15.98 |
| 销售总额 | 亿元 | 39.34 | 53.51 | 76.55 | 82.40 |
| 资产总额 | 亿元 | 57.61 | 57.57 | 66.05 | 79.91 |
| 利税总额 | 亿元 | 0.89 | 3.57 | 8.71 | 13.03 |

## 表 6-4 全国各地区乳品企业数 1998—2001 年

单位：个

| | 1998 | | 1999 | | 2000 | | 2001 | |
|---|---|---|---|---|---|---|---|---|
| | 总数 | 亏损企业数 | 总数 | 亏损企业数 | 总数 | 亏损企业数 | 总数 | 亏损企业数 |
| **全国总计** | **395** | **145** | **378** | **124** | **377** | **98** | **434** | **110** |
| 北　京 | 16 | 6 | 17 | 7 | 17 | 5 | 15 | 2 |
| 天　津 | 12 | 4 | 13 | 4 | 10 | 2 | 20 | 5 |
| 河　北 | 26 | 8 | 26 | 6 | 29 | 7 | 36 | 8 |
| 山　西 | 15 | 3 | 9 | 1 | 9 | 0 | 12 | 2 |
| 内蒙古 | 19 | 8 | 17 | 4 | 22 | 5 | 29 | 8 |
| 辽　宁 | 10 | 3 | 10 | 3 | 9 | 3 | 11 | 1 |
| 吉　林 | 6 | 2 | 6 | 0 | 6 | 1 | 8 | 1 |
| 黑龙江 | 69 | 19 | 60 | 19 | 50 | 12 | 47 | 14 |
| 上　海 | 16 | 7 | 15 | 5 | 12 | 7 | 12 | 5 |
| 江　苏 | 19 | 6 | 20 | 8 | 24 | 4 | 26 | 6 |
| 浙　江 | 23 | 12 | 23 | 8 | 19 | 3 | 23 | 3 |
| 安　徽 | 9 | 4 | 9 | 2 | 6 | 1 | 8 | 4 |
| 福　建 | 7 | 2 | 6 | 3 | 10 | 1 | 8 | 1 |
| 江　西 | 6 | 3 | 7 | 2 | 7 | 2 | 6 | 3 |
| 山　东 | 19 | 6 | 18 | 5 | 19 | 5 | 31 | 5 |
| 河　南 | 8 | 3 | 11 | 2 | 11 | 1 | 9 | 2 |
| 湖　北 | 8 | 7 | 8 | 5 | 10 | 5 | 7 | 4 |
| 湖　南 | 5 | 3 | 4 | 2 | 3 | 1 | 6 | 1 |
| 广　东 | 16 | 7 | 16 | 4 | 19 | 8 | 20 | 8 |
| 广　西 | 3 | 0 | 4 | 0 | 4 | 2 | 5 | 2 |
| 海　南 | | | | | | | | |
| 重　庆 | 2 | 0 | 1 | 0 | 1 | 0 | 4 | 1 |
| 四　川 | 7 | 2 | 8 | 4 | 9 | 5 | 8 | 3 |
| 贵　州 | 1 | 0 | 1 | 0 | 1 | 0 | 2 | 0 |
| 云　南 | 2 | 0 | 2 | 0 | 1 | 0 | 3 | 0 |
| 西　藏 | 1 | 1 | 1 | 0 | 1 | 0 | 2 | 0 |
| 陕　西 | 35 | 14 | 29 | 10 | 29 | 5 | 32 | 5 |
| 甘　肃 | 13 | 3 | 14 | 4 | 15 | 2 | 19 | 5 |
| 青　海 | 4 | 3 | 4 | 3 | 4 | 2 | 4 | 2 |
| 宁　夏 | 11 | 7 | 10 | 7 | 13 | 8 | 12 | 6 |
| 新　疆 | 7 | 2 | 9 | 6 | 7 | 1 | 9 | 3 |

## 表 6-5　全国各地区乳品企业产值　1998—2001 年

（按 1990 年不变价计算）　　单位：千元

| 地区 | 1998 | 1999 | 2000 | 2001 |
|---|---|---|---|---|
| **全国总计** | **8 333 112** | **10 456 042** | **13 904 899** | **22 284 580** |
| 北　京 | 163 719 | 374 326 | 614 820 | 699 048 |
| 天　津 | 126 397 | 196 189 | 263 125 | 540 043 |
| 河　北 | 961 967 | 1 159 256 | 1 456 420 | 3 077 762 |
| 山　西 | 157 222 | 171 397 | 182 361 | 236 125 |
| 内蒙古 | 201 103 | 267 154 | 525 428 | 3 057 947 |
| 辽　宁 | 110 073 | 163 804 | 244 367 | 404 039 |
| 吉　林 | 28 070 | 26 006 | 69 437 | 68 646 |
| 黑龙江 | 1 752 421 | 1 959 739 | 2 395 651 | 3 027 521 |
| 上　海 | 814 450 | 1 041 894 | 1 466 635 | 2 054 514 |
| 江　苏 | 697 415 | 1 225 783 | 1 498 413 | 1 808 201 |
| 浙　江 | 468 623 | 564 951 | 737 791 | 878 849 |
| 安　徽 | 69 245 | 68 315 | 44 186 | 78 862 |
| 福　建 | 45 513 | 64 668 | 167 789 | 213 685 |
| 江　西 | 85 003 | 114 037 | 176 942 | 277 678 |
| 山　东 | 999 336 | 1 138 419 | 1 366 619 | 2 149 672 |
| 河　南 | 12 528 | 90 570 | 89 886 | 139 380 |
| 湖　北 | 63 148 | 103 510 | 222 862 | 131 230 |
| 湖　南 | 50 929 | 68 224 | 118 593 | 287 772 |
| 广　东 | 541 053 | 806 822 | 1 064 109 | 1 591 372 |
| 广　西 | 27 049 | 37 836 | 38 181 | 40 279 |
| 海　南 | | | | |
| 重　庆 | 57 704 | 69 494 | 93 599 | 168 016 |
| 四　川 | 24 290 | 48 515 | 72 424 | 115 454 |
| 贵　州 | 4 239 | 5 264 | 6 260 | 44 729 |
| 云　南 | 46 596 | 64 865 | 40 199 | 73 413 |
| 西　藏 | 231 | 630 | 630 | 742 |
| 陕　西 | 583 903 | 336 277 | 473 296 | 551 411 |
| 甘　肃 | 96 326 | 104 275 | 185 088 | 191 848 |
| 青　海 | 15 018 | 18 092 | 9 554 | 7 617 |
| 宁　夏 | 105 926 | 116 664 | 201 830 | 254 563 |
| 新　疆 | 23 615 | 49 066 | 78 404 | 114 162 |

## 表 6-6 全国各地区乳品企业产值 1998—2001 年

单位：千元

| 地 区 | 1998 | 1999 | 2000 | 2001 |
|---|---|---|---|---|
| **全国总计** | **12 292 206** | **14 787 643** | **19 544 736** | **29 168 410** |
| 北 京 | 326 438 | 781 232 | 1 184 762 | 1 215 167 |
| 天 津 | 197 790 | 307 768 | 365 506 | 649 516 |
| 河 北 | 1 343 305 | 1 545 139 | 1 903 214 | 3 632 910 |
| 山 西 | 250 747 | 224 021 | 227 373 | 314 936 |
| 内蒙古 | 340 394 | 400 276 | 757 516 | 3 424 262 |
| 辽 宁 | 156 991 | 208 028 | 305 922 | 480 354 |
| 吉 林 | 41 080 | 33 233 | 75 327 | 77 017 |
| 黑龙江 | 2 804 105 | 2 694 084 | 3 586 346 | 4 568 740 |
| 上 海 | 1 505 281 | 1 844 449 | 2 576 553 | 3 437 669 |
| 江 苏 | 896 577 | 1 504 188 | 1 827 028 | 2 215 332 |
| 浙 江 | 567 518 | 683 571 | 820 928 | 939 527 |
| 安 徽 | 128 131 | 135 306 | 110 393 | 156 673 |
| 福 建 | 63 180 | 73 095 | 203 480 | 260 695 |
| 江 西 | 178 246 | 201 968 | 259 870 | 327 551 |
| 山 东 | 1 133 969 | 1 324 471 | 1 609 138 | 2 532 675 |
| 河 南 | 42 746 | 112 539 | 124 553 | 190 128 |
| 湖 北 | 96 392 | 123 246 | 266 134 | 167 565 |
| 湖 南 | 87 083 | 145 299 | 206 832 | 448 810 |
| 广 东 | 768 578 | 1 161 602 | 1 409 754 | 1 922 168 |
| 广 西 | 42 824 | 62 890 | 60 863 | 61 313 |
| 海 南 | | | | |
| 重 庆 | 94 538 | 106 464 | 134 161 | 214 757 |
| 四 川 | 61 348 | 87 135 | 99 662 | 133 908 |
| 贵 州 | 10 032 | 9 438 | 10 031 | 55 213 |
| 云 南 | 86 963 | 126 862 | 73 968 | 126 832 |
| 西 藏 | 231 | 663 | 630 | 665 |
| 陕 西 | 753 144 | 521 010 | 724 629 | 841 404 |
| 甘 肃 | 119 447 | 130 375 | 220 091 | 250 349 |
| 青 海 | 23 312 | 29 541 | 13 480 | 11 459 |
| 宁 夏 | 135 811 | 136 473 | 270 712 | 342 886 |
| 新 疆 | 36 005 | 73 277 | 115 880 | 167 929 |

## 表 6-7 全国各地区乳品企业负债总计 1998—2001 年

单位：千元

| 地 区 | 1998 | 1999 | 2000 | 2001 |
|---|---|---|---|---|
| **全国总计** | **9 866 753** | **9 724 669** | **10 857 256** | **14 094 325** |
| 北 京 | 779 306 | 593 498 | 768 384 | 852 804 |
| 天 津 | 146 965 | 171 507 | 249 332 | 587 718 |
| 河 北 | 428 736 | 585 955 | 488 771 | 805 996 |
| 山 西 | 199 613 | 151 747 | 169 460 | 206 874 |
| 内蒙古 | 407 260 | 264 453 | 399 359 | 1 117 321 |
| 辽 宁 | 96 901 | 132 247 | 203 424 | 315 726 |
| 吉 林 | 56 214 | 49 432 | 82 853 | 92 603 |
| 黑龙江 | 2 024 840 | 1 855 603 | 1 860 396 | 2 572 712 |
| 上 海 | 1 072 701 | 994 028 | 1 308 643 | 1 341 598 |
| 江 苏 | 645 451 | 799 956 | 895 401 | 948 181 |
| 浙 江 | 420 780 | 453 774 | 447 829 | 597 191 |
| 安 徽 | 158 130 | 210 623 | 156 436 | 193 061 |
| 福 建 | 41 293 | 95 209 | 144 081 | 223 802 |
| 江 西 | 108 864 | 133 943 | 128 655 | 157 888 |
| 山 东 | 759 534 | 828 338 | 838 222 | 850 489 |
| 河 南 | 48 993 | 123 657 | 129 665 | 82 037 |
| 湖 北 | 132 700 | 113 580 | 181 095 | 127 960 |
| 湖 南 | 86 649 | 113 969 | 116 265 | 268 028 |
| 广 东 | 1 013 722 | 871 150 | 946 077 | 1 073 678 |
| 广 西 | 21 985 | 42 624 | 56 351 | 51 043 |
| 海 南 | | | | |
| 重 庆 | 57 684 | 38 687 | 61 114 | 102 668 |
| 四 川 | 68 207 | 92 702 | 117 956 | 112 765 |
| 贵 州 | 6 790 | 7 609 | 8 579 | 65 471 |
| 云 南 | 69 611 | 45 327 | 20 204 | 52 806 |
| 西 藏 | 32 | 0 | 0 | 462 |
| 陕 西 | 647 411 | 480 308 | 469 226 | 615 630 |
| 甘 肃 | 72 495 | 164 460 | 151 258 | 219 319 |
| 青 海 | 75 086 | 73 071 | 98 483 | 76 939 |
| 宁 夏 | 168 832 | 149 184 | 235 060 | 273 746 |
| 新 疆 | 49 968 | 88 028 | 124 677 | 107 809 |

## 表 6-8 全国各地区乳品企业资产额 1998—2001 年

单位：千元

| 地 区 | 1998 | 1999 | 2000 | 2001 |
|---|---|---|---|---|
| **全国总计** | **14 950 483** | **16 043 343** | **18 590 528** | **24 511 124** |
| 北 京 | 1 483 524 | 1 508 024 | 1 602 810 | 1 489 545 |
| 天 津 | 350 395 | 355 665 | 437 886 | 760 209 |
| 河 北 | 727 494 | 972 301 | 957 357 | 1 719 828 |
| 山 西 | 301 828 | 250 995 | 275 196 | 387 598 |
| 内蒙古 | 429 131 | 373 959 | 626 334 | 2 435 956 |
| 辽 宁 | 139 855 | 210 507 | 312 407 | 455 001 |
| 吉 林 | 62 141 | 70 426 | 138 642 | 163 821 |
| 黑龙江 | 2 811 769 | 2 597 145 | 3 085 789 | 4 052 650 |
| 上 海 | 1 918 391 | 1 958 551 | 2 171 276 | 2 514 740 |
| 江 苏 | 1 234 925 | 1 518 187 | 1 830 123 | 1 967 963 |
| 浙 江 | 581 185 | 666 534 | 675 543 | 936 160 |
| 安 徽 | 213 740 | 310 643 | 252 324 | 286 809 |
| 福 建 | 130 818 | 157 249 | 297 585 | 378 458 |
| 江 西 | 144 855 | 166 568 | 195 980 | 278 233 |
| 山 东 | 1 080 359 | 1 385 218 | 1 499 008 | 1 748 494 |
| 河 南 | 64 442 | 167 791 | 205 845 | 136 369 |
| 湖 北 | 169 335 | 170 964 | 326 189 | 229 031 |
| 湖 南 | 134 347 | 186 735 | 203 628 | 441 687 |
| 广 东 | 1 116 176 | 1 161 538 | 1 351 389 | 1 607 959 |
| 广 西 | 49 464 | 76 588 | 95 649 | 89 656 |
| 海 南 | | | | |
| 重 庆 | 100 217 | 66 415 | 73 819 | 123 527 |
| 四 川 | 103 156 | 127 007 | 158 911 | 164 041 |
| 贵 州 | 12 960 | 14 082 | 15 724 | 116 663 |
| 云 南 | 118 143 | 95 887 | 68 736 | 108 485 |
| 西 藏 | 3 966 | 1 857 | 13 955 | 14 935 |
| 陕 西 | 982 819 | 716 286 | 881 207 | 923 635 |
| 甘 肃 | 121 860 | 320 588 | 219 136 | 328 481 |
| 青 海 | 79 251 | 104 771 | 101 215 | 69 691 |
| 宁 夏 | 225 259 | 215 127 | 342 249 | 376 684 |
| 新 疆 | 58 678 | 115 735 | 174 616 | 204 815 |

## 表 6-9 全国各地区乳品企业产品销售成本 1998—2001 年

单位：千元

| 地 区 | 1998 | 1999 | 2000 | 2001 |
|---|---|---|---|---|
| **全国总计** | **9 328 608** | **11 543 526** | **14 418 168** | **20 295 236** |
| 北 京 | 544 719 | 645 485 | 829 896 | 901 180 |
| 天 津 | 154 847 | 262 854 | 264 767 | 546 390 |
| 河 北 | 1 092 500 | 1 311 516 | 1 548 334 | 2 903 447 |
| 山 西 | 131 747 | 140 071 | 137 334 | 192 241 |
| 内蒙古 | 252 761 | 296 031 | 597 399 | 2 389 128 |
| 辽 宁 | 135 474 | 168 472 | 242 571 | 354 696 |
| 吉 林 | 29 239 | 23 296 3 | 54 708 | 53 661 |
| 黑龙江 | 1 871 668 | 2 007 944 | 2 208 900 | 2 819 952 |
| 上 海 | 1 307 622 | 1 676 595 | 2 294 300 | 2 304 371 |
| 江 苏 | 661 162 | 1 152 931 | 1 368 871 | 1 499 882 |
| 浙 江 | 427 335 | 521 014 | 629 659 | 691 419 |
| 安 徽 | 91 676 | 118 037 | 117 231 | 119 841 |
| 福 建 | 36 445 | 47 295 | 133 496 | 163 100 |
| 江 西 | 152 289 | 153 233 | 180 227 | 218 921 |
| 山 东 | 675 618 | 964 750 | 1 149 176 | 1 792 993 |
| 河 南 | 38 055 | 76 863 | 111 330 | 139 537 |
| 湖 北 | 81 661 | 91 030 | 172 762 | 137 778 |
| 湖 南 | 76 330 | 87 095 | 118 422 | 271 880 |
| 广 东 | 549 474 | 788 504 | 973 390 | 1 241 679 |
| 广 西 | 36 236 | 54 331 | 48 488 | 52 286 |
| 海 南 | | | | |
| 重 庆 | 65 614 | 74 157 | 92 437 | 140 876 |
| 四 川 | 37 030 | 55 458 | 61 482 | 88 633 |
| 贵 州 | 13 508 | 16 886 | 17 621 | 38 046 |
| 云 南 | 88 216 | 108 683 | 54 546 | 72 141 |
| 西 藏 | 81 | 394 | 350 | 246 |
| 陕 西 | 522 214 | 402 115 | 524 584 | 587 641 |
| 甘 肃 | 84 980 | 99 405 | 156 129 | 181 365 |
| 青 海 | 18 057 | 19 472 | 17 400 | 10 185 |
| 宁 夏 | 123 703 | 126 976 | 235 846 | 253 491 |
| 新 疆 | 28 347 | 52 633 | 76 512 | 128 230 |

## 表6-10　全国各地区乳品企业产品销售收入　1998—2001年

单位：千元

| 地区 | 1998 | 1999 | 2000 | 2001 |
|---|---|---|---|---|
| **全国总计** | **11 830 139** | **14 868 128** | **19 346 436** | **27 188 971** |
| 北京 | 665 990 | 808 144 | 1 099 420 | 1 172 143 |
| 天津 | 176 986 | 303 758 | 339 625 | 660 052 |
| 河北 | 1 323 008 | 1 575 122 | 1 855 155 | 3 510 070 |
| 山西 | 187 509 | 186 502 | 191 294 | 258 900 |
| 内蒙古 | 303 948 | 372 083 | 734 678 | 3 254 568 |
| 辽宁 | 160 808 | 206 166 | 312 444 | 462 016 |
| 吉林 | 31 843 | 25 646 | 66 267 | 67 740 |
| 黑龙江 | 2 445 355 | 2 695 551 | 3 226 289 | 3 945 304 |
| 上海 | 1 750 239 | 2 322 877 | 3 326 853 | 3 383 022 |
| 江苏 | 859 139 | 1 503 213 | 1 876 656 | 2 252 447 |
| 浙江 | 530 780 | 659 540 | 790 912 | 850 844 |
| 安徽 | 103 295 | 139 853 | 155 356 | 158 518 |
| 福建 | 51 563 | 74 531 | 188 039 | 241 574 |
| 江西 | 177 567 | 184 659 | 226 691 | 284 687 |
| 山东 | 850 371 | 1 175 744 | 1 488 073 | 2 228 082 |
| 河南 | 44 324 | 93 570 | 132 501 | 169 612 |
| 湖北 | 89 313 | 102 753 | 205 844 | 172 848 |
| 湖南 | 98 774 | 128 366 | 170 265 | 390 954 |
| 广东 | 741 830 | 1 093 672 | 1 346 955 | 1 748 057 |
| 广西 | 42 007 | 69 013 | 62 365 | 62 689 |
| 海南 | | | | |
| 重庆 | 87 580 | 103 717 | 133 426 | 207 398 |
| 四川 | 50 910 | 71 151 | 78 056 | 125 216 |
| 贵州 | 16 028 | 19 814 | 21 048 | 63 384 |
| 云南 | 111 375 | 132 144 | 73 637 | 93 314 |
| 西藏 | 231 | 663 | 630 | 906 |
| 陕西 | 633 321 | 472 668 | 664 221 | 727 797 |
| 甘肃 | 99 890 | 117 879 | 178 604 | 204 636 |
| 青海 | 18 621 | 22 692 | 20 763 | 13 253 |
| 宁夏 | 143 393 | 142 650 | 273 846 | 316 376 |
| 新疆 | 34 141 | 63 987 | 106 523 | 162 564 |

## 表6-11 全国各地区乳品企业利润额 1998—2001年

单位：千元

| 地区 | 1998 | 1999 | 2000 | 2001 |
|---|---|---|---|---|
| **全国总计** | **17 983** | **361 565** | **837 820** | **1 712 093** |
| 北京 | 6 468 | 6 724 | 64 247 | 88 398 |
| 天津 | -12 746 | -45 914 | 12 124 | -66 521 |
| 河北 | 66 771 | 99 200 | 126 554 | 264 539 |
| 山西 | 6 779 | 9 883 | 9 899 | 19 826 |
| 内蒙古 | 6 964 | 16 744 | 39 246 | 205 795 |
| 辽宁 | 8 024 | 7 165 | 26 056 | 41 924 |
| 吉林 | -982 | 563 | 2 902 | 4 279 |
| 黑龙江 | -58 994 | -41 987 | -26 737 | 78 498 |
| 上海 | -2 485 | 107 765 | 132 783 | 360 955 |
| 江苏 | 31 985 | 122 778 | 260 915 | 290 975 |
| 浙江 | -8 866 | 6 669 | 21 679 | 36 143 |
| 安徽 | -4 167 | -3 175 | 1 515 | 5 219 |
| 福建 | 2 538 | 5 191 | 18 402 | 33 432 |
| 江西 | 4 402 | 5 798 | 10 745 | 11 978 |
| 山东 | 26 793 | 11 465 | 62 434 | 95 992 |
| 河南 | -1 038 | 1 327 | 1 604 | 7 546 |
| 湖北 | -9 481 | -11 535 | -11 694 | -6 386 |
| 湖南 | 5 053 | 9 016 | 11 788 | 30 245 |
| 广东 | -42 209 | 68 925 | 42 587 | 136 975 |
| 广西 | 800 | 3 324 | 4 199 | 1 094 |
| 海南 | | | | |
| 重庆 | 2 127 | 5 612 | 11 294 | 17 660 |
| 四川 | -529 | -2 306 | -5 866 | 395 |
| 贵州 | 304 | 385 | 523 | 3 055 |
| 云南 | 1 392 | 3 638 | 8 996 | 7 218 |
| 西藏 | -10 | 117 | 291 | 352 |
| 陕西 | 472 | -11 100 | 15 707 | 23 573 |
| 甘肃 | 904 | -260 | -178 | 2 319 |
| 青海 | -7 791 | -7 015 | -3 833 | -587 |
| 宁夏 | -4 426 | -4 581 | -8 409 | 8 133 |
| 新疆 | -69 | -2 851 | 8 047 | 9 069 |

# 表 6-12 全国各地区乳品企业应交增值税 1998—2001 年

单位：千元

| 地 区 | 1998 | 1999 | 2000 | 2001 |
|---|---|---|---|---|
| **全国总计** | **565 731** | **746 621** | **988 117** | **1 386 116** |
| 北 京 | 32 098 | 41 308 | 71 828 | 53 994 |
| 天 津 | 6 824 | 13 416 | 15 465 | 26 312 |
| 河 北 | 61 124 | 72 134 | 79 699 | 147 233 |
| 山 西 | 12 877 | 17 699 | 19 132 | 18 483 |
| 内蒙古 | 22 617 | 30 544 | 44 610 | 175 322 |
| 辽 宁 | 4 486 | 5 957 | 8 099 | 14 404 |
| 吉 林 | 1 595 | 642 | 803 | 2 038 |
| 黑龙江 | 155 190 | 190 143 | 237 064 | 316 205 |
| 上 海 | 72 191 | 110 183 | 156 788 | 188 487 |
| 江 苏 | 30 261 | 52 628 | 81 349 | 108 189 |
| 浙 江 | 22 277 | 42 054 | 30 163 | 42 093 |
| 安 徽 | 2 260 | 1 551 | 4 641 | 5 157 |
| 福 建 | 465 | 771 | 2 739 | 2 807 |
| 江 西 | 8 338 | 8 351 | 14 013 | 13 486 |
| 山 东 | 26 087 | 30 695 | 48 997 | 62 952 |
| 河 南 | 1 256 | 3 198 | 3 575 | 3 700 |
| 湖 北 | 6 180 | 3 382 | 7 746 | 3 438 |
| 湖 南 | 5 143 | 8 733 | 9 743 | 23 503 |
| 广 东 | 34 635 | 50 851 | 74 148 | 94 754 |
| 广 西 | 1 859 | 2 283 | 1 189 | 914 |
| 海 南 | | | | |
| 重 庆 | 6 310 | 7 162 | 8 384 | 10 409 |
| 四 川 | 3 081 | 5 636 | 3 060 | 2 633 |
| 贵 州 | 381 | 533 | 445 | 1 709 |
| 云 南 | 6 592 | 9 640 | 7 220 | 7 772 |
| 西 藏 | 0 | 0 | 0 | 0 |
| 陕 西 | 24 836 | 18 487 | 28 912 | 29 288 |
| 甘 肃 | 3 525 | 4 904 | 6 614 | 5 072 |
| 青 海 | 1 109 | 1 250 | 1 786 | 1 006 |
| 宁 夏 | 10 024 | 8 692 | 14 179 | 16 516 |
| 新 疆 | 2 110 | 3 794 | 5 726 | 8 240 |

表 6-13 全国各地区乳品企业从业人员 1998—2001 年

单位：千元

| 地 区 | 1998 | 1999 | 2000 | 2001 |
|---|---|---|---|---|
| **全国总计** | **81 782** | **84 862** | **89 632** | **110 410** |
| 北 京 | 1 602 | 5 415 | 4 818 | 4 177 |
| 天 津 | 200 | 1 774 | 1 545 | 2 298 |
| 河 北 | 511 | 6 588 | 6 859 | 8 794 |
| 山 西 | 242 | 1 811 | 1 810 | 2 156 |
| 内蒙古 | 310 | 3 111 | 5 355 | 14 911 |
| 辽 宁 | 155 | 2 891 | 2 137 | 2 500 |
| 吉 林 | 107 | 744 | 653 | 808 |
| 黑龙江 | 1 823 | 12 190 | 12 820 | 14 249 |
| 上 海 | 522 | 4 879 | 5 056 | 5 582 |
| 江 苏 | 537 | 6 278 | 6 465 | 6 238 |
| 浙 江 | 484 | 4 615 | 4 708 | 5 134 |
| 安 徽 | 209 | 2 846 | 2 440 | 2 834 |
| 福 建 | 87 | 656 | 1 004 | 834 |
| 江 西 | 116 | 1 329 | 1 396 | 1 798 |
| 山 东 | 626 | 8 056 | 7 942 | 8 606 |
| 河 南 | 103 | 1 471 | 1 701 | 1 705 |
| 湖 北 | 124 | 1 129 | 1 613 | 1 679 |
| 湖 南 | 100 | 868 | 944 | 2 437 |
| 广 东 | 280 | 4 346 | 4 802 | 6 122 |
| 广 西 | 41 | 763 | 774 | 576 |
| 海 南 | | | | |
| 重 庆 | 85 | 761 | 764 | 1 370 |
| 四 川 | 101 | 1 339 | 1 271 | 971 |
| 贵 州 | 29 | 284 | 285 | 2 268 |
| 云 南 | 80 | 741 | 378 | 662 |
| 西 藏 | 2 | 21 | 98 | 113 |
| 陕 西 | 759 | 5 393 | 6 714 | 6 369 |
| 甘 肃 | 145 | 1 457 | 1 503 | 1 679 |
| 青 海 | 43 | 601 | 572 | 495 |
| 宁 夏 | 123 | 1 137 | 1 814 | 1 653 |
| 新 疆 | 58 | 1 368 | 1 391 | 1 392 |

## 表 6-14 全国前四十名乳品企业主要经济指标 2001 年（一）

单位：千元

| 序号 \ 指标 | 产品销售收入 | 产品销售成本 | 产品销售费用 | 产品销售税金及附加 | 管理费用 | 财务费用 |
|---|---|---|---|---|---|---|
| 1 | 2 357 220 | 1 977 194 | 165 561 | 8 362 | 59 325 | 12 612 |
| 2 | 2 028 705 | 1 413 974 | 357 010 | 6 300 | 112 953 | −306 |
| 3 | 1 752 367 | 1 231 166 | 297 907 | 410 | 108 103 | 5 303 |
| 4 | 1 373 709 | 778 695 | 200 674 | 0 | 257 820 | −2 983 |
| 5 | 805 563 | 617 139 | 82 263 | 385 | 63 231 | −2 364 |
| 6 | 696 607 | 523 468 | 108 702 | 1 755 | 15 049 | 3 908 |
| 7 | 639 060 | 463 320 | 93 340 | 1 270 | 38 130 | 10 950 |
| 8 | 605 255 | 331 484 | 166 863 | 0 | 19 161 | −513 |
| 9 | 508 207 | 459 783 | 7 155 | 1 484 | 14 709 | 0 |
| 10 | 443 720 | 218 500 | 12 190 | 0 | 10 200 | 1 040 |
| 11 | 367 957 | 133 034 | 151 823 | 0 | 16 966 | 1 249 |
| 12 | 354 890 | 276 454 | 30 825 | 1 568 | 33 641 | 4 066 |
| 13 | 353 740 | 265 140 | 12 150 | 9 110 | 24 300 | 6 070 |
| 14 | 346 869 | 280 731 | 37 014 | 0 | 31 265 | 752 |
| 15 | 325 667 | 113 689 | 60 644 | 396 | 7 986 | −1 298 |
| 16 | 310 651 | 256 593 | 1 526 | 401 | 11 339 | 10 901 |
| 17 | 302 286 | 234 549 | 84 719 | 1 985 | 31 680 | 9 872 |
| 18 | 259 953 | 189 300 | 17 930 | 704 | 12 885 | 1 379 |
| 19 | 258 518 | 100 199 | 60 336 | 0 | 16 418 | −2 278 |
| 20 | 239 750 | 170 990 | 45 480 | 920 | 11 280 | 5 190 |
| 21 | 228 614 | 163 103 | 46 064 | 1 289 | 9 876 | 1 214 |
| 22 | 226 579 | 205 894 | 1 614 | 609 | 7 746 | −48 |
| 23 | 226 365 | 207 486 | 11 168 | 46 | 7 184 | −379 |
| 24 | 198 030 | 140 154 | 50 903 | 0 | 4 648 | 781 |
| 25 | 188 782 | 124 351 | 31 656 | 770 | 15 501 | 1 776 |
| 26 | 185 095 | 159 039 | 22 054 | 150 | 2 694 | −377 |
| 27 | 183 050 | 148 891 | 17 809 | 400 | 13 058 | 3 655 |
| 28 | 182 086 | 141 060 | 18 790 | 697 | 6 420 | −35 |
| 29 | 179 298 | 149 748 | 2 500 | 4 500 | 6 050 | 1 500 |
| 30 | 178 539 | 134 417 | 32 582 | 0 | 7 223 | 1 499 |
| 31 | 176 514 | 118 752 | 24 848 | 1 360 | 10 626 | 3 255 |
| 32 | 173 560 | 161 775 | 1 566 | 1 562 | 1 085 | 324 |
| 33 | 152 978 | 115 116 | 21 361 | 946 | 9 729 | 1 611 |
| 34 | 151 312 | 87 007 | 21 236 | 618 | 8 725 | 243 |
| 35 | 145 453 | 126 772 | 347 | 341 | 3 146 | 8 920 |
| 36 | 140 997 | 109 259 | 12 646 | 679 | 5 345 | 1 358 |
| 37 | 137 672 | 103 282 | 28 722 | 0 | 19 897 | 2 254 |
| 38 | 136 602 | 91 377 | 12 377 | 352 | 13 720 | 1 038 |
| 39 | 135 737 | 115 194 | 13 249 | 306 | 2 197 | 888 |
| 40 | 132 258 | 90 879 | 28 516 | 0 | 5 786 | 1 560 |

注：按销售收入排序。

表 6-15　全国前四十名乳品企业主要经济指标　2001 年（二）

单位：千元

| 序号＼指标 | 利息支出 | 利润总额 | 应交增值税 | 工业总产值（当年价格） | 工业总产值（不变价格） | 全部从业人员平均人数（人） |
|---|---|---|---|---|---|---|
| 1 | 12 612 | 175 297 | 92 837 | 2 436 003 | 2 169 505 | 4 016 |
| 2 | −306 | 135 179 | 116 046 | 2 089 143 | 2 046 255 | 9 040 |
| 3 | 6 425 | 128 046 | 82 905 | 1 774 949 | 1 012 256 | 3 315 |
| 4 | −3 884 | 139 804 | 163 089 | 1 785 809 | 1 033 253 | 992 |
| 5 | 7 676 | 74 199 | 36 030 | 817 760 | 450 420 | 2 818 |
| 6 | 3 875 | 46 437 | 26 331 | 776 140 | 619 559 | 2 000 |
| 7 | 10 950 | 33 210 | 40 190 | 687 960 | 484 040 | 2 975 |
| 8 | −579 | 146 912 | 54 468 | 599 075 | 512 808 | 544 |
| 9 | 0 | 25 550 | 19 652 | 518 941 | 468 448 | 1 108 |
| 10 | 1 380 | 73 740 | 14 960 | 308 960 | 278 898 | 100 |
| 11 | 1 460 | 105 924 | 42 689 | 479 360 | 560 850 | 256 |
| 12 | 3 797 | 27 676 | 9 779 | 347 225 | 338 157 | 2 518 |
| 13 | 2 059 | 36 970 | 6 990 | 460 277 | 371 687 | 227 |
| 14 | 439 | −2 913 | 23 014 | 382 475 | 328 702 | 274 |
| 15 | −1 325 | 125 668 | 39 615 | 380 852 | 343 795 | 82 |
| 16 | 0 | 25 148 | 8 802 | 351 226 | 145 566 | 473 |
| 17 | 12 932 | −66 920 | 27 820 | 374 120 | 229 530 | 1 347 |
| 18 | 1 379 | 34 600 | 6 519 | 267 384 | 267 297 | 1 068 |
| 19 | 0 | 74 755 | 34 063 | 269 488 | 42 450 | 189 |
| 20 | 5 190 | 12 360 | 9 390 | 243 520 | 152 100 | 1 224 |
| 21 | 1 214 | 7 474 | 16 114 | 249 067 | 216 516 | 678 |
| 22 | −48 | 12 820 | 7 614 | 226 579 | 203 921 | 1 020 |
| 23 | −379 | 3 221 | 460 | 226 404 | 168 648 | 320 |
| 24 | 543 | 5 223 | 1 500 | 198 635 | 155 472 | 356 |
| 25 | 1 776 | 14 117 | 13 766 | 212 842 | 108 934 | 653 |
| 26 | 456 | 1 921 | 2 710 | 206 602 | 176 851 | 30 |
| 27 | 0 | 724 | 3 356 | 132 870 | 114 667 | 665 |
| 28 | −35 | 17 905 | 7 488 | 198 809 | 121 432 | 393 |
| 29 | 1 500 | 15 000 | 5 500 | 145 996 | 135 996 | 318 |
| 30 | 217 | 2 749 | 6 037 | 206 710 | 98 880 | 680 |
| 31 | 3 327 | 17 158 | 9 177 | 181 206 | 144 380 | 875 |
| 32 | 320 | 8 420 | 2 568 | 183 504 | 139 628 | 856 |
| 33 | 1 854 | 4 872 | 9 474 | 170 604 | 123 370 | 980 |
| 34 | 41 | 32 232 | 1 415 | 153 949 | 130 856 | 247 |
| 35 | 8 918 | 5 927 | 4 265 | 158 546 | 122 353 | 617 |
| 36 | 1 335 | 11 716 | 7 982 | 148 750 | 148 750 | 249 |
| 37 | 80 | −18 767 | 9 584 | 149 096 | 103 360 | 532 |
| 38 | 1 038 | 17 340 | 12 900 | 184 340 | 147 121 | 788 |
| 39 | 868 | 3 903 | 3 938 | 133 500 | 112 140 | 950 |
| 40 | 1 434 | 5 592 | 7 812 | 149 649 | 28 431 | 110 |

## 表 6-16　全国前四十名乳品企业主要经济指标　2001 年（三）

单位：千元

| 序号 \ 指标 | 应收账款净额 | 产成品 | 流动资产平均余额 | 固定资产净值平均余额 | 资产总计 | 负债合计 |
|---|---|---|---|---|---|---|
| 1 | 30 830 | 2 819 | 245 660 | 291 303 | 976 240 | 322 722 |
| 2 | 122 729 | 11 090 | 711 823 | 401 760 | 1 466 720 | 584 923 |
| 3 | 231 085 | 2 735 | 924 005 | 302 289 | 1 449 413 | 826 051 |
| 4 | 5 615 | 211 | 537 014 | 311 193 | 1 008 744 | 246 641 |
| 5 | 80 414 | 8 524 | 445 147 | 345 177 | 1 187 121 | 634 501 |
| 6 | 24 146 | 2 862 | 159 954 | 96 693 | 393 935 | 247 691 |
| 7 | 48 403 | 6 240 | 230 340 | 168 040 | 573 680 | 436 320 |
| 8 | 40 505 | 1 997 | 187 431 | 139 642 | 393 086 | 134 814 |
| 9 | 42 370 | 2 007 | 213 791 | 281 486 | 563 696 | 211 920 |
| 10 | 0 | 0 | 277 000 | 69 130 | 345 500 | 184 220 |
| 11 | 10 865 | 3 360 | 120 440 | 188 020 | 303 376 | 150 401 |
| 12 | 7 733 | 1 164 | 140 312 | 190 611 | 749 659 | 274 436 |
| 13 | 3 880 | 98 | 37 440 | 15 940 | 64 750 | 35 550 |
| 14 | 44 702 | 0 | 73 897 | 122 161 | 218 276 | 175 069 |
| 15 | 11 245 | 1 581 | 134 682 | 69 070 | 226 247 | 55 844 |
| 16 | 10 221 | 2 471 | 65 418 | 85 753 | 193 321 | 143 506 |
| 17 | 25 798 | 2 760 | 119 186 | 186 475 | 319 124 | 355 471 |
| 18 | 12 896 | 568 | 126 778 | 49 048 | 223 257 | 166 186 |
| 19 | 9 002 | 1 444 | 165 765 | 156 719 | 369 737 | 108 179 |
| 20 | 2 760 | 0 | 121 410 | 50 530 | 233 970 | 158 950 |
| 21 | 44 038 | 991 | 82 460 | 102 962 | 249 396 | 140 024 |
| 22 | 0 | 0 | 45 776 | 32 544 | 72 048 | 48 999 |
| 23 | 22 619 | 4 | 52 203 | 12 517 | 73 106 | 60 441 |
| 24 | 17 446 | 1 237 | 71 069 | 10 321 | 122 242 | 43 050 |
| 25 | 69 932 | 240 | 104 269 | 42 338 | 223 771 | 176 316 |
| 26 | 36 787 | 700 | 48 080 | 2 853 | 56 443 | 42 897 |
| 27 | 14 867 | 0 | 104 280 | 68 270 | 182 669 | 125 099 |
| 28 | 7 858 | 254 | 163 566 | 67 928 | 251 179 | 149 270 |
| 29 | 1 000 | 0 | 1 000 | 10 440 | 11 440 | 7 700 |
| 30 | 0 | 4 214 | 101 801 | 70 026 | 185 411 | 125 812 |
| 31 | 6 538 | 282 | 41 926 | 42 307 | 94 098 | 81 254 |
| 32 | 7 850 | 15 | 155 779 | 40 851 | 121 310 | 62 540 |
| 33 | 2 143 | 713 | 72 773 | 75 001 | 175 747 | 89 431 |
| 34 | 1 930 | 12 | 57 370 | 60 471 | 252 786 | 167 309 |
| 35 | 16 271 | 1 516 | 62 462 | 71 453 | 261 175 | 164 131 |
| 36 | 3 843 | 713 | 23 850 | 28 090 | 56 989 | 18 431 |
| 37 | 28 691 | 395 | 77 493 | 64 256 | 145 938 | 114 781 |
| 38 | 17 746 | 3 377 | 98 310 | 64 934 | 186 024 | 75 498 |
| 39 | 16 574 | 1 813 | 74 180 | 29 321 | 117 621 | 100 486 |
| 40 | 9 298 | 247 | 44 103 | 11 794 | 52 707 | 22 508 |

## 表 6-17　全国各地区乳品企业产品销售税金及附加　1998—2001 年

单位：千元

| 地　区 | 1998 | 1999 | 2000 | 2001 |
|---|---|---|---|---|
| **全国总计** | **47 003** | **51 804** | **56 286** | **98 537** |
| 北　京 | 511 | 611 | 868 | 1 601 |
| 天　津 | 167 | 258 | 278 | 593 |
| 河　北 | 5 301 | 6 157 | 7 110 | 13 162 |
| 山　西 | 6 818 | 4 289 | 2 296 | 975 |
| 内蒙古 | 2 592 | 2 888 | 4 770 | 11 426 |
| 辽　宁 | 438 | 567 | 873 | 1 394 |
| 吉　林 | 184 | 273 | 328 | 739 |
| 黑龙江 | 5 936 | 6 665 | 7 494 | 21 850 |
| 上　海 | 1 515 | 878 | 734 | 759 |
| 江　苏 | 3 738 | 4 556 | 4 191 | 4 159 |
| 浙　江 | 3 638 | 4 851 | 5 898 | 4 065 |
| 安　徽 | 215 | 211 | 275 | 457 |
| 福　建 | 462 | 435 | 2 393 | 1 957 |
| 江　西 | 832 | 876 | 1 368 | 1 393 |
| 山　东 | 1 464 | 6 636 | 3 993 | 16 644 |
| 河　南 | 358 | 380 | 806 | 789 |
| 湖　北 | 182 | 306 | 1 250 | 628 |
| 湖　南 | 213 | 339 | 530 | 2 963 |
| 广　东 | 5 244 | 3 062 | 1 993 | 4 243 |
| 广　西 | 370 | 248 | 293 | 133 |
| 海　南 | | | | |
| 重　庆 | 947 | 1 026 | 1 215 | 1 541 |
| 四　川 | 348 | 311 | 354 | 711 |
| 贵　州 | 48 | 40 | 55 | 271 |
| 云　南 | 594 | 832 | 567 | 629 |
| 西　藏 | 0 | 15 | 15 | 9 |
| 陕　西 | 2 531 | 2 904 | 3 510 | 2 983 |
| 甘　肃 | 1 535 | 1 317 | 1 714 | 779 |
| 青　海 | 84 | 136 | 173 | 145 |
| 宁　夏 | 572 | 531 | 649 | 1 182 |
| 新　疆 | 166 | 206 | 293 | 357 |

**表 6-18 全国各地区乳品企业产品销售费用 1998—2001 年**

单位：千元

| 地 区 | 1998 | 1999 | 2000 | 2001 |
|---|---|---|---|---|
| **全国总计** | **1 259 202** | **1 572 510** | **2 269 343** | **3 337 951** |
| 北 京 | 65 231 | 86 118 | 129 277 | 125 677 |
| 天 津 | 13 172 | 56 430 | 31 262 | 131 958 |
| 河 北 | 87 515 | 103 667 | 129 749 | 251 288 |
| 山 西 | 17 795 | 14 344 | 15 003 | 21 774 |
| 内蒙古 | 16 144 | 28 040 | 60 291 | 490 808 |
| 辽 宁 | 2 741 | 6 547 | 16 903 | 25 431 |
| 吉 林 | 428 | 345 | 1 794 | 2 437 |
| 黑龙江 | 367 370 | 305 495 | 416 828 | 541 742 |
| 上 海 | 282 094 | 396 390 | 615 599 | 602 153 |
| 江 苏 | 77 509 | 105 598 | 159 813 | 209 271 |
| 浙 江 | 48 171 | 69 538 | 78 403 | 74 320 |
| 安 徽 | 6 912 | 8 430 | 12 840 | 19 200 |
| 福 建 | 3 873 | 6 399 | 18 074 | 27 243 |
| 江 西 | 7 754 | 11 431 | 19 343 | 31 183 |
| 山 东 | 55 124 | 93 514 | 149 210 | 197 187 |
| 河 南 | 2 112 | 6 724 | 8 996 | 9 803 |
| 湖 北 | 7 457 | 15 827 | 37 278 | 35 022 |
| 湖 南 | 13 973 | 21 993 | 29 409 | 60 151 |
| 广 东 | 99 538 | 156 443 | 206 309 | 297 946 |
| 广 西 | 1 158 | 2 454 | 2 351 | 3 020 |
| 海 南 | | | | |
| 重 庆 | 7 636 | 12 124 | 17 649 | 30 265 |
| 四 川 | 2 289 | 5 314 | 12 030 | 17 328 |
| 贵 州 | 357 | 526 | 565 | 6 506 |
| 云 南 | 11 812 | 5 816 | 3 954 | 6 303 |
| 西 藏 | 69 | 116 | 120 | 283 |
| 陕 西 | 45 084 | 29 858 | 58 300 | 77 676 |
| 甘 肃 | 5 535 | 6 647 | 9 038 | 8 975 |
| 青 海 | 906 | 1 896 | 1 267 | 638 |
| 宁 夏 | 7 821 | 8 733 | 18 156 | 22 678 |
| 新 疆 | 1 622 | 5 753 | 9 532 | 9 685 |

# Ⅶ.全国奶产品产量

## 表7-1 全国奶产品产量 2001年

单位：千吨

| 项 目 | 2000 | 2001 | 2001年比2000年增长 | |
|---|---|---|---|---|
| | | | 绝对数 | % |
| 奶类 | 9 189. | 11 226. | 2 037. | 22.2 |
| 其中牛奶 | 8 273. | 10 254. | 1 981. | 23.9 |
| 液态奶 | 1 245.7 | 1 899.8 | 654 | 52.5 |
| 乳制品 | 829.2 | 1 054.3 | 225.1 | 27.1 |

注：本表的乳制品是指奶粉等干乳制品。

## 表7-2 全国乳制品产量 1957—2001年

单位：千吨

| 年度 | 乳制品 | 年度 | 乳制品 | 年度 | 乳制品 | 年度 | 乳制品 |
|---|---|---|---|---|---|---|---|
| 1957 | 12.7 | 1972 | 34.0 | 1982 | 99.7 | 1992 | 412.9 |
| 1963 | 13.3 | 1973 | 34.5 | 1983 | 112.2 | 1993 | 417.3 |
| 1964 | 17.6 | 1974 | 35.3 | 1984 | 130.2 | 1994 | 424.6 |
| 1965 | 21.2 | 1975 | 36.6 | 1985 | 163.7 | 1995 | 525.7 |
| 1966 | 23.5 | 1976 | 36.7 | 1986 | 225.8 | 1996 | 504.1 |
| 1967 | 23.1 | 1977 | 39.2 | 1987 | 272.2 | 1997 | 564.8 |
| 1968 | 23.1 | 1978 | 46.5 | 1988 | 295.3 | 1998 | 548.6 |
| 1969 | 26.2 | 1979 | 53.6 | 1989 | 266.8 | 1999 | 691.0 |
| 1970 | 29.6 | 1980 | 63.2 | 1990 | 313.7 | 2000 | 829.2 |
| 1971 | 30.3 | 1981 | 79.1 | 1991 | 376.6 | 2001 | 1 054.3 |

注：本表的乳制品是指奶粉等干乳制品。

## 表7-3 全国各地区乳制品产量 1998—2001年

单位：千吨

| 地区 | 1998 | 1999 | 2000 | 2001 |
|---|---|---|---|---|
| **全国总计** | **548.6** | **690.8** | **829.2** | **1 054.3** |
| 北京 | 8.8 | 14.3 | 20.6 | 37.4 |
| 天津 | 6.9 | 7.9 | 6.7 | 9.8 |
| 河北 | 82.4 | 96.5 | 99.9 | 119.2 |
| 山西 | 14.6 | 13.7 | 12.7 | 18.8 |
| 内蒙古 | 37.6 | 54.2 | 66.5 | 47.5 |
| 辽宁 | 2.7 | 4.2 | 16.0 | 22.2 |
| 吉林 | 2.0 | 1.0 | 1.0 | 1.5 |
| 黑龙江 | 118.7 | 154.9 | 184.8 | 226.0 |
| 上海 | 11.7 | 13.7 | 14.0 | 17.1 |
| 江苏 | 19.1 | 29.0 | 74.6 | 75.3 |
| 浙江 | 46.9 | 61.1 | 47.4 | 47.5 |
| 安徽 | 8.3 | 12.4 | 15.0 | 13.8 |
| 福建 | 0.6 | 9.0 | 1.6 | 1.2 |
| 江西 | 13.9 | 19.2 | 6.0 | 4.5 |
| 山东 | 51.9 | 52.9 | 83.0 | 111.3 |
| 河南 | 4.0 | 10.0 | 8.1 | 17.3 |
| 湖北 | 5.9 | 11.8 | 10.0 | 8.6 |
| 湖南 | 3.4 | 4.4 | 5.6 | 7.2 |
| 广东 | 7.5 | 6.9 | 12.9 | 121.1 |
| 广西 | 4.9 | 2.7 | 2.5 | 2.0 |
| 海南 | | 2.0 | 2.3 | 1.8 |
| 重庆 | 12.9 | 17.5 | 1.6 | 5.1 |
| 四川 | 2.5 | 16.4 | 18.8 | 25.3 |
| 贵州 | 10.6 | 0.8 | 1.1 | 20.3 |
| 云南 | 6.6 | 6.6 | 5.4 | 5.6 |
| 西藏 | | | 0.4 | 0.2 |
| 陕西 | 26.3 | 29.0 | 45.8 | 46.7 |
| 甘肃 | 17.9 | 19.2 | 22.6 | 6.6 |
| 青海 | 0.9 | 1.4 | 1.2 | 0.1 |
| 宁夏 | 14.0 | 13.9 | 29.1 | 30.4 |
| 新疆 | 5.1 | 4.2 | 12.2 | 3.3 |

注：1. 本表的乳制品指奶粉等干乳制品。

2. 统计口径为全部国有及年产品销售额500万元以上非国有企业。

## 表7-4 全国各地区液态奶产量 2000—2001年

单位：千吨

| 地 区 | 2000 | 2001 |
|---|---|---|
| **全国总计** | **1 245.7** | **1 899.8** |
| 北 京 | 199.1 | 192.7 |
| 天 津 | 51.8 | 68.9 |
| 河 北 | 44.7 | 139.6 |
| 山 西 | 1.7 | 5.3 |
| 内蒙古 | 123.2 | 391.9 |
| 辽 宁 | 30 | 55.2 |
| 吉 林 | — | 0.8 |
| 黑龙江 | 2.1 | 17.0 |
| 上 海 | 354.9 | 360.9 |
| 江 苏 | 76.7 | 119.6 |
| 浙 江 | 63.5 | 94.2 |
| 安 徽 | 2.4 | 5.2 |
| 福 建 | 19.7 | 34.3 |
| 江 西 | 27.1 | 46.9 |
| 山 东 | 39.4 | 68.8 |
| 河 南 | 27.6 | 38.9 |
| 湖 北 | — | — |
| 湖 南 | 37.4 | 19.6 |
| 广 东 | 93.3 | 124.4 |
| 广 西 | 14.4 | 15.9 |
| 海 南 | — | 1.4 |
| 重 庆 | 21.9 | 36.6 |
| 四 川 | 1.2 | 4.2 |
| 贵 州 | — | — |
| 云 南 | 0.4 | 3.7 |
| 西 藏 | — | — |
| 陕 西 | 13.2 | 27.7 |
| 甘 肃 | — | 20.3 |
| 青 海 | — | — |
| 宁 夏 | — | — |
| 新 疆 | — | 6.0 |

注：统计口径为全部国有及年产品销售额500万元以上非国有企业。

# Ⅷ. 全国奶及奶制品价格指数

表 8-1 全国奶及奶制品零售价格指数 1995—2001 年

上年＝100

| 年份 | 全国 | 城市 | 农村 |
|---|---|---|---|
| 1995 | 126.3 | 125.3 | 128.6 |
| 1996 | 110.3 | 111.8 | 107.3 |
| 1997 | 104.8 | 105.7 | 101.8 |
| 1998 | 100.0 | 100.4 | 98.7 |
| 1999 | 99.1 | 99.5 | 98.0 |
| 2000 | 100.0 | 100.2 | 99.4 |
| 2001 | 99.1 | 99.0 | 99.7 |

表 8-2 全国居民奶及奶制品消费价格指数 1995—2001 年

上年＝100

| 年份 | 全国 | 城市 | 农村 |
|---|---|---|---|
| 1995 | 126.0 | 125.9 | 126.4 |
| 1996 | 110.8 | 112.7 | 107.4 |
| 1997 | 104.1 | 104.8 | 102.3 |
| 1998 | 100.3 | 100.9 | 98.8 |
| 1999 | 99.3 | 99.7 | 98.2 |
| 2000 | 100.0 | 100.2 | 99.3 |
| 2001 | 99.1 | 99.0 | 99.7 |

## 表 8-3　全国各地区居民奶及奶制品消费价格指数　1995—2001 年

上年＝100

| 地　区 | 1995 | 1996 | 1997 | 1998 | 1999 | 2000 | 2001 |
|---|---|---|---|---|---|---|---|
| **全国平均** | **126.0** | **110.8** | **104.1** | **100.3** | **99.3** | **100.0** | **99.1** |
| 北　京 | 110.4 | 113.4 | 117.7 | 99.7 | 100.7 | 104.3 | 100.0 |
| 天　津 | 123.2 | 110.5 | 108.9 | 100.1 | 98.5 | 100.0 | 96.9 |
| 河　北 | 124.9 | 112.4 | 102.8 | 100.2 | 99.4 | 100.2 | 98.1 |
| 山　西 | 123.4 | 119.9 | 100.1 | 100.4 | 98.4 | 99.4 | 100.1 |
| 内蒙古 | 124.4 | 112.8 | 101.1 | 99.6 | 98.7 | 100.7 | 102.2 |
| 辽　宁 | 124.7 | 105.4 | 103.2 | 101.5 | 98.7 | 99.4 | 99.2 |
| 吉　林 | 128.0 | 117.6 | 104.8 | 98.0 | 96.0 | 101.3 | 101.0 |
| 黑龙江 | 126.3 | 104.5 | 103.1 | 100.9 | 99.2 | 102.9 | 99.5 |
| 上　海 | 141.5 | 115.4 | 111.7 | 99.1 | 98.0 | 100.3 | 100.8 |
| 江　苏 | 128.9 | 113.3 | 104.3 | 101.5 | 99.9 | 99.6 | 100.9 |
| 浙　江 | 127.2 | 109.4 | 102.0 | 99.4 | 99.4 | 98.6 | 94.0 |
| 安　徽 | 135.1 | 107.6 | 100.6 | 98.1 | 96.3 | 99.1 | 99.4 |
| 福　建 | 127.2 | 106.8 | 104.4 | 101.8 | 102.8 | 99.5 | 97.1 |
| 江　西 | 122.3 | 105.2 | 100.9 | 99.3 | 96.8 | 96.1 | 99.3 |
| 山　东 | 130.0 | 110.3 | 102.8 | 101.0 | 99.6 | 99.3 | 98.1 |
| 河　南 | 128.1 | 105.9 | 102.3 | 98.9 | 97.3 | 98.3 | 98.3 |
| 湖　北 | 127.7 | 107.5 | 99.5 | 96.4 | 97.4 | 99.0 | 100.3 |
| 湖　南 | 116.5 | 108.4 | 105.4 | 99.9 | 101.9 | 98.5 | 101.2 |
| 广　东 | 115.5 | 110.2 | 102.4 | 99.4 | 99.0 | 98.7 | 98.5 |
| 广　西 | 130.1 | 107.3 | 105.7 | 102.6 | 100.0 | 101.4 | 100.0 |
| 海　南 | 111.5 | 118.4 | 97.3 | 101.5 | 95.4 | 97.9 | 95.6 |
| 重　庆 | | | | 105.2 | 99.9 | 98.5 | 95.1 |
| 四　川 | 134.1 | 115.8 | 99.1 | 98.5 | 99.1 | 101.0 | 99.2 |
| 贵　州 | 123.0 | 109.4 | 105.2 | 99.3 | 99.0 | 101.6 | 100.4 |
| 云　南 | 119.1 | 117.3 | 109.0 | 98.7 | 97.7 | 99.4 | 99.8 |
| 西　藏 | | | | | 94.8 | 108.3 | 100.1 |
| 陕　西 | 120.7 | 105.1 | 102.1 | 98.6 | 99.4 | 102.7 | 100.1 |
| 甘　肃 | 130.6 | 106.5 | 100.0 | 99.0 | 100.2 | 100.9 | 99.1 |
| 青　海 | 120.6 | 116.2 | 107.2 | 100.4 | 98.9 | 97.1 | 100.2 |
| 宁　夏 | 135.0 | 117.0 | 106.4 | 96.7 | 106.4 | 98.5 | 97.0 |
| 新　疆 | 128.0 | 118.4 | 103.2 | 103.3 | 101.6 | 99.6 | 99.4 |

## 表 8-4　全国各地区奶及奶制品零售价格指数　1995—2001 年

上年＝100

| 地　区 | 1995 | 1996 | 1997 | 1998 | 1999 | 2000 | 2001 |
|---|---|---|---|---|---|---|---|
| **全国平均** | **126.3** | **110.3** | **104.8** | **100** | **99.1** | **100.0** | **99.1** |
| 北　京 | 110.4 | 113.4 | 117.7 | 99.7 | 100.7 | 104.3 | 100.0 |
| 天　津 | 123.1 | 110.0 | 108.7 | 100.1 | 98.6 | 100.0 | 96.9 |
| 河　北 | 125.9 | 112.0 | 102.7 | 100.2 | 98.5 | 100.3 | 98.1 |
| 山　西 | 123.8 | 116.6 | 101.5 | 100.5 | 98.3 | 99.4 | 100.1 |
| 内蒙古 | 125.7 | 115.1 | 101.0 | 99.5 | 98.9 | 99.9 | 102.2 |
| 辽　宁 | 126.9 | 104.9 | 103.6 | 101.5 | 98.0 | 98.6 | 99.2 |
| 吉　林 | 128.3 | 114.3 | 103.7 | 99.7 | 96.4 | 101.5 | 101.0 |
| 黑龙江 | 125.3 | 104.1 | 103.5 | 101.1 | 98.9 | 102.2 | 99.5 |
| 上　海 | 139.5 | 114.5 | 111.6 | 98.4 | 98 | 100.3 | 100.8 |
| 江　苏 | 128.5 | 113.8 | 104.2 | 101.3 | 99.9 | 99.5 | 100.9 |
| 浙　江 | 128.4 | 109.8 | 101.2 | 99.5 | 99.8 | 99.3 | 94.0 |
| 安　徽 | 133.8 | 108.7 | 101.5 | 98.5 | 96 | 98.9 | 99.4 |
| 福　建 | 129.0 | 104.6 | 102.7 | 101.7 | 102.5 | 99.6 | 97.1 |
| 江　西 | 123.1 | 104.8 | 101.2 | 99.3 | 97.1 | 96.5 | 99.3 |
| 山　东 | 132.1 | 110.4 | 103.0 | 99.6 | 99.4 | 98.5 | 98.1 |
| 河　南 | 127.8 | 106.1 | 102.7 | 99.0 | 97.3 | 98.0 | 98.3 |
| 湖　北 | 128.1 | 107.4 | 99.3 | 96.0 | 97.9 | 99.0 | 100.3 |
| 湖　南 | 118.8 | 108.4 | 105.1 | 100.2 | 101.9 | 98.8 | 101.2 |
| 广　东 | 113.4 | 108.1 | 102.8 | 99.3 | 98.2 | 97.9 | 98.5 |
| 广　西 | 130.7 | 108.5 | 106.3 | 101.6 | 100.1 | 101.3 | 100.0 |
| 海　南 | 111.2 | 113.3 | 98.4 | 100.8 | 93.3 | 96.8 | 95.6 |
| 重　庆 | | | | 104.4 | 99.1 | 97.6 | 95.1 |
| 四　川 | 134.6 | 114.0 | 98.5 | 98.8 | 99.2 | 101.0 | 99.2 |
| 贵　州 | 123.8 | 110.5 | 105.4 | 99.1 | 99.2 | 101.6 | 100.4 |
| 云　南 | 117.1 | 118.3 | 110.4 | 98.8 | 97.9 | 99.5 | 99.8 |
| 西　藏 | | | | | 96.1 | 107.3 | 100.1 |
| 陕　西 | 122.2 | 105.8 | 102.2 | 98.7 | 99.5 | 102.9 | 100.1 |
| 甘　肃 | 130.0 | 107.3 | 100.6 | 98.9 | 99.7 | 99.6 | 99.1 |
| 青　海 | 117.7 | 114.2 | 105.8 | 100.5 | 98.5 | 97.8 | 100.2 |
| 宁　夏 | 133.3 | 117.7 | 107.6 | 96.9 | 106.7 | 99.2 | 97.0 |
| 新　疆 | 128.1 | 118.4 | 101.5 | 103.7 | 101.9 | 99.6 | 99.4 |

## 表 8-5 全国各地区农村居民奶及奶制品消费价格指数 1995—2001 年

上年＝100

| 地 区 | 1995 | 1996 | 1997 | 1998 | 1999 | 2000 | 2001 |
|---|---|---|---|---|---|---|---|
| **全国平均** | **126.4** | **107.4** | **102.3** | **98.8** | **98.2** | **99.3** | **99.7** |
| 北 京 | | | | | | | |
| 天 津 | | | | | | | |
| 河 北 | 126.9 | 107 | 101.1 | 98.9 | 99.5 | 99.3 | 98.5 |
| 山 西 | 122.6 | 109 | 102.9 | 100.1 | 97.2 | 99.4 | 100.0 |
| 内蒙古 | 129.3 | 104.2 | 99.3 | 99.5 | 98.1 | 99.3 | 100.3 |
| 辽 宁 | 114.1 | 103.1 | 102.9 | 100.2 | 98.5 | 104.6 | 98.8 |
| 吉 林 | 120 | 109.6 | 108.6 | 96.8 | 96.8 | 104.2 | 102.4 |
| 黑龙江 | 121.9 | 100.9 | 102.9 | 101.6 | 96.3 | 99.2 | 100.5 |
| 上 海 | | | | | | | |
| 江 苏 | 128.3 | 111.3 | 100.6 | 98.9 | 99.4 | 98.2 | 102.8 |
| 浙 江 | 125.7 | 109.6 | 103 | 99.3 | 98.7 | 96.7 | 99.6 |
| 安 徽 | 130.3 | 107.3 | 102.2 | 97.7 | 94 | 97.2 | 96.3 |
| 福 建 | 123.6 | 108.8 | 106.9 | 102.7 | 104.7 | 99.3 | 98.7 |
| 江 西 | 123.8 | 105.4 | 100.7 | 99.1 | 95.9 | 94.2 | 99.2 |
| 山 东 | 128.8 | 109 | 104.9 | 98.1 | 99.8 | 101.5 | 97.7 |
| 河 南 | 132.9 | 104.9 | 102.3 | 100.3 | 95.9 | 98.5 | 98.3 |
| 湖 北 | 133.2 | 105.1 | 98.2 | 98.8 | 95.4 | 99.1 | 97.3 |
| 湖 南 | 121.5 | 109.6 | 111.7 | 99.6 | 103 | 97.5 | 97.0 |
| 广 东 | 115.3 | 106.2 | 100.5 | 97.6 | 96.8 | 100.0 | 102.2 |
| 广 西 | 140.2 | 111.3 | 105.2 | 97.5 | 98.5 | 100.7 | 99.2 |
| 海 南 | 111.8 | 121.5 | 93 | 101.3 | 98.3 | 99.8 | 100.0 |
| 重 庆 | | | | | | | |
| 四 川 | 140 | 107.3 | 93.3 | 97.1 | 97.1 | 98.5 | 98.4 |
| 贵 州 | 129 | 105.2 | 103.2 | 96.3 | 97.5 | 100.0 | 100.1 |
| 云 南 | 125.6 | 109.2 | 101.6 | 97.2 | 95.7 | 98.8 | 99.0 |
| 西 藏 | | | | | 91.7 | 109.7 | 100.1 |
| 陕 西 | 120.8 | 107.4 | 104.8 | 98.8 | 98.7 | 102.6 | 99.1 |
| 甘 肃 | 135.4 | 109 | 99.4 | 97.2 | 100.2 | 102.2 | 97.2 |
| 青 海 | 136.2 | 108.6 | 104.8 | 101.5 | 98.6 | 99.6 | 100.1 |
| 宁 夏 | 138.1 | 111.9 | 105.7 | 98.6 | 100.2 | 97.1 | 98.6 |
| 新 疆 | 131.6 | 114.6 | 104.6 | 98.2 | 96.6 | 98.9 | 102.5 |

## 表 8-6 全国 36 个大中城市居民奶及奶制品消费价格指数 1995—2001 年

上年=100

| 地 区 | 1995 | 1996 | 1997 | 1998 | 1999 | 2000 | 2001 |
|---|---|---|---|---|---|---|---|
| **全国平均** | **126.1** | **113.7** | **106.6** | **100.9** | **99.7** | **100.8** | **99.0** |
| 北 京 | 110.4 | 113.4 | 117.7 | 99.7 | 100.7 | 104.3 | 100.0 |
| 天 津 | 123.2 | 110.5 | 108.9 | 100.1 | 98.5 | 100.0 | 96.9 |
| 石家庄 | 122.5 | 119.7 | 103.9 | 103.8 | 97.8 | 104.6 | 100.0 |
| 太 原 | 127.9 | 139.3 | 99.6 | 100.2 | 99.5 | 100.0 | 101.0 |
| 呼和浩特 | 132.1 | 115.7 | 99.4 | 98.7 | 100.0 | 105.6 | 100.5 |
| 沈 阳 | 129.0 | 103.4 | 100.4 | 103.1 | 95.6 | 98.5 | 100.1 |
| 大 连 | 134.3 | 105.6 | 106.8 | 99.9 | 99.5 | 98.9 | 98.0 |
| 长 春 | 123.8 | 138.5 | 103.3 | 99.5 | 99.2 | 98.8 | 101.2 |
| 哈尔滨 | 132.5 | 106.2 | 102.8 | 101.7 | 102.7 | 105.8 | 99.7 |
| 上 海 | 141.5 | 115.4 | 111.7 | 99.1 | 98.0 | 100.3 | 100.8 |
| 南 京 | 119.2 | 112.3 | 100.3 | 106.2 | 99.6 | 99.2 | 102.3 |
| 杭 州 | 128.1 | 108.5 | 99.2 | 99.4 | 99.9 | 101.0 | 75.1 |
| 宁 波 | 129.2 | 110.2 | 99.6 | 98.6 | 102.5 | 100.7 | 101.7 |
| 合 肥 | 136.7 | 105.2 | 100.3 | 97.3 | 97.5 | 99.6 | 99.5 |
| 福 州 | 127.5 | 105.7 | 100.7 | 100.2 | 101.8 | 100.0 | 96.8 |
| 厦 门 | 139.2 | 93.7 | 99.2 | 102.7 | 101 | 100.0 | 97.7 |
| 南 昌 | 118.4 | 101.8 | 98.5 | 100.2 | 99.0 | 100.2 | 99.6 |
| 济 南 | 131.7 | 111.3 | 100.1 | 111.8 | 100.0 | 100.0 | 99.1 |
| 青 岛 | 138.7 | 120.0 | 100.8 | 100.3 | 99.7 | 99.9 | 94.3 |
| 郑 州 | 120.3 | 103.4 | 103.7 | 99.3 | 98.1 | 97.4 | 103.3 |
| 武 汉 | 125.3 | 107.8 | 97.0 | 93.2 | 99.2 | 99.4 | 100.1 |
| 长 沙 | 119.9 | 108.3 | 99.0 | 101.1 | 106.8 | 101.2 | 101.7 |
| 广 州 | 122.6 | 114.7 | 101.8 | 101.9 | 100.9 | 99.5 | 99.5 |
| 深 圳 | 105.3 | 114.1 | 107.2 | 96.9 | 100.4 | 97.5 | 93.7 |
| 南 宁 | 123.7 | 109.7 | 112.4 | 99.3 | 98.8 | 100.8 | 99.8 |
| 海 口 | 111.4 | 113.1 | 102.3 | 101.4 | 91.3 | 95.6 | 95.0 |
| 重 庆 | 129.3 | 126.1 | 99.1 | 105.2 | 99.9 | 98.5 | 95.1 |
| 成 都 | 129.3 | 120.9 | 104.1 | 101.0 | 103.7 | 109.4 | 100.0 |
| 贵 阳 | 115.4 | 116.8 | 109.3 | 100.0 | 99.7 | 102.8 | 101.4 |
| 昆 明 | 108.0 | 128.2 | 120.0 | 99.9 | 100.0 | 100.0 | 99.9 |
| 拉 萨 |  |  | 99.0 | 89.7 | 97.6 | 107.2 | 100.0 |
| 西 安 | 122.8 | 104.3 | 100.2 | 98.4 | 99.1 | 104.6 | 100.5 |
| 兰 州 | 122.5 | 105.2 | 100.6 | 100.2 | 100.7 | 100.9 | 100.1 |
| 西 宁 | 110.0 | 120.1 | 106.5 | 100.0 | 99.6 | 96.6 | 99.9 |
| 银 川 | 127.5 | 125.6 | 110.6 | 95.3 | 109.4 | 100.9 | 97.6 |
| 乌鲁木齐 | 124.7 | 122.9 | 100.1 | 109.0 | 101.9 | 100.0 | 99.4 |

### 表 8-7 全国 36 个大中城市奶及奶制品零售价格指数 1995—2001 年

上年＝100

| 地 区 | 1995 | 1996 | 1997 | 1998 | 1999 | 2000 | 2001 |
|---|---|---|---|---|---|---|---|
| **全国平均** | **124.2** | **112.1** | **107.3** | **100.3** | **99.4** | **100.6** | **99.0** |
| 北 京 | 110.4 | 113.4 | 117.7 | 99.7 | 100.7 | 104.3 | 100.0 |
| 天 津 | 123.1 | 110.0 | 108.7 | 100.1 | 98.6 | 100.0 | 96.9 |
| 石家庄 | 122.5 | 119.7 | 102.8 | 102.0 | 96.4 | 100.9 | 100.0 |
| 太 原 | 127.9 | 139.3 | 99.6 | 100.2 | 99.5 | 100.0 | 101.0 |
| 呼和浩特 | 136.3 | 117.7 | 99.2 | 98.7 | 100.0 | 105.6 | 100.5 |
| 沈 阳 | 129.0 | 103.4 | 100.4 | 103.1 | 95.6 | 97.2 | 100.1 |
| 大 连 | 134.3 | 105.6 | 106.8 | 99.9 | 99.5 | 98.9 | 98.0 |
| 长 春 | 119.9 | 142.5 | 101.9 | 99.7 | 99.5 | 99.2 | 101.2 |
| 哈尔滨 | 129.4 | 106.5 | 103.5 | 102.1 | 102.0 | 104.7 | 99.7 |
| 上 海 | 139.5 | 114.5 | 111.6 | 98.4 | 98.0 | 100.3 | 100.8 |
| 南 京 | 123.1 | 112.2 | 100.3 | 106.1 | 99.6 | 98.4 | 102.3 |
| 杭 州 | 128.6 | 108.8 | 99.0 | 99.1 | 99.9 | 101.6 | 75.1 |
| 宁 波 | 129.2 | 110.7 | 99.6 | 98.9 | 102.2 | 100.7 | 101.7 |
| 合 肥 | 135.7 | 106.2 | 100.2 | 96.9 | 95.6 | 99.6 | 99.5 |
| 福 州 | 127.5 | 105.7 | 100.7 | 100.2 | 101.8 | 100.0 | 96.8 |
| 厦 门 | 137.5 | 94.1 | 99.2 | 104.5 | 101.0 | 100.0 | 97.7 |
| 南 昌 | 118.4 | 101.8 | 98.5 | 100.1 | 98.9 | 100.2 | 99.6 |
| 济 南 | 132.1 | 110.1 | 100.3 | 110.3 | 100.0 | 100.0 | 99.1 |
| 青 岛 | 138.4 | 119.9 | 101.2 | 100.4 | 99.5 | 99.9 | 94.3 |
| 郑 州 | 121.2 | 103.4 | 104.3 | 99.4 | 98.3 | 97.6 | 103.3 |
| 武 汉 | 125.5 | 107.4 | 97.0 | 93.2 | 99.3 | 99.4 | 100.1 |
| 长 沙 | 119.9 | 108.3 | 99.0 | 101.1 | 106.8 | 101.2 | 101.7 |
| 广 州 | 117.9 | 115.2 | 101.6 | 101.9 | 100.8 | 99.5 | 99.5 |
| 深 圳 | 102.8 | 106.9 | 106.8 | 99.1 | 98.4 | 93.5 | 93.7 |
| 南 宁 | 123.7 | 109.7 | 112.4 | 99.3 | 98.8 | 100.8 | 99.8 |
| 海 口 | 111.4 | 113.1 | 102.3 | 101.5 | 90.4 | 95.0 | 95.0 |
| 重 庆 | 129.5 | 126.2 | 99.2 | 104.4 | 99.1 | 97.6 | 95.1 |
| 成 都 | 129.9 | 121.2 | 104.0 | 101.2 | 103.5 | 108.6 | 100.0 |
| 贵 阳 | 114.9 | 117.0 | 109.4 | 100.0 | 99.7 | 102.9 | 101.4 |
| 昆 明 | 108.0 | 128.2 | 119.2 | 99.9 | 99.9 | 100.0 | 99.9 |
| 拉 萨 | | | 98.5 | 90.4 | 98.1 | 106.0 | 100.0 |
| 西 安 | 122.8 | 104.9 | 100.7 | 98.5 | 99.1 | 104.6 | 100.5 |
| 兰 州 | 122.7 | 104.6 | 101.4 | 100.3 | 100.5 | 99.8 | 100.1 |
| 西 宁 | 108.9 | 117.7 | 106.1 | 100.1 | 99.0 | 97.1 | 99.9 |
| 银 川 | 125.7 | 126.5 | 111.3 | 95.3 | 110.8 | 101.2 | 97.6 |
| 乌鲁木齐 | 125.2 | 122.9 | 100.1 | 109.0 | 101.9 | 100.0 | 99.4 |

# Ⅸ.全国乳制品进出口

## 表 9-1 全国乳制品主要产品进口数量表 1995—2001 年

单位：吨

| | 1995 | 1996 | 1997 | 1998 | 1999 | 2000 | 2001 |
|---|---|---|---|---|---|---|---|
| 鲜奶(未浓缩未加糖或其他甜物质的乳及奶油，海关税号：0401.) | 7 440.08 | 7 274.27 | 10 083.43 | 8 883.72 | 14 941.87 | 14 910.33 | 9 599.44 |
| 奶粉(浓缩、加糖或其他甜物质的乳及奶油，海关税号：04021000、04022100、04022900) | 24 726.18 | 19 306.64 | 27 908.92 | 31 052.63 | 56 616.23 | 72 768.96 | 58 506.21 |
| 炼乳(海关税号：04029100、04029900) | 1 124.64 | 914.59 | 285.23 | 232.37 | 1 783.60 | 646.53 | 1 346.94 |
| 酸奶(酪乳、结块的乳及奶油、发酵或酸化乳和奶油，海关税号：0403.) | 1 250.68 | 421.75 | 231.93 | 600.18 | 2 394.73 | 2 553.78 | 2 856.34 |
| 乳清制品（乳清；其他编号未列名的含天然乳的产品，海关税号：0404.) | 34 605.76 | 48 488.17 | 74 466.41 | 69 317.84 | 83 228.10 | 122 902.94 | 119 780.45 |
| 奶油(黄油及其他从乳提取的脂和油；乳酱，海关税号：0405.) | 1 180.69 | 780.48 | 353.71 | 484.89 | 3 275.12 | 3 088.29 | 1 452.45 |
| 干酪(乳酪及凝乳，海关税号：0406.) | 1 858.99 | 345.19 | 235.47 | 459.60 | 1 181.81 | 1 967.87 | 2 029.50 |

## 表 9-2 全国乳制品主要产品进口价值表 1995—2001 年

单位：千美元

| | 1995 | 1996 | 1997 | 1998 | 1999 | 2000 | 2001 |
|---|---|---|---|---|---|---|---|
| 鲜奶(未浓缩未加糖或其他甜物质的乳及奶油，海关税号：0401.) | 5 448.85 | 3 636.35 | 3 919.64 | 3 262.74 | 8 525.27 | 8 870.69 | 4 874.52 |
| 奶粉(浓缩、加糖或其他甜物质的乳及奶油，海关税号：04021000、04022100、04022900) | 28 085.57 | 18 589.40 | 19 154.85 | 39 005.41 | 80 103.25 | 115 319.59 | 114 399.40 |
| 炼乳(海关税号：04029100、04029900) | 920.47 | 693.86 | 207.22 | 156.04 | 2 293.54 | 360.37 | 1 062.76 |
| 酸奶(酪乳、结块的乳及奶油、发酵或酸化乳和奶油，海关税号：0403.) | 919.95 | 472.53 | 301.55 | 467.96 | 1 166.77 | 1 518.81 | 1 703.49 |
| 乳清制品（乳清；其他编号未列名的含天然乳的产品，海关税号：0404.) | 19 361.26 | 27 595.62 | 38 287.42 | 39 693.49 | 58 086.22 | 79 964.33 | 88 067.19 |
| 奶油(黄油及其他从乳提取的脂和油；乳酱，海关税号：0405.) | 1 256.31 | 1 634.43 | 1 012.04 | 912.05 | 5 632.63 | 4 749.49 | 2 022.85 |
| 干酪(乳酪及凝乳，海关税号：0406.) | 2 052.36 | 835.44 | 617.30 | 1 144.24 | 3 072.49 | 3 916.63 | 3 974.94 |

## 表 9-3 全国乳制品主要产品出口数量表 1995—2001 年

单位：吨

| | 1995 | 1996 | 1997 | 1998 | 1999 | 2000 | 2001 |
|---|---|---|---|---|---|---|---|
| 鲜奶(未浓缩未加糖或其他甜物质的乳及奶油，海关税号：0401.) | 25 321.67 | 25 197.08 | 26 128.64 | 24 495.48 | 25 194.67 | 29 416.89 | 26 432.97 |
| 奶粉(浓缩、加糖或其他甜物质的乳及奶油，海关税号：04021000、04022100、04022900) | 4 518.99 | 4 395.82 | 7 843.34 | 8 407.74 | 10 007.54 | 10 161.14 | 5 042.79 |
| 炼乳(海关税号：04029100、04029900) | 107.80 | 754.32 | 3 354.49 | 2 544.37 | 4 152.33 | 7 253.47 | 10 303.46 |
| 酸奶(酪乳、结块的乳及奶油、发酵或酸化乳和奶油，海关税号：0403.) | 232.22 | 646.50 | 485.88 | 202.40 | 333.50 | 162.23 | 73.62 |
| 乳清制品（乳清；其他编号未列名的含天然乳的产品，海关税号：0404.） | 83.02 | 209.42 | 347.86 | 796.08 | 392.59 | 334.27 | 337.59 |
| 奶油(黄油及其他从乳提取的脂和油；乳酱，海关税号：0405.) | 123.53 | 169.68 | 0.45 | 217.87 | 46.71 | 222.56 | 0.08 |
| 干酪(乳酪及凝乳，海关税号：0406.) | 66.27 | 20.35 | 827.23 | 825.33 | 308.13 | 407.47 | 513.65 |

## 表 9-4 全国乳制品主要产品出口价值表 1995—2001 年

单位：千美元

| | 1995 | 1996 | 1997 | 1998 | 1999 | 2000 | 2001 |
|---|---|---|---|---|---|---|---|
| 鲜奶(未浓缩未加糖或其他甜物质的乳及奶油，海关税号：0401.) | 17 099.22 | 19 031.21 | 19 150.52 | 18 200.65 | 18 157.95 | 20 120.10 | 19 066.69 |
| 奶粉(浓缩、加糖或其他甜物质的乳及奶油，海关税号：04021000、04022100、04022900) | 8 987.27 | 7 481.94 | 14 929.43 | 13 659.04 | 19 498.02 | 20 880.43 | 10 360.72 |
| 炼乳(海关税号：04029100、04029900) | 155.51 | 1 268.61 | 4 879.72 | 3 668.87 | 4 404.42 | 7 045.74 | 8 587.18 |
| 酸奶(酪乳、结块的乳及奶油、发酵或酸化乳和奶油，海关税号：0403.) | 381.31 | 946.73 | 733.28 | 314.09 | 425.18 | 200.24 | 61.82 |
| 乳清制品（乳清；其他编号未列名的含天然乳的产品，海关税号：0404.） | 193.32 | 334.98 | 588.49 | 1 265.36 | 377.13 | 300.27 | 233.89 |
| 奶油(黄油及其他从乳提取的脂和油；乳酱，海关税号：0405.) | 187.46 | 341.85 | 1.60 | 370.71 | 90.53 | 352.61 | 0.02 |
| 干酪(乳酪及凝乳，海关税号：0406.) | 274.70 | 33.90 | 731.26 | 2 011.68 | 1 048.94 | 1 174.73 | 1 306.67 |

## 表 9-5　全国分国别未浓缩及未加糖或其他甜物质的乳及奶油（含脂量≤1%）进口数量表　1995—2001 年

（海关税号：04011000）　　单位：吨

| 国别或地区 | 1995 | 1996 | 1997 | 1998 | 1999 | 2000 | 2001 |
|---|---|---|---|---|---|---|---|
| **国家(地区)总计** | **2299.10** | **2404.44** | **901.45** | **869.16** | **1910.71** | **1889.20** | **456.43** |
| 澳大利亚 | 904.42 | 1063.08 | 751.94 | 605.02 | 453.89 | 970.69 | 289.99 |
| 新西兰 | 56.42 | 615.38 | 8.52 | 126.52 | 381.83 | 407.72 | 156.25 |
| 新加坡 | 0.50 | 98.88 |  | 7.80 | 2.00 | 0.12 | 4.11 |
| 美国 | 541.45 | 146.00 | 15.87 | 0.14 | 777.20 | 9.87 | 3.03 |
| 泰国 | 12.60 |  |  |  |  | 4.00 | 3.00 |
| 阿曼 |  |  |  |  |  |  | 0.06 |
| 中国香港 | 91.26 | 66.14 | 86.70 | 64.13 | 20.00 | 0.42 |  |
| 德国 |  | 4.05 | 3.54 | 0.71 | 75.01 | 175.00 |  |
| 荷兰 | 148.50 | 51.71 | 16.40 | 6.48 | 62.94 | 100.36 |  |
| 爱尔兰 |  |  |  |  |  | 68.00 |  |
| 葡萄牙 |  |  |  |  |  | 50.00 |  |
| 芬兰 |  |  |  |  |  | 50.00 |  |
| 英国 | 304.26 | 13.98 | 2.88 |  | 20.08 | 34.00 |  |
| 日本 | 69.65 | 0.07 |  |  |  | 15.28 |  |
| 韩国 | 17.90 | 0.00 | 5.00 | 35.77 | 6.45 | 3.09 |  |
| 中国台湾 | 22.71 | 68.81 |  | 6.79 | 12.70 | 0.41 |  |
| 法国 |  |  |  |  |  | 0.25 |  |
| 比利时 |  | 23.55 |  |  | 86.12 |  |  |
| 马来西亚 | 1.17 | 42.80 | 1.75 | 10.00 | 12.51 |  |  |
| 俄罗斯 | 54.95 | 210.00 |  |  |  |  |  |
| 印度尼西亚 | 53.30 |  |  |  |  |  |  |
| 加拿大 | 20.00 |  |  | 5.80 |  |  |  |
| 瑞士 |  | 0.01 |  |  |  |  |  |
| 丹麦 |  |  | 5.26 |  |  |  |  |
| 意大利 |  |  | 3.60 |  |  |  |  |

## 表 9-6　全国分国别未浓缩及未加糖或其他甜物质的乳及奶油（含脂量≤1%）进口价值表　1995—2001 年

（海关税号：04011000）　　单位：千美元

| 国别或地区 | 1995 | 1996 | 1997 | 1998 | 1999 | 2000 | 2001 |
|---|---|---|---|---|---|---|---|
| **国家(地区)总计** | **2732.86** | **1462.93** | **480.36** | **558.08** | **2110.20** | **2948.35** | **629.83** |
| 澳大利亚 | 361.30 | 426.67 | 316.25 | 234.28 | 254.95 | 1476.68 | 446.84 |
| 新西兰 | 42.91 | 347.31 | 9.52 | 184.08 | 531.97 | 588.25 | 161.61 |
| 美国 | 713.71 | 46.97 | 12.90 | 1.08 | 1019.57 | 26.70 | 13.86 |
| 新加坡 | 0.20 | 123.41 |  | 7.74 | 4.00 | 0.41 | 4.56 |
| 泰国 | 14.45 |  |  |  |  | 3.59 | 2.95 |
| 阿曼 |  |  |  |  |  |  | 0.01 |
| 德国 |  | 48.43 | 42.24 | 7.30 | 100.88 | 300.25 |  |
| 荷兰 | 209.60 | 22.92 | 10.69 | 4.25 | 47.02 | 137.64 |  |
| 爱尔兰 |  |  |  |  |  | 110.73 |  |
| 葡萄牙 |  |  |  |  |  | 85.51 |  |
| 芬兰 |  |  |  |  |  | 81.44 |  |
| 日本 | 74.95 | 0.66 |  |  |  | 65.31 |  |
| 英国 | 965.01 | 4.16 | 26.27 |  | 23.29 | 55.99 |  |
| 韩国 | 9.27 | 0.01 | 6.72 | 60.31 | 26.43 | 14.45 |  |
| 中国香港 | 168.51 | 44.00 | 50.82 | 40.25 | 23.23 | 0.70 |  |
| 中国台湾 | 31.99 | 23.19 |  | 3.11 | 30.59 | 0.37 |  |
| 法国 |  |  |  |  |  | 0.34 |  |
| 比利时 |  | 9.96 |  |  | 43.67 |  |  |
| 马来西亚 | 0.66 | 28.77 | 1.39 | 5.81 | 4.60 |  |  |
| 印度尼西亚 | 94.25 |  |  |  |  |  |  |
| 俄罗斯 | 38.47 | 336.00 |  |  |  |  |  |
| 加拿大 | 7.60 |  |  | 9.87 |  |  |  |
| 瑞士 |  | 0.49 |  |  |  |  |  |
| 意大利 |  |  | 2.71 |  |  |  |  |
| 丹麦 |  |  | 0.85 |  |  |  |  |

## 表 9-7 全国分地区未浓缩及未加糖或其他甜物质的乳及奶油（含脂量≤1%）进口数量表 1995—2001 年

（海关税号：04011000） 单位：吨

| 地区 | 1995 | 1996 | 1997 | 1998 | 1999 | 2000 | 2001 |
|---|---|---|---|---|---|---|---|
| **全国总计** | **2 299.10** | **2 404.44** | **901.45** | **869.16** | **1 910.71** | **1 889.20** | **456.43** |
| 广　东 | 1 255.63 | 632.37 | 129.60 | 199.62 | 452.42 | 191.70 | 171.40 |
| 上　海 | 245.80 | 403.26 | 288.97 | 44.99 | 519.65 | 438.11 | 114.87 |
| 山　东 | | | 7.88 | 20.24 | 171.38 | 1 192.24 | 54.00 |
| 天　津 | 8.01 | 6.75 | | | | | 54.00 |
| 北　京 | 35.56 | 11.06 | 5.40 | 134.39 | 258.96 | 24.68 | 43.87 |
| 辽　宁 | 0.50 | 35.19 | | 15.53 | 132.55 | 4.90 | 18.00 |
| 海　南 | 38.47 | | | | | | 0.30 |
| 福　建 | 26.33 | 337.65 | 434.15 | 449.33 | 58.94 | 19.58 | |
| 湖　南 | 6.50 | 16.38 | | | 47.18 | 18.00 | |
| 江　苏 | | 82.50 | | 5.00 | 266.93 | | |
| 浙　江 | 23.79 | 20.04 | | | 1.80 | | |
| 吉　林 | | 7.92 | | | 0.92 | | |
| 广　西 | 603.55 | | | | | | |
| 黑龙江 | 54.95 | 270.00 | | | | | |
| 贵　州 | | 375.80 | | | | | |
| 河　北 | | 116.02 | | | | | |
| 四　川 | | 49.58 | 35.46 | | | | |
| 内蒙古 | | 39.92 | | | | | |
| 安　徽 | | | | 0.05 | | | |

## 表 9-8 全国分地区未浓缩及未加糖或其他甜物质的乳及奶油（含脂量≤1%）进口价值表 1995—2001 年

（海关税号：04011000） 单位：千美元

| 地区 | 1995 | 1996 | 1997 | 1998 | 1999 | 2000 | 2001 |
|---|---|---|---|---|---|---|---|
| **全国总计** | **2 732.86** | **1 462.93** | **480.36** | **558.08** | **2 110.20** | **2 948.35** | **629.83** |
| 上　海 | 138.21 | 193.26 | 142.11 | 19.59 | 689.31 | 701.86 | 169.68 |
| 天　津 | 4.99 | 4.07 | | | | 0.00 | 127.17 |
| 山　东 | | | 32.99 | 54.85 | 256.83 | 1 979.99 | 108.39 |
| 北　京 | 54.92 | 78.24 | 54.82 | 210.02 | 395.59 | 67.81 | 104.40 |
| 广　东 | 1 689.94 | 253.41 | 68.75 | 135.93 | 280.79 | 155.19 | 79.28 |
| 辽　宁 | 0.26 | 13.98 | | 5.46 | 52.36 | 2.40 | 40.60 |
| 海　南 | 37.33 | | | | | | 0.30 |
| 湖　南 | 18.64 | 38.31 | | | 66.99 | 30.54 | |
| 福　建 | 18.98 | 101.46 | 152.62 | 126.36 | 30.56 | 10.55 | |
| 江　苏 | | 85.12 | | 5.80 | 335.16 | | |
| 浙　江 | 15.21 | 7.63 | | | 2.16 | | |
| 吉　林 | | 3.53 | | | 0.46 | | |
| 广　西 | 715.93 | | | | | | |
| 黑龙江 | 38.47 | 363.05 | | | | | |
| 贵　州 | | 229.24 | | | | | |
| 四　川 | | 40.66 | 29.08 | | | | |
| 内蒙古 | | 25.94 | | | | | |
| 河　北 | | 25.04 | | | | | |
| 安　徽 | | | | 0.07 | | | |

## 表 9-9　全国分国别未浓缩及未加糖或其他甜物质的乳及奶油（含脂量≤1%）出口数量表　1995—2001 年

（海关税号：04011000）

单位：吨

| 国别或地区 | 1995 | 1996 | 1997 | 1998 | 1999 | 2000 | 2001 |
|---|---|---|---|---|---|---|---|
| **国家(地区)总计** | **121.64** | **209.93** | **184.37** | **141.58** | **5.60** | | **0.03** |
| 美　国 | | | | | | | 0.02 |
| 中国香港 | 121.64 | 205.68 | 161.37 | 60.48 | | | 0.01 |
| 中国澳门 | | 4.25 | | 4.72 | 5.60 | | |
| 俄罗斯 | | | | 2.38 | | | |
| 朝　鲜 | | | 23.00 | 74.00 | | | |

## 表 9-10　全国分国别未浓缩及未加糖或其他甜物质的乳及奶油（含脂量≤1%）出口价值表　1995—2001 年

（海关税号：04011000）

单位：千美元

| 国别或地区 | 1995 | 1996 | 1997 | 1998 | 1999 | 2000 | 2001 |
|---|---|---|---|---|---|---|---|
| **国家(地区)总计** | **77.43** | **134.51** | **92.93** | **108.55** | **2.44** | | **0.05** |
| 中国香港 | 77.43 | 130.80 | 69.93 | 38.10 | | | 0.03 |
| 美　国 | | | | | | | 0.02 |
| 俄罗斯 | | | | 4.75 | | | |
| 中国澳门 | | 3.71 | | 2.36 | 2.44 | | |
| 朝　鲜 | | | 23.00 | 63.33 | | | |

## 表 9-11　全国分国别未浓缩未加糖的乳及奶油（1%＜含脂量≤6%）进口数量表　1995—2001 年

（海关税号：04012000）

单位：吨

| 国别或地区 | 1995 | 1996 | 1997 | 1998 | 1999 | 2000 | 2001 |
|---|---|---|---|---|---|---|---|
| **国家(地区)总计** | **2 467.34** | **2 111.54** | **5 052.38** | **4 867.98** | **5 682.55** | **4 740.84** | **4 310.82** |
| 澳大利亚 | 1 514.61 | 1 185.92 | 3 558.81 | 3 507.92 | 4 257.09 | 4 027.41 | 3 674.13 |
| 新西兰 | 288.50 | 373.64 | 387.14 | 860.09 | 780.35 | 421.50 | 276.73 |
| 捷　克 | | | | | | | 150.00 |
| 美　国 | 83.74 | 85.45 | 489.50 | 408.50 | 380.43 | | 135.00 |
| 波　兰 | | | | | | | 50.00 |
| 中　国 | | 0.34 | | | 1.93 | 2.64 | 22.07 |
| 韩　国 | 0.94 | | | 0.82 | 1.73 | | 1.76 |
| 中国香港 | 318.75 | 99.65 | 26.40 | 2.60 | 0.62 | 0.00 | 0.49 |
| 比利时 | 0.82 | 15.45 | | 1.00 | | | 0.48 |
| 法　国 | 1.98 | 12.20 | | 0.01 | 26.33 | 11.95 | 0.17 |
| 印度尼西亚 | 39.60 | | | | | | |
| 瑞　士 | 6.50 | | | | | | |
| 荷　兰 | 26.67 | 161.04 | 470.91 | 14.76 | 72.48 | 225.01 | |
| 俄罗斯 | | | | 40.00 | 25.10 | 40.90 | |
| 马来西亚 | 59.16 | 38.68 | 4.18 | 10.14 | 17.69 | 7.11 | |
| 日　本 | 0.56 | | 0.17 | 0.00 | | 3.80 | |
| 中国台湾 | 5.97 | 0.01 | | 0.28 | 0.23 | 0.52 | |
| 英　国 | 47.48 | 61.79 | 115.27 | 21.31 | 73.32 | | |
| 德　国 | 23.32 | 19.12 | | | 29.92 | | |
| 泰　国 | | | | | 15.35 | | |
| 加拿大 | 44.23 | 37.49 | | 0.56 | | | |
| 丹　麦 | 4.41 | 20.77 | | | | | |
| 奥地利 | 0.10 | | | | | | |
| 意大利 | 0.01 | | | | | | |

## 表 9-12 全国分国别未浓缩未加糖的乳及奶油（1%＜含脂量≤6%）进口价值表 1995—2001 年

（海关税号：04012000） 单位：千美元

| 国别或地区 | 1995 | 1996 | 1997 | 1998 | 1999 | 2000 | 2001 |
|---|---|---|---|---|---|---|---|
| **国家（地区）总计** | **1 048.63** | **868.81** | **1 986.01** | **1 588.43** | **2 507.28** | **1 745.33** | **1 973.27** |
| 澳大利亚 | 497.21 | 458.45 | 1 224.32 | 1 068.55 | 1 421.35 | 1 304.42 | 1 198.40 |
| 捷　克 | | | | | | | 320.25 |
| 美　国 | 66.62 | 47.50 | 307.18 | 188.56 | 241.71 | | 247.13 |
| 波　兰 | | | | | | | 100.00 |
| 新西兰 | 115.87 | 124.88 | 174.41 | 247.28 | 552.12 | 259.21 | 94.15 |
| 中　国 | | 0.38 | | | 2.39 | 2.75 | 11.72 |
| 法　国 | 1.49 | 5.52 | | 0.10 | 56.05 | 27.07 | 0.60 |
| 中国香港 | 128.95 | 37.01 | 20.61 | 1.66 | 0.73 | 0.01 | 0.44 |
| 比利时 | 0.66 | 9.00 | | 0.65 | | | 0.35 |
| 韩　国 | 0.24 | | | 0.39 | 0.73 | | 0.22 |
| 荷　兰 | 14.34 | 101.04 | 222.86 | 5.72 | 72.75 | 103.70 | |
| 俄罗斯 | | | | 62.16 | 30.99 | 36.81 | |
| 日　本 | 0.73 | | 0.23 | 0.00 | | 7.24 | |
| 马来西亚 | 26.62 | 21.43 | 1.08 | 3.62 | 10.15 | 3.12 | |
| 中国台湾 | 3.37 | 0.02 | | 0.72 | 0.21 | 1.02 | |
| 英　国 | 13.68 | 20.46 | 35.33 | 6.80 | 75.91 | | |
| 德　国 | 88.79 | 24.70 | | | 36.43 | | |
| 泰　国 | | | | | 5.75 | | |
| 印度尼西亚 | 56.28 | | | | | | |
| 加拿大 | 28.04 | 11.37 | | 2.23 | | | |
| 瑞　士 | 4.06 | | | | | | |
| 丹　麦 | 1.07 | 7.04 | | | | | |
| 奥地利 | 0.58 | | | | | | |
| 意大利 | 0.03 | | | | | | |

## 表 9-13 全国分地区未浓缩未加糖的乳及奶油（1%＜含脂量≤6%）进口数量表 1995—2001 年

（海关税号：04012000） 单位：吨

| 地　区 | 1995 | 1996 | 1997 | 1998 | 1999 | 2000 | 2001 |
|---|---|---|---|---|---|---|---|
| **全国总计** | **2 467.34** | **2 111.54** | **5 052.38** | **4 867.98** | **5 682.55** | **4 740.84** | **4 310.82** |
| 福　建 | 124.45 | 52.13 | 1 544.23 | 2 635.41 | 2 805.01 | 3 013.89 | 3 290.92 |
| 上　海 | 115.48 | 86.77 | 274.06 | 351.42 | 746.63 | 425.05 | 485.97 |
| 北　京 | 41.95 | 50.92 | 0.73 | 0.56 | 218.54 | 102.99 | 178.54 |
| 广　东 | 1 816.72 | 1 781.50 | 3 172.03 | 1 810.92 | 1 806.06 | 1 046.63 | 149.82 |
| 天　津 | | 49.53 | | 0.05 | 26.33 | 11.89 | 103.00 |
| 四　川 | | | | | 2.40 | 95.70 | 99.80 |
| 山　东 | 120.56 | 82.72 | | | 50.75 | | 1.76 |
| 辽　宁 | 3.78 | | 22.68 | 0.82 | | 3.80 | 1.00 |
| 黑龙江 | | 7.07 | | 40.00 | 25.10 | 40.90 | |
| 吉　林 | | | | | 1.73 | | |
| 广　西 | 224.86 | | | | | | |
| 海　南 | 19.54 | | | | | | |
| 浙　江 | | | 18.50 | 28.80 | | | |
| 河　北 | | 0.90 | 20.16 | | | | |
| 湖　南 | | 0.01 | | | | | |

## 表 9-14　全国分地区未浓缩未加糖的乳及奶油（1%＜含脂量≤6%）进口价值表　1995—2001 年

（海关税号：04012000）　　单位：千美元

| 地　区 | 1995 | 1996 | 1997 | 1998 | 1999 | 2000 | 2001 |
|---|---|---|---|---|---|---|---|
| **全国总计** | **1 048.63** | **868.81** | **1 986.01** | **1 588.43** | **2 507.28** | **1 745.33** | **1 973.27** |
| 福　建 | 56.09 | 15.81 | 467.69 | 767.48 | 812.72 | 874.85 | 954.37 |
| 上　海 | 78.02 | 34.98 | 140.64 | 151.62 | 524.15 | 210.22 | 572.37 |
| 天　津 |  | 23.52 |  | 0.30 | 56.05 | 26.99 | 192.35 |
| 北　京 | 99.85 | 48.06 | 3.36 | 2.33 | 296.95 | 53.55 | 125.84 |
| 广　东 | 627.72 | 683.95 | 1 346.36 | 579.99 | 715.46 | 490.80 | 66.89 |
| 四　川 |  |  |  |  | 1.23 | 44.88 | 52.58 |
| 辽　宁 | 16.31 |  | 8.61 | 0.39 |  | 7.24 | 8.65 |
| 山　东 | 60.85 | 47.84 |  |  | 69.02 |  | 0.22 |
| 黑龙江 |  | 14.06 |  | 62.16 | 30.99 | 36.81 |  |
| 吉　林 |  |  |  |  | 0.73 |  |  |
| 广　西 | 95.35 |  |  |  |  |  |  |
| 海　南 | 14.44 |  |  |  |  |  |  |
| 浙　江 |  |  | 13.06 | 24.17 |  |  |  |
| 河　北 |  | 0.57 | 6.28 |  |  |  |  |
| 湖　南 |  | 0.02 |  |  |  |  |  |

## 表 9-15　全国分国别未浓缩未加糖的乳及奶油（1%＜含脂量≤6%）出口数量表　1995—2001 年

（海关税号：04012000）　　单位：吨

| 国别或地区 | 1995 | 1996 | 1997 | 1998 | 1999 | 2000 | 2001 |
|---|---|---|---|---|---|---|---|
| **国家(地区)总计** | **24 925.02** | **24 980.15** | **25 695.26** | **23 729.44** | **25 162.40** | **29 395.85** | **26 431.87** |
| 中国香港 | 20 603.73 | 24 802.31 | 25 562.16 | 23 491.00 | 24 447.39 | 27 285.43 | 25 259.99 |
| 新 加 坡 |  |  |  |  | 422.13 | 1 820.95 | 875.10 |
| 中国澳门 | 166.61 | 177.84 | 133.10 | 172.62 | 291.88 | 239.04 | 291.78 |
| 印度尼西亚 |  |  |  |  |  |  | 4.86 |
| 瑞　　士 |  |  |  |  |  |  | 0.06 |
| 尼 泊 尔 |  |  |  |  |  |  | 0.06 |
| 美　　国 |  |  |  |  |  |  | 0.02 |
| 韩　　国 |  |  |  |  | 1.00 |  |  |
| 印　　度 |  |  |  |  |  | 50.32 |  |
| 荷　　兰 |  |  |  |  |  | 0.12 |  |
| 中国台湾 | 4 153.69 |  |  |  |  |  |  |
| 日　　本 |  |  |  | 40.32 |  |  |  |
| 朝　　鲜 | 1.00 |  |  | 25.50 |  |  |  |

表 9-16　全国分国别未浓缩未加糖的乳及奶油（1%＜含脂量≤6%）出口价值表　1995—2001 年

（海关税号：04012000）　　单位：千美元

| 国别或地区 | 1995 | 1996 | 1997 | 1998 | 1999 | 2000 | 2001 |
|---|---|---|---|---|---|---|---|
| **国家(地区)总计** | **16 812.58** | **18 890.55** | **18 967.48** | **17 616.36** | **18 135.53** | **20 099.26** | **19 058.00** |
| 中国香港 | 13 576.44 | 18 725.76 | 18 796.85 | 17 357.81 | 17 595.14 | 18 857.75 | 18 284.72 |
| 新加坡 | | | | | 225.19 | 972.21 | 487.99 |
| 中国澳门 | 110.55 | 164.79 | 170.63 | 221.42 | 314.37 | 233.10 | 282.87 |
| 印度尼西亚 | | | | | | | 2.29 |
| 瑞士 | | | | | | | 0.10 |
| 美国 | | | | | | | 0.02 |
| 尼泊尔 | | | | | | | 0.01 |
| 印度 | | | | | | 36.08 | |
| 荷兰 | | | | | | 0.12 | |
| 韩国 | | | | | 0.83 | | |
| 朝鲜 | 1.07 | | | 11.73 | | | |
| 日本 | | | | 25.40 | | | |
| 中国台湾 | 3 124.51 | | | | | | |

表 9-17　全国分地区未浓缩未加糖的乳及奶油（1%＜含脂量≤6%）出口数量表　1995—2001 年

（海关税号：04012000）　　单位：吨

| 地区 | 1995 | 1996 | 1997 | 1998 | 1999 | 2000 | 2001 |
|---|---|---|---|---|---|---|---|
| **全国总计** | **24 925.02** | **24 980.15** | **25 695.26** | **23 729.44** | **25 162.40** | **29 395.85** | **26 431.87** |
| 广东 | 24 924.02 | 24 980.15 | 25 555.42 | 23 663.62 | 23 522.56 | 22 396.69 | 20 166.27 |
| 山东 | | | | | 311.52 | 2 960.43 | 4 327.74 |
| 天津 | | | | | 1 328.32 | 4 038.73 | 1 898.02 |
| 内蒙古 | | | | | | | 39.77 |
| 黑龙江 | | | | | | | 0.06 |
| 北京 | | | | 25.50 | | | |
| 福建 | | | 139.84 | 40.32 | | | |
| 浙江 | 1.00 | | | | | | |

表 9-18　全国分地区未浓缩未加糖的乳及奶油（1%＜含脂量≤6%）出口价值表　1995—2001 年

（海关税号：04012000）　　单位：千美元

| 地区 | 1995 | 1996 | 1997 | 1998 | 1999 | 2000 | 2001 |
|---|---|---|---|---|---|---|---|
| **全国总计** | **16 812.58** | **18 890.55** | **18 967.48** | **17 616.36** | **18 135.53** | **20 099.26** | **19 058.00** |
| 广东 | 16 811.51 | 18 890.55 | 18 917.89 | 17 579.23 | 17 177.64 | 16 182.61 | 14 513.37 |
| 山东 | | | | | 216.29 | 1 665.31 | 3 403.90 |
| 天津 | | | | | 741.59 | 2 251.34 | 1 110.62 |
| 内蒙古 | | | | | | | 30.01 |
| 黑龙江 | | | | | | | 0.10 |
| 浙江 | 1.07 | | | | | | |
| 北京 | | | | 11.73 | | | |
| 福建 | | | 49.59 | 25.40 | | | |

## 表 9-19　全国分国别未浓缩未加糖的乳及奶油（含脂量>6%）进口数量表　1995—2001 年

（海关税号：04013000）　　单位：吨

| 国别或地区 | 1995 | 1996 | 1997 | 1998 | 1999 | 2000 | 2001 |
|---|---|---|---|---|---|---|---|
| **国家(地区)总计** | **2 673.65** | **2 758.29** | **4 129.59** | **3 146.59** | **7 348.61** | **8 280.30** | **4 832.18** |
| 澳大利亚 | 235.00 | 1 193.67 | 3 393.20 | 2 662.90 | 5 594.64 | 5 725.12 | 3 516.14 |
| 新西兰 | 108.27 | 58.28 | 93.23 | 200.55 | 960.88 | 666.43 | 362.26 |
| 法国 | 10.13 | 0.16 | 0.15 | 6.92 | | 172.78 | 310.94 |
| 中国 | | | | | | 149.25 | 240.42 |
| 马来西亚 | 0.07 | 186.17 | 163.44 | 41.98 | 454.65 | 1 321.55 | 154.37 |
| 德国 | 0.74 | 24.54 | 0.78 | 11.81 | 21.45 | 0.01 | 96.39 |
| 印度尼西亚 | 10.00 | | 4.66 | 1.80 | | | 59.56 |
| 英国 | 1.76 | 34.51 | 1.25 | | 4.20 | 20.31 | 30.03 |
| 日本 | 0.08 | 2.40 | 10.08 | | 20.40 | 20.35 | 19.30 |
| 美国 | 294.96 | 679.87 | 212.85 | 14.50 | 31.06 | 2.70 | 12.31 |
| 新加坡 | 39.28 | 33.44 | 4.36 | 0.03 | | 63.18 | 11.62 |
| 中国香港 | 204.53 | 154.36 | 92.94 | 105.01 | 82.26 | 87.19 | 10.54 |
| 意大利 | 3.87 | 0.25 | 0.30 | 0.60 | | 7.60 | 3.94 |
| 泰国 | 0.45 | | 65.93 | 6.90 | 50.44 | | 1.78 |
| 荷兰 | 1 749.37 | 339.20 | 69.11 | | 15.96 | 38.16 | 1.38 |
| 瑞士 | | 0.04 | 0.35 | | | | 1.08 |
| 加拿大 | 0.01 | 3.50 | | 26.59 | 46.51 | | 0.15 |
| 中国台湾 | | 25.67 | 6.17 | 3.39 | 5.41 | 4.32 | |
| 丹麦 | 13.60 | 17.00 | | | 36.51 | 1.20 | |
| 南非 | | | | | | 0.16 | |
| 西班牙 | | | | | 19.00 | | |
| 比利时 | | | | 63.60 | 4.46 | | |
| 韩国 | 1.20 | | | | 0.77 | | |
| 中国澳门 | 0.36 | | | | | | |
| 巴基斯坦 | | 5.25 | 10.80 | | | | |

**表 9-20　全国分国别未浓缩未加糖的乳及奶油(含脂量>6%）进口价值表　1995—2001 年**

(海关税号：04013000)

单位：千美元

| 国别或地区 | 1995 | 1996 | 1997 | 1998 | 1999 | 2000 | 2001 |
|---|---|---|---|---|---|---|---|
| **国家(地区)总计** | **1 667.36** | **1 304.61** | **1 453.27** | **1 116.23** | **3 907.79** | **4 177.02** | **2 271.43** |
| 澳大利亚 | 101.23 | 421.98 | 1 046.92 | 913.71 | 2 464.70 | 2 611.34 | 1 456.28 |
| 新西兰 | 10.18 | 34.30 | 46.53 | 49.35 | 911.63 | 618.14 | 281.08 |
| 法国 | 24.66 | 1.45 | 0.25 | 4.67 | | 114.62 | 199.39 |
| 中国 | | | | | | 65.90 | 104.81 |
| 马来西亚 | 0.04 | 65.80 | 58.71 | 21.04 | 184.42 | 580.50 | 67.12 |
| 德国 | 2.37 | 16.62 | 1.15 | 5.35 | 13.33 | 0.01 | 58.53 |
| 印度尼西亚 | 5.50 | | 1.27 | 0.77 | | | 38.18 |
| 英国 | 6.13 | 14.14 | 4.68 | | 2.71 | 18.19 | 34.38 |
| 日本 | 0.20 | 7.02 | 3.13 | | 104.74 | 69.48 | 9.26 |
| 美国 | 277.44 | 460.76 | 157.75 | 4.40 | 18.03 | 1.23 | 9.14 |
| 新加坡 | 20.98 | 18.28 | 1.75 | 0.04 | | 27.66 | 5.07 |
| 中国香港 | 124.19 | 96.97 | 66.42 | 54.77 | 57.44 | 41.79 | 4.59 |
| 意大利 | 1.45 | 0.25 | 0.24 | 0.16 | | 3.33 | 1.72 |
| 泰国 | 1.06 | | 29.46 | 2.86 | 20.15 | | 0.77 |
| 荷兰 | 1 081.13 | 142.64 | 22.86 | | 5.36 | 16.69 | 0.60 |
| 瑞士 | | 0.19 | 2.48 | | | | 0.49 |
| 加拿大 | 0.02 | 1.18 | | 41.87 | 69.96 | | 0.02 |
| 中国台湾 | | 15.56 | 3.20 | 1.62 | 12.06 | 7.32 | |
| 丹麦 | 7.86 | 4.32 | | | 11.87 | 0.77 | |
| 南非 | | | | | | 0.07 | |
| 西班牙 | | | | | 27.78 | | |
| 比利时 | | | | 15.64 | 2.07 | | |
| 韩国 | 2.70 | | | | 1.53 | | |
| 中国澳门 | 0.23 | | | | | | |
| 巴基斯坦 | | 3.15 | 6.48 | | | | |

**表 9-21　全国分地区未浓缩未加糖的乳及奶油(含脂量>6%)进口数量表　1995—2001 年**

(海关税号：04013000)

单位：吨

| 地区 | 1995 | 1996 | 1997 | 1998 | 1999 | 2000 | 2001 |
|---|---|---|---|---|---|---|---|
| **全国总计** | **2 673.65** | **2 758.29** | **4 129.59** | **3 146.59** | **7 348.61** | **8 280.30** | **4 832.18** |
| 广东 | 1 238.33 | 1 523.68 | 3 351.72 | 2 630.50 | 6 424.59 | 7 274.73 | 4 195.30 |
| 上海 | 280.48 | 558.78 | 405.98 | 453.63 | 421.37 | 790.56 | 433.29 |
| 四川 | | | | | 37.92 | 120.48 | 173.56 |
| 北京 | 70.64 | 70.26 | 8.86 | 3.34 | 67.98 | 78.22 | 30.03 |
| 黑龙江 | | | | | | 13.50 | |
| 浙江 | | 14.40 | 31.10 | | | 2.80 | |
| 天津 | 7.25 | 2.42 | 41.71 | | | 0.01 | |
| 山东 | 30.40 | 2.40 | | | 203.95 | | |
| 福建 | 9.22 | 138.08 | 278.96 | 59.11 | 102.82 | | |
| 辽宁 | | 2.77 | 0.34 | | 73.08 | | |
| 江苏 | 14.71 | | | | 16.83 | | |
| 河北 | | | | | 0.08 | | |
| 西藏 | 1 000.00 | | | | | | |
| 海南 | 22.62 | 0.58 | | | | | |
| 湖南 | | 439.68 | | | | | |
| 新疆 | | 5.25 | 10.80 | | | | |
| 安徽 | | | 0.11 | | | | |

## 表 9-22　全国分地区未浓缩未加糖的乳及奶油（含脂量>6%）进口价值表

1995—2001 年

（海关税号：04013000）　　单位：千美元

| 地　区 | 1995 | 1996 | 1997 | 1998 | 1999 | 2000 | 2001 |
|---|---|---|---|---|---|---|---|
| **全国总计** | **1 667.36** | **1 304.61** | **1 453.27** | **1 116.23** | **3 907.79** | **4 177.02** | **2 271.43** |
| 广　东 | 492.66 | 617.45 | 1 091.73 | 953.20 | 3 098.31 | 3 514.44 | 2 027.90 |
| 上　海 | 291.62 | 373.96 | 228.25 | 145.50 | 291.88 | 507.54 | 130.87 |
| 四　川 |  |  |  |  | 17.46 | 54.59 | 78.29 |
| 北　京 | 89.05 | 92.37 | 9.67 | 6.89 | 48.55 | 64.08 | 34.38 |
| 黑龙江 |  |  |  |  |  | 21.60 |  |
| 浙　江 |  | 7.80 | 16.39 |  |  | 14.74 |  |
| 天　津 | 5.38 | 1.58 | 12.23 |  |  | 0.02 |  |
| 山　东 | 18.24 | 7.02 |  |  | 306.00 |  |  |
| 福　建 | 2.99 | 47.70 | 88.14 | 10.64 | 64.59 |  |  |
| 辽　宁 |  | 10.25 | 0.33 |  | 51.48 |  |  |
| 江　苏 | 8.81 |  |  |  | 29.50 |  |  |
| 河　北 |  |  |  |  | 0.03 |  |  |
| 西　藏 | 750.00 |  |  |  |  |  |  |
| 海　南 | 8.61 | 1.11 |  |  |  |  |  |
| 湖　南 |  | 142.24 |  |  |  |  |  |
| 新　疆 |  | 3.15 | 6.48 |  |  |  |  |
| 安　徽 |  |  | 0.06 |  |  |  |  |

## 表 9-23　全国分国别未浓缩未加糖的乳及奶油（含脂量>6%）出口数量表

1995—2001 年

（海关税号：04013000）　　单位：吨

| 国别或地区 | 1995 | 1996 | 1997 | 1998 | 1999 | 2000 | 2001 |
|---|---|---|---|---|---|---|---|
| **国家(地区)总计** | **275.01** | **7.00** | **249.01** | **624.46** | **26.67** | **21.03** | **1.08** |
| 中国香港 | 228.00 | 7.00 | 249.01 | 538.03 | 16.00 | 21.03 | 1.08 |
| 德　国 |  |  |  | 0.03 |  |  |  |
| 马来西亚 |  |  |  | 0.15 |  |  |  |
| 中国澳门 |  |  |  | 86.26 | 10.67 |  |  |
| 坦桑尼亚 | 25.01 |  |  |  |  |  |  |
| 朝　鲜 | 20.00 |  |  |  |  |  |  |
| 俄罗斯 | 2.00 |  |  |  |  |  |  |

## 表 9-24　全国分国别未浓缩未加糖的乳及奶油（含脂量>6%）出口价值表

1995—2001 年

（海关税号：04013000）　　单位：千美元

| 国别或地区 | 1995 | 1996 | 1997 | 1998 | 1999 | 2000 | 2001 |
|---|---|---|---|---|---|---|---|
| **国家(地区)总计** | **209.21** | **6.16** | **90.10** | **475.74** | **19.99** | **20.84** | **8.64** |
| 中国香港 | 125.29 | 6.16 | 90.10 | 414.90 | 12.48 | 20.84 | 8.64 |
| 中国澳门 |  |  |  | 60.72 | 7.51 |  |  |
| 坦桑尼亚 | 61.00 |  |  |  |  |  |  |
| 朝　鲜 | 20.40 |  |  |  |  |  |  |
| 俄罗斯 | 2.52 |  |  |  |  |  |  |
| 德　国 |  |  |  | 0.03 |  |  |  |
| 马来西亚 |  |  |  | 0.10 |  |  |  |

## 表9-25 全国分国别固态乳及奶油（含脂量≤1.5%）进口数量表
1995—2001年

（海关税号：04021000） 单位：吨

| 国别或地区 | 1995 | 1996 | 1997 | 1998 | 1999 | 2000 | 2001 |
|---|---|---|---|---|---|---|---|
| **国家(地区)总计** | **9 489.65** | **5 555.90** | **7 759.20** | **10 916.29** | **16 096.29** | **21 878.52** | **17 940.60** |
| 新西兰 | 599.54 | 1 012.09 | 3 593.13 | 6 582.74 | 8 724.45 | 8 768.89 | 8 403.12 |
| 澳大利亚 | 420.72 | 110.21 | 240.72 | 1054.31 | 1 937.05 | 3 995.42 | 5 173.67 |
| 美国 | 1 116.09 | 504.67 | 855.54 | 436.46 | 982.87 | 831.78 | 2 086.35 |
| 捷克 | | | | | 225.00 | | 745.68 |
| 立陶宛 | | | | | | 775.00 | 450.00 |
| 法国 | 1 279.55 | 58.06 | 350.21 | 205.18 | 355.21 | 484.34 | 373.20 |
| 波兰 | | | 173.25 | 200.00 | 100.00 | 3.00 | 350.00 |
| 德国 | 16.97 | 0.96 | | 19.21 | 237.24 | 500.00 | 100.00 |
| 乌克兰 | | 25.00 | | 100.00 | | | 100.00 |
| 芬兰 | | 27.53 | | | 32.00 | | 50.00 |
| 新加坡 | 688.39 | 2 226.69 | 908.25 | 127.77 | | 14.45 | 40.68 |
| 斯洛伐克 | | | | | | | 24.00 |
| 中国香港 | 525.77 | 237.63 | 143.40 | 80.15 | 161.45 | 31.90 | 19.59 |
| 中国台湾 | 83.37 | 85.45 | 86.18 | 53.17 | 17.88 | 4.15 | 16.16 |
| 韩国 | 5.10 | 19.07 | 160.03 | 1.16 | 44.98 | 10.18 | 7.69 |
| 荷兰 | 2 362.20 | 549.85 | 412.82 | 1 274.18 | 753.52 | 579.54 | 0.40 |
| 日本 | 12.46 | 1.21 | 7.90 | 4.01 | 2.32 | 0.91 | 0.08 |
| 俄罗斯 | 769.24 | 152.89 | 512.53 | | | 1 232.80 | |
| 西班牙 | | | 40.00 | 18.23 | | 264.00 | |
| 缅甸 | 20.00 | | | | | | |
| 马来西亚 | 581.54 | 60.99 | 13.65 | 80.14 | 28.74 | | |
| 爱尔兰 | 178.78 | | 197.52 | 600.23 | 1 125.48 | 2 461.59 | |
| 英国 | 332.28 | 26.64 | 35.15 | 17.44 | 1.36 | 604.00 | |
| 比利时 | 55.72 | 0.86 | | 30.72 | 200.00 | 600.00 | |
| 瑞典 | | | | | | 258.20 | |
| 乌拉圭 | | | | 2.00 | | 250.00 | |
| 白俄罗斯 | | | | | | 200.00 | |
| 瑞士 | 34.34 | 0.02 | 2.81 | 0.05 | 0.04 | 4.61 | |
| 泰国 | | 0.60 | 0.12 | 3.50 | 20.00 | 3.75 | |
| 菲律宾 | | | | | | 0.00 | |
| 爱沙尼亚 | | 200.00 | | | 1 050.00 | | |
| 南非 | | 98.58 | | | 75.00 | | |
| 印度尼西亚 | 67.60 | | | | 21.60 | | |
| 意大利 | 18.48 | 21.61 | 1.50 | 0.04 | 0.10 | | |
| 越南 | 6.00 | | | | | | |
| 丹麦 | 265.49 | 108.44 | 7.41 | 25.63 | | | |
| 吉尔吉斯 | 27.52 | | | | | | |
| 奥地利 | 16.25 | 6.91 | | | | | |
| 中国澳门 | 6.22 | | | | | | |
| 加拿大 | 0.04 | | 17.00 | | | | |
| 中国 | | 19.96 | | | | | |
| 尼泊尔 | | | 0.08 | | | | |

## 表 9-26　全国分国别固态乳及奶油（含脂量≤1.5%）进口价值表
## 1995—2001 年

（海关税号：04021000）　　单位：千美元

| 国别或地区 | 1995 | 1996 | 1997 | 1998 | 1999 | 2000 | 2001 |
|---|---|---|---|---|---|---|---|
| **国家(地区)总计** | **13 775.70** | **5 834.82** | **6 434.20** | **15 214.66** | **25 442.77** | **33 869.43** | **36 850.67** |
| 新西兰 | 798.95 | 1 212.28 | 2 194.02 | 8 092.03 | 13 534.97 | 13 905.79 | 16 871.17 |
| 澳大利亚 | 843.18 | 174.42 | 247.76 | 1 707.72 | 2 664.45 | 6 165.52 | 11 018.48 |
| 美国 | 1 688.70 | 369.50 | 869.40 | 688.61 | 1 833.02 | 1 525.00 | 4 451.49 |
| 捷克 | | | | | 305.43 | | 1 555.07 |
| 立陶宛 | | | | | | 1 143.75 | 837.00 |
| 法国 | 873.12 | 46.09 | 613.29 | 161.67 | 499.47 | 751.07 | 677.56 |
| 波兰 | | | 33.44 | 329.72 | 135.00 | 2.41 | 670.25 |
| 德国 | 108.58 | 4.55 | | 37.40 | 495.68 | 719.52 | 224.28 |
| 乌克兰 | | 22.50 | | 197.38 | | | 154.40 |
| 中国香港 | 907.90 | 464.42 | 39.99 | 61.29 | 436.75 | 66.74 | 113.80 |
| 芬兰 | | 15.57 | | | 46.11 | | 99.50 |
| 新加坡 | 446.16 | 1 912.49 | 910.19 | 109.03 | | 27.76 | 91.35 |
| 斯洛伐克 | | | | | | | 50.64 |
| 中国台湾 | 225.49 | 47.34 | 138.09 | 53.49 | 14.87 | 8.17 | 21.74 |
| 韩国 | 13.67 | 21.81 | 31.00 | 2.94 | 153.46 | 35.88 | 13.01 |
| 荷兰 | 3 444.84 | 809.64 | 597.33 | 2 529.85 | 1 913.37 | 1 101.11 | 0.82 |
| 日本 | 44.40 | 4.62 | 17.56 | 10.61 | 16.62 | 4.00 | 0.11 |
| 爱尔兰 | 528.93 | | 72.53 | 877.20 | 1 532.17 | 3 914.18 | |
| 俄罗斯 | 619.22 | 94.77 | 459.11 | | | 1 225.02 | |
| 英国 | 820.83 | 81.83 | 129.37 | 35.29 | 3.52 | 912.76 | |
| 比利时 | 38.42 | 1.39 | | 40.72 | 266.00 | 834.00 | |
| 瑞典 | | | | | | 420.89 | |
| 西班牙 | | | 14.00 | 27.03 | | 418.44 | |
| 乌拉圭 | | | | 5.73 | | 341.00 | |
| 白俄罗斯 | | | | | | 322.00 | |
| 瑞士 | 122.06 | 0.05 | 9.56 | 0.09 | 0.05 | 20.67 | |
| 泰国 | | 0.74 | 0.45 | 2.45 | 20.00 | 3.75 | |
| 菲律宾 | | | | | | 0.01 | |
| 爱沙尼亚 | | 117.00 | | | 1 406.25 | | |
| 南非 | | 54.05 | | | 109.88 | | |
| 马来西亚 | 1 252.72 | 62.06 | 32.02 | 149.59 | 47.29 | | |
| 印度尼西亚 | 71.67 | | | | 8.21 | | |
| 意大利 | 64.55 | 31.64 | 2.75 | 0.20 | 0.20 | | |
| 丹麦 | 780.70 | 261.62 | 13.55 | 94.63 | | | |
| 奥地利 | 39.26 | 16.71 | | | | | |
| 吉尔吉斯 | 18.71 | | | | | | |
| 缅甸 | 10.66 | | | | | | |
| 中国澳门 | 9.65 | | | | | | |
| 越南 | 3.13 | | | | | | |
| 加拿大 | 0.21 | | 8.50 | | | | |
| 中国 | | 7.75 | | | | | |
| 尼泊尔 | | | 0.30 | | | | |

## 表 9-27 全国分地区固态乳及奶油（含脂量≤1.5%）进口数量表 1995—2001 年

（海关税号：04021000） 单位：吨

| 地 区 | 1995 | 1996 | 1997 | 1998 | 1999 | 2000 | 2001 |
|---|---|---|---|---|---|---|---|
| **全国总计** | **9 489.65** | **5 555.90** | **7 759.20** | **10 916.29** | **16 096.29** | **21 878.52** | **17 940.60** |
| 广 东 | 5 769.42 | 2 789.37 | 5 573.18 | 9 224.34 | 7 054.83 | 7 670.67 | 5 890.76 |
| 上 海 | 262.79 | 294.94 | 163.08 | 743.54 | 3 102.52 | 4 825.97 | 4 928.70 |
| 山 东 | 160.34 | 119.55 | 3.85 | 287.80 | 891.18 | 1 325.94 | 1 874.41 |
| 江 苏 | 439.34 | 2 007.06 | 962.48 | 197.02 | 1 026.30 | 713.70 | 1 582.35 |
| 北 京 | 39.82 | 16.20 | 48.68 | 121.71 | 2 558.38 | 2 824.68 | 1 106.67 |
| 黑龙江 | 519.24 | 137.89 | 452.53 | | 68.00 | 2 439.55 | 1 019.00 |
| 天 津 | 0.50 | 13.08 | | 33.58 | 314.29 | 1 473.28 | 913.09 |
| 湖 南 | 5.41 | 9.80 | | 15.75 | | 30.00 | 205.58 |
| 福 建 | 160.26 | 23.84 | 398.83 | 241.05 | 178.51 | 64.53 | 170.26 |
| 内蒙古 | 80.67 | | | | | 204.00 | 102.00 |
| 辽 宁 | 4.00 | 30.87 | 18.53 | 36.48 | 41.14 | 68.00 | 91.60 |
| 浙 江 | 16.31 | 78.75 | 0.05 | 0.03 | 69.15 | 126.10 | 54.00 |
| 海 南 | 1.21 | | 0.56 | 0.03 | 0.15 | | 1.12 |
| 吉 林 | 0.02 | | | 0.26 | 2.09 | 2.74 | 0.75 |
| 河 南 | 2.68 | | | | 1.00 | 0.08 | 0.16 |
| 河 北 | | | | 0.07 | 0.23 | | 0.11 |
| 陕 西 | | | | | | 9.98 | 0.05 |
| 四 川 | | 0.12 | | | 146.00 | 37.80 | |
| 云 南 | 26.00 | | | | | | |
| 广 西 | 1 913.08 | 20.00 | 0.44 | | 38.43 | 48.90 | |
| 湖 北 | 29.72 | 14.44 | 28.15 | 14.65 | 450.00 | 12.60 | |
| 安 徽 | | | 30.00 | | 151.00 | | |
| 甘 肃 | | | | | 3.00 | | |
| 山 西 | | | | | 0.10 | | |
| 江 西 | 31.33 | | | | | | |
| 新 疆 | 27.52 | | | | | | |
| 宁 夏 | | | 78.75 | | | | |
| 西 藏 | | | 0.11 | | | | |

表 9-28　全国分地区固态乳及奶油（含脂量≤1.5%）进口价值表　1995—2001 年

（海关税号：04021000）　　单位：千美元

| 地　区 | 1995 | 1996 | 1997 | 1998 | 1999 | 2000 | 2001 |
|---|---|---|---|---|---|---|---|
| **全国总计** | **13 775.70** | **5 834.82** | **6 434.20** | **15 214.66** | **25 442.77** | **33 869.43** | **36 850.67** |
| 广　东 | 10 154.43 | 3 086.07 | 3 882.01 | 12 262.84 | 12 123.35 | 12 551.43 | 11 309.39 |
| 上　海 | 488.94 | 383.17 | 194.68 | 1 092.75 | 4 721.90 | 7 521.88 | 10 556.05 |
| 山　东 | 99.29 | 99.94 | 6.37 | 546.63 | 1 267.03 | 1 855.62 | 3 905.11 |
| 江　苏 | 234.05 | 1 782.71 | 956.92 | 257.69 | 1 454.35 | 1 140.72 | 3 277.09 |
| 北　京 | 164.38 | 38.43 | 184.63 | 596.97 | 3 607.20 | 4 373.02 | 2 497.91 |
| 黑龙江 | 455.72 | 101.91 | 414.11 | | 93.50 | 3 118.13 | 2 329.13 |
| 天　津 | 0.10 | 13.63 | | 87.01 | 526.77 | 2 202.51 | 1 783.53 |
| 福　建 | 287.82 | 19.05 | 657.11 | 247.14 | 395.06 | 208.03 | 373.87 |
| 湖　南 | 3.54 | 26.00 | | 23.00 | | 53.34 | 285.81 |
| 内蒙古 | 53.40 | | | | | 325.38 | 208.08 |
| 辽　宁 | 28.36 | 44.58 | 25.63 | 61.81 | 66.12 | 107.51 | 196.52 |
| 浙　江 | 50.55 | 179.46 | 0.10 | 0.27 | 98.23 | 241.69 | 121.67 |
| 吉　林 | 0.24 | | | 1.74 | 8.22 | 8.92 | 3.51 |
| 海　南 | 4.94 | | 1.75 | 0.03 | 0.83 | | 2.65 |
| 河　南 | 2.93 | | | | 0.49 | 0.11 | 0.19 |
| 河　北 | | | | 0.25 | 0.98 | | 0.11 |
| 陕　西 | | | | | | 15.21 | 0.05 |
| 广　西 | 1 630.11 | 23.60 | 0.59 | | 69.17 | 72.37 | |
| 四　川 | | 0.88 | | | 201.72 | 55.00 | |
| 湖　北 | 73.14 | 35.40 | 70.16 | 36.55 | 607.50 | 18.59 | |
| 安　徽 | | | 22.50 | | 198.12 | | |
| 甘　肃 | | | | | 2.07 | | |
| 山　西 | | | | | 0.20 | | |
| 新　疆 | 18.71 | | | | | | |
| 云　南 | 13.79 | | | | | | |
| 江　西 | 11.28 | | | | | | |
| 宁　夏 | | | 17.33 | | | | |
| 西　藏 | | | 0.32 | | | | |

**表 9-29　全国分国别固态乳及奶油(含脂量≤1.5%)出口数量表　1995—2001 年**

(海关税号：04021000)　　　　单位：吨

| 国别或地区 | 1995 | 1996 | 1997 | 1998 | 1999 | 2000 | 2001 |
|---|---|---|---|---|---|---|---|
| **国家(地区) 总计** | **442.16** | **257.38** | **1 094.90** | **3 256.96** | **649.98** | **131.87** | **505.55** |
| 中国香港 | 16.71 | 40.00 | 724.73 | 1 733.95 | 9.72 | 82.43 | 303.42 |
| 新加坡 | 60.83 | 195.38 | | | 60.00 | | 153.10 |
| 蒙　古 | | | 3.00 | | | | 45.00 |
| 缅　甸 | 35.98 | | | | 1.46 | 45.01 | 1.68 |
| 朝　鲜 | 18.84 | 2.00 | | | | | 1.50 |
| 俄罗斯 | 50.00 | | 11.00 | 14.00 | 0.07 | | 0.42 |
| 德　国 | 0.06 | | | | 0.20 | 0.18 | 0.30 |
| 马来西亚 | | | | | | | 0.12 |
| 韩　国 | | | | | | | 0.01 |
| 西班牙 | | | 0.02 | | | 0.15 | 0.01 |
| 荷　兰 | 0.14 | | | | 475.00 | | |
| 日　本 | 0.02 | 0.30 | | | 0.60 | | |
| 美　国 | | | | 0.32 | | | |
| 中国台湾 | 15.72 | | | | | | |
| 巴基斯坦 | 20.00 | | | | | 4.11 | |
| 泰　国 | | | 182.88 | | | | |
| 菲律宾 | | | 166.00 | | | | |
| 伊拉克 | | | | 603.10 | 74.79 | | |
| 越　南 | 8.16 | 16.00 | 5.00 | | 28.15 | | |
| 加　纳 | | | | | 0.00 | | |
| 南　非 | | | | 812.00 | | | |
| 中国澳门 | 1.00 | | | | | | |
| 圭亚那 | | 1.90 | | | | | |
| 哈萨克斯坦 | 2.52 | | | | | | |
| 吉尔吉斯 | | | | 3.60 | | | |
| 柬埔寨 | | 1.80 | | | | | |
| 罗马尼亚 | 2.60 | | | | | | |
| 毛里求斯 | | | | 90.00 | | | |
| 坦桑尼亚 | 25.00 | | | | | | |
| 乌兹别克斯坦 | 184.58 | | | | | | |
| 伊　朗 | | | 1.60 | | | | |
| 约　旦 | | | 0.66 | | | | |

## 表 9-30　全国分国别固态乳及奶油(含脂量≤1.5%)出口价值表　1995—2001 年

(海关税号：04021000)　　单位：千美元

| 国别或地区 | 1995 | 1996 | 1997 | 1998 | 1999 | 2000 | 2001 |
|---|---|---|---|---|---|---|---|
| **国家(地区)总计** | **1 052.94** | **406.38** | **2 184.54** | **4 942.91** | **1 191.42** | **298.60** | **1 905.84** |
| 中国香港 | 99.02 | 147.42 | 1 369.29 | 3 064.96 | 19.06 | 221.84 | 1 016.19 |
| 新加坡 | 121.26 | 213.04 | | | 407.34 | | 863.62 |
| 蒙古 | | | 1.81 | | | | 13.89 |
| 缅甸 | 72.93 | | | | 1.23 | 65.98 | 4.62 |
| 朝鲜 | 33.49 | 3.90 | | | | | 4.32 |
| 马来西亚 | | | | | | | 1.68 |
| 俄罗斯 | 141.86 | | 38.50 | 36.64 | 0.24 | | 1.21 |
| 德国 | 0.13 | | | | 0.14 | 0.39 | 0.24 |
| 韩国 | | | | | | | 0.05 |
| 西班牙 | | | 0.08 | | | 0.12 | 0.01 |
| 巴基斯坦 | 35.00 | | | | | 10.27 | |
| 荷兰 | 0.32 | | | | 570.00 | | |
| 伊拉克 | | | | 1 067.86 | 130.73 | | |
| 越南 | 19.99 | 32.00 | 9.05 | | 61.95 | | |
| 日本 | 0.02 | 2.10 | | | 0.73 | | |
| 加纳 | | | | | 0.01 | | |
| 中国澳门 | 2.60 | | | | | | |
| 菲律宾 | | | 240.50 | | | | |
| 圭亚那 | | 4.57 | | | | | |
| 哈萨克斯坦 | 6.50 | | | | | | |
| 吉尔吉斯 | | | | 9.42 | | | |
| 柬埔寨 | | 3.35 | | | | | |
| 罗马尼亚 | 11.82 | | | | | | |
| 毛里求斯 | | | | 114.00 | | | |
| 美国 | | | | 0.42 | | | |
| 南非 | | | | 649.60 | | | |
| 中国台湾 | 112.07 | | | | | | |
| 泰国 | | | 512.06 | | | | |
| 坦桑尼亚 | 56.00 | | | | | | |
| 乌兹别克斯坦 | 339.92 | | | | | | |
| 伊朗 | | | 7.23 | | | | |
| 约旦 | | | 6.03 | | | | |

### 表 9-31　全国分地区固态乳及奶油（含脂量≤1.5%）出口数量表　1995—2001 年

（海关税号：04021000）　　单位：吨

| 地区 | 1995 | 1996 | 1997 | 1998 | 1999 | 2000 | 2001 |
|---|---|---|---|---|---|---|---|
| **全国总计** | **442.16** | **257.38** | **1 094.90** | **3 256.96** | **649.98** | **131.87** | **505.55** |
| 黑龙江 | 8.16 | 0.30 | 89.43 | 827.34 | 545.32 | 82.53 | 352.33 |
| 北　京 | 4.89 | 1.90 | 2.28 | 600.42 | 74.79 | 0.18 | 53.42 |
| 内蒙古 | | | 3.00 | | 0.20 | 0.05 | 45.00 |
| 福　建 | 31.87 | | 366.10 | 126.80 | | | 40.10 |
| 上　海 | | | | | | | 8.07 |
| 广　东 | 1.89 | | 462.88 | 1 644.71 | 0.46 | | 3.02 |
| 吉　林 | | 1.80 | | | | | 1.50 |
| 云　南 | 27.89 | 16.00 | 5.00 | | 29.15 | 45.01 | 1.44 |
| 山　东 | 190.42 | | | 17.10 | | | 0.30 |
| 四　川 | | | | | | | 0.24 |
| 天　津 | | | 166.00 | | | 4.11 | 0.13 |
| 辽　宁 | 68.50 | 2.00 | | 14.00 | 0.07 | | 0.01 |
| 陕　西 | | 40.00 | | 3.00 | 0.00 | | |
| 江　苏 | 60.83 | 195.38 | | 20.00 | | | |
| 浙　江 | | | 0.20 | | | | |
| 河　北 | 25.00 | | | | | | |
| 山　西 | 0.20 | | | | | | |
| 新　疆 | 22.52 | | | 3.60 | | | |

### 表 9-32　全国分地区固态乳及奶油（含脂量≤1.5%）出口价值表　1995—2001 年

（海关税号：04021000）　　单位：千美元

| 地区 | 1995 | 1996 | 1997 | 1998 | 1999 | 2000 | 2001 |
|---|---|---|---|---|---|---|---|
| **全国总计** | **1 052.94** | **406.38** | **2 184.54** | **4 942.91** | **1 191.42** | **298.60** | **1 905.84** |
| 黑龙江 | 19.99 | 2.10 | 375.57 | 1 306.79 | 997.12 | 221.93 | 1 246.79 |
| 北　京 | 18.48 | 4.57 | 13.34 | 1 058.62 | 130.73 | 0.39 | 354.30 |
| 福　建 | 209.50 | | 639.46 | 74.03 | | | 103.19 |
| 上　海 | | | | | | | 101.26 |
| 广　东 | 4.65 | | 901.26 | 2 316.84 | 0.88 | | 75.49 |
| 内蒙古 | | | 1.81 | | 0.14 | 0.03 | 13.89 |
| 吉　林 | | 3.35 | | | | | 4.32 |
| 云　南 | 60.91 | 32.00 | 9.05 | | 62.30 | 65.98 | 3.97 |
| 天　津 | | | 240.50 | | | 10.27 | 1.69 |
| 四　川 | | | | | | | 0.65 |
| 山　东 | 345.35 | | | 92.50 | | | 0.24 |
| 辽　宁 | 174.84 | 3.90 | | 36.64 | 0.24 | | 0.05 |
| 陕　西 | | 147.42 | | 9.66 | 0.01 | | |
| 河　北 | 56.00 | | | | | | |
| 江　苏 | 121.26 | 213.04 | | 38.40 | | | |
| 山　西 | 0.45 | | | | | | |
| 新　疆 | 41.50 | | | 9.42 | | | |
| 浙　江 | | | 3.56 | | | | |

## 表 9-33 全国分国别未加糖的固态乳及奶油(含脂量>1.5%)进口数量表 1995—2001 年

(海关税号：040221000)　　单位：吨

| 国别或地区 | 1995 | 1996 | 1997 | 1998 | 1999 | 2000 | 2001 |
|---|---|---|---|---|---|---|---|
| **国家(地区)总计** | **9 694.75** | **10 685.07** | **8 341.19** | **11 285.96** | **27 861.52** | **36 201.59** | **23 818.39** |
| 新西兰 | 925.44 | 3 075.89 | 1 589.24 | 4 794.46 | 24 875.95 | 31 168.26 | 19 671.30 |
| 澳大利亚 | 536.68 | 1 193.04 | 1 867.48 | 2 675.98 | 1 065.05 | 2 100.33 | 3 383.29 |
| 美国 | 1 455.59 | 3 074.37 | 2 571.85 | 1 439.21 | 244.89 | 72.72 | 313.25 |
| 法国 | 36.00 | 77.60 | 201.90 |  | 172.17 | 1 717.67 | 282.70 |
| 德国 | 1.15 | 1.65 |  | 1.80 | 51.00 | 347.16 | 50.00 |
| 荷兰 | 4 780.43 | 1 146.00 | 893.83 | 907.01 | 988.65 | 177.76 | 39.59 |
| 爱尔兰 | 176.00 | 170.00 | 236.92 | 221.99 | 257.00 | 497.25 | 30.96 |
| 加拿大 | 4.00 |  |  |  |  |  | 21.56 |
| 韩国 | 2.44 | 80.74 | 233.78 | 60.20 | 0.60 | 6.36 | 7.96 |
| 中国香港 | 172.64 | 315.59 | 125.93 | 143.55 | 12.45 | 0.18 | 7.06 |
| 中国台湾 | 44.19 | 37.49 | 115.27 | 7.65 | 26.78 | 8.14 | 5.38 |
| 比利时 | 0.49 |  |  |  | 2.40 | 0.38 | 2.38 |
| 墨西哥 |  |  |  |  |  |  | 1.99 |
| 日本 | 18.34 | 16.97 | 0.72 | 21.52 | 0.05 | 3.62 | 0.91 |
| 马来西亚 | 1 260.83 | 603.75 | 109.96 | 539.01 | 6.36 |  | 0.08 |
| 西班牙 |  |  |  | 57.00 | 19.00 | 0.44 |  |
| 俄罗斯 | 88.00 | 279.13 | 36.55 | 20.00 |  | 80.50 |  |
| 丹麦 | 4.15 | 15.49 | 37.58 | 61.88 | 0.02 | 18.52 |  |
| 瑞士 |  | 0.00 |  | 65.60 | 11.73 | 2.30 |  |
| 泰国 |  | 1.52 | 162.43 | 49.36 |  |  |  |
| 印度尼西亚 |  | 0.03 |  | 188.06 | 94.50 |  |  |
| 波兰 |  |  |  |  | 32.00 |  |  |
| 新加坡 | 23.83 | 100.63 | 101.25 |  | 0.92 |  |  |
| 意大利 |  |  | 2.50 |  | 0.02 |  |  |
| 英国 | 114.51 | 491.45 | 53.52 | 31.69 |  |  |  |
| 哈萨克斯坦 | 50.04 |  |  |  |  |  |  |
| 芬兰 |  | 3.73 |  |  |  |  |  |
| 瑞典 |  |  | 0.50 |  |  |  |  |

## 表 9-34　全国分国别未加糖的固态乳及奶油(含脂量>1.5%)进口价值表　1995—2001 年

(海关税号：040221000)　　单位：千美元

| 国别或地区 | 1995 | 1996 | 1997 | 1998 | 1999 | 2000 | 2001 |
|---|---|---|---|---|---|---|---|
| **国家(地区)总计** | **5 757.16** | **8 511.67** | **7 304.46** | **12 052.54** | **37 987.01** | **57 104.81** | **44 499.09** |
| 新西兰 | 1 342.23 | 1 643.54 | 1 178.58 | 6 292.33 | 32 092.53 | 47 709.94 | 36 229.88 |
| 澳大利亚 | 419.33 | 646.50 | 1 982.21 | 1 068.83 | 1 968.19 | 4 123.80 | 6 692.47 |
| 美国 | 748.63 | 1 826.90 | 1 084.17 | 1 379.08 | 527.88 | 330.55 | 571.31 |
| 法国 | 87.14 | 175.21 | 359.96 |  | 303.32 | 3 011.66 | 445.84 |
| 爱尔兰 | 156.21 | 137.88 | 386.77 | 458.10 | 329.54 | 782.38 | 210.26 |
| 德国 | 6.06 | 3.48 |  | 2.79 | 121.99 | 672.80 | 113.03 |
| 荷兰 | 1 901.14 | 1 359.38 | 1 216.42 | 1 303.72 | 2 349.85 | 265.15 | 90.11 |
| 加拿大 | 2.97 |  |  |  |  |  | 54.70 |
| 中国香港 | 211.65 | 339.28 | 201.29 | 229.12 | 28.53 | 1.05 | 46.58 |
| 墨西哥 |  |  |  |  |  |  | 12.62 |
| 中国台湾 | 59.12 | 28.54 | 86.57 | 25.89 | 104.95 | 35.38 | 11.84 |
| 比利时 | 2.86 |  |  |  | 1.51 | 0.56 | 10.97 |
| 韩国 | 4.73 | 51.62 | 32.17 | 39.20 | 0.82 | 2.93 | 5.61 |
| 日本 | 11.90 | 22.39 | 5.50 | 58.80 | 0.66 | 12.65 | 3.60 |
| 马来西亚 | 603.84 | 233.38 | 79.08 | 227.70 | 10.83 |  | 0.28 |
| 俄罗斯 | 66.00 | 253.74 | 19.03 | 31.08 |  | 81.51 |  |
| 丹麦 | 6.86 | 110.93 | 382.51 | 498.49 | 0.06 | 61.82 |  |
| 瑞士 |  | 0.01 |  | 230.50 | 42.26 | 10.75 |  |
| 西班牙 |  |  |  | 83.37 | 27.78 | 1.87 |  |
| 印度尼西亚 |  | 0.05 |  | 92.23 | 38.64 |  |  |
| 波兰 |  |  |  |  | 34.24 |  |  |
| 新加坡 | 21.60 | 72.09 | 102.09 |  | 3.32 |  |  |
| 意大利 |  |  | 2.10 |  | 0.11 |  |  |
| 英国 | 70.86 | 1 604.79 | 148.90 | 14.90 |  |  |  |
| 哈萨克斯坦 | 34.03 |  |  |  |  |  |  |
| 芬兰 |  | 1.54 |  |  |  |  |  |
| 泰国 |  | 0.43 | 36.15 | 16.43 |  |  |  |
| 瑞典 |  |  | 0.97 |  |  |  |  |

**表9-35　全国分地区未加糖的固态乳及奶油(含脂量＞1.5%)进口数量表　1995—2001年**

(海关税号：040221000)　　单位：吨

| 地区 | 1995 | 1996 | 1997 | 1998 | 1999 | 2000 | 2001 |
|---|---|---|---|---|---|---|---|
| **全国总计** | **9 694.75** | **10 685.07** | **8 341.19** | **11 285.96** | **27 861.52** | **36 201.59** | **23 818.39** |
| 广　东 | 8 615.33 | 7 524.49 | 7 673.05 | 10 406.10 | 19 323.47 | 13 195.71 | 11 304.77 |
| 浙　江 |  | 0.15 |  |  | 2 575.93 | 10 103.18 | 6 051.00 |
| 上　海 | 62.13 | 123.09 | 222.89 | 732.37 | 2 024.45 | 5 761.82 | 3 941.91 |
| 江　苏 | 5.58 |  | 100.19 | 49.04 | 1 709.99 | 3 626.53 | 989.03 |
| 山　东 | 0.44 | 10.19 |  |  | 1 296.00 | 1 549.50 | 828.53 |
| 北　京 | 17.21 | 81.89 | 4.68 | 17.30 | 485.66 | 1 480.51 | 347.05 |
| 天　津 |  | 1.15 | 4.98 |  | 0.02 |  | 301.10 |
| 黑龙江 |  | 199.13 | 36.55 | 20.00 | 19.50 | 187.10 | 50.00 |
| 辽　宁 | 68.09 | 22.84 | 5.97 |  | 0.60 | 15.35 | 1.69 |
| 内蒙古 | 33.00 |  |  |  |  | 6.36 | 1.50 |
| 福　建 | 33.65 | 271.77 | 292.87 | 1.25 | 88.40 | 1.63 | 1.12 |
| 新　疆 | 50.04 |  |  |  |  |  |  |
| 湖　南 | 23.02 | 611.69 |  |  |  | 236.18 |  |
| 陕　西 |  |  |  |  |  | 21.50 |  |
| 四　川 | 9.00 |  |  |  | 26.10 | 13.50 |  |
| 广　西 | 463.75 |  |  | 59.80 | 311.02 | 2.74 |  |
| 海　南 | 29.76 | 15.75 |  | 0.10 | 0.37 |  |  |
| 河　南 |  |  |  |  | 0.02 |  |  |
| 贵　州 | 283.73 | 709.07 |  |  |  |  |  |
| 安　徽 | 0.03 |  |  |  |  |  |  |
| 江　西 |  | 1 007.06 |  |  |  |  |  |
| 宁　夏 |  | 100.00 |  |  |  |  |  |
| 湖　北 |  | 6.80 |  |  |  |  |  |

## 表 9-36 全国分地区未加糖的固态乳及奶油(含脂量＞1.5%)进口价值表 1995—2001 年

(海关税号：040221000)　　单位：千美元

| 地　区 | 1995 | 1996 | 1997 | 1998 | 1999 | 2000 | 2001 |
|---|---|---|---|---|---|---|---|
| **全国总计** | **5 757.16** | **8 511.67** | **7 304.46** | **12 052.54** | **37 987.01** | **57 104.81** | **44 499.09** |
| 广　东 | 4 842.19 | 6 483.59 | 6 084.96 | 10 605.84 | 24 019.45 | 17 725.45 | 19 652.99 |
| 浙　江 |  | 0.46 |  |  | 4 069.96 | 17 328.49 | 12 296.28 |
| 上　海 | 124.91 | 230.48 | 494.19 | 1 184.25 | 3 460.30 | 10 270.15 | 7 690.29 |
| 江　苏 | 7.46 |  | 102.22 | 135.09 | 3 009.26 | 6 067.42 | 1 910.37 |
| 山　东 | 3.73 | 55.40 |  |  | 2 307.88 | 2 463.86 | 1 636.04 |
| 北　京 | 28.42 | 108.97 | 18.29 | 17.24 | 713.87 | 2 497.03 | 626.77 |
| 天　津 |  | 2.01 | 17.30 |  | 0.30 |  | 543.17 |
| 黑龙江 |  | 149.75 | 19.03 | 31.08 | 10.14 | 250.71 | 113.03 |
| 辽　宁 | 66.26 | 18.13 | 14.20 |  | 0.82 | 28.12 | 18.50 |
| 福　建 | 17.80 | 538.08 | 554.29 | 1.94 | 45.92 | 1.63 | 8.50 |
| 内蒙古 | 33.00 |  |  |  |  | 2.93 | 3.01 |
| 湖　南 | 22.88 | 197.84 |  |  |  | 411.57 |  |
| 陕　西 |  |  |  |  |  | 33.76 |  |
| 四　川 | 22.85 |  |  |  | 37.26 | 21.06 |  |
| 广　西 | 423.27 |  |  | 76.86 | 311.05 | 2.65 |  |
| 海　南 | 45.19 | 37.90 |  | 0.25 | 0.69 |  |  |
| 河　南 |  |  |  |  | 0.11 |  |  |
| 贵　州 | 85.12 | 348.51 |  |  |  |  |  |
| 新　疆 | 34.03 |  |  |  |  |  |  |
| 安　徽 | 0.07 |  |  |  |  |  |  |
| 江　西 |  | 299.63 |  |  |  |  |  |
| 宁　夏 |  | 30.50 |  |  |  |  |  |
| 湖　北 |  | 10.44 |  |  |  |  |  |

表 9-37　全国分国别未加糖的固态乳及奶油(含脂量>1.5%)出口数量表　1995—2001 年

(海关税号：040221000)　　单位：吨

| 国别或地区 | 1995 | 1996 | 1997 | 1998 | 1999 | 2000 | 2001 |
|---|---|---|---|---|---|---|---|
| **国家(地区)总计** | **81.33** | **260.35** | **3 507.57** | **2 134.93** | **3 197.87** | **6 467.38** | **2 156.99** |
| 中国香港 | 66.75 | 216.53 | 456.97 | 137.47 | 209.58 | 443.31 | 571.59 |
| 阿联酋 | | | | | | 120.00 | 495.00 |
| 缅甸 | | | | | | 66.60 | 308.82 |
| 伊拉克 | | | | | 1 763.00 | 4 488.88 | 256.32 |
| 贝宁 | | | | | | | 233.80 |
| 蒙古 | | | 13.00 | 69.52 | | 200.00 | 215.00 |
| 菲律宾 | | 13.20 | | 877.10 | 968.66 | 1 020.67 | 74.45 |
| 朝鲜 | 3.00 | | | | 2.00 | 1.50 | 1.99 |
| 西班牙 | 0.95 | | | | 0.18 | | 0.02 |
| 日本 | | 0.30 | | | 0.36 | | |
| 德国 | 0.03 | | | | | | |
| 韩国 | | | 30.00 | | | | |
| 马来西亚 | | | | 0.25 | | | |
| 泰国 | | | 2 991.60 | 239.36 | | 112.00 | |
| 阿鲁巴岛 | | | | | | 14.43 | |
| 俄罗斯 | 10.51 | 26.32 | 16.00 | | | | |
| 印度尼西亚 | | | | 198.59 | | | |
| 毛里求斯 | | | | | 55.44 | | |
| 大洋洲其他国家（地区） | | | | 0.06 | | | |
| 巴基斯坦 | | | | 370.00 | | | |
| 吉尔吉斯 | | | | 0.27 | | | |
| 黎巴嫩 | | 4.00 | | | | | |
| 尼泊尔 | | | | 18.58 | | | |
| 土库曼斯坦 | | | | 299.99 | | | |
| 也门 | | | | 120.00 | | | |
| 印度 | | | | 2.40 | | | |
| 英国 | 0.10 | | | | | | |

## 表 9-38 全国分国别未加糖的固态乳及奶油（含脂量＞1.5%）出口价值表 1995—2001 年

（海关税号：04022100） 单位：千美元

| 国别或地区 | 1995 | 1996 | 1997 | 1998 | 1999 | 2000 | 2001 |
|---|---|---|---|---|---|---|---|
| **国家(地区)总计** | **108.56** | **582.30** | **6 441.38** | **3 562.50** | **7 320.15** | **13 902.29** | **4 159.54** |
| 中国香港 | 87.64 | 444.77 | 705.62 | 184.40 | 481.49 | 943.90 | 1 452.47 |
| 阿联酋 | | | | | | 212.63 | 903.38 |
| 伊拉克 | | | | | 4 363.54 | 10 001.96 | 572.22 |
| 缅甸 | | | | | | 61.67 | 472.85 |
| 蒙古 | | | 29.90 | 100.43 | | 399.20 | 429.14 |
| 贝宁 | | | | | | | 178.99 |
| 菲律宾 | | 31.50 | | 1 678.39 | 1 950.14 | 2 038.99 | 148.90 |
| 朝鲜 | 5.10 | | | | 4.00 | 3.60 | 1.50 |
| 西班牙 | 1.64 | | | | 0.16 | | 0.10 |
| 泰国 | | | 5 629.86 | 386.47 | | 229.09 | |
| 阿鲁巴岛 | | | | | | 11.25 | |
| 印度尼西亚 | | | | | 406.21 | | |
| 毛里求斯 | | | | | 113.40 | | |
| 日本 | | 2.35 | | | 1.17 | | |
| 大洋洲其他国家（地区） | | | | | 0.05 | | |
| 巴基斯坦 | | | | 611.88 | | | |
| 德国 | 0.10 | | | | | | |
| 俄罗斯 | 13.94 | 89.27 | 49.00 | | | | |
| 韩国 | | | 27.00 | | | | |
| 吉尔吉斯 | | | | 0.59 | | | |
| 黎巴嫩 | | 14.40 | | | | | |
| 马来西亚 | | | | 0.40 | | | |
| 尼泊尔 | | | | 55.15 | | | |
| 土库曼斯坦 | | | | 374.99 | | | |
| 也门 | | | | 162.00 | | | |
| 印度 | | | | 7.80 | | | |
| 英国 | 0.13 | | | | | | |

## 表 9-39　全国分地区未加糖的固态乳及奶油（含脂量＞1.5%）出口数量表　1995—2001 年

（海关税号：04022100）　　单位：吨

| 地　区 | 1995 | 1996 | 1997 | 1998 | 1999 | 2000 | 2001 |
|---|---|---|---|---|---|---|---|
| **全国总计** | **81.33** | **260.35** | **3 507.57** | **2 134.93** | **3 197.87** | **6 467.38** | **2 156.99** |
| 黑龙江 | 8.00 | 39.82 | 3 256.97 | 2 053.41 | 1 366.37 | 1 785.85 | 1 287.65 |
| 江　苏 | 0.95 | | | | | 2 988.88 | 256.32 |
| 云　南 | 12.25 | 16.40 | | | | 66.60 | 250.02 |
| 广　东 | 38.10 | 0.13 | 128.20 | 44.45 | 500.06 | 109.08 | 207.80 |
| 天　津 | 0.10 | | | 0.25 | | | 63.36 |
| 新　疆 | | | | 20.27 | | | 58.80 |
| 内蒙古 | | | | | 2.00 | | 15.00 |
| 山　西 | | | 13.00 | | | 14.78 | 14.93 |
| 辽　宁 | | | 35.00 | | | | 1.44 |
| 福　建 | | 200.00 | 57.88 | 0.03 | | | 1.12 |
| 吉　林 | | | | | | 2.20 | 0.55 |
| 山　东 | 5.51 | | | | 1 263.00 | 1 500.00 | |
| 北　京 | 0.03 | 4.00 | | | 0.34 | | |
| 陕　西 | 16.40 | | 16.53 | 16.53 | 66.10 | | |

## 表 9-40　全国分地区未加糖的固态乳及奶油（含脂量＞1.5%）出口价值表　1995—2001 年

（海关税号：04022100）　　单位：千美元

| 地　区 | 1995 | 1996 | 1997 | 1998 | 1999 | 2000 | 2001 |
|---|---|---|---|---|---|---|---|
| **全国总计** | **108.56** | **582.30** | **6 441.38** | **3 562.50** | **7 320.15** | **13 902.29** | **4 159.54** |
| 黑龙江 | 8.37 | 123.13 | 6 207.69 | 3 471.55 | 2 817.30 | 3 711.57 | 2 847.17 |
| 江　苏 | 1.64 | | | | | 6 616.71 | 572.22 |
| 云　南 | 33.33 | 37.51 | | | | 61.67 | 391.10 |
| 天　津 | 0.13 | | | 0.40 | | | 97.11 |
| 广　东 | 18.72 | 0.23 | 26.80 | 8.47 | 1 185.63 | 90.54 | 94.69 |
| 新　疆 | | | | 48.59 | | | 81.76 |
| 山　西 | | | 29.90 | | | 33.10 | 35.56 |
| 内蒙古 | | | | | 4.00 | | 29.94 |
| 福　建 | | 407.03 | 102.77 | 0.81 | | | 8.50 |
| 辽　宁 | | | 40.00 | | | | 0.99 |
| 吉　林 | | | | | | 3.46 | 0.51 |
| 山　东 | 10.67 | | | | 3 177.95 | 3 385.25 | |
| 陕　西 | 35.59 | | 34.22 | 32.67 | 134.18 | | |
| 北　京 | 0.10 | 14.40 | | | 1.09 | | |

## 表 9-41 全国分国别其他固态乳及奶油（含脂量>1.5%）进口数量表 1995—2001 年

（海关税号：04022900）

单位：吨

| 国别或地区 | 1995 | 1996 | 1997 | 1998 | 1999 | 2000 | 2001 |
|---|---|---|---|---|---|---|---|
| **国家(地区)总计** | **5 541.78** | **3 065.66** | **11 808.53** | **8 850.38** | **12 658.42** | **14 688.86** | **16 747.22** |
| 新西兰 | 1 814.82 | 821.78 | 6 603.33 | 4 267.73 | 8 611.23 | 9 609.37 | 12 068.96 |
| 澳大利亚 | 159.99 | 336.94 | 826.25 | 604.95 | 1 424.06 | 1 553.06 | 3 757.15 |
| 英国 | 158.11 | 0.77 |  | 8.64 | 39.43 | 2 401.25 | 300.00 |
| 西班牙 |  |  |  | 40.00 |  | 100.00 | 200.00 |
| 中国香港 | 137.31 | 29.03 | 32.89 | 101.25 | 45.84 | 60.62 | 125.99 |
| 爱尔兰 | 102.51 | 574.17 | 847.30 | 914.19 | 196.39 | 68.76 | 99.78 |
| 法国 | 304.01 | 19.49 | 12.14 | 96.14 | 339.34 | 337.67 | 89.25 |
| 荷兰 | 707.16 | 442.48 | 1 490.33 | 1 185.91 | 311.61 | 96.48 | 44.27 |
| 日本 | 4.00 | 2.38 | 52.26 | 18.41 | 20.14 | 10.68 | 31.22 |
| 丹麦 | 17.98 | 16.22 | 235.30 | 70.02 | 131.12 | 50.22 | 12.57 |
| 美国 | 1 116.12 | 599.81 | 661.78 | 1 082.68 | 590.22 | 49.98 | 9.26 |
| 马来西亚 | 256.79 | 0.60 | 11.20 | 139.29 | 155.50 | 3.23 | 3.31 |
| 中国台湾 | 43.34 | 171.25 | 58.59 | 93.64 | 498.81 | 4.47 | 2.23 |
| 印度 |  |  |  | 0.01 |  |  | 1.75 |
| 韩国 |  |  | 140.06 | 10.48 | 38.81 | 2.81 | 1.32 |
| 中国 |  |  |  |  | 0.40 | 0.23 | 0.16 |
| 缅甸 |  | 13.50 | 2.20 | 80.00 |  |  |  |
| 中国澳门 |  |  | 8.00 |  |  |  |  |
| 加拿大 |  |  |  |  | 1.68 | 275.48 |  |
| 德国 | 0.09 |  | 25.00 | 109.11 | 204.30 | 48.01 |  |
| 瑞士 | 19.31 |  |  | 1.42 | 0.74 | 7.60 |  |
| 奥地利 |  |  |  |  |  | 5.00 |  |
| 波兰 | 400.00 |  | 600.00 |  |  | 3.93 |  |
| 爱沙尼亚 |  |  |  |  | 48.00 |  |  |
| 意大利 | 0.12 |  |  | 3.46 | 0.79 |  |  |
| 瑞典 |  |  |  |  | 0.02 |  |  |
| 新加坡 | 46.33 | 34.00 | 90.25 |  |  |  |  |
| 俄罗斯 | 230.36 |  |  |  |  |  |  |
| 比利时 | 23.38 |  | 22.03 | 23.06 |  |  |  |
| 南非 | 0.04 |  |  |  |  |  |  |
| 泰国 |  | 3.25 |  |  |  |  |  |
| 菲律宾 |  | 0.01 | 0.02 |  |  |  |  |
| 印度尼西亚 |  |  | 89.60 |  |  |  |  |

## 表 9-42 全国分国别其他固态乳及奶油（含脂量>1.5%）进口价值表 1995—2001 年

（海关税号：04022900）

单位：千美元

| 国别或地区 | 1995 | 1996 | 1997 | 1998 | 1999 | 2000 | 2001 |
|---|---|---|---|---|---|---|---|
| **国家(地区)总计** | **8 552.71** | **4 242.91** | **5 416.19** | **11 738.21** | **16 673.47** | **24 345.36** | **33 049.64** |
| 新西兰 | 2 595.43 | 655.82 | 2 054.43 | 3 251.88 | 7 728.01 | 15 703.42 | 23 837.61 |
| 澳大利亚 | 337.26 | 777.01 | 698.91 | 712.87 | 2 653.72 | 3 031.79 | 7 575.84 |
| 英　　国 | 172.92 | 2.87 | | 37.17 | 16.84 | 3 827.75 | 475.95 |
| 西 班 牙 | | | | 58.73 | | 156.00 | 380.00 |
| 日　　本 | 23.05 | 7.87 | 69.17 | 78.39 | 107.80 | 56.00 | 189.46 |
| 爱 尔 兰 | 513.77 | 1 785.21 | 976.16 | 2 861.88 | 937.11 | 267.74 | 185.93 |
| 法　　国 | 456.12 | 7.89 | 6.89 | 128.19 | 657.43 | 428.30 | 134.06 |
| 荷　　兰 | 1 268.58 | 400.07 | 781.32 | 952.00 | 408.42 | 137.86 | 125.74 |
| 中国香港 | 163.07 | 34.37 | 15.60 | 80.77 | 266.16 | 112.64 | 63.16 |
| 丹　　麦 | 29.56 | 30.81 | 300.26 | 154.95 | 317.42 | 201.85 | 52.21 |
| 美　　国 | 1 512.49 | 343.33 | 235.04 | 2 876.46 | 2 196.94 | 181.38 | 11.37 |
| 中国台湾 | 54.76 | 111.54 | 34.29 | 118.37 | 738.58 | 17.41 | 6.76 |
| 马来西亚 | 1 070.65 | 2.25 | 7.84 | 127.57 | 148.91 | 5.27 | 5.18 |
| 印　　度 | | | | 0.04 | | | 3.50 |
| 韩　　国 | | | 36.19 | 19.71 | 45.21 | 4.52 | 2.47 |
| 中　　国 | | | | | 0.57 | 0.32 | 0.39 |
| 加 拿 大 | | | | | 1.57 | 103.03 | |
| 德　　国 | 0.11 | | 39.56 | 145.32 | 380.07 | 62.47 | |
| 瑞　　士 | 64.76 | | | 3.27 | 2.32 | 33.69 | |
| 奥 地 利 | | | | | | 10.00 | |
| 波　　兰 | 85.79 | | 108.44 | | | 3.93 | |
| 爱沙尼亚 | | | | | 64.56 | | |
| 意 大 利 | 0.67 | | | 5.87 | 1.79 | | |
| 瑞　　典 | | | | | 0.04 | | |
| 俄 罗 斯 | 103.66 | | | | | | |
| 比 利 时 | 71.64 | | 6.32 | 18.47 | | | |
| 新 加 坡 | 28.37 | 56.39 | 16.32 | | | | |
| 南　　非 | 0.07 | | | | | | |
| 缅　　甸 | | 21.55 | 2.65 | 106.30 | | | |
| 中国澳门 | | | 5.88 | | | | |
| 泰　　国 | | 5.88 | | | | | |
| 菲 律 宾 | | 0.06 | 0.09 | | | | |
| 印度尼西亚 | | | 20.82 | | | | |

# 表 9-43 全国分地区其他固态乳及奶油（含脂量＞1.5%）进口数量表 1995—2001 年

（海关税号：04022900）

单位：吨

| 地 区 | 1995 | 1996 | 1997 | 1998 | 1999 | 2000 | 2001 |
|---|---|---|---|---|---|---|---|
| **全国总计** | **5 541.78** | **3 065.66** | **11 808.53** | **8 850.38** | **12 658.42** | **14 688.86** | **16 747.22** |
| 上 海 | 127.43 | 205.28 | 664.08 | 752.50 | 600.87 | 7 986.94 | 10 143.63 |
| 北 京 | 19.56 | 72.22 | 16.75 | 9.38 | 74.10 | 857.14 | 2 654.84 |
| 湖 南 | 6.02 | 0.00 |  | 94.50 |  | 94.50 | 1 908.55 |
| 广 东 | 5 252.08 | 2 050.65 | 10 181.81 | 7 526.11 | 11 671.14 | 4 467.83 | 1 298.73 |
| 江 苏 | 27.70 | 47.03 | 2.20 | 110.25 | 0.14 | 610.72 | 637.10 |
| 福 建 | 1.64 | 2.50 | 531.04 | 161.89 | 93.46 | 212.07 | 66.75 |
| 浙 江 |  | 1.18 |  |  | 0.58 | 120.10 | 29.51 |
| 海 南 | 5.69 |  |  |  | 0.60 | 1.89 | 3.81 |
| 山 东 | 40.62 | 362.71 | 379.85 | 94.26 | 34.00 | 336.16 | 2.71 |
| 辽 宁 | 4.10 | 2.89 | 8.92 | 20.35 | 24.57 | 1.33 | 1.20 |
| 四 川 | 0.05 |  |  |  |  |  | 0.40 |
| 黑龙江 |  |  | 0.00 | 0.01 | 15.00 | 0.16 |  |
| 云 南 |  | 13.50 |  | 80.00 |  |  |  |
| 河 南 |  |  |  |  | 0.06 |  |  |
| 吉 林 |  | 29.67 |  |  |  |  |  |
| 天 津 | 1.92 | 21.40 | 0.12 | 0.33 | 56.83 | 0.02 |  |
| 安 徽 |  |  |  |  |  | 0.01 |  |
| 湖 北 |  | 14.17 | 4.23 |  |  |  |  |
| 广 西 |  |  |  | 0.80 | 50.80 |  |  |
| 甘 肃 |  |  |  |  | 22.66 |  |  |
| 江 西 |  |  |  |  | 11.34 |  |  |
| 河 北 |  | 0.80 | 18.28 |  | 2.30 |  |  |
| 贵 州 | 54.97 | 240.92 |  |  |  |  |  |
| 山 西 |  | 0.74 |  |  |  |  |  |
| 陕 西 |  |  | 1.25 |  |  |  |  |

## 表 9-44 全国分地区其他固态乳及奶油（含脂量>1.5%）进口价值表 1995—2001 年

（海关税号：04022900）　　单位：千美元

| 地　区 | 1995 | 1996 | 1997 | 1998 | 1999 | 2000 | 2001 |
|---|---|---|---|---|---|---|---|
| **全国总计** | **8 552.71** | **4 242.91** | **5 416.19** | **11 738.21** | **16 673.47** | **24 345.36** | **33 049.64** |
| 上　海 | 275.63 | 232.46 | 756.47 | 1 174.14 | 1 012.22 | 14 157.28 | 19 796.94 |
| 北　京 | 23.01 | 52.70 | 59.39 | 17.65 | 119.51 | 1 632.77 | 5 491.24 |
| 湖　南 | 15.30 | 0.02 | | 160.65 | | 188.27 | 3 683.11 |
| 广　东 | 8 130.10 | 3 535.13 | 4 074.23 | 9 868.32 | 14 937.75 | 6 190.89 | 2 614.35 |
| 江　苏 | 39.82 | 62.33 | 44.32 | 180.81 | 0.36 | 1 082.43 | 1 261.45 |
| 福　建 | 0.73 | 6.25 | 342.00 | 162.18 | 357.11 | 384.99 | 113.48 |
| 浙　江 | | 2.99 | | | 2.27 | 145.23 | 74.51 |
| 海　南 | 10.74 | | | | 1.32 | 4.55 | 6.76 |
| 山　东 | 10.08 | 118.63 | 75.52 | 27.63 | 46.07 | 551.66 | 5.09 |
| 辽　宁 | 21.71 | 7.83 | 7.14 | 39.35 | 17.92 | 1.59 | 2.40 |
| 四　川 | 0.13 | | | | | | 0.32 |
| 黑龙江 | | | 0.01 | 0.07 | 35.09 | 5.28 | |
| 天　津 | 0.72 | 5.97 | 0.16 | 0.32 | 50.23 | 0.35 | |
| 安　徽 | | | | | | 0.07 | |
| 广　西 | | | | 0.79 | 50.76 | | |
| 甘　肃 | | | | | 16.78 | | |
| 江　西 | | | | | 15.95 | | |
| 河　北 | | 2.67 | 42.95 | | 9.97 | | |
| 河　南 | | | | | 0.18 | | |
| 贵　州 | 24.74 | 108.42 | | | | | |
| 吉　林 | | 48.58 | | | | | |
| 湖　北 | | 36.02 | 10.66 | | | | |
| 云　南 | | 21.55 | | 106.30 | | | |
| 山　西 | | 1.37 | | | | | |
| 陕　西 | | | 3.35 | | | | |

表9-45　全国分国别其他固态乳及奶油（含脂量>1.5%）出口数量表　1995—2001年

（海关税号：04022900）　　单位：吨

| 国别或地区 | 1995 | 1996 | 1997 | 1998 | 1999 | 2000 | 2001 |
|---|---|---|---|---|---|---|---|
| **国家(地区)总计** | **3 995.50** | **3 878.09** | **3 240.86** | **3 015.84** | **6 159.69** | **3 561.88** | **2 380.25** |
| 缅　甸 | 2 817.37 | 2 428.26 | 2 182.65 | 2 506.05 | 2 902.28 | 2 544.77 | 2 198.53 |
| 朝　鲜 | 92.42 | 156.41 | 96.40 | 125.41 | 31.48 | 66.67 | 93.34 |
| 澳大利亚 | | | | | | | 41.30 |
| 阿联酋 | | | | | | | 25.00 |
| 马来西亚 | | | | | | | 15.00 |
| 韩　国 | | 30.00 | 90.00 | | | 1.01 | 5.00 |
| 中国香港 | 8.56 | 630.36 | 13.89 | 14.64 | 228.55 | 327.90 | 1.29 |
| 中国澳门 | 1.10 | 1.56 | | | | | 0.80 |
| 日　本 | 0.79 | | | | 1.38 | 0.01 | |
| 英　国 | | | | 0.01 | | | |
| 印　度 | | | | 8.76 | | | |
| 伊拉克 | | | | 3.00 | 2 736.56 | 501.60 | |
| 蒙　古 | | | | | | 105.00 | |
| 越　南 | 752.58 | 601.50 | 824.00 | 331.08 | 98.46 | 10.90 | |
| 巴基斯坦 | | 30.00 | | | | 4.02 | |
| 新加坡 | | | | | 146.36 | | |
| 罗马尼亚 | | | | | 10.42 | | |
| 安哥拉 | | | | | 4.20 | | |
| 阿富汗 | | | | 26.60 | | | |
| 大洋洲其他国家（地区） | | | | 0.30 | | | |
| 俄罗斯 | 268.86 | | 33.92 | | | | |
| 尼日利亚 | 36.31 | | | | | | |
| 希　腊 | 17.50 | | | | | | |

## 表 9-46　全国分国别其他固态乳及奶油（含脂量＞1.5%）出口价值表　1995—2001 年

（海关税号：04022900）　　单位：千美元

| 国别或地区 | 1995 | 1996 | 1997 | 1998 | 1999 | 2000 | 2001 |
|---|---|---|---|---|---|---|---|
| **国家(地区)总计** | **7 825.77** | **6 493.26** | **6 303.31** | **5 153.64** | **10 986.45** | **6 679.55** | **4 295.35** |
| 缅　甸 | 5 238.79 | 4 551.65 | 4 377.72 | 4 234.96 | 3 747.04 | 4 645.92 | 3 992.92 |
| 朝　鲜 | 175.04 | 348.26 | 205.97 | 265.02 | 60.52 | 140.73 | 164.77 |
| 澳大利亚 | | | | | | | 79.68 |
| 阿联酋 | | | | | | | 35.33 |
| 马来西亚 | | | | | | | 18.30 |
| 韩　国 | | 25.38 | 76.50 | | | 0.91 | 2.90 |
| 中国香港 | 20.53 | 327.00 | 18.24 | 25.90 | 132.94 | 317.61 | 0.95 |
| 中国澳门 | 7.96 | 1.81 | | | | | 0.51 |
| 伊拉克 | | | | 6.04 | 6 784.01 | 1 308.90 | |
| 蒙　古 | | | | | | 231.29 | |
| 越　南 | 1 476.49 | 1 203.00 | 1 590.40 | 536.73 | 127.04 | 22.55 | |
| 巴基斯坦 | | 36.15 | | | | 11.61 | |
| 日　本 | 0.79 | | | | 5.51 | 0.02 | |
| 新加坡 | | | | | 80.94 | | |
| 罗马尼亚 | | | | | 34.48 | | |
| 安哥拉 | | | | | 13.97 | | |
| 阿富汗 | | | | 52.60 | | | |
| 大洋洲其他国家（地区） | | | | 0.36 | | | |
| 俄罗斯 | 812.10 | | 34.47 | | | | |
| 尼日利亚 | 56.36 | | | | | | |
| 希　腊 | 37.70 | | | | | | |
| 印　度 | | | | 32.02 | | | |
| 英　国 | | | | 0.02 | | | |

## 表 9-47 全国分地区其他固态乳及奶油(含脂量＞1.5%)出口数量表 1995—2001 年

(海关税号：04022900) 单位：吨

| 地　区 | 1995 | 1996 | 1997 | 1998 | 1999 | 2000 | 2001 |
|---|---|---|---|---|---|---|---|
| **全国总计** | **3 995.50** | **3 878.09** | **3 240.86** | **3 015.84** | **6 159.69** | **3 561.88** | **2 380.25** |
| 云　南 | 3 547.56 | 3 029.76 | 3 004.65 | 2 837.13 | 3 000.74 | 2 442.14 | 2 108.53 |
| 新　疆 | | 30.00 | | | | 100.50 | 90.00 |
| 北　京 | | | 1.05 | 23.01 | 216.34 | 105.00 | 46.44 |
| 福　建 | 8.00 | | | | | | 41.30 |
| 河　南 | | | | | | | 40.00 |
| 辽　宁 | 16.11 | 99.36 | 138.16 | 9.21 | 6.00 | 20.41 | 21.90 |
| 山　东 | 23.36 | | 1.50 | | 1 000.00 | 523.35 | 21.04 |
| 黑龙江 | 262.52 | 39.28 | 40.35 | 25.89 | 22.01 | 17.92 | 9.00 |
| 广　东 | 2.26 | 631.92 | 13.89 | 0.50 | | 333.51 | 1.05 |
| 吉　林 | 9.00 | | 1.76 | 0.30 | | | 1.00 |
| 上　海 | 5.91 | 31.00 | 28.00 | 38.00 | 3.00 | 4.02 | |
| 江　苏 | 36.31 | | | | 1 536.96 | | |
| 浙　江 | 1.00 | | | 26.60 | | | |
| 湖　南 | | | 0.50 | | | | |
| 四　川 | | | | | | | |
| 内蒙古 | 75.88 | 15.00 | 9.00 | 3.00 | 0.48 | 13.03 | |
| 湖　北 | 7.60 | | | | | 2.00 | |
| 天　津 | | 1.78 | | 49.21 | 374.17 | | |
| 陕　西 | | | 2.00 | 3.00 | | | |

## 表 9-48 全国分地区其他固态乳及奶油(含脂量＞1.5%)出口价值表 1995—2001 年

(海关税号：04022900) 单位：千美元

| 地　区 | 1995 | 1996 | 1997 | 1998 | 1999 | 2000 | 2001 |
|---|---|---|---|---|---|---|---|
| **全国总计** | **7 825.77** | **6 493.26** | **6 303.31** | **5 153.64** | **10 986.45** | **6 679.55** | **4 295.35** |
| 云　南 | 6 686.04 | 5 754.65 | 5 966.68 | 4 771.69 | 3 874.08 | 4 515.55 | 3 875.92 |
| 新　疆 | | 36.15 | | | | 130.65 | 117.00 |
| 福　建 | 15.12 | | | | | | 79.68 |
| 北　京 | | | 2.66 | 46.48 | 539.44 | 231.29 | 73.42 |
| 河　南 | | | | | | | 60.23 |
| 辽　宁 | 29.51 | 163.85 | 163.26 | 18.87 | 8.80 | 37.53 | 44.44 |
| 山　东 | 49.16 | | 3.00 | | 2 458.26 | 1 355.49 | 21.96 |
| 黑龙江 | 753.86 | 95.07 | 44.92 | 63.65 | 44.02 | 44.51 | 21.51 |
| 广　东 | 9.92 | 328.81 | 18.24 | 0.72 | | 329.05 | 0.70 |
| 吉　林 | 19.50 | | 4.40 | 0.36 | | | 0.50 |
| 内蒙古 | 178.90 | 30.00 | 16.90 | 4.50 | 1.42 | 22.28 | |
| 上　海 | 10.87 | 82.15 | 81.20 | 110.20 | 6.30 | 11.61 | |
| 湖　北 | 14.74 | | | | | 1.60 | |
| 江　苏 | 56.36 | | | | 3 840.75 | | |
| 天　津 | | 2.57 | | 78.55 | 213.38 | | |
| 湖　南 | | | 0.60 | | | | |
| 陕　西 | | | 1.44 | 6.04 | | | |
| 浙　江 | 1.80 | | | 52.60 | | | |

## 表 9-49 全国分国别其他浓缩、未加糖的乳及奶油进口数量表 1995—2001 年

（海关税号：04029100） 单位：吨

| 国别或地区 | 1995 | 1996 | 1997 | 1998 | 1999 | 2000 | 2001 |
|---|---|---|---|---|---|---|---|
| **国家（地区）总计** | **475.57** | **359.19** | **85.66** | **91.75** | **1 503.78** | **151.02** | **881.11** |
| 新西兰 | 4.46 | 38.68 | | 2.00 | 804.41 | 3.72 | 342.02 |
| 马来西亚 | 19.02 | 47.94 | 4.02 | 9.08 | 53.37 | 44.41 | 147.52 |
| 新加坡 | 19.20 | 33.30 | 0.84 | | | 1.18 | 145.40 |
| 中国 | | | | | | 42.56 | 105.71 |
| 澳大利亚 | 53.51 | 26.33 | 0.36 | 35.37 | 32.34 | 36.68 | 80.43 |
| 瑞士 | | | 0.26 | 0.21 | | | 30.22 |
| 荷兰 | 91.76 | 6.90 | 0.78 | 1.32 | 526.50 | 10.43 | 19.82 |
| 丹麦 | | | | | | 3.00 | 7.96 |
| 法国 | 0.06 | 6.00 | | | | 0.12 | 1.02 |
| 中国香港 | 81.91 | 101.88 | 22.19 | 5.40 | 3.54 | 0.39 | 1.01 |
| 印度尼西亚 | 154.73 | 36.80 | | | 28.05 | | 0.01 |
| 泰国 | 0.81 | 37.96 | 3.00 | 10.32 | 37.95 | 3.36 | |
| 美国 | 45.03 | 11.14 | 3.55 | 8.63 | 10.97 | 3.15 | |
| 比利时 | | | | | | 1.64 | |
| 德国 | | 0.01 | 0.75 | 2.54 | 2.00 | 0.30 | |
| 日本 | | | 0.06 | | | 0.08 | |
| 中国台湾 | 3.79 | 0.25 | 49.86 | 16.90 | 3.65 | | |
| 英国 | 0.10 | | | | 0.49 | | |
| 盖比群岛 | | | | | 0.46 | | |
| 韩国 | 1.20 | | | | 0.05 | | |
| 意大利 | | | | | 0.01 | | |
| 菲律宾 | | 12.00 | | | | | |

## 表 9-50 全国分国别其他浓缩、未加糖的乳及奶油进口价值表 1995—2001 年

（海关税号：04029100） 单位：千美元

| 国别或地区 | 1995 | 1996 | 1997 | 1998 | 1999 | 2000 | 2001 |
|---|---|---|---|---|---|---|---|
| **国家（地区）总计** | **365.15** | **297.69** | **81.81** | **68.22** | **2 078.31** | **90.16** | **759.43** |
| 新西兰 | 1.41 | 25.82 | | 2.07 | 1 162.76 | 6.20 | 426.96 |
| 澳大利亚 | 28.62 | 14.25 | 0.32 | 13.79 | 32.81 | 33.44 | 120.44 |
| 马来西亚 | 11.13 | 22.74 | 1.50 | 4.47 | 25.72 | 19.74 | 65.34 |
| 新加坡 | 7.92 | 38.22 | 2.10 | | | 0.52 | 63.82 |
| 中国 | | | | | | 18.57 | 46.14 |
| 瑞士 | | | 2.05 | 0.77 | | | 13.57 |
| 丹麦 | | | | | | 1.40 | 13.30 |
| 荷兰 | 38.43 | 4.87 | 1.96 | 0.64 | 805.55 | 4.55 | 8.67 |
| 法国 | 0.18 | 22.95 | | | | 0.17 | 0.70 |
| 中国香港 | 125.07 | 100.61 | 5.78 | 5.82 | 1.90 | 0.17 | 0.47 |
| 印度尼西亚 | 96.52 | 28.37 | | | 21.72 | | 0.02 |
| 比利时 | | | | | | 2.46 | |
| 美国 | 33.17 | 3.23 | 8.70 | 20.29 | 5.07 | 1.46 | |
| 泰国 | 0.93 | 31.43 | 1.94 | 1.73 | 17.22 | 1.24 | |
| 日本 | | | 1.24 | | | 0.22 | |
| 德国 | | 0.21 | 2.90 | 1.14 | 1.72 | 0.02 | |
| 中国台湾 | 20.38 | 0.64 | 53.33 | 17.51 | 2.98 | | |
| 韩国 | 1.33 | | | | 0.33 | | |
| 英国 | 0.09 | | | | 0.25 | | |
| 盖比群岛 | | | | | 0.25 | | |
| 意大利 | | | | | 0.04 | | |
| 菲律宾 | | 4.35 | | | | | |

## 表 9-51　全国分地区其他浓缩、未加糖的乳及奶油进口数量表　1995—2001 年

（海关税号：04029100）　　单位：吨

| 地　区 | 1995 | 1996 | 1997 | 1998 | 1999 | 2000 | 2001 |
|---|---|---|---|---|---|---|---|
| **全国总计** | **475.57** | **359.19** | **85.66** | **91.75** | **1 503.78** | **151.02** | **881.11** |
| 广　东 | 451.68 | 302.17 | 33.10 | 46.09 | 181.28 | 136.94 | 778.00 |
| 黑龙江 | | | | | 0.00 | | 67.20 |
| 上　海 | | 6.96 | 2.15 | 20.40 | 19.01 | 9.09 | 20.52 |
| 四　川 | | 16.90 | 49.86 | 16.90 | | | 14.07 |
| 海　南 | | | 0.50 | 0.62 | 0.54 | | 1.30 |
| 云　南 | | | | | | | 0.03 |
| 山　东 | | | | | 1 294.00 | | |
| 北　京 | 1.80 | 0.01 | 0.06 | 7.75 | 8.89 | 3.36 | |
| 福　建 | 0.19 | | | | | 1.63 | |
| 辽　宁 | 2.70 | | | | 0.01 | | |
| 河　北 | | | | | 0.05 | | |
| 江　苏 | 19.20 | 33.15 | | | | | |
| 浙　江 | | | | | | | |

## 表 9-52　全国分地区其他浓缩、未加糖的乳及奶油进口价值表　1995—2001 年

（海关税号：04029100）　　单位：千美元

| 地　区 | 1995 | 1996 | 1997 | 1998 | 1999 | 2000 | 2001 |
|---|---|---|---|---|---|---|---|
| **全国总计** | **365.15** | **297.69** | **81.81** | **68.22** | **2 078.31** | **90.16** | **759.43** |
| 广　东 | 352.29 | 214.53 | 20.85 | 23.30 | 104.95 | 75.17 | 619.40 |
| 黑龙江 | | | | | 0.05 | | 105.68 |
| 上　海 | | 24.73 | 5.09 | 8.38 | 15.52 | 11.31 | 27.63 |
| 四　川 | | 19.61 | 53.33 | 17.51 | | | 6.13 |
| 海　南 | | | 1.31 | 0.69 | 0.79 | | 0.56 |
| 云　南 | | | | | | | 0.04 |
| 福　建 | 0.58 | | | | | 2.45 | |
| 北　京 | 2.06 | 0.21 | 1.24 | 18.34 | 15.06 | 1.24 | |
| 山　东 | | | | | 1 941.57 | | |
| 河　北 | | | | | 0.33 | | |
| 辽　宁 | 2.30 | | | | 0.04 | | |
| 江　苏 | 7.92 | 38.62 | | | | | |
| 浙　江 | | | | | | | |

## 表 9-53　全国分国别其他浓缩、未加糖的乳及奶油出口数量表　1995—2001 年

（海关税号：04029100）　　单位：吨

| 国别或地区 | 1995 | 1996 | 1997 | 1998 | 1999 | 2000 | 2001 |
|---|---|---|---|---|---|---|---|
| **国家(地区)总计** | **1.98** | **51.53** | **14.21** | **132.20** | **1 591.11** | **3 767.86** | **5 484.26** |
| 中国香港 | | 40.89 | 5.20 | 2.00 | 1 530.86 | 3 611.21 | 4 811.16 |
| 新加坡 | | | | | | | 500.07 |
| 中国澳门 | | 10.64 | | | 60.25 | 155.65 | 173.03 |
| 澳大利亚 | | | 0.01 | | | | |
| 朝　鲜 | 1.98 | | | | | 1.01 | |
| 俄罗斯 | | | 9.00 | 9.00 | | | |
| 爱沙尼亚 | | | | 100.80 | | | |
| 秘　鲁 | | | | 14.40 | | | |
| 南　非 | | | | 6.00 | | | |

**表 9-54　全国分国别其他浓缩、未加糖的乳及奶油出口价值表　1995—2001 年**

（海关税号：04029100）　　单位：千美元

| 国别或地区 | 1995 | 1996 | 1997 | 1998 | 1999 | 2000 | 2001 |
|---|---|---|---|---|---|---|---|
| **国家(地区)总计** | **3.31** | **58.81** | **31.60** | **223.49** | **1 300.37** | **3 159.11** | **4 006.90** |
| 中国香港 | | 52.19 | 3.69 | 0.39 | 1 261.20 | 3 057.26 | 3 319.36 |
| 新加坡 | | | | | | | 575.08 |
| 中国澳门 | | 6.62 | | | 39.17 | 101.18 | 112.46 |
| 朝　鲜 | 3.31 | | | | | 0.68 | |
| 澳大利亚 | | | 0.01 | | | | |
| 俄罗斯 | | | 27.90 | 25.65 | | | |
| 爱沙尼亚 | | | | 165.74 | | | |
| 秘　鲁 | | | | 23.76 | | | |
| 南　非 | | | | 7.95 | | | |

**表 9-55　全国分地区其他浓缩、未加糖的乳及奶油出口数量表　1995—2001 年**

（海关税号：04029100）　　单位：吨

| 地　区 | 1995 | 1996 | 1997 | 1998 | 1999 | 2000 | 2001 |
|---|---|---|---|---|---|---|---|
| **全国总计** | **1.98** | **51.53** | **14.21** | **132.20** | **1 591.11** | **3 767.86** | **5 484.26** |
| 山　东 | | | | | 1 530.86 | 3 531.89 | 4 810.40 |
| 黑龙江 | | | | 124.20 | | 79.32 | 500.07 |
| 广　东 | | 34.76 | 5.20 | 2.00 | 60.25 | 155.65 | 173.79 |
| 上　海 | | | | 6.00 | | | |
| 辽　宁 | 1.98 | | 9.00 | | | 1.01 | |
| 北　京 | | | 0.01 | | | | |
| 浙　江 | | 16.77 | | | | | |

**表 9-56　全国分地区其他浓缩、未加糖的乳及奶油出口价值表　1995—2001 年**

（海关税号：04029100）　　单位：千美元

| 地　区 | 1995 | 1996 | 1997 | 1998 | 1999 | 2000 | 2001 |
|---|---|---|---|---|---|---|---|
| **全国总计** | **3.31** | **58.81** | **31.60** | **223.49** | **1 300.37** | **3 159.11** | **4 006.90** |
| 山　东 | | | | | 1 261.20 | 2 837.80 | 3 318.87 |
| 黑龙江 | | | | 215.15 | | 219.46 | 575.08 |
| 广　东 | | 38.23 | 3.69 | 0.39 | 39.17 | 101.18 | 112.95 |
| 辽　宁 | 3.31 | | 27.90 | | | 0.68 | |
| 北　京 | | | 0.01 | | | | |
| 浙　江 | | 20.58 | | | | | |
| 上　海 | | | | 7.95 | | | |

## 表 9-57　全国分国别其他浓缩的乳及奶油进口数量表　1995—2001 年

（海关税号：04029900）　　单位：吨

| 国别或地区 | 1995 | 1996 | 1997 | 1998 | 1999 | 2000 | 2001 |
|---|---|---|---|---|---|---|---|
| **国家(地区)总计** | **649.07** | **555.40** | **199.57** | **140.62** | **279.82** | **495.52** | **465.82** |
| 新西兰 | 265.16 | 32.02 | 84.00 | 55.00 | 132.61 | 314.75 | 298.90 |
| 澳大利亚 | 5.28 | 176.16 | 18.01 | 19.86 | 78.12 | 134.37 | 128.21 |
| 越南 | | | | | 31.53 | 25.65 | 19.22 |
| 法国 | | 0.58 | 12.05 | | | 4.90 | 12.25 |
| 美国 | 188.32 | 109.39 | 27.53 | 45.20 | 4.36 | 0.01 | 5.35 |
| 马来西亚 | 52.86 | 10.43 | 0.20 | 0.40 | 2.93 | 0.45 | 1.17 |
| 中国台湾 | 6.23 | 12.23 | 2.41 | 0.18 | 3.05 | 1.60 | 0.02 |
| 英国 | 0.77 | 2.00 | 0.12 | | | | 0.02 |
| 印度尼西亚 | | 33.80 | | | | | 0.01 |
| 德国 | 0.16 | 1.66 | 24.85 | 0.03 | | 0.04 | 0.00 |
| 中国香港 | 58.14 | 13.85 | 4.08 | 4.43 | 23.08 | 11.99 | |
| 日本 | 1.69 | 4.00 | | 3.09 | | | |
| 新加坡 | 0.57 | 6.30 | | | 0.38 | | |
| 尼泊尔 | | | 0.02 | | | | |
| 荷兰 | 69.08 | 152.97 | 26.00 | 2.17 | 1.76 | 1.57 | |
| 泰国 | | | 0.10 | 0.74 | | 0.19 | |
| 韩国 | | | | 8.88 | 2.00 | | |
| 瑞士 | | | 0.01 | | | | |
| 斯洛伐克 | | | 0.02 | | | | |
| 西班牙 | | | | 0.05 | | | |
| 意大利 | | | 0.19 | 0.61 | | | |
| 中国 | 0.80 | | | | | | |

## 表 9-58　全国分国别其他浓缩的乳及奶油进口价值表　1995—2001 年

（海关税号：04029900）　　单位：千美元

| 国别或地区 | 1995 | 1996 | 1997 | 1998 | 1999 | 2000 | 2001 |
|---|---|---|---|---|---|---|---|
| **国家(地区)总计** | **555.32** | **396.16** | **125.40** | **87.81** | **215.24** | **270.21** | **303.33** |
| 新西兰 | 142.83 | 23.83 | 29.89 | 45.64 | 100.93 | 149.07 | 127.60 |
| 澳大利亚 | 3.12 | 50.56 | 14.54 | 11.48 | 65.79 | 88.37 | 119.97 |
| 美国 | 95.51 | 58.54 | 19.38 | 14.01 | 0.76 | 0.04 | 25.34 |
| 法国 | | 0.96 | 8.05 | | | 9.17 | 17.23 |
| 越南 | | | | | 17.98 | 12.62 | 10.04 |
| 马来西亚 | 172.41 | 2.91 | 0.33 | 0.42 | 2.27 | 0.21 | 0.36 |
| 英国 | 1.22 | 2.73 | 0.45 | | | | 0.07 |
| 德国 | 1.88 | 2.41 | 16.56 | 0.01 | | 0.01 | 0.07 |
| 印度尼西亚 | | 9.88 | | | | | 0.02 |
| 中国台湾 | 4.32 | 20.88 | 4.51 | 0.30 | 3.43 | 3.78 | 0.01 |
| 中国香港 | 60.70 | 14.71 | 6.88 | 2.06 | 11.73 | 6.09 | |
| 荷兰 | 65.58 | 204.31 | 24.15 | 1.18 | 1.70 | 0.77 | |
| 泰国 | | | 0.07 | 0.40 | | 0.08 | |
| 日本 | 6.06 | 3.27 | | 4.11 | | 0.02 | |
| 韩国 | | | | 6.03 | 10.33 | | |
| 新加坡 | 0.46 | 1.18 | | | 0.31 | | |
| 尼泊尔 | | | 0.04 | | | | |
| 瑞士 | | | 0.02 | | | | |
| 斯洛伐克 | | | 0.07 | | | | |
| 西班牙 | | | | 0.05 | | | |
| 意大利 | | | 0.47 | 2.14 | | | |
| 中国 | 1.24 | | | | | | |

## 表 9-59 全国分地区其他浓缩的乳及奶油进口数量表 1995—2001 年

(海关税号：04029900) 单位：吨

| 地 区 | 1995 | 1996 | 1997 | 1998 | 1999 | 2000 | 2001 |
|---|---|---|---|---|---|---|---|
| **全国总计** | **649.07** | **555.40** | **199.57** | **140.62** | **279.82** | **495.52** | **465.82** |
| 广 东 | 561.61 | 365.71 | 64.34 | 109.40 | 208.93 | 411.42 | 354.70 |
| 江 苏 | | 104.00 | | | | | 54.24 |
| 上 海 | 13.99 | 2.47 | 32.57 | 2.31 | 61.85 | 82.41 | 52.66 |
| 浙 江 | 1.25 | 0.63 | | | | 0.05 | 2.00 |
| 北 京 | 51.78 | 62.14 | 0.25 | 6.03 | 0.52 | 0.18 | 1.74 |
| 四 川 | 0.06 | | 17.72 | 0.61 | | | 0.29 |
| 安 徽 | | | | | | 1.02 | 0.19 |
| 山 东 | 0.30 | 4.00 | | 3.00 | 2.02 | | 0.00 |
| 天 津 | 13.58 | | 0.12 | 18.96 | | | |
| 黑龙江 | | | | 0.00 | | | |
| 湖 南 | | | 84.00 | | | | |
| 海 南 | 4.17 | | | 0.31 | 1.45 | 0.45 | |
| 江 西 | | | | | 4.36 | | |
| 广 西 | | | 0.56 | | 0.70 | | |
| 福 建 | | | | | 0.01 | | |
| 西 藏 | | | 0.02 | | | | |
| 陕 西 | 1.33 | | | | | | |
| 辽 宁 | 1.00 | 16.40 | | | | | |
| 湖 北 | | 0.05 | | | | | |

## 表 9-60 全国分地区其他浓缩的乳及奶油进口价值表 1995—2001 年

(海关税号：04029900) 单位：千美元

| 地 区 | 1995 | 1996 | 1997 | 1998 | 1999 | 2000 | 2001 |
|---|---|---|---|---|---|---|---|
| **全国总计** | **555.32** | **396.16** | **125.40** | **87.81** | **215.24** | **270.21** | **303.33** |
| 广 东 | 457.14 | 177.93 | 48.43 | 65.12 | 143.84 | 194.62 | 154.81 |
| 江 苏 | | 140.98 | | | | | 64.01 |
| 上 海 | 26.01 | 9.85 | 30.34 | 4.81 | 56.87 | 71.74 | 61.10 |
| 浙 江 | 1.26 | 12.80 | | | | 0.55 | 17.59 |
| 北 京 | 57.63 | 32.06 | 0.53 | 1.31 | 0.54 | 0.54 | 5.21 |
| 安 徽 | | | | | | 2.55 | 0.32 |
| 四 川 | 0.17 | | 14.85 | 2.14 | | | 0.23 |
| 山 东 | 0.20 | 3.27 | | 3.95 | 10.39 | | 0.07 |
| 海 南 | 3.08 | | | 0.23 | 1.75 | 0.21 | |
| 天 津 | 8.66 | | 0.11 | 10.25 | | 0.00 | |
| 广 西 | | | 1.21 | | 1.04 | | |
| 江 西 | | | | | 0.76 | | |
| 福 建 | | | | | 0.05 | | |
| 陕 西 | 1.06 | | | | | | |
| 辽 宁 | 0.13 | 19.22 | | | | | |
| 黑龙江 | | | | 0.01 | | | |
| 湖 北 | | 0.06 | | | | | |
| 湖 南 | | | 29.90 | | | | |
| 西 藏 | | | 0.04 | | | | |

## 表 9-61 全国分国别其他浓缩的乳及奶油出口数量表 1995—2001 年

(海关税号：04029900)

单位：吨

| 国别或地区 | 1995 | 1996 | 1997 | 1998 | 1999 | 2000 | 2001 |
|---|---|---|---|---|---|---|---|
| **国家(地区)总计** | **105.82** | **702.79** | **3 340.28** | **2 412.17** | **2 561.22** | **3 485.61** | **4 819.20** |
| 中国香港 | | 698.89 | 2 607.83 | 1 646.95 | 1 931.33 | 2 780.83 | 3 199.70 |
| 新加坡 | | | 258.60 | 94.88 | 0.01 | | 972.57 |
| 日本 | | 3.90 | 472.92 | 558.00 | 625.93 | 666.40 | 555.14 |
| 阿尔巴尼亚 | | | | | | | 31.92 |
| 印度 | | | | | | | 23.32 |
| 斯里兰卡 | | | | | | 16.77 | 17.15 |
| 智利 | | | | | | | 17.15 |
| 中国澳门 | | | | | | 4.84 | 1.94 |
| 尼泊尔 | | | | | 3.00 | | 0.31 |
| 美国 | | | 0.02 | | | | |
| 马拉维 | | | | | | 16.77 | |
| 泰国 | | | 0.02 | 55.30 | | | |
| 缅甸 | | | 0.79 | 1.75 | 0.95 | | |
| 韩国 | | | | 55.30 | | | |
| 伯利兹 | | | 0.10 | | | | |
| 俄罗斯 | 105.82 | | | | | | |

## 表 9-62 全国分国别其他浓缩的乳及奶油出口价值表 1995—2001 年

(海关税号：04029900)

单位：千美元

| 国别或地区 | 1995 | 1996 | 1997 | 1998 | 1999 | 2000 | 2001 |
|---|---|---|---|---|---|---|---|
| **国家(地区)总计** | **152.19** | **1 209.81** | **4 848.12** | **3 445.38** | **3 104.05** | **3 886.63** | **4 580.28** |
| 中国香港 | | 1 197.41 | 3 985.11 | 2 481.69 | 2 241.72 | 2 911.37 | 3 159.01 |
| 日本 | | 12.40 | 626.34 | 767.77 | 858.70 | 941.32 | 780.51 |
| 新加坡 | | | 235.60 | 74.81 | 0.01 | | 552.63 |
| 阿尔巴尼亚 | | | | | | | 39.07 |
| 印度 | | | | | | | 16.50 |
| 斯里兰卡 | | | | | | 15.20 | 15.66 |
| 智利 | | | | | | | 15.44 |
| 中国澳门 | | | | | | 3.53 | 1.41 |
| 尼泊尔 | | | | | 2.90 | | 0.02 |
| 马拉维 | | | | | | 15.22 | |
| 缅甸 | | | 0.84 | 1.83 | 0.72 | | |
| 伯利兹 | | | 0.13 | | | | |
| 俄罗斯 | 152.19 | | | | | | |
| 韩国 | | | | 81.31 | | | |
| 美国 | | | 0.06 | | | | |
| 泰国 | | | 0.04 | 37.97 | | | |

## 表 9-63 全国分地区其他浓缩的乳及奶油出口数量表 1995—2001 年

(海关税号：04029900) 单位：吨

| 地 区 | 1995 | 1996 | 1997 | 1998 | 1999 | 2000 | 2001 |
|---|---|---|---|---|---|---|---|
| **全国总计** | **105.82** | **702.79** | **3 340.28** | **2 412.17** | **2 561.22** | **3 485.61** | **4 819.20** |
| 天 津 | | | | | 0.01 | | 2 053.88 |
| 山 东 | | 650.30 | 2 211.19 | 1 953.00 | 1 847.94 | 2 297.68 | 1 986.47 |
| 黑龙江 | 105.82 | 3.90 | 281.00 | 404.24 | 504.69 | 666.40 | 548.80 |
| 广 东 | | | 381.30 | | 41.22 | 471.22 | 146.43 |
| 浙 江 | | 48.59 | 33.54 | 50.31 | 33.54 | 50.31 | 34.30 |
| 江 苏 | | | 241.00 | 2.88 | | | 31.92 |
| 湖 南 | | | | | | | 17.40 |
| 北 京 | | | 191.47 | | 129.87 | | |
| 西 藏 | | | | | 3.00 | | |
| 云 南 | | | 0.79 | 1.75 | 0.95 | | |

## 表 9-64 全国分地区其他浓缩的乳及奶油出口价值表 1995—2001 年

(海关税号：04029900) 单位：千美元

| 地 区 | 1995 | 1996 | 1997 | 1998 | 1999 | 2000 | 2001 |
|---|---|---|---|---|---|---|---|
| **全国总计** | **152.19** | **1 209.81** | **4 848.12** | **3 445.38** | **3 104.05** | **3 886.63** | **4 580.28** |
| 山 东 | | 1 145.55 | 3 620.29 | 2 839.44 | 2 139.57 | 2 548.27 | 2 418.67 |
| 天 津 | | | | | 0.01 | | 1 195.79 |
| 黑龙江 | 152.19 | 12.40 | 377.04 | 540.88 | 703.69 | 941.32 | 775.21 |
| 广 东 | | | 347.93 | | 50.18 | 347.81 | 106.89 |
| 江 苏 | | | 210.87 | 1.91 | | | 39.07 |
| 浙 江 | | 51.85 | 42.23 | 61.32 | 35.54 | 49.23 | 31.10 |
| 湖 南 | | | | | | | 13.55 |
| 北 京 | | | 248.92 | | 171.45 | | |
| 西 藏 | | | | | 2.90 | | |
| 云 南 | | | 0.84 | 1.83 | 0.72 | | |

## 表 9-65 全国分国别酸乳进口数量表 1995—2001 年

(海关税号：04031000) 单位：吨

| 国别或地区 | 1995 | 1996 | 1997 | 1998 | 1999 | 2000 | 2001 |
|---|---|---|---|---|---|---|---|
| **国家(地区)总计** | **188.23** | **131.81** | **35.65** | **231.48** | **2 093.48** | **2 353.73** | **2 629.57** |
| 中国香港 | 155.36 | 89.51 | 0.53 | 104.38 | 1 851.72 | 2 283.71 | 2 566.10 |
| 澳大利亚 | 2.15 | 6.36 | 6.21 | 51.51 | 13.68 | 36.64 | 34.28 |
| 法　　国 |  | 0.01 | 2.55 | 0.02 |  | 5.72 | 15.10 |
| 新 西 兰 | 0.80 | 5.87 |  | 0.95 |  |  | 7.38 |
| 西 班 牙 |  |  | 0.01 |  | 14.85 | 6.86 | 3.24 |
| 泰　　国 |  |  |  |  |  |  | 1.44 |
| 瑞　　士 |  |  |  |  | 0.56 | 1.86 | 0.56 |
| 美　　国 | 0.03 | 0.20 | 0.17 | 0.07 | 1.22 | 0.39 | 0.47 |
| 德　　国 | 1.49 | 5.27 | 0.02 | 0.02 | 181.89 | 16.70 |  |
| 中国台湾 | 15.74 |  |  |  | 29.34 | 1.07 |  |
| 意 大 利 | 0.04 |  |  |  | 0.19 | 0.51 |  |
| 荷　　兰 | 12.61 | 24.60 |  |  |  | 0.20 |  |
| 日　　本 |  |  | 0.01 | 0.03 | 0.00 | 0.07 |  |
| 新 加 坡 |  |  |  |  |  | 0.01 |  |
| 瑞　　典 |  |  |  |  | 0.05 |  |  |
| 丹　　麦 | 0.01 |  |  |  |  |  |  |
| 韩　　国 |  |  | 26.14 | 74.51 |  |  |  |
| 加 拿 大 |  |  | 0.02 |  |  |  |  |

## 表 9-66 全国分国别酸乳进口价值表 1995—2001 年

(海关税号：04031000) 单位：千美元

| 国别或地区 | 1995 | 1996 | 1997 | 1998 | 1999 | 2000 | 2001 |
|---|---|---|---|---|---|---|---|
| **国家(地区)总计** | **166.96** | **160.92** | **44.59** | **93.61** | **870.64** | **1 107.64** | **1 215.87** |
| 中国香港 | 63.76 | 41.52 | 0.61 | 29.85 | 687.11 | 999.00 | 1 118.64 |
| 澳大利亚 | 6.48 | 19.35 | 14.20 | 31.46 | 34.57 | 74.27 | 60.70 |
| 新 西 兰 | 1.96 | 21.67 |  | 0.47 |  |  | 20.74 |
| 法　　国 |  | 0.01 | 12.07 | 0.04 |  | 2.63 | 7.07 |
| 西 班 牙 |  |  | 0.02 |  | 12.38 | 7.67 | 4.59 |
| 美　　国 | 0.03 | 1.07 | 0.92 | 0.27 | 3.17 | 1.18 | 1.51 |
| 瑞　　士 |  |  |  |  | 1.02 | 3.79 | 1.20 |
| 泰　　国 |  |  |  |  |  |  | 0.87 |
| 德　　国 | 5.42 | 15.32 | 0.07 | 0.05 | 121.26 | 11.14 |  |
| 意 大 利 | 0.58 |  |  |  | 1.49 | 4.70 |  |
| 荷　　兰 | 31.76 | 61.99 |  |  |  | 2.10 |  |
| 中国台湾 | 56.96 |  |  |  | 9.55 | 1.08 |  |
| 日　　本 |  |  | 0.02 | 0.04 | 0.00 | 0.04 |  |
| 新 加 坡 |  |  |  |  |  | 0.03 |  |
| 瑞　　典 |  |  |  |  | 0.10 |  |  |
| 丹　　麦 | 0.00 |  |  |  |  |  |  |
| 韩　　国 |  |  | 16.65 | 31.45 |  |  |  |
| 加 拿 大 |  |  | 0.02 |  |  |  |  |

## 表 9-67 全国分地区酸乳进口数量表 1995—2001 年

（海关税号：04031000） 单位：吨

| 地区 | 1995 | 1996 | 1997 | 1998 | 1999 | 2000 | 2001 |
|---|---|---|---|---|---|---|---|
| **全国总计** | **188.23** | **131.81** | **35.65** | **231.48** | **2 093.48** | **2 353.73** | **2629.57** |
| 广东 | 156.46 | 88.88 | | 149.76 | 2 033.77 | 2 311.14 | 2 581.19 |
| 上海 | 2.18 | 9.26 | 1.48 | 1.55 | 7.07 | 21.16 | 28.65 |
| 北京 | 2.55 | 4.17 | 7.36 | 5.65 | 8.46 | 20.35 | 17.24 |
| 云南 | | | | | | | 2.44 |
| 四川 | | | | 0.02 | | | 0.05 |
| 福建 | | 0.50 | | | 29.32 | 1.06 | |
| 浙江 | | | 26.11 | 74.51 | 0.01 | 0.01 | |
| 安徽 | | | | | | 0.01 | |
| 天津 | | | | | 14.85 | 0.01 | |
| 江苏 | 27.00 | 29.00 | | | | | |
| 海南 | 0.04 | | 0.50 | | | | |
| 辽宁 | | | 0.20 | | | | |

## 表 9-68 全国分地区酸乳进口价值表 1995—2001 年

（海关税号：04031000） 单位：千美元

| 地区 | 1995 | 1996 | 1997 | 1998 | 1999 | 2000 | 2001 |
|---|---|---|---|---|---|---|---|
| **全国总计** | **166.96** | **160.92** | **44.59** | **93.61** | **870.64** | **1 107.64** | **1 215.87** |
| 广东 | 64.56 | 39.29 | | 44.27 | 808.62 | 1 024.30 | 1 125.67 |
| 上海 | 6.11 | 30.66 | 2.59 | 2.74 | 14.23 | 37.10 | 59.57 |
| 北京 | 10.91 | 22.81 | 24.93 | 15.14 | 25.93 | 45.11 | 29.18 |
| 云南 | | | | | | | 1.41 |
| 四川 | | | | 0.01 | | | 0.05 |
| 福建 | | 1.63 | | | 9.45 | 1.06 | |
| 浙江 | | | 16.63 | 31.45 | 0.03 | 0.03 | |
| 安徽 | | | | | | 0.02 | |
| 天津 | | | | | 12.38 | 0.01 | |
| 江苏 | 84.80 | 66.54 | | | | | |
| 海南 | 0.58 | | 0.36 | | | | |
| 辽宁 | | | 0.08 | | | | |

## 表 9-69 全国分国别酸乳出口数量表 1995—2001 年

（海关税号：04031000） 单位：吨

| 国别或地区 | 1995 | 1996 | 1997 | 1998 | 1999 | 2000 | 2001 |
|---|---|---|---|---|---|---|---|
| **国家（地区）总计** | **223.22** | **634.98** | **340.18** | **63.43** | **80.72** | **25.93** | **37.84** |
| 缅甸 | 3.50 | | 11.10 | 1.44 | 5.33 | 12.19 | 24.85 |
| 中国香港 | 183.43 | 634.98 | 329.08 | 60.69 | 75.40 | 11.94 | 10.83 |
| 中国澳门 | | | | 0.79 | | | 1.98 |
| 巴拿马 | | | | | | | 0.18 |
| 意大利 | | | | | | 1.80 | |
| 日本 | 20.90 | | | | | | |
| 老挝 | 15.39 | | | | | | |
| 大洋洲其他国家（地区） | | | | 0.50 | | | |

## 表 9-70 全国分国别酸乳出口价值表 1995—2001 年

（海关税号：04031000） 单位：千美元

| 国别或地区 | 1995 | 1996 | 1997 | 1998 | 1999 | 2000 | 2001 |
|---|---|---|---|---|---|---|---|
| **国家（地区）总计** | **342.46** | **924.36** | **573.64** | **82.46** | **78.17** | **19.80** | **33.12** |
| 缅　甸 | 0.94 | | 4.66 | 0.73 | 1.29 | 5.54 | 14.17 |
| 中国香港 | 304.88 | 924.36 | 568.98 | 80.10 | 76.89 | 13.29 | 11.95 |
| 巴拿马 | | | | | | | 4.10 |
| 中国澳门 | | | | 1.28 | | | 2.90 |
| 意大利 | | | | | | 0.97 | |
| 日　本 | 27.40 | | | | | | |
| 老　挝 | 9.24 | | | | | | |
| 大洋洲其他国家（地区） | | | | 0.35 | | | |

## 表 9-71 全国分国别酪乳、结块或其他发酵或酸化的乳和奶油进口数量表 1995—2001 年

（海关税号：04039000） 单位：吨

| 国别或地区 | 1995 | 1996 | 1997 | 1998 | 1999 | 2000 | 2001 |
|---|---|---|---|---|---|---|---|
| **国家（地区）总计** | **1 062.46** | **289.94** | **196.28** | **368.69** | **301.25** | **200.04** | **226.78** |
| 加拿大 | 0.02 | | | | | | 75.00 |
| 新西兰 | 69.47 | 18.02 | 47.17 | 28.21 | 33.97 | 45.96 | 70.84 |
| 澳大利亚 | 533.72 | 10.17 | 6.01 | 4.53 | 21.54 | 32.25 | 59.89 |
| 日　本 | 90.84 | 0.59 | 0.37 | 186.18 | 37.64 | 0.27 | 15.70 |
| 中国台湾 | 18.50 | 0.16 | 0.97 | | 7.02 | 0.85 | 3.46 |
| 荷　兰 | 8.09 | 15.21 | | | 34.74 | 80.02 | 1.00 |
| 瑞　士 | 1.13 | 0.19 | | 0.01 | 0.41 | 0.14 | 0.88 |
| 美　国 | 53.15 | 29.97 | 23.76 | 3.38 | 1.64 | 1.37 | 0.02 |
| 中国香港 | 120.14 | 125.73 | 21.71 | 29.38 | 4.35 | | |
| 韩　国 | 1.04 | | 19.44 | 4.32 | 26.73 | 28.81 | |
| 法　国 | 19.17 | 20.19 | | 0.07 | 0.02 | 9.39 | |
| 西班牙 | 1.52 | 0.02 | | | | 0.44 | |
| 马来西亚 | 142.65 | 0.18 | | | | 0.41 | |
| 丹　麦 | 0.35 | 19.99 | | 0.07 | 0.26 | 0.13 | |
| 泰　国 | | 49.22 | 46.24 | | 4.20 | 0.01 | |
| 德　国 | 2.10 | 0.11 | 2.86 | 0.02 | 84.01 | | |
| 比利时 | 0.06 | | 27.60 | 112.52 | 44.59 | | |
| 瑞　典 | | | | | 0.08 | | |
| 意大利 | 0.03 | | 0.13 | | 0.06 | | |
| 新加坡 | 0.44 | 0.15 | 0.02 | | | | |
| 英　国 | 0.07 | 0.02 | | | | | |

## 表 9-72 全国分国别酪乳、结块或其他发酵或酸化的乳和奶油进口价值表 1995—2001 年

（海关税号：04039000） 单位：千美元

| 国别或地区 | 1995 | 1996 | 1997 | 1998 | 1999 | 2000 | 2001 |
|---|---|---|---|---|---|---|---|
| **国家（地区）总计** | **752.99** | **311.61** | **256.96** | **374.35** | **296.13** | **411.17** | **487.62** |
| 加拿大 | 0.22 | | | | | | 194.50 |
| 新西兰 | 38.26 | 76.68 | 97.50 | 118.88 | 95.74 | 97.12 | 148.86 |
| 澳大利亚 | 288.81 | 18.79 | 21.99 | 15.88 | 14.09 | 73.82 | 91.10 |
| 日本 | 67.82 | 7.76 | 2.78 | 120.18 | 26.95 | 0.65 | 46.55 |
| 荷兰 | 3.60 | 27.88 | | | 26.27 | 189.00 | 3.68 |
| 中国台湾 | 14.44 | 0.55 | 0.99 | | 9.56 | 0.57 | 1.92 |
| 瑞士 | 5.74 | 1.18 | | 0.54 | 0.86 | 0.07 | 0.90 |
| 美国 | 61.05 | 38.21 | 31.44 | 12.78 | 9.07 | 6.21 | 0.10 |
| 法国 | 44.18 | 9.85 | | 0.20 | 0.01 | 29.23 | |
| 韩国 | 6.88 | | 11.66 | 2.61 | 9.86 | 9.86 | |
| 马来西亚 | 83.13 | 0.68 | | | | 2.68 | |
| 西班牙 | 6.22 | 0.03 | | | | 1.87 | |
| 泰国 | | 28.61 | 23.99 | | 1.29 | 0.05 | |
| 丹麦 | 1.04 | 8.28 | | 0.05 | 0.12 | 0.05 | |
| 德国 | 3.36 | 1.36 | 6.18 | 0.13 | 56.00 | | |
| 比利时 | 0.24 | | 40.66 | 80.86 | 41.20 | | |
| 中国香港 | 126.58 | 91.16 | 19.14 | 22.24 | 3.99 | | |
| 意大利 | 0.06 | | 0.56 | | 0.75 | | |
| 瑞典 | | | | | 0.36 | | |
| 新加坡 | 0.26 | 0.46 | 0.08 | | | | |
| 英国 | 1.09 | 0.14 | | | | | |

## 表 9-73 全国分地区酪乳、结块或其他发酵或酸化的乳和奶油进口数量表 1995—2001 年

（海关税号：04039000） 单位：吨

| 地区 | 1995 | 1996 | 1997 | 1998 | 1999 | 2000 | 2001 |
|---|---|---|---|---|---|---|---|
| **全国总计** | **1 062.46** | **289.94** | **196.28** | **368.69** | **301.25** | **200.04** | **226.78** |
| 海南 | 2.60 | | 18.00 | 18.00 | 10.00 | 106.00 | 94.00 |
| 天津 | | 1.80 | 0.45 | 0.10 | 16.36 | 35.90 | 53.93 |
| 山东 | 0.31 | | 17.50 | 4.32 | 26.73 | 28.82 | 33.60 |
| 广东 | 1 006.52 | 214.04 | 96.16 | 240.44 | 183.88 | 14.29 | 28.34 |
| 江苏 | | 0.08 | 0.18 | 50.75 | 0.02 | | 15.70 |
| 北京 | 23.73 | 19.94 | 9.30 | 6.18 | 21.21 | 3.54 | 1.10 |
| 上海 | 23.57 | 7.85 | 9.75 | 48.91 | 37.06 | 10.51 | 0.11 |
| 福建 | 5.72 | | 0.50 | | 1.69 | | |
| 河南 | | | | | | 0.85 | |
| 辽宁 | | | | | 0.06 | 0.14 | |
| 浙江 | 0.02 | 46.22 | 44.24 | | 4.24 | | |
| 黑龙江 | | | | | | | |
| 河北 | | | 0.20 | | | | |

## 表 9-74 全国分地区酪乳、结块或其他发酵或酸化的乳和奶油进口价值表 1995—2001 年

(海关税号：04039000)　　单位：千美元

| 地 区 | 1995 | 1996 | 1997 | 1998 | 1999 | 2000 | 2001 |
|---|---|---|---|---|---|---|---|
| **全国总计** | **752.99** | **311.61** | **256.96** | **374.35** | **296.13** | **411.17** | **487.62** |
| 海 南 | 2.08 | | 39.42 | 44.10 | 26.54 | 238.98 | 237.25 |
| 天 津 | | 0.63 | 0.73 | 1.16 | 22.94 | 52.24 | 121.36 |
| 山 东 | 0.99 | | 3.06 | 2.61 | 9.86 | 9.97 | 53.68 |
| 江 苏 | | 0.28 | 1.37 | 18.73 | 0.01 | | 46.55 |
| 广 东 | 617.32 | 224.27 | 120.24 | 257.83 | 195.99 | 61.52 | 25.87 |
| 北 京 | 51.70 | 36.31 | 36.38 | 21.97 | 18.60 | 14.08 | 2.65 |
| 上 海 | 77.12 | 25.10 | 32.67 | 27.96 | 15.03 | 33.42 | 0.26 |
| 河 南 | | | | | | 0.57 | |
| 辽 宁 | | | | | 0.75 | 0.40 | |
| 浙 江 | 0.03 | 24.73 | 21.40 | | 5.08 | | |
| 福 建 | 3.75 | | 0.20 | | 1.33 | | |
| 黑龙江 | | | | | | | |
| 河 北 | | | 1.48 | | | | |

## 表 9-75 全国分国别酪乳、结块或其他发酵或酸化的乳和奶油出口数量表 1995—2001 年

(海关税号：04039000)　　单位：吨

| 国别或地区 | 1995 | 1996 | 1997 | 1998 | 1999 | 2000 | 2001 |
|---|---|---|---|---|---|---|---|
| **国家（地区）总计** | **9.00** | **11.53** | **145.70** | **138.98** | **252.78** | **136.30** | **35.78** |
| 柬 埔 寨 | | | | | 53.76 | 39.73 | 22.60 |
| 中国香港 | | 5.94 | 145.70 | 128.90 | 184.22 | 86.78 | 6.42 |
| 缅 甸 | | | | 2.50 | 4.42 | | 5.30 |
| 希 腊 | | | | | | | 0.86 |
| 美 国 | | | | | | | 0.60 |
| 新 西 兰 | | | | | | 5.76 | |
| 中国台湾 | | | | | 3.42 | | |
| 日 本 | | | | | 0.45 | | |
| 朝 鲜 | | | | | | 2.00 | |
| 中国澳门 | | | | 7.49 | 6.30 | 1.94 | |
| 萨 摩 亚 | | | | | | 0.08 | |
| 泰 国 | | 0.50 | | 0.08 | 0.22 | | |
| 俄 罗 斯 | 9.00 | 5.00 | | | | | |
| 新 加 坡 | | | | 0.02 | | | |
| 印度尼西亚 | | 0.09 | | | | | |

## 表 9-76 全国分国别酪乳、结块或其他发酵或酸化的乳和奶油出口价值表 1995—2001 年

(海关税号：04039000)　　单位：千美元

| 国别或地区 | 1995 | 1996 | 1997 | 1998 | 1999 | 2000 | 2001 |
|---|---|---|---|---|---|---|---|
| **国家（地区）总计** | **38.85** | **22.38** | **159.63** | **231.63** | **347.01** | **180.44** | **28.70** |
| 柬 埔 寨 | | | | | 31.36 | 31.01 | 14.12 |
| 中国香港 | | 1.55 | 159.63 | 217.32 | 299.56 | 139.63 | 10.32 |
| 缅 甸 | | | | 2.05 | 2.40 | | 3.20 |
| 希 腊 | | | | | | | 0.65 |
| 美 国 | | | | | | | 0.40 |
| 新 西 兰 | | | | | | 4.40 | |
| 中国澳门 | | | | 12.13 | 10.20 | 3.14 | |
| 朝 鲜 | | | | | | 2.20 | |
| 萨 摩 亚 | | | | | | 0.07 | |
| 日 本 | | | | | 1.81 | | |
| 中国台湾 | | | | | 0.88 | | |
| 泰 国 | | 1.30 | | 0.06 | 0.80 | | |
| 俄 罗 斯 | 38.85 | 19.25 | | | | | |
| 新 加 坡 | | | | 0.06 | | | |
| 印度尼西亚 | | 0.28 | | | | | |

## 表 9-77 全国分国别乳清及改性乳清进口数量表 1995—2001 年

（海关税号：04041000） 单位：吨

| 国别或地区 | 1995 | 1996 | 1997 | 1998 | 1999 | 2000 | 2001 |
|---|---|---|---|---|---|---|---|
| **国家（地区）总计** | **34 245.42** | **48 090.48** | **74 385.50** | **69 042.91** | **83 200.21** | **122 794.45** | **119 726.79** |
| 美 国 | 18 059.54 | 15 162.14 | 21 732.98 | 20 391.17 | 30 029.17 | 36 078.68 | 40 405.98 |
| 法 国 | 864.10 | 7 652.84 | 20 607.98 | 13 807.70 | 20 282.72 | 36 409.87 | 29 563.98 |
| 加拿大 | 3 386.10 | 1 836.42 | 5 315.99 | 5 517.90 | 8 974.58 | 13 348.05 | 12 350.56 |
| 澳大利亚 | 1 588.27 | 5 908.28 | 8 313.77 | 7 347.13 | 8 390.34 | 9 282.64 | 12 139.25 |
| 芬 兰 | 4 265.00 | 2 797.00 | 1 634.00 | 5 758.00 | 5 372.10 | 6 015.27 | 10 483.00 |
| 荷 兰 | 1 571.14 | 4 977.13 | 5 777.48 | 4 867.60 | 4 119.45 | 12 509.90 | 7 156.86 |
| 新西兰 | 1 599.94 | 1 106.45 | 1 930.56 | 2 846.94 | 2 524.10 | 1 082.61 | 2 675.18 |
| 德 国 | 861.00 | 220.08 | 125.00 | 204.59 | 247.00 | 2 728.73 | 1 674.50 |
| 爱尔兰 |  | 266.00 | 315.00 | 915.38 | 594.73 | 1 290.00 | 1 453.54 |
| 波 兰 |  |  | 625.00 | 748.00 | 1 296.50 | 2 384.95 | 665.00 |
| 捷 克 |  |  |  |  | 250.00 | 415.00 | 525.00 |
| 比利时 |  | 744.02 | 387.00 | 394.00 | 440.95 | 9.00 | 403.00 |
| 瑞 典 |  |  | 200.00 | 250.00 | 150.00 | 550.00 | 100.00 |
| 日 本 | 307.16 | 597.76 | 0.10 | 2.83 | 0.66 | 4.40 | 59.49 |
| 新加坡 | 162.55 | 923.21 | 2 326.07 | 733.65 | 5.76 | 40.68 | 50.88 |
| 韩 国 | 239.10 | 40.00 | 736.05 | 288.12 | 100.00 | 75.00 | 20.00 |
| 泰 国 |  | 57.00 | 83.40 | 210.48 | 8.92 |  | 0.57 |
| 马来西亚 | 203.00 | 2 768.98 | 2 528.88 | 4 276.59 | 23.57 | 178.85 |  |
| 西班牙 |  |  | 120.00 |  |  |  |  |
| 丹 麦 |  | 72.00 |  |  |  | 166.00 |  |
| 瑞 士 | 50.00 |  |  |  |  | 100.01 |  |
| 墨西哥 |  | 308.00 | 68.10 |  | 60.00 | 100.00 |  |
| 英 国 | 311.05 | 87.25 | 322.50 |  | 80.00 | 24.00 |  |
| 中国台湾 | 15.64 | 427.90 | 484.65 | 23.97 |  | 0.44 |  |
| 中 国 | 0.19 |  |  |  |  | 0.38 |  |
| 中国香港 | 597.84 | 2067.47 | 526.12 | 58.20 |  |  |  |
| 南 非 |  |  |  | 240.00 | 200.00 |  |  |
| 土耳其 |  |  |  |  | 27.00 |  |  |
| 缅 甸 |  |  |  |  | 20.96 |  |  |
| 老 挝 |  |  |  |  | 0.95 |  |  |
| 印度尼西亚 |  | 10.57 | 7.88 | 62.68 | 0.76 |  |  |
| 俄罗斯 | 148.00 |  |  |  |  |  |  |
| 摩尔多瓦 |  | 60.00 |  |  |  |  |  |
| 葡萄牙 |  |  |  | 48.00 |  |  |  |
| 乌克兰 | 15.00 |  |  |  |  |  |  |
| 匈牙利 |  |  | 50.00 | 50.00 |  |  |  |
| 意大利 | 0.80 |  | 12.00 |  |  |  |  |

## 表 9-78 全国分国别乳清及改性乳清进口价值表 1995—2001 年

（海关税号：04041000） 单位：千美元

| 国别或地区 | 1995 | 1996 | 1997 | 1998 | 1999 | 2000 | 2001 |
|---|---|---|---|---|---|---|---|
| **国家（地区）总计** | **19 116.95** | **27 405.23** | **38 171.40** | **39 357.47** | **57 965.31** | **79 807.79** | **88 034.27** |
| 法　国 | 644.32 | 4 259.97 | 10 567.45 | 9 514.91 | 18 313.34 | 29 340.81 | 27 073.94 |
| 美　国 | 9 468.21 | 7 089.84 | 10 233.18 | 10 004.40 | 15 357.22 | 17 602.09 | 20 003.62 |
| 澳大利亚 | 949.22 | 3 632.69 | 4 044.80 | 3 972.89 | 6 152.97 | 6 992.88 | 11 216.90 |
| 芬　兰 | 3 403.98 | 1 859.44 | 749.76 | 3 231.80 | 4 854.39 | 5 270.57 | 9 644.22 |
| 新西兰 | 796.84 | 663.75 | 1 272.31 | 1 489.44 | 3 164.25 | 928.01 | 5 759.76 |
| 荷　兰 | 1 249.60 | 3 898.13 | 3 839.46 | 3 572.31 | 3 166.96 | 8 890.22 | 5 437.58 |
| 加拿大 | 1 220.54 | 812.69 | 2 486.86 | 2 642.84 | 4 341.10 | 5 688.57 | 5 397.55 |
| 爱尔兰 | | 159.60 | 293.68 | 772.70 | 647.72 | 1 083.82 | 1 171.39 |
| 德　国 | 386.45 | 253.15 | 63.88 | 200.31 | 157.20 | 1 467.52 | 948.17 |
| 比利时 | | 547.04 | 322.77 | 319.67 | 406.75 | 4.19 | 473.37 |
| 波　兰 | | | 280.57 | 354.10 | 742.36 | 1 287.53 | 405.71 |
| 捷　克 | | | | | 180.00 | 225.08 | 306.05 |
| 瑞　典 | | | 107.24 | 141.00 | 150.00 | 489.44 | 94.15 |
| 新加坡 | 73.75 | 364.55 | 1 042.41 | 343.09 | 3.93 | 28.39 | 55.62 |
| 日　本 | 198.57 | 433.34 | 0.08 | 2.95 | 1.36 | 3.54 | 37.23 |
| 韩　国 | 123.01 | 15.52 | 395.23 | 139.25 | 54.14 | 35.25 | 8.60 |
| 泰　国 | | 26.51 | 36.70 | 71.21 | 9.19 | | 0.40 |
| 丹　麦 | | 94.85 | | | | 200.00 | |
| 瑞　士 | 29.33 | | | | | 90.43 | |
| 墨西哥 | | 249.48 | 58.04 | | 51.30 | 88.00 | |
| 马来西亚 | 106.70 | 1747.02 | 1346.41 | 1853.65 | 23.50 | 76.90 | |
| 英　国 | 145.60 | 48.60 | 157.02 | | 50.88 | 10.80 | |
| 中国台湾 | 8.48 | 209.17 | 392.69 | 125.80 | | 3.58 | |
| 中　国 | 0.20 | | | | | 0.18 | |
| 南　非 | | | | 448.99 | 112.21 | | |
| 土耳其 | | | | | 16.20 | | |
| 缅　甸 | | | | | 7.65 | | |
| 印度尼西亚 | | 2.33 | 4.15 | 62.27 | 0.36 | | |
| 老　挝 | | | | | 0.35 | | |
| 俄罗斯 | 88.30 | | | | | | |
| 摩尔多瓦 | | 32.40 | | | | | |
| 葡萄牙 | | | | 31.28 | | | |
| 乌克兰 | 6.59 | | | | | | |
| 西班牙 | | | 51.60 | | | | |
| 中国香港 | 217.10 | 1 005.18 | 282.07 | 30.11 | | | |
| 匈牙利 | | | 21.50 | 32.50 | | | |
| 意大利 | 0.15 | | 12.44 | | | | |

## 表 9-79　全国分地区乳清及改性乳清进口数量表　1995—2001 年

（海关税号：04041000）　　单位：吨

| 地　区 | 1995 | 1996 | 1997 | 1998 | 1999 | 2000 | 2001 |
|---|---|---|---|---|---|---|---|
| **全国总计** | **34 245.42** | **48 090.48** | **74 385.50** | **69 042.91** | **83 200.21** | **12 2794.45** | **11 9726.79** |
| 北　京 | 1 204.17 | 1 088.63 | 3 026.93 | 5 018.27 | 19 572.18 | 29 178.35 | 27 912.23 |
| 上　海 | 1 545.26 | 1 753.44 | 2 732.79 | 4 519.58 | 12 590.11 | 20 860.17 | 23 488.45 |
| 广　东 | 10 368.07 | 23 667.01 | 35 484.11 | 30 419.57 | 21 971.87 | 26 833.71 | 17 462.73 |
| 辽　宁 | 5 175.90 | 5 163.25 | 3 235.29 | 4 889.25 | 7 591.25 | 10 016.95 | 10 976.18 |
| 天　津 | 4.45 | 318.00 | 133.12 | 869.77 | 3 544.33 | 7 868.28 | 9 576.55 |
| 山　东 | 2 246.83 | 5 772.02 | 6 014.60 | 6 957.56 | 4 264.10 | 3 635.54 | 7 546.38 |
| 江　苏 | 805.98 | 1 560.22 | 2 788.83 | 883.15 | 1 890.02 | 2 805.30 | 5 691.03 |
| 浙　江 | 2 056.03 | 1 196.03 | 1 497.60 | 567.57 | 1 069.47 | 4 544.41 | 4 828.74 |
| 福　建 | 1 973.33 | 1 755.20 | 15 067.50 | 11 612.22 | 5 420.74 | 7 891.96 | 4 036.31 |
| 黑龙江 |  | 680.00 | 2 615.00 | 1 102.00 | 1 222.00 | 2 187.00 | 2 891.74 |
| 四　川 | 3 812.12 | 2 339.92 | 511.79 | 299.20 | 1 405.96 | 1 730.49 | 1 878.75 |
| 湖　南 | 1 328.67 | 352.00 |  | 97.00 | 60.01 | 692.78 | 742.17 |
| 安　徽 | 52.50 | 102.50 | 83.69 | 51.00 | 124.82 | 198.89 | 677.33 |
| 河　北 |  | 743.50 | 41.00 | 389.00 | 954.91 | 806.56 | 658.05 |
| 内蒙古 |  |  |  |  | 176.29 | 20.41 | 377.06 |
| 重　庆 |  |  |  |  |  |  | 300.00 |
| 江　西 | 1 525.89 | 1 375.25 | 1 153.26 | 329.79 | 390.45 | 590.00 | 277.11 |
| 河　南 |  |  |  |  |  | 171.00 | 224.00 |
| 吉　林 | 73.40 |  |  | 45.00 |  |  | 142.00 |
| 广　西 | 1 805.94 | 115.50 |  | 690.00 | 793.79 | 1 762.84 | 40.00 |
| 湖　北 | 252.14 | 82.00 |  | 160.00 | 136.00 | 635.83 |  |
| 陕　西 |  |  |  |  |  | 364.00 |  |
| 云　南 |  |  |  |  | 21.92 | 0.01 |  |
| 海　南 | 14.75 | 26.00 |  |  |  |  |  |
| 贵　州 |  |  |  | 143.00 |  |  |  |

表 9-80　全国分地区乳清及改性乳清进口价值表　1995—2001 年

（海关税号：04041000）　　　　单位：千美元

| 地　区 | 1995 | 1996 | 1997 | 1998 | 1999 | 2000 | 2001 |
|---|---|---|---|---|---|---|---|
| **全国总计** | **19 116.95** | **27 405.23** | **38 171.40** | **39 357.47** | **57 965.31** | **79 807.79** | **88 034.27** |
| 北　京 | 715.04 | 1 009.49 | 2 143.19 | 3 843.40 | 15 465.90 | 18 837.38 | 20 347.74 |
| 上　海 | 1 223.63 | 1 522.76 | 2 334.13 | 3 618.51 | 8 657.16 | 15 011.31 | 17 211.00 |
| 辽　宁 | 3 702.39 | 3 581.11 | 1 357.62 | 2 112.37 | 6 451.43 | 8 093.29 | 9 078.73 |
| 天　津 | 4.02 | 148.77 | 292.96 | 789.50 | 3 098.71 | 6 803.88 | 8 582.18 |
| 广　东 | 4 111.54 | 10 996.89 | 16 257.32 | 14 020.08 | 11 327.97 | 12 479.36 | 8 266.29 |
| 浙　江 | 1 079.36 | 588.54 | 769.57 | 265.80 | 1 628.67 | 3 386.23 | 7 071.30 |
| 山　东 | 1 512.68 | 4 113.88 | 3 115.33 | 4 213.17 | 3 042.99 | 2 642.09 | 4 466.79 |
| 江　苏 | 535.19 | 1 078.89 | 1 656.08 | 547.60 | 1 297.22 | 2 070.29 | 4 415.84 |
| 黑龙江 |  | 377.75 | 1 699.91 | 1 265.93 | 1 462.55 | 2 355.00 | 3 619.58 |
| 福　建 | 1 354.85 | 980.91 | 7 607.03 | 7 524.26 | 3 137.86 | 4 632.21 | 2 058.59 |
| 四　川 | 1 907.35 | 1 325.04 | 251.75 | 145.28 | 695.52 | 735.81 | 883.81 |
| 河　北 |  | 366.31 | 31.04 | 259.87 | 775.27 | 658.35 | 541.11 |
| 内蒙古 |  |  |  |  | 133.59 | 20.45 | 357.16 |
| 湖　南 | 748.68 | 266.07 |  | 30.50 | 30.91 | 320.39 | 333.38 |
| 安　徽 | 31.50 | 46.24 | 35.57 | 20.46 | 74.53 | 94.89 | 314.44 |
| 重　庆 |  |  |  |  |  |  | 163.32 |
| 江　西 | 890.32 | 882.21 | 619.88 | 184.11 | 209.95 | 310.58 | 150.80 |
| 河　南 |  |  |  |  |  | 65.63 | 98.80 |
| 吉　林 | 46.37 |  |  | 20.30 |  |  | 58.37 |
| 广　西 | 1 199.64 | 55.34 |  | 327.30 | 398.86 | 828.49 | 15.04 |
| 湖　北 | 48.04 | 50.99 |  | 96.00 | 68.25 | 312.49 |  |
| 陕　西 |  |  |  |  |  | 149.66 |  |
| 云　南 |  |  |  |  | 8.00 | 0.03 |  |
| 海　南 | 6.36 | 14.04 |  |  |  |  |  |
| 贵　州 |  |  |  | 73.02 |  |  |  |

**表 9-81　全国分国别乳清及改性乳清出口数量表　1995—2001 年**

（海关税号：04041000）　　单位：吨

| 国别或地区 | 1995 | 1996 | 1997 | 1998 | 1999 | 2000 | 2001 |
|---|---|---|---|---|---|---|---|
| **国家（地区）总计** | **24.73** | **205.74** | **309.14** | **647.64** | **10.41** | **45.53** | **0.05** |
| 马来西亚 | | | | | | | 0.05 |
| 西班牙 | | | | | | | 0.00 |
| 日本 | 0.65 | 2.02 | 3.66 | 7.74 | 0.48 | | |
| 澳大利亚 | | 0.20 | | | | | |
| 荷兰 | 18.00 | 0.10 | | | | | |
| 美国 | | | 3.82 | 44.00 | | | |
| 新加坡 | 0.74 | 1.01 | 0.37 | 0.51 | | | |
| 新西兰 | 0.18 | 192.78 | 0.10 | | | | |
| 泰国 | 0.10 | | | | | | |
| 中国香港 | 4.56 | 9.63 | 282.89 | 594.67 | 9.93 | 45.02 | |
| 中国澳门 | | | | 0.72 | | 0.50 | |
| 俄罗斯 | 0.50 | | | | | | |
| 菲律宾 | | | 18.00 | | | | |
| 乌拉圭 | | | 0.30 | | | | |

**表 9-82　全国分国别乳清及改性乳清出口价值表　1995—2001 年**

（海关税号：04041000）　　单位：千美元

| 国别或地区 | 1995 | 1996 | 1997 | 1998 | 1999 | 2000 | 2001 |
|---|---|---|---|---|---|---|---|
| **国家（地区）总计** | **137.57** | **268.69** | **558.26** | **1 150.71** | **22.04** | **87.48** | **0.36** |
| 马来西亚 | | | | | | | 0.36 |
| 西班牙 | | | | | | | 0.00 |
| 中国香港 | 24.18 | 138.74 | 382.11 | 953.41 | 16.05 | 86.67 | |
| 中国澳门 | | | | 1.17 | | 0.81 | |
| 日本 | 28.88 | 57.45 | 79.05 | 124.44 | 5.99 | | |
| 澳大利亚 | | 4.25 | | | | | |
| 俄罗斯 | 1.02 | | | | | | |
| 菲律宾 | | | 11.16 | | | | |
| 荷兰 | 48.69 | 6.78 | | | | | |
| 美国 | 62.94 | 64.62 | | | | | |
| 泰国 | 6.78 | | | | | | |
| 乌拉圭 | | | 8.70 | | | | |
| 新加坡 | 16.29 | 24.08 | 8.41 | 7.08 | | | |
| 新西兰 | 11.73 | 37.40 | 5.89 | | | | |

## 表 9-83　全国分国别其他含天然乳产品进口数量表　1995—2001 年

（海关税号：04049000）

单位：吨

| 国别或地区 | 1995 | 1996 | 1997 | 1998 | 1999 | 2000 | 2001 |
| --- | --- | --- | --- | --- | --- | --- | --- |
| **国家（地区）总计** | **360.34** | **397.68** | **80.91** | **274.92** | **27.89** | **108.48** | **53.66** |
| 美　国 | 7.17 | 152.84 | 24.52 | 172.59 | 25.15 | 1.30 | 42.72 |
| 中国台湾 |  | 0.09 |  | 0.61 | 0.13 |  | 7.00 |
| 荷　兰 | 106.51 | 194.29 |  | 49.94 |  | 1.48 | 2.35 |
| 新西兰 | 0.44 | 16.97 | 0.23 |  |  | 75.35 | 0.61 |
| 新加坡 |  | 0.18 | 0.06 |  | 0.01 |  | 0.50 |
| 澳大利亚 | 66.53 | 18.00 | 50.37 | 40.32 | 0.63 | 29.65 | 0.45 |
| 中国澳门 |  |  |  | 0.05 | 0.05 | 0.19 | 0.03 |
| 韩　国 | 3.58 |  | 0.45 | 9.00 | 0.08 |  | 0.00 |
| 中国香港 | 55.12 | 11.73 | 5.22 | 1.48 | 1.50 |  |  |
| 丹　麦 | 0.02 |  |  |  |  |  |  |
| 德　国 | 4.54 |  |  |  |  | 0.51 |  |
| 瑞　士 |  |  |  | 0.04 |  | 0.02 |  |
| 泰　国 |  |  |  |  | 0.36 |  |  |
| 加拿大 | 104.00 |  |  | 0.02 |  |  |  |
| 厄瓜多尔 | 0.03 |  |  |  |  |  |  |
| 法　国 | 0.13 |  |  | 0.13 |  |  |  |
| 马来西亚 |  |  |  | 0.76 |  |  |  |
| 尼泊尔 |  |  | 0.06 |  |  |  |  |
| 日　本 | 12.29 | 3.59 |  |  |  |  |  |

## 表 9-84　全国分国别其他含天然乳产品进口价值表　1995—2001 年

（海关税号：04049000）

单位：千美元

| 国别或地区 | 1995 | 1996 | 1997 | 1998 | 1999 | 2000 | 2001 |
| --- | --- | --- | --- | --- | --- | --- | --- |
| **国家（地区）总计** | **244.31** | **190.39** | **116.02** | **336.02** | **120.91** | **156.54** | **32.93** |
| 澳大利亚 | 43.92 | 9.61 | 62.30 | 25.40 | 6.63 | 45.12 | 12.93 |
| 新西兰 | 1.38 | 8.30 | 0.36 |  |  | 102.48 | 7.56 |
| 美　国 | 2.24 | 44.33 | 40.16 | 206.53 | 110.80 | 4.73 | 6.59 |
| 荷　兰 | 74.97 | 113.05 |  | 88.97 |  | 2.21 | 3.53 |
| 中国台湾 |  | 0.49 |  | 2.07 | 0.23 |  | 0.90 |
| 新加坡 |  | 0.79 | 1.06 |  | 0.08 |  | 0.75 |
| 中国澳门 |  |  |  | 0.26 | 0.26 | 1.20 | 0.67 |
| 韩　国 | 2.13 |  | 1.17 | 4.55 | 1.05 |  | 0.01 |
| 丹　麦 | 0.01 |  |  |  |  |  | 0.00 |
| 德　国 | 2.23 |  |  |  |  | 0.76 |  |
| 瑞　士 |  |  |  | 0.28 |  | 0.04 |  |
| 中国香港 | 45.09 | 6.10 | 10.78 | 5.73 | 1.56 |  |  |
| 泰　国 |  |  |  |  | 0.31 |  |  |
| 厄瓜多尔 | 0.03 |  |  |  |  |  |  |
| 法　国 | 0.61 |  |  | 1.17 |  |  |  |
| 加拿大 | 60.84 |  |  | 0.13 |  |  |  |
| 马来西亚 |  |  |  | 0.93 |  |  |  |
| 尼泊尔 |  |  | 0.19 |  |  |  |  |
| 日　本 | 10.87 | 7.73 |  |  |  |  |  |

## 表 9-85　全国分地区其他含天然乳产品进口数量表　1995—2001 年

（海关税号：04049000）　　单位：吨

| 地　区 | 1995 | 1996 | 1997 | 1998 | 1999 | 2000 | 2001 |
|---|---|---|---|---|---|---|---|
| **全国总计** | **360.34** | **397.68** | **80.91** | **274.92** | **27.89** | **108.48** | **53.66** |
| 广　东 | 248.80 | 355.90 | 30.19 | 192.47 | 26.47 | 107.53 | 53.55 |
| 辽　宁 | 0.12 | | | | | | 0.06 |
| 福　建 | | | 36.00 | 40.37 | 0.05 | 0.19 | 0.03 |
| 上　海 | 0.53 | 1.86 | 0.23 | 1.42 | 0.69 | | 0.02 |
| 四　川 | | | | 0.01 | | | 0.00 |
| 山　东 | | 1.85 | | | 0.36 | | |
| 江　苏 | 104.00 | | | | 0.24 | | |
| 北　京 | 6.01 | 0.18 | 0.20 | 40.06 | 0.01 | 0.77 | |
| 云　南 | | | | | 0.00 | | |
| 浙　江 | | 1.80 | | | | | |
| 河　北 | | 35.10 | 0.06 | | 0.08 | | |
| 海　南 | 0.89 | | | | | | |
| 天　津 | | 1.00 | | | | | |
| 湖　北 | | | 14.17 | 0.60 | | | |
| 西　藏 | | | 0.06 | | | | |

## 表 9-86　全国分地区其他含天然乳产品进口价值表　1995—2001 年

（海关税号：04049000）　　单位：千美元

| 地　区 | 1995 | 1996 | 1997 | 1998 | 1999 | 2000 | 2001 |
|---|---|---|---|---|---|---|---|
| **全国总计** | **244.31** | **190.39** | **116.02** | **336.02** | **120.91** | **156.54** | **32.93** |
| 广　东 | 171.06 | 165.41 | 52.11 | 218.54 | 110.11 | 151.37 | 31.13 |
| 辽　宁 | 3.72 | | | | | | 1.08 |
| 福　建 | | | 25.38 | 25.66 | 0.26 | 1.20 | 0.67 |
| 上　海 | 1.82 | 6.20 | 0.36 | 5.03 | 2.77 | | 0.04 |
| 四　川 | | | | 0.07 | | | 0.01 |
| 江　苏 | 60.84 | | | | 2.45 | | 0.00 |
| 北　京 | 6.40 | 0.93 | 0.29 | 84.72 | 0.14 | 3.97 | |
| 山　东 | | 2.14 | | | 4.12 | | |
| 河　北 | | 13.62 | 1.06 | | 1.05 | | |
| 云　南 | | | | | 0.01 | | |
| 海　南 | 0.48 | | | | | | |
| 浙　江 | | 1.20 | | | | | |
| 天　津 | | 0.89 | | | | | |
| 湖　北 | | | 36.63 | 2.00 | | | |
| 西　藏 | | | 0.19 | | | | |

## 表 9-87　全国分国别其他含天然乳产品出口数量表　1995—2001 年

（海关税号：04049000）　　单位：吨

| 国别或地区 | 1995 | 1996 | 1997 | 1998 | 1999 | 2000 | 2001 |
|---|---|---|---|---|---|---|---|
| **国家（地区）总计** | **58.29** | **3.69** | **38.72** | **148.44** | **382.18** | **288.74** | **337.54** |
| 中国香港 | 35.80 | 2.63 | 38.72 | 19.94 | 174.05 | 136.13 | 213.47 |
| 新加坡 | 9.75 | 0.20 | | 99.00 | 44.44 | 68.81 | 67.29 |
| 柬埔寨 | | | | | 160.80 | 66.76 | 36.96 |
| 阿尔巴尼亚 | | | | | | | 16.05 |
| 中国澳门 | | | | | 0.58 | | 2.61 |
| 意大利 | | | | | | 7.80 | 0.86 |
| 西班牙 | | | | | | | 0.29 |
| 美国 | | | | | | 0.12 | |
| 荷兰 | 0.00 | | | | 1.02 | | |
| 澳大利亚 | | 0.20 | | | | | |
| 新西兰 | 0.10 | 0.20 | | | | | |
| 智利 | | | | | | 8.38 | |
| 泰国 | | | | | | 0.62 | |
| 加拿大 | | 0.20 | | | | 0.11 | |
| 俄罗斯 | | | | | 1.21 | | |
| 波兰 | | | | | 0.09 | | |
| 朝鲜 | | | | 25.50 | | | |
| 马来西亚 | | | | 4.00 | | | |
| 日本 | 12.64 | 0.26 | | | | | |

## 表 9-88　全国分国别其他含天然乳产品出口价值表　1995—2001 年

（海关税号：04049000）　　单位：千美元

| 国别或地区 | 1995 | 1996 | 1997 | 1998 | 1999 | 2000 | 2001 |
|---|---|---|---|---|---|---|---|
| **国家（地区）总计** | **55.74** | **66.30** | **30.23** | **114.65** | **355.09** | **212.79** | **233.54** |
| 中国香港 | 23.83 | 4.42 | 30.23 | 18.34 | 227.77 | 97.41 | 141.41 |
| 新加坡 | 13.82 | 13.96 | | 74.63 | 32.78 | 55.08 | 49.69 |
| 柬埔寨 | | | | | 91.91 | 39.85 | 23.15 |
| 阿尔巴尼亚 | | | | | | | 16.85 |
| 中国澳门 | | | | | 0.93 | | 1.70 |
| 意大利 | | | | | | 8.93 | 0.54 |
| 西班牙 | | | | | | | 0.20 |
| 智利 | | | | | | 8.13 | |
| 泰国 | | | | | | 1.43 | |
| 加拿大 | | 13.90 | | | | 1.11 | |
| 美国 | | | | | | 0.85 | |
| 俄罗斯 | | | | | 1.43 | | |
| 荷兰 | 0.01 | | | | 0.20 | | |
| 波兰 | | | | | 0.07 | | |
| 澳大利亚 | | 12.75 | | | | | |
| 朝鲜 | | | | 21.16 | | | |
| 马来西亚 | | | | 0.52 | | | |
| 日本 | 11.88 | 7.71 | | | | | |
| 新西兰 | 6.21 | 13.56 | | | | | |

## 表 9-89　全国分国别黄油进口数量表　1995—2001 年

（海关税号：04051000）　　单位：吨

| 国别或地区 | 1995 | 1996 | 1997 | 1998 | 1999 | 2000 | 2001 |
|---|---|---|---|---|---|---|---|
| **国家（地区）总计** | | **758.06** | **335.43** | **430.70** | **3 143.36** | **2 996.98** | **872.93** |
| 新西兰 | | 370.94 | 142.00 | 235.79 | 1 223.25 | 2 727.69 | 691.78 |
| 澳大利亚 | | 81.83 | 102.18 | 125.05 | 611.27 | 85.40 | 98.99 |
| 芬兰 | | | | | | 0.01 | 60.00 |
| 法国 | | 0.62 | 0.31 | 0.09 | 33.54 | 29.96 | 16.21 |
| 丹麦 | | 60.87 | | 15.75 | 0.58 | 19.44 | 2.46 |
| 加拿大 | | 18.00 | | | 1.00 | 1.36 | 1.88 |
| 比利时 | | 0.50 | 56.93 | 8.41 | 14.88 | | 1.00 |
| 美国 | | 7.88 | 3.11 | 0.59 | 57.99 | 1.25 | 0.19 |
| 日本 | | 0.00 | 4.01 | 2.13 | 0.04 | 0.35 | 0.17 |
| 中国台湾 | | 2.19 | | 1.11 | 5.01 | 3.48 | 0.11 |
| 荷兰 | | 32.40 | 0.05 | | 10.00 | | 0.10 |
| 瑞士 | | 0.05 | | | 0.20 | 0.04 | 0.05 |
| 新加坡 | | 7.60 | 26.85 | 0.00 | | | |
| 印度尼西亚 | | | | | 1071.26 | 127.87 | |
| 马来西亚 | | | | 76.80 | 0.11 | | |
| 瑞典 | | | | | | 0.01 | |
| 德国 | | 5.72 | | 8.00 | | 0.01 | |
| 韩国 | | 168.00 | | 33.60 | 34.27 | | |
| 中国香港 | | 1.37 | | 0.18 | 2.80 | | |
| 英国 | | | | | 0.47 | | |
| 中国 | | 0.09 | | | | | |

## 表 9-90　全国分国别黄油进口价值表　1995—2001 年

（海关税号：04051000）　　单位：千美元

| 国别或地区 | 1995 | 1996 | 1997 | 1998 | 1999 | 2000 | 2001 |
|---|---|---|---|---|---|---|---|
| **国家（地区）总计** | | **1 613.83** | **988.05** | **807.91** | **5 399.66** | **4 606.28** | **1 150.87** |
| 新西兰 | | 681.62 | 459.86 | 488.33 | 1 998.52 | 4 123.61 | 930.95 |
| 澳大利亚 | | 384.89 | 289.84 | 205.33 | 979.17 | 180.68 | 94.28 |
| 芬兰 | | | | | | 0.14 | 79.80 |
| 法国 | | 3.38 | 1.66 | 0.19 | 70.96 | 63.54 | 24.34 |
| 加拿大 | | 39.60 | | | 0.65 | 2.87 | 8.63 |
| 丹麦 | | 147.42 | | 37.80 | 0.28 | 12.38 | 8.12 |
| 日本 | | 0.24 | 8.35 | 5.17 | 0.45 | 1.04 | 2.22 |
| 比利时 | | 2.91 | 168.38 | 24.97 | 10.21 | | 1.03 |
| 中国台湾 | | 2.71 | | 1.05 | 3.34 | 2.90 | 0.57 |
| 瑞士 | | 0.22 | | | 0.15 | 0.30 | 0.44 |
| 美国 | | 2.97 | 17.49 | 2.04 | 121.70 | 0.85 | 0.39 |
| 荷兰 | | 61.94 | 0.76 | | 20.40 | | 0.10 |
| 印度尼西亚 | | | | | 2 039.88 | 217.54 | |
| 瑞典 | | | | | | 0.21 | |
| 马来西亚 | | | | | 130.66 | 0.18 | |
| 德国 | | 14.17 | | 25.52 | | 0.03 | |
| 韩国 | | 260.40 | | 17.14 | 17.58 | | |
| 中国香港 | | 2.42 | | 0.31 | 5.50 | | |
| 英国 | | | | | 0.21 | | |
| 新加坡 | | 8.63 | 41.72 | 0.07 | | | |
| 中国 | | 0.32 | | | | | |

## 表 9-91 全国分地区黄油进口数量表 1995—2001 年

（海关税号：04051000） 单位：吨

| 地 区 | 1995 | 1996 | 1997 | 1998 | 1999 | 2000 | 2001 |
|---|---|---|---|---|---|---|---|
| **全国总计** | | **758.06** | **335.43** | **430.70** | **3 143.36** | **2 996.98** | **872.93** |
| 北 京 | | 97.35 | 89.25 | 25.79 | 443.46 | 1 146.89 | 401.60 |
| 广 东 | | 224.68 | 147.58 | 117.54 | 1 197.37 | 198.43 | 392.73 |
| 上 海 | | 233.71 | 48.30 | 1.94 | 206.21 | 43.36 | 44.77 |
| 天 津 | | 24.24 | | | 31.90 | 80.38 | 33.60 |
| 辽 宁 | | 2.98 | 2.00 | | | | 0.15 |
| 黑龙江 | | | | | | 0.03 | 0.05 |
| 云 南 | | | | | | 0.03 | 0.05 |
| 西 藏 | | | | 208.00 | 1 263.43 | 1 522.74 | |
| 山 东 | | 0.00 | 48.00 | 16.41 | 0.58 | 5.00 | |
| 海 南 | | | | | | 0.11 | |
| 浙 江 | | 2.35 | | | | 0.02 | |
| 山 西 | | | | | | 0.01 | |
| 江 西 | | | | | | 0.00 | |
| 四 川 | | 0.03 | | | | | |
| 福 建 | | 168.72 | 0.30 | 61.02 | 0.40 | | |
| 河 北 | | 4.00 | | | | | |

## 表 9-92 全国分地区黄油进口价值表 1995—2001 年

（海关税号：04051000） 单位：千美元

| 地 区 | 1995 | 1996 | 1997 | 1998 | 1999 | 2000 | 2001 |
|---|---|---|---|---|---|---|---|
| **全国总计** | | **1 613.83** | **988.05** | **807.91** | **5 399.66** | **4 606.28** | **1 150.87** |
| 北 京 | | 346.39 | 403.05 | 48.12 | 753.12 | 1 784.72 | 604.13 |
| 广 东 | | 302.73 | 304.61 | 197.50 | 2 188.81 | 249.42 | 408.07 |
| 上 海 | | 657.97 | 145.14 | 7.82 | 328.42 | 119.20 | 83.72 |
| 天 津 | | 30.67 | | | 67.69 | 151.13 | 53.76 |
| 云 南 | | | | | | 0.24 | 0.44 |
| 黑龙江 | | | | | | 0.28 | 0.41 |
| 辽 宁 | | 9.26 | 12.49 | | | | 0.34 |
| 西 藏 | | | | 436.80 | 2 060.74 | 2 291.03 | |
| 山 东 | | 0.24 | 122.46 | 50.49 | 0.40 | 9.85 | |
| 海 南 | | | | | | 0.18 | |
| 山 西 | | | | | | 0.14 | |
| 浙 江 | | 3.64 | | | | 0.05 | |
| 江 西 | | | | | | 0.02 | |
| 福 建 | | 261.15 | 0.30 | 67.18 | 0.47 | | |
| 河 北 | | 1.28 | | | | | |
| 四 川 | | 0.50 | | | | | |

## 表 9-93　全国分国别黄油出口数量表　1995—2001 年

（海关税号：04051000）　　单位：吨

| 国别或地区 | 1995 | 1996 | 1997 | 1998 | 1999 | 2000 | 2001 |
|---|---|---|---|---|---|---|---|
| **国家（地区）总计** | | **169.00** | **0.25** | **61.75** | **1.87** | **0.05** | **0.08** |
| 新加坡 | | | | 0.23 | | 0.05 | 0.08 |
| 日　本 | | | 0.25 | | | | |
| 中国香港 | | 168.00 | | 61.02 | 1.11 | | |
| 朝　鲜 | | 1.00 | | 0.50 | 0.77 | | |

## 表 9-94　全国分国别黄油出口价值表　1995—2001 年

（海关税号：04051000）　　单位：千美元

| 国别或地区 | 1995 | 1996 | 1997 | 1998 | 1999 | 2000 | 2001 |
|---|---|---|---|---|---|---|---|
| **国家（地区）总计** | | **324.10** | **0.60** | **69.57** | **4.73** | **0.06** | **0.02** |
| 新加坡 | | | | 1.04 | | 0.06 | 0.02 |
| 朝　鲜 | | 38.50 | | 1.40 | 4.30 | | |
| 中国香港 | | 285.60 | | 67.12 | 0.43 | | |
| 日　本 | | | 0.60 | | | | |

## 表 9-95　全国分国别乳酱进口数量表　1995—2001 年

（海关税号：04052000）　　单位：吨

| 国别或地区 | 1995 | 1996 | 1997 | 1998 | 1999 | 2000 | 2001 |
|---|---|---|---|---|---|---|---|
| **国家（地区）总计** | | **0.12** | **3.93** | | **15.67** | **36.68** | **0.02** |
| 美　国 | | | | | | 0.73 | 0.02 |
| 中国台湾 | | | | | | 13.32 | |
| 西班牙 | | | | | | 12.00 | |
| 法　国 | | 0.02 | | | 15.00 | 10.53 | |
| 澳大利亚 | | | | | 0.29 | 0.10 | |
| 韩　国 | | | | | 0.38 | | |
| 日　本 | | | | | 0.00 | | |
| 泰　国 | | 0.10 | | | | | |
| 中国香港 | | | 3.93 | | | | |

## 表 9-96　全国分国别乳酱进口价值表　1995—2001 年

（海关税号：04052000）　　单位：千美元

| 国别或地区 | 1995 | 1996 | 1997 | 1998 | 1999 | 2000 | 2001 |
|---|---|---|---|---|---|---|---|
| **国家（地区）总计** | | **0.34** | **8.14** | | **64.15** | **76.95** | **0.13** |
| 美　国 | | | | | | 0.47 | 0.13 |
| 法　国 | | 0.31 | | | 63.34 | 64.12 | |
| 西班牙 | | | | | | 6.19 | |
| 中国台湾 | | | | | | 5.27 | |
| 澳大利亚 | | | | | 0.40 | 0.91 | |
| 韩　国 | | | | | 0.41 | | |
| 日　本 | | | | | 0.00 | | |
| 泰　国 | | 0.03 | | | | | |
| 中国香港 | | | 8.14 | | | | |

## 表 9-97　全国分地区乳酱进口数量表　1995—2001 年

（海关税号：04052000）　　单位：吨

| 地　区 | 1995 | 1996 | 1997 | 1998 | 1999 | 2000 | 2001 |
|---|---|---|---|---|---|---|---|
| **全国总计** | | **0.12** | **3.93** | | **15.67** | **36.68** | **0.02** |
| 上　海 | | | | | | | 0.02 |
| 广　西 | | | | | | 13.20 | |
| 江　西 | | | | | | 12.00 | |
| 天　津 | | | | | 15.00 | 10.53 | |
| 广　东 | | 0.02 | | | | 0.73 | |
| 安　徽 | | | | | | 0.12 | |
| 北　京 | | 0.10 | 3.93 | | 0.29 | 0.10 | |
| 山　东 | | | | | 0.38 | | |

## 表 9-98　全国分地区乳酱进口价值表　1995—2001 年

（海关税号：04052000）　　单位：千美元

| 地　区 | 1995 | 1996 | 1997 | 1998 | 1999 | 2000 | 2001 |
|---|---|---|---|---|---|---|---|
| **全国总计** | | **0.34** | **8.14** | | **64.15** | **76.95** | **0.13** |
| 上　海 | | | | | | | 0.13 |
| 天　津 | | | | | 63.34 | 64.12 | |
| 江　西 | | | | | | 6.19 | |
| 广　西 | | | | | | 5.02 | |
| 北　京 | | 0.03 | 8.14 | | 0.40 | 0.91 | |
| 广　东 | | 0.31 | | | | 0.47 | |
| 安　徽 | | | | | | 0.25 | |
| 山　东 | | | | | 0.41 | | |

## 表 9-99 全国分国别乳酱出口数量表 1995—2001 年

（海关税号：04052000）　　单位：吨

| 国别或地区 | 1995 | 1996 | 1997 | 1998 | 1999 | 2000 | 2001 |
|---|---|---|---|---|---|---|---|
| **国家（地区）总计** | | **0.12** | | **0.10** | | **0.21** | |
| 马达加斯加 | | | | | | 0.21 | |
| 中国香港 | | 0.12 | | | | | |
| 俄罗斯 | | | | 0.10 | | | |

## 表 9-100 全国分国别乳酱出口价值表 1995—2001 年

（海关税号：04052000）　　单位：千美元

| 国别或地区 | 1995 | 1996 | 1997 | 1998 | 1999 | 2000 | 2001 |
|---|---|---|---|---|---|---|---|
| **国家（地区）总计** | | **0.09** | | **0.13** | | **0.03** | |
| 马达加斯加 | | | | | | 0.03 | |
| 中国香港 | | 0.09 | | | | | |
| 俄罗斯 | | | | 0.13 | | | |

## 表 9-101 全国分国别其他从乳提取的脂和油进口数量表 1995—2001 年

（海关税号：04059000）　　单位：吨

| 国别或地区 | 1995 | 1996 | 1997 | 1998 | 1999 | 2000 | 2001 |
|---|---|---|---|---|---|---|---|
| **国家（地区）总计** | | **22.30** | **14.35** | **54.19** | **116.09** | **54.63** | **579.49** |
| 新西兰 | | 2.24 | | 33.60 | 28.68 | 16.80 | 510.70 |
| 澳大利亚 | | 1.68 | | | 67.32 | 0.55 | 67.20 |
| 中国台湾 | | | 1.12 | 0.27 | 3.45 | 1.16 | 1.20 |
| 韩国 | | 0.19 | | | 3.00 | 4.00 | 0.38 |
| 日本 | | | 0.93 | | | 5.05 | 0.02 |
| 丹麦 | | | | | 0.50 | 18.42 | |
| 印度尼西亚 | | | | 0.40 | 13.10 | 8.45 | |
| 马来西亚 | | | | | | 0.15 | |
| 中国香港 | | 2.59 | 0.06 | 18.20 | 0.05 | 0.05 | |
| 泰国 | | | | 1.50 | | | |
| 美国 | | 10.80 | 12.23 | | | | |
| 德国 | | | | 0.22 | | | |
| 荷兰 | | 4.80 | | | | | |
| 新加坡 | | | 0.02 | | | | |

## 表 9-102　全国分国别其他从乳提取的脂和油进口价值表　1995—2001 年

（海关税号：04059000）　　单位：千美元

| 国别或地区 | 1995 | 1996 | 1997 | 1998 | 1999 | 2000 | 2001 |
|---|---|---|---|---|---|---|---|
| **国家（地区）总计** | | **20.27** | **15.84** | **104.15** | **168.83** | **66.26** | **871.85** |
| 新西兰 | | 4.61 | | 65.86 | 25.75 | 9.58 | 824.34 |
| 澳大利亚 | | 1.46 | | | 112.07 | 0.56 | 45.7 |
| 韩国 | | 0.2 | | | 15.77 | 16.85 | 0.79 |
| 中国台湾 | | | 0.33 | 0.56 | 5.6 | 1.86 | 0.72 |
| 日本 | | | 3.14 | | | 23.28 | 0.31 |
| 印度尼西亚 | | | | 2.66 | 6.86 | 6.87 | |
| 丹麦 | | | | | 2.71 | 6.52 | |
| 中国香港 | | 0.91 | 0.63 | 33.07 | 0.09 | 0.68 | |
| 马来西亚 | | | | | | 0.07 | |
| 德国 | | | | 0.3 | | | |
| 荷兰 | | 9.88 | | | | | |
| 美国 | | 3.21 | 11.7 | | | | |
| 泰国 | | | | 1.7 | | | |
| 新加坡 | | | 0.04 | | | | |

## 表 9-103　全国分地区其他从乳提取的脂和油进口数量表　1995—2001 年

（海关税号：04059000）　　单位：吨

| 地区 | 1995 | 1996 | 1997 | 1998 | 1999 | 2000 | 2001 |
|---|---|---|---|---|---|---|---|
| **全国总计** | | **22.30** | **14.35** | **54.19** | **116.09** | **54.63** | **579.49** |
| 北京 | | | 0.82 | 50.62 | 0.05 | 18.89 | 300.00 |
| 广东 | | 18.31 | 8.37 | 3.44 | 45.35 | 26.68 | 277.91 |
| 河南 | | | | | | | 1.20 |
| 吉林 | | | | | | | 0.38 |
| 山东 | | | | | 3.00 | 9.00 | |
| 上海 | | 3.80 | 4.68 | | | 0.05 | |
| 江苏 | | | 0.48 | | 33.60 | | |
| 西藏 | | | | | 33.60 | | |
| 海南 | | | | 0.13 | 0.50 | | |
| 天津 | | 0.19 | | | | | |

## 表 9-104 全国分地区其他从乳提取的脂和油进口价值表 1995—2001 年

（海关税号：04059000） 单位：千美元

| 地　区 | 1995 | 1996 | 1997 | 1998 | 1999 | 2000 | 2001 |
|---|---|---|---|---|---|---|---|
| **全国总计** | | **20.27** | **15.84** | **104.15** | **168.83** | **66.26** | **871.85** |
| 北　京 | | | 0.17 | 98.58 | 0.09 | 6.70 | 499.90 |
| 广　东 | | 18.13 | 9.95 | 5.27 | 40.16 | 20.66 | 370.45 |
| 吉　林 | | | | | | | 0.79 |
| 河　南 | | | | | | | 0.72 |
| 山　东 | | | | | 15.77 | 38.23 | |
| 上　海 | | 1.94 | 3.10 | | | 0.68 | |
| 江　苏 | | | 2.61 | | 56.51 | | |
| 西　藏 | | | | | 55.44 | | |
| 海　南 | | | | 0.30 | 0.88 | | |
| 天　津 | | 0.20 | | | | | |

## 表 9-105 全国分国别其他从乳提取的脂和油出口数量表 1995—2001 年

（海关税号：04059000） 单位：吨

| 国别或地区 | 1995 | 1996 | 1997 | 1998 | 1999 | 2000 | 2001 |
|---|---|---|---|---|---|---|---|
| **国家（地区）总计** | | **0.56** | **0.20** | **156.02** | **44.84** | **222.30** | |
| 中国台湾 | | 0.56 | 0.20 | | | | |
| 泰　国 | | | | 0.80 | | 144.00 | |
| 中国香港 | | | | 40.02 | 44.82 | 78.30 | |
| 美　国 | | | | | 0.02 | | |
| 菲律宾 | | | | 115.20 | | | |

## 表 9-106 全国分国别其他从乳提取的脂和油出口价值表 1995—2001 年

（海关税号：04059000） 单位：千美元

| 国别或地区 | 1995 | 1996 | 1997 | 1998 | 1999 | 2000 | 2001 |
|---|---|---|---|---|---|---|---|
| **国家（地区）总计** | | **17.66** | **1.00** | **301.02** | **85.81** | **352.52** | |
| 泰　国 | | | | 17.94 | | 200.64 | |
| 中国香港 | | | | 69.63 | 85.78 | 151.88 | |
| 美　国 | | | | | 0.02 | | |
| 中国台湾 | | 17.66 | 1.00 | | | | |
| 菲律宾 | | | | 213.45 | | | |

## 表 9-107　全国分国别鲜乳酪(包括乳清乳酪;凝乳)进口数量表　1995—2001 年

(海关税号：04061000)　　单位：吨

| 国别或地区 | 1995 | 1996 | 1997 | 1998 | 1999 | 2000 | 2001 |
|---|---|---|---|---|---|---|---|
| **国家（地区)总计** | **16.04** | **3.14** | **28.69** | **164.21** | **286.12** | **302.92** | **368.31** |
| 新西兰 | 0.21 | | 26.70 | 155.22 | 238.74 | 295.98 | 351.93 |
| 澳大利亚 | 7.29 | 1.05 | 1.75 | 4.62 | 24.21 | 5.98 | 7.90 |
| 美国 | 1.09 | 0.14 | | | 1.20 | 0.02 | 7.49 |
| 法国 | | | 0.23 | 0.21 | 1.52 | 0.80 | 0.96 |
| 意大利 | 0.03 | | | | | | 0.02 |
| 日本 | 0.03 | | 0.01 | | 0.12 | | 0.02 |
| 中国香港 | 3.38 | 0.03 | | 0.14 | 0.60 | | |
| 韩国 | | 1.50 | | | | | |
| 中国台湾 | 3.51 | | | | | 0.15 | |
| 瑞士 | | 0.02 | | 4.00 | 19.74 | | |
| 丹麦 | 0.01 | | | | | | |
| 德国 | | | | 0.02 | | | |
| 国（地）别不详的 | 0.38 | | | | | | |
| 荷兰 | | 0.41 | | | | | |
| 加拿大 | 0.11 | | | | | | |

## 表 9-108　全国分国别鲜乳酪(包括乳清乳酪；凝乳)进口价值表　1995—2001 年

(海关税号：04061000)　　单位：千美元

| 国别或地区 | 1995 | 1996 | 1997 | 1998 | 1999 | 2000 | 2001 |
|---|---|---|---|---|---|---|---|
| **国家（地区)总计** | **56.40** | **20.29** | **69.71** | **373.19** | **551.13** | **555.49** | **813.32** |
| 新西兰 | 1.06 | | 60.72 | 344.53 | 456.61 | 541.52 | 737.95 |
| 美国 | 2.96 | 0.76 | | | 2.75 | 0.04 | 37.17 |
| 澳大利亚 | 30.01 | 4.78 | 5.55 | 18.93 | 59.92 | 11.19 | 33.63 |
| 法国 | | | 3.02 | 0.47 | 3.37 | 2.46 | 3.17 |
| 日本 | 0.29 | | 0.43 | | 1.87 | | 1.18 |
| 意大利 | 0.26 | | | | | | 0.21 |
| 中国台湾 | 7.63 | | | | | 0.28 | |
| 瑞士 | | 0.14 | | 9.13 | 25.92 | | |
| 中国香港 | 11.74 | 0.29 | | 0.10 | 0.70 | | |
| 丹麦 | 0.11 | | | | | | |
| 德国 | | | | 0.03 | | | |
| 国（地）别不详的 | 1.32 | | | | | | |
| 韩国 | | 10.81 | | | | | |
| 荷兰 | | 3.51 | | | | | |
| 加拿大 | 1.04 | | | | | | |

## 表 9-109　全国分地区鲜乳酪(包括乳清乳酪；凝乳)进口数量表　1995—2001 年

(海关税号：04061000)　　单位：吨

| 地　区 | 1995 | 1996 | 1997 | 1998 | 1999 | 2000 | 2001 |
|---|---|---|---|---|---|---|---|
| **全国总计** | **16.04** | **3.14** | **28.69** | **164.21** | **286.12** | **302.92** | **368.31** |
| 广　东 | | | 28.10 | 155.36 | 245.04 | 295.08 | 350.90 |
| 上　海 | 0.22 | 0.10 | | 0.23 | 20.76 | 5.17 | 14.15 |
| 北　京 | 5.86 | 1.41 | 0.59 | 4.62 | 5.53 | 2.53 | 3.27 |
| 山　东 | | | | 4.00 | 0.91 | | |
| 江　苏 | 3.51 | | | | | 0.15 | |
| 天　津 | | | | | 13.89 | | |
| 福　建 | 5.37 | | | | | | |
| 浙　江 | 1.09 | 1.50 | | | | | |
| 河　北 | | 0.14 | | | | | |

## 表 9-110　全国分地区鲜乳酪(包括乳清乳酪；凝乳)进口价值表　1995—2001 年

(海关税号：04061000)　　单位：千美元

| 地　区 | 1995 | 1996 | 1997 | 1998 | 1999 | 2000 | 2001 |
|---|---|---|---|---|---|---|---|
| **全国总计** | **56.40** | **20.29** | **69.71** | **373.19** | **551.13** | **555.49** | **813.32** |
| 广　东 | | | 65.32 | 344.64 | 467.56 | 539.12 | 733.60 |
| 上　海 | 1.97 | 0.64 | | 0.50 | 27.31 | 11.27 | 63.56 |
| 北　京 | 25.41 | 8.08 | 4.39 | 18.93 | 12.09 | 4.82 | 16.16 |
| 江　苏 | 7.63 | | | | | 0.28 | |
| 天　津 | | | | | 41.35 | | |
| 山　东 | | | | 9.13 | 2.83 | | |
| 福　建 | 18.43 | | | | | | |
| 浙　江 | 2.96 | 10.81 | | | | | |
| 河　北 | | 0.76 | | | | | |

## 表 9-111　全国分国别鲜乳酪(包括乳清乳酪；凝乳)出口数量表　1995—2001 年

(海关税号：04061000)　　单位：吨

| 国别或地区 | 1995 | 1996 | 1997 | 1998 | 1999 | 2000 | 2001 |
|---|---|---|---|---|---|---|---|
| **国家（地区)总计** | | **15.97** | **268.84** | **411.10** | **304.97** | **383.60** | **502.08** |
| 中国香港 | | 15.97 | 268.84 | 399.24 | 297.96 | 376.58 | 477.83 |
| 韩　国 | | | | | | 3.40 | 24.00 |
| 中国澳门 | | | | 11.86 | 7.01 | 3.62 | 0.25 |

表9-112　全国分国别鲜乳酪(包括乳清乳酪；凝乳)出口价值表　1995—2001年

(海关税号：04061000)　　单位：千美元

| 国别或地区 | 1995 | 1996 | 1997 | 1998 | 1999 | 2000 | 2001 |
|---|---|---|---|---|---|---|---|
| **国家（地区）总计** | | **14.45** | **275.84** | **941.77** | **1 033.27** | **1 066.37** | **1 277.13** |
| 中国香港 | | 14.45 | 275.84 | 906.48 | 1 010.76 | 1 050.86 | 1 271.65 |
| 韩　国 | | | | | | 5.19 | 4.80 |
| 中国澳门 | | | | 35.29 | 22.51 | 10.33 | 0.68 |

表9-113　全国分国别各种磨碎或粉化的乳酪进口数量表　1995—2001年

(海关税号：04062000)　　单位：吨

| 国别或地区 | 1995 | 1996 | 1997 | 1998 | 1999 | 2000 | 2001 |
|---|---|---|---|---|---|---|---|
| **国家（地区）总计** | **1 269.70** | **81.34** | **4.14** | **13.17** | **290.71** | **173.86** | **174.49** |
| 美　国 | 680.08 | 3.40 | 0.80 | 7.64 | 148.38 | 101.91 | 133.67 |
| 新西兰 | 51.52 | 15.99 | | | 106.91 | 28.65 | 21.86 |
| 法　国 | | 0.27 | | | | | 5.44 |
| 澳大利亚 | 31.57 | 19.71 | 0.05 | 0.04 | 0.10 | 1.85 | 5.40 |
| 马来西亚 | 3.00 | 3.00 | | | 9.93 | | 3.08 |
| 爱尔兰 | | | | | | | 2.08 |
| 丹　麦 | | | | | | 1.60 | 1.16 |
| 日　本 | 2.51 | 0.10 | 0.15 | | 2.13 | 5.40 | 1.16 |
| 意大利 | 0.54 | 0.01 | | 0.03 | 0.02 | | 0.32 |
| 中国香港 | 18.63 | 0.02 | | 0.33 | 4.04 | 1.75 | 0.10 |
| 新加坡 | 22.00 | | 0.01 | | | 8.09 | 0.10 |
| 中国台湾 | 8.66 | 26.10 | 2.00 | 1.02 | 0.15 | | 0.10 |
| 瑞　士 | 0.08 | | | | | | 0.03 |
| 菲律宾 | | 12.00 | | | | | |
| 韩　国 | 0.64 | 0.08 | | 4.00 | 18.80 | 24.00 | |
| 加拿大 | | | | | | 0.60 | |
| 中　国 | | | 0.03 | 0.11 | 0.21 | | |
| 德　国 | 0.21 | 0.60 | 1.04 | | 0.02 | | |
| 英　国 | 0.20 | | | | 0.01 | | |
| 荷　兰 | 450.06 | 0.06 | | | | | |
| 比利时 | | | 0.07 | | | | |

## 表 9-114 全国分国别各种磨碎或粉化的乳酪进口价值表 1995—2001 年

（海关税号：04062000） 单位：千美元

| 国别或地区 | 1995 | 1996 | 1997 | 1998 | 1999 | 2000 | 2001 |
|---|---|---|---|---|---|---|---|
| **国家（地区）总计** | **449.23** | **61.55** | **19.31** | **46.68** | **845.22** | **587.80** | **684.65** |
| 美　国 | 173.13 | 10.89 | 0.61 | 35.74 | 492.85 | 349.95 | 537.46 |
| 新西兰 | 8.10 | 5.04 | | | 275.81 | 78.26 | 77.28 |
| 爱尔兰 | | | | | | | 20.12 |
| 日　本 | 8.06 | 1.20 | 1.06 | | 6.57 | 50.44 | 17.53 |
| 澳大利亚 | 5.53 | 15.88 | 0.19 | 0.06 | 0.36 | 2.46 | 10.29 |
| 丹　麦 | | | | | | 8.15 | 6.56 |
| 法　国 | | 1.83 | | | | | 6.28 |
| 马来西亚 | 14.70 | 14.70 | | | 39.76 | | 6.15 |
| 中国台湾 | 44.50 | 3.25 | 13.69 | 0.58 | 0.97 | | 1.40 |
| 意大利 | 0.42 | 0.17 | | 0.07 | 0.31 | | 0.92 |
| 新加坡 | 11.38 | | 0.03 | | | 71.61 | 0.52 |
| 中国香港 | 77.44 | 0.17 | | 0.11 | 5.98 | 2.10 | 0.12 |
| 瑞　士 | 0.45 | | | | | | 0.03 |
| 韩　国 | 9.62 | 0.51 | | 10.00 | 21.80 | 24.00 | |
| 加拿大 | | | | | | 0.84 | |
| 中　国 | | | 0.03 | 0.13 | 0.68 | | |
| 德　国 | 1.22 | 3.62 | 3.68 | | 0.12 | | |
| 英　国 | 0.16 | | | | 0.01 | | |
| 荷　兰 | 94.53 | 0.28 | | | | | |
| 菲律宾 | | 4.01 | | | | | |
| 比利时 | | | 0.03 | | | | |

## 表 9-115 全国分地区各种磨碎或粉化的乳酪进口数量表 1995—2001 年

（海关税号：04062000） 单位：吨

| 地　区 | 1995 | 1996 | 1997 | 1998 | 1999 | 2000 | 2001 |
|---|---|---|---|---|---|---|---|
| **全国总计** | **1 269.70** | **81.34** | **4.14** | **13.17** | **290.71** | **173.86** | **174.49** |
| 江　苏 | 0.94 | | 0.15 | | 54.43 | 57.15 | 85.81 |
| 广　东 | 1262.35 | 75.59 | 0.94 | 9.13 | 64.60 | 52.47 | 81.07 |
| 上　海 | 0.10 | 0.26 | | 0.04 | 0.02 | 6.59 | 4.57 |
| 北　京 | 0.72 | 2.04 | 2.01 | | 59.97 | 6.31 | 2.58 |
| 安　徽 | | | | | | 0.60 | 0.36 |
| 福　建 | 3.00 | 3.10 | | | | | 0.10 |
| 山　东 | 0.10 | | | 4.00 | 18.80 | 37.49 | 0.01 |
| 天　津 | | | | | 39.89 | 13.25 | |
| 河　北 | | | | | 52.99 | | |
| 辽　宁 | 2.50 | 0.08 | | | | | |
| 云　南 | | 0.28 | | | | | |
| 四　川 | | | 1.04 | | | | |

## 表 9-116　全国分地区各种磨碎或粉化的乳酪进口价值表　1995—2001 年

（海关税号：04062000）　　单位：千美元

| 地　区 | 1995 | 1996 | 1997 | 1998 | 1999 | 2000 | 2001 |
|---|---|---|---|---|---|---|---|
| **全国总计** | **449.23** | **61.55** | **19.31** | **46.68** | **845.22** | **587.80** | **684.65** |
| 江　苏 | 11.42 | | 1.06 | | 166.98 | 172.60 | 368.73 |
| 广　东 | 404.23 | 30.71 | 0.69 | 36.62 | 306.33 | 194.76 | 247.93 |
| 北　京 | 9.74 | 14.33 | 13.88 | | 198.08 | 25.85 | 34.69 |
| 上　海 | 0.61 | 0.61 | | 0.06 | 0.12 | 26.31 | 30.91 |
| 安　徽 | | | | | | 0.83 | 1.74 |
| 福　建 | 14.70 | 14.83 | | | | | 0.52 |
| 山　东 | 1.61 | | | 10.00 | 21.80 | 146.04 | 0.14 |
| 天　津 | | | | | 66.30 | 21.40 | |
| 河　北 | | | | | 85.61 | | |
| 辽　宁 | 6.91 | 0.51 | | | | | |
| 云　南 | | 0.56 | | | | | |
| 四　川 | | | 3.68 | | | | |

## 表 9-117　全国分国别各种磨碎或粉化的乳酪出口数量表　1995—2001 年

（海关税号：04062000）　　单位：吨

| 国别或地区 | 1995 | 1996 | 1997 | 1998 | 1999 | 2000 | 2001 |
|---|---|---|---|---|---|---|---|
| **国家（地区）总计** | **7.23** | **1.35** | **100.00** | **0.01** | | **1.15** | **2.17** |
| 中国香港 | 0.35 | 1.31 | 98.00 | | | 1.15 | 1.81 |
| 菲律宾 | | 0.04 | | | | | 0.36 |
| 马来西亚 | 3.00 | | 2.00 | | | | |
| 德　国 | | | | 0.01 | | | |
| 南　非 | 3.00 | | | | | | |
| 朝　鲜 | 0.88 | | | | | | |

## 表 9-118　全国分国别各种磨碎或粉化的乳酪出口价值表　1995—2001 年

（海关税号：04062000）　　单位：千美元

| 国别或地区 | 1995 | 1996 | 1997 | 1998 | 1999 | 2000 | 2001 |
|---|---|---|---|---|---|---|---|
| **国家（地区）总计** | **18.72** | **1.77** | **43.92** | **0.03** | | **1.48** | **2.78** |
| 中国香港 | 0.46 | 1.70 | 41.16 | | | 1.48 | 2.32 |
| 菲律宾 | | 0.08 | | | | | 0.46 |
| 南　非 | 11.86 | | | | | | |
| 马来西亚 | 5.27 | | 2.76 | | | | |
| 朝　鲜 | 1.14 | | | | | | |
| 德　国 | | | | 0.03 | | | |

## 表 9-119 全国分国别经加工的乳酪(但磨碎或粉化的除外)进口数量表 1995—2001 年

(海关税号：04063000) 单位：吨

| 国别或地区 | 1995 | 1996 | 1997 | 1998 | 1999 | 2000 | 2001 |
|---|---|---|---|---|---|---|---|
| **国家（地区）总计** | **258.40** | **49.94** | **45.36** | **45.76** | **115.72** | **307.02** | **140.62** |
| 新西兰 | 2.00 | 18.28 | 31.02 | 21.64 | 27.49 | 159.35 | 110.29 |
| 瑞士 | 3.72 | 0.04 | 0.53 | 1.53 | 25.02 | 8.12 | 11.63 |
| 澳大利亚 | 154.28 | 12.98 | 2.43 | 10.59 | 18.98 | 83.35 | 11.34 |
| 美国 | 50.28 | 13.32 | 1.56 | 2.27 | 7.95 | 14.89 | 2.89 |
| 丹麦 | 6.57 | 2.11 | 2.92 | 2.40 | 2.81 | 1.76 | 1.77 |
| 印度尼西亚 | | | | | | | 1.60 |
| 荷兰 | 2.00 | 1.44 | 2.40 | 1.29 | 0.32 | 3.83 | 0.80 |
| 法国 | 34.59 | | 0.91 | 4.23 | 1.66 | 0.84 | 0.26 |
| 意大利 | 0.10 | 0.06 | 0.07 | 0.05 | | | 0.04 |
| 日本 | 0.96 | 0.03 | 0.20 | | 27.61 | 28.94 | 0.01 |
| 新加坡 | 0.35 | | | | | 5.40 | |
| 英国 | | 0.00 | 0.46 | 0.69 | 0.47 | 0.44 | |
| 马来西亚 | | | | | | 0.10 | |
| 中国香港 | 2.68 | 0.50 | | | 2.60 | | |
| 德国 | 0.12 | 1.09 | 2.51 | 0.63 | 0.66 | | |
| 中国台湾 | 0.13 | | | 0.08 | 0.10 | | |
| 葡萄牙 | | | | | 0.05 | | |
| 中国澳门 | | | 0.06 | | | | |
| 韩国 | 0.41 | | | | | | |
| 加拿大 | 0.12 | | 0.04 | | | | |
| 比利时 | 0.10 | | 0.27 | 0.33 | | | |
| 泰国 | | 0.09 | | | | | |
| 奥地利 | | | | 0.02 | | | |

## 表 9-120 全国分国别经加工的乳酪(但磨碎或粉化的除外)进口价值表 1995—2001 年

(海关税号：04063000) 单位：千美元

| 国别或地区 | 1995 | 1996 | 1997 | 1998 | 1999 | 2000 | 2001 |
|---|---|---|---|---|---|---|---|
| **国家（地区）总计** | **576.09** | **240.99** | **217.33** | **273.96** | **739.82** | **1 079.70** | **462.91** |
| 新西兰 | 0.99 | 55.26 | 45.18 | 57.73 | 116.63 | 417.80 | 335.99 |
| 澳大利亚 | 407.30 | 83.35 | 21.84 | 81.90 | 104.56 | 216.75 | 66.33 |
| 瑞士 | 3.43 | 0.28 | 7.64 | 5.48 | 169.76 | 57.07 | 31.26 |
| 丹麦 | 20.59 | 28.71 | 34.64 | 24.67 | 18.57 | 7.82 | 11.19 |
| 美国 | 56.69 | 35.07 | 13.24 | 6.05 | 17.50 | 37.05 | 9.65 |
| 印度尼西亚 | | | | | | | 4.72 |
| 荷兰 | 2.61 | 9.36 | 20.39 | 10.40 | 2.90 | 11.54 | 2.31 |
| 法国 | 61.84 | | 18.85 | 61.07 | 20.40 | 6.29 | 1.27 |
| 日本 | 3.51 | 0.40 | 3.96 | | 264.86 | 270.01 | 0.15 |
| 意大利 | 0.73 | 0.26 | 1.34 | 0.31 | | | 0.04 |
| 新加坡 | 0.14 | | | | | 49.66 | |
| 英国 | | 0.05 | 6.89 | 9.39 | 5.40 | 5.64 | |
| 马来西亚 | | | | | | 0.07 | |
| 中国香港 | 10.90 | 1.16 | | | 9.08 | 0.00 | |
| 德国 | 1.36 | 25.77 | 39.80 | 11.31 | 8.62 | | |
| 葡萄牙 | | | | | 1.49 | | |
| 中国台湾 | 0.09 | | | 0.23 | 0.06 | | |
| 韩国 | 4.86 | | | | | | |
| 比利时 | 0.77 | | 3.38 | 4.90 | | | |
| 加拿大 | 0.28 | | 0.17 | | | | |
| 泰国 | | 1.32 | | | | | |
| 中国澳门 | | | 0.02 | | | | |
| 奥地利 | | | | 0.54 | | | |

## 表 9-121 全国分地区经加工的乳酪（但磨碎或粉化的除外）进口数量表 1995—2001 年

（海关税号：4063000）

单位：吨

| 地 区 | 1995 | 1996 | 1997 | 1998 | 1999 | 2000 | 2001 |
|---|---|---|---|---|---|---|---|
| **全国总计** | **258.40** | **49.94** | **45.36** | **45.76** | **115.72** | **307.02** | **140.62** |
| 广 东 | 206.95 | 12.26 | 3.59 | 11.69 | 45.30 | 117.73 | 91.20 |
| 北 京 | 21.40 | 21.33 | 16.39 | 20.64 | 35.67 | 35.72 | 32.26 |
| 上 海 | 10.60 | 15.86 | 0.51 | 0.69 | 4.63 | 8.87 | 16.75 |
| 四 川 | | | | 0.08 | | | 0.40 |
| 山 东 | | | 0.20 | | 30.07 | 64.59 | 0.01 |
| 辽 宁 | 18.98 | | | | 0.06 | 79.49 | |
| 浙 江 | | | | | | 0.63 | |
| 天 津 | | 0.50 | | | | | |
| 福 建 | 0.41 | | 24.67 | 12.67 | | | |
| 江 苏 | 0.07 | | | | | | |

## 表 9-122 全国分地区经加工的乳酪（但磨碎或粉化的除外）进口价值表 1995—2001 年

（海关税号：4063000）

单位：千美元

| 地 区 | 1995 | 1996 | 1997 | 1998 | 1999 | 2000 | 2001 |
|---|---|---|---|---|---|---|---|
| **全国总计** | **576.09** | **240.99** | **217.33** | **273.96** | **739.82** | **1079.70** | **462.91** |
| 广 东 | 439.97 | 10.14 | 7.76 | 44.87 | 110.88 | 204.96 | 273.06 |
| 北 京 | 67.99 | 190.42 | 183.37 | 218.77 | 336.82 | 191.32 | 135.09 |
| 上 海 | 25.44 | 39.27 | 2.17 | 2.31 | 19.71 | 39.63 | 54.15 |
| 四 川 | | | | 0.23 | | | 0.46 |
| 山 东 | | | 3.96 | | 272.29 | 460.79 | 0.15 |
| 辽 宁 | 38.14 | | | | 0.13 | 181.88 | |
| 浙 江 | | | | | | 1.13 | |
| 天 津 | | 1.16 | | | 0.00 | | |
| 福 建 | 3.46 | | 20.08 | 7.79 | | | |
| 江 苏 | 1.08 | | | | | | |

## 表 9-123 全国分国别经加工的乳酪（但磨碎或粉化的除外）出口数量表 1995—2001 年

（海关税号：4063000）

单位：吨

| 国别或地区 | 1995 | 1996 | 1997 | 1998 | 1999 | 2000 | 2001 |
|---|---|---|---|---|---|---|---|
| **国家（地区）总计** | **21.31** | **2.62** | **418.71** | **127.30** | **2.66** | **1.23** | **5.00** |
| 土耳其 | | | | | | | 5.00 |
| 荷 兰 | 18.00 | | | | | | |
| 日 本 | 0.30 | | | | | | |
| 法 国 | | | 18.00 | 107.00 | | | |
| 中国香港 | 3.01 | 2.62 | 20.71 | 2.30 | 2.23 | 1.23 | |
| 马来西亚 | | | 190.00 | | | | |
| 中国澳门 | | | | | 0.43 | | |
| 德 国 | | | | 18.00 | | | |
| 泰 国 | | | 190.00 | | | | |

**表 9-124　全国分国别经加工的乳酪(但磨碎或粉化的除外)出口价值表　1995—2001 年**

(海关税号：4063000)　　单位：千美元

| 国别或地区 | 1995 | 1996 | 1997 | 1998 | 1999 | 2000 | 2001 |
|---|---|---|---|---|---|---|---|
| **国家（地区）总计** | **70.50** | **15.76** | **384.24** | **372.97** | **13.65** | **6.51** | **14.01** |
| 土尔其 | | | | | | | 14.01 |
| 中国香港 | 14.50 | 15.76 | 65.74 | 13.42 | 12.95 | 6.51 | |
| 中国澳门 | | | | | 0.70 | | |
| 荷　兰 | 46.33 | | | | | | |
| 日　本 | 9.66 | | | | | | |
| 法　国 | | | 46.80 | 311.31 | | | |
| 德　国 | | | | 48.24 | | | |
| 泰　国 | | | 205.20 | | | | |
| 马来西亚 | | | 66.50 | | | | |

**表 9-125　全国分国别蓝纹乳酪进口数量表　1995—2001 年**

(海关税号：04064000)　　单位：吨

| 国别或地区 | 1995 | 1996 | 1997 | 1998 | 1999 | 2000 | 2001 |
|---|---|---|---|---|---|---|---|
| **国家（地区）总计** | **0.24** | **0.08** | | **0.06** | | **0.00** | |
| 澳大利亚 | | | | | | 0.00 | |
| 美　国 | 0.20 | | | | | | |
| 挪　威 | 0.04 | | | | | | |
| 意大利 | | 0.08 | | | | | |
| 荷　兰 | | | | 0.06 | | | |

**表 9-126　全国分国别蓝纹乳酪进口价值表　1995—2001 年**

(海关税号：04064000)　　单位：千美元

| 国　别 | 1995 | 1996 | 1997 | 1998 | 1999 | 2000 | 2001 |
|---|---|---|---|---|---|---|---|
| **国家总计** | **0.58** | **0.34** | | **0.13** | | **0.00** | |
| 澳大利亚 | | | | | | 0.00 | |
| 美　国 | 0.31 | | | | | | |
| 挪　威 | 0.27 | | | | | | |
| 意大利 | | 0.34 | | | | | |
| 荷　兰 | | | | 0.13 | | | |

表 9-127　全国分地区蓝纹乳酪进口数量表　1995—2001 年

（海关税号：4064000）　单位：吨

| 地区 | 1995 | 1996 | 1997 | 1998 | 1999 | 2000 | 2001 |
|---|---|---|---|---|---|---|---|
| **全国总计** | **0.24** | **0.08** | | **0.06** | | **0.00** | |
| 北京 | | | | 0.06 | | 0.00 | |
| 上海 | 0.24 | | | | | | |
| 山西 | | 0.08 | | | | | |

表 9-128　全国分地区蓝纹乳酪进口价值表　1995—2001 年

（海关税号：4064000）　单位：千美元

| 地区 | 1995 | 1996 | 1997 | 1998 | 1999 | 2000 | 2001 |
|---|---|---|---|---|---|---|---|
| **全国总计** | **0.58** | **0.34** | | **0.13** | | **0.00** | |
| 北京 | | | | 0.13 | | 0.00 | |
| 上海 | 0.58 | | | | | | |
| 山西 | | 0.34 | | | | | |

表 9-129　全国分国别蓝纹乳酪出口数量表　1995—2001 年

（海关税号：04064000）　单位：吨

| 国别 | 1995 | 1996 | 1997 | 1998 | 1999 | 2000 | 2001 |
|---|---|---|---|---|---|---|---|
| **国家总计** | | | | **180.00** | | | |
| 德国 | | | | 108.00 | | | |
| 丹麦 | | | | 72.00 | | | |

表 9-130　全国分国别蓝纹乳酪出口价值表　1995—2001 年

（海关税号：04064000）　单位：千美元

| 国别 | 1995 | 1996 | 1997 | 1998 | 1999 | 2000 | 2001 |
|---|---|---|---|---|---|---|---|
| **国家总计** | | | | **369.63** | | | |
| 德国 | | | | 228.65 | | | |
| 丹麦 | | | | 140.98 | | | |

## 表 9-131　全国分国别未列名的乳酪进口数量表　1995—2001 年

（海关税号：04069000）　　单位：吨

| 国别或地区 | 1995 | 1996 | 1997 | 1998 | 1999 | 2000 | 2001 |
|---|---|---|---|---|---|---|---|
| **国家（地区）总计** | **314.61** | **210.69** | **157.28** | **236.41** | **489.25** | **1 184.07** | **1 346.08** |
| 新西兰 | 3.44 | 38.22 | 85.26 | 89.08 | 158.12 | 426.73 | 856.25 |
| 澳大利亚 | 196.92 | 78.72 | 17.11 | 116.41 | 259.62 | 577.55 | 330.72 |
| 法国 | 26.24 | 5.59 | 1.50 | 1.46 | 48.46 | 70.30 | 42.64 |
| 德国 | 4.08 | 13.63 | 5.76 | 0.04 | 0.41 | 0.77 | 36.40 |
| 瑞士 | 0.44 | 1.39 | 0.02 | 0.23 | 1.30 | 25.01 | 24.33 |
| 美国 | 16.80 | 51.99 | 18.83 | 6.46 | 12.55 | 19.81 | 23.41 |
| 中国香港 | 17.86 | 10.73 | 6.19 | 10.46 | 2.94 | 6.18 | 11.13 |
| 加拿大 | 0.42 | | | | 0.01 | 17.98 | 10.50 |
| 丹麦 | 4.28 | 0.01 | 0.10 | 0.09 | 0.70 | 4.08 | 8.90 |
| 比利时 | | 0.01 | | | | 3.42 | 0.90 |
| 瑞典 | 0.02 | | | | | 0.23 | 0.27 |
| 荷兰 | 3.43 | 1.26 | 0.47 | 0.75 | 1.73 | 24.28 | 0.24 |
| 意大利 | 2.14 | 0.28 | 0.97 | 0.88 | 1.26 | 2.52 | 0.17 |
| 英国 | 0.24 | | | | 0.11 | 0.48 | 0.15 |
| 日本 | 10.68 | 1.55 | | 10.00 | 1.24 | 0.00 | 0.08 |
| 韩国 | | | 0.02 | | 0.10 | | 0.01 |
| 泰国 | | | 10.74 | | | | |
| 匈牙利 | | | | | | 4.70 | |
| 挪威 | 0.08 | 0.05 | 0.04 | | | 0.03 | |
| 中国台湾 | | | 0.05 | | 0.55 | | |
| 奥地利 | 0.01 | | | | 0.16 | | |
| 菲律宾 | 1.92 | | | | 0.00 | | |
| 新加坡 | 2.91 | 7.19 | 10.23 | | | | |
| 印度尼西亚 | 22.73 | | | 0.55 | | | |
| 印度 | | 0.06 | | | | | |
| 希腊 | | 0.02 | | | | | |
| 塞浦路斯 | | | 0.00 | | | | |

## 表 9-132　全国分国别未列名的乳酪进口价值表　1995—2001 年

（海关税号：04069000）　　单位：千美元

| 国别或地区 | 1995 | 1996 | 1997 | 1998 | 1999 | 2000 | 2001 |
|---|---|---|---|---|---|---|---|
| **国家（地区）总计** | **970.07** | **512.28** | **310.94** | **450.27** | **936.32** | **1 693.65** | **2 014.06** |
| 新西兰 | 16.89 | 36.42 | 117.14 | 107.03 | 177.75 | 444.76 | 1 084.84 |
| 澳大利亚 | 450.30 | 199.11 | 62.53 | 276.29 | 599.94 | 903.08 | 504.81 |
| 法国 | 71.49 | 18.71 | 13.83 | 9.43 | 91.33 | 175.53 | 148.49 |
| 德国 | 45.61 | 32.65 | 12.20 | 0.10 | 2.12 | 5.94 | 103.78 |
| 美国 | 73.86 | 139.19 | 34.03 | 27.50 | 28.17 | 34.74 | 74.47 |
| 瑞士 | 4.21 | 8.16 | 0.27 | 1.07 | 5.93 | 62.31 | 57.79 |
| 中国香港 | 108.58 | 23.89 | 11.01 | 15.67 | 2.95 | 6.79 | 17.55 |
| 丹麦 | 47.31 | 0.04 | 1.64 | 1.11 | 8.43 | 4.85 | 11.75 |
| 加拿大 | 1.22 | | | | 0.09 | 10.08 | 5.39 |
| 瑞典 | 0.26 | | | | | 1.19 | 1.55 |
| 英国 | 1.93 | | | | 0.34 | 4.67 | 1.24 |
| 荷兰 | 24.09 | 7.23 | 4.06 | 2.10 | 4.83 | 31.83 | 1.06 |
| 意大利 | 15.24 | 2.77 | 3.50 | 5.62 | 2.04 | 2.59 | 0.79 |
| 比利时 | | 0.24 | | | | 2.06 | 0.46 |
| 日本 | 60.13 | 8.79 | | 3.70 | 8.23 | 0.00 | 0.08 |
| 韩国 | | | 0.21 | | 0.71 | | 0.02 |
| 匈牙利 | | | | | | 3.13 | |
| 挪威 | 0.71 | 0.05 | 0.44 | | | 0.10 | |
| 奥地利 | 0.07 | | | | 2.71 | | |
| 中国台湾 | | | 0.13 | | 0.75 | | |
| 菲律宾 | 6.59 | | | | 0.02 | | |
| 新加坡 | 24.28 | 34.56 | 48.16 | | | | |
| 印度尼西亚 | 17.31 | | | 0.67 | | | |
| 泰国 | | | 1.80 | | | | |
| 印度 | | 0.27 | | | | | |
| 希腊 | | 0.19 | | | | | |
| 塞浦路斯 | | | 0.01 | | | | |

## 表 9-133 全国分地区未列名的乳酪进口数量表 1995—2001 年

(海关税号：04069000)　　单位：吨

| 地　区 | 1995 | 1996 | 1997 | 1998 | 1999 | 2000 | 2001 |
|---|---|---|---|---|---|---|---|
| **全国总计** | **314.61** | **210.69** | **157.28** | **236.41** | **489.25** | **1 184.07** | **1 346.08** |
| 广　东 | 115.56 | 113.64 | 116.42 | 91.42 | 126.73 | 652.40 | 934.62 |
| 天　津 | 1.10 | 17.05 | 6.34 | 0.07 |  | 0.00 | 143.65 |
| 上　海 | 33.04 | 34.83 | 17.27 | 7.39 | 115.49 | 89.51 | 136.29 |
| 山　东 |  |  | 3.86 | 110.05 | 177.78 | 380.54 | 102.68 |
| 北　京 | 104.48 | 7.54 | 12.55 | 14.37 | 68.71 | 61.51 | 25.80 |
| 四　川 |  |  | 0.48 | 0.43 |  |  | 2.34 |
| 安　徽 |  |  |  |  |  |  | 0.70 |
| 吉　林 |  |  |  |  |  |  | 0.01 |
| 江　苏 | 0.01 | 0.04 |  |  |  | 0.00 |  |
| 山　西 | 0.94 |  |  |  | 0.46 | 0.10 |  |
| 辽　宁 | 1.52 |  |  | 0.00 | 0.10 |  |  |
| 云　南 |  |  |  |  |  |  |  |
| 福　建 | 56.55 | 37.40 | 0.36 | 12.67 |  |  |  |
| 河　北 | 1.03 | 0.01 |  |  |  |  |  |
| 浙　江 | 0.28 |  |  |  |  |  |  |
| 陕　西 | 0.10 |  |  |  |  |  |  |
| 河　南 |  | 0.19 |  |  |  |  |  |

## 表 9-134 全国分地区未列名的乳酪进口价值表 1995—2001 年

(海关税号：04069000)　　单位：千美元

| 地　区 | 1995 | 1996 | 1997 | 1998 | 1999 | 2000 | 2001 |
|---|---|---|---|---|---|---|---|
| **全国总计** | **970.07** | **512.28** | **310.94** | **450.27** | **936.32** | **1 693.65** | **2 014.06** |
| 广　东 | 181.91 | 173.93 | 148.39 | 119.04 | 145.88 | 651.88 | 910.79 |
| 上　海 | 215.74 | 180.69 | 69.60 | 23.93 | 255.31 | 289.76 | 504.69 |
| 天　津 | 9.32 | 30.83 | 12.64 | 0.80 |  | 0.00 | 341.01 |
| 山　东 |  |  | 8.50 | 216.46 | 411.81 | 648.06 | 191.88 |
| 北　京 | 455.76 | 48.53 | 68.55 | 77.14 | 121.13 | 103.58 | 58.76 |
| 安　徽 |  |  |  |  |  |  | 3.67 |
| 四　川 |  |  | 2.05 | 2.75 |  |  | 3.20 |
| 江　苏 | 0.03 | 0.61 |  |  |  | 0.00 | 0.03 |
| 吉　林 |  |  |  |  |  |  | 0.02 |
| 山　西 | 1.90 |  |  |  | 1.48 | 0.36 |  |
| 辽　宁 | 2.65 |  |  | 0.02 | 0.71 |  |  |
| 福　建 | 91.08 | 76.27 | 1.22 | 10.15 |  |  |  |
| 河　北 | 7.64 | 0.02 |  |  |  |  |  |
| 浙　江 | 2.37 |  |  |  |  |  |  |
| 陕　西 | 1.66 |  |  |  |  |  |  |
| 云　南 |  |  |  |  |  |  |  |
| 河　南 |  | 1.40 |  |  |  |  |  |

## 表 9-135　全国分国别未列名的乳酪出口数量表　1995—2001 年

（海关税号：04069000）　　单位：吨

| 国别或地区 | 1995 | 1996 | 1997 | 1998 | 1999 | 2000 | 2001 |
|---|---|---|---|---|---|---|---|
| **国家（地区）总计** | **37.74** | **0.40** | **39.68** | **106.91** | **0.51** | **21.48** | **4.40** |
| 韩　国 | 0.50 | | | | | | 4.00 |
| 泰　国 | 0.29 | | | | | | 0.40 |
| 日　本 | 0.21 | | | | | 21.48 | |
| 德　国 | 0.02 | | | | | | |
| 法　国 | | | | 53.50 | | | |
| 荷　兰 | 36.00 | | | 17.00 | | | |
| 加拿大 | 0.30 | | | | | | |
| 美　国 | | | 4.84 | 18.00 | | | |
| 中国香港 | 0.12 | 0.00 | 34.24 | 0.41 | | | |
| 新西兰 | 0.09 | | | | | | |
| 新加坡 | 0.02 | | | | 0.50 | | |
| 中国澳门 | | | | | 0.01 | | |
| 中国台湾 | 0.20 | 0.40 | 0.40 | | | | |
| 巴　西 | | | 0.20 | | | | |

## 表 9-136　全国分国别未列名的乳酪出口价值表　1995—2001 年

（海关税号：04069000）　　单位：千美元

| 国别或地区 | 1995 | 1996 | 1997 | 1998 | 1999 | 2000 | 2001 |
|---|---|---|---|---|---|---|---|
| **国家（地区）总计** | **185.48** | **1.92** | **27.26** | **327.29** | **2.03** | **100.37** | **12.75** |
| 韩　国 | 14.41 | | | | | | 11.23 |
| 泰　国 | 17.32 | | | | | | 1.52 |
| 日　本 | 4.00 | | | | | 100.37 | |
| 新加坡 | 0.05 | | | | 2.00 | | |
| 中国澳门 | | | | | 0.03 | | |
| 巴　西 | | | 0.56 | | | | |
| 德　国 | 0.05 | | | | | | |
| 法　国 | | | | 167.73 | | | |
| 荷　兰 | 124.93 | | | 50.14 | | | |
| 加拿大 | 18.04 | | | | | | |
| 美　国 | | | 18.92 | 51.30 | | | |
| 中国台湾 | 0.81 | 1.91 | 1.60 | | | | |
| 中国香港 | 0.47 | 0.01 | 6.19 | 0.47 | | | |
| 新西兰 | 5.41 | | | | | | |

# X. 全国居民乳制品消费

### 表 10-1　全国城镇居民家庭平均每人全年食品消费支出　1992—1995 年

单位：元

| 地　区 | 1992 | 1993 | 1994 | 1995 |
|---|---|---|---|---|
| **全国总计** | **883.65** | **1 058.20** | **1 422.49** | **1 766.02** |
| 北　京 | 1 126.37 | 1 404.66 | 1 919.00 | 2 436.48 |
| 天　津 | 1 097.79 | 1 268.32 | 1 719.18 | 2 117.14 |
| 河　北 | 757.18 | 872.88 | 1 177.56 | 1 433.76 |
| 山　西 | 657.65 | 759.67 | 989.12 | 1 267.17 |
| 内蒙古 | 587.91 | 693.25 | 963.09 | 1 201.75 |
| 辽　宁 | 891.55 | 997.33 | 1 332.82 | 1 615.29 |
| 吉　林 | 690.69 | 780.27 | 1 034.57 | 1 330.41 |
| 黑龙江 | 687.81 | 816.21 | 1 100.34 | 1 338.58 |
| 上　海 | 1 399.12 | 1 867.90 | 2 492.04 | 3 120.33 |
| 江　苏 | 953.83 | 1 141.36 | 1 543.06 | 1 957.25 |
| 浙　江 | 1 104.74 | 1 411.66 | 1 937.26 | 2 476.21 |
| 安　徽 | 873.81 | 1 003.53 | 1 375.13 | 1 697.66 |
| 福　建 | 1 102.35 | 1 366.33 | 1 894.22 | 2 413.84 |
| 江　西 | 723.00 | 865.46 | 1 216.94 | 1 476.31 |
| 山　东 | 814.41 | 895.77 | 1 209.21 | 1 484.39 |
| 河　南 | 716.99 | 798.78 | 1 074.18 | 1 338.93 |
| 湖　北 | 799.02 | 941.54 | 1 307.12 | 1 680.60 |
| 湖　南 | 835.07 | 977.55 | 1 496.82 | 1 898.07 |
| 广　东 | 1 457.67 | 1 847.33 | 2 404.65 | 3 003.05 |
| 广　西 | 973.07 | 1 236.20 | 1 677.36 | 2 061.47 |
| 海　南 | 1 126.88 | 1 486.54 | 1 824.15 | 2 228.94 |
| 重　庆 | | | | |
| 四　川 | 893.80 | 1 059.26 | 1 450.94 | 1 760.26 |
| 贵　州 | 884.45 | 1 019.15 | 1 350.03 | 1 748.58 |
| 云　南 | 861.56 | 1 066.99 | 1 441.93 | 1 808.71 |
| 西　藏 | 1 082.72 | | 1 574.28 | |
| 陕　西 | 725.99 | 821.61 | 1 067.65 | 1 339.57 |
| 甘　肃 | 765.22 | 851.71 | 1 117.20 | 1 353.01 |
| 青　海 | 827.49 | 970.45 | 1 251.98 | 1 507.03 |
| 宁　夏 | 703.21 | 816.32 | 1 127.41 | 1 331.12 |
| 新　疆 | 732.13 | 907.34 | 1 144.38 | 1 428.47 |

表 10-2　全国城镇居民家庭平均每人全年食品消费支出　1996—2001 年

单位：元

| 地　区 | 1996 | 1997 | 1998 | 1999 | 2000 | 2001 |
|---|---|---|---|---|---|---|
| **全国总计** | **1 904.71** | **1 942.59** | **1 926.89** | **1 932.10** | **1 958.31** | **2 014.02** |
| 北　京 | 2 671.52 | 2 854.35 | 2 865.73 | 2 959.19 | 3 083.37 | 3 229.28 |
| 天　津 | 2 398.47 | 2 428.37 | 2 383.15 | 2 459.77 | 2 454.79 | 2 588.10 |
| 河　北 | 1 533.42 | 1 679.58 | 1 534.46 | 1 495.63 | 1 517.94 | 1 583.68 |
| 山　西 | 1 400.26 | 1 397.69 | 1 413.23 | 1 406.33 | 1 375.97 | 1 412.95 |
| 内蒙古 | 1 249.58 | 1 318.38 | 1 268.67 | 1 303.97 | 1 353.45 | 1 423.22 |
| 辽　宁 | 1 749.76 | 1 787.94 | 1 735.23 | 1 730.84 | 1 772.14 | 1 846.11 |
| 吉　林 | 1 438.94 | 1 600.72 | 1 585.49 | 1 561.86 | 1 582.70 | 1 650.95 |
| 黑龙江 | 1 437.24 | 1 474.15 | 1 437.90 | 1 410.11 | 1 469.52 | 1 561.00 |
| 上　海 | 3 415.50 | 3 510.04 | 3 467.95 | 3 712.31 | 3 915.59 | 4 021.77 |
| 江　苏 | 2 070.29 | 2 161.18 | 2 205.40 | 2 207.58 | 2 189.80 | 2 194.04 |
| 浙　江 | 2 704.43 | 2 709.07 | 2 644.41 | 2 629.16 | 2 752.25 | 2 888.28 |
| 安　徽 | 1 938.62 | 1 934.03 | 1 870.79 | 1 844.78 | 1 934.83 | 1 998.95 |
| 福　建 | 2 610.66 | 2 606.53 | 2 684.82 | 2 709.46 | 2 518.02 | 2 651.11 |
| 江　西 | 1 579.21 | 1 618.10 | 1 608.78 | 1 563.78 | 1 559.45 | 1 587.55 |
| 山　东 | 1 645.74 | 1 654.94 | 1 642.13 | 1 675.75 | 1 744.09 | 1 801.34 |
| 河　南 | 1 439.32 | 1 506.25 | 1 454.99 | 1 427.65 | 1 386.76 | 1 424.90 |
| 湖　北 | 1 731.43 | 1 773.55 | 1 787.72 | 1 783.43 | 1 779.39 | 1 799.38 |
| 湖　南 | 1 986.57 | 1 972.77 | 1 907.62 | 1 942.23 | 1 943.68 | 1 943.55 |
| 广　东 | 3 186.77 | 3 151.63 | 3 112.52 | 3 055.17 | 3 096.33 | 3 089.63 |
| 广　西 | 2 188.14 | 2 112.76 | 2 029.32 | 2 033.87 | 1 936.07 | 1 968.02 |
| 海　南 | 2 237.13 | 2 229.08 | 2 109.36 | 2 057.86 | 2 013.22 | 2 022.19 |
| 重　庆 |  | 2 297.86 | 2 262.19 | 2 303.29 | 2 308.70 | 2 337.65 |
| 四　川 | 1 925.30 | 2 009.29 | 1 968.61 | 1 974.28 | 2 014.30 | 2 082.18 |
| 贵　州 | 1 918.76 | 1 815.74 | 1 829.85 | 1 673.82 | 1 837.49 | 1 748.83 |
| 云　南 | 1 971.54 | 2 109.53 | 2 222.58 | 2 194.25 | 2 091.70 | 2 105.66 |
| 西　藏 | 2 592.26 |  |  | 2 646.61 | 2 570.04 | 2 626.99 |
| 陕　西 | 1 461.62 | 1 487.97 | 1 454.31 | 1 472.95 | 1 532.09 | 1 589.44 |
| 甘　肃 | 1 443.01 | 1 439.30 | 1 432.76 | 1 525.57 | 1 552.77 | 1 639.17 |
| 青　海 | 1 651.16 | 1 593.43 | 1 625.87 | 1 654.69 | 1 711.03 | 1 790.27 |
| 宁　夏 | 1 377.25 | 1 419.61 | 1 411.60 | 1 375.46 | 1 500.85 | 1 562.57 |
| 新　疆 | 1 531.88 | 1 681.77 | 1 647.07 | 1 608.82 | 1 609.17 | 1 716.80 |

## 表 10-3 全国城镇居民家庭平均每人全年乳制品消费支出 1992—1995 年

单位：元

| 地 区 | 1992 | 1993 | 1994 | 1995 |
|---|---|---|---|---|
| **全国总计** | **17.65** | **19.76** | **26.14** | **31.43** |
| 北 京 | 34.39 | 46.02 | 63.04 | 73.55 |
| 天 津 | 27.31 | 32.28 | 44.90 | 48.26 |
| 河 北 | 17.34 | 20.29 | 26.79 | 31.46 |
| 山 西 | 13.77 | 15.45 | 18.27 | 23.63 |
| 内蒙古 | 15.24 | 17.28 | 23.57 | 31.09 |
| 辽 宁 | 18.17 | 18.91 | 24.35 | 28.58 |
| 吉 林 | 10.66 | 10.82 | 15.08 | 22.00 |
| 黑龙江 | 14.29 | 15.10 | 19.29 | 26.01 |
| 上 海 | 61.30 | 74.39 | 90.12 | 114.22 |
| 江 苏 | 17.15 | 17.71 | 24.61 | 31.30 |
| 浙 江 | 22.09 | 24.47 | 33.36 | 36.57 |
| 安 徽 | 13.66 | 13.32 | 17.50 | 22.16 |
| 福 建 | 16.68 | 21.26 | 26.93 | 32.54 |
| 江 西 | 7.17 | 8.64 | 13.77 | 15.90 |
| 山 东 | 17.54 | 18.72 | 24.55 | 31.33 |
| 河 南 | 11.78 | 13.66 | 19.49 | 24.17 |
| 湖 北 | 8.26 | 9.40 | 13.38 | 16.85 |
| 湖 南 | 8.18 | 7.66 | 16.15 | 20.06 |
| 广 东 | 14.44 | 19.80 | 26.81 | 35.18 |
| 广 西 | 10.03 | 11.42 | 16.68 | 19.99 |
| 海 南 | 12.46 | 16.75 | 19.69 | 20.53 |
| 重 庆 | | | | |
| 四 川 | 15.20 | 16.60 | 25.26 | 31.79 |
| 贵 州 | 13.67 | 13.82 | 19.59 | 26.27 |
| 云 南 | 12.73 | 15.20 | 20.23 | 23.49 |
| 西 藏 | 94.84 | | 164.75 | |
| 陕 西 | 17.42 | 20.12 | 27.37 | 28.42 |
| 甘 肃 | 16.52 | 19.44 | 22.10 | 28.05 |
| 青 海 | 26.43 | 27.57 | 36.63 | 43.77 |
| 宁 夏 | 13.54 | 15.78 | 21.85 | 26.75 |
| 新 疆 | 21.49 | 26.46 | 30.28 | 39.59 |

注：国家统计局资料的本表头为“全国城镇居民家庭平均每人全年奶制品消费支出”。

**表 10-4　全国城镇居民家庭平均每人全年乳制品消费支出　1996—2001 年**

单位：元

| 地区 | 1996 | 1997 | 1998 | 1999 | 2000 | 2001 |
|---|---|---|---|---|---|---|
| **全国总计** | **36.59** | **41.41** | **48.05** | **56.15** | **68.57** | **80.06** |
| 北　京 | 84.98 | 100.54 | 113.27 | 142.52 | 178.33 | 198.75 |
| 天　津 | 56.10 | 62.49 | 73.47 | 95.82 | 98.59 | 108.03 |
| 河　北 | 40.27 | 44.94 | 45.25 | 53.05 | 63.33 | 70.85 |
| 山　西 | 26.33 | 35.24 | 47.46 | 56.32 | 63.02 | 81.11 |
| 内蒙古 | 37.57 | 38.84 | 43.46 | 48.40 | 54.87 | 66.11 |
| 辽　宁 | 38.91 | 41.59 | 44.01 | 48.83 | 64.42 | 74.91 |
| 吉　林 | 24.71 | 31.70 | 37.79 | 41.17 | 47.16 | 54.35 |
| 黑龙江 | 30.51 | 33.67 | 37.26 | 43.21 | 57.61 | 68.06 |
| 上　海 | 129.38 | 134.74 | 142.73 | 165.42 | 200.90 | 230.57 |
| 江　苏 | 35.20 | 41.64 | 50.48 | 64.32 | 79.74 | 86.20 |
| 浙　江 | 39.43 | 44.95 | 49.16 | 58.18 | 81.86 | 96.60 |
| 安　徽 | 28.29 | 28.87 | 36.47 | 41.13 | 51.99 | 62.66 |
| 福　建 | 38.64 | 51.57 | 61.39 | 83.73 | 104.48 | 125.04 |
| 江　西 | 18.26 | 23.78 | 30.16 | 33.33 | 43.43 | 58.43 |
| 山　东 | 38.74 | 46.11 | 53.59 | 66.39 | 84.25 | 106.58 |
| 河　南 | 26.24 | 31.35 | 32.90 | 37.63 | 43.28 | 50.90 |
| 湖　北 | 18.21 | 22.21 | 25.18 | 34.59 | 43.35 | 53.03 |
| 湖　南 | 20.34 | 24.02 | 30.02 | 33.63 | 40.32 | 49.89 |
| 广　东 | 35.66 | 37.80 | 48.90 | 50.00 | 65.18 | 74.22 |
| 广　西 | 22.27 | 25.20 | 30.55 | 34.76 | 46.11 | 51.71 |
| 海　南 | 24.05 | 28.87 | 29.09 | 27.05 | 27.87 | 36.89 |
| 重　庆 |  | 66.14 | 83.10 | 98.91 | 111.42 | 127.12 |
| 四　川 | 38.55 | 45.54 | 56.06 | 64.22 | 70.66 | 88.07 |
| 贵　州 | 38.15 | 30.49 | 42.17 | 36.82 | 47.79 | 52.76 |
| 云　南 | 25.27 | 28.02 | 38.32 | 41.48 | 45.76 | 46.54 |
| 西　藏 | 281.63 |  |  | 275.41 | 282.74 | 298.67 |
| 陕　西 | 33.41 | 37.20 | 38.40 | 41.92 | 50.91 | 59.78 |
| 甘　肃 | 31.92 | 35.16 | 37.96 | 46.14 | 58.60 | 67.46 |
| 青　海 | 50.26 | 53.02 | 52.59 | 55.70 | 56.73 | 62.37 |
| 宁　夏 | 26.43 | 32.11 | 35.70 | 41.56 | 58.53 | 69.50 |
| 新　疆 | 45.92 | 54.20 | 58.09 | 56.95 | 59.95 | 67.62 |

## 表 10-5 全国城镇居民家庭平均每人全年酸奶购买量 1992—2001 年

单位：千克/人

| | 总平均 | 最低收入 | 其中：困难户 | 低收入户 | 中等偏下户 | 中等收入户 | 中等偏上户 | 高收入户 | 最高收入户 |
|---|---|---|---|---|---|---|---|---|---|
| 1992 | 0.37 | 0.14 | 0.13 | 0.23 | 0.32 | 0.36 | 0.50 | 0.54 | 0.58 |
| 1993 | 0.32 | 0.12 | 0.11 | 0.20 | 0.28 | 0.33 | 0.43 | 0.43 | 0.48 |
| 1994 | 1.04 | 0.14 | 0.13 | 0.17 | 3.95 | 0.29 | 0.33 | 0.53 | 0.53 |
| 1995 | 0.26 | 0.09 | 0.07 | 0.18 | 0.23 | 0.26 | 0.31 | 0.36 | 0.41 |
| 1996 | 0.32 | 0.11 | 0.09 | 0.37 | 0.23 | 0.33 | 0.34 | 0.39 | 0.56 |
| 1997 | 0.44 | 0.15 | 0.12 | 0.27 | 0.34 | 0.44 | 0.58 | 0.61 | 0.78 |
| 1998 | 0.64 | 0.28 | 0.19 | 0.34 | 0.48 | 0.57 | 0.80 | 1.11 | 1.16 |
| 1999 | 0.87 | 0.39 | 0.34 | 0.52 | 0.65 | 0.80 | 1.14 | 1.32 | 1.47 |
| 2000 | 1.12 | 0.51 | 0.41 | 0.62 | 0.88 | 1.09 | 1.42 | 1.52 | 2.06 |
| 2001 | 1.36 | 0.55 | 0.46 | 0.78 | 1.10 | 1.30 | 1.69 | 2.17 | 2.27 |

## 表 10-6 全国城镇居民家庭平均每人全年奶粉购买量 1992—2001 年

单位：千克/人

| | 总平均 | 最低收入 | 其中：困难户 | 低收入户 | 中等偏下户 | 中等收入户 | 中等偏上户 | 高收入户 | 最高收入户 |
|---|---|---|---|---|---|---|---|---|---|
| 1992 | 0.43 | 0.26 | 0.23 | 0.34 | 0.40 | 0.44 | 0.50 | 0.50 | 0.57 |
| 1993 | 0.42 | 0.22 | 0.19 | 0.31 | 0.36 | 0.49 | 0.48 | 0.54 | 0.62 |
| 1994 | 0.42 | 0.26 | 0.25 | 0.30 | 0.37 | 0.42 | 0.49 | 0.54 | 0.62 |
| 1995 | 0.35 | 0.19 | 0.16 | 0.23 | 0.33 | 0.39 | 0.41 | 0.42 | 0.5 |
| 1996 | 0.41 | 0.22 | 0.20 | 0.31 | 0.37 | 0.42 | 0.47 | 0.54 | 0.59 |
| 1997 | 0.41 | 0.23 | 0.20 | 0.34 | 0.37 | 0.40 | 0.46 | 0.52 | 0.61 |
| 1998 | 0.43 | 0.24 | 0.22 | 0.32 | 0.40 | 0.43 | 0.50 | 0.59 | 0.6 |
| 1999 | 0.44 | 0.25 | 0.21 | 0.32 | 0.40 | 0.47 | 0.52 | 0.56 | 0.62 |
| 2000 | 0.49 | 0.26 | 0.24 | 0.36 | 0.43 | 0.52 | 0.56 | 0.67 | 0.7 |
| 2001 | 0.50 | 0.29 | 0.27 | 0.34 | 0.46 | 0.52 | 0.56 | 0.62 | 0.74 |

## 表 10-7 全国城镇居民家庭平均每人全年鲜乳品购买量 1992—2001 年

单位：千克/人

| | 总平均 | 最低收入 | 其中：困难户 | 低收入户 | 中等偏下户 | 中等收入户 | 中等偏上户 | 高收入户 | 最高收入户 |
|---|---|---|---|---|---|---|---|---|---|
| 1992 | 5.52 | 3.21 | 2.83 | 3.49 | 4.55 | 5.27 | 6.66 | 7.81 | 9.39 |
| 1993 | 5.38 | 2.91 | 2.64 | 3.98 | 4.48 | 5.26 | 6.50 | 7.43 | 8.25 |
| 1994 | 5.25 | 2.94 | 2.59 | 3.27 | 4.64 | 5.13 | 5.78 | 7.66 | 8.8 |
| 1995 | 4.62 | 2.56 | 2.26 | 3.24 | 3.93 | 4.71 | 5.13 | 6.27 | 7.57 |
| 1996 | 4.83 | 2.52 | 2.27 | 3.45 | 3.93 | 4.84 | 5.62 | 6.59 | 7.91 |
| 1997 | 5.07 | 2.62 | 2.54 | 3.49 | 4.10 | 4.97 | 6.18 | 6.38 | 9.02 |
| 1998 | 6.18 | 2.87 | 2.17 | 3.72 | 4.95 | 6.17 | 7.48 | 9.03 | 10.66 |
| 1999 | 7.88 | 3.34 | 2.89 | 5.14 | 6.52 | 7.62 | 9.69 | 11.00 | 13.78 |
| 2000 | 9.94 | 4.59 | 3.95 | 6.04 | 8.27 | 9.83 | 11.95 | 14.07 | 17.52 |
| 2001 | 11.90 | 5.61 | 4.96 | 7.73 | 9.69 | 11.78 | 14.79 | 16.80 | 19.6 |

## 表 10-8　全国农村居民家庭平均每人全年乳制品消费量　1992—2001 年

单位：千克/人

| 地　区 | 1992 | 1993 | 1994 | 1995 | 1996 | 1997 | 1998 | 1999 | 2000 | 2001 |
|---|---|---|---|---|---|---|---|---|---|---|
| **全　国** | **1.46** | **0.85** | **0.67** | **0.64** | **0.8** | **0.95** | **0.93** | **0.96** | **1.06** | **1.20** |
| 北　京 | 0.08 | 0.91 | 1.06 | 1.06 | 1.16 | 1.93 | 2.66 | 2.57 | 5.72 | 8.29 |
| 天　津 | 3.33 | 0.24 | 0.58 | 0.39 | 0.3 | 0.33 | 0.43 | 0.39 | 0.74 | 1 |
| 河　北 | 0.14 | 0.25 | 0.17 | 0.14 | 0.31 | 0.2 | 0.23 | 0.32 | 0.22 | 0.32 |
| 山　西 | 0.16 | 0.29 | 0.26 | 0.31 | 0.43 | 0.29 | 0.32 | 0.32 | 0.63 | 0.9 |
| 内蒙古 | 1.32 | 1.06 | 0.44 | 0.7 | 9.21 | 9.26 | 7.06 | 8.23 | 6.79 | 2.89 |
| 辽　宁 | 0.02 | 0.3 | 0.29 | 0.25 | 0.26 | 0.28 | 0.48 | 0.33 | 0.42 | 0.51 |
| 吉　林 | 0.15 | 0.16 | 0.16 | 0.23 | 0.17 | 0.2 | 0.21 | 0.13 | 0.15 | 0.14 |
| 黑龙江 | 1.82 | 0.48 | 0.27 | 0.28 | 0.26 | 0.32 | 0.23 | 0.19 | 0.34 | 0.49 |
| 上　海 | 1.83 | 0.67 | 1.28 | 1.5 | 0.6 | 1.1 | 0.92 | 0.82 | 2.07 | 2.5 |
| 江　苏 | 0.55 | 0.55 | 0.16 | 0.17 | 0.28 | 0.27 | 0.31 | 0.36 | 0.42 | 0.64 |
| 浙　江 | 0.05 | 0.22 | 0.19 | 0.2 | 0.35 | 0.16 | 0.21 | 0.43 | 0.97 | 1.28 |
| 安　徽 | 0.01 | 0.09 | 0.09 | 0.09 | 0.1 | 0.15 | 0.25 | 0.11 | 0.12 | 0.16 |
| 福　建 | 0.08 | 0.2 | 0.21 | 0.25 | 0.3 | 0.38 | 0.56 | 0.42 | 0.55 | 0.74 |
| 江　西 |  | 0.08 | 0.06 | 0.05 | 0.06 | 0.08 | 0.09 | 0.15 | 0.13 | 0.15 |
| 山　东 | 0.08 | 0.22 | 0.13 | 0.18 | 0.29 | 0.35 | 0.44 | 0.52 | 0.75 | 0.98 |
| 河　南 | 0.07 | 0.13 | 0.11 | 0.09 | 0.07 | 0.06 | 0.08 | 0.15 | 0.14 | 0.22 |
| 湖　北 | 0.02 | 0.03 | 0.03 | 0.03 | 0.03 | 0.02 | 0.03 | 0.03 | 0.04 | 0.21 |
| 湖　南 |  | 0.03 | 0.03 | 0.03 | 0.03 | 0.03 | 0.03 | 0.05 | 0.07 | 0.09 |
| 广　东 | 0.03 | 0.06 | 0.09 | 0.08 | 0.08 | 0.12 | 0.06 | 0.1 | 0.08 | 0.11 |
| 广　西 |  | 0.01 | 0.01 | 0.01 | 0.02 | 0.01 | 0.03 | 0.02 | 0.05 | 0.02 |
| 海　南 | 0.04 | 0.07 | 0.09 | 0.09 | 0.05 | 0.04 | 0.05 | 0.08 | 0.08 | 0.05 |
| 重　庆 |  |  |  |  |  | 0.06 | 0.08 | 0.12 | 0.06 | 0.09 |
| 四　川 | 0.73 | 0.76 | 0.44 | 0.89 | 0.37 | 0.43 | 0.48 | 0.25 | 1.31 | 0.75 |
| 贵　州 |  | 0.03 | 0.02 | 0.02 | 0.03 | 0.02 | 0.03 | 0.03 | 0.03 | 0.03 |
| 云　南 | 0.06 | 0.13 | 0.09 | 0.1 | 0.07 | 0.1 | 0.15 | 0.24 | 0.09 | 0.13 |
| 西　藏 | 57.57 | 20.24 | 13.69 | 14.06 | 8.59 | 15.43 | 11.49 | 14.33 | 12.25 | 30.71 |
| 陕　西 | 0.86 | 0.42 | 0.48 | 0.49 | 0.82 | 1.53 | 1.54 | 0.96 | 1.02 | 1.11 |
| 甘　肃 | 0.02 | 0.24 | 0.19 | 0.17 | 0.48 | 0.16 | 0.25 | 0.22 | 0.39 | 0.58 |
| 青　海 | 20.53 | 10.8 | 16.99 | 12.8 | 9.39 | 13.37 | 16.91 | 15.4 | 21.68 | 20.56 |
| 宁　夏 | 1.44 | 0.2 | 0.21 | 0.2 | 0.69 | 0.67 | 0.75 | 0.82 | 0.88 | 0.87 |
| 新　疆 | 12.8 | 9.36 | 5.29 | 4.11 | 4.23 | 3.39 | 3.87 | 4.04 | 2.78 | 2.85 |

注：表中乳制品的消费量指液态奶、奶粉等之和。

# 法规与标准

## 国家学生饮用奶计划法规

### 农业部、国家发展计划委员会、教育部、财政部、卫生部、国家质量技术监督局、国家轻工业局关于实施国家“学生饮用奶计划”的通知

（2000年8月29日）

各省、自治区、直辖市人民政府：

为改善我国中小学生的营养状况，保证青少年的健康成长，经国务院领导批准，决定在全国分步实施“学生饮用奶计划”，即采取政府引导、政策扶持的方式，通过专项计划向在校中小学生提供由定点企业按国家标准生产的学生饮用奶。这一计划的实施，充分体现了党中央、国务院对我国青少年营养健康的高度重视和关怀，必将对提高国民身体素质产生重要作用，同时对拉动消费，扩大内需，调整和优化农业结构，促进奶业及相关产业的发展，增加农民收入具有重要的意义。现将实施“学生饮用奶计划”的有关事宜通知如下：

一、实施“学生饮用奶计划”，必须坚持“安全、营养、方便、价廉”的原则和“统一部署、规范管理、严格把关、确保质量”的工作方针。各有关部门必须密切配合、精心组织、各司其责，扎扎实实把这项工作做好。

二、实施“学生饮用奶计划”是政府引导的行为，各有关行政部门不能凭借这项工作牟取经济利益。学校也不得在核定的奶价和劳务费用之外任意加价或收取其它费用。同时，这项工作要遵循社会主义市场经济的基本原则进行。

三、学生饮用奶生产企业要认真学习和贯彻执行有关法律法规，严格执行有关国家标准，建立健全质量控制体系。有关行政部门应按照职责分工，依法加强管理和监督，切实保障饮奶卫生和安全。

四、实施“学生饮用奶计划”，要从一开始就用大生产的方式进行操作，鼓励信誉好的大型骨干企业或公司进行规模化的生产、储运、配送，实行有限的市场竞争。学校应当通过在定点企业中公开招标的形式，自主选择质优、价廉的供货单位，并运用合同的方式确定各方的责任。

五、实施“学生饮用奶计划”，要坚持先试点、后推广的原则，根据奶业发展情况分步实施，逐步扩大范围，不能一哄而起。要防止不顾客观条件提出过高的指标和要求，也要防止盲目上奶制品加工等项目，搞低水平的重复建设。

六、实施“学生饮用奶计划”，是一项面向新世纪的系统工程，涉及到人们饮食习惯和消费观念的转变，也涉及到消费水平和生活质量的提高。有关部门、学校、新闻媒体要密切配合，广泛深入地进行有关饮奶与营养健康方面的宣传与教育，树立科学的饮食观念。

七、为保证实施“学生饮用奶计划”的工作健康有序地开展，决定成立由农业部牵头、有关部委局参加的国家“学生饮用奶计划”部际协调小组，下设办公室，负责全国“学生饮用奶计划”实施的组织、协调与指导工作。开展“学生饮用奶计划”的城市可设立或指定相应的机构，负责本市“学生饮用奶计划”的组织与实施工作。

八、“学生饮用奶计划”的实施，按国家“学生饮用奶计划”部际协调小组制定的“实施方案”（见附件）执行。“管理办法”由国家有关部门另行制定。

附件：国家“学生饮用奶计划”实施方案

# 国家“学生饮用奶计划”实施方案

根据国务院领导同志对实施“学生饮用奶计划”的批示，按照实施“学生饮用奶计划”必须坚持“安全、营养、方便、价廉”的原则和“统一部署、规范管理、严格把关、确保质量”的工作方针，制定本方案。

## 一、意义和条件

实施国家“学生饮用奶计划”体现了党中央、国务院对我国青少年营养健康问题的高度重视和关心，对改善我国青少年的营养健康状况，提高国民身体素质具有重要意义，同时也是拉动消费、扩大内需，加快农业产业结构调整，促进奶业发展，增加农牧民收入的一项有效措施。

在政府的政策扶持、行政推动和消费引导下，通过专项计划向学生提供奶制品，即开展“学生饮用奶计划”，是世界上许多国家为改善学生营养和健康状况而采取的一种通用而有效的做法，得到有关国际组织的充分肯定与支持。我国国家“学生饮用奶计划”的启动表明坚持改革开放的中国已加入世界实施“学生饮用奶计划”国家的行列，必将对我国的经济发展和民族强盛产生深远影响，具有现实和长远的战略意义。

从我国现实情况看，开展这项工作已具备了基本条件。第一，具有较充足的奶制品原料资源，有较稳定的奶源生产、加工基地；第二，人们的饮食结构和习惯正在发生变化，越来越多的人开始注意饮食的营养构成；第三，已有了较好的前期工作基础，各有关部门为此做了大量的工作，而且还有实施“大豆行动计划”的工作经验；第四，社会主义市场经济的有关政策、法规正在逐步完善，基本形成了实施“学生饮用奶计划”的良好的外部环境。

## 二、实施步骤

实施国家“学生饮用奶计划”应先试点、后推广，以点带面、分步实施，充分调动各方面的积极性，必须防止一哄而起。具体实施拟分三步进行：

1. 首先在京、津、沪、穗、沈五城市进行试点。通过试点总结经验，对学生饮用奶定点生产企业认定条件、学生饮用奶标志等提出完善意见。试点工作已于1999年正式启动。

2. 第二步向省会城市扩展。在现行五个城市试点的基础上，扩大到省会城市。此项工作2001年正式启动，省会城市的启动和实施视准备情况进行，不一刀切。

3. 第三步向中小城市和其他有条件的城镇推广。这一步需在省会城市实施取得经验的基础上进行。

## 三、组织领导和运作

实施“学生饮用奶计划”是一项系统工程，涉及面广，责任重大。政府有关部门必须密切配合、精心组织、界定职责、绝对确保学生的安全，扎扎实实把这项工作做好。

1. 成立国家“学生饮用奶计划”部际协调小组，负责“学生饮用奶计划”的规划、组织、协调与指导工作。部际协调小组由农业部、教育部、卫生部、国家轻工业局、中宣部、国家发展计划委员会、财政部、国家质量技术监督局、国家食物与营养咨询委员会组成。

2. 成立国家“学生饮用奶计划”部际协调小组办公室（简称“学生饮用奶计划”办公室），负责日常工作。

3. 开展“学生饮用奶计划”的省会城市设立或指定由政府有关部门组成的相应机构，明确职责，负责组织“学生饮用奶计划”的实施。各试点城市对试点工作中出现的问题要及时协调和解决，不断总结经验，推动“学生饮用奶计划”工作顺利开展。

4. 在中、小城市和城镇推广阶段，由各省成立“学生饮用奶计划”工作机构，负责全省“学生饮用奶计划”的实施。

5. 成立专家组，主要负责对“学生饮用奶计划”工作提出技术和政策咨询意见。

6. 在试点阶段，由实施“学生饮用奶计划”的城市教育主管部门确定和提出准入学校的名单及分批进入的顺序。数量，商市“学生饮用奶计划”工作机构予以安排。

7. 按照市“学生饮用奶计划”工作机构的安排，学校通过招标等办法货比三家，自主选定质优价廉的供奶企业后，与生产企业签订供货合同，明确各方的责任。企业按合同规定按时供货，学校按合同规定结算货款。

8. 由卫生部会同教育部组织实施“学生饮用奶计划”城市的有关部门开展对学生饮奶后的营养与健康状况，进行跟踪监测。

## 四、宣传教育和政策扶持

**（一）宣传教育**

1. 要通过各种新闻媒体对实施国家“学生饮用奶计划”进行大张旗鼓的宣传。宣传重点是：实施国家“学生饮用奶计划”的意义和目的、原则和工作方针；奶制品与营养健康的科学知识，奶业振兴与民族强盛；党中央和国务院对青少年营养与健康的关心和重视等。

2. 在部委局联合下发关于实施国家“学生饮用奶计划”的通知时，召开新闻发布会，进行集中宣传，造成声势。

3. 制作宣传“学生饮用奶”的公益广告在中央电视台定期播放。

4. 在实施“学生饮用奶计划”的城市，由当地政府选定一报一台进行有关宣传。

5. 按教育部的统一安排，在健康教育计划中，充实奶类与健康的教学内容。

**（二）政策扶持**

1. 千方百计降低学生饮用奶的价格，减轻学生家长负担，是“学生饮用奶计划”顺利实施的必要保证。涉及政策问题，需通过试点，深入调查研究，提出解决问题的政策性意见。各试点城市要根据自己的实际情况，因地制宜地制定有关优惠政策措施。

2. 随着“学生饮用奶计划”的实施，牛奶的消费必将有大的增长。要以“学生饮用奶”为突破口，进一步推动奶类行动计划，加快我国畜牧业结构调整和发展，以缩小我国奶业生产消费与世界的差距。对此，农业部要结合“十五”计划和“2001—2010 年我国食物与营养发展纲要”的制定，研究制定和实施奶业发展规划。各地可根据自己的实际情况，制定奶业发展计划，实行科技兴奶，保证学生饮用奶的生产和奶源供应，以加快“学生饮用奶计划”的实施。

## 五、需要强调的几个问题

1. 卫生、质量技术监督、工商、物价、税务等政府部门要按照现行法规，加强对学生饮用奶生产、销售的管理和监督，严厉查处违法行为。

2. 除物价部门核定的价格和收费外，各有关行政部门不能凭借这项工作牟取经济利益，不能向企业收取评审、标志使用费，也不允许学校在核定的价格之外任意加价和收取其他费用。

3. 实施“学生饮用奶计划”一开始就要用大生产的方式去操作，鼓励信誉好的大型骨干企业或公司进行规模化的生产、储运、配送，实行有限的市场竞争。

4. 凡实施“学生饮用奶计划”的学校，学生课间或午餐只组织学生饮用定点企业生产的学生饮用奶。

5. 推广学生饮用奶既要贯彻自愿消费的原则，又要能在学生中普遍推广，逐步养成学生喝奶的习惯。要关注和解决好经济困难学生的喝奶问题。

# 农业部、教育部、国家质量技术监督局、国家轻工业局关于印发《国家“学生饮用奶计划”暂行管理办法》的通知

（2000 年 10 月 13 日）

各省、自治区、直辖市人民政府：

为了加强对实施国家“学生饮用奶计划”的全面指导和有效管理，以确保这项关系我国青少年健康成长的计划顺利开展，根据农业部、国家发展计划委员会、教育部、财政部、卫生部、国家质量技术监督局、国家轻工业局等七个部委局联合发出的《关于实施国家“学生饮用奶计划”的通知》的精神，现将《国家“学生饮用奶计划”暂行管理办法》印发给你们，请认真贯彻执行。

附件：国家“学生饮用奶计划”暂行管理办法

# 国家“学生饮用奶计划”暂行管理办法

## 第一章　总　　则

**第一条**　为改善我国中小学生的营养状况，以利青少年健康成长，决定实施以在校中小学生为主的国家“学生饮用奶计划”。为使这项计划顺利实施，并纳入规范化、法制化管理的轨道，特制定本办法。

**第二条**　本办法所称“学生饮用奶”，系指由国家有关部门认定的定点企业生产、符合国家标准、专供中小学生饮用的灭菌牛奶。学生饮用奶必须符合“安全、营养、方便、价廉”的基本要求。

**第三条**　实施“学生饮用奶计划”，必须坚持“统一部署、规范管理、严格把关、确保质量”的工作方针，各有关部门要密切配合，精心组织，各司其责，严格监管。通过政府。企业、学校和全社会的共同努力，在试点基础上逐步扩大推广，积极稳妥地把这项工作抓实抓好。

**第四条**　严格贯彻执行《中华人民共和国食品卫生法》、《中华人民共和国产品质量法》、《中华人民共和国消费者权益保护法》以及其他相关法律法规，并按照社会主义市场经济的原则和机制进行管理与运作。

## 第二章　生产企业

**第五条**　对学生饮用奶定点生产企业实行资格认定制度。从事学生饮用奶生产的企业，必须具备以下基本条件：

1. 有稳定、优质的鲜奶原料基地，奶牛饲养达到规范化要求，卫生防疫体系健全；
2. 有符合相应规范要求的生产工艺和设备条件；
3. 有健全完善的经营管理制度和质量保证体系；
4. 有必备的检验仪器设备和素质良好的专职检验人；
5. 有稳定的产品质量，未发生过重大产品质量事故；
6. 有完善的、高效的配送和服务系统。

**第六条**　凡申报从事学生饮用奶生产的企业，必须填写“学生饮用奶定点生产企业申请表”，向实施“学生饮用奶计划”城市的学生饮用奶工作机构进行申报，同时提供企业法人营业执照、乳品生产卫生许可证、试生产的学生饮用奶样品及质量与卫生检验报告、企业综合情况等材料。经初审，上报国家“学生饮用奶计划”办公室进行复审，必要时派专家组实地调查和评估。凡当地无学生饮用奶工作机构的，企业可直接向国家“学生饮用奶计划”办公室申报。符合学生饮用奶生产条件的企业，经农业部、教育部、国家质量技术监督局、国家轻工业局共同认定，方可取得供奶资格，有效期为三年。

**第七条**　凡取得供奶资格的企业，授予“中国学生饮用奶定点生产企业”证书和标牌，准予使用中国学生饮用奶标志，并统一公告。

**第八条**　定点企业必须建立起一套完善、科学的管理制度，努力提高生产效率，降低成本，并指定专人负责，定期检查执行情况，及时解决存在的问题。确保学生饮用奶的质量。

**第九条**　定点企业要坚持科技兴奶，形成规模化的原料生产、加工与配送一条龙的产业化经营体系。

## 第三章　质量监督与价格管理

**第十条**　学生饮用奶的质量及其标识应执行国家标准 GB—5408.2—1999《灭菌乳》和 GB7718—1994《食品标签通用标准》的规定，但应采用符合 GB/T6914—1986《生鲜牛乳收购标准》规定的原奶生产，不得用复原乳生产。每份奶的单件包装净含量应采用 180 毫升、200 毫升、250 毫升等规格，净含量负偏差符合国家规定。在包装盒（袋）上印制统一标志，并注明“不准在市场销售”字样。

**第十一条**　定点企业必须按照质量标准，对所生产的每批产品进行质量检验，并提出规范化检测报告，同时建立产品质量档案，对每批受检产品进行留样封存，以备待查。

**第十二条**　定点企业必须依法接受当地的卫生、质量技术监督等部门的监督管理，产品卫生和质量不合格的，有关执法部门应责令其停产整顿，限期达标。

**第十三条**　学生饮用奶的价格按保本微利的原则核定。有条件的城市可由政府适当补贴，使学生饮用奶的价格水平低于当地市场同类同质产品。

**第十四条**　有关管理部门对定点企业申报认定、标志使用及质量监督均不向企业收取费用。

## 第四章　学校准入与配送

**第十五条**　“学生饮用奶计划”在地方的组织实施由当地人民政府全面负责，当地教育部门负责在学校的实施与落实。根据奶业生产发展状况和近期内可能提供学生饮用奶的数量，可先选择一部分后勤服务、交通等条件较好的学校，批准加入实施“学生饮用奶计划”行列，并向上一级行政管理部门备案。随着奶业发展和学校条件的改善，可逐步扩大实施范围。

**第十六条**　实施“学生饮用奶计划”的学校，按照当地“学生饮用奶计划”工作机构的安排在定点企业中进行招标，自主选定供奶企业，并签订供货合同，明确双方的权利与义务。

**第十七条**　学生饮用奶应由定点企业组织专人专车按供货合同向学校直接配送。必要时企业可以在学校集中的区域或规模较大的学校设立学生饮用奶配送站（点），以提高配送效率。鼓励具有集团优势的定点企业跨城市、跨地区向学校供奶。

**第十八条**　学校应做好学生饮用奶的营养健康知识宣传教育工作。要采用各种适当形式向师生及家长进行宣传教育，学生饮用应坚持学校引导、学生自愿的原则，对家庭经济困难的学生，可采取多种方法给予帮助。

**第十九条**　学校要加强并完善对学生饮奶的管理工作，制定必要的制度，对牛奶分发、饮奶时间、奶费收缴、饮后包装物的统一收集和处理作出规定。有关学生饮用奶在学校储藏、保管、发送中发生的费用由企业承担，但需由当地教育部门商物价部门统一核定。不允许学校在核定的价格之外任意加价或收取其他费用。

**第二十条**　凡实施“学生饮用奶计划”的学校，学生课间或午餐，只组织学生饮用定点企业生产的学生饮用奶。

## 第五章　法律责任

**第二十一条**　违反本办法的规定，生产和向学校配送不符合国家卫生和质量标准的学生饮用奶造成中毒事故或其它食源性疾患的定点生产企业，除按有关法律、法规进行处罚外，取消学生饮用奶定点生产企业资格，撤消其学生饮用奶标志的使用权，并予以公告。

**第二十二条**　违反本办法规定，未取得学生饮用奶定点生产企业资格，擅自使用学生饮用奶标志的，由当地质量技术监督部门予以制止。

**第二十三条**　学校不得定购和组织学生饮用非定点企业产品。由于学校管理不善或工作失职，造成集体安全卫生事故，由教育行政主管部门对有关责任人员给予处分。造成严重后果的，应依法追究责任。

## 第六章　附　　则

**第二十四条**　凡生产、配送、组织消费学生饮用奶的单位或个人，必须遵守本办法。

**第二十五条**　本办法由国家“学生饮用奶计划”部际协调小组办公室负责解释。

**第二十六条**　本办法自发布之日起执行。

# 农业部关于印发中国学生饮用奶标志使用暂行管理办法及使用规范的通知

（2000年10月20日）

各省、自治区、直辖市人民政府：

根据农业部等七部委局《关于实施国家“学生饮用奶计划”的通知》和农业部等部局关于《国家“学生饮用奶计划”暂行管理办法》的规定，现将经国家“学生饮用奶计划”部际协调小组审定的《中国学生饮用奶标志使用暂行管理办法》和《中国学生饮用奶标志使用规范》印发给你们，请监督指导学生饮用奶定（试）点推广城市的有关部门和生产企业遵照执行。

附件：1. 中国学生饮用奶标志使用暂行管理办法

2. 中国学生饮用奶标志使用规范

## 中国学生饮用奶标志使用暂行管理办法

为加强对中国学生饮用奶标志使用的管理，维护其形象和信誉，根据《国家“学生饮用奶计划”暂行管理办法》的规定，制定本管理办法。

一、中国学生饮用奶标志是经国家“学生饮用奶计划”部际协调小组审定，由农业部公布，用以标识证明在学校推广的学生饮用奶安全、营养的专用标志。

二、中国学生饮用奶标志由标志图案、标准字体、标准色和批准文号组成。使用者不得更改其比例关系、色相和使用位置。

三、根据《国家“学生饮用奶计划”暂行管理办法》，经农业部、教育部、国家质量技术监督局、国家轻工业局认定，获得定点生产中国学生饮用奶资格的企业具有中国学生饮用奶标志使用资格，并由农业部分批予以公告。

四、凡取得中国学生饮用奶标志使用资格的定点生产企业的产品必须符合《国家“学生饮用奶计划”暂行管理办法》第十条规定的质量和卫生标准。

五、根据《国家“学生饮用奶计划”暂行管理办法》，被农业部、教育部、国家质量技术监督局、国家轻工业局取消定点生产中国学生饮用奶资格的企业，即失去中国学生饮用奶标志使用资格，并由农业部予以公告。

六、未经农业部、教育部、国家质量技术监督局、国家轻工业局认定，任何单位和个人无权使用中国学生饮用奶标志。擅自使用标志的，按《国家“学生饮用奶计划”暂行管理办法》处理。

七、中国学生饮用奶标志仅限用于产品包装、运输工具、广告宣传。取得中国学生饮用奶标志使用资格的定点生产企业要严格执行《中国学生饮用奶标志使用规范》（见附件2）。对不执行本使用规范，经检查督促仍不纠正者，取消其定点生产企业资格，并由农业部予以公告。

八、获得中国学生饮用奶生产资格的企业，必须将承印中国学生饮用奶标志的单位报国家“学生饮用奶计划”部际协调小组办公室备案。

九、本办法由国家“学生饮用奶计划”部际协调小组委托农业部负责解释。

十、本办法自印发之日起执行。

## 中国学生饮用奶标志使用规范

根据《国家“学生饮用奶计划”暂行管理办法》的规定，为统一中国学生饮用奶标志的形象，制定本使用规范。

一、标志由标志图案、标准色、标准字体和批准文号组（其比例关系、色相和使用位置图略）

二、标志采用标准色系制定（略）

黑色标志用于黑白印刷品中，在彩色广告及包装设计中不得单独使用黑色奶标。

三、标志应印制在白地色上，不得透叠其他色彩和图案。印制在有色材料上时，其他地色不得影响标志的标准色相。

四、标志仅限使用于产品包装、运输工具、广告宣传（图略）

五、本使用规范由国家“学生饮用奶计划”部际协调小组委托农业部负责解释。

## 农业部、教育部、国家质量技术监督局、国家轻工业局关于印发《学生饮用奶定点生产企业申报认定暂行办法》的通知

（2001年1月5日）

各省、自治区、直辖市农业（农牧渔业、农林、农牧）、畜牧、农垦厅（局），教育厅（局）、教委，质量技术监督局，轻工业主管部门：

根据农业部、教育部、国家质量技术监督局、国家轻工业局四部局联合制定的《国家“学生饮用奶计划”暂行管理办法》的规定，为确保学生饮用奶的质量、饮奶安全及稳定供应，使“学生饮用奶计划”顺利实施，现将《学生饮用奶生产定点企业申报认定暂行办法》印发给你们，请认真贯彻执行。

附件：学生饮用奶定点生产企业申报认定暂行办法

# 学生饮用奶定点生产企业申报认定暂行办法

## 第一章　总　　则

**第一条**　为确保学生饮用奶质量、饮奶安全及稳定供应、使“学生饮用奶计划”顺利实施，根据《国家“学生饮用奶计划”暂行管理办法》制定本办法。

**第二条**　实施“学生饮用奶计划”的城市应当制定实施方案，设立或指定有关部门组成工作机构负责申报工作。

**第三条**　实施“学生饮用奶计划”的城市应当根据优中选优的原则，对申报学生饮用奶定点生产企业分批认定，逐步扩大规模。

## 第二章　申报条件

**第四条**　学生饮用奶定点生产企业应当有足够、稳定和优质的奶源基地。

1．有稳定的合同供奶牛场，日供应鲜奶大于50吨以上。合同牛场应当符合卫生部颁发的《乳与乳制品卫生管理办法》有关规定。

2．合同牛场应当具有机械化挤奶设备，管道输送生鲜牛奶，并配备有制冷罐、不锈钢冷藏车，保证原料奶的冷链运输。

3．合同牛场卫生防疫体系健全，动物防疫监督机构对奶牛进行定期检疫。

**第五条**　供生产学生饮用奶的原料奶应当符合GB6914—1986《生鲜牛奶收购标准》的规定，细菌指标应符合I级标准要求，牛奶中不含抗菌素。

生产学生饮用奶执行GB—5408.2—1999《灭菌乳》中全脂灭菌纯牛乳的规定。生产全脂灭菌调味乳作学生饮用奶，纯牛奶的比例不低于80%。

禁止用复原奶生产学生饮用奶。在学生饮用奶标准颁布之前，不使用食品营养强化剂。

**第六条**　学生饮用奶生产企业应当符合《中华人民共和国食品卫生法》的规定，建立完善的质量管理体系。

1．通过GB/T19000—质量管理认证或具有HACCP管理系统。

2．具有正规的检验室，能够系统地进行乳与乳制品的常规理化检测，做到检测与生产同步完成。

3．检测仪器应当经过国家质量技术监督机构的计量标准认定并在有效期内，应当定期对分析仪器用国家标准方法进行校正。

4．检测项目、方法应当符合国家标准。

5．检测人员应当受过专业培训，持证上岗，并有50%以上人员具备大专以上学历或初级以上技术职称。

6．具有完善、严格的检验室管理和档案管理制度。检验数据应当保存3年以上。对保存的数据应当进行统计分析，定期提供分析报告以指导生产，防止出现产品重大缺陷。

**第七条**　学生饮用奶生产企业应当具备下列生产设备、设施，并符合GB12073-1989《乳品设备安全卫生》要求。

1．收奶系统设备：过滤器、净乳机、片式冷却交换器和原料奶储仓和储罐。

2．牛奶的标准化、脱气、均质和巴氏杀菌设备。

3．配料混合系统设备：高速剪切混料机、配料罐，配料后的巴氏杀菌、均质、冷却设备。

4．超高温瞬时灭菌设备：全自动控制无菌级超高温瞬时灭菌成套设备，并与无菌级灌装机相配套。

5．清洗设备：与无菌灌装生产线相配套的自动清洗系统。

6．包装设备：无菌级包装机。

**第八条**　学生饮用奶包装应当适合搬运和分装，符合国家有关食品包装的规定。

标识应执行《产品标识标注规定》、GB7718-1994《食品标签通用标准》的规定并在包装盒（袋）上印刷学生饮用奶统一标志，同时注明“不准在市场销售”字样。

每份奶的单位包装净含量应采用180毫升、200毫升、250毫升等规格。

**第九条** 生产车间建设及环境应当达到安全、卫生和环保要求，符合GB12693—1990《乳品厂卫生规范》的规定。

**第十条** 学生饮用奶生产企业应当建立健全的配送系统，有专用配送车辆和专职配送人员，做到定时、定点配送和服务。

## 第三章 申报及认定程序

**第十一条** 从事学生饮用奶生产企业，应当向当地政府学生饮用奶工作机构领取《学生饮用奶定点生产企业申请表》和相关资料。

**第十二条** 申请企业按要求填写《学生饮用奶定点生产企业申请表》，并按学生饮用奶的要求试生产学生饮用奶样品。

**第十三条** 申请企业向当地学生饮用奶工作机构申报时，应当提交以下材料：《学生饮用奶定点生产企业申请表》、企业法人营业执照、乳品生产卫生许可证、试生产的学生饮用奶样品及省级卫生防疫部门和省级以上质量技术监督部门依法授权的检验机构的质量与卫生检验报告、企业综合情况及生产、技术、质量管理制度等。

多点生产学生饮用奶的大型奶业集团（公司），应当将各生产点的材料分别向所在城市的学生饮用奶工作机构申报。

**第十四条** 当地城市学生饮用奶工作机构按第二章规定的申报条件进行初审，并根据当地实施“学生饮用奶计划”的实际需要和优中选优的原则，筛选符合条件的生产企业，报国家“学生饮用奶计划”部际协调小组办公室复查。

**第十五条** 为鼓励大型骨干乳品企业进行学生饮用奶的规模化生产、储运、配送，凡当地尚未开展学生饮用奶计划或厂址不在城市的乳品企业，日处理鲜奶在100吨以上，可按以上要求直接向国家“学生饮用奶计划”部际协调小组办公室提出申请。

**第十六条** 国家“学生饮用奶计划”部际协调小组办公室组织专家根据上报材料进行审查。必要时进行实地调查和评估。

**第十七条** 经审查，符合学生饮用奶生产条件的企业，经农业部、教育部、国家质量技术监督局、国家轻工业局共同认定，即可取得定点生产企业资格，准予使用中国学生饮用奶标志，有效期为三年。

**第十八条** 认定的学生饮用奶定点生产企业，由国家“学生饮用奶计划”部际协调小组办公室予以公告。并授予“中国学生饮用奶定点生产企业”证书和标牌。

## 第四章 附 则

**第十九条** 凡要求进行学生饮用奶生产的企业、学生饮用奶管理工作机构必须遵守本办法。

**第二十条** 本办法由国家“学生饮用奶计划”部际协调小组办公室负责解释。

**第二十一条** 本办法自发布之日起执行。

# 奶畜品种与饲养标准

## 中华人民共和国国家标准

## 中国黑白花奶牛

UDC636.2.088.5 (510)

GB 3157-82

The black and white dairy cattle of China

本标准适用于全国黑白花奶牛的品种鉴别、外貌鉴定和良种母牛登记。

### 1 品种特性和外貌特征

#### 1.1 品种形成

本品种牛是由国外引入的黑白花牛经过长期选育、驯化或与各地黄牛进行三代以上杂交，选育而形成的乳用品种牛。

#### 1.2 毛色与外貌

毛色黑白花，界线分明。皮薄有弹性。各部位匀称。母牛头清秀，公牛有雄相，头颈结合良好。体躯长、宽、深。肋骨间距宽、长而开张。母牛腹大不下垂，公牛适中。胸深、宽。背线平直。尻部长、平、宽。四肢结实，蹄质坚实，蹄底呈圆形。乳房细致，乳静脉明显。乳房大而不下垂，前伸后延，附着良好。乳头大小适中，垂直呈柱形，间距匀称。

#### 1.3 体尺、体重见表 1

表 1 成年牛的体高和体重（下限）

| 性 别 | 体 重（公斤） | 体 高（厘米） |
|---|---|---|
| 公 | 1 000 | 150 |
| 母 | 500 | 130 |

### 2 生产性能

#### 2.1 产奶量

在一般饲养条件下，母牛的 305 天产奶量（下限）：一胎 3 500 公斤，二胎 3 900 公斤，三胎 4 200 公斤，四胎 4 400 公斤，五胎 4 500 公斤。

#### 2.2 乳脂率

乳脂率为 3.4%，但各胎次产奶量每增加 1 000 公斤，可允许乳脂率降低 0.1%。

### 3 外貌评分等级标准

外貌鉴定按百分制评定（见附录 A），划分为四个等级。即特、一、二、三等，见表 2。

表 2 外貌评分等级标准

| 性 别 | 特 等 | 一 等 | 二 等 | 三 等 |
|---|---|---|---|---|
| 公 | 85 | 80 | 75 | 70 |
| 母 | 80 | 75 | 70 | 65 |

注：本栏目中的计量单位为标准发布时的计量单位。

# 附　录　A

（补充件）

## A.1　外貌鉴定试行方法

母牛的外貌鉴定评分项目，包括：一般外貌与乳用特征、体躯、泌乳系统、肢蹄共四大部分，细目为16项。根据每一部位对奶牛生产性能、体质的关系与重要性，分别订出不同评分标准，总计为100分，见表A1。公牛的项目与母牛大体相似，但各有侧重，见表A2。

对公、母牛进行外貌鉴定时，若乳房、四肢和体躯其中一项有明显生理缺陷时，不能评为特等；有两项时不能评为一等；有三项时不能评为二等。

鉴定时间：母牛在1、3胎产后第二个泌乳月各鉴定一次。公牛在12、60月龄各鉴定一次。

**表A1　母牛外貌鉴定评分表**

| 项　目 | 细目与评满分要求 | 标准分 |
|---|---|---|
| 一般外貌与乳用特征 | 1. 头、颈、鬐甲、后大腿等部位棱角和轮廓明显 | 15 |
| | 2. 皮肤薄而有弹性，毛细而有光泽 | 5 |
| | 3. 体高大而结实，各部结构匀称，结合良好 | 5 |
| | 4. 毛色黑白花，界线分明 | 5 |
| | 小　计 | 30 |
| 体躯 | 5. 长、宽、深 | 5 |
| | 6. 肋骨间距宽，长而开张 | 5 |
| | 7. 背腰平直 | 5 |
| | 8. 腹大而不下垂 | 5 |
| | 9. 尻部长、平、宽 | 5 |
| | 小　计 | 25 |
| 泌乳系统 | 10. 乳房形状好，向前后伸延，附着紧凑 | 12 |
| | 11. 乳房质地：乳腺发达，柔软而有弹性 | 6 |
| | 12. 四乳区：前乳区中等长，四个乳区匀称，后乳区高、宽而圆，乳镜宽 | 6 |
| | 13. 乳头：大小适中，垂直呈柱形，间距匀称 | 3 |
| | 14. 乳静脉弯曲而明显，乳井大，乳房静脉明显 | 3 |
| | 小　计 | 30 |
| 肢蹄 | 15. 前肢：结实、肢势良好，关节明显，蹄形正，质坚实，蹄底呈圆形 | 5 |
| | 16. 后肢：结实，肢势良好，左右两肢间宽，系部有力，蹄形正，蹄质坚实，蹄底呈圆形 | 10 |
| | 小　计 | 15 |
| | 总　计 | 100 |

**表A2　公牛外貌鉴定评分表**

| 项　目 | 细目与评满分要求 | 标准分 |
|---|---|---|
| 一般外貌 | 1. 毛色黑白花，体格高大 | 7 |
| | 2. 有雄相，肩峰中等，前躯较发达 | 8 |
| | 3. 各部位结合良好而匀称 | 7 |
| | 4. 背腰：平直而结实、腰宽而平 | 5 |
| | 5. 尾长而细，尾根与背线呈水平 | 3 |
| | 小　计 | 30 |
| 躯体 | 6. 中躯：长、宽、深 | 10 |
| | 7. 胸部：胸围大，宽而深 | 5 |
| | 8. 腹部紧凑，大小适中 | 5 |
| | 9. 后躯：尻部长、平、宽 | 10 |
| | 小　计 | 30 |

（续）

| 项　目 | 细目与评满分要求 | 标准分 |
|---|---|---|
| 乳用特征 | 10. 头、体型、后大腿的棱角明显，皮下脂肪少 | 6 |
| | 11. 颈长适中、垂皮少，鬐甲呈楔形，肋骨扁长 | 4 |
| | 12. 皮肤薄而有弹性，毛细而有光泽 | 3 |
| | 13. 乳头呈柱形，排列距离大，呈方形 | 4 |
| | 14. 睾丸：大而左右对称 | 3 |
| | 小　　计 | 20 |
| 肢蹄 | 15. 前肢：肢势良好，结实有力，左右两肢间宽。蹄形正，质坚实，系部有力 | 10 |
| | 16. 后肢：肢势良好，结实有力，左右两肢间宽，飞节轮廓明显，系部有力，蹄形正，蹄质坚实 | 10 |
| | 小　　计 | 20 |
| | 总　　计 | 100 |

**A.2　良种母牛登记试行办法**

A.2.1　凡登记牛必须体质健康，体尺、体重符合品种标准。

A.2.2　谱系：三代谱系清楚，记录中要有牛号、血统和生产性能。

A.2.3　外貌分数：母牛在75分以上；但在乳房、四肢、尻部和中躯以上部位中，其中一项有显著外貌缺陷者不能进行登记。

A.2.4　生产性能：305天产奶量（下限）：一胎5 000公斤，二胎5 400公斤，三胎5 700公斤，四胎5 900公斤，五胎6 000公斤。乳脂率3.4%，但各胎次产奶量每增加1 000公斤，可允许乳脂率降低0.1%。

**A.3　乳脂率在本标准中的含义**

本标准所采用的乳脂率指标，只反映目前中国黑白花奶牛的牛奶质量水平，作为评定奶牛质量的指标之一，不是该品种牛育种目标，也不做为牛奶收购的定价依据。

附加说明：

本标准由中华人民共和国农牧渔业部提出。

本标准由北京农业大学、中国黑白花奶牛科研育种协作组起草。

本标准主要起草人周建民。

# 中华人民共和国专业标准

## 新疆褐牛

ZB B 43003-86

Xinjiang brown cattle

本标准适用于新疆褐牛的品种鉴别、外貌鉴定和良种母牛登记。

## 1　品种特征和外貌特征

### 1.1　品种形成

本品种牛是由国外引入的瑞士褐牛、阿拉托乌牛及少量科斯特罗姆牛与本地黄牛进行三代以上杂交改良，在山区放牧饲养、经长期选育而成的耐粗饲、耐寒、牧放性能好的乳肉兼用品种牛。

### 1.2　毛色与外貌

被毛褐色、深浅不一，头顶、角基部为灰白或黄白色，多数有灰白或黄白色的口轮和背线，皮肤、角尖、眼睑、鼻镜、尾帚、蹄均呈深褐色。体格中等大、体质结实、各部位匀称、结合良好。母牛头清秀、额稍凹、枕骨脊突出、角向侧前上方弯曲，呈半椭圆形，角尖稍直。头颈结合良好、颈垂较明显，鬐甲宽圆，背腰平直较宽，胸发达深、宽，腹中等大，尻宽长适中，臀部肌肉较丰满，四肢结实，蹄圆、质坚实。公牛有雄相，角粗、弯小，颈圆拱。母牛乳房发育中等大，皮肤浅黄色、细致，附着良好，乳头大小适中，呈柱状，分布匀称。

1.3 **体高、体重见表 1。**

**表 1 各龄牛的体高和体重（下限）**

| 公牛 | | | 母牛 | | |
|---|---|---|---|---|---|
| 年龄 | 体高（cm） | 体重（kg） | 年龄 | 体高（cm） | 体重（kg） |
| 初生 | | 35 | 初生 | | 28 |
| 六月龄 | | 150 | 六月龄 | | 120 |
| 十二月龄 | 112 | 280 | 十二月龄 | 102 | 180 |
| 十八月龄 | 117 | 380 | 十八月龄 | 108 | 280 |
| 五岁 | 138 | 800 | 廿四月龄 | 113 | 320 |
| | | | 三岁 | 116 | 360 |
| | | | 四岁 | 118 | 400 |
| | | | 五岁以上 | 120 | 420 |

## 2 生产性能

### 2.1 产奶量

饲养方式有两种：第一种放牧：全年放牧、夏季挤奶。第二种半舍饲：季节性放牧，冬季舍饲，全年挤奶。两种饲养方式制订产奶量标准见表 2。

**表 2 母牛胎次产奶量（下限）**

| 饲养方式 | 挤奶天数 | 一胎 | 二胎 | 三胎以上 | 备注 |
|---|---|---|---|---|---|
| 放牧 | 100 | 800 | 900 | 1 000 | 包括犊牛日吃奶 2kg |
| 半舍饲 | 305 | 2 400 | 2 700 | 3 000 | |

注：不足 100 天或 305 天的按实际挤奶天数；超过 100 天或 305 天的按 100 天或 305 天的挤奶量算，超过部分去掉。

### 2.2 乳脂率不低于 4%。

### 2.3 屠宰率

在一般放牧条件下育肥，中等膘度屠宰率：1.5 岁为 48%，2.5 岁为 50%，成年每年为 52%。

## 3 外貌评分等级标准

外貌鉴定，按百分制评定（见附录 A）划分为四个等级。即特、一、二、三级，见表 3。

**表 3 外貌评分等级标准**

| 性别 | 特级 | 一级 | 二级 | 三级 |
|---|---|---|---|---|
| 公 | 85 | 80 | 75 | |
| 母 | 80 | 75 | 70 | 65 |

## 附录 A
（补充件）

### A.1 外貌鉴定方法

母牛外貌鉴定评分按一般外貌与乳肉兼用特征、体躯、泌乳系统、肢蹄四大部分。根据每大部分对牛体健壮，生产性能的关系与重要性，订出不同评分标准，总计 100 分。见表 A1。对公牛的鉴定评分与母牛大体相似，但各有侧重，见表 A2。

**表 A1 母牛外貌鉴定评分表**

| 项目 | 部位评满分的要求 | 满分 |
|---|---|---|
| 一般外貌与乳肉兼用特征 | 品种特征明显，毛褐色、有光泽，乳肉兼用型。体格大而结实，各部位结构匀称、结合良好，肌肉丰满 | 30 |
| 体躯 | 长、宽、深，背腰平直，鬐甲宽圆，肋骨开张，胸宽、深、长、腹中等大，尻长、平、宽 | 25 |
| 泌乳系统 | 乳房形状好，向前后延伸，附着紧凑，乳腺发达，柔软，四个乳区匀称，乳镜宽，乳头大小适中，呈柱状，分部匀称，乳静脉弯曲明显，乳井大 | 25 |
| 肢蹄 | 四肢结实，姿势良好，左右距离宽，关节明显，系部有力，蹄形正、质坚实 | 20 |
| 合计 | | 100 |

表 A2　公牛外貌鉴定评分表

| 项　目 | 部位评满分的要求 | 满分 |
|---|---|---|
| 一般外貌 | 品种特征明显，毛褐色、有光泽，体格大而结实，结构匀称。雄相好，颈圆拱，前躯较发达，结合良好，尾长、尾根与背线呈水平 | 30 |
| 体　躯 | 长、宽、深，背腰平、直而结实，鬐甲宽圆，胸宽、深，胸围 大，腹紧凑、大小适中，尻长、平、宽 | 30 |
| 乳肉兼用特征 | 乳肉兼用型，前胸较宽，肌肉丰满，四个乳头圆柱状，距离大、呈方形，睾丸大，左右匀称 | 20 |
| 肢　蹄 | 四肢结实，姿势良好，左右距离宽，关节明显，系部有力，蹄形正、质坚实 | 20 |
| 合　计 | | 100 |

对公、母牛进行外貌鉴定评分定级时，若在整体或某一部位有严重缺陷者，不能评为二级；有明显缺陷者，不能评为一级，即要从总分中减去相应的分数，得该牛的等级分数。

鉴定时间：母牛在一胎和三胎产后第二个泌乳月时各鉴定一次。公牛在12、36、60月龄各鉴定一次。

A.2　**良种母牛登记办法**

A.2.1　凡登记的牛必须记录有牛号、谱系三代清楚。

A.2.2　外貌鉴定评75分以上。

A.2.3　各年龄的体高、体重要达到表A3所列指标。

表 A3　良种登记母牛体高和体重（下限）

| 年　龄 | 三岁 | 四岁 | 五岁以上 | 备　注 |
|---|---|---|---|---|
| 体高（cm） | 121 | 123 | 125 | |
| 体重（kg） | 400 | 430 | 470 | |

A.2.4　各胎次产奶量要达到表A4所列指标。

表 A4　良种登记母牛产奶量（下限）

| 饲养方式 | 挤奶天数 | 一胎 | 二胎 | 三胎以上 | 备　注 |
|---|---|---|---|---|---|
| 放　牧 | 100 | 1 000 | 1 200 | 1 400 | 包括犊牛日吃奶2kg |
| 半舍饲 | 305 | 3 000 | 3 500 | 4 000 | |

A.2.5　乳脂率不低于4%（为登记胎次产奶量的）。

附加说明：

本标准由中华人民共和国农牧渔业部提出。

本标准由新疆维吾尔自治区畜牧厅、新疆维吾尔自治区奶牛协会负责起草。

本标准主要起草人吴蓬春，黄安华。

# 中华人民共和国国家标准

UDC636.485（517.4）

## 三　河　牛

GB 5946-86

San-he cattle

本标准适用于三河牛品种鉴别和等级评定。

## 1 品种特性和外貌特征

### 1.1 品种特征

三河牛是在内蒙古呼伦贝尔草原上育成的乳肉兼用品种。

三河牛适应性强、耐粗饲、耐高寒、抗病力强、宜牧、乳脂率高、遗传性能稳定。

### 1.2 外貌特征

三河牛毛色有红、(黄)白花和黑白花，体大结实，结构匀称，肌肉适度，骨骼健壮，性情温驯，公牛雄相明显，头大小适中，颈肩结合良好，胸部较深，背腰平直，母牛腹大不下垂，公牛适中，公牛尻部宽广平直，母牛荐部稍显隆起，四肢健壮，肢势端正，蹄质坚实，乳房大小中等，质地良好，乳静脉弯曲明显，乳头大小适中。

## 2 生产性能（下限）

### 2.1 产乳量指标，见表1。

表1 母牛305天产乳量

kg

| 等级＼胎次 | 一 | 二 | 三 | 四 | 五 |
|---|---|---|---|---|---|
| 特 | 3 000 | 3 800 | 4 300 | 4 600 | 4 800 |
| 一 | 2 600 | 3 200 | 3 600 | 3 800 | 4 000 |
| 二 | 2 000 | 2 400 | 2 700 | 2 900 | 3 000 |
| 三 | 1 500 | 1 700 | 1 800 | 1 900 | 2 000 |

### 2.2 乳脂率

乳脂率4%，但各胎次产乳量每增加1 000kg，可允许乳脂率降低0.1%。

### 2.3 产肉性能

1.8月龄以上公、阉牛经过短期育肥后，屠宰率为55%，净肉率为45%。

## 3 体长、体重标准（下限）

### 3.1 成年牛体尺标准，见表2。

表2

cm

| 性别＼体尺 | 体高 | 体斜长 | 胸围 | 管围 |
|---|---|---|---|---|
| 公 | 155 | 185 | 220 | 24 |
| 母 | 130 | 150 | 190 | 18 |

### 3.2 成年牛体重等级标准，见表3。

表3

kg

| 性别＼等级 | 特 | 一 | 二 | 三 |
|---|---|---|---|---|
| 公 | 1 000 | 950 | 900 | 850 |
| 母 | 600 | 550 | 500 | 450 |

## 4 外貌鉴定评分等级标准

外貌鉴定评分等级标准，见表4。

表4

| 性别＼等级 | 特 | 一 | 二 | 三 |
|---|---|---|---|---|
| 公 | 85 | 80 | 75 | 70 |
| 母 | 80 | 75 | 70 | 65 |

# 中华人民共和国专业标准

## 中国草原红牛

ZB B 43006-86

China's range red cattle

本标准适用于草原红牛品种鉴别、等级评定、良种登记。

草原红牛是在吉林、内蒙古、河北三省（区）的牧区和半农半牧区以兼用型短角牛为父本，蒙古牛为母本，杂交至二、三代，选其理想型牛，横交固定，自群选育，而育成的适应性强、耐粗饲，适于北方草原地区放牧饲养的乳肉兼用品种牛。

### 1 品种特征

**1.1 体质外貌**

体质结实，骨骼较细致，整体结构匀称，头大小适中，额中等宽，鼻镜粉红色，颈肩结合良好，胸宽深，背腰平直，尻较宽平，四肢端正，乳房发育中等，背毛枣红色，腹下或乳房间有白斑。

**1.2 体重、体尺见表 1。**

**表 1 成年牛体重、体尺标准（下限）**

| 性别 | 体重（kg） | 体高（cm） |
|---|---|---|
| 公 | 800 | 140 |
| 母 | 420 | 120 |

**1.3 产奶性能**

1.3.1 在以放牧为主、适当补饲的条件下，母牛产奶量（下限）：一胎 1 000kg，二胎 1 200kg，三胎和以上 1 400kg。乳脂量（下限）：一胎 40kg，二胎 48kg，三胎 56kg。

1.3.2 乳脂率 4.0%。

**1.4 产肉性能**

1.4.1 短期肥育阉牛 18 个月龄，体重 350kg 以上，屠宰率 55%，净肉率 45%。

### 2 分等标准

**2.1 产奶性能等级标准**

产奶性能等级标准见表 2。表中产奶量和乳脂量，任何一项达到指标者，即可评定等级。

**表 2 产奶性能等级标准（下限）** kg

| | 特 | | 一 | | 二 | | 三 | |
|---|---|---|---|---|---|---|---|---|
| | 产奶量 | 乳脂量 | 产奶量 | 乳脂量 | 产奶量 | 乳脂量 | 产奶量 | 乳脂量 |
| 一胎 | 1 800 | 72 | 1 500 | 60 | 1 200 | 48 | 1 000 | 40 |
| 二胎 | 2 200 | 88 | 1 800 | 72 | 1 400 | 56 | 1 200 | 48 |
| 三胎以上 | 2 500 | 100 | 2 100 | 84 | 1 700 | 68 | 1 400 | 56 |

**2.2 体重等级标准**

体重等级标准见表 3。

表 3　成年牛体重等级标准（下限）　kg

| 性　别 | 年龄（岁） | 特 | 一 | 二 | 三 |
|---|---|---|---|---|---|
| 公 | 3 | 700 | 650 | 600 | — |
| | 4 | 800 | 750 | 700 | — |
| | 5 | 900 | 850 | 800 | — |
| 母 | 3.5 | 420 | 380 | 360 | 340 |
| | 4.5 | 460 | 420 | 400 | 380 |
| | 5.5 | 520 | 460 | 440 | 420 |

## 2.3　体质外貌等级标准

体质外貌评分，按百分制评定，见附录 A。共分四个等级，即特、一、二、三等，见表 4

表 4　体质外貌评分等级（下限）

| 性别 | 特 | 一 | 二 | 三 |
|---|---|---|---|---|
| 公 | 85 | 80 | 75 | 70 |
| 母 | 80 | 75 | 70 | 65 |

## 2.4　综合等级

2.4.1　成年种公牛综合等级评定，以后裔鉴定结果为主。结合外貌、体重评定。其综合等级评定标准如下：

特级：相对育种值为 110% 以上，外貌、体重为特一级者。

一级：相对育种值为 105% 以上，外貌、体重为一级以上者，或者一项为二级者。

二级：相对育种值为 100% 以上，外貌、体重为二级以上者。

2.4.2　公牛在后裔结果未评出以前综合等级评定，以血统等级为主（血统等级以父系为主，母系等级低两级者，降低一级），结合本身外貌、体重评定，但不得评特级。其综合等级评定标准如下：

一级：三项均为一级者，或一项为特级、一项为二级者。

二级：三项均为二级者，或一项为一级以上，一项为三级者。

2.4.3　成年母牛综合等级评定，其等级标准如下：

特级：产奶性能为特级，外貌、体重在一级以上者。

一级：产奶性能为一级，外貌、体重在二级以上者。或产奶性能为特级，外貌、体重都在二级以上者。

二级：产奶性能为二级，外貌、体重在三级以上者。或产奶性能为特一级，外貌、体重在三级以上者。

三级：产奶性能为三级，外貌、体重为三级以上者。

## 2.5　犊牛、育成牛综合等级标准

犊牛、育成牛综合等级评定，以血统为主，结合外貌、体重评定。血统等级评定，以父系等级为主，母系等级低于父系两级者降一级，低三级者降两级。外貌、体重等级，按表 5 评定。

表 5　犊牛、育成牛等级标准　kg

| 等级 \ 年龄 \ 性别 | 体重 公 初生 | 体重 公 6 个月 | 体重 公 18 个月 | 体重 母 初生 | 体重 母 6 个月 | 体重 母 18 个月 | 外　貌 |
|---|---|---|---|---|---|---|---|
| 一 | 33 | 180 | 400 | 31 | 160 | 280 | 生长发育良好，体型外貌良好，被毛枣红色 |
| 二 | 31 | 160 | 380 | 29 | 140 | 260 | 生长发育较好，体型外貌一般，被毛枣红色 |
| 三 | 29 | 140 | 360 | 27 | 120 | 240 | 生长发育正常，体型外貌无明显缺陷，被毛枣红色 |

# 3　良种登记

凡属特一级牛，均进行登记，登记母牛所生的后裔均进行血统登记（具体办法另定）。

## 附　录　A
## 体质外貌评分方法
（补充件）

A.1　体质外貌按七个项目评分，根据每个部位对生产性能的重要性，分别订出不同标准分，总分为 100 分，见下表。

外貌鉴定评分表

| 项目 | 要 求 | 标准分 | |
|---|---|---|---|
| | | 公 | 母 |
| 整体结构 | 品种特征明显，体质结实，结构匀称略呈长方形，肌肉丰满，被毛枣红色，公牛雄性特征明显 | 35 | 30 |
| 头颈 | 头大小适中，头颈结合良好 | 10 | 5 |
| 前躯 | 颈肩结合良好，鬐甲宽平，胸宽深，肋开张，两侧丰满 | 15 | 10 |
| 中躯 | 母牛发达，公牛紧凑，背腰平直 | 10 | 10 |
| 后躯 | 尻长、宽、平，大腿肌肉丰满。公牛睾丸大小适中而匀称 | 15 | 15 |
| 乳房 | 乳房发育良好，向前后伸展，附着紧凑，乳头大小适中，分布均匀 | — | 20 |
| 四肢 | 四肢结实，肢势端正，蹄形正，蹄质坚实 | 15 | 10 |
| | 总计 | 100 | 100 |

A.2 鉴定时间

公牛在3、4、5岁各鉴定一次。母牛在一、二、三产的秋季体况（膘情）b常时。

附加说明：

本标准由农牧渔业部畜牧局提出。

本标准由草原红牛育种协作组和育种委员会负责起草。

本标准主要起草人佟元贵、栗佩瑜、李钰、张秉全。

# 中华人民共和国农业行业标准

## 关 中 奶 山 羊

NY/T 23-1986

Guan zhong milk goat

原 ZB B43004-1986

本标准适用于关中奶山羊品种鉴别与等级评定。

### 1 品种特性和外貌特征

#### 1.1 品种形成

关中奶山羊是陕西省关中地区的当地山羊用莎能奶山羊经过多代级进行杂交选育而成的乳用品种

#### 1.2 外貌特征

关中奶山羊乳用型明显，体质结实，结构匀称，具有头长、颈长、体躯长、四肢长的特点。白色短毛，皮肤粉红。公羊外形雄伟，睾丸发育正常。母羊乳房良好。

#### 1.3 体高、体重

关中奶山羊体高和体重的下限见表1：

表1 关中奶山羊体高和体重

| 类 别 | 体高（cm） | 体重（kg） |
|---|---|---|
| 成年公羊 | 80 | 65 |
| 成年母羊 | 68 | 42 |
| 1.5岁产奶母羊 | 65 | 36 |

（续）

| 类　别 | 体高（cm） | 体重（kg） |
|---|---|---|
| 三月龄公羔 | — | 18 |
| 三月龄母羔 | — | 15 |
| 初生公羔 | — | 3.0 |
| 初生母羔 | — | 2.6 |

1.4 **生产性能**

1.4.1 产奶量

关中奶山羊在农村一般饲养水平下，母羊八个月的产奶量在450kg以上。

1.4.2 乳脂率、总干物质率

乳脂率为3.8%（或乳脂量在19kg），总干物质率为11.8%以上。

1.4.3 繁殖率

二胎以上母羊繁殖率应在170%以上。

## 2 分级标准

2.1 成年公、母羊和1.5岁产奶母羊达到体高、体重标准方可进行外貌鉴定和生产性能的等级评定。

2.2 产奶量等级按表2标准进行评定。

**表2 关中奶山羊产奶量等级标准**

kg

| 胎次 / 产奶量 / 等级 | 第一胎 | 第二胎 | 第三胎 |
|---|---|---|---|
| 特　级 | 500 | 600 | 700 |
| 一　级 | 430 | 520 | 600 |
| 二　级 | 360 | 430 | 500 |
| 三　级 | 300 | 360 | 430 |

产奶量达到标准，乳脂率（乳脂量）或总干物质率有一项达到标准者，即可评为该等级。

2.3 **种公羊**

2.3.1 后裔测定

对生长发育、外貌鉴定合格的公羊，进行后裔测定。测定用相对育种值的计算公式如下：

$$相对育种值（\%）=\frac{D_W+P}{P}\times 100$$

式中：$P$——该胎二级母羊标准产奶量。

根据被测公羊相对育种值按表3评定公羊等级。

**表3 种公羊相对育种值等级标准**

| 相对育种值，% | 115及以上 | 110及以上 | 105及以上 | 100及以上 |
|---|---|---|---|---|
| 等　级 | 特　级 | 一　级 | 二　级 | 三　级 |

2.3.2 后裔测定条件不具备时，可根据双亲等级评定公羊等级，评级标准见表4。

**表4 按照双亲评级标准**

| 父 / 被测公羊 / 母 | 特　级 | 一　级 | 二　级 | 三　级 |
|---|---|---|---|---|
| 特　级 | 特 | 特 | 一 | 二 |
| 一　级 | 特 | 一 | 二 | 二 |
| 二　级 | 一 | 二 | 二 | 二 |
| 三　级 | 二 | 二 | 二 | 三 |

2.3.3 如父母未鉴定，则先鉴定父母；如父母双方资料缺一方者，可按另一方表型值降低一级。

2.4 **外貌评分等级标准**

2.4.1 外貌鉴定按百分制评定，评分表见表5，并按表6划分等级。

**表5 关中奶山羊公母羊外貌鉴定评分**

| 项目 | 满分标准 | 评分 | |
|---|---|---|---|
| | | 公 | 母 |
| 整体结构 | 体质结实，结构匀称，骨架大，肌肉薄，体尺体重符合品种要求，乳用型明显，毛短、白、有光泽。公羊雄性明显 | 25 | 25 |
| 体躯 | 母羊颈长，公羊颈粗壮。头、颈、肩结合良好。胸部宽深，肋骨开张，背宽、腰长、背腰平直，尻部长、宽、倾斜适度。母羊腹大不下垂，膁窝大。公羊腹部紧凑 | 30 | 30 |
| 头部 | 头长、额宽、鼻直、嘴齐、眼大突出、耳长而薄 | 15 | 10 |
| 乳房及睾丸 | 乳房形状方圆，基部宽广，附着紧凑，向前延伸，向后突出，质地柔软，乳头匀称，大小适中，乳静脉粗大弯曲，排乳速度快<br>睾丸发育良好，左右对称，附睾明显，富于弹力 | 15 | 25 |
| 四肢 | 四肢结实，肢势端正，关节坚实，系部强，蹄端正 | 15 | 10 |
| 总计 | | 100 | 100 |

**表6 外貌评分等级标准**

| 性别＼等级 | 特级 | 一级 | 二级 | 三级 |
|---|---|---|---|---|
| 母羊 | 80 | 75 | 70 | 65 |
| 公羊 | 85 | 80 | 75 | 70 |

2.4.2 允许母羊有少量散在黑毛（面积不超过1$cm^2$），或颈部毛色为轻度麦栗色，但不能评为特级。

2.4.3 凡有狭胸、凹背、乳房形状不良、后躯发育过差等缺陷之一，且表现严重者，评为等外。

2.5 **综合评定**

2.5.1 凡公母羊的外貌特征符合品种要求，体高、体重达到下限标准者，分别进行泌乳性能或双亲和外貌的等级评定。

2.5.2 产奶母羊根据泌乳性能和外貌等级，种公羊根据后裔品质和外貌等级进行综合评定，评级标准见表7。对末经后裔品质测定的种公羊，根据双亲和外貌等级按表7综合评定。但最高也不能评为特级。

**表7 关中奶山羊综合评级标准**

| 外貌等级 | 泌乳性能或后裔品质（双亲）等级 | | | |
|---|---|---|---|---|
| | 特级 | 一级 | 二级 | 三级 |
| 特级 | 特 | 一 | 二 | 二 |
| 一级 | 特 | 一 | 二 | 三 |
| 二级 | 一 | 一 | 二 | 三 |
| 三级 | 二 | 二 | 二 | 三 |

## 3 鉴定原则

3.1 关中奶山羊每年5~8月进行鉴定，初生、三月龄时初选，三岁半时进行终生鉴定。

3.2 种公羊由特、一级母羊所生公羔中选留，秋季作精液品质检查，早期淘汰无精子羊。

3.3 泌乳期产奶量可按第三泌乳月产奶量除以18%来估计。

3.4 乳脂率和干物质率为第二、五、七泌乳月中期各测一次的平均值。

附加说明：

本标准由中华人民共和国农牧渔业部提出。

本标准由陕西省农牧厅及陕西省畜牧兽医总站负责起草。

本标准主要起草人钱凤翔。

# 中华人民共和国农业行业标准

## 高产奶牛饲养管理规范

NY/T 14-1985

The standard for feeding and management of high-yielding dairy cows

原 ZB B 43002-85

本规范适用于国营、集体和个体专业户奶牛场高产奶牛群（或个体）的饲养与管理。

### 1 总则

1.1 制定本规范的目的，在于维护高产奶牛的健康，延长利用年限，充分发挥其产奶性能，降低饲养成本，增加经济效益。

1.2 本规范主要是针对一个泌乳期305天产奶量6 000kg以上、含脂率3.4%（或与此相当的乳脂量）的牛群和个体奶牛。中等产奶水平的牛群或305天产奶万公斤以上的高产奶牛，也可参考使用。

1.3 本规范的各条内容应认真执行。各地也可根据这些条款，因地制宜地制订适合本地区情况的饲养管理技术操作规程。

### 2 饲料

2.1 充分利用现有饲料资源，划拨饲料基地，保证饲料供给。一头高产奶牛全年应贮备、供应的饲草、饲料量如下：

a. 青干草：1 100～1 850kg（应有一定比例的豆科干草）。

b. 玉米青贮：10 000～12 500kg（或青草青贮7 500kg和青草10 000～15 000kg）。

c. 块根、块茎及瓜果类：1 500～2 000kg。

d. 糟渣类：2 000～3 000kg。

e. 精饲料：2 300～4 000kg（其中高能量饲料占50%，蛋白质饲料占25%～30%），精饲料的各个品种应做到常年均衡供应。尽可能供给适合本地区的经济、高效的平衡日粮，其中矿物质饲料应占精料量的2%～3%。

2.2 每年应对所喂奶牛的各种饲料进行一次常规营养成分测定，并反复作出饲用及经济价值的鉴定。

2.3 提倡种植豆科及其他牧草。调制禾本科干草，应于抽穗期刈割；豆科或其他干草，在开花期刈割。青干草的含水量在15%以下，绿色，芳香，茎枝柔软，叶片多，杂质少，并应打捆和设棚贮藏，防止营养损失；其切铡长度，应在3 cm以上。

2.4 建议不喂青刈玉米，应喂带穗玉米青贮。青贮原料应富含糖分（例如甜高粱等）、干物质在25%以上。青贮玉米在腊熟期收贮。禾本科野草在结籽前收割。各种含水分较多的根茎类应经风干，或掺入10%～20%的糠麸类饲料青贮。也可将豆科和禾本科草混贮。建议用塑料薄膜或青贮塔（窖）贮藏。制成的青贮应呈黄绿色或棕黄色，气味微酸带酒香味。南方应推广青草青贮。

2.5 块根、块茎及瓜果类应尽量用含干物质和糖多的品种，并妥为贮藏，防霉防冻，喂前洗净切成小块。糟渣类饲料除鲜喂外，也可与切碎的秸秆混贮。

2.6 库存精饲料的含水量不得超过14%，谷实类饲料喂前应粉碎成1～2mm的粗粒或压扁，一次加工不应过多，夏季以10天内喂完为宜。

2.7 应重视矿物质饲料的来源和组成。在矿物质饲料中，应有食盐和一定比例的常量和微量矿物盐。例如骨粉、白垩（非晶质碳酸钙）、碳酸钙、磷酸二钙、脱氟磷酸盐类及微量元素，并应定期检查饲喂效果。

2.8 配合饲料应根据本地区的饲料资源、各种饲料的营养成分，结合高产奶牛的营养需要，因地制宜地选用饲料，进行加工配制。

2.9 应用商品配（混）合饲料时，必须了解其营养价值。

2.10 应用化学、生物活性等添加剂时，必须了解其作用与安全性。

2.11 严禁饲喂霉烂变质饲料、冰冻饲料、农药残毒污染严重的饲料、被病菌或黄曲霉污染的饲料、黑斑病甘薯和未经处理的发芽马铃薯等有毒饲料，严密清除饲料中的金属异物。

## 3 营养需要

3.1 干奶期，日粮干物质应由占体重2.0～2.5%，每公斤饲料干物质含奶牛能量单位1.75，粗蛋白11～12%，钙0.6%，磷0.3%，精料和粗饲料比为25:75，粗纤维含量不少于20%。

3.2 围产期的分娩前两周，日粮干物质应占体重2.5～3%，每公斤饲料干物质含奶牛能量单位2.00，粗蛋白占13%，含钙0.2%，磷0.3%；分娩后立即改为钙0.6%，磷0.3%，精料和粗饲料比为40:60，粗纤维含量不少于23%。

3.3 泌乳盛期，日粮干物质应由占体重2.5～3%逐渐增加到3.5%以上。每公斤干物质应含奶牛能量单位2.40，粗蛋白占16～18%，钙0.7%，磷0.45%，精料和粗饲料比由40:60逐渐改为60:40，粗纤维含量不少于15%。

3.4 泌乳中期，日粮干物质应占体重3.0～3.2%，每公斤含奶牛能量单位2.13，粗蛋白占13%，钙0.45%，磷0.4%，精料和粗饲料比为40:60，粗纤维含量不少于17%。

3.5 泌乳后期，日粮干物质应占体重3.0～3.2%，每公斤含奶牛能量单位2.00，粗蛋白占12%，钙0.45%，磷0.35%，精料和粗饲料比为30:70，粗纤维含量不少于20%。

## 4 饲养

4.1 干奶期应控制精料喂量，日粮以粗饲料为主，但不应饲喂过量的苜蓿干草和玉米青贮。同时应补喂矿物质、食盐，保证喂给一定数量的长干草。

4.2 围产期必须精心饲养，分娩前两周可逐渐增加精料，但最大喂量不得超过体重的1%。干奶期禁止喂甜菜渣，适当减少其他糟渣类饲料。分娩后第1～2天应喂容易消化的饲料，补喂40～60g硫酸钠，自由采食优质饲草，适当控制食盐喂量，不得以凉水饮牛。分娩后第3～4天起，可逐渐增喂精料，每天增喂量为0.5～0.8kg，青贮、块根喂量必须控制。分娩2周以后，在奶牛食欲良好、消化正常、恶露排净、乳房生理肿胀消失的情况下，日粮可按标准喂给，并可逐渐加喂青贮、块根类饲料，但应防止糟渣块根过食和消化机能紊乱。

4.3 泌乳盛期，必须饲喂高能量的饲料，并使高产奶牛保持良好食欲，尽量采食较多的干物质和精料，但不宜过量。适当增加饲喂次数，多喂品质好、适口性强的饲料。在泌乳高峰期，青干草、青贮应自由采食。

4.4 泌乳中、后期，应逐渐减少日粮中的能量和蛋白质。泌乳后期，可适当增加精料，但应防止牛体过肥。

4.5 初孕牛在分期娩前2～3个月应转入成母牛群，并按成母牛干奶期的营养水平进行饲喂。分娩后，为维持营养需要，应增加20%，第二胎增加10%。

4.6 全年饲料供给应均衡稳定，冬夏季日粮不得过于悬殊，饲料必须合理搭配。配合日粮时，各种饲料的最大喂量建议为；

a．青干草：10kg（不少于3kg）。

b．青贮：25kg。

c．青草：50kg（幼嫩优质青草喂量可适当增加）。

d．糟渣类：10kg（白酒糟不超5kg）。

e．块根、块茎及瓜果类：10kg。

f．玉米、大麦、燕麦、豆饼，各4kg。

g．小麦麸：3kg。

h．豆类：1kg。

4.7 泌乳盛期、日产奶量较高或有特殊情况（干奶，妊娠后期）的奶牛，应有明显标志，以便区别对待饲养。饲养必须定时定量，每天喂3～4次，每次饲喂的饲料建议精、粗交替，多次喂给，并在运动场内设补饲槽，供奶牛自由采食饲草。在饲喂过程中，应少喂勤添，防止精料和糟渣饲料过食。

4.8 夏季日粮应适当提高营养浓度，保证供给充足的饮水，降低饲料粗纤维含量，增加精料和蛋白质的比例，并补喂块根、块茎和瓜类饲料；冬季日粮营养应丰富，增加能量饲料，饮水温度应保持在12～16℃，不饮冰水。

## 5 管理

5.1 奶牛场应建造在地势高燥、采光充足、排水良好、环境幽静、交通方便、没有传染病威胁和三废污染、易于组织防疫的地方，严禁在低洼潮湿、排水不良和人口密集的地方建场。

5.2 牛舍建筑应符合卫生要求，坚固耐用、冬暖夏凉、宽敞明亮，具备良好的清粪排尿系统，舍外设粪尿池。有条件的地方可利用粪尿池制做沼气。

5.3 在牛舍外的向阳面，应设运动场，并和牛舍相通。每头牛占用面积20m$^2$左右。运动场地面应平坦，为沙土地，有一定坡度，四周建有排水沟，场内有荫棚和饮水槽、矿物质补饲槽，四周围栏应坚实、美观，运动场应有专人管理清扫粪便、垫平坑洼、排除污泥积水。

5.4 牛舍和运动场周围应有计划地种树、种草、种花，美化环境，改善奶牛场小气候。

5.5 奶牛场各饲养阶段奶牛应分群（槽）管理，合理按排挤奶、饲喂、饮水、刷拭、打扫卫生、运动、休息等项工作日程，一切生产作业必须在规定时间完成，作息时间不应轻易变动。

5.6 严格执行防疫、检疫和其他兽医卫生制度，定期进行消毒，建立系统的奶牛病历档案；每年定期进行1～2次健康检查，其中包括酮病、骨营养不良等病的检查；春秋季各进行一次检蹄修蹄。建议在犊牛阶段进行去角。

5.7 高产奶牛每天必须铺换褥草，坚持刷拭，清洗乳房和牛体上的粪便污垢，夏季最好每周进行一次水浴或沐浴（气温过高时应每天一至数次），并应采取排风和其他防暑降温措施；冬季防寒保温。

5.8 高产奶牛每天应保持一定时间和距离的缓慢运动。对乳房容积大、行动不便的高产奶牛，可作牵行运动。酷热天气，中午牛舍外温度过高时，应改变放牛和运动时间。

5.9 高产奶牛每胎必须有60～70天干奶期，建议采用快速干奶法，干奶前用CMT法进行隐性乳房炎检查，对强阳性（++以上）应治疗后干奶，在最末一次挤奶后向每个乳头内注入干奶药剂，干奶后应加强乳房检查与护理。

5.10 高产奶牛产前两周进入产房，对出入产房的奶牛应进行健康检查，建立产房档案。产房必须干燥卫生，无贼风。建立产房值班和交接班制度，加强围产期的护理，母牛分娩前，应对其后躯、外阴进行消毒。对于分娩正常的母牛，不得人工助产，如遇难产，兽医应及时处理。

5.11 高产奶牛分娩后，应及早驱使站起，饮以温水，喂以优质青干草，同时用温水或消毒液清洗乳房、后驱和牛尾。然后清除粪便，更换清洁柔软褥草。分娩后1～1.5h，进行第一次挤奶，但不要挤净，同时观察母牛食欲、粪便及胎衣的排出情况，如发现异常，应及时诊治。分娩两周后，应作酮尿病等检查，如无疾病，食欲正常，可转大群管理。

## 6 挤奶

6.1 每年应编制每头奶牛的产奶计划，建议以高产奶牛泌乳曲线（见附录B）作参考，按照每头奶牛的年龄、分娩时间、产奶量、乳脂率以及饲料供应等情况，进行综合估算。

6.2 高产奶牛的挤奶次数，应根据各泌乳阶段、产奶水平而定。每天可挤奶三次，也可根据挤奶量高低，酌情增减。

6.3 挤奶员必须经常修剪指甲，挤奶前穿好工作服，洗净双手，每挤完一头牛应洗净手臂，洗手的水中应加0.1%漂白粉。

6.4 奶具使用前后必须彻底清洗、消毒，奶桶及胶垫处必须清洗干净，洗涤时应用冷水冲洗，后用温水冲洗，再用0.5%烧碱温水（45℃）刷洗干净，并用清水冲洗，然后进行蒸气消毒。橡胶制品清洗后用消毒液消毒。

6.5 挤奶环境应保持安静，对牛态度和蔼，挤奶前先拴牛尾，并将牛体后驱、腹部及牛尾清洗干净，然后用45～50℃的温水，按先后顺序擦洗乳房、乳头、乳房底部中沟、左右乳区与乳镜，开始时可用带水多的湿毛巾，然后将毛巾扭干自下而上擦干乳房。

6.6 乳房洗净后应进行按摩，待乳房膨胀，乳静脉怒胀，出现排乳反射时，即应开始挤奶。第一把挤出的奶含细菌多，应弃去。挤奶时严禁用牛奶或凡士林擦抹乳头，挤奶后还应再次按摩乳房，然后一手托住各乳区底部另一手把牛奶挤净。初孕牛在妊娠5个月以后，应进行乳房按摩，每次5min，分娩前10～15天停止。

6.7 手工挤奶应采用拳握式，开始用力宜轻，速度稍慢，待排乳旺盛时应加快速度，每分钟压挤80～120次，每分钟挤奶量不少于1.5kg。

6.8 每次挤奶必须挤净，先挤健康牛，后挤病牛，牛奶挤净后，擦干乳房，用消毒液浸泡乳头。

6.9 机器挤奶真空压力应控制在350～380mmHg，搏动器搏动次数每分钟应控制在60～70次，在奶少时应对乳房进行自上而下的按摩，并应防止空挤。挤奶结束后，应将挤奶机清洗消毒，然后放在干燥柜内备用。分娩10天以内的母牛，或患乳房炎的母牛，应改为手挤，病愈后再恢复机器挤奶。

6.10 认真做好产奶记录，刚挤下的奶必须通过滤器或多层纱布进行过滤，过滤后的牛奶，应在2h内冷却到4℃以下，入冷库保藏。过滤用的纱布每次用后应该洗涤消毒，并应定期更换，保持清洁卫生。

6.11 重视培训挤奶人员，并应保持相对稳定，不应轻易更换。

## 7 配种

7.1 建立发情预报制度，观察到母牛发情，不论配种与否，均应及时记录。配种前，除作表现、行为观察和粘液鉴定外，还应进行直肠检查，以便根据卵泡发育状况，适时输精。

7.2 高产奶牛分娩后20天，应进行生殖器检查，如有病变，应及时治疗。对超过70天不发情的母牛或发情不正常者，应及时检查，并应从营养和管理方面寻找原因，改善饲养管理。

7.3 高产奶牛产后70天左右开始配种，配准天数不超过90天。初配年龄以15～16月龄，体重为成母牛60%以上为宜。

7.4 合理安排全年产犊计划，尽量做到均衡产犊，在炎热地区的酷暑季节，可适当控制产犊头数。

7.5 高产奶牛应严格按照选配计划，用优良公牛精液进行配种，必须保证种公牛精液的质量。

## 8 统计记录

8.1 奶牛场应逐项准确地记载各项生产记录，包括产奶量、乳脂率、配种产犊、生长发育、外貌鉴定、饲料消耗、谱系以及疾病档案（包括防疫、检疫）等。

8.2 根据原始记录，定期进行统计、分析和总结、用于指导生产。

## 附 录 A
## 名 词 解 释
### （补充件）

A.1 高产奶牛：305天产奶（不足305天者，以实际天数统计）6 000kg以上，含脂率3.4%的奶牛。

A.2 初产牛：指第一次分娩后的母牛。

A.3 初孕牛：指第一次怀孕后的母牛。

A.4 围产期：指母牛分娩前、后各15天以内的时间。

A.5 泌乳盛期：母牛分娩15天以后，到泌乳高峰期结束，一般指产后16～100天以内。

A.6 泌乳中期：泌乳盛期以后，泌乳后期之前的一段时间，一般指产后第101～200天。

A.7 泌乳后期：泌乳中期之后，干奶期以前的一段时间，一般指产后第201天至干奶前。

A.8 干奶期：指停止挤奶到分娩前15天的一段时间。

A.9 粗饲料：指各种牧草、秸秆、野草、甘薯藤、蔬菜以及用其制做的青贮、干草等。

A.10 块根、块茎及瓜果类：指甘薯、甜菜、马铃薯、南瓜、胡萝卜、芜菁等。

A.11 青干草：指以各种野草或播种的牧草为原料调制而成的干草，不包括各种作物秸秆。

A.12 糟渣类：也称副料，主要有酒糟、粉渣、啤酒糟、豆腐渣、饴糖渣、甜菜渣、玉米淀粉渣等。

A.13 精饲料：指谷实类、糖麸类和饼粕类饲料。

A.14 矿物质饲料：主要包括食盐、骨粉、白垩、脱氟磷酸盐以及微量元素等。

A.15 日粮：一昼夜内，一头奶牛采食的各种饲料之总和。

A.16 奶牛能量单位：我国饲养标准中，以750kcal产奶净能作为一个奶牛能量单位。

A.17 CMT隐性乳房炎检查法：加州的乳房炎试验检查隐性乳房炎的一种方法。

## 附 录 B
## 泌乳期各月日产奶量统计表
### （参考件）

kg

| 日产奶量 泌乳月 / 305天产奶量 | 1 | 2 | 3 | 4 | 5 | 6 | 7 | 8 | 9 | 10 |
|---|---|---|---|---|---|---|---|---|---|---|
| 6 500 | 24 | 28 | 27 | 26 | 24 | 21 | 20 | 18 | 16 | 13 |
| 7 500 | 28 | 31 | 30 | 29 | 27 | 25 | 23 | 21 | 20 | 18 |
| 8 500 | 29 | 35 | 34 | 33 | 31 | 29 | 27 | 25 | 21 | 20 |
| 9 500 | 31 | 39 | 38 | 37 | 35 | 33 | 31 | 28 | 23 | 21 |
| 10 500 | 33 | 43 | 43 | 41 | 39 | 38 | 34 | 30 | 28 | 21 |

注：这个材料系根据19个牛奶市场742头高产奶牛各月产奶量的统计结果。由于地区、气候、饲养管理等条件不同，且数据尚少，本表仅供参考。

附加说明：

本规范由农牧渔业部畜牧局提出。

本规范由西安市农业科学研究所负责起草。

本规范主要起草人王福兆。

# 中华人民共和国专业标准

## 奶牛饲养标准

ZB B 43007-86

Feeding standard for dairy cattle

本标准适用于奶牛配合饲料工厂，国营、集体、专业户奶牛场配合饲料和日粮。

## 1 能量体系

### 1.1 产奶净能

本标准将奶牛的产奶、维持、增重、妊娠和生长所需能量均统一用产奶净能表示（饲料能量转化为牛奶的能量称产奶净能）。

### 1.2 奶牛能量单位

用相当于1kg含脂4%的标准乳能量，即3 138kJ产奶净能作为一个“奶牛能量单位”，汉字拼音缩写成NND。即：

$$\text{NND} = \frac{\text{产奶净能(kJ)}}{3\,138\text{(kJ)}}$$

## 2 干物质和粗纤维给量

### 2.1 干物质给量

干物质进食量（kg）$=0.062W^{0.75}+0.40Y$（适于偏精料型日粮，即精粗料比约为60:40）

或：干物质进食量（kg）$=0.062W^{0.75}+0.45Y$（适于偏粗料型日粮，即精粗料比约为45:55） (1)

式中：$Y$——标准乳重量，kg；

$W$——牛的体重，kg。

### 2.2 粗纤维给量

奶牛日粮粗纤维含量以17%为宜，下限不低于日粮干物质的13%。

## 3 成年母牛能量需要

### 3.1 维持能量需要

#### 3.1.1 舍饲时的维持需要

在中立温度拴系饲养条件下，奶牛的绝食代谢产热（kJ）$=293W^{0.75}$。对消遥运动可增加20%的给量，即为$356W^{0.75}$kJ。第一泌乳期的能量需要应在维持基础上增加20%；第二泌乳期应增加10%。

#### 3.1.2 放牧运动时的维持需要

放牧运动时，水平行走的维持需要见表1。

表1 kJ/（日·头）

| 行走公里 | 行走速度 | |
|---|---|---|
| | 1m/s | 1.5m/s |
| 1 | $364W^{0.75}$ | $368W^{0.75}$ |
| 2 | $372W^{0.75}$ | $377W^{0.75}$ |
| 3 | $381W^{0.75}$ | $385W^{0.75}$ |
| 4 | $393W^{0.75}$ | $398W^{0.75}$ |
| 5 | $406W^{0.75}$ | $418W^{0.75}$ |

3.1.3 不同气温条件下的维持需要在18℃基础上，平均每下降1℃产热增加2.5kJ/（$W^{0.75}$24h）。维持需要在5℃

时为 $389W^{0.75}$、0℃时为 $402W^{0.75}$、－5℃时为 $414W^{0.75}$、－10℃时为 $427W^{0.75}$、－15℃时为 $439W^{0.75}$。

3.2 **产奶能量需要**

牛奶的能量含量，按下列几种公式计算：

每千克牛奶含有的能量（kJ/kg 奶）＝1 433.65＋415.30×乳脂率 (2)

每千克牛奶含有的能量（kJ/kg 奶）＝750.00＋387.98×乳脂率＋163.97×乳蛋白率＋55.02×乳糖率 (3)

每千克牛奶含有的能量（kJ/kg 奶）＝－166.19＋249.16×乳总干物质率 (4)

3.3 **产奶母牛的体重变化与能量需要**

成年母牛每增重 1kg 约相当于 8kg 标准乳（25.1/3.138＝8）。减重的产奶利用率为 0.82。每减重 1kg 产生 20.58MJ 产奶净能（25.1×0.82＝20.58），即 6.56kg 标准乳。

3.4 **产奶母牛不同生理阶段的能量需要**

3.4.1 产后泌乳初期的能量需要

产后泌乳初期阶段，母牛对能量进食不足，须动用体内贮存的能量去满足产奶需要。在此期间应防止过度减重。

中国黑白花奶牛最高日产奶量一般多出现在产后 60 天以内。当食欲恢复后，采用引导饲养法。

3.4.2 泌乳后期和怀孕后期的妊娠能量需要

牛妊娠的代谢能利用效率平均为 0.133。每一兆焦的妊娠能量所需代谢能为 7.5MJ，即相当于 4.87MJ 产奶净能。按此计算，妊娠 6、7、8、9 月时，每天应在维持基础上增加 4.18、7.11、12.55 和 20.92MJ 产奶净能。

## 4 产奶母牛的蛋白质需要

本标准用粗蛋白和可消化粗蛋白。

4.1 维持和产奶的蛋白质需要

维持的可消化粗蛋白质为 $3.0W^{0.75}$（g）或粗蛋白 $4.6W^{0.75}$（g）时，平均每千克标准乳给粗蛋白质 85g 或可消化粗蛋白 55g。

4.2 妊娠的蛋白质需要

粗蛋白质用于妊娠的效率按 42%计算，在维持的基础上可消化粗蛋白质的给量，妊娠 6 个月时为 77g，7 个月时为 145g，8 个月时为 255g，9 个月时为 403g。

## 5 产奶牛的钙磷和食盐需要

维持需要每 100kg 体重给 6g 钙和 4.5g 磷；每千克标准乳给 4.5g 钙和 3g 磷。钙磷比为 2:1 至 1.3:1。

食盐的需要量，维持需要每 100kg 体重给 3g，每产 1kg 标准乳给 1.2g。

## 6 生长牛的营养需要

6.1 **能量需要**

维持需要：

$$\text{生长母牛绝食代谢（MJ）}=0.531W^{0.67} \tag{5}$$

在此基础上加 10% 的活动量为维持需要量。

生长母牛增重的净能需要：

$$\text{增重的能量沉积（MJ）}=\frac{\text{增重（kg）}\times[1.5+0.0045+\text{体重（kg）}]}{1-0.30\times\text{增重（kg）}}\times 4.184\text{ 沉积（MJ）} \tag{6}$$

$$\text{生长母牛的干物质参考给量（kg）}=\text{NND}\times 0.45 \tag{7}$$

生长公牛的维持能量需要与生长母牛相同。由于生长公牛增重的能量利用效率比生长母牛稍高，故生长公牛增重的能量需要按生长母牛的 90%计算。

6.2 **蛋白质需要**

$$\text{增重的蛋白质沉积（g/日）}=\Delta W(170.22-0.1731W+0.00017W^2)\times(1.12-0.1258\Delta W) \tag{8}$$

式中：$\Delta W$ ——增重速度，kg/日；

$W$ ——体重，kg。

体重 100kg 以上的生长牛可消化粗蛋白质的利用效率为 46%。幼龄时效率较高。体重 40～60kg 为 60%；70～90kg 为 50%。

维持的可消化粗蛋白质需要，200kg 体重以下为 $2.6W^{0.75}$（g），200kg 以上为 $3W^{0.75}$（g）。

6.3 **矿物质需要**

生长牛钙的维持需要每 100 kg 体重给 6g，每千克增重给 20g。磷的维持需要每 100kg 体重给 5g，每千克增重给 10g。

## 7 种公牛的营养需要

种公牛的能量需要应根据保持正常采精和种用体况而定。

$$种公牛的能量需要（MJ）=0.398W^{0.75} \quad (9)$$

$$粗蛋白质需要（g）=6.15W^{0.75} \quad (10)$$

$$种公牛的日粮干物质给量（kg）=NND\times 0.60 \quad (11)$$

## 8 饲料产奶净能的计算

$$产奶净能（MJ/kg 干物质）=2.302DE-0.3958 \quad (12)$$

式中：DE——消化能，MJ/kg 干物质。

## 9 各种牛的营养需要表

（略）

# 中华人民共和国农业行业标准

# 无公害食品　奶牛饲养饲料使用准则

NY 5048-2001

## 1 范围

本标准规定了生产无公害生鲜牛奶所需的奶牛饲料质量要求、试验方法、检测规则、标签、包装、贮存、运输及使用原则和奶牛饮用水质量标准。

本标准适用于饲养奶牛以及生产经营奶牛饲料的单位。

## 2 规范性引用文件

下列文件中的条款通过本标准的引用而成为本标准的条款。凡是注日期的引用文件，其随后所有的修改单（不包括勘误的内容）或修订版均不适用于本标准，然而，鼓励根据本标准达成协议的各方研究是否可使用这些文件的最新版本。凡是不注日期的引用文件，其最新版本适用于本标准。

GB 4285　农药安全使用标准
GB/T 8381　饲料中黄曲霉素白 $B_1$ 的测定方法
GB 10648　饲料标签
GB 13078　饲料卫生标准
GB/T 13079　饲料中总砷的测定方法
GB/T 13080　饲料中铅的测定方法
GB/T 13081　饲料中汞的测定方法
GB/T 13082　饲料中镉的测定方法
GB/T 13083　饲料中氟的测定方法
GB/T 13085　饲料中亚硝酸盐的测定方法
GB/T 13090　饲料中六六六、滴滴涕的测定方法
GB/T 13091　饲料中沙门氏菌的检验方法
GB/T 13092　饲料中霉菌的检验方法

GB/T 13882 饲料中碘的测定方法 硫氰酸铁-亚硝酸催化动力学法

GB/T 13883 饲料中硒的测定方法 2,3-二氨基萘荧光法

GB/T 14699 饲料采样方法

GB/T 16764 配合饲料企业卫生规范

GB/T 17480 饲料中黄曲霉素白 $B_1$ 的测定方法 酶联免疫法

饲料和饲料添加剂管理条例

允许使用的饲料添加剂品种目录

农业转基因生物安全管理条例

青贮饲料质量评定标准

## 3 术语和定义

下列术语和定义适用于本标准。

**3.1 饲料** feed

经工业化加工、制作的供动物食用的饲料，包括单一饲料、添加剂预混合饲料、浓缩饲料、配合饲料和精料补充料。

**3.2 饲料原料** feedstuff，single feed

除饲料添加剂以外的用于生产配合饲料和浓缩饲料的单一饲料成分，包括饲用谷物、粮食加工副产品、油脂工业副产品、发酵工业副产品、动物性蛋白质饲料、饲用油脂等。

**3.3 饲料添加剂** feed additive

在饲料加工、制作、使用过程中添加的少量或者微量物质，包括营养性饲料添加剂和一般饲料添加剂。

**3.4 营养性饲料添加剂** nutritive feed additive

用于补充饲料营养成分的少量或者微量物质，包括饲料级氨基酸、维生素、矿物质微量元素、酶制剂、非蛋白氮等。

**3.5 一般性饲料添加剂** general feed additive

为保证或者改善饲料品质、提高饲料利用率而掺入饲料中的少量或者微量物质。

**3.6 精饲料** concentrate

容积大、纤维成分含量低（干物质中粗纤维含量小于18%）、可消化养分含量高的饲料。主要有禾本科籽实、豆科籽实、饼粕类、糠麸类、草籽树实类、淀粉质的块根、块茎瓜果类（薯类、甜菜）、工业副产品类（玉米淀粉渣、DDGS、啤酒糟粕等）、酵母类、油脂类、棉籽等饲料原料和由多种饲料原料按一定比例配制的奶牛精料补充料。

**3.7 粗饲料** roughage

容积重小、纤维成分含量高、可消化养分含量低的饲料。主要有牧草与野草、青贮料类、农副产品类（包括藤、蔓、秸、秧、荚、壳）及干物质中粗纤维含量大于等于18%的槽渣类、树叶类和非淀粉质的块根、块茎类。

**3.8 矿物质饲料** mineral feeds

主要有钙、磷（碳酸钙、磷酸氢钙等）和盐等。

## 4 要求

**4.1 饲料原料**

4.1.1 感官要求：应具有一定的新鲜度，具有该品种应有的色、嗅、味和组织形态特征，无发霉、变质、结块、异味及异臭。

4.1.2 饲料原料中有害物质及微生物允许量应符合 GB 13078 的要求。

4.1.3 饲料原料中含有饲料添加剂的应做相应说明。

**4.2 饲料添加剂**

4.2.1 感官要求：应具有该品种应有的色、溴、味和形态特征，无发霉、变质、异味及异臭

4.2.2 有害物质及微生物允许量应符合 GB 13078 及相关标准的要求。

4.2.3 饲料中使用的营养性饲料添加剂和一般性饲料添加剂产品应是《允许使用的饲料添加剂品种目录》所规定的品种，或取得试生产产品批准文号的新饲料添加剂品种。

4.2.4 饲料添加剂产品的使用应遵照产品说明书所规定的用法、用量使用。

**4.3 配合饲料、浓缩饲料和添加剂预混合饲料**

4.3.1 感官要求：应色泽一致，无发酵霉变、结块、异味及异嗅。

4.3.2 有害物质及微生物允许量应符合 GB 13078 及相关标准的要求。

4.3.3 奶牛配合饲料、浓缩饲料和添加剂预混合饲料中不应使用任何药物。

**4.4 饲料加工过程**

4.4.1 饲料企业的工厂设计与设施卫生、工厂卫生管理和生产过程的卫生应符合 GB/T 16764 的要求。

4.4.2 配料

4.4.2.1 定期对计量设备进行检验和正常维护，以确保其精确性和稳定性，其误差不应大于规定范围。

4.4.2.2 微量和极微量组分应进行预稀释，并且应在专门的配料室内进行。

4.4.2.3 配料室应有专人管理，保持卫生整洁。

**4.5 混合**

4.5.1 混合时间，按设备性能不应少于规定时间。

4.5.2 混合工序投料应按先大量、后小量的原则进行。投入的微量组分应将其稀释到配料称最大称量的 5%以上。

**4.6 留样**

4.6.1 新接受的饲料原料和各个批次生产的饲料产品均应保留样品。样品密封后留置专用样品室或样品柜内保存。样品室和样品柜应保持阴凉、干燥。采样方法按 GB/T 14699 执行。

4.6.2 留样应设标签,载明饲料品种、生产日期、批次、生产负责人和采样人等事项,并建立档案由专人负责保管。

4.6.3 样品应保留至该批产品保质期满后 3 个月。

## 5 饲料检测方法

5.1 饲料采样方法按 GB/T 14699 执行。

5.2 砷按 GB/T 13079 执行。

5.3 铅按 GB/T 13080 执行。

5.4 汞按 GB/T 13081 执行。

5.5 镉按 GB/T 13082 执行。

5.6 氟按 GB/T 13083 执行。

5.7 六六六、滴滴涕按 GB/T 13090 执行。

5.8 沙门氏菌按 GB/T 13091 执行。

5.9 霉菌按 GB/T 13092 执行。

5.10 黄曲霉毒素 $B_1$ 按 GB/T 8381 执行。

## 6 检验规则

6.1 感官要求，粗蛋白质、钙和总磷含量为出厂检验项目，其余为型式检验项目。

6.2 在保证产品质量的前提下，生产厂可根据工艺、设备、配方、原料等的变化情况，自行确定出厂检验的批量。

6.3 试验测定值的双试验相对偏差按相应标准规定执行。

6.4 检测与仲裁判定各项指标合格与否时，应考虑允许误差。

## 7 标签、包装、贮存和运输

**7.1 标签**

商品饲料应在包装物上附有饲料标签，标签应符合 GB 10648 中的有关规定。

**7.2 包装**

7.2.1 饲料包装应完整，无漏洞，无污染和异味。

7.2.2 包装材料应符合 GB/T 16764 的要求。

7.2.3 包装印刷油墨无毒，不应向内容物渗漏。

7.2.4 包装物的重复使用应遵守《饲料和饲料添加剂管理条例》的有关规定。

**7.3 贮存**

7.3.1 饲料的贮存应符合 GB/T 16764 的要求。

7.3.2 不合格和变质饲料应做无害化处理，不应存放在饲料贮存场所内。

7.3.3 饲料贮存场地不应使用化学灭鼠药和杀鸟剂。

7.3.4 干草类及秸秆类贮存时，水分含量应低于 15%，防止日晒、雨淋、霉变。

7.3.5 青绿饲料与野草类、块根、块茎、瓜果类应堆放在棚内，堆宽不宜超过 2m，堆高不宜超过 1m，堆放时间不宜过长，防止日晒、雨淋、发芽霉变。

7.4 运输

7.4.1 运输工具应符合 GB/T 16764 的要求。

7.4.2 运输作业应防止污染，保持包装的完整。

7.4.3 不应使用运输畜禽等动物的车辆运输饲料产品。

7.4.4 饲料运输工具和装卸场地应定期清洗和消毒。

## 8 其他有关使用饲料和饲料添加剂的原则与规定

8.1 不应使用未取得产品进口登记证的境外饲料和饲料添加剂。

8.2 不应在饲料中使用违禁的药物或饲料添加剂。

8.3 禁止在奶牛饲料中添加和使用肉骨粉、骨粉、血粉、血浆粉、动物下脚料、动物脂粉、干血浆及其他血液制品、脱水蛋白、蹄粉、角粉、鸡杂碎粉、羽毛粉、油渣、鱼粉、骨胶等动物源性饲料。

8.4 根据奶牛营养需要合理投料、合理使用微量元素添加剂，尽量降低粪尿、甲烷的排出量，减少氮、磷、锌、铜的排出量，降低对环境的污染。

8.5 所使用的工业副产品饲料应来自生产绿色食品和无公害食品的副产品。

8.6 严格执行《饲料和饲料添加剂管理条例》有关规定。

8.7 严格执行《农业转基因生物安全管理条例》有关规定。

8.8 栽培饲料作物的农药使用按 GB 4285 规定执行。

8.9 青贮饲料的制作、贮存按《青贮饲料质量评定标准》规定执行。

# 中华人民共和国农业行业标准

## 无公害食品　畜禽饮用水水质

NY 5027-2001

## 1 范围

本标准规定了生产无公害畜禽产品养殖过程中畜禽饮用水水质要求和配套的检测方法。

本标准适用于生产无公害食品的集约化畜禽养殖场、畜禽养殖区和放牧区的畜禽饮用水水质。

## 2 规范性引用文件

下列文件中的条款通过本标准的引用而成为本标准的条款。凡是注日期的引用文件，其随后所有的修改单（不包括勘误的内容）或修改版本均不适用于本标准，然而，鼓励根据本标准达成协议的各方研究是否可使用这些文件的最新版本。凡是不注日期的引用文件，其最新版本适用于本标准。

GB/T 5750　生活饮用水标准检验法

GB/T 6920　水质　pH 值的测定　玻璃电极法

GB/T 7467　水质　六价铬的测定　二苯碳酰二肼分光光度法

GB/T 7468　水质　总汞的测定　冷原子分光光度法

GB/T 7475　水质　铜、锌、铅、镉的测定　原子吸收分光光谱法

GB/T 7480　水质　硝酸盐氮的测定　酚二磺酸分光光度法

GB/T 7483　水质　氟化物的测定　茜素磺酸锆目视分光光度法

GB/T 7485　水质　总砷的测定　二乙基二硫代氨基甲酸银分光光度法

GB/T 7486　水质　氰化物的测定　第一部分：总氰化物的测定

GB/T 7492　水质　六六六和滴滴涕的测定　气相色谱法

GB/T 11896　水质　氯化物的测定　硝酸银滴定法

GB/T 13192　水质　有机磷农药的测定　气相色谱法

GB 14878 食品中百菌清残留量的测定方法

GB/T 17331 食品中有机磷和氨基甲酸酯类农药多种残留的测定

## 3 术语和定义

下列术语和定义适用于本标准。

3.1 **集约化畜禽养殖场** intensive animal production farm

进行集约化经营的养殖场。集约化养殖是指在较小的场地内，投入较多的生产资料和劳动，采用新的工艺与技术措施，进行专业化管理的饲养方式。

3.2 **畜禽养殖区** animal production zone

多个畜禽养殖个体集中生产的区域。

3.3 **畜禽放牧区** pasturing area

采用放牧的饲养方式，并得到省、部级有关部门认可的牧区。

## 4 水质要求

4.1 畜禽饮用水水质不应大于表1的规定。

4.2 当水源中含有农药时，其浓度不应大于附录A的限量。

**表1 畜禽饮用水水质标准**

| 项目 | | | 标准值 | |
|---|---|---|---|---|
| | | | 畜 | 禽 |
| 感官性状及一般化学指标 | 色，(°) | ≤ | 色度不超过30° | |
| | 浑浊度，(°) | ≤ | 不超过20° | |
| | 臭和味 | ≤ | 不得有异臭、异味 | |
| | 肉眼可见物 | ≤ | 不得含有 | |
| | 总硬度（以 $CaCO_3$ 计），mg/L | ≤ | 1 500 | |
| | pH | | 5.5～9 | 6.4～8.0 |
| | 溶解性总固体，mg/L | ≤ | 4 000 | 2 000 |
| | 氯化物（以 $Cl^-$ 计），mg/L | ≤ | 1 000 | 250 |
| | 硫酸盐（以 $SO_4^{2-}$ 计），mg/L | ≤ | 500 | 250 |
| 细菌学指标 | 总大肠菌群，个/100mL | ≤ | 成年畜10，幼畜和禽1 | |
| 毒理学指标 | 氟化物（以 $F^-$ 计），mg/L | ≤ | 2.0 | 2.0 |
| | 氰化物，mg/L | ≤ | 0.2 | 0.05 |
| | 总砷L，mg/L | ≤ | 0.2 | 0.2 |
| | 总汞，mg/L | ≤ | 0.01 | 0.001 |
| | 铅，mg/L | ≤ | 0.1 | 0.1 |
| | 铬（六价），mg/L | ≤ | 0.1 | 0.05 |
| | 镉，mg/L | ≤ | 0.05 | 0.01 |
| | 硝酸盐（以N计），mg/L | ≤ | 30 | 30 |

## 5 检验方法

5.1 色：按 GB/T 5750 执行。

5.2 浑浊度：按 GB/T 5750 执行。

5.3 臭和味：按 GB/T 5750 执行。

5.4 肉眼可见物：按 GB/T 5750 执行。

5.5 总硬度（以 $CaCO_3$ 计）：按 GB/T 5750 执行。

5.6 溶解性总固体：按 GB/T 5750 执行。

5.7 硫酸盐（以 $SO_4^{2-}$ 计）：按 GB/T 5750 执行。

5.8 总大肠菌群：按 GB/T 5750 执行。

5.9 pH：按 GB/T 6920 执行。

5.10 铬（六价）：按 GB/T 7467 执行。

5.11 总汞：按 GB/T 7468 执行。

5.12 铅：按 GB/T 7475 执行。

5.13 镉：按 GB/T 7475 执行。
5.14 硝酸盐：按 GB/T 7480 执行。
5.15 氟化物（以 $F^-$ 计）：按 GB/T 7483 执行。
5.16 总砷：按 GB/T 7485 执行。
5.17 氰化物：按 GB/T 7486 执行。
5.18 氯化物（以 $Cl^-$ 计）：按 GB/T 11896 执行。

# 中华人民共和国农业行业标准

## 无公害食品 奶牛饲养兽医防疫准则

NY 5047-2001

### 1 范围

本标准规定了生产无公害食品的奶牛场在疫病的预防、监测、控制和扑灭方面的兽医防疫准则。

本标准适用于生产无公害食品奶牛场的卫生防疫。

### 2 规范性引用文件

下列文件中的条款通过本标准的引用而成为本标准的条款。凡是注日期的引用文件，其随后所有的修改单（不包括勘误的内容）或修订版均不适用于本标准，然而，鼓励根据本标准达成协议的各方研究是否可使用这些文件的最新版本。凡是不注日期的引用文件，其最新版本适用于本标准。

GB 16568 奶牛场卫生及检疫规范
GB/T 16569 畜禽产品消毒规范
NY/T 388 畜禽场环境质量标准
NY 5027 无公害食品 畜禽饮用水水质
NY 5046 无公害食品 奶牛饲养兽药使用准则
NY 5048 无公害食品 奶牛饲养饲料使用准则
NY/T 5049 无公害食品 奶牛饲养管理准则
中华人民共和国动物防疫法

### 3 术语和定义

下列术语和定义适用于本标准。

**3.1 动物疫病** animal epidemic disease

动物的传染病和寄生虫病。

**3.2 病原体** pathogen

能引起疾病的生物体，包括寄生虫和致病微生物。

**3.3 动物防疫** animal epidemic prevention

动物疫病的预防、控制、扑灭和动物、动物产品的检疫。

### 4 疫病预防

**4.1 环境卫生条件**

奶牛场的环境卫生质量应符合 NY/T 388 规定的要求。

**4.2 奶牛场的卫生条件**

4.2.1 具有清洁、无污染的水源，应符合 NY 5027 规定的要求。

4.2.2 奶牛场应设管理和生活区、生产和饲养区、生产辅助区、畜粪堆贮区和病牛隔离区，各区应相互隔离。运送饲料和生奶的道路与装运牛粪的道路应分设，并尽可能减少交叉点。

4.2.3 非生产人员一般不允许进入生产区。特殊情况下，非生产人员需经淋浴消毒后方可入场，并遵守场内的一切防疫制度。

4.2.4 应按照 NY/T 5049 规定的要求建立规范的消毒方法。

4.2.5 奶牛场内不准屠宰和解剖牛只。

4.2.6 不从有牛海绵状脑病的国家引进牛只；外来或购入的奶牛需有兽医检疫部门的检疫合格证，并经隔离观察和检疫后，确认无传染病时方可并群饲养。

4.2.7 挤奶人员须经奶牛泌乳生理和挤奶操作工艺的培训合格后才能上岗操作。

除上述规定外，奶牛场的选址、布局、设施及其卫生要求、工作人员健康卫生要求、生奶存放及运输卫生要求、防疫卫生等应符合 GB 16568 及 NY/T 5049 规定的要求。

**4.3 饲料、饲料添加剂和兽药的要求**

4.3.1 饲料和饲料添加剂的使用应符合 NY 5048 规定的要求，禁止饲喂反刍动物源性肉骨粉。

4.3.2 兽药的使用应符合 NY 5046 规定的要求。

**4.4 饲养管理要求**

奶牛场的饲养管理应符合 NY/T 5049 规定的要求。

**4.5 免疫接种**

奶牛场应根据《中华人民共和国动物防疫法》及其配套法规的要求，结合当地实际情况，有选择地进行疫病的预防接种工作，并注意选择适宜的疫苗、免疫程序和免疫方法。

## 5 疫病监测

5.1 奶牛场应依照《中华人民共和国动物防疫法》及其配套法规的要求，结合当地实际情况，制定疫病监测方案。

5.2 奶牛场常规监测的疾病至少应包括：口蹄疫、蓝舌病、炭疽、牛白血病、结核病、布鲁氏菌病。同时需注意监测我国已扑灭的疫病和外来病的传入，如牛瘟、牛传染性胸膜肺炎、牛海绵状脑病等。

除上述疫病外，还应根据当地实际情况，选择其他一些必要的疫病进行监测。

5.3 母牛在干乳前 15 天作隐性乳腺炎检验，在干乳时用有效的抗菌制剂封闭治疗。

5.4 根据当地实际情况由动物疫病监测机构定期或不定期进行必要的疫病监督抽查，并将抽查结果报告当地畜牧兽医行政管理部门。

## 6 疫病控制和扑灭

奶牛场发生疫病或怀疑发生疫病时，应依据《中华人民共和国动物防疫法》及时采取以下措施：

6.1 驻场兽医应及时进行诊断，并尽快向当地畜牧兽医行政管理部门报告疫情。

6.2 确诊发生口蹄疫、牛瘟、牛传染性胸膜肺炎时，奶牛场应配合当地畜牧兽医管理部门，对牛群实施严格的隔离、扑杀措施；发生牛海绵状脑病时，除了对牛群实施严格的隔离、扑杀措施外，还需追踪调查病牛的亲代和子代；发生炭疽时，只扑杀病牛；发生蓝舌病、牛白血病、结核病、布鲁氏菌病等疫病时，应对牛群实施清群和净化措施；全场进行彻底的清洗消毒，病死或淘汰牛的尸体按 GB 16548 进行无害化处理，消毒按 GB/T 16569 进行。

## 7 记录

每群奶牛都应有相关的资料记录，其内容包括：奶牛来源，饲料消耗情况，发病率、死亡率及发病死亡原因，无害化处理情况，实验室检查及其结果，用药及免疫接种情况。所有记录应在清群后保存两年以上。

# 中华人民共和国农业行业标准

# 无公害食品　奶牛饲养兽药使用准则

NY 5046-2001

## 1 范围

本标准规定了生产无公害食品的奶牛饲养过程中允许使用的兽药种类及其使用准则。

本标准适用于无公害食品的奶牛饲养过程的生产、管理和认证。

## 2 规范性引用文件

下列文件中的条款通过本标准的引用而成为本标准的条款。凡是注日期的引用文件，其随后所有的修改单（不包括勘误的内容）或修订版均不适用于本标准，然而，鼓励根据本标准达成协议的各方研究是否可使用这些文件的最新版本。凡是不注日期的引用文件，其最新版本适用于本标准。

NY/T 388 畜禽场环境质量标准

NY 5027 无公害食品 畜禽饮用水水质

NY 5047 无公害食品 奶牛饲养兽医防疫准则

NY 5048 无公害食品 奶牛饲养饲料使用准则

NY/T 5049 无公害食品 奶牛饲养管理准则

中华人民共和国兽药典

中华人民共和国兽药规范

中华人民共和国兽用生物制品质量标准

兽药管理条例

中华人民共和国动物防疫法

进口兽药质量标准

兽药质量标准

饲料药物添加剂使用规范

## 3 术语和定义

下列术语和定义适用于本标准。

**3.1 奶牛 dairy cattle**

以产乳性能为主要选择目的，经过系统选育，达到一定水平的专门化牛种的统称。

**3.2 兽药 veterinary drug**

用于预防、治疗和诊断畜禽等动物疾病，有目的地调节其生理机能并规定作用、用途、用法、用量的物质（含饲料药物添加剂）。包括：血清、疫苗、诊断液等生物制品；兽用的中药材、中成药、化学原料及其制剂；抗生素、生化药品、放射性药品。

3.2.1 抗菌药 antibacterial drug

能够抑制或杀灭病原菌的药物，其中包括中药材、中成药、化学药品、抗生素及其制剂。

3.2.2 抗寄生虫药 antiparasitic drug

能够杀灭或驱除动物体内、体外寄生虫的药物，其中包括中药材、中成药、化学药品、抗生素及其制剂。

3.2.3 生殖激素类药 reproductive hormonic drug

直接影响或间接影响动物生殖机能的激素类药物。

3.2.4 疫苗 vaccine

由特定细菌、病毒、立克次氏体、螺旋体、支原体等微生物以及寄生虫制成的主动免疫制品。

3.2.5 消毒防腐剂 disinfectant and preservative

用于杀灭环境中的有害微生物、防止疾病发生和传染的药物。

3.2.6 饲料药物添加剂 medicated feed additive

为预防、治疗动物疾病而掺入载体或者稀释剂的兽药的预混物，包括抗球虫药类、驱虫剂类、抑菌促生长类等。

**3.3 休药期 withdrawal period**

食品动物从停止给药到许可屠宰或他们的产品（乳、蛋）许可上市的间隔时间。

**3.4 奶废弃期 withdrawal period for milk**

奶牛从停止给药到他们所产的奶许可上市的间隔时间。

## 4 使用准则

奶牛养殖场的饲养环境应符合 NY/T 388 的规定。奶牛饲养者应供给奶牛充足的营养，所用饲料、饲料添加剂和饮水应符合《饲料和饲料添加剂管理条例》、NY 5048 和 NY 5027 的规定，按照 NY/T 5049 加强饲养管理，采取各种措施以减少应激，增强动物自身的免疫力。应严格按照《中华人民共和国动物防疫法》和 NY 5047 的规定进行预防，建立严格的生物安全体系，防止奶牛发病和死亡，最大限度地减少化学药品和抗生素的使用。确需使用治疗用药的，经实验室诊断确诊后再对症下药，兽药的使用应有兽医处方并在兽医的指导下进行。用于预防、治疗和诊断疾病的兽药应符合《中华人民共和国兽药典》、《中华人民共和国兽药规范》、《中华人民共和国兽用生物制品质量标准》、《兽药质量标准》、《进口兽药质量标准》和《饲料药物添加剂使用规范》的相关规定。所用兽药应来自具有《兽药生产许可证》和产品批准文号的生产企业或者具有《进口兽药许可证》的供应商。所用兽药的标签应符合《兽药管理条例》的规定。使用兽药时，还应遵循以下原则。

4.1 应使用符合《中华人民共和国兽用生物制品质量标准》规定的疫苗预防奶牛疾病。

4.2 允许使用消毒防腐剂对饲养环境、厩舍和器具进行消毒。但不能使用酚类消毒剂。

4.3 允许使用符合《中华人民共和国兽药典》二部和《中华人民共和国兽药规范》二部规定的用于奶牛疾病预防和治疗的中药材和中成药。

4.4 允许使用符合《中华人民共和国兽药典》、《中华人民共和国兽药规范》、《兽药质量标准》和《进口兽药质量标准》规定的钙、磷、硒、钾等补充药，酸碱平衡药，体液补充药，电解质补充药，血容量补充药，抗贫血药，维生素类药，吸附药，泻药，润滑剂，酸化剂，局部止血药，收敛药和助消化药。

4.5 允许使用国家兽药管理部门批准的微生态制剂。

4.6 允许使用附录A中的抗菌药、抗寄生虫药和生殖激素类药，使用中应注意以下几点：

a) 严格遵守规定的给药途径、使用剂量、疗程和注意事项；

b) 休药期应严格遵守附录A中规定的时间；

c) 附录A中未规定休药期的品种，应遵守肉不少于28天、奶废弃期不少于7天的规定；

d) 抗寄生虫药外用时注意避免污染鲜奶。

4.7 慎用作用于神经系统、循环系统、呼吸系统、泌尿系统的兽药及其他兽药。

4.8 建立并保存奶牛的免疫程序记录；建立并保存患病奶牛的治疗记录，包括患病奶牛的畜号或其他标志、发病时间及症状、治疗用药的经过、治疗时间、疗程、所用药物商品名称及有效成分。

4.9 禁止使用有致畸、致癌和致突变作用的兽药。

4.10 禁止在饲料及饲料产品中添加未经国家畜牧兽医行政管理部门批准的《饲料药物添加剂使用规范》以外的兽药品种，特别是影响奶牛生殖的激素类药、具有雌激素样作用的物质、催眠镇静药和肾上腺素能药等兽药。

4.11 禁止使用未经国家畜牧兽医行政管理部门批准作为兽药使用的药物。

4.12 禁止使用未经国家畜牧兽医行政管理部门批准的用基因工程方法生产的兽药。

## 附 录 A
## （规范性附录）

### 奶牛饲养允许使用的抗菌药、抗寄生虫药和生殖激素类药及使用规定

**表 A.1**

| 类别 | 药 名 | 制剂 | 用法与用量（用量以有效成分计） | 休药期 |
|---|---|---|---|---|
| 抗菌药 | 氨苄西林钠<br>ampicillin sodium | 注射用粉针 | 肌内、静脉注射，一次量（10～20）mg/kg体重，（2～3）次/日，连用（2～3）日 | 6天，奶废弃期2天 |
| | | 注射液 | 皮下或肌内注射，一次量（5～7）mg/kg体重 | |
| | 氨苄西林钠+氯唑西林钠（干乳期）<br>ampicillin sodium + cloxacillin sodium (dry cow) | 乳膏剂 | 乳管注入，干乳期奶牛，每乳室氨苄西林钠0.25g+氯唑西林钠0.5g，隔3周再输注1次 | 28天，奶废弃期30天 |
| | 氨苄西林钠+氯唑西林钠（泌乳期）<br>ampicillin sodium+<br>cloxacillin sodium<br>(milking cow) | 乳膏剂 | 乳管注入，泌乳期奶牛，每乳室氨苄西林钠0.075g+氯唑西林钠0.2g，2次/日，连用数日 | 7天，奶废弃期2.5天 |
| | 苄星青霉素<br>benzathine benzylpenicillin | 注射用粉针 | 肌内注射，一次量（2～3）万单位/kg体重，必要时（3～4日）重复1次 | 30天，奶废弃期3天 |
| | 苄星邻氯青霉素<br>benzathine cloxacillin | 注射液 | 乳管注入，每乳室50万单位 | 28天及产犊后4天的奶，泌乳期禁用 |
| | 青霉素钾（钠）<br>benzylpenicillin<br>potassium (sodium) | 注射用粉针 | 肌内注射，一次量（1～2）万单位/kg体重，（2～3）次/日，连用（2～3）日 | 奶废弃期3天 |

（续）

| 类别 | 药名 | 制剂 | 用法与用量<br>（用量以有效成分计） | 休药期 |
|---|---|---|---|---|
| 抗菌药 | 硫酸小檗碱<br>berberine sulfate | 注射液 | 肌内注射，，一次量0.15g～0.4g | 0天 |
| | 头孢氨苄<br>cefalexin | 乳剂 | 乳管注入，每乳室200mg，2次/日，连用2日 | 奶废弃期2天 |
| | 氯唑西林钠<br>cloxacillin sodium | 注射用粉针 | 乳管注入，泌乳期奶牛，每乳室200mg | 10天，奶废弃期2天 |
| | | | 乳管注入，干乳期奶牛，每乳室（200～500）mg | 30天 |
| | 恩诺沙星<br>enrofloxacin | 注射液 | 肌内注射，一次量2.5mg/kg体重，（1～2）次/日，连用（2～3）日 | 28天，泌乳期禁用 |
| | 乳糖酸红霉素<br>erythromycin lactobionate | 注射用粉针 | 静脉注射，一次量（3～5）mg/kg体重，2次/日，连用（2～3）日 | 21天，泌乳期禁用 |
| | 土霉素<br>oxytetracycline | 注射液（长效） | 肌内注射，一次量（10～20）mg/kg体重 | 28天，泌乳期禁用 |
| | 盐酸土霉素<br>oxytetracycline hydrochloride | 注射用粉针 | 静脉注射，一次量（5～10）mg/kg体重，2次/日，连用（2～3）日 | 19天，泌乳期禁用 |
| | 普鲁卡因青霉素<br>procaine benzylpenicillin | 注射用粉针 | 肌内注射，一次量（1～2）万单位/kg体重，1次/日，连用（2～3）日 | 10天，奶废弃期3天 |
| | 硫酸链霉素<br>streptomycin sulfate | 注射用粉针 | 肌内注射，一次量（10～15）mg/kg体重，2次/日，连用（2～3）日 | 14天，奶废弃期2天 |
| | 磺胺嘧啶<br>sulfadiazine | 片剂 | 内服，一次量，首次量（0.14～0.2）g/kg体重，维持量（0.07～0.1）g/kg体重，2次/日，连用（3～5）日 | 8天，泌乳期禁用 |
| | 磺胺嘧啶钠<br>sulfadiazine sodium | 注射液 | 静脉注射，一次量（0.05～0.1）g/kg体重，（1～2）次/日，连用（2～3）日 | 10天，奶废弃期2.5天 |
| | 复方磺胺嘧啶钠<br>compound sulfadiazine sodium | 注射液 | 肌内注射，一次量（20～30）mg/kg体重（以磺胺嘧啶计），（1～2）次/日，连用(2～3）日 | 10天，奶废弃期2.5天 |
| | 磺胺二甲嘧啶<br>sulfadimidine | 片剂 | 内服，一次量，首次量（0.14～0.2）g/kg体重，维持量（0.07～0.1）g/kg体重，（1～2）次/日，连用（3～5）日 | 10天，泌乳期禁用 |
| | 磺胺二甲嘧啶钠<br>sulfadimidine sodium | 注射液 | 静脉注射，一次量（0.05～0.1）g/kg体重，（1～2）次/日，连用（2～3）日 | 10天，泌乳期禁用 |
| 抗寄生虫药 | 阿苯达唑<br>albendazole | 片剂 | 内服，一次量（10～15）mg/kg体重 | 27天，泌乳期禁用 |
| | 双甲脒 amitraz | 溶液 | 药浴、喷洒、涂擦、配成0.025%～0.05%的溶液 | 1天，奶废弃期2天 |
| | 青蒿琥酯<br>artesunate | 片剂 | 内服，一次量5mg/kg体重，首次量加倍，2次/日，连用（2～4）日 | |
| | 溴酚磷<br>bromphenophos | 片剂、粉剂 | 内服，一次量12mg/kg体重 | 21天，奶废弃期5天 |
| | 氯氰碘柳胺钠<br>closantel sodium | 片剂、混悬液 | 内服，一次量5mg/kg体重 | 28天，奶废弃期28天 |
| | | 注射液 | 皮下或肌内注射，一次量（2.5～5）mg/kg体重 | |
| | 芬苯达唑<br>fenbendazole | 片剂、粉剂 | 内服，一次量（5～7.5）mg/kg体重 | 28天，奶废弃期4天 |
| | 氰戊菊酯<br>fenvalerate | 溶液 | 喷雾，配成0.05%～0.1%的溶液 | 1天，奶废弃期无 |
| | 伊维菌素<br>ivermectin | 注射液 | 皮下注射，一次量0.2mg/kg体重 | 35天，泌乳期禁用 |

（续）

| 类别 | 药名 | 制剂 | 用法与用量（用量以有效成分计） | 休药期 |
|---|---|---|---|---|
| 抗寄生虫药 | 盐酸左旋咪唑 levamisole hydrochloride | 片剂 | 内服，一次量7.5mg/kg体重 | 2天，泌乳期禁用 |
| | | 注射液 | 皮下、肌内注射，一次量7.5mg/kg体重 | 14天，泌乳期禁用 |
| | 奥芬达唑 oxfendazole | 片剂 | 内服，一次量5mg/kg体重 | 11天，泌乳期禁用 |
| | 碘醚柳胺 rafoxanide | 混悬液 | 内服，一次量（7～12）mg/kg体重 | 60天，泌乳期禁用 |
| | 三氯苯唑 triclabendazole | 混悬液 | 内服，一次量（6～12）mg/kg体重 | 28天，泌乳期禁用 |
| 生殖激素类药 | 甲基前列腺素 $F_{2a}$ carboprost | 注射液 | 肌内注射或宫颈内注入，一次量（2～4）mg/kg体重 | |
| | 绒促性素 chorionic gonadotrophin | 注射用粉针 | 肌内注射，一次量1000单位～5000单位，（2～3）次/周 | 泌乳期禁用 |
| | 苯甲酸雌二醇 estradiol benzoate | 注射液 | 肌内注射，一次量5mg～20mg | 泌乳期禁用 |
| | 醋酸促性腺激素释放激素 fertirelin acetate | 注射液 | 肌内注射，一次量100μg～200μg | 泌乳期禁用 |
| | 促黄体素释放激素 $A_2$ lutropin releasing hormone $A_2$ | 注射用粉针 | 肌内注射，一次量，排卵迟滞12.5μg～25μg；卵巢静止25μg，1次/日，可连用至3次；持久黄体或卵巢囊肿25μg，1次/日，可连用至4次 | 泌乳期禁用 |
| | 促黄体素释放激素 $A_3$ lutropin releasing hormone $A_3$ | 注射用粉针 | 肌内注射，一次量25μg | 泌乳期禁用 |
| | 垂体促卵泡素 pituritary follitropin | 注射用粉针 | 肌内注射，一次量100单位～150单位，隔2日1次，连用（2～3）次 | 泌乳期禁用 |
| | 垂体促黄体素 pituitary lutropin | 注射用粉针 | 肌内注射，一次量100单位～200单位 | 泌乳期禁用 |
| | 黄体酮 progesterone | 注射液 | 肌内注射，一次量50mg～100mg | 21天，泌乳期禁用 |
| | 复方黄体酮 compound progesterone | 缓释圈 | 阴道插入，一次量黄体酮1.55g＋苯甲酸雌二醇10mg | 泌乳期禁用 |
| | 缩宫素 oxytocin | 注射液 | 皮下、肌内注射，一次量30单位～100单位 | 泌乳期禁用 |
| | 氨基丁三醇前列腺素 $F_{2a}$ prostaglandin $F_{2a}$ tromethamine | 注射液 | 肌内注射，一次量25mg | 泌乳期禁用 |
| | 血促性素 sera gonadotrophin | 注射用粉针 | 皮下、肌内注射，一次量，催情1 000单位～2 000单位；超排2 000单位～4 000单位 | 泌乳期禁用 |

# 中华人民共和国农业行业标准

## 无公害食品　奶牛饲养管理准则

NY/T　5049-2001

### 1　范围

本标准规定了无公害牛奶生产过程中引种、环境、饲养、消毒、用药、防疫、牛奶收集和废弃物处理各环节应遵循的准则。

本标准适用于所有奶牛养殖场无公害牛奶生产的饲养与管理。

## 2 规范性引用文件

下列文件中的条款通过本标准的引用而成为本标准的条款。凡是注日期的引用文件，其随后所有的修改单（不包括勘误的内容）或修订版均不适用于本标准，然而，鼓励根据本标准达成协议的各方研究是否可使用这些文件的最新版本。凡是不注日期的引用文件，其最新版本适用于本标准。

GB 16548 畜禽病害肉尸及其产品无害化处理规程
GB 16567 种畜禽调运检疫技术规范
NY/T 388 畜禽场环境质量标准
NY 5027 无公害食品 畜禽饮用水水质
NY 5045 无公害食品 生鲜牛乳
NY 5046 无公害食品 奶牛饲养兽药使用准则
NY 5047 无公害食品 奶牛饲养兽医防疫准则
NY5048 无公害食品 奶牛饲养饲料使用准则
奶牛营养需要和饲养标准（第二版）

## 3 术语和定义

下列术语和定义适用于本标准。

3.1 **净道** non-pollution road

牛群周转、饲养员行走、场内运送饲料、奶车出入的专用道路。

3.2 **污道** pollution road

粪便等废弃物、淘汰牛出场的道路。

3.3 **牛场废弃物** cattle farm waste

主要包括牛粪、尿、死牛、褥草、过期兽药、残余疫苗、疫苗瓶和污水。

## 4 引种

4.1 引进种牛，应按照 GB 16567 进行检疫。

4.2 引进的种牛，隔离观察至少 30—45 天，经兽医检疫部门检查确定为健康合格后，方可供繁殖使用。

4.3 不应从疫区引进种牛。

## 5 牛场环境与工艺

5.1 奶牛场应建在地势平坦干燥、背风向阳，排水良好，场地水源充足、未被污染和没有发生过任何传染病的地方。

5.2 牛舍应具备良好的清粪排尿系统。

5.3 牛舍内的温度、湿度、气流（风速）和光照应满足奶牛不同饲养阶段的需求，以降低牛群发生疾病的机会。

5.4 牛舍内空气质量应符合 NY/T 388 的规定。

5.5 牛舍地面和墙壁应选用适宜材料，以便于进行彻底清洗消毒。

5.6 牛场内应分设管理区、生产区及粪污处理区，管理区和生产区应处上风向，粪污处理区应处下风向。

5.7 牛场净道和污道应分开，污道在下风向，雨水和污水应分开。

5.8 牛场周围应设绿化隔离带。

5.9 牛场排污应遵循减量化、无害化和资源化的原则。

## 6 饲养条件

### 6.1 饲料和饲料添加剂

6.1.1 饲料及添加剂的使用应符合 NY 5048 的规定。

6.1.2 奶牛的不同生长时期和生理阶段至少应达到《奶牛营养需要和饲养标准》（第二版）要求，可参考使用地方奶牛饲养规范（规程）。

6.1.3 不应在饲料中额外添加未经国家有关部门批准使用的各种化学、生物制剂及保护剂（如抗氧化剂、防霉剂）

等添加剂。

6.1.4 应清除饲料中的金属异物和泥沙。

6.2 **兽药使用**

6.2.1 对于治疗患疾病奶牛及必须使用药物处理时，应按照 NY 5046 执行。

6.2.2 泌乳牛在正常情况下禁止使用任何药物，必须用药时，在药物残留期间的牛乳不应作为商品牛乳出售，牛乳在上市前应按规定停药，应准确计算停药时间和弃乳期。

6.2.3 不应使用未经有关部门批准使用的激素类药物（如促卵泡发育、排卵和催产等药剂）及抗生素。

6.3 **防疫**

牛群的免疫应符合 NY 5047 的规定。

6.4 **饮水**

6.4.1 场区应有足够的生产和饮用水，饮水质量应达到 NY 5027 的规定。

6.4.2 经常清洗和消毒饮水设备，避免细菌滋生。

6.4.3 若有水塔或其他贮水设施，则应有防止污染的措施，并予以定期清洗和消毒。

## 7 卫生消毒

7.1 **消毒剂**

消毒剂应选择对人、奶牛和环境比较安全、没有残留毒性，对设备没有破坏和在牛体内不应产生有害积累的消毒剂。可选用的消毒剂有：石碳酸（酚）、煤酚、双酚类、次氯酸盐、有机碘混合物（碘附）、过氧乙酸、生石灰、氢氧化钠（火碱）、高锰酸钾、硫酸铜、新洁尔灭、松油、酒精和来苏儿等。

7.2 **消毒方法**

7.2.1 喷雾消毒

用一定浓度的次氯酸盐、有机碘混合物、过氧乙酸、新洁尔灭、煤酚等，用喷雾装置进行喷雾消毒，主要用于牛舍清洗完毕后的喷洒消毒、带牛环境消毒、牛场道路和周围和进入场区的车辆。

7.2.2 浸液消毒

用一定浓度的新洁尔灭、有机碘混合物或煤酚的水溶液，进行洗手、洗工作服或胶靴。

7.2.3 紫外线消毒

对人员入口处常设紫外线灯照射，以起到杀菌效果。

7.2.4 喷撒消毒

在牛舍周围、入口、产床和牛床下面撒生石灰或火碱杀死细菌或病毒。

7.2.5 热水消毒

用 35℃～46℃温水及 70℃～75℃的热碱水清洗挤奶机器管道，以除去管道内的残留矿物质。

7.3 **消毒制度**

7.3.1 环境消毒

牛舍周围环境（包括运动场）每周用 2%火碱消毒或撒生石灰 1 次；场周围及场内污水池、排粪坑和下水道出口，每月用漂白粉消毒 1 次。在大门口和牛舍入口设消毒池，使用 2%火碱或煤酚溶液。

7.3.2 人员消毒

7.3.2.1 工作人员进入生产区应更衣和紫外线消毒，工作服不应穿出场外。

7.3.2.2 外来参观者进入场区参观应彻底消毒，更换场区工作服和工作鞋，并遵守场内防疫制度。

7.3.3 牛舍消毒

牛舍在每班牛只下槽后应彻底清扫干净，定期用高压水枪冲洗，并进行喷雾消毒或熏蒸消毒。

7.3.4 用具消毒

定期对饲喂用具、料槽和饲料车等进行消毒，可用 0.1%新洁尔灭或 0.2%～0.5%过氧乙酸消毒；日常用具（如兽医用具、助产用具、配种用具、挤奶设备和奶罐车等）在使用前后应进行彻底消毒和清洗。

7.3.5 带牛环境消毒

定期进行带牛环境消毒，有利于减少环境中的病原微生物。可用于带牛环境消毒的消毒药有：0.1%新洁尔灭，0.3%过氧乙酸，0.1%次氯酸钠，以减少传染病和蹄病等发生。带牛环境消毒应避免消毒剂污染到牛奶中。

7.3.6 牛体消毒

挤奶、助产、配种、注射治疗及任何对奶牛进行接触操作前，应先将牛有关部位如乳房、乳头、阴道口和后躯等进行消毒擦拭，以降低牛乳的细菌数，保证牛体健康。

## 8 管理

### 8.1 总的管理

8.1.1 奶牛场不应饲养任何其他家畜家禽，并应防止周围其他畜禽进入场区。

8.1.2 保持各生产环节的环境及用具的清洁，保证牛奶卫生。坚持刷拭牛体，防止污染乳汁。

8.1.3 成乳牛坚持定期护蹄、修蹄和浴蹄。

### 8.2 人员管理

牛场工作人员应定期进行健康检查，发现有传染病患者应及时调出。

### 8.3 饲喂管理

8.3.1 按饲养规范饲喂，不堆槽，不空槽，不喂发霉变质和冰冻的饲料。应捡出饲料中的异物，保持饲槽清洁卫生。

8.3.2 保证足够的新鲜、清洁饮水，运动场设食盐、矿物质（如矿物质舔砖等）补饲槽和饮水槽，定期清洗消毒饮水设备。

### 8.4 挤奶管理

8.4.1 贮奶罐、挤奶机使用前后都应清洗干净，按操作规程要求放置。

8.4.2 乳房炎病牛不应上机挤奶，上机时临时发现的乳房炎病牛不应套杯挤奶，应转入病牛群手工挤净后治疗。

8.4.3 牛奶出场前先自检，不合格者不应出场。

8.4.4 机械设备应定期检查、维修和保养。

### 8.5 灭蚊蝇、灭鼠

8.5.1 搞好牛舍内外环境卫生，消灭杂草和水坑等蚊蝇孳生地，定期喷洒消毒药物，或在牛场外围设诱杀点，消灭蚊蝇。

8.5.2 定期投放灭鼠药，控制啮齿类动物。投放灭鼠药应定时、定点，及时收集死鼠和残余鼠药，做无害化处理。

## 9 病死牛及产品处理

9.1 对于非传染病及机械创伤引起的病牛只，应及时进行治疗，死牛应及时定点进行无害化处理，应符合 GB 16548 的规定。

9.2 使用药物的病牛生产的牛奶（抗生素奶）不应作为商品牛奶出售。

9.3 牛场内发生传染病后，应及时隔离病牛，病牛所产乳及死牛应作无害化处理，应符合 GB 16548 的规定。

## 10 牛奶盛装、贮藏和运输

应符合 NY 5045 的规定。

## 11 废弃物处理

11.1 场区内应于生产区的下风处设贮粪场，粪便及其他污物应有序管理。每天应及时除去牛舍内及运动场褥草、污物和粪便，并将粪便及污物运送到贮粪场。

11.2 场内应设牛粪尿、褥草和污物等处理设施，废弃物应遵循减量化、无害化和资源化的原则。

## 12 资料记录

12.1 繁殖记录：包括发情、配种、妊检、流产、产犊和产后监护记录。

12.2 兽医记录：包括疾病档案和防疫记录。

12.3 育种记录：包括牛只标记和谱系及有关报表记录。

12.4 生产记录：包括产奶量、乳脂率、生长发育和饲料消耗等记录。

12.5 病死牛应做好淘汰记录，出售牛只应将抄写复本随牛带走，保存好原始记录。

12.6 牛只个体记录应长期保存，以利于育种工作的进行。

# 中华人民共和国国家标准

## 畜禽养殖业污染物排放标准

GB 18596-2001

Discharge standard of pollutants for livestock and poultry breeding

## 1 主题内容与适用范围

### 1.1 主题内容

本标准按集约化畜禽养殖业的不同规模分别规定了水污染物、恶臭气体的最高允许日均排放浓度、最高允许排水量，畜禽养殖业废渣无害化环境标准。

### 1.2 适用范围

本标准适用于全国集约化畜禽养殖场和养殖区污染物的排放管理，以及这些建设项目环境影响评价、环境保护设施设计、竣工验收及其投产后的排放管理。

1.2.1 本标准适用的畜禽养殖场和养殖区的规模分级，按表1和表2执行

表1 集约化畜禽养殖场的适用规模（以存栏数计）

| 类别<br>规模分级 | 猪（头）<br>（25kg以上） | 鸡（只） | | 牛（头） | |
|---|---|---|---|---|---|
| | | 蛋鸡 | 肉鸡 | 成年奶牛 | 肉牛 |
| Ⅰ级 | ≥3 000 | ≥100 000 | ≥200 000 | ≥200 | ≥400 |
| Ⅱ级 | 500≤Q<3 000 | 15 000≤Q<1 000 000 | 30 000≤Q<200 000 | 100≤Q<200 | 200≤Q<400 |

表2 集约化畜禽养殖区的适用规模（以存栏数计）

| 类别<br>规模分级 | 猪（头）<br>（25kg以上） | 鸡（只） | | 牛（头） | |
|---|---|---|---|---|---|
| | | 蛋鸡 | 肉鸡 | 成年奶牛 | 肉牛 |
| Ⅰ级 | ≥6 000 | ≥200 000 | ≥400 000 | ≥400 | ≥800 |
| Ⅱ级 | 3 000≤Q<6 000 | 100 000≤Q<200 000 | 200 000≤Q<400 000 | 2 000≤Q<400 | 400≤Q<800 |

注：Q表示养殖量。

1.2.2 对具有不同畜禽种类的养殖场和养殖区，其规模可将鸡、牛的养殖量换算成猪的养殖量，换算比例为：30只蛋鸡折算成1头猪，60只肉鸡折算成1头猪，1头奶牛折算成10头猪，1头肉牛折算成5头猪。

1.2.3 所有Ⅰ级规模范围内的集约化畜禽养殖场和养殖区，以及Ⅱ级规模范围内且地处国家环境保护重点城市、重点流域和污染严重河网地区的集约化畜禽养殖场和养殖区，自本标准实施之日起开始执行。

1.2.4 其他地区Ⅱ级规模范围内的集约化养殖场和养殖区，实施标准的具体时间可由县级以上人民政府环境保护行政主管部门确定，但不得迟于2004年7月1日。

1.2.5 对集约化养羊场和养羊区，将羊的养殖量换算成猪的养殖量，换算比例为：3只羊换算成1头猪，根据换算后的养殖量确定养羊场或养羊区的规模级别，并参照本标准的规定执行。

## 2 定义

### 2.1 集约化畜禽养殖场

指进行集约化经营的畜禽养殖场。集约化养殖是指在较小的场地内，投入较多的生产资料和劳动，采用新的工艺与技术措施，进行精心管理的饲养方式。

### 2.2 集约化畜禽养殖区

指距居民区一定距离，经过行政区划确定的多个畜禽养殖个体生产集中的区域。

2.3 **废渣**

指养殖场外排的畜禽粪便、畜禽舍垫料、废饲料及散落的毛羽等固体废物。

2.4 **恶臭污染物**

指一切刺激嗅觉器官，引起人们不愉快及损害生活环境的气体物质。

2.5 **臭气浓度**

指恶臭气体（包括异味）用无臭空气进行稀释，稀释到刚好无臭时所需的稀释倍数。

2.6 **最高允许排水量**

指在畜禽养殖过程中直接用于生产的水的最高允许排放量。

## 3 技术内容

本标准按水污染物、废渣和恶臭气体的排放分为以下三部分。

3.1 **畜禽养殖业水污染物排放标准**

3.1.1 畜禽养殖业废水不得排入敏感水域和有特殊功能的水域。排放去向应符合国家和地方的有关规定。

3.1.2 标准适用规模范围内的畜禽养殖业的水污染物排放分别执行表3、表4和表5的规定。

**表3 集约化畜禽养殖业水冲工艺最高允许排水量**

| 种类 | 猪 [$m^3$/（百头·d）] | | 鸡 [$m^3$/（千只·d）] | | 牛 [$m^3$/（百头·d）] | |
|---|---|---|---|---|---|---|
| 季节 | 冬季 | 夏季 | 冬季 | 夏季 | 冬季 | 夏季 |
| 标准值 | 2.5 | 3.5 | 0.8 | 1.2 | 20 | 30 |

注：废水最高允许排放量的单位中，百头、千只均指存栏数。

春、秋季废水最高允许排放量按冬、夏两季的平均值计算。

**表4 集约化畜禽养殖业干清粪工艺最高允许排水量**

| 种类 | 猪 [$m^3$/（百头·d）] | | 鸡 [$m^3$/（千只·d）] | | 牛 [$m^3$/（百头·d）] | |
|---|---|---|---|---|---|---|
| 季节 | 冬季 | 夏季 | 冬季 | 夏季 | 冬季 | 夏季 |
| 标准值 | 1.2 | 1.8 | 0.5 | 0.7 | 17 | 00 |

注：废水最高允许排放量的单位中，百头、千只均指存栏数。春、秋季废水最高允许排放量按冬、夏两季的平均值计算。

**表5 集约化畜禽养殖业水污染物最高允许日均排放浓度**

| 控制项目 | 五日生化需氧量（mg/L） | 化学需氧量（mg/L） | 悬浮物（mg/L） | 氨氮（mg/L） | 总磷（以P计）（mg/L） | 粪大肠菌群数（个/100ml） | 蛔虫卵（个/L） |
|---|---|---|---|---|---|---|---|
| 标准值 | 150 | 400 | 200 | 80 | 8.0 | 1 000 | 2.0 |

3.2 **畜禽养殖业废渣无害化环境标准**

3.2.1 畜禽养殖业必须设置废渣的固定储存设施和场所，储存场所要有防止粪液渗漏、溢流措施。

3.2.2 用于直接还田的畜禽粪便，必须进行无害化处理。

3.2.3 禁止直接将废渣倾倒入地表水体或其他环境中。畜禽粪便还田时，不能超过当地的最大农田负荷量，避免造成面源污染和地下水污染。

3.2.4 经无害化处理后的废渣，应符合表6的规定。

**表6 畜禽养殖业废渣无害化环境标准**

| 控制项目 | 指标 |
|---|---|
| 蛔虫卵 | 死亡率≥95% |
| 粪大肠菌群数 | ≤$10^5$个kg |

3.3 **畜禽养殖业恶臭污染物排放标准**

集约化畜禽养殖业恶臭污染物的排放执行表7的规定。

**表7 集约化畜禽养殖业恶臭污染物排放标准**

| 控制项目 | 标准值 |
|---|---|
| 臭气浓度（无量纲） | 70 |

3.4 畜禽养殖业应积极通过废水和粪便的还田或其他措施对所排放的污染物进行综合利用，实现污染物的资源化。

## 4 监测

污染物项目监测的采样点和采样频率应符合国家环境监测技术规范的要求。污染物项目的监测方法按表8执行。

表 8 畜禽养殖业污染物排放配套监测方法

| 序号 | 项　目 | 监测方法 | 方法来源 |
|---|---|---|---|
| 1 | 生化需氧（$BOD_5$） | 稀释与接种法 | GB7488-87 |
| 2 | 化学需氧（$COD_{cr}$） | 重铬酸钾法 | GB11914-89 |
| 3 | 悬浮物（SS） | 重量法 | GB11901-89 |
| 4 | 氨氮（$NH_3$-N） | 钠氏试剂比色法 | GB7479-87 |
|  |  | 水杨酸分光光度法 | GB7481-87 |
| 5 | 总 P（以 P 计） | 钼蓝比色法 | 1） |
| 6 | 粪大肠菌群数 | 多管发酵法 | GB5750-85 |
| 7 | 蛔虫卵 | 吐温-80 柠檬酸缓冲液离心沉淀集卵法 | 2） |
| 8 | 蛔虫卵死亡率 | 堆肥蛔虫卵检查法 | GB7959-87 |
| 9 | 寄生虫卵沉降率 | 粪稀蛔虫卵检查法 | GB7959-87 |
| 10 | 臭气浓度 | 三点式比较臭袋法 | GB14675 |

注：分析方法中，未列出国标的暂时采用下列方法，待国家标准方法颁布后执行国家标准。

1）水和废水监测分析方法（第三版），中国环境科学出版社，1989。

2）卫生防疫检验，上海科学技术出版社，1964。

## 5　标准的实施

5.1　本标准由县级以上人民政府环境保护行政主管部门实施统一监督管理。

5.2　省、自治区、直辖市人民政府可根据地方环境和经济发展的需要，确定严于本标准的集约化畜禽养殖业适用规模，或制定更为严格的地方畜禽养殖业污染物排放标准，并报国务院环境保护行政主管部门备案。

# 中华人民共和国国家标准

# 奶牛场卫生及检疫规范

GB　16568-1996

Health and quarantine requirement for dairy cattle farms

## 1　主题内容与适用范围

本标准规定了奶牛场的环境设计与设施、饲草料及饮水、饲养管理、挤奶人员、生产工艺、鲜奶贮藏及运输的卫生和防疫、检疫的要求。

本标准适用于国有、集体和中外合资、中外合作经营、外商独资奶牛场。个体户也应参照执行。

## 2　引用标准

GB 5749　生活饮用水卫生标准

GB 6914　生鲜牛乳收购标准

GB 7959　粪便无害化卫生标准

GB 8978　污水综合排放标准

GB 12693　乳品厂卫生规范

GB 13078　饲料卫生标准

GB 16567　种畜禽调运检疫技术规范

## 3　奶牛场的环境设计与设施的卫生

### 3.1　场址要求

奶牛场应建立在交通方便、水质良好、水量充沛、地势高燥、环境幽静、无有害体、烟雾、灰沙及其他污染的地区，并且远离学校、公共场所、居民住宅区。

**3.2　场区的布局与设施要求**

3.2.1　场内的饲养区、生活区布置在场区的上风、高燥处，兽医室、产房、隔离病房、贮粪场和污水处理池应布置在场区的下风、较低处。

3.2.2　场区内的道路坚硬、平坦、无积水。牛舍、运动场、道路以外地带应绿化。

3.2.3　场区牛舍应坐北朝南，坚固耐用，宽敞明亮，排水通畅，通风良好，能有效地排出潮湿和污浊的空气，夏季应增设电风扇或排风扇通风降温 。

饲养区门口通道地面设 3.8m×3m×0.1m 的消毒池，人行通道除设地面消毒池外，增设紫外线消毒灯。

3.2.4　场区内应设有牛粪尿处理设施，处理后应符合 GB 7959 的规定，排放出场的污水必须符合 GB 8978 的有关规定。

3.2.5　场区内必须设有更衣室、厕所、淋浴室、休息室。更衣室内应按人数配备衣柜，厕所内应有冲水装置、非手动开关的洗手设施和洗手用的清洗剂。

3.2.6　场内必须设有与生产能力相适应的微生物和产品质量检验室，并配备工作所需的仪器设备和经专业培训、考核合格的检验人员。

3.2.7　场内需设置专用危险品库房、橱柜，存放有毒、有害物品，并贴有醒目的“有害”标记。在使用危险品时需经专门管理部门核准并在指定人员的严格监督下使用。

**3.3　场区的供、排水系统**

3.3.1　场区内应有足够的生产用水，水压和水温均应满足生产需要，水质应符合 GB 5749 的规定。如需配备贮水设施，应有防污染措施，并定期清洗、消毒。

3.3.2　场区内应具有能承受足够大负荷的排水系统，并不得污染供水系统。

## 4　饲草

**4.1　饲草**

各种饲草应干净、无杂质、不霉烂变质。

**4.2　饲料**

各种饲料收购和贮藏应符合 GB 13078 的规定。

**4.3　饮水**

饮水卫生应符合 GB 5749 的规定。饮水池应定期清洗、换水。

## 5　饲养管理

5.1　饲喂前饲草应铡短，扬弃泥土，清除异物，防止污染；块根、块茎类饲料需清洗、切碎，冬季防冷冻。

5.2　每天应清洗牛舍槽道、地面、墙壁，除去褥草、污物、粪便。清洗工作结束后应及时将粪便及污物运送到贮粪场。运动场牛粪派专人每天清扫，集中到贮粪场。

5.3　场区内应定期或在必要时进行除虫灭害，清除杂草，防止害虫孳生，但药液不得直接触及牛体和盛奶用具。

5.4　场内不得饲养其他家畜家禽，并防止其进入场区。

## 6　工作人员的健康与卫生要求

6.1　场内饲养、挤奶人员每年进行健康检查，在取得健康合格证后方可上岗工作。场有关部门应建立职工健康档案。

6.2　患有下列病症之一者不得从事饲草、饲料收购、加工、饲养和挤奶工作：

a. 痢疾、伤寒、弯杆菌病、病毒性肝炎等消化道传染病（包括病原携带者）；

b. 活动性肺结核、布鲁氏菌病；

c. 化脓性或渗出性皮肤病；

d. 其他有碍食品卫生、人畜共患的疾病。

6.3　挤奶员手部受刀伤和其他开放性外伤，未愈前不能挤奶。

6.4　饲养员和挤奶员工作时必须穿戴工作服、工作帽和工作鞋（靴）。挤奶员工作时不得佩带饰物和涂抹化妆品，并经常修剪指甲。

6.5　饲养、挤奶人员的工作帽、工作服、工作鞋（靴）应经常清洗、消毒；对更衣室、淋浴室、休息室、厕所等公共场所要经常清扫、清洗、消毒。

## 7　生产工艺

**7.1　手工挤奶**

7.1.1　奶牛进牛舍后必须先冲洗，刨刷牛体，然后再饲喂挤奶。

7.1.2 挤奶前应先清除牛床上粪便，固定牛尾，使用 40 ～45℃ 温水清洗、按摩、擦干乳房。一牛一条毛巾，一牛一桶水，乳头严禁涂布润滑油脂。

7.1.3 挤奶开始第一、二把奶应丢弃。

7.1.4 挤奶时，若遇牛排尿或排粪应及时避让。

7.1.5 挤奶后应对奶牛乳头逐个进行药浴消毒。

7.1.6 挤奶应先挤健康牛，再挤病牛。病牛的奶，尤其是患乳房炎病牛的奶应单独存放，另行处理。

7.1.7 盛奶用具使用前、后必须彻底清洗、消毒。

7.2 **机器挤奶**

7.2.1 机器挤奶机在使用时应保持性能良好，送奶管和贮奶缸使用后应及时清洗、消毒。

7.2.2 挤奶开始前逐一对每头牛每个乳区作乳房炎的检查，阳性牛改为手工挤奶。

7.2.3 挤奶前用温水清洗乳房和乳头，并用一次性纸巾擦干。

7.2.4 挤奶后用消毒液喷淋乳头消毒。

## 8 鲜奶盛装、贮藏与运输卫生

8.1 鲜奶应设单间存放，与牛舍隔离，并且有防尘、防蝇、防鼠的设施。

8.2 鲜奶必须由过滤器或多层纱布进行过滤才能装入容器贮藏，2 h 内应冷却到 4 ℃ 以下。

8.3 鲜奶必须使用密闭的，清洁的经消毒的奶槽车或桶装运。应符合 GB 12693 中的有关规定。

8.4 鲜奶从挤出至加工前防止污染，质量应符合 GB 6914 的规定。

## 9 防疫

9.1 进出车辆与人员要严格消毒。

9.2 场内应建立必要的消毒制度。每旬一次牛槽消毒，每月一次牛舍消毒，每季一次全场消毒。

9.3 初生牛犊七日内每天应饮足其母牛的初乳，第一次饮奶时间应在出生后 1 h 之内。

9.4 每年三、四月间，全群进行无毒炭疽芽孢苗的防疫注射，密度不得低于 95 %。

## 10 检疫

10.1 每年春季或秋季对全群进行布鲁氏菌病和结核病的实验室检验，检疫密度不得低于 90 %。在健康牛群中检出的阳性牛扑杀，深埋或火化；非健康牛群的阳性牛及可疑阳性牛可隔离分群饲养，逐步淘汰净化。

10.2 对下列疾病进行临床检查，必要时作实验室检验：口蹄疫、蓝舌病、牛白血病、副结核病、牛肺疫。牛传染性鼻气管炎和粘膜病。

检测方法同 GB 16567 中种牛检疫的规定，检出阳性后按有关兽医法规处理。

10.3 多雨年份的秋季应作肝片吸虫的检查。

附加说明：

本标准由农业部畜牧兽医司提出。

本标准由农业部动物检疫所、徐州市乳品公司负责起草。

本标准主要起草人陈炳洲、郑志刚、杨承谕、仰惠芬。

# 中华人民共和国农业行业标准

## 畜禽场环境质量标准

NY/T 388－1999

Environmental quality standard for the livestock and poultry farm

## 1 范围

本标准规定了畜禽场必要的空气、生态环境质量标准以及畜禽饮用水的水质标准。

本标准适用于畜禽场的环境质量控制、监测、监督、管理、建设项目的评价及畜禽场环境质量的评估。

## 2 引用标准

下列标准所包含的条文，通过在本标准中引用而构成为本标准的条文。本标准出版时，所示版本均为有效。所有标准都会被修订，使用本标准的各方应探讨使用下列标准最新版本的可能性。

GB 2930—1982 牧草种子检验规程

GB/T 5750—1985 生活饮用水标准检验法

GB/T 6920—1986 水质 pH值的测定 玻璃电极法

GB/T 7470—1987 水质 铅的测定 双硫腙分光光度法

GB/T 7475—1987 水质 铜、锌、铅、镉的测定原子吸收分光光谱法

GB/T 7467—1987 水质 六价铬的测定 二苯碳酰二肼分光光度法

GB/T 7477—1987 水质 钙和镁总量的测定 EDTA 滴定法

GB/T 13195—1991 水质 水温的测定 温度计或颠倒温度计测定法

GB/T 14623—1993 城市区域环境噪声测量方法

GB/T 14668—1993 空气质量 氨的测定 纳氏试剂比色法

GB/T 14675—1993 空气质量 恶臭的测定 三点比较式臭袋法

GB/T 15432—1995 环境空气 总悬浮颗粒物的测定 重量法

## 3 术语

### 3.1 畜禽场

按养殖规模本标准规定：鸡≥5 000 只，母猪存栏≥75 头，牛≥25 头为畜禽场，该场应设置有舍区、场区和缓冲区。

### 3.2 舍区

畜禽所处的半封闭的生活区域，即畜禽直接的生活环境区。

### 3.3 场区

规模化畜禽场围栏或院墙以内、舍区以外的区域。

### 3.4 缓冲区

在畜禽场外周围，沿场院向外≤500m 范围内的畜禽保护区，该区具有保护畜禽场免受外界污染的功能。

### 3.5 $PM_{10}$

可吸入颗粒物，空气动力学当量直径≤100μm 的颗粒物。

### 3.6 TSP

总悬浮颗粒物，空气动力学当量直径≤100μm 的颗粒物。

## 4 技术要求

### 4.1 畜禽场空气环境质量

畜禽场空气环境质量见表 1。

表 1 畜禽场空气环境质量

| 序号 | 项目 | 单位 | 缓冲区 | 场区 | 舍区 | | | |
|---|---|---|---|---|---|---|---|---|
| | | | | | 禽舍 | | 猪舍 | 牛舍 |
| | | | | | 雏 | 成 | | |
| 1 | 氨气 | $mg/m^3$ | 2 | 5 | 10 | 15 | 25 | 20 |
| 2 | 硫化氢 | $mg/m^3$ | 1 | 2 | 2 | 10 | 10 | 8 |
| 3 | 二氧化碳 | $mg/m^3$ | 380 | 750 | 1 500 | | 1 500 | 1 500 |
| 4 | $PM_{10}$ | $mg/m^3$ | 0.5 | 1 | 4 | | 1 | 2 |
| 5 | TSP | $mg/m^3$ | 1 | 2 | 8 | | 3 | 4 |
| 6 | 恶臭 | 稀释倍数 | 40 | 50 | 70 | | 70 | 70 |

注：表中数据皆为日均值。

### 4.2 舍区生态环境质量

舍区生态环境质量见表 2。

**表 2　舍区生态环境质量**

| 序 号 | 项 目 | 单 位 | 禽 | | 猪 | | 牛 |
|---|---|---|---|---|---|---|---|
| | | | 雏 | 成 | 仔 | 成 | |
| 1 | 温度 | ℃ | 21～27 | 10～24 | 27～32 | 11～17 | 10～15 |
| 2 | 湿度（相对） | % | 75 | | 80 | | 80 |
| 3 | 风速 | m/s | 0.5 | 0.8 | 0.4 | 1.0 | 1.0 |
| 4 | 照度 | lx | 50 | 30 | 50 | 30 | 50 |
| 5 | 细菌 | 个/$m^3$ | 25 000 | | 17 000 | | 20 000 |
| 6 | 噪声 | dB | 60 | 80 | 80 | | 75 |
| 7 | 粪便含水率 | % | 65～75 | | 70～80 | | 65～75 |
| 8 | 粪便清理 | — | 干法 | | 日清粪 | | 日清粪 |

### 4.3　畜禽饮用水质量

畜禽饮用水质量见表 3。

**表 3　畜禽饮用水质量**

| 序 号 | 项 目 | 单 位 | 自备井 | 地面水 | 自来水 |
|---|---|---|---|---|---|
| 1 | 大肠菌群 | 个/L | 3 | 3 | |
| 2 | 细菌总数 | 个/L | 100 | 200 | |
| 3 | pH | — | 5.5～8.5 | | |
| 4 | 总硬度 | mg/L | 600 | | |
| 5 | 溶解性总固体 | mg/L | 2 000* | | |
| 7 | 铅 | mg/L | Ⅳ类地下水标准 | Ⅳ类地面水标准 | 饮用水标准 |
| 9 | 铬（六价） | mg/L | Ⅳ类地下水标准 | Ⅳ类地面水标准 | 饮用水标准 |

*　甘肃、青海、新疆和沿海、岛屿地区可放宽到 3 000mg/L。

## 5　监测

### 5.1　采样

环境质量各种参数的监测及采样点、采样办法、采样高度及采样频率的要求按《环境监测技术规范》执行。

### 5.2　分析方法

各项污染物的分析方法见表 4。

**表 4　各项污染物的分析方法**

| 序 号 | 项 目 | 方 法 | 方 法 来 源 |
|---|---|---|---|
| 1 | 氨气 | 纳氏试剂比色法 | GB/T 14668—1993 |
| 2 | 硫化氢 | 碘量法 | 中国环境监测总站《污染源统一监测分析方法》（废气部分），标准出版社，1985 |
| 3 | 二氧化碳 | 滴定法 | 国家环保总局《水和废水监测分析方法》（第 3 版），中国环境科学出版社，1989 |
| 4 | $PM_{10}$ | 重量法 | GB/T 6920—1986 |
| 5 | TSP | 重量法 | GB/T 15432—1995 |
| 6 | 恶臭 | 三点比较式臭袋法 | GB/T 14675—1993 |
| 7 | 温度 | 温度计测定法 | GB/T 13195—1991 |
| 8 | 湿度（相对） | 湿度计测定法 | 国家气象局《地面气象观测规范》，1979 |
| 9 | 风速 | 风速仪测定法 | 国家气象局《地面气象观测规范》，1979 |
| 10 | 照度 | 照度计测定法 | 国家气象局《地面气象观测规范》，1979 |
| 11 | 空气、细菌总数 | 平板法 | GB/T 5750—1985 |
| 12 | 噪声 | 声级计测量法 | GB/T 14623—1993 |
| 13 | 粪便含水率 | 重量法 | 参考 GB 2930—1982，暂采用此法，待国家方法标准发布后，执行国家标准 |
| 14 | 大肠菌群 | 多管发酵法 | GB/T 5750—1985 |
| 15 | 水质　细菌总数 | 菌落总数测定 | 《水和废水监测分析方法》（第 3 版），中国环境科学出版社，1989 |
| 16 | pH | 玻璃电极法 | GB/T 6920—1986 |

（续）

| 序号 | 项目 | 方法 | 方法来源 |
|---|---|---|---|
| 17 | 总硬度 | EDTA滴定法 | GB/T 7477—1987 |
| 18 | 溶解性总固体 | 重量法 | 国家环保总局《水和废水监测分析方法》（第3版），中国环境科学出版社，1989 |
| 19 | 铅 | 原子吸收分光光度法<br>双硫腙分光光度法 | GB/T 7475—1987<br>GB/T 7470—1987 |
| 20 | 铬（六价） | 二苯碳酰二肼分光光度法 | GB/T 7467—1987 |

# 中华人民共和国农业行业标准

# 农、畜、水产品污染监测技术规范

NY/T 398-2000

Procedural regulations regarding monitoring of pollutants in the produces of agriculture, animal husbandry and fishery

## 1 范围

本标准规定了农、畜、水产品污染监测的布点采样、分析方法、质量控制、数据处理与成果表达的基本要求。

本标准适用于农、畜、水产品污染监测。

## 2 引用标准

下列标准所包含的条文，通过在本标准中引用而构成为本标准的条文。本标准出版时，所示版本均为有效。所有标准都会被修订，使用本标准的各方应探讨使用下列标准最新版本的可能性。

GB/T 5009.11—1996 食品中总砷的测定方法
GB/T 5009.12—1996 食品中铅的测定方法
GB/T 5009.13—1996 食品中铜的测定方法
GB/T 5009.14—1996 食品中锌的测定方法
GB/T 5009.15—1996 食品中镉的测定方法
GB/T 5009.17—1996 食品中总汞的测定方法
GB/T 5009.18—1996 食品中氟的测定方法
GB/T 5009.19—1996 食品中六六六、滴滴涕残留量的测定方法
GB/T 5009.20—1996 食品中有机磷农药残留量的测定方法
GB/T 5009.27—1996 食品中苯并（a）芘的测定方法
GB/T 5009.33—1996 食品中亚硝酸盐与硝酸盐的测定方法
GB/T 5009.36—1996 食品中七氯、艾氏剂、狄氏剂残留量的测定方法
GB 12399.20—1990 食品中硒的测定方法
GB/T 14929.4—1994 食品中氯氰菊酯、氰戊菊酯和溴氰菊酯残留量的测定方法
GB/T 14962—1994 食品中铬的测定方法
GB/T 16343—1996 食品中镍的测定
NY/T 395—2000 农田土壤环境质量监测技术规范

## 3 定义

本标准采用下列定义。

用部分，切成细条，混匀后随机取所需量的样品。蛋类及乳类直接采用随机取样法缩分。

4.8.3.3 试样制备

4.8.3.3.1 农作物样品：分干样与鲜样两种加工方法。干样用于测定重金属元素以及蛋白质、脂肪和纤维含量等，鲜样用于测定分析易挥发有机污染物（农药、酚、氰等）。

a) 干样加工：粮食样品用干纱布擦净样品上的泥尘等附着物后直接磨碎，带皮粮食样应用清水冲洗、晾干，去皮后磨碎；根、茎、叶、果蔬菜水果等将样品用不锈钢刀或剪刀，切剪成0.5～1 cm大小的块状、条状，在晾干室内摊放于晾样盘中风干。为加快干燥，可将切碎样品放在85～90℃烘箱鼓风烘1 h，破坏酶的作用，再在60～70℃下通风干燥24～48 h成风干样品。上述两种风干样品置于玛瑙研钵（或玛瑙碎样机、石磨、不锈钢磨）进行手工或机械研磨，使样品全部通过40～60目尼龙塑料筛，混合均匀成待测试样。

b) 新鲜样加工：新鲜样品用干净纱布轻轻擦去样品上的泥沙等附着物后直接用组织捣碎机捣碎，混合均匀成待测试样。含纤维较多的样品，如根、茎杆、叶子等不能用捣碎机捣碎，可用不锈钢刀或剪刀切成小碎片，混合均匀成待测试样。

4.8.3.3.2 畜、禽产品：新鲜样加工。

a) 肉组织类：将缩分样经组织捣碎机捣碎，混合均匀后成待测试样。

b) 蛋类：将缩分样鲜蛋去壳，蛋白和蛋黄充分混合均匀后成待测试样（不要起泡沫）。若分别测定时，将其敲在7.5～9cm漏斗中，蛋黄在上，蛋白在下，分取后混合均匀成待测试样。

c) 乳类：将缩分样温热至约20℃，倾入清洁的容器中混合均匀后成待测试样。若乳油块尚未分散或乳油附于容器壁，可将乳油刮下并置水浴中温热至38℃，混匀后成待测试样。

4.8.3.3.3 水产品：新鲜样加工。

将缩分样用组织捣碎机搅拌成糊状，混合均匀后成待测试样。

4.8.3.3.4 水生植物样品：按蔬菜样品处理成待测试样。

4.8.3.4 样品分装：经研磨混匀后的样品，分装于样品袋或样品瓶。填写农畜水产品标签一式两份（农畜水产品标签格式见图1），瓶内或袋内放一份，外贴一份。

4.8.4 制样注意事项

4.8.4.1 制样中，采样时的农畜水产品标签与农畜水产品样始终放在一起，严禁混错。

4.8.4.2 每个样品经加工、分装后送到实验室的整个过程中，使用的工具与盛样容器的编码始终一致。

4.8.4.3 制样所用工具每处理一份样品后擦洗一次，严防交叉污染。

4.8.4.4 监测锌、铅时，避免使用橡胶类工具（橡皮、橡胶脱粒机），以免污染样品。

**4.9 样品保存**

4.9.1 样品的保存根据不同的对象采取适当的贮藏方法。保存半年至1年，或分析任务全部结束，检查无误后，如无需保留可弃去。

4.9.2 农作物干样品按不同编号、不同粒径分类存放于样品库的样品柜中。样品库经常保持干燥、通风，无阳光直射、无污染。

4.9.3 所有新鲜样品按样品类别分层放入冰箱或低温冰柜保存。冰箱保持洁净、无化学药品，样品可保存3～4天，需长期保存的样品应在-20℃低温冰柜保存。

4.9.4 要定期检查样品，防止霉变、鼠害及样品标签脱落等，一旦发现问题应及时补救。

**4.10 样品水分测定**

4.10.1 瓜、果、蔬菜等污染物含量常以鲜重表示，直接用鲜样测定，不测水分。但有时测定全量成分时也经常使用风干粉碎样品，当以鲜重表示时应测水分，其方法如下：

风干前称取一定量的鲜样，单独风干后称至恒重，按式（1）计算水分系数。将按风干样重计算的成分含量除以水分系数即得按鲜重表示的成分含量。

$$\text{水分系数}=\frac{\text{样品鲜重}}{\text{样品风干重}} \tag{1}$$

将按风干重计算的污染物含量除以水分系数即为按鲜重表示的污染物含量。

4.10.2 粮食等样品以风干样测定其含量并以风干重表示，不必测定水分。

4.10.3 各种风干样品应在测定前在65℃烘干除去吸湿水后称重测定。

**4.11 样品编号**

4.11.1 农畜水产品样品编号是由类别代号、顺序号组成。

4.11.1.1 类别代号：用农畜水产品名称关键字中文拼音的1～2个大写字母表示，即“SD”表示水稻、“R”表示肉类样品等。

4.11.1.2 顺序号：用阿拉伯数字表示不同地点采集的样品，样品编号从 R001 号开始，一个顺序号为一个采样点采集的样品。

4.11.2 对照点和背景点样，在编号后加“CK”。

4.11.3 样品登记的编号、样品运转的编号均与采集样品的编号一致，以防混淆。

## 5 农、畜、水产品污染监测项目及分析方法

### 5.1 监测项目确定的原则

5.1.1 重点项目：

a）食品中卫生标准和残留限量标准中所要求控制的污染物；

b）食品中卫生标准和残留限量标准中未要求控制的污染物，但根据当地环境污染状况（如农区大气、农灌水等），确认在农畜水产品中积累较多，使农、畜、水产品产量下降、品质变劣、商品价值下跌，甚至不能食用。

5.1.2 一般项目

由各地自己选择测定。一般项目一般包括以下几类：

a）新纳入的在农、畜、水产品中积累较少的污染物；

b）由于环境污染导致农、畜、水产品性状发生改变的指标；

c）农、畜、水产品品质质量指标。

### 5.2 分析方法选择的原则

5.2.1 第一方法：标准方法（即仲裁方法），为食品卫生标准和各种农药残留量允许值标准中选配的分析方法。

5.2.2 第二方法：由权威部门规定或推荐的方法。

5.2.3 第三方法：根据各站实情，自选等效方法。但应作对比实验，其检出限、准确度、精密度不低于相应的通用方法要求水平或待测物准确定量的要求。

### 5.3 监测项目与分析方法

农、畜、水产品监测项目与分析方法见表2。

表2 农作物品质监测项目及分析方法一览表

| 监测项目 | 监测仪器 | 监测方法 | 方法来源 |
|---|---|---|---|
| 汞 | 各种型测汞仪 | 冷原子吸收光谱法 | GB/T 5009.17 |
| | 原子荧光光度计 | 原子荧光光度法 | 《食品卫生理化检验标准手册》 |
| 砷 | 分光光度计 | 银盐法 | GB/T 5009.11 |
| | 原子荧光光度计 | 氢化物原子荧光光度法 | 《食品卫生理化检验标准手册》 |
| 硒 | 荧光分光光度计 | 荧光法 | GB 12399.20 |
| | 原子荧光光度计 | 氢化物原子荧光法 | GB 12399.20 |
| 锌 | 原子吸收光谱仪 | 火焰原子吸收光谱法 | GB/T 5009.14 |
| 铜 | 原子吸收光谱仪 | 石墨炉原子吸收光谱法 | GB/T 5009.13 |
| | 原子吸收光谱仪 | 火焰原子吸收光谱法 | GB/T 5009.13 |
| 铅 | 原子吸收光谱仪 | 石墨炉原子吸收光谱法 | GB/T 5009.12 |
| | 原子吸收光谱仪 | 火焰原子吸收光谱法 | GB/T 5009.12 |
| 镉 | 原子吸收光谱仪 | 石墨炉原子吸收光谱法 | GB/T 5009.15 |
| | 原子吸收光谱仪 | 火焰原子吸收光谱法 | GB/T 5009.15 |
| 铬 | 原子吸收光谱仪 | 石墨炉原子吸收光谱法 | GB/T 14962 |
| | 示波极谱仪 | 极谱法 | GB/T 14962 |
| | 分光光度计 | 二苯碳酰二肼光度法 | 农业部门选用 |
| 镍 | 原子吸收光谱仪 | 石墨炉原子吸收光谱法 | GB/T 16343 |
| 氟 | 分光光度计 | 扩散-氟试剂比色法 | GB 5009.18 |
| | 分光光度计 | 灰化蒸馏-氟试剂比色法 | GB 5009.18 |
| | 离子计 | 氟离子选择电极法 | GB 5009.18 |
| 氰化物 | 分光光度计 | 异烟酸吡唑啉酮光度法 | GB/T 5009.36 |
| 亚硝酸盐 | 分光光度计 | 格里斯试剂比色法 | GB/T 5009.33 |
| 硝酸盐 | 分光光度计 | 格里斯试剂比色法 | GB/T 5009.33 |
| 苯并(a)芘 | 荧光分光光度计 | 荧光分光光度法 | GB/T 5009.27 |
| | | 目测法 | GB/T 5009.27 |
| 七氯 | 气相色谱仪 | 气相色谱法 | GB/T 5009.36 |

（续）

| 监测项目 | 监测仪器 | 监测方法 | 方法来源 |
|---|---|---|---|
| 艾氏剂 | 气相色谱仪 | 气相色谱法 | GB/T 5009.36 |
| 狄氏剂 | 气相色谱仪 | 气相色谱法 | GB/T 5009.36 |
| 六六六 | 气相色谱仪 | 气相色谱法 | GB/T 5009.19 |
| 滴滴涕 | 气相色谱仪 | 气相色谱法 | GB/T 5009.19 |
| 敌敌畏 | 气相色谱仪 | 气相色谱法 | GB/T 5009.20 |
| 乐果 | 气相色谱仪 | 气相色谱法 | GB/T 5009.20 |
| 甲拌磷 | 气相色谱仪 | 气相色谱法 | GB/T 5009.20 |
| 杀螟硫磷 | 气相色谱仪 | 气相色谱法 | GB/T 5009.20 |
| 甲基对硫磷 | 气相色谱仪 | 气相色谱法 | GB/T 5009.20 |
| 马拉硫磷 | 气相色谱仪 | 气相色谱法 | GB/T 5009.20 |
| 对硫磷 | 气相色谱仪 | 气相色谱法 | GB/T 5009.20 |
| 水胺硫磷 | 气相色谱仪 | 气相色谱法 | GB/T 5009.20 |
| 氯氰菊酯 | 气相色谱仪 | 气相色谱法 | GB/T 14929.4 |
| 溴氰菊酯 | 气相色谱仪 | 气相色谱法 | GB/T 14929.4 |
| 氰戊菊酯 | 气相色谱仪 | 气相色谱法 | GB/T 14929.4 |

## 6　农、畜、水产品污染监测实验室分析质量控制与质量保证

### 6.1　实验室内常规分析质量控制程序

见 NY/T 395。

### 6.2　实验室基础

见 NY/T 395。

### 6.3　实验室内部质量控制

6.3.1　分析质量控制基础实验

见 NY/T 395。

6.3.2　校准曲线的绘制、检查与使用

见 NY/T 395。

6.3.3　精密度控制

6.3.3.1　测定率：凡可以进行平行双样分析的项目，每批样品每个项目分析时均须做 10%～15%平行样品，5 个样品以下，应增加到 50%以上。

6.3.3.2　测定方式：由分析者自行编入的明码平行样，或由质控员在采样现场或实验室编入的密码平行样，二者等效，不必重复。

6.3.3.3　合格要求：平行双样测定结果的误差在允许误差范围之内者为合格，允许误差范围见表 3。对未列出容允误差的方法，当样品的均匀性和稳定性较好时，参考表 4 的规定。当平行双样测定全部不合格者，重新进行平行双样的测定；平行双样测定合格率小于 95%时，除对不合格者重新测定外，再增加 10%～20%的测定率，如此累进，直至总合格率为 95%。

表 3　农、畜、水产品监测平行双样测定值的精密度和准确度允许误差

| 监测项目 | 样品含量范围，mg/kg | 精密度 | | 准确度 | | | 适用的分析方法 |
|---|---|---|---|---|---|---|---|
| | | 室内相对标准偏差，% | 室间相对标准偏差，% | 加标回收率，% | 室内相对误差，% | 室间相对误差，% | |
| 镉 | <0.1 | 35 | 40 | 75～110 | 35 | 40 | 原子吸收光谱法 |
| | 0.1～0.2 | 30 | 35 | 85～110 | 30 | 35 | |
| | >0.2 | 25 | 30 | 90～105 | 25 | 30 | |
| 汞 | <0.1 | 35 | 40 | 75～110 | 35 | 40 | 冷原子吸收法原子荧光法 |
| | 0.1～0.2 | 30 | 35 | 85～110 | 30 | 35 | |
| | >0.2 | 25 | 30 | 90～105 | 25 | 30 | |
| 砷 | <0.1 | 35 | 40 | 90～105 | 35 | 40 | 原子荧光法分光光度法 |
| | 0.1～1.0 | 30 | 35 | 90～105 | 30 | 35 | |
| | >1.0 | 25 | 30 | 90～105 | 25 | 30 | |

（续）

| 监测项目 | 样品含量范围 mg/kg | 精密度 | | 准确度 | | | 适用的分析方法 |
|---|---|---|---|---|---|---|---|
| | | 室内相对标准偏差，% | 室间相对标准偏差，% | 加标回收率，% | 室内相对误差，% | 室间相对误差，% | |
| 铜 | <20 | 20 | 30 | 90～105 | 20 | 30 | 原子吸收光谱法 |
| | 20～30 | 15 | 25 | 90～105 | 15 | 25 | |
| | >30 | 15 | 20 | 90～105 | 15 | 20 | |
| 铅 | <0.1 | 35 | 40 | 85～110 | 35 | 40 | 原子吸收光谱法 |
| | 0.1～1.0 | 30 | 35 | 85～110 | 30 | 35 | |
| | >1.0 | 25 | 30 | 90～105 | 25 | 30 | |
| 铬 | <0.1 | 35 | 40 | 85～110 | 35 | 40 | 原子吸收光谱法分光光度法 |
| | 0.1～1.0 | 30 | 35 | 85～110 | 30 | 35 | |
| | >1.0 | 25 | 30 | 90～105 | 25 | 30 | |
| 锌 | <50 | 25 | 30 | 85～110 | 25 | 30 | 原子吸收光谱法 |
| | 50～90 | 20 | 30 | 85～110 | 20 | 30 | |
| | >90 | 15 | 25 | 90～105 | 15 | 25 | |

**表4　农、畜、水产品监测平行双样最大允许相对偏差**

| 元素含量范围 mg/kg | 最大允许相对标准偏差 % | 元素含量范围 mg/kg | 最大允许相对标准偏差 % |
|---|---|---|---|
| 10～100 | 10 | 0.1～0.01 | 30 |
| 1.0～10 | 20 | 0.010～0.001 | 40 |
| 0.1-1.0 | 25 | <0.001 | 50 |

6.3.4　准确度控制

6.3.4.1　使用标准样品和质控样品

例行分析中，每批要带测质控平行双样，在测定的精密度合格的前提下，质控样测定值必须落在质控样保证值（在95%的置信水平）范围之内，否则本批结果无效，需重新分析测定。

6.3.4.2　加标回收率的测定

当选测的项目无标准物质或质控样品时，可用加标回收实验来检查测定准确度。

a) 加标率：在一批试样中，随机抽取10%～20%试样进行加标回收测定。样品数不足10个时，适当增加加标比率。每批同类型试样中，加标试样不应小于1个。

b) 加标量：加标量视被测组分含量而定，含量高的加入被测组分含量的0.5～1.0倍，含量低的加2～3倍，但加标后被测组分的总量不得超出方法的测定上限。加标浓度宜高，体积应小，不应超过原试样体积的1%。

c) 合格要求：农、畜、水产品监测各项加标回收率应在加标回收率允许范围之内者为合格。加标回收率允许范围见表3。当加标回收合格率小于70%时，对不合格者重新进行回收率的测定，并另增加10%～20%的试样作加标回收率测定，直至总合格率大于或等于60%以上。

6.3.5　质量控制图及其他

见NY/T 395。

6.3.6　监测过程中受到干扰时的处理

见NY/T 395。

**6.4　实验室间的质量控制**

见NY/T 395。

## 7　农、畜、水产品污染监测数理统计

**7.1　实验记录**

见NY/T 395。

**7.2　实验室分析结果数据处理**

见NY/T 395。

**7.3　分析结果的表示与上报**

见NY/T 395。

7.4 农、畜、水产品监测结果统计

a）农、畜、水产品污染监测结果报表见附录A中表A3；

b）农、畜、水产品污染监测结果统计表见附录A中表A4。

## 8 农、畜、水产品污染监测结果评价

8.1 评价单元

8.1.1 基本评价单元：农、畜产品监测单元。

8.1.2 统计评价单元：根据农、畜、水产品质量状况分析的需要，将各采样点进行分类，按类别进行统计评价。

8.2 评价标准

8.2.1 食品卫生标准和残留限量标准作为评价标准。

8.2.2 无质量标准的项目可用污染物背景值计算污染物积累指数以进行比较说明。

8.3 评价方法

农、畜、水产品质量评价包括：

a）监测对象即农畜产品分类评价；

b）监测项目即监测元素评价；

c）监测区域评价。

评价参数有污染积累指数、污染指数（包括单项和综合污染指数）、质量分级、污染物分担率、产量和样本超标率等。农、畜、水产品质量评价一般以单项污染指数评价为主，但当区域内农、畜、水产品质量作为一个整体与外区域农、畜、水产品质量比较，或者一个区域内农、畜、水产品质量在不同历史时段的比较时用综合污染指数评价。

8.3.1 各类参数计算方法

8.3.1.1 产品单项污染指数按式（1）计算：

$$\text{产品单项污染指数}=\frac{\text{产品污染物实测值}}{\text{污染物质量标准}} \tag{1}$$

8.3.1.2 产品综合污染指数按式（2）计算：

$$\text{产品综合污染指数}=\sqrt{\frac{(\text{平均单项污染指数})^2+(\text{最大单项污染指数})^2}{2}} \tag{2}$$

8.3.1.3 产品污染累积指数按式（3）计算：

$$\text{产品污染累积指数}=\frac{\text{产品污染物实测值}}{\text{污染物背景值}} \tag{3}$$

8.3.1.4 产品污染超标倍数按式（4）计算：

$$\text{产品污染超标倍数}=\frac{\text{产品某污染物实测值}-\text{污染物的质量标准}}{\text{某污染物的质量标准}} \tag{4}$$

8.3.1.5 产品污染物分担率按式（5）计算：

$$\text{产品污染物分担率（\%）}=\frac{\text{产品某项污染指数}}{\text{各项污染指数之和}}\times 100 \tag{5}$$

8.3.1.6 产品污染样本超标率按式（6）计算：

$$\text{产品污染样本超标率（\%）}=\frac{\text{产品超标样本总数}}{\text{监测样本总数}}\times 100 \tag{6}$$

8.3.1.7 产量超标率按式（7）计算：

$$\text{产量超标率（\%）}=\frac{\text{超标点产量之和}}{\text{监测总产量}}\times 100 \tag{7}$$

8.3.1.8 样本检出率按式（8）计算：

$$\text{样本检出率（\%）}=\frac{\text{检出样本总数}}{\text{监测样本总数}}\times 100 \tag{8}$$

8.3.1.9 产量检出率按式（9）计算：

$$\text{产量检出率（\%）}=\frac{\text{检出点产量之和}}{\text{监测总产量}}\times 100 \tag{9}$$

8.3.1.10 超标产量按式（10）计算：

$$\text{超标产量（t）}=\text{监测区域内污染物含量超过质量评价标准的产量} \tag{10}$$

8.3.2 农、畜、水产品质量分级划定

农、畜产品中质量分级应按单项污染指数最终评定，划定质量的级别，农畜水产品质量分级标准见表5。

表 5　农、畜、水产品质量分级标准

| 等级划分 | 单项污染指数 | 污染水平 |
|---|---|---|
| 一级产品 | ≤0.6 | 有污染物残留产品，污染物含量接近背景值或略高于背景值 |
| 二级产品 | 0.6～1.0 | 污染物残留较多的产品 |
| 三级产品 | ≥1.0 | 污染产品，污染物含量超过食品卫生标准，品质下降，影响食用和出口等 |

注：在同一监测样品中若存在多种污染物时，按该样品中污染物最高质量分级数来确定该样品的质量分级，即以最高限制因素来计算。

## 9　资料整编

见 NY/T 395。

## 附　录　A
## （标准的附录）
## 农、畜、水产品污染监测各种原始记录表

表 A1　农、畜、水产品污染监测采样记录表

采样日期　　年　月　日　　　　天气　　　　　　共　　页第　　页

| | | | | |
|---|---|---|---|---|
| 项目名称 | | | 受检单位 | |
| 采样地点 | 省（自治区、直辖市） | 县（市、区） | 乡（镇） | 村　组 |
| 土壤采样 | 土样编号 | | 农畜产品采样 | |
| | 采样深度 | cm | 样品名称 | |
| | 土壤类型 | | 样品编号 | |
| | 成土母质 | | 采样部位 | |
| 地形地貌 | | | 主要农产品种类、播种面积、产量、所处生长期、生长情况等 | |
| 地下水位 | | | | |
| 地力水平 | | | | |
| 耕作制度 | | | | |
| 灌溉水源、方式、灌水时间、用水量等 | | | 废水、废气、废渣污染历史及现状 | |
| 施用化肥、农药及其他化学品情况 | | | 农用固体废气物污染 | |
| 现场情况记录 | | | 采样点位示意图　↑北 | |

校对人＿＿＿＿＿＿记录人＿＿＿＿＿＿采样人＿＿＿＿＿＿

**表 A2　农、畜、水产品污染监测样品登记表**

监测业务代号　　　　　　　　　　　　　　　　　　　　　　　　　　共　　页第　　页

| 样品编号 | 样品名称 | 采样部位 | 采样地点 | 采样时间 | 待测项目 | 备　注 |
|---|---|---|---|---|---|---|
| | | | | | | |
| | | | | | | |
| | | | | | | |

收样人＿＿＿＿＿＿＿＿　　送样人＿＿＿＿＿＿＿＿　　采样人＿＿＿＿＿＿＿＿

收样时间　　年　月　日　　送交时间　　年　月　日　　采样日期　　年　月　日

**表 A3　农、畜、水产品污染监测结果报表**

mg/kg

| 序号 | 采样地点 | 采样时间 年　月　日 | 农畜水产品名称 | 铜 | 锌 | 铅 | 镉 | 汞 | 砷 | 铬 | 六六六 | 滴滴涕 | 氢化物 | 氟化物 | 硝酸盐 | …… |
|---|---|---|---|---|---|---|---|---|---|---|---|---|---|---|---|---|
| | | | | | | | | | | | | | | | | |
| | | | | | | | | | | | | | | | | |
| | | | | | | | | | | | | | | | | |

**表 A4　农、畜、水产品污染监测结果统计表**

mg/kg

| 地区 | 农畜水产品名称 | 全区该农畜水产品产量，万 t | 全区该农畜水产品监测产量，万 t | 样本容量 | 测定范围 | 平均值 | 超标率，% |
|---|---|---|---|---|---|---|---|
| | | | | | | | |
| | | | | | | | |
| | | | | | | | |
| | | | | | | | |

# 生鲜牛奶质量标准

## 中华人民共和国国家标准

UDC 637.141

## 生鲜牛乳收购标准

GB 6914-86

Standards for the qualifications of raw and fresh milk received from farms

本标准适用于收购的生鲜牛乳的检验和评级。

### 1 定义

1.1 收购的生鲜牛乳：收购的生鲜牛乳系指从正常饲养的、无传染病和乳房炎的健康母牛乳房内挤出的常乳。

### 2 收购的生鲜牛乳的质量要求

**2.1 理化指标**

理化指标只有合格指标，不再分级，见表1。

表1

| 项 目 | | 指 标 |
|---|---|---|
| 脂肪，% | ≥ | 3.10 |
| 蛋白质，% | ≥ | 2.95 |
| 密度（20℃/4℃） | ≥ | 1.0280 |
| 酸度（以乳酸表示），% | ≤ | 0.162 |
| 杂质度，ppm | ≤ | 4 |
| 汞，ppm | ≤ | 0.01 |
| 六六六、滴滴涕，ppm | ≤ | 0.1 |

**2.2 感官指标**

正常牛乳应为乳白色或微带黄色，不得含有肉眼可见的异物，不得有红色、绿色或其他异色。不能有苦、咸、涩的滋味和饲料、青贮、霉等其他异常气味。

**2.3 细菌指标**

收购牛乳细菌指标计有下列两个，每个均可采用。采用平皿细菌总数计算法，按表2每毫升内细菌总数分级指标进行评级；采用美蓝还原褪色法按表8美蓝褪色时间分级指标进行评级。两者只许采用一个，不能重复。

表2

| 分级，级 | 平皿细菌总数分级指标，万个/ml |
|---|---|
| Ⅰ | ≤50 |
| Ⅱ | ≤100 |
| Ⅲ | ≤200 |
| Ⅳ | ≤400 |

表 3

| 分　级 | 美蓝褪色时间分级指标 |
| --- | --- |
| Ⅰ | ≥4h |
| Ⅱ | ≥2.5h |
| Ⅲ | ≥1.5h |
| Ⅳ | ≥40min |

## 3 检验方法

### 3.1 乳的取样法

3.1.1 适用范围：本法记述从大型容器或小型容器中，取得具有代表性样品的生乳及消毒乳取样的方法。

3.1.2 规定：样品的采取必须由公认的、具有一定技术的代理人进行。该代理人必须无传染性疾病。样品应附有负责取样者签名的报告书，该报告书应详细记载取样的场所、奶别、货主、日期、时间、取样者和到场者的姓名及职称，必要时还应包括包装形式、大气温度、湿度、取样器具的灭菌方法、样品防腐剂添加与否及有关的特殊情况。

3.1.3 各样品必须贴上标签并密封之，必要时还要写明样品的重量。样品采取后必须在24h内，迅速送往试验室进行检验。检验细菌的样品采样后应立即于4℃下冷藏，并于18h内送到试验室进行检验；如无冷藏设备，必须于采样后2 h内进行检验。

3.1.4 化学分析用样品采样所用器具及样品容器都必须清洁干燥。细菌检验用的取样器具必须清洁灭菌，灭菌方法应根据不同材质容器，采用不同灭菌法。

3.1.4.1 在170℃高温热气中保持2h（能在无菌条件下放置更好）。

3.1.4.2 在120℃蒸气（高压锅）中保待15～20min（能在无菌条件下放置更好）。

3.1.4.3 在100℃开水中浸泡1min（器具立即使用）。

3.1.4.4 在70%酒精中浸泡，使用之前再用火焰烧去酒精。

取样容器以玻璃材料、不锈钢和某些塑料制品为好，须配有合适的橡胶塞、塑料塞或螺旋塞盖紧。使用橡胶塞时，须用不吸附的无臭物质（例如某种塑料）套好盖在容器上，也可用合适的塑料袋。

3.1.5 小型容器取样，应该用密封完整的容器的内容物作为样品。化学分析的鲜乳样品，可加适量对分析没有影响的防腐剂，并在标签和报告中注明。细菌和感官检验用的样品不得使用防腐剂，但必须保存在0～5℃冷藏容器中，运输途中也不可超过10℃，并须防止日光直射。

3.1.6 大容器取样前，应上、下持续搅拌25次以上，直至充分混匀，然后直接用长柄匙取样。

3.1.7 检验前，无论是理化质量检验或卫生质量检验，所有生奶及消毒奶样品由冷藏处取出后均须升温至40℃，剧烈颠覆上下摇荡，使内部脂肪完全融化并混合均匀后，再降温至20℃，用吸管取样进行检验。

### 3.2 乳中脂肪含量的测定

3.2.1 方法及处理

按照罗兹-格特里（Rose-Gettlieh）的乳脂肪测定法，将定量乳汁溶于含氨的酒精溶液中，用乙醚及石油醚将脂肪抽出，再蒸发去溶剂，称量残留物质测定其中乳脂的重量。

3.2.2 试剂和溶液

3.2.2.1 氨水（GB 631-77）。

3.2.2.2 95%乙醇（GB 679-80）

3.2.2.3 乙醚（HG 3-1002-76）和石油醚（HG 3-1003-76）1:1混合溶液。

3.2.3 仪器和设备

3.2.3.1 化学天平：感量0.1mg。

3.2.3.2 抽出管：具有磨口玻璃塞、软木塞或对所使用的溶剂没有腐蚀污染的塞子。使用软木塞时将良质的软木塞 用乙醚继而用石油醚进行处理，再将其放在60℃或60℃以上的热水中至少浸泡20min以上，用水冷却，这样再使用时便饱和了。

3.2.3.3 烧瓶：250ml或150ml。

3.2.3.4 干燥箱：能调节到102±2℃使用。

3.2.3.5 电加热板：配有安全装置。

3.2.4 操作方法

3.2.4.1 样品制备：参照3.1.7进行样品处理，但摇荡时不可过分强烈以至乳起泡和出现黄油脂肪搅乳。

3.2.4.2 空白试验：在测定样品脂肪含量时，用同型的抽出管，同量的试剂，以 10ml 蒸馏水进行空白试验。该空白试验值超过 0.5mg 时，检查所用试剂，不纯的要换。

3.2.4.3 将烧瓶置于干燥箱中加热 0.5～1h（在后面除去溶剂时用的浮石也一并放入），当烧瓶冷却至天平室温度时称重。

3.2.4.4 立即将 10～11g 充分混合了的样品置入抽出管中，在天平上直接称重或称其重量差。然后加入 25%的氨溶液 1.5ml 或相应数量的已知更浓的氨溶液充分混合。在不加塞的容器里加入乙醇 10ml，将其液体缓慢地、充分地混合，再加入乙醚 25ml，将容器塞紧，用力摇荡 1～2min，冷却。必要时可在流水中冷却。

小心取下塞子，加入石油醚 25ml，摇荡 0.5～15min。将容器静置约 30min，至上层变得透明并与水层清晰地分离。取下塞子，用混合溶剂数毫升冲洗塞子及容器口部的内壁，所有冲洗液均注入容器中。仔细地用移液管或虹吸管尽可能多地将上层清液移入烧瓶中。

注：在不使用虹吸管移液操作时，为了便于倾倒，必须加入少量的水使两层间的界面上升。

用混合溶剂数毫升冲洗容器口部的内外壁或虹吸管前端的下部分。冲洗容器外壁的冲洗液流入烧瓶中，冲洗口部内壁及虹吸管的冲洗液则流入抽出瓶中。

3.2.4.5 用 15ml 乙醚和 15ml 石油醚重复上述操作，进行第二次抽出。重复上述操作进行第三次抽出，惟略去最后的冲洗过程。

3.2.4.6 要注意尽可能地将溶剂（包含乙醇）蒸发或蒸馏去。在烧瓶容量小的时候，须用上述方法将抽出的各种溶剂先除去一部分。如果溶剂的气味已经消失，将烧瓶侧放在干燥箱中加热 1h，然后冷却至室温，称重，重复烘烤，直至恒重。

如果抽出物中有不溶或有怀疑争议时，重复加入石油醚并缓慢加温摇动，将烧瓶中的脂肪完全抽出。此时，在倾倒前要使不溶物质沉淀，烧瓶口的外壁冲洗三次。

如前所述，将烧瓶横放在干燥箱中加热 1h 后，冷却至天平室温度，称重，脂肪的重量，用 3.2.4.6 的重量与此次最后重量之差表示之。

3.2.5 计算

样品的脂肪含量按式（1）计算。

$$F(\%) = \frac{a}{W} \times 100 \quad \cdots\cdots (1)$$

式中：$F$——样品的脂肪含量，%；

$a$——脂肪重量，g；

$W$——样品重量，g。

两次平行测定结果之差，对于 100 g 牛乳不超过 0.03 g。

**3.3 乳汁中蛋白质含量的测定**

3.3.1 方法原理

用半微量凯氏定氮法，测定乳汁中氮的含量，从而计算出该乳汁中蛋白质的含量（%）。

3.3.2 试剂和溶液

3.3.2.1 盐酸（GB 622—77）：0.05N 标准溶液。

3.3.2.2 氢氧化钠（GB 629—81）：饱和溶液。

3.3.2.3 硼酸（GB 628—78）：2%溶液。

3.3.2.4 混合催化剂：无水硫酸钾或硫酸钠、硫酸铜、硒按 100∶10∶2 的重量比配制而成。

3.3.2.5 混合指示液：以 0.2%甲基红与 0.1%次甲基蓝相等体积混合配成。

3.3.3 仪器和设备

3.3.3.1 电炉：1～2 组附有支撑架的可调电炉。

3.3.3.2 凯氏烧瓶：250ml。

3.3.3.3 半微量凯氏定氮仪。

3.3.3.4 容量瓶：100ml。

3.3.4 操作

3.3.4.1 在干净的凯氏烧瓶里，加入约 2 g 催化剂，然后用 10ml 移液管吸取经 40℃升温并冷却至 20℃左右的混合均匀的牛乳样品 10ml，称重后直接注入凯氏烧瓶底部，再沿瓶壁徐徐加入 15～20ml 浓硫酸，并轻轻摇荡，使样品全部被硫酸脱水炭化。

3.3.4.2 将加好试剂的凯氏烧瓶放入通风橱内的可调电炉上，先小火加热，至冒出白烟后加大火力，直至瓶内溶液变成透明淡蓝色后，再继续加热约 20～30min 即可。

3.3.4.3 将已冷却的溶液移入 100ml 容量瓶内，并用蒸馏水重复冲洗凯氏烧瓶 5～6 次，全部冲洗液倒入容量瓶中，最后在液温 20℃时定容至 100ml 刻度线处。

3.3.4.4 蒸馏：吸取容量瓶内样品 10ml 放入半微量凯氏定氮仪的反应室内，加入约 4ml 饱和氢氧化钠，放开蒸汽管夹，在通入的热蒸汽作用下，样品与饱和氢氧化钠反应，放出 $NH_3$，经冷却管冷却后流入盛有 2% 的硼酸溶液接受杯中，成为 $NH_4HB_4O_7$，使原来淡紫红色的硼酸溶液（内加有适量的混合指示剂）变为淡苹果绿色，直至硼酸接受杯中溶液增加至约 30ml 时取下接受杯，同时用蒸馏水少许将冷却管末端（浸入接受杯部分）残余液滴冲洗入接受杯内。

3.3.4.5 滴定：将接受杯内液体用 0.05N 盐酸标准溶液滴定，至出现淡紫红色时为止，读出所消耗的盐酸毫升数。

3.3.5 结果与计算

$$CP(\%) = \frac{N \times V \times 0.014 \times 6.38}{W \times \frac{10}{100}} \times 100 \qquad (2)$$

式中： $CP$——蛋白质含量，%；

$N$——盐酸当量浓度；

$V$——滴定消耗的盐酸标准溶液的体积，ml；

0.014——1.0ml 的一个当量盐酸溶液相当于 0.014g 氮；

6.38——为将牛乳中氮的含量转算为蛋白质量的转换值；

$W$——牛乳样品重，g。

**3.4 乳汁密度的测定**

3.4.1 仪器设备

温度计：0～100℃；

牛奶密度计（乳稠计）：20℃/4℃；

量筒：250ml、直径大小应使在沉入乳稠计时，乳稠计的周边和量筒内壁间的距离不小于 0.5cm。

3.4.2 操作

将牛乳样品升温至 40℃，上下颠倒摇荡，混合均匀后，降温至 20℃（10～25℃）左右，小心地注入高度大于密度计长度，容积约 250ml 的玻璃量筒中，加到量筒容积的 3/4 时为止。注入牛乳时应防止牛乳生成泡沫。放入乳稠计时，应手持乳稠计上部，小心地把它沉入量筒内的乳汁中，让它自由浮动，要使它不与量筒壁接触。等乳稠计静止 2～3min 后，双眼对准筒内乳液表面的高度。由于牛乳表面与乳稠计接触处形成新月形，此新月形表面的顶点处乳稠计标尺的高度，即密度的数值。

3.4.3 结果的表示

所用的乳稠计要以 20℃时的数值表示。因此，如果乳样具有另一温度，则须对温度的差异加以校正。温度比 20℃每高出 1℃时，要在得出的乳稠计度数上加 0.2°，或在密度数值上加上 0.000 2；而温度比 20℃每低 1℃时，要从得出的乳稠计度数上减 0.2°，或在密度数值上减去 0.000 2。如遇到旧式密度计，标尺是在 15℃/15℃时刻成的，须在 15℃的同一温度下测定和读数。此密度数值，比在 20℃时用 20℃/4℃刻度的密度计测定牛乳所得的数值高 0.002 或较后一种密度计读数高 2°。

3.5 乳汁酸度的测定

3.5.1 试剂和溶液

3.5.1.1 95%乙醇（GB 679—80）：0.5%中性酚酞溶液。

3.5.1.2 氢氧化钠（GB 629—81）（无碳酸盐）：1/9 N 溶液。

3.5.1.3 冰乙酸（GB 676—78）。

3.5.1.4 乙酸玫瑰苯胺浓溶液：称取 0.12g 乙酸玫瑰苯胺，逐渐加入 95%乙醇（内有 0.5ml 冰乙酸）50ml，再加入 95%乙醇稀释成 100ml。

3.5.1.5 乙酸玫瑰苯胺稀溶液：吸取上述溶液 1ml，用 1：1 蒸馏水稀释过的 95%乙醇溶液稀释至 500ml。上述两种溶液应于阴暗处保存在棕色小口瓶中，用橡皮塞塞紧待用。

3.5.1.6 酚酞（HGB 3039—59）：0.5%中性溶液的配制，取 1g 酚酞溶于 110ml 95%乙醇中，加入 80ml 蒸馏水，再用约 0.1N 氢氧化钠溶液一滴一滴的加入，直至溶液呈淡红色为止，再加入蒸馏水稀至 200ml 即可。

3.5.2 仪器和设备

3.5.2.1　酸式滴定管、碱式滴定管：各 10 ml。

3.5.2.2　容量瓶：100 ml、500ml。

3.5.3　操作

用吸管取两份 10ml 牛乳，分别放入两个 50ml 三角瓶中，其中一瓶加入 1ml 稀释的乙酸玫瑰苯胺溶液作为颜色对照；在另一瓶中加入 1ml 酚酞溶液，再由滴管中迅速加入 1/9N 氢氧化钠溶液 1ml，然后继续逐滴加入，不停摇动，直至呈现的颜色与对照瓶内淡品红色相同时为止。全部滴定时间应当为 20s 左右。滴定工作最好能在白昼进行。如在夜晚进行须用荧光灯照明，如不用玫瑰苯胺颜色作对照，滴定终点可决定于奶样呈现淡品红色后，维持 5s 不褪即可。

3.5.4　结果的表示

每 100ml 牛乳内含有乳酸克数＝滴定 10ml 牛乳时消耗 1/9N 氢氧化钠溶液的毫升数÷10（乳酸克分子量设为 90）。

也可用每 100ml 乳样内乳酸克数＝奶样酸度°T×0.009（0.009 为乳酸换算系数，即 1ml 0.1N 氢氧化钠相当于 0.009g 乳酸）。

注：牛乳“°T”滴定法：取 10ml 待测的牛乳加 20ml 蒸馏水，再加入 0.5％中性酚酞溶液 1.5ml，用 0.1N 氢氧化钠标准溶液滴定，直至溶液呈淡品红色在 30s 内不消失为止，消耗 0.1N 氢氧化钠标准溶液的毫升数乘以 10，即得酸度°T。两次平行试验结果差值不得大于 0.5 °T。

还可以用酒精试验快速测定收购生乳的鲜度。酒精试验方法是在试管内用 1～2ml 中性酒精与牛乳等量混合，摇荡后不出现絮片的乳样即符合下列酸度标准，出现絮片的牛乳为酒精试验阳性乳，表示其酸度高。试验时温度以 20℃为标准。

| 酒精浓度 | 不出现絮片的酸度 |
|---|---|
| 68° | 20 °T以下 |
| 70° | 19 °T以下 |
| 72° | 18 °T以下 |

**3.6　乳汁杂质度的测定**

3.6.1　方法原理

取定量的牛乳样通过一定大小口径的棉质过滤板过滤，用特制的含有不同杂质沉淀量的各标准比色板与此过滤板的杂质沉淀颜色相比可以测出该乳样内杂质的浓度。

3.6.2　仪器和设备

3.6.2.1　棉质过滤板：直径 32mm。

3.6.2.2　抽气泵：368W。

3.6.2.3　标准比色板：直径为 28.6mm。

3.6.3　操作

取奶样 500ml，加热至 60℃，于棉质过滤板上过滤，为了加快过滤速度，可用真空泵抽滤，用水冲洗粘附在过滤板上的牛乳。将过滤板置于烘箱中烘干后，再与标准比色板比较，即可得出过滤板上的杂质量。

3.6.4　结果的表示

根据前述选出的与棉质过滤板颜色最近似的标准比色板所代表的每 500ml 牛乳中含有的杂质毫克数，即可读出乳样每 500ml 中含有的杂质毫克数。如以此数乘 2，即可得出乳样内以 ppm 为单位的杂质浓度，或每公升含有杂质的毫克数。

**3.7　乳汁中汞的测定**

乳汁中汞的测定按 GB 5009.1～5009.70—85《食品卫生检验方法　理化部分》中 GB 5009.17—85 进行。

**3.8　乳汁中六六六、滴滴涕残留量的测定**

乳汁中六六六、滴滴涕残留量按照 GB 5009.1～5009.70—85 中 GB5009.19—85 进行。

**3.9　乳汁中细菌总数的测定**

乳汁中细菌总数的测定按照 GB 4789.1～4789.28—84《食品卫生检验方法　微生物学部分》中 GB 4789.2—84 进行。

**3.10　牛乳美蓝还原褪色试验**

3.10.1　定义

本方法中所指牛乳卫生质量包括细菌的浓度和代谢强度以及体细胞代谢消耗一定量的氧所需要的时间。

3.10.2　方法原理

利用微生物及体细胞浓度愈大，代谢愈旺盛，单位时间内消耗氧愈多，美蓝还原褪色时间相应变短；反之，美蓝褪色时间则相应变长。在一定容量的牛乳内加入定量的美蓝，上覆少量消毒的液体石蜡以隔绝外界氧，在 38℃水浴中静置观察美蓝褪色时间的长短。

3.10.3 试剂

美蓝溶液的配制：称取分析纯美蓝 4.9ml，在 100ml 定容瓶内加部分蒸馏水使之全部溶解后定容至 100ml，塞上瓶盖，于冰箱中贮存备用，使用期限为 14 日。

液体石蜡（分析纯），使用前须蒸煮 30min 消毒。

3.10.4 仪器设备

分析天平：感量 0.1mg；

定温浴槽（内高不低于 21cm）；

试管：18×1.8cm；

金属试管架；

吸管：1 和 20ml。

玻璃器皿使用前均须进行灭菌，吸管上端须放有脱脂棉以防操作时唾液进入样品。

3.10.5 操作方法

用消毒吸管吸取每个待测乳样 20ml，分别放入顺序排列在试管架上、编有代号的试管中，再在每个试管内加入 1ml 美蓝标准溶液，然后用一小张干净硫酸纸盖住管口，再用拇指压紧，分别颠倒摇荡混匀后，顺序放在试管架上。在每个试管上部加入少许消毒液体石蜡封闭，然后将试管连同管架放入 38℃恒温浴槽中，应使槽中水面不低于试管内乳样高度。记录开始时间，经常注意观察每支试管的颜色变化。当某一试管的颜色由蓝变白（底部或表层余有少许蓝色者也应算其褪色完毕）即算褪色完毕，记录其褪色时间。

3.10.6 结果的表示

用小时和分钟作为时间单位，表示每个样品的美蓝还原褪色时间。

附加说明：

本标准由中华人民共和国农牧渔业部和卫生部提出。

本标准由中国农业科学院畜牧研究所负责起草。

本标准主要起草人王鹏。

自本标准实施之日起，GB 5408—85《消毒牛乳》中附录 A（补充件）"生鲜牛乳的一般技术要求"作废。

# 中华人民共和国农业行业标准

## 无公害食品　生鲜牛乳

NY 5045—2001

## 1 范围

本标准规定了无公害食品生鲜牛乳的术语、技术要求、试验方法、检验规则、贮存、运输。

本标准适用于饲养环境无污染，使用无公害饲料饲养的健康母牛产出的天然乳汁。

## 2 规范性引用文件

下列文件中的条款通过本标准的引用而成为本标准的条款。凡是注日期的引用文件，其随后所有的修改单（不包括勘误的内容）或修订版均不适用于本标准，然而，鼓励根据本标准达成协议的各方研究是否可使用这些文件的最新版本。凡是不注日期的引用文件，其最新版本适用于本标准。

GB 4789.2　食品卫生微生物学检验　菌落总数测定

GB 4789.18　食品卫生微生物学检验　乳与乳制品检验

GB/T 5009.11　食品中总砷的测定方法

GB/T 5009.12　食品中铅的测定方法

GB/T 5009.17　食品中总汞的测定方法

GB/T 5009.19　食品中六六六、滴滴涕残留量的测定方法
GB/T 5009.20　食品中有机磷农药残留量的测定方法
GB/T 5009.24　食品中黄曲霉毒素 $M_1$ 和 $B_1$ 的测定方法
GB/T 5009.36　粮食卫生标准的分析方法
GB/T 5409—1985　牛乳检验方法
GB/T 5413.1　婴幼儿配方食品和乳粉　蛋白质的测定
GB/T 5413.30　乳与乳粉　杂质度的测定
GB/T 5413.32　乳粉　硝酸盐、亚硝酸盐的测定
GB/T 14876　食品中甲胺磷和乙酰甲胺磷农药残留量的测定方法
GB/T 14962　食品中铬的测定方法
NY/T 5049　奶牛饲养管理准则

## 3　基本要求

生产无公害生鲜牛乳的奶牛饲养管理方式应符合 NY/T 5049 要求。

## 4　技术要求

### 4.1　生鲜牛乳产地环境要求

应符合无公害食品产地的环境标准。

### 4.2　感官要求

应符合表 1 规定。

表 1　感官要求

| 项　目 | 指　标 |
|---|---|
| 色　泽 | 呈乳白色或稍带微黄色 |
| 组织状态 | 呈均匀的胶态流体，无沉淀，无凝块，无肉眼可见杂质和其他异物 |
| 滋味与气味 | 具有新鲜牛乳固有的香味，无其他异味 |

### 4.3　理化要求

应符合表 2 规定。

表 2　理化要求

| 项　目 | | 指　标 |
|---|---|---|
| 相对密度 $d_4^{20}$ | | 1.028～1.032 |
| 脂肪，% | ≥ | 3.2 |
| 蛋白质，% | ≥ | 3.0 |
| 非脂乳固体，% | ≥ | 8.3 |
| 酸度，°T | ≤ | 18.0 |
| 杂质度，mg/kg | ≤ | 4 |

### 4.4 卫生要求

应符合表 3 规定。

表 3　卫生要求

| 项　目 | | 指　标 |
|---|---|---|
| 汞（以 Hg 计），mg/kg | ≤ | 0.01 |
| 砷（以 As 计），mg/kg | ≤ | 0.2 |
| 铅（以 Pb 计），mg/kg | ≤ | 0.05 |
| 铬（以 $Cr^{6+}$ 计），mg/kg | ≤ | 0.3 |
| 硝酸盐（以 $NaNO_3$ 计），mg/kg | ≤ | 8.0 |
| 亚硝酸盐（以 $NaNO_2$ 计），mg/kg | ≤ | 0.2 |
| 六六六，mg/kg | ≤ | 0.05 |
| 滴滴涕，mg/kg | ≤ | 0.02 |
| 黄曲霉毒素 $M_1$，μg/kg | ≤ | 0.2 |
| 抗生素 | | 不得检出 |
| 马拉硫磷，mg/kg | ≤ | 0.1 |
| 倍硫磷，mg/kg | ≤ | 0.01 |
| 甲胺磷，mg/kg | ≤ | 0.2 |

4.5 **微生物要求**

应符合表4规定。

**表4 微生物要求**

| 项　目 | | 指　标 |
|---|---|---|
| 菌落总数，cfu/mL | ≤ | 500 000 |

4.6 **掺假项目**

不得在生鲜牛乳中掺入碱性物质、淀粉、食盐、蔗糖等非乳物质。

## 5 检验方法

### 5.1 感官检验

5.1.1 色泽和组织状态：取适量试样于50mL烧杯中，在自然光下观察色泽和组织状态。

5.1.2 滋味和气味：取适量试样于50mL烧杯中，先闻气味，然后用温开水漱口，再品尝样品的滋味。

### 5.2 理化检验

5.2.1 密度：按GB/T 5409检验。

5.2.2 脂肪：按GB/T 5409检验。

5.2.3 蛋白质：按GB/T 5413.1检验。

5.2.4 非脂乳固体：按GB/T 5409检验。

5.2.5 酸度：按GB/T 5409检验。

5.2.6 杂质度：按GB/T 5413.30检验。

### 5.3 卫生检验

5.3.1 汞：按GB/T 5009.17检验。

5.3.2 砷：按GB/T 5009.11检验。

5.3.3 铅：按GB/T 5009.12检验。

5.3.4 铬：按GB/T 14962检验。

5.3.5 硝酸盐、亚硝酸盐：按GB/T 5413.32检验。

5.3.6 六六六、滴滴涕：按GB/T 5009.19检验。

5.3.7 黄曲霉毒素 $M_1$：按GB/T 5009.24检验。

5.3.8 抗生素：按GB/T 5409检验。

5.3.9 马拉硫磷：按GB/T 5009.36检验。

5.3.10 倍硫磷：按GB/T 5009.20检验。

5.3.11 甲胺磷：按GB/T 14876检验。

### 5.4 微生物检验

菌落总数：按GB 4789.2和GB 4789.18检验。

### 5.5 掺假检验

5.5.1 碱性物质：按GB/T 5409—1985中2.8检验。

5.5.2 淀粉：按GB/T 5409—1985中2.11检验。

5.5.3 食盐：按GB/T 5409—1985中2.6.1.2检验。

5.5.4 蔗糖：按GB/T 5409—1985中2.10检验。

## 6 检验规则

### 6.1 组批规则

以同一天，装载在同一贮存或运输器具中的产品为一组批。

### 6.2 抽样方法

在贮存容器内搅拌均匀后、或在运输器具内搅拌均匀后从顶部、中部、底部等量随机抽取，或在运输器具出料时连续等量抽取，混合成4L样品供交收检验，或8L样品供型式检验。

### 6.3 型式检验

型式检验是对产品进行全面考核，即检验技术要求中全部项目。在下列情况之一时应进行型式检验：

a) 新建牧场首次投产运行时；

b) 正式生产后，牛乳发生质量问题时；

c) 乳牛饲料的组成发生变更或用量调整时；

d) 牧场长期停产后，恢复生产时；

e) 交收检验与上次例行检验有较大差异时；

f) 国家质量监督机构提出进行例行检验的要求时。

**6.4 交收检验**

交收检验的项目包括感官、理化要求、微生物要求、掺假的全部项目，为交收双方的结算依据。

**6.5 判定规则**

6.5.1 在型式检验中卫生要求有一项指标检验不合格，则该牧场应进行整改，经整改复查合格，则判为合格产品，否则判为不合格产品。

6.5.2 在交收检验项目中，有一项掺假项目指标被检出，则该批产品判为不合格产品。

## 7 盛装、贮存和运输

7.1 生鲜牛乳的盛装应采用表面光滑的不锈钢制成的桶和贮奶罐或由食品级塑料制成的存乳容器。

7.2 应采取机械化挤奶、管道输送，用奶槽车运往加工厂，从挤奶产出至用于加工前不超过24h，乳温应保持6℃以下。

7.3 生鲜牛乳的运输应使用奶槽车。

7.4 所有的存乳和储存容器使用后应及时清洗和消毒。

乳制品质量标准

中华人民共和国农业行业标准

## 无公害食品　牛奶加工技术规范

NY/T 5050—2001

### 1　范围

本标准规定了无公害牛奶加工的收乳、净化、冷藏、标准化、均质、杀（灭）菌、包装和贮存。

本标准适用于无公害牛奶的生产。

### 2　规范性引用文件

下列文件中的条款通过本标准的引用而成为本标准的条款。凡是注日期的引用文件，其随后所有的修改单（不包括勘误的内容）或修订版均不适用于本标准，然而，鼓励根据本标准达成协议的各方研究是否可使用这些文件的最新版本。凡是不注日期的引用文件，其最新版本适用于本标准。

GB 5410　全脂乳粉、脱脂乳粉、全脂加糖乳粉和调味乳粉

GB 5415　奶油

GB 9683　复合食品包装袋卫生标准

GB 12693　乳品厂卫生规范

NY 5045　无公害食品　生鲜牛乳

### 3　加工厂卫生条件

应符合 GB 12693 的规定。

### 4　收乳

#### 4.1　原料乳质量要求

原料乳应采用机械化挤奶，管道输送。原料乳中农药残留、抗生素、重金属及黄曲霉毒素 $M_1$ 含量应符合 NY 5045规定。交乳方和收乳方均不应掺入水、食品添加剂及其他非乳物质。

#### 4.2　收乳方式

奶槽车及其输奶软管应消毒清洗，无奶后乳温保持 6℃以下，从奶挤出后加工前所经历的时间不得超过 24h。与贮奶冷却缸的出口阀连接紧密、无渗漏，输奶时应避免空气泵入槽车奶。

### 5　净化

#### 5.1　净化乳要求

应脱除牛乳中毛、泥土等机械杂质及其表面微生物，脱除一部分体细胞及气体。

#### 5.2　净化工艺要求

5.2.1　过滤净化：采用 200 目尼龙过滤网，勤换洗，以防堵塞。

5.2.2　离心净乳机净化：离心转速为 5 890r/min，采取自动或手动排渣，应及时排渣。

### 6　冷藏

#### 6.1　冷却

6.1.1 生乳冷却温度不超过 6℃，应于 24h 以内加工使用；冷却温度不超过 4℃，应于 36h 内加工使用。

6.1.2 冷却过程中防止尘埃、杂质、冷媒进入生鲜乳。

6.2 **冷藏**

6.2.1 贮奶罐应彻底清洗、杀菌、密封，罐内设有搅拌器，转速不大于 40r/min。

6.2.2 贮奶罐内生乳温度应不超过 6℃。贮奶罐保温层厚度应不低于 50mm，室外奶仓保温层厚度不低于 100mm。

## 7 标准化

7.1 **添加奶油或脱脂乳粉**

添加的奶油应符合 GB 5415 的规定；添加的脱脂乳粉应符合 GB 5410 的规定。

7.2 **直接标准化**

应采取自动封闭式工艺。

## 8 均质

均质温度为 60～68℃，均质压力为 15MPa～22MPa，均质后应紧接杀（灭）菌。

## 9 杀（灭）菌

9.1 **巴氏杀菌**

杀菌温度 75～90℃，时间不短于 15s；也可在冷藏前进行预杀菌，温度 63～65℃，时间不短于 15s。

9.2 **保温杀菌**

温度不低于 110℃，时间不短于 15min。

9.3 **超高温灭菌**

灭菌温度 135～145℃，时间不低于 2s。

## 10 包装

10.1 **包装工艺**

包装车间无污染。非无菌灌装适用于巴氏杀菌乳；无菌灌装适用于灭菌乳。

10.2 **包装材料**

包装材料适用于食品，应坚固、卫生，符合环保要求，不产生有毒有害物质和气体，单一材质的包装容器应符合相应国家标准；复合包装袋应符合 GB 9683 的规定。包装材料仓库应保持清洁，防尘，防污染。

10.3 **包装容器消毒**

包装容器使用前应消毒，内外表面保持清洁。

10.4 **包装要求**

包装应严密，不发生渗漏或破裂，不得二次污染。

## 11 贮存

巴氏杀菌乳贮存温度 2～6℃；灭菌乳常温避光贮存；贮存场所干燥，通风；不得与有害、有毒、有异味或对产品产生不良影响的物品同处贮存。

# 中华人民共和国国家标准

GB 5408.1—1999

# 巴氏杀菌乳

代替 GB/T 5408—1985

Pasteurized milk

## 1 范围

本标准规定了巴氏杀菌乳的产品分类、技术要求、试验方法和标签、包装、运输、贮存要求。

本标准适用于以牛乳或羊乳为原料，经巴氏杀菌制成的液体产品。

## 2 引用标准

下列标准所包含的条文，通过在本标准中引用而构成为本标准的条文。本标准出版时，所示版本均为有效。所有标准都会被修订，使用本标准的各方应探讨使用下列标准最新版本的可能性。

GB 191—1990　包装储运图示标志
GB 4789.2—1994　食品卫生微生物学检验　菌落总数测定
GB 4789.3—1994　食品卫生微生物学检验　大肠菌群测定
GB 4789.4—1994　食品卫生微生物学检验　沙门氏菌检验
GB 4789.5—1994　食品卫生微生物学检验　志贺氏菌检验
GB 4789.10—1994　食品卫生微生物学检验　金黄色葡萄球菌检验
GB 4789.11—1994　食品卫生微生物学检验　溶血性链球菌检验
GB 4789.18—1994　食品卫生微生物学检验　乳与乳制品检验
GB/T 5009.24—1996　食品中黄曲霉毒素 $M_1$ 和 $B_1$ 的测定方法
GB/T 5409—1985　牛乳检验方法
GB/T 5413.1—1997　婴幼儿配方食品和乳粉　蛋白质的测定
GB/T 5413.30—1997　乳与乳粉　杂质度的测定
GB/T 5413.32—1997　乳粉　硝酸盐、亚硝酸盐的测定
GB/T 6914—1986　生鲜牛乳收购标准
GB 7718—1994　食品标签通用标准
GB 14880—1994　食品营养强化剂使用卫生标准

## 3 产品分类

3.1　全脂巴氏杀菌乳：以牛乳或羊乳为原料，经巴氏杀菌制成的液体产品。
3.2　部分脱脂巴氏杀菌乳：以牛乳或羊乳为原料，脱去部分脂肪，经巴氏杀菌制成的液体产品。
3.3　脱脂巴氏杀菌乳：以牛乳或羊乳为原料，脱去全部脂肪，经巴氏杀菌制成的液体产品。

## 4 技术要求

### 4.1 原料要求

4.1.1　牛乳：应符合 GB/T 6914 的规定。
4.1.2　食品营养强化剂：应选用 GB 14880 中允许使用的品种，并应符合相应国家标准或行业标准的规定。

### 4.2 感官特性

应符合表 1 的规定。

表 1

| 项　目 | 全脂巴氏杀菌乳 | 部分脱脂巴氏杀菌乳 | 脱脂巴氏杀菌乳 |
|---|---|---|---|
| 色　泽 | 呈均匀一致的乳白色或微黄色 | | |
| 滋味和气味 | 具有乳固有的滋味和气味，无异味 | | |
| 组织状态 | 均匀的液体，无沉淀，无凝块，无黏稠现象 | | |

### 4.3 理化指标

#### 4.3.1 净含量

单件定量包装商品的净含量负偏差不得超过表 2 的规定；同批产品的平均净含量不得低于标签上标明的净含量。

表 2

| 净含量<br>mL | 负偏差允许值 | |
|---|---|---|
| | 相对偏差，% | 绝对偏差，mL |
| 100～200 | 4.5 | — |
| 200～300 | — | 9 |
| 300～500 | 3 | — |
| 500～1 000 | — | 15 |
| 1 000～10 000 | 1.5 | — |

4.3.2 蛋白质、脂肪、非脂乳固体、酸度和杂质度应符合表 3 的规定。

表 3

| 项　目 | | 全脂巴氏杀菌乳 | 部分脱脂巴氏杀菌乳 | 脱脂巴氏杀菌乳 |
|---|---|---|---|---|
| 脂肪，% | | ≥3.1 | 1.0~2.0 | ≤0.5 |
| 蛋白质，% | ≥ | | 2.9 | |
| 非脂乳固体，% | ≥ | | 8.1 | |
| 酸度，°T | | | | |
| 牛乳 | ≤ | | 18.0 | |
| 羊乳 | ≤ | | 16.0 | |
| 杂质度，mg/kg | ≤ | | 2 | |

4.4 卫生指标

应符合表 4 的规定。

表 4

| 项　目 | | 全脂巴氏杀菌乳 | 部分脱脂巴氏杀菌乳 | 脱脂巴氏杀菌乳 |
|---|---|---|---|---|
| 硝酸盐（以 $NaNO_3$ 计），mg/kg | ≤ | | 11.0 | |
| 亚硝酸盐（以 $NaNO_2$ 计），μg/kg | ≤ | | 0.2 | |
| 黄曲霉毒素 M1，μg/kg | ≤ | | 0.5 | |
| 菌落总数，cfu/mL | ≤ | | 30 000 | |
| 大肠菌群，MPN/100mL | ≤ | | 90 | |
| 致病菌（指肠道致病菌和致病性球菌） | | | 不得检出 | |

4.5 食品营养强化剂的添加量

应符合 GB 14880 的规定。

## 5 试验方法

5.1 感官检验

5.1.1 色泽和组织状态：取适量试样于 50mL 烧杯中，在自然光下观察色泽和组织状态。

5.1.2 滋味和气味：取适量试样于 50mL 烧杯中，先闻气味，然后用温开水漱口，再品尝样品的滋味。

5.2 理化检验

5.2.1 净含量：将单件定量包装的内容物完全移入量筒中，读取体积数。

5.2.2 蛋白质：按 GB/T 5413.1 检验，取样量为 10g。

5.2.3 脂肪：按 GB/T 5409 检验。

5.2.4 非脂乳固体：按 GB/T 5409 检验。

5.2.5 酸度：按 GB/T 5409 检验。

5.2.6 杂质度：按 GB/T 5413.30 检验。

5.3 卫生检验

5.3.1 硝酸盐、亚硝酸盐：按 GB/T 5413.32 检验。

5.3.2 黄曲霉毒素 $M_1$：按 GB/T 5009.24 检验。

5.3.3 菌落总数：按 GB 4789.2 和 GB 4789.18 检验。

5.3.4 大肠菌群：按 GB 4789.3 和 GB 4789.18 检验。

5.3.5 致病菌：按 GB 4789.4、GB 4789.5、GB 4789.10 、GB 4789.11 和 GB 4789.18 检验。

## 6 标签、包装、运输、贮存

6.1 标签

6.1.1 产品标签按 GB 7718 的规定标示。还应标明产品的种类（按本标准第 3 章）和蛋白质、脂肪、非脂乳固体（或乳糖，或全脂固体）的含量。

6.1.2 产品名称可以标为“×××奶”。

6.1.3 外包装箱标志应符合 GB 191 的规定。

6.2 **包装**

所有包装材料应符合食品卫生要求。

6.3 **运输**

运输产品时应使用冷藏车。

6.4 **贮存**

产品的贮存温度为2～6℃。

## 中华人民共和国国家标准

# 灭　菌　乳

GB 5408.2—1999

Sterilized milk

## 1　范围

本标准规定了灭菌乳的产品分类、技术要求、试验方法和标签、包装、运输、贮存要求。

本标准适用于以牛乳（或羊乳）或复原乳为主料，不添加或添加辅料，经灭菌制成的液体产品。

## 2　引用标准

下列标准所包含的条文，通过在本标准中引用而构成为本标准的条文。本标准出版时，所示版本均为有效。所有标准都会被修订，使用本标准的各方应探讨使用下列标准最新版本的可能性。

GB 191—1990　包装储运图示标志

GB 2760—1996　食品添加剂使用卫生标准

GB 4789.26—1994　食品卫生微生物学检验　罐头食品商业无菌检验

GB/T 5009.24—1996　食品中黄曲霉毒素 $M_1$ 和 $B_1$ 的测定方法

GB/T 5409—1985　牛乳检验方法

GB/T 5413.1—1997　婴幼儿配方食品和乳粉　蛋白质的测定

GB/T 5413.30—1997　乳与乳粉　杂质度的测定

GB/T 5413.32—1997　乳粉　硝酸盐、亚硝酸盐的测定

GB 7718—1994　食品标签通用标准

GB 14880—1994　食品营养强化剂使用卫生标准

## 3　产品分类

3.1　灭菌纯牛（羊）乳：以牛乳（或羊乳）或复原乳为原料，脱脂或不脱脂，不添加辅料，经超高温瞬时灭菌、无菌罐装或保持灭菌制成的产品。

3.2　灭菌调味乳：以牛乳（或羊乳）或复原乳为主料，脱脂或不脱脂，添加辅料，经超高温瞬时灭菌、无菌罐装或保持灭菌制成的产品。

## 4　技术要求

4.1　**原料要求**

4.1.1　原料：应符合相应国家标准或行业标准的规定。

4.1.2　食品添加剂和食品营养强化剂：应选用 GB 2760 和 GB 14880 中允许使用的品种，并应符合相应的国家标准或行业标准的规定；不得添加防腐剂。

4.2　**感官特性**

应符合表1的规定。

**表 1**

| 项 目 | 灭菌纯牛（羊）乳 | 灭菌调味乳 |
|---|---|---|
| 色 泽 | 呈均匀一致的乳白色，或微黄色 | 呈均匀一致的乳白色或具有调味乳应有的色泽 |
| 滋味和气味 | 具有牛乳或羊乳固有的滋味和气味，无异味 | 具有调味乳应有的滋味和气味 |
| 组织状态 | 均匀的液体，无凝块，无粘稠现象，允许有少量沉淀 | |

4.3 **理化指标**

4.3.1 净含量

单件定量包装商品的净含量负偏差不得超过表 2 的规定；同批产品的平均净含量不得低于标签上标明的净含量。

**表 2**

| 净含量<br>mL | 负偏差允许值 | |
|---|---|---|
| | 相对偏差，% | 绝对偏差，mL |
| 100～200 | 4.5 | — |
| 200～300 | — | 9 |
| 300～500 | 3 | — |
| 500～1 000 | — | 15 |
| 1 000～10 000 | 1.5 | — |

4.3.2 蛋白质、脂肪、非脂乳固体、酸度和杂质度

应符合表 3 的规定。

**表 3**

| 项 目 | | 灭菌纯牛（羊）乳 | | | 灭菌调味乳 | | |
|---|---|---|---|---|---|---|---|
| | | 全脂 | 部分脱脂 | 脱脂 | 全脂 | 部分脱脂 | 脱脂 |
| 脂肪，% | | ≥3.1 | 1.0～2.0 | ≤0.5 | ≥2.5 | 0.8～1.6 | ≤0.4 |
| 蛋白质，% | ≥ | 2.9 | | | 2.3 | | |
| 非脂乳固体，% | ≥ | 8.1 | | | 6.5 | | |
| 酸度，°T | ≤ | 18.0 | | | — | | |
| 杂质度，mg/kg | ≤ | 2 | | | | | |

4.4 **卫生指标**

应符合表 4 的规定

**表 4**

| 项 目 | | 灭菌纯牛（羊）乳 | 灭菌调味乳 |
|---|---|---|---|
| 硅酸盐（以 $NaNO_3$ 计），mg/kg | ≤ | 11.0 | |
| 亚硝酸盐（以 $NaNO_2$ 计），mg/kg | ≤ | 0.2 | |
| 黄曲霉毒素 $M_1$，$\mu g$/kg | ≤ | 0.5 | |
| 微生物 | | 商业无菌 | |

4.5 食品添加剂和食品营养强化剂的添加量

应符合 GB 2760 和 GB 14880 的规定。

## 5 灭菌要求

可采用下列方式之一灭菌。

5.1 超高温瞬时灭菌：流动的乳液经 135 ℃ 以上灭菌数秒，在无菌状态下包装。

5.2 保持灭菌（二次灭菌）：将乳液预先杀菌（或不杀菌），包装于密闭容器内，在不低于 110℃ 温度下灭菌 10 min 以上。

## 6 试验方法

### 6.1 感官检验

6.1.1 色泽和组织状态：取适量试样于 50 mL 烧杯中，在自然光下观察色泽和组织状态。

6.1.2 滋味和气味：打开样品包装先闻气味，然后用温开水漱口，再品尝样品的滋味。

### 6.2 理化检验

6.2.1 净含量：将单件定量包装的内容物完全移入量筒中，读取体积数。

6.2.2 蛋白质：按 GB/T 5413.1 检验，取样量为 10 g 。

6.2.3 脂肪：按 GB/T 5409 检验。

6.2.4 非脂乳固体：按 GB/T 5409 检验。

6.2.5 酸度：按 GB/T 5409 检验 。

6.2.6 杂质度：按 GB/T 5413.30 检验。

### 6.3 卫生检验

6.3.1 硝酸盐、亚硝酸盐：按 GB/T 5413.32 检验。

6.3.2 黄曲霉毒素 $M_1$：按 GB/T 5009.24 检验。

6.3.3 微生物：按 GB 4789.26 检验。

## 7 标签、包装、运输、贮存

### 7.1 标签

7.1.1 强制标注内容

7.1.1.1 产品标签按 GB 7718 的规定标示。还应标明产品的种类（按本标准第 3 章）和蛋白质、脂肪、非脂乳固体的含量。

7.1.1.2 以复原乳为原料的产品应标明为“复原乳”。

7.1.1.3 外包装箱标志应符合 GB 191 的规定。

7.1.2 推荐标注内容

在产品标签上标明灭菌方式（按本标准第 5 章）。产品名称也可以标为“×××奶”。

### 7.2 包装

所有包装材料应符合食品卫生要求。

### 7.3 运输

运输产品时应避免日晒、雨淋。不得与有毒、有害、有异味的物品混装运输。

### 7.4 贮存

产品应贮存在干燥、通风良好的场所。不得与有毒、有害、有异味，或对产品产生不良影响的物品同处贮存。

# 中华人民共和国国家标准

# 全脂乳粉、脱脂乳粉、全脂加糖乳粉和调味乳粉

GB 5410—1999

代替 GB/T5410～5412－1985

Whole milk powder , skimmed milk powder, sweetened whole milk powder and flavoured milk powder

## 1 范围

本标准规定了全脂乳粉、脱脂乳粉、全脂加糖乳粉和调味乳粉的定义、技术要求、试验方法和标签、包装、运

输、贮存要求。

本标准适用于以牛乳或羊乳为主料，添加或不添加辅料，经加工制成的粉状产品。

## 2 引用标准

下列标准所包含的条文，通过在本标准中引用而构成为本标准的条文。本标准出版时，所示版本均为有效。所有标准都会被修订，使用本标准的各方应探讨使用下列标准最新版本的可能性。

GB 191—1990 包装储运图示标志
GB 2760—1996 食品添加剂使用卫生标准
GB 4789.2—1994 食品卫生微生物学检验 菌落总数测定
GB 4789.3—1994 食品卫生微生物学检验 大肠菌群测定
GB 4789.4—1994 食品卫生微生物学检验 沙门氏菌检验
GB 4789.5—1994 食品卫生微生物学检验 志贺氏菌检验
GB 4789.10—1994 食品卫生微生物学检验 金黄色葡萄球菌检验
GB 4789.11—1994 食品卫生微生物学检验 溶血性链球菌检验
GB 4789.15—1994 食品卫生微生物学检验 酵母与霉菌计数
GB 4789.18—1994 食品卫生微生物学检验 乳与乳制品检验
GB/T 5009.12—1996 食品中铅的测定方法
GB/T 5009.24—1996 食品中黄曲霉毒素 $M_1$ 和 $B_1$ 的测定方法
GB/T 5413.1—1997 婴幼儿配方食品和乳粉 蛋白质的测定
GB/T 5413.3—1997 婴幼儿配方食品和乳粉 脂肪的测定
GB/T 5413.5—1997 婴幼儿配方食品和乳粉 乳糖、蔗糖和总糖的测定
GB/T 5413.8—1997 婴幼儿配方食品和乳粉 水分的测定
GB/T 5413.21—1997 婴幼儿配方食品和乳粉 钙、铁、锌、钠、钾、镁、铜和锰的测定
GB/T 5413.28—1997 乳粉 滴定酸度的测定
GB/T 5413.29—1997 婴幼儿配方食品和乳粉 溶解性的测定
GB/T 5413.30—1997 乳与乳粉 杂质度的测定
GB/T 5413.32—1997 乳粉 硝酸盐和亚硝酸盐的测定
GB 7718—1994 食品标签通用标准
GB 14880—1994 食品营养强化剂使用卫生标准

## 3 定义

本标准采用下列定义。

**3.1 全脂乳粉** whole milk powder

仅以牛乳或羊乳为原料，经浓缩、干燥制成的粉状产品。

**3.2 脱脂乳粉** skimmed milk powder

仅以牛乳或羊乳为原料，经分离脂肪、浓缩、干燥制成的粉状产品。

**3.3 全脂加糖乳粉** sweetened whole milk powder

仅以牛乳或羊乳、白砂糖为原料，经浓缩、干燥制成的粉状产品。

**3.4 调味乳粉** flavoured milk powder

以牛乳或羊乳（或全脂乳粉、脱脂乳粉）为主料，添加调味料等辅料，经浓缩、干燥（或干混）制成的、乳固体含量不低于70%的粉状产品。

## 4 技术要求

**4.1 原料要求**

4.1.1 原料：应符合相应国家标准或行业标准的规定。

4.1.2 食品添加剂和食品营养强化剂：应选用GB2760和GB14880中允许使用的品种；并应符合相应国家标准或行业标准的规定。

**4.2 感官特性**

应符合表1的规定。

表 1

| 项 目 | 全脂乳粉 | 脱脂乳粉 | 全脂加糖乳粉 | 调味乳粉 |
|---|---|---|---|---|
| 色泽 | 呈均匀一致的乳黄色 | | | 具有调味乳粉应有的色泽 |
| 滋味和气味 | 具有纯正的乳香味 | | | 具有调味乳粉应有的滋味和气味 |
| 组织状态 | 干燥、均匀的粉末 | | | |
| 冲调性 | 经搅拌可迅速溶解于水中，不结块 | | | |

4.3 **理化指标**

4.3.1 **净含量**

单件定量包装商品的净含量负偏差不得超过表 2 的规定；同批产品的平均净含量不得低于标签上标明的净含量。

表 2

| 净含量<br>g | 负偏差允许值 | |
|---|---|---|
| | 相对偏差，% | 绝对偏差，g |
| 100～200 | 4.5 | — |
| 200～300 | — | 9 |
| 300～500 | 3 | — |
| 500～1000 | — | 15 |
| 1 000～10 000 | 1.5 | — |

4.3.2 蛋白质、脂肪、蔗糖、水分、复原乳酸度、不溶度指数和杂质度应符合表 3 的规定。

表 3

| 项 目 | | 全脂乳粉 | 脱脂乳粉 | 全脂加糖乳粉 | 调味乳粉 | |
|---|---|---|---|---|---|---|
| | | | | | 全脂 | 脱脂 |
| 蛋白质，% | ≥ | 非脂乳固体[1]的 34 | | 18.5 | 16.5 | 22.0 |
| 脂肪，% | | ≥26.0 | ≤2.0 | ≥20.0 | ≥18.0 | — |
| 蔗糖，% | ≤ | — | — | 20.0 | — | — |
| 复原乳酸度，°T | ≤ | 18.0 | 2.0 | 16.0 | — | — |
| 水分，% | ≤ | 5.0 | | | | |
| 不溶度指数，mL | ≤ | 1.0 | | | | |
| 杂质度，mg/kg | ≤ | 16 | | | | |

1）非脂乳固体＝100（%）－脂肪实测值（%）－水分实测值（%）

4.4 **卫生指标**

应符合表 4 的规定。

表 4

| 项 目 | | 全脂乳粉 | 脱脂乳粉 | 全脂加糖乳粉 | 调味乳粉 |
|---|---|---|---|---|---|
| 铅，mg/kg | ≤ | 0.5 | | | |
| 铜，mg/kg | ≤ | 10 | | | |
| 硝酸盐（以 $NaNO_3$ 计），mg/kg | ≤ | 100 | | | |
| 亚硝酸盐（以 $NaNO_2$ 计），mg/kg | ≤ | 2 | | | |
| 酵母和霉菌，cfu/g | ≤ | 50 | | | |
| 黄曲霉毒素 M1，μg/kg | ≤ | 5.0 | | | |
| 菌落总数，cfu/g | ≤ | 50 000 | | | |
| 大肠菌群，MPN/100g | ≤ | 90 | | | |
| 致病菌（指肠道致病菌和致病性球菌） | | 不得检出 | | | |

4.5 食品添加剂和食品营养强化剂的添加量应符合 GB 2760 和 GB 14880 的规定。

## 5 试验方法

5.1 **感官检验**

5.1.1 色泽和组织状态：将适量试样散放在白色平盘中，在自然光下观察色泽和组织状态。

5.1.2 滋味和气味：取适量试样置于平盘中，先闻气味，然后用温开水漱口，再品尝样品的滋味。

5.1.3 冲调性：将 11.2g（全脂乳粉、全脂加糖乳粉）或 8.3g（脱脂乳粉）试样放入盛有 100mL 40℃水的 200mL 烧杯中，用搅拌棒搅拌均匀后观察样品溶解状况。

5.2 **理化检验**

5 .2.1 净含量：用感量为 1.0g 的天平，称量单件定量包装产品的质量，再称量包装容器的质量，计算称量差。

5.2.2 蛋白质：按 GB/T 5413.1 检验。

5.2.3 脂肪：按 GB/T 5413.3 检验。

5.2.4 蔗糖：按 GB/T 5413.5 检验。

5.2.5 复原乳酸度：按 GB/T 5413.28 检验。

5.2.6 水分：按 GB/T 5413.8 检验。

5.2.7 不溶度指数：按 GB/T 5413.29 检验。

5.2.8 杂质度：按 GB/T 5413.30 检验。

5.3 **卫生检验**

5.3.1 铅：按 GB/ T5009.12 检验。

5.3.2 铜：按 GB/T 5413.21 检验。

5.3.3 硝酸盐、亚硝酸盐：按 GB/T 5413.32 检验。

5.3.4 酵母和霉菌：按 GB 4789.15 和 GB 4789.18 检验。

5.3.5 黄曲霉毒素 $M_1$：按 GB/T 5009.24 检验。

5.3.6 菌落总数：按 GB 4789.2 和 GB 4789.18 检验。

5.3.7 大肠菌群：按 GB 4789.3 和 GB 4789.18 检验。

5.3.8 致病菌：按 GB 4789.4、GB 4789.5、GB 4789.10、GB 4789.11 和 GB 4789.18 检验。

## 6 标签、包装、运输、贮存

6.1 **标签**

6.1.1 产品标签按 GB7718 的规定标示。还应标明蛋白质、脂肪、蔗糖（只限全脂加糖乳粉）的含量。

6.1.2 产品名称可以标为“×××奶粉”。

6.1.3 产品的外包装箱标志应符合 GB 191 的规定。

6.2 **包装**

所有包装材料应符合食品卫生要求。

6.3 **运输**

运输产品时应避免日晒、雨淋。不得与有毒、有害、有异味或影响产品质量的物品混装运输。

6.4 **贮存**

产品应贮存在干燥、通风良好的场所。不得与有毒、有害、有异味、易挥发、易腐蚀的物品同处贮存。

# 中华人民共和国国家标准

GB 2746—1999

# 酸 牛 乳

代替 GB/T 2746—1985

Yoghurt

## 1 范围

本标准规定了酸牛乳的产品分类、技术要求、试验方法和标签、包装、运输、贮存要求。

本标准适用于以牛乳或复原乳为主料，添加或不添加辅料，使用含有保加利亚乳杆菌、嗜热链球菌的菌种发酵制成的产品。

## 2 引用标准

下列标准所包含的条文，通过在本标准中引用而构成为本标准的条文。本标准出版时，所示版本均为有效。所有标准都会被修订，使用本标准的各方应探讨使用下列标准最新版本的可能性。

GB 191—1990 包装储运图示标志

GB 2760—1996 食品添加剂使用卫生标准

GB 4789.2—1994 食品卫生微生物学检验 菌落总数测定

GB 4789.3—1994 食品卫生微生物学检验 大肠菌群测定

GB 4789.4—1994 食品卫生微生物学检验 沙门氏菌检验

GB 4789.5—1994 食品卫生微生物学检验 志贺氏菌检验

GB 4789.10—1994 食品卫生微生物学检验 金黄色葡萄球菌检验

GB 4789.11—1994 食品卫生微生物学检验 溶血性链球菌检验

GB 4789.18—1994 食品卫生微生物学检验 乳与乳制品的检验

GB/T 5009.24—1996 食品中黄曲霉毒素 $M_1$ 和 $B_1$ 的测定方法

GB/T 5009.29—1996 食品中山梨酸、苯甲酸的测定方法

GB/T 5409—1985 牛乳检验方法

GB/T 5413.1—1997 婴幼儿配方食品和乳粉 蛋白质的测定

GB/T 5413.32—1997 乳粉 硝酸盐、亚硝酸盐的测定

GB 7718—1994 食品标签通用标准

GB 14880—1994 食品营养强化剂使用卫生标准

GB/T 16347—1996 乳酸菌饮料中乳酸菌的微生物学检验

## 3 产品分类

3.1 纯酸牛乳：以牛乳或复原乳为原料，脱脂、部分脱脂或不脱脂，经发酵制成的产品。

3.2 调味酸牛乳：以牛乳或复原乳为主料，脱脂、部分脱脂或不脱脂，添加食糖、调味剂等辅料，经发酵制成的产品。

3.3 果料酸牛乳：以牛乳或复原乳为主料，脱脂、部分脱脂或不脱脂，添加天然果料等辅料，经发酵制成的产品。

## 4 技术要求

### 4.1 原料要求

4.1.1 原料：应符合相应国家标准或行业标准的规定。

4.1.2 食品添加剂和食品营养强化剂：应选用 GB 2760 和 GB 14880 中允许使用的品种，并应符合相应国家标准或行业标准的规定；不得添加防腐剂。

### 4.2 感官特性

应符合表 1 的规定。

**表 1**

| 项 目 | 纯酸牛乳 | 调味酸牛乳、果料酸牛乳 |
|---|---|---|
| 色 泽 | 呈均匀一致的乳白色或微黄色 | 呈均匀一致的乳白色，或调味乳、果料应有的色泽 |
| 滋味和气味 | 具有酸牛乳固有的滋味和气味 | 具有调味酸牛乳或果料酸牛乳应有的滋味和气味 |
| 组织状态 | 组织细腻、均匀，允许有少量乳清析出；果料酸牛乳有果块或果粒 | |

### 4.3 理化指标

4.3.1 净含量

单件定量包装商品的净含量负偏差不得超过表 2 的规定；同批产品的平均净含量不得低于标签上标明的净含量。

表 2

| 净含量<br>g | 负偏差允许值 | |
|---|---|---|
| | 相对偏差，% | 绝对偏差，g |
| 50～100 | — | 4.5 |
| 100～200 | 4.5 | — |
| 200～300 | — | 9 |
| 300～500 | 3 | — |
| 500～1 000 | — | 15 |

4.3.2 蛋白质、脂肪、非脂乳固体和酸度

应符合表 3 的规定。

表 3

| 项　目 | 纯酸牛乳 | | | 调味酸牛乳、果料酸牛乳 | | |
|---|---|---|---|---|---|---|
| | 全脂 | 部分脱脂 | 脱脂 | 全脂 | 部分脱脂 | 脱脂 |
| 脂肪，% | ≥3.1 | 1.0～2.0 | ≤0.5 | ≥2.5 | 0.8～1.6 | ≤0.4 |
| 蛋白质，% ≥ | 2.9 | | | 2.3 | | |
| 非脂乳固体，% ≥ | 8.1 | | | 6.5 | | |
| 酸度，°T ≥ | 70.0 | | | | | |

4.4 **卫生指标**

应符合表 4 的规定。

表 4

| 项　目 | 纯酸牛乳 | 调味酸牛乳 | 果料酸牛乳 |
|---|---|---|---|
| 苯甲酸，g/kg ≤ | 0.03 | | 0.23 |
| 山梨酸，g/kg | 不得检出 | | ≤0.23 |
| 硝酸盐（以 $NaNO_3$ 计），mg/kg ≤ | 11.0 | | |
| 亚硝酸盐（以 $NaNO_2$ 计），mg/kg ≤ | 0.2 | | |
| 黄曲霉毒素 $M_1$，μg/kg ≤ | 0.5 | | |
| 大肠菌群，MPN/100mL ≤ | 90 | | |
| 致病菌（指肠道致病菌和致病性球菌） | 不得检出 | | |

4.5 **乳酸菌数**

不得低于 $1\times10^6$ cfu/mL。

4.6 **食品添加剂和食品营养强化剂的添加量**

应符合 GB 2760 和 GB14880 的规定。

## 5 试验方法

5.1 **感官检验**

5.1.1 色泽和组织状态：取适量试样于 50mL 烧杯中，在自然光下观察色泽和组织状态。

5.1.2 滋味和气味：取适量试样于 50mL 烧杯中，先闻气味，然后用温开水漱口，再品尝样品的滋味。

5.2 **理化检验**

5.2.1 净含量：将单件定量包装的内容物完全移入量筒中，读取体积数。

5.2.2 蛋白质：按 GB/T 5413.1 检验，取样量为 10g。

5.2.3 脂肪：按 GB/T 5409 检验。

5.2.4 非脂乳固体：按 GB/T 5409 检验。

5.2.5 酸度：按 GB/T 5409 检验。

5.3 **卫生检验**

5.3.1 苯甲酸、山梨酸：按 GB/T 5009.29 检验。

5.3.2 硝酸盐、亚硝酸盐：按 GB/T 5413.32 检验。

5.3.3 黄曲霉毒素 $M_1$：按 GB/T 5009.24 检验。

5.3.4 大肠菌群：按 GB 4789.3 和 GB 4789.18 检验。

5.3.5 致病菌：按 GB 4789.4、GB 4789.5、GB 4789.10、GB 4789.11 和 GB 4789.18 检验。

5.3.6 乳酸菌：按 GB/T 16347 检验。

## 6 标签、包装、运输、贮存

### 6.1 标签

6.1.1 产品标签按 GB 7718 的规定标示。还应标明产品的种类（按本标准第 3 章）和蛋白质、脂肪、非脂乳固体的含量。

6.1.2 产品名称可以标为"×××酸牛奶。"

### 6.2 包装

所有包装材料应符合食品卫生要求。

### 6.3 运输

运输产品时应使用冷藏车。

### 6.4 贮存

产品的贮存温度为 2～6℃。

# 中华人民共和国国家标准

GB 5415—1999

# 奶 油

代替 GB/T 5415—1985

Butter

## 1 范围

本标准规定了奶油的产品分类、技术要求、试验方法和标签、包装、运输、贮存要求。

本标准适用于以牛乳稀奶油为原料，经发酵或不发酵，加工制成的固态产品。

## 2 引用标准

下列标准所包含的条文，通过在本标准中引用而构成为本标准的条文。本标准出版时，所示版本均为有效。所有标准都会被修订，使用本标准的各方应探讨使用下列标准最新版本的可能性。

GB 191—1990 包装储运图示标志
GB 2760—1996 食品添加剂使用卫生标准
GB 4789.2—1994 食品卫生微生物学检验 菌落总数测定
GB 4789.3—1994 食品卫生微生物学检验 大肠菌群测定
GB 4789.4—1994 食品卫生微生物学检验 沙门氏菌检验
GB 4789.5—1994 食品卫生微生物学检验 志贺氏菌检验
GB 4789.10—1994 食品卫生微生物学检验 金黄色葡萄球菌检验
GB 4789.11—1994 食品卫生微生物学检验 溶血性链球菌检验
GB 4789.18—1994 食品卫生微生物学检验 乳与乳制品检验
GB/T 5416—1985 奶油检验方法
GB 7718—1994 食品标签通用标准
GB 14880—1994 食品营养强化剂使用卫生标准

## 3 产品分类

3.1 奶油：以经发酵或不发酵的稀奶油为原料，加工制成的固态产品。

3.2 无水奶油：以熔融了的奶油或稀奶油（经发醇或不发醇）为原料，经加工制成的水分含量较低的固态产品。

## 4 技术要求

### 4.1 原料要求

4.1.1 原料：应符合相应的国家标准或行业标准的规定。

4.1.2 食品添加剂和食品营养强化剂：应选用 GB 2760 和 GB 14880 中允许使用的品种；并应符合相应国家标准或行业标准的规定。

### 4.2 感官特性

应符合表 1 的规定。

表 1

| 项　目 | 奶　油 | 无水奶油 |
|---|---|---|
| 色　泽 | 呈均匀一致的乳白色或乳黄色 | |
| 滋味和气味 | 具有奶油的纯香味 | |
| 组织状态 | 柔软，细腻，无孔隙，无析水现象 | |

### 4.3 理化指标

4.3.1 净含量

单件定量包装商品的净含量负偏差不得超过表 2 的规定；同批产品的平均净含量不得低于标签上标明的净含量。

表 2

| 净含量<br>(g) | 负偏差允许值 | |
|---|---|---|
| | 相对偏差，% | 绝对偏差，g |
| 100～200 | 4.5 | — |
| 200～300 | — | 9 |
| 300～500 | 3 | — |
| 500～1 000 | — | 15 |

4.3.2 水分、脂肪和酸度

应符合表 3 的规定。

表 3

| 项　目 | | 奶　油 | 无水奶油 |
|---|---|---|---|
| 水分, % | ≤ | 16.0 | 1.0 |
| 脂肪, % | ≥ | 80.0 | 98.0 |
| 酸度[1)], °T | ≤ | 20.0 | — |

注：不包括以发酵稀奶油为原料的产品。

### 4.4 卫生指标

应符合表 4 的规定。

表 4

| 项　目 | | 奶　油 | 无水奶油 |
|---|---|---|---|
| 菌落总数，cfu/g | ≤ | 50 000 | |
| 大肠菌群，MPN/100g | ≤ | 90 | |
| 致病菌（指肠道致病菌和致病性球菌） | | 不得检出 | |

### 4.5 食品添加剂和食品营养强化剂的添加量

应符合 GB2760 和 GB14880 的规定。

## 5 试验方法

### 5.1 感官检验

5.1.1 色泽和组织状态：打开试样外包装，用小刀切取部分试样，置于白色盘中，在自然光下观察色泽和组织状态。

5.1.2 滋味和气味：取适量试样，先闻气味，然后用温开水漱口，品尝样品的滋味。

5.2 **理化检验**

5.2.1 净含量：用感量为1.0g的天平，称量单件定量包装产品的质量，再称量包装纸（容器）的质量，计算称量差。

5.2.2 水分：按GB/T5416检验。

5.2.3 脂肪：按GB/T5416检验。

5.2.4 酸度：按GB/T5416检验。

5.3 **微生物检验**

5.3.1 菌落总数：按GB 4789.2和GB 4789.18检验。

5.3.2 大肠菌群：按GB 4789.3和GB 4789.18检验。

5.3.3 致病菌：按GB 4789.4、GB 4789.5、GB 4789.10、GB 4789.11和GB 4789.18检验。

## 6 标签、包装、运输、贮存

6.1 **标签**

6.1.1 产品标签按GB7718的规定标示。还应标明产品的种类（按本标准第3章）和脂肪含量。

6.1.2 产品的外包装箱标志应符合GB191的规定。

6.2 **包装**

所有包装材料应符合食品卫生要求。

6.3 **运输**

运输产品时应使用冷藏车。

6.4 **贮存**

产品的贮存温度不得超过-15℃。

# 中华人民共和国国家标准

GB5417—1999

## 全脂无糖炼乳和全脂加糖炼乳

代替GB/T5417—1985

Evaporated milk and sweetened condensed milk

## 1 范围

本标准规定了全脂无糖炼乳、全脂加糖炼乳的定义、技术要求、试验方法和标签、包装、运输、贮存要求。

本标准适用于以牛乳为主料，添加或不添加白砂糖，经浓缩制成的粘稠状液体产品。

## 2 引用标准

下列标准所包含的条文，通过在本标准中引用而构成为本标准的条文。本标准出版时，所示版本均为有效。所有标准都会被修订，使用本标准的各方应探讨使用下列标准最新版本的可能性。

GB 191—1990 包装储运图示标志

GB 317—1998 白砂糖

GB 2760—1996 食品添加剂使用卫生标准

GB 4789.2—1994 食品卫生微生物学检验 菌落总数测定

GB 4789.3—1994 食品卫生微生物学检验 大肠菌群测定

GB 4789.4—1994 食品卫生微生物学检验 沙门氏菌检验

GB 4789.4—1994 食品卫生微生物学检验 志贺氏菌检验

GB 4789.10—1994 食品卫生微生物学检验 金黄色葡萄球菌检验

GB 4789.11—1994　食品卫生微生物学检验　溶血性链球菌检验
GB 4789.18—1994　食品卫生微生物学检验　乳与乳制品检验
GB 4789.26—1994　食品卫生微生物学检验　罐头食品商业无菌检验
GB/T 5009.12—1996　食品中铅的测定方法
GB/T 5009.16—1996　食品中锡的测定方法
GB/T 5009.24—1996　食品中黄曲霉毒素 $M_1$ 和 $B_1$ 的测定方法
GB/T 5409—1985　牛乳检验方法
GB/T 5413.1—1997　婴幼儿配方食品和乳粉蛋白质的测定
GB/T 5413.21—1997　婴幼儿配方食品和乳粉钙、铁、锌、钠、钾、镁、铜和锰的测定
GB/T 5413.32—1997　乳粉硝酸盐和亚硝酸盐的测定
GB/T 5418—1985　全脂加糖炼乳检验方法
GB/T 6914—1986　生鲜牛乳收购标准
GB 7718—1994　食品标签通用标准
GB 14880—1994　食品营养强化剂使用卫生标准
QB/T 3775—1999　全脂无糖炼乳检验方法

## 3　定义

本标准采用下列定义：

3.1　**全脂无糖炼乳**　evaporated　milk

仅以牛乳为原料，经浓缩、灭菌制成的粘稠状液体产品。

3.2　**全脂加糖炼乳**　sweetened condensed milk

仅以牛乳为主料，经杀菌、添加白砂糖、浓缩制成的粘稠状液体产品。

## 4　技术要求

### 4.1　原料要求

4.1.1　牛乳：应符合 GB/T6914 的规定。

4.1.2　白砂糖：应符合 GB 317 的规定。

4.1.3　食品添加剂和食品营养强化剂：应选用 GB2760 和 GB14880 中允许使用的品种；并应符合相应国家标准或行业标准的规定。

### 4.2　感官特性

应符合表 1 的规定。

表 1

| 项　目 | 全脂无糖炼乳 | 全脂加糖炼乳 |
|---|---|---|
| 色　泽 | 呈均匀一致的乳白色或乳黄色，有光泽 | |
| 滋味和气味 | 具有牛乳的滋味和气味 | 具有牛乳的香味，甜味纯正 |
| 组织状态 | 组织细腻，质地均匀，粘度适中 | |

### 4.3　理化指标

4.3.1　净含量

单件定量包装商品的净含量负偏差不得超过表 2 的规定；同批产品的平均净含量不得低于标签上标明的净含量。

表 2

| 净含量 (g) | 负偏差允许值 | |
|---|---|---|
| | 相对偏差，% | 绝对偏差，g |
| 5～50 | 9 | — |
| 50～100 | — | 4.5 |
| 100～200 | 4.5 | — |
| 200～300 | — | 9 |
| 300～500 | 3 | — |
| 500～1 000 | — | 15 |

4.3.2 蛋白质、脂肪、全乳固体、蔗糖、水分、酸度和杂质度

应符合表3的规定。

表3

| 项目 | | 全脂无糖炼乳 | 全脂加糖炼乳 |
|---|---|---|---|
| 蛋白质,% | ≥ | 6.0 | 6.8 |
| 脂肪,% | ≥ | 7.5 | 8.0 |
| 全乳固体,% | ≥ | 25.0 | 28.0 |
| 蔗糖,% | ≤ | — | 45.0 |
| 水分,% | ≤ | — | 27.0 |
| 酸度,°T | ≤ | 48.0 | 48.0 |
| 杂质度,mg/kg | ≤ | 4 | 8 |
| 乳糖结晶颗料,μm | ≤ | — | 25 |

4.4 卫生指标

应符合表4的规定。

表4

| 项目 | | 全脂无糖炼乳 | 全脂加糖炼乳 |
|---|---|---|---|
| 铅,mg/kg | ≤ | 0.5 | |
| 铜,mg/kg | ≤ | 10.0 | |
| 锡,mg/kg | ≤ | 10.0 | |
| 硝酸盐(以 $NaNO_3$ 计),mg/kg | ≤ | 28.0 | |
| 亚硝酸盐(以 $NaNO_2$ 计),mg/kg | ≤ | 0.5 | |
| 黄曲霉毒素 $M_1$,μg/kg | ≤ | 1.3 | |
| 菌落总数,cfu/g | ≤ | — | 50 000 |
| 大肠菌群,MPN/100g | ≤ | — | 90 |
| 致病菌(指肠道致病菌和致病性球菌) | | — | 不得检出 |
| 微生物 | | 商业无菌 | — |

4.5 食品添加剂和食品营养强化剂的添加量

应符合GB 2760和GB 14880的规定。

## 5 试验方法

5.1 感官检验

5.1.1 气味:取定量包装试样,开启罐盖(或瓶盖),闻气味。

5.1.2 色泽和组织状态:将上述试样缓慢倒入烧杯中,在自然光下观察色泽和组织状态。待样品倒净后,将罐(瓶)口朝上,倾斜45°放置,观察罐(瓶)底部有无沉淀。

5.1.3 滋味:用温开水漱口,品尝试样的滋味。

5.2 理化检验

5.2.1 净含量:用感量为1.0g的天平,称量定量包装产品的质量,再称量包装容器的质量,计算称量差。

5.2.2 脂肪:按GB/T 5418和QB/T 3775检验。

5.2.3 蛋白质:按GB/T 5413.1检验。

5.2.4 全乳固体:按GB/T5409检验。

5.2.5 蔗糖:按GB/T 5413.5检验。

5.2.6 水分:按GB/T 5418检验。

5.2.7 酸度:按GB/T 5418和QB/T 3775检验。

5.2.8 杂质度:按GB/ 5418和QB/T 3775检验。

5.2.9 乳糖结晶颗粒:按GB/ T 5418检验。

5.3 卫生检验

5.3.1 铅:按GB/T 5009.12检验。

5.3.2 铜:按GB/T 5413.21检验。

5.3.3 锡:按GB/T 5009.16检验。

5.3.4 硝酸盐、亚硝酸盐：按 GB/T 5413.32 检验。

5.3.5 黄曲霉毒素 $M_1$：按 GB/T 5009.24 检验。

5.3.6 菌落总数：按 GB 4789.2 和 GB4789.18 检验。

5.3.7 大肠菌群：按 GB 4789.3 和 GB 4789.18 检验。

5.3.8 致病菌：按 GB 4789.4、GB 4789.5、GB 4789.10、GB 4789.11 和 GB 4789.18 检验。

5.3.9 微生物：按 GB 4789.26 检验。

## 6 标签、包装、运输、贮存

### 6.1 标签

6.1.1 产品标签按 GB7718 的规定标示。还应标明蛋白质、脂肪、全乳固体含量。

6.1.2 标签上产品名称也可以标为“全脂淡炼乳”或“全脂甜炼乳”。

6.1.3 产品的外包装箱标志应符合 GB191 的规定。

### 6.2 包装

所有包装材料应符合食品卫生要求。

### 6.3 运输

运输产品时应避免日晒、雨淋。不得与有毒、有害、有异味或影响产品质量的物品混装运输。

### 6.4 贮存

产品应贮存在干燥 、通风良好的场所。不得与有毒、有害、有异味、或对产品产生不良影响的物品同处贮存。

# 奶业机构名录

## 行业协会

### 中国奶业协会

理事长　刘成果
秘书长　魏克佳
电　话　010-62948050
传　真　010-62943084
网　址　www. dac. com. cn
E-mail　guanzhiping93@sohu. com
地　址　北京德胜门外清河南镇
邮　编　100085
会　刊　《中国奶牛》杂志

### 中国乳制品工业协会

理事长　宋昆冈
秘书长　牟静君
电　话　010-68396520
传　真　010-68396665
地　址　北京西城区阜外大街乙22号
邮　编　100833
会　刊　《中国乳品工业》
　　　　《中国乳品工业通讯》

### 北京市奶业协会

理事长　范学珊
秘书长　刘文奇
副秘书长　经宝临
电　话　010-64019112/64015912
传　真　010-64019112
地　址　北京市鼓楼西大街75号
邮　编　100009

### 天津市奶业协会

理事长　何秀恒
电　话　022-23307600
传　真　022-23307601
地　址　天津和平区重庆道217号
邮　编　300050

### 天津市乳品协会

理事长　王金华
秘书长　侯勇革
电　话　022-23919229
地　址　天津南开区士英路18号
邮　编　300381
会　刊　天津乳业信息

### 河北省奶牛协会

理事长　孟俊杰
秘书长　杜　勇
电　话　0311-682795
传　真　0311-6827955
地　址　石家庄市五七路7号
邮　编　050061
会　刊　《河北奶业》

### 石家庄市奶业协会

理事长　王怀进
秘书长　刘英虎
电　话　0311-7011574
传　真　0311-7011574
地　址　石家庄中华南大街253号
邮　编　050000
会　刊　《奶业简报》

### 山西省奶牛协会

理事长　刘　艺
秘书长　王印魁
电　话　0351-4155370
传　真　0351-4042582
地　址　太原市迎泽大街312号
邮　编　030001
会　刊　《山西奶业信息》

### 太原市奶牛协会

理事长　王学文
秘书长　雷秀敏
电　话　0351-2024715
地　址　太原市新建路59号
邮　编　030002
会　刊　《太原奶业信息》

### 内蒙古自治区奶业协会

秘书长　那达木德
电　话　0471-4963294
传　真　0471-4963294
地　址　呼市东郊内蒙古家畜改良工作站
邮　编　010010

### 内蒙古自治区乳品协会

理事长　鄂光宇
电　话　0471-6921373
传　真　0471-6923802
地　址　呼市中山东路1号
邮　编　010010

### 呼和浩特市奶业协会

秘书长　巴根那
电　话　0471-6862631
传　真　0471-4962033
地　址　呼市35中西巷内蒙古计生委院内
邮　编　010010

### 辽宁省乳品协会

理事长　林仁堂
秘书长　卢戈川
电　话　024-22856461
传　真　024-22856562
E-mail　Lugechuan69@sina. com. cn
地　址　沈阳和平区北六经街7号
邮　编　110003
会　刊　《辽宁乳业》

### 沈阳市奶牛协会

理事长　李春祥
秘书长　周传平
电　话　024-88532955
传　真　024-88530389
地　址　沈阳大东区天后宫路134号
邮　编　110041

### 大连市奶业协会

理事长　范　颖
秘书长　金丰久
电　话　0411-4306410
传　真　0411-4344584
网　址　www. dldairy. com
E-mail　webmaster@dldairy. com
地　址　大连沙河口区集贤北街9号
邮　编　116021

### 吉林省奶牛业协会

秘书长　谢春雷
电　话　0431-7934196
传　真　0431-7923032
地　址　长春市辽阳街九号
邮　编　130062

### 黑龙江省奶牛协会

理事长　吴士芳
秘书长　王存国
电　话　0451-2625847
传　真　0451-2650907
E-mail　Wangcunguo@hotmail. net. cn
地　址　哈尔滨动力区文府街 4-1 号
邮　编　150040

### 黑龙江省乳品工业协会

理事长　张庆祥
秘书长　杨思行
电　话　0451-6671424
传　真　0451-6664742
E-mail　hdza@hr. hl. cn
地　址　哈尔滨市南岗区学府路 337 号
邮　编　150086

### 哈尔滨市奶牛协会

理事长　年　智
秘书长　李宏图
电　话　0451-4530976、6313208
传　真　0451-4528244
地　址　黑龙江省哈尔滨市道里区地正街 31 号哈尔滨市奶牛协会
邮　编　150016

### 齐齐哈尔奶业协会

理事长　王　玉
秘书长　李富山
电　话　0452-2713755
地　址　齐齐哈尔市中华西路 174 号
邮　编　151006

### 大庆奶牛协会

理事长　刘兆全
秘书长　宋显成
电　话　0459-6396563
传　真　0459-6396563
地　址　大庆市东风新村经三街 11 号
邮　编　163311

### 双鸭山市奶牛协会

理事长　解兆林
电　话　0469-4280297
传　真　0469-4288381
地　址　黑龙江省双鸭市市畜牧局
邮　编　155100

### 上海奶业行业协会

理事长　王佳芬
秘书长　陈　新
电　话　021-56031169、56658489
传　真　021-56033018、56653894
网　址　www. naixie. org
E-mail　nx816@etang. com
地　址　上海市洛川中路 816 号 303 室
邮　编　200072
会　刊　《奶业信息》《乳业科学与技术》

### 江苏省奶业协会

理事长　刘立仁
秘书长　刘　敞
电　话　025-6225555-0913
传　真　025-6228036
地　址　南京龙江小区江苏农林大厦 9 楼
邮　编　210036

### 浙江省奶牛协会

理事长　戴旭明
秘书长　周仲儿
电　话　0571-86990763
传　真　0571-86041245
地　址　杭州市凤起东路 29 号
邮　编　310020
会　刊　《浙江奶业通讯》

### 杭州市奶业协会

理事长　王建华
秘书长　郑成祥
副秘书长　叶剑华
电　话　0571-85252116、86046445
传　真　0571-85252176
地　址　杭州市环城北路 318 号（市府大楼 21-16 室）
邮　编　310026
会　刊　《杭州奶业》

### 金华市奶牛乳品行业协会

理事长　谭广潮
秘书长　吴春金
电　话　0579-2050112
传　真　0579-2050013
E-mail　zjjhxm@sina. com
地　址　金华双龙南路农科教大楼
邮　编　321017
会　刊　《金华奶牛乳品行业协会》

### 安徽省奶业协会

理事长　钱东方
秘书长　李赛明
电　话　0551-2616494、2616345
传　真　0551-2616494
地　址　合肥市美菱大道 421 号
邮　编　230001

### 福建畜牧兽医学会奶牛分会

理事长　尤　珩
秘书长　郑鸿钧
电　话　0591-7816848
传　真　0591-7856105
地　址　福州市鼓屏路 183 号
邮　编　350003

### 江西省奶业协会

理事长　席德三
秘书长　万建设
电　话　0791-3975819
传　真　0791-3977811
E-mail　dyong 3975819@mail. china. com
地　址　南昌蛟桥金牛企业集团内
邮　编　330044

### 山东省奶业协会

理事长　曲绪仙
秘书长　张思聪
电　话　0531-7198620
传　真　0531-7198620
地　址　山东省济南槐村街 68 号
邮　编　250022

### 青岛市奶业协会

理事长　黄光扬
秘书长　孙元钦
电　话　0532-5816389
传　真　0532-5816487
网　址　www. qddairy. com
E-mail　qin@qddairy. com
地　址　青岛市宁夏路 129 号
邮　编　266071

### 河南省奶业协会

理事长　谢振生
秘书长　王春祥
副秘书长　宋洛文
电　话　0371－5971953
传　真　0371-5942355
地　址　郑州市经五路 23 号
邮　编　450002

### 武汉市奶业协会

理事长　施纪明
秘书长　李细桥
电　话　13907179516
传　真　027-85778654
地　址　汉口台北一路 14 号
邮　编　430015
会　刊　《武汉奶业通讯》

### 广东省奶业协会

理事长　张永发

秘书长　林树斌
电　话　020-87709931、87714410
传　真　020-87709931、87714982
E-mail　naixie123@163．com
naixie123@21cn．com
地　址　广州市先烈东路135号农业厅综合楼1210房
邮　编　510500
会　刊　《广东奶业》

**广州市奶业协会**

理事长　王丁棉
秘书长　谭俭才
电　话　020-86595036
传　真　020-86554273
E-mail　gzsnyb@gd．agri．gov．cn
地　址　广州市广园牛蘆景路388号
邮　编　510405
会　刊　《广州奶牛》

**广东南海市水奶牛协会**

理事长　林明基
秘书长　卢佐良
电　话　13703088789
传　真　0757-6332689
地　址　南海市南新四路市畜牧总站内转市水牛协会
邮　编　528200

**广西水产畜牧协会奶业分会**

秘书长　王国利
电　话　0771-2844415
传　真　0771-2852154
E-mail　wuliaowang2000@yahoo．com．cn
地　址　南宁市七星路135号
邮　编　530022

**重庆市奶业协会**

理事长　廖祯华
秘书长　蒋远映
电　话　023-67868806
地　址　重庆市江北区华新村206号
邮　编　400020

**四川省奶业协会**

理事长　冯　丹
秘书长　李　谦
电　话　028-85505575
传　真　028-85571245
地　址　成都市武侯祠大街4号
邮　编　610041
会　刊　《四川奶业》

**四川省乳品专业协会**

理事长　魏荣禄
秘书长　魏荣禄
电　话　028-85556934
传　真　028-85556934
地　址　成都玉林街3号内421室
邮　编　610041

**成都市奶业协会**

理事长　李朝林
秘书长　余建明
电　话　028-86241673、86648647
传　真　028-86262423
地　址　成都市马道街75号
邮　编　610015
会　刊　《奶业动态》

**成都市农垦奶业协作会**

理事长　曾祥林
秘书长　王犀锐
电　话　028-85435770
传　真　028-85434751
地　址　成都市群众路2号
邮　编　610021

**四川省乐山市奶畜协会**

理事长　史延康
秘书长　马维骏
电　话　0833-2430603
地　址　乐山中区龙游路中段市畜牧局
邮　编　614000

**贵州省奶牛协会**

理事长　赵宣富
副秘书长　王　犁
电　话　0851-5283890
传　真　0851-5283143
E-mail　n-kj@sohu．com
地　址　贵阳市延安中路62号
邮　编　550001

**安顺市奶农协会**

理事长　楚胜捷
秘书长　郭荣华
电　话　0853-3341254
传　真　0853-3341254
E-mail　asomlb@public．gz．cn
地　址　安顺市虹山东路1号三楼
邮　编　561000

**云南畜牧兽医学会奶业分会**

理事长　王天喜
秘书长　陈德端
电　话　0871-3649220
传　真　0871-3649220
地　址　昆明市华山东路43号
邮　编　650021
会　刊　《云南畜牧兽医》

**昆明市奶业协会**

理事长　朱　宝
秘书长　张僖
电　话　0871-4156111、5171667
传　真　0871-4145299、5151988
E-mail　Yang fang3740@sina．com
地　址　昆明市环城南路701号
邮　编　650034

**昆明市晋宁奶业协会**

理事长　王　东
秘书长　张树清
电　话　0871-7800071
传　真　0871-7892255
地　址　晋宁县昆阳镇昆阳大街68号
邮　编　650600

**西安市乳业协会**

理事长　李兴振
秘书长　王伟民
电　话　029-7272491
传　真　029-7272491
网　址　www．xbry．com
E-mail　xbry@xbry．com
地　址　西安市大麦市街53号
邮　编　710002

**兰州奶业协会**

理事长　薛　红
秘书长　李景云
电　话　0931-8415250
传　真　0931-8415250
地　址　兰州金昌路75号广武商厦13楼
邮　编　730030

**青海省奶牛协会**

理事长　张贞林
秘书长　李承鹏
副秘书长　殷生宏
电　话　0971-6153872
传　真　0971-6153872
地　址　西宁市胜利路77号
邮　编　810001

**宁夏回族自治区奶业协会**

理事长　高万里
秘书长　虞景龙
副秘书长　罗晓瑜
电　话　0951-6036790
传　真　0951-6023445
E-mail　nxnyx@163．com
地　址　银川市云皇阁南街48号
邮　编　750004

### 新疆维吾尔自治区奶业协会

理事长 李金祥
副秘书长 高庆超
电 话 0991-4627687
传 真 0991-4627687
地 址 乌市克拉玛依东路43号附1号
邮 编 830017

### 乌鲁木齐市奶业协会

理事长 陆东林
秘书长 李景芳
电 话 0991-3741420、3660224
传 真 0991-3722854
地 址 乌鲁木齐市百园路附7号
邮 编 830011
会 刊 《乌鲁木齐乳业》

## 繁育机构

### 北京奶牛中心

负责人 周瑞君
电 话 010-62948018，62948010，62948028
传 真 010-62940663
地 址 北京市德胜门外清河南镇
邮 编 100085
品 种 荷斯坦、西门塔尔、夏洛来、利木赞及安格斯
存栏量 种公牛120头、荷斯坦种母牛1 200头
冻精量 260万支/年
胚胎量 5 000—10 000枚/年

### 天津市奶牛育种站

负责人 刘 壮
电 话 022-88241677
地 址 西区解放路玻璃厂对过
邮 编 300221
品 种 荷斯坦
存栏量 31头

### 河北省畜牧良种服务中心

负责人 杜 勇
电 话 0311-6839288
传 真 0311-6839288
地 址 石家庄市五七路7号
邮 编 050061
品 种 荷斯坦、利木赞、西门塔尔、海福特
存栏量 105头
冻精量 100万粒（支）/年

### 河北省畜牧良种服务中心种牛站

负责人 刘廷玉
电 话 0311-6832024
传 真 0311-6839288
地 址 石家庄市五七路7号
邮 编 050061
品 种 荷斯坦
存栏量 50头
冻精量 120粒（支）/年

### 新疆呼图壁胚胎中心河北分中心

负责人 李陆海
电 话 13180001888
传 真 0318-2026083
地 址 河北衡水市深州乔屯乡林莆村
邮 编 053000
品 种 荷斯坦
存栏量 1 000头
胚胎量 1 000枚/年

### 山西省家畜冷冻精液中心

电 话 0351-6272494
传 真 0351-6264607
地 址 山西省太原市胜利西街7号
邮 编 030027
品 种 荷斯坦、西门塔尔、皮尔门特、利木赞、晋南牛、比利时牛
存栏量 50头
冻精量 80万支/年

### 太原市畜禽繁育工作站

负责人 李玉柱
电 话 0351-4081574
地 址 新建路59号
邮 编 030002

### 内蒙古家畜改良工作站

负责人 那达木德
电 话 0471-4963294、4963287
传 真 0471-4963294
地 址 呼和浩特市赛罕区
邮 编 010010
品 种 荷斯坦、西门塔尔、夏洛来、安格斯、海福特
存栏量 公牛46头、母牛70头
冻精量 100万支/年
胚胎量 2 000枚/年

### 内蒙古通辽市家畜繁育指导站

负责人 丁国臣
电 话 0475-8411176
传 真 0475-8411283
地 址 通辽市科尔沁区东郊
邮 编 028000
品 种 西门塔尔
存栏量 40头
冻精量 80万支/年
胚胎量 1 000枚/年

### 吉林查干花种畜场

负责人 殷 强
电 话 0438-2690025
传 真 0438-2690021
地 址 前郭县查干花种畜场
邮 编 131100
品 种 西门塔尔
存栏量 1 200头

### 黑龙江省家畜繁育指导站

负责人 孔宪臣
电 话 0451-6662555
传 真 0451-6663181
地 址 哈尔滨市哈平路
邮 编 150069
存栏量 84头
冻精量 100万支/年

### 上海奶牛育种中心有限公司

负责人 陆耀华
电 话 021-56803008
传 真 021-56803009
地 址 上海市蕴川路1600号
邮 编 201901
品 种 Holstein/荷斯坦
存栏量 55头
冻精量 120万支/年
胚胎量 2 000枚/年

### 光明乳业技术中心奶牛繁育项目组

负责人 郭本恒
电 话 021-36030473
传 真 021-36030473
地 址 上海市彭联路101号
邮 编 200072
品 种 荷斯坦奶牛
存栏量 60头
冻精量 80万粒/年
胚胎量 2 000枚/年

### 江苏省奶牛育种中心

负责人 金穗华
电 话 025-4395545
传 真 025-4396858
地 址 南京市童卫路20号（南京农业大学内）
邮 编 210095
品 种 荷斯坦
存栏量 8头
冻精量 12万支/年

### 杭州市奶牛繁育中心

负责人 殷光琪
电 话 88144262

地　址　杭州市半山广洛路10号
邮　编　310022

### 安徽省畜禽品种改良站

负责人　吴　宓
电　话　0551-5905110
传　真　0551-8564194
地　址　合肥市西郊南三十里岗
邮　编　231283
品　种　中国荷斯坦、加拿大黑白花
存栏量　10头
冻精量　15万支/年

### 江西省奶牛育种中心

负责人　吴志坚
电　话　0791-3975451、3975723
传　真　0791-3975451
地　址　江西省南昌市蛟桥
邮　编　330044
品　种　荷斯坦
存栏量　4 000头
冻精量　40万支/年
胚胎量　20 000枚/年

### 山东省奶牛良种繁育场

负责人　张志民
电　话　0531-7389267
传　真　0531-7389267
地　址　济南长清区孝里镇
邮　编　250330
品　种　荷斯坦
存栏量　102头
冻精量　10万支/年
胚胎量　220枚/年

### 青岛六和牧业发展有限公司

负责人　黄炳亮　黄河
电　话　0532-3571222、3572888
传　真　0532-3571678
地　址　青岛即墨市段泊岚镇青岛畜牧科技示范园
邮　编　266225
品　种　荷斯坦
存栏量　300头
胚胎量　2 000枚/年

### 青岛海青养殖有限公司

负责人　孙素萍
电　话　0532-7989918
传　真　0532-7989918
地　址　青岛市城阳区惜福镇后庄
邮　编　266106
品　种　中国荷斯坦奶牛　意大利皮尔特肉牛
存栏量　300头

### 湖南省畜牧兽医研究所

负责人　肖兵南
电　话　0731-4615328
传　真　0731-4611342
地　址　湖南省长沙市泉塘
邮　编　410011
品　种　西门塔尔、利木赞、磨拉水牛、短角牛、安格斯、皮尔蒙特
存栏量　36头
冻精量　40万粒/年
胚胎量　100枚/年

### 广州市奶牛研究所种公牛站

负责人　关伟晁
电　话　020-86590250
传　真　020-86590250
地　址　广州市广园中麓景路388号
邮　编　510405
品　种　荷斯坦、娟姗
存栏量　23头
冻精量　20万支/年

### 广西畜禽品种改良站

负责人　许典新
电　话　0771-3302602
传　真　0771-3318656
地　址　广西南宁市邕武路24-2号
邮　编　530001
品　种　摩拉水牛、尼里/拉菲水牛
存栏量　45头
冻精量　30万支/年

### 广西水牛研究所

负责人　杨炳壮
电　话　0771-3320589
传　真　0771-3313814
地　址　广西南宁市邕武路24-1号
邮　编　530001
品　种　摩拉水牛、尼里/拉菲水牛
存栏量　530头
胚胎量　500枚/年

### 海南艾森牧业有限公司

负责人　戴桂海
电　话　0898-67486601/67486602
传　真　0898-67486604
地　址　海南澄迈县老城邮电支局0008信箱
邮　编　571924
品　种　尼里、摩拉、娟姗
存栏量　种公牛5头
冻精量　30 000粒支/年

### 重庆市良种牛繁育中心

负责人　陈长庚
电　话　023-67625833
传　真　023-67625833
地　址　重庆渝北区尤西街道办事处加州花园A215-7号
邮　编　401147

### 四川省家畜冷精液中心站

负责人　李自成
电　话　028-84790654、84792589
传　真　028-84790654
地　址　成都市静居寺南街14号
邮　编　610066
品　种　荷斯坦、西门塔尔、蒙贝利亚、摩拉
存栏量　120头
冻精量　60万剂/年

### 云南省家畜冷冻精液站

负责人　刘国璋
电　话　0871-7391061、7393362
传　真　0871-7393362
地　址　昆明市官渡区小哨
邮　编　650212
品　种　荷斯坦、摩拉、尼里、大额牛以及肉用外种公牛
存栏量　30头
冻精量　20万剂/年

### 昆明市乳畜研究所

负责人　张　僖
电　话　0871-4156111
传　真　0871-4145287
地　址　昆明市环城南路701号
邮　编　650034
冻精量　外购10 000粒（支）/年

### 云南大理州家畜冷冻精液站

负责人　赵家明
电　话　0872-2125332
传　真　0872-2136731
地　址　大理市南郊
邮　编　671000
品　种　荷斯坦、肉用西门塔尔、短角、么拉、尼里
存栏量　30头
冻精量　20万剂/年

### 陕西省家畜改良站

负责人　侯放亮
电　话　0910-6380652
传　真　0910-6381461
地　址　泾阳县永乐镇省家畜改良站
邮　编　713702
品　种　荷斯坦、秦川牛、红色安格斯
存栏量　30头
冻精量　40万份/年

### 西安奶牛繁育中心

负责人 李永鹏
电 话 029-6602726、6602214
传 真 029-6602726、6602683
地 址 西安北郊现代农业综合开发区中站
邮 编 710021
品 种 中国荷斯坦奶牛 意大利皮尔特肉牛
存栏量 40头
冻精量 20万支/年
胚胎量 100枚/年

### 甘肃省家畜繁育中心

负责人 陈学灿
电 话 0935-2301379
传 真 0935-2301287
地 址 武威市凉州区安北河
邮 编 733000
品 种 荷斯坦奶牛、西门塔尔
存栏量 30头
冻精量 50万支/年
胚胎量 100枚/年

### 青海省种畜冷冻精液站

负责人 侯昌作
电 话 0971-5318022
传 真 0971-5318022
地 址 青海西宁市城北区宁张路5号
邮 编 810003
品 种 西门塔尔、荷斯坦、野耗牛、澳洲矮牛
存栏量 40头
冻精量 100万支/年

### 宁夏四正生物工程技术研究中心

负责人 史远刚
电 话 0951-8064700
传 真 0951-8068752
地 址 贺兰县北郊
邮 编 750200
品 种 荷斯坦、夏洛来、利木赞、红安格斯、西门塔尔
存栏量 39头
冻精量 20万支/年
胚胎量 2 000枚/年

### 新疆维吾尔自治区畜禽繁育改良总站

负责人 王锡波
电 话 0991-8785409 、8785409
地 址 乌鲁木齐市西山路101号
邮 编 830009
品 种 西门塔尔、黑白花、新疆褐牛、安格斯、夏洛来
存栏量 98头
胚胎量 123万粒/年

## 养殖企业

## 北　京

### 北京三元绿荷奶牛养殖中心

电 话 010-67994031
传 真 010-67992027
地 址 北京大兴区旧宫镇德茂庄德裕街5号
邮 编 100076

### 北京三和畜牧养殖有限责任公司

联系人 李建国
电 话 010-63975615
传 真 010-66862318
地 址 丰台区长辛店辛庄村东坡三号
邮 编 100074
养殖品种 奶牛
存栏量 378头

### 北京市怪村鑫源奶牛养殖有限责任公司

电 话 010-83313028
地 址 丰台区怪村青龙湖公园东侧
邮 编 100074
养殖品种 中国荷斯坦奶牛
存栏量 总存栏202头、成乳牛100头

### 北京北庄奶牛合作社

电 话 13910533666
地 址 密云县北庄镇北庄村
邮 编 101503
养殖品种 黑白花
存栏量 2 300头

### 北京顺义区广峰奶牛合作社

电 话 010-61423718
地 址 顺义区北务镇北务村
邮 编 101300
养殖品种 荷斯坦
存栏量 1 800头

### 北京金星牛场

电 话 010-69268500
地 址 北京南郊牛奶公司金星牛场
邮 编 100076
养殖品种 荷斯坦
存栏量 1 616头

### 北京云盛奶牛养殖合作社

电 话 010-61061565
地 址 密云东郊渠镇东邵区村
邮 编 101501
养殖品种 黑白花
存栏量 1 500头

### 北京市长阳奶牛合作社

电 话 010-80354032
地 址 房山区长阳镇
邮 编 102401
养殖品种 奶牛
存栏量 1 400头

### 北京西田各庄奶牛养殖小区

电 话 13910211149
地 址 密云县西田各庄镇西田各庄村
邮 编 101509
养殖品种 黑白花
存栏量 1 400头

### 北京市怡海奶业

电 话 010-67993752 13701200960
传 真 010-69279578
地 址 大兴区法海镇怡乐村
邮 编 100076
养殖品种 奶牛
存栏量 1 300头

### 北京瑞普工贸有限公司

电 话 13601131240
地 址 密云县十里堡镇岭东村
邮 编 101500
养殖品种 黑白花
存栏量 1 200头

### 北京华盛养殖场

电 话 010-69062029
地 址 密云县密云镇李各庄村
邮 编 101500
养殖品种 黑白花
存栏量 1 200头

### 北京三堡牛场

电 话 010-80511415
地 址 通州区柴厂屯镇三堡村
邮 编 101105
养殖品种 荷斯坦
存栏量 1 152头

### 北京北郊畜牧一场

电 话 010-69791202
地 址 昌平区东小口镇堆营东
邮 编 102209
养殖品种 荷斯坦
存栏量 1 151头

### 北京中以示范牛场

电 话 010-69569217

地　址　通州区永乐店镇德仁务村
邮　编　101105
养殖品种　荷斯坦
存栏量　1 100 头

**北京北郊畜牧四场**

电　话　010-69731830
地　址　昌平区回龙观镇朱辛庄
邮　编　102206
养殖品种　荷斯坦
存栏量　1 091 头

**北京小务牛场**

电　话　010-80551350
地　址　通州区永店镇小务村
邮　编　101105
养殖品种　荷斯坦
存栏量　1 066 头

**北京渠头牛场**

电　话　010-80521491
地　址　通州区于家务镇渠头村
邮　编　101105
养殖品种　荷斯坦
存栏量　1 061 头

**北京长阳杨庄子牛场**

电　话　010-80351591
地　址　房山区长阳镇杨庄子村村南
邮　编　102445
养殖品种　荷斯坦
存栏量　1 021 头

**北京长阳三场**

电　话　010-60310140
地　址　房山区长阳镇保合庄村村南
邮　编　102445
养殖品种　荷斯坦
存栏量　1 012 头

**北京金银岛牧场**

电　话　010-89255335
地　址　北京大兴区庞各庄镇
养殖品种　荷斯坦
存栏量　1 009 头

**北京草厂牛场**

电　话　010-69568842
地　址　通州区郭县镇草厂村
邮　编　101105
养殖品种　荷斯坦
存栏量　992 头

**北京半截河牛场**

电　话　010-80511037
地　址　通州区柴厂屯镇半截河村
邮　编　101105
养殖品种　荷斯坦
存栏量　952 头

**北京太和牛场**

电　话　010-69286840
地　址　北京南郊牛奶公司太和牛场
邮　编　100176
养殖品种　荷斯坦
存栏量　920 头

**北京德茂牛场**

电　话　010-67961654
地　址　北京南郊茂牛场
邮　编　100076
养殖品种　荷斯坦
存栏量　910 头

**北京西郊奶牛公司一场**

电　话　010-62471431
地　址　海淀区上庄乡上庄村村东
邮　编　100094
养殖品种　荷斯坦
存栏量　894 头

**北京南口农场奶牛一分场**

电　话　010-69781447
地　址　南口农场奶牛一分场
邮　编　102202
养殖品种　荷斯坦
存栏量　894 头

**北京朝阳北场**

电　话　010-84315517
地　址　朝阳区楼梓庄乡朝阳农场奶牛场
邮　编　100018
养殖品种　荷斯坦
存栏量　856 头

**北京北郊畜牧五场**

电　话　010-69738808
地　址　北京北郊农场奶牛公司五分场
邮　编　102206
养殖品种　荷斯坦
存栏量　856 头

**北京辛堡牛场**

电　话　010-64389265
地　址　朝阳区小岗乡辛堡牛场
邮　编　100103
养殖品种　荷斯坦
存栏量　833 头

**北京鹿圈牛场**

电　话　010-67889144
地　址　北京南郊牛奶公司
邮　编　100176
养殖品种　荷斯坦
存栏量　827 头

**北京西郊奶牛公司二场**

电　话　010-62471627
地　址　海淀区上庄乡前樟村村西
邮　编　100095
养殖品种　荷斯坦
存栏量　809 头

**北京南口农场奶牛二分场**

电　话　010-60757474
地　址　南口农场奶牛二分场
邮　编　102202
养殖品种　荷斯坦
存栏量　809 头

**北京西郊奶牛公司四场**

电　话　010-62471430
地　址　海淀区上庄张东小营村村北
邮　编　102206
养殖品种　荷斯坦
存栏量　797 头

**北京南口农场奶牛三分场**

电　话　010-69781478
地　址　南口农场奶牛三分场
邮　编　102202
养殖品种　荷斯坦
存栏量　797 头

**北京北郊畜牧三场**

电　话　010-61757440
地　址　昌平区北上家镇燕丹村东
邮　编　102209
养殖品种　荷斯坦
存栏量　787 头

**北京杜庆牛场**

电　话　010-69279158
地　址　北京南郊牛奶公司
邮　编　100076
养殖品种　荷斯坦
存栏量　776 头

**北京长阳四大队牛场**

电　话　010-60310106
地　址　房山区长阳镇保合庄村村南
邮　编　102445
养殖品种　荷斯坦
存栏量　745 头

**北京溪翁庄养殖小区**

电　话　13681125650
地　址　密云县溪翁庄镇溪翁庄村

邮　编　101512
养殖品种　黑白花
存栏量　700 头

**北京崔各庄牛场**

电　话　010-64369971
地　址　朝阳区崔各庄乡崔各庄牛场
邮　编　100103
养殖品种　荷斯坦
存栏量　696 头

**北京昌平区绪忠牛场**

电　话　010-69791073
地　址　昌平区回龙观镇
邮　编　102208
养殖品种　荷斯坦牛
存栏量　645 头

**北京豆各庄牛场**

电　话　010-67370858
地　址　朝阳焦化厂东侧豆各庄奶牛场
邮　编　100023
养殖品种　荷斯坦
存栏量　617 头

**北京康元奶牛有限公司**

电　话　010-61085002
地　址　密云县河南镇吕上村西
邮　编　101500
养殖品种　黑白花
存栏量　600 头

**北京密流奶牛合作社**

电　话　13501151117
地　址　密云县流军庄村
邮　编　101504
存栏量　600 头

**北京市怀柔镇杨宋镇张各庄养殖小区**

电　话　010-61678341
地　址　怀柔镇杨宋镇张各庄养殖小区
邮　编　101400
养殖品种　黑白花
存栏量　596 头

**北京市怀柔区杨宋镇校草兴茂小区**

电　话　010-61678147
地　址　怀柔区杨宋镇校草兴茂小区
邮　编　101400
养殖品种　黑白花
存栏量　556 头

**北京科志达养殖场**

电　话　13910595209
地　址　密云县十里堡镇靳各塞村
邮　编　101500
养殖品种　黑白花
存栏量　550 头

**北京怀柔区黄吉营奶牛养殖小区**

电　话　010-61681407
地　址　怀柔区黄吉营奶牛养殖小区
邮　编　101400
养殖品种　荷斯坦
存栏量　520 头

**北京市昌平区十三陵牛场**

电　话　010-89748704
地　址　北京市昌平区十三陵镇
邮　编　102200
养殖品种　荷斯坦牛
存栏量　517 头

**北京怀柔区北房镇宰相庄万家兴奶牛养殖小区**

电　话　010-61657212
地　址　怀柔区北房镇宰相庄万家兴奶牛养殖小区
邮　编　101400
养殖品种　荷斯坦
存栏量　500 头

**北京朝阳南场**

电　话　010-84311851
地　址　朝阳区楼梓庄乡京联良种奶牛场
邮　编　100018
养殖品种　荷斯坦
存栏量　476 头

**北京市豆店奶牛合作社**

电　话　010-80305732
地　址　北京房山区豆店镇豆店村
邮　编　102102
养殖品种　奶牛
存栏量　450 头

**北京市昌平区南即奶牛场**

电　话　13901239643
传　真　010-60731648
地　址　北京市昌平区南即镇
邮　编　100200
养殖品种　荷斯坦牛
存栏量　450 头

**北京市怀柔区杨宋镇校草万茂公司**

电　话　010-61678755
地　址　怀柔区杨宋镇校草万茂公司
邮　编　101400
养殖品种　黑白花
存栏量　438 头

**北京市双萍奶牛合作社**

电　话　010-61310997
地　址　房山区长沟镇双磨村
邮　编　102407
养殖品种　奶牛
存栏量　430 头

**顺义区石家营奶牛场**

电　话　010-69400818
地　址　顺义区马坡镇石家营村
邮　编　101300
养殖品种　荷斯坦
存栏量　430 头

**顺义区大塘奶牛场**

电　话　010-61434305
地　址　顺义区大孙各庄镇大塘村
邮　编　101300
养殖品种　荷斯坦
存栏量　427 头

**北京市安定胜奶牛场**

电　话　010-80232078
地　址　大兴区安定镇后安定村
邮　编　102605
养殖品种　奶牛
存栏量　400 头

**北京市怀柔区城信庄园有限公司**

电　话　010-60691012
地　址　怀柔区黄城镇
邮　编　101401
养殖品种　黑白花
存栏量　400 头

**北京魏善庄合兴聚奶牛场**

电　话　010-89234236 13511011062
地　址　大兴区魏善庄镇大堡村
邮　编　102600
养殖品种　奶牛
存栏量　360 头

**北京云峰养殖场**

电　话　13501185385
地　址　密云县太师屯镇流河沟村
邮　编　101504
养殖品种　黑白花
存栏量　360 头

**北京市旧宫泽成奶牛场**

电　话　010-67976391

电　话　022-82218430
地　址　武清区大碱厂镇孙小屯南
邮　编　301706
养殖品种　荷斯坦
存栏量　570 头

**天津武清区文明奶牛场**

联系人　何文明
电　话　13072256630
地　址　武清区大孟庄镇政府南
邮　编　301700
养殖品种　荷斯坦
存栏量　560 头

**天津武清区绿海奶牛养殖场**

联系人　刚海生
电　话　13902162608
地　址　武清区下朱庄街五间房村
邮　编　300701
养殖品种　荷斯坦
存栏量　560 头

**天津武清区海林养殖场**

联系人　贾春涛
电　话　022-225157889、13820097243
地　址　武清石各庄镇敖咀村南口 800 米
邮　编　301718
养殖品种　荷斯坦
存栏量　550 头

**天津富远养殖场**

联系人　徐士广
电　话　022-29348768、13820699131
地　址　武清区梅厂镇灰锅口村
邮　编　301701
养殖品种　荷斯坦
存栏量　550 头

**天津武清区文稷养殖场**

联系人　丁文藻
电　话　022-29558299
地　址　武清区曹子里乡东柳店村
邮　编　301700
养殖品种　荷斯坦
存栏量　540 头

**天津宁河县东棘坨镇潮白河奶牛场**

联系人　张树宏
电　话　022-69379842
地　址　宁河县东棘坨镇政府东
邮　编　301507
养殖品种　荷斯坦
存栏量　512 头

**天津武清区富泉奶牛养殖场**

联系人　吴　俊

电　话　13820088552
地　址　武清区城关镇西门外
邮　编　301712
养殖品种　荷斯坦
存栏量　510 头

**天津立新奶牛场**

联系人　刘加帮
电　话　022-86839015
地　址　北辰区双口乡北立新园林场内
邮　编　300401
养殖品种　荷斯坦
存栏量　510 头

**天津武清供电有限公司养殖场**

联系人　肖　辉
电　话　022-82129614
地　址　武清区东蒲洼乡杨村小世界西侧
邮　编　301700
养殖品种　荷斯坦
存栏量　503 头

**天津超越畜牧养殖有限责任公司**

联系人　李俊田
电　话　022-29472028
地　址　武清区东马圈安标堡
邮　编　301717
养殖品种　荷斯坦
存栏量　502 头

**天津富贵庄园牧业有限公司**

联系人　李玲君
电　话　022-29371686
地　址　武清区徐官屯街费庄村东侧
邮　编　301700
养殖品种　荷斯坦
存栏量　500 头

**天津武清区冠宇乳牛养殖厂**

联系人　王俊怀
电　话　022-29373459
地　址　武清区徐官屯街楮庄村东
邮　编　301700
养殖品种　荷斯坦
存栏量　500 头

**天津武清区思源奶牛场**

联系人　郎家三
电　话　13032236866
地　址　武清区下朱庄街藕店村西
邮　编　301700
养殖品种　荷斯坦
存栏量　500 头

**天津北辰区绍堂养殖场**

联系人　李绍堂

电　话　022-86832085
地　址　北辰区双口镇扬河
邮　编　300401
养殖品种　荷斯坦
存栏量　500 头

**天津团泊洼奶牛养殖中心**

联系人　王立伟
电　话　022-68509028
地　址　静海县团泊镇张家房村
邮　编　301607
养殖品种　荷斯坦
存栏量　500 头

**天津玉仄畜牧养殖有限公司**

联系人　刘永远
电　话　13920122338
地　址　东丽区新立街卧河村
邮　编　300300
养殖品种　荷斯坦
存栏量　500 头

**天津西青区金鑫奶牛养殖场**

联系人　王风杰
电　话　022-27936760、87910987
地　址　西青区杨柳青镇十八街村南
邮　编　300380
养殖品种　荷斯坦
存栏量　306 头

**天津青泊洼农场**

联系人　许常顺
电　话　022-23972150、13902108821
地　址　西青区大芦北口村南青泊洼
邮　编　300381
养殖品种　荷斯坦
存栏量　300 头

**天津实验牛场**

联系人　曹学浩
电　话　022-63128132
地　址　天津市大港农场内
养殖品种　荷斯坦
存栏量　210 头

## 河　北

**河北大曹庄农场奶牛发展中心**

联系人　王维谦
电　话　0319-5568251
传　真　0319-5568251
地　址　邢台市宁晋县大曹庄农场
邮　编　055550
养殖品种　荷斯坦
存栏量　12 500 头

### 河北察北牧场

联系人　班　勇
电　话　0311-5364040
地　址　张家口市察北牧场
邮　编　076481
养殖品种　荷斯坦
存栏量　9 500 头

### 河北沽源牧场

联系人　范　平
电　话　0313-5754222
传　真　0313-5754265
地　址　河北省沽源牧场
邮　编　076576
养殖品种　荷斯坦
存栏量　8 600 头

### 河北芦台农场乳业公司

联系人　姜宝康
电　话　022-69388743
传　真　022-69388743
地　址　河北省芦台农场乳业公司
邮　编　301505
养殖品种　荷斯坦
存栏量　3 040 头

### 河北汉沽农场

联系人　田玉贵
电　话　022-69213452
传　真　022-69213452
地　址　河北省汉沽农场
邮　编　301501
养殖品种　荷斯坦
存栏量　3 000 头

### 中捷农场养殖基地

联系人　李文星
电　话　5482183
地　址　黄骅市中捷农场
邮　编　061108
养殖品种　荷斯坦
存栏量　2 650 头

### 河北御道口牧场奶牛协会

联系人　于少相
电　话　0314－7996632
地　址　河北省国营御道口牧场
邮　编　068463
养殖品种　荷斯坦
存栏量　2 000 头

### 广联奶牛小区

联系人　雍银虎
电　话　0311－8249898
地　址　正定小邯村村东
邮　编　050800
养殖品种　中国黑白花
存栏量　1 058 头

### 张家口市牛奶公司

联系人　荀秉兴
电　话　0313-4061011
传　真　0313-4054155
地　址　张家口市桥东区一东路 7 号
邮　编　075000
养殖品种　黑白花
存栏量　1 000 头

### 南石家庄小区

联系人　马明健
电　话　0311-5301013
地　址　石家庄市长安区南石家庄村北
邮　编　050031
养殖品种　中国黑白花
存栏量　900 头

### 十里铺奶牛小区

联系人　马明健
电　话　0311-5301013
地　址　石家庄市长安区十里铺村北
邮　编　050031
养殖品种　中国黑白花
存栏量　800 头

### 怀来县乔家营奶牛养殖小区

联系人　刘德民
电　话　0313-6250953
地　址　怀来县沙城镇乔家营村
邮　编　075400
养殖品种　黑白花
存栏量　700 头

### 宣化县乐乳业有限责任公司奶源基地

联系人　王永龙
电　话　0313-3160617
传　真　0313-3160617
地　址　张家口市宣化区大西街 40 号
邮　编　075100
养殖品种　荷斯坦
存栏量　500 头

### 南桥奶牛小区

联系人　闫晋法
电　话　0311-2732430
地　址　行唐南桥村东
邮　编　050600
养殖品种　中国黑白花
存栏量　500 头

### 凌透养牛基地

联系人　王建敏
地　址　石家庄市长安区凌透村北
邮　编　050031
养殖品种　中国黑白花
存栏量　400 头

### 南智邱富民基地

联系人　王辰山
电　话　0311-3191336
地　址　辛集市南智邱镇南智邱村
邮　编　052360
养殖品种　中国黑白花
存栏量　380 头

### 鑫达乳业有限公司

联系人　阎书兴
电　话　0311-8083332
地　址　藁城市岗上镇岗上村西北
邮　编　052160
养殖品种　中国黑白花
存栏量　360 头

### 鑫星养牛小区

联系人　何炳仁
电　话　0311-3396578
地　址　辛集市田庄乡
邮　编　052360
养殖品种　中国黑白花
存栏量　320 头

### 怀来县大黄庄奶牛养殖小区

联系人　颜春艮
电　话　13831351598
地　址　怀来县大黄庄乡大黄庄村
邮　编　075431
养殖品种　黑白花
存栏量　300 头

### 怀来县湖滨奶牛场

联系人　寇成江
电　话　13803131275
地　址　河北省怀来县官厅镇
邮　编　075400
养殖品种　黑白花
存栏量　300 头

### 怀来县京西奶业养殖合作社

联系人　王秀和
电　话　13931308523
地　址　河北省怀来县土木乡太平堡村
邮　编　075400
养殖品种　黑白花
存栏量　300 头

### 费家庄奶牛小区

联系人　刘庆卯
电　话　13032656285
地　址　无极县北苏镇费家庄村
邮　编　052460
养殖品种　中国黑白花
存栏量　220 头

### 怀来县小辛庄奶牛养殖小区

联系人　乔中兵
地　址　河北省怀来县小辛庄村
邮　编　075400
养殖品种　黑白花
存栏量　100 头

### 蔚县兴科牧业有限责任公司

联系人　陈启顺
电　话　0313-7117078
地　址　蔚县涌泉庄乡邸家庄兴科牧业有限责任公司
邮　编　075700
养殖品种　黑白花
存栏量　62 头

### 宣化县乐乳业有限责任公司奶源基地

联系人　郑树明
电　话　0313-5035319
地　址　宣化县沙岭子镇南兴果村
邮　编　075131
养殖品种　黑白花
存栏量　60 头

### 宣化县乐乳业有限责任公司奶源基地

联系人　孙建明
电　话　0313-5038537
地　址　宣化县沙岭子镇沙岭子村
邮　编　075131
养殖品种　黑白花
存栏量　55 头

### 宣化县乐乳业有限责任公司奶源基地

联系人　褚俊海
电　话　0313-50332308
地　址　宣化县沙岭子镇左家庄村
邮　编　075131
养殖品种　黑白花

### 大流北区

联系人　姚志辉
地　址　新乐市原河北军区农场
邮　编　050700
养殖品种　中国黑白花

## 山　西

### 山西屯留县鸣源奶业有限公司

联系人　李长清
电　话　0355-7666613
传　真　0355-7666616
地　址　长治市屯留县鸣水
邮　编　046100
养殖品种　荷斯坦
存栏量　3 300 头

### 山西山阴农牧场

联系人　秦中文
电　话　0349-7095040
地　址　山阴县薛 00 乡
邮　编　036900
养殖品种　荷斯坦
存栏量　1 495 头

### 山西大同云城乳业有限公司

联系人　张建强　张宝石
电　话　0352-4193016
传　真　0352-4193159
地　址　大同市新平旺新胜街
邮　编　037003
养殖品种　荷斯坦
存栏量　1 400 头

### 太原农牧场

联系人　郝锁业　梁海玉
电　话　0351-7957575、7957334
地　址　太原市小店区太原农牧场
邮　编　030032
养殖品种　荷斯坦
存栏量　1 100 头

### 太原市长风乳业公司

联系人　孟五牛
电　话　0351-7093503
地　址　太原市小店区
邮　编　030061
养殖品种　荷斯坦
存栏量　1 020 头

### 朔州市雁音乳业有限责任公司

联系人　吴宏文
电　话　0349-2197963
传　真　0349-2197963
地　址　朔州市朔城区
邮　编　038500
养殖品种　荷斯坦
存栏量　780 头

### 山西恒康乳业有限公司荷斯坦奶牛场

负责人　李建华
电　话　0351-7236088
传　真　0351-7244168
地　址　太原市小店区高新区
邮　编　030032
养殖品种　荷斯坦
存栏量　700 头

### 山西离石市益欣食品有限公司

联系人　武玉根
电　话　0358-8355253
传　真　0358-8343170
地　址　离石市宝峰山绿色食品开发地
邮　编　033015
养殖品种　荷斯坦
存栏量　650 头

### 太原市金胜荷斯坦奶牛场

联系人　原殿明
电　话　0351-6322064
地　址　太原市金胜镇金胜村
邮　编　030021
养殖品种　荷斯坦
存栏量　650 头

### 山西原平农场

联系人　李　彬
电　话　0350-8278043、8275093
地　址　山西省原平市
邮　编　031010
养殖品种　荷斯坦
存栏量　580 头

### 大同南郊区克忠奶牛场

联系人　杜克忠
电　话　0352-4157304
地　址　大同市南郊赵家小村乡落里湾村
邮　编　037003
养殖品种　荷斯坦
存栏量　520 头

### 山西古城乳业集团有限公司

负责人　乔道首
电　话　0349-7082006
传　真　0349-7082001
地　址　山西省山阴县古城镇
邮　编　036900
养殖品种　荷斯坦
存栏量　500 头

### 山西忻州解村农场奶牛场

联系人　刘海浩

电　话　0350-3671148
传　真　0350-3671345
地　址　忻州市播明东路 9 号
邮　编　034014
养殖品种　荷斯坦
存栏量　350 头

**阳泉煤业集团鸿源乳品厂**

联系人　李海荣
电　话　0353-7071427
地　址　阳泉市简子沟
邮　编　045000
养殖品种　荷斯坦
存栏量　320 头

**山阴农牧场东达奶牛场**

联系人　韩世功
电　话　0349-7095058
地　址　山阴县薛 00 乡山阴农牧场
邮　编　036900
养殖品种　荷斯坦
存栏量　300 头

**山阴农牧场三友奶牛场**

联系人　温亮
地　址　山阴县薛 00 乡山阴农牧场
邮　编　036900
养殖品种　荷斯坦
存栏量　300 头

**山阴场嘉禾奶牛场**

联系人　王式义
电　话　0349-7095021
地　址　山阴县薛 00 乡山阴农牧场
邮　编　036900
养殖品种　荷斯坦
存栏量　300 头

**山阴农牧场春蕾奶牛场**

联系人　温培祥
电　话　0349-7095046
地　址　山阴县薛 00 乡山阴农牧场
邮　编　036900
养殖品种　荷斯坦
存栏量　300 头

**山阴农牧场海宇奶牛场**

联系人　尹德喜
电　话　0349-7095046
地　址　山阴县薛 00 乡山阴农牧场
邮　编　036900
养殖品种　荷斯坦
存栏量　300 头

**山阴县兴荣养殖公司**

联系人　孙荣
地　址　山阴县马营乡故驿村
邮　编　036900
养殖品种　荷斯坦
存栏量　280 头

**山阴县古城镇东辛庄村养殖场**

地　址　山阴县古城镇东辛庄村
邮　编　036900
养殖品种　荷斯坦
存栏量　203 头

**山阴镇古城镇羊圈铺养牛小区**

地　址　山阴县士城镇羊圈铺村
邮　编　036900
养殖品种　荷斯坦
存栏量　200 头

**长治市郊区大兴乳制品厂**

联系人　李建峰
电　话　0355-6081698
传　真　0355-6080302
地　址　长治太行西街
邮　编　046000
养殖品种　荷斯坦
存栏量　200 头

**太原清徐县王答镇**

联系人　耿米清
电　话　0351-5948612
地　址　太原市清徐县王答镇
邮　编　030406
养殖品种　荷斯坦
存栏量　185 头

**大同御宝乳业有限责任公司**

联系人　李正保
电　话　0352-5050157、5050391
传　真　0352-5050157
地　址　大同市南郊区小南头村
邮　编　037004
养殖品种　荷斯坦
存栏量　180 头

**晋中市榆次博瑞乳品有限公司**

联系人　么瑞娟
电　话　0354-2024401、2081193
地　址　晋中市榆次博瑞乳品有限公司
邮　编　030600
养殖品种　荷斯坦
存栏量　168 头

**大同市商业奶牛场**

联系人　李建民
电　话　0352-5121653
传　真　0352-5121653
地　址　大同市马军营乡智家堡村北
邮　编　037600
养殖品种　荷斯坦
存栏量　160 头

**太原市阿牛乳业股份有限公司**

联系人　李劲草
电　话　5590322
地　址　太原市阳曲县万亩草场
邮　编　030100
养殖品种　荷斯坦
存栏量　160 头

**太原四海原种荷斯坦奶牛场**

联系人　刘瑞修
电　话　5523073
地　址　阳曲县黄寨镇北郊村
邮　编　030100
养殖品种　荷斯坦
存栏量　160 头

**太原菲达荷斯坦奶牛场**

联系人　张二狗
电　话　6078514
地　址　太原市万柏林区沙沟村
邮　编　030024
养殖品种　荷斯坦
存栏量　160 头

**太原安美乳业公司**

联系人　安俊保
电　话　13803451897
地　址　清徐县徐沟镇东南坊村
邮　编　030401
养殖品种　荷斯坦
存栏量　130 头

**太原木厂头荷斯坦奶牛场**

联系人　杨玉忠
电　话　6933208
地　址　太原市金胜镇木厂头村
邮　编　030021
养殖品种　荷斯坦
存栏量　125 头

**山西永昌乳业有限公司**

联系人　张永祺
电　话　0351-6930654
地　址　太原市晋源区金胜镇
邮　编　030021
养殖品种　荷斯坦
存栏量　120 头

**太原果树场**

联系人　高双全
电　话　3937521
地　址　太原市果园路太原果树场

邮　编　030041
养殖品种　荷斯坦
存栏量　120 头

### 太原小店水稻原种场

联系人　武国栋
电　话　0351-7956089
地　址　太原市小店区杜家寨村北
邮　编　030032
养殖品种　荷斯坦
存栏量　102 头

### 山阴县古城镇胡町村养殖场

地　址　山阴县古城镇胡町村
邮　编　036900
养殖品种　荷斯坦
存栏量　102 头

### 大同世纪泉养殖场股份有限公司

联系人　刘　喜
电　话　0352-5182145
地　址　大同市马军营乡东河村
邮　编　037043
养殖品种　荷斯坦
存栏量　100 头

### 山西长治市奶牛场

联系人　石志忠
电　话　0355-5010048
地　址　长治市富村北路 8 号
邮　编　046021
养殖品种　荷斯坦
存栏量　90 头

### 太原康尔佳乳业公司

联系人　孟拉牛
电　话　6931999
地　址　太原市金胜镇西寨村
邮　编　030021
养殖品种　荷斯坦
存栏量　90 头

### 介休市牛奶站

联系人　刺艺杰
电　话　0354-7351077
传　真　0354-7217213
地　址　介休市畜牧中心
邮　编　032000
养殖品种　荷斯坦
存栏量　85 头

### 太原晋龙海乳品厂

联系人　梁彦平
电　话　0351-6943333
地　址　太原市晋源镇赵家山村
邮　编　030025
养殖品种　荷斯坦
存栏量　85 头

### 太原永兴养殖场

联系人　任宝明
电　话　7953216
地　址　太原市小店区北格镇流涧村
邮　编　030032
养殖品种　荷斯坦
存栏量　85 头

### 太原新兴养殖场

联系人　康保珍
电　话　0351-7957495
地　址　小店区太原农牧场内
邮　编　030032
养殖品种　荷斯坦
存栏量　80 头

### 太原集美乳品厂

联系人　彭德胜
电　话　0351-5956159
地　址　清徐县集义镇集义村
邮　编　030405
养殖品种　荷斯坦
存栏量　80 头

### 大同市刘伍奶牛场

联系人　刘　伍
电　话　0352-4162090
地　址　大同市南郊区赵家小村乡
邮　编　037003
养殖品种　荷斯坦
存栏量　75 头

### 太原市宏达荷斯坦奶牛场

联系人　王连生
地　址　太原市金胜镇西寨村
邮　编　030021
养殖品种　荷斯坦
存栏量　72 头

### 大同果树场

联系人　刘文云
电　话　0352-6102545
地　址　大同市南郊区肖家塞村北
邮　编　037004
养殖品种　荷斯坦
存栏量　70 头

### 长治钢铁公司乳品厂

联系人　赵　雄
电　话　0355-5080888、5085071
传　真　0355-5080888
地　址　长治郊区坡底
邮　编　046031
养殖品种　荷斯坦
存栏量　70 头

### 长治市郊区晋潞养殖场

联系人　王军良
电　话　0355-5010791
地　址　长治市郊区马厂镇富村路 2 号
邮　编　046000
养殖品种　荷斯坦
存栏量　70 头

### 太原晋华荷斯坦奶牛场

联系人　李秀禄
电　话　7953257
地　址　小店区北格镇张华村
邮　编　030062
养殖品种　荷斯坦
存栏量　70 头

### 太原荣华荷斯坦奶牛场

联系人　王云贵
电　话　7955216
地　址　小店区北格镇张华村
邮　编　030062
养殖品种　荷斯坦
存栏量　70 头

### 大同市大同县彭羽奶牛场

联系人　彭羽
电　话　0352-8165027
地　址　大同肱党留庄乡辛庄村
养殖品种　荷斯坦
存栏量　69 头

### 长治恒信奶业有限公司

联系人　许飞跃
电　话　0355-6980700
地　址　长治市潞城羌城村
邮　编　047500
养殖品种　荷斯坦
存栏量　68 头

### 山阴镇古城镇上河西村奶牛场

地　址　山阴镇古城镇上河西村
邮　编　036900
养殖品种　荷斯坦
存栏量　68 头

### 太原俊汾荷斯坦奶牛场

联系人　连五赖
电　话　6933273
地　址　太原市金胜镇古寨村
邮　编　030032
养殖品种　荷斯坦
存栏量　65 头

### 山西永济奶牛场

联系人 胡小创
电 话 0359-8033565
地 址 山西省永济飞机场
邮 编 044500
养殖品种 荷斯坦
存栏量 60头

### 山西农科院荷斯坦奶牛场

联系人 梁全忠
电 话 0351-7092671
地 址 太原市小店区畜牧所
邮 编 030032
养殖品种 荷斯坦
存栏量 60头

### 大同市南郊区姜存奶牛场

联系人 姜 存
电 话 0352-4063111
地 址 大同市地郊区五洁村
邮 编 037003
养殖品种 荷斯坦
存栏量 58头

### 大同南郊王成奶牛场

联系人 王 成
电 话 0352-5050015
地 址 大同市南郊西谷庄村
邮 编 037004
养殖品种 荷斯坦
存栏量 56头

### 大同利强奶牛场

联系人 郝利强
电 话 13513675000
地 址 大同市南郊区口泉乡西万庄村
邮 编 037003
养殖品种 荷斯坦
存栏量 52头

### 大同南郊区绿源奶牛场

联系人 张生有
电 话 0355-190580
地 址 大同市南郊区西韩岭东肖河村
邮 编 037000
养殖品种 荷斯坦
存栏量 51头

### 大同南郊区赵伍奶牛场

联系人 赵 伍
电 话 0352-4159378
地 址 大同市南郊区赵家小村乡堡店村
邮 编 037003
养殖品种 荷斯坦
存栏量 50头

### 大同南郊李强奶牛场

联系人 李 强
电 话 0352-50511517
地 址 大同市南郊区小南头村
邮 编 037004
养殖品种 荷斯坦
存栏量 50头

### 山西阳曲县肉牛育肥基地

联系人 罗建国
电 话 0351-5524962
地 址 山西省阳曲县
邮 编 030100
养殖品种 荷斯坦
存栏量 50头

### 太原南寨荷斯坦奶牛场

联系人 刘录明
电 话 0351-3051907
地 址 太原市尖草坪区南寨村
养殖品种 荷斯坦
存栏量 50头

### 太原顺达荷斯坦奶牛场

联系人 高仪新
电 话 0351-3941597
地 址 尖草坪区黄花园
邮 编 030008
养殖品种 荷斯坦
存栏量 30头

## 内蒙古

### 呼市土左旗奶牛养殖示范小区

联系人 李高德
电 话 0471-8112716、13704712096
地 址 呼和浩特市土左旗畜牧局
邮 编 010100
养殖品种 荷斯坦
存栏量 1 300头

### 奈伦天然乳品有限公司奶源基地

联系人 田 志
电 话 0471-5684270
传 真 0471-5684316
地 址 呼托旧公路4.5公里处
邮 编 010070
养殖品种 北京荷斯坦
存栏量 1 100头

### 呼市大黑河奶牛场

地 址 呼和浩特市南郊
邮 编 010050
养殖品种 荷斯坦
存栏量 500头

### 包头市黄河奶牛场

地 址 包头市北原区
养殖品种 荷斯坦
存栏量 300头

### 内蒙古家畜改良站奶牛场

联系人 那达木德
电 话 0471-4963294
传 真 0471-4963294
地 址 呼和浩特市东郊
邮 编 010010
养殖品种 荷斯坦
存栏量 70头

## 辽 宁

### 沈阳乳业有限责任公司

联系人 李安民
电 话 024-88043662
传 真 024-88643662
地 址 东陵区高新技术开发区20号
邮 编 110164
养殖品种 中国荷斯坦
存栏量 5 059头

### 铁岭市种畜场

联系人 王佐俊
电 话 0410-2690549、13904109301
传 真 0410-2690549
地 址 猴岭市开发区
邮 编 112616
养殖品种 中国荷斯坦
存栏量 2 100头

### 大连三寰奶牛场

联系人 林乐成
电 话 0411-6289340、6289344
地 址 旅顺口区英歌石红星奶牛分场
邮 编 116051
养殖品种 黑白花
存栏量 1 610头

### 大连奶牛场

联系人 展树清
电 话 0411-6289006
传 真 0411-6289188
地 址 旅顺口区英歌石大连奶牛场
邮 编 116051
养殖品种 黑白花
存栏量 1 320头

### 本溪小堡畜牧场

联系人 韩晓光
电 话 0414-4511816

传　真　0414-4511716
地　址　本溪市明山区小堡
邮　编　117022
养殖品种　中国荷斯坦
存栏量　900 头

### 大连金星奶牛场

联系人　徐才涛
电　话　0411-6428257
地　址　大连市甘井子区泡崖村
邮　编　116038
养殖品种　黑白花
存栏量　670 头

### 大连建达农业发展有限公司

联系人　王少鹏
电　话　0411-3462227、3464278
地　址　大连市普兰店大刘家镇
邮　编　116228
养殖品种　黑白花
存栏量　650 头

### 大连华通奶牛场

联系人　丛贵虎
电　话　0411-6270106
地　址　大连市旅顺口区长城镇
邮　编　116049
养殖品种　黑白花
存栏量　260 头

### 锦州北山农工商总公司奶牛场

联系人　王晓玲
电　话　0416-4681128、13904966402
地　址　锦州市锦义街 35 号
邮　编　120001
养殖品种　中国荷斯坦
存栏量　200 头

## 吉　林

### 长春新希望乳业有限公司

联系人　黄代云
电　话　0431-4595308
传　真　0431-4595308
地　址　长春市二道区长德公路六公里处
邮　编　130102
养殖品种　中国荷斯坦
存栏量　1 200 头

### 吉林市九牛乳业发展有限公司

联系人　孙孝德
电　话　0432-4899123
传　真　0432-4898204
地　址　吉林市船营区军民路 188 号
邮　编　132011
养殖品种　中国荷斯坦
存栏量　1 123 头

### 吉林市春光牧工商实业有限公司

联系人　曲江
电　话　0432-2043677
传　真　0432-2043659
地　址　吉林市春光经济开发区
邮　编　132012
养殖品种　中国荷斯坦
存栏量　830 头

### 吉林农业大学教学实验场畜牧站

联系人　李殿深
电　话　0431-4512401
地　址　长春市长东公路 5 公里处
邮　编　130118
养殖品种　中国荷斯坦
存栏量　600 头

### 通化市奶业公司奶牛场

联系人　张贵国
电　话　0435-3461444
地　址　吉林省通化市金厂镇
邮　编　134008

### 白城市洮北区奶牛场

联系人　王文木
电　话　0436-3257219
地　址　吉林省白城市
邮　编　137000

## 黑 龙 江

### 大庆银螺乳业有限公司

联系人　刘树清
电　话　0459-6283801
传　真　0459-6280865
地　址　大庆市高新技术产业开发区建设路 6 号
邮　编　163316
养殖品种　荷斯坦
存栏量　8 200 头

### 哈尔滨松花江奶牛场

联系人　李贵云
电　话　0451-2030243
传　真　0451-2030040
地　址　太平区团结镇东直路 88 号
邮　编　150059
养殖品种　荷斯坦
存栏量　2 000 头

### 牡丹江三道乳业有限公司

联系人　郝秀礼
电　话　0453-6392204
传　真　0453-6394103
地　址　牡丹江市铁岭三道
邮　编　157614
养殖品种　荷斯坦
存栏量　1 500 头

### 牡丹江大湾畜牧公司奶牛场

联系人　曲乃常
电　话　0453-6408450
地　址　牡丹江兴龙镇大湾村
邮　编　157000
养殖品种　荷斯坦
存栏量　1 304 头

### 黑龙江香坊实验农场奶牛良种场

联系人　李豫江
电　话　0451-2052622
传　真　0451-5300075
地　址　哈尔滨市香坊区香福路 51 号
邮　编　150038
养殖品种　荷斯坦
存栏量　1 100 头

### 哈尔滨奶牛繁育中心

联系人　赵元安
电　话　0451-6672774
传　真　0451-6636004
地　址　动力区哈平公路 7.5 公里
邮　编　150069
养殖品种　荷斯坦
存栏量　700 头

### 大庆市和平牧场

电　话　0459-6951517
地　址　黑龙江省大庆市
邮　编　163852

### 黑河市奶牛场

电　话　0456-8223439
地　址　黑龙江省黑河市
邮　编　164300

### 齐齐哈尔市铁峰畜牧场

电　话　0452-6916217
地　址　齐齐哈尔市铁峰区
邮　编　161005

## 上　海

### 闵行区浦江奶牛场

联系人　张志刚
电　话　021-64500542
传　真　021-64522890
地　址　闵行区塘湾镇乐道村南
邮　编　200241

### 嘉定区华环奶牛场

联系人　张勤法
电　话　021-59971183
地　址　嘉定区华亭镇徐村
邮　编　201811

### 嘉定区利加奶牛场

联系人　周根发
电　话　13501902766
传　真　021-59946246
地　址　嘉定区曹王镇俞湾村
邮　编　201809

### 嘉定区安亭镇奶牛场

联系人　陆永德
电　话　021-59568905
传　真　021-59568905
地　址　嘉定区安亭向阳村
邮　编　201805

### 嘉定区马陆镇奶牛场

联系人　王粱燕
电　话　021-59156074
传　真　021-59156074
地　址　嘉定区马陆镇东樊家大严
邮　编　201801

### 青浦镇北浪奶牛场

联系人　谢洪飞
电　话　021-59207919
地　址　青浦区镇北浪村
邮　编　201700

### 清浦区环城奶牛场

联系人　陆瑞明
电　话　021-59859120
地　址　青浦镇大来村
邮　编　201700

### 青浦区朱家角镇奶牛场

联系人　周大刚
电　话　2159830708
地　址　朱枫公路1128号
邮　编　201714

### 青浦重固奶牛场

联系人　顾德华
电　话　021-59781577
地　址　青浦区重固镇山前村119号
邮　编　201706

### 青浦长盈奶牛场

联系人　徐菊祥
地　址　青浦盈中乡俞家大土大6队
邮　编　201700

### 青浦健康奶牛场

联系人　盛淦村
电　话　021-59750508
传　真　021-59752469
地　址　沪青平公路3839号
邮　编　201703

### 金山区山阳镇奶牛场

联系人　陈华明
电　话　021-57247149
地　址　金山区山阳镇长兴村
邮　编　201508

### 金山区种畜场

联系人　陆进余
电　话　021-57311525
传　真　021-57317774
地　址　亭枫公路4606弄11号
邮　编　201500

### 金山区吕巷奶牛场

联系人　夏连忠
电　话　021-57371424
传　真　021-57371457
地　址　金山吕巷镇溪南路31号
邮　编　201517

### 金山廊下畜牧种场

联系人　何道清
电　话　021-57391424
地　址　金山金张支线2325号
邮　编　201516

### 松江区仓桥奶牛场

联系人　王德方
电　话　021-67727145
地　址　松江区松燕路庄泾村西首
邮　编　201600

### 松江区张泽奶牛场

联系人　胡秋坤
电　话　021-57883190
地　址　松江区张泽镇南马桥村
邮　编　201608

### 松江区大港奶牛场

联系人　李光荣
电　话　021-57853643
地　址　松江区大港　古浦塘
邮　编　201614

### 松江区种奶牛场

联系人　朱秀庆
电　话　021-57775088
传　真　021-67832310
地　址　松江北松公路奶牛棚桥南
邮　编　201611

### 奉贤区西渡奶牛场

联系人　李昌喜
电　话　021-57434225
地　址　奉贤大叶公路4388号
邮　编　201401

### 奉贤光明镇奶牛场

联系人　张菊明
电　话　021-57471415
地　址　奉贤区光明柳王镇王村四组
邮　编　201406

### 奉贤区健康奶牛场

联系人　王仲士
电　话　021-57120042
传　真　021-57120042
地　址　奉贤区奉新镇人民塘西路29号
邮　编　201418

### 奉贤区钱桥奶牛场

联系人　张建国
电　话　021-57596501
传　真　021-57596501
地　址　奉贤区钱桥镇石桥村金汇大桥西边
邮　编　201407

### 浦东新区七灶奶牛场

联系人　陈东良
电　话　021-58593978
地　址　浦东新区六团镇七灶村
邮　编　201202

### 浦东机场镇健康牧场

联系人　陶国明
电　话　021-68960929
传　真　021-68960929
地　址　浦东新区机场镇海滨三村8队
邮　编　201202

### 浦东机场镇海滨二牧场

联系人　蒋国祥
电　话　021-68938520
地　址　浦东新区机场镇海滨四队北首
邮　编　201202

### 浦东机场镇海滨一牧场

联系人　石海邦
电　话　021-68967758
地　址　浦东新区机场镇海滨四队北首
邮　编　201202

### 浦东杨园奶牛场

联系人　高洪明

电　话　021-68481820
地　址　浦东新区杨园镇徐路灯塔
邮　编　201208

### 浦东合庆镇红星奶牛场

联系人　唐秋林
电　话　021-58970488
地　址　浦东新区合庆镇红星路358号
邮　编　201201

### 浦东新区合庆镇畜牧水产场

联系人　沈建明
电　话　021-58971218
地　址　浦东新区合庆镇向阳一村
邮　编　201201

### 浦东新区合庆镇益民牧场

联系人　刘明泉
电　话　021-68902162
地　址　浦东新区合庆镇益民第二场
邮　编　201201

### 浦东新区国兴奶牛场

联系人　陶国兴
电　话　021-58561700
地　址　浦东新区龚路镇新光村二队
邮　编　201209

### 浦东新区唐镇唐四村庆丰大队

联系人　顾天福
电　话　021-58960567
地　址　浦东新区唐镇唐四村庆村庆丰大队
邮　编　201202

### 浦东新区握手桥牧场

联系人　蔡国飞
电　话　021-58595178
地　址　浦东新区川沙镇六团湾镇二队
邮　编　201202

### 浦东蔡路大星村奶牛一场

联系人　周谷元
电　话　021-68907578
地　址　浦东新区合庆镇蔡路大星六队
邮　编　201202

### 南汇秋胜奶牛场

联系人　潘秋胜
电　话　021-58071912
地　址　南汇区泥城兴隆9组
邮　编　201306

### 南汇航镇东南大治河桥

联系人　庾金海
电　话　021-58227367
地　址　南汇航头镇东南大治河桥
邮　编　201316

### 宝山区罗店镇王家楼村

联系人　房发祥
电　话　13003191518
地　址　宝山区罗店镇王家楼村
邮　编　201908

### 宝山区罗店镇光明村

联系人　周建明
电　话　021-66860803
地　址　宝山区罗店镇光明村
邮　编　201908

### 宝山区兴康奶牛场

联系人　庄德兴
电　话　021-66861916
地　址　宝山区罗店镇光明村
邮　编　201908

### 宝山区祁连二牧场

联系人　徐仁宝
电　话　021-56132304
地　址　宝山区祁连镇西南首
邮　编　200436

### 宝山区牧场

联系人　张春梅
电　话　021-56860413
地　址　宝山区罗店镇石太路
邮　编　201908

### 宝山区宝罗奶牛场

联系人　陈建清
电　话　021-56014654
地　址　宝山区罗店镇张士村
邮　编　201908

### 宝山区罗南奶牛场

联系人　陈剑忠
电　话　021-56011361
地　址　宝山区罗南西陶
邮　编　201908

### 普陀区长镇奶牛场

联系人　秦根发
电　话　021-62507166
地　址　桃浦西路桥东2号
邮　编　200331

### 崇明汲浜健康奶牛场

联系人　季忠飞
电　话　021-69441097
地　址　崇明中兴镇北七滧北侧
邮　编　202163

### 崇明裕安奶牛场

联系人　高学凡
电　话　021-59431848
地　址　崇明陈家镇裕新村
邮　编　202162

### 崇明陈家镇奚东沙奶牛场

联系人　陈富强
电　话　021-59436356
地　址　崇明陈家镇奚东沙
邮　编　202162

### 青浦练塘奶牛场

联系人　钱辉
电　话　021-59254376
传　真　021-69254376
地　址　青浦朱枫公路2833弄11号
邮　编　201715

### 上海燎原农场奶牛场

联系人　卫功宇
电　话　021-57110055
地　址　奉贤燎原农场内
邮　编　201408

### 上海东海乳品公司

联系人　汪志强
电　话　021-58295872
地　址　南汇东海农场内
邮　编　201303

### 上海红星农场奶牛场

联系人　李国庆
电　话　021-59341591
地　址　崇明红星场内
邮　编　202173

### 上海佳辰牧业有限公司

联系人　倪德佳
电　话　021-59311477
传　真　021-59311447
地　址　崇明长征农场内
邮　编　202174

### 上海新海农场新港奶牛场

联系人　陈惠忠
电　话　021-59655146
传　真　021-59655186
地　址　崇明新海农场内
邮　编　202172

### 上海长江农场奶牛二场

联系人　施凤勤
电　话　021-59666346
传　真　021-59666346

地　址　崇明长江奶农场内
邮　编　202178

### 上海朝阳希迪乳业有限公司

联系人　金德华
电　话　021-58051853
地　址　南汇朝阳农场内
邮　编　201302

### 南汇区庆华奶牛场

联系人　朱庆华
电　话　021-68017333
地　址　南汇区民乐村庆华奶牛场
邮　编　201300

## 江　苏

### 南京奶业（集团）有限公司

联系人　蔡敬东
电　话　025-4872392
传　真　025-4875156
地　址　南京卫岗童卫路5号
邮　编　210014
养殖品种　荷斯坦
存栏量　22 000头

### 徐州绿健乳业有限责任公司

联系人　陈正晖
电　话　0516-7627810
传　真　0516-7627800
地　址　徐州北区马场湖
邮　编　221006
养殖品种　荷斯坦
存栏量　22 000头

### 徐州维维农牧科技有限公司

联系人　崔桂华
电　话　0516-3298937
传　真　0516-3298672
地　址　徐州市城南开发区
邮　编　221111
养殖品种　荷斯坦
存栏量　3 000头

### 淮安快鹿牛奶有限公司

联系人　顾荫民
电　话　0517-3666382
传　真　0517-3676372
地　址　淮安市淮海西路282号
邮　编　223001
养殖品种　中国荷斯坦
存栏量　3 000头

### 南京川田乳品有限公司

联系人　许翌星
电　话　025-2121883
传　真　025-2121881
地　址　南京江宁开发区经五路129号
邮　编　211100
养殖品种　荷斯坦
存栏量　2 200头

### 苏州市牛奶公司

联系人　缪晓航
电　话　0512-67232511
传　真　0512-67232511
地　址　苏州市城北公路6号桥
邮　编　215008
养殖品种　黑白花
存栏量　850头

### 江苏镇江市牛奶公司

联系人　王　辉
电　话　0511-5626558
传　真　0511-5626533
地　址　江苏省镇江市四摆渡
邮　编　212111
养殖品种　荷斯坦
存栏量　806头

### 南通市乳品厂

联系人　陈国权
电　话　0513-5568165
传　真　0513-5568165
地　址　港闸区闸西乡团结村八组
邮　编　226000
养殖品种　荷斯坦
存栏量　720头

### 扬州大学实验农牧场

联系人　吕贞龙
电　话　0514-7979263
传　真　0514-7369499
地　址　扬州市大学路60号
邮　编　225009
养殖品种　中国荷斯坦
存栏量　720头

### 无锡马山牛奶有限公司

联系人　曹善成
电　话　0510-5996657、5994377
传　真　0510-5990457
地　址　无锡市马山鱼花路29号
邮　编　214090
养殖品种　黑白花
存栏量　538头

### 无锡佳农乳制品有限公司

联系人　过献忠
电　话　0510-3775816
传　真　0510-3771707
地　址　锡山区东北塘　黄信桥
邮　编　214191
养殖品种　黑白花
存栏量　508头

### 苏州市上方山牧场

联系人　陆火林
电　话　0512-68236688
传　真　0512-68236623
地　址　苏州市上方山北
邮　编　215009
养殖品种　黑白花
存栏量　500头

### 盐城市泰来神奶业有限公司

联系人　陈连根
电　话　0515-8897088
传　真　0515-8897099
地　址　盐城市城区南洋镇江西村
邮　编　224005
存栏量　306头

### 东台市宇航奶业有限公司奶牛场

联系人　丁昌根
电　话　0515-5234344
传　真　0515-5270921
地　址　东台市惠民路南首
邮　编　224200
养殖品种　黑白花
存栏量　302头

### 扬州市金发乳业有限公司

联系人　王兴发
电　话　0514-6445208、6442468
传　真　0514-6442468
地　址　江都市大桥镇车站东路8号
邮　编　225211
养殖品种　荷斯坦
存栏量　210头

### 丹阳市练湖乳品有限公司

联系人　谭先贵
电　话　0511-6872577、6871168
传　真　0511-6871168
地　址　丹阳市练湖乳品有限公司
邮　编　212334
养殖品种　荷斯坦
存栏量　200头

### 盐城市顾氏乳业有限公司

联系人　顾克发
电　话　0515-2311888
传　真　0515-2324443
地　址　射阳县城桥谊路7号
邮　编　224300
养殖品种　黑白花
存栏量　120头

### 泰兴市金太阳奶业有限公司

联系人　陈　慧
电　话　0523-7222986
地　址　江苏泰兴黄桥城黄路西首
邮　编　225411
养殖品种　荷斯坦
存栏量　110 头

### 溧阳市天目湖奶业有限公司

联系人　陈傲芝
电　话　7293115
地　址　溧阳市溧镇长阳村
养殖品种　荷斯坦
存栏量　86 头

### 常州红梅乳业有限公司牧场

电　话　0519-3885711
地　址　江苏省常州市西林乡
邮　编　213016

### 淮阴市快鹿牛奶有限公司第一牧场

电　话　0517-3666382
地　址　江苏省淮阴市淮海西路 282 号
邮　编　223001

## 浙　江

### 杭州奶业有限公司

联系人　严官乐
电　话　0571-88147002
传　真　0571-88147002
地　址　杭州市半山广济路 10 号
邮　编　310022
养殖品种　荷斯坦
存栏量　2 477 头

### 杭州奶牛场

联系人　王元法
电　话　0571-86911778-2818
地　址　浙江省乔司监狱内
邮　编　310019
养殖品种　荷斯坦
存栏量　2 174 头

### 宁波牛奶公司

联系人　徐志雄
电　话　0574-87500234
传　真　0574-87506416
地　址　宁波市牛山西路 796 弄 11 号
邮　编　315010
养殖品种　荷斯坦
存栏量　1 200 头

### 金华丁丁良种奶牛养殖场

联系人　韩志龙
电　话　0579-2199070
地　址　金华市金东区多湖王宅
邮　编　321000
养殖品种　荷斯坦
存栏量　1 100 头

### 鄞州区永盛奶牛场

联系人　王永岳
电　话　0574-88473040
传　真　0574-88473040
地　址　鄞州区云龙镇甲村
邮　编　315137
养殖品种　荷斯坦
存栏量　1 000 头

### 浙江李子园牛奶食品有限公司

联系人　李国平
电　话　0579-2887719
传　真　0579-2887719
地　址　金华市金东区曹宅镇
邮　编　321031
养殖品种　荷斯坦
存栏量　1 000 头

### 杭州市正兴牧业有限公司

联系人　叶树生
电　话　0571-63769091
地　址　浙江临安市板桥乡
邮　编　311301
养殖品种　荷斯坦
存栏量　960 头

### 杭州双峰奶牛场

联系人　徐国民
电　话　0571-86049419
地　址　杭州市经济开发区内
邮　编　310018
养殖品种　荷斯坦
存栏量　910 头

### 杭州近江奶牛养殖有限公司

联系人　何泽敏
电　话　13805793580
地　址　杭州市经济开发区内
邮　编　310018
养殖品种　荷斯坦
存栏量　860 头

### 杭州下沙第一奶牛场

联系人　叶雪泉
电　话　0571-86911317
地　址　杭州市下沙镇
邮　编　310018
养殖品种　荷斯坦
存栏量　850 头

### 金华青青奶牛场

联系人　金根松
电　话　0579-8277267
地　址　金华市佳乐乳业有限公司
邮　编　321001
养殖品种　荷斯坦
存栏量　653 头

### 杭州市湘湖奶牛场

联系人　汪关明
电　话　0571-82766179
地　址　杭州市萧山区
邮　编　311258
养殖品种　荷斯坦
存栏量　550 头

### 杭州市下沙第二奶牛场

联系人　许荣虎
电　话　0571-86921742
地　址　杭州市下沙镇
邮　编　310018
养殖品种　荷斯坦
存栏量　459 头

### 杭州市南湖奶牛场

联系人　黄月平
电　话　0571-88661923
地　址　杭州市余杭区
邮　编　311121
养殖品种　荷斯坦
存栏量　435 头

### 杭州市常青奶牛场

联系人　李兴法
电　话　0571-86912508
地　址　杭州市下沙镇
邮　编　310018
养殖品种　荷斯坦
存栏量　418 头

### 杭州市三口奶牛场

联系人　周乐民
电　话　0571-63767037
地　址　杭州市临安市
邮　编　311301
养殖品种　荷斯坦
存栏量　350 头

### 杭州市半山奶牛场

联系人　马俊铭
电　话　0571-88148409
地　址　杭州市拱墅区
邮　编　310022
养殖品种　荷斯坦

存栏量 250头

### 嘉兴市振华乳业奶牛场

联系人 魏文宝
电 话 0573-3500195
传 真 0573-2221793
地 址 嘉兴市垦场北侧
邮 编 314001
养殖品种 荷斯坦
存栏量 196头

### 平湖市新埭金茂奶牛场

地 址 平湖市新埭金茂奶牛场
邮 编 314211
养殖品种 荷斯坦
存栏量 190头

### 杭州市丁桥奶牛场

联系人 戴祖传
电 话 0571-88112054
地 址 杭州市江干区
邮 编 310021
养殖品种 荷斯坦
存栏量 178头

### 杭州市兴隆奶牛

联系人 许品潮
电 话 0571-86012214
地 址 杭州市江干区
邮 编 310021
养殖品种 荷斯坦
存栏量 165头

### 杭州市何家埠村奶牛场

联系人 夏加法
电 话 0571-87641964
地 址 杭州区西湖区
邮 编 310024
养殖品种 荷斯坦
存栏量 165头

### 杭州市普福奶牛场

联系人 李妙法
电 话 0571-86011401
地 址 杭州市江干区
邮 编 310021
养殖品种 荷斯坦
存栏量 159头

### 杭州市皋亭村奶牛场

联系人 章伟军
电 话 0571-88029379
地 址 杭州市拱墅区
邮 编 310015
养殖品种 荷斯坦
存栏量 150头

### 杭州市皋城奶牛场

联系人 林根标
电 话 0571-88111696
地 址 杭州市江干区
邮 编 310021
养殖品种 荷斯坦
存栏量 150头

### 杭州市平山奶牛场

联系人 沈炳南
电 话 0571-88601132
地 址 杭州市余杭区
邮 编 311121
养殖品种 荷斯坦
存栏量 150头

### 杭州市富伦奶牛场

联系人 沈富祥
电 话 0571-82696718
地 址 杭州市萧山区
邮 编 311231
养殖品种 荷斯坦
存栏量 150头

### 杭州市红旗奶牛场

联系人 卢庆红
电 话 0571-88111772
地 址 杭州市江干区
邮 编 310021
养殖品种 荷斯坦
存栏量 146头

### 杭州市大塘奶牛场

联系人 陈荣兴
电 话 0571-88112092
地 址 杭州市江干区
邮 编 310021
养殖品种 荷斯坦
存栏量 131头

### 杭州市五福奶牛场

联系人 戚瑞林
电 话 0571-86045173
地 址 杭州市江干区
邮 编 310016
养殖品种 荷斯坦
存栏量 130头

### 杭州市黎明奶牛场

联系人 陈连荣
电 话 0571-85141907
地 址 杭州市江干区
邮 编 310021
养殖品种 荷斯坦
存栏量 123头

### 杭州市赵家奶牛场

联系人 沈水荣
电 话 0571-88111763
地 址 杭州市江干区
邮 编 310021
养殖品种 荷斯坦
存栏量 123头

### 杭州市同协奶牛场

联系人 沈掌荣
电 话 0571-88132214
地 址 杭州市江干区
邮 编 310021
养殖品种 荷斯坦
存栏量 114头

### 杭州市后珠奶牛场

联系人 诸金根
电 话 0571-88111892
地 址 杭州市江干区
邮 编 310021
养殖品种 荷斯坦
存栏量 106头

### 杭州市横塘奶牛场

联系人 樊维生
电 话 0571-88139907
地 址 杭州市江干区
邮 编 310021
养殖品种 荷斯坦
存栏量 96头

### 杭州市横荡街村奶牛场

联系人 郑金良
电 话 0571-87641840
地 址 杭州区西湖区
邮 编 310024
养殖品种 荷斯坦
存栏量 79头

### 杭州市南村奶牛场

联系人 应华
电 话 0571-87641845
地 址 杭州区西湖区
邮 编 310024
养殖品种 荷斯坦
存栏量 65头

### 杭州市奶牛繁育中心

联系人 殷光琪
电 话 0571-88144262
地 址 杭州市半山广济路10号
邮 编 310022

## 安　徽

### 安徽蚌埠市蚂蚁山奶牛场

联系人　刘世清
电　话　0552-2811281
传　真　0552-2811281
地　址　蚌埠市蚂蚁山奶牛场
邮　编　233000
养殖品种　中国荷斯坦良种
存栏量　8900头

### 安徽益益乳业有限公司

联系人　吴明楼
电　话　0554-3607120
传　真　0554-3607120，3607588
地　址　淮南市九龙岗北
邮　编　232035
养殖品种　中国荷斯坦
存栏量　5500头

### 淮北市奶牛场

联系人　傅新领
电　话　0561-3222653
地　址　淮北市渠沟
邮　编　235000
存栏量　2500头

### 滁州市奶业有限责任公司

联系人　张顺利
电　话　0550-30222980
传　真　0550-3047757
地　址　滁州市环山路8号
邮　编　239000
养殖品种　荷斯坦
存栏量　2300头

### 安徽白帝乳业有限公司

联系人　王光荣
电　话　0551-5562571
传　真　0551-5570961
地　址　合肥市陈村路21号
邮　编　230031
养殖品种　中国荷斯坦
存栏量　2000头

### 安徽保健奶牛场

联系人　李远福
电　话　0551-5562989\6771776
传　真　0551-5562989
地　址　合肥市长江西路407号
邮　编　230031
养殖品种　荷斯坦
存栏量　600头

### 芜湖卫岗乳品有限公司

联系人　贲曙光
电　话　863227
传　真　2832576
地　址　芜湖市康复路167#
邮　编　241000
养殖品种　中国荷斯坦
存栏量　600头

### 安徽六安市奶牛场

联系人　张先国
电　话　0564-3269287
传　真　0564-326957
地　址　六安市佛子岭路59号
邮　编　237011
养殖品种　中国荷斯坦
存栏量　500头

### 马鞍山市牛奶场

联系人　潘先松
电　话　0555-2353799
传　真　0555-2353799
地　址　市东环路立交桥旁
邮　编　243000
养殖品种　中国荷斯坦
存栏量　400头

### 亳州市天达奶牛示范场

联系人　支道友
电　话　0558-5010476
地　址　亳州市大杨镇
邮　编　236800
养殖品种　荷斯坦
存栏量　350头

### 宣城华龙乳业商品奶牛发展有限公司

联系人　汪礼龙
电　话　0563-3630018
传　真　0563-3630068
地　址　宣城市宣州区黄渡街道
邮　编　242081
养殖品种　中国荷斯坦
存栏量　350头

### 灵璧县夏楼镇小圩奶牛养殖小区

联系人　张贺廷
电　话　6606269
邮　编　234200
养殖品种　荷斯坦
存栏量　167头

### 灵璧县杨町欣欣奶牛场

联系人　王新明
电　话　13956847133
地　址　安徽省灵璧县杨町欣欣奶牛场
邮　编　234215
养殖品种　荷斯坦
存栏量　151头

### 合肥李河生态农业开发有限公司奶牛场

联系人　周广勋、卫剑兵
电　话　0551-8994765
地　址　合肥开发区紫云路方兴社区
邮　编　231203
养殖品种　中国荷斯坦
存栏量　120头

### 安庆市乳品厂奶牛场

联系人　何跃平
电　话　0556-5511117
传　真　0556-5511117
地　址　安庆市少年宫东路44号
邮　编　246003
养殖品种　荷兰白黑花
存栏量　116头

### 铜陵市铜牛奶业公司

联系人　王合明
电　话　0562-2864075、2875363
地　址　铜陵市长江西路278号
邮　编　244000
养殖品种　中国黑白花
存栏量　100头

### 安徽淮南乳品公司

联系人　王守海
电　话　0554-3608596
地　址　安徽省淮南乳品乳牛四场
邮　编　232035
养殖品种　黑白花
存栏量　60头

### 淮南乳品公司奶牛四场

联系人　周必前
电　话　0554-3607055
地　址　淮南乳品公司奶牛四场
邮　编　232035
养殖品种　黑白花
存栏量　60头

### 淮南市九龙岗奶牛场

联系人　周松须
电　话　0554-2212910
地　址　淮南九龙岗下郢村47号
邮　编　232035
养殖品种　黑白花
存栏量　55头

### 合肥中德友谊示范奶牛场

电　话　0551-8561438
地　址　合肥市肥西县南岗镇
邮　编　231283

## 福　建

### 福建长富集团股份有限公司

负责人　陈学坤
电　话　0599-8635788、8635188
传　真　0599-8635318
地　址　福建省南平市长富路168号
邮　编　353000
养殖品种　中国荷斯坦
存栏量　13188头

### 福建大乘股份有限公司

联系人　陈　龙
电　话　0599-8805888
传　真　0599-8805079
地　址　福建省南平市建溪路81号
邮　编　353000
养殖品种　中国荷斯坦
存栏量　6 500头

### 百信实业（漳州）有限公司

电　话　0596-3642303
传　真　0596-3642303
地　址　福建漳浦县前亭镇大社工业区
邮　编　363207
养殖品种　中国荷斯坦
存栏量　420头

### 福建惠尔康乳业有限公司

联系人　叶争鸣
电　话　0591-3928777-828
传　真　0597-3923222
地　址　福州市晋安区连江中路80号
邮　编　350011
养殖品种　中国荷斯坦
存栏量　320头

### 长泰县新龙华乳业有限公司

联系人　林立新
电　话　0596-8317316
传　真　0596-8318609
地　址　福建省长泰县新泰工业区
邮　编　363900
养殖品种　中国荷斯坦
存栏量　300头

### 闽西绿蒙奶业有限公司

联系人　龚林旺
电　话　0597-3761962
传　真　0597-3761962
地　址　福建省上杭县龙湖开发区
邮　编　364200
养殖品种　中国荷斯坦
存栏量　265头

### 漳州市奶牛场

电　话　0596-2936656
传　真　0596-2936656
地　址　漳州市芗城区天宝镇青山
邮　编　356303
养殖品种　中国荷斯坦
存栏量　216头

### 福牛乳业有限公司

联系人　林光明
电　话　0591-5109788
传　真　0591-5318673
地　址　福建省福清市宏路镇
邮　编　350300
养殖品种　中国荷斯坦
存栏量　100头

## 江　西

### 江西金牛企业集团公司

联系人　席德三
电　话　0791-3977365
传　真　0791-3977811
地　址　南昌　蛟桥
邮　编　330044
存栏量　10 000头

### 江西金牛集团南湖农场

联系人　江　洪
电　话　0791-3116299
传　真　0791-3977811
地　址　江西南昌蛟桥
邮　编　330044
养殖品种　中国荷斯坦
存栏量　1 800头

### 江西金牛集团一牧场

联系人　何圆喜
电　话　0791-3975739
传　真　0791-3977811
地　址　江西南昌蛟桥
邮　编　330044
养殖品种　中国荷斯坦
存栏量　1 200头

### 江西金牛集团二牧场

联系人　郭建明
电　话　0791-3975797
传　真　0791-3977811
地　址　江西南昌蛟桥
邮　编　330044
养殖品种　中国荷斯坦
存栏量　1 200头

### 江西金牛集团三牧场

联系人　陈华生
电　话　0791-3975975
传　真　0791-3977811
地　址　江西南昌蛟桥
邮　编　330044
养殖品种　中国荷斯坦
存栏量　1 200头

### 江西金牛集团冠山农场

联系人　曹茂南
电　话　0791-3975171
传　真　0791-3977811
地　址　江西南昌蛟桥
邮　编　330044
养殖品种　中国荷斯坦
存栏量　1 064头

### 江西红星集团红壤开发公司

联系人　杨国龙
电　话　542358
地　址　江西东乡县寺前
邮　编　381800
养殖品种　中国荷斯坦
存栏量　1 018头

### 江西金牛集团谭家农场

联系人　熊绪初
电　话　0791-3975396
传　真　0791-3977811
地　址　江西南昌蛟桥
邮　编　330044
养殖品种　中国荷斯坦
存栏量　937头

### 南昌市北郊林场奶牛场

联系人　陈可波
电　话　0791-3705766
地　址　江西省南昌市新建县
邮　编　330100
养殖品种　中国荷斯坦
存栏量　800头

### 江西红星集团南山牧场

联系人　徐武文
电　话　542318
地　址　江西东乡寺前
邮　编　381800
养殖品种　中国荷斯坦
存栏量　780头

### 南昌市北郊奶牛场

联系人　陈可波
地　址　新建县北郊
邮　编　330100
养殖品种　中国荷斯坦
存栏量　680头

### 九江市牛奶公司

联系人　赵　升
电　话　8362564
传　真　8362564
地　址　九江市坝围里162号
邮　编　332000
养殖品种　中国荷斯坦
存栏量　550头

### 江西金牛集团钟山农场

联系人　邓必汉
电　话　0791-3975987
传　真　0791-3977811
地　址　江西南昌蛟桥
邮　编　330044
养殖品种　中国荷斯坦
存栏量　400头

### 景德镇牛奶公司

联系人　潘镇华
电　话　222490
养殖品种　中国荷斯坦
存栏量　394头

### 江西金牛集团象山奶牛场

联系人　熊焕平
电　话　0791-3550040
地　址　江西省新建县象山镇
邮　编　330100
养殖品种　中国荷斯坦
存栏量　250头

### 江西吉安市红卫垦殖场

联系人　彭冬根
电　话　223008
地　址　吉安市吉福路三公里
养殖品种　中国荷斯坦
存栏量　210头

### 江西金牛集团坝上奶牛场

联系人　熊焕愉
电　话　0791-3209260
地　址　江西省新建县七里岗坝上村
邮　编　330100
养殖品种　中国荷斯坦
存栏量　207头

### 江西金牛集团徐邓奶牛场

联系人　徐少武
电　话　0791-3110768
地　址　江西省新建县乐化镇
邮　编　330100
养殖品种　中国荷斯坦
存栏量　200头

### 江西南昌市象湖奶牛场

联系人　黄小毛
地　址　江西省南昌市青山湖区象湖镇
邮　编　330000
养殖品种　中国荷斯坦
存栏量　100头

### 南昌市西奶牛场

联系人　李金根
地　址　南昌市青云谱区岱山
邮　编　330009
养殖品种　中国荷斯坦
存栏量　100头

### 南昌制造公司服务公司奶牛场

联系人　彭先桂
电　话　0791-525183
地　址　南昌飞机制造公司服务公司奶牛场
邮　编　330000
养殖品种　中国荷斯坦
存栏量　84头

### 南昌市郊北垦奶牛场

联系人　涂志帮
地　址　南昌市蛟桥
邮　编　330044
养殖品种　中国荷斯坦
存栏量　55头

### 黎川县畜牧良种场

联系人　付友亮
电　话　222529
地　址　自然科学川县花园坑
养殖品种　中国荷斯坦
存栏量　40头

### 江西纺织厂牛奶房

联系人　艾江水
地　址　南昌市塘山
邮　编　330000
养殖品种　中国荷斯坦
存栏量　37头

### 九江茅山头畜牧水产场

联系人　袁嘉志
电　话　0792-223161
地　址　九江市茅山头
邮　编　223161
养殖品种　中国荷斯坦
存栏量　32头

### 江西畜牧技术推广站

联系人　裘大堂
电　话　0791-3977451
地　址　南昌市蛟桥
邮　编　330044
养殖品种　中国荷斯坦、西门塔尔、摩拉水牛

## 山　东

### 佳宝济阳饲养小区

联系人　朱　明
电　话　0531-4551131
地　址　济阳县孙联镇政府
养殖品种　中国荷斯坦

### 佳宝冷水沟饲养小区

联系人　刘春财
电　话　0531-8681562
地　址　济南市王舍人镇冷水沟
养殖品种　中国荷斯坦

### 佳宝市中饲养小区

联系人　闫培胜
电　话　0533-7116098
地　址　佳宝市市中区农业办公室
邮　编　255400
养殖品种　中国荷斯坦

### 佳宝冷水沟饲养区

联系人　李立荣
电　话　0531-8817709
地　址　济南市王舍人镇李家
养殖品种　中国荷斯坦

### 佳宝集团奶牛一场

联系人　杨殿斌
电　话　0531-7991082
地　址　济南市潘村东
养殖品种　中国荷斯坦

### 佳宝集团奶牛二场

联系人　聂克平
地　址　济南市佳宝路6号
养殖品种　中国荷斯坦

### 淄博市得益乳业有限公司

联系人　王培亮
电　话　0533-2861647-8007、2833748
地　址　张店区世纪路西
邮　编　255090
养殖品种　中国荷斯坦

### 淄博市绿赛尔乳业有限公司

联系人　王得山
电　话　3176547
地　址　张店区世纪路北
邮　编　255090
养殖品种　中国荷斯坦

**青岛玉皇岭奶牛场**

联系人 王学瑞
电 话 0532-7883635
传 真 0532-7881901
地 址 青岛市城阳区正阳东路
邮 编 266106
养殖品种 中国荷斯坦 意大利皮尔特肉牛
存栏量 900头

**泰安泰山区凤台奶牛场**

联系人 乔秀波
电 话 0538-8513903
地 址 泰山区上高乡凤台村
邮 编 271000
养殖品种 中国荷斯坦
存栏量 200头

**淄博市淄川康王奶牛公司**

联系人 赵 占
电 话 0533-5159831
地 址 淄川区商城办事处蔡王村
邮 编 255100
养殖品种 中国荷斯坦

**淄博市淄川万宝奶牛场**

联系人 孙继东
电 话 0533-5551154
地 址 淄川区磁村镇西高村
邮 编 255100
养殖品种 中国荷斯坦

**淄博市淄川奶牛养殖中心**

联系人 徐胜国
电 话 0533-5892839
地 址 淄川区龙泉镇泉头村北
邮 编 255144
养殖品种 中国荷斯坦

**张店畜牧良种养殖场**

联系人 王聿风
电 话 0533-3181685
地 址 张店区马尚镇九级村北
邮 编 255000
养殖品种 中国荷斯坦

**淄博得益乳业大张奶牛合作社**

联系人 范立江
电 话 13969312560
地 址 张店区房镇董家村
邮 编 255087
养殖品种 中国荷斯坦

**临淄区朱台镇奶牛小区**

联系人 徐跃奇
电 话 13853386744
地 址 临淄区朱台镇后夏村
邮 编 255413
养殖品种 中国荷斯坦

**博山农牧机械厂**

联系人 李 明
电 话 4232269、4231148
地 址 博山区北园路224号
邮 编 255202
养殖品种 中国荷斯坦

**博山田园乳品饮料厂**

联系人 焦方法
电 话 4567536
地 址 博山区石马镇桥东村
邮 编 255208
养殖品种 中国荷斯坦

**淄博声牛食品有限公司**

联系人 刘 杰
电 话 4810335
地 址 博山区源泉镇源北村
邮 编 255204
养殖品种 中国荷斯坦

**烟台刘家滩奶牛场**

联系人 刘积宏
地 址 烟台刘家滩
养殖品种 中国荷斯坦

**济宁发电厂牛奶公司**

联系人 胡到进
电 话 0537-2252507
养殖品种 中国荷斯坦

**济宁市奶牛场**

联系人 李红建
电 话 0537-2313372
养殖品种 中国荷斯坦

**红庙奶牛场**

联系人 徐北美
电 话 0531-7981580
养殖品种 中国荷斯坦

**齐鲁石化一化肥奶牛场**

联系人 郭悦之
电 话 0533-7542945
地 址 临淄区南王镇公泉峪村
邮 编 255415
养殖品种 中国荷斯坦

**临淄区朱台镇西单乳品场**

联系人 李军
电 话 0533-7780642
地 址 临淄区朱台镇西单村
邮 编 255413
养殖品种 中国荷斯坦

**临淄区力元乳品厂**

联系人 单保正
地 址 临淄区朱台镇工业区
邮 编 255413
养殖品种 中国荷斯坦

**临淄区路山镇奶牛小区**

联系人 王文朴
电 话 0533-7680221
地 址 临淄区路山镇王桥村
邮 编 255418
养殖品种 中国荷斯坦

**齐鲁石化二化肥奶牛场**

联系人 于春叶
电 话 0531-7964221
地 址 临淄区辛店倪行村
养殖品种 中国荷斯坦

**济南大金奶牛场**

联系人 胡开华
电 话 0531-7988904
地 址 济南市段店大金庄
养殖品种 中国荷斯坦

**广饶县丁庄镇李道奶牛场**

联系人 王洪杰
电 话 13963371503
地 址 东营市广饶县
养殖品种 中国荷斯坦

**广饶县丁庄镇王道奶牛场**

联系人 王晓工
电 话 0546-6406497
地 址 东营市广饶县
养殖品种 中国荷斯坦

**大强集团黄河牧场**

联系人 冯承湖
电 话 13964063728
地 址 济南市黄台北路7号
养殖品种 中国荷斯坦

**广饶县丁庄镇赵东奶牛场**

联系人 赵江然
电 话 0546-6526888
地 址 东营市广饶县
养殖品种 中国荷斯坦

**莱阳野房奶牛场**

联系人 祝玉见
电 话 13706457432

养殖品种　中国荷斯坦

### 莱州丰林牧业有限公司

联系人　安喜信
电　话　0535-2591401
养殖品种　中国荷斯坦

### 枣庄大立乳业（集团）有限公司

联系人　孙卓启
电　话　0632-3318302、3332289
地　址　枣庄市市中区刘岭路122号
邮　编　277102
养殖品种　中国荷斯坦

### 广北农场奶牛二场

联系人　刘占志
电　话　13001565866
地　址　东营市广饶县
养殖品种　中国荷斯坦

### 枣庄市生活园发展

联系人　单立保
电　话　0632-3353560、3353560
地　址　枣庄市市中区工业园
邮　编　277101
养殖品种　中国荷斯坦

### 广北农场奶牛一场

联系人　任西山
电　话　13001565866
地　址　东营市广饶县
养殖品种　中国荷斯坦

### 黄河农场奶牛场

联系人　郑林然
电　话　13054603592
地　址　东营市广饶县
养殖品种　中国荷斯坦

### 胜利油田莱建奶牛场

联系人　杨化玉
电　话　13518662995
地　址　东营市垦　利县
养殖品种　中国荷斯坦

### 胜利油田胜大奶牛场

联系人　陈文亮
电　话　0546-8730620
地　址　东营市垦　利县
养殖品种　中国荷斯坦

## 河　　南

### 洛阳市郊区洛南乳牛场

电　话　0379－5890009
地　址　河南省洛阳市郊区青阳屯村
邮　编　471023

### 郑州市宋柴奶牛场

电　话　0371－3722630
地　址　河南省郑州市金水区庙李镇宋柴村
邮　编　450007

### 郑州市热电厂奶牛场

电　话　0371－3722630
地　址　河南省郑州市电厂路北头
邮　编　450007

### 河南安阳航校奶牛场

电　话　0372－2282312
地　址　河南省安阳市胜利路中段
邮　编　455001

### 许昌市屈丙林奶牛场

电　话　0374－4364422
地　址　河南省许昌市魏都区
邮　编　461000

### 鹤壁市安钢集团奶牛场

电　话　0392－7771187
地　址　河南省鹤壁市淇县北阳乡
邮　编　456781

### 河南许昌县昌宁奶业公司奶牛场

联系人　宁晓波
地　址　许昌五女店镇
邮　编　461114

## 湖　　北

### 武汉友芝友保健乳品有限公司

联系人　袁　谦
电　话　027-83370148，83228336
传　真　027-83226549
地　址　武汉市东西湖区吴家山梨花园路248号
邮　编　430040
养殖品种　荷斯坦、黑白花
存栏量　6500头

### 武汉开隆高新农业发展有限公司

联系人　周世同总经理
电　话　13907188786　027-82902858-1305
传　真　027-82902858-1368
地　址　武汉市武湖农场武汉生态农业园中心路二号
邮　编　430345
养殖品种　中国荷斯坦
存栏量　3000头

### 武汉惠尔康扬子江乳业武昌牧场

联系人　李开桥
电　话　027-87803822
传　真　027-87803822
地　址　武汉市洪山区卓刀泉抻家咀
邮　编　430079
养殖品种　中国荷斯坦
存栏量　1100头

### 武汉惠尔康扬子江乳业八一牧场

联系人　毛兆训
电　话　027-61811175
传　真　027-61811175
地　址　武汉黄陂区武湖农场高车39435部队农场
邮　编　432241
养殖品种　中国荷斯担
存栏量　990头

### 武汉惠尔康扬子江乳业硚口牧场

联系人　唐业斌
电　话　027-83832665
传　真　027-83832665
地　址　硚口古田四路长丰乡北院新墩
邮　编　430034
养殖品种　中国荷斯担
存栏量　794头

### 武汉惠尔康扬子江乳业青菱牧场

联系人　桂　峰
电　话　027-88115450
传　真　027-88115450
地　址　武汉市洪山区青菱奶牛场
邮　编　430065
养殖品种　中国荷斯坦
存栏量　400头

### 武汉惠尔康扬子江乳业汉南牧场

联系人　陈守强
电　话　027-84731406
传　真　027-84731406
地　址　汉南区乌金农场汉南牧场
邮　编　430090
养殖品种　中国荷斯坦
存栏量　211头

### 武汉蔬菜科学研究所附属奶牛场

联系人　孙仁利
电　话　027-88116335
地　址　武汉张家湾蔬菜科研所奶牛场
邮　编　430065
养殖品种　黑白花
存栏量　130头

### 武汉市畜牧兽医科学研究所

联系人　金尔光

电　话　027-88124143
地　址　武汉市洪山区张家湾
邮　编　430065
养殖品种　中国荷斯坦
存栏量　108 头

## 湖　南

### 湖南亚华种业股份有限公司

联系人　邹定民
电　话　0731-2566572
传　真　0731-2566602
地　址　长沙八一路 509 号亚华大厦
邮　编　410011
养殖品种　荷斯坦、西门塔尔
存栏量　15 000 头

## 广　东

### 深圳市光明集团牛奶公司

联系人　梁芳安
电　话　0755-27400639
传　真　0755-27406808
地　址　深圳市宝安区光明街道办
邮　编　518107
养殖品种　荷斯坦牛
存栏量　7 500 头

### 惠州市丰盛明食品饮料有限公司

联系人　黄文震
电　话　0752-6860266
传　真　0752-6860268
地　址　惠州市博罗县龙溪镇慧明大道
邮　编　516121
养殖品种　荷斯坦牛、娟姗牛
存栏量　2 520 头

### 广州市华美牛奶公司

联系人　林辉新
电　话　020-82370622
传　真　020-82370622
地　址　广州市天河区东圃镇
邮　编　510663
养殖品种　荷斯坦
存栏量　2 300 头

### 广东温氏集团鼎湖区温氏奶牛场

联系人　温志芬　伍尚雄
电　话　0758-2612828、2613600
传　真　0758-2612828
地　址　广东肇庆市鼎湖区莲花镇
邮　编　526072
养殖品种　澳洲荷斯埂、澳洲娟姗牛、中国荷斯坦
存栏量　1 000 头

### 广州市天河强兴畜牧有限公司

联系人　伟　强　杨群兴
电　话　020-87039109
传　真　020-87039109
地　址　广州市天河区柯木强兴畜牧有限公司
邮　编　510520
养殖品种　荷斯坦
存栏量　1 000 头

### 广州市云燕畜牧发展公司

联系人　张祝华
电　话　020-87429012
传　真　020-87426979
地　址　广州沙河燕塘
邮　编　510507
养殖品种　中国荷斯坦
存栏量　700 头

### 湛江市湖光奶业有限公司

联系人　邓培义
电　话　0759-2845372、2842468、13809751856
传　真　0759-2845683
地　址　广东省湛江市郊志满
邮　编　524086
养殖品种　荷斯坦
存栏量　980 头

### 广州市国营凤凰公司二牧场

联系人　赖炽文
电　话　020-8721095
传　真　020-37394212
地　址　广州天河区渔沙坦凤凰公司二牧
邮　编　510520
养殖品种　荷斯坦
存栏量　800 头

### 广州九龙奶牛场

联系人　李玉奇
电　话　020-86798919
地　址　广州花都区花桥镇场荷作业区
邮　编　510897
养殖品种　荷斯坦牛、娟珊牛
存栏量　600 头

### 广州市奶牛研究所试验奶牛场

联系人　关伟晁
电　话　020-86590250
传　真　020-86590250
地　址　广州市广园中麓景路 388 号
邮　编　510405
养殖品种　娟姗、荷斯坦、娟-荷杂
存栏量　600 头

### 广东华怡（集团）牛奶有限公司

联系人　黄志平
电　话　0762-3370761
传　真　0762-3371888
地　址　广东河源市兴源东路 1 号
邮　编　517000
养殖品种　中国荷斯坦
存栏量　500 头

### 广东花都华侨农场奶牛场

联系人　刘海棠
电　话　020-86796961
传　真　020-86790013
地　址　广州花都区花侨镇杨荷作业区
邮　编　510897
养殖品种　荷斯坦
存栏量　430 头

### 广东花都区百兴奶牛场

联系人　刘海棠
电　话　020-86796961　86790149
传　真　020-86790013
地　址　广州花都区花侨镇杨荷作业区
邮　编　510897
养殖品种　荷斯坦
存栏量　250 头

### 广州花都华侨农场奶牛场新场

联系人　杨穗生
电　话　020-86790150
传　真　020-86790013
地　址　花都区花侨镇杨荷作业区
邮　编　510897
养殖品种　荷斯坦
存栏量　180 头

### 顺德市五沙三村奶牛场

联系人　李维德
电　话　0765-2292909、13702341553
地　址　顺德市大良区苏岗居委会大吉村 74 号
邮　编　528300
养殖品种　杂交水牛
存栏量　50 头

### 广东省顺德市五沙一村奶牛场

联系人　何炳森
电　话　0765-2291275、13923256617
地　址　顺德市大良区苏岗居委会大吉大街 2 号
邮　编　528300
养殖品种　荷斯坦牛、杂交奶水牛
存栏量　75 头

### 孖仔奶牛场

电　话　0765-6654043

传 真 0765-6662216
地 址 顺德市北滘镇广教乡
邮 编 528311
养殖品种 杂交奶水牛
存栏量 200头

### 雷州市奶牛场

联系人 吴宏立
电 话 0759-8700251
地 址 广东省雷州市工业大道中
邮 编 524200
养殖品种 荷兰、上海黑白花
存栏量 130头

### 华南农业大学奶牛场

电 话 020-85280284
传 真 020-85280740
地 址 广州市五山华南农业大学动物科学院
邮 编 510642
养殖品种 荷斯坦
存栏量 130头

### 深圳宝安陈昌坤奶牛场

联系人 陈昌坤
电 话 13826667236
地 址 深圳市宝安区公明镇玉律村
邮 编 5180106
养殖品种 荷斯坦牛
存栏量 68头

### 深圳宝安曾照斌奶牛场

联系人 曾照斌
电 话 13902445217
地 址 深圳市宝安区公明镇玉律村
邮 编 5180106
养殖品种 荷斯坦牛
存栏量 87头

### 深圳宝安曾富良奶牛场

联系人 曾富良
电 话 13600198567
地 址 深圳市宝安区公明镇玉律村
邮 编 5180106
养殖品种 荷斯坦牛
存栏量 75头

### 深圳宝安曾祥华奶牛场

联系人 曾祥华
电 话 13603009610
地 址 深圳市宝安区公明镇田寮村
邮 编 518106
养殖品种 荷斯坦牛
存栏量 67头

### 深圳宝安余辉元奶牛场

联系人 余辉元
电 话 13923794767、0755-27195766
地 址 深圳市宝安区公明镇田寮村
邮 编 518106
养殖品种 荷斯坦牛
存栏量 80头

### 深圳宝安罗伟斌奶牛场

联系人 罗伟斌
电 话 13602580399
地 址 深圳市宝安区公明镇长圳村
邮 编 518106
养殖品种 荷斯坦牛
存栏量 133头

### 深圳宝安高振坤奶牛场

联系人 高振坤
电 话 13923455912
地 址 深圳宝安区公明镇长圳村1队2号
邮 编 518106
养殖品种 荷斯坦牛
存栏量 98头

### 深圳宝安陈志诚奶牛场

联系人 陈志诚
电 话 13602556513
地 址 深圳市宝安区公明镇长圳村
邮 编 518106
养殖品种 荷斯坦牛
存栏量 84头

### 深圳宝安梁祥光奶牛场

联系人 梁祥光
电 话 13600194223
地 址 深圳宝安区公明镇长圳村奶牛场
邮 编 518106
养殖品种 荷斯坦牛
存栏量 67头

### 深圳宝安曾永强奶牛场

联系人 曾永强
电 话 13603028078
地 址 深圳宝安区公明镇长圳村第8队
邮 编 518106
养殖品种 荷斯坦牛
存栏量 100头

### 深圳宝安严小丽奶牛场

联系人 严小丽
电 话 13923211139
地 址 深圳市宝安区观澜镇
邮 编 518108
养殖品种 荷斯坦牛
存栏量 52头

### 深圳宝安王辉成奶牛场

联系人 王辉成
电 话 13828852152
地 址 深圳市宝安区公明镇田寮村
邮 编 518106
养殖品种 荷斯坦牛
存栏量 55头

### 深圳宝安李松明奶牛场

联系人 李松明
电 话 13828779118
地 址 深圳市宝安区公明镇长圳村
邮 编 518106
养殖品种 荷斯坦牛
存栏量 59头

### 深圳宝安卢其新奶牛场

联系人 卢其新
电 话 13802238871
地 址 深圳市宝安区公明镇长圳村
邮 编 518106
养殖品种 荷斯坦牛
存栏量 57头

### 深圳宝安陈可奶牛场

联系人 陈 可
电 话 13509647421
地 址 深圳市宝安区公明镇长圳村
邮 编 518107
养殖品种 荷斯坦牛
存栏量 51头

### 佛山南海何志玲奶牛场

联系人 何志玲
电 话 0757-6771480
地 址 佛山市南海区平洲平西
养殖品种 杂交水牛
存栏量 71头

### 佛山南海刘国华奶牛场

联系人 刘国华
电 话 0757-6778477
地 址 佛山市南海区平洲平西
养殖品种 杂交水牛
存栏量 111头

### 佛山南海胡日灶奶牛场

联系人 胡日灶
电 话 0757-6773041
地 址 佛山市南海区平洲平西
养殖品种 杂交水牛
存栏量 80头

### 佛山南海陈注标奶牛场

联系人 陈注标

电　话　0757-6784892
地　址　佛山市南海区平洲平西
养殖品种　杂交水牛、荷斯坦牛
存栏量　272 头

**佛山南海何少分奶牛场**

联系人　何少分
电　话　0757-6784550
地　址　佛山市南海区平洲平西
养殖品种　杂交水牛
存栏量　83 头

**佛山南海永生联合奶牛场**

地　址　佛山市南海区三山平胜
养殖品种　杂交水牛
存栏量　86 头

**佛山南海兆添奶牛场**

联系人　兆　添
地　址　佛山市南海区三山平胜
养殖品种　杂交水牛
存栏量　70 头

**佛山南海郭祥芬奶牛场**

联系人　郭祥芬
电　话　0757-6611223
地　址　佛山市南海区三山平胜
养殖品种　荷斯坦牛
存栏量　130 头

**佛山南海郭昌栈奶牛场**

联系人　郭昌栈
电　话　0757-6612023
地　址　佛山市南海区三山平胜
养殖品种　杂交水牛
存栏量　60 头

**佛山南海周锦奶牛场**

联系人　周　锦
电　话　0757-6442848
地　址　佛山市南海区罗村镇沙坑荷斯坦牛、杂交水牛
存栏量　72 头

**佛山南海周聘奶牛场**

联系人　周　聘
地　址　佛山市南海区罗村镇沙坑
养殖品种　荷斯坦牛
存栏量　52 头

**佛山南海周俭葵奶牛场**

联系人　周俭葵
地　址　佛山市南海区罗村镇沙坑
养殖品种　荷斯坦牛
存栏量　52 头

**佛山南海李乃芬奶牛场**

联系人　李乃芬
电　话　1306716313
地　址　南海区西樵山镇平沙南社
养殖品种　杂交水牛
存栏量　200 头

**佛山南海奶水牛示范场**

地　址　南海区小塘镇
养殖品种　尼里、摩拉、杂交水牛
存栏量　78 头

## 广　西

**广西水牛研究所水牛场**

联系人　杨炳壮
电　话　0771-3320780
传　真　0771-3313814
地　址　广西南宁市邕武路 24 号
邮　编　530001
养殖品种　奶用水牛
存栏量　460 头

**广西农垦西江畜牧有限公司奶牛场**

联系人　邓绍辉
电　话　0775-4270941
传　真　0775-4271041
地　址　广西贵港市
邮　编　537104
养殖品种　荷期坦
存栏量　300 头

**广西畜牧研究所奶牛场**

联系人　韦干显
电　话　0771-3305285
传　真　0771-3313026
地　址　南宁市邕武路 24 号
邮　编　530001
养殖品种　澳型荷斯坦、西门塔尔、短角牛
存栏量　260 头

**广西富川大自然奶业有限公司**

联系人　邓寿志
电　话　0774-7888351
传　真　0774-7886952
地　址　富川县富阳镇凤凰路 6 号
邮　编　542700
养殖品种　奶水牛
存栏量　92 头

## 海　南

**海南艾森牧业有限公司**

联系人　戴桂海
电　话　0898-67486601/6602/6603
传　真　0898-67486604
地　址　澄迈县老城邮电支局 008 号信箱
邮　编　571924
养殖品种　中国黑白花
存栏量　300 头

**海南新海乳业有限公司**

联系人　和　平
电　话　0898-65774545
传　真　0898-65778207
地　址　海口市罗牛山农业综合开发区
邮　编　571133
养殖品种　荷斯坦黑白花奶牛
存栏量　140 头

## 重　庆

**重庆市巴县红旗农场奶牛场**

电　话　023-66221207
地　址　重庆市巴南区巴南镇
邮　编　401320

**重庆市龙溪奶牛场**

电　话　023-67871025
地　址　重庆市渝北区龙溪镇
邮　编　400020

## 四　川

**四川雅安熊猫乳业有限公司**

联系人　张健康
电　话　0835-2622678
传　真　0835-2620058
地　址　四川雅安市康藏路 95 号
邮　编　625000
养殖品种　中国荷斯坦
存栏量　2 800 头

**成都市共发实业有限责任公司**

联系人　祝志祥
电　话　028-87321213、87349077
传　真　028-87321213
地　址　成都市外西苏坡乡青波堰
邮　编　610091
养殖品种　黑白花
存栏量　700 头

**四川南充天太乳业有限公司**

联系人　李全中
电　话　（0817）2701741、2708078
传　真　（0817）2701741
地　址　南充市文峰街 54 号

邮　编　637000
养殖品种　中国荷斯坦
存栏量　580 头

### 西昌攀西乳业有限责任公司

联系人　贺　飞
电　话　0834-3957018、3957858
传　真　0834-3957028
地　址　四川省西昌市新村路
邮　编　615022
养殖品种　中国荷斯坦
存栏量　500 头

### 四川成都凤兴实业有限公司

联系人　刘成利
电　话　028-83112627
地　址　成都外北凤凰山单石桥
邮　编　610081
养殖品种　黑白花
存栏量　450 头

### 成都市红瓦寺乳牛场联合奶场

联系人　杨学成
电　话　028-83987198
地　址　成都市新都区石板滩镇
邮　编　610511
养殖品种　黑白花
存栏量　450 头

### 四川绵阳市种畜场

联系人　刘义贵
电　话　0816-6331513
传　真　0816-6331513
地　址　绵阳市西山北路 55 号
邮　编　621000
养殖品种　中国荷斯坦
存栏量　410 头

### 攀枝花市综合农场

联系人　颜明发
电　话　2900348
传　真　2900348
地　址　攀枝花市综合农场
邮　编　617061
养殖品种　荷斯坦
存栏量　400 头

### 凉山州畜牧兽医科学研究所

联系人　傅　平
电　话　0834-2720587
传　真　0834-2920587
地　址　四川省西昌市袁家山
邮　编　615042
养殖品种　中国荷斯坦
存栏量　93 头

## 贵　州

### 贵阳三联乳业有限公司

联系人　孙良缔
电　话　0851-5562457、5562452
传　真　0851-5562457，5568323
地　址　贵阳市兴关路 19 号
邮　编　550002
养殖品种　中国荷斯坦
存栏量　6 000 头

### 宋旗大坡脚奶牛基地

联系人　滕代远
电　话　0853-3625069
地　址　贵州省安顺市西秀区宋旗镇大坡脚村
邮　编　561000
养殖品种　荷斯坦
存栏量　104 头

### 贵州都匀市奶牛场

电　话　0854-8620811
地　址　贵州省都均市郊
邮　编　558022

### 凯里永丰公司奶牛场

电　话　0855-8600527
地　址　贵州省凯里市郊
邮　编　560500

### 铜仁县大兴奶牛场

地　址　贵州省铜仁县
邮　编　554300

### 遵义市奶牛场

地　址　贵州省遵义市
邮　编　563000

## 云　南

### 昆明雪兰牛奶公司第一奶牛场

负责人　张　藻
电　话　0871-5154263
传　真　0871-5151988
地　址　昆明市环城北路 100 号
邮　编　650051
养殖品种　荷斯坦
存栏量　400 头

### 昆明雪兰牛奶公司第二奶牛场

负责人　张　藻
电　话　0871-5154263
传　真　0871-5151988
地　址　昆明市环城北路 100 号
邮　编　650051
养殖品种　荷斯坦
存栏量　600 头

### 昆明雪兰牛奶公司第三奶牛场

负责人　张　藻
电　话　0871-5154263
传　真　0871-5151988
地　址　昆明市环城北路 100 号
邮　编　650051
养殖品种　荷斯坦
存栏量　500 头

### 昆明雪兰牛奶公司第四奶牛场

负责人　张　藻
电　话　0871-5154263
传　真　0871-5151988
地　址　昆明市环城北路 100 号
邮　编　650051
养殖品种　荷斯坦
存栏量　500 头

### 昆明雪兰牛奶公司第五奶牛场

负责人　张　藻
电　话　0871-5154263
传　真　0871-5151988
地　址　昆明市环城北路 100 号
邮　编　650051
养殖品种　荷斯坦
存栏量　500 头

### 昆明雪兰牛奶公司第六奶牛场

负责人　张　藻
电　话　0871-5154263
传　真　0871-5151988
地　址　昆明市环城北路 100 号
邮　编　650051
养殖品种　荷斯坦
存栏量　500 头

### 昆明雪兰牛奶公司第七奶牛场

负责人　张　藻
电　话　0871-5154263
传　真　0871-5151988
地　址　昆明市环城北路 100 号
邮　编　650051
养殖品种　荷斯坦
存栏量　600 头

### 昆明雪兰牛奶公司第八奶牛场

联系人　李東科
电　话　0871-5154263
传　真　0871-5151988
地　址　昆明市环城北路 100 号
邮　编　650051
养殖品种　荷斯坦

存栏量 200头

### 昆明雪兰牛奶公司宏尚奶牛合作社

联系人 马敏尚
电 话 013888481988
传 真 0871-5151988
地 址 昆明市官渡区金属材料公司旁宏尚奶牛合作社
养殖品种 荷斯坦
存栏量 900头

### 昆明雪兰牛奶公司月表奶牛合作社

联系人 李绍明
电 话 0871-7817888
传 真 0871-5151988
地 址 昆明市晋宁县化乐乡月表奶牛合作社
养殖品种 荷斯坦
存栏量 848头

### 昆明雪兰牛奶公司建昌奶牛合作社

联系人 张建昌
电 话 01388116319
传 真 0871-5151988
地 址 昆明市呈贡县落羊镇建昌奶牛合作社
养殖品种 荷斯坦
存栏量 600头

### 昆明雪兰牛奶公司上蒜现代奶牛合作社

联系人 余祖映
电 话 013987698378
传 真 0871-5151988
地 址 昆明市晋宁县上蒜乡上蒜现代奶牛合作社
养殖品种 荷斯坦
存栏量 600头

### 昆明雪兰牛奶公司绿源奶牛合作合作社

联系人 赵思聪 顾建林
电 话 013808709612
传 真 0871-5151988
地 址 昆明市晋宁县晋宁县晋城镇绿源奶牛合作社
养殖品种 荷斯坦
存栏量 592头

### 昆明雪兰牛奶公司伊桂奶牛合作社

联系人 桂宝义
电 话 013708469261
传 真 0871-5151988
地 址 昆明市呈贡县小古程村伊桂奶牛合作社
养殖品种 荷斯坦
存栏量 526头

### 昆明雪兰牛奶公司文林奶牛合作社

联系人 柳文林
电 话 01306423161б
传 真 0871-5151988
地 址 昆明市嵩明县军马场文林奶牛合作社
养殖品种 荷斯坦
存栏量 450头

### 昆明雪兰牛奶公司孙家坝奶牛合作社

联系人 程树才
电 话 01388203149
传 真 0871-5151988
地 址 昆明市晋宁县新街乡孙家坝奶牛合作社
养殖品种 荷斯坦
存栏量 450头

### 昆明雪兰牛奶公司宜良县宜兴养殖场

联系人 李法成
电 话 0871-5151988
传 真 0871-5151988
地 址 昆明市宜良县狗街镇高古马村
养殖品种 荷斯坦
存栏量 160头

### 前进乳业富光奶牛基地

联系人 严秋富
电 话 133308741556
地 址 陆良县大平哨“经济林牧场”
养殖品种 荷斯坦
存栏量 1 480头

### 前进乳业兴桂奶牛场

联系人 桂宝义
电 话 13708469261
地 址 昆明东郊跑马山
养殖品种 荷斯坦
存栏量 400头

### 前进乳业穆盛达奶牛基地

联系人 保佑章
电 话 13608804988
地 址 云南省呈贡县上可乐
养殖品种 荷斯坦
存栏量 400头

### 前进乳业华达奶牛场

联系人 王文民
电 话 13888999441
地 址 昆明东郊跑马山杜家营
养殖品种 荷斯坦
存栏量 210头

### 前进乳业安达奶牛场

联系人 安谷春
电 话 13808724024
地 址 昆明跑马山杜家营
养殖品种 荷斯坦
存栏量 180头

## 西 藏

### 日喀则奶牛场

地 址 西藏日喀则市
邮 编 857000

### 西藏八一农场

地 址 西藏拉萨市西郊
邮 编 850002

## 陕 西

### 西安现代农业公司畜牧开发公司

联系人 武钢旦
电 话 029-6602067
传 真 029-6602312
地 址 西安市北郊草滩农场
邮 编 710021
养殖品种 中国荷斯坦
存栏量 4 010头

### 西安现代农业公司奶牛一场

联系人 王铁芦
电 话 029-6677083
地 址 西安现代农业综合开发区东区
邮 编 710021
养殖品种 中国荷斯坦
存栏量 1 100头

### 宝鸡市得力康乳业公司

联系人 高亚凡
电 话 0917-3576453
地 址 宝鸡市金台区高家坪村得力良乳业公司
邮 编 721001
养殖品种 黑白花
存栏量 1 000头

### 西安现代农业公司奶牛三场

联系人 夏守兵
电 话 029-6602246
地 址 西安现代农业综合开发区
邮 编 710021
养殖品种 中国荷斯坦
存栏量 900头

### 宝鸡市农牧良种场

联系人 郝恩让

电　话　0917-5770029
邮　编　722300
养殖品种　黑白花
存栏量　800 头

### 西安现代农业公司奶牛四场

联系人　程丰收
电　话　029－6602243
地　址　西安现代农业综合开发区
邮　编　710021
养殖品种　中国荷斯坦
存栏量　700 头

### 西安现代农业公司奶牛二场

联系人　严立学
电　话　029－6602241
地　址　西安现代农业综合开发区
邮　编　710021
养殖品种　中国荷斯坦
存栏量　650 头

### 西安现代农业公司奶牛五场

联系人　秦海鹏
电　话　029－6602245
地　址　西安现代农业综合开发区
邮　编　710086
养殖品种　中国荷斯坦
存栏量　600 头

### 西安市红星乳品厂牧业分场

联系人　牛　隽
电　话　029－4519754
地　址　西安市三桥镇西
邮　编　710086
养殖品种　中国荷斯坦
存栏量　550 头

### 西安市奶业研究所良种奶牛试验场

联系人　李永鹏
电　话　029 6602726
传　真　029-6602726、6602683
地　址　西安北郊现代农业综合开发区
邮　编　710021
养殖品种　中国荷斯坦
存栏量　320 头

### 西安市玉山奶粉厂奶牛场

联系人　王军旗
电　话　029-2955002
传　真　029-2955001
地　址　西安市蓝田县许庙镇
邮　编　710504
养殖品种　中国荷斯坦
存栏量　295 头

## 甘　肃

### 兰州奶牛繁殖场

联系人　李明高
电　话　0931-4677345
传　真　0931-7691235
地　址　兰州市段家滩 697 号
邮　编　730020
养殖品种　中国荷斯坦-甘肃类群
存栏量　1 350 头

### 兰州好为尔生物科技股份有限公司

负责人　王联盟
电　话　0931-7691235
传　真　0931-7691235
地　址　兰州安宁西路 122 号
邮　编　730070
养殖品种　荷斯坦
存栏量　1 000 头

### 甘肃凯悦生物科技有限公司

联系人　牟克敏
电　话　0931-8440397
传　真　0931-8440397
地　址　兰州市庆阳路 277 号
邮　编　730020
养殖品种　中国荷斯坦
存栏量　1 000 头

### 天祝白牦牛育种实验场

联系人　梁育林
电　话　0935-3123902
地　址　甘肃省天祝县会柴沟镇
邮　编　733200
养殖品种　天祝白牦牛
存栏量　600 头

## 青　海

### 青海天露乳业有限责任公司

联系人　张历新
电　话　0971-5318003
传　真　0971-5318063
地　址　青海宁大路 29 号
邮　编　810003
养殖品种　荷斯坦
存栏量　1 000 头

### 西宁市奶牛场

电　话　0971-5318063
地　址　青海省西宁市宁张路 29 号
邮　编　810003

### 大通县奶牛场

电　话　0971-2722059
地　址　青海省大通县
邮　编　810100

### 西宁市南滩园艺场奶牛场

电　话　0971-8176963
地　址　青海省西宁市康南 5 号
邮　编　810007

### 西宁市十里铺园艺场奶牛场

电　话　0971-5130308
地　址　青海省西宁市宁张路 69 号
邮　编　810016

## 宁　夏

### 银川平吉堡奶牛场

联系人　毛荣业
电　话　0951-2161294
传　真　0951-2161093
地　址　银川市平吉堡
存栏量　5 000 头

### 宁夏北方乳业奶牛场

联系人　孙承彦
电　话　0951-8429251
传　真　0951-4085086
地　址　永宁望远经济开发区
邮　编　750024
存栏量　836 头

### 北塔乳业八里桥奶牛场

联系人　黄跃树
电　话　0951-6721613
地　址　银川市八里桥
邮　编　750004
存栏量　832 头

### 灵武畜牧发展公司牛场

联系人　朱　军
电　话　0953-4092141
地　址　宁夏灵武农场
邮　编　750100
存栏量　780 头

### 宁夏四正生物工程中心

联系人　史远刚
电　话　0951-8064700
地　址　贺兰县城北郊
邮　编　751400
存栏量　524 头

### 北塔乳业东门奶牛场

联系人　杨　鹏
电　话　0951-6151754
地　址　银通路东门外一公里
邮　编　750004

存栏量　850 头

### 宁兰垦牧公司奶牛场

联系人　马庭选
电　话　13909538988
地　址　吴忠金银滩农场
邮　编　751100
存栏量　620 头

### 吴忠张军奶牛场

联系人　张军
电　话　0953-2692660
地　址　吴忠金积镇西门村
邮　编　751100
存栏量　120 头

### 利通区金岭奶牛场

联系人　徐金岭
电　话　0953-2992477
地　址　利通区高闸镇
邮　编　751100
存栏量　130 头

### 利通区田桥奶牛场

联系人　冯学功
电　话　0953-2641233
地　址　利通区马家湖田桥村
邮　编　751100
存栏量　70 头

### 利通区源源奶牛场

联系人　马玉江
电　话　0953-2731180
地　址　利通区扬马湖东沟湾村
邮　编　751100
存栏量　90 头

### 贺兰县青松乳业

联系人　孙立军
电　话　13909576989
地　址　贺兰县新胜一社
邮　编　751400
存栏量　320 头

### 贺兰县陈建云奶牛场

联系人　陈建云
电　话　13995011933
地　址　贺兰县银河八社
邮　编　751400
存栏量　110 头

### 贺兰县哈学林奶牛场

联系人　哈学林
电　话　13007989351
地　址　贺兰县西新五社
邮　编　751400
存栏量　55 头

### 长庆农副公司奶牛场

联系人　马玉平
电　话　13709537326
地　址　长庆钻三农副公司
邮　编　751400
存栏量　260 头

### 灵武王富贵奶牛场

联系人　王富贵
电　话　0953-4701232
地　址　灵武市郝家桥乡郝家桥村
邮　编　751600
存栏量　76 头

### 灵武杜胜兴奶牛场

联系人　杜胜兴
地　址　灵武市独木桥乡
邮　编　751406
存栏量　170 头

### 连湖农场奶牛场

联系人　张文会
电　话　0953-3710064
地　址　宁夏连湖农场
邮　编　754002
存栏量　426 头

## 新　疆

### 新疆物华畜牧公司呼图壁种牛场

联系人　庞海涛
电　话　0994-4352898、4352004、4352015
传　真　0994-4352898
地　址　新疆呼图壁种牛场
邮　编　831203
养殖品种　西门塔尔、蒙贝利亚、荷斯坦
存栏量　2 800 头

### 巴音郭楞蒙古自治区奶牛场

联系人　宋明臣
电　话　0996-2165868　13999007330
地　址　巴音郭楞蒙古自治区奶牛场
邮　编　841000

### 阿勒泰地区一牧场

电　话　0906-2822311
地　址　新疆阿勒泰地区一牧场
邮　编　836503

### 巴州奶牛场

电　话　0996-2025490
地　址　新疆库尔勒市巴州奶牛场
邮　编　841000

### 伊利地区奶牛场

电　话　0999-3894013
地　址　新疆伊犁地区奶牛场
邮　编　835311

# 加工企业

## 北　京

### 北京三元食品股份有限公司

负责人　邢春华
电　话　010-84015040
传　真　010-64005995
地　址　北京鼓楼西大街 75 号
邮　编　100009
网　站　www. sanyuan. com.cn
主产品　乳制品
品　牌　三元
日处理鲜奶能力　1729．4 吨

### 北京三元食品股份有限公司乳品一厂

负责人　申屠竹良
电　话　010-85390576
传　真　010-85390576
地　址　北京市朝阳区双桥东路
邮　编　100009
主产品　保鲜奶．超高温灭菌奶．乳酸饮料
品　牌　三元、绿鸟
日处理鲜奶能力　500 吨

### 北京三元食品股份有限公司乳品三厂

负责人　李殿元
电　话　010-67522742
传　真　010-67522742
地　址　北京市丰台区右安门外北甲地
主产品　发酵奶
品　牌　三元
日处理鲜奶能力　300 吨

### 北京三元食品股份有限公司乳品四厂

负责人　陈慧峰
电　话　010-67990346
传　真　010-67990346
地　址　北京市昌平区南口镇
主产品　奶粉．甜炼乳．稀奶油
品　牌　燕山
日处理鲜奶能力　200 吨

### 北京三元食品股份有限公司乳品五厂

负责人　马满生
电　话　010-69732480
传　真　010-6973222480

地　址　北京昌平区史各庄朱辛庄村西
主产品　UHT 纯牛奶、低乳糖纯牛奶、草莓奶、巧克力奶、酸奶等
品　牌　三元
日处理鲜奶能力　100 吨

### 北京三元食品股份有限公司乳品八厂

负责人　王宝柱
电　话　010-80511072
传　真　010-80511072
地　址　北京通州区永乐新技术开发区
主产品　鲜奶．酸奶
品　牌　晓雅
日处理鲜奶能力　12 吨

### 北京三元食品股份有限公司华冠分公司

负责人　王顺宏
电　话　010-62912266
传　真　010-62913945
地　址　北京海淀区清河西三旗安宁庄
主产品　酸奶、干酪、UHT
品　牌　三元、雪凝
日处理鲜奶能力　127.4 吨

### 北京三元食品股份有限公司营销分公司

负责人　郭维健
电　话　010-64613187
传　真　010-64679676
地　址　北京市朝阳区新源里 18 号

### 呼伦贝尔三元乳业有限责任公司

负责人　吕宝强
电　话　0470－8225433
传　真　0470－8225433
地　址　海拉尔市建设大街
主产品　乳制品及乳制品相关产品
品　牌　三元
日处理鲜奶能力　250 吨

### 内蒙古新巴尔虎左旗三元乳业有限责任公司

负责人　王发兴
电　话　0470－6602024
传　真　0470－6602024
地　址　阿木古郎镇
主产品　乳制品、畜牧业、食品加工
日处理鲜奶能力　40 吨

### 内蒙古满洲里三元乳业有限责任公司

负责人　王京胜
电　话　0470－6552700
传　真　0470－6552700
地　址　满洲里市赉诺尔市乳品街 20 号
主产品　乳制品、畜牧业
品　牌　三元、草原
日处理鲜奶能力　40 吨

### 天津三元乳业有限公司

负责人　邱志刚
电　话　022－68865066
传　真　022－68865066
地　址　静海县双塘镇东双塘村
主产品　乳制品、畜牧业
日处理鲜奶能力　40 吨

### 河北容城三元乳业有限责任公司

负责人　黄小刚
电　话　0312－5612673
传　真　0312－5612673
地　址　容城县环城西路 99 号
主产品　乳制品、畜牧业
品　牌　三元
日处理鲜奶能力　30 吨

### 上海三元全佳乳业有限公司

负责人　高小祥
电　话　021－59700511
传　真　021－59700311
地　址　上海青浦区外青松公路 4789 号
主产品　乳品、饮料、食品、原材料等
品　牌　三元、全佳
日处理鲜奶能力　60 吨

### 北京八达岭乳业有限公司

负责人　刘长永
电　话　010-81194542
传　真　010-81194542
地　址　北京市延庆县
邮　编　102100
主产品　全脂乳粉、全脂加糖乳粉
品　牌　延乐
日处理鲜奶能力　30 吨

### 内蒙古伊利实业集团股份有限公司北京乳品厂

负责人　王树俊
电　话　010-69076949、69076764
地　址　北京市密云县工业开发区锦程路 7 号
邮　编　101500
主产品　鲜奶、酸奶、风味奶
品　牌　伊利
日处理鲜奶能力　200 吨

### 兴起食品有限公司

负责人　王兴起
电　话　13801003770
地　址　北京市大兴区青云店民营科技开发区
邮　编　102605
主产品　液态奶、酸奶
品　牌　喜达克
日处理鲜奶能力　200 吨

### 北京光明健能乳业有限公司

负责人　魏晓琨
电　话　010-89495539
地　址　北京市顺义区林河工业开发区
邮　编　101300
主产品　保鲜奶
品　牌　光明
日处理鲜奶能力　150 吨

### 奥德华乳品（北京）有限公司

负责人　何亚军
电　话　010-61363029
传　真　010-61363029
地　址　北京市房山区长河新世纪工业园区
邮　编　102407
主产品　鲜奶、酸奶
品　牌　维奥
日处理鲜奶能力　120 吨

### 北京市南郊牛奶公司德茂乳品厂

负责人　闫　伟
电　话　010-67991411
传　真　010-67963520
地　址　北京市大兴区旧宫镇德茂庄 42 号
邮　编　100076
主产品　巴士鲜奶、酸奶、花色奶、乳饮料
品　牌　德茂
日处理鲜奶能力　80 吨

### 北京市昌平区聚福乳品厂

负责人　茹永江
电　话　010-60773519
传　真　010-60773519
地　址　北京市昌平区马池口镇
邮　编　102200
主产品　鲜奶、酸奶、
品　牌　聚康
日处理鲜奶能力　60 吨

### 北京奥顺乳业有限公司

负责人　刘　田
电　话　010-61681021
传　真　010-61681202
地　址　北京市怀柔区北房镇幸福西街 18 号
邮　编　101400
主产品　奶粉、饮料
品　牌　奥顺
日处理鲜奶能力　50 吨

### 北京南郊康乐乳品厂

负责人　王铁柱
电　话　010-67993752
传　真　010-69279578
地　址　北京大兴区沧海镇怡乐村
邮　编　100076
主产品　袋状鲜奶、酸奶
品　牌　京世康
日处理鲜奶能力　50 吨

### 北京市昌平区鲜奶供应站

负责人　王　翔
电　话　010-69725055/13011136306
传　真　010-69742579
地　址　北京市昌平区十三陵镇
邮　编　102200
主产品　鲜奶、酸奶
品　牌　燕山
日处理鲜奶能力　40 吨

### 北京妙士乳业有限公司

负责人　缪长青
电　话　010-66168666
传　真　010-66169666
地　址　北京怀柔区雁栖工业开发区北京妙士乳业有限公司
邮　编　101407
主产品　妙士一品乳
品　牌　妙士
日处理鲜奶能力　30 吨

### 北京昌平区日晨乳品有限公司

负责人　李春山
电　话　010-69738598
地　址　北京市昌平区沙河镇
邮　编　102206
主产品　鲜奶、酸奶
品　牌　日晨
日处理鲜奶能力　20 吨

### 北京新纪元生物工程有限责任公司

负责人　赵玉山
电　话　010-60275511
传　真　010-60275500
地　址　北京市大兴区天堂河
邮　编　102609
主产品　酸奶
品　牌　元月
日处理鲜奶能力　20 吨

### 北京怡美食品有限公司

负责人　王剑智
电　话　010-69981848
传　真　010-69981166
地　址　北京市平谷区兴谷开发区 16 号街
邮　编　101200
主产品　纯牛奶、果味奶、酸奶
品　牌　怡美、乐园
日处理鲜奶能力　10 吨

### 北京百思乐乳业有限公司

负责人　高　杰
电　话　010-61681065
传　真　010-61682150
地　址　北京市怀柔区北房镇经纬工业小区
邮　编　101400
主产品　乳饮料
品　牌　养生
日处理鲜奶能力　5~6 吨

### 北京双林奶牛养殖有限公司

负责人　高长林
电　话　010-61676578
地　址　北京怀柔区杨宋镇张各庄
邮　编　101400
主产品　鲜奶、酸奶、饮料
品　牌　仙绿
日处理鲜奶能力　3~5 吨

### 北京百万庄园乳业有限公司

电　话　010-63468888
地　址　北京市西城区展览路 28 号
邮　编　100055

### 北京市冰妃乳制品有限公司

电　话　010-62255726
地　址　北京海淀区北下关净土寺 28 号
邮　编　100044

### 北京市欧伊希食品有限公司

地　址　北京市朝阳区大屯路 3 号
邮　编　100101

### 北京双娃乳业有限公司

联系人　胡克勤
电　话　010-64391816
传　真　010-64391817
地　址　北京市朝阳区望京利泽中园二区 203 号洛娃大厦
邮　编　100102

### 北京三喜乳业有限公司

联系人　刘玉荣
电　话　010-63975615
传　真　010-66862318
地　址　丰台区长辛店辛庄村东坡 6 号
邮　编　100074
主产品　鲜袋奶、乳酸饮品
品　牌　三和喜
日处理鲜奶能力　20 吨

### 北京万年青乳品有限公司

联系人　刘　丽
电　话　010-67980192
传　真　010-67992460
地　址　北京市南郊旧宫西路 91 号
邮　编　100076

### 房山区燕山乳品厂

联系人　吴家骏
电　话　010-69344977
传　真　010-69341405
地　址　北京市燕山区高家坡路 11 号
邮　编　102500

### 北京优格乳品有限责任公司

联系人　黄经理
电　话　010-60275562
传　真　010-63855055
地　址　北京丰台区北大街北里甲 1 号
邮　编　102609

### 北京南郊华宇乳品厂

联系人　五铁柱
电　话　010-67993752
地　址　北京市大兴县瀛海怡乐村
邮　编　100076
主产品　乳制品

## 天　津

### 天津海河乳业股份有限公司

联系人　何秀恒
电　话　022-26727967
地　址　北辰区新宜白大道科技园区
邮　编　300402
主产品　鲜奶、UHT、酸奶、奶粉
品　牌　海河牌
日处理鲜奶能力　400 吨

### 天津梦得奶制品有限公司

联系人　于　静
电　话　022-26978612
地　址　北辰开发区双辰前路 15 号
邮　编　300400
主产品　鲜奶、UHT、酸奶
品　牌　梦思得露牌
日处理鲜奶能力　200 吨

### 天津中芬乳业有限公司

联系人　李海峰
电　话　022-69519229
地　址　天津市宁河县造甲城道口
邮　编　300300
主产品　鲜奶、UHT、酸奶、奶粉

品　牌　红牛
日处理鲜奶能力　180 吨

### 天津市娃哈哈乳制品有限公司

联系人　宗庆后
电　话　022-82109106
地　址　天津市武清开发区泉洲北路 18 号
邮　编　301700
主产品　UHT、AD 钙奶
品　牌　娃哈哈牌
日处理鲜奶能力　150 吨

### 天津市津河乳业有限公司

联系人　魏福盛
电　话　022-82577228
地　址　天津市宝坻区黄庄村北
邮　编　301803
主产品　UHT 奶
品　牌　津河牌
日处理鲜奶能力　80 吨

### 天津市福是妙乳业有限公司

联系人　沈晓健
电　话　022-29511211
地　址　天津市武清区王庆坨镇
邮　编　301713
主产品　酸奶、乳饮料
品　牌　福是妙
日处理鲜奶能力　50 吨

### 天津亚亿实业有限公司

联系人　刘　丽
电　话　022-28126880
地　址　河西区围堤道 146 号华盛广场 A 座 27B
邮　编　300201
主产品　羊奶粉、羊奶片
品　牌　美可高特牌

### 天津市华明乳品公司

联系人　赵书明
电　话　022-29338899
传　真　022-29338899
地　址　天津市武清区新华路 2 号
邮　编　301700

### 天津健民酸奶厂

电　话　022-27366327
地　址　天津南开区川府新村平房 3 号
邮　编　300113

### 天津市华旗乳业有限公司

电　话　022-29628548
地　址　天津宝坻县大钟庄镇
邮　编　301804

## 河　北

### 石家庄三鹿集团股份有限公司

联系人　田文华
电　话　0311-7044184
传　真　0311-8615365
地　址　河北石家庄市和平西路 539 号
邮　编　050071

### 唐山汉沽三鹿乳业有限公司

联系人　孟宪忠
电　话　022-69213255
地　址　河北省汉沽农场乳品厂
邮　编　301501
主产品　奶粉、保鲜奶
品　牌　三鹿牌
日处理鲜奶能力　200 吨

### 沽源三鹿乳业有限公司

联系人　马　江
电　话　0313-5754306
传　真　0313-5754265
地　址　沽源牧场三鹿乳业有限公司
邮　编　076576
主产品　奶粉
品　牌　闪电河牌、三鹿牌
日处理鲜奶能力　260 吨

### 承德三鹿乳业有限公司

联系人　马忠岳
电　话　0314-8038238
传　真　0314-8038238
地　址　河北省承德丰宁三鹿乳业有限公司大阁镇
邮　编　068350
主产品　婴儿配方奶粉、中老年奶粉
品　牌　三鹿
日处理鲜奶能力　150 吨

### 宁晋二鹿有限责任公司

负责人　田文华
电　话　0319-5569312
传　真　0319-5569312
地　址　河北邢台市宁晋县大曹庄农场
邮　编　055550
主产品　全脂奶粉
品　牌　三鹿
日处理鲜奶能力　70 吨

### 栾城三鹿乳业有限公司

负责人　田文华
电　话　0311-5462918
地　址　河北省栾城县窦妪工业区
邮　编　051430
主产品　奶粉

### 鹿泉三鹿乳业有限公司

联系人　田文华
电　话　0311-2237241
地　址　河北省鹿泉市铜冶镇南铜冶
邮　编　050221
主产品　奶粉

### 行唐三鹿乳业有限公司

联系人　白锁贵
电　话　0311-2981713
地　址　河北省行唐县只里乡只里
邮　编　050600
主产品　奶粉

### 三鹿集团国富盛邦奶业有限公司

联系人　杨云乐
电　话　0311-5540000
13930490078
传　真　0311-5549999
地　址　石家庄市栾城县
邮　编　051430

### 保定妙士生物工程食品有限公司

联系人　爱文学
电　话　0312-3170601
地　址　保定新保满路
邮　编　071500

### 廊坊伊利乳品有限公司

负责人　潘　刚
电　话　0316-6078801
传　真　0316-6087415
地　址　廊坊市经济开发区永兴路
邮　编　065001
主产品　饮料、纯牛奶
品　牌　伊利
日处理鲜奶能力　300 吨

### 唐山市伊利芦台乳业有限公司

联系人　陈　彦
电　话　022-69388221
传　真　022-69388221
地　址　唐山市伊利芦台乳业有限公司
邮　编　301505
主产品　奶粉
品　牌　伊利
日处理鲜奶能力　100 吨

### 乐百氏（丰润）食品饮料有限公司

联系人　韦忠明
电　话　0315-5183494
传　真　0315-5180687
地　址　丰润区丰顺路 2 号
邮　编　064000

主产品　瓶装奶、利乐包、酸奶、奶粉
品　牌　乐百氏牌
日处理鲜奶能力　300 吨

### 河北乡谣食品有限公司

联系人　张长兴
电　话　0317-5482634　5482425
5481888　5482424
传　真　0317-5481738
地　址　河北省黄骅中捷总场部
邮　编　061108
主产品　灭菌乳、酸乳、乳饮料
品　牌　乡谣
日处理鲜奶能力　170 吨

### 河北天香乳业公司

联系人　胡金全
电　话　0312-5022757
传　真　0312-5022757
地　址　河北保定市卫生路 61 号
邮　编　071000

### 石家庄世达乳制品有限公司

联系人　雍海晖
电　话　0311-5657158
地　址　石家庄市长安区槐中路 620 号
邮　编　050031
主产品　乳制品

### 邯郸康诺食品有限公司

联系人　王炜健
电　话　0310-7020485
传　真　0310-7021193
地　址　邯郸市高新技术开发区天园街 6 号
邮　编　056007
主产品　酸奶、纯奶、果奶系列
品　牌　康诺
日处理鲜奶能力　200 吨

### 唐山营佳乳品有限公司

联系人　闫益金
电　话　0315-5589438
传　真　0315-3241045
地　址　河北丰润区燕东集团南 200 米
邮　编　064009
主产品　全脂大包粉、婴儿粉、幼儿粉、中老年奶、铁锌钙奶、甜粉、妈咪奶粉
品　牌　营佳
日处理鲜奶能力　100 吨

### 泊头市三井乳业有限公司

联系人　祁建发
电　话　0317-8193200
传　真　0317-8183544
地　址　河北省泊头市裕华路
邮　编　062150
主产品　消毒奶、UHT 奶、酸奶
品　牌　三井一品
日处理鲜奶能力　20 吨

### 河北察北牧场福星乳业集团公司

联系人　冯海军
电　话　0311-5364107
传　真　0311-5364107
地　址　河北省张家口市察北牧场
邮　编　076481
主产品　奶粉、液态奶
品　牌　福星
日处理鲜奶能力　200 吨

### 邯郸滏阳乳业有限责任公司

联系人　李殿华
电　话　0310-6050505
传　真　0310-6068235
地　址　邯郸市渚河路 157 号
邮　编　056001
主产品　UHT 奶、消毒牛奶、瓶酸奶、花色奶、乳饮料、奶粉
品　牌　滏阳
日处理鲜奶能力　100 吨

### 唐山市丰润区御带山乳品厂

联系人　郭瑞岭
电　话　0315-5589150
传　真　0315-5589150
地　址　唐山丰润区姜家营郭庄子村南
邮　编　064009
主产品　全脂粉、配方奶粉
品　牌　御带山
日处理鲜奶能力　100 吨

### 张家口长城乳业有限公司

联系人　苟秉兴、吴春旺
电　话　0313-4058825
传　真　0313-4058975
地　址　张家口市桥东区纬一东路 7 号
邮　编　075000
主产品　消毒牛奶、UHT 奶、乳饮料
品　牌　长城
日处理鲜奶能力　60 吨

### 唐山明乐乳业公司

联系人　崔守财
电　话　0315-4167557
地　址　河北省滦南城镇张土坎村
邮　编　063500
主产品　工业奶粉
品　牌　明乐
日处理鲜奶能力　60 吨

### 泊头市天天乳业养殖基地

联系人　常守江
电　话　0317-8184901
地　址　泊头市龙华街
邮　编　062150
主产品　UHT 奶、酸奶
品　牌　三井一品
日处理鲜奶能力　50 吨

### 河北承德御泉乳业有限公司

联系人　崔　杰
电　话　0314-7996640
传　真　0314-7996640
地　址　河北省围场县御道口牧场
邮　编　068463
主产品　奶粉
品　牌　御泉
日处理鲜奶能力　40 吨

### 河北张北县鹿源乳业有限公司

联系人　苟　渊
电　话　0313-5364467、5365007
传　真　0313-5364467、5365007
地　址　河北省张北县
邮　编　076481
主产品　全脂奶粉、脱脂奶粉
品　牌　鹿源牌
日处理鲜奶能力　40 吨

### 宣化旭乐乳业有限公司

联系人　王永龙
电　话　0313-3160617
传　真　0313-3160617
地　址　张家口市宣化区大西街 40 号
邮　编　075100
主产品　消毒奶、活性乳
品　牌　旭乐牌
日处理鲜奶能力　30 吨

### 滦南县龙港乳品厂

联系人　靳　荣
电　话　0315-4422106
地　址　河北省滦南县扒港镇
邮　编　063500
主产品　工业奶粉
品　牌　龙港牌
日处理鲜奶能力　23 吨

### 承德市畜牧场

联系人　张俊发
电　话　0314-4219856
传　真　0314-4219394
地　址　河北省承德市双滦区小松树沟
邮　编　067001
主产品　鲜奶、含乳饮料、酸牛奶

品　牌　天时牌
日处理鲜奶能力　20 吨

## 北戴河四同乳业有限公司

联系人　侣桐礼
电　话　0335-4044444
传　真　0335-4042883
地　址　秦皇岛滨海大道 18 号
邮　编　066100
主产品　酸奶、消毒奶、果味奶、钙奶
品　牌　四同牌
日处理鲜奶能力　20 吨

## 承德水星乳业有限公司

联系人　李振宪
电　话　0314-8038043
传　真　0314-8038043
地　址　河北省丰宁县大阁镇六间房村
邮　编　068350
主产品　奶粉
品　牌　福满牌
日处理鲜奶能力　15 吨

## 燕牛乳业有限责任公司

联系人　铁文才
电　话　0335-2069921
传　真　0335-2069921
地　址　马坨店乡郑林子村
邮　编　066606
主产品　酸牛奶、袋装鲜奶、果味奶
品　牌　欣明牌
日处理鲜奶能力　12 吨

## 张家口塞龙乳品厂

联系人　张胜利
电　话　0313-5041174
传　真　0313-5041242
地　址　河北省宣化县沙峻子镇
邮　编　075131
主产品　奶粉
品　牌　玉康牌、寒龙
日处理鲜奶能力　10 吨

## 承德天时乳业有限公司

联系人　武广平
电　话　0314-8980680
地　址　河北省滦平县付营子乡东港村
邮　编　068250
主产品　鲜奶
品　牌　天时牌
日处理鲜奶能力　8 吨

## 峰峰矿区奶牛场

联系人　王金德
电　话　0310-5169199
地　址　峰峰矿区滏阳东路北侧
邮　编　056200
主产品　鲜奶、酸奶
日处理鲜奶能力　5 吨

## 霸州市红叶食品有限公司

联系人　李德健
电　话　0316-7552135
传　真　0316-7552185
地　址　霸州市杨芬港褚河港村
邮　编　065702
主产品　鲜奶
品　牌　红叶
日处理鲜奶能力　5 吨

## 秦皇岛秦牛乳业公司

联系人　刘树明
电　话　0335-3866637
地　址　秦皇岛海港区燕路 2 号
邮　编　066000
主产品　酸奶、消毒奶
品　牌　秦牛牌
日处理鲜奶能力　2 吨

## 衡水市康乐乳业公司

联系人　李陆海
电　话　13180001888
地　址　衡水市八里庄村
邮　编　053000
主产品　消毒牛奶、酸奶、花色奶
品　牌　康乐
日处理鲜奶能力　100 吨

## 石家庄市红旗乳品厂

电　话　0311-2237241
地　址　河北省石家庄市南铜冶路
邮　编　050221

## 石家庄市鹿王乳品有限公司

联系人　王彩霞
电　话　0311-2986763
传　真　0311-2986763
地　址　石家庄市行唐县支里工业区
邮　编　050600

## 藁城市乳品厂

电　话　0311-8042554
地　址　河北省石家庄市梨元庄
邮　编　052160

## 沧州喜宝乳品有限公司

电　话　0317-5482425
传　真　0317-5481738
地　址　河北省沧州市南环中路 23 号
邮　编　061000

## 沧州市新华乳制品厂

联系人　张洪发
电　话　0317-3017805
地　址　河北省沧州市新华区铁路新村
邮　编　061000

## 唐山三隆乳业有限公司

联系人　武力群
电　话　0315-2240771
传　真　0315-2337001
地　址　唐山市北新西道友谊路北
邮　编　063004

## 唐山市银河乳业有限公司

电　话　0315-3120103
传　真　0315-3151351
地　址　河北省唐山市丰润区银城铺东
邮　编　063030

## 秦皇岛纽希兰乳制品有限公司

电　话　0335-8051067
传　真　0335-3042417
地　址　河北省秦皇岛市海港区河北大街西段 95 号
邮　编　066004

## 秦皇岛美尔淇乳业有限公司

联系人　孙立柱
电　话　0335-7310679
传　真　0335-7310679
地　址　河北省秦皇岛市卢龙县刘田庄镇石桥村
邮　编　066403

## 秦皇岛市卢龙乳制品厂

联系人　孙立柱
电　话　0335-7034260
地　址　秦皇岛市卢龙县刘田庄镇
邮　编　066403

## 保定市东宝乳制品厂

电　话　0312-5065744
地　址　河北省保定市东关大街 13 号
邮　编　071000

## 保定康益乳制品有限公司

电　话　0312-5013978
传　真　0312-5018050
地　址　河北省满城县南韩村
邮　编　071200

## 保定中达乳制品有限公司

电　话　0312-7722819
地　址　河北省望都县环城东路 117 号
邮　编　072450

## 唐山市田力乳业有限公司

联系人　张建东

电　话　0315-3112450
地　址　唐山市新区刘家营魏庄子
邮　编　063030
主产品　全脂淡奶粉、配方奶粉、液态奶

### 徐州维维乳业有限公司保定分厂

联系人　吴向阳
电　话　0312-8325063
地　址　河北省博野县环城北路
邮　编　071300
主产品　豆奶粉

### 承德天添乳业股份有限公司

联系人　马玉民
电　话　0314-7512900
地　址　河北省围场满族蒙古族自治县孟滦街道
邮　编　068465
主产品　奶粉

### 保定市永利乳业公司

联系人　王文杰
电　话　0312-6707079
地　址　保定市
邮　编　071000

### 保定金华乳业有限公司

电　话　0312-5063258
地　址　保定市东关大街129号
邮　编　071000

### 保定清苑县天鹤乳品厂

联系人　朱建立
电　话　0312-8100825
地　址　清苑县前营村
邮　编　071100

### 保定市澳宝乳业有限公司

联系人　哈利强
电　话　0312-2029888
地　址　保定双井小区
邮　编　071052

### 保定市晨光乳业有限公司

联系人　董金海
电　话　0312-3171043
地　址　新市区南奇
邮　编　071052

### 保定市富康奶制品有限责任公司

电　话　0312-3562818
地　址　保定安国市城北
邮　编　071200

### 保定市南郊牛奶制品总厂

联系人　刘贺岭
电　话　0312-2137047
传　真　0312-2126981
地　址　保定太斧路西段
邮　编　071000

### 保定市天达乳业公司

联系人　卢永明
电　话　0312-5086191
地　址　河北保定
邮　编　071000

### 保定市天源乳业制品有限公司

联系人　解志高
电　话　0312-8681727
地　址　保定徐水县107国道边
邮　编　071100

### 保定市仙饮乳制品厂

联系人　卢　林
电　话　0312-5037383
地　址　保定烟厂路东侧
邮　编　071052

### 保定庸河乳品厂

联系人　李会峰
电　话　0312-8030125
地　址　清苑县李各庄
邮　编　071100

### 高阳世纪乳业有限公司

联系人　刘红亮
电　话　0312-6802168
地　址　保定高阳县
邮　编　071500

### 保定市京华乳品有限公司

联系人　梁永亮
电　话　0312-5063258
地　址　保定东关大街
邮　编　071052

### 久久集团乳业有限公司

联系人　刘建设
电　话　0312-8903043
传　真　0312-8903670
地　址　保定徐水复光西路
邮　编　071000

### 保定鹿马鲜奶饮料有限公司

电　话　0312-8096185
地　址　保定清苑县
邮　编　071100

### 石家庄奥利乳品饮料有限公司

电　话　0311-3020439
地　址　石家庄市中山西路苑东街5号
邮　编　050071

### 徐水县妙力达乳制品厂

联系人　李国莹
地　址　徐水县
邮　编　072550

### 清徐集义美乐乳品厂

联系人　彭德胜
电　话　5956159
地　址　清徐县
邮　编　030405
主产品　鲜牛奶、酸奶、乳酸菌饮料奶
品　牌　美乐牌
日处理鲜奶能力　15吨

### 清徐田源乳品厂

联系人　耿米清
电　话　5948612
地　址　清徐县王答乡常庄口田源泉农牧场
邮　编　030406
主产品　鲜牛奶、酸牛奶、乳酸菌饮料奶
品　牌　田源牌
日处理鲜奶能力　5吨

### 阳曲瑞丰乳品厂

联系人　康小明
电　话　5570200
地　址　阳曲县沙沟村
邮　编　030100
主产品　鲜牛奶
品　牌　奶王
日处理鲜奶能力　3吨

## 山　西

### 山西古城乳业集团有限公司

联系人　乔九祟
电　话　0349-7071904
传　真　0349-7081001
地　址　山西山阴县
邮　编　036900

### 山西恒康乳业科技有限公司

联系人　李建华
电　话　0351-7241888-8888
地　址　寇庄南街81号
邮　编　030012
主产品　鲜牛奶、UHT奶、酸奶、乳酸菌饮料奶
品　牌　恒康
日处理鲜奶能力　205吨

### 山西康喜奶业有限公司

联系人　崔建国

电　话　0349-7078888
地　址　山西省山阴县岱岳镇
邮　编　036900
主产品　奶粉、酸奶
品　牌　康喜
日处理鲜奶能力　250 吨

## 溶溶乳业有限公司

联系人　许福亮
电　话　0349-7071810
地　址　山西省山阴县岱岳镇
邮　编　036900
主产品　奶粉
品　牌　溶溶

## 山西金赛利乳业有限公司

联系人　原电明
电　话　0351-6322664
地　址　太原市晋祠三段 81 号
邮　编　030025
主产品　鲜牛奶、酸奶、乳酸菌饮料奶
品　牌　金赛利
日处理鲜奶能力　200 吨

## 离石市益欣食品有限公司

联系人　武玉根
电　话　0358-8355253
传　真　0358-8343170
地　址　离石市宝峰山绿色食品开发基地
邮　编　033015
主产品　鲜奶、酸奶、AD 奶、乳饮料
品　牌　益欣
日处理鲜奶能力　60 吨

## 山西大同云城乳业有限公司

联系人　张建强、薛起恭
电　话　0352-4193016
传　真　0352-4193159
地　址　大同市新平旺新胜街
邮　编　037003
主产品　鲜奶、果奶、酸奶、钙奶
品　牌　云城
日处理鲜奶能力　50 吨

## 山西山阴农牧场

联系人　秦中文
电　话　0349-7095040
地　址　山西省山阴县薛 00 乡
邮　编　036900
主产品　系列奶粉、鲜奶、酸奶
品　牌　红卫
日处理鲜奶能力　50 吨

## 山西屯留县鸣源奶业有限公司

联系人　李长清
电　话　0355-7666613
传　真　0355-7666616
地　址　山西省长治市屯留东鸣水
邮　编　046100
主产品　鲜奶、酸奶
品　牌　鸣源
日处理鲜奶能力　50 吨

## 山西维尔生物乳制品有限公司

联系人　谢海军
电　话　7024958
地　址　平阳路 398 号
邮　编　030006
主产品　鲜牛奶、酸奶、乳酸菌饮料奶
品　牌　众和
日处理鲜奶能力　50 吨

## 山西春城乳业有限公司

联系人　温日厚
电　话　0349-7077888
传　真　0349-7078833
地　址　山西省山阴县后所乡南万庄
邮　编　036900
主产品　女士酸牛奶、牛奶等
品　牌　春城
日处理鲜奶能力　40 吨

## 山西阿牛乳业实业有限公司

联系人　李劲草
电　话　0351-3283226
地　址　阳曲县万亩草场
邮　编　030013
主产品　鲜牛奶、二次灭菌奶、酸奶、乳酸菌饮料奶
品　牌　阿牛
日处理鲜奶能力　40 吨

## 朔州市雁音乳业有限公司

联系人　吴宏友
电　话　0349-2197963
传　真　0349-2197963
地　址　山西省朔州市朔城区
邮　编　038500
主产品　系列奶粉、鲜奶
品　牌　雁音
日处理鲜奶能力　30 吨

## 晋中市榆次博瑞乳品有限公司

联系人　么瑞娟
电　话　0354-2024401、2081193
地　址　山西省晋中榆次市东顺城街
邮　编　030600
主产品　鲜牛奶、奶粉、酸奶、奶饮料
品　牌　博瑞
日处理鲜奶能力　30 吨

## 山西太原长风乳业集团

联系人　孟五牛
电　话　0351-7023467
地　址　小店区小马村西小店区乳品厂
邮　编　030032
主产品　鲜牛奶、UHT 奶、酸奶、乳酸菌饮料奶
品　牌　长风
日处理鲜奶能力　30 吨

## 大同市御宝乳业有限公司

联系人　李正保
电　话　0352-5050157、5050391
传　真　0352-5050157
地　址　大同市南郊区小南头村
邮　编　037004
主产品　活性钙奶、酸奶、纯牛奶
品　牌　御福
日处理鲜奶能力　20 吨

## 太原农牧场

联系人　郝锁业、梁海玉
电　话　0351-7957575、7957334
地　址　太原市小店区新东庄
邮　编　030032
主产品　鲜奶、酸奶
品　牌　源威
日处理鲜奶能力　20 吨

## 山西原平农场

联系人　李　彬
电　话　0350-8275043
地　址　山西省原平市
主产品　系列奶粉、鲜奶
品　牌　天崖山
日处理鲜奶能力　20 吨

## 太原市天一乳品厂

联系人　张　忠
电　话　0351-7585736
地　址　太原市龙堡街 9 号
邮　编　030031
主产品　鲜牛奶、酸奶、乳酸菌饮料奶
品　牌　天一
日处理鲜奶能力　20 吨

## 大同市商业奶牛场

联系人　李建民
电　话　0352-5121653
传　真　0352-5121653
地　址　大同市马军营乡智家堡村北
邮　编　037600
主产品　鲜奶、强化奶
品　牌　旭日
日处理鲜奶能力　10 吨

### 阳泉煤业集团鸿源乳制品厂

联系人　李海荣
电　话　0353-7071427
地　址　山西省阳泉市简子沟
邮　编　045000
主产品　鲜牛奶、酸奶
品　牌　鸿源
日处理鲜奶能力　10 吨

### 太原金胜奶牛场

联系人　原殿民
电　话　0351-6325393
地　址　太原市金胜乡金胜村
邮　编　030021
主产品　鲜奶、乳饮料
品　牌　金胜
日处理鲜奶能力　10 吨

### 山西永昌乳业有限公司

联系人　张永祺
电　话　0351-6930654
地　址　晋源区金胜镇武家庄
邮　编　030021
主产品　鲜牛奶、酸奶、乳酸菌饮料奶
品　牌　永昌
日处理鲜奶能力　10 吨

### 山西康尔佳乳业有限公司

联系人　孟拉牛
电　话　0351-6931999
地　址　晋原区、金胜镇、西寨村
邮　编　030021
主产品　鲜牛奶、酸奶、乳酸菌饮料奶
品　牌　康尔佳
日处理鲜奶能力　10 吨

### 太原乳品厂

联系人　李文杰
电　话　0351-7957421
地　址　小店区农牧场
邮　编　030032
主产品　鲜牛奶、母乳化奶、UHT 奶、强化奶
品　牌　一生
日处理鲜奶能力　10 吨

### 太原市晋龙海乳品厂

联系人　梁爱生
电　话　0351-6943388
地　址　晋源区赵家山村
邮　编　030025
主产品　鲜牛奶
日处理鲜奶能力　7 吨

### 太原市小店水稻原种场

联系人　武国栋
电　话　0351-7955089
地　址　太原市小店区杜家寨村北
邮　编　030032
主产品　鲜奶
日处理鲜奶能力　5 吨

### 长治恒信奶业有限公司

联系人　许飞跃
电　话　0355-6980700
地　址　山西省长治市潞城羌城村
邮　编　047500
主产品　鲜奶、酸奶
品　牌　恒信
日处理鲜奶能力　5 吨

### 长治钢铁公司乳品厂

联系人　赵　雄
电　话　0355-5080888、5085071
传　真　0355-5080888
地　址　长治郊区坡底
邮　编　046031
主产品　鲜奶、酸奶、奶饮料
品　牌　上党
日处理鲜奶能力　5 吨

### 太原市菲达乳品厂

联系人　张二狗
电　话　0351-6078514
地　址　小井峪乡沙沟村
邮　编　030024
主产品　鲜牛奶
品　牌　菲达
日处理鲜奶能力　5 吨

### 太原市金源乳品厂

联系人　张冬生
电　话　0351-6557615
地　址　晋源区金胜镇金胜村
邮　编　030021
主产品　鲜牛奶
日处理鲜奶能力　5 吨

### 山西一杯食品有限公司

联系人　王海龙
电　话　6121289
主产品　鲜牛奶、酸牛奶、乳酸菌饮料奶
品　牌　一杯
日处理鲜奶能力　5 吨

### 太原市永盛乳品厂

联系人　张忠明
电　话　0351-6077537
地　址　万柏林区沙沟村
邮　编　030024
主产品　鲜牛奶
日处理鲜奶能力　5 吨

### 太原市宏达荷斯坦奶牛场

联系人　王连生
电　话　0351-6931867
地　址　晋源区西寨村
邮　编　030021
主产品　鲜牛奶
日处理鲜奶能力　5 吨

### 太原农垦养殖场

联系人　高双全
电　话　0351-3358083
地　址　尖草坪区向阳店乡太原市果树场
邮　编　030041
主产品　鲜牛奶
日处理鲜奶能力　5 吨

### 太原市好营养有限公司

联系人　高新明
电　话　0351-6146582
地　址　万柏林区西矿街太白巷集贸市场
邮　编　030053
主产品　乳酸菌饮料奶、全脂酸奶
品　牌　好营养
日处理鲜奶能力　5 吨

### 长治市郊区大兴乳制品厂

联系人　李建峰
电　话　0355-6081698
传　真　0355-6080302
地　址　长治太行西街
邮　编　046000
主产品　鲜奶、酸奶、奶饮料
品　牌　大兴
日处理鲜奶能力　4 吨

### 山西农科院畜牧所

联系人　梁茂文
电　话　0351-7092671
地　址　小店村东北路 200 号省农科院畜牧研究所
邮　编　030032
主产品　鲜牛奶、酸奶、乳酸菌饮料奶
品　牌　贝寿
日处理鲜奶能力　4 吨

### 太原市小店区水稻原种场牛奶站

联系人　赵建东
电　话　0351-7956089
地　址　小店区杜家寨村北原种场
邮　编　030032
主产品　鲜牛奶、酸牛奶
日处理鲜奶能力　4 吨

### 太原市俊汾荷斯坦奶牛场

联系人　连五赖
电　话　0351-6933295、6933273
地　址　晋源区古寨村
邮　编　030025
主产品　鲜牛奶
日处理鲜奶能力　2 吨

### 长治市郊区晋潞养殖场

联系人　王军良
电　话　0355-5010791
地　址　长治市郊区马厂镇富村路 2 号
邮　编　046000
主产品　鲜奶
品　牌　富民
日处理鲜奶能力　1 吨

### 山西永济奶牛场

联系人　胡小创
电　话　0359-8033565
地　址　山西省永济市飞机场
邮　编　044500
主产品　鲜奶
品　牌　超人

### 山阴县鑫源乳业公司

联系人　曹　旭
电　话　0349-7071163
地　址　山阴县岱岳镇鑫源乳业
邮　编　036900
主产品　奶粉
品　牌　鑫源

## 内蒙古

### 内蒙古伊利实业集团股份有限公司

负责人　郑俊怀
电　话　0471-3602312
传　真　0471-3601615
地　址　内蒙古呼和浩特市金川开发区 2 号
邮　编　010080

### 内蒙古蒙牛乳业股份有限公司

负责人　牛根生
电　话　0471-5921878　0471-7390885
传　真　0471-5922220
地　址　呼和浩特市和林盛乐经济园区
邮　编　011500

### 内蒙古奈伦天然乳品有限公司

联系人　胡利平
电　话　0471-5684316
传　真　0471-5684316
地　址　内蒙古呼和浩特市呼托公路 4 公里
邮　编　010070
主产品　纯奶、乳酸
品　牌　奈伦、奶王
日处理鲜奶能力　105 吨

### 呼伦贝尔三元乳业有限责任公司

联系人　吕宝强
电　话　0470-8246003
传　真　0470-8225433
地　址　内蒙古海拉尔市建设大街
邮　编　021008

### 内蒙古满洲里三元有限责任公司

联系人　徐　顺
电　话　0470-6552516
传　真　0470-6556388
地　址　内蒙古满洲里市扎赉诺乐矿区乳品街 29 号
邮　编　021401

### 呼伦贝尔盟光明乳品有限责任公司

联系人　倪卫兵
电　话　0470-8812202
传　真　0470-8812202
地　址　内蒙鄂温克族自治旗中央街巴彦托海
邮　编　021100
主产品　奶粉、脱脂粉、奶油

### 内蒙古锡林郭勒乳业有限公司

联系人　马　思
电　话　0479-8207802
传　真　0479-8209999
地　址　内蒙古锡木林大街东段 128 号
邮　编　026000

### 内蒙古玛尔沁乳业公司
（包头奶业公司）

联系人　王立新
电　话　0472-5980180
传　真　0472-5980067
地　址　包头市火车站南
邮　编　014013

### 内蒙古牛妈妈乳业有限公司

电　话　0474-3606068
地　址　内蒙古乌兰察布盟察哈尔右翼前旗平地泉经济开发区 1 号
邮　编　012200

### 内蒙古额尔古纳梅鹿乳业有限公司

联系人　潘毓栋
电　话　0470-6822540
传　真　0470-6822527
地　址　内蒙古额尔古纳市
邮　编　022250
主产品　乳制品

### 内蒙古乌兰浩特市乳品有限公司

联系人　邵晓君
电　话　0482-8215302
地　址　内蒙古乌兰浩特市富民北路乳品巷
邮　编　137400
主产品　鲜奶、奶粉
日处理鲜奶能力　90 吨

### 内蒙古包头市奶业公司

联系人　李虎英
电　话　0472-5980168
地　址　内蒙古包头市妫原区麻池镇南
邮　编　014013
主产品　鲜奶、酸奶（袋、盒）
日处理鲜奶能力　55 吨

### 内蒙古通辽市科尔沁乳业有限公司

联系人　邱丽梅
电　话　0479-8317555
地　址　内蒙古通辽市霍林河大街 10 号
邮　编　028000
主产品　纯牛奶、酸乳乐、可可奶、奶茶、酸冰乳
日处理鲜奶能力　50 吨

### 内蒙古赤峰市物宝奶牛有限公司

联系人　刘志仁
电　话　0476-8901456
地　址　内蒙古赤峰市红山区
邮　编　024007
主产品　酸牛奶、鲜牛奶、营养奶、酸奶饮料
日处理鲜奶能力　50 吨

### 包头骑士—泰可奶酪有限公司

联系人　张永强
电　话　0472-4173787
传　真　0472-4173808
地　址　内蒙古包头市东河区二里半旧机场开发区
邮　编　014040

### 内蒙古牙克石市友谊乳业有限公司

联系人　金　海
电　话　0470-7303422
地　址　内蒙古呼伦贝尔盟牙克石市友谊街
邮　编　022150

### 内蒙古草原兴发天然奶食品总厂

电　话　0476-3206222

传　真　0476-3206221
地　址　内蒙古赤峰市元宝山区建昌营
邮　编　024079

**锡林郭勒盟白音锡勒牧场乳品厂**

联系人　韩国祥
电　话　0479-8828033
地　址　内蒙古锡林郭勒盟锡林浩特市白音锡勒牧场
邮　编　026009

**西乌珠穆沁旗金鹰乳业有限公司**

联系人　温都苏
电　话　0479-3521875
传　真　0479-3522702
地　址　内蒙古西乌珠穆沁旗市
邮　编　026200

**内蒙古哲里木盟通辽乳品厂**

电　话　0475-8233929
地　址　内蒙古哲里木盟霍林河大街50号
邮　编　028000

**科左后旗梅雪乳业发展有限公司**

联系人　陈　平
电　话　0475-5212677
地　址　内蒙古哲里木盟科尔沁左翼后旗玛拉沁
邮　编　028100

**扎兰屯乳业有限责任公司**

联系人　张学利
电　话　0470-3202083
地　址　内蒙古呼伦贝尔盟石桥街10号
邮　编　162650

**内蒙古香源乳品有限公司**

联系人　关永玺
电　话　0470-4332057
地　址　内蒙古呼伦贝尔盟阿荣旗东亚镇
邮　编　162772

**牙克石市博克图乳品有限责任公司**

联系人　张树恒
电　话　0470-7762204/7309699
地　址　内蒙牙克石市博克图兴隆街
邮　编　022181
主产品　乳制品

**天鹅乳业有限责任公司**

联系人　钟学敏
电　话　0470-8242121
地　址　内蒙鄂温克族自治旗南辉天鹅公司
邮　编　021100
主产品　全脂奶粉

**内蒙古龙驹乳业（集团）有限公司**

电　话　0472-2126430
地　址　包头市团结大街22号街坊
邮　编　014000

**内蒙古乌兰布和乳业有限公司**

电　话　0478-4213312
地　址　内蒙古磴口县巴彦高勒镇
邮　编　015200

**内蒙古呼和浩特雪绒乳品有限公司**

电　话　0471-6921373
地　址　呼和浩特中山东路1号
邮　编　070010

**通辽市中天乳业有限责任公司**

电　话　0475-8713787
地　址　内蒙古通辽市辽河镇通保公路5公里处
邮　编　028000

**乌兰浩特市乳品有限责任公司**

联系人　邵晓君
电　话　0482-8229443
传　真　0482-8212928
地　址　乌兰浩特市富民北路
邮　编　013740

## 辽　宁

**中美合资沈阳乳业有限责任公司**

联系人　李安民
电　话　024-88043209
传　真　024-88043665
地　址　沈阳市农业高新技术区辉山街20号
邮　编　110164
主产品　液态奶
品　牌　辉山
日处理鲜奶能力　700吨

**大连三环乳业集团**

联系人　白　军
电　话　0411-2403266
传　真　0411-2403188
地　址　大连市西岗区八一路159号
邮　编　116013

**大连冰凌花乳业有限公司**

联系人　刘永成
电　话　0411-6281618
传　真　0411-6281618
地　址　大连市旅顺口区龙头镇
邮　编　116051

**辽宁千山乳业有限公司**

联系人　王广祥
电　话　0412-8227222
传　真　0412-8231222
地　址　鞍山市兴盛南路永康街1号
邮　编　111000
主产品　鲜牛奶、酸牛奶、乳饮料
品　牌　千山
日处理鲜奶能力　100吨

**大连渤海乳品厂**

联系人　郭永财
电　话　0411-4215945
传　真　0411-4215945
地　址　大连市甘井子区红旗马栏村
邮　编　116021
主产品　巴氏杀菌鲜牛奶、加锌牛奶

**大连乳制品厂**

联系人　徐万能
电　话　0411-4602584
传　真　0411-4602194
地　址　大连市沙河口区西南路
邮　编　116021
主产品　鲜牛奶、强化奶、酸奶、乳饮料
品　牌　三寰、佳能
日处理鲜奶能力　100吨

**本溪木兰花乳业有限公司**

联系人　韩晓光
电　话　0414-4511816
传　真　0414-4511716
地　址　本溪市明山区小堡
邮　编　117022
主产品　鲜牛奶、酸牛奶、乳饮料
品　牌　木兰花
日处理鲜奶能力　80吨

**阜新比牛哥乳业有限公司**

联系人　李　勇
电　话　0418-2813969
传　真　0418-2813969
地　址　阜新市细河区华东镇
邮　编　123000
主产品　鲜牛奶、酸牛奶、乳饮料
品　牌　比牛哥
日处理鲜奶能力　50吨

**大连渤海乳品厂**

联系人　郭永财
电　话　0411-4215945
传　真　0411-4215945
地　址　大连市沙河口区马栏广场358

号
邮　编　116021
主产品　鲜牛奶、强化奶、酸奶、乳饮料
品　牌　奥乐
日处理鲜奶能力　50吨

### 辽宁森氏集团阿森乳业有限公司

联系人　张玉森
电　话　0418-3315818
传　真　0418-2825630
地　址　阜新市海洲区建设路36号
邮　编　123000
主产品　鲜牛奶、酸牛奶
品　牌　阿森
日处理鲜奶能力　40吨

### 辽宁冰花乳品厂

联系人　刘怀野
电　话　024-86612104
传　真　024-86611118
地　址　沈阳于洪区陵东街陵园北里1号
邮　编　110032
主产品　纯牛奶、酸牛奶、乳酸奶（乳酸菌饮料）
品　牌　神爽
日处理鲜奶能力　15吨

### 辽宁源源绿色乳业集团乳品厂

联系人　盛玉荣
电　话　0427-5982636
传　真　0427-5982636
地　址　辽宁省盘山县石新镇
邮　编　124113

### 营口傲源乳业有限公司

电　话　0417-3860111
传　真　0417-3865861
地　址　营口市老边区杨家壕
邮　编　115005

### 海城天天乳业有限公司

联系人　曹栋义
电　话　0412-3362789
传　真　0412-3362411
地　址　海城市验军管理区
邮　编　114200

## 吉　林

### 长春新希望乳业有限公司

联系人　邢东顺
电　话　0431-4595308
传　真　0431-4595308
地　址　长春市二道区长德公路六公里处
邮　编　130102
主产品　UHT奶、巴氏奶、核桃花生奶、可可奶、活性奶、酸奶
品　牌　天牌
日处理鲜奶能力　150吨

### 吉林市九牛乳业发展有限公司

联系人　孙孝德
电　话　0432-4899123
传　真　0432-4898204
地　址　吉林市船营区军民路188号
邮　编　132011
主产品　屋顶包、百利包、八联杯、爱克林
品　牌　乃力
日处理鲜奶能力　200吨

### 吉林省广泽乳业有限公司

联系人　柴　琇
电　话　0431-4626708
传　真　0431-4646198
地　址　长春市经济技术开发区自由大路331-1号
邮　编　130031
主产品　鲜奶、酸奶、乳饮料
品　牌　广泽、恒牛、红牛
日处理鲜奶能力　100吨

### 吉林市春光牧工商实业有限公司

联系人　曲　江
电　话　0432-2043677
传　真　0432-2043659
地　址　吉林市春光经济开发区
邮　编　132012
主产品　袋鲜奶、酸奶、饮料奶
品　牌　春柳
日处理鲜奶能力　50吨

### 吉林查干花种畜场乳品厂

联系人　殷　强
电　话　0438-2690025
传　真　0438-2690021
地　址　前郭县查干花种畜场
邮　编　131100
主产品　淡奶粉
品　牌　郭尔罗斯
日处理鲜奶能力　30吨

### 吉林农业大学乳制品厂

联系人　赵全民
电　话　0431-4519059
地　址　长春市长东公路5公里处
邮　编　130118
主产品　消毒鲜牛奶、酸奶、活性乳
品　牌　净月潭
日处理鲜奶能力　10吨

### 四平市吗咪乳业有限公司

联系人　乔立新
电　话　0434-3385955
传　真　0434-3385955、3377959
地　址　吉林省四平市铁东区南六马路120号
主产品　纯奶、VAD奶、加锌奶、酸奶、VD钙奶、活性乳、果味乳
品　牌　吗咪
日处理鲜奶能力　10吨

### 吉林省农科院乳制品厂

电　话　0434-6218193
地　址　吉林省东兴华街186号
邮　编　136100

### 长春奶王乳业有限公司

联系人　刘建平
电　话　0431-3224492
传　真　0431-3221203
地　址　吉林省农安县古城街72号
邮　编　130200

### 图门市新鲜乳业有限公司

联系人　金贵月
电　话　0433-3635825
地　址　图门市红光乡水南村
邮　编　133100

### 吉林省大民乳业有限公司

电　话　0431-8914555
地　址　吉林省长春市平泉路32号
邮　编　130000

### 吉林省桦甸市奈奇乳业有限公司

联系人　郭庆江
电　话　0432-6263688
传　真　0432-6260688
地　址　吉林省桦甸市大兴街
邮　编　132400

### 吉林通榆红牛奶业有限公司

联系人　陈国军
电　话　0436-4223560
传　真　0436-4223560
地　址　吉林省通榆县民主路6号
邮　编　137200

### 吉林双辽乳品厂

联系人　黄克俭
电　话　0434-7410148
传　真　0434-7410148

地　址　平济县堡石园
邮　编　136404
主产品　奶粉

## 黑 龙 江

### 黑龙江省完达山乳业股份有限公司

联系人　王德胜
电　话　0451-2343796
传　真　0451-2343987
地　址　黑龙江省哈尔滨市南岗区长江路368号
邮　编　150090
主产品　乳及乳制品
品　牌　完达山
日处理鲜奶能力　1 200吨

### 黑龙江乳业集团

联系人　王心祥
电　话　0451-6668600
地　址　哈尔滨市南岗区学府路337号
邮　编　150086
主产品　奶粉、液态奶
品　牌　龙丹、金星
日处理鲜奶能力　850吨

### 杜尔伯特伊利乳业有限公司

联系人　吴子荣
电　话　0459-3421389
传　真　0459-3421239
地　址　黑龙江大庆市杜尔伯特
邮　编　166201
主产品　奶粉
品　牌　伊利
日处理鲜奶能力　150吨

### 肇东伊利乳业有限责任公司

负责人　潘　刚
电　话　0455-7700615
地　址　肇东市
邮　编　151100
主产品　UHT奶
品　牌　伊利
日处理鲜奶能力　120吨

### 黑龙江省光明松鹤乳品有限责任公司

联系人　吕公良
电　话　0452-31238888
传　真　0452-31238888
地　址　黑龙江省富裕县新华南路
邮　编　161200
主产品　奶粉、液态奶
品　牌　光明、松鹤
日处理鲜奶能力　590吨

### 黑龙江省龙丹业科技股份有限公司

负责人　王心祥
电　话　0451-6668600
传　真　0451-666472
地　址　哈尔滨市南岗区学府路337号
邮　编　150086
主产品　奶粉、液态奶
品　牌　龙丹
日处理鲜奶能力　450吨

### 黑龙江省绿洲乳业集团

联系人　刘　勇
电　话　0455-5925838
传　真　0455-7724147
地　址　肇东市宋站镇
邮　编　151144
主产品　奶粉、液态奶
品　牌　绿洲
日处理鲜奶能力　320吨

### 黑龙江红星集团股份有限公司

联系人　王增礼
电　话　0455-7223237
传　真　0455-7223237
地　址　黑龙江省安达市铁西区
邮　编　151400
主产品　奶粉、保鲜奶、奶酪
品　牌　红星
日处理鲜奶能力　300吨

### 金星乳业集团公司

联系人　刘兴文
电　话　0451-7322754
传　真　0451-7339768
地　址　黑龙江省哈尔滨市呼兰县光安路6号
邮　编　150500
主产品　奶粉、液态奶
品　牌　金星
日处理鲜奶能力　300吨

### 大庆银螺乳业集团

联系人　刘树清
电　话　0459-6280865
地　址　大庆市开发区皇宫饭店
邮　编　160003

### 黑龙江省鹤王乳业集团有限公司

联系人　李文柱
电　话　0456-7802989
传　真　0456-7899629
地　址　黑龙江省嫩江县九三分局鹤王乳业集团有限公司
邮　编　161441
主产品　乳制品

### 五大连池鹤王乳业集团有限公司

联系人　董　明
电　话　0456-6311200
传　真　0456-6329699
地　址　黑龙江省五大连池市城东
邮　编　164100

### 黑龙江飞鹤乳业集团

联系人　冷志斌
电　话　0451-6406554
地　址　黑龙江省北安市赵光农场
邮　编　164021

### 黑龙江齐梅保健食品有限责任公司

联系人　蒋安彬
电　话　0452-6562474
传　真　0452-6562357
地　址　黑龙江省齐齐哈尔市梅里斯达斡尔族区
邮　编　161021
主产品　乳制品

### 黑龙江省摇篮乳业股份有限公司

联系人　李佳君
电　话　0451-2365176
传　真　0451-2365171
地　址　哈尔滨市香坊区衡山路18号
邮　编　150036

### 哈尔滨绿乐尔乳业科技有限公司

联系人　王应海
电　话　0451-2300825
传　真　0451-2335694
地　址　哈尔滨市湘江路39号
邮　编　150090
主产品　纯牛奶、乳酸菌饮料
品　牌　绿乐尔
日处理鲜奶能力　300吨

### 哈尔滨雪田乳品高科技开发公司

负责人　樊兆武
电　话　0451-5641901　13074594458
传　真　0451-5641901
地　址　江哈尔滨香坊区公滨路441号
邮　编　150036
主产品　乳制品、豆制品、食品添加剂的研制、生产与销售

### 大庆妙士有限公司

联系人　刘吉惠
电　话　0459-3433917
邮　编　162200
主产品　液态奶
品　牌　妙士

### 黑龙江冰都乳业有限责任公司

联系人 李庆伟
电 话 0451-6721411
传 真 0451-6721473
地 址 哈尔滨市就哈公路13公里处
邮 编 150089
主产品 奶粉
品 牌 冰都
日处理鲜奶能力 60吨

### 哈尔滨榛名宏达乳制品有限公司

电 话 0451-5324810
地 址 黑龙江省哈尔滨市香坊区公滨路162号
邮 编 150030

### 哈尔滨美欧克乳业公司

联系人 陆明耀
电 话 0451-2030249
传 真 0451-2030040
地 址 黑龙江省哈尔滨市太平区东巨路88号
邮 编 150059

### 哈尔滨市万家宝鲜牛奶有限公司

电 话 0451-2344772
传 真 0451-2352325
地 址 黑龙江省哈尔滨市南岗区赣水路49号
邮 编 150090

### 安达市红梅乳业有限责任公司

联系人 吕增明
电 话 0455-7157023
地 址 黑龙江省绥化地区安达市太平庄镇
邮 编 151424

### 牡丹江乳品有限责任公司

联系人 郝秀礼
电 话 0453-6332204
地 址 黑龙江省牡丹江市铁岭镇铁岭三村
邮 编 157014

### 齐齐哈尔市梅里斯乳品实业公司

联系人 蒋安彬
电 话 0452-6562357
地 址 黑龙江省齐齐哈尔市梅里达斡尔族区华丰街5号
邮 编 161021

### 齐齐哈尔德龙乳业有限公司

联系人 崔经理
电 话 0452-6465256
地 址 黑龙江省齐齐哈尔市哈拉海军马场
邮 编 161023

### 齐齐哈尔市华齐乳品厂

联系人 苏朝文
电 话 0452-6451309
地 址 黑龙江省齐齐哈尔市梅里斯达斡尔族区音钦村
邮 编 161024

### 黑龙江省大庆市三牛奶业有限公司

联系人 宓江河
电 话 0459-5833838
传 真 0459-5833838
地 址 黑龙江省大庆市让胡路区庆新中心村
邮 编 163114

### 大庆乳品厂有限责任公司

联系人 崔国新
电 话 0459-6281693
传 真 0459-6281828
地 址 黑龙江省大庆市高新技术产业开发区
邮 编 163311

### 黑龙江省肇源县乳品厂

联系人 裴宗德
电 话 0459-8223687
地 址 黑龙江省大庆市肇源县满江红街
邮 编 166500

### 齐齐哈尔天马乳品厂

联系人 窦彦富
电 话 0452-6465256
地 址 黑龙江省齐齐哈尔市梅里斯达斡尔族区哈拉海军马场
邮 编 161023
主产品 奶粉

### 齐齐哈尔绿之源乳业有限公司

联系人 葛俊杰
电 话 0452-6451309
传 真 0452-6451309
地 址 黑龙江省齐齐哈尔市梅里斯达斡尔族区雅尔塞音钦
邮 编 161024
主产品 奶粉

### 大庆市本元乳业有限责任公司

联系人 穆喜森
电 话 0459-8513483
传 真 0459-8522800
地 址 黑龙江省肇州县肇州镇
邮 编 166400
主产品 奶粉

### 黑龙江省乳业集团林甸县乳品厂

联系人 董 平
电 话 0459-3323636
传 真 0459-3322265
地 址 黑龙江省林甸县东北
邮 编 166300
主产品 乳制品

### 黑河百岁乳业公司

联系人 刘学飞
电 话 0456-8222323
地 址 黑龙江省黑河市爱辉区
邮 编 164300
主产品 奶粉

### 五大连池市汇昌乳制品有限公司

联系人 徐玉金
电 话 0456-6325405
传 真 0456-6325405
地 址 黑龙江省五大连池市城关乡龙头村
邮 编 164100
主产品 乳制品

### 黑龙江省宝泉岭乳业集团

联系人 王继承
电 话 0454-3768172
地 址 黑龙江萝北县宝泉岭乳业集团
邮 编 154211
主产品 奶粉

### 哈尔滨市松花江乳业有限责任公司

联系人 许宪福
电 话 0451-4305731
传 真 0451-4302114
地 址 哈尔滨市道里区农大街683号
邮 编 150070

### 黑龙江农垦正元乳业有限公司

电 话 0451-2342121
地 址 黑龙江省哈尔滨市衡山路18号远东大厦A区七楼
邮 编 150036

### 黑龙江省共青农场乳品厂

联系人 叶争鸣
电 话 0454-3771434
地 址 黑龙江省共青农场
邮 编 154213

## 上 海

### 上海光明乳业股份有限公司

联系人 王佳芬

电　话　021-54584520
传　真　021-64645033
地　址　吴中路578号
邮　编　201103

**均瑶集团乳业股份有限公司**

联系人　王均豪
电　话　021-68130855
传　真　021-68130855
地　址　上海市浦东康桥东路8号
邮　编　201315
主产品　液态奶（利乐、屋顶包、袋奶、塑瓶）
品　牌　均瑶
日处理鲜奶能力　250吨

**上海三元全佳乳业有限公司**

联系人　高小祥
电　话　021-59700511
传　真　021-59700311
地　址　上海市青浦区外青松公路4789号
邮　编　201707
主产品　液态奶（鲜奶、酸奶、乳饮料
品　牌　全佳、三元
日处理鲜奶能力　100吨

**上海真元乳业有限公司**

联系人　王德新
电　话　021-58250888
传　真　021-58251333
地　址　南汇芦潮港农场东侧
邮　编　201309

**上海卫岗乳品有限公司**

联系人　王晋益
电　话　021-56130111
传　真　021-56130555
地　址　上海陈太路2039号
邮　编　200436

**上海蜜儿可营养乳品有限公司**

联系人　李玉鈷
电　话　021-66243491
传　真　021-56403158
地　址　宝山庙行镇场北路200号
邮　编　200436

**上海永安乳品有限公司**

联系人　李玉柱
电　话　021-57110605
传　真　021-57110636
地　址　奉贤燎原农场内
邮　编　201408

**上海东海乳品公司**

联系人　汪志强
电　话　021-58295872
传　真　021-58291398
地　址　南汇东海农场内
邮　编　201303

**上海永诚食品有限公司**

联系人　裘国英
电　话　021-62515015
传　真　021-62515015
地　址　上海市静安区万航渡路686号
邮　编　200042
主产品　乳制品

## 江　苏

**南京奶业（集团）有限公司**

联系人　蔡敬东
电　话　025-4872392
传　真　025-4875156
地　址　中国南京卫岗童卫路5号
邮　编　210014
主产品　消毒奶、UHT奶、酸奶、奶粉、含乳饮料
品　牌　卫岗
日处理鲜奶能力　320吨

**徐州维维食品饮料股份有限公司**

联系人　崔桂亮
电　话　0516-3290298
传　真　0516-2704888
地　址　江苏省徐州市城南开发区维维集团总部
邮　编　221111
主产品　液体奶、豆奶粉
品　牌　维维、天山雪
日处理鲜奶能力　500吨

**徐州绿健乳业有限责任公司**

联系人　陈正晖
电　话　0516-7627800、7521668
传　真　0516-7826362
地　址　江苏省徐州市北区马场湖
邮　编　221006
主产品　液体奶系列产品
品　牌　绿健
日处理鲜奶能力　400吨

**丹阳市练湖乳品有限公司**

联系人　潭先贵
电　话　0511-6872577、6871168
传　真　0511-6871168
地　址　丹阳市练湖乳品有限公司
邮　编　212300
主产品　鲜奶、酸奶、AD奶、花色奶
品　牌　练湖
日处理鲜奶能力　230吨

**南通市乳品厂**

联系人　陈国权
电　话　0513-5609191
传　真　0513-5609199
地　址　江苏省南通市港闸开发区
邮　编　226000
主产品　消毒牛奶、酸牛奶、含乳饮料
品　牌　赛翔
日处理鲜奶能力　150吨

**常州红梅乳业有限公司**

联系人　盛国兴
电　话　0519-3270480
传　真　0519-3272941
地　址　江苏省常州市花园路25号
邮　编　213016
主产品　消毒奶、酸牛奶、花色奶、乳酸菌饮料、UHT奶、乳珍
品　牌　红梅
日处理鲜奶能力　120吨

**南京光明乳品有限公司**

电　话　025-2774566
地　址　南京市禄口开发区来凤路2号
邮　编　211113

**无锡光明乳品有限公司**

联系人　楼守俭
电　话　0510-5016646
传　真　0510-5016646
地　址　江苏省无锡市塘南三支路三号
邮　编　214026
主产品　袋装液态奶
品　牌　光明
日处理鲜奶能力　60吨

**均瑶集团无锡有限公司**

联系人　夏京海
电　话　0510-2114674
传　真　0510-2104684
地　址　江苏省无锡市郊区南站镇锡甘路道口
邮　编　214026
主产品　鲜奶、酸奶、屋型奶

**南京大旺食品有限公司**

联系人　吕炽煜
电　话　025-2101668
传　真　025-210173
地　址　江苏省南京市江宁区董村路112号
邮　编　211100

**维益食品（苏州）有限公司**

联系人　林建一

电　话　0512-7613600
地　址　江苏省苏州市平江区娄葑苏虹西路75号
邮　编　215021
主产品　植脂奶油

### 昆山永诚食品工业有限公司

联系人　裘国英
电　话　0520-7307128
地　址　江苏省昆山市玉山镇经济技术开发区昆嘉路
邮　编　215301
主产品　奶油

### 江阴卫岗乳品有限公司

电　话　0510-6011668
地　址　无锡江阴云亭

### 乐百氏（无锡）食品饮料有限公司

电　话　0510-5509237
地　址　无锡望湖路

### 完达山（无锡）乳制品有限公司

电　话　0510-8703453
地　址　无锡东亭镇888商城8号楼302室
邮　编　214101

### 苏州市牛奶公司

联系人　缪晓航
电　话　0512-67232511
传　真　0512-67232511
地　址　苏州市城北公路6号桥
邮　编　215008
主产品　鲜牛奶、酸奶、UHT奶、奶粉
品　牌　双喜
日处理鲜奶能力　60吨

### 淮安快鹿牛奶有限公司

联系人　顾荫民
电　话　0517-3666382
传　真　0517 3676372
地　址　淮安市淮海西路282号
邮　编　223001
主产品　鲜奶、酸奶
品　牌　快鹿牌
日处理鲜奶能力　100吨

### 南京川田乳品有限公司

联系人　许翌星
电　话　025-2121883
传　真　025-2121881
地　址　南京江宁开发区经五路129号
邮　编　211100
主产品　鲜奶系列、酸牛奶系列、早餐营养奶系列、乳饮料
品　牌　山田
日处理鲜奶能力　60吨

### 江苏省镇江市牛奶公司

联系人　王　辉
电　话　0511-5626558
传　真　0511-5626533
地　址　江苏省镇江市四摆渡
邮　编　212111
主产品　消毒鲜牛奶、酸奶、特浓鲜牛奶、AD高钙鲜奶、锌元奶、双歧因子奶
品　牌　长江
日处理鲜奶能力　50吨

### 无锡市马山牛奶有限公司

联系人　曹善成
电　话　0510-5996657、5994377
传　真　0510-5990457
地　址　无锡市马山鱼花路29号
邮　编　214090
主产品　消毒鲜牛奶、酸牛奶、含乳饮料
品　牌　美尔可
日处理鲜奶能力　50吨

### 扬州大学实验农牧场

联系人　吕贞龙
电　话　0514-7979263
传　真　0514-7369499
地　址　江苏省扬州市大学路60号
邮　编　225009
主产品　鲜牛奶、酸奶、含乳饮料
品　牌　扬农
日处理鲜奶能力　50吨

### 东台市宇航奶业有限公司

联系人　丁昌根
电　话　0515-5250922-8002
传　真　0515-5270921
地　址　江苏省东台市新东东路64号
邮　编　224200
主产品　纯鲜牛奶、酸牛奶
品　牌　宇航
日处理鲜奶能力　50吨

### 启东市尔福乳品厂

联系人　陈广昌
电　话　0513-3313845
传　真　0513-3312375
地　址　江苏省启东市人民西路1280号
邮　编　226200
主产品　鲜奶系列、酸奶系列
品　牌　尔福
日处理鲜奶能力　50吨

### 常州市武进现代畜牧有限公司

联系人　吴新代
电　话　0519-6158348
传　真　0519-6151788
地　址　江苏省常州市武进区雪堰镇
邮　编　213169
主产品　消毒奶、酸奶、果味奶
品　牌　春晖
日处理鲜奶能力　40吨

### 无锡佳浓乳制品有限公司

联系人　过献忠
电　话　0510-3775816
传　真　0510-3771707
地　址　无锡锡山区东北塘黄信桥
邮　编　214191
主产品　消毒牛奶系列、炼乳
品　牌　蓉湖
日处理鲜奶能力　40吨

### 无锡市天资乳品饮料厂

联系人　杨建清
电　话　3119213
传　真　3119213
地　址　无锡市黄巷镇锡龙路百子桥堍
邮　编　214045
主产品　消毒鲜牛奶、含乳饮料系列、盒装酸奶、鲜牛奶
品　牌　唯得
日处理鲜奶能力　30吨

### 盐城市泰来神奶业有限公司

联系人　陈连根
电　话　0515-8897088
传　真　0515-8897099
地　址　江苏省盐城市城区南洋镇江西村
邮　编　224051
主产品　鲜牛奶、学生饮用奶、酸奶、含乳饮料
品　牌　泰来神
日处理鲜奶能力　25吨

### 泰兴市金太阳奶业有限公司

联系人　陈　慧
电　话　0523-7222986
地　址　江苏泰兴黄桥城黄路西首
邮　编　225411
主产品　UHT奶
品　牌　黄桥
日处理鲜奶能力　18吨

### 苏州市云兰奶业公司

联系人　陆火林
电　话　0512-68236688

传 真 0512-68236623
地 址 江苏省苏州市上方山北
邮 编 215009
主产品 消毒牛奶，花色牛奶
品 牌 云兰
日处理鲜奶能力 15吨

### 扬州市华兴乳业有限公司

联系人 刘永华
电 话 0514-4884488
传 真 0514-4884381
地 址 高邮市甘垛镇甘西路
邮 编 225636
主产品 鲜奶、酸奶、风味奶
品 牌 明智
日处理鲜奶能力 10吨

### 溧阳市天目湖奶业有限公司

联系人 陈傲芝
电 话 7293115
地 址 江苏省溧阳市溧镇长阳村
主产品 AD钙奶、鲜奶、酸牛奶、乳酸奶、花色奶
品 牌 AD钙奶、高品鲜奶、酸牛奶、乳酸奶
日处理鲜奶能力 5吨

### 常州永春乳业有限公司

联系人 方永春
电 话 0519-8357711
地 址 常州市戚墅堰芳渚村163号（剑横桥）
邮 编 213011
主产品 消毒鲜牛奶
品 牌 咏春
日处理鲜奶能力 3吨

### 扬州市金发乳业有限公司

联系人 王兴发
电 话 0514-6445208、6442468
传 真 0514-6442468
地 址 江都市大桥镇车站东路8号，江都（扬州）金发乳业有限公司
邮 编 225211
主产品 鲜奶、乳制品
品 牌 金发牌牛奶
日处理鲜奶能力 2.5吨

### 盐城市顾氏乳业有限公司

联系人 顾克发
电 话 0515-2311888
传 真 0515-2324443
地 址 射阳县城桥谊路7号
邮 编 224300
主产品 乳制品
品 牌 尽开颜

### 无锡海浪乳品工业有限公司

电 话 0510-5751175
传 真 0510-5751175
地 址 江苏省无锡市清扬路414号
邮 编 214023

### 澳瑞乳品（无锡）有限公司

电 话 0510-3757370
传 真 0510-3759667
地 址 江苏省无锡市锡澄路三号桥
邮 编 214171

### 江苏双宝乳业有限公司

联系人 孙立智
电 话 0518-5498409/5496016
地 址 连云港市东辛农场
邮 编 222248

### 昆山市乳品厂

电 话 0520-7550336
地 址 江苏省苏州昆山玉山镇（三里桥）
邮 编 215300

## 浙 江

### 杭州娃哈哈集团有限公司

联系人 孟岳成
电 话 0571-86911846
传 真 0571-86911151
地 址 杭州下沙经济技术开发区
邮 编 310018

### 杭州美丽健乳品有限公司

联系人 吴东阳
电 话 0571-86045759
传 真 0571-86093846
地 址 杭州市秋涛北路188号
邮 编 310020
主产品 鲜纯奶、酸奶、消毒牛奶等
品 牌 美丽健、西湖
日处理鲜奶能力 100吨

### 杭州双峰牛奶食品有限公司

联系人 叶炳泉
电 话 0571-86034169
传 真 0571-86034169
地 址 杭州市清泰门外七甲路98号
邮 编 310016
主产品 鲜奶、酸奶
品 牌 双峰
日处理鲜奶能力 50吨

### 杭州食品厂

联系人 郑迅伟
电 话 0571-86066094
传 真 0571-86074847
地 址 杭州市秋涛路373号
邮 编 310009
主产品 鲜纯奶、酸奶、消毒牛奶等
品 牌 燕牌
日处理鲜奶能力 90吨

### 宁波牛奶公司

联系人 徐志雄
电 话 0574-87500234
传 真 0574-87506416
地 址 宁波牛山西路796弄11号
邮 编 315010
主产品 鲜奶、酸奶
品 牌 宁波
日处理鲜奶能力 100吨

### 浙江熊猫乳品有限公司

联系人 吴绍雄
电 话 0577-64839954
传 真 0577-64839382
地 址 浙江苍南县建兴东路650-668号
邮 编 325800

### 浙江李子园牛奶食品有限公司

联系人 李国平
电 话 0579-2887719
传 真 0579-2887719
地 址 金华市金东区曹宅镇李子园工业区
邮 编 321031
主产品 液态奶
品 牌 李子园
日处理鲜奶能力 400吨

### 金华市佳乐乳业有限公司

联系人 夏济平
电 话 0579-2285140
传 真 0579-2285140
地 址 金华市环城西路2851号
邮 编 321001
主产品 纯牛奶
品 牌 佳乐
日处理鲜奶能力 200吨

### 金华市伟业乳品有限公司

联系人 吴建双
电 话 0579-2711666/2711777
传 真 0579-2711217、2710828
地 址 浙江省金华市婺城区蒋堂镇伟业西路88号
邮 编 321071
主产品 纯、甜、酸及各种果味型奶
品 牌 伟业

日处理鲜奶能力　100 吨

### 金华丁丁乳业有限公司

联系人　韩志龙
电　话　0579-2423286
传　真　0579-2423222
地　址　金华市环城北路 706 号
邮　编　321000
主产品　纯、甜牛奶
品　牌　丁丁
日处理鲜奶能力　100 吨

### 瑞安市百好乳业有限公司

联系人　王仲达
电　话　0577-65663931
传　真　0577-65662891
地　址　浙江省瑞安市安阳镇沿江西路 163 号
邮　编　325200
主产品　炼乳
日处理鲜奶能力　85 吨

### 嘉兴振华乳业食品有限责任公司

联系人　陈珊蓉
电　话　0573-2222001
传　真　0573-2221793
地　址　嘉兴经济开发区昌盛路永兴桥塊
邮　编　314001
主产品　鲜牛奶、酸奶、奶粉
品　牌　中华牌、张家弄牌
日处理鲜奶能力　30 吨

### 舟山市定海峰光乳业有限公司

联系人　董正国
电　话　0580-2022357
地　址　浙江省舟山市定海区环城西路 23 号
邮　编　316000
主产品　鲜牛奶、酸牛奶、含乳饮料
品　牌　峰光
日处理鲜奶能力　16 吨

### 舟山市定海满庭芳鲜奶有限公司

联系人　徐　君
电　话　0580-8082058
传　真　0580-2552166
地　址　浙江省舟山市定海区马岙满庭芳鲜奶有限公司
邮　编　316015
主产品　鲜奶、含乳饮料
品　牌　美丽健
日处理鲜奶能力　15 吨

### 嵊州市乳品厂

电　话　0575-63033161
地　址　浙江省嵊州市雅致
邮　编　312400

### 湖州乳品厂

联系人　徐家林
电　话　0572-2047559
地　址　浙江省湖州市辖区前庄
邮　编　313000

### 温州一鸣食品有限公司

联系人　朱明春
电　话　0577-88354503
传　真　0577-88354502
地　址　浙江省温州市梧慈路 116 号
邮　编　325014

### 温州市瓯海乳品饮料公司

电　话　0577-6819567
地　址　浙江省温州市天河南路 2 号
邮　编　325025

## 安　徽

### 安徽白帝乳业有限公司

联系人　王光荣
电　话　0551-5562571
传　真　0551-5570961
地　址　合肥市陈村路 21
邮　编　230031
主产品　各种乳制品
品　牌　白帝、江淮
日处理鲜奶能力　150 吨

### 安徽益益乳业有限公司

联系人　吴明楼
电　话　0554-3607120、3607588
地　址　安徽省淮南市九龙岗北
邮　编　232035
主产品　奶粉、UHT 奶、消毒奶、酸奶
品　牌　益益
日处理鲜奶能力　120 吨

### 上海乳品七厂

联系人　张承吉
电　话　0559-6740008
传　真　0559-6740005
地　址　安徽省黄山市歙县上海市练江牧场练江大道 18 号
邮　编　245203
主产品　奶粉、鲜牛奶、酸奶
品　牌　申光
日处理鲜奶能力　80 吨

### 安徽淮北相山乳业有限公司

联系人　傅新领
电　话　0561-3112228
传　真　0561-3112228
地　址　安徽省淮北相阳路 218 号
邮　编　235000
主产品　鲜奶、酸奶、花色奶
品　牌　相山
日处理鲜奶能力　30 吨

### 皖蚌埠市和平乳业有限责任公司

联系人　李杨民
电　话　0552-4014827
传　真　0552-4017188
地　址　皖蚌埠市朝阳路 670 号
邮　编　233000
主产品　纯鲜奶、酸奶、花色奶、奶粉
品　牌　和平牌
日处理鲜奶能力　60 吨

### 芜湖卫岗乳品有限公司

联系人　贲曙光
电　话　0553-2863227
传　真　0553-2832576
地　址　芜湖市康复路 162 号
邮　编　241000
主产品　纯鲜奶、酸奶、特浓鲜奶
品　牌　卫岗
日处理鲜奶能力　36 吨

### 滁州市奶业有限责任公司

联系人　张顺利
电　话　0550-3022980
传　真　0550-3047757
地　址　滁州市环山路 8 号
邮　编　239000
主产品　奶粉、液态奶
品　牌　琅琊牌
日处理鲜奶能力　50 吨

### 安徽丰大乳业有限责任公司

联系人　吴开启
电　话　0551-6370455
传　真　0551-6370455
地　址　合肥市双凤大道 67 号
邮　编　231131
主产品　鲜奶、酸奶等
品　牌　丰大
日处理鲜奶能力　30 吨

### 安庆市乳品厂

联系人　何跃平
电　话　0556-5511117
传　真　0556-5511117
地　址　少年宫东路 44 号

邮　编　2463003
主产品　液态奶
日处理鲜奶能力　10 吨

**安徽华圆乳业有限责任公司**

联系人　解明志
电　话　0564-3269452
传　真　0564-3269052
地　址　六安市佛子岭路六十一号
邮　编　237011
主产品　液态奶、奶粉
品　牌　皖西
日处理鲜奶能力　10 吨

**马鞍山市牛奶场**

联系人　潘先松
电　话　2353799、2322346
传　真　2353799
地　址　马鞍山市牛奶场
邮　编　243000
主产品　瓶装、杯装、袋装、纸盒包装
品　牌　山村
日处理鲜奶能力　10 吨

**安徽省亳州市迷尔康乳业有限公司**

联系人　王朝利、鲁万友
电　话　0558-5213977
传　真　0558-5213977
地　址　皖亳州市谯城区望汤阁
邮　编　236800
日处理鲜奶能力　5 吨

**巢湖市康迪乳业有限公司**

联系人　何　生
电　话　0565-8521078、13956618587
传　真　0565-8521078
地　址　巢湖市花集乡
邮　编　238000
主产品　纯鲜牛奶、酸牛奶、活性乳
品　牌　康迪
日处理鲜奶能力　4 吨

**铜陵市铜牛奶业有限责任公司**

联系人　王合明
电　话　0562-2871926、2864075
传　真　0562-2871926
地　址　安徽省铜陵市长江西路 278 号
邮　编　244000
主产品　消毒牛奶、酸牛奶、含乳饮料
品　牌　铜牛
日处理鲜奶能力　3 吨

**无为县西郊奶牛厂**

联系人　周加帮
地　址　安徽省巢湖地区无为县无城镇
邮　编　230000

**合肥乐高乳品厂**

电　话　0551-3416940
地　址　安徽省合肥市交通路 8 号
邮　编　230051

**宿州市乳品厂**

电　话　0557-2011577
地　址　安徽省宿州汴河路 112 号
邮　编　234000

**砀山县仙爽乳品饮料公司**

电　话　0557-8022255
地　址　安徽省砀山县西关北一村
邮　编　235300

**安徽名人食品有限公司**

电　话　0557-3032568
地　址　安徽省宿州市淮海路 55 号
邮　编　234100

**安徽省国营皖河乳品厂**

电　话　0556-5910092
地　址　安徽省安庆市郊区皖河农场
邮　编　246009

**蚌埠市福淋乳品厂**

电　话　0551-2040066
地　址　安徽省蚌埠市中市区体育路
邮　编　233000

**六安市乳品厂**

电　话　0564-3213452
地　址　安徽省六安地区六安市佛子岭路 40 号
邮　编　237011

## 福　建

**福建长富集团股份有限公司**

联系人　陈学坤
电　话　0599-8635788、8635188
传　真　0599-8635318
地　址　福建省南平市长富路 168 号
邮　编　353000
主产品　鲜奶、花生奶、酸奶、初乳粉、UHT 奶
品　牌　长富
日处理鲜奶能力　280 吨

**福建大乘股份有限公司**

联系人　陈　龙
电　话　0599-8805888
传　真　0599-8805079
地　址　福建省南平市建溪路 81 号
邮　编　353000
主产品　鲜奶、UHT 奶
品　牌　大乘
日处理鲜奶能力　200 吨

**福建惠尔康乳业有限公司**

联系人　叶争鸣
电　话　0591-3928777-828
传　真　0597-3923222
地　址　福州市晋安区连江中路 80 号
邮　编　350011
主产品　鲜奶、酸奶
品　牌　惠尔康
日处理鲜奶能力　15 吨

**厦门惠尔康乳业有限公司**

联系人　叶争鸣
电　话　0592-7157528
传　真　0592-7156533
地　址　福建省厦门市经济特区同安
邮　编　361100

**厦门新龙华乳业有限公司**

联系人　林立新
电　话　0592-6254616
传　真　0592-6240
地　址　厦门市杏林区西亭村羊场
邮　编　361022
主产品　纯牛奶、羊奶、酸奶
品　牌　龙华、福农
日处理鲜奶能力　50 吨

**福建大通乳业集团**

电　话　0592-2233333
地　址　厦门市湖滨南路金源
邮　编　361004

**闽西绿蒙奶业有限公司**

联系人　龚林旺
电　话　0597-3761962
传　真　0597-3761962
地　址　福建省上杭县龙湖开发区
邮　编　364200
主产品　纯鲜奶、AD 高钙奶、含乳饮料
品　牌　绿蒙
日处理鲜奶能力　30 吨

**福牛乳业有限公司**

联系人　林光明
电　话　0591-5109788
传　真　0591-5318673
地　址　福建省福清市宏路镇
邮　编　350300
主产品　袋鲜奶、风味奶、酸奶
品　牌　福牛
日处理鲜奶能力　20 吨

### 福州乳品厂

联系人 刘声锵
电 话 0591-3710228
传 真 0591-3710228
地 址 福建省福州市古楼区西洪路302号
邮 编 350001

### 福州康乐乳品有限公司

电 话 0591-3663522
传 真 0591-3663113
地 址 福建省福州市福马路五里亭
邮 编 350011

### 福建省仙游乳品厂

联系人 许金礼
电 话 0594-7396604
地 址 福建省莆田市仙游县北路87号
邮 编 351253

### 福鼎市康源乳制品有限公司

联系人 赖思房
电 话 0593-7862537
传 真 0593-7965878
地 址 福建省福鼎市石湖桥158号
邮 编 355200

### 三明市乳品厂

联系人 邱荣富
电 话 0598-8222151
地 址 福建省三明市梅列区北门街道碧湖经济开发区
邮 编 365000
主产品 消毒奶

### 百信实业（漳州）有限公司

联系人 黄金裕
电 话 0596-3642303
地 址 福建省漳浦县前亭大社
邮 编 363207
主产品 鲜奶

### 福建省莆田市涵江区鲸山乳品厂

电 话 0594-3391621
地 址 福建省莆田市涵江区
邮 编 351111

### 福州南洋乳业有限公司

电 话 0591-8630188
地 址 福建省福州市长乐市大鹤
邮 编 350212

### 泉州市实昌奶晶公司

电 话 0595-2686056
地 址 福建省泉州市鲤城区埭头
邮 编 362011

### 圣王乳业（福鼎）有限公司

联系人 洪振荣
电 话 0593-7871999
传 真 0593-7871888
地 址 福建福鼎市星火工业园区
邮 编 355200

### 厦门市乳品公司

电 话 0592-2023703
地 址 福建省厦门市开元区斗西103号
邮 编 361003

### 厦门外供实业发展有限公司乳品分公司

电 话 0592-2047754
地 址 福建省厦门市斗西路103号
邮 编 361003

## 江 西

### 江西英雄乳业股份有限公司

联系人 席德三
电 话 0791-3975172
传 真 0791-3975264
地 址 江西南昌蛟桥
邮 编 330044
主产品 奶粉、饮料
品 牌 英雄
日处理鲜奶能力 200吨

### 江西阳光乳业有限公司

联系人 胡肖云
电 话 0791-5278434
传 真 0791-5273187
地 址 江西省南昌市青云谱岱山东路1号
邮 编 330043
主产品 鲜奶、酸奶、乳饮料
品 牌 天天阳光、天天健康
日处理鲜奶能力 200吨

### 江西红星乳业有限公司

联系人 华青地
电 话 0794-4383116
传 真 0794-4383116
地 址 江西省东乡红星经济开发区
邮 编 331801

### 江西可生食品有限公司

电 话 0701-6272888
传 真 0701-6258717
地 址 江西省鹰潭市西湖路81号
邮 编 335000

### 江西省吉安市红卫乳品厂

电 话 0796-8323008
地 址 江西省吉安市吉福路
邮 编 343000

### 江西省九江市牛奶公司

电 话 0792-8362869
地 址 江西省九江市飞机坝113号
邮 编 332000

## 山 东

### 济南佳宝乳业有限公司

联系人 孙作刚
电 话 0531-8901901
地 址 济南佳宝路6号
邮 编 250100
主产品 液态奶、乳饮料
品 牌 佳宝
日处理鲜奶能力 250吨

### 青岛市奶业总公司

联系人 黄光扬
电 话 0532-5816389
传 真 0532-5816487
地 址 青岛市宁夏路129号
邮 编 266071
主产品 液态奶
品 牌 琴牌
日处理鲜奶能力 200吨

### 山东鹏程食品（集团）股份公司

联系人 王志海
电 话 0631-8571118/8571018
传 真 0631-8571035
地 址 山东省文登市北郊山马邹
邮 编 264416

### 青岛圣元乳业有限公司

联系人 夏柏松
电 话 0532-6767200
传 真 0532-6767497
地 址 青岛市保税区2号A
邮 编 266555

### 淄博得益乳业有限公司

联系人 王培亮
电 话 0533-2860737/2862278
地 址 淄博市张店区西七路西
邮 编 255090

### 青岛仁和奶业有限公司

联系人 刘典同
电 话 0532-7658174
传 真 0532-7657192

地　址　青岛市李沧区 308 国道 2648 号
邮　编　266100
主产品　多功能免疫鲜牛奶
品　牌　麦优祥
日处理鲜奶能力　50 吨

### 青岛金大洋乳业有限公司

联系人　李宜文
电　话　0532-3131046
传　真　0532-3131496
地　址　青岛胶南市王台镇高效农业园
邮　编　266425
主产品　牛奶、奶粉
品　牌　海滨
日处理鲜奶能力　40 吨

### 青岛天泰饮乐多食品有限公司

联系人　王若雄、潘瑞春
电　话　0532-3837676
传　真　0532-3835130
地　址　青岛市市北区，辽宁路 12 号
邮　编　266021
主产品　活性乳酸菌饮料
品　牌　饮乐多
日处理鲜奶能力　150 吨

### 青岛迎春乐乳业（集团）有限公司

联系人　郭克从
电　话　0532-7766116
传　真　0532-7766776
地　址　青岛市城阳区礼阳路 8 号
邮　编　266109
主产品　液体奶
品　牌　迎春乐
日处理鲜奶能力　180 吨

### 莱阳宝宁食品有限公司

联系人　冯寿宝
电　话　0535-7321333
地　址　莱阳凤凰路 1 号
邮　编　265202
日处理鲜奶能力　90 吨

### 大强集团思达乳品公司

联系人　冯承湖
电　话　13501384845
地　址　济南市黄台北路 7 号
邮　编　270011
主产品　液态奶、乳饮料
品　牌　思达
日处理鲜奶能力　50 吨

### 青岛龙马乳业有限责任公司

联系人　王学瑞
电　话　0532-7883616
传　真　0532-7881901
地　址　青岛市城阳区惜福镇正阳东路
邮　编　266106
主产品　液态奶、酸奶
品　牌　日日乐
日处理鲜奶能力　50 吨

### 枣庄生活园发展有限公司

联系人　单立保
电　话　0632-3353560
地　址　枣庄市中工业园（前陈湖）
邮　编　277100
主产品　液态奶、乳饮料
日处理鲜奶能力　30 吨

### 枣庄大立乳乳业有限公司

联系人　孙单启
电　话　0632-3318302
地　址　枣庄市中区刘岭路 12 号
邮　编　277102
主产品　消毒奶、花色奶
日处理鲜奶能力　30 吨

### 淄博绿赛尔乳业有限公司

联系人　袁辉春
电　话　0533-3176547
传　真　0533-3176547
地　址　山东省淄博市张店区世纪路北首
邮　编　255090

### 滨州天华乳品有限公司

电　话　0543-3261594
传　真　0543-3261349
地　址　山东省滨州市渤海九路南首
邮　编　256612

### 龙口市乳品厂

电　话　0535-8857586
地　址　山东省龙口市新港路 6 号
邮　编　265700

### 济宁香雪乳品有限责任公司

联系人　夏建设
电　话　0537-2313372　135153775539
地　址　山东省济宁市车站南路 22 号
邮　编　272027

### 临沂盛能乳业有限责任公司

联系人　胡振涛
电　话　0539-8592911
传　真　0539-8592899
地　址　山东临沂市罗庄区湖北路东段
邮　编　276016

### 烟台市金桥乳制品厂

联系人　刘庆珠
电　话　0535-6710539
地　址　山东省烟台市莱山区刘家滩
邮　编　264003
主产品　鲜牛奶

### 山东临朐乳业有限公司

联系人　赵立平
电　话　0536-3721107
传　真　0536-3721572
地　址　山东省临朐县临朐镇卧龙
邮　编　262612
主产品　奶粉

### 泰安奶制品厂

联系人　姬向荣
电　话　0538-8333207
地　址　山东省泰安市泰山区泰前擂鼓石路 194 号
邮　编　271000
主产品　液体乳

### 山东农科院畜牧研究所畜产品加工厂

电　话　0531-8611909
地　址　济南市桑园路 10 号
邮　编　250000

### 潍坊市贵友奶业有限公司

联系人　孔昭仁
电　话　0536-8318888
地　址　潍坊市北宫大街 263 号
邮　编　276000

### 曲阜市方正乳业有限公司

联系人　田　利
电　话　0537-4418968
地　址　曲阜市静轩西路 48 号
邮　编　273100

### 平度市大世界奶业有限公司

电　话　0532-8325000
地　址　平度市常州路北端西
邮　编　262800

### 滨州华农乳品有限公司

联系人　韩继华
电　话　0543-3261954
传　真　0543-3261888
地　址　山东滨州渤海九路南首
邮　编　256612

### 德州市德福乳业公司

联系人　张德福
电　话　0534-2356570
传　真　0534-4201952
地　址　德州市太平洋酒水大市场6楼11号

### 邹平伊怡乳业有限公司

联系人　王乃忠
电　话　0543-4711866
传　真　0543-4711699
地　址　山东省邹平县九产镇驻
邮　编　256211

### 烟台山村果园乳业有限公司

联系人　邓博毅
电　话　0535-6091999
传　真　0535-6300777
地　址　烟台福山高新技术产业区永达街833号

### 烟台市金麟乳品厂

联系人　丛培杰
电　话　0535-4641021
传　真　0535-4641021
地　址　烟台市牟平区莒格庄镇驻地
邮　编　264110

## 河　　南

### 河南花花牛实业股份有限公司

联系人　李文献
电　话　0371-5719602/5732138
传　真　0371-5719602
地　址　郑州市畜牧路中段（长途汽车站东）
邮　编　450002

### 河南洛阳巨尔乳业有限公司

联系人　陈彦斌
电　话　0379-5599618
传　真　0379-5521553
地　址　洛阳市牡丹桥南端
邮　编　471022

### 河南省科迪食品集团股份有限公司

电　话　0370-4471098
传　真　0370-4471193
地　址　河南省虞城利民工贸区18号
邮　编　476343

### 洛阳生生乳业有限公司

电　话　0379-3785088
传　真　0379-3785188
地　址　河南省洛阳市翟泉工业区
邮　编　471000

### 郑州山盟乳业有限公司

联系人　甘德权
电　话　0371-7526423/7538252
传　真　0371-7538252-8866
地　址　河南省郑州市电厂路7号
邮　编　450051

### 河南三剑客奶业有限责任公司

电　话　0395-2921388/2923804
地　址　河南省漯河市长江路39号
邮　编　462000

### 郑州荥阳乳业有限公司

联系人　张运忠
电　话　0371-4662224
地　址　河南荥阳市大海市寺路100号
邮　编　450100

### 孟州市新新乳制品厂

联系人　宋天法
电　话　0391-8190812
地　址　河南省焦作市孟县乡孙村村民委员会
邮　编　454793

### 灵宝康源乳业有限责任公司

电　话　0398-8865511
传　真　0398-8865512
地　址　河南省灵宝市长安路62号
邮　编　472500

### 开封市康华食品厂

联系人　王周林
电　话　0378-59551166
地　址　河南省开封市鼓楼区青龙背街47号
邮　编　475000

### 偃师市乳品厂

联系人　倪合法
电　话　0379-7711423
地　址　河南省偃师市城关镇商城路55号
邮　编　471900
主产品　奶粉

### 舞钢市美信乳业有限公司

联系人　张志君
电　话　0375-8133862
地　址　河南省舞钢市地质路
邮　编　462500
主产品　豆奶粉

### 焦作市博农乳业有限责任公司

电　话　0391-8068899
传　真　0391-8068999
地　址　河南省焦作市博爱农场工业路
邮　编　454492

### 焦作市乳品厂

电　话　0391-2622273
地　址　河南省焦作市解放区丰收路4号
邮　编　454152

### 开封市乳品公司乳品厂

电　话　0378-3981044
地　址　河南省开封市北门外
邮　编　475001

### 开封（市）开发区原田乳制品厂

电　话　0378-3870097
地　址　河南省开封市经济技术开发区宋城路西段1号
邮　编　475000

### 郑州南阳乳食品厂

电　话　0371-3710435
地　址　河南省郑州市邙山区南阳村
邮　编　450053

## 湖　　北

### 武汉友芝保健乳品有限公司

联系人　袁　谦
电　话　027-83370148，83228336
传　真　027-83226549
地　址　武汉市东西湖区吴家山梨花园路248号
邮　编　430040
主产品　鲜奶、酸奶、含乳饮料
品　牌　友芝友
日处理鲜奶能力　200吨

### 武汉惠尔康扬子江乳业有限公司乳品一厂

联系人　李　民
电　话　027 82401664
传　真　027-82401664
地　址　武汉市汉口惠济路55号
邮　编　430010
主产品　袋奶、园杯酸奶、方杯酸奶、屋顶包、PE奶、奶粉
品　牌　扬子江
日处理鲜奶能力　150吨

### 武汉惠尔康扬子江乳业有限公司乳品二厂

联系人　张汉忠
电　话　027-88080886
传　真　028-88731375
地　址　武汉市武昌区复兴路77号

邮 编 430060
主产品 鲜奶、UHT 奶
品 牌 扬子江
日处理鲜奶能力 50 吨

**武汉惠尔康扬子江乳业有限公司乳品三厂**

联系人 余长生
电 话 027-86841607
传 真 027-86841607
地 址 武汉青山区红钢城 109 街
邮 编 430080
主产品 袋装奶、莎莉包奶、瓶装奶
品 牌 扬子江
日处理鲜奶能力 40 吨

**武汉香满楼乳制品工业有限公司**

联系人 张卫平 张春平
电 话 027-84898305
传 真 027-84896936
地 址 武汉经济技术开发区南街 55 号
邮 编 430056
主产品 鲜牛奶、酸牛奶、乳酸菌饮料
品 牌 香满楼
日处理鲜奶能力 60 吨

**武汉光明乳品有限公司**

联系人 张华富 李 萍
电 话 027-83213509/7040
传 真 027-83892136
地 址 武汉市东西湖张柏路 1 号
邮 编 430040
主产品 鲜奶、酸奶
品 牌 光明
日处理鲜奶能力 100 吨

**武汉妙士生物乳业有限公司**

联系人 缪长青
电 话 027-83823332
传 真 027-83833639
地 址 古田二路桥口经济开发区
邮 编 430034
主产品 妙士一品乳
品 牌 妙士
日处理鲜奶能力 20 吨

**武汉海浪乳品工业有限公司**

联系人 尧云斌
电 话 027-88130917
地 址 湖北省武汉市武太闸外丰收路 101 号
邮 编 430064

**襄樊市乳品公司**

联系人 杨 波
电 话 0710-3513268
地 址 湖北襄樊市襄城区西街 249 号
邮 编 441021
主产品 牛奶

**蕲春县湖北联盟乳业有限责任公司**

联系人 张晓华
电 话 0713-7251878
地 址 湖北蕲春县漕河蕲春大道一号
邮 编 436300
主产品 乳制品

**黄石花湖牛奶公司**

联系人 刘帮湖
电 话 0714-6513955
地 址 湖北省黄石市黄石港区花湖路 55 号
邮 编 435002
主产品 奶粉、原奶

**宜昌市乳制品公司**

电 话 0717-6738725
地 址 湖北省宜昌市西陵区刘家大堰
邮 编 443002

## 湖 南

**湖南亚华种业南山绿色食品开发公司**

联系人 李沛云
电 话 0739-7395219/7395038
传 真 0739-7395066
地 址 湖南城步苗族自治县南山牧场
邮 编 422512

**湖南亚华种业长沙宾佳乐乳业有限公司**

联系人 康军战
电 话 0731-5593065
传 真 0731-8861585
地 址 湖南省长沙市天心区马王堆青园路 54 号
邮 编 410004
主产品 奶粉、酸牛奶

**湖南阳光乳业股份有限公司**

负责人 陈运国
电 话 0736-7322800
传 真 0736-7322800
地 址 湖南省常德市经济开发区桃林东路
邮 编 415001
主产品 纯鲜牛奶、酸牛奶
品 牌 金健
日处理鲜奶能力 50 吨

**湖南太子奶生物科技股份有限公司**

电 话 0733-8481141
地 址 湖南省株州市红旗中路 15 号
邮 编 412000

**湖南派派光明食品有限公司**

联系人 王 云
电 话 0731-4414107
传 真 0731-4443091
地 址 湖南省长沙市解放路 151 号
邮 编 410011

**湖南省武冈市乳业有限责任公司**

联系人 赵中奇
电 话 0739-4221463
地 址 湖南邵阳武冈西直街 54 号
邮 编 422400

## 广 东

**广东国营燕塘牛奶公司**

负责人 黄 宣
电 话 020-61372250
传 真 020-87700451
地 址 广州沙河燕塘大院
邮 编 510507
主产品 液态乳、UHT 奶
品 牌 燕塘
日处理鲜奶能力 300 吨

**广州风行牛奶有限公司**

联系人 林辉新
电 话 020-87241615、87242982
传 真 020-87241615
地 址 广州天河区沙太路盘龙岗临 84 号
邮 编 510810
主产品 鲜奶、炼乳、酸奶、花色奶
品 牌 风行
日处理鲜奶能力 150 吨

**广美香满楼畜牧有限公司**

联系人 COLVIN MORTON BROWN
电 话 020-82374371
传 真 020-82373473
地 址 广州市东圃小新塘
邮 编 510663
主产品 鲜奶、酸奶、UHT 奶
品 牌 香满楼、鲜健

**广东太阳宝乳业有限公司**

联系人 李庆生
电 话 0754-8872082
传 真 0754-8869771
地 址 广东省汕头市黄山路 59 号三楼
邮 编 515041
主产品 超高温灭菌奶、巴氏杀菌奶

品　牌　太阳宝
日处理鲜奶能力　60 吨

**深圳光明华侨畜牧场晨光饮料公司**

联系人　杨志成
电　话　0755-27402788、27402786
传　真　0755-27400241、27404787
地　址　深圳市光明集团晨光饮料公司
邮　编　518107
主产品　纯鲜奶、甜奶、酸奶、利乐包花色奶系列
品　牌　晨光
日处理鲜奶能力　300 吨

**广州益力多乳品有限公司**

联系人　平野博胜
电　话　020-82301108、38772408
传　真　020-82303018
地　址　广州市天河区中山大道 286 号东圃商业大厦 B 座 6 楼
邮　编　518660
主产品　乳酸菌乳饮料
品　牌　益力多
日处理鲜奶能力　120 万支每日

**珠海维维大亨乳业有限公司**

联系人　熊铁虹
电　话　0756-8508181、8501061
传　真　0756-8501061
地　址　珠海市前山镇东坑村乳品生产基地
邮　编　519000
主产品　纯鲜奶、花色奶
品　牌　大亨牛奶
日处理鲜奶能力　150 吨

**广州光明乳品有限公司**

联系人　张华富
电　话　020-82978928
传　真　020-82978938
地　址　广州市经济技术开发区永和经济区新区二路 38 号
邮　编　511356
主产品　鲜奶、酸奶、酸奶饮料
品　牌　光明
日处理鲜奶能力　300 吨

**广东四明燕塘乳业有限公司**

联系人　黄　宣
电　话　020-87633953
地　址　广州市沙河大塘岗
邮　编　510507

**广东雅士利集团有限公司**

联系人　张利坤
电　话　0768-5811338
传　真　0768-5812128
地　址　广东潮州市潮安大道雅士利工业城
邮　编　515638

**中山市强人食品企业有限公司**

联系人　邓桂珍
电　话　0760-2606072
传　真　0760-2606073
地　址　广东省中山市东风镇兴华东路 2 号
邮　编　528425

**雷州市奶牛场**

联系人　吴宏立
电　话　13822256282l
地　址　广东省雷州市工业大道中
邮　编　524200
主产品　支装炼奶、散装炼奶
品　牌　康蕾
日处理鲜奶能力　250 吨

**湛江市湖光奶业有限公司**

联系人　邓培义
电　话　0759-2845372、2842468、13809751856
传　真　0759-2845683
地　址　广东省湛江市郊志满
邮　编　524086
主产品　纯鲜奶、酸牛奶、花色奶等
日处理鲜奶能力　30 吨

**肇庆市鼎湖温氏乳业有限公司**

联系人　温志芬　伍尚雄
电　话　0758-2612828/2613600 2611699
传　真　0758-2612828
地　址　广东省肇庆市鼎湖区莲花镇温氏乳业公司
邮　编　526070
主产品　纯鲜牛奶
品　牌　温氏牛奶
日处理鲜奶能力　5 吨

**广东梅州市英雄乳业发展有限公司**

联系人　席德三
电　话　0753-2523884
传　真　0753-2523884
地　址　广东省梅县华侨城中央大道华南大厦 B-2 号
邮　编　514087
主产品　巴氏杀菌奶及系列产品
品　牌　英雄客乡奶
日处理鲜奶能力　50 吨

**广东省惠州市慧明食品饮料有限公司**

联系人　黄文震
电　话　0752-6860266
传　真　0752-6860268
地　址　广东省惠州市博罗县龙溪镇慧明大道
邮　编　516121
主产品　纯鲜奶、酸牛奶饮品、甜牛奶饮品
品　牌　慧明
日处理鲜奶能力　180 吨

**珠海顺恩食品有限公司**

联系人　梁　荣
电　话　0756-5571888
传　真　0756-5572303
地　址　广东省珠海市斗门区五山第一工业区
邮　编　519175
主产品　巴氏纯鲜奶、酸奶、花色奶
品　牌　顺恩
日处理鲜奶能力　60 吨

**广州金鼎乳制品厂**

联系人　苏汝荣
电　话　020-84213148、84266493
传　真　020-84213964
地　址　广州海珠区石榴岗华洲路 68 号
邮　编　510320
主产品　婴儿奶粉、助长奶粉、鲜奶
品　牌　金鼎
日处理鲜奶能力　40 吨

**广州市强继兴乳品有限公司**

联系人　任佛片、中留车
电　话　020-82038606、87038008
地　址　广州市天河区工业区后侧
邮　编　510520
主产品　鲜奶、酸奶、乳酸菌饮料
日处理鲜奶能力　30 吨

**华南农业大学乳品厂**

联系人　李远志、郑　华
电　话　020-85280350
传　真　020-85286518
地　址　广州天河五山华南农业大学乳品厂
邮　编　510642
主产品　酸奶，袋奶
日处理鲜奶能力　5 吨

**广州市宜锋乳品有限公司**

电　话　020-84366212
传　真　020-84360100

地　址　广东省广州市沙园路奋勇十二街6号二楼
邮　编　510250

**广州市珠江乳制品厂**

联系人　何培基
地　址　广东省广州市番禺区蚬涌
邮　编　511400

**汕头经济特区珍多宝乳品有限公司**

电　话　0754-8369359
传　真　0754-8166650
地　址　广东省汕头经济特区龙湖区金龙苑六栋一层
邮　编　515041

**深圳太子乳品工业有限公司**

电　话　0755-2234759
地　址　广东省深圳市罗湖区东门南路45号广发大厦931-932室
邮　编　518005

**佳龙宝乳品有限公司**

电　话　0755-2274833
地　址　广东省深圳市福田区东园路滨河新村30栋1楼
邮　编　518031

**深圳牛奶公司乳品饮料厂**

电　话　0755-8867445
传　真　0755-8867445
地　址　广东省深圳市龙岗区
邮　编　518115

**广州市国营凤凰乳品厂**

联系人　刘　华
电　话　020-37394953
传　真　020-37394135
地　址　广东省广州市天河区
邮　编　510520
主产品　鲜牛奶

**韶关市乳制品厂**

联系人　马仲鑫
电　话　0751-8885385
地　址　广东省韶关市北江区五里亭良村公路30号
邮　编　512000
主产品　炼奶、牛奶

**珠海市牛奶公司**

联系人　邱肇匡
电　话　0756-8624181
地　址　珠海市前山东坑奶牛场乳品生产基地
邮　编　519070

**广东省阳江市北山牛奶厂**

联系人　杨义盛
电　话　0662-6611012
传　真　0662-6616038
地　址　阳东县公路大厦行人400米
邮　编　529500

**广州喜乐食品有限公司**

电　话　020-82213393
地　址　广东省广州市经济技术开发区金华1街8号
邮　编　510730

**雷州市糖烟酒总公司奶制品公司**

电　话　0759-6843307
地　址　广东省雷州市
邮　编　524200

**梅州市乳品厂**

电　话　0753-2222169
地　址　广东梅州市梅城镇考院前19号
邮　编　514000

**南海市水牛奶研究开发有限公司**

联系人　卢佐良
电　话　0757-6236187
传　真　0757-6236187
地　址　广东南海市桂城镇佛平旧路农科所工业区
邮　编　528200

**汕头达濠区牛奶厂**

电　话　0754-8222012
地　址　广东汕头市升平区涨堤旁28号
邮　编　515024

**汕头市茂隆乳品有限公司**

电　话　0754-8879124
地　址　广东省汕头市黄山路珠池工业区第4幢3楼
邮　编　515041

**深圳市爱地时代牛奶有限公司**

联系人　王东玉
电　话　0755-84088423
传　真　0755-84088966
地　址　深圳市深龙岗区深惠路1138号
邮　编　518117

**深圳市澳牛食品有限公司**

联系人　王严娜
电　话　0755-83890608
传　真　0755-83890508
地　址　广东省深圳市振华路14号和晖大厦508室
邮　编　518048

**深圳市金谷园实业发展有限公司**

电　话　0755-3875231
地　址　广东省深圳市车公庙天安工业区F2．6栋C座5楼
邮　编　518048

**深圳市深晖企业有限公司**

联系人　陈泽枝
电　话　0755-82421166
传　真　0755-82421266
地　址　深圳市罗湖区宝岗路田心酒店4楼
邮　编　518023

**珠海特区凯嘉乳业食品有限公司**

电　话　0756-80882783
地　址　广东省珠海市吉大南山工业区七栋三楼
邮　编　519020

## 广　西

**广西皇氏生物工程乳品有限公司**

联系人　黄嘉棣
电　话　0771-3163008
传　真　0771-3180638
地　址　广西南宁市新阳路310号
邮　编　530003
主产品　消毒奶、酸奶
品　牌　甲天下、皇品
日处理鲜奶能力　100吨

**南宁市多乐乳品有限公司**

联系人　张祖韬
电　话　0771-4017527
传　真　0771-5665369
地　址　南宁市邕宁沿海开发区玉洞工业园6街
邮　编　530221
主产品　消毒奶
品　牌　石埠
日处理鲜奶能力　50吨

**广西大学农大食品厂**

联系人　王金龙
电　话　0771-3237715
传　真　0771-3237715
地　址　广西南宁市秀灵路13号
邮　编　530005
主产品　消毒奶、酸奶、果奶
品　牌　尤格

日处理鲜奶能力 50 吨

### 广西畜牧研究所乳品厂

联系人 莫琼才
电 话 0771-3315635
传 真 0771-3303129
地 址 广西南宁市邕武路24号
邮 编 530001
主产品 酸奶、消毒奶
品 牌 永望
日处理鲜奶能力 20吨

### 广西柳州市奶业有限公司

联系人 姚汉光
电 话 0772-3127508
传 真 0772-3121759
地 址 广西柳州市柳石路169号
邮 编 545005
主产品 消毒奶、酸奶、豆奶
品 牌 天爱
日处理鲜奶能力 20吨

### 桂林市乳品厂

联系人 梁启军
电 话 0773-3623626
传 真 0773-3623608
地 址 桂林市瓦窑路二巷3号
邮 编 541003
主产品 酸奶、消毒奶、豆奶
品 牌 漓光
日处理鲜奶能力 20吨

### 广西水牛研究所乳品厂

联系人 杨炳壮
电 话 0771-3334317
传 真 0771-3313814
地 址 广西南宁市邕武路24-1号
邮 编 530001
主产品 消毒奶、酸奶、果奶
品 牌 宝福禄
日处理鲜奶能力 5吨

### 北海雅兰乳品厂

电 话 0779-3051693
地 址 广西北海市海城区兴桂路
邮 编 536000

### 廉州乳制品厂

电 话 0779-7286530
地 址 广西合浦县廉州封门岭
邮 编 536100

### 西江农场奶品厂

电 话 0775-4216001
地 址 广西贵港市
邮 编 537104

## 海 南

### 海南艾森乳业有限公司

联系人 戴桂海
电 话 0898-68620750/730、68640171
传 真 0898-68640170
地 址 海南省海口市白水塘路海南省扶贫工业开发区
邮 编 570311
主产品 纯奶、酸奶、风味奶
品 牌 艾森
日处理鲜奶能力 8吨

### 海南新海乳业有限公司

联系人 和 平
电 话 0898-65774545
传 真 0898-65778207
地 址 海南海口市罗牛山农业综合开发区
邮 编 571133
主产品 乳酸奶、杯奶
日处理鲜奶能力 10吨

### 海南国鹰乳品有限公司

联系人 黄文昌
电 话 0898-66827671
传 真 0898-66827095
地 址 海南省海口市金盘工业区美国工业村3-7号
邮 编 570216

## 重 庆

### 重庆市天友乳业股份有限公司

联系人 王永树
电 话 023-63871568
传 真 023-63629525
地 址 重庆市渝中区中山三路121号
邮 编 400015
主产品 消毒奶、UHT奶、酸奶
品 牌 天友、山城
日处理鲜奶能力 350吨

### 重庆三高乳业有限公司

联系人 何 涛
电 话 023-62756593
传 真 023-62756593
地 址 重庆南岸区四公里街403号
邮 编 400074
主产品 鲜奶、酸奶、乳酸饮
品 牌 三一
日处理鲜奶能力 150吨

### 重庆太易乳业乳品有限公司

联系人 陈 健
电 话 023-65200093
地 址 重庆市上桥工业区

### 重庆海浪生物乳业股份有限公司

联系人 李 忠
电 话 023-68690138
地 址 重庆市高新区科园一路200号科技发展大厦C座
邮 编 400039

### 重庆新大陆龙麦乳业有限公司

电 话 023-67706858
地 址 重庆市江北区红土地64号
邮 编 400023

### 重庆渝鹰实业公司乳品厂

地 址 重庆市小龙坎正街307号
邮 编 630030

### 重庆荣鑫乳品开发有限责任公司

联系人 黄成鑫
电 话 023-68832679
传 真 023-68909330
地 址 重庆市大渡口区八桥镇新华村
邮 编 400084
主产品 乳制品

### 万州区龙宝牛奶有限公司

电 话 023-58228902
地 址 重庆市万州区乌龙池
邮 编 404006

### 重庆光明乳品厂

电 话 023-65318223
地 址 重庆市沙坪坝区
邮 编 400036

### 重庆江北乳品厂

电 话 023-65304145
地 址 重庆市江北区石马河
邮 编 400021

## 四 川

### 四川新希望农业股份有限公司乳业事业部

联系人 黄代云 张列兵
电 话 028-86658600
传 真 028-86659060
地 址 成都市新开街1号金竹大厦七楼
邮 编 610016
主产品 液态奶、奶粉
品 牌 天友、山城、阳平、天、白帝、江淮、双峰、美丽健、西湖、华西、琴、天香V美、酒前一

杯
日处理鲜奶能力 800 吨

### 四川华西乳业有限责任公司

联系人 黄代云 徐仕远
电 话 028-85310471
传 真 028-85316599
地 址 四川省成都市高新区石羊乡仁和村
邮 编 610041
主产品 屋型鲜奶、UHT（康美包、利乐枕、伊莱克斯德无菌）
品 牌 华西
日处理鲜奶能力 250 吨

### 四川新阳平乳业有限公司

联系人 黄松乔
电 话 0833-7496381
传 真 0833-7496373
地 址 四川省洪雅县临江路 12 号

### 四川绵阳雪宝乳业有限公司

电 话 0816-2687770、2681236
传 真 0816-2681236
地 址 四川绵阳长虹大道北段 67 号
邮 编 621000
主产品 酸奶、消毒鲜牛奶、双歧因子纯牛奶等
品 牌 雪宝
日处理鲜奶能力 100 吨

### 成都菊乐食品有限公司

联系人 夏雪松
电 话 028-85071821
地 址 成都市菊乐路
邮 编 610041

### 成都沙河乳品厂

联系人 冉龙海
电 话 028-84792593
地 址 成都沙河大观堰
邮 编 610066

### 四川雅安熊猫乳业有限公司

联系人 张健康
电 话 0835-2622678
传 真 0835-2620058
地 址 四川雅安市康藏路 95 号
邮 编 625000
主产品 全脂奶粉、纯牛奶、酸奶及花色奶
品 牌 熊猫
日处理鲜奶能力 70 吨

### 四川红原牦牛乳业公司

联系人 代启明
电 话 028-87730135
地 址 成都市一环路西三段 33 号
邮 编 610031

### 成都海浪生物乳业公司

联系人 孙 明
电 话 028-85561611
地 址 成都武侯祠大街 11 号
邮 编 610041

### 南充市乳制品有限公司

联系人 李全中
电 话 （0817）2708078
传 真 （0817）2701741
地 址 南充市文峰街 54 号
邮 编 637000
主产品 双歧因子纯牛奶、鲜奶、大天元酸奶、优酸乳等
品 牌 天太
日处理鲜奶能力 40 吨

### 自贡一对山乳业有限公司

联系人 郭仁平
电 话 0813-8204943
传 真 0813-8100210
地 址 四川省自贡市汇东路 135 号
邮 编 643000
主产品 牛奶、酸奶、含乳饮料、奶粉
品 牌 一对山
日处理鲜奶能力 30 吨

### 泸州市五峰乳业有限公司

联系人 邓 坤
电 话 0830-2505502
传 真 0830-2510216
地 址 四川泸州市龙马潭区小市五峰村 60 号
邮 编 646100
主产品 奶粉系列、液态奶系列
品 牌 五峰
日处理鲜奶能力 30 吨

### 德阳市乳品公司

联系人 任运国
电 话 0838-2500212
传 真 0838-2502588
地 址 凯江路东段文化娱乐城内
邮 编 618000
主产品 消毒牛奶、酸牛奶
品 牌 同心
日处理鲜奶能力 20 吨

### 成都市鑫华生乳品有限公司

联系人 林 生
电 话 028-87542460
传 真 028-87540485
地 址 成都金牛区营门口黄忠五组
邮 编 610036
主产品 乳品、乳饮料
品 牌 鑫华生
日处理鲜奶能力 12 吨

### 攀枝花市综合农场

联系人 颜明发
地 址 攀枝花市综合市场
邮 编 617061

### 四川省西塔乳业有限公司

联系人 郑贵祥
电 话 0818-5822074
传 真 0818-5822081
地 址 四川省宣汉县胡家云城路 34 号
邮 编 636154
主产品 乳制品

### 若尔盖县奶粉厂

联系人 卓玛足
电 话 0837-2298416
地 址 四川省若尔盖县达扎寺红光
邮 编 624500
主产品 全脂奶粉

### 成都市统力食品公司

联系人 曾 蜀
电 话 028-85791095
地 址 成都高升桥华达商城
邮 编 610041

### 四川万达乳业公司

联系人 李文格
电 话 0818-2383317
地 址 四川达州市通川区文化巷 1 号
邮 编 635000

### 西昌美日乳品公司

电 话 0834-3958008
地 址 四川省西昌市新村路
邮 编 615022

### 安顺市有德乳品厂

联系人 柴其秀
电 话 0853-3410252
地 址 贵州安顺市经济开发区果木场
邮 编 561000
主产品 酸奶、鲜奶、AD 奶等
品 牌 其秀
日处理鲜奶能力 8 吨

## 贵 州

### 贵阳三联乳业有限公司

联系人 孙良缔

电　话　0851-5562457
传　真　0851-5562457
地　址　贵州省贵阳市兴关路19号
邮　编　550002
主产品　液态奶、酸奶
品　牌　山花
日处理鲜奶能力　150吨

### 遵义市乳制品有限公司

联系人　梅继昭
电　话　0852-8910065
传　真　0852-8910065
地　址　遵义市西郊海龙坝
邮　编　563002
主产品　奶粉、液态奶
品　牌　遵义
日处理鲜奶能力　80吨

## 云　南

### 昆明雪兰牛奶有限责任公司

联系人　张　藻
电　话　0871-5153488
传　真　0871-5151988
地　址　昆明市环城北路100号
邮　编　650051
主产品　消毒奶、UHT奶、果味奶、酸奶
品　牌　雪兰
日处理鲜奶能力　100吨

### 云南邓川蝶泉乳品有限责任公司

联系人　周志力
电　话　0872-5384618 13988582698
传　真　0872-5384011
地　址　洱源县邓川镇新州街88号
邮　编　671204
主产品　奶粉、酸奶、UHT奶
品　牌　邓川蝶泉牌
日处理鲜奶能力　180吨

### 昆明跑马山实业总公司

联系人　栗　铨
电　话　0871-7354606、7354605
传　真　0871-7354602
地　址　昆明东郊跑马山
邮　编　650213
主产品　系列奶粉，系列液态奶
品　牌　前进茶花
日处理鲜奶能力　180吨

### 昆明海子乳品厂

联系人　鄢仁宁
电　话　0871-7332046
传　真　0871-7332046
地　址　昆明市官渡区阿拉乡海子村
邮　编　650206
主产品　鲜奶、酸奶
品　牌　海子
日处理鲜奶能力　26吨

### 闫理羊苴咩　有限责任公司

联系人　董建升　杨子彪
电　话　0872-2673378
传　真　0872-2673378
地　址　大理市古城区
邮　编　671003
主产品　纯牛奶、酸奶、果味奶
品　牌　来思尔
日处理鲜奶能力　30吨

### 云南省种畜场乳制品厂

联系人　杨　锐
电　话　0871-7391065
地　址　云南省昆明市官渡区小哨乡
邮　编　650212

### 昆明云花食品厂

联系人　王　洪
电　话　0871-3813011
传　真　0871-3813037
地　址　云南昆明白龙路白龙寺281号
邮　编　650224

### 剑川县乳制品厂

联系人　张祖裔
电　话　0872-4521324
地　址　大理白族自治州剑川县永丰
邮　编　671300

### 昆明宜良乳制品总厂

联系人　张振梁
电　话　0871-7524632
传　真　0871-7524619
地　址　云南昆明市宜良县人民路75号
邮　编　652100

### 云南天元健康食品有限责任公司

电　话　0871-5622877
地　址　云南省昆明市金殿青龙山
邮　编　650224

## 西　藏

### 西藏拉萨牛奶公司

联系人　琼　达
电　话　0891-6333007
地　址　西藏拉萨市城关区色拉路4号
邮　编　850000

## 陕　西

### 西安银桥股份有限公司

联系人　刘华国
电　话　029-3886868
传　真　029-3886998
地　址　西安临潼经济开发区
邮　编　710600
主产品　奶粉、液体奶
品　牌　秦俑　银桥
日处理鲜奶能力　280吨

### 西安维维东方乳业有限公司

联系人　崔桂周
电　话　029-6060129，3417381
传　真　029-6060129
地　址　陕西省西安市东郊新合镇
邮　编　710027
主产品　纯奶、酸奶、奶饮料
品　牌　东方、朵鲜
日处理鲜奶能力　180吨

### 西安光明乳品有限责任公司

联系人　宋改宇
电　话　029-2511230
传　真　029-2541232
地　址　西安市新城区长樱东路19号
邮　编　710032

### 西安牧童乳业有限公司

联系人　张和平
电　话　029-4280915
传　真　029-4296225
地　址　西安市沣镐东路392号
邮　编　710077
主产品　酸牛奶、纯牛奶、乳酸饮料
品　牌　牧童牌
日处理鲜奶能力　80吨

### 陕西神果股份有限公司

联系人　张普成
电　话　0910-7496067
传　真　0910-7496067
地　址　陕西省武功县苏坊乡西
邮　编　712200
主产品　乳制品

### 泾阳三乐乳品公司

联系人　黄德西
电　话　0910-6485366
地　址　咸阳市泾阳三渠
邮　编　713708

### 西安市玉山奶粉厂

联系人　王军旗

电　话　029-29550002
传　真　029-2955001
地　址　西安市蓝田县许庙镇
邮　编　710504
主产品　奶粉
品　牌　玉山
日处理鲜奶能力　60 吨

**陕西杨凌晨光乳业有限责任公司**

联系人　郝恩让
电　话　029-7012939、7012855
传　真　029-7012939
地　址　陕西省杨凌国家农业高新技术产业示范区常乐西路 1 号
邮　编　712100
主产品　酸奶、鲜奶、乳饮料
品　牌　晨光、妙味
日处理鲜奶能力　1 200 吨

**西安市康桥乳业有限公司**

联系人　周世英
电　话　029-6821198
传　真　029-6821238
地　址　西安市阎良区阎关路中段
邮　编　710089
主产品　全脂奶粉、全脂加糖奶粉
品　牌　唐城
日处理鲜奶能力　100 吨

**西安市蓝田乳制品厂**

联系人　刘述信
电　话　029-2721062
传　真　029-2721062
地　址　蓝田县北环路 5 号
邮　编　710500
主产品　全脂甜奶粉、淡奶粉、鲜奶、含乳饮料
品　牌　公王
日处理鲜奶能力　100 吨

**西安市红星乳品厂**

联系人　杨安定
电　话　029-4264149
传　真　029-4264532
地　址　西安市沣镐东路 392 号
邮　编　710077
主产品　鲜牛奶、酸牛奶、乳饮料
品　牌　牧童
日处理鲜奶能力　50 吨

**西安市骊山乳品集团**

联系人　勒民生
电　话　029-3850949
传　真　029-3850949
地　址　西安市临潼区西关 15 号
邮　编　710600
主产品　奶粉、鲜奶
品　牌　骊山
日处理鲜奶能力　48 吨

**西安沅源食品有限公司**

联系人　李宏道
电　话　029-3237913
地　址　陕西省西安市雁塔区田家湾
邮　编　710043

**西安维佳乳品实业有限公司**

联系人　陈近祥
电　话　029-5243883
传　真　029-5230499
地　址　陕西省西安市现代农业综合开发区中心
邮　编　710068

**陕西宝塔乳业有限责任公司**

联系人　杨　朋
电　话　0913-8212436
传　真　0913-8212460
地　址　陕西渭南市富平县望湖路 55 号
邮　编　711700

**陕西飞天乳业有限公司**

联系人　李益群
电　话　0917-4241143　4242726
传　真　0917-4241869
地　址　宝鸡市千阳县城宝平路 51 号
邮　编　721100

**宝鸡惠民乳品公司**

联系人　张烈财
电　话　0917-6773086
传　真　0917-6773166
地　址　陕西省宝鸡县天王八庙村
邮　编　721305
主产品　全脂甜牛奶粉

**陕西和氏乳品有限公司**

联系人　刘安让
电　话　0917-4501167
地　址　陕西省陇县城关陇马路 48 号
邮　编　721200
主产品　乳制品

**陕西关山乳业有限责任公司**

联系人　李小林
电　话　0917-4601817/4601358
地　址　陕西省陇县城关北关路 6 号
邮　编　721200
主产品　乳制品

**陕西美乐集团公司**

联系人　郭建民
电　话　0910-2461322
传　真　0910-2461328
地　址　陕西省三原县大程镇美乐街
邮　编　713814
主产品　牛羊奶粉

**蒲城康泰乳品有限责任公司**

联系人　张建华
电　话　0913-7212076
地　址　陕西省蒲城县三合乡花王村
邮　编　715500
主产品　奶粉

**咸阳康华乳品有限责任公司**

联系人　周忠华
电　话　0910-3632113
地　址　咸阳市渭城区底张镇
邮　编　712035

**宝鸡市奶业公司**

联系人　高亚凤
电　话　0917-3229164
地　址　宝鸡市金陵河东
邮　编　721001

**汉中市乳业总厂**

联系人　王军旗
电　话　0916-2217179
地　址　汉中市汉台区西环南路
邮　编　723000

**三原康尔健乳业公司**

联系人　屈建生
电　话　0910-2272007
地　址　咸阳市三原县北城前街 85 号
邮　编　713800

**三原美乐第一乳品厂**

电　话　0910-2461334
地　址　咸阳市三原美乐大街中段
邮　编　713814

**陕西华兴乳品有限公司**

联系人　任述堂
电　话　0910-6583365
地　址　咸阳市泾阳县兴隆乡许庄村
邮　编　713706

**陕西金桥乳品公司**

联系人　刘秉武
电　话　0910-6583618
地　址　咸阳市泾阳桥底
邮　编　713706

**陕西平安乳业集团公司**

联系人　余安平

电　话　0910-3611776
地　址　咸阳市西郊留印工业区
邮　编　712023

### 陕西兴隆乳业有限公司

联系人　杨万录
电　话　0913-5811027
地　址　渭南市合阳县同家庄乡
邮　编　715313

### 西安美可乳品公司

电　话　029-8210408
地　址　陕西省西安市高新路6号
邮　编　710068

### 西安市百龄乳品有限责任公司

电　话　029-6674458
地　址　西安市北郊渭河大桥
邮　编　710021

### 西安市长兴乳业有限责任公司

联系人　李继和
电　话　029-6263270
地　址　西安市北二环路中段
邮　编　710021

### 西安阳普乳业有限公司

电　话　029-6529205
地　址　西安北郊朱宏路贾村
邮　编　710021

### 西安永森乳业有限公司

电　话　029-3410421
地　址　西安市灞桥区水流乡
邮　编　710028

## 甘　　肃

### 兰州好为尔生物科技股份有限公司

联系人　王联盟
电　话　0931-7691235
传　真　0931-7691235
地　址　兰州安宁西路122号
邮　编　730070
主产品　乳制品
品　牌　好为尔
日处理鲜奶能力　220吨

### 兰州雪顿生物乳业有限公司

联系人　安多·才老
电　话　0931-2862870
传　真　0931-2882178
地　址　兰州市七里河区彭家坪路16号
邮　编　730050
主产品　乳酸饮料、酸奶、纯鲜奶
品　牌　雪顿
日处理鲜奶能力　100吨

### 兰州庄园乳业有限公司

联系人　马宏富
电　话　0931-8468595
传　真　0931-8468591
地　址　兰州市榆中县三角城
邮　编　730100
主产品　UHT（利乐包、百利包）奶、消毒奶、酸奶、乳饮料
品　牌　庄园
日处理鲜奶能力　60吨

### 兰州乳品厂

联系人　李明高
电　话　0931-4683948
传　真　0931-4687153
地　址　兰州市段家滩697号
邮　编　730020
主产品　消毒奶、酸奶、果奶
品　牌　佳佳、一口爽
日处理鲜奶能力　50吨

### 兰州市城关区乳品厂

联系人　马　强
电　话　0931-8479842
地　址　兰州市城关区西李家湾159号
邮　编　730046

### 甘肃华夏乳品有限公司

电　话　0930-6283823
传　真　0930-6283824
地　址　甘肃省临夏市西川
邮　编　731100

### 甘肃临泽乳品厂

电　话　0936-5582362
地　址　甘肃省张掖地区临泽县牛场
邮　编　734203

### 甘南藏族自治州乳品厂

联系人　拉　代
地　址　甘南藏族自治州夏河县合作市
邮　编　747000

### 肃南裕固族自治县大岔乳品厂

联系人　单端德
电　话　0936-6121463
地　址　甘肃省肃南裕固族自治县杨哥乡杨哥村
邮　编　734400
主产品　奶粉

### 合水县奶粉厂

联系人　邵兆堂
电　话　0934-5521219
地　址　甘肃省合水县西华池镇解放东路137号
邮　编　745400
主产品　奶粉

### 合水县乳品开发公司

联系人　李金平
电　话　0934-5521265
地　址　甘肃省合水县西华池镇西华南街99号
邮　编　745400
主产品　奶粉

### 兰州市雪鸽乳品厂

联系人　马　强
电　话　0931-8369842
地　址　甘肃省兰州市城关区第一西李家湾159号
邮　编　730046
主产品　袋奶、酸奶

### 定西陇海乳品有限公司

联系人　冯庆珍
电　话　0932-8216572
地　址　甘肃省定西县汽车站
邮　编　743000
主产品　干酪素

### 嘉峪关市兰新乳品厂

联系人　韩文智
电　话　0937-6280786
地　址　甘肃省嘉峪关市市辖区酒钢厂区兰新东路39号
邮　编　735100
主产品　鲜牛奶

### 兰州奶达士乳品有限公司

联系人　王炳文
电　话　0931-8886201
地　址　兰州市畅家巷69号
邮　编　730030

### 甘肃临泽雪莲乳品有限责任公司

联系人　任慧晔
电　话　0931-8799396
传　真　0931-2882178
地　址　临泽县新华镇
邮　编　734203

### 张掖市金牛乳业有限公司

电　话　0936-8670018
地　址　张掖市东北郊工业园区
邮　编　734000

### 镇源县孟坝奶粉厂

电　话　0934-7561024

地　址　镇源县孟坝镇西门外回回店
邮　编　744506

## 青　海

### 青海天露乳业有限责任公司

联系人　张历新
电　话　0971-5318003
传　真　0971-5318063
地　址　青海宁大路29号
邮　编　810003
主产品　鲜奶、乳酸奶、酸奶、奶粉、利乐枕、保鲜屋
品　牌　天露
日处理鲜奶能力　70吨

### 青海省西海明珠乳业发展公司

联系人　杨　正
电　话　13709719789
传　真　0971-6142195
地　址　青海西宁新宁路5号
邮　编　810001

### 青海小西牛乳品饮料有限公司

联系人　王维生
电　话　0972-8522354
地　址　西宁市城北朝阳西路51-3
邮　编　810028
主产品　酸牛奶
品　牌　小西牛
日处理鲜奶能力　10吨

### 果洛州雪山有限责任公司

联系人　西　尕
电　话　0975-8382794
地　址　青海省果洛州大武镇
邮　编　814000
主产品　奶粉、干肉子
品　牌　雪山
日处理鲜奶能力　10吨

### 民和县川湟乳奶粉厂

联系人　马雄武
电　话　0971-5512880
地　址　青海省民和县川口镇
邮　编　810800
主产品　奶粉、酸牛奶
品　牌　湟乳
日处理鲜奶能力　6吨

### 西宁市奶业公司

联系人　包元庆
电　话　0971-8249040
地　址　青海西宁市城中区南关街35号
邮　编　810000

### 青海康尔素乳制品有限公司

联系人　岳来红
电　话　0971-5130884
传　真　0971-5130880
地　址　西宁市城北区小桥大街19号
邮　编　810003
主产品　奶粉、冷饮

### 青海海湖乳制品股份合作公司

联系人　那占寿
电　话　0970-612411
地　址　青海省门源回族自治县浩门镇南环路17号
邮　编　810300
主产品　乳制品

### 格尔木市海源乳品公司

电　话　0979-410945
地　址　青海省格尔木市迎宾路35号
邮　编　730000

## 宁　夏

### 宁夏新华百货夏进乳业股份有限公司

联系人　张志前
电　话　0953- 2691380
传　真　2692890
地　址　宁夏吴忠市吴忠市利通区金积镇东大街
邮　编　751101
主产品　液体奶
品　牌　夏进

### 银川维维北塔乳业股份有限公司

联系人　焦明义
电　话　0951-6029511
传　真　6025135
地　址　银川市解放东街518号
邮　编　750004
主产品　奶粉
品　牌　北塔

### 宁夏东方乳业有限公司

联系人　许振清
电　话　0951-6042435
传　真　6014162
地　址　银川市解放东街518号
邮　编　750004

### 宁夏银川平吉堡酸奶厂

电　话　0951-2161204
地　址　宁夏银川平吉堡
邮　编　750024

### 宁夏北方乳业有限责任公司

联系人　孙承彦
电　话　0951-8429251
地　址　宁夏银川市望远经济开发区
邮　编　750004

### 宁夏中卫宝中乳业有限公司

联系人　赵忠明
电　话　0953-7012057
地　址　宁夏银南地区中卫县西关
邮　编　751700

### 银川金河乳品饮料公司

联系人　阎建国
电　话　0951-4110721
地　址　银川市南郊光华门
邮　编　750001
主产品　酸奶
品　牌　金河

### 吴忠市雪泉乳品厂

联系人　满跃财
电　话　0953-2631151
地　址　宁夏吴忠市利通区马莲渠乡
邮　编　751100
主产品　奶粉
品　牌　雪泉

### 吴忠泰丰乳品厂

联系人　杨学峰
电　话　0953-2691048
地　址　宁夏吴忠市利通区马莲渠乡
邮　编　751100
主产品　奶粉
品　牌　泰丰

### 吴忠红果乳品厂

联系人　王彦福
电　话　0953-2797536
地　址　宁夏吴忠市金银滩镇
邮　编　751100
主产品　奶粉
品　牌　红果

### 吴忠市第二乳品厂

联系人　杨义保
电　话　0953-2691341
地　址　宁夏吴忠市利通区马家湖乡
邮　编　751100
主产品　奶粉
品　牌　银湖

### 吴忠市第三乳品厂

联系人　马金云
电　话　0953-2796083

地　址　宁夏吴忠市利通区扬马湖乡
邮　编　751100
主产品　奶粉

### 吴忠红夏乳品厂

联系人　丁占军
电　话　0953-2796041
地　址　吴忠市利通区汉渠乡团庄村
邮　编　751100
主产品　奶粉
品　牌　红夏

### 吴忠花果食品厂

联系人　杨东志
电　话　0953-2011208
地　址　宁夏吴忠市
邮　编　751100
主产品　液体奶
品　牌　花果

### 吴忠板桥乳品厂

联系人　何占忠
电　话　0953-2263075
地　址　宁夏吴忠市利通区板桥乡
邮　编　751100
主产品　奶粉

### 吴忠民乐清真乳品厂

联系人　马清孝
电　话　0953-2222275
地　址　宁夏吴忠市利通区东塔寺乡
邮　编　751100
主产品　奶粉
品　牌　民乐

### 宁夏长庆乳业公司

联系人　张建智
电　话　0953-4028094
传　真　4028101
地　址　灵武市南门
邮　编　751400
主产品　奶粉、液体奶
品　牌　长庆

### 宁夏北方乳业

联系人　孙承彦
电　话　0951-8429251
传　真　4085086
地　址　永宁望远经济开发区
邮　编　750100
主产品　液体奶
品　牌　北方

### 宁夏全味乳品厂

联系人　吕忠明
电　话　0951-8400007
传　真　8400006
地　址　永宁县
邮　编　750100
主产品　奶粉
品　牌　嘉惠

## 新　疆

### 新疆德隆畜牧业投资公司

联系人　何贵品
电　话　0991-2337928
传　真　0991-2333500
地　址　新疆乌鲁木齐市文艺路宏源证券 24 楼
邮　编　830001
主产品　液态奶、奶粉、奶饮料等
日处理鲜奶能力　3 500 吨

### 新疆麦趣尔乳业有限公司

联系人　李玉湖
电　话　0994-2518999
传　真　0994-2518999
地　址　新疆昌吉市乌伊西路 22 号
邮　编　831100
主产品　纯牛奶、酸奶
品　牌　麦趣尔
日处理鲜奶能力　150 吨

### 新疆物华畜牧股份有限公司

联系人　行庆华
电　话　0991-2839683
传　真　0991-2839683
地　址　新疆乌鲁木齐市新北路 92 号消防大厦 11 楼
邮　编　830001
主产品　液态奶、酸奶、奶粉
品　牌　西域春
日处理鲜奶能力　100 吨

### 金牛生物股份有限公司

联系人　冯立社
电　话　0991-3733677
传　真　0991-3711224
地　址　新疆乌鲁木齐市经济技术开发区中亚大道 58 号
邮　编　830026
主产品　液态奶、胚胎
品　牌　金牛
日处理鲜奶能力　100 吨

### 新疆天润乳业生物制品股份有限公司

联系人　陆东林
电　话　0991-3660224
地　址　新疆乌市北京南路 22 号龙岭大厦 16 楼
邮　编　830011

### 乌鲁木齐农垦乳业集团公司

联系人　周福东
电　话　0991-3712473
传　真　0991-3722854
地　址　乌鲁木齐百园路副七号
邮　编　830011
主产品　消毒奶、酸奶、UHT 奶
品　牌　佳丽
日处理鲜奶能力　100 吨

### 新疆乌鲁木齐市牛奶公司

联系人　严思琳
电　话　0991-2819630
传　真　0991-2819630
地　址　新疆乌鲁木齐市红旗路 109 号
邮　编　830002
主产品　鲜牛奶、酸牛奶、奶茶粉、奶酪、冰淇淋
品　牌　白雪公主
日处理鲜奶能力　60 吨

### 新疆维维牛奶有限公司

联系人　崔　刚
电　话　0994-4509777
传　真　0994-4509777
地　址　新疆呼图壁幸福路 99 号
邮　编　831200

### 新疆呼图璧种牛场奶业公司

联系人　刘克德
电　话　0994-4352015/4352192
传　真　4352192
地　址　新疆昌吉回族自治州呼图壁县种牛场乳品厂
邮　编　831203

### 新疆龙元乳业

联系人　杨松柏
电　话　0993-2621296
传　真　0993-2621296
地　址　新疆石河子开发区 64 小区
邮　编　832000

### 新疆伊犁乳业有限公司

联系人　陈树中
电　话　0999-4051006 /5622792
传　真　0999-4050858
地　址　伊宁县城西
邮　编　835101

### 新疆新华联投资集团华鑫农业乳品分公司

联系人　王　亮
电　话　0991-3815315、3822984
传　真　0991-3816627

地　址　乌鲁木齐苏州路68号华联公司三楼
邮　编　830011
主产品　袋鲜奶、酸奶、花色奶
品　牌　瑞科
日处理鲜奶能力　30吨

### 伊宁市乳品厂

联系人　张文波
电　话　0999-8120477
地　址　新疆伊犁地区伊宁市汉宾村
邮　编　835000

### 新疆焉耆县三宇实业有限责任公司

联系人　邱永华
电　话　0996-6022006
地　址　新疆焉耆回族自治县包尔海乡岱尔斯村
邮　编　841103
主产品　奶粉、酸奶

### 阿克苏地区阿瓦提县咪咪乳业有限责任公司

联系人　王新涛
电　话　13909970589
地　址　阿瓦提县河滨东路
邮　编　843000

### 石河子花园乳品厂

联系人　陈玉新
电　话　13899948296
地　址　乌市中亚大道46号附1号
邮　编　832010

### 新疆昌吉市康利来乳品厂

联系人　柏清亮
电　话　13899609087
地　址　昌吉市青年南路
邮　编　831000

### 新疆金牛生物股份公司

联系人　冯立社
电　话　0991-3733677
传　真　0991-3711224
地　址　乌鲁木齐市经济技术开发区校园路15号

### 新疆新绿洲乳业公司

联系人　蒋曙光
电　话　0991-2889602
传　真　0991-2884424
地　址　新疆乌鲁木齐燕尔窝路82号
邮　编　830049

### 新疆新欧奶业发展有限公司

联系人　崔海章
电　话　13309942168
传　真　0994-22821132
地　址　昌吉市宁边西路63号
邮　编　831100

### 新疆伊犁唐布拉乳品有限责任公司

联系人　胡晓明
电　话　0991-4870043
传　真　0999-4870043
地　址　新疆伊犁尼勒古县
邮　编　835705

### 伊犁州寨口乳品厂

联系人　林国治
电　话　0999-4870236
传　真　0999-4870207
地　址　新疆尼勒克县寨口镇
邮　编　835705

### 喀什地区乳品厂

联系人　潘光东
电　话　13899122602
地　址　新疆喀什市夏马力八格路31号
邮　编　844000

# 相关企业

## 添加剂企业

### 青岛海博特国际贸易有限公司

联系人　李瑞国
电　话　0532-5918198
传　真　0532-5919327
地　址　山东省青岛市香港中路6号世界贸易中心A-2719
邮　编　266071
网　址　www. hys. com. cn
方　式　提供产品、产品使用技术支持、添加产品检测

### 浙江仕顺食品有限公司

负责人　顾士顺
电　话　0576-4277178，4277278
传　真　0576-4277378
地　址　浙江省台州市黄岵区东城开发区龙浦路8号
邮　编　318020
网　址　www. shishun. com

### 上海励成食品工业有限公司

联系人　陈　众
电　话　021-52707333/52707666/32023376
传　真　021-52707999
地　址　上海市长征工业园同普路1175号2栋二层
邮　编　200333
简　介　是一家集科研、生产、经营为一体的专业食品添加剂企业，亦是德国BASF公司维生素，法国ATOFINA化学公司食品级双氧水以及德国JRS公司膳食纤维和德国Wild公司饮料主剂的全国或区域性代理。公司提供励成乳制品营养强化剂、乳化稳定剂、天然色素、天然香精、饮料主剂及相关服务。

### 上海伊威营养食品有限公司

电　话　021-56514631/63053477
传　真　021-56514631/63073477
地　址　上海市塘沽路309号东泰大厦18楼F座

### 张家港浩波化学品有限公司

电　话　0512-58391063，58391190
传　真　0512-58391989
地　址　江苏省张家港市南沙镇
邮　编　215632
网　址　www. hopechem. com，www. xwhg. com

### 张家港浩波化学品公司北京办事处

电　话　010-83514663，83519785
传　真　010-83519785
地　址　北京市宣武区南线阁怡华园414A
邮　编　100053
网　址　www. hopechem. com，www. xwhg. com

### 张家港浩波化学品公司上海分公司

电　话　021-64722871，64154733
传　真　021-64154733
地　址　上海市徐家汇路518号天天花园福苑楼7楼D座
邮　编　200025
网　址　www. hopechem. com
www. xwhg. com

### 张家港浩波化学品有限公司广州办事处

电　话　020-83567125
传　真　020-83516978
地　址　广东省广州市东山区小北路（旧北园）7号102室
邮　编　510050
网　址　www. hopechem. com
www. xwhg. com

### 杭州绿晶香料有限公司

电　话　0571-88172822

传　真　0571-88172811
地　址　杭州市石祥路516号
邮　编　310015
网　址　www. ljflavor. com

### 青岛天润来精细化工有限公司

联系人　张立伟
电　话　0532-7636080
传　真　0532-7636072
地　址　山东青岛市李沧区建材市场内
邮　编　266100

## 机械、包装及其他企业

### 中国包协无菌包装委员会

负责人　何光皓
电　话　010-65762607
地　址　北京市340号信箱
邮　编　100024

### 北京三元恒泰乳品机械有限公司

负责人　任明喜
电　话　010-64383441
传　真　010-64383442
地　址　北京朝阳区酒仙桥南十里居4号
邮　编　100016

### 北京航空制造工程研究所

负责人　吕振才　方贵春
电　话　010-85701757、85701479
地　址　北京市340信箱206部
邮　编　100024
简　介　该所是综合性航空制造技术研究开发中心。其主要任务是为我国研制和生产新型飞机、航空发动机及航空工业技术改造提供先进的制造技术和工艺装备。

该所研制的小袋液体食品无菌包装生产线，具有杀菌强度高、杀菌温度稳定、自动化程度高、操作简单方便等特点。目前该线已在天津、河北、山东、四川、内蒙古、陕西、新疆、甘肃、云南等几十个省市销售几十条，是生产无菌奶及其他饮料的首选设备。

### 科瑞股份有限公司

电　话　010-65127289
地　址　北京市东城区灯市口大街33号国中商业大厦11层11号
邮　编　100006

### 波特拉其公司

联系人　蒋建波
电　话　010-65992613
传　真　010-65992711
地　址　北京市朝阳门外大街19号华普国际大厦815房间
邮　编　100020

### 北京得昊力新科技发展有限公司

负责人　张振国
电　话　010-82895103、82895102
传　真　010-82895102
地　址　海淀区上地信息中路1号国际科技创业园
邮　编　100085
服　务　产品销售
方　式　技术推广，研发及产品销售

### 北京嘉源易润工程技术有限公司

负责人　冯　阳
电　话　010-67378528/29 67377614
传　真　010-67376477 63271135
地　址　北京市海淀区复兴路2号
邮　编　100038
网　址　www. yirun. com. cn
简　介　本公司是北京市农业机械总公司直属企业，自1982年以来，引进、开发、销售国内外挤奶设备，具有雄厚的专业技术力量。

子公司嘉源大都林科技发展有限公司的“大都林”品牌挤奶机为奶牛场提供挤奶设备，畅销全国，昌盛不衰，在北京地区市场占有率达80%以上。公司为牛场提供咨询、设计、安装、售后保修等服务。

### 天津天商包装机械有限公司

电　话　022-27575011
地　址　天津红桥区复兴路先春园A区
邮　编　300112

### 天津巴氏轻工机械有限公司

电　话　022-26755211
传　真　022-26782984
地　址　天津河北区大江路满江里25号
邮　编　300251

### 广州奔科机械设备有限公司天津办事处

联系人　李　强
电　话　022-23072390
传　真　022-23072369
地　址　天津市宾水西道333号万豪大厦A区502室
邮　编　300381

### 秦皇岛市信业经贸有限公司

负责人　伞红艳
电　话　0335-3619001/2
传　真　0335-3620100
地　址　秦皇岛市燕山大街119号中化河北大厦11层
邮　编　066001

### 呼和浩特市三环机电有限公司

负责人　王元光
电　话　0471-3958898，3599746
地　址　呼和浩特市海拉尔西路209号
邮　编　010051

### 沈阳温兄公司

电　话　024-23512388
传　真　024-23512389
地　址　沈阳市和平区太原南街188号
邮　编　110001

### 辽宁虹桥饮料机械有限公司

电　话　024-86735661，86733542
地　址　沈阳市皇姑区昆山西路138号
邮　编　110035
网　址　www. hong-qiao. com

### 辽宁现代纸业包装有限公司

联系人　宋英范
电　话　024-25360218
传　真　024-25367887
地　址　沈阳经济开发区流花湖街6号
邮　编　110141

### 大连大诺印刷包装有限公司

联系人　李淑珍
电　话　0411-6508828/6511166
传　真　0411-6508808
地　址　大连市甘井子区华北路431号
邮　编　116037

### 大连吉润塑料包装制品有限公司

负责人　高吉良
电　话　0411-7160238
传　真　0411-7160186
网　址　www. jirun. com

### 抚顺市时代包装厂

电　话　0413-7722355
地　址　抚顺市顺城区高山路126号
邮　编　113006

### 旅顺荣华塑料厂

电　话　0411-6220121
地　址　辽宁省旅顺市荣华塑料厂
邮　编　116046

**沈阳虹桥饮料机械有限公司**

电　话　024-86735661
地　址　沈阳市于洪区西江街 368-26 号
邮　编　110148

**沈阳市沈松轻工食品机械厂**

联系人　张文恒
电　话　024-86526068
传　真　024-86526068
地　址　沈阳市黄河北大街 128-13 号
邮　编　110034

**沈阳市源丰塑料有限公司**

电　话　024-88454322
地　址　沈阳市东陵区东陵路 95 号
邮　编　110161

**哈尔滨赛德技术发展有限公司**

联系人　徐忠利
电　话　0451-2282044
传　真　0451-2282045
地　址　黑龙江省哈尔滨市南岗区嵩山路 58 号万宝大厦 6 层
邮　编　150036
网　址　www. saide. com

**黑龙江隆华包装制品有限公司**

电　话　0451-6673248
地　址　哈尔滨市学府路 287 号
邮　编　150086

**黑龙江农垦畜牧工程技术设备有限公司**

负责人　石海星
电　话　0451-5399768，5640216
传　真　0451-5637384
地　址　哈尔滨市香坊区香康街 7 号
邮　编　150036

**建成专用车有限公司**

负责人　唐大平
电　话　0451-5332762
传　真　0451-5304538
地　址　黑龙江省哈尔滨市香坊区南直路 65 号
网　址　www. jiancheng. com. cn

**黑龙江大三源乳品机械有限公司**

电　话　0451-2292793
地　址　南岗区长江路 380 号
邮　编　150094

**上海三强工业设备有限公司**

电　话　13610742982
地　址　上海延安西路 1088 号 2402-2405
邮　编　200052

**上海张堰轻工设备有限公司**

负责人　姜卫东
电　话　021-52340882
传　真　021-32200293
地　址　金山区张堰镇金张支路 84 号
邮　编　201514
网　址　www. liond. com

**上海远安流体设备有限公司**

电　话　021-64079955，64079966
地　址　徐家汇虹桥路 550 号 801 室

**上海远安流体设备有限公司北京办事处**

电　话　010-67676600
传　真　010-67677700
地　址　北京市朝阳区成寿寺路 221 号

**上海远安流体设备有限公司杭州总代理**

电　话　0571-85355711
地　址　杭州市东新路 763 号

**上海远安流体设备有限公司西安总代理**

电　话　029-8648970
传　真　029-8629510
地　址　西安市大庆路 53 号玉祥门机电市场西区

**上海远安流体设备有限公司呼和浩特总代理**

电　话　0471-6918709
传　真　0471-6918709
地　址　呼和浩特市通道北街 7 号

**上海远安流体设备有限公司广州总代理**

电　话　020-84286661
传　真　020-84207453
地　址　广州市大道南上冲商业街-A11

**上海远安流体设备有限公司石家庄总代理**

地　址　石家市站前街兴邦市场 A 区 2 号

**上海远安流体设备有限公司武汉办事处**

电　话　027-83660820
传　真　027-83660820
地　址　武汉市青年路 155 号

**上海市长隆工业设备有限公司**

电　话　021-37441640
地　址　上海奉贤江海经济园区肖南路 5 号
邮　编　201400

**斯道拉恩索香港有限公司上海代表处**

电　话　021-32100385，32100386
地　址　上海市南京西路 1168 号中信泰富广场 3108 室
邮　编　200041

**彬台机械（苏州）有限公司上海办事处**

电　话　021-64729528
传　真　021-64724203
地　址　上海肇嘉浜路 746 号四楼 B 座
邮　编　200030

**格来纳亚洲塑料技术（上海）有限公司**

电　话　021-58124359
地　址　上海市浦东康桥工业区康桥路 1157 号
邮　编　201315

**建技机械有限公司上海代表处**

电　话　021-64154668
地　址　上海市海滩中路 775 号新华联大厦西楼 14B 室
邮　编　200020

**上海东华高压均质机厂**

负责人　汪杭生
电　话　021-64580106、64580351
传　真　021-64580270
地　址　上海沪闵路 3725 号
邮　编　201108
网　址　www. donghuamachine. com

**上海弗鲁克机电设备有限公司**

电　话　021-63178193
地　址　上海市恒丰路 600 号机电大厦 16 楼 A 座
邮　编　200070

**上海富程塑料制品有限公司**

电　话　021-64105252
地　址　上海市莘朱路 1400 号
邮　编　201100

**上海古林纸工有限公司**

电　话　021-57741516
地　址　上海市松江工业区繁华路 25 号
邮　编　201613

**上海贯一机械设备有限公司**

负责人　王雪莲/汪龙
电　话　021-63161698
传　真　021-63160396

地　址　上海陆家浜路1398号1205B座
邮　编　200011
网　址　www. shguanyi. com
服　务　生产/经营
方　式　制造乳品机械

### 上海利士包装有限公司

电　话　021-64090315
地　址　上海市闵行区北松路1500号
邮　编　201111

### 上海美登电子有限公司

联系人　张传华
电　话　021-63773013
传　真　021-63032141
地　址　上海市斜土路433号
邮　编　200023

### 上海南华换热器制造有限公司

电　话　021-63275151，63586801
地　址　上海威海路155弄50号213室
邮　编　200003

### 上海轻工机械厂

电　话　021-52815509
传　真　021-52801619
地　址　上海市普陀区中江路601号
邮　编　200062

### 上海轻工机械股份有限公司饮料机械厂

电　话　021-56655084，56653431
地　址　上海市汶水路31号
邮　编　200072
网　址　www. beverage-machine. com

### 上海轻工装备（集团）有限公司

负责人　陈桂芬
电　话　021-63053429，63027299
传　真　021-63053687
地　址　上海市斜土路433号
邮　编　200023

### 上海轻工装备（集团）总公司轻工机械厂

电　话　021-52815509
传　真　021-52813313
地　址　上海市普陀区中江路601号
邮　编　200062

### 上海人民塑料印刷厂

电　话　021-64106416
地　址　上海朱行路55号
邮　编　200237

### 上海乳品机械厂有限公司

联系人　陈云豹
电　话　021-54770117
传　真　021-54774050
地　址　上海市吴中路558号
邮　编　201103

### 上海瑞丹轻工机械有限公司

电　话　13957784089
地　址　上海市普陀区岚皋路433号3号104

### 上海三樱包装材料有限公司

电　话　021-59137755
地　址　上海市曹安路2611号
邮　编　201812

### 上海申鹿均质机有限公司

负责人　王文龙
电　话　021-52823759、52822127、52823533
传　真　021-52816789
地　址　上海真北支路420号
邮　编　200333
网　址　www. china-samro. com
服　务　售后服务
方　式　均质机维修及零配件订购

### 上海市机械设备成套（集团）公司实业公司

电　话　021-63061213
地　址　上海市甘肃路140号
邮　编　200085

### 上海市前卫机械厂

电　话　021-58113607
地　址　上海市浦东周浦康沈路1916号
邮　编　201318

### 上海市乳品机械厂

电　话　021-64010117
传　真　021-64064050
地　址　上海市吴中路558号
邮　编　201103

### 上海星光机械厂

电　话　021-63026064
传　真　021-63013479
地　址　上海市斜土路433号
邮　编　200023

### 上海沃迪科技有限公司

电　话　021-53580289
地　址　上海市复兴中路1号
邮　编　200021

### 江苏仅一包装设备有限公司

联系人　许彩萍
电　话　0511-6885686　6889755　6889782
传　真　0511-6885044
地　址　江苏省丹阳开发区百花经济园丹桂路3号
邮　编　212310
网　址　www. jinjipack. com

### 江苏白熊机械有限公司

电　话　0520-8570321，8570538
地　址　张家港市三兴镇白熊路68号
邮　编　215624

### 江苏达能乳品设备厂

联系人　顾经理
电　话　0512-65315579
地　址　江苏省苏州市城北公路6号桥
邮　编　215008

### 江阴市东亚铝箔包装有限公司

电　话　0510-6303443
传　真　0510-6303442
地　址　江苏省江阴市长泾兴隆桥北首
邮　编　214411

### 昆山新莱流体设备有限公司

电　话　0512-57871991
传　真　0512-57871472
地　址　江苏省昆山开发区东部工业园312国道47.3公里处
网　址　www. kinglai. com. cn

### 连云港根深纸制品有限公司

电　话　0518-2340456
地　址　江苏省连云港经济技术开发区
邮　编　222047

### 南京帕克机械制造有限公司

电　话　025-6665007
地　址　南京市汉中门大街涌泉里8号
邮　编　210029

### 泰兴市金鹏塑料有限公司

联系人　蔡立功
电　话　0523-7212078
传　真　0523-7212078
地　址　江苏省泰兴市城黄路409号
邮　编　225411
网　址　www. cnjinpeng. com

### 南京绿洲机械厂（467厂）

电　话　025-6702379
传　真　025-6700325
地　址　南京市中华门外3901信箱
邮　编　210039

### 南京轻工业机械集团溧阳市四方不锈钢食品有限公司

电　话　0519-7360223，7360038
传　真　0519-7360738
地　址　江苏省溧阳市埭头集镇
邮　编　213311

### 浙江温兄机械阀业有限公司

负责人　姜瑞玉
电　话　0577-86922333
传　真　0577-86922389
地　址　浙江省温州市永强高新技术产业园区
邮　编　325024
网　址　www.wenxiong.com

### 浙江大学食品科学与发酵工程研究所

负责人　叶兴乾
电　话　0571-86971165，85596705
传　真　0571-86971169
E-mail：psu@zju. edu. cn
　　dhliu@zju. deu. cn
地　址　浙江省杭州市凯旋路 268 号
邮　编　310029
主产品　全自动乳成分分析仪，乳房炎测定仪，体细胞分析系统原料乳计价软件

### 温州市天元实业有限公司

负责人　郑元生
电　话　0577-86810667
传　真　0577-86817178
E-mail：lchty@chty. com. cn
网　址：www. chty. com. cn
地　址　温州市永强大道 2125 号
邮　编　325025
主产品　乳机设备

### 杭州中亚机械有限公司北京分公司

电　话　010-64057977
传　真　010-64020016
地　址　北京市西城区鼓楼西大街 75 号
邮　编　100009

### 温州天宇轻工机械有限公司

负责人　沈永贤
电　话　0577-86822228
传　真　0577-86819349
地　址　温州市永强大道 831 号
邮　编　325025
服　务　提供轻工机械、食品设备、管道配件、低压阀门

### 温州市沪发机械厂上海办事处

联系人　章方福
电　话　021-62901026
传　真　021-62901026
地　址　上海哈密路 500 弄 26 号 101 室
邮　编　200336

### 杭州中亚机械有限公司成都办事处

电　话　028-87546177
地　址　成都市二环路西三段 26 号黄龙宾馆 6 楼
邮　编　610036

### 温州市一洲机械有限公司成都办事处

联系人　孙　通
电　话　028-7681592
地　址　四川成都市光荣西路 67 号 506 室
邮　编　610031

### 杭州宋城机械制造有限公司

联系人　郭锐剑
电　话　0571-86810536
传　真　0571-86069329
地　址　浙江省杭州市秋涛路 18 号中国针织城 12 层 1-6 号
邮　编　310008
网　址　www.songchengmachine.com

### 杭州新光塑料有限公司

电　话　0571-86052260
地　址　浙江省杭州市海潮路 44 号
邮　编　310016

### 杭州新明包装有限公司

负责人　吕圣华
电　话　0571-88941558、88941568
传　真　0571-88941086、88941568
地　址　杭州市西湖区三墩街 4 号
邮　编　310030
网　址　WWW.XMBZ.COM
服　务　生产，加工
方　式　代设计制版

### 杭州浙大优创科技有限公司

电　话　0571-86962627
地　址　杭州市艮山西路 309 号
邮　编　310004

### 杭州正达彩印厂

电　话　0571-86490053
地　址　杭州市江干区彭埠直街
邮　编　310017

### 杭州中大包装机械有限公司

联系人　孙丽英
电　话　0571-88150106
传　真　0571-88150675
地　址　浙江省杭州市石桥路 279 号
邮　编　310022

### 宁波市永红食品机械有限公司

电　话　0574-87211298
地　址　宁波市江北文教路 83 号
邮　编　315010

### 宁波市中兴机械制造有限公司

联系人　蒋锐敏
电　话　0574-87905666
传　真　0574-87906999
地　址　宁波科技园区杨木契路 406 号
邮　编　315040
网　址　www.zxfeef.com

### 宁波象山食品机械总厂

联系人　周建民
电　话　0574-65717418
传　真　0574-65724882
地　址　浙江省象山丹西路 61 号
邮　编　315700

### 安徽科苑集团股份有限公司

电　话　0557-3913614
地　址　安徽省宿州市浍水西路 271 号
邮　编　234023

### 山东泉林包装彩印有限责任公司

负责人　李东华
电　话　0635-3961597
传　真　0635-3961818
地　址　山东省高唐县官道街北首 26 号
邮　编　252800
网　址　www.Tralin.com.cn
服　务　提供包材（屋顶包砖包 枕包系列产品）及相关服务

### 青岛全通塑印有限公司

负责人　薛清林　朱　峰
电　话　0532-4012628
传　真　0532-4012242
地　址　青岛市四方区周口路 321 号
邮　编　266042

### 青岛人民印刷有限公司

电　话　0532-4630576
地　址　山东青岛市李沧区兴华路 15 号
邮　编　266041

### 河南省东方兴企食品机械有限公司

电　话　0371-5978011，5800160
地　址　河南省郑州市红专路 51 号
邮　编　450002

### 豪斯特自动化设备有限公司

联系人　丁　勇

电 话 027-84887188
传 真 027-84887288
地 址 湖北武汉市汉阳区邹家湾32
邮 编 430051

**武汉烯王生物工程有限公司**

负责人 易德伟
电 话 027-87659190、87659191
传 真 027-87659187
地 址 武汉市洪山区珞喻路71号东星大厦16层
邮 编 430079
网 址 www.alding.com.cn

**湖南省万容包装有限公司**

负责人 明果英
电 话 0735-2791488
地 址 湖南省郴州市石盖塘工业区
邮 编 423025

**广东远东食品包装机械有限公司**

电 话 0668-8812508，8821597
地 址 广东省信宜市教育路38号
邮 编 525300

**广州巴氏轻工机械有限公司**

电 话 020-82266930
传 真 020-82264423
地 址 广东省广州市云埔工业区云埔一路23号
邮 编 510530

**广州奔科机械设备有限公司**

电 话 020-38662016，38661512
传 真 020-38662016
地 址 广州中山大道骏景路67号602室
邮 编 510630

**广州花都轻工机械厂**

总经理 刘永洪
电 话 020-86898519
传 真 020-86899043
地 址 广州花都区新华镇宝华路43号
邮 编 510800

**广州铭瑞企业有限公司**

电 话 020-38858838
传 真 020-38858768
地 址 广州市珠江新城马场路519号汇豪大厦南豪阁903
邮 编 510627
网 址 www.mingrui.com

**广州市凯闻食品原料有限公司**

负责人 罗凯文
电 话 020-85636448
传 真 020-85636108
地 址 广州市黄埔大道中197号之二伟诚广场甲栋写字楼1205室
邮 编 510655
网 址 www.kevinfood.com
服 务 提供技术支持、转让、乳制品添加剂

**中山市东森纸业有限公司**

电 话 0760-8409088，8409998
地 址 中山市港口镇民主工业区8号
邮 编 528447

**中山市中升包装材料有限公司**

电 话 0760-8417328
地 址 广东省中山市港口镇兴港南路
邮 编 528447

**广东汕头市虹桥包装实业有限公司**

联系人 李福英
电 话 0754-8114766，8229387，8105528
传 真 0754-8217791
地 址 广东省汕头市大学路32号
邮 编 515021
网 址 www.hqpack.com

**汕头虹桥包装实业公司北京市场部**

电 话 010-67659344
传 真 010-67612146
地 址 北京市丰台区芳古园一区四号楼703室
邮 编 100078

**汕头市包装实业有限公司**

电 话 0754-8114766
地 址 广东省汕头大学路32号
邮 编 511021

**汕头市立信塑胶制品有限公司**

电 话 0754-8337723
地 址 汕头市下蓬西畔（立信工业城）
邮 编 515045

**汕头新华食品包装材料实业有限公司**

电 话 0754-8886193，8875386
地 址 汕头市珠池路头珠湖工业区
邮 编 515000

**汕头市粤东机械厂有限公司**

电 话 0754-8107755，8107777
传 真 0754-8107722
地 址 汕头潮汕路金园工业城2片区
邮 编 515021
网 址 www.yuedong.org

**深圳市光明辰光贸易有限公司**

负责人 姬 澎
电 话 0755-6501720
地 址 深圳笋岗路宝安广场
邮 编 518101

**深圳市硕美包装材料厂**

电 话 0755-27624606
地 址 深圳市宝安区石岩镇应人石春新工业区硕美厂
邮 编 518108

**波利泰普包装进出口有限公司**

联系人 胡小姐
电 话 0755-82943085
传 真 0755-82943090
地 址 深圳市福田区益田路江苏大厦A座1013室
邮 编 518048

**顺德金冠塑料制品有限公司**

电 话 0765-3225321
地 址 顺德市龙江镇瑞苑工业二路
邮 编 528319

**温州市龙强乳品机械厂**

联系人 刘晓波
电 话 0510-2356278
地 址 江苏无锡市锡北路269-271号

**欧利伐流体设备有限公司**

电 话 0577-86811129
传 真 0577-86811129
地 址 浙江省温州市沙城工业区永强大道2206号
邮 编 325025

**欧利伐流体设备有限公司杭州销售总部**

联系人 张维飞
电 话 0571-85355776
传 真 0571-85772301
地 址 杭州市中山北路600号
邮 编 310006

**温州市恒丰包装机械有限公司**

联系人 俞经理
电 话 0577-86761998
传 真 0577-86362920
地 址 温州市瓯海经济开发区北纬三路18号
邮 编 325014

**温州市龙强乳品机械厂**

电 话 0577-86810851

传　真　0577-86825278
地　址　浙江省温州市龙湾区永强大道2097号
邮　编　325025
网　址　www.long-qiang.com

### 温州市龙湾星火食品工程机械厂

联系人　沈永贤
电　话　0577-86812171
传　真　0577-86829658
地　址　浙江省龙湾沙城工业区
邮　编　325025
网　址　www.xinghuojixie.com

### 温州市正泰包装有限公司

电　话　0577-64499888
传　真　0577-64498275
地　址　浙江温州市钱库镇钱东路194号
邮　编　325804

### 温州振先食品成套设备有限公司

电　话　0577-88917319
地　址　温州学院东路6号
邮　编　325011

### 中国鸿昌机械制造有限公司

电　话　0577-86810341
传　真　0577-86810654
地　址　温州市龙弯区永强大道2012号
邮　编　325025
网　址　www.cnhongchang.com

### 浙江宏华机械塑料有限公司

电　话　0577-65659808，65602277
传　真　0577-65615025
地　址　浙江省瑞安市瑞祥大道（飞云江大桥边）
网　址　www.honghua.com

### 浙江省象山中乳机械有限公司

负责人　周吉良
电　话　0574-65605552
传　真　0574-65605552
地　址　浙江省象山爵溪前岙开发区
邮　编　315708

### 浙江台州市赛特食品设备厂

电　话　0576-8200388
地　址　浙江省台州市经济技术开发区赛特科技工业园
邮　编　318000

### 中国杭州中亚机械有限公司

电　话　0571-88855681
传　真　0571-88852962
地　址　浙江省杭州市文三路252号伟星大厦16楼
邮　编　310012

### 浙江金石包装有限公司上海办事处

电　话　021-63531826，63531807
地　址　上海市天目西路218号嘉里不夜城2座2809室
邮　编　200070

### 浙江宁波东升包装材料有限公司

电　话　0574-88483818
地　址　浙江省宁波市梅墟工业区
邮　编　315013

### 浙江苍南软包装厂

电　话　0577-64201245，64227378
地　址　浙江省苍南县龙港镇人民南路1000号
邮　编　325802

### 浙江省东阳市塑料工业公司

电　话　0579-6813511
地　址　浙江省东阳市经济开发区蒋店
邮　编　322100

### 平湖市比例包装材料有限公司

联系人　高建平
电　话　0573-5095912
传　真　0573-5095905
地　址　浙江省平湖市工业园区昌盛路2号
邮　编　314200

### 上海远安流体设备有限公司成都办事处

电　话　028-85181368
传　真　028-85180995
地　址　成都市二环路南四段10号附10号

### 四川西南食品包装机械有限公司

电　话　028-7667395
地　址　成都市一环路北一段134号
邮　编　610031

### 云南玉溪环球彩印纸盒有限公司

联系人　李晋边
电　话　0877-2051709，2052088
传　真　0877-2058699，2052288
地　址　云南省玉溪市红塔山
邮　编　653107
网　址　www.yx-globe.yn.cn

### 西安市畜牧乳品机械厂

联系人　马主任
电　话　029-6602073，6602074
地　址　陕西省西安市北郊西安市现代农业综合开发区（原草滩农场内）
邮　编　710021

### 西安温兄公司

电　话　029-8638186
传　真　029-8643321
地　址　西安市莲湖区环城西路北段正7号
邮　编　710082

### 兰州温兄公司

电　话　0931-2502577
传　真　0931-2502579
地　址　兰州市西津西路566号
邮　编　730030

### 海口宏邦机械有限公司

电　话　0898-68534989
传　真　0898-68536272
地　址　海南省海口市国贸置地广场2-19A号
邮　编　570125

### 黑龙江乳品展示中心

负责人　庄业成
电　话　0451-6357243、6355821
传　真　0451-6355821
地　址　哈尔滨市南岗区汉祥街40号
邮　编　150080

### 上海乳品中心

电　话　021-62561527
传　真　021-62560492
地　址　上海市南京西路1576号
邮　编　200040

### 北京九州大地生物技术有限公司

联系人　陈　颂
电　话　010-68977508、68977509
传　真　010-68977453
网　站　www. jzdd. com. cn
E-mail　info@jzdd. com. cn
地　址　北京海淀区中关村南大街12号（中国农科院）信息楼6层
邮　编　100081

## 贸易企业

### 中国种畜进出口公司

负责人　杨成山

电　话　010-67798341、67798342
传　真　010-67798337
地　址　北京市朝阳区潘家园东里 18 号龙鼎华大厦 8-9 层
邮　编　100021
服　务　种畜禽进出口

**北京鑫茂嘉旭进出口有限公司**

负责人　安国锋
电　话　010-65136821、65246954、13901286150
传　真　010-65135992
地　址　北京东城区东安门大街 82 号
邮　编　100747
网　址　www.xinmao.com.cn
简　介　公司的年总交易额逾三亿元人民币，年引进种牛万余头、种羊 7 000 余只、种狐 5 000 余只、羊胚胎 8 000 余枚、精液 20 万余例。国外客户遍及澳大利亚、加拿大、美国、法国、芬兰等国家；国内客户遍布新疆、内蒙古、黑龙江、河北、河南等十多个省。公司拥有优秀的畜牧、兽医、国际贸易、法律、财务和管理等专业人员，为国内外客户提供贸易、运输、检疫、保险以及咨询等全方位的优质服务。

**北京博达通工贸有限公司**

电　话　010-61531911
传　真　010-61535621
地　址　北京市通州区台湖区湖乡窑上工业区
邮　编　101116

**厦门象屿鼎贞贸易有限公司**

电　话　0592-6036020
地　址　厦门象屿保税区加工楼 D 栋 2A 座
邮　编　361006

## 外资机构

### 外资乳品加工企业

**双城雀巢有限公司**

负责人　思伟达
电　话　0451-3123734
传　真　0451-3123712
地　址　黑龙江双城市友谊路
邮　编　150100

**青岛雀巢有限公司**

负责人　穆立　朱凯
电　话　0532-8438628
传　真　0532-8438300
网　站　www.cn.nestle.com
地　址　青岛莱西市牛溪埠镇
邮　编　266600

**天津雀巢牛奶有限公司**

电　话　022-25326313
地　址　天津开发区南海路 149 号
邮　编　300457

**帕玛拉特（南京）乳制品有限公司**

电　话　025-5894879
传　真　025-5579074
地　址　南京栖霞区仙鹤门外大塘村
邮　编　210046

**帕玛拉特（天津）乳制品有限公司**

负责人　白智生
电　话　022-28124840
地　址　天津河西区洞庭路南
邮　编　300222

**菲仕兰（天津）乳制品有限公司**

电　话　022-28126880
传　真　022-28126885
地　址　天津市河西区洞庭路南
邮　编　300222

**中美合资沈阳乳业有限责任公司**

电　话　024-88043209
传　真　024-88043665
地　址　沈阳农业高新区辉山街 20 号
邮　编　110164

**天津中芬乳业有限公司**

电　话　022-69519229
地　址　天津宁河县造甲城道口
邮　编　300300

**上海达能酸乳酪有限公司**

负责人　王佳芬
电　话　021-56913600
传　真　021-56837953
地　址　上海场中路 3100 号
邮　编　200435

**广州达能酸乳酪有限公司**

负责人　秦鹏、刘学良
电　话　020-87201560
传　真　020-87706391
地　址　广州花园沙太公路盘龙岗
邮　编　510510

**乐百氏（广东）食品饮料有限公司**

负责人　王　磊
电　话　020-38783488
传　真　020-38783121
地　址　广州天河区林和西路 1 号国贸中心 23F
邮　编　510610

**海南艾森牧业有限公司**

电　话　0898-67486601/6602/6603
传　真　0898-67486604
网　站　www.asichina.com
地　址　澄迈县老城邮电支局 008 号信箱
邮　编　571924

**福建大乘乳品有限公司**

电　话　0599-8805888
传　真　0599-8805079
地　址　南平市大横现代农业科技园区

**北京吉雅食品有限公司**

电　话　010-69711498
地　址　北京市昌平区南邵村
邮　编　102200

**北京味全食品有限公司**

负责人　张哲明
电　话　010-64274752
地　址　北京朝阳区香河园西坝河西里 18 号
邮　编　100028

**北京怡美食品有限公司**

负责人　王剑智
电　话　010-69973444/69981818
地　址　北京平谷县中罗庄
邮　编　101200

**哈尔滨隆迪乳业有限公司**

负责人　杜德金
电　话　0451-4603948
地　址　哈尔滨道里区建国二道街 15 号
邮　编　150076

**广州维记牛奶食品有限公司**

负责人　李福全
电　话　020-87793078
传　真　020-87793077
地　址　广州天河区兴华沙太路盘龙岗
邮　编　510510

**黑龙江密山希诺乳业制品有限公司**

负责人　刘京河
电　话　0467-5222818
传　真　0467-5222218
地　址　黑龙江密山市晨曲街 332 号
邮　编　158300

### 纽迪希亚（黑龙江）营养制品有限公司

负责人 欧门斯
电 话 0452-6302658
传 真 0452-6301451
地 址 齐齐哈尔昂昂溪区化工乳品街278号
邮 编 161033

### 四川奶奇乐乳业公司

负责人 濮 健
电 话 028－87846208
地 址 成都市高新西区银河西路
邮 编 610041

### 中澳合资保定美森乳业有限公司

电 话 0312－6631355
传 真 0312-6630308
地 址 保定市高保路东河路口
邮 编 071500

### 中外合资江西维雀乳业有限公司

电 话 0791－6161633
传 真 0791-3705020
地 址 南昌长堎工业区工业大道011号
邮 编 330100

### 英特儿(上海)营养乳品有限公司

负责人 潘正锦
电 话 021-58990899
传 真 021-58995155
地 址 浦东金桥加工区宁桥路188号
邮 编 201206

### 英特儿(无锡)营养乳品有限公司

电 话 0510-2755523
地 址 无锡中山路

### 上海诺华营养食品有限公司

负责人 苏志杰
电 话 021-52925666
传 真 021-52925999
地 址 上海南京西路1168号中信泰富广场41楼
邮 编 200041

### 美赞臣（广州）有限公司

负责人 郑宏若
电 话 020-82219180
传 真 020-82211277
地 址 广州黄埔区夏港街东基夏园路
邮 编 510730

### 安佳乳业（广州）有限公司

负责人 林伟峰
电 话 020-83511780
传 真 020-83511281
地 址 广州东风中路268号交易广场2103-05室
邮 编 510030

### 上海惠氏营养品有限公司

负责人 吕公良
电 话 021-64050510
传 真 021-64058095
地 址 上海闵行区虹桥镇吴中路582号
邮 编 201103

### 哈尔滨森永乳品有限公司

负责人 酒井义雄
电 话 0451-4319932，4335253
传 真 0451-4306664，4335253
地 址 哈尔滨市道里区机场路8号
邮 编 150070

## 外资贸易企业

### 新西兰乳品原料（中国）有限公司

电 话 852-27202218
传 真 852-27087225
网 站 www.nzmp.com
地 址 香港九龙荔枝角道777号田氏企业中心1203-06&07-09室
服 务 乳制品原料

### 新西兰乳品原料（中国）有限公司北京代表处

电 话 010-65263686，65263856
传 真 010-65262586
网 站 www.nzmp.com
地 址 北京中粮广场B座1320室
邮 编 100005
服 务 乳制品原料

### 新西兰乳品原料（中国）有限公司广州代表处

电 话 020-83510193，83511336
传 真 020-83511335
网 站 www.nzmp.com
地 址 中国广州市东风中路268号广州交易广场2106室
邮 编 510030
服 务 乳制品原料

### 新西兰乳品原料（中国）有限公司上海代表处

电 话 021-52981578
传 真 021-52980375
网 站 www.nzmp.com
地 址 成都北路333号招商局广场南楼1507室
邮 编 200041
服 务 乳制品原料

### 美国乳品出口协会上海办事处

负责人 陈耀俊
电 话 021-62798668
传 真 021-62798669
地 址 南京西路1376号上海商城西峰701室
邮 编 200040

### 上海佳碧国际贸易有限公司

联系人 李哲民 张宏伟
电 话 021-68406090，68406091
传 真 021-68406092
地 址 浦东新区向城路58号东方国际科技大厦12E

### 大连倍嘉国际贸易有限公司

负责人 黄姗（总经理）
电 话 0411-2714762，2722350
传 真 0411-2714952
地 址 大连港湾街2号深业大厦14层H座
邮 编 116001

### 戴维林贸易公司北京代表处

电 话 010-65260810
传 真 010-65260812
地 址 北京中粮广场A座405室
邮 编 100005

### 戴维林贸易公司上海代表处

负责人 王晓蓉
电 话 021-64277337
传 真 021-64277339
地 址 上海漕溪北路18号上海实业大厦5楼H座
邮 编 200030

### 宝隆洋行（中国）有限公司

电 话 010-64671888
传 真 010-64672100
地 址 北京朝阳区静安中心1572号
邮 编 100028

### 宝隆洋行（上海）有限公司

电 话 021-63511188
传 真 021-63512288
地 址 上海南京东路800号新一百大厦20层

### 捷成洋行（天津）有限公司

电 话 022-23303988
传 真 022-23303990

地　址　天津南京路75号天津国际大厦2401室
邮　编　300050

### 捷成洋行北京代表处

负责人　金志强
电　话　010-65181188
传　真　010-65182066
地　址　北京建内大街恒基中心二座10层
邮　编　100005

### 捷成洋行广州代表处

电　话　020-87322616
传　真　020-87322620
地　址　广州市环市东路403号国际电子大厦28楼2806-07室
邮　编　510095

### 捷成洋行上海代表处

电　话　021-63527002
传　真　021-63600435
地　址　上海延安东路588号东海商业中心10楼
邮　编　200001

### 捷成洋行香港总公司

电　话　00852-29238777
传　真　00852-28821949
网　站　www. jebsen. com
地　址　香港铜锣湾恩平道28号嘉兰中心28楼

### 美国百绿有限公司北京代表处

负责人　陈　谷
电　话　010-65561872/73/74
传　真　010-65561876
地　址　北京市朝阳区十里堡京港城市大厦写字楼9C
邮　编　100025
E-mail　barcn@public. bta. net. cn
网　站　www. barenbrug. com. cn
服　务　牧草、草坪草的生产、育种和销售
服务方式　在华寻求代理商

## 外资机械、包装企业

### 利乐中国有限公司北京办事处

电　话　010-67741155
传　真　010-67445345
地　址　北京光渠门外大街双井29号
邮　编　100022

### 利乐中国有限公司上海办事处

电　话　021-32174688
传　真　021-32174680
地　址　上海南京西路1168号中信泰富广场29号楼
邮　编　200040

### 利乐中国有限公司佛山办事处

电　话　0757-3831626
传　真　0757-3832872
地　址　佛山市高新技术产业开发区
邮　编　528041

### 利拉伐（上海）乳业机械有限公司

电　话　（021）3205-1155
传　真　（021）3205-1166
全国免费直拨热线　8008206118
地　址　上海市玉门路215号
邮　编　200331

### 利拉伐北京办事处

电　话　（010）8581-7600
传　真　（010）8583-5949
地　址　北京市朝阳区十里堡北里1号恒泰大厦3030室（三层）
邮　编　100025

### 利拉伐广州办事处

电　话　（020）8410-1991
传　真　（020）8410-1990
地　址　广州市滨江西路40号海星大厦1201室
邮　编　510235

### 利拉伐宁夏办事处

电　话　（0951）5048-974
传　真　（0951）5041-211
地　址　银川市高新技术开发区1号写字楼204室
邮　编　750001

### 利拉伐内蒙古办事处

电　话　（0471）6268-874
传　真　（0471）6268-874
地　址　内蒙古呼和浩特市新城区建设街48号吉祥大厦412房间
邮　编　010010

### 利拉伐沈阳办事处

电　话　1394-008-0928
传　真　（024）8804-1038
地　址　沈阳市东陵区辉山畜牧场10栋4-3-2号楼
邮　编　710000

### 利拉伐衡阳办事处

电　话　（0734）8140-042
传　真　（0734）8140-042
地　址　湖南省衡阳市环城北路3号衡阳日报社新闻大厦11楼4室
邮　编　421001

### 利拉伐西安办事处

电　话　（029）8324-083
传　真　（029）8324-083
地　址　西安市高新3路9号新时代大厦406室
邮　编　710075

### 利拉伐福州办事处

电　话　（0951）7616-774
传　真　（0591）7616-774
地　址　福州市古楼区尚宾花园2号106单元
邮　编　350001

### 利拉伐哈尔滨办事处

电　话　1394-567-1643
传　真　（0451）6619-004
地　址　哈尔滨市哈平路156号省农业机械研究所院内
邮　编　150040

### 利拉伐济南办事处

电　话　（0531）7163-881
地　址　山东省济南市经十路315-2号601室
邮　编　250022

### 利拉伐成都办事处

电　话　（028）8554-3706
传　真　（028）8554-3706
地　址　四川成都武侯祠大街3号兴牧大厦404、405室
邮　编　610041

### 上海国际纸业有限公司

电　话　021-50311548
传　真　021-50315006
网　站　www. internationalpaper. com. cn
地　址　上海浦东新区金桥金海路450号
邮　编　201206

### 康美包包装技术服务（上海）有限公司

电　话　021-50461329
传　真　021-50461453
地　址　上海市外高桥保税区希雅路55号F区5号地块12号二层
邮　编　200131

### 康美包有限公司北京代表处

电　话　010-86542332
传　真　010-65906559

地　址　北京东三环北路 8 号亮马河大厦 A 座 2202 室
邮　编　100004

**康美包有限公司上海代表处**

电　话　021-62480885
传　真　021-62499541
地　址　上海延安西路 29 号华侨大厦 22 层 6-8 单元
邮　编　200040

**约翰迪尔（中国）投资有限公司**

负责人　道格拉斯·申克
电　话　010-84536419
传　真　010-84536298
网　站　www. deere. com
地　址　北京市朝阳区东三环北路辛 2 号迪阳大厦 1001 室
服　务　提供全系列的农业机械，工程机械，园林、高尔夫机械

**意大利 Storti 公司**

联系人　李　蔚
销售热线　010-68156776、13910791760
传　真　010-68250346
地　址　北京建外大街 24 号京泰大厦 1705 室
邮　编　100022
主产品　饲料加工机械

**凯斯公司哈尔滨代表处**

负责人　吴宗勋
电　话　0451-3607311、2281475
传　真　0451-3604979
网　站　www. newholland. com
　　　　www. caseih. com
地　址　哈尔滨市香坊区赣水路 68 号新加坡大酒店
邮　编　150090
服　务　进口农业机械的销售及服务

**芬兰依莱克斯德公司北京代表处**

电　话　010-65900958，65906394
传　真　010-65900959
地　址　北京亮马大厦办公楼 1 座 1205 室
邮　编　100004

**芬兰依莱克斯德公司上海代表处**

电　话　021-63910381
传　真　021-63910383
地　址　上海淮海中路 93 号大上海时代广场 1401 室
邮　编　200021

**爱克林（天津）有限公司北京办事处**

电　话　010-85275062-66
传　真　010-85275070
网　站　www. ecolean. com
地　址　北京朝阳区麦子店街 37 号盛福大厦 870 室
邮　编　100026

**爱克林（天津）有限公司上海办事处**

电　话　021-52560258
传　真　021-52560130
网　站　www. ecolean. com
地　址　上海武定息路 1185 号上海神州大厦 4028 房间
邮　编　200042

**挪威艾罗派克公司北京代表处**

电　话　010-65546118
传　真　010-65541833
地　址　北京东城区朝阳门外北大街 8 号富华大厦 D 座 2 层 1 室
邮　编　100027

**APV 远东有限公司北京代表处**

电　话　010-65975138/39/40
传　真　010-65975110
地　址　北京朝阳区东三环 19 号华鹏大厦北楼 301 室
邮　编　100020

**APV 远东有限公司上海代表处**

负责人　钱伟（首席代表）
电　话　021-63612111
传　真　021-63610703
网　站　apv. invensys. com
地　址　成都北路 500 号峻岭广场 704 室
邮　编　200003

**APV 远东有限公司大连代表处**

电　话　0411-3675851,3608777
传　真　0411-3675853
地　址　大连市西岗区新开路 99 号大连珠江国际大厦 708 室
邮　编　116011

**APV 远东有限公司广州代表处**

电　话　020-81363326，81363356/81363357
传　真　020-81363327
地　址　广州盘福路 13-35 号广州白云麒麟大厦 A405 室
邮　编　510810

**APV 中国有限公司**

电　话　010-89493000
传　真　010-89492949
地　址　北京顺义县双河路林河工业区
邮　编　101300

**APV 远东有限公司**

电　话　00852-23673175
传　真　00852-27241290
网　站　www. apv. invensys. com
地　址　香港铜锣湾恩平道 28 号嘉兰中心 9 楼 902 室

**上海四国食品包装机械有限公司**

负责人　卢易进
电　话　021-57740495
传　真　021-57740496
地　址　上海松江区洞泾路 18 号
邮　编　200006

**福斯集团公司北京代表处**

电　话　010-68467239，68467240
传　真　010-68467241
地　址　北京市海淀区白石桥路 11 号北京理工科技大厦 1105 室
邮　编　100081

**北京诺盟乳品无菌技术有限公司**

电　话　010-65975309
传　真　010-65975310
网　站　www. taiwan-ricego. com
地　址　北京朝阳区东三环北路 19 号华鹏大厦南楼 408 室
邮　编　100020

**德国宝得北京代表处**

电　话　010-65156508
传　真　010-65156509
地　址　北京建外大街京泰大厦 808 室
邮　编　100022

**德国宝得上海代表处**

电　话　021-64865875
传　真　021-64865110
地　址　上海市漕溪北路 18 号上海实业大厦 27E
邮　编　200030

**德国宝得广州代表处**

电　话　020-87698379
传　真　020-87604979
地　址　广州东风东路 828-836 号东峻广场 2 座 13 楼 1305 室
邮　编　510080

**德国海思亚包装机械有限公司上海代表处**

电　话　021-62494340
传　真　021-62488465
网　站　www. hassia. de

地　址　华山路301号静安商楼408室

### 韦斯伐里亚分离机食品技术公司北京代表处

联系人　于凯健
电　话　010-65814606/07/08/09
传　真　010-65814610
地　址　北京市朝阳区光华路甲8号和乔大厦北座209室
邮　编　100026

### 韦斯伐里亚分离机食品技术公司广州代表处

电　话　020-84243384
传　真　020-84412063

### 韦斯伐里亚分离机食品技术公司上海代表处

联系人　吴丹人
电　话　021-63239156，63238851
传　真　021-63238852
地　址　上海金陵东路2号光明大厦207室
邮　编　200002

### 科瑞股份有限公司台北分公司

电　话　886-2-88098559
传　真　886-2-88098557

### 科瑞股份有限公司北京分公司

电　话　010-65127289
传　真　010-65125509
地　址　北京东城区灯市口大街33号国中商业大厦1208室
邮　编　100026

### 科瑞股份有限公司广州分公司

电　话　020-87311043
传　真　020-87310011

### 科瑞股份有限公司上海分公司

电　话　021-62269944
传　真　021-62076694
地　址　延安西路1088号长峰中心2508室
邮　编　200052

### 赛特索公司北京代表处

电　话　010-64971716
传　真　010-64971731
地　址　北京市朝阳区安外小关惠新里甲10号泰德商务花园B321室
邮　编　100029

### 青岛日清食品机械有限公司

负责人　姜礼新
电　话　0532-4855979
传　真　0532-4863994
网　站　www. meetnissin. com
地　址　青岛市长沙路103号
邮　编　266042

### 万日乳业机械有限公司

电　话　020-86364458
传　真　020-86381458
地　址　广州广园中路麓景路388号
邮　编　510405

### 温州国泰轻工机械有限公司

负责人　孙新春（销售经理）
电　话　0577-86818488，86818855
传　真　0577-86810745
地　址　温州沙城工业区永强大道1827号
邮　编　325025

### 浙江伟博包装印刷品有限公司

电　话　0572-8025999
传　真　0572-8025126
网　站　www. wellvast. com
地　址　德清县三桥镇莫干山经济开发区（104国道）
邮　编　313205

### IEC工程有限公司中国总代理

电　话　010-82085718，82085712
地　址　北京德外东滨河路3号508室
邮　编　100011

### 正昌粉碎机械有限公司

电　话　0159-7309802，7309800
网　站　www. zhengchang. com
地　址　溧阳市昆仑开发区正昌路28号
邮　编　213330

### 波通仪器公司中国代表处

负责人　耿燕茹
电　话　010-63423835（6），63390704（10）
传　真　010-63420907
网　站　www. perten. com
地　址　北京宣武区南滨河路31号华亨大厦818室
邮　编　100055

## 外资乳品添加剂企业

### 丹尼斯克（中国）有限公司

电　话　0520-7333888
传　真　0520-7332688
地　址　昆山市开发区南浜路168号
邮　编　215300

### 丹尼斯克（中国）有限公司广州销售处

电　话　020-83836933
传　真　021-83836433
地　址　广州环市东路362-366号好世界广场2302室
邮　编　510060

### 丹尼斯克（中国）有限公司上海销售处

电　话　021-62798809
传　真　021-62798388
地　址　南京西路1376号上海商城西峰楼412室
邮　编　200040

### 丹尼斯克（中国）有限公司北京销售处

电　话　010-65007333
传　真　010-65007399
地　址　北京建外大街19号国际大厦1403室
邮　编　100004

### 国民淀粉化学有限公司

电　话　020-87615092
传　真　020-87605440
地　址　广州东风东路836号东峻广场2座2701-2703室
邮　编　510080

### 国民淀粉化学有限公司上海办事处

电　话　021-64278178
传　真　021-64642085，64278179
地　址　上海市漕溪北路18号上海实业大厦11楼E座
邮　编　200030

### 国民淀粉化学有限公司北京办事处

电　话　010-65814166，65814167
传　真　010-65814169
地　址　北京朝阳区光华路甲8号和乔大厦107A室

### 德国贝克吉利尼化学有限公司中国代表处

负责人　介玉成（首席代表）
电　话　021-63621172
传　真　021-62567456
网　站　www. bk-giulini. com
地　址　上海黄浦区广东路500号1907室

邮　编　200001

**丹麦帕思嘉有限公司上海代表处**

负责人　杨锦健
电　话　021-58368536
传　真　021-58368408
网　站　www. palsgaard. com
地　址　浦东张杨路500号时代广场28C室
邮　编　200122
服　务　乳化剂和稳定剂

**芬兰维利奥有限公司上海代表处**

负责人　刘金杰
电　话　021-63910381，63910382
传　真　021-63910383
地　址　淮海中路93号大上海时代广场1401室
邮　编　200021

**惠益集团有限公司**

电　话　00852-23041711
传　真　00852-27904179
地　址　香港九龙骏业街41号骏业中心801室

**惠益集团有限公司广州办事处**

电　话　020-81301677
传　真　020-81301901
地　址　广东省广州市

**惠益集团有限公司北京办事处**

电　话　010-65229796
传　真　010-65221393
地　址　北京市

**惠益集团有限公司上海办事处**

电　话　021-62124979
传　真　021-62401000
地　址　上海市

**惠益集团有限公司厦门办事处**

电　话　0592-5818557
传　真　0592-5819477
地　址　福建省厦门市

**惠益集团有限公司成都办事处**

电　话　028-84375864
传　真　028-84375864
地　址　四川省成都市

**上海统园食品技术有限公司**

电　话　021-54481678
传　真　021-54481624
地　址　上海市漕宝路401号2A
邮　编　200233
服　务　产品与技术

**纽特香港有限公司北京代表处**

电　话　010-64501388
传　真　010-64501387
地　址　北京市10621-001信箱
邮　编　100621

## 国际奶业统计资料

**表 1 世界奶类产量 1995—2001 年** 单位：百万吨

| | 1995 | 1996 | 1997 | 1998 | 1999 | 2000 | *2001 |
|---|---|---|---|---|---|---|---|
| **奶 类** | **540.8** | **549.3** | **553.1** | **555.9** | **566.6** | **574.5** | **578.7** |
| 牛 奶 | 465.2 | 470.8 | 471.7 | 475.0 | 481.0 | 487.0 | 490.0 |
| 水牛奶 | 54.5 | 57.0 | 59.7 | 59.5 | 64.0 | 66.0 | 67.0 |
| 山羊奶 | 11.8 | 11.8 | 12.1 | 12.0 | 12.1 | 12.1 | 12.2 |
| 绵羊奶 | 8.0 | 8.3 | 8.2 | 8.1 | 8.1 | 8.1 | 8.2 |
| 其 他 | 1.3 | 1.4 | 1.4 | 1.3 | 1.3 | 1.3 | 1.3 |

注：*估计数。

资料来源：ZMP，联合国粮农组织、IDF 各国家委员会及其他国际组织。

**表 2 世界各地区牛奶产量 1995—2001 年** 单位：百万吨

| | 1995 | 1996 | 1997 | 1998 | 1999 | 2000 | *2001 |
|---|---|---|---|---|---|---|---|
| **世界** | **465.2** | **470.8** | **471.7** | **475.0** | **481.0** | **487.0** | **490.0** |
| 非洲[1] | 4.7 | 4.6 | 4.7 | 4.8 | 4.8 | 4.8 | 4.8 |
| 北美[2] | 86.0 | 85.8 | 87.0 | 88.1 | 91.0 | 93.7 | 93.5 |
| 南美[3] | 31.6 | 33.5 | 34.3 | 36.0 | 36.7 | 36.7 | 37.0 |
| 亚洲[4] | 58.0 | 58.4 | 59.8 | 61.7 | 63.7 | 65.9 | 68.0 |
| 欧盟 15 国 | 121.8 | 121.5 | 121.5 | 120.8 | 120.6 | 121.9 | 121.6 |
| 中东欧国家 | 32.8 | 33.2 | 33.3 | 33.7 | 32.8 | 32.1 | 32.3 |
| 独联体国家 | 62.4 | 56.3 | 53.5 | 52.5 | 50.6 | 49.3 | 48.4 |
| 其他西欧国家[5] | 5.9 | 5.8 | 5.8 | 5.8 | 5.8 | 5.7 | 5.6 |
| 大洋洲[6] | 18.4 | 19.6 | 20.3 | 23.1 | 23.8 | 24.3 | 25.0 |

注：*估计数。[1]仅包括南非、肯尼亚和津巴布韦；[2]美国、加拿大、墨西哥；[3]阿根廷、巴西、智利、乌拉圭、委内瑞拉；[4]中国、日本、印度和亚洲独联体国家；[5]瑞士、挪威和冰岛；[6]新西兰、澳大利亚：乳业年度分别截至到次年的 5 月、6 月

资料来源：ZMP，联合国粮农组织、IDF 各国家委员会及其他国际组织。

**表 3 世界主要国家水牛奶产量 1993—2001 年** 单位：百万吨

| | 1993 | 1994 | 1995 | 1996 | 1997 | 1998 | 1999 | 2000 | *2001 |
|---|---|---|---|---|---|---|---|---|---|
| **世 界** | **50.0** | **52.5** | **54.5** | **57.0** | **59.7** | **59.5** | **64.0** | **66.0** | **67.0** |
| 印 度[1] | 29.3 | 31.2 | 35.7 | 37.0 | 38.4 | 38.5 | 41.9 | 43.7 | |
| 巴基斯坦 | 12.8 | 13.2 | 14.0 | 14.8 | 15.6 | 16.5 | 16.9 | 17.0 | |
| 中 国 | 2.0 | 2.1 | 2.2 | 2.3 | 2.5 | 2.5 | 2.5 | 2.4 | |
| 埃 及 | 1.4 | 1.4 | 1.4 | 1.6 | 1.9 | 2.0 | 2.0 | 2.1 | |
| 意大利 | 0.1 | 0.1 | 0.1 | 0.1 | 0.1 | 0.1 | 0.2 | 0.2 | |

注：*估计数。

[1] 乳业年度截至到次年的三月。1995 年以前的数字同后来的数字没有可比性。

资料来源：ZMP，联合国粮农组织、IDF 各国家委员会及其他国际组织。

**表 4 世界山羊奶和绵羊奶产量 1993—2001 年** 单位：千吨

| | 1993 | 1994 | 1995 | 1996 | 1997 | 1998 | 1999 | 2000 | *2001 |
|---|---|---|---|---|---|---|---|---|---|
| **世 界** | **17 693** | **17 981** | **19 760** | **20 073** | **20 281** | **20 099** | **20 262** | **20 371** | **20 500** |
| 非 洲 | 3 293 | 3 518 | 4 135 | 4 025 | 4 071 | 4 086 | 4 289 | 4 309 | 4 400 |
| 亚 洲 | 8 702 | 8 904 | 10 171 | 10 348 | 10 498 | 10 354 | 10 459 | 10 535 | 10 600 |
| 欧 洲 | 4 515 | 4 845 | 5 094 | 5 109 | 5 011 | 5 026 | 5 050 | 5 070 | 5 100 |
| 其中山羊奶 | 9 858 | 10 035 | 11 766 | 11 812 | 12 095 | 12 032 | 12 145 | 12 200 | 12 250 |
| 绵羊奶 | 7 835 | 7 946 | 7 994 | 8 261 | 8 186 | 8 067 | 8 117 | 8 200 | |

注：* 估计数。

资料来源：ZMP，FAO，IDF 各国家委员会及其他国际组织。

## 表 5 世界主要国家乳牛存栏数 1997—2001 年

单位：千头

| | 1997 | 1998 | 1999 | 2000 | 2001[1] |
|---|---|---|---|---|---|
| 比利时 | 617 | 616 | 608 | 594 | 582 |
| 丹 麦 | 695 | 680 | 681 | 644 | 620 |
| 德 国 | 5 026 | 4 833 | 4 771 | 4 539 | 4 400 |
| 法 国 | 4 502 | 4 432 | 4 424 | 4 413 | |
| 爱尔兰 | 1 268 | 1 277 | 1 261 | 1 238 | |
| 意大利 | 2 078 | 2 110 | 2 135 | 2 172 | |
| 荷 兰 | 1 674 | 1 600 | 1 570 | 1 532 | |
| 英 国 | 2 498 | 2 475 | 2 438 | 2 339 | 2 250 |
| 欧盟 15 国 | 21 771 | 21 445 | 20 878 | 20 663 | 20 400 |
| 挪 威 | 326 | 322 | 324 | 316 | 297 |
| 瑞 士 | 742 | 737 | 725 | 716 | 712 |
| 冰 岛 | 29 | 29 | 28 | 27 | |
| 阿尔巴尼亚 | | 423 | 432 | | |
| 保加利亚 | 390 | 389 | 424 | 434 | |
| 波 黑 | 160 | 296 | 393 | | |
| 克罗地亚 | 305 | 271 | 275 | 287 | |
| 捷克共和国 | 627 | 598 | 583 | 547 | 529 |
| 爱沙尼亚 | 173 | 159 | 144 | 131 | |
| 拉脱维亚 | 277 | 242 | 206 | 205 | 200 |
| 立陶宛 | 590 | 583 | 541 | 494 | |
| 马其顿王国 | 176 | 174 | | | |
| 波 兰 | 3 496 | 3 471 | 3 296 | 3 050 | |
| 罗马尼亚 | 1 798 | 1 769 | 1 698 | 1 656 | 1 580 |
| 匈牙利 | 403 | 407 | 399 | 380 | 375 |
| 斯洛伐克 | 315 | 288 | 262 | 246 | |
| 斯洛文尼亚 | | 138 | 138 | 128 | |
| 白俄罗斯 | | 1 258 | 1 249 | 1 242 | |
| 摩尔达维亚 | 324 | 289 | 283 | | |
| 俄罗斯 | 14 620 | 13 531 | 12 900 | 12 700 | |
| 乌克兰 | 6 280 | 5 864 | 5 600 | 5 431 | 4 904 |
| 加拿大 | 1 253 | 1 202 | 1 180 | 1 142 | 1 100 |
| 美国[1] | 9 199 | 9 154 | 9 156 | 9 210 | 9 100 |
| 墨西哥 | 6 500 | 6 600 | 6 700 | 6 800 | 6 900 |
| 澳大利亚 | 2 002 | 2 060 | 2 154 | 2 170 | 2 165 |
| 新西兰 | 3 273 | 3 300 | 3 270 | 3 360 | 3 475 |
| 阿根廷 | 2 525 | 2 567 | 2 630 | 2 500 | 2 400 |
| 巴 西 | 17 067 | 17 067 | 16 194 | 16 040 | 16 045 |
| 智 利 | 725 | 615 | 613 | 608 | |
| 日 本 | 1 204 | 1 190 | 1 171 | 1 150 | |
| 中 国 | | 4 397 | 4 300 | 5 238 | |
| 印 度[2] | 77 750 | 83 885 | 85 358 | 86 862 | |
| 以色列 | | 110 | 110 | 115 | 115 |
| 约 旦 | | 61 | 63 | | |
| 尼泊尔 | | 803 | 828 | | |
| 泰 国 | | 220 | 239 | 266 | 292 |
| 土耳其 | 5 594 | 5 700 | | | |
| 南 非 | 554 | 552 | 550 | 545 | 543 |
| 津巴布韦 | | 45 | 43 | 39 | 36 |

注：[1] 下一年的 1 月 1 日；[2] 包括水牛。

资料来源：ZMP；国家统计组织，FAO。

## 表 6 世界主要国家牛奶产量 1997—2001 年

单位：千吨

| | 1997 | 1998 | 1999 | 2000 | 2001[4] |
|---|---|---|---|---|---|
| **世 界** | **471 700** | **475 000** | **481 000** | **487 000** | **490 000** |
| 欧盟 15 国 | 121 481 | 121 405 | 122 637 | 122 255 | 122 000 |
| 冰 岛 | 105 | 109 | 118 | 119 | 115 |
| 挪 威 | 1 827 | 1 819 | 1 797 | 1 690 | 1 600 |
| 瑞 士 | 3 867 | 3 894 | 3 852 | 3 800 | 3 900 |
| 阿尔巴尼亚 | | 722 | 761 | 815 | |
| 波 黑 | | 516 | 569 | | |
| 保加利亚 | 1 239 | 1 358 | 1 358 | 1 350 | |
| 克罗地亚 | 669 | 615 | 560 | 600 | |
| 捷克共和国 | 2 703 | 2 716 | 2 736 | 2 708 | 2 730 |
| 爱沙尼亚 | 714 | 733 | 644 | 600 | |
| 匈牙利 | 1 989 | 2 106 | 2 106 | 2 142 | 2 160 |
| 拉脱维亚 | 988 | 948 | 797 | 823 | 805 |
| 立陶宛 | 1 950 | 1 830 | 1 765 | 1 700 | |
| 马其顿王国 | | 179 | 209 | 180 | |
| 波 兰 | 12 123 | 12 596 | 11 915 | 11 300 | 11 500 |
| 罗马尼亚 | 5 390 | 5 160 | 5 145 | 5 100 | |
| 斯洛伐克 | 1 197 | 1 336 | 1 375 | 1 400 | |
| 斯洛文尼亚 | 603 | 627 | 644 | 662 | |
| 南斯拉夫 | | 2 131 | 1 825 | 1 830 | |
| 白俄罗斯 | 5 232 | 4 741 | 4 500 | | |
| 摩尔达维亚 | 646 | 589 | 571 | 570 | |
| 俄罗斯 | 34 067 | 33 197 | 32 274 | 31 938 | 32 000 |
| 乌克兰 | 13 717 | 13 738 | 13 300 | 12 615 | 11 350 |
| 澳大利亚[1] | 9 723 | 10 484 | 11 172 | 10 870 | |
| 新西兰[1] | 10 929 | 10 500 | 11 900 | 12 500 | 12 750 |
| 加拿大 | 8 093 | 8 130 | 8 286 | 8 132 | 7 879 |
| 美国 | 70 802 | 71 373 | 73 807 | 76 048 | 75 251 |
| 墨西哥 | 8 078 | 8 565 | 9 145 | 9 720 | 9 700 |
| 阿根廷 | 9 086 | 9 684 | 10 320 | 9 900 | 9 320 |
| 巴 西 | 20 600 | 21 630 | 21 700 | 22 134 | 22 800 |
| 智 利 | 2 110 | 2 142 | 2 160 | 2 250 | 2 300 |
| 乌拉圭 | 1 031 | 1 150 | 1 187 | 1 150 | 1 200 |
| 委内瑞拉 | 1 431 | 1 440 | 1 312 | 1 300 | 1 300 |
| 日 本[2] | 8 645 | 8 572 | 8 460 | 8 499 | 8 500 |
| 中 国 | 6 674 | 6 621 | 7 120 | 8 420 | 9 000 |
| 印 度 | 29 800 | 31 200 | 32 700 | 34 000 | |
| 印 度[3] | 71 300 | 74 600 | 78 800 | 81 300 | |
| 以色列 | 1 128 | 1 160 | 1 166 | 1 162 | 1 200 |
| 约 旦 | | | 123 | 131 | |
| 尼泊尔 | | | 1 040 | 1 073 | |
| 土耳其 | 8 914 | 9 000 | 9 000 | 9 000 | 10 000 |
| 南 非 | 2 289 | 2 429 | 2 238 | 2 197 | 2 206 |
| 津巴布韦 | 193 | 173 | 176 | 168 | 160 |

注：[1] 乳业年度截至到次年的 5 月或 6 月；[2] 至 1994 年，仅包括送交乳品厂的牛乳；[3] 包括水牛乳和其他动物乳；[4] 根据 IDF 各国家委员会的估计数字。

资料来源：ZMP、IDF 各国委员会、FAO、EUROSTAT、USDA。

## 表7 世界主要国家商品牛奶量 1997—2001年[1]

单位：千吨

| | 1997 | 1998 | 1999 | 2000 | 2001 |
|---|---|---|---|---|---|
| 欧盟15国 | 113 634 | 113 563 | 114 948 | 114 912 | 114 700 |
| 挪威 | 1 737 | 1 682 | 1 670 | 1 644 | 1 544 |
| 瑞士 | 3 080 | 3 103 | 3 121 | 3 062 | 3 186 |
| 冰岛 | 105 | 105 | 109 | 111 | 107 |
| 保加利亚 | 452 | 642 | 760 | 740 | |
| 克罗地亚 | 340 | 488 | 404 | 393 | 380 |
| 捷克共和国 | 2 610 | 2 491 | 2 450 | 2 385 | 2 493 |
| 爱沙尼亚 | 490 | 518 | 532 | 395 | 409 |
| 匈牙利 | 1 478 | 1 504 | 1 638 | 1 582 | 1 676 |
| 拉脱维亚 | 361 | 362 | 464 | 390 | 398 |
| 立陶宛 | 1 332 | 1 412 | 1 477 | 1 207 | 1 100 |
| 波兰 | 6 588 | 6 973 | 7 221 | 6 486 | 6 524 |
| 斯洛伐克 | 877 | 898 | 929 | 936 | 940 |
| 斯洛文尼亚 | 398 | 399 | 420 | 435 | 448 |
| 白俄罗斯 | | 2 900 | 2 991 | 2 804 | 2 664 |
| 俄罗斯 | 14 300 | 12 550 | 12 400 | 12 800 | |
| 乌克兰 | 6 246 | 4 470 | 4 590 | 4 740 | 8 830 |
| 加拿大[2] | 7 142 | 7 357 | 7 391 | 7 535 | 7 393 |
| 墨西哥 | 7 814 | 8 078 | 8 565 | 9 145 | 9 720 |
| 美国[2] | 68 698 | 69 583 | 70 735 | 73 204 | 75 435 |
| 阿根廷 | 8 120 | 8 512 | 8 966 | 9 651 | 8 975 |
| 智利 | 1 449 | 1 542 | 1 576 | 1 514 | 1 490 |
| 以色列 | 1 131 | 1 128 | 1 160 | 1 166 | 1 162 |
| 约旦 | | | 61 | 78 | |
| 日本 | 8 538 | 8 532 | 8 467 | 8 357 | 8 393 |
| 中国 | | | 3 715 | 4 060 | 5 050 |
| 泰国 | | | 390 | 420 | 430 |
| 澳大利亚[3] | 9 307 | 9 723 | 10 484 | 11 172 | 108 770 |
| 新西兰[4] | 10 450 | 10 540 | 10 100 | 11 500 | 12 100 |
| 津巴布韦 | | 188 | 177 | 169 | 160 |
| 南非 | 2 047 | 2 120 | 2 235 | 2 058 | 1 977 |

注：[1] 除特别指出，仅指牛乳；[2] 包括售给乳品厂和直接售给消费者的牛乳；[3] 乳业年度截至到明年6月份；[4] 乳业年度截至到明年5月份。

资料来源：ZMP、IDF各国委员会，EUROSTAT。

## 表 8 世界主要国家液体奶产量 1996—2000 年

单位：千吨

| | 1996 | 1997 | 1998 | 1999 | 2000 |
|---|---|---|---|---|---|
| 欧盟 15 国[1] | 298 786 | 29 653 | 29 942 | 30 046 | 29 730 |
| 瑞 士 | 533 | 520 | 512 | 517 | 529 |
| 挪 威 | 635 | 547 | 529 | 505 | 490 |
| 冰 岛 | | 43 | 40 | 39 | 39 |
| 克罗地亚 | 162 | 262 | 285 | 280 | 296 |
| 捷克共和国 | 496 | 503 | 488 | 474 | 461 |
| 斯洛伐克 | 391 | 387 | 414 | 397 | 387 |
| 斯洛文尼亚 | 149 | 142 | 143 | 150 | 160 |
| 爱沙尼亚 | 43 | 54 | 49 | 55 | 57 |
| 拉脱维亚 | 51 | 54 | 62 | 55 | 59 |
| 立陶宛 | 85 | 80 | 82 | 74 | |
| 波 兰 | 1 296 | 1 336 | 1 391 | 1 349 | 1 318 |
| 匈牙利 | 603 | 557 | 570 | 576 | 595 |
| 白俄罗斯 | 727 | | 915 | 945 | 920 |
| 俄罗斯 | 5 305 | 4 799 | 4 900 | 5 200 | |
| 乌克兰[2] | 4 000 | 3 832 | 3 492 | 4 820 | 3 425 |
| 加拿大 | 2 667 | 2 679 | 2 761 | 2 754 | 2 700 |
| 墨西哥 | 3 412 | 3 552 | 3 525 | 3 690 | 3 860 |
| 美 国 | 25 163 | 25 130 | 25 230 | 25 369 | 25 440 |
| 阿根廷 | 1 408 | 1 457 | 1 535 | 1 553 | 1 560 |
| 巴 西[2] | 11 400 | 12 100 | 12 826 | 12 726 | 12 750 |
| 智 利 | 247 | 279 | 277 | 288 | 284 |
| 以色列 | 327 | 327 | 339 | 347 | 348 |
| 约 旦 | | 2 | 3 | 5 | |
| 日 本 | 5 187 | 5 157 | 5 047 | 4 950 | 4 947 |
| 中 国 | | | 570 | 720 | 1 230 |
| 尼泊尔 | | 12 | 12 | 13 | |
| 泰 国 | | | 580 | 670 | 750 |
| 澳大利亚[3] | 1 962 | 1 976 | 1 993 | 1 994 | 1 960 |
| 南 非 | 1 100 | 1 130 | 1 124 | 1 177 | 1 200 |
| 津巴布韦 | | 130 | 104 | 109 | 104 |

注：[1] 大多数情况下包括酪乳；[2] 包括由牧场销售的液体奶；[3] 乳业年度截至到明年 6 月份。

资料来源：ZMP、IDF 各国委员会，EUROSTAT。

## 表 9　世界主要国家含乳饮料、酸奶和发酵乳产量　1996—2000 年

单位：千吨

| | 1996 | 1997 | 1998 | 1999 | 2000 |
|---|---|---|---|---|---|
| 欧盟 15 国 | 5 740 | 5 815 | 6 015 | 6 265 | 6 350 |
| 冰　岛 | | 7 | 10 | 10 | 10 |
| 挪　威 | 69 | 85 | 85 | 79 | 75 |
| 瑞　士[1] | 96 | 99 | 100 | 88 | |
| 保加利亚 | 100 | 125 | 132 | | |
| 克罗地亚 | 36 | 61 | 57 | 48 | 55 |
| 捷克共和国 | 113 | 102 | 102 | 121 | 128 |
| 爱沙尼亚 | 209 | 330 | 330 | 187 | 195 |
| 匈牙利 | 100 | 90 | 105 | 121 | 123 |
| 波　兰 | 88 | 131 | 155 | 165 | |
| 斯洛伐克 | 20 | 29 | 34 | 38 | 46 |
| 斯洛文尼亚 | 27 | 30 | 32 | 38 | 38 |
| 白俄罗斯 | | | 342 | 375 | 309 |
| 乌克兰 | 117 | 164 | 170 | 172 | 174 |
| 美　国 | 720 | 723 | | | |
| 加拿大 | 100 | 100 | 111 | 131 | 150 |
| 阿根廷 | 216 | 215 | 224 | 253 | 250 |
| 智　利 | | 79 | 82 | 100 | 107 |
| 澳大利亚[2] | 101 | 111 | 112 | 108 | 110 |
| 以色列 | 141 | 147 | 178 | 183 | 179 |
| 约　旦 | | | 47 | 56 | |
| 中　国 | | | 120 | 130 | 270 |
| 尼泊尔 | | 1 | 2 | 2 | |
| 泰　国 | | | 330 | 340 | 350 |
| 南　非 | 130 | 135 | 138 | 140 | 142 |

本表所列数据的可比性很有限，主要原因是对这类产品的定义各国差异巨大。

注：[1] 同牛乳；[2] 乳业年度结束在明年 6 月份

资料来源：ZMP、IDF 各国委员会，EUROSTAT

表10 世界主要国家奶油产量 1996—2000年[1]

单位：千吨

| | 1996 | 1997 | 1998 | 1999 | 2000 |
|---|---|---|---|---|---|
| 欧盟15国 | 1 815.1 | 1 762.2 | 1 722.9 | 1 729 | 1 709.5 |
| 瑞 士 | 39.6 | 39.7 | 39.5 | 36.4 | 36.5 |
| 挪 威 | 19.4 | 17.8 | 22.6 | 25.6 | 22.9 |
| 冰 岛 | 1.3 | 1.4 | 1.4 | 1.5 | 1.5 |
| 保加利亚 | 2.1 | 2.1 | 2.1 | 1.4 | 1.4 |
| 克罗地亚 | 3 | 2.6 | 2.4 | 3.7 | 2.3 |
| 捷克共和国 | 68.9 | 61.9 | 65.4 | 65.4 | 63.5 |
| 爱沙尼亚 | 16.9 | 21.3 | 12.6 | 7.6 | 8.8 |
| 匈牙利 | 10.8 | 9.4 | 13 | 13.8 | 10 |
| 拉脱维亚 | 7.5 | 7.8 | 9.2 | 5.8 | 6.3 |
| 立陶宛 | 34.8 | 34.7 | 35.7 | 26.3 | 20.9 |
| 马其顿王国 | | | 9 | 9 | |
| 斯洛伐克 | 15 | 14.5 | 15.6 | 16 | 14.6 |
| 斯洛文尼亚 | 2 | 1.9 | 3.1 | 4.1 | 3 |
| 波 兰 | 129.7 | 136.5 | 146 | 133 | 137.9 |
| 罗马尼亚 | 13.4 | 9.2 | 6.4 | 9.2 | 10 |
| 白俄罗斯 | 61.8 | 61 | 72.8 | 61.2 | 64.1 |
| 俄罗斯 | 323 | 277 | 271 | 262 | 265 |
| 乌克兰 | 116.5 | 79 | 76 | 102.2 | 131.2 |
| 摩尔多瓦 | | | 2.6 | 1.9 | 2.5 |
| 澳大利亚[2] | 157.8 | 164.2 | 186.9 | 179.9 | 169.9 |
| 新西兰[2] | 351 | 344 | 339 | 344 | 352 |
| 加拿大 | 93.2 | 89.7 | 85.9 | 88.8 | 76.9 |
| 墨西哥 | 12.7 | 15 | 13 | 15 | 18 |
| 美 国 | 525.9 | 520.7 | 529.8 | 579.2 | 577.7 |
| 阿根廷 | 52.2 | 49 | 49.1 | 54.1 | 48 |
| 巴 西 | 70 | 72 | 70 | 70 | 72 |
| 智 利 | 6.5 | 9.6 | 11.2 | 11 | 9.9 |
| 乌拉圭 | 14.5 | 15 | | | |
| 中 国 | 3.5 | 3.5 | 4 | 5 | 15 |
| 印 度[3] | 36.3 | 33.2 | 30 | 26 | |
| 印 度[1] | | 80.8 | 83.6 | | |
| 尼泊尔 | | | 3 | 3 | |
| 伊 朗 | 5.4 | 5 | | | |
| 以色列 | 4.2 | 4.7 | 4.7 | 5 | 5.2 |
| 约 旦 | | | 0.1 | 0.2 | |
| 日 本 | 86.3 | 87.2 | 88.9 | 85.3 | 87.6 |
| 南 非 | 8.1 | 10.8 | 17.3 | 10.5 | 9 |

注：[1] 包括与奶油等价的无水奶油；[2] 乳业年度在明年5月或6月结束；[3] 佐餐奶油。

资料来源：ZMP、各国统计数字、EUROSTAT、FAO、IDF各国家委员会、USDA。

## 表 11 世界主要国家干酪产量 1996—2000 年[1]

单位：千吨

| | 1996 | 1997 | 1998 | 1999 | 2000 |
|---|---|---|---|---|---|
| 欧盟 15 国 | 5 985.4 | 6 022.7 | 6 125.8 | 6 159.9 | 6 374.9 |
| 冰 岛 | 4.8 | 4.8 | 5.4 | 5.5 | 5.7 |
| 挪 威 | 84.1 | 84.8 | 88.9 | 84.7 | 81.4 |
| 瑞 士 | 130.4 | 133.3 | 136.8 | 134.3 | 146.3 |
| 阿尔巴尼亚 | | | 11.2 | 11.4 | 11.4 |
| 波 黑 | | | 14.0 | 11.0 | 8.7 |
| 保加利亚 | 71.0 | 72.0 | 71.0 | 58.0 | 56.0 |
| 克罗地亚 | 19.0 | 12.3 | 12.9 | 15.3 | 19.2 |
| 捷克共和国 | 124.1 | 117.9 | 125.6 | 129.3 | 133.5 |
| 爱沙尼亚 | 8.8 | 10.3 | 10.7 | 9.2 | 8.6 |
| 匈牙利 | 76.7 | 88.1 | 89.9 | 93.9 | 99.2 |
| 拉脱维亚 | 9.7 | 10.7 | 10.6 | 11.0 | 11.0 |
| 立陶宛 | 26.5 | 33.8 | 53.3 | 51.7 | |
| 马其顿王国 | | | 1.5 | 1.5 | |
| 波 兰 | 337.8 | 379.2 | 457.6 | 411.9 | 397.7 |
| 罗马尼亚 | 42.6 | 41.8 | 47.8 | 49.4 | 51.4 |
| 斯洛伐克 | 39.5 | 42.0 | 44.2 | 45.5 | 40.4 |
| 斯洛文尼亚 | 12.9 | 14.5 | 16.0 | 16.1 | 17.2 |
| 南斯拉夫 | 13.5 | 17.8 | 13.6 | 11.5 | 11.5 |
| 白俄罗斯 | 28.5 | 28.5 | 39.7 | 38.1 | 38.9 |
| 摩尔多瓦 | | | 1.2 | 1.1 | 1.1 |
| 俄罗斯 | 191.0 | 165.0 | 177.0 | 183.0 | 220.0 |
| 乌克兰 | 84.9 | 53.5 | 58.0 | 56.0 | 63.9 |
| 以色列 | | 96.2 | 95.9 | 97.4 | 99.4 |
| 约 旦 | | 0.4 | 0.7 | 1.3 | |
| 加拿大 | 288.7 | 336.6 | 330.2 | 329.1 | 328.4 |
| 墨西哥 | 122.9 | 123.4 | 127.0 | 125.0 | 135.0 |
| 美 国 | 3 272.8 | 3 334.6 | 3 398.4 | 3 580.7 | 3 744.2 |
| 阿根廷 | 388.0 | 411.0 | 419.0 | 446.2 | 430.0 |
| 巴 西 | 385.0 | 405.0 | 421.0 | 434.0 | 445.0 |
| 智 利 | 48.5 | 50.8 | 54.2 | 51.8 | 51.9 |
| 日 本 | 109.0 | 114.0 | 123.8 | 123.5 | 126.2 |
| 澳大利亚[2] | 290.0 | 310.4 | 327.2 | 377.9 | 365.0 |
| 新西兰[2] | 254.0 | 266.0 | 250.0 | 297.0 | 282.0 |
| 南 非[3] | 39.5 | 39.8 | 41.5 | 43.7 | 43.3 |
| 津巴布韦 | | 1.2 | 0.9 | 5.2 | 6.9 |

注：[1] 不包括农舍干酪；[2] 乳业年度截止到次年 5 月或 6 月；[3] 契达干酪和古尔达干酪。

资料来源：ZMP、各国家统计数字、FAO、EUROSTAT、USDA。

## 表 12 世界主要国家炼乳产量 1996—2000 年

单位：千吨

| | 1996 | 1997 | 1998 | 1999 | 2000 |
|---|---|---|---|---|---|
| 欧盟 15 国 | 1 272.0 | 1 348.0 | 1 284.0 | 1 259.0 | 1 250.0 |
| 克罗地亚 | 2.5 | 0.3 | 7.8 | 6.7 | 6.6 |
| 立陶宛 | 11.7 | 18.2 | 23.5 | 28.5 | 10.5 |
| 白俄罗斯 | | | 107.2 | 79.2 | 78.4 |
| 乌克兰 | 58.0 | 51.4 | 44.9 | 41.3 | 46.7 |
| 匈牙利 | 3.7 | 3.9 | 4.6 | 4.1 | 2.2 |
| 加拿大 | 96.9 | 107.0 | 92.3 | 81.2 | 102.6 |
| 美 国[1] | 211.8 | 255.3 | 209.3 | 213.2 | 200.5 |
| 阿根廷 | 14.7 | 15.0 | 15.4 | 11.8 | 12.0 |
| 智 利 | 9.8 | 10.2 | 13.2 | 15.7 | 24.4 |
| 中 国 | 60.0 | 55.0 | 60.0 | 69.0 | 80.0 |
| 日 本 | 52.8 | 45.7 | 43.7 | 43.0 | 41.4 |
| 南 非 | 18.1 | 24.9 | 20.2 | 21.8 | 19.9 |

注：[1] 仅包括罐装淡炼乳和甜炼乳

资料来源：ZMP、各国统计数字、IDF 各国家委员会、EUROSTAT、FAO

## 表 13 世界主要国家全脂和半脱脂奶粉产量 1996—2000 年

单位：千吨

| | 1996 | 1997 | 1998 | 1999 | 2000 |
|---|---|---|---|---|---|
| 欧盟 15 国 | 877.5 | 898.8 | 926.3 | 895.3 | 867.7 |
| 瑞 士 | 9.9 | 9.3 | 8 | 7.6 | 10.2 |
| 挪 威 | 1.7 | 1.7 | 1.7 | 1.8 | 1.4 |
| 捷克共和国 | 29.2 | 22.5 | 25.9 | 21.9 | 22.6 |
| 波 兰 | 35.2 | 39.8 | 39.3 | 32.2 | |
| 匈牙利 | 3 | 2.7 | 2.5 | 3.2 | 3.4 |
| 立陶宛 | | 4.5 | 3.6 | 4.9 | |
| 斯洛伐克 | 6.4 | 3.5 | 6.3 | 5.8 | 4.1 |
| 白俄罗斯 | 1.5 | | 12 | 11.2 | 13.6 |
| 俄罗斯 | 79 | 80 | 72 | 79 | 72.9 |
| 乌克兰 | 6.3 | 4.8 | 3.2 | 8.6 | 10.8 |
| 美 国 | 58.8 | 55.4 | 64.6 | 53.5 | 50.5 |
| 阿根廷 | 162.3 | 166 | 207 | 244.3 | 187 |
| 巴 西 | 220 | 231 | 240 | 244 | 256 |
| 澳大利亚[2] | 133.7 | 126.5 | 144.8 | 186.7 | 210 |
| 新西兰[2] | 337.2 | 396 | 381 | 450 | 495 |
| 日 本 | 23.7 | 18.9 | 18.7 | 17.8 | 18.3 |
| 印 度[1] | 103.8 | 115.2 | | | |
| 中 国[1] | 358 | 391 | 422 | 552 | 615 |
| 南 非 | 9.7 | 13 | 10.8 | 11.5 | 10 |
| 津巴布韦 | | 3.4 | 2.1 | 13.4 | 2.7 |

注：[1] 全部乳粉；[2] 乳业年度截止到次年 5 月或 6 月。

资料来源：ZMP、各国统计数字、IDF 各国家委员会、EUROSTAT、FAO、USDA。

**表 14 世界主要国家脱脂奶粉产量 1996—2000 年**

单位：千吨

| | 1996 | 1997 | 1998 | 1999 | 2000 |
|---|---|---|---|---|---|
| 欧盟 15 国 | 1 210.0 | 1 143.0 | 1 092.0 | 1 135.0 | 1 055.0 |
| 瑞　士 | 26.9 | 27.2 | 29.1 | 29.6 | 22.1 |
| 挪　威 | 5.3 | 6.1 | 5.1 | 10.6 | 5.3 |
| 波　兰 | 120.6 | 119.9 | 131.3 | 109.0 | 119.0 |
| 斯洛伐克 | 7.0 | 9.7 | 10.1 | 8.5 | 7.8 |
| 斯洛文尼亚 | | — | 1.7 | 2.5 | 2.0 |
| 捷克共和国 | 51.6 | 33.6 | 31.9 | 34.6 | 34.5 |
| 爱沙尼亚 | 21.6 | 16.1 | 14.1 | 10.2 | 10.6 |
| 拉脱维亚 | 1.8 | 3.1 | 4.2 | 2.5 | 2.9 |
| 立陶宛 | 26.3 | 31.0 | 26.2 | 21.7 | 16.1 |
| 白俄罗斯 | 33.0 | 33.0 | 33.1 | 27.3 | 34.8 |
| 摩尔多瓦 | 3.8 | 2.9 | 2.7 | 2.0 | 3.1 |
| 俄罗斯 | 107.0 | | 79.0 | 83.0 | 85.0 |
| 乌克兰 | 28.0 | 19.8 | 22.4 | 19.2 | 21.2 |
| 匈牙利 | 4.1 | 3.6 | 6.7 | 5.6 | 4.7 |
| 加拿大 | 64.6 | 66.2 | 69.7 | 78.4 | 68.6 |
| 美　国 | 477.6 | 548.0 | 517.0 | 618.9 | 661.0 |
| 阿根廷 | 36.6 | 40.0 | 38.0 | 46.3 | 33.0 |
| 巴　西 | 50.0 | 55.0 | 58.0 | 60.0 | 62.0 |
| 以色列 | | | 11.1 | 10.7 | 9.2 |
| 南　非 | 9.0 | 10.5 | 22.1 | 9.8 | 8.1 |
| 澳大利亚[1] | 237.9 | 230.6 | 272.6 | 264.4 | 265.0 |
| 新西兰[1] | 172.0 | 177.0 | 172.0 | 187.0 | 195.0 |
| 日　本 | 200.3 | 199.9 | 201.8 | 191.1 | 193.8 |

注：[1] 乳业年度截止到次年的 5 月或 6 月。

资料来源：ZMP、EUROSTAT、IDF 各国委员会、各国统计数字、EUROSTAT、FAO、USDA。

## 表 15 世界主要国家乳制品出口量 1997—2001 年

单位：千吨

| | 1997 | 1998 | 1999 | 2000[1] | 2001[1] |
|---|---|---|---|---|---|
| 奶油 | | | | | |
| 全　球 | 754 | 770 | 781 | 850 | 850 |
| 欧　盟 | 219 | 162 | 169 | 173 | 170 |
| 美　国 | 21 | 11 | 5 | 16 | |
| 澳大利亚 | 100 | 106 | 118 | 125 | 139 |
| 新西兰 | 314 | 317 | 277 | 336 | 330 |
| 其他国家 | 250 | 100 | 174 | 212 | 200 |
| 脱脂奶粉 | | | | | |
| 全　球 | 1 079 | 951 | 1 162 | 1 140 | 1 000 |
| 欧　盟 | 282 | 175 | 272 | 356 | 180 |
| 加拿大 | 30 | 31 | 41 | 29 | |
| 美　国 | 92 | 111 | 183 | 84 | 80 |
| 阿根廷 | 17 | 15 | 29 | 27 | 20 |
| 澳大利亚 | 205 | 199 | 243 | 244 | 235 |
| 新西兰 | 183 | 166 | 174 | 172 | 170 |
| 波　兰 | 112 | 101 | 83 | 86 | 120 |
| 其他国家 | 157 | 153 | 136 | 142 | |
| 全脂奶粉 | | | | | |
| 全　球 | 1 302 | 1 392 | 1 420 | 1 430 | 1 450 |
| 欧　盟 | 571 | 588 | 576 | 573 | 550 |
| 美　国 | 27 | 20 | 18 | 25 | 15 |
| 阿根廷 | 62 | 97 | 149 | 100 | |
| 澳大利亚 | 109 | 110 | 139 | 169 | 190 |
| 新西兰 | 341 | 359 | 362 | 393 | 435 |
| 其他国家 | 254 | 315 | 326 | | |
| 干　酪 | | | | | |
| 全　球 | 1 225 | 1 203 | 1 350 | 1 450 | 1 480 |
| 欧　盟 | 511 | 448 | 398 | 457 | 450 |
| 瑞　士 | 61 | 56 | 60 | 58 | |
| 澳大利亚 | 138 | 167 | 202 | 212 | 218 |
| 新西兰 | 236 | 232 | 240 | 429 | 250 |
| 美　国 | 37 | 37 | 38 | 47 | |
| 其他国家 | 242 | 263 | 413 | 427 | |
| 干酪素 | | | | | |
| 全　球 | 160 | 175 | 185 | 190 | |
| 欧　盟 | 58 | 59 | 61 | 70 | |
| 波　兰 | 6 | 8 | 9 | 9 | |
| 新西兰 | 81 | 94 | 98 | 103 | |
| 澳大利亚 | 6 | 7 | 9 | 9 | |
| 美　国 | 4 | 7 | 5 | | |
| 其他国家 | 5 | 1 | 10 | | |

注：[1] 预测数或估计数。

资料来源：ZMP，FAO，EUROSTAT，ONILAIT，PZ。

# 表 16 世界主要国家乳制品进口量 1996—2000 年

单位：千吨

| | 1996 | 1997 | 1998 | 1999[1] | 2000[1] |
|---|---|---|---|---|---|
| 奶 油 | | | | | |
| 全 球 | 788 | 869 | 765 | 880 | 900 |
| 欧 盟 | 96 | 92 | 88 | 105 | 103 |
| 俄罗斯 | 126 | 190 | 83 | 179 | 226 |
| 埃 及 | 50 | 38 | 40 | 43 | 45 |
| 摩洛哥 | 28 | 16 | 16 | | |
| 墨西哥 | 19 | 25 | 27 | 34 | 25 |
| 巴 西 | 10 | 6 | 10 | 11 | 12 |
| 伊 朗 | 27 | 10 | 10 | | |
| 约 旦 | 15 | 15 | 15 | 3 | |
| 美 国 | 5 | 13 | 27 | 15 | 13 |
| 全脂奶粉 | | | | | |
| 全 球 | 1 100 | 1 225 | 1 200 | 1 140 | |
| 俄罗斯 | | | 35 | 35 | 40 |
| 阿尔及利亚 | 78 | 91 | 105 | 108 | 110 |
| 巴 西 | 116 | 105 | 133 | 147 | 125 |
| 墨西哥 | 30 | 30 | 46 | 45 | 45 |
| 委内瑞拉 | 66 | 56 | 60 | 67 | 60 |
| 沙特阿拉伯 | 69 | 63 | 64 | | |
| 马来西亚 | 62 | 65 | 50 | | |
| 新加坡 | 26 | 26 | 20 | | |
| 菲律宾 | 42 | 52 | 47 | 37 | 58 |
| 脱脂奶粉 | | | | | |
| 全 球 | 950 | 1 050 | 950 | 1 000 | 950 |
| 欧 盟 | 61 | 74 | 65 | 73 | 78 |
| 俄罗斯 | | | 31 | 109 | 30 |
| 日 本 | 75 | 73 | 57 | 57 | 52 |
| 菲律宾 | 79 | 98 | 76 | 87 | 96 |
| 巴 西 | 34 | 41 | 42 | 46 | 41 |
| 墨西哥 | 127 | 133 | 93 | 110 | 105 |
| 阿尔及利亚 | 55 | 79 | 87 | 71 | 70 |
| 干 酪 | | | | | |
| 全 球 | 1 080 | 1 150 | 1 100 | 1 100 | 1 150 |
| 欧 盟 | 97 | 109 | 127 | 146 | 147 |
| 瑞 士 | 31 | 31 | 31 | 31 | 31 |
| 俄罗斯 | 110 | 195 | 85 | 60 | 90 |
| 美 国 | 152 | 140 | 163 | 198 | 192 |
| 巴 西 | 34 | 29 | 24 | 20 | 18 |
| 埃 及 | 15 | 16 | 14 | 16 | 15 |
| 日 本 | 164 | 168 | 178 | 181 | 197 |
| 沙特阿拉伯 | 74 | 52 | 52 | 64 | |
| 澳大利亚 | 33 | 32 | 31 | 33 | 38 |

注：[1] 暂定数/预测数。

资料来源：ZMP、FAO、EUROSTAT、USDA、PZ。

**表 17 世界主要国家液态奶消费量 1998—2000 年[1]**

单位：千吨

| | 1998 | 1999 | 2000 |
|---|---|---|---|
| 奥地利 | 719 | 742 | 757 |
| 比利时/卢森堡 | 938 | 942 | 940 |
| 丹 麦 | 677 | 683 | |
| 芬 兰 | 938 | 955 | 944 |
| 法 国 | 5 601 | 5 493 | 5 513 |
| 德 国 | 7 244 | 7 474 | |
| 希 腊 | 668 | 685 | 725 |
| 爱尔兰 | 559 | 546 | 545 |
| 意大利 | 4 920 | 5 110 | 5 030 |
| 荷 兰 | 1 569 | 1 608 | 1 603 |
| 葡萄牙 | 1 039 | 1 034 | 1 083 |
| 西班牙 | 4 447 | 4 407 | 4 410 |
| 瑞 典 | 1 294 | 1 279 | 1 261 |
| 英 国 | 6 986 | 6 977 | 6 997 |
| 欧盟 15 国[2] | 37 599 | 37 934 | 37 900 |
| 挪 威 | 614 | 572 | 554 |
| 瑞 士 | 680 | 660 | 680 |
| 冰 岛 | 53 | 52 | 51 |
| 白俄罗斯 | 1 257 | 1 320 | 1 229 |
| 保加利亚 | 748 | | |
| 克罗地亚 | 464 | 536 | |
| 捷克共和国 | 726 | 764 | 747 |
| 匈牙利 | 868 | 883 | 890 |
| 波 兰 | 3 363 | 3 309 | 3 205 |
| 斯洛伐克 | 416 | 440 | 446 |
| 斯洛文尼亚 | 131 | 137 | 142 |
| 爱沙尼亚 | 118 | 103 | 100 |
| 乌克兰 | 3 492 | 3 350 | 3 178 |
| 加拿大 | 2 884 | 2 898 | 2 861 |
| 墨西哥 | 3 525 | 3 690 | 3 860 |
| 美 国 | 24 965 | 25 102 | 25 137 |
| 阿根廷 | 2 325 | 2 533 | 2 440 |
| 智 利 | 417 | 431 | 443 |
| 乌拉圭 | 251 | | |
| 澳大利亚[2] | 2 095 | 2 100 | 2 086 |
| 新西兰[2] | 385 | 380 | 380 |
| 中 国 | 690 | 850 | 1 250 |
| 日 本[3] | 4 976 | 4 890 | |
| 泰 国 | 550 | 600 | 650 |
| 以色列 | 469 | 478 | 475 |
| 约 旦 | 54 | 63 | |
| 南 非 | 1 250 | 1 304 | 1 369 |
| 津巴布韦 | 104 | 109 | 104 |

注：[1] 包括乳品厂加工的乳制品，及直接由牧场销售给消费者的乳制品，同时包括可用的乳饮料和发酵乳制品数据资料；

[2] 乳业年度结束于次年 5 月或 6 月；[3] 财政年度结束于次年 3 月。

资料来源：IDF 各国家委员会、ZMP、USDA

表 18　世界主要国家液态奶人均消费量　1998—2000 年[1]

单位：千克/人

| | 1998 | 1999 | 2000 |
|---|---|---|---|
| 奥地利 | 89.0 | 91.6 | 93.1 |
| 比利时/卢森堡 | 90.8 | 88.5 | 88.3 |
| 丹　麦 | 127.8 | 128.3 | |
| 芬　兰 | 183.9 | 183.7 | 181.5 |
| 法　国 | 95.0 | 93.1 | 93.5 |
| 德　国 | 88.3 | 91.2 | |
| 希　腊 | 63.4 | 65.0 | 68.9 |
| 爱尔兰 | 150.7 | 146.0 | 144.2 |
| 意大利 | 85.3 | 88.7 | 87.2 |
| 荷　兰 | 100.0 | 102.4 | 100.8 |
| 葡萄牙 | 103.9 | 103.4 | 108.3 |
| 西班牙 | 112.9 | 111.9 | 111.7 |
| 瑞　典 | 146.0 | 144.3 | 142.3 |
| 英　国 | 117.9 | 117.3 | 117.9 |
| 欧盟 15 国[2] | 100.0 | 100.8 | 100.8 |
| 挪　威 | 138.5 | 127.7 | 123.4 |
| 瑞　士 | 94.0 | 90.0 | 92.5 |
| 冰　岛 | 192.7 | 189.9 | 180.4 |
| 白俄罗斯 | 122.0 | 128.0 | 119.0 |
| 保加利亚 | 90.0 | | |
| 克罗地亚 | 97.0 | 112.0 | |
| 捷克共和国 | 72.4 | 76.2 | 72.5 |
| 匈牙利 | 85.6 | 87.5 | 88.6 |
| 波　兰 | 87.0 | 85.0 | 83.0 |
| 斯洛伐克 | 77.0 | 81.5 | 81.5 |
| 斯洛文尼亚 | 65.2 | 68.4 | 74.1 |
| 爱沙尼亚 | 81.6 | 71.2 | 75.1 |
| 乌克兰 | 69.6 | 67.0 | 64.0 |
| 加拿大 | 95.5 | 95.2 | 93.0 |
| 墨西哥 | 37.0 | 38.0 | 39.0 |
| 美　国 | 92.3 | 91.9 | 91.3 |
| 阿根廷 | 64.6 | 69.6 | 68.0 |
| 智　利 | 28.2 | 28.8 | 29.2 |
| 乌拉圭 | 78.4 | | |
| 澳大利亚[2] | 111.1 | 110.1 | 108.7 |
| 新西兰[2] | 102.4 | 99.2 | 98.7 |
| 中　国 | 0.6 | 0.7 | 1.0 |
| 日　本[3] | 39.3 | 38.6 | |
| 泰　国 | 9.5 | 10.2 | 10.8 |
| 以色列 | 76.7 | 76.2 | 74.0 |
| 约　旦 | 12.1 | 13.7 | |
| 南　非 | 28.2 | 28.9 | 30.4 |
| 津巴布韦 | 8.3 | 8.6 | 8.1 |

注：[1] 包括乳品厂加工的乳制品，及直接由牧场销售给消费者的乳制品，同时包括可用的乳饮料和发酵乳制品数据资料；

[2] 乳业年度结束于次年 5 月或 6 月；[3] 财政年度结束于次年 3 月。

资料来源：IDF 各国家委员会、ZMP、USDA。

表 19　世界主要国家含乳饮料、发酵乳消费量　1998—2000 年

单位：千吨

| | 1998 | 1999 | 2000 |
|---|---|---|---|
| 奥地利 | 133 | 146 | 173 |
| 比利时 | 209 | 229 | 216 |
| 丹　麦 | 136 | 139 | 145 |
| 芬　兰 | 198 | 212 | 210 |
| 法　国 | 1 641 | 1 662 | 1 682 |
| 德　国 | 2 026 | 2 207 | 2 290 |
| 荷　兰 | 707 | 722 | 713 |
| 葡萄牙 | 103 | 108 | 107 |
| 西班牙 | 579 | 600 | 620 |
| 瑞　典 | 336 | 336 | 400 |
| 欧盟 15 国 | 6 190 | 6 330 | 6 440 |
| 挪　威 | 85 | 79 | 75 |
| 冰　岛 | 10 | 10 | 10 |
| 保加利亚 | 132 | | |
| 捷克共和国 | 109 | 137 | 142 |
| 爱沙尼亚 | | 9 | 8 |
| 斯洛伐克 | 29 | 34 | 36 |
| 匈牙利 | 95 | 110 | |
| 波　兰 | 472 | 550 | 575 |
| 白俄罗斯 | 342 | 375 | 309 |
| 乌克兰 | 170 | 172 | 174 |
| 加拿大 | 111 | 132 | 150 |
| 阿根廷 | 224 | 250 | 250 |
| 澳大利亚 | 108 | 106 | 108 |
| 以色列 | 178 | 183 | 179 |
| 约　旦 | 47 | 56 | |
| 中　国 | 120 | 130 | 270 |
| 泰　国 | 300 | 620 | 650 |
| 南　非 | 138 | 140 | 142 |

资料来源：IDF 各国家委员会、ZMP、USDA。

## 表 20　世界主要国家含乳饮料、发酵乳人均消费量　1998—2000 年

单位：千克/人

| | 1998 | 1999 | 2000 |
|---|---|---|---|
| 奥地利 | 16.4 | 18.0 | 21.4 |
| 比利时 | 20.5 | 22.5 | 21.2 |
| 丹　麦 | 25.9 | 26.2 | |
| 芬　兰 | 38.8 | 41.1 | 40.7 |
| 法　国 | 27.8 | 28.2 | 28.5 |
| 德　国 | 24.7 | 26.1 | 26.5 |
| 荷　兰 | 45.0 | 45.7 | 44.8 |
| 葡萄牙 | 9.2 | 9.8 | 9.7 |
| 西班牙 | 14.2 | 15.2 | 15.7 |
| 瑞　典 | 37.9 | 38.0 | |
| 欧盟 15 国 | 16.0 | 16.7 | 16.9 |
| 挪　威 | 19.3 | 17.7 | 16.6 |
| 冰　岛 | 35.4 | 35.7 | 34.9 |
| 保加利亚 | 15.6 | | |
| 捷克共和国 | 10.6 | 13.3 | 13.8 |
| 爱沙尼亚 | | 6.0 | 5.7 |
| 斯洛伐克 | 5.4 | 6.3 | 6.7 |
| 匈牙利 | 9.4 | 10.9 | |
| 波　兰 | 12.2 | 14.2 | 14.9 |
| 白俄罗斯 | 33.2 | 36.4 | 30.0 |
| 乌克兰 | 3.4 | 3.4 | 3.5 |
| 加拿大 | 3.7 | 4.3 | 4.9 |
| 阿根廷 | 6.2 | 6.9 | 6.9 |
| 澳大利亚 | 5.6 | 5.8 | 5.7 |
| 以色列 | 29.0 | 29.2 | 28.0 |
| 约　旦 | 10.7 | 12.2 | |
| 中　国 | 0.1 | 0.1 | 0.2 |
| 泰　国 | 5.2 | 5.4 | 5.8 |
| 南　非 | 3.3 | 3.3 | 3.2 |

资料来源：IDF 各国家委员会、ZMP、USDA。

# 表 21 世界主要国家奶油消费量 1998—2000 年

单位：千吨

| | 1998 | 1999 | 2000 |
|---|---|---|---|
| 奥地利 | 40 | 40 | 40 |
| 比利时/卢森堡 | 58 | 55 | 51 |
| 丹 麦 | 11 | 11 | |
| 芬 兰 | 36 | 35 | 36 |
| 法 国 | 490 | 490 | 490 |
| 德 国 | 555 | 548 | 545 |
| 希 腊 | 10 | 10 | 10 |
| 爱尔兰 | 13 | 12 | 12 |
| 意大利 | 133 | 134 | 135 |
| 荷 兰 | 51 | 54 | 53 |
| 葡萄牙 | 18 | 20 | |
| 西班牙 | 34 | 36 | 36 |
| 瑞 典 | 53 | 50 | |
| 英 国 | 176 | 188 | |
| 欧 盟 | 1 609 | 1 593 | 1 570 |
| 挪 威 | 18 | 20 | 20 |
| 瑞 士 | 46 | 44 | 44 |
| 冰 岛 | 1 | 1 | 1 |
| 保加利亚 | 3 | | |
| 捷克共和国 | 41 | 40 | 42 |
| 克罗地亚 | 2 | 2 | |
| 匈牙利 | 8 | 8 | |
| 波 兰 | 135 | 138 | 132 |
| 斯洛伐克 | 16 | 16 | 15 |
| 斯洛文尼亚 | 2 | 2 | 2 |
| 爱沙尼亚 | 2 | 3 | 3 |
| 拉脱维亚 | 5 | 5 | |
| 立陶宛 | 10 | 11 | 11 |
| 白俄罗斯 | | 47 | 41 |
| 俄罗斯 | 470 | 360 | 322 |
| 乌克兰 | 64 | 88 | 116 |
| 加拿大 | 87 | 87 | 89 |
| 美 国 | 555 | 594 | 603 |
| 阿根廷 | 60 | 45 | 42 |
| 巴西 | | | |
| 澳大利亚 | 59 | 59 | 59 |
| 新西兰 | 28 | 27 | 27 |
| 以色列 | 5 | 5 | 5 |
| 日 本 | 83 | 84 | |
| 南 非 | 14 | 11 | 10 |

资料来源：IDF 各国家委员会、ZMP、USDA。

## 表 22 世界主要国家奶油人均消费量 1998—2000 年

单位：千克/人

| | 1998 | 1999 | 2000 |
|---|---|---|---|
| 奥地利 | 4.9 | 4.9 | 4.9 |
| 比利时/卢森堡 | 5.7 | 5.1 | 5.0 |
| 丹　麦 | 2.2 | 2.0 | |
| 芬　兰 | 7.1 | 6.9 | 7.0 |
| 法　国 | 8.3 | 8.3 | 8.3 |
| 德　国 | 6.8 | 6.7 | 6.6 |
| 希　腊 | 1.0 | 1.0 | 1.0 |
| 爱尔兰 | 3.4 | 3.3 | 3.3 |
| 意大利 | 2.3 | 2.3 | 2.3 |
| 荷　兰 | 3.3 | 3.4 | 3.3 |
| 葡萄牙 | 1.8 | 2.0 | |
| 西班牙 | 0.9 | 0.9 | 0.9 |
| 瑞　典 | 6.0 | 5.6 | |
| 英　国 | 3.1 | 3.2 | |
| 欧　盟 | 4.3 | 4.2 | 4.2 |
| 挪　威 | 4.1 | 4.4 | 4.4 |
| 瑞　士 | 6.2 | 6.0 | 6.0 |
| 冰　岛 | 3.6 | 3.6 | 3.6 |
| 保加利亚 | 0.3 | | |
| 捷克共和国 | 4.0 | 3.9 | 4.1 |
| 克罗地亚 | 0.4 | 0.4 | |
| 匈牙利 | 0.8 | 0.8 | |
| 波　兰 | 3.5 | 3.6 | 3.4 |
| 斯洛伐克 | 2.9 | 3.0 | 2.7 |
| 斯洛文尼亚 | 0.8 | 1.0 | 0.8 |
| 爱沙尼亚 | 1.7 | 2.1 | 2.1 |
| 拉脱维亚 | 2.0 | 2.2 | |
| 立陶宛 | 2.8 | 2.9 | 3.0 |
| 白俄罗斯 | | 4.6 | 4.0 |
| 俄罗斯 | 3.2 | 2.4 | 2.2 |
| 乌克兰 | 1.2 | 1.8 | 2.3 |
| 加拿大 | 2.9 | 2.8 | 2.9 |
| 美　国 | 2.0 | 2.2 | 2.2 |
| 阿根廷 | 1.2 | 1.3 | 1.2 |
| 巴　西 | | | |
| 澳大利亚 | 3.2 | 3.1 | 3.1 |
| 新西兰 | 7.5 | 7.4 | 7.4 |
| 以色列 | 0.8 | 0.8 | 0.8 |
| 日　本 | 0.7 | 0.7 | |
| 南　非 | 0.3 | 0.3 | 0.2 |

资料来源：IDF 各国家委员会、ZMP、USDA。

## 表 23 世界主要国家干酪消费量 1998—2000 年[1]

单位：千吨

| | 1998 | 1999 | 2000 |
|---|---|---|---|
| 奥地利 | 126 | 130 | 146 |
| 比利时 | 170 | 165 | 161 |
| 丹 麦 | 87 | 95 | |
| 芬 兰 | 83 | 83 | 83 |
| 法 国 | 1 423 | 1 453 | 1 510 |
| 德 国 | 1 683 | 1 701 | 1 740 |
| 希 腊 | 250 | 255 | 258 |
| 爱尔兰 | 34 | 37 | 39 |
| 意大利 | 1 147 | 1 222 | 1 284 |
| 荷 兰 | 259 | 260 | |
| 葡萄牙 | 82 | 90 | 93 |
| 西班牙 | 339 | 340 | 353 |
| 瑞 典 | 145 | 165 | |
| 英 国 | 575 | 590 | |
| 欧 盟 | 6 563 | 6 695 | 6 883 |
| 挪 威 | 63 | 66 | 65 |
| 瑞 士 | 121 | 123 | 131 |
| 冰 岛 | 5 | 5 | 5 |
| 保加利亚 | 72 | 60 | 58 |
| 克罗地亚 | 33 | 30 | |
| 捷克共和国 | 91 | 95 | 108 |
| 匈牙利 | 93 | 95 | 102 |
| 波 兰 | 439 | 443 | 436 |
| 斯洛伐克 | 55 | 57 | |
| 爱沙尼亚 | 6 | 5 | 6 |
| 拉脱维亚 | 9 | 9 | 10 |
| 白俄罗斯 | | 46 | 38 |
| 俄罗斯 | 520 | 450 | |
| 乌克兰 | 58 | 54 | 56 |
| 加拿大 | 416 | 426 | 422 |
| 美 国 | 3 864 | 4 075 | 4 217 |
| 阿根廷 | 390 | 434 | 410 |
| 墨西哥 | 155 | 170 | 180 |
| 澳大利亚 | 202 | 212 | 218 |
| 新西兰 | 28 | 28 | 28 |
| 以色列 | 99 | 100 | 102 |
| 约 旦 | 5 | 5 | |
| 日 本 | 218 | 227 | |
| 南 非 | 42 | 44 | 43 |
| 津巴布韦 | 1 | 5 | 7 |

注：[1] 以现有数据为基础，包括农舍干酪、粗制脱脂酸奶干酪和融化干酪。

资料来源：IDF 各国家委员会、ZMP、USDA。

## 表 24 世界主要国家干酪人均消费量 1998—2000 年[1]

单位：千克/人

| | 1998 | 1999 | 2000 |
|---|---|---|---|
| 奥地利 | 15.6 | 16.0 | 18.0 |
| 比利时 | 16.9 | 16.3 | 16.1 |
| 丹　麦 | 16.4 | 17.8 | |
| 芬　兰 | 16.3 | 16.3 | 16.3 |
| 法　国 | 24.2 | 24.8 | 25.7 |
| 德　国 | 20.6 | 20.7 | 21.2 |
| 希　腊 | 23.8 | 24.3 | 24.6 |
| 爱尔兰 | 9.0 | 10.0 | 10.3 |
| 意大利 | 19.9 | 21.2 | 22.3 |
| 荷　兰 | 16.5 | 16.6 | |
| 葡萄牙 | 8.2 | 9.0 | 9.3 |
| 西班牙 | 8.6 | 8.6 | 9.0 |
| 瑞　典 | 16.8 | 19.0 | |
| 英　国 | 9.7 | 9.9 | |
| 欧　盟 | 17.5 | 17.9 | 18.3 |
| 挪　威 | 14.2 | 14.9 | 14.4 |
| 瑞　士 | 16.7 | 16.9 | 17.8 |
| 冰　岛 | 18.2 | 18.8 | 20.6 |
| 保加利亚 | 8.6 | 7.2 | 7.1 |
| 克罗地亚 | 6.9 | 6.3 | |
| 捷克共和国 | 8.8 | 9.3 | 10.5 |
| 匈牙利 | 9.2 | 9.4 | 10.1 |
| 波　兰 | 11.3 | 11.4 | 11.3 |
| 斯洛伐克 | 10.2 | 10.7 | |
| 爱沙尼亚 | 4.1 | 3.6 | 4.2 |
| 拉脱维亚 | 3.7 | 3.6 | 4.2 |
| 白俄罗斯 | | 4.5 | 3.7 |
| 俄罗斯 | 3.6 | 3.1 | |
| 乌克兰 | 1.2 | 1.1 | 1.1 |
| 加拿大 | 13.8 | 14.0 | 13.8 |
| 美　国 | 14.3 | 14.9 | 15.3 |
| 阿根廷 | 10.9 | 12.1 | 11.4 |
| 墨西哥 | 1.6 | 1.7 | 1.8 |
| 澳大利亚 | 10.7 | 11.1 | 11.4 |
| 新西兰 | 7.3 | 7.3 | 7.3 |
| 以色列 | 16.2 | 15.9 | 15.9 |
| 约　旦 | 1.1 | 1.0 | |
| 日　本 | 1.7 | 1.8 | |
| 南　非 | 1.0 | 1.0 | 1.0 |
| 津巴布韦 | 0.1 | 0.5 | 0.5 |

注：[1] 以现有数据为基础，包括农舍干酪、粗制脱脂酸奶干酪和融化干酪。

资料来源：IDF 各国家委员会、ZMP、USDA。

## 表 25 世界部分国家脱脂奶粉价格 1999—2001 年

单位：美元/千克

| | 月 份 | 1999 | 2000 | 2001 |
|---|---|---|---|---|
| 捷克共和国 | 5 | | | 1.71 |
| 拉脱维亚 | 3/4 | | | 1.77 |
| 斯洛伐克 | 6 | 2.91 | 1.75 | 1.88 |
| 澳大利亚 | 3/4 | | 1.39 | 1.94 |
| 全球市场(西欧离岸价) | 7 | 1.18 | 1.95 | 2.05 |
| 波 兰 | 6 | 1.22 | 1.74 | 2.11 |
| 欧 盟 | 7 | 2.12 | 2.53 | 2.15 |
| 阿根廷 | 3/4 | 1.8 | 1.75 | 2.2 |
| 美 国 | 6 | 2.24 | 2.23 | 2.26 |
| 南 非 | 3/4 | | 2.4 | |
| 中 国 | 3/4 | | | 2.54 |
| 挪 威 | 3/4 | 2.93 | 4.74 | 2.72 |
| 加拿大 | 3 | 3.07 | 3.41 | 3.22 |
| 斯洛文尼亚 | 3/4 | | | 3.61 |
| 日 本 | 3/4 | 4.5 | 5.05 | 5.34 |
| 克罗地亚 | 3/4 | 3.18 | 3.19 | |

资料来源：IDF 各国家委员会、ZMP、USDA。

## 表 26 世界部分国家全脂奶粉价格 1999—2001 年

单位：美元/千克

| | 月 份 | 1999 | 2000 | 2001 |
|---|---|---|---|---|
| 斯洛伐克 | 6 | 1.76 | 1.92 | 1.85 |
| 拉脱维亚 | 3/4 | | | 1.87 |
| 爱沙尼亚 | 3/4 | | | 1.91 |
| 澳大利亚 | 3/4 | | 1.49 | 1.94 |
| 捷克共和国 | 5 | | | 1.97 |
| 全球市场(西欧离岸价) | 7 | 1.38 | 1.90 | 2.02 |
| 阿根廷 | 3/4 | 1.80 | 1.80 | 2.10 |
| 中国 | 3/4 | | 2.17 | 2.36 |
| 欧 盟 | 3/4 | 2.61 | 2.67 | 2.43 |
| 挪 威 | 6 | 3.02 | 2.84 | 2.68 |
| 美 国 | 6 | 2.95 | 2.78 | 3.35 |
| 克罗地亚 | 3/4 | 3.61 | 3.30 | |
| 南 非 | 3/4 | | 4.40 | |
| 斯洛文尼亚 | 3/4 | | | 4.49 |
| 日 本 | 3/4 | 6.60 | 7.22 | 7.62 |

资料来源：IDF 各国家委员会、ZMP、USDA。

# 乳制品市场消费调查数据

## 袋装牛奶市场调查数据

## 北　京

### 一、基本市场描述

1. 最近三个月食用频率的比例

| | 人　数 | 百分比 |
|---|---|---|
| 天天喝 | 374 | 36.9 |
| 一周3次或以上 | 134 | 13.2 |
| 一周1～2次 | 150 | 14.8 |
| 一个月2～3次 | 46 | 4.5 |
| 一个月1次或以下 | 12 | 1.2 |
| 没喝过 | 298 | 29.4 |

n＝1 014

2. 不同消费者最近三个月有无购买的比例

2-1　样本、男性各年龄层、女性各年龄层最近三个月有无购买的比例

| | 人　数 | 买　过 | 没买过 |
|---|---|---|---|
| **样本** | 1 015 | 71.0 | 29.0 |
| **男性** | 517 | 65.6 | 34.4 |
| 16～24岁 | 80 | 58.8 | 41.3 |
| 25～34岁 | 146 | 68.5 | 31.5 |
| 35～44岁 | 155 | 63.9 | 36.1 |
| 45～54岁 | 100 | 63.0 | 37.0 |
| 55～60岁 | 36 | 83.3 | 16.7 |
| **女性** | 498 | 76.7 | 23.3 |
| 16～24岁 | 71 | 78.9 | 21.1 |
| 25～34岁 | 113 | 77.0 | 23.0 |
| 35～44岁 | 160 | 80.6 | 19.4 |
| 45～54岁 | 107 | 72.9 | 27.1 |
| 55～60岁 | 47 | 68.1 | 31.9 |

2-2　样本、男性各收入层、女性各收入层最近三个月有无购买的比例

| | 人　数 | 买　过 | 没买过 |
|---|---|---|---|
| **样本** | 1 009 | 71.1 | 28.9 |
| **男性** | 511 | 65.6 | 34.4 |
| 无收入 | 49 | 59.2 | 40.8 |
| 500元以下 | 35 | 57.1 | 42.9 |
| 501～1 000元 | 174 | 62.6 | 37.4 |
| 1 001～1 500元 | 112 | 64.3 | 35.7 |

注：乳制品市场消费调查数据资料由北京博统正析数据信息咨询有限公司提供（IMI）。

（续）

| | 人 数 | 买 过 | 没买过 |
|---|---|---|---|
| 1 501～2 000 元 | 58 | 75.9 | 24.1 |
| 2 001～3 000 元 | 50 | 72.0 | 28.0 |
| 3 000 元以上 | 33 | 75.8 | 24.2 |
| **女性** | 498 | 76.7 | 23.3 |
| 无收入 | 108 | 72.2 | 27.8 |
| 500 元以下 | 64 | 60.9 | 39.1 |
| 501～1 000 元 | 159 | 82.4 | 17.6 |
| 1 001～1 500 元 | 84 | 83.3 | 16.7 |
| 1 501～2 000 元 | 40 | 67.5 | 32.5 |
| 2 001～3 000 元 | 23 | 87.0 | 13.0 |
| 3 000 元以上 | 20 | 85.0 | 15.0 |

## 二、消费者分析

**1. 选择该类商品的考虑因素**

注：本题为多选题，合计百分比可能超过 100％

| 排 名 | 考虑因素 | 人 次 | 百分比 |
|---|---|---|---|
| 1 | 口味好 | 373 | 52.2 |
| 2 | 有名的牌子 | 293 | 41.0 |
| 3 | 价格适中 | 281 | 39.3 |
| 4 | 营养成分 | 227 | 31.7 |
| 5 | 购买方便 | 208 | 29.1 |
| 6 | 生产日期 | 125 | 17.5 |
| 7 | 只是由于习惯 | 53 | 7.4 |
| 8 | 有优惠条件 | 22 | 3.1 |
| 9 | 朋友推荐 | 10 | 1.4 |
| 10 | 广告影响 | 9 | 1.3 |
| 11 | 包装吸引人 | 6 | 0.8 |
| 12 | 售货员介绍 | 5 | 0.7 |

n＝715

**2. 样本、男性各年龄层、女性各年龄层最常食用的种类**

| | 人 数 | 纯鲜奶/保鲜 奶 | 花色奶（巧克力味、草莓味等） | 强化奶 | 加矿物质（含钙、铁等） | 其 他 |
|---|---|---|---|---|---|---|
| **样本** | 715 | 72.6 | 3.1 | 2.7 | 21.5 | 0.4 |
| **男性** | 351 | 76.1 | 3.1 | 1.7 | 19.1 | 0.3 |
| 16～24 岁 | 56 | 75.0 | 5.4 | 3.6 | 16.1 | 0.0 |
| 25～34 岁 | 105 | 81.0 | 3.8 | 1.0 | 13.3 | 1.0 |
| 35～44 岁 | 101 | 71.3 | 3.0 | 1.0 | 24.8 | 0.0 |
| 45～54 岁 | 61 | 75.4 | 1.6 | 3.3 | 21.3 | 0.0 |
| 55～60 岁 | 28 | 78.6 | 0.0 | 0.0 | 21.4 | 0.0 |
| **女性** | 364 | 69.2 | 3.0 | 3.6 | 23.9 | 0.5 |
| 16～24 岁 | 57 | 78.9 | 8.8 | 3.5 | 7.0 | 1.8 |
| 25～34 岁 | 82 | 70.7 | 3.7 | 2.4 | 24.4 | 0.0 |
| 35～44 岁 | 125 | 61.6 | 1.6 | 7.2 | 28.8 | 0.8 |
| 45～54 岁 | 71 | 77.5 | 0.0 | 0.0 | 22.5 | 0.0 |
| 55～60 岁 | 29 | 58.6 | 3.4 | 0.0 | 37.9 | 0.0 |

3．重度消费者人口分布

3-1 不同性别重度消费者的年龄分布

| | 人数 | 16～24岁 | 25～34岁 | 35～44岁 | 45～54岁 | 55～60岁 |
|---|---|---|---|---|---|---|
| 样本 | 658 | 15.3 | 25.1 | 31.9 | 19.5 | 8.2 |
| 男性 | 316 | 14.6 | 28.8 | 29.4 | 18.7 | 8.5 |
| 天天喝 | 164 | 10.4 | 24.4 | 37.8 | 17.1 | 10.4 |
| 一周3次或以上 | 64 | 17.2 | 32.8 | 23.4 | 20.3 | 6.3 |
| 一周1～2次 | 88 | 20.5 | 34.1 | 18.2 | 20.5 | 6.8 |
| 女性 | 342 | 16.1 | 21.6 | 34.2 | 20.2 | 7.9 |
| 天天喝 | 210 | 13.3 | 18.6 | 37.6 | 22.4 | 8.1 |
| 一周3次或以上 | 70 | 22.9 | 27.1 | 21.4 | 17.1 | 11.4 |
| 一周1～2次 | 62 | 17.7 | 25.8 | 37.1 | 16.1 | 3.2 |

3-2 不同性别重度消费者的收入分布

| | 人数 | 无收入 | 500元以下 | 501～1000元 | 1001～1500元 | 1501～2000元 | 2001～3000元 | 3000元以上 |
|---|---|---|---|---|---|---|---|---|
| 样本 | 653 | 15.3 | 8.1 | 32.8 | 20.1 | 10.4 | 7.8 | 5.5 |
| 男性 | 311 | 9.0 | 5.8 | 30.5 | 22.2 | 13.8 | 11.3 | 7.4 |
| 天天喝 | 161 | 7.5 | 3.7 | 33.5 | 22.4 | 14.9 | 8.7 | 9.3 |
| 一周3次或以上 | 62 | 9.7 | 9.7 | 30.6 | 24.2 | 6.5 | 14.5 | 4.8 |
| 一周1～2次 | 88 | 11.4 | 6.8 | 25.0 | 20.5 | 17.0 | 13.6 | 5.7 |
| 女性 | 342 | 21.1 | 10.2 | 34.8 | 18.1 | 7.3 | 4.7 | 3.8 |
| 天天喝 | 210 | 17.6 | 8.1 | 38.1 | 20.5 | 7.6 | 4.8 | 3.3 |
| 一周3次或以上 | 70 | 24.3 | 12.9 | 30.0 | 17.1 | 7.1 | 5.7 | 2.9 |
| 一周1～2次 | 62 | 29.0 | 14.5 | 29.0 | 11.3 | 6.5 | 3.2 | 6.5 |

4．重度消费者选择该类商品的考虑因素

注：本题为多选题，合计百分比可能超过100%

| | 人数 | 有名的牌子 | 价格适中 | 包装吸引人 | 广告影响 | 购买方便 | 口味好 | 有优惠条件 |
|---|---|---|---|---|---|---|---|---|
| 样本 | 656 | 42.4 | 39.5 | 0.9 | 1.1 | 28.7 | 53.0 | 2.4 |
| 天天喝 | 372 | 43.8 | 38.4 | 0.8 | 1.1 | 31.7 | 53.0 | 2.2 |
| 一周3次或以上 | 134 | 39.6 | 42.5 | 0.7 | 1.5 | 25.4 | 48.5 | 2.2 |
| 一周1～2次 | 150 | 41.3 | 39.3 | 1.3 | 0.7 | 24.0 | 57.3 | 3.3 |

| | 人数 | 营养成分 | 售货员介绍 | 生产日期 | 朋友推荐 | 只是由于习惯 | 其他 |
|---|---|---|---|---|---|---|---|
| 样本 | 656 | 33.2 | 0.3 | 17.8 | 1.1 | 7.3 | 0.3 |
| 天天喝 | 372 | 32.0 | 0.5 | 15.9 | 0.8 | 7.5 | 0.3 |
| 一周3次或以上 | 134 | 38.1 | 0.0 | 23.1 | 0.7 | 6.7 | 0.0 |
| 一周1～2次 | 150 | 32.0 | 0.0 | 18.0 | 2.0 | 7.3 | 0.7 |

5．重度消费者最常食用的种类

| | 人数 | 纯鲜奶/保鲜奶 | 花色奶（巧克力味、草莓味等） | 强化奶 | 加矿物质（含钙、铁等） | 其他 |
|---|---|---|---|---|---|---|
| 样本 | 656 | 71.6 | 2.9 | 2.6 | 22.6 | 0.5 |
| 天天喝 | 372 | 71.0 | 2.2 | 1.6 | 24.7 | 0.8 |
| 一周3次或以上 | 134 | 72.4 | 3.7 | 3.0 | 20.9 | 0.0 |
| 一周1～2次 | 150 | 72.7 | 4.0 | 4.7 | 18.7 | 0.0 |

6．重度消费者最常食用的场合

注：本题为多选题，合计百分比可能超过100%

| | 人 数 | 早餐时 | 正餐(午、晚餐)时 | 口渴时 | 宵夜时 | 睡觉前 | 工作休息时 | 外出/旅游时 | 运动后 | 其 他 |
|---|---|---|---|---|---|---|---|---|---|---|
| **样本** | 657 | 78.2 | 3.0 | 7.2 | 2.9 | 26.8 | 3.5 | 0.5 | 0.2 | 0.5 |
| 天天喝 | 373 | 83.6 | 1.9 | 4.0 | 2.7 | 28.4 | 1.6 | 0.0 | 0.0 | 0.0 |
| 一周3次或以上 | 134 | 68.7 | 4.5 | 11.9 | 2.2 | 34.3 | 7.5 | 0.0 | 0.7 | 0.0 |
| 一周1～2次 | 150 | 73.3 | 4.7 | 10.7 | 4.0 | 16.0 | 4.7 | 2.0 | 0.0 | 2.0 |

# 上 海

## 一、基本市场描述

### 1. 最近三个月食用频率的比例

| | 人 数 | 百分比 |
|---|---|---|
| 天天喝 | 45 | 4.4 |
| 一周3次或以上 | 58 | 5.6 |
| 一周1～2次 | 83 | 8.1 |
| 一个月2～3次 | 50 | 4.9 |
| 一个月1次或以下 | 12 | 1.2 |
| 没喝过 | 779 | 75.9 |

n=1 027

### 2. 不同消费者最近三个月有无购买的比例

2-1 样本、男性各年龄层、女性各年龄层最近三个月有无购买的比例

| | 人 数 | 买 过 | 没买过 |
|---|---|---|---|
| **样本** | 1 026 | 25.6 | 74.4 |
| **男性** | 520 | 24.4 | 75.6 |
| 16～24岁 | 73 | 28.8 | 71.2 |
| 25～34岁 | 97 | 24.7 | 75.3 |
| 35～44岁 | 175 | 26.3 | 73.7 |
| 45～54岁 | 137 | 21.2 | 78.8 |
| 55～60岁 | 38 | 18.4 | 81.6 |
| **女性** | 506 | 26.9 | 73.1 |
| 16～24岁 | 74 | 40.5 | 59.5 |
| 25～34岁 | 92 | 25.0 | 75.0 |
| 35～44岁 | 176 | 31.3 | 68.8 |
| 45～54岁 | 125 | 18.4 | 81.6 |
| 55～60岁 | 39 | 12.8 | 87.2 |

2-2 样本、男性各收入层、女性各收入层最近三个月有无购买的比例

| | 人 数 | 买 过 | 没买过 |
|---|---|---|---|
| **样本** | 1 021 | 25.5 | 74.5 |
| **男性** | 518 | 24.3 | 75.7 |
| 无收入 | 55 | 25.5 | 74.5 |
| 500元以下 | 11 | 27.3 | 72.7 |
| 501～1000元 | 110 | 18.2 | 81.8 |
| 1001～1500元 | 118 | 29.7 | 70.3 |
| 1501～2000元 | 78 | 28.2 | 71.8 |
| 2001～3000元 | 81 | 18.5 | 81.5 |
| 3000元以上 | 65 | 26.2 | 73.8 |

（续）

| | 人 数 | 买 过 | 没买过 |
|---|---|---|---|
| 女性 | 503 | 26.6 | 73.4 |
| 无收入 | 95 | 35.8 | 64.2 |
| 500元以下 | 51 | 15.7 | 84.3 |
| 501～1 000元 | 148 | 23.6 | 76.4 |
| 1 001～1 500元 | 99 | 26.3 | 73.7 |
| 1 501～2 000元 | 47 | 38.3 | 61.7 |
| 2 001～3 000元 | 41 | 19.5 | 80.5 |
| 3 000元以上 | 22 | 22.7 | 77.3 |

## 二、消费者分析

### 1. 选择该类商品的考虑因素

注：本题为多选题，合计百分比可能超过100%

| 排 名 | 考虑因素 | 人 次 | 百分比 |
|---|---|---|---|
| 1 | 有名的牌子 | 130 | 52.4 |
| 2 | 口味好 | 129 | 52.0 |
| 3 | 价格适中 | 105 | 42.3 |
| 4 | 营养成分 | 72 | 29.0 |
| 5 | 购买方便 | 60 | 24.2 |
| 6 | 生产日期 | 47 | 19.0 |
| 7 | 只是由于习惯 | 18 | 7.3 |
| 8 | 广告影响 | 15 | 6.0 |
| 9 | 有优惠条件 | 13 | 5.2 |
| 10 | 朋友推荐 | 5 | 2.0 |
| 11 | 售货员介绍 | 3 | 1.2 |

n＝248

### 2. 样本、男性各年龄层、女性各年龄层最常食用的种类

| | 人 数 | 纯鲜奶/保鲜 奶 | 花色奶（巧克力味、草莓味等） | 强化奶 | 加矿物质（含钙、铁等） | 其 他 |
|---|---|---|---|---|---|---|
| 样本 | 247 | 78.9 | 9.3 | 1.6 | 10.5 | 0.0 |
| 男性 | 122 | 81.1 | 7.4 | 2.5 | 9.0 | 0.0 |
| 16～24岁 | 21 | 85.7 | 9.5 | 4.8 | 0.0 | 0.0 |
| 25～34岁 | 24 | 79.2 | 12.5 | 0.0 | 8.3 | 0.0 |
| 35～44岁 | 41 | 85.4 | 2.4 | 2.4 | 9.8 | 0.0 |
| 45～54岁 | 28 | 71.4 | 7.1 | 3.6 | 17.9 | 0.0 |
| 55～60岁 | 8 | 87.5 | 12.5 | 0.0 | 0.0 | 0.0 |
| 女性 | 125 | 76.8 | 11.2 | 0.8 | 12.0 | 0.0 |
| 16～24岁 | 32 | 78.1 | 18.8 | 3.1 | 0.0 | 0.0 |
| 25～34岁 | 21 | 81.0 | 0.0 | 0.0 | 19.0 | 0.0 |
| 35～44岁 | 48 | 77.1 | 12.5 | 0.0 | 12.5 | 0.0 |
| 45～54岁 | 20 | 70.0 | 5.0 | 0.0 | 25.0 | 0.0 |
| 55～60岁 | 4 | 75.0 | 25.0 | 0.0 | 0.0 | 0.0 |

### 3. 重度消费者人口分布

3-1 不同性别重度消费者的年龄分布

| | 人数 | 16～24岁 | 25～34岁 | 35～44岁 | 45～54岁 | 55～60岁 |
|---|---|---|---|---|---|---|
| **样本** | 186 | 19.9 | 16.7 | 36.6 | 23.1 | 3.8 |
| **男性** | 98 | 13.3 | 18.4 | 35.7 | 27.6 | 5.1 |
| 天天喝 | 16 | 6.3 | 25.0 | 37.5 | 25.0 | 6.3 |
| 一周3次或以上 | 33 | 15.2 | 21.2 | 33.3 | 30.3 | 0.0 |
| 一周1～2次 | 49 | 14.3 | 14.3 | 36.7 | 26.5 | 8.2 |
| **女性** | 88 | 27.3 | 14.8 | 37.5 | 18.2 | 2.3 |
| 天天喝 | 29 | 27.6 | 3.4 | 44.8 | 20.7 | 3.4 |
| 一周3次或以上 | 25 | 28.0 | 24.0 | 32.0 | 16.0 | 0.0 |
| 一周1～2次 | 34 | 26.5 | 17.6 | 35.3 | 17.6 | 2.9 |

3-2 不同性别重度消费者的收入分布

| | 人 数 | 无收入 | 500元以下 | 501～1 000元 | 1 001～1 500元 | 1 501～2 000元 | 2 001～3 000元 | 3 000元以上 |
|---|---|---|---|---|---|---|---|---|
| **样本** | 183 | 17.5 | 3.8 | 20.8 | 25.1 | 16.9 | 6.0 | 9.8 |
| **男性** | 97 | 9.3 | 3.1 | 15.5 | 28.9 | 20.6 | 6.2 | 16.5 |
| 天天喝 | 16 | 6.3 | 0.0 | 6.3 | 31.3 | 25.0 | 0.0 | 31.3 |
| 一周3次或以上 | 32 | 15.6 | 6.3 | 9.4 | 25.0 | 12.5 | 9.4 | 21.9 |
| 一周1～2次 | 49 | 6.1 | 2.0 | 22.4 | 30.6 | 24.5 | 6.1 | 8.2 |
| **女性** | 86 | 26.7 | 4.7 | 26.7 | 20.9 | 12.8 | 5.8 | 2.3 |
| 天天喝 | 28 | 32.1 | 3.6 | 17.9 | 25.0 | 14.3 | 0.0 | 7.1 |
| 一周3次或以上 | 25 | 28.0 | 0.0 | 32.0 | 24.0 | 8.0 | 8.0 | 0.0 |
| 一周1～2次 | 33 | 21.2 | 9.1 | 30.3 | 15.2 | 15.2 | 9.1 | 0.0 |

**4. 重度消费者选择该类商品的考虑因素**

注：本题为多选题，合计百分比可能超过100%

| | 人 数 | 有名的牌 子 | 价格适中 | 包装吸引 人 | 广告影响 | 购买方便 | 口味好 | 有优惠条 件 |
|---|---|---|---|---|---|---|---|---|
| **样本** | 186 | 54.3 | 41.9 | 0.0 | 6.5 | 22.6 | 52.2 | 4.3 |
| 天天喝 | 45 | 51.1 | 42.2 | 0.0 | 6.7 | 17.8 | 46.7 | 2.2 |
| 一周3次或以上 | 58 | 62.1 | 48.3 | 0.0 | 10.3 | 25.9 | 46.6 | 5.2 |
| 一周1～2次 | 83 | 50.6 | 37.3 | 0.0 | 3.6 | 22.9 | 59.0 | 4.8 |

| | 人 数 | 营养成分 | 售货员介 绍 | 生产日期 | 朋友推荐 | 只是由于习惯 | 其 他 |
|---|---|---|---|---|---|---|---|
| **样本** | 186 | 31.2 | 1.1 | 18.3 | 1.6 | 7.0 | 0.0 |
| 天天喝 | 45 | 33.3 | 0.0 | 26.7 | 2.2 | 11.1 | 0.0 |
| 一周3次或以上 | 58 | 31.0 | 1.7 | 17.2 | 3.4 | 5.2 | 0.0 |
| 一周1～2次 | 83 | 30.1 | 1.2 | 14.5 | 0.0 | 6.0 | 0.0 |

**5. 重度消费者最常食用的种类**

| | 人 数 | 纯鲜奶/保鲜奶 | 花色奶（巧克力味、草莓味等） | 强化奶 | 加矿物质（含钙、铁等） | 其 他 |
|---|---|---|---|---|---|---|
| **样本** | 185 | 77.3 | 8.6 | 2.2 | 12.4 | 0.0 |
| 天天喝 | 45 | 73.3 | 13.3 | 2.2 | 11.1 | 0.0 |
| 一周3次或以上 | 58 | 75.9 | 6.9 | 1.7 | 15.5 | 0.0 |
| 一周1～2次 | 82 | 80.5 | 7.3 | 2.4 | 11.0 | 0.0 |

6. 重度消费者最常食用的场合

注：本题为多选题，合计百分比可能超过 100%

| | 人　数 | 早餐时 | 正餐（午、晚餐）时 | 口渴时 | 宵夜时 | 睡觉前 | 工作休息时 | 外出/旅游时 | 运动后 | 其　他 |
|---|---|---|---|---|---|---|---|---|---|---|
| 样本 | 186 | 75.3 | 2.2 | 11.8 | 3.2 | 26.9 | 4.8 | 0.5 | 1.6 | 0.5 |
| 天天喝 | 45 | 77.8 | 2.2 | 8.9 | 4.4 | 24.4 | 6.7 | 0.0 | 4.4 | 0.0 |
| 一周 3 次或以上 | 58 | 79.3 | 1.7 | 8.6 | 3.4 | 31.0 | 5.2 | 0.0 | 0.0 | 1.7 |
| 一周 1～2 次 | 83 | 71.1 | 2.4 | 15.7 | 2.4 | 25.3 | 3.6 | 1.2 | 1.2 | 0.0 |

# 广　州

## 一、基本市场描述

1. 最近三个月食用频率的比例

| | 人　数 | 百分比 |
|---|---|---|
| 天天喝 | 22 | 2.2 |
| 一周 3 次或以上 | 37 | 3.6 |
| 一周 1～2 次 | 91 | 9.0 |
| 一个月 2～3 次 | 53 | 5.2 |
| 一个月 1 次或以下 | 33 | 3.3 |
| 没喝过 | 779 | 76.7 |

n=1 015

2. 不同消费者最近三个月有无购买的比例

2-1　样本、男性各年龄层、女性各年龄层最近三个月有无购买的比例

| | 人　数 | 买　过 | 没买过 |
|---|---|---|---|
| 样本 | 1 015 | 22.9 | 77.1 |
| 男性 | 520 | 19.8 | 80.2 |
| 16～24 岁 | 73 | 26.0 | 74.0 |
| 25～34 岁 | 152 | 17.8 | 82.2 |
| 35～44 岁 | 145 | 19.3 | 80.7 |
| 45～54 岁 | 109 | 21.1 | 78.9 |
| 55～60 岁 | 41 | 14.6 | 85.4 |
| 女性 | 495 | 26.1 | 73.9 |
| 16～24 岁 | 73 | 28.8 | 71.2 |
| 25～34 岁 | 157 | 26.1 | 73.9 |
| 35～44 岁 | 143 | 23.8 | 76.2 |
| 45～54 岁 | 81 | 30.9 | 69.1 |
| 55～60 岁 | 41 | 19.5 | 80.5 |

2-2　样本、男性各收入层、女性各收入层最近三个月有无购买的比例

| | 人　数 | 买　过 | 没买过 |
|---|---|---|---|
| 样本 | 1 012 | 22.8 | 77.2 |
| 男性 | 518 | 19.9 | 80.1 |
| 无收入 | 66 | 21.2 | 78.8 |
| 500 元以下 | 43 | 11.6 | 88.4 |
| 501～1 000 元 | 85 | 18.8 | 81.2 |
| 1 001～1 500 元 | 112 | 19.6 | 80.4 |
| 1 501～2 000 元 | 52 | 15.4 | 84.6 |

（续）

| | 人 数 | 买 过 | 没买过 |
|---|---|---|---|
| 2 001～3 000 元 | 86 | 22.1 | 77.9 |
| 3 000 元以上 | 74 | 25.7 | 74.3 |
| **女性** | 494 | 25.9 | 74.1 |
| 无收入 | 112 | 24.1 | 75.9 |
| 500 元以下 | 53 | 15.1 | 84.9 |
| 501～1 000 元 | 121 | 24.0 | 76.0 |
| 1 001～1 500 元 | 95 | 33.7 | 66.3 |
| 1 501～2 000 元 | 39 | 30.8 | 69.2 |
| 2 001～3 000 元 | 47 | 29.8 | 70.2 |
| 3 000 元以上 | 27 | 22.2 | 77.8 |

## 二、消费者分析

### 1. 选择该类商品的考虑因素

注：本题为多选题，合计百分比可能超过 100％

| 排 名 | 考虑因素 | 人 次 | 百分比 |
|---|---|---|---|
| 1 | 口味好 | 131 | 55.5 |
| 2 | 价格适中 | 77 | 32.6 |
| 3 | 有名的牌子 | 60 | 25.4 |
| 3 | 营养成分 | 60 | 25.4 |
| 4 | 购买方便 | 53 | 22.5 |
| 5 | 只是由于习惯 | 20 | 8.5 |
| 6 | 生产日期 | 17 | 7.2 |
| 7 | 广告影响 | 16 | 6.8 |
| 8 | 有优惠条件 | 11 | 4.7 |
| 9 | 售货员介绍 | 7 | 3.0 |
| 9 | 朋友推荐 | 7 | 3.0 |
| 9 | 包装吸引人 | 7 | 3.0 |

n＝236

### 2. 样本、男性各年龄层、女性各年龄层最常食用的种类

| | 人 数 | 纯鲜奶/保鲜奶 | 花色奶（巧克力味、草莓味等） | 强化奶 | 加矿物质（含钙、铁等） | 其 他 |
|---|---|---|---|---|---|---|
| **样本** | 236 | 70.3 | 8.9 | 2.5 | 17.4 | 0.8 |
| **男性** | 106 | 71.7 | 7.5 | 2.8 | 17.0 | 0.9 |
| 16～24 岁 | 18 | 88.9 | 5.6 | 0.0 | 5.6 | 0.0 |
| 25～34 岁 | 32 | 65.6 | 9.4 | 0.0 | 21.9 | 3.1 |
| 35～44 岁 | 26 | 69.2 | 11.5 | 7.7 | 11.5 | 0.0 |
| 45～54 岁 | 23 | 78.3 | 4.3 | 4.3 | 13.0 | 0.0 |
| 55～60 岁 | 7 | 42.9 | 0.0 | 0.0 | 57.1 | 0.0 |
| **女性** | 130 | 69.2 | 10.0 | 2.3 | 17.7 | 0.8 |
| 16～24 岁 | 20 | 65.0 | 25.0 | 0.0 | 10.0 | 0.0 |
| 25～34 岁 | 38 | 76.3 | 10.5 | 0.0 | 13.2 | 0.0 |
| 35～44 岁 | 37 | 56.8 | 0.0 | 8.1 | 32.4 | 2.7 |
| 45～54 岁 | 26 | 84.6 | 7.7 | 0.0 | 7.7 | 0.0 |
| 55～60 岁 | 9 | 55.6 | 22.2 | 0.0 | 22.2 | 0.0 |

3. 重度消费者人口分布

3-1 不同性别重度消费者的年龄分布

| | 人 数 | 16～24岁 | 25～34岁 | 35～44岁 | 45～54岁 | 55～60岁 |
|---|---|---|---|---|---|---|
| 样本 | 150 | 16.0 | 30.0 | 26.0 | 22.0 | 6.0 |
| 男性 | 67 | 20.9 | 28.4 | 25.4 | 22.4 | 3.0 |
| 天天喝 | 8 | 0.0 | 25.0 | 62.5 | 12.5 | 0.0 |
| 一周3次或以上 | 18 | 11.1 | 22.2 | 16.7 | 44.4 | 5.6 |
| 一周1～2次 | 41 | 29.3 | 31.7 | 22.0 | 14.6 | 2.4 |
| 女性 | 83 | 12.0 | 31.3 | 26.5 | 21.7 | 8.4 |
| 天天喝 | 14 | 7.1 | 14.3 | 28.6 | 21.4 | 28.6 |
| 一周3次或以上 | 19 | 21.1 | 42.1 | 10.5 | 21.1 | 5.3 |
| 一周1～2次 | 50 | 10.0 | 32.0 | 32.0 | 22.0 | 4.0 |

3-2 不同性别重度消费者的收入分布

| | 人 数 | 无收入 | 500元以下 | 501～1 000元 | 1 001～1 500元 | 1 501～2 000元 | 2 001～3 000元 | 3 000元以上 |
|---|---|---|---|---|---|---|---|---|
| 样本 | 149 | 18.1 | 4.7 | 16.1 | 23.5 | 8.7 | 18.8 | 10.1 |
| 男性 | 67 | 20.9 | 6.0 | 9.0 | 22.4 | 7.5 | 22.4 | 11.9 |
| 天天喝 | 8 | 0.0 | 12.5 | 0.0 | 37.5 | 25.0 | 25.0 | 0.0 |
| 一周3次或以上 | 18 | 16.7 | 5.6 | 11.1 | 5.6 | 11.1 | 38.9 | 11.1 |
| 一周1～2次 | 41 | 26.8 | 4.9 | 9.8 | 26.8 | 2.4 | 14.6 | 14.6 |
| 女性 | 82 | 15.9 | 3.7 | 22.0 | 24.4 | 9.8 | 15.9 | 8.5 |
| 天天喝 | 14 | 14.3 | 0.0 | 50.0 | 28.6 | 0.0 | 7.1 | 0.0 |
| 一周3次或以上 | 19 | 5.3 | 5.3 | 26.3 | 15.8 | 0.0 | 31.6 | 15.8 |
| 一周1～2次 | 49 | 20.4 | 4.1 | 12.2 | 26.5 | 16.3 | 12.2 | 8.2 |

4. 重度消费者选择该类商品的考虑因素

注：本题为多选题，合计百分比可能超过100%

| | 人 数 | 有名的牌子 | 价格适中 | 包装吸引人 | 广告影响 | 购买方便 | 口味好 | 有优惠条件 |
|---|---|---|---|---|---|---|---|---|
| 样本 | 150 | 24.7 | 34.0 | 4.0 | 7.3 | 21.3 | 58.0 | 5.3 |
| 天天喝 | 22 | 31.8 | 22.7 | 9.1 | 9.1 | 13.6 | 40.9 | 9.1 |
| 一周3次或以上 | 37 | 27.0 | 40.5 | 0.0 | 10.8 | 29.7 | 56.8 | 2.7 |
| 一周1～2次 | 91 | 22.0 | 34.1 | 4.4 | 5.5 | 19.8 | 62.6 | 5.5 |

| | 人 数 | 营养成分 | 售货员介 绍 | 生产日期 | 朋友推荐 | 只是由于习惯 | 其 他 |
|---|---|---|---|---|---|---|---|
| 样本 | 150 | 26.7 | 2.7 | 7.3 | 1.3 | 8.7 | 0.7 |
| 天天喝 | 22 | 27.3 | 9.1 | 0.0 | 0.0 | 13.6 | 0.0 |
| 一周3次或以上 | 37 | 16.2 | 0.0 | 5.4 | 2.7 | 13.5 | 0.0 |
| 一周1～2次 | 91 | 30.8 | 2.2 | 9.9 | 1.1 | 5.5 | 1.1 |

5. 重度消费者最常食用的种类

| | 人 数 | 纯鲜奶/保鲜奶 | 花色奶（巧克力味、草莓味等） | 强化奶 | 加矿物质（含钙、铁等） | 其 他 |
|---|---|---|---|---|---|---|
| 样本 | 150 | 71.3 | 10.0 | 2.7 | 16.0 | 0.0 |
| 天天喝 | 22 | 72.7 | 4.5 | 0.0 | 22.7 | 0.0 |
| 一周3次或以上 | 37 | 70.3 | 18.9 | 0.0 | 10.8 | 0.0 |
| 一周1～2次 | 91 | 71.4 | 7.7 | 4.4 | 16.5 | 0.0 |

6. 重度消费者最常食用的场合

注：本题为多选题，合计百分比可能超过100%

| | 人 数 | 早餐时 | 正餐（午、晚餐）时 | 口渴时 | 宵夜时 | 睡觉前 | 工作休息时 | 外出/旅游时 | 运动后 | 其 他 |
|---|---|---|---|---|---|---|---|---|---|---|
| **样本** | 150 | 62.7 | 4.7 | 12.0 | 11.3 | 20.7 | 10.7 | 6.0 | 0.0 | 0.7 |
| 天天喝 | 22 | 63.6 | 4.5 | 4.5 | 13.6 | 40.9 | 4.5 | 0.0 | 0.0 | 0.0 |
| 一周3次或以上 | 37 | 54.1 | 8.1 | 21.6 | 10.8 | 10.8 | 10.8 | 5.4 | 0.0 | 0.0 |
| 一周1～2次 | 91 | 65.9 | 3.3 | 9.9 | 11.0 | 19.8 | 12.1 | 7.7 | 0.0 | 1.1 |

# 包装牛奶市场调查数据

## 北 京

### 一、基本市场描述

1. 最近三个月食用频率的比例

| | 人 数 | 百分比 |
|---|---|---|
| 天天喝 | 183 | 18.0 |
| 一周3次或以上 | 82 | 8.1 |
| 一周1～2次 | 166 | 16.4 |
| 一个月2～3次 | 80 | 7.9 |
| 一个月1次或以下 | 22 | 2.2 |
| 没喝过 | 481 | 47.4 |

n=1 014

2. 不同消费者最近三个月有无购买的比例

2-1 样本、男性各年龄层、女性各年龄层最近三个月有无购买的比例

| | 人 数 | 买 过 | 没买过 |
|---|---|---|---|
| **样本** | 1 015 | 52.8 | 47.2 |
| **男性** | 517 | 48.2 | 51.8 |
| 16～24岁 | 80 | 58.8 | 41.3 |
| 25～34岁 | 146 | 47.3 | 52.7 |
| 35～44岁 | 155 | 50.3 | 49.7 |
| 45～54岁 | 100 | 38.0 | 62.0 |
| 55～60岁 | 36 | 47.2 | 52.8 |
| **女性** | 498 | 57.6 | 42.4 |
| 16～24岁 | 71 | 76.1 | 23.9 |
| 25～34岁 | 113 | 62.8 | 37.2 |
| 35～44岁 | 160 | 61.9 | 38.1 |
| 45～54岁 | 107 | 44.9 | 55.1 |
| 55～60岁 | 47 | 31.9 | 68.1 |

2-2 样本、男性各收入层、女性各收入层最近三个月有无购买的比例

| | 人 数 | 买 过 | 没买过 |
|---|---|---|---|
| **样本** | 1 009 | 53.0 | 47.0 |
| **男性** | 511 | 48.5 | 51.5 |
| 无收入 | 49 | 46.9 | 53.1 |

（续）

| | 人 数 | 买 过 | 没买过 |
| --- | --- | --- | --- |
| 500 元以下 | 35 | 22.9 | 77.1 |
| 501～1 000 元 | 174 | 36.2 | 63.8 |
| 1 001～1 500 元 | 112 | 58.0 | 42.0 |
| 1 501～2 000 元 | 58 | 63.8 | 36.2 |
| 2 001～3 000 元 | 50 | 64.0 | 36.0 |
| 3 000 元以上 | 33 | 60.6 | 39.4 |
| **女性** | 498 | 57.6 | 42.4 |
| 无收入 | 108 | 61.1 | 38.9 |
| 500 元以下 | 64 | 25.0 | 75.0 |
| 501～1 000 元 | 159 | 47.8 | 52.2 |
| 1 001～1 500 元 | 84 | 77.4 | 22.6 |
| 1 501～2 000 元 | 40 | 80.0 | 20.0 |
| 2 001～3 000 元 | 23 | 73.9 | 26.1 |
| 3 000 元以上 | 20 | 75.0 | 25.0 |

## 二、消费者分析

### 1. 选择该类商品的考虑因素

注：本题为多选题，合计百分比可能超过 100%

| 排 名 | 考虑因素 | 人 次 | 百分比 |
| --- | --- | --- | --- |
| 1 | 口味好 | 320 | 59.9 |
| 2 | 有名的牌子 | 249 | 46.6 |
| 3 | 价格适中 | 165 | 30.9 |
| 4 | 营养成分 | 160 | 30.0 |
| 5 | 购买方便 | 123 | 23.0 |
| 6 | 生产日期 | 94 | 17.6 |
| 7 | 只是由于习惯 | 38 | 7.1 |
| 8 | 有优惠条件 | 26 | 4.9 |
| 9 | 包装吸引人 | 13 | 2.4 |
| 10 | 广告影响 | 12 | 2.2 |
| 11 | 售货员介绍 | 10 | 1.9 |
| 12 | 朋友推荐 | 8 | 1.5 |

n＝534

### 2. 样本、男性各年龄层、女性各年龄层最常食用的种类

| | 人数 | 全脂 | 低脂 | 脱脂 | 花色奶（巧克力味、草莓味等） | 强化奶 | 加矿物质（含钙、铁等） | 其 他 |
| --- | --- | --- | --- | --- | --- | --- | --- | --- |
| **样本** | 533 | 48.4 | 14.4 | 11.8 | 7.5 | 0.9 | 16.1 | 0.8 |
| **男性** | 257 | 44.0 | 15.6 | 14.8 | 7.0 | 1.2 | 16.7 | 0.8 |
| 16～24 岁 | 52 | 34.6 | 19.2 | 21.2 | 9.6 | 0.0 | 13.5 | 1.9 |
| 25～34 岁 | 72 | 54.2 | 12.5 | 9.7 | 8.3 | 0.0 | 15.3 | 0.0 |
| 35～44 岁 | 74 | 45.9 | 13.5 | 9.5 | 6.8 | 2.7 | 20.3 | 1.4 |
| 45～54 岁 | 41 | 31.7 | 19.5 | 22.0 | 4.9 | 2.4 | 19.5 | 0.0 |
| 55～60 岁 | 18 | 50.0 | 16.7 | 22.2 | 0.0 | 0.0 | 11.1 | 0.0 |
| **女性** | 276 | 52.5 | 13.4 | 9.1 | 8.0 | 0.7 | 15.6 | 0.7 |
| 16～24 岁 | 56 | 39.3 | 17.9 | 17.9 | 19.6 | 0.0 | 5.4 | 0.0 |
| 25～34 岁 | 68 | 45.6 | 11.8 | 5.9 | 7.4 | 2.9 | 25.0 | 1.5 |

（续）

| | 人数 | 全脂 | 低脂 | 脱脂 | 花色奶（巧克力味、草莓味等） | 强化奶 | 加矿物质（含钙、铁等） | 其 他 |
|---|---|---|---|---|---|---|---|---|
| 35～44 岁 | 92 | 62.0 | 12.0 | 5.4 | 5.4 | 0.0 | 14.1 | 1.1 |
| 45～54 岁 | 44 | 56.8 | 11.4 | 11.4 | 2.3 | 0.0 | 18.2 | 0.0 |
| 55～60 岁 | 16 | 62.5 | 18.8 | 6.3 | 0.0 | 0.0 | 12.5 | 0.0 |

**3. 不同消费者最常食用的包装形式**

3-1 样本、男性各年龄层、女性各年龄层最常食用的包装形式

| | 人数 | 方盒装/利乐砖 | 房屋状纸盒 | 粽子状纸盒 | 塑料瓶 | 利乐装（铝皮纸袋） | 其 他 |
|---|---|---|---|---|---|---|---|
| **样本** | 529 | 52.4 | 19.1 | 0.4 | 7.2 | 20.2 | 0.8 |
| **男性** | 257 | 50.2 | 20.6 | 0.4 | 6.6 | 21.0 | 1.2 |
| 16～24 岁 | 52 | 42.3 | 28.8 | 1.9 | 9.6 | 17.3 | 0.0 |
| 25～34 岁 | 73 | 56.2 | 20.5 | 0.0 | 6.8 | 15.1 | 1.4 |
| 35～44 岁 | 73 | 52.1 | 15.1 | 0.0 | 6.8 | 26.0 | 0.0 |
| 45～54 岁 | 41 | 46.3 | 17.1 | 0.0 | 4.9 | 26.8 | 4.9 |
| 55～60 岁 | 18 | 50.0 | 27.8 | 0.0 | 0.0 | 22.2 | 0.0 |
| **女性** | 272 | 54.4 | 17.6 | 0.4 | 7.7 | 19.5 | 0.4 |
| 16～24 岁 | 56 | 57.1 | 16.1 | 0.0 | 8.9 | 16.1 | 1.8 |
| 25～34 岁 | 65 | 55.4 | 20.0 | 0.0 | 4.6 | 20.0 | 0.0 |
| 35～44 岁 | 92 | 54.3 | 20.7 | 0.0 | 5.4 | 19.6 | 0.0 |
| 45～54 岁 | 44 | 50.0 | 13.6 | 2.3 | 11.4 | 22.7 | 0.0 |
| 55～60 岁 | 15 | 53.3 | 6.7 | 0.0 | 20.0 | 20.0 | 0.0 |

3-2 样本、男性各收入层、女性各收入层最常食用的包装形式

| | 人 数 | 方盒装/利乐砖 | 房屋状纸盒 | 粽子状纸盒 | 塑料瓶 | 利乐装（铝皮纸袋） | 其 他 |
|---|---|---|---|---|---|---|---|
| **样本** | 526 | 52.5 | 19.2 | 0.4 | 7.0 | 20.3 | 0.6 |
| **男性** | 254 | 50.4 | 20.9 | 0.4 | 6.3 | 21.3 | 0.8 |
| 无收入 | 25 | 48.0 | 24.0 | 0.0 | 8.0 | 20.0 | 0.0 |
| 500 元以下 | 8 | 62.5 | 12.5 | 0.0 | 12.5 | 12.5 | 0.0 |
| 501～1 000 元 | 66 | 50.0 | 18.2 | 0.0 | 6.1 | 24.2 | 1.5 |
| 1 001～1 500 元 | 64 | 46.9 | 26.6 | 1.6 | 7.8 | 17.2 | 0.0 |
| 1 501～2 000 元 | 36 | 55.6 | 19.4 | 0.0 | 0.0 | 25.0 | 0.0 |
| 2 001～3 000 元 | 34 | 50.0 | 20.6 | 0.0 | 5.9 | 20.6 | 2.9 |
| 3 000 元以上 | 21 | 52.4 | 14.3 | 0.0 | 9.5 | 23.8 | 0.0 |
| **女性** | 272 | 54.4 | 17.6 | 0.4 | 7.7 | 19.5 | 0.4 |
| 无收入 | 63 | 58.7 | 19.0 | 0.0 | 3.2 | 19.0 | 0.0 |
| 500 元以下 | 14 | 57.1 | 7.1 | 0.0 | 14.3 | 21.4 | 0.0 |
| 501～1 000 元 | 69 | 47.8 | 15.9 | 0.0 | 13.0 | 23.2 | 0.0 |
| 1 001～1 500 元 | 64 | 59.4 | 15.6 | 0.0 | 6.3 | 17.2 | 1.6 |
| 1 501～2 000 元 | 31 | 41.9 | 32.3 | 3.2 | 9.7 | 12.9 | 0.0 |
| 2 001～3 000 元 | 16 | 56.3 | 6.3 | 0.0 | 6.3 | 31.3 | 0.0 |
| 3 000 元以上 | 15 | 66.7 | 20.0 | 0.0 | 0.0 | 13.3 | 0.0 |

4. 重度消费者人口分布

4-1 不同性别重度消费者的年龄分布

| | 人 数 | 16～24岁 | 25～34岁 | 35～44岁 | 45～54岁 | 55～60岁 |
|---|---|---|---|---|---|---|
| **样本** | 431 | 18.3 | 26.9 | 32.9 | 15.1 | 6.7 |
| **男性** | 201 | 17.4 | 30.3 | 30.3 | 14.9 | 7.0 |
| 天天喝 | 74 | 16.2 | 24.3 | 36.5 | 16.2 | 6.8 |
| 一周3次或以上 | 40 | 20.0 | 40.0 | 22.5 | 15.0 | 2.5 |
| 一周1～2次 | 87 | 17.2 | 31.0 | 28.7 | 13.8 | 9.2 |
| **女性** | 230 | 19.1 | 23.9 | 35.2 | 15.2 | 6.5 |
| 天天喝 | 109 | 16.5 | 22.0 | 31.2 | 18.3 | 11.9 |
| 一周3次或以上 | 42 | 23.8 | 26.2 | 40.5 | 9.5 | 0.0 |
| 一周1～2次 | 79 | 20.3 | 25.3 | 38.0 | 13.9 | 2.5 |

4-2 不同性别重度消费者的收入分布

| | 人数 | 无收入 | 500元以下 | 501～1 000元 | 1 001～1 500元 | 1 501～2 000元 | 2 001～3 000元 | 3 000元以上 |
|---|---|---|---|---|---|---|---|---|
| **样本** | 428 | 16.4 | 4.2 | 24.3 | 24.3 | 13.1 | 10.5 | 7.2 |
| **男性** | 198 | 10.1 | 2.5 | 24.2 | 23.7 | 14.6 | 15.2 | 9.6 |
| 天天喝 | 71 | 7.0 | 4.2 | 19.7 | 29.6 | 12.7 | 16.9 | 9.9 |
| 一周3次或以上 | 40 | 12.5 | 2.5 | 25.0 | 25.0 | 12.5 | 10.0 | 12.5 |
| 一周1～2次 | 87 | 11.5 | 1.1 | 27.6 | 18.4 | 17.2 | 16.1 | 8.0 |
| **女性** | 230 | 21.7 | 5.7 | 24.3 | 24.8 | 11.7 | 6.5 | 5.2 |
| 天天喝 | 109 | 19.3 | 3.7 | 22.0 | 26.6 | 13.8 | 7.3 | 7.3 |
| 一周3次或以上 | 42 | 14.3 | 7.1 | 23.8 | 26.2 | 11.9 | 9.5 | 7.1 |
| 一周1～2次 | 79 | 29.1 | 7.6 | 27.8 | 21.5 | 8.9 | 3.8 | 1.3 |

5. 重度消费者选择该类商品的考虑因素

注：本题为多选题，合计百分比可能超过100%

| | 人数 | 有名的牌子 | 价格适中 | 包装吸引人 | 广告影响 | 购买方便 | 口味好 | 有优惠条件 |
|---|---|---|---|---|---|---|---|---|
| **样本** | 431 | 46.6 | 31.3 | 2.3 | 1.9 | 23.0 | 61.5 | 4.2 |
| 天天喝 | 183 | 47.5 | 30.1 | 0.5 | 1.6 | 21.9 | 58.5 | 2.7 |
| 一周3次或以上 | 82 | 53.7 | 30.5 | 1.2 | 1.2 | 18.3 | 56.1 | 7.3 |
| 一周1～2次 | 166 | 42.2 | 33.1 | 4.8 | 2.4 | 26.5 | 67.5 | 4.2 |

| | 人数 | 营养成分 | 售货员介绍 | 生产日期 | 朋友推荐 | 只是由于习惯 | 其他 |
|---|---|---|---|---|---|---|---|
| **样本** | 431 | 30.9 | 1.4 | 16.7 | 1.6 | 6.7 | 0.5 |
| 天天喝 | 183 | 36.1 | 1.1 | 17.5 | 1.1 | 6.6 | 0.5 |
| 一周3次或以上 | 82 | 34.1 | 1.2 | 23.2 | 2.4 | 8.5 | 0.0 |
| 一周1～2次 | 166 | 23.5 | 1.8 | 12.7 | 1.8 | 6.0 | 0.6 |

6. 重度消费者最常食用的种类

| | 人数 | 全脂 | 低脂 | 脱脂 | 花色奶（巧克力味、草莓味等） | 强化奶 | 加矿物质（含钙、铁等） | 其他 |
|---|---|---|---|---|---|---|---|---|
| **样本** | 431 | 49.2 | 15.1 | 10.9 | 6.3 | 0.9 | 17.2 | 0.5 |
| 天天喝 | 183 | 50.8 | 13.1 | 16.4 | 2.7 | 0.0 | 16.4 | 0.5 |
| 一周3次或以上 | 82 | 51.2 | 19.5 | 3.7 | 7.3 | 1.2 | 17.1 | 0.0 |
| 一周1～2次 | 166 | 46.4 | 15.1 | 8.4 | 9.6 | 1.8 | 18.1 | 0.6 |

7. 重度消费者最常食用的包装形式

| | 人数 | 方盒装/利乐砖 | 房屋状纸盒 | 粽子状纸盒 | 塑料瓶 | 利乐装（铝皮纸袋） | 其他 |
|---|---|---|---|---|---|---|---|
| **样本** | 428 | 49.8 | 18.5 | 0.2 | 7.2 | 23.4 | 0.9 |
| 天天喝 | 182 | 46.7 | 15.4 | 0.5 | 11.0 | 24.7 | 1.6 |
| 一周3次或以上 | 80 | 40.0 | 23.8 | 0.0 | 7.5 | 28.7 | 0.0 |
| 一周1～2次 | 166 | 57.8 | 19.3 | 0.0 | 3.0 | 19.3 | 0.6 |

8. 重度消费者最常食用的场合

注：本题为多选题，合计百分比可能超过100%

| | 人数 | 早餐时 | 正餐（午、晚餐）时 | 口渴时 | 宵夜时 | 睡觉前 | 工作休息时 | 外出/旅游时 | 运动后 | 其他 |
|---|---|---|---|---|---|---|---|---|---|---|
| **样本** | 431 | 67.1 | 3.2 | 9.3 | 6.3 | 28.1 | 6.3 | 3.0 | 2.3 | 0.5 |
| 天天喝 | 183 | 75.4 | 2.7 | 8.7 | 5.5 | 32.2 | 2.2 | 2.2 | 1.6 | 0.5 |
| 一周3次或以上 | 82 | 57.3 | 3.7 | 11.0 | 9.8 | 34.1 | 13.4 | 1.2 | 0.0 | 1.2 |
| 一周1～2次 | 166 | 62.7 | 3.6 | 9.0 | 5.4 | 20.5 | 7.2 | 4.8 | 4.2 | 0.0 |

# 上 海

## 一、基本市场描述

1. 最近三个月食用频率的比例

| | 人 数 | 百分比 |
|---|---|---|
| 天天喝 | 459 | 44.7 |
| 一周3次或以上 | 109 | 10.6 |
| 一周1～2次 | 130 | 12.7 |
| 一个月2～3次 | 28 | 2.7 |
| 一个月1次或以下 | 18 | 1.8 |
| 没喝过 | 282 | 27.5 |

n＝1 026

2. 不同消费者最近三个月有无购买的比例

2-1 样本、男性各年龄层、女性各年龄层最近三个月有无购买的比例

| | 人 数 | 买 过 | 没买过 |
|---|---|---|---|
| **样本** | 1 027 | 76.6 | 23.4 |
| **男性** | 521 | 73.5 | 26.5 |
| 16～24岁 | 73 | 76.7 | 23.3 |
| 25～34岁 | 97 | 75.3 | 24.7 |
| 35～44岁 | 176 | 77.3 | 22.7 |
| 45～54岁 | 137 | 70.1 | 29.9 |
| 55～60岁 | 38 | 57.9 | 42.1 |
| **女性** | 506 | 79.8 | 20.2 |
| 16～24岁 | 74 | 75.7 | 24.3 |
| 25～34岁 | 92 | 87.0 | 13.0 |
| 35～44岁 | 176 | 82.4 | 17.6 |
| 45～54岁 | 125 | 77.6 | 22.4 |
| 55～60岁 | 39 | 66.7 | 33.3 |

2-2 样本、男性各收入层、女性各收入层最近三个月有无购买的比例

| | 人 数 | 买 过 | 没买过 |
|---|---|---|---|
| **样本** | 1 022 | 76.5 | 23.5 |
| **男性** | 519 | 73.4 | 26.6 |
| 无收入 | 55 | 72.7 | 27.3 |
| 500 元以下 | 11 | 63.6 | 36.4 |
| 501～1 000 元 | 110 | 60.0 | 40.0 |
| 1 001～1 500 元 | 119 | 79.8 | 20.2 |
| 1 501～2 000 元 | 78 | 71.8 | 28.2 |
| 2 001～3 000 元 | 81 | 81.5 | 18.5 |
| 3 000 元以上 | 65 | 78.5 | 21.5 |
| **女性** | 503 | 79.7 | 20.3 |
| 无收入 | 95 | 80.0 | 20.0 |
| 500 元以下 | 51 | 78.4 | 21.6 |
| 501～1 000 元 | 148 | 75.0 | 25.0 |
| 1 001～1 500 元 | 99 | 84.8 | 15.2 |
| 1 501～2 000 元 | 47 | 80.9 | 19.1 |
| 2 001～3 000 元 | 41 | 82.9 | 17.1 |
| 3 000 元以上 | 22 | 81.8 | 18.2 |

## 二、消费者分析

### 1. 选择该类商品的考虑因素

注：本题为多选题，合计百分比可能超过 100％

| 排名 | 考虑因素 | 人次 | 百分比 |
|---|---|---|---|
| 1 | 有名的牌子 | 471 | 63.2 |
| 2 | 口味好 | 462 | 62.0 |
| 3 | 价格适中 | 285 | 38.3 |
| 4 | 营养成分 | 251 | 33.7 |
| 5 | 生产日期 | 109 | 14.6 |
| 6 | 购买方便 | 93 | 12.5 |
| 7 | 只是由于习惯 | 54 | 7.2 |
| 8 | 广告影响 | 32 | 4.3 |
| 9 | 有优惠条件 | 24 | 3.2 |
| 10 | 包装吸引人 | 14 | 1.9 |
| 11 | 朋友推荐 | 10 | 1.3 |
| 12 | 售货员介绍 | 5 | 0.7 |

n＝745

### 2. 样本、男性各年龄层、女性各年龄层最常食用的种类

| | 人数 | 全脂 | 低脂 | 脱脂 | 花色奶(巧克力味、草莓味等) | 强化奶 | 加矿物质(含钙、铁等) | 其他 |
|---|---|---|---|---|---|---|---|---|
| **样本** | 744 | 70.6 | 6.7 | 5.6 | 1.5 | 0.9 | 14.4 | 0.3 |
| **男性** | 365 | 71.5 | 6.6 | 6.0 | 1.6 | 1.1 | 12.6 | 0.5 |
| 16～24 岁 | 63 | 63.5 | 9.5 | 3.2 | 3.2 | 3.2 | 17.5 | 0.0 |
| 25～34 岁 | 67 | 80.6 | 3.0 | 4.5 | 3.0 | 0.0 | 9.0 | 0.0 |
| 35～44 岁 | 122 | 74.6 | 5.7 | 5.7 | 0.0 | 0.8 | 13.1 | 0.0 |
| 45～54 岁 | 92 | 68.5 | 7.6 | 8.7 | 1.1 | 1.1 | 12.0 | 1.1 |
| 55～60 岁 | 21 | 61.9 | 9.5 | 9.5 | 4.8 | 0.0 | 9.5 | 4.8 |
| **女性** | 379 | 69.7 | 6.9 | 5.3 | 1.3 | 0.8 | 16.1 | 0.0 |

（续）

| | 人数 | 全脂 | 低脂 | 脱脂 | 花色奶(巧克力味、草莓味等) | 强化奶 | 加矿物质(含钙、铁等) | 其他 |
|---|---|---|---|---|---|---|---|---|
| 16～24岁 | 62 | 56.5 | 14.5 | 6.5 | 1.6 | 0.0 | 21.0 | 0.0 |
| 25～34岁 | 75 | 66.7 | 6.7 | 6.7 | 2.7 | 2.7 | 14.7 | 0.0 |
| 35～44岁 | 129 | 73.6 | 4.7 | 3.1 | 0.8 | 0.8 | 17.1 | 0.0 |
| 45～54岁 | 89 | 75.3 | 5.6 | 6.7 | 1.1 | 0.0 | 11.2 | 0.0 |
| 55～60岁 | 24 | 70.8 | 4.2 | 4.2 | 0.0 | 0.0 | 20.8 | 0.0 |

**3. 不同消费者最常食用的包装形式**

3-1 样本、男性各年龄层、女性各年龄层最常食用的包装形式

| | 人数 | 方盒装/利乐砖 | 房屋状纸盒 | 粽子状纸盒 | 塑料瓶 | 利乐装（铝皮纸袋） | 其他 |
|---|---|---|---|---|---|---|---|
| **样本** | 745 | 29.5 | 37.9 | 0.0 | 29.3 | 3.4 | 0.0 |
| **男性** | 365 | 31.2 | 37.3 | 0.0 | 29.3 | 2.2 | 0.0 |
| 16～24岁 | 63 | 41.3 | 31.7 | 0.0 | 25.4 | 1.6 | 0.0 |
| 25～34岁 | 67 | 38.8 | 32.8 | 0.0 | 25.4 | 3.0 | 0.0 |
| 35～44岁 | 122 | 24.6 | 41.8 | 0.0 | 31.1 | 2.5 | 0.0 |
| 45～54岁 | 92 | 31.5 | 35.9 | 0.0 | 31.5 | 1.1 | 0.0 |
| 55～60岁 | 21 | 14.3 | 47.6 | 0.0 | 33.3 | 4.8 | 0.0 |
| **女性** | 380 | 27.9 | 38.4 | 0.0 | 29.2 | 4.5 | 0.0 |
| 16～24岁 | 62 | 25.8 | 45.2 | 0.0 | 21.0 | 8.1 | 0.0 |
| 25～34岁 | 75 | 30.7 | 42.7 | 0.0 | 22.7 | 4.0 | 0.0 |
| 35～44岁 | 130 | 26.9 | 35.4 | 0.0 | 34.6 | 3.1 | 0.0 |
| 45～54岁 | 89 | 29.2 | 34.8 | 0.0 | 32.6 | 3.4 | 0.0 |
| 55～60岁 | 24 | 25.0 | 37.5 | 0.0 | 29.2 | 8.3 | 0.0 |

3-2 样本、男性各收入层、女性各收入层最常食用的包装形式

| | 人数 | 方盒装/利乐砖 | 房屋状纸盒 | 粽子状纸盒 | 塑料瓶 | 利乐装（铝皮纸袋） | 其他 |
|---|---|---|---|---|---|---|---|
| **样本** | 740 | 29.6 | 37.8 | 0.0 | 29.2 | 3.4 | 0.0 |
| **男性** | 363 | 31.4 | 37.5 | 0.0 | 28.9 | 2.2 | 0.0 |
| 无收入 | 47 | 36.2 | 31.9 | 0.0 | 29.8 | 2.1 | 0.0 |
| 500元以下 | 7 | 14.3 | 57.1 | 0.0 | 28.6 | 0.0 | 0.0 |
| 501～1 000元 | 57 | 19.3 | 43.9 | 0.0 | 33.3 | 3.5 | 0.0 |
| 1 001～1 500元 | 86 | 24.4 | 34.9 | 0.0 | 38.4 | 2.3 | 0.0 |
| 1 501～2 000元 | 51 | 33.3 | 35.3 | 0.0 | 31.4 | 0.0 | 0.0 |
| 2 001～3 000元 | 62 | 38.7 | 38.7 | 0.0 | 21.0 | 1.6 | 0.0 |
| 3 000元以上 | 53 | 43.4 | 37.7 | 0.0 | 15.1 | 3.8 | 0.0 |
| **女性** | 377 | 27.9 | 38.2 | 0.0 | 29.4 | 4.5 | 0.0 |
| 无收入 | 74 | 23.0 | 44.6 | 0.0 | 27.0 | 5.4 | 0.0 |
| 500元以下 | 31 | 38.7 | 41.9 | 0.0 | 19.4 | 0.0 | 0.0 |
| 501～1 000元 | 102 | 26.5 | 38.2 | 0.0 | 28.4 | 6.9 | 0.0 |
| 1 001～1 500元 | 82 | 26.8 | 30.5 | 0.0 | 36.6 | 6.1 | 0.0 |
| 1 501～2 000元 | 35 | 34.3 | 28.6 | 0.0 | 37.1 | 0.0 | 0.0 |
| 2 001～3 000元 | 35 | 25.7 | 40.0 | 0.0 | 31.4 | 2.9 | 0.0 |
| 3000元以上 | 18 | 33.3 | 55.6 | 0.0 | 11.1 | 0.0 | 0.0 |

**4. 重度消费者人口分布**

4-1 不同性别重度消费者的年龄分布

| | 人数 | 16～24岁 | 25～34岁 | 35～44岁 | 45～54岁 | 55～60岁 |
|---|---|---|---|---|---|---|
| **样本** | 698 | 16.6 | 18.2 | 34.7 | 24.2 | 6.3 |
| **男性** | 340 | 17.6 | 17.6 | 33.5 | 25.0 | 6.2 |
| 天天喝 | 213 | 19.2 | 15.5 | 31.0 | 26.8 | 7.5 |
| 一周3次或以上 | 58 | 13.8 | 20.7 | 36.2 | 25.9 | 3.4 |
| 一周1～2次 | 69 | 15.9 | 21.7 | 39.1 | 18.8 | 4.3 |
| **女性** | 358 | 15.6 | 18.7 | 35.8 | 23.5 | 6.4 |
| 天天喝 | 246 | 10.6 | 17.5 | 39.4 | 24.4 | 8.1 |
| 一周3次或以上 | 51 | 25.5 | 25.5 | 27.5 | 21.6 | 0.0 |
| 一周1～2次 | 61 | 27.9 | 18.0 | 27.9 | 21.3 | 4.9 |

4-2 不同性别重度消费者的收入分布

| | 人数 | 无收入 | 500元以下 | 501～1 000元 | 1 001～1 500元 | 1 501～2 000元 | 2 001～3 000元 | 3 000元以上 |
|---|---|---|---|---|---|---|---|---|
| **样本** | 694 | 16.1 | 5.2 | 20.3 | 23.2 | 12.0 | 13.3 | 9.9 |
| **男性** | 339 | 13.3 | 2.1 | 14.7 | 23.6 | 14.2 | 17.1 | 15.0 |
| 天天喝 | 212 | 15.1 | 1.4 | 13.2 | 23.1 | 12.7 | 17.5 | 17.0 |
| 一周3次或以上 | 58 | 12.1 | 5.2 | 10.3 | 24.1 | 15.5 | 20.7 | 12.1 |
| 一周1～2次 | 69 | 8.7 | 1.4 | 23.2 | 24.6 | 17.4 | 13.0 | 11.6 |
| **女性** | 355 | 18.9 | 8.2 | 25.6 | 22.8 | 9.9 | 9.6 | 5.1 |
| 天天喝 | 243 | 15.2 | 7.8 | 27.6 | 23.0 | 11.9 | 10.3 | 4.1 |
| 一周3次或以上 | 51 | 17.6 | 3.9 | 21.6 | 27.5 | 5.9 | 11.8 | 11.8 |
| 一周1～2次 | 61 | 34.4 | 13.1 | 21.3 | 18.0 | 4.9 | 4.9 | 3.3 |

**5. 重度消费者选择该类商品的考虑因素**

注：本题为多选题，合计百分比可能超过100%

| | 人数 | 有名的牌子 | 价格适中 | 包装吸引人 | 广告影响 | 购买方便 | 口味好 | 有优惠条件 |
|---|---|---|---|---|---|---|---|---|
| **样本** | 698 | 64.2 | 37.5 | 1.7 | 4.2 | 12.9 | 62.0 | 2.9 |
| 天天喝 | 459 | 64.5 | 39.4 | 2.0 | 3.5 | 12.2 | 61.4 | 2.2 |
| 一周3次或以上 | 109 | 63.3 | 33.9 | 0.9 | 3.7 | 12.8 | 60.6 | 5.5 |
| 一周1～2次 | 130 | 63.8 | 33.8 | 1.5 | 6.9 | 15.4 | 65.4 | 3.1 |

| | 人数 | 营养成分 | 售货员介绍 | 生产日期 | 朋友推荐 | 只是由于习惯 | 其他 |
|---|---|---|---|---|---|---|---|
| **样本** | 698 | 34.4 | 0.4 | 14.9 | 1.1 | 7.2 | 0.1 |
| 天天喝 | 459 | 38.3 | 0.4 | 15.9 | 1.1 | 7.8 | 0.2 |
| 一周3次或以上 | 109 | 31.2 | 0.0 | 11.9 | 0.9 | 6.4 | 0.0 |
| 一周1～2次 | 130 | 23.1 | 0.8 | 13.8 | 1.5 | 5.4 | 0.0 |

**6. 重度消费者最常食用的种类**

| | 人数 | 全脂 | 低脂 | 脱脂 | 花色奶(巧克力味、草莓味等) | 强化奶 | 加矿物质(含钙、铁等) | 其他 |
|---|---|---|---|---|---|---|---|---|
| **样本** | 697 | 70.9 | 6.7 | 5.3 | 1.3 | 0.9 | 14.6 | 0.3 |
| 天天喝 | 458 | 73.1 | 5.5 | 4.4 | 0.7 | 1.1 | 14.8 | 0.4 |
| 一周3次或以上 | 109 | 63.3 | 8.3 | 9.2 | 1.8 | 0.9 | 16.5 | 0.0 |
| 一周1～2次 | 130 | 69.2 | 10.0 | 5.4 | 3.1 | 0.0 | 12.3 | 0.0 |

7. 重度消费者最常食用的包装形式

| | 人数 | 方盒装/利乐砖 | 房屋状纸盒 | 粽子状纸盒 | 塑料瓶 | 利乐装（铝皮纸袋） | 其他 |
|---|---|---|---|---|---|---|---|
| **样本** | 698 | 29.1 | 38.0 | 0.0 | 30.4 | 2.6 | 0.0 |
| 天天喝 | 459 | 27.7 | 30.9 | 0.0 | 38.6 | 2.8 | 0.0 |
| 一周 3 次或以上 | 109 | 22.9 | 58.7 | 0.0 | 16.5 | 1.8 | 0.0 |
| 一周 1～2 次 | 130 | 39.2 | 45.4 | 0.0 | 13.1 | 2.3 | 0.0 |

8. 重度消费者最常食用的场合

注：本题为多选题，合计百分比可能超过 100%

| | 人数 | 早餐时 | 正餐（午、晚餐）时 | 口渴时 | 宵夜时 | 睡觉前 | 工作休息时 | 外出/旅游时 | 运动后 | 其他 |
|---|---|---|---|---|---|---|---|---|---|---|
| **样本** | 697 | 71.6 | 2.7 | 8.5 | 2.9 | 37.7 | 2.7 | 0.3 | 0.3 | 0.7 |
| 天天喝 | 458 | 75.1 | 3.1 | 6.3 | 2.2 | 38.6 | 1.7 | 0.0 | 0.2 | 0.2 |
| 一周 3 次或以上 | 109 | 65.1 | 2.8 | 13.8 | 4.6 | 45.0 | 3.7 | 0.0 | 0.0 | 0.9 |
| 一周 1～2 次 | 130 | 64.6 | 1.5 | 11.5 | 3.8 | 28.5 | 5.4 | 1.5 | 0.8 | 2.3 |

# 广 州

## 一、基本市场描述

1. 最近三个月食用频率的比例

| | 人 数 | 百分比 |
|---|---|---|
| 天天喝 | 134 | 13.2 |
| 一周 3 次或以上 | 135 | 13.3 |
| 一周 1～2 次 | 155 | 15.3 |
| 一个月 2～3 次 | 107 | 10.5 |
| 一个月 1 次或以下 | 42 | 4.1 |
| 没喝过 | 442 | 43.5 |

n＝1 015

2. 不同消费者最近三个月有无购买的比例

2-1 样本、男性各年龄层、女性各年龄层最近三个月有无购买的比例

| | 人 数 | 买 过 | 没买过 |
|---|---|---|---|
| **样本** | 1 013 | 57.0 | 43.0 |
| **男性** | 520 | 51.5 | 48.5 |
| 16～24 岁 | 73 | 69.9 | 30.1 |
| 25～34 岁 | 152 | 49.3 | 50.7 |
| 35～44 岁 | 145 | 47.6 | 52.4 |
| 45～54 岁 | 109 | 50.5 | 49.5 |
| 55～60 岁 | 41 | 43.9 | 56.1 |
| **女性** | 493 | 62.7 | 37.3 |
| 16～24 岁 | 73 | 69.9 | 30.1 |
| 25～34 岁 | 156 | 60.9 | 39.1 |
| 35～44 岁 | 142 | 62.0 | 38.0 |
| 45～54 岁 | 81 | 67.9 | 32.1 |
| 55～60 岁 | 41 | 48.8 | 51.2 |

2-2 样本、男性各收入层、女性各收入层最近三个月有无购买的比例

| | 人数 | 买过 | 没买过 |
|---|---|---|---|
| **样本** | 1 010 | 56.8 | 43.2 |
| **男性** | 518 | 51.4 | 48.6 |
| 无收入 | 66 | 59.1 | 40.9 |
| 500元以下 | 43 | 25.6 | 74.4 |
| 501～1 000元 | 85 | 38.8 | 61.2 |
| 1 001～1 500元 | 112 | 44.6 | 55.4 |
| 1 501～2 000元 | 52 | 53.8 | 46.2 |
| 2 001～3 000元 | 86 | 65.1 | 34.9 |
| 3 000元以上 | 74 | 66.2 | 33.8 |
| **女性** | 492 | 62.6 | 37.4 |
| 无收入 | 112 | 57.1 | 42.9 |
| 500元以下 | 53 | 47.2 | 52.8 |
| 501～1 000元 | 121 | 62.0 | 38.0 |
| 1 001～1 500元 | 95 | 67.4 | 32.6 |
| 1 501～2 000元 | 39 | 56.4 | 43.6 |
| 2 001～3 000元 | 46 | 78.3 | 21.7 |
| 3 000元以上 | 26 | 84.6 | 15.4 |

## 二、消费者分析

### 1. 选择该类商品的考虑因素

注：本题为多选题，合计百分比可能超过100%

| 排名 | 考虑因素 | 人次 | 百分比 |
|---|---|---|---|
| 1 | 口味好 | 332 | 57.9 |
| 2 | 有名的牌子 | 189 | 33.0 |
| 3 | 营养成分 | 166 | 29.0 |
| 4 | 价格适中 | 157 | 27.4 |
| 5 | 购买方便 | 105 | 18.3 |
| 6 | 广告影响 | 47 | 8.2 |
| 7 | 有优惠条件 | 33 | 5.8 |
| 8 | 生产日期 | 29 | 5.1 |
| 9 | 只是由于习惯 | 27 | 4.7 |
| 10 | 包装吸引人 | 18 | 3.1 |
| 11 | 朋友推荐 | 18 | 3.1 |
| 12 | 售货员介绍 | 13 | 2.3 |

n＝573

### 2. 样本、男性各年龄层、女性各年龄层最常食用的种类

| | 人数 | 全脂 | 低脂 | 脱脂 | 花色奶（巧克力味、草莓味等） | 强化奶 | 加矿物质（含钙、铁等） | 其他 |
|---|---|---|---|---|---|---|---|---|
| **样本** | 573 | 30.2 | 32.6 | 15.5 | 7.2 | 1.6 | 10.5 | 2.4 |
| **男性** | 265 | 32.5 | 33.6 | 13.6 | 4.2 | 2.3 | 10.6 | 3.4 |
| 16～24岁 | 52 | 34.6 | 38.5 | 9.6 | 7.7 | 0.0 | 7.7 | 1.9 |
| 25～34岁 | 73 | 37.0 | 28.8 | 11.0 | 5.5 | 4.1 | 11.0 | 2.7 |
| 35～44岁 | 66 | 24.2 | 37.9 | 19.7 | 1.5 | 3.0 | 9.1 | 4.5 |
| 45～54岁 | 56 | 35.7 | 33.9 | 14.3 | 3.6 | 1.8 | 7.1 | 3.6 |
| 55～60岁 | 18 | 27.8 | 22.2 | 11.1 | 0.0 | 0.0 | 33.3 | 5.6 |
| **女性** | 308 | 28.2 | 31.8 | 17.2 | 9.7 | 1.0 | 10.4 | 1.6 |
| 16～24岁 | 53 | 34.0 | 34.0 | 18.9 | 5.7 | 1.9 | 5.7 | 0.0 |

（续）

| | 人数 | 全脂 | 低脂 | 脱脂 | 花色奶（巧克力味、草莓味等） | 强化奶 | 加矿物质（含钙、铁等） | 其他 |
|---|---|---|---|---|---|---|---|---|
| 25～34岁 | 91 | 22.0 | 37.4 | 19.8 | 9.9 | 1.1 | 9.9 | 0.0 |
| 35～44岁 | 89 | 27.0 | 27.0 | 12.4 | 11.2 | 1.1 | 16.9 | 4.5 |
| 45～54岁 | 55 | 29.1 | 25.5 | 23.6 | 12.7 | 0.0 | 7.3 | 1.8 |
| 55～60岁 | 20 | 45.0 | 40.0 | 5.0 | 5.0 | 0.0 | 5.0 | 0.0 |

3. 不同消费者最常食用的包装形式

3-1 样本、男性各年龄层、女性各年龄层最常食用的包装形式

| | 人数 | 方盒装/利乐砖 | 房屋状纸盒 | 粽子状纸盒 | 塑料瓶 | 利乐装（铝皮纸袋） | 其他 |
|---|---|---|---|---|---|---|---|
| **样本** | 569 | 65.9 | 11.4 | 2.5 | 14.8 | 5.4 | 0.0 |
| **男性** | 264 | 64.0 | 10.6 | 1.9 | 15.9 | 7.6 | 0.0 |
| 16～24岁 | 52 | 73.1 | 7.7 | 1.9 | 11.5 | 5.8 | 0.0 |
| 25～34岁 | 73 | 69.9 | 12.3 | 5.5 | 11.0 | 1.4 | 0.0 |
| 35～44岁 | 66 | 63.6 | 12.1 | 0.0 | 15.2 | 9.1 | 0.0 |
| 45～54岁 | 55 | 52.7 | 10.9 | 0.0 | 23.6 | 12.7 | 0.0 |
| 55～60岁 | 18 | 50.0 | 5.6 | 0.0 | 27.8 | 16.7 | 0.0 |
| **女性** | 305 | 67.5 | 12.1 | 3.0 | 13.8 | 3.6 | 0.0 |
| 16～24岁 | 53 | 73.6 | 7.5 | 1.9 | 17.0 | 0.0 | 0.0 |
| 25～34岁 | 90 | 68.9 | 14.4 | 2.2 | 11.1 | 3.3 | 0.0 |
| 35～44岁 | 89 | 65.2 | 10.1 | 3.4 | 13.5 | 7.9 | 0.0 |
| 45～54岁 | 53 | 67.9 | 15.1 | 1.9 | 13.2 | 1.9 | 0.0 |
| 55～60岁 | 20 | 55.0 | 15.0 | 10.0 | 20.0 | 0.0 | 0.0 |

3-2 样本、男性各收入层、女性各收入层最常食用的包装形式

| | 人数 | 方盒装/利乐砖 | 房屋状纸盒 | 粽子状纸盒 | 塑料瓶 | 利乐装（铝皮纸袋） | 其他 |
|---|---|---|---|---|---|---|---|
| **样本** | 567 | 66.0 | 11.3 | 2.5 | 14.8 | 5.5 | 0.0 |
| **男性** | 263 | 63.9 | 10.6 | 1.9 | 16.0 | 7.6 | 0.0 |
| 无收入 | 35 | 62.9 | 8.6 | 0.0 | 20.0 | 8.6 | 0.0 |
| 500元以下 | 14 | 71.4 | 14.3 | 0.0 | 14.3 | 0.0 | 0.0 |
| 501～1 000元 | 34 | 47.1 | 8.8 | 8.8 | 29.4 | 5.9 | 0.0 |
| 1 001～1 500元 | 48 | 72.9 | 8.3 | 0.0 | 8.3 | 10.4 | 0.0 |
| 1 501～2 000元 | 30 | 60.0 | 16.7 | 0.0 | 16.7 | 6.7 | 0.0 |
| 2 001～3 000元 | 54 | 66.7 | 9.3 | 1.9 | 14.8 | 7.4 | 0.0 |
| 3 000元以上 | 48 | 64.6 | 12.5 | 2.1 | 12.5 | 8.3 | 0.0 |
| **女性** | 304 | 67.8 | 11.8 | 3.0 | 13.8 | 3.6 | 0.0 |
| 无收入 | 63 | 66.7 | 9.5 | 1.6 | 19.0 | 3.2 | 0.0 |
| 500元以下 | 24 | 70.8 | 0.0 | 8.3 | 16.7 | 4.2 | 0.0 |
| 501～1 000元 | 72 | 65.3 | 16.7 | 1.4 | 11.1 | 5.6 | 0.0 |
| 1 001～1 500元 | 65 | 67.7 | 15.4 | 3.1 | 10.8 | 3.1 | 0.0 |
| 1 501～2 000元 | 20 | 75.0 | 5.0 | 5.0 | 10.0 | 5.0 | 0.0 |
| 2 001～3 000元 | 38 | 63.2 | 13.2 | 5.3 | 15.8 | 2.6 | 0.0 |
| 3 000元以上 | 22 | 77.3 | 9.1 | 0.0 | 13.6 | 0.0 | 0.0 |

4. 重度消费者人口分布

4-1 不同性别重度消费者的年龄分布

| | 人数 | 16～24岁 | 25～34岁 | 35～44岁 | 45～54岁 | 55～60岁 |
|---|---|---|---|---|---|---|
| 样本 | 424 | 15.1 | 31.8 | 26.4 | 21.0 | 5.7 |
| 男性 | 195 | 15.4 | 30.8 | 25.1 | 23.6 | 5.1 |
| 天天喝 | 59 | 11.9 | 28.8 | 22.0 | 32.2 | 5.1 |
| 一周3次或以上 | 58 | 19.0 | 29.3 | 24.1 | 20.7 | 6.9 |
| 一周1～2次 | 78 | 15.4 | 33.3 | 28.2 | 19.2 | 3.8 |
| 女性 | 229 | 14.8 | 32.8 | 27.5 | 18.8 | 6.1 |
| 天天喝 | 75 | 8.0 | 34.7 | 32.0 | 17.3 | 8.0 |
| 一周3次或以上 | 77 | 18.2 | 32.5 | 23.4 | 18.2 | 7.8 |
| 一周1～2次 | 77 | 18.2 | 31.2 | 27.3 | 20.8 | 2.6 |

4-2 不同性别重度消费者的收入分布

| | 人数 | 无收入 | 500元以下 | 501～1000元 | 1001～1500元 | 1501～2000元 | 2001～3000元 | 3000元以上 |
|---|---|---|---|---|---|---|---|---|
| 样本 | 423 | 15.4 | 5.9 | 15.6 | 20.3 | 9.7 | 19.4 | 13.7 |
| 男性 | 194 | 10.8 | 4.6 | 9.8 | 18.6 | 11.9 | 24.2 | 20.1 |
| 天天喝 | 59 | 11.9 | 1.7 | 11.9 | 16.9 | 10.2 | 23.7 | 23.7 |
| 一周3次或以上 | 58 | 10.3 | 3.4 | 8.6 | 15.5 | 17.2 | 29.3 | 15.5 |
| 一周1～2次 | 77 | 10.4 | 7.8 | 9.1 | 22.1 | 9.1 | 20.8 | 20.8 |
| 女性 | 229 | 19.2 | 7.0 | 20.5 | 21.8 | 7.9 | 15.3 | 8.3 |
| 天天喝 | 75 | 20.0 | 4.0 | 18.7 | 25.3 | 6.7 | 16.0 | 9.3 |
| 一周3次或以上 | 77 | 19.5 | 10.4 | 26.0 | 13.0 | 6.5 | 18.2 | 6.5 |
| 一周1～2次 | 77 | 18.2 | 6.5 | 16.9 | 27.3 | 10.4 | 11.7 | 9.1 |

5. 重度消费者选择该类商品的考虑因素

注：本题为多选题，合计百分比可能超过100%

| | 人数 | 有名的牌子 | 价格适中 | 包装吸引人 | 广告影响 | 购买方便 | 口味好 | 有优惠条件 |
|---|---|---|---|---|---|---|---|---|
| 样本 | 424 | 34.2 | 25.0 | 1.9 | 7.5 | 19.8 | 59.4 | 5.2 |
| 天天喝 | 134 | 35.1 | 25.4 | 2.2 | 6.0 | 12.7 | 56.0 | 4.5 |
| 一周3次或以上 | 135 | 31.9 | 20.0 | 1.5 | 8.1 | 28.1 | 60.7 | 6.7 |
| 一周1～2次 | 155 | 35.5 | 29.0 | 1.9 | 8.4 | 18.7 | 61.3 | 4.5 |

| | 人数 | 营养成分 | 售货员介绍 | 生产日期 | 朋友推荐 | 只是由于习惯 | 其他 |
|---|---|---|---|---|---|---|---|
| 样本 | 424 | 29.7 | 2.1 | 6.4 | 2.8 | 4.7 | 0.7 |
| 天天喝 | 134 | 31.3 | 2.2 | 7.5 | 3.0 | 6.0 | 0.0 |
| 一周3次或以上 | 135 | 32.6 | 2.2 | 5.9 | 0.7 | 3.7 | 0.7 |
| 一周1～2次 | 155 | 25.8 | 1.9 | 5.8 | 4.5 | 4.5 | 1.3 |

6. 重度消费者最常食用的种类

| | 人数 | 全脂 | 低脂 | 脱脂 | 花色奶（巧克力味、草莓味等） | 强化奶 | 加矿物质（含钙、铁等） | 其他 |
|---|---|---|---|---|---|---|---|---|
| 样本 | 424 | 30.2 | 34.0 | 16.3 | 6.1 | 0.7 | 10.1 | 2.6 |
| 天天喝 | 134 | 32.1 | 37.3 | 16.4 | 6.0 | 0.0 | 5.2 | 3.0 |
| 一周3次或以上 | 135 | 32.6 | 25.2 | 19.3 | 7.4 | 0.7 | 11.9 | 3.0 |
| 一周1～2次 | 155 | 26.5 | 38.7 | 13.5 | 5.2 | 1.3 | 12.9 | 1.9 |

7. 重度消费者最常食用的包装形式

| | 人数 | 方盒装/利乐砖 | 房屋状纸盒 | 粽子状纸盒 | 塑料瓶 | 利乐装（铝皮纸袋） | 其他 |
|---|---|---|---|---|---|---|---|
| **样本** | 420 | 65.5 | 11.4 | 2.1 | 16.2 | 4.8 | 0.0 |
| 天天喝 | 133 | 65.4 | 9.0 | 1.5 | 19.5 | 4.5 | 0.0 |
| 一周3次或以上 | 133 | 62.4 | 13.5 | 2.3 | 15.0 | 6.8 | 0.0 |
| 一周1～2次 | 154 | 68.2 | 11.7 | 2.6 | 14.3 | 3.2 | 0.0 |

8. 重度消费者最常食用的场合

注：本题为多选题，合计百分比可能超过100%

| | 人数 | 早餐时 | 正餐（午、晚餐）时 | 口渴时 | 宵夜时 | 睡觉前 | 工作休息时 | 外出/旅游时 | 运动后 | 其他 |
|---|---|---|---|---|---|---|---|---|---|---|
| **样本** | 424 | 70.8 | 2.8 | 11.8 | 8.0 | 15.6 | 8.5 | 2.4 | 1.7 | 1.7 |
| 天天喝 | 134 | 80.6 | 2.2 | 5.2 | 6.0 | 17.9 | 3.0 | 0.7 | 0.7 | 1.5 |
| 一周3次或以上 | 135 | 67.4 | 3.7 | 13.3 | 8.9 | 16.3 | 8.1 | 3.0 | 1.5 | 3.0 |
| 一周1～2次 | 155 | 65.2 | 2.6 | 16.1 | 9.0 | 12.9 | 13.5 | 3.2 | 2.6 | 0.6 |

# 酸奶市场调查数据

## 北　京

### 一、基本市场描述

1. 最近三个月食用频率的比例

| | 人　数 | 百分比 |
|---|---|---|
| 天天喝 | 82 | 8.1 |
| 一周3次或以上 | 134 | 13.2 |
| 一周1～2次 | 271 | 26.7 |
| 一个月2～3次 | 119 | 11.7 |
| 一个月1次或以下 | 37 | 3.6 |
| 没喝过 | 371 | 36.6 |

n＝1014

2. 不同消费者最近三个月有无购买的比例

2-1　样本、男性各年龄层、女性各年龄层最近三个月有无购买的比例

| | 人　数 | 买　过 | 没买过 |
|---|---|---|---|
| **样本** | 1 015 | 63.5 | 36.5 |
| **男性** | 517 | 56.3 | 43.7 |
| 16～24岁 | 80 | 58.8 | 41.3 |
| 25～34岁 | 146 | 56.2 | 43.8 |
| 35～44岁 | 155 | 59.4 | 40.6 |
| 45～54岁 | 100 | 51.0 | 49.0 |
| 55～60岁 | 36 | 52.8 | 47.2 |
| **女性** | 498 | 71.7 | 28.9 |
| 16～24岁 | 71 | 74.6 | 25.4 |
| 25～34岁 | 113 | 80.5 | 19.5 |
| 35～44岁 | 160 | 77.5 | 22.5 |
| 45～54岁 | 107 | 57.0 | 43.0 |
| 55～60岁 | 47 | 53.2 | 46.8 |

2-2　样本、男性各收入层、女性各收入层最近三个月有无购买的比例

| | 人 数 | 买 过 | 没买过 |
|---|---|---|---|
| **样本** | 1 009 | 63.7 | 36.3 |
| **男性** | 511 | 56.6 | 43.4 |
| 无收入 | 49 | 59.2 | 40.8 |
| 500元以下 | 35 | 31.4 | 68.6 |
| 501～1 000元 | 159 | 67.9 | 32.1 |
| 1 001～1 500元 | 112 | 53.6 | 46.4 |
| 1 501～2 000元 | 58 | 67.2 | 32.8 |
| 2 001～3 000元 | 50 | 72.0 | 28.0 |
| 3 000元以上 | 33 | 72.7 | 27.3 |
| **女性** | 498 | 71.1 | 28.9 |
| 无收入 | 108 | 64.8 | 35.2 |
| 500元以下 | 64 | 56.3 | 43.8 |
| 501～1 000元 | 159 | 67.9 | 32.1 |
| 1 001～1 500元 | 84 | 83.3 | 16.7 |
| 1 501～2 000元 | 40 | 85.0 | 15.0 |
| 2 001～3 000元 | 23 | 82.6 | 17.4 |
| 3 000元以上 | 20 | 85.0 | 15.0 |

## 二、消费者分析

**1. 选择该类商品的考虑因素**

注：本题为多选题，合计百分比可能超过100%

| 排 名 | 考虑因素 | 人 次 | 百分比 |
|---|---|---|---|
| 1 | 口味好 | 422 | 65.5 |
| 2 | 有名的牌子 | 238 | 37.0 |
| 3 | 价格适中 | 215 | 33.4 |
| 4 | 营养成分 | 190 | 29.5 |
| 5 | 购买方便 | 167 | 25.9 |
| 6 | 生产日期 | 102 | 15.8 |
| 7 | 只是由于习惯 | 38 | 5.9 |
| 8 | 有优惠条件 | 34 | 5.3 |
| 9 | 广告影响 | 16 | 2.5 |
| 10 | 包装吸引人 | 10 | 1.6 |
| 11 | 朋友推荐 | 7 | 1.1 |
| 12 | 售货员介绍 | 2 | 0.3 |

n＝644

**2. 样本、男性各年龄层、女性各年龄层最常食用的种类**

| | 人数 | 原味 | 巧克力味 | 草莓味 | 菠萝味 | 橙味 | 杏味 | 带果粒 | 加钙 | 其他 |
|---|---|---|---|---|---|---|---|---|---|---|
| **样本** | 644 | 74.2 | 6.4 | 30.3 | 3.9 | 2.8 | 0.0 | 3.1 | 8.1 | 0.3 |
| **男性** | 293 | 75.8 | 5.8 | 25.3 | 4.4 | 1.7 | 0.0 | 2.0 | 7.8 | 0.3 |
| 16～24岁 | 52 | 73.1 | 13.5 | 32.7 | 0.0 | 0.0 | 0.0 | 3.8 | 5.8 | 0.0 |
| 25～34岁 | 85 | 71.8 | 7.1 | 32.9 | 5.9 | 2.4 | 0.0 | 1.2 | 7.1 | 0.0 |
| 35～44岁 | 88 | 75.0 | 4.5 | 20.5 | 5.7 | 3.4 | 0.0 | 3.4 | 9.1 | 1.1 |
| 45～54岁 | 49 | 85.7 | 0.0 | 14.3 | 4.1 | 0.0 | 0.0 | 0.0 | 8.2 | 0.0 |
| 55～60岁 | 19 | 78.9 | 0.0 | 21.1 | 5.3 | 0.0 | 0.0 | 0.0 | 10.5 | 0.0 |

（续）

| | 人数 | 原味 | 巧克力味 | 草莓味 | 菠萝味 | 橙味 | 杏味 | 带果粒 | 加钙 | 其他 |
|---|---|---|---|---|---|---|---|---|---|---|
| 女性 | 351 | 72.9 | 6.8 | 34.5 | 3.4 | 3.7 | 0.0 | 4.0 | 8.3 | 0.3 |
| 16～24岁 | 58 | 69.0 | 17.2 | 36.2 | 0.0 | 3.4 | 0.0 | 8.6 | 12.1 | 0.0 |
| 25～34岁 | 90 | 68.9 | 6.7 | 33.3 | 6.7 | 7.8 | 0.0 | 4.4 | 5.6 | 0.0 |
| 35～44岁 | 122 | 69.7 | 5.7 | 40.2 | 3.3 | 3.3 | 0.0 | 2.5 | 9.0 | 0.0 |
| 45～54岁 | 58 | 86.2 | 0.0 | 27.6 | 3.4 | 0.0 | 0.0 | 1.7 | 10.3 | 0.0 |
| 55～60岁 | 23 | 82.6 | 4.3 | 21.7 | 0.0 | 0.0 | 0.0 | 4.3 | 0.0 | 4.3 |

**3. 不同消费者最常食用的包装形式**

注：本题为多选题，合计百分比可能超过100%

3-1 样本、男性各年龄层、女性各年龄层最常食用的包装形式

| | 人数 | 袋装 | 纸盒/利乐装 | 房屋状纸盒 | 粽子状纸盒 | 塑料杯装 | 塑料瓶 | 瓷瓶 | 玻璃瓶 | 其他 |
|---|---|---|---|---|---|---|---|---|---|---|
| 样本 | 642 | 42.7 | 26.9 | 13.4 | 0.2 | 18.8 | 5.3 | 9.5 | 7.2 | 0.2 |
| 男性 | 293 | 43.3 | 25.6 | 13.7 | 0.0 | 15.7 | 5.5 | 11.6 | 6.5 | 0.0 |
| 16～24岁 | 52 | 51.9 | 30.8 | 9.6 | 0.0 | 13.5 | 1.9 | 11.5 | 5.8 | 0.0 |
| 25～34岁 | 85 | 40.0 | 34.1 | 17.6 | 0.0 | 14.1 | 4.7 | 10.6 | 5.9 | 0.0 |
| 35～44岁 | 88 | 43.2 | 17.0 | 12.5 | 0.0 | 18.2 | 9.1 | 13.6 | 8.0 | 0.0 |
| 45～54岁 | 49 | 36.7 | 20.4 | 12.2 | 0.0 | 18.4 | 6.1 | 10.2 | 6.1 | 0.0 |
| 55～60岁 | 19 | 52.6 | 26.3 | 15.8 | 0.0 | 10.5 | 0.0 | 10.5 | 5.3 | 0.0 |
| 女性 | 349 | 42.1 | 28.1 | 13.2 | 0.3 | 21.5 | 5.2 | 7.7 | 7.7 | 0.3 |
| 16～24岁 | 58 | 31.0 | 29.3 | 17.2 | 0.0 | 19.0 | 10.3 | 3.4 | 10.3 | 0.0 |
| 25～34岁 | 90 | 45.6 | 24.4 | 16.7 | 0.0 | 24.4 | 4.4 | 11.1 | 5.6 | 0.0 |
| 35～44岁 | 120 | 42.5 | 29.2 | 10.0 | 0.8 | 20.8 | 4.2 | 7.5 | 10.8 | 0.8 |
| 45～54岁 | 58 | 43.1 | 29.3 | 12.1 | 0.0 | 22.4 | 5.2 | 8.6 | 3.4 | 0.0 |
| 55～60岁 | 23 | 52.2 | 30.4 | 8.7 | 0.0 | 17.4 | 0.0 | 4.3 | 4.3 | 0.0 |

3-2 样本、男性各收入层、女性各收入层最常食用的包装形式

| | 人数 | 袋装 | 纸盒/利乐装 | 房屋状纸盒 | 粽子状纸盒 | 塑料杯装 | 塑料瓶 | 瓷瓶 | 玻璃瓶 | 其他 |
|---|---|---|---|---|---|---|---|---|---|---|
| 样本 | 640 | 42.7 | 26.9 | 13.4 | 0.2 | 18.9 | 5.3 | 9.4 | 7.2 | 0.2 |
| 男性 | 291 | 43.3 | 25.4 | 13.7 | 0.0 | 15.8 | 5.5 | 11.3 | 6.5 | 0.0 |
| 无收入 | 32 | 56.3 | 31.3 | 6.3 | 0.0 | 15.6 | 0.0 | 9.4 | 6.3 | 0.0 |
| 500元以下 | 12 | 50.0 | 25.0 | 0.0 | 0.0 | 16.7 | 0.0 | 25.0 | 0.0 | 0.0 |
| 501～1 000元 | 81 | 54.3 | 17.3 | 13.6 | 0.0 | 12.3 | 6.2 | 11.1 | 4.9 | 0.0 |
| 1 001～1 500元 | 63 | 41.3 | 25.4 | 19.0 | 0.0 | 14.3 | 6.3 | 7.9 | 7.9 | 0.0 |
| 1 501～2 000元 | 39 | 38.5 | 38.5 | 7.7 | 0.0 | 20.5 | 2.6 | 10.3 | 2.6 | 0.0 |
| 2 001～3 000元 | 41 | 29.3 | 19.5 | 24.4 | 0.0 | 19.5 | 7.3 | 14.6 | 9.8 | 0.0 |
| 3 000元以上 | 23 | 21.7 | 34.8 | 8.7 | 0.0 | 17.4 | 13.0 | 13.0 | 13.0 | 0.0 |
| 女性 | 349 | 42.1 | 28.1 | 13.2 | 0.3 | 21.5 | 5.2 | 7.7 | 7.7 | 0.3 |
| 无收入 | 71 | 36.6 | 28.2 | 12.7 | 0.0 | 18.3 | 9.9 | 5.6 | 12.7 | 0.0 |
| 500元以下 | 35 | 60.0 | 11.4 | 8.6 | 0.0 | 17.1 | 5.7 | 2.9 | 8.6 | 0.0 |
| 501～1 000元 | 105 | 49.5 | 21.9 | 10.5 | 1.0 | 23.8 | 2.9 | 9.5 | 5.7 | 0.0 |
| 1 001～1 500元 | 68 | 42.6 | 39.7 | 11.8 | 0.0 | 16.2 | 4.4 | 8.8 | 7.4 | 0.0 |
| 1 501～2 000元 | 34 | 20.6 | 38.2 | 20.6 | 0.0 | 23.5 | 0.0 | 14.7 | 8.8 | 2.9 |
| 2 001～3 000元 | 19 | 36.8 | 31.6 | 21.1 | 0.0 | 31.6 | 10.5 | 0.0 | 5.3 | 0.0 |
| 3 000元以上 | 17 | 29.4 | 29.4 | 23.5 | 0.0 | 35.3 | 5.9 | 5.9 | 0.0 | 0.0 |

**4. 重度消费者人口分布**

4-1　不同性别重度消费者的年龄分布

| | 人　数 | 16～24 岁 | 25～34 岁 | 35～44 岁 | 45～54 岁 | 55～60 岁 |
|---|---|---|---|---|---|---|
| 样本 | 487 | 17.2 | 27.5 | 34.1 | 15.2 | 6.0 |
| 男性 | 221 | 16.7 | 28.1 | 33.0 | 15.4 | 6.8 |
| 天天喝 | 30 | 10.0 | 23.3 | 40.0 | 16.7 | 10.0 |
| 一周 3 次或以上 | 57 | 19.3 | 22.8 | 29.8 | 22.8 | 5.3 |
| 一周 1～2 次 | 134 | 17.2 | 31.3 | 32.8 | 11.9 | 6.7 |
| 女性 | 266 | 17.7 | 27.1 | 35.0 | 15.0 | 5.3 |
| 天天喝 | 52 | 11.5 | 42.3 | 28.8 | 9.6 | 7.7 |
| 一周 3 次或以上 | 77 | 20.8 | 19.5 | 39.0 | 15.6 | 5.2 |
| 一周 1～2 次 | 137 | 18.2 | 25.5 | 35.0 | 16.8 | 4.4 |

4-2　不同性别重度消费者的收入分布

| | 人　数 | 无收入 | 500 元以下 | 501～1000 元 | 1001～1500 元 | 1501～2000 元 | 2001～3000 元 | 3000 元以上 |
|---|---|---|---|---|---|---|---|---|
| 样本 | 486 | 15.8 | 5.8 | 27.8 | 22.4 | 11.7 | 9.7 | 6.8 |
| 男性 | 220 | 10.5 | 4.1 | 25.9 | 22.3 | 14.1 | 14.1 | 9.1 |
| 天天喝 | 30 | 10.0 | 10.0 | 30.0 | 13.3 | 10.0 | 16.7 | 10.0 |
| 一周 3 次或以上 | 57 | 10.5 | 10.5 | 26.3 | 22.8 | 10.5 | 8.8 | 10.5 |
| 一周 1～2 次 | 133 | 10.5 | 0.0 | 24.8 | 24.1 | 16.5 | 15.8 | 8.3 |
| 女性 | 266 | 20.3 | 7.1 | 29.3 | 22.6 | 9.8 | 6.0 | 4.9 |
| 天天喝 | 52 | 19.2 | 7.7 | 36.5 | 23.1 | 7.7 | 3.8 | 1.9 |
| 一周 3 次或以上 | 77 | 16.9 | 1.3 | 32.5 | 26.0 | 11.7 | 5.2 | 6.5 |
| 一周 1～2 次 | 137 | 22.6 | 10.2 | 24.8 | 20.4 | 9.5 | 7.3 | 5.1 |

**5. 重度消费者选择该类商品的考虑因素**

注：本题为多选题，合计百分比可能超过 100%

| | 人　数 | 有名的牌子 | 价格适中 | 包装吸引人 | 广告影响 | 购买方便 | 口味好 | 有优惠条件 |
|---|---|---|---|---|---|---|---|---|
| 样本 | 487 | 36.1 | 32.6 | 1.8 | 2.7 | 25.5 | 68.8 | 4.3 |
| 天天喝 | 82 | 37.8 | 35.4 | 2.4 | 2.4 | 29.3 | 69.5 | 2.4 |
| 一周 3 次或以上 | 134 | 36.6 | 34.3 | 3.0 | 1.5 | 26.1 | 64.2 | 5.2 |
| 一周 1～2 次 | 271 | 35.4 | 31.0 | 1.1 | 3.3 | 24.0 | 70.8 | 4.4 |

| | 人　数 | 营养成分 | 售货员介绍 | 生产日期 | 朋友推荐 | 只是由于习惯 | 其他 |
|---|---|---|---|---|---|---|---|
| 样本 | 487 | 31.2 | 0.0 | 14.6 | 0.8 | 6.4 | 0.0 |
| 天天喝 | 82 | 35.4 | 0.0 | 11.0 | 1.2 | 7.3 | 0.0 |
| 一周 3 次或以上 | 134 | 29.1 | 0.0 | 20.9 | 0.0 | 8.2 | 0.0 |
| 一周 1～2 次 | 271 | 31.0 | 0.0 | 12.5 | 1.1 | 5.2 | 0.0 |

**6. 重度消费者最常食用的种类**

注：本题为多选题，合计百分比可能超过 100%

| | 人数 | 原味 | 巧克力味 | 草莓味 | 菠萝味 | 橙味 | 杏味 | 带果粒 | 加钙 | 其他 |
|---|---|---|---|---|---|---|---|---|---|---|
| 样本 | 487 | 75.4 | 5.3 | 30.8 | 4.3 | 3.1 | 0.0 | 3.3 | 7.0 | 0.4 |
| 天天喝 | 82 | 80.5 | 2.4 | 24.4 | 0.0 | 7.3 | 0.0 | 3.7 | 7.3 | 1.2 |
| 一周 3 次或以上 | 134 | 78.4 | 7.5 | 34.3 | 6.0 | 3.0 | 0.0 | 3.0 | 6.0 | 0.0 |
| 一周 1～2 次 | 271 | 72.3 | 5.2 | 31.0 | 4.8 | 1.8 | 0.0 | 3.3 | 7.4 | 0.4 |

7. 重度消费者最常食用的包装形式

注：本题为多选题，合计百分比可能超过100％

| | 人 数 | 袋装 | 纸盒/利乐装 | 房屋状纸盒 | 粽子状纸盒 | 塑料杯装 | 塑料瓶 | 瓷瓶 | 玻璃瓶 | 其他 |
|---|---|---|---|---|---|---|---|---|---|---|
| **样本** | 486 | 40.9 | 29.4 | 12.8 | 0.2 | 19.3 | 5.8 | 8.8 | 7.0 | 0.0 |
| 天天喝 | 82 | 54.9 | 31.7 | 7.3 | 1.2 | 7.3 | 1.2 | 11.0 | 6.1 | 0.0 |
| 一周3次或以上 | 134 | 41.0 | 34.3 | 14.9 | 0.0 | 20.9 | 6.0 | 4.5 | 6.7 | 0.0 |
| 一周1～2次 | 270 | 36.7 | 26.3 | 13.3 | 0.0 | 22.2 | 7.0 | 10.4 | 7.4 | 0.0 |

8. 重度消费者最常食用的场合

注：本题为多选题，合计百分比可能超过100％

| | 人 数 | 早餐时 | 正餐（午、晚餐）时 | 口渴时 | 宵夜时 | 睡觉前 | 工作休息时 | 外出/旅游时 | 其 他 |
|---|---|---|---|---|---|---|---|---|---|
| **样本** | 485 | 14.8 | 9.3 | 40.4 | 4.5 | 16.7 | 23.9 | 10.9 | 2.9 |
| 天天喝 | 82 | 22.0 | 13.4 | 34.1 | 4.9 | 29.3 | 9.8 | 9.8 | 1.2 |
| 一周3次或以上 | 134 | 14.2 | 6.7 | 43.3 | 6.0 | 19.4 | 31.3 | 7.5 | 2.2 |
| 一周1～2次 | 269 | 13.0 | 9.3 | 40.9 | 3.7 | 11.5 | 24.5 | 13.0 | 3.7 |

# 上 海

## 一、基本市场描述

1. 最近三个月食用频率的比例

| | 人 数 | 百分比 |
|---|---|---|
| 天天喝 | 41 | 4.0 |
| 一周3次或以上 | 73 | 7.1 |
| 一周1～2次 | 212 | 20.6 |
| 一个月2～3次 | 97 | 9.4 |
| 一个月1次或以下 | 30 | 2.9 |
| 没喝过 | 574 | 55.9 |

n＝1 027

2. 不同消费者最近三个月有无购买的比例

2-1 样本、男性各年龄层、女性各年龄层最近三个月有无购买的比例

| | 人 数 | 买 过 | 没买过 |
|---|---|---|---|
| **样本** | 1 027 | 52.7 | 47.3 |
| **男性** | 521 | 44.1 | 55.9 |
| 16～24岁 | 73 | 52.1 | 47.9 |
| 25～34岁 | 97 | 52.6 | 47.4 |
| 35～44岁 | 176 | 49.4 | 50.6 |
| 45～54岁 | 137 | 32.1 | 67.9 |
| 55～60岁 | 38 | 26.3 | 73.7 |
| **女性** | 506 | 61.5 | 38.5 |
| 16～24岁 | 74 | 75.7 | 24.3 |
| 25～34岁 | 92 | 60.9 | 39.1 |
| 35～44岁 | 176 | 64.8 | 35.2 |
| 45～54岁 | 125 | 52.8 | 47.2 |
| 55～60岁 | 39 | 48.7 | 51.3 |

2-2 样本、男性各收入层、女性各收入层最近三个月有无购买的比例

| | 人数 | 买过 | 没买过 |
|---|---|---|---|
| 样本 | 1 022 | 52.6 | 47.4 |
| 男性 | 519 | 44.1 | 55.9 |
| 无收入 | 55 | 36.4 | 63.6 |
| 500 元以下 | 11 | 36.4 | 63.6 |
| 501～1 000 元 | 148 | 50.7 | 49.3 |
| 1 001～1 500 元 | 119 | 39.5 | 60.5 |
| 1 501～2 000 元 | 78 | 47.4 | 52.6 |
| 2 001～3 000 元 | 81 | 54.3 | 45.7 |
| 3 000 元以上 | 65 | 66.2 | 33.8 |
| 女性 | 503 | 61.4 | 38.6 |
| 无收入 | 95 | 66.3 | 33.7 |
| 500 元以下 | 51 | 52.9 | 47.1 |
| 501～1 000 元 | 148 | 50.7 | 49.3 |
| 1 001～1 500 元 | 99 | 67.7 | 32.3 |
| 1 501～2 000 元 | 47 | 61.7 | 38.3 |
| 2 001～3 000 元 | 41 | 75.6 | 24.4 |
| 3 000 元以上 | 22 | 77.3 | 22.7 |

## 二、消费者分析

### 1. 选择该类商品的考虑因素

注：本题为多选题，合计百分比可能超过 100%

| 排 名 | 考虑因素 | 人 次 | 百分比 |
|---|---|---|---|
| 1 | 口味好 | 330 | 72.8 |
| 2 | 有名的牌子 | 243 | 53.6 |
| 3 | 价格适中 | 151 | 33.3 |
| 4 | 营养成分 | 145 | 32.0 |
| 5 | 生产日期 | 74 | 16.3 |
| 6 | 购买方便 | 60 | 13.2 |
| 7 | 广告影响 | 28 | 6.2 |
| 8 | 有优惠条件 | 24 | 5.3 |
| 9 | 只是由于习惯 | 23 | 5.1 |
| 10 | 包装吸引人 | 9 | 2.0 |
| 11 | 朋友推荐 | 6 | 1.3 |
| 12 | 售货员介绍 | 3 | 0.7 |
| 12 | 其他 | 3 | 0.7 |

n＝453

### 2. 样本、男性各年龄层、女性各年龄层最常食用的种类

注：本题为多选题，合计百分比可能超过 100%

| | 人 数 | 原 味 | 巧克力味 | 草莓味 | 菠萝味 | 橙 味 | 杏 味 | 带果粒 | 加 钙 | 其 他 |
|---|---|---|---|---|---|---|---|---|---|---|
| 样本 | 453 | 72.6 | 3.8 | 27.4 | 5.3 | 3.3 | 0.0 | 10.4 | 3.1 | 1.1 |
| 男性 | 187 | 74.9 | 4.3 | 25.1 | 3.7 | 4.3 | 0.0 | 7.0 | 4.3 | 0.0 |
| 16～24 岁 | 39 | 76.9 | 7.7 | 35.9 | 7.7 | 2.6 | 0.0 | 7.7 | 2.6 | 0.0 |
| 25～34 岁 | 50 | 66.0 | 6.0 | 22.0 | 2.0 | 4.0 | 0.0 | 10.0 | 4.0 | 0.0 |
| 35～44 岁 | 59 | 79.7 | 0.0 | 22.0 | 5.1 | 3.4 | 0.0 | 3.4 | 8.5 | 0.0 |
| 45～54 岁 | 30 | 76.7 | 3.3 | 26.7 | 0.0 | 10.0 | 0.0 | 3.3 | 0.0 | 0.0 |
| 55～60 岁 | 9 | 77.8 | 11.1 | 11.1 | 0.0 | 0.0 | 0.0 | 22.2 | 0.0 | 0.0 |

（续）

| | 人 数 | 原 味 | 巧克力味 | 草莓味 | 菠萝味 | 橙 味 | 杏 味 | 带果粒 | 加 钙 | 其 他 |
|---|---|---|---|---|---|---|---|---|---|---|
| **女性** | 266 | 71.1 | 3.4 | 28.9 | 6.4 | 2.6 | 0.0 | 12.8 | 2.3 | 1.9 |
| 16～24岁 | 59 | 61.0 | 5.1 | 39.0 | 6.8 | 5.1 | 0.0 | 22.0 | 0.0 | 1.7 |
| 25～34岁 | 53 | 75.5 | 1.9 | 24.5 | 5.7 | 0.0 | 0.0 | 11.3 | 1.9 | 5.7 |
| 35～44岁 | 87 | 72.4 | 2.3 | 26.4 | 5.7 | 1.1 | 0.0 | 11.5 | 3.4 | 1.1 |
| 45～54岁 | 55 | 70.9 | 5.5 | 29.1 | 9.1 | 5.5 | 0.0 | 9.1 | 1.8 | 0.0 |
| 55～60岁 | 12 | 91.7 | 0.0 | 16.7 | 0.0 | 0.0 | 0.0 | 0.0 | 8.3 | 0.0 |

**3. 不同消费者最常食用的包装形式**

注：本题为多选题，合计百分比可能超过100%

3-1　样本、男性各年龄层、女性各年龄层最常食用的包装形式

| | 人 数 | 袋 装 | 纸盒/利乐装 | 房屋状纸 盒 | 粽子状纸 盒 | 塑料杯装 | 塑料瓶 | 瓷 瓶 | 玻璃瓶 | 其 他 |
|---|---|---|---|---|---|---|---|---|---|---|
| **样本** | 453 | 2.9 | 34.0 | 23.6 | 0.4 | 36.6 | 13.7 | 0.2 | 3.1 | 0.0 |
| **男性** | 187 | 3.2 | 39.0 | 19.8 | 1.1 | 31.0 | 11.8 | 0.5 | 4.3 | 0.0 |
| 16～24岁 | 39 | 2.6 | 43.6 | 20.5 | 0.0 | 30.8 | 10.3 | 2.6 | 0.0 | 0.0 |
| 25～34岁 | 50 | 2.0 | 42.0 | 14.0 | 2.0 | 38.0 | 12.0 | 0.0 | 2.0 | 0.0 |
| 35～44岁 | 59 | 3.4 | 32.2 | 22.0 | 1.7 | 27.1 | 13.6 | 0.0 | 8.5 | 0.0 |
| 45～54岁 | 30 | 6.7 | 40.0 | 23.3 | 0.0 | 30.0 | 6.7 | 0.0 | 6.7 | 0.0 |
| 55～60岁 | 9 | 0.0 | 44.4 | 22.2 | 0.0 | 22.2 | 22.2 | 0.0 | 0.0 | 0.0 |
| **女性** | 266 | 2.6 | 30.5 | 26.3 | 0.0 | 40.6 | 15.0 | 0.0 | 2.3 | 0.0 |
| 16～24岁 | 59 | 5.1 | 27.1 | 32.2 | 0.0 | 50.8 | 16.9 | 0.0 | 0.0 | 0.0 |
| 25～34岁 | 53 | 1.9 | 32.1 | 15.1 | 0.0 | 41.5 | 18.9 | 0.0 | 1.9 | 0.0 |
| 35～44岁 | 87 | 2.3 | 26.4 | 31.0 | 0.0 | 36.8 | 13.8 | 0.0 | 2.3 | 0.0 |
| 45～54岁 | 55 | 1.8 | 38.2 | 23.6 | 0.0 | 30.9 | 12.7 | 0.0 | 5.5 | 0.0 |
| 55～60岁 | 12 | 0.0 | 33.3 | 25.0 | 0.0 | 58.3 | 8.3 | 0.0 | 0.0 | 0.0 |

3-2　样本、男性各收入层、女性各收入层最常食用的包装形式

| | 人 数 | 袋 装 | 纸盒/利乐装 | 房屋状纸 盒 | 粽子状纸 盒 | 塑料杯装 | 塑料瓶 | 瓷 瓶 | 玻璃瓶 | 其他 |
|---|---|---|---|---|---|---|---|---|---|---|
| **样本** | 451 | 2.9 | 33.9 | 23.7 | 0.4 | 36.6 | 13.7 | 0.2 | 3.1 | 0.0 |
| **男性** | 187 | 3.2 | 39.0 | 19.8 | 1.1 | 31.0 | 11.8 | 0.5 | 4.3 | 0.0 |
| 无收入 | 21 | 4.8 | 38.1 | 33.3 | 0.0 | 28.6 | 9.5 | 4.8 | 0.0 | 0.0 |
| 500元以下 | 4 | 0.0 | 50.0 | 25.0 | 0.0 | 25.0 | 0.0 | 0.0 | 0.0 | 0.0 |
| 501～1 000元 | 26 | 7.7 | 26.9 | 15.4 | 0.0 | 34.6 | 15.4 | 0.0 | 3.8 | 0.0 |
| 1 001～1 500元 | 36 | 0.0 | 44.4 | 13.9 | 0.0 | 41.7 | 8.3 | 0.0 | 0.0 | 0.0 |
| 1 501～2 000元 | 27 | 3.7 | 25.9 | 11.1 | 3.7 | 29.6 | 22.2 | 0.0 | 7.4 | 0.0 |
| 2 001～3 000元 | 34 | 2.9 | 41.2 | 29.4 | 0.0 | 26.5 | 14.7 | 0.0 | 2.9 | 0.0 |
| 3 000元以上 | 39 | 2.6 | 48.7 | 17.9 | 2.6 | 25.6 | 5.1 | 0.0 | 10.3 | 0.0 |
| **女性** | 264 | 2.7 | 30.3 | 26.5 | 0.0 | 40.5 | 15.2 | 0.0 | 2.3 | 0.0 |
| 无收入 | 60 | 1.7 | 33.3 | 35.0 | 0.0 | 45.0 | 10.0 | 0.0 | 0.0 | 0.0 |
| 500元以下 | 18 | 0.0 | 27.8 | 11.1 | 0.0 | 38.9 | 27.8 | 0.0 | 0.0 | 0.0 |
| 501～1 000元 | 54 | 5.6 | 38.9 | 27.8 | 0.0 | 31.5 | 13.0 | 0.0 | 1.9 | 0.0 |
| 1 001～1 500元 | 61 | 3.3 | 24.6 | 19.7 | 0.0 | 37.7 | 21.3 | 0.0 | 4.9 | 0.0 |
| 1 501～2 000元 | 25 | 4.0 | 16.0 | 28.0 | 0.0 | 48.0 | 12.0 | 0.0 | 4.0 | 0.0 |
| 2 001～3 000元 | 30 | 0.0 | 30.0 | 23.3 | 0.0 | 50.0 | 13.3 | 0.0 | 0.0 | 0.0 |
| 3 000元以上 | 16 | 0.0 | 37.5 | 37.5 | 0.0 | 37.5 | 12.5 | 0.0 | 6.3 | 0.0 |

4. **重度消费者人口分布**

4-1 不同性别重度消费者的年龄分布

| | 人 数 | 16～24岁 | 25～34岁 | 35～44岁 | 45～54岁 | 55～60岁 |
|---|---|---|---|---|---|---|
| **样本** | 326 | 21.2 | 22.1 | 34.4 | 18.4 | 4.0 |
| **男性** | 127 | 21.3 | 26.0 | 34.6 | 15.0 | 3.1 |
| 天天喝 | 17 | 11.8 | 17.6 | 41.2 | 17.6 | 11.8 |
| 一周3次或以上 | 28 | 35.7 | 17.9 | 32.1 | 14.3 | 0.0 |
| 一周1～2次 | 82 | 18.3 | 30.5 | 34.1 | 14.6 | 2.4 |
| **女性** | 199 | 21.1 | 19.6 | 34.2 | 20.6 | 4.5 |
| 天天喝 | 24 | 16.7 | 12.5 | 41.7 | 20.8 | 8.3 |
| 一周3次或以上 | 45 | 37.8 | 20.0 | 20.0 | 20.0 | 2.2 |
| 一周1～2次 | 130 | 16.2 | 20.8 | 37.7 | 20.8 | 4.6 |

4-2 不同性别重度消费者的收入分布

| | 人 数 | 无收入 | 500元以下 | 501～1000元 | 1001～1500元 | 1501～2000元 | 2001～3000元 | 3000元以 上 |
|---|---|---|---|---|---|---|---|---|
| **样本** | 324 | 17.0 | 4.9 | 16.0 | 23.5 | 12.7 | 13.3 | 12.7 |
| **男性** | 127 | 11.8 | 1.6 | 11.0 | 18.9 | 16.5 | 15.7 | 24.4 |
| 天天喝 | 17 | 0.0 | 0.0 | 17.6 | 5.9 | 11.8 | 29.4 | 35.3 |
| 一周3次或以上 | 28 | 14.3 | 3.6 | 7.1 | 32.1 | 3.6 | 3.6 | 35.7 |
| 一周1～2次 | 82 | 13.4 | 1.2 | 11.0 | 17.1 | 22.0 | 17.1 | 18.3 |
| **女性** | 197 | 20.3 | 7.1 | 19.3 | 26.4 | 10.2 | 11.7 | 5.1 |
| 天天喝 | 24 | 12.5 | 4.2 | 25.0 | 29.2 | 12.5 | 12.5 | 4.2 |
| 一周3次或以上 | 45 | 28.9 | 4.4 | 11.1 | 17.8 | 13.3 | 15.6 | 8.9 |
| 一周1～2次 | 128 | 18.8 | 8.6 | 21.1 | 28.9 | 8.6 | 10.2 | 3.9 |

5. **重度消费者选择该类商品的考虑因素**

注：本题为多选题，合计百分比可能超过100%

| | 人 数 | 有名的牌子 | 价格适中 | 包装吸引人 | 广告影响 | 购买方便 | 口味好 | 有优惠条件 |
|---|---|---|---|---|---|---|---|---|
| **样本** | 326 | 56.1 | 34.7 | 2.1 | 7.1 | 13.5 | 76.1 | 5.2 |
| 天天喝 | 41 | 63.4 | 17.1 | 4.9 | 9.8 | 9.8 | 58.5 | 9.8 |
| 一周3次或以上 | 73 | 54.8 | 31.5 | 2.7 | 2.7 | 13.7 | 82.2 | 4.1 |
| 一周1～2次 | 212 | 55.2 | 39.2 | 1.4 | 8.0 | 14.2 | 77.4 | 4.7 |

| | 人 数 | 营养成分 | 售货员介绍 | 生产日期 | 朋友推荐 | 只是由于习惯 | 其 他 |
|---|---|---|---|---|---|---|---|
| **样本** | 326 | 33.1 | 0.6 | 16.6 | 1.2 | 4.6 | 0.6 |
| 天天喝 | 41 | 39.0 | 0.0 | 9.8 | 0.0 | 4.9 | 2.4 |
| 一周3次或以上 | 73 | 35.6 | 0.0 | 20.5 | 1.4 | 4.1 | 0.0 |
| 一周1～2次 | 212 | 31.1 | 0.9 | 16.5 | 1.4 | 4.7 | 0.5 |

6. **重度消费者最常食用的种类**

注：本题为多选题，合计百分比可能超过100%

| | 人 数 | 原 味 | 巧克力味 | 草莓味 | 菠萝味 | 橙 味 | 杏 味 | 带果粒 | 加 钙 | 其 他 |
|---|---|---|---|---|---|---|---|---|---|---|
| **样本** | 326 | 75.8 | 3.1 | 27.3 | 4.3 | 3.1 | 0.0 | 10.7 | 2.1 | 1.2 |
| 天天喝 | 41 | 75.6 | 2.4 | 34.1 | 2.4 | 4.9 | 0.0 | 7.3 | 2.4 | 0.0 |
| 一周3次或以上 | 73 | 75.3 | 5.5 | 32.9 | 6.8 | 5.5 | 0.0 | 5.5 | 2.7 | 2.7 |
| 一周1～2次 | 212 | 75.9 | 2.4 | 24.1 | 3.8 | 1.9 | 0.0 | 13.2 | 1.9 | 0.9 |

7. 重度消费者最常食用的包装形式

注：本题为多选题，合计百分比可能超过 100%

| | 人 数 | 袋 装 | 纸盒/利乐 装 | 房屋状纸 盒 | 粽子状纸 盒 | 塑 料杯 装 | 塑料瓶 | 瓷 瓶 | 玻璃瓶 | 其 他 |
|---|---|---|---|---|---|---|---|---|---|---|
| 样本 | 326 | 3.4 | 35.6 | 23.9 | 0.6 | 35.6 | 13.8 | 0.3 | 3.4 | 0.0 |
| 天天喝 | 41 | 0.0 | 36.6 | 22.0 | 0.0 | 36.6 | 17.1 | 0.0 | 9.8 | 0.0 |
| 一周 3 次或以上 | 73 | 5.5 | 31.5 | 23.3 | 1.4 | 43.8 | 16.4 | 0.0 | 1.4 | 0.0 |
| 一周 1～2 次 | 212 | 3.3 | 36.8 | 24.5 | 0.5 | 32.5 | 12.3 | 0.5 | 2.8 | 0.0 |

8. 重度消费者最常食用的场合

注：本题为多选题，合计百分比可能超过 100%

| | 人数 | 早餐时 | 正餐（午、晚餐）时 | 口渴时 | 宵夜时 | 睡觉前 | 工作休息时 | 外出/旅游时 | 其 他 |
|---|---|---|---|---|---|---|---|---|---|
| 样本 | 326 | 20.9 | 8.9 | 35.0 | 12.3 | 20.9 | 18.1 | 4.3 | 2.8 |
| 天天喝 | 41 | 29.3 | 14.6 | 26.8 | 2.4 | 43.9 | 12.2 | 0.0 | 2.4 |
| 一周 3 次或以上 | 73 | 24.7 | 9.6 | 38.4 | 9.6 | 15.1 | 23.3 | 8.2 | 1.4 |
| 一周 1～2 次 | 212 | 17.9 | 7.5 | 35.4 | 15.1 | 18.4 | 17.5 | 3.8 | 3.3 |

# 广 州

## 一、基本市场描述

1. 最近三个月食用频率的比例

| | 人 数 | 百分比 |
|---|---|---|
| 天天喝 | 30 | 3.0 |
| 一周 3 次或以上 | 57 | 5.6 |
| 一周 1～2 次 | 139 | 13.7 |
| 一个月 2～3 次 | 113 | 11.1 |
| 一个月 1 次或以下 | 46 | 4.5 |
| 没喝过 | 630 | 62.1 |

n＝1 015

2. 不同消费者最近三个月有无购买的比例

2-1 样本、男性各年龄层、女性各年龄层最近三个月有无购买的比例

| | 人 数 | 买 过 | 没买过 |
|---|---|---|---|
| **样本** | 1 014 | 39.1 | 60.9 |
| **男性** | 520 | 32.5 | 67.5 |
| 16～24 岁 | 73 | 46.6 | 53.4 |
| 25～34 岁 | 152 | 30.3 | 69.7 |
| 35～44 岁 | 145 | 33.8 | 66.2 |
| 45～54 岁 | 109 | 32.1 | 67.9 |
| 55～60 岁 | 41 | 12.2 | 87.8 |
| **女性** | 494 | 46.0 | 54.0 |
| 16～24 岁 | 73 | 53.4 | 46.6 |
| 25～34 岁 | 157 | 44.6 | 55.4 |
| 35～44 岁 | 142 | 43.7 | 56.3 |
| 45～54 岁 | 81 | 51.9 | 48.1 |
| 55～60 岁 | 41 | 34.1 | 65.9 |

2-2　样本、男性各收入层、女性各收入层最近三个月有无购买的比例

| | 人　数 | 买　过 | 没买过 |
|---|---|---|---|
| **样本** | 1 011 | 39.1 | 60.9 |
| **男性** | 518 | 32.6 | 67.4 |
| 无收入 | 66 | 33.3 | 66.7 |
| 500 元以下 | 43 | 4.7 | 95.3 |
| 501～1 000 元 | 121 | 47.1 | 52.9 |
| 1 001～1 500 元 | 112 | 33.9 | 66.1 |
| 1 501～2 000 元 | 52 | 30.8 | 69.2 |
| 2 001～3 000 元 | 86 | 38.4 | 61.6 |
| 3 000 元以上 | 74 | 50.0 | 50.0 |
| **女性** | 493 | 45.8 | 54.2 |
| 无收入 | 112 | 41.1 | 58.9 |
| 500 元以下 | 53 | 32.1 | 67.9 |
| 501～1 000 元 | 121 | 47.1 | 52.9 |
| 1 001～1 500 元 | 95 | 46.3 | 53.7 |
| 1 501～2 000 元 | 39 | 48.7 | 51.3 |
| 2 001～3 000 元 | 46 | 60.9 | 39.1 |
| 3 000 元以上 | 27 | 55.6 | 44.4 |

## 二、消费者分析

### 1. 选择该类商品的考虑因素

注：本题为多选题，合计百分比可能超过 100%

| 排　名 | 考虑因素 | 人　次 | 百分比 |
|---|---|---|---|
| 1 | 口味好 | 223 | 58.1 |
| 2 | 有名的牌子 | 116 | 30.2 |
| 3 | 营养成分 | 106 | 27.6 |
| 4 | 价格适中 | 87 | 22.7 |
| 5 | 购买方便 | 74 | 19.3 |
| 6 | 广告影响 | 30 | 7.8 |
| 7 | 只是由于习惯 | 24 | 6.3 |
| 7 | 有优惠条件 | 24 | 6.3 |
| 8 | 生产日期 | 22 | 5.7 |
| 9 | 朋友推荐 | 21 | 5.5 |
| 10 | 包装吸引人 | 16 | 4.2 |
| 11 | 售货员介绍 | 9 | 2.3 |
| 12 | 其他 | 4 | 1.0 |

n＝384

### 2. 样本、男性各年龄层、女性各年龄层最常食用的种类

注：本题为多选题，合计百分比可能超过 100%

| | 人　数 | 原　味 | 巧克力味 | 草莓味 | 菠萝味 | 橙　味 | 杏　味 | 带果粒 | 加　钙 | 其　他 |
|---|---|---|---|---|---|---|---|---|---|---|
| **样本** | 385 | 52.5 | 11.2 | 29.4 | 4.2 | 7.8 | 1.6 | 3.1 | 19.2 | 0.8 |
| **男性** | 166 | 55.4 | 13.3 | 22.3 | 4.2 | 7.2 | 1.2 | 2.4 | 19.3 | 0.6 |
| 16～24 岁 | 37 | 43.2 | 16.2 | 35.1 | 5.4 | 10.8 | 0.0 | 0.0 | 16.2 | 0.0 |
| 25～34 岁 | 44 | 61.4 | 13.6 | 18.2 | 2.3 | 11.4 | 2.3 | 4.5 | 13.6 | 0.0 |
| 35～44 岁 | 46 | 52.2 | 8.7 | 17.4 | 2.2 | 2.2 | 2.2 | 4.3 | 34.8 | 0.0 |

(续)

| | 人 数 | 原 味 | 巧克力味 | 草莓味 | 菠萝味 | 橙 味 | 杏 味 | 带果粒 | 加 钙 | 其 他 |
|---|---|---|---|---|---|---|---|---|---|---|
| 45～54岁 | 34 | 67.6 | 17.6 | 23.5 | 5.9 | 5.9 | 0.0 | 0.0 | 2.9 | 2.9 |
| 55～60岁 | 5 | 40.0 | 0.0 | 0.0 | 20.0 | 0.0 | 0.0 | 0.0 | 60.0 | 0.0 |
| 女性 | 219 | 50.2 | 9.6 | 34.7 | 4.1 | 8.2 | 1.8 | 3.7 | 19.2 | 0.9 |
| 16～24岁 | 41 | 51.2 | 19.5 | 41.5 | 2.4 | 9.8 | 0.0 | 2.4 | 12.2 | 0.0 |
| 25～34岁 | 64 | 43.8 | 6.3 | 40.6 | 1.6 | 10.9 | 0.0 | 4.7 | 18.8 | 1.6 |
| 35～44岁 | 61 | 47.5 | 8.2 | 32.8 | 9.8 | 6.6 | 4.9 | 4.9 | 21.3 | 1.6 |
| 45～54岁 | 40 | 60.0 | 5.0 | 27.5 | 2.5 | 2.5 | 2.5 | 2.5 | 22.5 | 0.0 |
| 55～60岁 | 13 | 61.5 | 15.4 | 15.4 | 0.0 | 15.4 | 0.0 | 0.0 | 23.1 | 0.0 |

3. 不同消费者最常食用的包装形式

注：本题为多选题，合计百分比可能超过100%

3-1 样本、男性各年龄层、女性各年龄层最常食用的包装形式

| | 人 数 | 袋 装 | 纸盒/利乐装 | 房屋状纸盒 | 粽子状纸盒 | 塑料杯装 | 塑料瓶 | 瓷 瓶 | 玻璃瓶 | 其 他 |
|---|---|---|---|---|---|---|---|---|---|---|
| 样本 | 384 | 12.2 | 44.8 | 8.3 | 1.3 | 14.1 | 18.5 | 1.8 | 16.1 | 0.3 |
| 男性 | 166 | 12.0 | 44.0 | 10.2 | 1.2 | 9.6 | 16.9 | 3.0 | 19.9 | 0.6 |
| 16～24岁 | 37 | 13.5 | 37.8 | 10.8 | 0.0 | 8.1 | 21.6 | 2.7 | 24.3 | 2.7 |
| 25～34岁 | 44 | 6.8 | 50.0 | 6.8 | 2.3 | 9.1 | 13.6 | 4.5 | 20.5 | 0.0 |
| 35～44岁 | 46 | 19.6 | 50.0 | 8.7 | 0.0 | 8.7 | 15.2 | 0.0 | 15.2 | 0.0 |
| 45～54岁 | 34 | 8.8 | 32.4 | 14.7 | 2.9 | 14.7 | 17.6 | 5.9 | 23.5 | 0.0 |
| 55～60岁 | 5 | 0.0 | 60.0 | 20.0 | 0.0 | 0.0 | 20.0 | 0.0 | 0.0 | 0.0 |
| 女性 | 218 | 12.4 | 45.4 | 6.9 | 1.4 | 17.4 | 19.7 | 0.9 | 13.3 | 0.0 |
| 16～24岁 | 41 | 7.3 | 48.8 | 2.4 | 2.4 | 24.4 | 12.2 | 0.0 | 17.1 | 0.0 |
| 25～34岁 | 64 | 9.4 | 50.0 | 9.4 | 0.0 | 15.6 | 23.4 | 0.0 | 10.9 | 0.0 |
| 35～44岁 | 61 | 11.5 | 45.9 | 6.6 | 0.0 | 19.7 | 24.6 | 1.6 | 8.2 | 0.0 |
| 45～54岁 | 39 | 23.1 | 35.9 | 10.3 | 2.6 | 7.7 | 12.8 | 2.6 | 23.1 | 0.0 |
| 55～60岁 | 13 | 15.4 | 38.5 | 0.0 | 7.7 | 23.1 | 23.1 | 0.0 | 7.7 | 0.0 |

3-2 样本、男性各收入层、女性各收入层最常食用的包装形式

| | 人 数 | 袋 装 | 纸盒/利乐装 | 房屋状纸盒 | 粽子状纸盒 | 塑料杯装 | 塑料瓶 | 瓷 瓶 | 玻璃瓶 | 其 他 |
|---|---|---|---|---|---|---|---|---|---|---|
| 样本 | 383 | 12.0 | 44.9 | 8.4 | 1.3 | 14.1 | 18.5 | 1.8 | 16.2 | 0.3 |
| 男性 | 166 | 12.0 | 44.0 | 10.2 | 1.2 | 9.6 | 16.9 | 3.0 | 19.9 | 0.6 |
| 无收入 | 22 | 9.1 | 45.5 | 9.1 | 0.0 | 4.5 | 9.1 | 0.0 | 31.8 | 0.0 |
| 500元以下 | 5 | 0.0 | 40.0 | 0.0 | 0.0 | 0.0 | 20.0 | 0.0 | 20.0 | 20.0 |
| 501～1 000元 | 23 | 8.7 | 43.5 | 4.3 | 4.3 | 8.7 | 13.0 | 8.7 | 26.1 | 0.0 |
| 1 001～1 500元 | 36 | 13.9 | 41.7 | 16.7 | 0.0 | 11.1 | 11.1 | 2.8 | 19.4 | 0.0 |
| 1 501～2 000元 | 16 | 12.5 | 56.3 | 12.5 | 6.3 | 6.3 | 18.8 | 0.0 | 0.0 | 0.0 |
| 2 001～3 000元 | 29 | 10.3 | 37.9 | 6.9 | 0.0 | 24.1 | 20.7 | 3.4 | 31.0 | 0.0 |
| 3 000元以上 | 35 | 17.1 | 45.7 | 11.4 | 0.0 | 2.9 | 25.7 | 2.9 | 8.6 | 0.0 |
| 女性 | 217 | 12.0 | 45.6 | 6.9 | 1.4 | 17.5 | 19.8 | 0.9 | 13.4 | 0.0 |
| 无收入 | 40 | 7.5 | 52.5 | 5.0 | 2.5 | 17.5 | 15.0 | 0.0 | 12.5 | 0.0 |
| 500元以下 | 16 | 6.3 | 37.5 | 6.3 | 0.0 | 25.0 | 18.8 | 0.0 | 18.8 | 0.0 |
| 501～1 000元 | 55 | 10.9 | 54.5 | 10.9 | 1.8 | 21.8 | 14.5 | 3.6 | 9.1 | 0.0 |
| 1 001～1 500元 | 44 | 22.7 | 34.1 | 4.5 | 0.0 | 9.1 | 25.0 | 0.0 | 13.6 | 0.0 |
| 1 501～2 000元 | 19 | 10.5 | 47.4 | 0.0 | 0.0 | 15.8 | 36.8 | 0.0 | 15.8 | 0.0 |
| 2 001～3 000元 | 27 | 7.4 | 55.6 | 3.7 | 0.0 | 22.2 | 11.1 | 0.0 | 14.8 | 0.0 |
| 3 000元以上 | 16 | 12.5 | 18.8 | 18.8 | 6.3 | 12.5 | 31.3 | 0.0 | 18.8 | 0.0 |

4. **重度消费者人口分布**

4-1　不同性别重度消费者的年龄分布

| | 人　数 | 16～24 岁 | 25～34 岁 | 35～44 岁 | 45～54 岁 | 55～60 岁 |
|---|---|---|---|---|---|---|
| **样本** | 226 | 15.5 | 30.1 | 27.9 | 21.2 | 5.3 |
| **男性** | 94 | 16.0 | 30.9 | 27.7 | 22.3 | 3.2 |
| 天天喝 | 11 | 9.1 | 27.3 | 45.5 | 18.2 | 0.0 |
| 一周 3 次或以上 | 22 | 0.0 | 27.3 | 36.4 | 31.8 | 4.5 |
| 一周 1～2 次 | 61 | 23.0 | 32.8 | 21.3 | 19.7 | 3.3 |
| **女性** | 132 | 15.2 | 29.5 | 28.0 | 20.5 | 6.8 |
| 天天喝 | 19 | 5.3 | 26.3 | 42.1 | 21.1 | 5.3 |
| 一周 3 次或以上 | 35 | 20.0 | 28.6 | 20.0 | 25.7 | 5.7 |
| 一周 1～2 次 | 78 | 15.4 | 30.8 | 28.2 | 17.9 | 7.7 |

4-2　不同性别重度消费者的收入分布

| | 人 数 | 无收入 | 500 元以下 | 501～1 000 元 | 1 001～1 500 元 | 1 501～2 000 元 | 2 001～3 000 元 | 3 000 元以上 |
|---|---|---|---|---|---|---|---|---|
| **样本** | 225 | 12.0 | 3.1 | 19.6 | 20.0 | 10.2 | 19.1 | 16.0 |
| **男性** | 94 | 8.5 | 1.1 | 11.7 | 20.2 | 11.7 | 21.3 | 25.5 |
| 天天喝 | 11 | 9.1 | 0.0 | 9.1 | 27.3 | 0.0 | 27.3 | 27.3 |
| 一周 3 次或以上 | 22 | 4.5 | 0.0 | 9.1 | 13.6 | 13.6 | 27.3 | 31.8 |
| 一周 1～2 次 | 61 | 9.8 | 1.6 | 13.1 | 21.3 | 13.1 | 18.0 | 23.0 |
| **女性** | 131 | 14.5 | 4.6 | 25.2 | 19.8 | 9.2 | 17.6 | 9.2 |
| 天天喝 | 19 | 15.8 | 0.0 | 26.3 | 26.3 | 21.1 | 10.5 | 0.0 |
| 一周 3 次或以上 | 35 | 22.9 | 8.6 | 25.7 | 14.3 | 0.0 | 17.1 | 11.4 |
| 一周 1～2 次 | 77 | 10.4 | 3.9 | 24.7 | 20.8 | 10.4 | 19.5 | 10.4 |

5. **重度消费者选择该类商品的考虑因素**

注：本题为多选题，合计百分比可能超过 100%

| | 人　数 | 有名的牌子 | 价格适中 | 包装吸引人 | 广告影响 | 购买方便 | 口味好 | 有优惠条件 |
|---|---|---|---|---|---|---|---|---|
| **样本** | 226 | 31.0 | 21.2 | 4.0 | 6.6 | 17.7 | 61.1 | 5.3 |
| 天天喝 | 30 | 36.7 | 23.3 | 3.3 | 6.7 | 3.3 | 46.7 | 3.3 |
| 一周 3 次或以上 | 57 | 33.3 | 19.3 | 5.3 | 10.5 | 22.8 | 56.1 | 1.8 |
| 一周 1～2 次 | 139 | 28.8 | 21.6 | 3.6 | 5.0 | 18.7 | 66.2 | 7.2 |

| | 人　数 | 营养成分 | 售货员介绍 | 生产日期 | 朋友推荐 | 只是由于习惯 | 其　他 |
|---|---|---|---|---|---|---|---|
| **样本** | 226 | 28.8 | 2.2 | 6.6 | 3.5 | 7.1 | 1.3 |
| 天天喝 | 30 | 23.3 | 0.0 | 3.3 | 3.3 | 13.3 | 0.0 |
| 一周 3 次或以上 | 57 | 19.3 | 1.8 | 5.3 | 3.5 | 10.5 | 1.8 |
| 一周 1～2 次 | 139 | 33.8 | 2.9 | 7.9 | 3.6 | 4.3 | 1.4 |

6. **重度消费者最常食用的种类**

注：本题为多选题，合计百分比可能超过 100%

| | 人数 | 原味 | 巧克力味 | 草莓味 | 菠萝味 | 橙味 | 杏味 | 带果粒 | 加钙 | 其他 |
|---|---|---|---|---|---|---|---|---|---|---|
| **样本** | 226 | 57.1 | 10.2 | 27.4 | 4.0 | 7.1 | 1.8 | 3.5 | 17.3 | 0.9 |
| 天天喝 | 30 | 53.3 | 3.3 | 16.7 | 6.7 | 10.0 | 0.0 | 0.0 | 30.0 | 3.3 |
| 一周 3 次或以上 | 57 | 56.1 | 12.3 | 35.1 | 7.0 | 5.3 | 1.8 | 8.8 | 12.3 | 0.0 |
| 一周 1～2 次 | 139 | 58.3 | 10.8 | 26.6 | 2.2 | 7.2 | 2.2 | 2.2 | 16.5 | 0.7 |

7. 重度消费者最常食用的包装形式

注：本题为多选题，合计百分比可能超过100%

| | 人 数 | 袋 装 | 纸盒/利乐装 | 房屋状纸盒 | 粽子状纸盒 | 塑料杯装 | 塑料瓶 | 瓷 瓶 | 玻璃瓶 | 其 他 |
|---|---|---|---|---|---|---|---|---|---|---|
| 样本 | 225 | 14.2 | 44.4 | 8.4 | 0.9 | 14.7 | 16.4 | 1.8 | 15.6 | 0.0 |
| 天天喝 | 30 | 13.3 | 46.7 | 10.0 | 0.0 | 13.3 | 10.0 | 6.7 | 16.7 | 0.0 |
| 一周3次或以上 | 56 | 19.6 | 42.9 | 7.1 | 0.0 | 10.7 | 19.6 | 1.8 | 23.2 | 0.0 |
| 一周1～2次 | 139 | 12.2 | 44.6 | 8.6 | 1.4 | 16.5 | 16.5 | 0.7 | 12.2 | 0.0 |

8. 重度消费者最常食用的场合

注：本题为多选题，合计百分比可能超过100%

| | 人 数 | 早餐时 | 正餐（午、晚餐）时 | 口渴时 | 宵夜时 | 睡觉前 | 工 作休息时 | 外 出/旅游时 | 其 他 |
|---|---|---|---|---|---|---|---|---|---|
| 样本 | 226 | 51.8 | 11.1 | 19.9 | 7.1 | 13.7 | 13.3 | 8.4 | 2.7 |
| 天天喝 | 30 | 50.0 | 13.3 | 13.3 | 10.0 | 30.0 | 3.3 | 0.0 | 0.0 |
| 一周3次或以上 | 57 | 57.9 | 10.5 | 14.0 | 5.3 | 10.5 | 17.5 | 8.8 | 3.5 |
| 一周1～2次 | 139 | 49.6 | 10.8 | 23.7 | 7.2 | 11.5 | 13.7 | 10.1 | 2.9 |

# 奶粉市场调查数据

## 北 京

### 一、基本市场描述

1. 最近三个月食用频率的比例

| | 人 数 | 百分比 |
|---|---|---|
| 天天喝 | 95 | 9.4 |
| 一周3次或以上 | 64 | 6.3 |
| 一周1～2次 | 104 | 10.2 |
| 一个月2～3次 | 57 | 5.6 |
| 一个月1次或以下 | 31 | 3.1 |
| 没喝过 | 664 | 65.4 |

n＝1 015

2. 不同消费者最近三个月有无购买的比例

2-1 样本、男性各年龄层、女性各年龄层最近三个月有无购买的比例

| | 人 数 | 买 过 | 没买过 |
|---|---|---|---|
| 样本 | 1 015 | 32.7 | 67.3 |
| 男性 | 517 | 29.0 | 71.0 |
| 16～24岁 | 80 | 26.3 | 73.8 |
| 25～34岁 | 146 | 32.2 | 67.8 |
| 35～44岁 | 155 | 25.2 | 74.8 |
| 45～54岁 | 100 | 27.0 | 73.0 |
| 55～60岁 | 36 | 44.4 | 55.6 |
| 女性 | 498 | 36.5 | 63.5 |
| 16～24岁 | 71 | 36.6 | 63.4 |
| 25～34岁 | 113 | 48.7 | 51.3 |
| 35～44岁 | 160 | 38.8 | 61.3 |
| 45～54岁 | 107 | 27.1 | 72.9 |
| 55～60岁 | 47 | 21.3 | 78.7 |

2-2　样本、男性各收入层、女性各收入层最近三个月有无购买的比例

| | 人　数 | 买　过 | 没买过 |
|---|---|---|---|
| 样本 | 1 009 | 32.6 | 67.4 |
| 男性 | 511 | 28.8 | 71.2 |
| 无收入 | 49 | 26.5 | 73.5 |
| 500 元以下 | 35 | 25.7 | 74.3 |
| 501～1 000 元 | 174 | 29.9 | 70.1 |
| 1 001～1 500 元 | 112 | 26.8 | 73.2 |
| 1 501～2 000 元 | 58 | 27.6 | 72.4 |
| 2 001～3 000 元 | 50 | 26.0 | 74.0 |
| 3 000 元以上 | 33 | 42.4 | 57.6 |
| 女性 | 498 | 36.5 | 63.5 |
| 无收入 | 108 | 35.2 | 64.8 |
| 500 元以下 | 64 | 28.1 | 71.9 |
| 501～1 000 元 | 159 | 35.8 | 64.2 |
| 1 001～1 500 元 | 84 | 47.6 | 52.4 |
| 1 501～2 000 元 | 40 | 37.5 | 62.5 |
| 2 001～3 000 元 | 23 | 21.7 | 78.3 |
| 3 000 元以上 | 20 | 45.0 | 55.0 |

## 二、消费者分析

### 1. 选择该类商品的考虑因素

注：本题为多选题，合计百分比可能超过 100%

| 排　名 | 考 虑 因 素 | 人　次 | 百　分　比 |
|---|---|---|---|
| 1 | 口味好 | 178 | 50.7 |
| 2 | 价格适中 | 143 | 40.7 |
| 3 | 营养成分 | 133 | 37.9 |
| 4 | 有名的牌子 | 113 | 32.2 |
| 5 | 购买方便 | 82 | 23.4 |
| 6 | 生产日期 | 48 | 13.7 |
| 7 | 易溶解 | 40 | 11.4 |
| 8 | 只是由于习惯 | 30 | 8.5 |
| 9 | 有优惠条件 | 10 | 2.8 |
| 10 | 朋友推荐 | 9 | 2.6 |
| 11 | 广告影响 | 7 | 2.0 |
| 12 | 包装吸引人 | 5 | 1.4 |
| 13 | 售货员介绍 | 2 | 0.6 |

n = 351

### 2. 样本、男性各年龄层、女性各年龄层最常食用的种类

| | 人数 | 全脂 | 低脂 | 脱脂 | 甜型 | 功能型（如加钙等矿物质） | 加味型（如巧克力、果味等） | 其他 |
|---|---|---|---|---|---|---|---|---|
| 样本 | 351 | 59.3 | 18.8 | 10.5 | 8.5 | 8.8 | 4.6 | 0.9 |
| 男性 | 170 | 58.8 | 22.4 | 10.6 | 7.1 | 9.4 | 4.1 | 0.6 |
| 16～24 岁 | 29 | 51.7 | 24.1 | 13.8 | 6.9 | 17.2 | 0.0 | 0.0 |
| 25～34 岁 | 48 | 75.0 | 14.6 | 10.4 | 8.3 | 0.0 | 0.0 | 2.1 |
| 35～44 岁 | 44 | 47.7 | 34.1 | 6.8 | 9.1 | 13.6 | 11.4 | 0.0 |
| 45～54 岁 | 28 | 50.0 | 25.0 | 10.7 | 7.1 | 10.7 | 7.1 | 0.0 |
| 55～60 岁 | 21 | 66.7 | 9.5 | 14.3 | 0.0 | 9.5 | 0.0 | 0.0 |
| 女性 | 181 | 59.7 | 15.5 | 10.5 | 9.9 | 8.3 | 5.0 | 1.1 |

（续）

| | 人数 | 全脂 | 低脂 | 脱脂 | 甜型 | 功能型(如加钙等矿物质) | 加味型(如巧克力、果味等) | 其他 |
|---|---|---|---|---|---|---|---|---|
| 16～24岁 | 36 | 47.2 | 30.6 | 11.1 | 16.7 | 8.3 | 13.9 | 0.0 |
| 25～34岁 | 54 | 57.4 | 7.4 | 16.7 | 7.4 | 9.3 | 5.6 | 0.0 |
| 35～44岁 | 54 | 72.2 | 14.8 | 5.6 | 9.3 | 5.6 | 1.9 | 0.0 |
| 45～54岁 | 27 | 51.9 | 11.1 | 7.4 | 11.1 | 14.8 | 0.0 | 7.4 |
| 55～60岁 | 10 | 70.0 | 20.0 | 10.0 | 0.0 | 0.0 | 0.0 | 0.0 |

### 3. 重度消费者人口分布

3-1 不同性别重度消费者的年龄分布

| | 人 数 | 16～24岁 | 25～34岁 | 35～44岁 | 45～54岁 | 55～60岁 |
|---|---|---|---|---|---|---|
| **样本** | 263 | 17.1 | 29.3 | 28.5 | 16.0 | 9.1 |
| **男性** | 122 | 14.8 | 29.5 | 26.2 | 18.0 | 11.5 |
| 天天喝 | 38 | 15.8 | 31.6 | 26.3 | 10.5 | 15.8 |
| 一周3次或以上 | 30 | 10.0 | 30.0 | 30.0 | 20.0 | 10.0 |
| 一周1～2次 | 54 | 16.7 | 27.8 | 24.1 | 22.2 | 9.3 |
| **女性** | 141 | 19.1 | 29.1 | 30.5 | 14.2 | 7.1 |
| 天天喝 | 57 | 17.5 | 36.8 | 19.3 | 19.3 | 7.0 |
| 一周3次或以上 | 34 | 23.5 | 23.5 | 44.1 | 5.9 | 2.9 |
| 一周1～2次 | 50 | 18.0 | 24.0 | 34.0 | 14.0 | 10.0 |

3-2 不同性别重度消费者的收入分布

| | 人 数 | 无收入 | 500元以下 | 501～1 000元 | 1 001～1 500元 | 1 501～2 000元 | 2 001～3 000元 | 3 000元以上 |
|---|---|---|---|---|---|---|---|---|
| **样本** | 263 | 15.2 | 8.0 | 31.6 | 20.9 | 11.0 | 6.8 | 6.5 |
| **男性** | 122 | 8.2 | 6.6 | 36.1 | 18.0 | 13.1 | 9.8 | 8.2 |
| 天天喝 | 38 | 10.5 | 5.3 | 44.7 | 23.7 | 5.3 | 7.9 | 2.6 |
| 一周3次或以上 | 30 | 3.3 | 3.3 | 26.7 | 16.7 | 23.3 | 13.3 | 13.3 |
| 一周1～2次 | 54 | 9.3 | 9.3 | 35.2 | 14.8 | 13.0 | 9.3 | 9.3 |
| **女性** | 141 | 21.3 | 9.2 | 27.7 | 23.4 | 9.2 | 4.3 | 5.0 |
| 天天喝 | 57 | 22.8 | 14.0 | 29.8 | 15.8 | 7.0 | 5.3 | 5.3 |
| 一周3次或以上 | 34 | 14.7 | 5.9 | 35.3 | 26.5 | 5.9 | 2.9 | 8.8 |
| 一周1～2次 | 50 | 24.0 | 6.0 | 20.0 | 30.0 | 14.0 | 4.0 | 2.0 |

### 4 重度消费者选择该类商品的考虑因素

注：本题为多选题，合计百分比可能超过100%

| | 人数 | 有名的牌子 | 价格适中 | 包装吸引人 | 广告影响 | 购买方便 | 口味好 | 营养成分 |
|---|---|---|---|---|---|---|---|---|
| **样本** | 263 | 33.8 | 42.2 | 1.1 | 2.3 | 24.3 | 51.7 | 36.1 |
| 天天喝 | 95 | 30.5 | 42.1 | 0.0 | 1.1 | 27.4 | 53.7 | 34.7 |
| 一周3次或以上 | 64 | 48.4 | 39.1 | 1.6 | 6.3 | 18.8 | 46.9 | 39.1 |
| 一周1～2次 | 104 | 27.9 | 44.2 | 1.9 | 1.0 | 25.0 | 52.9 | 35.6 |

| | 人数 | 易溶解 | 有优惠条件 | 生产日期 | 朋友推荐 | 售货员介绍 | 只是由于习惯 | 其他 |
|---|---|---|---|---|---|---|---|---|
| **样本** | 263 | 11.4 | 2.3 | 12.2 | 2.7 | 0.0 | 6.5 | 0.0 |
| 天天喝 | 95 | 12.6 | 3.2 | 9.5 | 3.2 | 0.0 | 4.2 | 0.0 |
| 一周3次或以上 | 64 | 6.3 | 1.6 | 14.1 | 4.7 | 0.0 | 4.7 | 0.0 |
| 一周1～2次 | 104 | 13.5 | 1.9 | 13.5 | 1.0 | 0.0 | 9.6 | 0.0 |

5. 重度消费者最常食用的种类

| | 人数 | 全脂 | 低脂 | 脱脂 | 甜型 | 功能型(如加钙等矿物质) | 加味型(如巧克力、果味等) | 其他 |
|---|---|---|---|---|---|---|---|---|
| 样本 | 263 | 60.8 | 19.8 | 8.7 | 9.1 | 8.7 | 3.0 | 0.8 |
| 天天喝 | 95 | 58.9 | 22.1 | 4.2 | 9.5 | 9.5 | 2.1 | 2.1 |
| 一周3次或以上 | 64 | 46.9 | 28.1 | 14.1 | 14.1 | 6.3 | 6.3 | 0.0 |
| 一周1～2次 | 104 | 71.2 | 12.5 | 9.6 | 5.8 | 9.6 | 1.9 | 0.0 |

6. 重度消费者最常食用的场合

注：本题为多选题，合计百分比可能超过100%

| | 人数 | 早餐时 | 正餐(午、晚餐)时 | 餐后热饮 | 宵夜时 | 睡觉前帮助入眠 | 工作休息时 | 其他 |
|---|---|---|---|---|---|---|---|---|
| 样本 | 263 | 77.9 | 4.9 | 4.2 | 10.3 | 23.2 | 4.2 | 1.5 |
| 天天喝 | 95 | 83.2 | 6.3 | 2.1 | 12.6 | 23.2 | 0.0 | 3.2 |
| 一周3次或以上 | 64 | 82.8 | 4.7 | 0.0 | 10.9 | 23.4 | 7.8 | 0.0 |
| 一周1～2次 | 104 | 70.2 | 3.8 | 8.7 | 7.7 | 23.1 | 5.8 | 1.0 |

# 上　海

## 一、基本市场描述

1. 最近三个月食用频率的比例

| | 人　数 | 百　分　比 |
|---|---|---|
| 天天喝 | 109 | 10.6 |
| 一周3次或以上 | 43 | 4.2 |
| 一周1～2次 | 67 | 6.5 |
| 一个月2～3次 | 27 | 2.6 |
| 一个月1次或以下 | 18 | 1.8 |
| 没喝过 | 762 | 74.3 |

n＝1026

2. 不同消费者最近三个月有无购买的比例

2-1　样本、男性各年龄层、女性各年龄层最近三个月有无购买的比例

| | 人　数 | 买　过 | 没　买　过 |
|---|---|---|---|
| 样本 | 1 027 | 27.1 | 72.9 |
| 男性 | 521 | 23.2 | 76.8 |
| 16～24岁 | 73 | 16.4 | 83.6 |
| 25～34岁 | 97 | 27.8 | 72.2 |
| 35～44岁 | 176 | 25.0 | 75.0 |
| 45～54岁 | 137 | 19.0 | 81.0 |
| 55～60岁 | 38 | 31.6 | 68.4 |
| 女性 | 506 | 31.0 | 69.0 |
| 16～24岁 | 74 | 28.4 | 71.6 |
| 25～34岁 | 92 | 35.9 | 64.1 |
| 35～44岁 | 176 | 28.4 | 71.6 |
| 45～54岁 | 125 | 32.0 | 68.0 |
| 55～60岁 | 39 | 33.3 | 66.7 |

2-2 样本、男性各收入层、女性各收入层最近三个月有无购买的比例

| | 人 数 | 买 过 | 没 买 过 |
|---|---|---|---|
| **样本** | 1 022 | 27.1 | 72.9 |
| **男性** | 519 | 23.3 | 76.7 |
| 无收入 | 55 | 14.5 | 85.5 |
| 500 元以下 | 11 | 27.3 | 72.7 |
| 501～1 000 元 | 110 | 18.2 | 81.8 |
| 1 001～1 500 元 | 119 | 22.7 | 77.3 |
| 1 501～2 000 元 | 78 | 17.9 | 82.1 |
| 2 001～3 000 元 | 81 | 33.3 | 66.7 |
| 3 000 元以上 | 65 | 33.8 | 66.2 |
| **女性** | 503 | 31.0 | 69.0 |
| 无收入 | 95 | 30.5 | 69.5 |
| 500 元以下 | 51 | 23.5 | 76.5 |
| 501～1 000 元 | 148 | 31.1 | 68.9 |
| 1 001～1 500 元 | 99 | 31.3 | 68.7 |
| 1 501～2 000 元 | 47 | 34.0 | 66.0 |
| 2 001～3 000 元 | 41 | 34.1 | 65.9 |
| 3 000 元以上 | 22 | 36.4 | 63.6 |

## 二、消费者分析

### 1. 选择该类商品的考虑因素

注：本题为多选题，合计百分比可能超过 100%

| 排 名 | 考虑因素 | 人 次 | 百 分 比 |
|---|---|---|---|
| 1 | 有名的牌子 | 160 | 60.4 |
| 2 | 口味好 | 141 | 53.2 |
| 3 | 营养成分 | 111 | 41.9 |
| 4 | 价格适中 | 91 | 34.3 |
| 5 | 生产日期 | 48 | 18.1 |
| 6 | 购买方便 | 32 | 12.1 |
| 7 | 易溶解 | 19 | 7.2 |
| 8 | 广告影响 | 17 | 6.4 |
| 9 | 只是由于习惯 | 16 | 6.0 |
| 10 | 朋友推荐 | 10 | 3.8 |
| 11 | 包装吸引人 | 5 | 1.9 |
| 11 | 其他 | 5 | 1.9 |
| 12 | 有优惠条件 | 4 | 1.5 |
| 13 | 售货员介绍 | 2 | 0.8 |

n＝265

### 2. 样本、男性各年龄层、女性各年龄层最常食用的种类

| | 人数 | 全脂 | 低脂 | 脱脂 | 甜型 | 功能型(如加钙等矿物质) | 加味型(如巧克力、果味等) | 其他 |
|---|---|---|---|---|---|---|---|---|
| **样本** | 265 | 63.8 | 12.1 | 11.7 | 2.6 | 13.6 | 2.6 | 1.1 |
| **男性** | 117 | 69.2 | 11.1 | 6.8 | 1.7 | 12.0 | 1.7 | 0.9 |
| 16～24 岁 | 19 | 63.2 | 15.8 | 10.5 | 0.0 | 10.5 | 5.3 | 5.3 |
| 25～34 岁 | 23 | 78.3 | 4.3 | 13.0 | 4.3 | 4.3 | 0.0 | 0.0 |
| 35～44 岁 | 39 | 66.7 | 10.3 | 5.1 | 2.6 | 17.9 | 0.0 | 0.0 |
| 45～54 岁 | 27 | 63.0 | 18.5 | 3.7 | 0.0 | 11.1 | 3.7 | 0.0 |
| 55～60 岁 | 9 | 88.9 | 0.0 | 0.0 | 0.0 | 11.1 | 0.0 | 0.0 |

（续）

| | 人数 | 全脂 | 低脂 | 脱脂 | 甜型 | 功能型(如加钙等矿物质) | 加味型(如巧克力、果味等) | 其他 |
|---|---|---|---|---|---|---|---|---|
| 女性 | 148 | 59.5 | 12.8 | 15.5 | 3.4 | 14.9 | 3.4 | 1.4 |
| 16～24岁 | 31 | 74.2 | 19.4 | 9.7 | 6.5 | 3.2 | 3.2 | 0.0 |
| 25～34岁 | 19 | 57.9 | 10.5 | 15.8 | 5.3 | 21.1 | 0.0 | 0.0 |
| 35～44岁 | 47 | 59.6 | 8.5 | 17.0 | 4.3 | 12.8 | 4.3 | 2.1 |
| 45～54岁 | 38 | 57.9 | 2.6 | 21.1 | 0.0 | 21.1 | 5.3 | 0.0 |
| 55～60岁 | 13 | 30.8 | 46.2 | 7.7 | 0.0 | 23.1 | 0.0 | 7.7 |

3. 重度消费者人口分布

3-1　不同性别重度消费者的年龄分布

| | 人数 | 16～24岁 | 25～34岁 | 35～44岁 | 45～54岁 | 55～60岁 |
|---|---|---|---|---|---|---|
| 样本 | 219 | 16.9 | 16.4 | 33.3 | 25.1 | 8.2 |
| 男性 | 93 | 12.9 | 20.4 | 36.6 | 22.6 | 7.5 |
| 天天喝 | 38 | 15.8 | 10.5 | 44.7 | 23.7 | 5.3 |
| 一周3次或以上 | 21 | 19.0 | 28.6 | 28.6 | 19.0 | 4.8 |
| 一周1～2次 | 34 | 5.9 | 26.5 | 32.4 | 23.5 | 11.8 |
| 女性 | 126 | 19.8 | 13.5 | 31.0 | 27.0 | 8.7 |
| 天天喝 | 71 | 18.3 | 8.5 | 33.8 | 29.6 | 9.9 |
| 一周3次或以上 | 22 | 13.6 | 18.2 | 31.8 | 36.4 | 0.0 |
| 一周1～2次 | 33 | 27.3 | 21.2 | 24.2 | 15.2 | 12.1 |

3-2　不同性别重度消费者的收入分布

| | 人数 | 无收入 | 500元以下 | 501～1 000元 | 1 001～1 500元 | 1 501～2 000元 | 2 001～3 000元 | 3 000元以上 |
|---|---|---|---|---|---|---|---|---|
| 样本 | 218 | 15.6 | 5.5 | 25.2 | 20.2 | 12.8 | 11.5 | 9.2 |
| 男性 | 93 | 8.6 | 2.2 | 20.4 | 22.6 | 15.1 | 16.1 | 15.1 |
| 天天喝 | 38 | 13.2 | 0.0 | 26.3 | 13.2 | 7.9 | 23.7 | 15.8 |
| 一周3次或以上 | 21 | 14.3 | 4.8 | 14.3 | 23.8 | 9.5 | 19.0 | 14.3 |
| 一周1～2次 | 34 | 0.0 | 2.9 | 17.6 | 32.4 | 26.5 | 5.9 | 14.7 |
| 女性 | 125 | 20.8 | 8.0 | 28.8 | 18.4 | 11.2 | 8.0 | 4.8 |
| 天天喝 | 70 | 22.9 | 5.7 | 32.9 | 15.7 | 12.9 | 2.9 | 7.1 |
| 一周3次或以上 | 22 | 27.3 | 9.1 | 27.3 | 22.7 | 4.5 | 9.1 | 0.0 |
| 一周1～2次 | 33 | 12.1 | 12.1 | 21.2 | 21.2 | 12.1 | 18.2 | 3.0 |

4. 重度消费者选择该类商品的考虑因素

注：本题为多选题，合计百分比可能超过100%

| | 人数 | 有名的牌子 | 价格适中 | 包装吸引人 | 广告影响 | 购买方便 | 口味好 | 营养成分 |
|---|---|---|---|---|---|---|---|---|
| 样本 | 219 | 62.6 | 36.1 | 2.3 | 7.3 | 12.3 | 54.8 | 41.1 |
| 天天喝 | 109 | 61.5 | 36.7 | 2.8 | 6.4 | 13.8 | 52.3 | 41.3 |
| 一周3次或以上 | 43 | 69.8 | 37.2 | 0.0 | 9.3 | 11.6 | 55.8 | 44.2 |
| 一周1～2次 | 67 | 59.7 | 34.3 | 3.0 | 7.5 | 10.4 | 58.2 | 38.8 |

| | 人数 | 易溶解 | 有优惠条件 | 生产日期 | 朋友推荐 | 售货员介绍 | 只是由于习惯 | 其他 |
|---|---|---|---|---|---|---|---|---|
| 样本 | 219 | 7.3 | 0.9 | 16.4 | 3.7 | 0.9 | 6.4 | 1.8 |
| 天天喝 | 109 | 10.1 | 0.9 | 12.8 | 3.7 | 1.8 | 9.2 | 1.8 |
| 一周3次或以上 | 43 | 0.0 | 2.3 | 18.6 | 0.0 | 0.0 | 4.7 | 2.3 |
| 一周1～2次 | 67 | 7.5 | 0.0 | 20.9 | 6.0 | 0.0 | 3.0 | 1.5 |

5. 重度消费者最常食用的种类

| | 人数 | 全脂 | 低脂 | 脱脂 | 甜型 | 功能型(如加钙等矿物质) | 加味型(如巧克力、果味等) | 其他 |
|---|---|---|---|---|---|---|---|---|
| **样本** | 219 | 63.0 | 11.4 | 11.4 | 2.7 | 15.5 | 2.3 | 1.4 |
| 天天喝 | 109 | 58.7 | 14.7 | 7.3 | 5.5 | 16.5 | 2.8 | 1.8 |
| 一周3次或以上 | 43 | 60.5 | 9.3 | 16.3 | 0.0 | 18.6 | 2.3 | 0.0 |
| 一周1~2次 | 67 | 71.6 | 7.5 | 14.9 | 0.0 | 11.9 | 1.5 | 1.5 |

6. 重度消费者最常食用的场合

注：本题为多选题，合计百分比可能超过100%

| | 人数 | 早餐时 | 正餐(午、晚餐)时 | 餐后热饮 | 宵夜时 | 睡觉前帮助入眠 | 工作休息时 | 其他 |
|---|---|---|---|---|---|---|---|---|
| **样本** | 219 | 63.0 | 3.2 | 5.9 | 9.6 | 40.2 | 2.3 | 2.7 |
| 天天喝 | 109 | 67.0 | 4.6 | 4.6 | 8.3 | 44.0 | 0.9 | 1.8 |
| 一周3次或以上 | 43 | 58.1 | 2.3 | 2.3 | 11.6 | 46.5 | 2.3 | 2.3 |
| 一周1~2次 | 67 | 59.7 | 1.5 | 10.4 | 10.4 | 29.9 | 4.5 | 4.5 |

# 广 州

## 一、基本市场描述

1. 最近三个月食用频率的比例

| | 人 数 | 百分比 |
|---|---|---|
| 天天喝 | 107 | 10.6 |
| 一周3次或以上 | 78 | 7.7 |
| 一周1~2次 | 90 | 8.9 |
| 一个月2~3次 | 41 | 4.0 |
| 一个月1次或以下 | 34 | 3.4 |
| 没喝过 | 664 | 65.5 |

n=1 014

2. 不同消费者最近三个月有无购买的比例

2-1 样本、男性各年龄层、女性各年龄层最近三个月有无购买的比例

| | 人 数 | 买 过 | 没买过 |
|---|---|---|---|
| **样本** | 1 015 | 36.2 | 63.8 |
| **男性** | 520 | 28.8 | 71.2 |
| 16~24岁 | 73 | 21.9 | 78.1 |
| 25~34岁 | 152 | 26.3 | 73.7 |
| 35~44岁 | 145 | 33.1 | 66.9 |
| 45~54岁 | 109 | 26.6 | 73.4 |
| 55~60岁 | 41 | 41.5 | 58.5 |
| **女性** | 495 | 43.8 | 56.2 |
| 16~24岁 | 73 | 35.6 | 64.4 |
| 25~34岁 | 157 | 42.7 | 57.3 |
| 35~44岁 | 143 | 46.9 | 53.1 |
| 45~54岁 | 81 | 44.4 | 55.6 |
| 55~60岁 | 41 | 51.2 | 48.8 |

2-2 样本、男性各收入层、女性各收入层最近三个月有无购买的比例

| | 人 数 | 买 过 | 没买过 |
|---|---|---|---|
| 样本 | 1 012 | 36.1 | 63.9 |
| 男性 | 518 | 28.8 | 71.2 |
| 无收入 | 66 | 24.2 | 75.8 |
| 500 元以下 | 43 | 9.3 | 90.7 |
| 501～1 000 元 | 85 | 29.4 | 70.6 |
| 1 001～1 500 元 | 112 | 34.8 | 65.2 |
| 1 501～2 000 元 | 52 | 26.9 | 73.1 |
| 2 001～3 000 元 | 86 | 27.9 | 72.1 |
| 3 000 元以上 | 74 | 36.5 | 63.5 |
| 女性 | 494 | 43.7 | 56.3 |
| 无收入 | 112 | 39.3 | 60.7 |
| 500 元以下 | 53 | 30.2 | 69.8 |
| 501～1 000 元 | 121 | 44.6 | 55.4 |
| 1 001～1 500 元 | 95 | 48.4 | 51.6 |
| 1 501～2 000 元 | 39 | 43.6 | 56.4 |
| 2 001～3 000 元 | 47 | 46.8 | 53.2 |
| 3 000 元以上 | 27 | 63.0 | 37.0 |

## 二、消费者分析

**1. 选择该类商品的考虑因素**

注：本题为多选题，合计百分比可能超过 100%

| 排 名 | 考虑因素 | 人 次 | 百分比 |
|---|---|---|---|
| 1 | 口味好 | 155 | 44.2 |
| 2 | 营养成分 | 137 | 39.0 |
| 3 | 有名的牌子 | 115 | 32.8 |
| 4 | 价格适中 | 108 | 30.8 |
| 5 | 购买方便 | 56 | 16.0 |
| 6 | 广告影响 | 37 | 10.5 |
| 7 | 生产日期 | 26 | 7.4 |
| 8 | 朋友推荐 | 18 | 5.1 |
| 9 | 易溶解 | 16 | 4.6 |
| 10 | 只是由于习惯 | 15 | 4.3 |
| 11 | 有优惠条件 | 13 | 3.7 |
| 12 | 包装吸引人 | 11 | 3.1 |
| 13 | 售货员介绍 | 6 | 1.7 |
| n=351 | | | |

**2. 样本、男性各年龄层、女性各年龄层最常食用的种类**

| | 人数 | 全脂 | 低脂 | 脱脂 | 甜型 | 功能型(如加钙等矿物质) | 加味型(如巧克力、果味等) | 其他 |
|---|---|---|---|---|---|---|---|---|
| 样本 | 351 | 32.5 | 28.5 | 21.1 | 6.8 | 19.9 | 2.6 | 0.6 |
| 男性 | 144 | 38.9 | 24.3 | 12.5 | 7.6 | 21.5 | 3.5 | 0.0 |
| 16～24 岁 | 19 | 36.8 | 21.1 | 10.5 | 5.3 | 26.3 | 15.8 | 0.0 |
| 25～34 岁 | 40 | 45.0 | 25.0 | 10.0 | 5.0 | 20.0 | 5.0 | 0.0 |
| 35～44 岁 | 43 | 32.6 | 32.6 | 9.3 | 14.0 | 18.6 | 0.0 | 0.0 |
| 45～54 岁 | 26 | 46.2 | 23.1 | 19.2 | 3.8 | 15.4 | 0.0 | 0.0 |
| 55～60 岁 | 16 | 31.3 | 6.3 | 18.8 | 6.3 | 37.5 | 0.0 | 0.0 |

（续）

| | 人数 | 全脂 | 低脂 | 脱脂 | 甜型 | 功能型(如加钙等矿物质) | 加味型(如巧克力、果味等) | 其他 |
|---|---|---|---|---|---|---|---|---|
| 女性 | 207 | 28.0 | 31.4 | 27.1 | 6.3 | 18.8 | 1.9 | 1.0 |
| 16～24岁 | 26 | 30.8 | 30.8 | 26.9 | 0.0 | 15.4 | 3.8 | 3.8 |
| 25～34岁 | 62 | 40.3 | 25.8 | 24.2 | 6.5 | 11.3 | 1.6 | 1.6 |
| 35～44岁 | 62 | 21.0 | 35.5 | 25.8 | 9.7 | 25.8 | 3.2 | 0.0 |
| 45～54岁 | 36 | 27.8 | 25.0 | 38.9 | 0.0 | 25.0 | 0.0 | 0.0 |
| 55～60岁 | 21 | 9.5 | 47.6 | 19.0 | 14.3 | 14.3 | 0.0 | 0.0 |

**3. 重度消费者人口分布**

3-1 不同性别重度消费者的年龄分布

| | 人 数 | 16～24岁 | 25～34岁 | 35～44岁 | 45～54岁 | 55～60岁 |
|---|---|---|---|---|---|---|
| 样本 | 275 | 12.7 | 29.5 | 30.2 | 16.7 | 10.9 |
| 男性 | 111 | 10.8 | 27.0 | 32.4 | 17.1 | 12.6 |
| 天天喝 | 37 | 8.1 | 27.0 | 37.8 | 13.5 | 13.5 |
| 一周3次或以上 | 29 | 17.2 | 20.7 | 27.6 | 20.7 | 13.8 |
| 一周1～2次 | 45 | 8.9 | 31.1 | 31.1 | 17.8 | 11.1 |
| 女性 | 164 | 14.0 | 31.1 | 28.7 | 16.5 | 9.8 |
| 天天喝 | 70 | 8.6 | 40.0 | 21.4 | 12.9 | 17.1 |
| 一周3次或以上 | 49 | 18.4 | 28.6 | 28.6 | 20.4 | 4.1 |
| 一周1～2次 | 45 | 17.8 | 20.0 | 40.0 | 17.8 | 4.4 |

3-2 不同性别重度消费者的收入分布

| | 人数 | 无收入 | 500元以下 | 501～1 000元 | 1 001～1 500元 | 1 501～2 000元 | 2 001～3 000元 | 3 000元以上 |
|---|---|---|---|---|---|---|---|---|
| 样本 | 273 | 16.5 | 5.5 | 21.2 | 20.9 | 7.0 | 15.0 | 13.9 |
| 男性 | 110 | 10.0 | 1.8 | 18.2 | 20.9 | 9.1 | 19.1 | 20.9 |
| 天天喝 | 37 | 0.0 | 0.0 | 5.4 | 29.7 | 10.8 | 16.2 | 37.8 |
| 一周3次或以上 | 28 | 21.4 | 7.1 | 21.4 | 14.3 | 3.6 | 17.9 | 14.3 |
| 一周1～2次 | 45 | 11.1 | 0.0 | 26.7 | 17.8 | 11.1 | 22.2 | 11.1 |
| 女性 | 163 | 20.9 | 8.0 | 23.3 | 20.9 | 5.5 | 12.3 | 9.2 |
| 天天喝 | 70 | 18.6 | 8.6 | 22.9 | 18.6 | 7.1 | 11.4 | 12.9 |
| 一周3次或以上 | 49 | 24.5 | 10.2 | 16.3 | 30.6 | 2.0 | 14.3 | 2.0 |
| 一周1～2次 | 44 | 20.5 | 4.5 | 31.8 | 13.6 | 6.8 | 11.4 | 11.4 |

**4. 重度消费者选择该类商品的考虑因素**

注：本题为多选题，合计百分比可能超过100%

| | 人数 | 有名的牌子 | 价格适中 | 包装吸引人 | 广告影响 | 购买方便 | 口味好 | 营养成分 |
|---|---|---|---|---|---|---|---|---|
| 样本 | 275 | 34.9 | 28.0 | 3.6 | 10.2 | 14.2 | 45.1 | 40.4 |
| 天天喝 | 107 | 41.1 | 23.4 | 1.9 | 8.4 | 13.1 | 40.2 | 44.9 |
| 一周3次或以上 | 78 | 35.9 | 23.1 | 6.4 | 9.0 | 12.8 | 48.7 | 37.2 |
| 一周1～2次 | 90 | 26.7 | 37.8 | 3.3 | 13.3 | 16.7 | 47.8 | 37.8 |

| | 人数 | 易溶解 | 有优惠条件 | 生产日期 | 朋友推荐 | 售货员介绍 | 只是由于习惯 | 其他 |
|---|---|---|---|---|---|---|---|---|
| 样本 | 275 | 4.0 | 2.9 | 8.0 | 4.0 | 1.1 | 4.4 | 0.0 |
| 天天喝 | 107 | 2.8 | 0.9 | 5.6 | 2.8 | 0.0 | 5.6 | 0.0 |
| 一周3次或以上 | 78 | 5.1 | 1.3 | 11.5 | 2.6 | 3.8 | 2.6 | 0.0 |
| 一周1～2次 | 90 | 4.4 | 6.7 | 7.8 | 6.7 | 0.0 | 4.4 | 0.0 |

5. 重度消费者最常食用的种类

| | 人数 | 全脂 | 低脂 | 脱脂 | 甜型 | 功能型(如加钙等矿物质) | 加味型(如巧克力、果味等) | 其他 |
|---|---|---|---|---|---|---|---|---|
| 样本 | 275 | 32.0 | 30.2 | 21.1 | 5.8 | 19.3 | 2.5 | 0.7 |
| 天天喝 | 107 | 32.7 | 23.4 | 19.6 | 6.5 | 22.4 | 1.9 | 1.9 |
| 一周3次或以上 | 78 | 28.2 | 33.3 | 26.9 | 5.1 | 14.1 | 3.8 | 0.0 |
| 一周1~2次 | 90 | 34.4 | 35.6 | 17.8 | 5.6 | 20.0 | 2.2 | 0.0 |

6. 重度消费者最常食用的场合

注：本题为多选题，合计百分比可能超过100%

| | 人数 | 早餐时 | 正餐（午、晚餐）时 | 餐后热饮 | 宵夜时 | 睡觉前帮助入眠 | 工作休息时 | 其他 |
|---|---|---|---|---|---|---|---|---|
| 样本 | 275 | 69.1 | 4.7 | 4.4 | 17.8 | 28.4 | 5.8 | 1.1 |
| 天天喝 | 107 | 77.6 | 6.5 | 2.8 | 11.2 | 28.0 | 4.7 | 0.0 |
| 一周3次或以上 | 78 | 67.9 | 3.8 | 5.1 | 19.2 | 30.8 | 1.3 | 3.8 |
| 一周1~2次 | 90 | 60.0 | 3.3 | 5.6 | 24.4 | 26.7 | 11.1 | 0.0 |

**图书在版编目（CIP）数据**

中国奶业年鉴. 2002/刘成果主编. —北京：中国农业出版社，2003.3
ISBN 7-109-07513-3

Ⅰ. 中… Ⅱ. 刘… Ⅲ. 乳品工业-中国-2002-年鉴 Ⅳ. F426.82-54

中国版本图书馆 CIP 数据核字（2003）第 004906 号

**中国奶业年鉴编辑部**

通讯地址：北京市朝阳区农展馆南里 11 号农业部内
邮政编码：100026
电　　话：010-6419 1563/1564
传　　真：010-6419 1565
电子信箱：yearbook@21dairy.com

中国农业出版社出版
（北京市朝阳区农展馆北路 2 号）
（邮政编码 100026）
出版人：傅玉祥
责任编辑　刘博浩　豆　明

中国农业出版社印刷厂印刷　　新华书店北京发行所发行
2003 年 3 月第 1 版　　2003 年 3 月北京第 1 次印刷

开本：889mm×1194mm 1/16　　印张：43.5　　插页：38
字数：1 642 千字　　印数：1～5 000 册
定价：298.00 元

CDYB
2002 2003